三十年

欧洲的悲剧

EUROPE'S TRAGEDY

战争史

The Thirty Years' War

PETER H. WILSON

[英] 彼得·威尔逊——著 宁凡 史文轩——译

九州出版社
JIUZHOUPRESS

媒体评价

一部不朽的历史著作：宏大的视野，全面细致的叙述，敏感和仁慈的判断，再加上充足的地图和战场平面图，这样的著作能满足读者学龄儿童般的好奇心。这是历史叙述的巅峰：太让人满足了！

——多米尼克·桑德布鲁克，《新政治家》

在未来的很多年中，本书将会是有关三十年战争的最权威的英语著作。

——大卫·帕罗特，英国广播公司历史频道

若在当代英国历史学家中，有人能写出这样的一部著作的话，那他一定是彼得·H. 威尔逊。他极尽全力完成了这项工作，偶尔又显得非常优雅……《三十年战争史》是一部令人敬畏的著作，它展现出作者的广博学识和深刻洞察力。

——奈杰尔·阿斯顿，《平板》

整整一代人以来，《三十年战争史》是第一部完整记述三十年战争的著作；这是一部史诗般的极其宏大的叙事史。

——《伦敦书评》

对细节和更宏大的背景的重视使这本书成为三十年战争史的权威作品。

——《出版商周刊》

威尔逊讲述了这场不荣誉的战争的阴郁故事，巧妙地在一手资料和宫廷秘闻之间做出了平衡，对战争的长期影响做出了富有洞察力的分析……生动地证明了战争的徒劳无益。

——埃德·沃韦斯，《加利福尼亚文学评论》

彼得·威尔逊的《三十年战争史》是一部不朽的历史著作。对细节做到了无可比拟的把握，在战争中的主要事件和战争背景之间做到了平衡，这些给读者留下了深刻印象……他的作品将会在今后很长时间内是记录这场战争的权威著作。

——罗纳德·阿施，《历史评论》

目　录

第一部分　开　端

哈布斯堡家谱，1500—1665

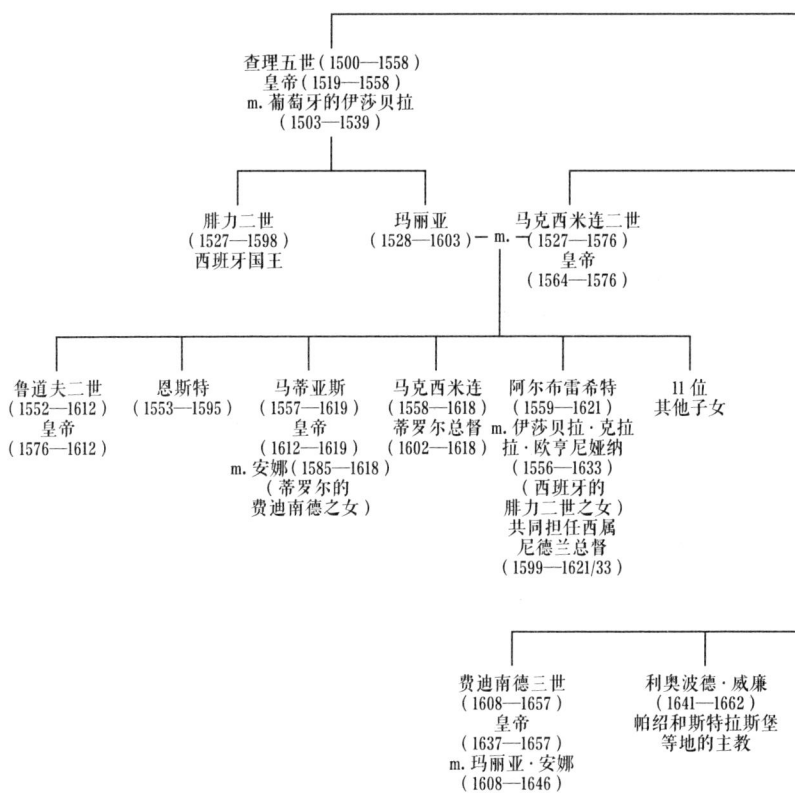

查理五世（1500—1558）
皇帝（1519—1558）
m. 葡萄牙的伊莎贝拉
（1503—1539）

腓力二世
（1527—1598）
西班牙国王

玛丽亚
（1528—1603） — m. —

马克西米连二世
（1527—1576）
皇帝
（1564—1576）

鲁道夫二世
（1552—1612）
皇帝
（1576—1612）

恩斯特
（1553—1595）

马蒂亚斯
（1557—1619）
皇帝
（1612—1619）
m. 安娜（1585—1618）
（蒂罗尔的
费迪南德之女）

马克西米连
（1558—1618）
蒂罗尔总督
（1602—1618）

阿尔布雷希特
（1559—1621）
m. 伊莎贝拉·克拉
拉·欧亨尼娅纳
（1556—1633）
（西班牙的
腓力二世之女）
共同担任西属
尼德兰总督
（1599—1621/33）

11 位
其他子女

费迪南德三世
（1608—1657）
皇帝
（1637—1657）
m. 玛丽亚·安娜
（1608—1646）

利奥波德·威廉
（1641—1662）
帕绍和斯特拉斯堡
等地的主教

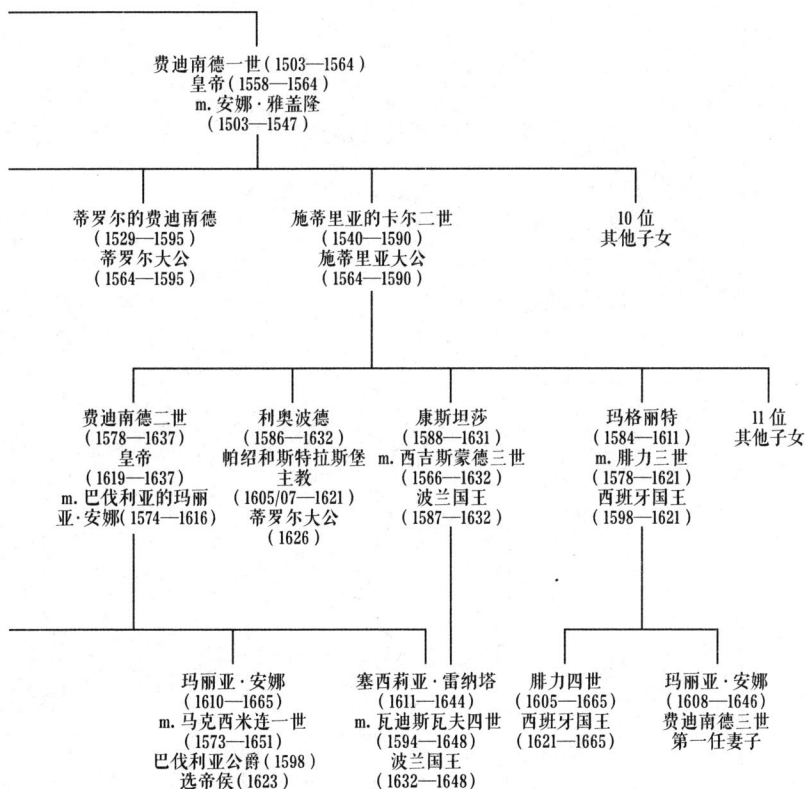

费迪南德一世（1503—1564）
皇帝（1558—1564）
m.安娜·雅盖隆
（1503—1547）

蒂罗尔的费迪南德
（1529—1595）
蒂罗尔大公
（1564—1595）

施蒂里亚的卡尔二世
（1540—1590）
施蒂里亚大公
（1564—1590）

10位
其他子女

费迪南德二世
（1578—1637）
皇帝
（1619—1637）
m.巴伐利亚的玛丽
亚·安娜（1574—1616）

利奥波德
（1586—1632）
帕绍和斯特拉斯堡
主教
（1605/07—1621）
蒂罗尔大公
（1626）

康斯坦莎
（1588—1631）
m.西吉斯蒙德三世
（1566—1632）
波兰国王
（1587—1632）

玛格丽特
（1584—1611）
m.腓力三世
（1578—1621）
西班牙国王
（1598—1621）

11位
其他子女

玛丽亚·安娜
（1610—1665）
m.马克西米连一世
（1573—1651）
巴伐利亚公爵（1598）
选帝侯（1623）

塞西莉亚·雷纳塔
（1611—1644）
m.瓦迪斯瓦夫四世
（1594—1648）
波兰国王
（1632—1648）

腓力四世
（1605—1665）
西班牙国王
（1621—1665）

玛丽亚·安娜
（1608—1646）
费迪南德三世
第一任妻子

中欧，1618

丹麦

基尔
荷尔斯泰因
塞格贝格
吕贝克

东弗里斯兰
格吕克施塔特
汉堡
易北河
德米涅

北海

不来梅
贝尔登
吕讷堡

英格兰

不伦瑞克
汉诺威
希尔德斯海姆
哈默尔恩
沃尔芬比特尔
卢特
呵廷根
米尔豪森

阿姆斯特丹
海牙
荷兰省
威悉河

泽兰省
明斯特
施塔特洛恩
韦塞尔
帕德博恩

布雷达
贝亨奥普佐姆

威斯特伐利亚

芬洛
鲁尔蒙德
于利希
科隆

爱尔福特
阿恩施塔特

敦刻尔克
加来
佛兰德
安特卫普
布鲁塞尔
布拉班特
马斯特里赫特
列日
亚琛

黑
森
图
林
根

西
属
尼
德
兰

朗斯
康布雷
弗勒吕斯

埃伦布赖特施泰因

巴哈拉赫
赫希特
巴勒杜克
美因河畔法兰克福
美因茨
达姆施塔特
阿沙芬堡
维尔茨堡

弗
兰
肯

科尔比

瓦拉河
贡比涅
桑利斯
巴黎

罗克鲁瓦
特里夫斯
隆格维
卢森堡
蒂永维尔
梅斯

凡尔登

图勒
南锡

斯特拉斯堡
本菲尔德
布赖萨赫

沃尔姆斯
施派尔
盖默斯海姆
阿格诺
菲利普斯堡
温普芬
海尔布隆

莱茵
河

梅尔根特海姆
罗滕堡
菲尔特
纽伦堡

讷德林根
阿勒海姆
多瑙沃特
楚斯马豪森
赖恩
马克斯堡
奥格斯堡

彭海姆
曼海姆
海德堡

特
腾
堡

本

维腾韦尔
罗特韦尔
伯林根
图特林根
康斯坦茨湖

塞纳河
马恩河

洛林

穆瓦延维克

斯图加特
图宾根

弗朗什－
贝桑松
孔泰

贝尔福
森海姆
巴塞尔

霍恩特维尔
莱茵费尔登
劳芬堡

肯普滕
林道
布雷根茨

法 国

瑞 士 联 邦

伯尔尼

库尔
格劳宾登

蒂罗

日内瓦湖

瓦尔泰利纳
科莫湖

萨 伏 依

米
兰

威 尼 斯

罗讷河

苏萨
都灵

米河
卡萨莱

曼托瓦

N

波罗的海

亚

普鲁士

波

兰

埃尔宾

柯尼斯堡

皮劳

但泽

科尔贝格

尼

施特拉尔松德

格赖夫斯瓦尔德

罗斯托克

维斯马

代明

沃尔加斯特

拉

美

新勃兰登堡

斯德丁

波

梅克伦堡

登

维特施托克

哈弗尔贝格

贝尔瓦德

堡

维斯瓦河

华沙

勃兰

柏林

斯潘道

马格德堡

阿勒尔河

屈斯特林

奥得河畔法兰克福

哈尔伯施塔特

德绍

安哈尔特

迪本

托尔高

艾伦堡

布列斯劳

哈雷

莱比锡

施韦德尼茨

黑

布赖滕费尔德

梅泽堡

吕岑

包岑

萨克森

魏玛

开姆尼茨

德累斯顿

皮尔纳

诺伊施塔特

茨维考

弗里德兰

莱特梅里茨

布劳瑙

奥米茨

摩拉维亚

克洛斯特格拉布

基辛欣

布兰代斯

艾格

布拉格

上普

苏尔茨巴赫

比尔森

波希米亚

法尔茨

安贝格

卡姆

布吕恩

雷根斯堡

施特劳宾

扎布拉提

布德韦斯

莫戈尔施塔特

格蒙登

诺伊堡

兰茨胡特

帕绍

格勒尔斯多夫

巴伐利亚

慕尼黑

布劳瑙

韦尔斯

林茨

维也纳

普雷斯堡

多瑙河

萨尔茨堡

上奥地利

下奥地利

因斯布鲁克

布达

施蒂里亚

格拉茨

奥

奥斯曼

帝国

尔

克恩滕

牙

共和国

卡尼鄂拉

威尼斯

0   100   200 英里

ix

地图和战场平面图列表

地图

战场平面图

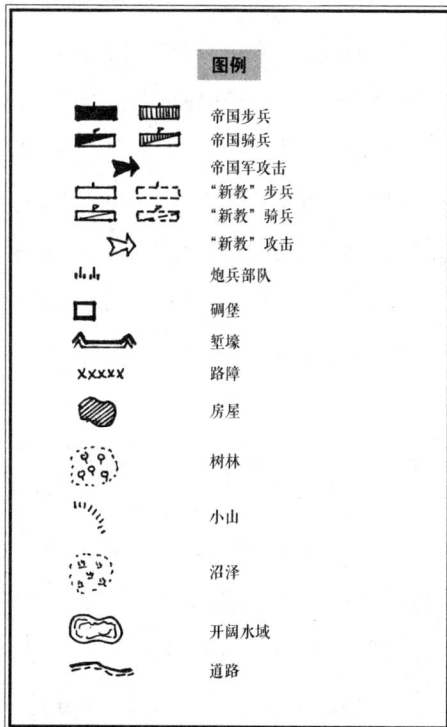

图例

图示	含义
	帝国步兵
	帝国骑兵
	帝国军攻击
	"新教"步兵
	"新教"骑兵
	"新教"攻击
	炮兵部队
	碉堡
	堑壕
	路障
	房屋
	树林
	小山
	沼泽
	开阔水域
	道路

前　言

有很多关于三十年战争史的专项研究，但全面记述三十年战争的著述很少。大多数作者只是为学生做了简短的概述。这种情况很容易理解。若要涵盖三十年战争的各方面，至少需要掌握 14 种欧洲语言，而且，关于这场战争的档案记录够研究几辈子的。甚至印刷的资料也有数百万页，仅仅关于结束这场战争的《威斯特伐利亚和约》的著作标题就超过 4000 个。各类浩如烟海的证据影响了之前历史著作的书写方式。一些著作通过将这场战争融入到对欧洲向现代性过渡的更广泛解释中来切入细节。另一些则更多地展示了人物和事件，但随着作者的叙述接近 17 世纪 30 年代中期，往往出现了乏力的迹象。到那时，令这场战争开场阶段生机勃勃的英雄和恶棍基本上已经死亡，取而代之的是其他被后代忽视的人物。人们急于结束这个故事，最后 13 年的事件被压缩，只占全书的四分之一或更少，其中大部分内容都致力于讨论和平与后果。

目前这部著作试图纠正这一问题，更为均匀地覆盖整个时间跨度。这种方法的一些显著特点在第 1 章中得到了阐述。最重要的是，要把这场战争本身视为一场有关中欧政治和宗教秩序的斗争，而不是把它淹没在对整个 17 世纪上半叶的欧洲冲突的一般性描述中。虽然这简化了某些方面，但它也将人们的注意力集中在 16 世纪后期神圣罗马帝国复杂局势中的战争起源上。本书第一部分的任务是解释这一点，并将其放置在更广泛的欧洲背景下。第二部分大致按时间顺序讲述了这场正在上演的悲剧，特别关注了一个问题：为什么在 17 世纪 40 年代中期之前，缔造和平的努力失败了。最后一部分考察了这场战争的政治、经济、社会和文化影响以及更长远的意义。自始至终，结构性解释都与强调动力和偶然性相结合，与以往的惯例相比，给了较小的参与者以及较突出的参与者更多的篇幅。参考文献是有选择性的，排除了很多使用的旧材料，而采用了大多数读者比较容易接触到的近期作品，并且为专业文献提供了有益的指导。

我很高兴能获得艺术和人文研究委员会授予的2007—2008年科研休假奖，我正是得益于此才能够将本书全部完成。我在桑德兰大学期间得益于那里的学术环境，还受到了赫尔大学历史系的热烈欢迎，使我在赫尔大学完成了本书的最后部分。在我于2006年短暂访问维也纳期间，利奥波德·奥尔和维也纳皇家档案局的人员为我提供了有价值的资料。我要感谢斯科特·狄克森、罗伯特·埃文斯、拉尔夫·莫里森和尼尔·兰诺特森帮我完成了一些艰苦的工作，尤其感谢卡斯帕·赫卡维克帮我整理波兰语资料。克拉丽莎·坎贝尔·奥尔、特恩特热尔·赫尔菲里希、迈克尔·凯泽、莫琳·梅克勒、格萨·帕尔菲和西罗·保莱蒂教会了我关于书中一些细节的知识。我还十分感激特雷弗·约翰逊为我提供了他的书稿。按照巴伐利亚地区的规定，此书仍属于未出版的书。他在2007年突然去世了，这很令人悲伤。我再也不能回报他了。

西蒙·温德尔一直鼓励我，使我最终完成了这本书。他提出了编辑方面的建议，使本书的语言更加简洁。夏洛特·赖丁认真校对了本书，修正了不一致的地方和错误。塞西莉亚·麦凯完成了本书的插图，为本书增色不少。这是我十分渴望的。

伊莱恩、亚历克、汤姆和尼娜很有耐心地容忍我沉浸在这份工作中。他们和往常一样为我提供了最大的帮助，也激发了我的灵感。我要把此书献给他们，以此表达我对他们的爱。

第一部分

开 端

第 1 章

序　幕

三个男人、一扇窗

1618 年 5 月 23 日星期三，上午 9 点刚过，威勒姆·斯拉瓦塔（Vilém Slavata）被挂在布拉格赫拉德恰尼城堡的窗户外。这位 46 岁的贵族此前从未遭遇这样的窘境。斯拉瓦塔是皇家政府的高层官员，现任波希米亚财政部长和高级法院的法官，在为统治王朝哈布斯堡王朝服务方面，有着出色的履历。由于他娶了女继承人露西娅·奥蒂莉娅（Lucia Ottilia），他也是整个王国中最富有的人之一。

不久前，与他同样身居高位的同僚雅罗斯拉夫·波利塔·冯·马丁尼茨（Jaroslav Borita von Martinitz）被五名武装分子抓住了。马丁尼茨恳求他们为他找一位告解神父，但这只是让这群人更加恼怒*，他们不由分说地把他头冲下从窗口推了出去。这时候，斯拉瓦塔正晃晃悠悠地挂在同一扇窗外，距离下面的水沟接近 17 米。屋里传来的阵阵怒吼声表明，不大可能有人能帮他。斯拉瓦塔突然感到有人用剑柄猛敲自己的手指。太疼了，他松了手，整个人跌下去，后脑勺撞到了一个下层的窗台上，顿时头破血流。斯拉瓦塔跌下去后，袭击者们注意到了他的秘书菲利普·法布里修斯（Philipp Fabricius），后者正抱住袭击者中一个不那么可怕的人求情。但这帮人无视了他的求饶，他和上司一样也被扔出了窗外。

然而，结果有些出人意料。斯拉瓦塔正好落到了壕沟的底部，而马丁

---

* 临终告解（confession）是天主教的行为，而将马丁尼茨扔出窗外者持新教立场。（本书脚注皆为译者所加，下文不再说明。）

尼茨掉到了壕沟壁的坡上。马丁尼茨踉踉跄跄爬下去救他的朋友，在爬行的过程中，他被压在身下的自己的剑所伤——那些袭击者一时疏忽，没有摘下他的剑。有人从上面的窗户向他们射击，但马丁尼茨帮助恍惚的斯拉瓦塔站起来，一起逃向附近波希米亚书记官洛布科维茨（Lobkowitz）的宅邸，这位书记官没有出席这次被中断的会议。有两个人来追斯拉瓦塔和马丁尼茨，试图杀死他们，但洛布科维茨的妻子波吕克塞娜（Polyxena）把门锁上，并成功说服了这两人离开。第二天，马丁尼茨越过边境逃亡到巴伐利亚，而斯拉瓦塔的伤势较重，无法马上离开，只能选择躲藏。法布里修斯从窗户落到地面，令人惊讶的是他居然安然无恙。他立即逃往维也纳——哈布斯堡君主国的统治中心，也是神圣罗马帝国的政治中心——向皇帝通风报信。[1]

这一事件在历史上被称作布拉格"掷出窗外事件"，引发了波希米亚叛乱，被普遍认为是三十年战争的开始。这场战争夺去了 800 万人的生命，改变了欧洲的政治和宗教版图。这场战争在德国和捷克历史上的地位类似于英国内战、西班牙内战和美国内战在这三国历史上的地位，也类似于法国革命和俄国革命在这两国历史上的地位：这是一个带来民族创伤的决定性时刻，影响了其如何看待自己和自己在世界上的地位。后世很难理解这种规模的灾难，就像他们也很难将犹太人大屠杀理解为一个历史事件。[2] 对大多数德国人来说，战争成了民族耻辱的象征，严重阻碍了政治、经济和社会发展，也导致了后来德国长达两个世纪的内部分裂和国力虚弱。

多种解读

上文这种解读源于许久之后的一场战败。这场战败重新唤起了人们对三十年战争的兴趣，也改变了人们对它的看法。对那些经历了三十年战争的人和他们的子女来说，战争依然是历历在目的当代事件。从一开始，三十年战争就吸引了全欧洲人的注意力，加速了 17 世纪早期见证了现代报纸诞生的"媒体革命"（见第 23 章）。结束战争的《威斯特伐利亚和约》

是一本国际畅销书，一年内至少出现了 30 个版本。直到 17 世纪末中欧国家进入另一段三十年战争时期，主要是反对法国和奥斯曼土耳其的，人们对上一次战争的兴趣才逐渐减弱。三十年战争在人们脑海中的记忆依然鲜明，反映在纪念《威斯特伐利亚和约》的年度庆祝活动和相对不多的面向大众市场的书籍上。和公共仪式一样，这些书籍对战争做出了大体上正面的解读，认为战争捍卫了德意志新教徒的自由，巩固了帝国体制。3

随着法国大革命爆发，拿破仑肢解了神圣罗马帝国，这种观点被迅速抛弃。1792 年，奥地利和普鲁士联合起来干预法国大革命，将德意志人拖入了另一场入侵、失败、政治动乱和破坏中。此时正值思想和文化上出现新的潮流，这些潮流与浪漫主义和文学上的"狂飙运动"相关。三十年战争中的大规模死亡、劫掠和酷刑的恐怖故事立即引发了人们的共鸣。而像帝国将军瓦伦斯坦（Wallenstein）或瑞典国王古斯塔夫斯·阿道弗斯（Gustavus Adolphus）这样的人的戏剧性人生，通过与拿破仑和其他拿破仑时代人物的比较，具有了新的意义。1791 年，狂飙运动的领军作家弗里德里希·席勒（Friedrich Schiller）出版了关于三十年战争的历史，赢得了大批读者，随后又在 1797—1799 年出版了《瓦伦斯坦》三部曲，这三部作品依然堪称德语国家的莎士比亚历史剧。

对三十年战争的浪漫主义解读确立了三个元素，至今仍在影响人们对这段历史的书写。其一是对死亡、衰落和破坏有一种哥特式的着迷，德意志通常被视为遭到外国入侵的无助受害者。人们从民间传说和小说中摘选了各种暴行故事，特别是从格里梅尔斯豪森（Grimmelshausen）的《痴儿西木传》（*The Adventures of Simplicius Simplicissimus*）。这部小说被浪漫主义诗人重新发现，被认为是第一部真正的德语小说，并在 19 世纪初重新发行了各种"改良"版。4

这些故事在历史小说和绘画，以及学校课程中的重新出现，不仅在德意志，也在其他受战争影响的国家，加强了民间记忆和家庭传统。三十年战争成为衡量以后所有战争的标杆。法国东部的居民根据 17 世纪 30 年代摧毁他们家园的瑞典人和克罗地亚人的故事来解释后来的每一次入侵。第一次世界大战时，东线战壕中的士兵认为他们正在经历最近 3 个世纪从未见过的恐怖。1945 年 5 月 4 日，希特勒的建筑和军备部长阿伯特·施佩尔（Albert Speer）在广播里宣布："战争给德国带来的破坏只有三十年战争能与之相提并论。我们绝不允许死于饥饿和杀戮的人民的比例达到当时的程度。"因此，他继续说，希特勒的继任者邓尼茨元帅已经下令放下武器。20 世纪 60 年代的民意调查显示，德国人认为三十年战争是德国遭受的最大灾难，其破坏力排在两次世界大战、大屠杀和黑死病之前。[5]

20 世纪末，电视的影响力无疑改变了这个看法，尤其是在近年来大屠杀画面通过电视而广泛传播之后。尽管如此，在 21 世纪，德国作家仍然宣称，1618 年至 1648 年"土地遭到的破坏，人民遭受的苦难，其之前没有，其后也没有任何灾难能比得上，甚至连第二次世界大战时德国被轰炸带给人们的恐惧都比不上"。[6]

19 世纪史学确立的第二个特征是一种"无力回天"的悲剧氛围。这一点在席勒的《瓦伦斯坦》中已经表现得很明显，他将其主人公塑造成一个寻求和平的理想主义英雄，但命中注定会被他最亲近的属下谋杀。在拿破仑战争之后，事态会不可避免地陷入混乱的感觉在写作中很常见。在 1806 年神圣罗马帝国灭亡之后，以前给《威斯特伐利亚和约》以正面评价的观点变得不合时宜。人们认为，三十年战争非但没有加强帝国宪法，反而似乎开启了其瓦解过程。更为近期的作品加强了这种印象，它们不再关注人物和帝国宪法上的失败，而是更为关注欧洲经济从封建主义到资本主义的长期过渡，并声称这引发了"17 世纪的普遍危机"。[7]其他人认为这场危机主要是政治危机或环境危机，或者是两个以上的因素相结合的。然而，所有说法都宣称，深层次的结构性变化加剧了紧张局势，在 1600 年后，这种局势在整个欧洲爆发为暴力叛乱和国际冲突。[8]

对帝国中的这些事件的解释上的分歧产生了 19 世纪德国历史写作中的第三个，也可能是最具影响力的因素。在 1815 年以后，三十年战争史陷入了一场关于德意志民族发展的争论中。当时出现了两种相互竞争的叙述，每种都和未来可能的德意志相关。"大德意志"方案设想了一个松散的联邦，包括哈布斯堡王朝的奥地利、霍亨佐伦王朝的普鲁士和"第三德意志"的小邦国，如巴伐利亚、拿骚和符腾堡。"小德意志"方案选择排除奥地利，这主要是因为合并哈布斯堡王朝在意大利和巴尔干的其他领地会面临一些复杂问题。随着 1866 年普鲁士战胜奥地利，"小德意志"方案胜出，并在 1870—1871 年法国战败后得到巩固，德意志第二帝国建立。两种关于德意志未来的愿景都有明确的宗教关联，而这种关联被转移到关于德国历史的争论中。关于三十年战争是一场宗教冲突的假说似乎变得不言自明，几乎无人质疑。

关于德意志国家性质的争论是和现代史学的诞生同时发生的，这一点非常重要。利奥波德·冯·兰克（Leopold von Ranke），这位德国实证学派的创始人选择了瓦伦斯坦作为他范围广泛的著作中的唯一一部人物传记的主人公。兰克和他同时代的人付出了巨大的努力去研究现存的档案资料，他们的很多作品今天仍然很有价值。他们深深影响了其他国家的历史学家对三十年战争的解读，尽管每个国家都将这场战争融入了自己的国家叙述中。法国历史学家普遍选择从黎塞留和马萨林的角度来看待这场战争，据说两人的政策为 17 世纪中叶到拿破仑时期法国在欧洲大陆"独占鳌头"的时代奠定了基础；对西班牙历史学家来说，这段历史的主题是国家的衰落，西班牙自 1618 年之后已经显得力不从心了；瑞士人、尼德兰人和葡萄牙人将冲突与国家独立联系在一起，他们的国家都是从哈布斯堡君主国那里独立出来的，而丹麦人和瑞典人则将这场战争放在他们在波罗的海相互竞争的背景之中；英国的解释与德国的最为接近，部分是因为斯图亚特王朝与普法尔茨选帝侯在"掷出窗外事件"后支持波希米亚反叛分子的关键决定有关。许多同时代人用宗教眼光来看待这种王朝联系，将其看作"新教事业"，这在 19 世纪德国人的教派化写作中得到回应，他们的作品为在英国工作的历史学家提供了主要资料来源。[9]

将这场战争视为宗教战争的想法也非常符合 19 世纪到 20 世纪初许多历史著作背后的更为广泛的新教叙事，这些著作将宗教改革后的历史事件视为挣脱天主教枷锁的运动。同样的进步轨迹也可以在不带宗教偏见的情况下表达出来，即一种世俗化和现代化的过程。在近年来的一部著作中，这场战争变成欧洲文明的"发展和现代化过程中的一次危机"，经此"炼狱"就能升入现代世界的"天堂"。[10]

在历史著作和政治科学中，一个常见的说法是《威斯特伐利亚和约》开创了主权国家体系，从而构建了全球的国际关系。军事历史学家通常将古斯塔夫斯·阿道弗斯这样的重要人物形容为"现代战争之父"。在政治上，这场战争被视为创造了一个绝对君主制的时代。直到法国大革命，欧洲大陆的多数国家一直采用这种专制制度。欧洲人将他们的争吵延伸到了加勒比海地区、巴西、西非、莫桑比克、斯里兰卡、印度尼西亚，以及其他大西洋和太平洋诸岛。墨西哥人、秘鲁人和玻利维亚人在骇人听闻的条件下开采出来的白银成了支付天主教欧洲士兵的军饷，而成千上万的矿工可以算作是战争的受害者。非洲奴隶在巴西为尼德兰甘蔗种植园主辛勤劳作，而尼德兰人获得的利润，连同他们在波罗的海谷物贸易和北海渔业中获得的资金，一起支援了他们与西班牙的战争。

对这一更广泛层面的兴趣已经支配了英语世界对这场战争的描述，这种描述将发生在帝国内部的事件描述为一个更大规模的国际冲突的一部分，即法国、瑞典和英格兰、尼德兰、德意志的新教徒对抗西班牙-哈布斯堡霸权的一部分。帝国内部的战争要么是这场更大冲突的附属品，要么在 17 世纪瑞典和法国介入之后成为其一部分。尽管三十年战争国际视角学派一位主要的倡导者将德国的传统解释斥为"狭隘"，但该学派仍受到 19 世纪史学的强烈影响，认为战争的爆发是不可避免的，其过程伴随着不断升级的暴力和宗教仇恨。[11]

本书论点

三十年战争是一个非常复杂的事件。对其进行解读中存在的问题是因人们试图使之简化，从而过于重视一面而轻视其他方面所导致的。这部著作试图通过不同元素和帝国宪法的共同关系来重新连接这些元素。在神圣罗马帝国内发生的战争与其他冲突有关，但依然截然不同。甚至神圣罗马帝国以外的观察者也认为，这场始于波希米亚叛乱的战争一直持续到《威斯特伐利亚和约》签订为止。他们在 17 世纪 20 年代就开始讨论一场五年战争、六年战争，而且一直这么算下去，直到 1648 年战争结束。[12]

尽管如此，全欧洲还是被这场战争所影响，如果这场战争能够避免，或者有另一种结果，全欧洲的历史将会被改写。在主要国家中，只有俄国没有被波及。波兰和奥斯曼帝国虽然没有直接参与，却发挥了重要影响。尼德兰设法将它与西班牙的冲突与这场战争分开，同时试图提供有限的、间接性的援助，来影响神圣罗马帝国内的事务。英国的参与更为实质性，却没有成为一个正式的交战国。法国和西班牙也介入了，但将它们的介入和它们之间的斗争区分开来。它们之间的斗争有着不同的起源，且在1648 年后又持续了 11 年。虽然丹麦和瑞典的干预与战争的起源没有关系，但它们是正式的交战国。同样，萨伏依和洛林等其他临近的公国也被拖入战争，但它们既没有忽视它们自己的议程，也没有停止自己的地区纷争。

本书论点与过往解读的第二个主要区别在于，本书认为这场战争并不主要是一场宗教战争。[13]宗教无疑为身份认同提供了一个强有力的聚焦点，但还是得和政治、社会、语言、性别等其他要素相竞争。大多数同时代观察者谈论的是帝国军队、巴伐利亚军队、瑞典军队或波希米亚军队，而非天主教军队或新教军队。天主教军队和新教军队是一种时代错误的标签，是 19 世纪以来为了方便起见、简化说法而使用的。我们能把这场战争说成是宗教战争，只是因为信仰在一定程度上指导着现代早期的所有公共政策和私人行为，但也仅此而已。为了理解这场战争与基督教内部争论之间的真实关系，我们需要区分好战的信徒和温和的信徒。所有人都信奉宗教，但我们不应该认为温和的基督徒必然更理性、更讲道理，或更世俗。不同之处不在于他们的宗教热情，而在于他们怎样将信仰和行动联系起来。所有人都深信他们信仰的基督教提供了唯一真正的拯救途径，也是司法、政治和日常生活唯一正确的指南。然而，温和派更加务实，认为将所有基督徒重新统一在一个教会下虽然是个可欲求的目标，但也是一个泛泛的、长远的目标。而好战派认为这个目标触手可及，他们不仅准备使用强制手段代替说教，还能亲身感觉到上帝召唤他们这样做。他们用神意、末世的话语来解释《圣经》，将时事直接与《圣经》文本联系起来。对他们来说，这场战争是一场圣战，一场正义与邪恶间的终极决战，在这种决战中，只要目的正当，几乎可以不择一切手段。

正如后面会看到，好战分子仍是少数，他们在战争期间大多袖手旁观，或者遭受战败并流离失所。不过，当时和现在一样，一旦好战倾向和政治权力结合在一起，就会变得尤其危险。它在掌权的人中营造了一种幻觉，即他们是被上帝挑选以服务于一个神圣的目的，并会得到回报。它鼓励这些人坚信，只有他们的规范是绝对的，他们的政体必然优于其他所有政体，他们的信仰是唯一真实的宗教。这种基要主义者将"他者"妖魔化，在心理上相当于向其他人宣战，排除了所有对话和妥协的可能。他们不觉得自己有责任把对手当人类。他们把可能由他们自己造成的问题完全归咎于敌人。但是，这种自信对他们自己和敌人来说，注定都十分危险。相信有上帝相助会使得基要主义者更愿意冒险，他们坚信哪怕四面楚歌，这也不过是上帝对其信仰进行考验的一个环节罢了。他们仍然坚信，最终胜利必然属于他们。这将使他们坚定决心，激发顽强反抗，但不太可能取得军事胜利。基要主义者并不了解他们的对手，而且他们也不尝试去了解。他们的这些信念导致了他们做出一些关键决定，包括"掷出窗外事件"和普法尔茨选帝侯决定加入叛乱。好斗分子的影响力有时与其人数不成比例，但这不意味着我们应该通过他们的视角来解读这场冲突。

本书论点的第三个主要不同之处在于，本书认为这场战争并不是不可避免的。17 世纪的欧洲冲突与更广泛的环境和经济问题之间的关系，充其量也只是间接的。整个欧洲并未陷入一波广泛的暴力浪潮之中。尽管帝国大部分地区与发生战争的地区有着类似的潜在问题，但是大部分地区在 1618 年之后仍处在和平状态，直到冲突在 1631—1632 年升级。《奥格斯堡和约》（1555）缓解了宗教改革带来的紧张局势，此后也并非不可避免地要发生冲突。帝国内部发生过一些零星的暴力事件（见第 7 章），但1618 年之后，才出现了普遍冲突。1555 年至 1618 年是德国近现代历史上最长的一段和平时期，直到 2008 年才被"二战"后一段长达 63 年的和平时期所超越。当帝国内部的相对平静与 16 世纪 60 年代之后法国和尼德兰的残酷的内战形成对比时，这一点的意义将会更加突出。

既然《奥格斯堡和约》成功地缓解了紧张局势，那么，1618 年后为何会爆发大规模战争则需要一些解释。这将是本书前 8 章的主要任务，前

8 章还将陈述欧洲的主要形势，介绍一些关键问题和主要人物。之后的 12 章将大致按照年代顺序来论述事件，并将注意力重点放在 1635 年后的一段时期，这段时期被过度忽视，但对于理解和平为何如此难以实现至关重要。最后 3 章检视战争的政治后果，以及其导致的人员和物质的损失，并试着总结战争对经历过它的人们和后人来说意味着什么。

第 2 章

基督教世界核心地带的难题

帝 国

1618 年前的神圣罗马帝国并不缺少戏剧性事件，但这些事件出现在法庭上，而非战场上。16 世纪的中欧人卷入了旷日持久，且常常是冗长的法律纠纷，后人认为这些纠纷既乏味又无关痛痒，将三十年战争前几十年的历史压缩成一段简短的叙述，认为这段时期的宗教和政治两极分化不可避免地导致战争。这是可以理解的，因为帝国非常难以解释。

18 世纪后期，不知疲倦的约翰·雅各布·莫泽（Johann Jakob Moser，他在工作之余创作了 600 首新教赞美诗，并抚养了 8 个孩子）在出版了一百余卷著作之后，放弃了描述帝国宪法的尝试。正如 T. C. W. 布兰宁（T. C. W. Blanning）恰当地指出的那样，解决这个问题的唯一方法是去热爱异常，因为帝国不符合任何公认的模式。[1] 这也是 17 世纪哲学家塞缪尔·普芬多夫（Samuel Pufendorf）将帝国描述成一个"怪物"的原因，他指出，帝国既不是一个"常规王国"，也不是一个共和国。一个同时代的比喻提供了一个很好的切入点。像笛卡尔这样的自然哲学家们开始以机械术语来解释世界，将生物和行星运动看作复杂的机械运动。以这种话语，帝国就像是一艘行驶缓慢、笨拙的庞然大物，由复杂的、精细的，但又令人吃惊的强有力的内部重力和平衡系统来运行。法国、瑞典和丹麦的国王们会用剑猛烈敲击这部机器，而苏丹会用权杖猛击它，打坏它的外部，破坏了一些脆弱的部位，但不能改变它缓慢前进的步伐。

社会群体

驱动这个庞然大物的是帝国内的数百万农民和普通民众的劳动，他们居住在帝国各地 2200 多个城镇、至少 15 万个村庄，以及众多的修道院、女修道院和其他社区中。正是在社区的层面上，人们完成了各种事情：结婚、生育、组织工作、收获庄稼、制造和交换物品。马特乌斯·梅里安（Matthäus Merian）的作品《日耳曼尼亚地理志》（*Topographia Germaniae*）主要描绘了这些社会群体，这是一项了不起的出版事业，始于 17 世纪 30 年代，战争的高潮时期，但直到 40 年后才完成。[2] 这部作品几乎没有描绘任何自然风光，梅里安和合作者将他们走访过和听说过的居住区按照地区分类，按字母顺序来描绘它们。作品中附带的大量雕版画完美地展现了这些社会群体的三个要素和它们与帝国权力机构的关系。

每个居住区都清楚地显示以农村为背景，每个社区被描绘成一个独特的社会空间。大部分社区位于河流边，河流为社区提供了与外界交流的通道，也可以方便用来运送垃圾，阻挡入侵者。与现代河流不同的是，17 世纪的河流仍然遵循着它们的自然路线，由于大雨或融雪而变宽，遇到草地或地势低洼时就会四处流淌。随着时间的推移，较大的河流会改变路线，造成一些小岛和水湾，天才的桥梁建造者会把这些小岛和水湾结合到跨过水面的建筑中。城镇和大一些的村庄周围有中世纪的城墙，通常还会利用河流或沟渠的水形成一道围绕社区的护城河。这些高大但相对较薄的城墙有着高大的塔楼和门楼，正在为更多更现代的外部防御工事所补充，用以抵御大炮的轰炸。一些城市在 16 世纪时已经有了城墙，但大多数城市是在 17 世纪 20 年代建造这些防御设施的，或者将原有设施进行现代化改造，以应对迫在眉睫的战争的危险。厚而低的城墙连同巨石建造的城堡将中世纪时的核心地带围起来，有时将周围的郊区也围起来，但有时也会将郊区排除在外，使之成为防火带。只有有经验的人才能分辨出这些被精心改造成多个几何形状的城墙、工事和水渠，因为从地面上看去，它们都被起伏的地势所遮挡，看上去似乎与农村连成一片。少数留在城墙外的建筑要么用作工业目的，如锯木厂或砖窑，要么是宗教场所，如修道院和女修道院，它们本身构成了独立的社区。

即使是小村庄和村落也被墙围了起来，以防御野兽，并标志着居民的地域感。大门都会在黄昏时关闭，即使在相对平静的时期也会有人守卫。路过的人常会被问到是干什么的，并要根据他们的货物缴纳一笔费用。由于城墙的存在，而且由于扩建城墙成本高昂且麻烦，城内的建筑都很拥挤，在大城市经常会建到三层或以上，而且人们会尽量利用从屋顶到地窖的所有空间。石头或砖块通常只在底层使用，其他部分都是木质架构。火灾时刻都会发生，造成的损失经常要比战争大得多。由于彼此住得很近，人们倾向于对他人追根究底。一个经常喝醉酒的邻居不只是被谴责的对象，还有带来火灾的危险。同样，社区很少能够大到让其中的人保持匿名。这依然还是一个面对面交流的社会，外来者会立即被注意到，并常常引起怀疑。战争的临近使得大量带着武器的陌生人经过起伏的山丘或森林来到定居点。他们说着不同的方言，甚至是各种外语。经常会有很多张嘴要喂，有时人数甚至超过社区本身。如果闯入者遭到反抗，熟悉的地标就有被破坏或抹去的风险。如果城墙被突破，社区内受保护的空间就会遭到侵犯，并预示着一次袭击，几乎总是会有劫掠、掠夺，甚至更糟糕的事情发生。

教堂的尖顶高耸于城墙和房顶之上，指向了每个定居点作为信徒社区的第二个层面——神学层面。教堂通常由石头建成，也常是定居点里的最大建筑之一。在梅里安的雕版画中，教堂被仔细地标出了，每个都被单独贴上了标签，那些更重要的教堂甚至还有自己单独的插页。即使是较小的城镇也有 4 个甚至更多的教堂，每个教堂都是其所在教区的焦点。大一些的村庄也会有教堂，可以满足周围小村的宗教需求。修道院和女修道院为宗教活动提供了额外的场所。这些建筑的数量和规模不仅见证了人们赋予信仰的重要性，还显示了存在于所有重要社区的组织宗教的经济活力。

旅行者从远处除了能看到上述这些建筑，还能看到一些与政治当局有关的建筑。市政厅、宫殿或执法官的官邸和教堂一起，都是最大的建筑，通常比任何工坊都要坚固，无疑也更加华丽和壮观。和教堂一样，它们象征着居民既是一个独特的群体，也是一个更广泛的社会群体的成员。城镇和大部分村庄都享有管理内部事务的相当大的自治权，由从有选举权的居民中选出的代表来管理，这些居民通常是有财产的男性，也是已婚户主。具体的管理职责差别很大，但一般包括对较轻罪行的管辖权、为日常事务筹集资源和劳动力的有限权力，以及对共有土地和经济资产的管理。至关重要的是，这通常包括决定谁可以居住在社区里的权利，以及制裁违反社区规范者的权利。然而，没有一个社区是完全独立的。任何进入其主要政府建筑的人都会看到一个或刻或画的纹章，这表明社区要对一个更高的权威负责。

帝国宪法通过将成千上万个定居点束缚在一系列等级有序、相互重叠的管辖权中，将它们联系起来。虽然梅里安的作品标题中有"日耳曼"一词，但其作品实际覆盖了整个帝国，帝国的面积超过 68 万平方千米，不仅包括所有现代德国、奥地利、卢森堡和捷克共和国，还包括波兰的大部分西部地区，以及今天法国的阿尔萨斯和洛林。虽然在梅里安的作品中没有提及，但是在 1600 年，现代尼德兰和比利时的大部分地区仍与帝国有关联，意大利北部还有 6.5 万平方千米的土地也是如此，虽然这些地区在帝国机构中没有代表。[3]

皇帝和诸侯

作为一个整体，帝国象征着中世纪晚期单一基督教世界的普世理想。它的统治者是唯一一位拥有帝国头衔的基督教君主，凌驾于其他所有的君主之上。他自称是欧洲的世俗首脑，其依据是神圣罗马帝国是古罗马帝国的直接延续，因此也是《但以理书》中预言的四个世界统治者中的最后一个。普世理想离地方的实际政治舞台十分遥远，因此皇帝并不直接统治众多社区。相反，皇帝的权威是通过帝国层层级级的管辖权来实现的，而这相应地有着中世纪封建起源。皇帝是许多次级领主的最高领主，而这些领主又束缚在一系列附庸的链条中。这些领主之间的区别越来越明显，特别是自 1480 年以来，帝国不得不处理各种内部和外部问题的时候。在那些享有帝国直辖权（*Reichsunmittelbar*）的领主和那些从属于中介管辖权的"非直辖"领主之间有了根本的区别。

直辖领主拥有完全的帝国封地（*Reichslehen*），这是皇帝以封建领主的身份直接赐予他们的。这些封地通常还有一些较小的封地，由非帝国直辖领主拥有，还有一些从属社区执行管辖权。因此，城镇、村庄和其他定居点在复杂的权利、特权和管辖权的法律和政治网络中结合在一起。拥有这些权利的人可以要求得到受其权利约束的人的尊重、服从和资源。若一个领主对一个村庄拥有管辖权，那么他可以期望得到村民的尊重，分得他们的部分产品，要求他们付出时间和劳动去完成某些任务。作为回报，领主被期望要保护村民的利益不受带着恶意的外来者的侵犯，在更广泛的帝国框架内维护其社区的独特性，并要参与管理村里的内部事务以解决一些严重问题。

社区拥有作为社会和政治空间的力量，这意味着这些权利根植于土地，因此，无论谁拥有这些权利，谁就在该地区拥有权威。然而，拥有一地的权威的人并不一定被禁止拥有另一种权威，因此，一个拥有帝国直辖封地的领主可能也拥有其他的土地，使他成为其同级贵族的封臣。同样，教会拥有很多物质资源，造就了一大批传统上与皇帝有紧密关系的教会领主，他们视自己为"帝国教会"（*Reichskirche*）。帝国教会的物质基础建立在各种定居点和地产上，这些是它通过拥有帝国领地和其他管辖权而控制的。然而，领地管辖权和宗教管辖权并不一致，后者可以扩展到各世俗领主控制的定居点。最后，管辖权可以由不止一个领主分享，不同的领主可以在同一个社区拥有不同的权利。

大部分权利是继承而来的，由生活在帝国内的 5 万到 6 万个贵族家庭持有。绝大部分贵族是"领地贵族"（*Landadel*），他们享有的权利较少，并受拥有帝国封地的排他性领主集团的管辖。大约有 180 块世俗封地和 130 块教会封地，共同构成了帝国的领地。这些领地大小差别很大，且大小和其政治权重没有直接的关联。帝国形成的时候，人口主要集中在南部和西部。这些地方人口密集，造成的结果是领主也比较密集，与人口较为稀少的北部和东部非常不同，北部和东部直到 16 世纪初才被完全纳入帝国宪法的范围。

到 1521 年，帝国宪法的巩固将世俗领主和教会领主分为三个群体。人数最少的，也是最高级的领主是 1356 年的《金玺诏书》（Golden Bull）

规定的七位选帝侯，他们拥有选举皇帝的专属权利。由于神职人员的社会功能是为整个社区祷告，在当时通行的社会等级区分中，他们是高于贵族的"第一等级"。因此，地位最高的选帝侯是美因茨大主教，其次是科隆和特里尔大主教，他们的臣民都不超过 10 万人。世俗选帝侯的首领是波希米亚国王，波希米亚王国是帝国唯一拥有独特王室头衔的土地（见第 3 章）。波希米亚也是最大的诸侯国，面积达 5 万平方千米，有 140 万居民居住在 102 座城镇、308 个商业中心、258 座城堡和 30 363 个村庄和小村中，并有 2033 座教区教堂。勃兰登堡的面积仅次于波希米亚，但地位最低，占地 3.6 万平方千米，人口却只有 35 万。萨克森更小一些，但人口密度大，有约 120 万人。普法尔茨的地位仅次于波希米亚，面积达 1.1 万平方千米。它包括两部分，上普法尔茨位于莱茵河地区，下普法尔茨位于巴伐利亚的北部，总人口约 60 万。这些选帝侯加在一起拥有帝国五分之一的领地，以及超过六分之一的总人口。

其他帝国封地大致属于两种类型之一。第一组的 50 块教会封地和 33 块世俗封地由诸侯级别的领主拥有，他们的实际头衔从大主教、主教到公爵、领地伯爵（landgrave）、边疆伯爵（margrave）不等。所有世俗封地都是通过继承或购买正式获得的，在这两种情况下，封地的移交都要经过皇帝的许可。包括三个选帝侯在内的教会领主都是由其领地上主要教堂的主教座堂法政牧师或修道院法政牧师选出的，同样也要经过皇帝的许可，而且在这种情况下，也需要教宗的同意。诸侯的数量通常少于封地的总数，这是因为选帝侯有可能获得诸侯级别的封地，现有的诸侯也可能获得不止一块封地，而采邑主教也有可能寻求在另一个教区当选。在以这种方式积累影响力方面，哈布斯堡王朝是所有诸侯家族中最成功的，他们不仅获得了奥地利的 11 个省，还获得了波希米亚及其相关领地，以及尼德兰的 17 个省，他们拥有的土地面积约为 30.3 万平方千米，相当于帝国总面积的五分之二。1526 年，匈牙利部分地区也落入哈布斯堡王朝统治之下，到 1600 年，哈布斯堡王朝统治了 700 多万人，相比之下，帝国其余地区的人口约 1700 万。哈布斯堡王朝的领地基础确保了他们从 1438 年到帝国结束的 1806 年，事实上垄断了帝国的皇位。哈布斯堡王朝凌驾于其他诸侯之上，这些诸侯的臣民很少有超过 10 万的。

第二组封地甚至更小，大约有 220 块，缺乏完全的诸侯国地位，由伯爵、领主或高级教士统治，其中大多数只有几千名臣民。此外，400 个男爵和骑士家族直接从皇帝那里获得了 1500 块封地，他们被称为"帝国骑士"（*Reichsritter*）。就个人而言，他们拥有的土地面积并不比数量众多但缺乏帝国直辖权的领地贵族的土地要大。到 16 世纪中叶，他们已经不再在帝国政治中扮演重要角色了。

城　市

绝大多数社区处在这样的一个或多个管辖权之下，但也有一些社区不受领主的控制。最重要的是约 80 个"帝国自由市"（*Freie und Reichsstädte*），主要位于施瓦本和弗兰肯，即南部和西部的旧帝国中心地带。其中包括了帝国最大的城市，尤其是奥格斯堡，其居民最多，达到4.8 万，是柏林的 4 倍；紧随其后的是若干人口约 4 万的城市，有纽伦堡、汉堡、科隆、吕贝克和斯特拉斯堡；再次的是法兰克福、不来梅、乌尔姆和亚琛等城市，每座城市有 2 万名居民；此外还有更多的城镇，人口只有不到 1 万，如诺德豪森、海尔布隆、罗滕堡和雷根斯堡；大部分城镇人口不到 4000，尽管有一些城镇，像施瓦本哈尔，控制了周围不少村庄。城市的影响力部分取决于它们和皇帝的直接关系，正是皇帝保证了它们不被周围的诸侯国兼并。1619 年，任何人如果和康斯坦茨湖边的埃里斯基尔希村的执法官（bailiff）打交道，都会在门上看到布赫霍恩市的纹章——一棵树和一个猎角，表明埃里斯基尔希是布赫霍恩市的属地，该村是布赫霍恩市在 1472 年获得的，而这座城市对皇帝和帝国的效忠则表现在位于城市纹章上方的帝国纹章上。黑色双头鹰象征着帝国和前日耳曼王国的融合。双头鹰的周围是金羊毛骑士团的勋章，骑士团建立于 1429 年，宗旨是保卫教会。这是哈布斯堡王朝授予的最高荣誉，直接将他们的家族与皇帝作为基督教世界保护者的传统角色联系在一起。双头鹰的中间复制了哈布斯堡王朝的红白红旗帜，这进一步强调了哈布斯堡王朝与皇帝头衔的关联，以及城市在其管辖下作为帝国成员的身份。[4]

帝国宪法

皇帝及其封臣共同管理帝国，但是，考虑到帝国宪法的等级特征，权利和义务的分配也并不平等。皇帝是最高领主和君主，拥有相当大的保留权力，这些权力直接来自他的头衔，而非因为他拥有任何封地。这些帝国特权被故意弄得模糊不清，因为如果将它们用法律固定下来，就意味着皇帝的普世权力主张受到了限制。然而，为了处理迫切的问题，皇帝及其封臣不得不更精确地界定彼此之间的关系，并在皇帝和帝国组成社区之间的不同中间层创造了额外的权力。虽然哈布斯堡王朝垄断了皇帝头衔，但皇帝头衔并非他们的天然专属权利。哈布斯堡王朝仍要与其他选帝侯协商来赢得他们的同意。有时他们可能去劝说选帝侯接受一位被称为"罗马人的国王"（King of the Romans）的皇位指定继承人，他在其父亲去世后掌权。否则，按照《金玺诏书》的规定，就会出现一个空位期。这将帝国的特权交给了北部的萨克森选帝侯和南部的普法尔茨选帝侯，同时规定了一个截止日期：所有七名选帝侯要聚集起来，并在担任帝国大书记官（arch-chancellor）的美因茨选帝侯的指导下选举一位继任者。并非所有人都能参选，因为皇帝并不是一种终身总统，而是拥有君主威严，这要求任何可能成为皇帝的人已经拥有了某些"皇家"特质。

哈布斯堡王朝的资源不断增长，使得该家族成为明显的选择，因为帝国特权虽然赋予了皇帝行政权，但是却没有提供多少实施政策的手段。选帝侯期望皇帝不但能用自己的土地供养他自己的宫廷和各类帝国机构，还能负担防范奥斯曼人和其他基督教敌人所需的开销。然而，他们认识到，作战方式已经发生了变化，如果皇帝得不到帝国其他部分援助的话，就不可能做到这一点。诸侯和城市也接受了这一点，因为愿意缴纳帝国税成了直接受帝国统治的标准，将他们和那些仅仅缴纳地方财库的领主和城市区分开来。这些帝国税收被称为"罗马月"，因护送查理五世去罗马接受教宗加冕的费用而得名。每块领地要接受评估，以确定其在 2.4 万名士兵的一个月工资中所占份额的比例。税收可以按这个基本配额的分数或倍数分配，可以一次性征收，也可以分几个月甚至几年征收。

到 1521 年，税收登记资格是决定一个特定地区能否获得帝国议会

（Reichstag）代表资格，从而被承认为帝国政治体（Reichsstand）的决定性因素。帝国议会不是现代意义上的议会，而是体现了近代早期的代表权原则，即君主有义务就大家共同关心的问题咨询他的主要臣民。鉴于帝国的等级性质，协商在三个独立的选帝侯议院、诸侯议院和城市议院进行。诸侯议院的组成在这个阶段仍在变化，因为现有的诸侯不愿意让人数更多的伯爵和教长充分参与进来，后者被迫只能在他们之间分享少数选票。皇帝有提供辩论议题的主动权。每个议院都通过多数票来做出决策，每个成员或其代表要按严格的顺序依次发言。议院之间再进行协商，选帝侯先是咨询诸侯，然后再咨询城市。一旦双方都能接受的措辞敲定，集体决定就作为"建议"被提交给皇帝，皇帝可以选择接受或拒绝。如果皇帝接受，建议会被写入被称为"帝国大会决议书"（Imperial Recess）的总结文书中，于帝国议会结束时发布。自1480年以来，由于要应对新问题，帝国议会相对频繁地召开，立法形成的判例会被合并到帝国宪法中。虽然皇帝没有正式的义务去咨询帝国议会，但这成为他在所有领地上达成有约束力的协议的唯一途径，也是一个检验意见的有用平台，还可以赋予其政策更大的合法性。虽然烦琐，但在整个16世纪，帝国议会都在皇帝的要求下颇为规律地召开了，并通过了大量法律，以及投票通过越来越常规化的税收，以应对土耳其人的持久威胁。（见第4章）

此外，为了履行宪法规定的另一项重要任务，即维护内部秩序和解决不同领主和城市间的争端，还征收了额外税收。1495年的帝国议会同意达成永久的公共和平，要求皇帝和他的所有封臣都要通过一个新的最高法院，即帝国枢密法院（Reichskammergericht）将他们的分歧提交独立仲裁。法院不久就在帝国城市施派尔建立了。皇帝只能任命首席法官及其一小部分助手。各级领主可以提出其他候选人，这些候选人随后被现任法官选中，并向法庭宣誓，誓言高于他们对任何地域领主的义务。帝国法律体系受到后人的责难，尤其是因为它未能解决后来导致三十年战争的诸多问题。然而，帝国法律体系的发展使得帝国从使用暴力自行解决争端的状态过渡到利用最高法院进行和平仲裁的状态，仲裁的目的与其说是确定绝对真相或罪责，不如说是寻求双方都能接受，因而也是可行的解决方案。16

世纪 20 年代，该系统得到扩大，以解决领地内部的动乱以及领地之间的冲突。选帝侯和大领主都创立了自己的司法机构，部分不在最高法院的管辖范围内，但保留了向最高法院上诉和允许其调停的可能性。皇帝接受了最高法院的独立性，这也因为他可以在维也纳建立另一个法院。帝国宫廷议会（Reichshofrat）处理与皇帝特权直接相关的事务，但是，由于这些特权的定义不清，它们就为干预原本属于帝国枢密法院的领域提供了法律依据。尽管这产生了潜在的管辖权冲突问题，但帝国宫廷议会建立了帝国的第二个司法中心，可以防止帝国枢密法院因案件较多而瘫痪。

　　法院的判决是通过介于帝国和领地之间的区域机构来执行的。帝国各领地被划分到十个帝国行政圈（Kreise）中的一个，以选择帝国枢密法院候选人、征收常规税以维持帝国内的身份、征收帝国特别税、组织军队以维持内部和平或保卫帝国。1570 年，帝国法律经过了发展，为这一级别的自治行为提供了相当大的空间。每个帝国行政圈都有自己的议会，这种议会与帝国议会不同，每个成员在公共会议厅里有独立的投票权，因此小成员有着相对更大的权重。帝国行政圈议会可以在皇帝的要求下召开，或根据"帝国大会决议书"召开，或者由地方诸侯——通常是一个世俗领主和一个教会领主——在当地发起。帝国行政圈议会为解决争端、辩论政策和协调行动提供了额外的论坛。帝国行政圈议会的发展程度各异，取决于其成员有多么需要它。哈布斯堡王朝领土被划到了单独的勃艮第行政圈和奥地利行政圈内，王朝在这两个行政圈都处于支配地位，但波希米亚王国却不属于任何帝国行政圈。尽管四个莱茵河选帝侯的领地分布在各地，但它们却构成了一个帝国行政圈。西部和南部的一些小领地属于更小的帝国行政圈，如下莱茵（威斯特伐利亚）、上莱茵、施瓦本、弗兰肯和巴伐利亚。巴伐利亚行政圈被巴伐利亚公爵领支配，公爵领有 80 多万居民，也是最大的公国，比一些选侯国更富裕。巴伐利亚行政圈还有其他 13 名成员，尤其是萨尔茨堡大主教，这使得巴伐利亚公爵无法完全控制行政圈。北部领土被分到上（东部）萨克森和下（西部）萨克森帝国行政圈。上萨克森行政圈被勃兰登堡和萨克森选帝侯支配，而下萨克森行政圈在一些主教辖区和公爵领之间保持得更为平衡。

政治文化

因此，大部分帝国封地既是帝国政治体，也是帝国行政圈政治体（Kreis Estates），在帝国议会和帝国行政圈议会中均有代表权。皇帝既可以作为它们的个人领主和它们打交道，也可以通过他在帝国议会、最高法院和帝国行政圈议会中的代表来和它们打交道。除了在他自己家族的土地上，皇帝对生活在一个或多个领地领主统治下的绝大多数帝国居民没有直接的权利要求。这些领主在帝国机构拥有代表权，鼓吹"日耳曼自由"，这是 17 世纪帝国政治关于自由的言论。这里的自由并不是平等或博爱，而是"一系列自由"，即个人作为法律承认的团体中所享有的特权、豁免权和其他权利。作为帝国政治体成员，各级领主享有他们自己的一系列特殊自由，使他们有别于其臣民和封臣。他们的自由赋予了他们被皇帝咨询的特权，同时还让他们可以参与到帝国的集体治理中来。这些自由也带来了捍卫他们自己的领地以及组成这些领地的人民和社区的自治和权利的责任。在这里，庞大的帝国机器的制衡体现得最为明显。每位领主或诸侯都试图维持自己在帝国等级体系中的特殊地位。没有人想要独立。即使是最大的选侯国也缺乏资源能成为独立的政治存在，所有的统治者都是从他们的帝国成员身份中获得权威和地位的，这使他们与其他国家的贵族非常不同，那些贵族只是国王的臣民。作为帝国政治体成员，他们区分了皇帝和帝国。他们对两者都保持忠诚，但与皇帝的关系是个人的，而与帝国的关系是集体和团体式的。

在 16 世纪，无论是帝国还是欧洲其他地方，政治体系都在转变，与一个领主的私人化交往转变为对一个非个人化国家的服从，而国家超越了统治者的生命。1562 年，马克西米连二世皇帝的加冕礼是最后一次所有选帝侯都参加的加冕礼。此后，虽然那些寻求被完全承认为帝国政治体成员的小伯爵和高级教士还会亲自到达帝国议会，但其他统治者通常会派训练有素的律师代表他们的利益。许多帝国城市意识到开支昂贵，就把选票权委托给了一名代表。然而，在一封信从柏林到达海德堡可能需要两周的时代，个人会面仍然具有重要意义。面对面的时候，领主们可以发现狩猎或艺术方面的共同兴趣，可以以此缓解多年的政治甚至宗教紧张关系。即使共同参与宗教仪式或一起豪饮烈酒未能培养良好的感情，复杂的帝国宪法也为继续对话提供了许多论坛。

与其强行解决问题，大部分人都认为不如暂时搁置，等到大家冷静下来，或者将谈判转移到帝国宪法另一个不同的层次上，在那里可能有更多的盟友或者更好的机会。漫长的磋商过程提供了各种机会，可以通过援引谈判开始后出现的新情况，规避不受欢迎的负担，或者以需要与其他各方磋商为借口拖延协议。帝国政治就是这样通过统治者及其代表不定期举行的一系列正式会议，辅之以较小的会议——讨论具体问题，如货币监管或税收配额——来维持的。没开会的时候，人们通过信使或非正式的私人会议保持联系。制度中大量相对薄弱的因素使得任何人都很难单独行动，这阻止了极端主义的出现，并倾向于将任何议程稀释到最低限度，以让所有人都能同意。

这个烦琐的过程无疑让帝国很难采取果断行动，但给了帝国一种特殊的力量，确保它在一场历史上最漫长和血腥的内战中幸存下来。在现代民主国家，一旦决定以多数票通过，国家有责任来执行这些决定。持异议的少数派现在面临国家的全部力量，如果他们选择反抗，情况可能会恶化为暴力，因为他们没有不遵守这些决议的法律依据。帝国中不存在这种分离，因为立法和执法仍然是皇帝和帝国政治体的共同事务。少数派继续对抗多数派，而不是帝国本身。这种情况下，似乎决策过程尚未完成，多数派观点在少数派接受之前仍然是临时性的。这种情况显然非常有问题，因为持异议者仍然寄希望于完全推翻不受欢迎的决定，而如果多数派的意见仍然被忽视，他们可能会越来越沮丧。不断推迟有争议的问题可能会使最终的安排变得不可能。然而，只要妥协的可能性存在，使用暴力的机会就大大减少了。此外，任何一方都没有拒绝帝国本身，帝国仍然是达成决定的平台。反对派反对的是对法律的解释，而不是制定或执行法律的机构。因此，当帝国的居民为解释帝国宪法而斗争时，他们没有质疑帝国宪法的存在，正是帝国宪法为他们最终实现和平提供了框架。

教派化

宗教冲突损害了帝国宪法的作用，导致战争在 1618 年爆发。然而，这种联系远非直截了当的。16 世纪的暴力活动远不如中世纪的大部分时间多，中世纪人目睹了无数的争斗，甚至皇帝都被其封臣废黜。为了理解宗教的作用，我们需要知道信仰问题是如何与关于世俗权威的争论交织在一起的，为此，我们需要研究宗教改革后不同教派身份形成的过程。

所有基督教教派都源于共同的根源，但由于既得的物质利益、对社会地位和声望的关注，以及通过与持有不同观点的人保持距离来保持归属感和界定这种归属感的心理需求，它们形成了各自的动态。神学争议迫使信徒们采取立场，导致每个主要教派强调某个独特的方面。天主教强调组织的首要地位，认为罗马教会是为所有基督徒解释上帝话语的唯一权威机构。而路德宗强调教义的重要性，声称要让上帝之道不受一个迷失方向的教会的曲解。加尔文宗主张实践至上，呼吁在路德的"教义改革"之后还应该有一个"生活改革"，要让行为符合信仰。[5]

天主教

马丁·路德最初对教会的挑战起源于更广泛的重振天主教的尝试，但是他与罗马的决裂迫使教宗在政治上和神学上做出回应。1545—1563 年在特伦托召开的枢机主教会议旨在弥合裂痕，但最终做出了将福音派列为异端的判决。特伦托会议的最终法令集中于界定天主教，并设计了一个计划，试图通过重振天主教生活来消灭异端。一个核心问题是关于圣餐礼的争议，关于基督在最后的晚餐上对面包和葡萄酒的提及。这个问题至关重要，因为弥撒是天主教集体崇拜行为的核心，将神父和社区联系在一起。大会的法令肯定了教会的首要地位，认为神父的行为祝圣了面饼，将面饼转化成了存在于礼拜仪式现场的基督身体。接受这个"特伦托式弥撒"也就意味着服从教宗对教义的其他裁决。与之相伴的还有中世纪圣餐仪式的复兴，在基督圣体节（Corpus Christi）的游行上体现得最为明显，这个节日的时间是天主圣三节之后的星期四，节日当天，信众走在宗教旗帜和肖像后面，在神父的主持下一起庆祝弥撒。

大会颁布了一系列法令来平息路德的批评，即神职人员不能担当上帝和信徒之间的调解人。教育得到了扩展，以帮助神父理解官方教义，不至于误导教众。主教们应该服务于他们的教区，而非剥削它们。卡洛·博罗默（Carlo Borromeo，1538—1584）被视为效仿的榜样。他是米兰 80 年来第一位居住在这座城市的大主教，他会定期访问各个教堂，赞助宗教活动，融入社区，鼓励更积极的基督教生活。现代告解室*就是他的发明，这极大地增加了告解的吸引力，让告解不再是公开的耻辱行为，而是对个人进行宗教指导的机会。他带头反击瑞士的异端邪说，并很快自己也成了崇拜的焦点，他先是被提升为枢机主教，在死后又于 1610 年被教宗承认为圣徒。圣徒崇拜本身就成了特伦托式天主教的标志，虔诚人物不仅被看作模范角色，还被认为是在上帝面前的代求者。

地方圣徒进一步强化了宗教认同感，并协助天主教应对福音派的集体主义。尽管礼拜仪式仍以拉丁语进行，但崇拜的其他方面都以方言进行，还伴有音乐、歌唱和其他旨在加强团结的活动。朝圣活动重新开始，尤其是在魏恩加滕和瓦尔迪恩的两个流血心脏圣祠，它们在宗教改革中幸存了下来。巴伐利亚公爵和美因茨选帝侯保护了它们，使得这些诸侯能够展示他们的天主教身份。16 世纪 90 年代，访客人数已经达到每年 1 万人，到17 世纪 20 年代，这一数字上升到两倍或三倍，这两地在整个战争期间一直人流络绎不绝，除了被瑞典占领的三年是例外。神圣家族也占据了更重要的地位。约瑟夫的神圣品格得到了强调，他被视为所有基督教家庭的忠实捍卫者和监护人，而圣母崇拜达到了新的高度，多瑙河畔旧厄廷和帕绍这两个朝圣地得到了发展。玛利亚宗教互助会的规模也扩大了，除了神职人员，现在它也接受平信徒，促进了天主教在社区中的整合。到 1650 年，科隆的互助会会员增加到了 2000 人，而当时科隆的人口大约为 4.5 万人。

特伦托改革延伸到天主教会的核心，教宗不仅对新教做出了反应，也

---

* 现代告解室可让告解者保持匿名。

对欧洲力量平衡的变化做出了反应，改革了教廷并扩大了外交网络。[6]西班牙在 1559 年战胜法国后，控制了教宗国周围的意大利领土，加强了哈布斯堡王朝对教宗的控制，教宗没有忘记，在 1527 年洗劫了他的首都的是皇帝的士兵，而不是新教暴徒。教宗认识到天主教需要哈布斯堡王朝作为西班牙和奥地利，以及它们在美洲和印度的海外新帝国的统治者。教宗把自己看作普世教父（*padre commune*），要利用自己的影响力在基督教社区内促成和解。但是政治形势迫使他只能通过各天主教统治者开展工作，而教宗怀疑其中许多人将王朝利益置于教派利益之上。他把法国和其余独立的意大利统治者视为制衡哈布斯堡王朝的力量，被迫将主动权交给其他统治者，以促进天主教在各地的利益。

在新教宣传中，三十年战争是教宗的十字军东征，而耶稣会士则是教宗的冲锋队。耶稣会最初是由依纳爵·罗耀拉（Ignatius Loyola）发起，并于 1540 年根据教宗法令正式建立的。[7]耶稣会有一个明确的使命，即根除新教，他们的创始人将其视为"灵魂的流行病"。耶稣会将首先通过将新教徒和一些不合作的天主教徒从关键位置上赶走，来消除"感染"的病因，然后通过促进天主教生活和教义的活力来恢复教会的"健康"。这样的策略明显非常具有政治性，这使耶稣会有别于嘉布遣会这样的天主教教团，后者延续了方济各会在普通人中间开展工作的传统。枢机主教博罗默派嘉布遣会士前往阿尔卑斯山的村庄，自 16 世纪 80 年代以来，他们一直在那里致力于恢复瑞士人和蒂罗尔的哈布斯堡臣民的天主教信仰。相反，耶稣会士从最高层的政治阶层开展工作，他们相信若能赢得一个地区的统治者和精英，社会中的其他阶层就会逐渐跟随。根据罗耀拉的命令，一名耶稣会士于 1552 年接受了葡萄牙国王告解神父的职位，开启了一系列积极寻求这种职位的政策。新教徒认为这是教宗的阴谋，很快就把告解神父描绘成施展不相称的影响力的邪恶顾问。

甚至在天主教徒中，耶稣会也引起了敌意。更传统的教团憎恨那些爱出风头的耶稣会士，认为他们是通过政治关系获得一系列教堂、学校和其他资产的。还有许多人对他们明显的激进主义感到震惊。1594 年，一名精神错乱的前耶稣会士试图暗杀法国的亨利四世，而另一名成员在五年后出版的一本书中为谋杀暴君辩护，因此人们很容易相信他们也是其他阴谋——比如 1605 年的英国火药阴谋——的幕后黑手。然而，耶稣会士不得不将他们的反宗教改革使命与他们的等级制世界观调和起来，并发展出一种独特的方式来扮演告解神父的角色。他们相信魔鬼诱使君主向异端让步。如果这种情况发生了，他们向君主保证，假如这种让步在政治上是必要的，那么只要一有机会就撤销这种让步，上帝就会原谅他。这样的论点打开了实用主义的大门，可以用表面上的妥协来掩盖好斗的本质。这也符合不同告解神父的不同性格，毕竟他们需要和君主们保持非常私人的关系。灵活务实的马丁·贝坎（Martin Becan）从 1620 年开始为费迪南德二世服务，但他之后是激进强硬派威廉·拉莫麦尼（Wilhelm Lamormaini），拉莫麦尼一直担任皇帝的告解神父，直到 1637 年皇帝去世。费迪南德的儿子和继任者选择了约翰尼斯·甘斯（Johannes Gans），后者以热爱美食和更世俗的生活方式而闻名。此外，耶稣会这种不间断地垄断告解神父职位的情况不见于欧洲其他地方，在那里，他们的影响力远小于他们在帝国易于渗透的政治结构中所能得到的。

耶稣会在帝国内迅速扩大，1556 年罗耀拉去世时，耶稣会共有 1000 名成员，帝国内有 50 名；到 1615 年，全世界共有 13 100 名成员，帝国内有 1600 名。他们的主要职务不是告解神父，而是教师，耶稣会的主要影响来自其作为平信徒和神职人员的教育者的角色。三十年战争爆发时，莱茵兰有 22 所耶稣会学院，到 1630 年，德意志南部还有 20 所，奥地利和波希米亚有 23 所。入学人数也急剧增加，特里尔学院的学生人数从 1561 年的 135 人跃升至 1577 年的 1000 人。这些学院为耶稣会在高等教育领域扩张提供了基础，耶稣会士说服统治者授予耶稣会学院以大学地位，这样他们就能够招募来自更富裕和社会背景更好的学生。他们的成功引起了注意，并被邀请接管其他挣扎中的机构。例如，英戈尔施塔特和迪林根的人文学院都是在 16 世纪中期委托给耶稣会的，而他们在维也纳的活动让他们接管了那里的大学。耶稣会学院的扩张归功于一系列教学方法，这些方法在今天看来是显而易见的，但在当时却是最前沿的。所有耶稣会士都是大学毕业生，所有学院都采用共同的课程，将已有的文法学校的人文主义模式与更深入系统的神学和哲学研究结合起来。任何通过入学考试的人都可以上学，无须缴纳学费。学生们根据能力被分配到不同的班级，学生可以升级，同时每个学校都有一名以上的老师，使得在常规的教学计划之外还可以提供专家指导。这个教育项目在整个德意志社会具有广泛的吸引力，但是那些想要担任更高教会职位的人经常会前往耶稣会的日耳曼学院（*Collegium Germanicum*）。日耳曼学院于 1552 年在罗马成立，由教宗资助。尽管在三十年战争期间入学人数下降了，但日耳曼学院对帝国教会产生了深远的影响，在 17 世纪上半叶提供了大约七分之一的主教座堂法政牧师成员。和他们在告解神父方面的影响一样，耶稣会通过教育施加的影响力需要在语境中考虑。帝国内还存在其他天主教大学；1527 年后的一个世纪里，新教领地上建立了八所大学；整个帝国的学生总数从 1500 年的 2700 人增加到 1618 年的 8000 人，这个数字直到 19 世纪才再次达到。[8]

耶稣会的影响也被德意志天主教的其他传统削弱了。世俗天主教统治者热衷于打击异端邪说，因为宗教异议一般被视为煽动叛乱的第一步，但是宗教改革的蔓延在很大程度上把天主教限制在帝国的教会领地里。到 16 世纪中叶，除了哈布斯堡王朝的领土，只有巴伐利亚和洛林仍然是天主教世俗领主的领地。巴伐利亚和哈布斯堡王朝成了耶稣会在帝国内的主要赞助者，因为许多教会诸侯对耶稣会士怀有疑虑。尽管教会领地数量众多，但相对较小，政治机构也不发达。这些地区的政治很大程度上掌握在主教座堂圣职团或修道院圣职团成员手中，他们负责选举主教和修道院长。其他学院教堂（collegiate churches）和宗教机构的存在也分散了管辖权。例如，施派尔的五所学院教堂控制了四分之一的教区，而特里尔大主教辖区的一半都被整合进了不归选帝侯控制的机构和修道院中。[9]特伦托会议法令增强了主教监督自治机构和教区神父——他们经常反对别人干涉他们的事务——的权力。帝国大多数中高层神职人员将信仰与生活方式和地方利益联系在一起。这一级别的天主教人士与他们所在地区的贵族精英有着密切联系，共享他们世俗的、文艺复兴式的人文主义观点。长期以来，一直有将非长子和未婚女儿安置在帝国教会的做法，这些人可以得到合适的社会地位和优渥的收入。作为帝国机构，宗教机构和主教座堂圣职团都在帝国宪法中有自己的位置，拥有自己的权利和特权。他们行使地方和特殊的政治管辖权，并与耶稣会士对罗马的忠诚发生冲突。修道院或主教辖区的选举取决于相应的修道院和主教座堂圣职团成员，而这些法政牧师更喜欢和他们观点类似的候选人。就连模范特伦托式枢机主教博罗默，也对教宗的普世主义主张持暧昧态度，他代表了主张应该由资深教士统治教会的会议至上派传统，而这一传统被特伦托会议教宗至高无上的主张所扼杀。帝国教会的政治影响力鼓励了其主要教士不待在自己教区的做法，他们只要有可能就尽量谋得有俸圣职，获得新的教区。特伦托会议的改革只是缓慢地进行，而且只是被选择性实施，仅在 17 世纪后期，三十年战争结束后很久，才产生了重要影响。

特伦托改革在基层也遭到了强烈反对，在那里，神父作为社区成员生活，他们意识到自己的地位很大程度上取决于教区居民如何对待他们。他们看到的是日常生活中的人，这些人经常被敦促教派统一的好斗分子忽视或误解。教义被改造，以适应当地的实际情况，符合地方的实际和物质利益，导致了多元化，也增加了天主教在帝国内部的力量。

路德宗

路德改革试图消除的，正是这种异端。路德想改革现有的教会，而非创建一个新的教会，只有当教宗拒绝同意他对教义的解释时，他才质疑教宗的权威。教义在路德宗中处于中心地位，正是这点使其区别于罗马教会，并维持了一个独特的信徒群体。路德视《圣经》为所有真理的来源，并把它翻译成德语，以使它免受教宗的曲解。路德的追随者认为自己是一个福音派运动，只是后来才逐渐采用了"新教"（Protestant）的名字，这个名字源于路德宗诸侯对 1529 年施派尔帝国议会中天主教多数派采取行动反对异端的决定的正式抗议。争论迫使路德宗信徒在一系列书面声明中界定了他们的信仰，其中最早的是 1530 年在奥格斯堡的帝国议会上向皇帝提交的《奥格斯堡信纲》（Confession of Augsburg）。

路德强调直接来自《圣经》的上帝话语，削弱了神父作为中间人的作用，并将圣礼简化为只有洗礼和圣餐礼。关于后者，他接受了天主教关于真实临在 * 的教义，但增加了平信徒对仪式的参与度。路德宗的其他教义也朝着新的方向发展，最重要的是因信称义的概念。这将称义（拯救）与圣化（善行）分开，认为进入天堂是上帝赐予人类的礼物，不可能通过人类行为挣得的。因此，个体不需要陷入罪恶、告解、悔罪和苦修的循环，因为只有上帝决定了谁会被拯救。信徒们应该集中精力过美好的基督徒生活，而不是通过悔罪、善行或购买赎罪券这样的行为来不断为"善死"（good death）做准备。这些想法产生的影响并不都是路德所希望的。路德提出的信徒皆神父的概念含蓄地挑战了现有的政治和宗教等级，为民众激进主义提供了神学基础，最终导致了 1524 年至 1526 年的德意志农民战争。农民战争是一次试图解决地方不满的尝试，其中有一个强大的政治愿景，即追求一个在皇帝和"普通人"之间没有任何领主的帝国。尽管被新教和天主教诸侯残酷镇压了，但叛乱对帝国造成了持久的影响。统治者同意让普通民众就自己的不满向法院申诉，从而进一步把领地约束在帝国司法系统中，同时还加强了等级制帝国宪法。这一经历也从根本上改变了路德宗，使其转向更加保守的方向。神学家们重申了世俗权威在监督平信徒和神职人员方面的作用，同时加强了神职人员作为真正教义监护人的地位。[10]

鉴于帝国内部政治权威四分五裂的状态，每块接受了新信仰的领地都有独立的路德宗教会结构。领地统治者与罗马决裂，承担起了以前领地所在教区的主教或大主教的监督职责。鉴于路德教区分了世俗和宗教事务，主教权力被授予了两个新机构。宗教事务的管理委托给了一个由神学家组成的审议会议（consistory），他们会审查教区牧师，看后者是否讲授得到认可的教义。每位牧师每年至少要进行两百场布道，包括每个星期天两场。布道的草稿必须送交审议会议批准，教堂里也安装了沙漏，以确保教区居民不被敷衍了事。定期布道制度加强了信徒群体的信心，也给世俗当局一个机会，让他们可以方便地传播他们的法令。因此路德宗的教派化冲

---

* 即认为耶稣真实地存在于圣餐礼上所用的面包和酒之中。

动可以与国家加强社会纪律的举动相吻合，教会权威和国家权威都寻求服从、节俭和道德。新增的神职人员的薪水来自没收属于统治者政治管辖范围内的天主教会的资产。这一过程以前被称为世俗化，但是这是一个颇具误导性的标签，因为它和英国宗教改革的方案不同，在英国，亨利八世出售修道院土地是用来补贴国家开支的。在德意志，没收天主教会的部分资产被转用于支付诸侯家户或宫廷音乐的费用，但是其他资产被合并到路德宗的"教会财产"（Kirchengut）中，并被委托给一个教会理事会，该理事会使用这些资产来维持地区教会。[11] 一些在路德宗教义中找不到根据的宗教实践被中止，例如天主教修道院中为死者举行的弥撒仪式，但是类似天主教机构开展的其他活动，如救济穷人、提供医院和教育，都被扩大了。

诸侯的政治领导对于捍卫帝国内部的路德宗也是必要的。查理五世皇帝试图通过主持神学家会议来解决教义争议。然而他们未能达成一致，皇帝援引了公共和平法律，因为天主教徒指控新教徒盗窃他们教会的财产，并在他们的臣民中煽动叛乱。1521 年，查理五世在沃尔姆斯帝国议会上传唤路德，让他回应教宗的指控。皇帝的最终判决基于他作为信仰捍卫者的传统角色。路德被判为异端，并被置于帝国最高的世俗制裁——帝国禁令之下，他成了一名罪犯，在公共和平的框架下受到追捕和惩罚。

路德宗在诸侯和帝国城市之间的传播加深了分裂，破坏了皇帝判决所依据的法律和宗教的统一。新教徒否认教宗拥有评判教义的权利，声称他们服从上帝，而这种服从高于他们对皇帝的忠诚。宗教改革的政治故事本质上是一系列新教徒试图通过帝国宪法来推迟或废除查理五世 1521 年的沃尔姆斯法令。尽管新教领地面积更大，人口也更多，但在帝国机构中的数量不如规模较小但数量更多的天主教领地。1531 年，在帝国枢密法院面临起诉的威胁迫使萨克森选帝侯、黑森领地伯爵以及其他路德宗诸侯和城市组成了施马尔卡尔登同盟，这开创了一个重要的先例，即在帝国宪法之外成立了一个新教守护同盟。皇帝一直忙于处理法国和奥斯曼帝国的问题，直到 1546 年才带着一支庞大的军队返回德意志，并在 1547 年 4 月的米尔贝格战役中击败了萨克森选帝侯。这场胜利使得查理五世可以用他的方案来强行解决帝国问题。

一份妥协的信仰声明平息了理论上的争议，这份声明被称为《奥格斯堡临时协定》（Augsburg Interim），因为在教宗批准之前，它被认为是临时的。尽管《临时协定》对新教做出了一些让步，但在大多数问题上，它广泛认可了天主教的解释。与此同时，帝国进行了重组，使哈布斯堡王朝更容易管理它。勃艮第和哈布斯堡在意大利的领地被分配给西班牙，而查理的儿子腓力被指定为西班牙的继承人。奥地利、波希米亚和匈牙利被留给查理的弟弟费迪南德，而其余的非哈布斯堡王朝所有的帝国政治体和皇帝形成了一个特殊联盟。萨克森选帝侯的头衔则从反对查理的韦廷家族的长子恩斯特分支被剥夺，并授予在施马尔卡尔登战争中支持皇帝的幼系阿尔布雷希特分支的莫里茨（Moritz）公爵。[12]

皇帝如此强有力地展示权威令人感到警惕，甚至对其受益者来说也是如此。查理拒绝释放莫里茨公爵的岳父黑森领地伯爵，因此莫里茨在个人动机和政治动机的双重推动下，密谋推翻部分《临时协定》。1552 年 2 月，他通过允许法国占领帝国西部边境的梅斯、图尔和凡尔登主教辖区，赢得了法国的支持。因为查理在帝国内的支持变少了，他选择撤退到因斯布鲁克，留下他的弟弟费迪南德与叛军谈判。费迪南德于 1552 年 6 月在《帕绍和约》中批准了莫里茨的要求：确认他的选帝侯头衔，释放他的岳父，暂停《临时协定》，并召集另一个帝国议会来达成最终协议。越来越失望的查理将主动权交给了他更温和务实的弟弟，后者于 1555 年达成了《奥格斯堡宗教和约》（见下文）。第二年，皇帝将帝国政府交给费迪南德，自己退休到西班牙。两年后，他的去世将哈布斯堡王朝分为奥地利和西班牙两个分支，费迪南德被选帝侯认可为新皇帝。

这些事件对德意志路德宗来说是一场深刻的危机。像萨克森的莫里茨这样有争议的人物有可能让诸侯对宗教运动的领导声名扫地。而武装反对皇帝又使宗教忠诚和政治忠诚陷入冲突。丢给法国的三块领地从未得到皇帝承认，这表明寻求外部帮助捍卫宗教自由是危险的。更根本的是，未能就政治行动达成一致助长了教义上的分歧。路德于 1546 年去世，恰逢一个危机时刻，因为他的追随者面临着一个严峻的选择，要么妥协他们的核心信仰，要么挑战皇帝，让帝国陷入内战。实用主义者追随菲利普·梅兰希顿（Philipp Melanchthon），他代表了路德宗的伊拉斯谟式人文主义一派，已经准备接受传统宗教的一些外围元素，以换取在帝国宪法内的承认。他们的对手自称是真路德宗（Gnesio Lutherans，Gnesio 在希腊语中指"真实的东西"），坚持 1530 年最初的《奥格斯堡信纲》，拒绝接受梅兰希顿于 10 年后在路德默许下所做的《奥格斯堡信纲修订版》（Augsburg Confession Variata）。对他们来说，《临时协定》只是走向完全灭亡的第一步，他们倾向于持一种末世的看法，认为在真正的基督徒和敌基督者之间存在着一场最后的斗争。他们的象征是马格德堡市，该市在 1552 年 11 月被帝国军队占领之前一直无视《临时协定》。

双方派别都为这些冲突而分裂。真路德宗清洗了其更极端的成员，后者通常被称为弗拉奇派（Flacians），这个名字来自克罗地亚人马蒂亚斯·弗拉齐乌斯（Matthias Flacius），他因为看到了畸形婴儿这样的事情，认为人类正在身体上堕落，这预示着世界末日即将到来。而那些更为正统的成员来自宗教改革后长大成人的年轻人，他们在新的路德教会机构中开始自己的职业生涯。他们放弃了梅兰希顿派最终与天主教徒和解的希望，而是试图去让天主教徒改宗。一些路德宗信徒因为不确定性回归了天主教，或者信奉更极端的福音派信仰。作为福音派诸侯的领袖，萨克森选帝侯试图在 1573 年后促成妥协。萨克森宫廷传教士在 1577 年至 1580 年间编纂了《协和书》（Konkordienbuch），该书认可了真路德宗关于其信仰的解释，拒绝了弗拉奇派和梅兰希顿派的大多数观点。萨克森努力赢得了新教帝国政治体的认可，到 1583 年，说服了 20 位诸侯、30 位其他领主和 40 个城市接受这项新声明。[13]

加尔文宗

反对者将这种强加正统观念的行为批评为《不和之书》（Book of Discord），声称它牺牲了宗教改革真正改变基督教生活的潜力。寻求这种"第二次宗教改革"的人与法国改教家约翰·加尔文（Jean Calvin）的神学联系在一起，他的思想在《奥格斯堡宗教和约》签署之后传播到了德意志地区。大约在 1560 年左右，普法尔茨选帝侯的皈依给新运动带来了相当大的推动，并帮助确保了帝国内的加尔文宗是由诸侯而不是更卑微的人领导的，这不同于欧洲其他地方。到 1618 年，大约有 20 位伯爵和小诸侯跟随了选帝侯的榜样，但是黑森领地伯爵（1603）和勃兰登堡选帝侯（1613）是其他仅有的公开信奉新信仰的重要统治者。

他们自称归正宗，因为加尔文宗一词有非法教派的意味。他们的目标是通过根除仪式和教义中的"天主教迷信"的残余来完成路德的改革。主祭坛和神职人员的法衣被逐出教堂，而绘画和雕塑被打碎，以表明这些宗教物品本身毫无能力。牧师选择了严肃的学院装，表现为有资格布道和教导的专业人士。一些有着悠久历史的教义元素被排斥，例如婴儿接受洗礼时的驱邪仪式和做弥撒时真实临在的概念——加尔文宗憎恶基督的身体存在于圣餐中这样的想法，因为这意味着当酒和薄饼通过教众的消化系统时，基督的身体会变成排泄物。圣餐礼变成了一个纪念仪式，教区居民围着桌子吃饭，东弗里斯兰人甚至喝啤酒而不是葡萄酒。

然而，像路德一样，加尔文也在新的方向上发展了一些天主教思想。其中在政治上最重要的是他对预定论的强调。这给了他的宗教充满活力的自信，同时在一些追随者心中种下了怀疑和迟疑不决的种子。早期的基督教会谴责了这样一种观点，即人们仅仅通过自身的功德和遵循基督教教义就可以获得永恒的回报。圣奥古斯丁认为，只有上帝决定了谁被拯救，而且，因为这一决定发生在出生之前，因此有些人注定是要被拯救的"选民"。加尔文拒绝了这条天主教的解释，因为这意味着上帝不够强大而无法拯救被遗弃的人，他发展了自己的双重预定学说，在这种学说中，上帝同时选择了选民和被遗弃者。他反对个人猜测自己的命运，认为信徒只需相信上帝，信仰会引导他们远离罪恶，走向一种遵守戒律的生活。然而，怀疑不会轻易消失，这导致许多加尔文宗信徒在面对逆境时自信心会崩溃，因为他们认为，这些个人的挫折表明他们不在上帝的选民之列。

伴随着这些信念的还有一种新的生活信条。加尔文给日内瓦教会的重组提供了一个范本，其他地方的追随者在不同程度上复制了这个范本。帝国"第二次宗教改革"是由诸侯主导的，这意味着德意志加尔文宗教徒通常已经有了一个新教教会结构，因为新信仰的皈依者来自路德宗信徒，而不是天主教徒。大多数皈依加尔文宗者都是直到最近才建立了一个路德宗教会，他们只是在原有教会基础上进行改造。一个相互监督的制度建立了起来，鼓励教区居民和牧师报告彼此对教义的忠诚和道德标准。这些社会纪律管理方法在 16 世纪后期对诸侯和城市当局很有吸引力，因为他们努力控制通货膨胀、人口增长、就业不足和贫困加剧带来的问题。路德宗和天主教徒也同样希望教义上的纯洁性与道德上的革新相一致，但是纪律驱动与加尔文神学的其他方面相结合，使其追随者相信自己是早期教会的真正继承者。

加尔文宗的国际特征加强了其基要主义倾向，它的追随者分散在欧洲各地，在哪里都不占多数。路德宗可以从人文主义民族传统中找到依据，把真实和诚实视为真正的德意志（Teutsch）特征，与外国人（Welsch）——尤其是阿尔卑斯山以南的人——的狡猾形成鲜明对比。丹麦人和瑞典人也有类似的文化传统，而且与其德意志同宗一样，他们也可以把各自的新路德教会与民族对罗马的蔑视联系起来。相比之下，加尔文宗扎根于各城市和诸侯领地，没有一个明显的中心。每个新社区都希望从其他地方已经获得官方地位的社区获得指导和支持。作为主要的帝国政治体成员，普法尔茨选帝侯对德意志加尔文宗来说是最明显的选择，1563年的《海德堡教义问答》（Heidelberg Catechism）成为帝国的主要模式，自 16 世纪 80 年代以来开始取代来自日内瓦的影响。1560 年至 1610 年间，有 200 多名匈牙利和 500 多名法国学生就读于海德堡大学，加强了普法尔茨选帝侯在其他地方信徒中的地位。选帝侯还建立了新的弗兰肯塔尔镇，欢迎逃离战乱的法国胡格诺派和尼德兰加尔文宗难民；法国和尼德兰分别于 1562 年和 1566 年爆发了宗教战争。加尔文宗教徒习惯于通过《圣经》的例子来解释当代事件，他们把自己看作以色列人。学生和难民有着共同的在路上艰难生活和在新社区找到一个家的经历，这在他们之间建立了一种联系，即使在个体返回家园或搬到别处之后，这种联系仍会持续。信徒们认为他们自己的地方斗争是更广泛的正义与邪恶斗争的一部分，尤其是当西班牙干预法国和尼德兰内战时，他们更加觉得自己面临着同样的国际天主教阴谋，在每一个转折点正义者都在遭受挫败。

教派化的限度

到 16 世纪后期，各种互相竞争的基督教派系出现，这表明社会正被宗教深深分裂。日常生活的许多方面都变得教派化，在各社区之间甚至社区内部设置了无形的障碍。一个人的信仰可以从他或她的名字中看出，约瑟夫和玛利亚在天主教徒中越来越受欢迎，加尔文宗教徒拒绝了圣徒的名字，而是从《旧约》中选择了亚伯拉罕、但以理、撒迦利亚、拉结、撒拉等名字。路德的《圣经》译本将他的萨克森方言传遍了德意志中部和部分北部地区，成了正确的书面形式，耶稣会对高级德语的标准化在南部巩固了其地位。当一个地区改变了宗教信仰时，它的书面语言也随之改变，对个人皈依者来说也是如此，比如小说家格里梅尔斯豪森，他从小信奉路德宗，但在三十年战争中改信了天主教。其他艺术活动也部分被教派化了。加尔文宗教徒拒绝一切戏剧，而路德宗在学校中，耶稣会在学院中使用戏剧。天主教的布道集中在圣母和圣徒身上，而路德宗和加尔文宗的则集中在道德上。[14]

最明显的分歧莫过于计时。教宗格列高列十三世下令在 1582 年 10 月 15 日将日期提前十天，此后新年将从 1 月 1 日开始，而不是 3 月 25 日，以便使历法符合科学计算。哈布斯堡王朝和德意志地区天主教徒在 1584 年采用了新的公历，但是，尽管像约翰尼斯·开普勒（Johannes Kepler）这样的新教科学家赞成改革，但新教神职人员拒绝任何来自罗马的东西，还有一些轻信的人相信教宗试图偷走他们生命中的十天。自《奥格斯堡宗教和约》以来，路德宗信徒和天主教徒正式生活在一个帝国中，这种差异变得更加明显。奥格斯堡十分之九的人口是路德宗信徒，但是《奥格斯堡宗教和约》使得这座城市正式成了一个双教派城市。经过艰难的谈判，城市长官于 1586 年实施了新的历法，但是新教徒继续庆祝"他们的"星期天，并去边境之外的教堂做礼拜。

然而，有相当多的证据表明，当时社会没有像 18 世纪初那样教派化。在 17 世纪 30 年代被瑞典占领之前，奥格斯堡不同教派之间的通婚和社会交往仍然相当普遍。新教徒和天主教徒在同一个酒馆里一起喝酒，没有法院有教派斗殴的记录。只有在《威斯特伐利亚和约》之后，当地方法官将这种双教派的并行方式在法律上推向极端时，手工艺行会才隔离开来。来自其他地区的证据表明，奥格斯堡的市民在这种务实的态度上并不是独一无二的。[15] 有些人在表面上遵从当地教派，而在内心中则是异见者。其他人选择了他们认为在日常生活中最有意义和最有用的信仰和实践，而不考虑其是否正统。商人视利润高于宗教虔诚，不管是谁只要愿意买他们都会卖。虽然不可能完全逃避审查，但帝国的政治分裂还是为传播和接受各种观点提供了机会。

也许最重要的是，所有教派的基要主义者都在努力往一个有着前宗教改革时代丰富遗产的社会上打上自己独特的思想和行为印记。15 世纪传播的人文主义教育理念继续影响着学校、大学和文学团体，无论这些机构所属的教派是什么。尽管课程内容可能有所不同，但教学形式至少提供了一些共同之处。此外，富有的人继续保持着在学习期间就读几所学校的传统，而不考虑它们的所属教派。对古典形式的普遍尊崇有助于将思想交流提升到宗派冲突之上，甚至在战争期间，皇帝也选择把帝国桂冠诗人的头衔授予新教徒。[16] 人文主义者中还有伊拉斯谟的例子，他追求更私人的信仰，不受神职人员的监督。费迪南德一世及其继任者马克西米连二世都赞助了一些人文主义学者，这些人在分裂的教派中寻找共同的元素，以作为联合基督徒的基础。当帝国享受和平的时候，法国和尼德兰陷入教派分裂导致的暴力——特别是 1572 年的圣巴塞洛缪大屠杀，天主教徒在巴黎的一个胡格诺派婚礼上大开杀戒——这让人们进一步思考。皇帝的主要军事顾问拉扎鲁斯·冯·施文迪（Lazarus von Schwendi）写道，这种暴力会削弱帝国对抗奥斯曼人的能力，而奥斯曼人则对所有基督徒都构成了威胁。他的宽容提议表明了一种类似于法国政治派（politique）立场的方法，即通过将对一个强大君主国的忠诚置于宗教利益之上来寻求和平。然而，还有其他人走得更远。帝国财长撒迦利亚·盖兹科夫勒（Zacharias Geizkofler，从名字可以看出他是一个新教徒）认为世俗权威无权干涉良心事务，宽容应该来自相互理解，而不是政治上的权宜之计。

虽然盖兹科夫勒是少数派，但很明显，16 世纪的欧洲人同时生活在多个精神世界中，他们可以接受不同的想法而不试图去调和它们。在今天看来不合逻辑和不相容的事情在当时不一定显得如此。敌对气氛无疑在增长，特别是当那些只知道一个教派分裂的世界的人于 1580 年左右长大成人并占据要位之后。但是我们不可能将 1618 年战争的爆发直接归因于这种情绪。为了理解宗教和战争之间的联系，我们需要回顾《奥格斯堡宗教和约》，并研究教派分歧是如何与宪法争端交织在一起的。

宗教与帝国法律

《奥格斯堡宗教和约》（1555）

1555 年的协议在英语历史写作中被称为"宗教和约"，但事实上，关于宗教分歧的章节只是帝国议会同意的广泛改革方案中的一小部分。[17] 因此，宗教解决方案是更广泛的宪法改革中的一部分，宪法改革致力于调整公共和平，修订帝国税收配额，并提供了关于货币、治安和帝国枢密法院运作的新规定。条款第 29 条要求皇帝接受宗教条款作为帝国基本法律的一部分，费迪南德于 1558 年成为皇帝时确认了这一点。

与 1548 年的《临时协定》不同的是，帝国国内和平的实现并不涉及在教义上做出声明。那些所谓的宗教条款中没有一条真正对信仰做出了定义。相反，它们试图将两个对立教派的支持者纳入同一法律框架。这带来的困难是 1618 年后的大战的根源，但是这场冲突的责任不能落在那些起草《奥格斯堡和约》的人身上。中世纪法律和信仰的统一已经支离破碎，而他们面临的问题是如何将这种统一重新拼凑起来。法律和信仰被认为是不可分割的，因为宗教为所有的人类行动都提供了指南：既然真理是唯一的，那么法律也应该是唯一的。但是现在天主教徒和路德宗信徒都声称自己才是正确的。公共和平迫使所有的帝国政治体放弃暴力，而 1546 年至 1552 年无结果的战斗表明不可能通过武力重建统一。

对整个帝国而言，完全世俗化的国家赐予的和平（Pax Civilis）方案并不是一个选择。20 年后，法国律师让·博丹（Jean Bodin）在针对本国内战时提出了这一解决方案：国家仍然被认为是泛泛的基督教国家，但与任何特定的教派都无关，利用它的权力来维护宗教多元化和国内秩序。但这样一个强大的世俗君主国与"日耳曼自由"和皇帝的"神圣罗马"的依据都不相容。

相反，《奥格斯堡和约》的缔造者刻意地模糊宗教区别，以保持旧的单一普世基督教世界的理念。路德宗信徒被称为"《奥格斯堡信纲》的信徒"，但《奥格斯堡和约》没有明确界定这意味着什么，同时《奥格斯堡和约》还使用"和平""宗教信仰"和"宗教改革"这样的词汇，这是一种刻意的尝试，旨在融合所有人仍然共同分享但对其理解不同的价值观。对路德宗信徒来说，"宗教改革"意味着合法当局有权改变宗教实践，以和路德的教导相一致。对天主教徒来说，这证实了天主教会在宗教指导方面的地位。

这些含糊不清的地方在《奥格斯堡和约》中关于教派的部分也存在。当法国、西班牙和尼德兰仍在为在各自领地上统一教派而奋斗时，帝国同意在其各领地范围内同时承认天主教和路德宗。与后来的印象相反，这并没有让诸侯完全可以在两种信仰之间自由选择。"统治者的宗教即地区的宗教"（*cuius regio, eius religio*）这一原则没有被包括在《奥格斯堡和约》的文本中，而是直到 1586 年在关于条约的辩论中才出现。而且，这一原则并不是允许反复改变信仰，而是将 16 世纪中叶的状态固定下来。一些不同的条款被集体解释为宗教改革法权（*jus reformandi*），但这意味着承认领地统治者作为自己土地上的世俗的宗教守护者的责任，而不是承认单方面随意改变事情的权力。其他条款对宗教改革法权施加了严格的限制，尤其是第 19 条，该条将《帕绍和约》签订的 1552 年定为规范年（*anno normali*）。莫里茨公爵此前已经获得费迪南德的承认，路德宗信徒可以保留在那个时候已经并入其领地教会的天主教资产，现在普遍和约也接受了这一点。为了安抚天主教徒，费迪南德不顾路德宗信徒的抗议，插入了第 18 条，其余天主教领地的统治者如果要在 1555 年之后接受新信仰，他就必须下台。这一条款被称为"教会维持令"（*reservatum ecclesiasticum*），它保留了帝国教会的天主教性质，以及帝国机构中固有的天主教的多数地位，从而保留了帝国的"神圣罗马"元素。同样，帝国骑士被剥夺了宗教改革权，因为他们不是正式的帝国政治体成员，而帝国城市的信仰则被永久固定下来，其中八个城市将一直保持双重信仰。

其他条款致力于尽量减少两个教派之间的摩擦，例如中止天主教主教对路德宗领地的管辖权，禁止对后者使用异端法律，并要求双方将任何争议提交帝国枢密法院仲裁。后一项规定将宗教解决方案嵌入帝国公共和平的世俗框架中。移民权（*jus emigrandi*）被纳入其中，代表了世俗权力对宗教事务的进一步入侵，限制了诸侯进行改革的权力。持异议的臣民可以选择自由离开，而不会被罚款也不会失去财产。这一创新指向了后来关于个体自由应该优先于集体权利的想法。它暗示了一种良心自由，新教徒为这种良心自由而游说，以希望能保护生活在天主教领地上的同宗信徒。天主教的反对将这一权利仅限于移民权，但是费迪南德还是发表了一份独立的声明，和《奥格斯堡和约》一样发布于 9 月 24 日，承认了教会领地上现有的路德贵族和市民有有限的良心自由。

《奥格斯堡和约》显然含糊不清，有自相矛盾的地方，但如果我们得出和杰弗里·帕克（Geoffrey Parker）一样的结论，认为《奥格斯堡和约》只是"暂时结束了德意志公开的教派战争"，这也是错误的。[18] 在下面的 63 年里，没有发生重大战争，即使中欧人在 1583 年后确实发生了冲突，他们的争端也只是地方性的，而且也没有出现伴随着法国和尼德兰宗教战争的长期性的暴力的野蛮行为。施文迪所说的对奥斯曼人的恐惧表明了维护和平的一个原因，尽管土耳其的威胁直到 1593 年变成大规模战争，而当时教派的紧张关系正在加剧，而不是消退。《奥格斯堡和约》能够维持很长时间的主要原因是它相对令人满意地解决了宗教和政治难题。《奥格斯堡和约》的效力可以从这样一个事实中看出，它为帝国在《威斯特伐利亚和约》中的内部协议提供了基础，后者只是对它做出了修正，而不是取代了它。

三个难题

后来的麻烦的真正原因在于对三个关键术语的不同解释。这些难题（*Dubia*）或不确定性中的第一个，也是最重要的一个，关系到帝国教会的直辖教会领地的命运。在 1552 年之前，作为公认的帝国政治体成员，大主教、主教和教长的领地基本上都没有被并入路德教会的领地教会财产。勃兰登堡选帝侯和萨克森选帝侯正准备合并三个主教辖区，但这是出于宗教改革前已有的长期领土野心。更直接的威胁来自天主教徒。查理五世自己就吞并了乌得勒支，并声称对其现有领土附近的其他主教辖区拥有保护权，而法国占领了梅斯、图尔和凡尔登。考虑到帝国教会仍然包括 3 个选侯国、大约 40 个采邑大主教辖区和主教辖区，以及大约 80 个修道院和女修道院，整体损失相对较小。这些土地的天主教性质受到教会维持令的保护，但是费迪南德发布了独立的声明，允许这些地区的诸侯信奉路德宗。新教徒继续渗透进主教座堂圣职团，尤其是因为路德宗诸侯和贵族不准备放弃在帝国教会服务所带来的社会和政治优势。路德在 16 世纪 40 年代已经准备接受会有新教主教这种可能性，这为他们的野心提供了神学基础。[19] 路德宗信徒认为，因为他们已经反对了教会维持令，所以教会维持令不是《和约》的一部分，也无法阻止主教座堂圣职团选举出一个新教主教来。

皇帝通过承认新教徒是教区长官（*Diözesanadministrator*）而非主教回避了这个难题。这些领地仍然是帝国教会的一部分，它们的统治者是作为诸侯而非神职人员来行使权利的。这防止了完全的世俗化，并保留了下一次选举可以重新选出天主教统治者的可能性。这种想法也迎合了那些不想直接吞并这些土地的新教徒，因为吞并可能会使这些领地在帝国机构中不再有专门的代表权，勃兰登堡在 16 世纪合并了三个主教辖区时就发生了这种情况。直到 1582 年后，事态才变得紧迫起来，因为落入新教管理下的教会领地的数量越来越多，开始威胁到帝国议会和其他机构中的天主教多数性了（见第 7 章）。

第二个不确定性涉及非直辖教会财产，这些财产在路德宗统治者的管辖权范围之内，但到 1552 年还没有纳入其领地教会。这类机构的地位在宗教改革前就经常引起争议，因为世俗统治者声称有权保护特定的宗教机构，或者分享它们的权利和收入。有时不清楚某个具体的修道院是非直辖的，还是实际上是帝国政治体——德意志南部一些修道院长在面临要被合并进符腾堡和其他路德宗领地的威胁时，就声称自己属于帝国政治体。1555 年后改宗的统治者面临着更大的困难，但是仍然可以依靠《奥格斯堡和约》中止天主教主教对路德宗领地管辖权的条款，作为管理其领地上教会财产的依据。

第三个有争议的问题是臣民的宗教自由。有路德宗少数派的天主教领地多于有天主教少数派的路德宗领地。因此很自然的是，天主教徒声称《奥格斯堡和约》中的这些条款是统治者驱逐异见者的专有特权，而路德宗信徒将其解释为意愿自由，他们的同宗教徒有权保持原有信仰或选择移民。16 世纪 70 年代以后，这个问题变得更加紧迫，因为天主教统治者试图通过将宗教一致性作为检测是否忠诚的标准，来阻止路德宗的传播（见第 3 章）。

从 16 世纪 60 年代开始，关于这些难题的讨论充斥在帝国政治之中，天主教徒和路德宗信徒在每次帝国议会上都发表了长篇大论的陈情表（ *Gravamina* ），即他们对《奥格斯堡和约》的解释的法律论据。这三个难题都触及了物质和个人利益，但是复杂的争论掩盖了根本的问题：《奥格斯堡和约》给了路德宗法律上的平等，但却使天主教徒在政治上处于多数地位。这一点至关重要，因为帝国司法系统既不能脱离其政治结构，也无法满足《奥格斯堡和约》的期望，解决所有宗教争端。最高法院无法做到这一点，这就提出了宪法上的问题，让人质疑最高权威究竟位于何处。没有人想把事情提交给教宗，因为就连天主教徒也质疑他对帝国的法律和政治管辖权。而日耳曼自由的想法使得通过皇帝来解决问题也很困难。人们认为皇帝是裁决者，而不是立法者。《奥格斯堡和约》中争议最大的部分——教会维持令和费迪南德的宣言——被反对者攻击为只是皇帝专断的命令，而非帝国议会中所有党派自由谈判形成的具有约束力的协议。皇帝能否平息这些分歧，在很大程度上取决于他在诸侯中的地位。费迪南德一世和马克西米连二世都努力形成一个温和的共同基础，但是难以捉摸的鲁道夫二世在 1576 年继位后，却任由这种共同基础被一点点侵蚀。[20]

在所有有争议的问题上，新教和天主教的不同立场很早就出现了，当《奥格斯堡和约》刚刚签订时，人们已经很清楚其中各种含糊其词的地方了。因此，虽然标准阐释认为 1559—1618 年间双方观点逐步两极分化，但这没有什么依据。相反，温和派和好斗派的观点同时存在于对立双方，根据具体个体和更大环境之间的相互作用，两种观点时不时各占上风。这些转变的历史过程将在后面的章节中介绍；本章的剩余部分概述了两派对立的观点。

天主教观点

教宗庇护五世在 1566 年阐述了天主教对难题的立场，他将《奥格斯堡和约》解释为一种战术让步，这只是两害相权取其轻，为避免宗教内战而只能采取宽容，此时奥斯曼人正在基督教世界的东方堡垒外咆哮。天主教评论者重复了这一观点，教宗庇护十二世在 1955 年《奥格斯堡和约》四百周年纪念日上所做的评论也持这一立场。然而，温和派和好斗派都可以对这一立场做进一步阐释。前者认为《奥格斯堡和约》是一个固定下来的特许，使得路德宗信徒在与天主教邻居的共同法律框架内成为持异见的少数派。为了更大的利益，这些人应该被容忍，但是他们并不完全平等，因此不能获得额外的政治权利。许多温和派更进一步，宣称《奥格斯堡和约》只是对路德宗设置了限制，同时允许那些看到自己原来道路是错误的人回归真正的信仰。改宗是可能的，但只能是单方向的。而好斗派引用了耶稣会两害相权取其轻说法的阐释，认为《奥格斯堡和约》仅仅暂停了 1521 年对路德及其追随者的帝国禁令。他们从《奥格斯堡和约》第 25 条中找到了对这种解释的一些支持，这一条规定，《奥格斯堡和约》将一直有效，直到神学家能解决他们的分歧。对天主教徒来说，1564 年的特伦托会议法令已经解决了这些问题，这让他们怀疑，《奥格斯堡和约》是否还应该一直合法。因此，温和派和好斗派都可以在帝国法律中找到支持，他们都声称自己只是在复述《奥格斯堡和约》的"白纸黑字"（klare Buchstabe）而已。

新教抵抗理论

新教徒的立场也是建立在《奥格斯堡和约》基础之上，他们同样寄希望于基督教世界能够存活下来，分裂只是暂时的。然而，对他们来说，《奥格斯堡和约》代表了计划的开始，而不是对计划的限制，他们要说服所有基督徒接受路德发起的改革。加尔文宗教徒认为自己也应该被包括在内，因为他们的信仰源于《奥格斯堡信纲》。天主教徒拒绝支持他们认为违反《奥格斯堡和约》的行为，面对这种反对，新教徒的意见发生了分歧，好斗派比温和派更有可能考虑在宪法上做出修正，甚至直接抵制。

抵抗的思想在天主教徒中也存在，但对新教徒来说格外重要，因为他们在整个帝国和哈布斯堡地区在政治上都属于少数派，在哈布斯堡领土上，路德宗贵族和城镇反对牢固地站在旧教会背后的王朝。和讨论教派紧张的情况一样，重要的是不要将抵抗的讨论解释为逐渐激进化的过程，也不要认为加尔文宗信徒一定比路德宗信徒更容易起来反抗。政治思想史很容易受到目的论的歪曲，这种目的论常常认为，关键思想的创立者在当时远比他们更为主流的同时代人更有影响力。[21] 法国和尼德兰的抵抗理论因16世纪后期内战所造成的暴力而在一定程度上声名扫地，这使得德意志人主要借鉴了他们自己本世纪上半叶的经验，以及匈牙利和波兰的思想，那里的贵族有反对暴政的强大传统。

任何抵抗理论都会遇到在国际舞台上使用武力不可避免会遇到的三个问题。只有那些流血的人将自己的行为与基督教戒律相协调，战争或叛乱才是正义的，从而避免受到谴责。正义战争只能由一个得到承认的当权者发起，但是涉及叛乱时，并不清楚谁是这种当权者。同样，什么可以构成进行抵抗的正当理由，而这种理由是否可以延伸到捍卫世俗和宗教权利？最后，人们还不清楚，抵抗应该只是反抗不公，还是需要推翻造成不公的人。

所有神学家都强调服从，认为世俗权威是由神任命的，而作为对信仰的考验，人们应该忍受暴君的统治。加尔文甚至敦促奥斯曼帝国内部的基督徒服从苏丹。但当教会的命运岌岌可危时，对权威的这种全盘认可就不再可行了。早在1524年，一些新教徒就借用了古典时代关于次级行政官员的理论，比如斯巴达的督政官（ephore）和罗马的保民官，这些人保护臣民的自由不受潜在的专制君主的侵犯。当路德被要求为施马尔卡尔登联盟背书时，他勉强地接受诸侯作为帝国的督政官。这一理论尤其受施马尔卡尔登联盟的创始人的欢迎，因为他们意识到，如果在神学上声称对上帝的责任高于对世俗领主的忠诚，那么这种说法与他们在 1524—1526 年镇压的反叛农民提出的论点非常接近。由于诸侯是世袭统治者，路德接受他们是神圣任命的，而皇帝仅仅是由他们选举产生的。人们必须服从诸侯，但是如果皇帝无视真正的信仰，诸侯可以反对他。这些论点与"日耳曼自由"的语言相吻合，德意志认为选帝侯和诸侯对帝国的福祉负有集体责任，从而调和了反对一个个体皇帝和继续忠于帝国宪法之间的矛盾。

在 1546—1552 年的经历后，大多数路德宗信徒迅速远离这些观点，而由于《奥格斯堡和约》接受了他们的信仰，抵抗也变得不那么紧迫。加尔文宗的传播也减少了对皇帝的敌意，因为加尔文宗中的大多数皈依者是来自路德宗的。皇帝拒绝在法国和尼德兰内战中帮助西班牙和天主教派系，这加强了人们对他的忠诚。路德宗也拒绝了加尔文宗认为圣巴塞洛缪大屠杀代表了对所有新教徒的攻击的说法，认为法国胡格诺派是自找的，因为他们拿起武器对抗自己的国王。作为政治少数派中的宗教少数派，加尔文宗教徒更倾向于考虑以宪法以外的手段来捍卫他们的利益。天主教日益激烈的好斗性和对鲁道夫二世领导能力的怀疑使得一些路德宗信徒也这样做。只是因为哈布斯堡王朝在自己的臣民中反对新教，使一些人相信抵抗的权利也扩展到了面临迫害的贵族甚至市民身上，真正的激进化才开始。

第 3 章

奥地利王室

领地和王朝

在我们的故事中，奥地利王室通常被描绘成大反派。C. V. 韦奇伍德（C. V. Wedgwood）广为阅读的历史著作发表于 1938 年的绥靖之年，她在书中描绘了一个软弱的英国统治者詹姆斯一世，在即将到来的哈布斯堡专制独裁面前妥协退让。捷克历史学家约瑟夫·波利森斯基（Josef Polisensky）亲身经历了纳粹的占领，他明确地将 1618 年西方列强未能帮助波希米亚叛军与三个多世纪后的慕尼黑危机进行了比较。君特·巴鲁迪奥（Günter Barudio）广为流传的德语著作把古斯塔夫斯·阿道弗斯描述为和平与正义的捍卫者，争取日耳曼自由、对抗哈布斯堡霸权的斗士。更古老的、德意志的观点更加明显地带有党派色彩，将皇帝与天主教暴政联系在一起，试图消灭光明和历史进步的力量。同样不幸的是，这一时期最好的英文写作集中关注西班牙，而忽略了哈布斯堡王朝的奥地利分支，而奥地利分支的问题是这场战争的起源、过程和结束的核心。

哈布斯堡王朝的势力在很长时间内一直处于形成之中。在中世纪晚期的大部分时间里，他们在争夺帝国内部影响力的斗争中落后于更强大的竞争者。1438 年他们获得了皇帝头衔，来到了舞台中心，但是他们的真正力量来自在 1477 年至 1526 年间迅速获得的其他省份和王国。其中最主要的是西班牙，继承于 1516 年，当时西班牙正处于征服一个新世界帝国的边缘。政府管理仍然是家族事务。哈布斯堡王朝不仅缺乏建立统一的统治体系的技术专长和资源，他们甚至没有考虑过实施这种集中化。每一次获得或征服都给家族不断增长的头衔名单增加了新的头衔，从而扩大了他们在欧洲君主中的权力和威望。其中，皇帝头衔无疑是最重要的，但它仅在1519 年至 1558 年间通过查理五世个人的方式与西班牙联系在一起。他的广阔领域触及了现代早期世界面临的每一个问题：宗教分裂、人口和经济的快速变化、与新土地和新民族的相遇、国际冲突。哈布斯堡王朝应对这些挑战的方式是在家族事务中创建新的分支；正如我们在第 2 章中所看到的，这个过程在 16 世纪 40 年代正在进行，并导致哈布斯堡王朝在查理五世去世之后正式分裂。

　　查理五世的弟弟费迪南德一世皇帝延续了奥地利分支，该分支保留了帝国头衔以及波希米亚和匈牙利王位，因此在形式上仍然是长系分支。查理的儿子腓力二世被授予了西班牙及其海外帝国以及尼德兰——尼德兰属于勃艮第行政圈，名义上仍然是帝国的一部分——还有哈布斯堡王朝在意大利的领地，其中许多也处在帝国管辖之下。虽然西班牙是幼系分支，但鉴于尼德兰的经济实力，其优越的资源足以抵消这一点，而且美洲白银现在已经到达欧洲（见第 5 章）。相比之下，费迪南德一世面临着复杂的帝国问题，其中大部分是他间接统治的，对于对抗征服了匈牙利大部分地区的土耳其人几乎起不到什么作用。奥地利的国债在费迪南德统治期间增长了五倍，在他于 1564 年去世时达到 1000 万弗洛林，这相当于近五年的国家收入。每年还债就要消耗 150 万弗洛林，此外东部边境的防御需要另外 100万弗洛林。皇帝还留下了 150 万弗洛林的个人债务，还欠了士兵 100 万弗洛林的薪水。[1] 费迪南德对此的解决办法是在死后进一步拆分。在遗嘱中，他将帝国头衔交给了长系分支，而为他较小的儿子们建立了两个幼系分支。从短期来看，这使得王朝能够通过在三个大公之间分担政府负担来加强统治。然而，由于债务是在这些分支之间分担的，这迫使每一个分支都要提高税收来支付其份额，规模经济受到了损失。由于每个支系都集中在地方问题上，并发展出自己的认同，行省自治中已经存在的离心力被加强了。

　　作为最小的儿子，卡尔大公得到的份额最少，他的领地由五个省组成，统称为内奥地利，但通常以人口最多的施蒂里亚省命名，到 1600 年，该省有大约 46 万名居民。[2] 其他省（克恩滕、克雷恩、格尔茨和格拉迪斯卡）的总人口约为 60 万人，使得大公的臣民比大多数选帝侯要多。然而，他的领地位于帝国的东南角，就在对抗奥斯曼帝国的前线后方。尽管施蒂里亚的经济由于铜矿和铁矿开采而得以扩张，但其税收越来越多地被转用于补贴克罗地亚和匈牙利的边境防卫。尽管如此，施蒂里亚分支在奥地利王室等级体系中占据了第二位，因为它的相对增长超过了由次子费迪南德大公创立的蒂罗尔支系。曾经使蒂罗尔成为王朝最富有的省份的银矿正在走向衰落，尽管盐的生产提供了替代收入，但整个地区只有46万居民分散在阿尔卑斯山谷和被称为"远奥地利"的地区，这是沿莱茵河延伸到阿尔萨斯的一系列小飞地。阿尔萨斯只有三分之一的地区直接归哈布斯堡王朝所有，而哈布斯堡王朝对阿尔萨斯其他地区和远奥地利其他地方的影响力，主要来自由长系分支所拥有的皇帝头衔所带来的司法管辖权。

作为长子，马克西米连接受了奥地利以及波希米亚和匈牙利王位，并被选帝侯选举为新皇帝。然而，他直接继承的只有上奥地利和下奥地利两个省份，尽管它们的总人口为90万，但其收入少于人口更多的波希米亚王国。[3] 哈布斯堡王朝在他们的亲属雅盖隆王朝的统治者死后，于1526年继承了波希米亚。新统治者认为自己的王位是世袭的，但无法说服当地贵族正式放弃他们的选举式君主制理论。波希米亚由五个不同的省份拼凑而成，每个省份都有自己的法律和政府。作为一个王国，波希米亚本身声称享有优先权，拒绝其他四个省参与选择他们的君主。拥有大约65万居民的摩拉维亚边疆伯爵领面积大约是波希米亚的一半，相比其他省份，摩拉维亚和波希米亚有着更多的共同点，例如都是捷克语占主导地位，并都继承了胡斯派（Hussites）的遗产。胡斯派在神学上是路德的先驱，他们将宗教自由与政治自治运动联系在一起，在15世纪30年代被其统治者在德意志贵族的帮助下艰难地粉碎了。这一经历加深了这两省与其他主要讲德语的西里西亚省以及位于北部和东部山脉之外的上、下卢萨蒂亚省的区别。

哈布斯堡王朝在匈牙利的统治最不稳固，这也是他们在1526年获得的，当时在莫哈奇与土耳其人的战斗中，雅盖隆家族另一个分支的最后一名成员和他的四分之三的军队丧生。幸存的匈牙利贵族在是否接受哈布斯堡对他们摇摇欲坠的王国的主权主张上意见分歧很大。大多数人反对一个外国统治者，而倾向于选择他们自己中的一员亚诺什·佐波尧（János Zápolya），他们根据选举式君主制理论宣布他为国王。其他人接受了哈布斯堡王朝，因为哈布斯堡王朝为了获取支持做出了巨大让步。到 1541 年，联合抵抗土耳其的行动失败了，奥斯曼人占领了超过 12 万平方千米的国土，获得了 90 万名新臣民。亚诺什·佐波尧撤退到了东北部，将很大程度上自治的特兰西瓦尼亚公国与帕提尔姆合并，创建了自己的国家。帕提尔姆地区现在大部分属于罗马尼亚，但当时是鲁塞尼亚的一部分，由蒂萨河以东的八个匈牙利郡组成。这给了他大约 8 万平方千米的土地，大概有 75 万臣民。哈布斯堡王朝承认他为君主，条件是特兰西瓦尼亚在他死后会交给他们。然而，当地贵族无意失去他们的权利，而是选举斯特凡·巴托里（István Báthori）为新统治者，他在 1571 年获得奥斯曼帝国的保护。特兰西瓦尼亚因此成为位于奥斯曼帝国统治下的匈牙利（首府是布达）和哈布斯堡匈牙利王国残余部分（首府是普雷斯堡［即布拉迪斯拉发］）之间的一个自治轴心。逃离伊斯兰统治者的难民的涌入使得哈布斯堡王朝统治下的匈牙利臣民略多于其他两部分，但是分裂使他们丢失了前匈牙利王国三分之二的领地。[4] 只有克罗地亚人完全接受哈布斯堡王朝为新统治者，利用这个机会加强自己的自治权，不受匈牙利人控制。匈牙利人依然忠于哈布斯堡王朝，接受哈布斯堡拥有圣斯蒂芬王冠*，但坚持认为他们不仅有权选举每一位国王，而且在国王违反宪法时也有权反对他。和波希米亚一样，这些政治差异并不是君主制和共和制之间的冲突，而是关于混合君主制的不同概念——或强调统治者的权利，或强调其等级会议的权利——之间的冲突。

等级会议和教派

等级会议代表

等级会议是现代早期的代表性机构，在哈布斯堡各省和帝国的许多德

---

* 即匈牙利王冠。

意志领地上都存在。正如世俗和教会诸侯、领主和帝国自由市认为自己是与皇帝分享权力的帝国政治体成员一样，主要贵族、神职人员和市民也构成了他们所在领地的等级会议。人们对等级会议的社会构成和政治角色有着广泛的不同解释。19 世纪和 20 世纪早期的许多作品都呼应了 17 世纪统治者的抱怨，将等级会议看作良好政府的障碍和维护小利益集体的堡垒。相反，自由主义者鼓吹等级会议，认为它们是现代议会的先驱，勇敢地与自私而鲁莽的统治者斗争，这些统治者不惜牺牲其臣民的生命和财产去追求个人野心。捷克和匈牙利的作家尤其代表了这种解释上的扭转，将他们的等级会议描绘为民族传统的守护者，而这种传统被德意志哈布斯堡侵略者所消灭。马克思主义者将这些利益冲突最小化，把统治者和主要由贵族构成的等级会议成员视为同一个封建阶级的一部分，认为他们团结起来剥削农民。[5]

隐藏在所有这些解释背后的问题是，是君主国还是等级会议提供了将这些分散的哈布斯堡领地整合进一个现代国家的更好途径。这种对"现代化"的关注是无益的，因为 17 世纪的欧洲人关注的并不是这些问题。无疑，这些等级会议为哈布斯堡君主国的发展做出了积极贡献，为哈布斯堡王朝提供了供他们与其最重要的臣民沟通的平台。等级会议的发展有助于平息 15 世纪后期常见的暴力现象，特别是在奥地利，当地贵族甚至于 1461 年在维也纳的霍夫堡宫包围了他们的统治者。随着帝国政治的"法律化"（juridification）通过帝国议会得到了发展，哈布斯堡各省的政治也从武装对抗转向了对关于越来越多的宪章和其他宪法文件的确切含义的法律辩论。

等级会议代表了三个群体，而非个体，反映了现代早期社会按照功能划分为三个社会"等级"的做法。教士的职责是为每个人的救赎祷告，因为最接近上帝，被列为第一等级，其次是作为战士的贵族等级，最后是平民构成的第三等级，平民为社会提供物质福利。代表权通常是间接行使的。主教、修道院长和宗教修会分会会长通常代表了大部分神职人员，他们加在一起不超过人口的 2%。贵族代表是通过拥有符合标准的庄园来选取的，庄园和他们在等级会议议会（Landtag）中的席位相关。贵族在奥地利约占总人口的 1%，在波希米亚略多一点，在匈牙利约占 5%，但他们集体充当了"国家"（the country）的角色，代表了他们的附属佃农和农奴，后者被剥夺任何直接参与的权利。因此，平民仅限于居住在哈布斯堡直接管辖下的"帝国"城镇的城市人口，并不包括那些由世俗或教会领主管辖的定居点。只有在蒂罗尔，更广泛的人口才能够通过共同代表的形式参与进来，这里诸多村庄可以派出由有财产的男性户主选出的长官为代表。

在哈布斯堡的所有等级会议中，只有格尔茨的等级会议符合"教士-贵族-平民"的经典三重划分模式。在其他地方，贵族分为领主（Herren）和骑士（Ritter）。这些人在内奥地利各省属于一个议院，但在上奥地利和下奥地利，以及匈牙利和波希米亚的土地上，分属两个议院。1618 年，大约 200 名领主和 1000 名骑士有权参加波希米亚议会，而摩拉维亚分别有 90 名领主和 189 名骑士。在下奥地利，有 87 个贵族家庭和 128 个骑士家庭有代表权，但是更多土地不符合条件的贵族没有代表权。在上奥地利，只有 43 名领主和 114 名骑士有代表权，更多的 300 个左右的贵族家庭仍然没有代表权。西里西亚的情况更为复杂，因为存在雅格恩多夫、特罗保、利格尼茨等地的诸侯，这些诸侯加在一起，统治了大约三分之一的公爵领。他们声称优先于所有波希米亚领主，并且由于王朝婚姻，他们自命可以和帝国诸侯平起平坐，在帝国议会中拥有代表权。他们的存在使大部分地位较低的贵族和城镇被剥夺了代表权，西里西亚等级会议只有 40 名成员，包括布列斯劳主教。

在蒂罗尔，农民社区作为第四个等级与市民等级、一个较弱的教士等级和贵族等级一起存在。后两者在较小的福拉尔贝格等级会议中完全不存在，那里只有市民等级和农民等级。在哈布斯堡王朝蒂罗尔支系的其他地方，平民等级都很强大，这加强了其议会的内向特征，他们不想和山谷之外的大事有什么关系。其他地方都存在着独立的教士和市民等级，只有波希米亚是例外，那里的教士由于胡斯运动而丧失了代表权，但是教士本身也缺乏凝聚力，因为在维也纳、布拉格、布列斯劳、奥尔米茨和格兰以外没有强大的主教。15 世纪，哈布斯堡王朝通过教宗达成一项协议，获得了对奥地利教士的广泛权力，并于 1568 年成立了一个机构来管理修道院和女修道院。因此，教士被夹在哈布斯堡王朝的政治监督和主教的宗教管辖权之间，而这些主教通常是帝国教会的成员，位于边境以外的帕绍、弗赖辛、班贝格、雷根斯堡和萨尔茨堡。由于世俗和宗教领主拥有的土地上的世袭城镇被排除，代表权仅限于那些位于王室领地（*Kammergut*）上的城镇，城镇等级更加脆弱。由于这个原因，摩拉维亚有 100 个城镇没有代表权，仅有 6 个帝国城镇有代表权。在波希米亚，城镇仍然扮演着一个角色，那里有 32 个城镇在等级会议中有代表权，包括四个共同组成布拉格城的城镇。只有在匈牙利，帝国城镇及矿业城镇才与士绅平起平坐，对应着一个由贵族和高阶教士组成的上议院，让人想起英国议会两院。然而，无论在哪里，贵族都认为市民是次级的，不仅是出于社会地位的考虑，也因为市民往往和统治王朝关系密切，在政治上不可信任。

哈布斯堡王朝的行政管理

和德意志土地上的其他等级会议一样，哈布斯堡王朝领地上的等级会议出现于 15 世纪，负责为统治者提供建议。作为有产阶级和集体团体的代表，他们就共同关心的问题代表国家发言，声称他们能比充满奴性的朝臣或外国出生的议员提供更公正的建议。哈布斯堡王朝很快就厌倦了被告知不愉快的事实，并且发展了他们自己的咨询机构，更适合于协调他们许多属地的政策。基本的行政框架是由费迪南德一世创建的，他在 1522 年被当时不在国内的哥哥查理五世委托管理奥地利。1527 年，费迪南德组建了一个新的枢密院，根据能力和地位任命人才，并创建了独立的波希米亚和奥地利办事处，来处理维也纳和各省之间的通信和文书工作。其他专门部门也出现了，特别是财政部（*Hofkammer*）和宫廷战争委员会（*Hofkriegsrat*），来处理特定业务并为枢密院提供专业意见。我们不应该把这些东西太当回事。哈布斯堡的行政管理仍然非常草率。1620年 8 月，费迪南德二世任命冈达克·冯·利希滕施泰因（Gundacker von Liechtenstein）为财政部长，但几天后，冈达克惊讶地收到了写给塞弗里德·克里斯托夫·冯·布雷纳（Seifrid Christoph von Breuner）的邮件，而后者的下属都认为冈达克·冯·波尔海姆（Gundacker von Polheim）是负责人。[6]尽管享有皇帝头衔带来的威望，哈布斯堡王朝还是很难吸引熟练和有经验的人才。考虑到他们作为雇主的骇人记录，下列事实并不奇怪：鲁道夫二世于 1612 年去世时，欠了他的官员和仆人 250 万弗洛林的薪水。

中央机构深入地方的能力受到严重限制。在没有一个常驻大公的省份，哈布斯堡王朝可以任命一名省长（*Statthalter*），但是在任命郡尉（*Landmarschall*）及其指挥当地民兵的副手时，必须咨询等级会议。他们还可以在王室城镇任命执法官和总管来管理他们属地的经济资产，但王室城镇在每个省很少占 5% 以上。几乎所有其他地方的行政管理都掌握在贵族手中。例如，在波希米亚，贵族管理行省法院，解决他们之间的纠纷，并通过法律对整个农村人口行使管辖权。匈牙利的情况更为极端，一半的村庄属于 50 个贵族家庭，其余大部分属于 5000 个士绅家庭。只有王室城镇属于哈布斯堡管辖，但即使是最大的城镇德布勒森也只有不到 2 万名居民。国王甚至不能任命一名总督（在这里被称为帕拉廷*），当他不在国内时，只能向议会推荐候选人，由他们选择谁来行使君主特权。

由于大多数臣民居住在王室领土之外，等级会议成为王朝和大部分人口之间的重要纽带。没有他们的帮助，或者至少是默许，王朝很难取得任何成就。特别是，等级会议的帮助对于提高税收至关重要，因为自己属地的收入仅占哈布斯堡支出的一小部分。中世纪的君主被期望"靠自己过活"，只在面临入侵或自然灾害等危急情况下才能利用他们的臣民的资源。15 世纪，当统治者要承担更广泛的责任时，中欧出现了等级会议，以促成这种特别的财政拨款。王室政府越来越成为常态，其面临的问题也更复杂，这导致会议的召开更频繁，逐渐将间断性税收转变为定期的年度税收。等级会议被迫建立了自己的机构，成立了常设委员会，负责在议会闭会期间与统治者联络，还成立了一个秘书处来保存记录和一个财政部来管理税收。哈布斯堡财政部从等级会议那里收取税款，并从属地总管那里获得收入。等级会议税收的规模和规则性提高了他们的信用评级，使他们能

---

* 自 11 世纪至 1848 年，匈牙利帕拉廷一直是匈牙利王国的最高官员，最初由国王任命，后来由王国议会选举。

够借到更多的钱，负责偿还王朝部分债务，作为回报，他们可以征收更多的税来偿还这些债务。

因此，除了王朝的政府结构，还出现了一个平行的政府结构，但是等级会议几乎没有篡夺政治权力的欲望。他们持混合式君主制理论，因此主动权留在统治者手里，尤其是在与外人打交道和危机时期。等级会议认为自己是既定秩序的守护者，通过阻止统治者实施鲁莽或非法的政策来维护共同利益。权利和自由是通过与统治者讨价还价了几个世纪而确立的。等级会议认为自己有责任捍卫和加强这些权利，反对违反旧宪章的新法律，抵制未经他们同意的措施。然而，这并不等同于现代议会制，因为等级会议是用于达成部门利益，甚至是个人利益的工具。在伴随着宗教改革向哈布斯堡地区蔓延而出现的宗教自由运动中，这一点再清楚不过了，因为新教变得越来越和集体特权，而非个人自由联系在一起。

新教的传播

尽管新教徒希望某位大公会改信新教，但哈布斯堡王朝仍一致信仰天主教。因此，新教缺乏使得他们在帝国其他地方建立领地教会的政治支持。哈布斯堡领地上的新教皈依者被迫自下而上地建立组织，使贵族而不是王朝成为关键点。贵族们行使地方管辖权，这种管辖权通常延伸到任命教区牧师和为租户任命学校教师。主教仍然拥有宗教管辖权，但他通常离得很远，而且还依靠领主支付神父薪水。教会的弱点同样也存在于等级会议中，在那里它听从于贵族。鉴于等级会议在通过道德和社会行为法律方面的作用，贵族们在推动第二次生活改革，以及第一次的圣言改革上，都处于有利地位。无论贵族个人的信仰如何，新教将赞助权和其他所有权结合起来的安排符合他们加强领主地位的需求。正如一位下奥地利的要人所说，贵族"同时是我们地产上的领主和主教，我们雇佣和解雇神职人员，他们必须服从我们"。[7]路德宗贵族在一个省内的存在很快创造了一种被称为"出逃"（*Auslauf*）的现象，农民和市民离开了邻近的天主教庄园和城镇去参加新教礼拜仪式。贵族的关键作用在蒂罗尔的例子中体现得非常明显，在那里，新信仰仍然受到16世纪早期激进主义的影响而名声不佳，而天主教由于枢机主教博罗默派遣的嘉布遣会传教士而变得更有吸引力。蒂罗尔的贵族仍然坚定地信奉天主教，当大公在 1585 年判决新教徒要么皈依要么离开时，等级会议支持了大公。

那时，天主教在其他省份受到了巨大的压力。下奥地利十分之九的贵族信奉了路德宗，而上奥地利 85% 的贵族信奉路德宗，那里四分之三的城市人口和一半的农民是新教徒。大约 70% 的内奥地利人也放弃了天主教，施蒂里亚的 135 名贵族中只有 5 人仍然信奉天主教。虽然主要由斯洛文尼亚人构成的农民阶层拒绝了新教，因为在他们看来这是德意志的宗教，但是到 1572 年，施蒂里亚 22 个王室城镇中的 16 个已经接受了路德宗。[8] 随着贵族改信新教，他们开始通过等级会议游说，以获得哈布斯堡王朝的正式承认。而随着天主教成员的减少，哈布斯堡王朝别无选择，只能与新教徒妥协，以确保他们自己不断增加的债务问题得到解决。在 1564 年，哈布斯堡王朝分为三支，各个分支被迫分别与自己的等级会议进行谈判。上奥地利和下奥地利的等级会议分别于 1568 年和 1571 年获得了宗教保证（*Assecuration*），领主、骑士和租户都拥有了接受路德宗的自由，作为交换，等级会议要为哈布斯堡王朝偿还 250 万弗洛林的债务。1574 年，特权被扩大，贵族们被允许在自己的城镇房屋里做礼拜仪式，这些房屋现在已经成为帝国城市（尤其是维也纳）事实上的教堂。内奥地利等级会议在 1572 年承担了另外 100 万弗洛林的债务，以换取类似的特权。6 年后，在《布鲁克宗教和约》（*Brucker Libell*）中，哈布斯堡王朝进一步确定了这些措施，以换取经常性的税收来维持对土耳其人的边境防御。到了 1600 年，债务摊销使内奥地利承担了 170 万弗洛林的债务，而 1588 年至 1608 年间对边境的资金援助还花费了 293 万弗洛林。[9] 在奥地利贵族购买自己的宗教自由时，人民付出了高昂的代价，而德意志诸侯在《奥格斯堡和约》中已经被赋予了这种自由。

波希米亚的情况不同，1436 年和 1485 年的协议已经承认了酒饼同领派（Utraquism）和天主教具有一样的地位。酒饼同领派是胡斯派一个较为温和的分支，这个名字来自它坚持信徒在圣餐礼上同时领面包和葡萄酒（*sub utraque specie*），而非只有神职人员才能领酒。他们的礼拜仪式是用捷克语举行的，教会位于主教管辖范围之外，但酒饼同领派最后和罗马达成妥协，把神父送往威尼斯接受按立。哈布斯堡王朝在 1526 年获得波希米亚时，确认了这些特权，这也是因为酒饼同领派正失去发展势头，大多数天主教徒希望其追随者很快会重新加入他们的行列，但少数激进的酒饼同领派分裂成了兄弟合一会（ Unitas Fratrum ），拒绝向罗马屈服，也不愿意放弃胡斯派的社会计划。酒饼同领派与捷克文化有密切的关联，限制了路德宗向德语城市人口和一些贵族的传播。1547 年，当捷克贵族拒绝在施马尔卡尔登战争中支持哈布斯堡王朝时，费迪南德镇压了激进的兄弟合一会，并发起了一项振兴天主教的计划。一所耶稣会学院于 1556 年在布拉格成立，5 年后，一位大主教在布拉格就职，结束了一个半世纪的空缺。

天主教的复兴使其他信仰更加紧密地联系在一起。波希米亚等级会议在 1575 年促成了《波希米亚信纲》(Confessio Bohemica)，试图通过调和路德宗、酒饼同领派和兄弟合一会之间的神学差异，来建立一个广泛的新教教会。然而，后来并没有发生类似于在奥地利发生的那种交易。马克西米连二世认为没有理由承认酒饼同领派以外的派系，因此等级会议拒绝了他的继承人关于摊销波希米亚君主 500 万弗洛林债务的请求。兄弟合一会分裂了，许多人回归到酒饼同领派中，以获得官方保护，而其他人则转向加尔文宗，加尔文宗是在 16 世纪 80 年代由普法尔茨移民和从德意志大学回来的贵族带到波希米亚的。路德宗只在西里西亚和卢萨蒂亚盛行，尽管西里西亚诸侯和受过教育的市民在 17 世纪最初十年也接受了加尔文宗。

波希米亚王国的宗教群体比奥地利的宗教群体更加多样化。天主教在波希米亚人中的占比减少到不到 15%，在摩拉维亚人中为 35%，其他人主要是酒饼同领派、兄弟合一会或路德宗信徒。加尔文宗信徒只占总人口的 3%，但由于他们中的很多人是社会精英，他们具有不成比例的政治影响力。情况仍然不稳定，因为等级会议继续将宗教视为上帝的礼物，不能由区区凡人来决定。与统治者的关系建立在相互尊重各方利益的基础上，而谈判旨在确保持久妥协。这一传统深深地渗透到社会结构中，一个家庭中拥有不同教会的信徒并不少见。可以理解的是，大多数贵族拒绝公开表露自己的信仰，特别是在摩拉维亚，当地的兄弟合一会继续发展信徒，甚至还有一些再洗礼派社区持续存在。许多贵族在他们的图书馆里有各种各样教派的书籍，大多数人似乎倾向于持伊拉斯谟式无教派个人化信仰。紧张关系一直存在，但没有危机即将到来的感觉。

加尔文宗在匈牙利更为强大，在那里路德宗长期以来被认为太"德意志"而不被信任。不到五分之一的马扎尔人信奉路德宗，主要是那些远离贵族统治的山村里的人。路德宗在东北部的上匈牙利的斯洛伐克人中，以及克罗地亚和斯洛文尼亚的南部斯拉夫人中也有一些信徒。然而，将近一半的贵族信奉加尔文宗，许多马扎尔农民也是如此。到 1606 年，只有十分之一的马扎尔贵族忠于罗马，只有 300 名天主教神父留在哈布斯堡统治的匈牙利地区，主要集中在格兰、拉布和诺伊特拉的主教教区。克罗地亚和三个斯洛文尼亚郡仍然以天主教为主，主要是因为当地贵族依赖军政国境地带（*Militärgrenze*）的就业，并且面临着来自内奥地利路德宗信徒的竞争。

社会紧张局势

这些互相竞争的信仰的传播在任何地方都取决于贵族的态度。尽管天主教徒在克罗地亚和蒂罗尔以外的地方都是少数派，但没有一种新教教派成功地被所有人接受。他们的合法性建立在通过等级会议以其财政权力向哈布斯堡王朝索取的权利之上。这些权利还没有被时间所认可，它们能够存在，取决于受益者在多大程度上说服了其他人相信它们的必要性。新教贵族不仅在内部面临着来自其余天主教同侪的反对，而且更广泛的经济发展也使得他们很难维持其他集体团体的支持。

贵族的财富来源于主要生产黑麦、燕麦、小麦和大麦的农业经济。采矿业在蒂罗尔和内奥地利部分地区具有一定的意义，但哈布斯堡王朝保留了其中大部分控制权。上奥地利、波希米亚和西摩拉维亚的纺织业生产正在增长，而马匹繁殖在摩拉维亚的其他地区和匈牙利也很重要。所有这些生产活动都需要土地和劳动力，相应地，这些都是通过封建管辖权来控制的。像哈布斯堡王朝一样，大多数领主只将一小部分地产作为属地直接管理，其余部分出租给佃农以换取固定租金。在 16 世纪后期，不断上升的通货膨胀使得出租田地没那么有吸引力，但是贵族很难强迫租户支付更多的钱，因为他们经常有多个领主，很容易利用一个领主去对抗另一个。哈布斯堡王朝也将诉讼权扩大到农民，让自己介入到地主和农民之间，在农村世界充当仲裁者。只有在匈牙利他们没能成功，1556 年的匈牙利议会阻止了这一点。西欧西北部城市人口的增长刺激了对谷物的需求，在 16 世纪为东欧和中欧地主创造了新的机会。他们通过购买、取消抵押品赎回权或简单地将佃户驱逐扩大了领地，同时强化了封建管辖，迫使依附他们的农民为他们工作。

这个过程自 1500 年左右出现，被称为"第二次农奴制"，当时中世纪农奴制在欧洲其他地方都已经衰落了。这种现象在波兰、匈牙利、波希米亚、奥地利部分地区和德意志东北部都很明显，但各地并不一致，甚至在实行这种做法的地区也不一定是领主剥削的主要形式。[10] 然而，当与通货膨胀、人口和环境变化结合在一起时，这种"庄园经济"的蔓延变得越来越有压迫性，象征着农村世界更广泛的商业化。领主开始以新的方式开发森林和其他资产，例如向农民收取拾柴费或收取放猪觅食的费用。这些变化也加剧了精英内部的紧张，因为一些领主比其他人更能抓住机会。匈牙利的情况最为极端，大约 50 个大家族积累了全国 41% 的土地，创造了规模经济，并依靠雇佣私人军队打击土匪和反对土耳其人的能力，在士绅阶层和农民中赢得门客。和匈牙利一样，波希米亚的贵族也在衰落，在 1618 年之前的 50 年里，波希米亚的骑士数量减少了近三分之一。财富越来越集中，11 个贵族家庭拥有了全国四分之一的土地。

1595 年，农民的不满首先在上奥地利爆发，次年蔓延到下奥地利西部。事件的导火索是试图在一些新教教区重新设立天主教神父的粗暴尝试，但还有更深的潜在原因，抗议很快就指向支配了等级会议的路德宗贵族。农民呼吁得到"瑞士式自由"，要求在等级会议中得到代表，并废除最近的捐税。作为哈布斯堡王朝现任首领和奥地利大公，鲁道夫二世试图促成妥协，但他笨拙地将调解行为和重振天主教的举动联系在了一起，同时激怒了双方。面对 1596 年秋季暴力行为的死灰复燃，鲁道夫让他的弟弟马蒂亚斯（Matthias）去处理，他已经于前一年任命他为奥地利总督。马蒂亚斯既采取了更有效的军事对抗措施，同时也对农民的不满展开调查。1525 年德意志农民战争爆发后，这是一个非常有效的策略。大约 100 名被指控的头目被处决，另外几千人被割掉鼻子和耳朵，以强调叛乱的非法性。与此同时，通过"适当"法律渠道提出的抗议得到了奖励，1598 年 6 月通过了一则法令，将农民每年在地主土地上劳动的时间限制为两周。

这一紧急情况暴露了贵族对统治王朝的持续依赖，尤其是因为行省民兵在对抗农民中毫无用处。它还揭示了在不同的社会集团部门之间建立一个广泛联盟是多么困难。即使有着相同的信仰，贵族、市民和农民仍然严重分裂。市民鄙视农民，经常剥削他们，向负债的佃户提供高利率的信贷，或者在新兴纺织业的计件工作中支付他们微不足道的薪水。他们对农民要求将等级会议代表权扩大到村庄的呼声不感兴趣。更根本的是，所有社区都被严重的不平等所分裂，这种不平等通常会侵蚀睦邻关系，并使他们四分五裂，在回应领主和其他外来者的要求时无法团结一致。虽然社区在很大程度上管理着自己的事务，但只有少数有财产的居民获得了代表权。较贫穷、被剥夺权利的大多数人往往缺乏固定的居住权，尤其是在城镇，他们依靠公共资产，如牧场，放牧不多的牲畜，以在非正规或临时性的雇佣机会之外得到其他生计来源。富裕的农民试图将额外税收或劳动力需求的负担转移到没有代表权的贫穷邻居身上，同时限制后者对宝贵的公共资产的使用，因为这些资产有被过度使用而遭到侵蚀的危险。宗教非但没有使人们团结一致，反而通过跨越社会和经济分歧的教派对立增加了新的裂痕。如何最好地实现共同目标的问题引发了激烈的争议，一些人相信官方所承诺的会通过法院解决不满，而另一些人则认为暴力抗议是唯一的选择。贵族们对农民的宗教信仰表示了一些尊重，前提是这些信仰与他们自己的信仰相吻合。然而，叛乱显示了将宗教自由与政治自由联系在一起十分困难，例如，路德宗领主在 1596 年与天主教贵族一起招募雇佣军来帮助马蒂亚斯大公。

天主教复兴

哈布斯堡王朝的主要成员开始相信，他们王朝的未来取决于重振天主教，并将其作为政治忠诚的基础。这一目标并非不切实际，因为等级会议中一直存在天主教少数派，而新教徒之间分歧很大，尽管信仰不同，但大多数新教徒仍然是忠诚的臣民。16 世纪 70 年代谈判得到的宗教自由作为特权被授予各个省份的贵族和城镇，但尚未被各等级的所有成员接受为其集体权利的内在组成部分。等级会议缺乏一个平台来协调一致，以回应哈布斯堡王朝，因为他们自己也未能协调出一个可行的广泛的集会。在这里，1564 年的分治实际上对王朝有利，因为它加强了与各行省单独谈判的做法，并确保了奥地利一般性的议会在 17 世纪早期之后从未重新集结起来。波希米亚拒绝承认王国的其他四个行省的平等地位，这使它在 1518 年后的近一个世纪里一直未能召开一般性议会。因此，主动权掌握在哈布斯堡手中，只要不同的分支能够共同努力，形成统一战线，就有相当大的成功机会。

鲁道夫二世

作为主支线的领袖，鲁道夫二世在他父亲马克西米连于 1576 年去世时继位为皇帝，承担起了领导的责任。[11]1563 年，鲁道夫和弟弟恩斯特（Ernst）被送往马德里，以避免受到新教的传染，同时也为了讨好强大的西班牙哈布斯堡分支。西班牙宫廷严峻的、情感超然的环境给亲眼目睹了严酷的权力现实的两个男孩留下了持久的印象。腓力二世第一次结婚生的儿子唐·卡洛斯（Don Carlos）精神不稳定，对父亲产生了病态的仇恨，此后被监禁。卡洛斯本已虚弱的身体因绝食抗议和监狱看守的干预性补救措施而每况愈下。他于 1568 年去世，立即引发了谣言，称他是被毒死的，是腓力为了甩掉他这个政治包袱，尼德兰叛乱者后来就公开这样指责腓力。虽然指控肯定是错误的，但是国王的行为还是有一些很可怕的地方，当他的儿子痛苦地死去时，他仍然坐在桌子上忙于国家事务。这件事可能使鲁道夫相信，像他伯父那样严格忠于职守是不可能做到的。当他 1571 年回到维也纳时，当时人们肯定注意到他的行为举止发生了变化。尽管他已经采取了僵硬的西班牙礼节，但很明显他并不喜欢他伯父的王国。尽管他的亲属给了他很大的压力，要他确定一个合法继承人，但他拒绝娶腓力最喜欢的女儿伊莎贝拉，而是选择了他长久以来的情妇凯瑟琳娜·斯特拉达（Katharina Strada），他和她至少有六个孩子。这样的密切关系是一个例外，因为鲁道夫发现自己越来越难和活人打交道，退缩到了对祖先的夸张崇拜中。那些还能见到他的人（常常是在等了几个月之后），都被他的智慧、好奇心和广博的知识所打动。他成了一个狂热的艺术收藏家、天文学家、炼金术士和诗人的赞助者。他在西班牙的经历让他产生了一种夸张的威严感，这使得他无法将责任委托给那些想帮助他的人。虽然不怕辛苦工作，但他的头脑被太多的想法占据，导致他优柔寡断，尤其是，当他最初的努力未能立即取得成功时，他很可能会受挫气馁。

这一点在他执政伊始就很明显，当时他决定在首都树立推广天主教的榜样。当地教士和平信徒于 1577 年复兴了基督圣体兄弟会，并计划在第二年 5 月在维也纳举行游行。鲁道夫走在队伍的前列，两侧是他的弟弟恩斯特和马克西米连，以及巴伐利亚的费迪南德公爵等其他显贵。这明显是对主要是新教徒的当地人口的挑衅，相当于现代奥兰治联盟（Orange Order）* 在贝尔法斯特进行游行。拒绝让路的路德宗摊贩被帝国护卫队粗暴地处理，在此过程中一罐代售的牛奶被打翻。随之而来的被称为牛奶战争（Milk War）的骚乱震惊了皇帝，让他在 1579—1580 年生了一场严重疾病，永久改变了他。尽管他至少有一个私生子也表现出精神分裂倾向，但他是否在临床上患有精神病还是值得怀疑的。更有可能的是，他遭受了同时代人诊断为忧郁症或严重抑郁症的痛苦。[12] 他自己的智力可能是造成这种痛苦的原因之一，因为他敏锐地意识到他的威严感与他权力有限的严酷现实之间的巨大差距。虽然他和他母亲的关系从来都不好，但是她在 1581 年前往西班牙之后，他失去了为数不多的几个心腹之一。两年后，他将宫廷搬到布拉格，变得更加孤独，他把自己关在高耸的赫拉德恰尼宫，几天内拒绝见任何人，也不签署重要文件。1591 年 9 月，他的一个化学实验出了事故，烧到了脸颊和胡须，他身边的马厩主管不幸遇难。事故使他陷入更深的绝望，现在他一次把自己关了好几个月。他一直拒绝结婚，这在亲属中引起了越来越多的不安，促使腓力二世在 1597 年安排了伊

---

* 奥兰治联盟是一个国际保守新教组织。

莎贝拉与皇帝的另一个弟弟阿尔布雷希特（Albrecht）大公订婚。他们在两年后结婚，这加深了鲁道夫对西班牙的怀疑，最终迫使他直面个人生活中的挫折。随着新世纪的到来，鲁道夫对占星术的痴迷让他越来越偏执，尤其是他将第谷·布拉赫（Tycho Brahe）对 1600 年 9 月的预测解读为有暗杀他的阴谋。他的情绪波动更加剧烈，他对朝臣拳脚相向，甚至打伤了其中一人。

梅尔基奥尔·克莱斯尔

鲁道夫迁至布拉格的举动和他后来的精神崩溃，加剧了王朝内部的离心力，因为奥地利政府被移交给了恩斯特大公。无论是恩斯特，还是他在 1595 年去世之后的继任者马蒂亚斯，都无法将大量时间投入到天主教复兴中来，这一事业现在落到了梅尔基奥尔·克莱斯尔（Melchior Klesl）手中。克莱斯尔是一位来自维也纳的路德宗面包师的儿子，在维也纳大学读书时皈依了天主教，并在耶稣会和哈布斯堡家族的赞助下，于 1580 年升任母校校长，1588 年成为维也纳新城主教，10 年后成为维也纳本身的主教。克莱斯尔为人极其精明，同时伶牙俐齿，很容易树敌，尤其是当他开始认为自己是唯一一个有能力为哈布斯堡王朝提供建议的人之后就更是如此，他忽略了正式的机构，自行制定政策。他对马基雅维利和《圣经》一样熟悉，因此经常被描绘成一个穿着教士长袍的世俗政治家。他显然跟枢机主教博罗默相差甚远，1590 年后，他待在鲁道夫的宫廷里的时间超过了两个主教辖区中的任何一个。他这种不待在教区的行为本身就说明天主教复兴的步伐缓慢。尽管如此，宗教仍然是他世界观的核心，是正确秩序的基础，而不是任何情感的、神秘的或精神上的依恋。[13]

克莱斯尔瞄准了维也纳，新教正在那里迅速传播，维也纳有下奥地利等级会议的集会大厅，还有众多路德宗贵族的城镇房屋，成千上万维也纳人还有每周日离开城市到周围的路德宗庄园做礼拜的"出逃"习俗。克莱斯尔以牛奶战争暴乱为借口，建立了一个天主教市议会，并撤销使用集会大厅做路德宗礼拜仪式的许可，而那些在城外做礼拜的人则被罚款。成为校长一年后，克莱斯尔规定只有天主教徒才能从大学毕业。随后，他与新议员合作，将城墙内 1200 所房屋中的 90 所移交给教会，用作礼拜或教育场所。[14] 1612 年鲁道夫去世后，宫廷回到维也纳，这进一步加强了天主教在这座城市的存在感。朝臣、贵族和他们的仆人将普通市民从霍夫堡附近非常受欢迎的房产中挤了出来，特别是在 17 世纪 20 年代初通货膨胀的年代，当时富有的天主教徒用贬值货币购买了这些房产。从鲁道夫继任以来，天主教徒人数已经翻了两番，到 1594 年已经达到 8000 人。

1598 年农民抗议的失败促使克莱斯尔将活动深入农村。上奥地利郡尉在武装护送下，前往林茨地区建立天主教教区，并关闭新教等级会议学校。第二年，克莱斯尔带领 2.3 万名下奥地利朝圣者前往施蒂里亚的玛丽亚采尔，自 1617 年之后，这成了一项年度活动。其他的朝圣目的地也被开发了，以加强宗教虔诚和政治忠诚之间的联系，特别是那些与奥地利历史和哈布斯堡王朝相关的朝圣地。这些事务上的发展并非没有人反对。1600 年，当基督圣体游行被引入林茨时，市民们抓住了神父，将他淹死在河里。就像牛奶战争时的情况一样，这只是为取消更多新教特权提供了一个借口，这一次，所有的学校教师都被逐出了上奥地利。当盐矿工人在萨尔茨卡默古特拆毁工具进行进一步抗议时，1602 年 2 月马蒂亚斯大公派遣了 1200 名士兵和民兵迫使他们重返工作岗位。然而，尽管奥地利的天主教复兴看起来令人印象深刻，但缺乏坚实的基础，甚至直到 1600 年，维也纳 5 万居民中有四分之三的人仍然不服从官方信仰。

天主教策略

天主教在内奥地利取得了更大的成功，在那里，在一开始不幸的开端之后，宗教和政治忠诚的结合得到了更系统的发展。卡尔大公是坚定的天主教徒，但是在债务和边境防御费用的驱使下，他于 1578 年承认了《布鲁克宗教和约》。他本希望这成为一个秘密，但令他恐惧的是，兴高采烈的等级会议新教成员发布了特许权未经授权的版本，他很快被一位毫不同情他的教宗格列高列十三世逐出教会。受到责罚后，他于 1579 年 10 月在慕尼黑会见了他的哥哥蒂罗尔的费迪南德和他的妻舅巴伐利亚的威廉五世公爵。他的亲属们接受了他的解释，即出版的文本歪曲了他的意图，但认为撤销它太危险了。就在三个月前，5000 名维也纳人在霍夫堡示威，抗议那里的天主教政策。没有一个大公拥有足够多的军队，他们必须避免任何可能联合起来反对他们的事情发生。哈布斯堡王朝需要一个对抗性不那么强的政策，慕尼黑的会面以一个方案的形式提供了这一政策，该方案成了 1618 年前所有后续措施的范本。

与会者一致认为，目前的让步已经是可以给予的极限。大公们不会取消现有的特权，而是坚持对其做严格的天主教解释，禁止所有没有被法律明确认可的新教活动。他们不想摧毁等级会议，因为他们无法在没有它的情况下进行统治。相反，新教成员将被孤立，也不会得到任何进一步的优待，而忠诚的天主教徒将得到奖励和提升。在这里，哈布斯堡王朝可以利用他们无可争议的大公、皇家和帝国特权来授予贵族身份，合法化私生子，并且授予学位及其他荣誉。这些权力使得他们的影响力可以扩展到整个帝国，因为大多数诸侯不能创造新的贵族，而只能向皇帝推荐个人以获得特别的青睐。等级会议是一个自我管理的机构，可以自行选择接纳谁为新成员，但是他们必须首先依靠哈布斯堡王朝来将新成员封为贵族，而只有王朝可以从现存的骑士中选出领主，并对教会和帝国城镇施加进一步的影响。大量奥地利贵族家庭在 16 世纪绝后，这为增加忠诚天主教徒的比例创造了更多机会。例如，在 1560 年至 1620 年间，40 个新家庭成为内奥地利的贵族，他们主要来自意大利，其中 16 个成了等级会议成员。

进一步的努力包括确保一群教育程度更高、纪律更严、人数更多的神职人员更加关注普通民众的精神需求，使天主教更具吸引力。教宗格列高列被说服支持该计划，并开始鼓励其他统治者参与。特伦托会议改革的资深推动者吉曼尼科·马拉斯皮纳（Germanico Malaspina）被任命为新的驻内奥地利教廷大使，以说服世俗和教会统治者停止关于管辖权的争吵。尽管马拉斯皮纳很能干，但他无法解决所有的争端，尤其是因为大多数主教也与其主教座堂法政牧师发生了争执。尽管如此，萨尔茨堡还是在 1583 年与巴伐利亚达成了一项协议，9 年后奥地利与帕绍达成了一项协议，这开启了一个关系更和谐的新时代。萨尔茨堡的新任大主教沃尔夫·迪特里希·冯·赖特瑙（Wolf Dietrich von Raitenau）受到激励，于

1588 年前往罗马，回来的时候充满了反宗教改革的热情，同时他的附属教区也交到了更有改革意识的教士手中，其中最值得注意的是 1585 年成为塞考主教的马丁·布伦纳（Martin Brenner）。

然而，在慕尼黑达成的计划需要时间才能生效，当卡尔大公在 1580 年 12 月突然试图禁止新教徒在帝国城镇中做礼拜时，这种新的团结很快就破灭了。由于担心即将发生叛乱，他的盟友们退缩了，拒绝提供援助。大公缺乏合格的人员，无法在当地取得任何进展，被迫将他的政策限制在他在格拉茨的首都，在那里他招募了一批忠诚的顾问，并将那里的耶稣会学院提升为大学，以培训更多的神父和官员。到 1587 年，他觉得自己足够强大，可以重新开始，这次他的目标是那些预计阻力较小的小城镇。作为帝国诸侯，他享有《奥格斯堡和约》赋予的宗教改革权，他援引这种权利，在布伦纳主教的保护下成立了一个"改革委员会"，并在军事护卫下在全境巡回安置新的神父，关闭新教学校，并将每个市镇的议会移交给天主教。这些措施被展示为温和且合理的，大公只是希望他的臣民之间实现和平与和解，采取行动只是为了保护天主教信仰和财产不受新教破坏。由于害怕改革委员会扩大到他们的地盘，贵族们几乎没有帮助他们的市民盟友，这些城镇一个接一个地被挑选出来，布伦纳只遇到了一些被动的抵抗，直到 1590 年 5 月卡尔生病。格拉茨的一场严重骚乱迫使当局释放了一名被监禁的新教学生。人们意识到了当局的虚弱，混乱很快蔓延到其他城镇，特别是在卡尔于 7 月去世、他 12 岁的儿子费迪南德成为新大公之后。等级会议声称他们在摄政时期有介入的传统权利，以不合适为由拒绝了男孩的巴伐利亚亲属的接管，并把政府交给了恩斯特大公，后者不愿意进一步对抗。

费迪南德大公

当费迪南德在 1595 年成年时，他似乎不太可能从等级会议手中收复失地，更别说成为他那个时代最有权势的人了。未来的皇帝受到了褒贬不一的评价，尤其是在英语历史学家中，他们赞同当时新教徒的观点，认为他"不过是一个愚蠢的耶稣会信徒"。他的母亲，巴伐利亚的玛丽亚于 1590 年 3 月把他送去了英戈尔施塔特的耶稣会学院，以逃避新教影响，但是他父亲的去世迫使他中断学业，回到格拉茨。费迪南德身材矮小，这可能是他害羞的原因。他的家人越来越担心他身体不好，尤其是因为他的两个哥哥年纪轻轻就去世了。这种担心有点多余，因为费迪南德长大后身体健康，成了一名出色的骑手和热情的猎人。与堂兄鲁道夫二世不同，费迪南德非常友好，对他周围的人也很好，他的红色肤色和后来的肥胖加深了人们的这种印象。他越来越喜欢吃食物，尤其是野味和其他丰富的肉类，这使他体重日增，后来还患上了哮喘。与大多数同时代的德意志诸侯不同，他避免酗酒，他的告解神父自豪地说，他从来没有在自己的房间里单独接待过女性。据称，为了平息肉欲，他在结婚前和后来成为鳏夫后，一直穿着粗毛衬衣。教廷大使卡洛·卡拉法（Carlo Carafa）后来报道说：

> 他晚上 10 点左右睡觉，这是德意志的习俗；在凌晨 4 点甚至更早的时候就会起床了……一旦他起床，皇帝陛下就去教堂听两次弥撒，一次是为他第一任妻子的灵魂，尽管她健康状况不佳，却受到了皇帝的温柔的爱。如果碰上节日，皇帝会接受圣餐，为此他会去教堂听德语布道。这通常由耶稣会士提供，持续一个小时。布道结束后，他会留在主祭坛上，通常是一个半小时，伴随着精心挑选的音乐……如果不是什么节日，他就会在两场弥撒后（他从来没有改变过这一点），把上午的其他时间和下午的大部分时间都用来召开宫廷议会。[15]

在他的一生中，他都维持了享受大餐、工作、狩猎和在有着穿堂风的教堂里进行长时间祷告的习惯；尸检后，他的医生惊讶于他竟然活了这么久。

1595 年后，费迪南德连续选择了三个耶稣会士作他的告解神父，但他更多地是虔诚，而非狂热。虽然他致力于推进天主教，但是这种愿望被一种深深的律法主义倾向所调和，这阻止了他偏离他所理解的宪法。虽然他告诉内奥地利的等级会议，他是一个"绝对君主"，但他拒绝接受马基雅维利式的国家理由（Raison d'État），而是认为政治上的成功取决于忠于基督教的原则。1590 年格拉茨骚乱期间，一场雷雨驱散了抗议者，避免了天主教徒担心的即将到来的大屠杀，这一事件加强了他对神圣天意的信仰。[16] 他后来的改革努力的成功加强了他的信念，因为他的大部分顾问原本都预测改革会导致叛乱。然而，他依然怀疑，如果他犯了错误，上帝可能会抛弃他，这使他倾向于采取谨慎态度，并在行动前进行广泛咨询。

费迪南德在继位时立即恢复了旧的君主誓言，而不是遵从 1564 年修改后的不那么冒犯新教徒的版本，表明了他的意图。他也拒绝承认《布鲁克宗教和约》是领地法律的一部分。没有一个等级会议想要对抗他，并把他的沉默当成了赞同，在 1597 年接受他为统治者。对费迪南德来说，他们的屈服解除了他良心上的负担，只要他足够强大，就准备撤销《布鲁克宗教和约》中授予的特权。他的政治顾问敦促他谨慎行事，以卡尔大公早先的失败为戒，但是他的主教布伦纳和拉万特的格奥尔格·斯托贝乌斯（Georg Stobaeus）都敦促他遵从自己的良心。费迪南德前往罗马咨询了教宗，并进行了长时间的讨论以确保他的"团队"都做好准备，最终他于 1598 年 4 月恢复了改革委员会。为避免 1580 年和 1590 年的抗议重演，他做了精心的准备。所有三个内奥地利等级会议都被同时但分开传唤，以让他们有事可做，同时还避免他们联合起来进行反对。每个等级会议都被迫接受在其执行委员会中加入一名天主教神父，之后这些神父阻止了任何反政府的措施。费迪南德并没有回避赤裸裸的武力。两名等级会议官员被扣押并遭受酷刑，直到他们同意放弃格拉茨小学的控制权。费迪南德部署了 800 人的正规驻军来保护委员会，部队驻扎在抗议的市民家里。1599 年，行动进入全面展开阶段，布伦纳轮流造访每个施蒂里亚城镇，驱逐新教教师和牧师，以打破任何抵抗，并设立天主教神父。一旦人们的抵抗激情消退，委员会将会采取更具挑衅性的行动，关闭新教学校，摧毁墓地，拆毁教堂——在艾森埃尔兹的情况特别引人注目，那里的教堂被炸毁了。布伦纳很快就赢得了"异教徒之锤"（Ketzerhammer）的绰号，因为他竭尽全力羞辱和诋毁他的敌人，践踏他们珍视的一切：

> 信众的尸体被挖出来，被狗和猪吃掉；棺材也被挖出来，放在路边，有些用火烧掉；这样的行为既野蛮又不人道。信众的墓地上也竖

立着绞刑架和处决罪犯的标记。同样，在新教教堂、布道坛或洗礼盘曾经矗立的地方，都竖立起了最丑陋和最肮脏的场景。[17]

随着布伦纳在 1600 年凯旋格拉茨，并将 1 万本新教书籍付之一炬，事件达到高潮。费迪南德在那年 4 月与巴伐利亚的威廉五世虔诚而贤惠的女儿玛丽亚·安娜（Maria Anna）结婚，庆典持续了 8 天，以庆祝他取得的胜利。所有剩下的新教牧师和教师都被驱逐，拒绝皈依的市民也是如此。1598 年至 1605 年间，大约有 1.1 万人离开了内奥地利各省，有的是被驱逐，有的是自愿流亡。许多人去了帝国的新教领地，比如符腾堡，符腾堡公爵在那里建立了弗罗伊登施塔特（字面意思是"欢乐之城"）来欢迎他们。

从始至终，费迪南德都坚持他对法律的解释（尽管很狭隘）。根据委员会的官方说法，他们针对的是"异端"，而非路德宗，而且直到 1609 年信奉天主教才成为官员的正式先决条件。布伦纳攻击的也是那些缺乏明确特权的路德宗教会机构，没有触及私人信仰。矿工们得到了特别的让步，以防止地区经济和收入受到破坏。等级会议在 1599 年已经通过预扣税款和向皇帝上诉来报复。当费迪南德禁止进一步上诉时，238 名贵族签署了一份请愿书，威胁要移民，除非他恢复信仰自由。他认为这些人只是虚张声势。事实上，大多数人都只是待在家里，随后 1604 年第二次税收罢工也失败了。

波希米亚

1600 年前后的时局巨变甚至在波希米亚也能感受到，鲁道夫仍然待在宫殿中，置身事外。和在奥地利各省一样，重振天主教的计划针对的是王室城镇，这是等级会议中的薄弱环节。同情天主教的人通过将更激进的兄弟合一会描绘成加尔文宗的第五纵队，在酒饼同领派审议会议中占据了多数。在官方天主教和酒饼同领派教会机构的支持下，哈布斯堡政府开始任命效忠者为王室城镇的地方长官，确保他们对议会的控制，尽管只有在比尔森和布德韦斯两地，天主教人口才占多数。1592 年后，基督圣体节游行在布拉格复兴，并很快扩展到其他城镇，当地政要也被迫参加。王室也从许多波希米亚贵族家庭的绝嗣中受益，王室扣押或购买他们的地产，将自己在王国所占的份额从 1% 增加到 1603 年的 10% 以上。而属于教会和王室城镇的比例上升到了 9%，使王室控制了大约五分之一的地区。在摩拉维亚，这个比例更大，那里的教会保留了更多的土地。鉴于波希米亚经济资本不足的状况，天主教财富颇具影响力。

波希米亚天主教的特征也在发生变化。1597 年至 1611 年间，七个大地主家庭绝嗣，他们的财富大部分留给了那些更有好斗倾向的人。我们上次提到的挂在赫拉德恰尼城堡窗子外面的威勒姆·斯拉瓦塔，于 1604 年继承了纽豪斯（赫拉德茨）家族遗产，而卡尔·利希滕施泰因（Karl Liechtenstein）于 16 世纪 90 年代在摩拉维亚获得了博斯科维茨（Boskowitz）家族的财富。许多年轻一代都是改宗者，包括叛乱爆发时掌权的人。利希滕施泰因后来成为波希米亚总督，而他从小是波希米亚兄弟合一会成员，他的弟弟冈达克也是如此，后者于 1602 年皈依天主教，并于 1620 年成为财政部长。来自下奥地利的米夏埃尔·阿道夫·冯·阿尔丹（Michael Adolf von Althann）于 1598 年在克莱斯尔的帮助下改信天主教，1606 年被任命为格兰总督，1610 年成为帝国伯爵。另一个下奥地利人，弗朗茨·克里斯托夫·冯·克芬许勒（Franz Christoph von Khevenhüller）改信了天主教，并被任命为驻西班牙大使，随后回国撰写了《费迪南德年鉴》（*Annales Ferdinandei*），这是一本内容广泛的费迪南德二世传记。施蒂里亚的路德宗信徒约翰·乌尔里希·冯·埃根贝格（Johann Ulrich von Eggenberg）同样在 16 世纪 90 年代成为天主教徒，并在 1597 年成为费迪南德最亲密的顾问。另一位施蒂里亚人马克西米连·冯·特劳特曼斯多夫（Maximilian von Trauttmannsdorff），后来成了哈布斯堡君主国最重要的政治家，原本也是一名路德宗信徒，但在布伦纳发起改革委员会运动期间跟随父母接受天主教。斯拉瓦塔年轻时在锡耶纳学习时，是因为个人信念而改变信仰的，但是其他人在更小的时候就改宗了，比如彼得·帕兹马尼（Péter Pázmány），他在 12 岁时在耶稣会的影响下拥抱了天主教。1616 年，帕兹马尼接替了费伦茨·福尔加奇（Ferenc Forgách，另一个改宗者！）担任枢机主教和格兰大主教，领导匈牙利天主教改革。到 1610 年，改宗使得天主教人口在贵族中的比例提高，在上奥地利占十分之一，在波希米亚占五分之一，在下奥地利占四分之一。

财富和官职的积累使得好斗分子更加大胆地将新教徒排除在政府之外。1599 年 8 月 24 日，圣巴塞洛缪大屠杀周年纪念日，驻布拉格的教廷大使说服反复无常的鲁道夫任命兹登科·洛布科维茨（Zdenko Lobkowitz）为波希米亚书记官。1600 年，受他对西班牙政治理论家的解读的启发，洛布科维茨敦促皇帝解雇新教顾问，重新取缔波希米亚兄弟合一会。教士位置空缺由新的充满活力的人填补。1598 年，摩拉维亚教会奥尔米茨主教的职位被授予弗朗茨·迪特里希施泰因（Franz Dietrichstein），他是耶稣会日耳曼学院的毕业生，拥有整个摩拉维亚十三分之一的土地。好斗的沃尔夫冈·塞伦德（Wolfgang Selender）被任命为布劳瑙的修道院院长，而克洛斯特格拉布（赫罗布）、特普拉和斯特拉霍夫的相关修道院则被交给大主教约翰·罗赫留斯（Johann Lohelius），他在布拉格举行了一次会议，以促进特伦托式宗教改革。尽管在 1594 年时，摩拉维亚的所有关键政府职位都被新教徒占据，但十年后，行政职位全都由天主教徒掌管。

从表面上看，随着新世纪的到来，好斗分子看起来似乎很有希望。慕尼黑的计划在内奥地利相当成功，在上奥地利和下奥地利进展也不错，并开始在波希米亚和摩拉维亚取得成效。但是这些政策疏远了许多以前忠诚的新教徒，而此时除了克罗地亚和蒂罗尔，天主教徒人数仍处劣势，最多只占四分之一。持续的势头取决于统治家族内部的团结，而有明显的迹象表明，这种团结即将崩溃。鲁道夫无法提供必要的领导能力。虽然他赞成天主教复兴，但在理智上，他属于 16 世纪 70 年代温和的气候，而不属于 1600 年前后两极分化的宗教环境。虽然他被哄骗支持好斗措施，但随后就欢迎天文学家约翰尼斯·开普勒——一位刚刚被费迪南德大公驱逐出施蒂里亚的路德宗信徒——的到来。随着压力的增加，他全神贯注于琐事，花了几个月的时间设计一个新的帝国王冠，尽管此时在纽伦堡已经有一个安全保存的非常好的王冠。[18] 与此同时，他与弟弟和堂亲之间的关系迅速冷却，因为君主国陷入了与土耳其人的长期战争，最终在 1606 年后引发了一场重大危机。

第 4 章

土耳其战争及其后果

土耳其的威胁

鲁道夫自信地接受了奥斯曼人在 1593 年对其领土的挑战，长土耳其战争（Long Turkish War）开启，事实证明，这对双方来说都是惨败。十三年的战争导致了一系列问题，使奥斯曼帝国置身于三十年战争之外，并确保了匈牙利得到一段相对平静的时期。事后看来，这无疑对哈布斯堡王朝有利，因为这使他们能够集中精力解决帝国的问题，对付其欧洲西部和北部的敌人。然而，这在当时并不清楚，来自土耳其的威胁仍然是人们焦虑的持续来源。最糟糕的是，土耳其战争使哈布斯堡王朝在财政和政治上破产，进而导致 1618 年爆发新的冲突。

上帝之鞭

这些事件及其后果没有得到应有的关注，使得奥斯曼帝国在三十年战争的大部分叙述中都只是一个模糊的存在。奥斯曼帝国是现代早期世界的超级大国，横跨三大洲，面积达 230 万平方千米，至少有 2200 万居民，是哈布斯堡君主国人口的三倍多。[1] 1566 年苏莱曼大帝去世后，帝国最初的活力失去了很大一部分，但不能认为奥斯曼就此衰落。奥斯曼帝国仍然是欧洲的恐怖，新教徒和天主教徒都认为这是被派来惩罚罪人的"上帝之鞭"，他们怀着敬畏和厌恶的心情看待这种恐怖。[2] 奥斯曼帝国继续扩张，尤其是在东部，他们在 1576 年至 1590 年间从什叶派波斯帝国手中夺取了格鲁吉亚和阿塞拜疆。哈布斯堡王朝对此非常警惕，他们于 1590 年 11 月接受了一系列羞辱性条款，将 1568 年土耳其战争结束时达成的停战协议延长了八年。尽管费用高昂，皇帝还是在君士坦丁堡维持了一个永久大使馆，而苏丹却不屑与异教徒打交道，很少派大使前往基督徒的宫廷。奥地利外交官在一个真正继承了中世纪拜占庭的宫廷里，努力获得准确的情报。他们要一连等几周，才能从那些官员那里得到一些含糊或矛盾的回复。尼德兰、英国、法国、威尼斯和其他基督教国家大使馆的存在是另一个令帝国担忧的问题，因为这些国家都敌视皇帝。

外人很难获得关于奥斯曼帝国的准确清晰图像，因此也无法察觉奥斯曼人日益增长的内部困难。缺乏公认的继承规则滋生了激烈的家族争斗，这迫使每个新苏丹命令他的聋哑人掐死其直系兄弟姐妹。内部阴谋削弱了苏丹国，波斯是他们东方最危险的敌人，当波斯人在萨法维王朝统治下进入新的充满活力的时期时，苏丹国迷失了方向。新的征服未能带来足够的回报，无法满足维持奥斯曼帝国统治所必需的群体，尤其无法满足军队，军队曾经是苏丹国的支柱，现在他们开始介入政治，导致了灾难性的结果。习惯于从新苏丹那里获得丰厚奖金的正规近卫军开始强行索要奖励，以换取他们的持久忠诚，这导致奥斯曼二世在 1622 年遇刺，开创了一个先例，这在 1648 年和 17 世纪后期再次重演。[3]

奥斯曼帝国的内部问题使他们的行动更加不可预测，这加剧了东南欧已经不稳定的局势。奥斯曼帝国在西边与哈布斯堡帝国接壤，在北边与波兰人相接。1593 年爆发的战争实质上是这些势力两两之间的争斗，旨在扩大对中间地区的影响，同时阻止对手的介入。西边的匈牙利已经分裂成哈布斯堡部分和奥斯曼部分，皇帝控制着匈牙利北部和西南部以及克罗地亚，苏丹控制着匈牙利中部和东南部。在更远的东部地区双方都没有明确的势力范围，该地区被分成四个公国，名义上都在土耳其的宗主权之下，但都追求不同程度的自治。黑海北岸的地区属于克里米亚鞑靼人，他们是成吉思汗的后裔，从 15 世纪后期开始向苏丹进贡。他们为苏丹的军队提供了有用的辅助力量，但由于他们在奥斯曼领土和东北方更远的俄国沙皇领土之间构成缓冲，因此基本上苏丹让他们自行其是。摩尔达维亚、瓦拉几亚和特兰西瓦尼亚三个基督教公国位于鞑靼人的北部和西部。他们同样会进贡，但受到波兰和奥地利更大的影响。波兰人试图通过推进到摩尔达维亚和克里米亚之间的波多利亚进入黑海。16 世纪 90 年代，波兰的影响在摩尔达维亚变得显著，他们也对特兰西瓦尼亚和瓦拉几亚的政治产生了兴趣。

特兰西瓦尼亚

三者中，特兰西瓦尼亚在我们的故事中最为重要，对其内部政治的研究揭露了很多特征，这些特征在摩尔达维亚和瓦拉几亚也很典型。特兰西瓦尼亚是在 16 世纪 40 年代旧匈牙利的废墟上形成的，由四个大社区和几个小社区拼凑而成。除了土耳其农民和东部的斯拉夫人，还有东正教罗马尼亚人、加尔文宗马扎尔人、路德宗的德意志移民（他们被称为萨克森人），最后还有生活在森林覆盖的东部的自治的塞克勒人，他们仍然是天主教徒。[4] 特兰西瓦尼亚大公通过在这些团体之间促成协议来维持权力，特别是马扎尔贵族、萨克森城镇和塞克勒人村庄的三个"民族"之间的协议。这种平衡体现在 1568 年的《托尔达协议》（Treaty of Torda）中，协议将平等权利扩展到天主教徒、路德宗信徒、加尔文宗信徒和激进的一元论者（他们拒绝三位一体的教义，拒绝相信基督在任何方面是人）。另外的一些大公法令还把宽容扩大到犹太人和大量的罗马尼亚人身上。

在欧洲其他地方的人以上帝的名义互相谋杀的时候，《托尔达协议》非常有效。所有各方都意识到特兰西瓦尼亚非常脆弱，他们不想让外来的掠夺者有任何干预的机会。随着时间的推移，宽容嵌入到了特兰西瓦尼亚的社会和政治文化中，这增强了特兰西瓦尼亚大公的权力，因为他可以自命为所有信仰和自由的捍卫者，反对哈布斯堡帝国教派化的倾向及其专制主义。然而，这给对外关系造成了混乱，特别是当特兰西瓦尼亚大公在 1604 年皈依加尔文宗时。虽然十分之九的贵族都信奉加尔文宗，但农民主要是天主教徒或东正教徒，而市民则是路德宗信徒。关注特兰西瓦尼亚的基督教势力只注意了其领导层，误认为公国是一个新教支持者，可以随时在他们有需要的时候帮助他们。尽管对外展示这样的形象可能有助于自己的目的，但大公仍然意识到，他的统治有赖于维持各个种族和宗教群体之间的平衡。

还有一些重大的物质因素阻碍特兰西瓦尼亚在欧洲事务中发挥重要作用。它一半以上的领土被森林覆盖，只有五分之一的土地可以耕种。人口集中在被树木和山脉隔绝开来的孤立地区。维持西方式的正规军是不可能的，而且，正规军也不适合在这样的条件下作战。像它的近邻一样，特兰西瓦尼亚依靠一支每天能行军 35 千米的轻骑兵部队，辅之以少量在边境建立前哨基地的非正规火枪兵。这种部队缺乏在正式战斗中长久作战的能力，他们通常也会避免这样做，而是更愿意通过围捕牲畜和平民来摧毁对手的抵抗意志。如果敌人躲在设防城镇或要塞中，这些战术就无法奏效，因为特兰西瓦尼亚人缺乏攻城所需的大炮和纪律严明的步兵。他们也无法维持超过几个月的行动，等到春天草长了，他们的马才能出发，然后在盛夏高温炙烤大地之前带着战利品回家。

战略与物流

这些后勤问题在多瑙河流域的其他地方和匈牙利平原（puszta）也同样存在，那里夏天气温很高，冬天气温骤降至冰点以下，对所有战斗方都不利。从秋天开始，周围的山脉都覆盖着雪，直到春天积雪融化，河流膨胀，淹没了三分之一的平原，非常易于孳生疟蚊。匈牙利位于奥斯曼帝国的西北边缘，距离其欧洲基地阿德里安堡（埃迪尔内）有 1100 千米。一支由 4 万名步兵和 2 万名骑兵组成的野战军每天需要 300 吨面包和饲料。[5] 东欧的作物产量只有佛兰德和其他西欧农业地区的一半，后面这些地区可以支持的非生产者是东欧的 10 倍多。甚至正在迅速成为西欧城市的面包篮子的波兰，在 16 世纪后期出口的作物也仅占其净产量的 10%。多瑙河地区往往不可能在当地征用补给，尤其是因为人口往往集中在相互隔绝的地区，如在特兰西瓦尼亚。在作战中，土耳其人被迫沿着河流前进，推进速度每天只有 15 千米。如果他们在 4 月出发，他们在 7 月前都到不了维也纳。毫不奇怪，一旦战争爆发，奥斯曼军队就依赖贝尔格莱德，因为到这里已经走过了通往前线的三分之二的路程，它也是多瑙河上位于铁门（位于特兰西瓦尼亚阿尔卑斯山脉和现代保加利亚巴尔干山脉北端之间）以西的第一座大城市。这些战略和后勤因素使得土耳其人的军事行动非常模式化。行动开始进展得很慢，先要把整个帝国的军队集结到阿德里安堡或贝尔格莱德。主力部队在 7 月到达前线，在 9 月秋季降雨到来之前，就只剩下几个月的时间来取得战果，而苏丹传统上在 11 月 30 日随着冬季到来就会暂停军事行动。

　　大规模行动并不常见，大多数战斗都只是跨境劫掠，而且由于政治、意识形态和社会因素，这种劫掠仍然普遍存在。特兰西瓦尼亚位于奥斯曼帝国和波兰王国的边缘，虽然在地理上更接近哈布斯堡政权的核心，但在政治上仍然很遥远。所有强权都被迫依赖当地的土地所有者及其私人军队，这些人掌握着分散的居民的资源、忠诚和尊重。匈牙利和特兰西瓦尼亚的权贵们虽然很富有，但他们正在采用昂贵的新生活方式，有着装饰华丽的乡村别墅、外国大学教育，为儿子和继承人准备在欧洲的"壮游"计划。他们负担不起庞大的常备军来保卫边境，而且还要满足那些依靠抢劫来补充牲畜、马匹养殖或农业收入的较贫困的侍从。核心权贵只能容忍这种情况，因为这是唯一能够赢得那些桀骜不驯的边境领主忠诚的途径，而且也可以很方便地向其境外的竞争对手施压。作为相互对立的两大世界宗教的世俗代表，皇帝和苏丹都不能接受永久和平，因为这意味着承认另一种文明存在的可能性。由于缺乏明确的边界，双方都采取了通过侵占逐步扩张的策略，这意味着无论哪一方占优势，都会利用另一方的弱点，主张从边境村庄收取贡品的权利。边境像沙子一样随着潮水来回移动，而大型设防城镇则是不可移动的岩石，只有战争才能将其打破。

　　随着奥斯曼帝国和哈布斯堡王朝各自巩固自己对匈牙利的控制，他们开始在 16 世纪 30 年代修建这些堡垒。土耳其人的优势在于他们有更短的内部防线，在多瑙河中部和西南部的波斯尼亚有一个紧凑的位置。他们依靠 1.8 万名正规军守卫 65 座相对较大的城堡，从其主要是基督徒的臣民中招募了 2.2 万名民兵来巡逻缺口。而哈布斯堡王朝被迫守卫一条从西部到北部长达 850 千米的弧线，战线因为一系列山脉而与奥地利和波希米亚隔离开来。横向运动受到限制，因为所有的河流都向东流入奥斯曼帝国控制的匈牙利平原。奥地利和波希米亚各个省份都有自己的民兵，但是动员取决于等级会议，而等级会议希望民兵主要用于地方防卫。奥斯曼帝国在

1529 年对维也纳的围攻令人震惊，并促使奥地利于 1531 年至 1567 年间在那里修建了新的意大利式堡垒工事。由于农民骚乱和缺乏资金，将这些设施现代化的计划不得不在 1596 年搁置，使得首都在 1619 年波希米亚人和特兰西瓦尼亚人发动袭击时防备虚弱。市民民兵在 1582 年被改编成正规驻军，但是人数只有 500 人。[6]

军政国境地带

为了阻止土耳其人，哈布斯堡王朝修复并扩大了匈牙利现有的防御措施，创造了所谓的"军政国境地带"。[7] 这个军事化地区纵深 50 千米，横跨整个边境，依赖 12 个主要设防据点和大约 130 个次要设防据点，在 16 世纪 70 年代由超过 2.2 万人驻守。它的建立和维护得到了帝国议会的大量资助，1530 年至 1582 年间，帝国议会投票通过了 8 笔款项，票面价值约 1200 万弗洛林，此外还有 100 多万弗洛林用于要塞建设。尽管帝国各教派之间存在着紧张关系，这批款项实际上也至少支付了五分之四，因为奥斯曼人被认为是所有基督徒的共同威胁。[8] 事实上，最大的两笔款项是在 1576 年和 1582 年通过的，而许多历史学家认为这段时期宗教紧张关系正在加剧。然而，宗教分歧确实导致最后一笔款项于 1587 年到期后没有立即续约，这加强了哈布斯堡王朝对等级会议投票的依赖，以维持特定地区的防卫。只有大约一半的边境部队可以从其驻守地派出，这限制了他们进攻行动的范围。一支由 5.5 万人组成的大军在一个作战季至少耗资 740 万弗洛林，这个数字远远超过了君主国的全部收入。

出于财政方面的考虑，哈布斯堡王朝不得不将大片边境地区交给当地人控制。其南部位于亚得里亚海以塞尼为中心的边界地区，由乌斯科克人（the Uskoks）控制，这个名字来自塞尔维亚语中的"难民"一词。这个山地地区无法支持越来越多的难民，而他们本应该由政府出钱，来保卫与奥斯曼帝国控制下的波斯尼亚的边境。哈布斯堡王朝长期负债累累，只能容忍乌斯科克人的劫掠和海盗行为。北方的下一个地区是克罗地亚边境，以卡尔施塔特城堡为中心，城堡建于 1579 年，由内奥地利等级会议所提供的作为《布鲁克宗教和约》的交换条件的资金建造，城堡保卫了萨韦河上游地区，阻止了来自卡尼鄂拉的入侵。位于德拉瓦河上游的瓦拉日丁周围的斯洛文尼亚边境也得到内奥地利等级会议的赞助，因为它保护了施蒂里亚。大约一半的小型哨所集中在这两个地区，由殖民者驻守，这些殖民者住在王室领地上，作为条件，他们要服民兵的兵役。他们几乎得不到任何中央财政的帮助，只能通过劫掠边境外的村庄来补充微薄的农业收入。

匈牙利边界被分成三个部分，南段从德拉瓦河延伸到巴拉顿湖的南端，包含了重要的坎尼萨要塞。中段从巴拉顿湖向北延伸至多瑙河，然后向东在格兰绕过奥斯曼突出部，在那里河流从正东向右转，向南流过布达和佩斯。这是竞争最激烈的地区，因为多瑙河河谷对双方来说都是最好的进入通道。奥斯曼人关心的是保护布达，因为这是他们的匈牙利政府所在地，也是攻击维也纳的前沿基地。为了防止这种情况发生，哈布斯堡王朝在舒特岛的东端建造了科默恩，舒特岛是一大片向西延伸到普雷斯堡的地区，由两条河流冲击而成，经常被洪水淹没。另一座堡垒建立在科默恩西南约 40 千米处的拉布，用来守卫从舒特岛以南进入下奥地利的唯一可行路线。较小的诺伊霍伊塞尔要塞封锁了努伊特拉河，覆盖了科默恩的北部侧翼。匈牙利边界的最后一段从那里向东延伸到蒂萨河和特兰西瓦尼亚。它的主要要塞是埃尔劳，它封锁了向北穿过马特拉山脉进入上匈牙利的道路，因此保护了奥地利和特兰西瓦尼亚之间的交通。中央财政只覆盖主要驻防点，剩下的中间部分则在匈牙利豪强手中，他们维持了一支由海杜克（*haiduk*）步兵组成的私人部队。海杜克人最初是游牧的牛贩子，由于匈牙利的分裂而被迫接受半定居的生活，担当边境守卫，在选举出来的头目的领导下，生活在自己的村庄里，依靠战争之间的劫掠来补充其不稳定的收入。

战争的方式

土耳其战争的军事意义

长土耳其战争是自 1568 年以来帝国和哈布斯堡土地上规模最大的军队动员，在 1618 年以前，许多士兵也是在此期间获得了大规模军事行动的经验。鲁道夫的军官名单读起来像是在对三十年战争前半段的高级将领进行点名。瓦伦斯坦于 1604 年作为帝国步兵掌旗官开始了军旅生涯，在冲突的最后阶段左手受了伤。施里克（Schlick）和鲁道夫·冯·蒂芬巴赫（Rudolf von Tieffenbach）都是在这场反对土耳其人的战争中赢得了自己早期声誉的，而哈布斯堡君主国最伟大的外交家特劳特曼斯多夫则在这场战争中服了他唯一一次的兵役。查理·德·讷韦尔（Charles de Nevers）是 1628 年至 1631 年曼托瓦战争的中心人物，据说他在卡萨围城战中救了瓦伦斯坦的命，他是在那里担当志愿者的诸多法国天主教徒之一。许多后来成名的意大利人也参加了这次活动，包括帝国战争委员会主席科拉尔托（Collalto）伯爵、陆军元帅鲁道夫·德·科洛雷多（Rodolfo de Colloredo）以及随后在阿尔萨斯指挥军队的埃内斯托·蒙泰库科利（Ernesto Montecuccoli）。一些意大利人遵循现有的在帝国服役的模式，被吸引到了奥地利军队中；其他人与西班牙和教宗派来增援帝国派的人一起到达，包括马拉达斯（Marradas）和当皮埃尔（Dampierre），以及来自尼德兰的蒂利（Tilly）。三十年战争后期的巴伐利亚指挥官弗朗茨·冯·梅西（Franz von Mercy）也是在这场对抗土耳其人的战争中开启职业生涯的。许多后来反对皇帝的人同样如此，包括波希米亚叛军的三名主要指挥官：图尔恩（Thurn）伯爵、霍恩洛厄（Hohenlohe）伯爵和曼斯菲尔德（Mansfeld）伯爵。[9]

这些人物在长土耳其战争中出现这一点在很大程度上被军事历史学家忽视，他们专注于西欧的战争，低估了土耳其战役对随后发展的影响。西方的关注点嵌入到"军事革命"的概念中，这已经成为看待现代早期战争的公认方式。[10] 这种方式的支持者要么强调西班牙，要么强调尼德兰或瑞典是 16 世纪依靠大规模纪律严明的使用火药武器的部队的新型战争方式的先驱。据称，战术和战略的创新使得战争变得更加具有决定性，加大了战争的规模及其对国家和社会的影响。他们把军事技术的发展描绘成了一种序列，其中一个强权取代另一个强权，成为最有效的战争制造者。他们认为，西班牙的主导地位最初首先被尼德兰人动摇，后者被认为发展了一种更灵活的军事体系，瑞典后来改进了这种体系，最后法国在 17 世纪后期完善了这种体系。三十年战争期间，帝国军队很少受到关注，因为人们认为帝国军队只是在坚持一种日益过时的西班牙体系，而这种体系主要是在尼德兰叛乱中较为僵化的阵地战中形成的。事实上，西班牙的战斗方式经常被证明是成功的，并且本身也在不断进化。从 16 世纪 70 年代发展起来的对付尼德兰人的方法对土耳其人也很有效，土耳其人同样经常避免正面作战，躲在防御工事后面。然而，军队在匈牙利战场采取了自己独特的作战方式，这影响了后来军队在德意志地区的作战方式，因此将帝国的战争方式视为不同经验和想法的混合体更为合适。

军事技术

西班牙军事体系是在"真正的"军事革命之后发展起来的，这种军事革命指的是从 1470 年到 1520 年主要由技术驱动而发生的变化，其中骑兵和步兵都广泛采用了手持火器，而火器的使用又和大规模纪律严明的部队采用的新突击战术相结合。[11] 这些发展反过来又源自冶金和火药制造技术的进步，这使得火器在欧洲首次成为一种真正有效的武器。手枪和火炮相对迅速的发展，迫使指挥官们重新考虑该如何使用这些武器。枪支和火炮在战斗中被大规模部署，并与现有武器结合在新的攻防战术中。从 16 世纪中期开始，技术变革的步伐放慢了，那时所有的基本武器类型都出现了，而进一步的发展受到制造问题的限制。例如，火炮生产技术远远落后于弹道理论，因为火炮制造者无法交付质量合格的火炮，能够配得上数学家计算出的潜力。17 世纪中叶以前，在实心的炮管中钻出笔直的孔非常困难。因此，火炮的铸造先是用一根涂有黏土、马鬃和肥料的铁棒作为内芯，在模具中用熔融铜、锡、铅和黄铜的混合物将其覆盖，形成青铜的炮筒。然后取出内芯，用钻头将钻孔加工成所需的口径，这种方法既耗时，又不十分可靠。

重型火炮的种类令人眼花缭乱，但基本上分为两种。加农炮（*Kartaunen*）为短筒薄壁型，发射每枚重 24 至 75 磅的实心圆炮弹，主要用于打击防御工事。这种火炮非常重，需要十四或更多的马来转移它们。长重炮（*Schlangen*）的炮筒更长也更厚，使用起来更安全，并且具有更大的射程和更高的精确度。它们更坚固的炮筒管需要更多的金属，这使得其重量一般是发射同等重量炮弹的加农炮的两倍。长重炮一般使用 6 磅或 12 磅的炮弹，还有一种较小的使用 2 至 4 磅炮弹的版本，叫做隼炮（*Falkone*），这种炮可以被 2 至 8 匹马在战斗中牵引。在攻城战中，除了这些火炮，人们还会使用迫击炮，这是一种短而粗壮的火炮，发射越过墙壁和障碍物的圆形炮弹或原始的弹片。

到 16 世纪 90 年代，各种各样的装配和投射武器已经存在，包括毒气炮弹（在尼德兰使用，其中含有各种有毒物质，可以使目标窒息或失明），还有燃烧弹，这是一种被加热过的圆形弹，可以用来点燃密集的易燃建筑，在城镇制造大火。还有装有燧石和钢雷管的炮弹，以及那些用炮筒中推进剂点燃的引信爆炸的炮弹。霰弹和其他杀伤人员的弹药在发射出炮筒之后就会炸开，如同一个大型的霰弹枪，可以有效地打击进攻人员。简而言之，到 16 世纪后期，已经没有多少新东西可供发明的了，未来的发展主要在于通过改进制造工艺来进行改良，使这些武器更可靠，使用起来更加安全。

同样的情况也适用于手持枪炮，手持枪炮种类繁多，但越来越多地被分为步兵使用的火枪和骑兵使用的手枪。前者长 125 至 144 厘米，重 4 到 10 千克，可以将 40 克的铅丸发射到 300 米外，但是有效射程只有不到一半。火枪手开火时，较重的火枪需要一个支架，以稳定枪管。较轻的版本仍被称为火绳枪，主要是组成松散阵形作战的步兵使用，还有依靠火器而非冷兵器作战的骑兵也会使用。制造工艺的改进使较轻的火枪能够承受更多的装药，这导致火绳枪和火枪支架在 1630 年前后都消失了。大多数骑兵，包括那些使用骑枪和剑攻击的骑兵，都会在马鞍两侧的枪套中带着长筒手枪。这些手枪的有效射程很少超过 25 米，但是它们有着沉重的金属手柄，可以在近距离战斗中用作棍棒。一般被认为是在后来几个世纪出现的技术进步在当时已经存在，包括膛线枪管、后膛装弹以及运用各种点燃推进剂装药。当时已经有供手枪使用的机械锁轮，以及供火枪使用的燧发机。燧发枪在 1680 年至 1840 年间是步兵的主要武器，因为与火绳枪相比，它在潮湿的天气中更可靠，也更不容易走火。燧发枪依赖拉动一个杠杆将一个金属爪压下，金属爪将一根缓慢燃烧的火柴压在火药池里的松散粉末上，然后用火焰点燃枪管中的主装药。火焰有五分之一的可能性无法通过通风口，这就是"昙花一现"（flash in the pan）这一俗语的来源。这种情况是打火石拒爆的两倍，但是这些锁和轮锁仍然是昂贵而精致的武器，经常会出问题。制造工艺方面的问题限制了燧发枪的使用范围，而火绳枪仍然便宜、坚固且易于使用。

步　兵

当时的操练手册传达了一种错误的印象，即装弹和射击需要一系列复杂的手臂和身体运动。事实上，这些仔细逐项列出的动作只是反映了当时人们盛行的科学关切——即固定化和理解人类运动——而不是用于实际操作。最复杂的操作是轮射，目的是在前进或后退的过程中持续开火。每一横排依次开火；那些刚刚开枪的人保持静止不动，以便重新装弹，而下一排穿过间隙，继续射击。当最后一排射击结束时，最早开枪的人正好装填结束，然后继续前进。这一操作在 1595 年前后被修改，将 5 人编为一组，一旦他们射击完毕，就集体向左或向右移动，以减少队伍中需要的间隙数量。火枪手和轻型步枪手大约需要一分钟的时间装弹，与重型步枪手相比，他们需要更少的排数来保持连续射击，后者需要长达三分钟的装弹时间。尼德兰人实行了后退式的轮射，使他们能够在射击的同时避免与逼近的敌人接触。训练有素、士气高涨的部队可以以一分钟 40 米的速度向前轮射，如果后退的话，可以达到这一速度的一半。这个系统也可以在静止状态下使用，每个人射击之后都会向后转，后面的士兵则走到前面的位置射击。尼德兰人使用了较轻的武器，只部署了 10 排士兵，所以队形变化相对简单。西班牙人更喜欢纵深更大的 15 排至 25 排的编队，他们的士兵似乎是自行开火的，而只需将那些拥有更轻、更快射击武器的士兵集中到前线。

火枪手携带短剑用以自卫，要么是用于刺的"塔克"（tuck），要么是用来砍的较重的"汉格"（hanger）。这些武器大多数质量较差，很容易弯曲或变钝，所以在肉搏时，士兵们主要把火枪倒转过来，把沉重的有角度的枪托当作棍棒来使用。这种武器面对骑兵时作用有限，骑兵可以在火枪手重新装弹之前迅速接近。早在 15 世纪后期，人们就习惯于将"射击"部队与长枪兵混编起来，每名长枪兵都装备有一根长约 5 米、顶端带有钢尖的长杆。长枪可以用作进攻，士兵们排成紧密的队形，举起武器向敌人前进，就像古希腊方阵一样。防守时，前排的士兵将右腿向后伸，将长枪底端置于地面，并用脚顶住，同时左腿向前弯曲，以低角度握住武器。后面几排士兵将枪杆保持在肩高，使整个队形在敌人面前如同一片枪林。

　　考虑到长枪兵主要是防御角色，他们最初至少戴着钢盔，有点像现代美国消防队员，同时还穿着胸甲。有的人则穿戴全套盔甲，除了上述物品，还包括背甲和用来保护大腿的铠甲。盔甲继续得以使用，是因为在与较小口径的步枪对抗时，盔甲可以减小射击带来的穿透力，对士兵具有一定保护价值。这些护具不可能继续加厚，因为不能指望一个人在战斗中携带超过 18 千克的装备而不很快耗尽体力。出于这个原因，加上费用的原因，大约在 1600 年，只有不到一半的长枪兵穿了完整的盔甲，更多的人只是依靠一件皮制的"缓冲"外套，而且越来越多的人连头盔都没有。火枪手最多有一顶头盔，因为他们需要更大的行动自由，既要操作武器，又要以更松散的队形行动。他们经常穿斗篷，以防火药筒被弄湿。他们会携带两个火药筒，一个用于装主装药的粗粒桶装粉末，另一个用于装更精细的引药。两个筒都挂在右肩上的绳子上，悬垂在左臀部，用铁钩系在腰带上，以防止左右摇摆。火枪手还在一个木容器中携带单个圆形装药，这些装药挂在左肩一根带子上，悬垂在右臀部，那里还有一个皮包用于装子弹，以及清理和修理火绳所需的其他物品。这种弹药带一般被称为"十二使徒"，得名于其所携带的装药数量。大约在 1630 年，弹药带逐渐被预装好弹药的纸筒所取代，每个纸筒都有一个弹丸和火药粉末，装在一个被称为弹药包的容器里。最后，一个火枪手需要在脖子和肩膀上绕着 4 到 6 米长的火绳卷，在行进中则绑在弹药带上。由于火绳燃烧较快，大约每小时 10 到 15 厘米，所以在行军中只有十分之一的人会点燃它，以便在部队投入战斗时点燃其他战友的火绳。当火枪手是一项危险的工作，因为燃烧的火绳很容易引燃弹药袋或撒在衣服上的火药。出于这个原因，士兵们要保持二到四步的距离，只有在攻击时才聚集成编队。

制服问题在军事史学家中引起了极大关注，许多人认为最早引入制服的是瑞典人。然而，很明显，在 1618 年之前，许多德意志部队已经穿上了颜色统一的外套，因为他们是领地征召兵，有各自的诸侯大量分发的制服。红色和蓝色似乎是首选颜色，但需要昂贵的染料来染色，而白色——或者更确切地说是未染色的布料——更常见。侍卫队的服装经常更奢华，他们有时还穿着装饰华丽的盔甲。农民和工匠所穿的那种在膝盖处收紧的短皮裤被广泛使用，这也有助于服装的统一性。1618 年后冲突的规模较大，旷日持久，再加上制服支出高昂，早期的制服发展趋势被打断，出现了一种更加粗糙、沉闷的外观，混合了灰色、棕色、绿色和其他深色。然而，用布支付部队部分费用的做法一定程度上确保了一致性的延续趋势，至少在 17 世纪 40 年代的帝国军队中，大部分步兵穿着浅珍珠灰色外套。

长枪兵和射击兵种的最佳组合，无论是作为一种数字比例还是作为一种部署形式，在军事论著中仍有激烈的争论。撇开众多的理论模型不谈，在战场上本质上只有两种阵形得到应用。尼德兰式轮射需要更薄的阵形，射击兵种要多于长枪兵，在 16 世纪 90 年代，他们采用了 10 排的阵形，火枪兵和长枪兵的比例为 2 比 1，长枪兵在中间，两侧为同样数量的火枪手。西班牙和帝国步兵更喜欢采用更大、更深的阵形，这在 16 世纪早期已经成为常态。他们的长枪兵集中在中心区域，每排的人数总是比每列的人数多一倍，因为每个人使用武器所需的纵深长度是宽度的两倍。其效果是产生了一个矩形的阵形，两侧各有火枪手组成的"袖子"。另外通常还有 3 到 5 排轻装火绳枪手走在整个阵形的前面，以最大限度地提高火力。如果被骑兵袭击，火枪手可以躲在伸过他们头顶的长枪下。当攻击敌人步兵时，火绳枪手会在开火后从侧翼撤退，让长枪兵去冲锋。西班牙军和帝国军指挥官有时会在四个角上组合更多的火枪手，这可以从 17 世纪早期的许多战斗雕版画中看到。这只是一个用于部署和推进的编队，额外部署的射击手会散开并向敌人开火，如果编队受到攻击，他们会落回到方阵中暴露较少的一侧。

这种大规模的矩形编队被称为西班牙大方阵（*tercio*），这个词是西班牙人用来描绘步兵兵团的，而更薄、更长的尼德兰式编队被称为营队。认为后者天然优于前者已成为一种历史惯例，这尤其是因为它与火器相关，在后世看来，火器显然比最初由古希腊人使用的长枪更先进。这种区分不准确，也不符合 16 世纪的军事思想，当时的军事思想是直接从古代世界中汲取灵感的。更深的矩形阵形比更薄的尼德兰式阵形提供了更好的全面作战能力，在尼德兰阵形中，每个单位都依赖其邻近的单位能够牢固站立，一旦被敌人突破，其脆弱的侧翼就会暴露。虽然在西班牙大方阵中，只有前五名可以在任何时候开火，但是后面还有十名或更多的人加强了前面的人的决心，或者至少让他们更难逃跑。而且，西班牙大方阵在战场上看起来相当壮观；这是一个相当大的优势，因为它可以让摇摆不定的敌人士气动摇。在黑火药的时代，战场上很快就会充满烟雾，使得指挥官们很难看到正在发生的事情。在这种情况下，与人数较多、数量较少的西班牙大方阵相比，那种由人数较少、数量较多的营队组成的更长更薄的战线很容易失控。各西班牙大方阵可以斜线排列，或者以棋盘的方式交错排列，相距大约 200 米。如果一个大方阵与其他大方阵分离或被隔离开来，它也通常足够大，可以自己单独作战，直到被救。

正如我们将在后面看到的那样，有一种趋势是增加火枪手与长枪手的比例，并将队形拉长成更细的队列，这种趋势在 17 世纪 30 年代变得很明显。这部分与生产轻型步枪的一些小的技术进步有关，也可能与来自士兵自身的压力有关。新兵一般更喜欢当火枪手，而不是长枪兵，因为后者经常不得不在炮火下挨打，却无法反击。最初长枪兵拿到的薪水更高，而且军官们仍然也认为他们比火枪手更有尊严。从行伍中得到提拔的人被称为是"从长枪上来的"（*von der Pike auf*），而不是从火枪上来的。长枪兵使用冰冷的钢铁杀敌，就像传统骑士使用骑士枪一样，而火枪手依靠邪恶的火药产生浓浓的刺鼻烟雾，从远处打击敌人，而不是直视他们的眼睛。长枪兵还指责他们装备较轻的同事更容易抢劫，而他们自己无法带着长杆武器进入房子——明显带有一些嫉妒的意味。而且，如果队形破裂，长枪兵更有可能扔掉武器，从而变得手无寸铁，而火枪手仍然可以全副武装逃离。

大约在 1590 年，之所以会产生一种采用更多射击兵种的趋势，也是由于人们往往会把火枪手组成较小、较松散的阵形，以便在其他军队集结时展开战斗或延迟敌人的行动。由 50 名或更多的火枪手组成的队伍将被推到主要战线之前，由 250 名长枪兵组成的队伍作为预备队和集结点提供掩护。这种方法预见了 200 年后的一些做法，但是由于越来越强调大规模进行集中、有纪律的射击（由尼德兰人发明并被瑞典人效仿），这在 1630 年左右就消失了。鉴于个体射击不够准确，指挥官们强调了火力的规模，后来也强调了射击的频率，最终在 1700 年左右，采用了纪律严明的按排组织的射击方式。

骑　兵

到 1590 年，骑兵已经发展成五种不同的类型，试图满足突击、火力和侦察的不同战术需要。突击战术利用全副武装的装甲骑兵骑着大型马匹冲锋所带来的物理冲击和心理影响。骑兵坐骑大约有 16 掌[*]高，重 500 千克，可以以每小时超过 40 千米的速度疾驰，尽管骑手自身的体重意味着大多数时候攻击的速度远远低于这个速度。人们在充满燃烧的稻草和成堆的腐肉的场地里训练战马，以让它们适应战场的景象和气味。它们还接受了踢腿训练，以及以各种步态保持队形移动的训练。

人们发展了两种类型的使用突击战术的"重型"骑兵。西班牙和法国人偏好被称为贵族骑兵（gensdarmes）的枪骑兵，他们佩戴有面甲的全罩型头盔，还有盔甲覆盖着整个躯干、上臂和大腿，穿高筒皮靴保护着小腿和足部，还有皮质或钢质护手覆盖着手和前臂。他们携带大约 3 米长的钢尖木杆长枪，既能击打蹲着的步兵，也能把敌方骑兵打下马来。到 1610年，火器的扩散使西欧和中欧军队中的枪骑兵数量大幅减少，但是匈牙利和波兰贵族仍然以这种方式作战，以"骠骑兵"的身份战斗，穿着锁子甲或由分层金属板制成的盔甲。这些东方枪骑兵把三角旗系在武器上，通常在背上佩戴"两翼"——把鸟羽粘在木架上制成——这在冲锋时会发出急

---

[*]　1 掌约 101.6 毫米。

促的声音，让他们的外表显得更令人恐惧。[12] 在其他地方，除了枪骑兵，还有一种被称为胸甲骑兵（cuirassiers）的重装骑兵，后者穿着同样的盔甲，但是用长长的直剑来捅刺。长剑在近身格斗中比长枪更容易使用，如果最初的突击没能击垮对手，长枪基本上就没用了。

这两种骑兵都会携带一对手枪，用于射击固定目标和近距离战斗。手枪装在马鞍套里，扳机朝外，因为它们的枪管很长，所以拔枪的时候手必须伸到背部。骑手一次只能用一支枪开枪，因为他需要用一只手握缰绳。理想情况下，骑手将马转向左边，并伸出右臂以直角射击，以免在马头上方直接开枪时惊吓到马或灼伤它的耳朵。由于大多数人都是惯用右手，他们必须用左手握住缰绳，伸右手去拔出左侧的手枪或剑。骑在马上时很难拔出长剑，因为没有空闲的手可以握住剑鞘。用卡宾枪射击则更加困难，因为这需要同时使用双手。这种困难到 20 世纪初骑兵时代结束的时候一直存在。虽然后来的技术发展使得枪支在马背上更容易使用，但它们并没有怎么解决骑马作战的一些基本问题。

突击战术对纪律严明的步兵用处有限。经验丰富的指挥官会通过观察对面的步兵持枪的稳定性，来判断对方是否可能会逃跑。然而，如果步兵保持紧密阵型，冲锋仍然有可能会终止，因为马匹不会让自己撞到对面的长枪上。甚至那些突破防线的骑兵也经常发现，他们的坐骑只是穿过敌人队伍之间的空隙，从敌人的阵形中穿过。剑常常会变钝，造不成太大的伤害，即使是对火枪手的羊毛斗篷也是如此。

这些问题鼓励骑兵使用火器，他们采用的是战马半回旋战术（caracole），类似于步兵的轮射战术，由德意志手枪骑兵于 16 世纪 30 年代的时候发展出来。骑兵以连续的行列在射程内小跑，开火，然后骑回去重新装弹，牺牲突击战术带来的心理影响，来达到火力的累积效果。战马半回旋战术让马匹不那么累，也不需要士兵像发起冲锋时那样意志坚决，因为士兵们不需要和对手接近。即使是受过冷兵器冲锋训练的人也会经常惊慌失措，在距离目标十米左右的地方停止攻击，"弹"回起始位置。这就解释了为什么当时的报道中会提到同一部队在战斗中重复"冲锋"。

为了提高骑兵的火力，出现了第三种"中型"骑兵，被称为火绳枪骑兵或卡宾枪兵，他们装备了比手枪射程更远、穿透力更强的轻型火绳枪或卡宾枪。他们的盔甲通常较少，一般只有头盔、胸甲、缓冲外套、靴子和手套，骑较小的马，马的饲养成本也较低。因为他们也携带两支手枪和一把剑，所以他们也可以用于突击战术，在 1630 年左右逐渐取代了更昂贵的胸甲骑兵和长枪兵。到 17 世纪 20 年代，许多军团由胸甲骑兵和火绳枪骑兵混编而成，如果部队冲锋，会把胸甲骑兵部署在前排。

第四种骑兵可以算是某种骑乘步兵，叫做龙骑兵，他们骑着小型马或矮种马，通常不穿盔甲，也不穿不便行走的高筒靴。龙骑兵是长枪兵和火枪兵的混合体，利用坐骑快速移动来增强侦察能力，支援被派去保卫关键位置的步兵散兵，或者攻击敌人侧翼。最后一种类型的骑兵也常常用来执行类似的任务，但仍然坚持在马上作战。这些"轻"骑兵在匈牙利、波兰和特兰西瓦尼亚军队中数量最多，是融入帝国军队的"东方"战事的主要特征。大约五分之一到四分之一的帝国轻骑兵携带长矛，他们通常都被称为哥萨克人或波兰人，不管他们究竟来自何处，其余的都是克罗地亚人，穿戴着红色斗篷和皮帽，各带一把卡宾枪和一对手枪。他们被组织成不到500 人的兵团，以之字形快速进攻，先是发射右手侧的手枪，然后是左手侧的，最后是右手侧的卡宾枪，然后再跑去重新装弹。

组　织

团是骑兵和步兵的主要行政单位，在下面细分为连，连在帝国中仍然被称为"旗"（Fähnlein）。这个组织源于招募士兵的方式，根据这种方式，一位诸侯先是与一名上校签约组建一个团，然后再将招募的任务分包给上尉。受罗马军团经典模式的影响，大多数上校试图让一个团有 10 个连，但实际上某些步兵团中有 4 或 5 个到 20 个连不等。直接从雇主手中拿佣金的上尉会组织起"自由连队"，不隶属于任何更大的编制。这些连队被招募来守卫要塞，或者是由雄心勃勃的人组织起来的，他们希望通过证明自己作为招募军官的价值，来获得晋升。

21 世纪仍在使用的军事等级制度在 1600 年时就已经存在。[13] 中校协助上校工作，并在前者不在时指挥。少校负责监督训练和管理，如果这个团有一部分脱离了其他部分，他也指挥团的这一部分。这三名军官都有秘书、牧师、医生和一名负责惩罚的教务长协助工作。在连里面也有同样的模式，上尉由一两个中尉协助，还有一个负责旗帜的掌旗官（骑兵中的对应职位被称为 cornet）。通常还有一名连队书记、一名理发师兼外科医生和一些军士。这些高级职位合在一起被称为"第一页"（prima plana），因为他们的名字在集合名册上排在所有其他人之前。在整个 16 世纪，步兵连的规模从三四百人下降到两三百人，骑兵连的平均规模约为步兵连的一半。军官的人数始终保持不变，这反映出军队越来越强调等级秩序，使得军队能够进行更复杂的操作。除了剑，军官和士官还有一些"军官"武器，前者拿着一把阔头枪或半长柄枪，这是一种类似于宽刃长矛的武器；后者拿着一把戟，这是一种长矛上装有斧头的武器。两种武器都象征着军衔，也有着实际用途，因为它们可以被用来整理行列，可以用双手握住武器杆，同时将其推向几个人。它们也可以用来上下推动枪支或火枪，特别是用来阻止过度兴奋的火枪手过早开火。

1590 年后，现有武器的一些技术限制使得它们需要被一起使用，由此，军官和士兵的比例保持了相对稳定。一名士官可以监督大约 15 名士兵，但是一名上尉则很难指挥 300 多名士兵，因为战斗的硝烟和噪音让他们很难看清正在发生的事情，也很难发出指令。这也是步兵被密集组成大阵形的另一个原因，因为这可以让他们被骑在马上的上校看到。旗帜和鼓被分组部署在中心，用于向连队的其余部分发出命令。指挥上面临的问题也给有经验的人带来了额外的好处，据估计，至少有三分之一的兵力是老兵才能提供凝聚力，而且还要有足够的老兵来教会新兵关于操练的基本知识，以及如何在激烈的战役中生存下来。然而，人事政策仍然分散，主要掌握在各个上校手中，他们不愿意让经验丰富的老兵离开队伍去帮助组建新的团。团的规模也决定了威望，因为大型编队可以得到更多的尊重和资源，那些小型编队更有可能被解散或与其他编队合并。

由于这些因素，西班牙和帝国上校招募的步兵团规模为两三千人，骑兵团的规模约在一千人左右。骑兵团被分成二到五个中队，每个中队由两个连队组成，并形成 6 至 10 横排的战术分队。在尼德兰式部署中，这些中队一般分散在各营队之间，而在西班牙部署中，则是大规模集中在西班牙大方阵的侧翼。在西欧和中欧的野战军中，骑兵占到五分之一到三分之一，但整支军队中步兵的总比例则要更高，因为需要更多步兵去驻守要塞。大型步兵团可以部署为一个单独的西班牙大方阵，但是较小的步兵团不得不被编组在一起来保证足够的人数。尼德兰式的营队人数在四百到七百人之间，所以一个大团可能会组成两个营队。

炮兵没有正式的组织方式，因为炮手仍然认为自己是圣芭芭拉（矿工的主保圣人）保护下的独立行会。因此，操纵枪炮被认为是一种特殊的技艺，有自己的传统和仪式。天主教炮兵在开火前会做十字记号，而各种信仰的信徒都给火炮起了单独的名字。德意志理论家认为，每千名士兵需要二至四门火炮，但通常只有较轻的长重炮和隼炮能随步兵和骑兵作战。大型火炮生产成本高昂，而且难以移动，这使得它们非常容易受到攻击，如果敌人得胜，它们也是非常有价值的战利品。

作战战术

作战战术是找到三种主要兵种的最佳组合。战斗通常以炮击开始，大约在不到 1000 步的距离进行，与此同时散兵向前探查，并侦察敌人的位置。这样的动作可以为其余部队的集结赢得时间，也可以在部队撤退的时候拖延敌人。对大型步兵编队的偏好可以让部署相对又可以发生变化，因为根据地形和指挥官的意图，这些编队可以在中间布置不同模式的炮兵和骑兵。随着尼德兰式射击战术变得越来越有影响力，步兵往往集中在一条或多条连续防线的中央，每个营队之间只有狭窄的空隙，以防止敌人骑兵袭击他们脆弱的侧翼。第二排和后面的战线排在第一排之后 100 至 300 米的范围内，因为再近的话，他们就有可能在后面射到战友；而再往后走，他们就因太远而无法在关键时刻提供帮助。这种线列战术鼓励指挥官将骑兵部署在步兵队伍的两边，这在 17 世纪晚期和 18 世纪成为标准的做法。因为人们还在怀疑火器对于突击战术有多大的相对优势，同时由于东欧战场有着特殊情况（在那里土耳其人和其他人组织更多的轻装部队实行更灵活的包围战术），因此线列战术并没有被全面采用。在匈牙利作战的帝国将军依靠土木工程或马车及其他可移动的防御设施来保护他们的步兵。

　　一般来说，三个兵种都在与敌方的对应兵种决出胜负。大炮试图在己方部队进入战场使得战场局势混乱之前，压制住敌人的火力。骑兵与对方的骑兵对决，试图将他们逐出战场，让敌人的侧翼暴露在外。每一方都希望在速度较慢的步兵接近对方的步枪射程时，己方能有足够的大炮和骑兵来打破平衡，因为两个或更多兵种的组合通常优于一个兵种。步兵可能被骑兵攻击的威胁限制住，被迫保持紧密的防御队形，而敌人此时可以用大炮和步枪轰击他们。火力也可以用来打击对方的阵形，促使他们过早地进攻，或者失去凝聚力，可以被一次冲锋击溃。指挥才能和战术创新依赖于在这种标准模式上做出变化，在交战的早期阶段实现三个兵种的有效组合，从而能更轻松地获胜，代价也更低。

长土耳其战争

一场新十字军远征

　　在1593—1606年的土耳其战争期间，人们很少有机会在大型战役中测试这些战术，因为这场战争主要是由围城战和小规模接触战组成的，类似于西班牙人在佛兰德对尼德兰人的作战方式。敌对行动是由地方性的盗匪和不稳定边界这一系统性问题引起的。哈布斯堡王朝对乌斯科克人无能为力，乌斯科克人面临人口过多的压力，只能加强在亚得里亚海海盗活动。威尼斯一向是他们海上袭击的主要目标，1591年后，威尼斯人说服他们将注意力转向属于奥斯曼帝国的波斯尼亚和匈牙利。波斯尼亚帕夏为了报复，包围了一座克罗地亚边境要塞，却被其守军抓获，并被处决。精力充沛的大维齐尔锡南（Sinan）帕夏说服了不情不愿的苏丹穆拉德三世，在1593年同意了开启全面战争。作为第一步，锡南帕夏占领了哈布斯堡大使馆，并奴役了其工作人员：这是那些被派往君士坦丁堡的外交人员会面临的一种职业危险。

　　鲁道夫的顾问认为，这场战争为扩大哈布斯堡在该地区的影响力和加强对特兰西瓦尼亚的控制提供了一个绝佳的机会。克罗地亚人取得的小胜利使他们确信，奥斯曼帝国正在衰落，而且，他们还认为对土耳其人的战争可以让帝国内的基督徒团结起来，从而缓解一些问题。毫无疑问，鲁道夫已经从抑郁症中清醒过来，欣然接受了自己作为真正信仰捍卫者的传统角色。帝国议会于 1594 年再次召开，并投票通过了另一项巨额税收补助，并于 4 年后再次拨款，后来又于 1603 年再次拨款。在承诺的 2000 万弗洛林中，至少有五分之四实际到达了帝国财政部，鲁道夫求助于帝国行政圈议会之后，又获得了另外 700 万到 800 万弗洛林。哈布斯堡领地筹集了大约 2000 万弗洛林，另外 710 万弗洛林来自教宗、西班牙和意大利。即使是特立独行的法国国王亨利四世也承诺提供援助，许多最近在法国内战中被击败的天主教徒现在都涌向帝国的旗帜之下。其他人来自更远的地方，包括日后创建弗吉尼亚殖民地的约翰·史密斯（John Smith）上尉。特兰西瓦尼亚、瓦拉几亚和摩尔达维亚三个主要公国的诸侯也效仿。尽管波兰人拒绝直接提供帮助，但是他们的乌克兰哥萨克攻击了克里米亚鞑靼人，阻止了后者帮助苏丹。帝国野战军人数增加了一倍，达到 2 万人左右，此外还有大约 1 万名匈牙利人，以及两倍于此的特兰西瓦尼亚人和其他辅助人员。[14]

经过这么多努力，结果令人大失所望。一些援助实际上非常微不足道，比如俄国沙皇运来了一大批毛皮，淹没了市场，却没起什么作用。更糟糕的是，帝国的计划是不现实的。帝国与摩洛哥和波斯的会谈已经开始，以开辟更多的战线，但是阿巴斯（Abbas）沙赫派遣的大使直到 1600年才到达，那时皇帝已经不太可能获胜。苏丹设法在战场上维持了一支 6 万至 10 万人的军队，因此总体上掌握了主动权。

战争在南方打响，1593 年奥斯曼帝国的主要攻势取得了一些进展，占领了克罗地亚部分地区，随后冬季到来，锡南帕夏停止了行动。此后，克罗地亚人、斯洛文尼亚人和塞尼的边境维护者都维持住了阵线。奥斯曼帝国对巴拉顿湖的两侧都发起了进攻，但都被击退。1593 年 11 月之后，哈布斯堡王朝从这个地区定期发起反击，试图占领守卫通向布达西南方通道的土耳其要塞斯图尔维森堡。奥斯曼帝国的攻势针对了匈牙利至关重要的中部地区，在 1594 年 9 月占领了拉布，取得了重大成功，从而包抄了科默恩，并打开了通往维也纳的道路。哈布斯堡王朝则致力于扭转或至少抵消这一打击，第二年，马蒂亚斯大公设法夺取了格兰和维谢格拉德，成功攻破了奥斯曼帝国战线的突出部。苏丹进行了反击，将战争向东北方向转移，在 1596 年亲自率领军队占领了埃尔劳，并于那年 10 月在迈泽凯赖斯泰什击败了一支救援部队，这是战争中唯一的一次重大野战。现在所有的注意力都集中在特兰西瓦尼亚、瓦拉几亚和摩尔达维亚的三位君主身上，这些君主违抗苏丹，站在了皇帝一边。

干预特兰西瓦尼亚

哈布斯堡王朝的规划者将与特兰西瓦尼亚新结的联盟视为扩大哈布斯堡宗主权的手段，甚至可以迫使后者回到匈牙利王室的控制之下。这看起来时机非常恰当，因为现任大公西吉斯蒙德·巴索利（Sigismund Báthory）似乎欢迎被哈布斯堡接管。在他前任在位期间，波兰在这里的影响力一直很大，但现在由于波兰专注于对付瑞典，其影响力正在减弱（见第 6 章）。帝国军队在 1598 年夺回了拉布，稳定了主要战线，而自 1599 年以来，奥斯曼帝国日益增加的困难引发了大规模的叛乱。天主教革新在奥地利取得了显著的成功，这增强了皇帝顾问们的信心，并导致了与瓦拉几亚大公米哈伊（Michael）一起入侵特兰西瓦尼亚的重大决定，米哈伊希望让摩尔达维亚摆脱困境。波兰进行了非官方干预，让西吉斯蒙德复位，并在另外两个公国都设立了傀儡统治者，一段混战以哈布斯堡王朝的彻底失败告终。

哈布斯堡王朝非但没有止损，反而加强了在该地区的行动，新组织了一支规模更大的军队，将其委托给乔吉奥·巴斯塔（Giorgio Basta），他后来的行为让他在匈牙利和罗马尼亚历史学家中获得了残忍暴君的名声。巴斯塔是众多效忠于哈布斯堡王朝的意大利人中的一员，一开始只是一名军鼓手，后来晋升至火绳枪骑兵连的指挥官，在佛兰德的西班牙军中服役。1597 年，他带着一支西班牙部队来到匈牙利，很快获得了将军的军衔。施里克、马拉达斯、科拉尔托和埃内斯托·蒙泰库科利都曾在他手下服役，他还著有大量理论著作和军事评论，影响力得到进一步扩大，这些

著作中有许多严重批评雇主没有给士兵适当的报酬。随后的战役预示了
1618 年后发生在帝国的许多事情。作为需要临场应变的人，巴斯塔被迫
在瞬息万变的环境中迅速行动。他通常不可能咨询布拉格的帝国政府，而
且即使在那里，鲁道夫的意图也远说不上清楚。1600 年 8 月，巴斯塔在
米哈伊大公的帮助下再次成功征服了特兰西瓦尼亚，并于次年谋杀了他的
盟友，因为他认为米哈伊是一个累赘。由于波兰人拒绝第二次出手相救，
西吉斯蒙德于 1602 年 6 月退位，以换取哈布斯堡的年金，现在特兰西瓦
尼亚议会别无选择，只能向鲁道夫效忠，以换取对其特权的确认。

　　这是一次代价惨重的胜利。人力资源转移到了特兰西瓦尼亚，削弱
了其他地区的防御，土耳其人在 1600 年夏天沿着萨瓦河推进，占领了卡
尼萨，为通往施蒂里亚打开了道路。尽管马蒂亚斯大公在 1601 年占领了
斯图尔维森堡，但次年这里又被一支土耳其军队夺回，而另一支军队则
闯入了施蒂里亚。日益恶化的财政问题使帝国无法组织起协调一致的防
御，帝国部分军队因兵变而瘫痪，一些法国人和瓦隆人甚至叛逃到土耳
其人那边去。[15] 马蒂亚斯在 1602 年 10 月占领了佩斯，从而挽回了局面，
为奥斯曼人带来了危机，现在奥斯曼人有五个省面临叛乱。苏丹穆罕默
德死于心脏病，他 13 岁的儿子艾哈迈德一世（Ahmet I）继位。沙赫阿巴
斯抓住了机会，于 1604 年从波斯发动袭击，夺回了阿塞拜疆和格鲁吉亚。
艾哈迈德现在面对两条战线上的战争，于 1604 年 2 月与皇帝展开了和谈。

　　鲁道夫提出了过分的要求，浪费了在处境崩溃之前结束战争的最后机
会。旷日持久的战争摧毁了特兰西瓦尼亚，它连哈布斯堡驻军都无法支撑。
由于无望从布拉格得到帮助，巴斯塔不得不没收任何反对他的政府的贵族
的财产。将军还接到皇帝的秘密指示，要他执行在奥地利实行过的天主教
复兴政策，事态接下来迅速失控。就像在奥地利一样，复兴政策从城镇开
始，目的是在战后用天主教移民和退伍军人重新定居该国。其他措施针对
上匈牙利，在那里雅各布·贝尔乔索（Jacopo Belgiojoso）将军于 1604 年
1 月开始将路德宗牧师驱逐出战略城镇卡萨，同时 90 个边境哨所的驻军被
轮换，以 1.2 万名德意志士兵取代了匈牙利人。没收政策扩展到匈牙利，
在那里，马蒂亚斯甚至夺取了被剥夺匈牙利帕拉廷职位的新教权贵伊什特

万·伊莱什（István Illésházy）的地产。事实证明这太过分了，心怀不满的马扎尔人现在与被压迫的特兰西瓦尼亚人为了共同的目标联合起来了。

博奇考伊叛乱（1604—1606）

反对派聚集在伊什特万·博奇考伊（István Bocskai）身边，他是上匈牙利瓦代恩的地主，信奉加尔文宗。博奇考伊从皇帝忠诚的仆人转变为反叛领袖的过程，概括了哈布斯堡王朝的政策是如何疏远他们许多最有影响力的臣民的。在最初的战役中，博奇考伊曾领导特兰西瓦尼亚辅助部队，但由于宗教信仰不同，鲁道夫不信任他，剥夺了他的指挥权，并于1598 年将他带到布拉格。博奇考伊逃脱了被判死刑的命运，回到了他的庄园，成为不满分子集结的中心。[16] 虽然当地加尔文宗神职人员称颂他为匈牙利的摩西，但博奇考伊避免煽动宗教热情，因为他担心这会疏远潜在的支持者，相反，他试图利用人们对看似永无止境的土耳其战争的不满情绪。贝尔乔索拦截了共谋者的信件后，带着 3500 人的部队，从卡萨出发去抓捕博奇考伊，但博奇考伊逃掉了，召集了 5000 名海杜克人，给予了他们贵族身份，分配给他们废弃的土地。贝尔乔索退回卡萨，但心怀不满的市民打开大门迎接博奇考伊，于是博奇考伊于 1604 年 12 月 12 日胜利进入卡萨。卡萨的陷落切断了位于上匈牙利的贝尔乔索和镇压特兰西瓦尼亚的 5000 人的哈布斯堡军队之间的联系。随着越来越多的海杜克人来到他的旗下，博奇考伊现在足够强大，他留下一支部队用来阻挡贝尔乔索的军队，自己于 1605 年 1 月带着 4000 名轻骑兵入侵了特兰西瓦尼亚。虽然哈布斯堡王朝得到了塞克勒人的支持，但是他们的部队分散在各孤立的驻军点中，到了 9 月，这些驻军点都落入了博奇考伊手中。特兰西瓦尼亚议会已经在 2 月宣布博奇考伊为新大公，当他在 4 月和其他军队一起向西返回时，他被称为"全匈牙利的杰出大公"，受到欢迎。

到目前为止，哈布斯堡王朝的阵地已经岌岌可危，濒临崩溃。巴斯塔在 1604 年 7 月被召回匈牙利的主要防线，尽管他有 3.6 万人的部队，仍然无法救援佩斯，佩斯落入奥斯曼围城者手中。帝国军向北撤退时解体，奥斯曼人得以收复格兰和维谢格拉德。博奇考伊占领了诺伊霍伊塞尔，于

1605 年 11 月 11 日在普雷斯堡外会见了新大维齐尔拉拉·穆罕默德（Lala Mehmed）帕夏，并在那里被加冕为匈牙利国王，用的是一个君士坦丁堡特制的王冠。

迫于亲属的压力，鲁道夫不情愿地用马蒂亚斯大公取代了巴斯塔，马蒂亚斯被授权在 5 月与博奇考伊开始谈判。波希米亚等级会议动员了 1.7 万名民兵，包括瓦伦斯坦和图尔恩伯爵指挥的部队，阻止了叛军在那年夏天进入摩拉维亚。博奇考伊的许多贵族支持者越来越担心，他只是在把哈布斯堡王朝的统治换成土耳其人的统治。他们也怀疑他是否还有能力控制海杜克人——博奇考伊对海杜克人做出了太多许诺——并认为叛乱已经实现了其最初的目标，即停止再天主教化和解放特兰西瓦尼亚。1606 年 1 月停火后，匈牙利贵族和特兰西瓦尼亚贵族于 6 月 23 日与马蒂亚斯签署了《维也纳条约》（Treaty of Vienna），牺牲了鲁道夫和他们自己的支持者的利益。路德宗和加尔文宗的匈牙利贵族得到了正式的宽容，这种宽容扩展到了王室城镇和军政国境地带，而农民则得不到这种宽容。匈牙利的政治自治得到了加强，恢复了帕拉廷的职位，取消了维也纳的财政控制，把行政职位保留给了本地人，边境要塞中的德意志军队也被替换成了匈牙利军队。特兰西瓦尼亚自治也得到加强。博奇考伊放弃了他新获得的匈牙利王位，但保留了国王的礼节性头衔，并被哈布斯堡王朝承认为特兰西瓦尼亚大公，哈布斯堡王朝还割让了卡萨以东的另外五个上匈牙利郡。

虽然博奇考伊获得成功之后没能活得太久，但他的反抗开创了一个重要的先例。好斗的天主教势头已被逆转，不是被内奥地利的消极抵抗（那些已经可悲地失败了）所逆转，而是被武装力量所逆转。16 世纪 70 年代，奥地利新教徒利用他们在各省等级会议中的影响力来讨价还价，获得了各种让步，而匈牙利人和特兰西瓦尼亚人则在他们的国家之间建立了一个可行的联盟。波希米亚人后来会在 1618 年效仿其先例。

1606 年后哈布斯堡与奥斯曼的关系

更为直接的是，《维也纳条约》为马蒂亚斯扫清了道路，他在 1606 年 11 月 11 日与苏丹缔结了《吉托瓦托洛克条约》（Treaty of Zsitva Torok），结束了与苏丹的破坏性战争。这没有实现永久和平，双方也都不愿意接受永久和平。尽管如此，苏丹和皇帝将不得不承认对方的平等地位，哈布斯堡王朝自 1547 年以来每年支付的 3 万弗洛林的羞辱性进贡将被 20 万弗洛林的一次性"免费赠品"所取代。苏丹保留了卡尼萨和埃尔劳，但必须允许皇帝在其对面建造新的要塞。和约将维持 20 年，在此期间，如果没有正规军参与，跨境突袭是可以容忍的。

对哈布斯堡王朝来说幸运的是，1606 年后奥斯曼人无力发动新的战争。1608 年，苏丹设法镇压了自己国内的反抗，但在 1618 年被迫接受与波斯签订和约，这也标志着他丧失了阿塞拜疆和格鲁吉亚。波斯人利用奥斯曼帝国内部的持续动乱，在 1623 年重新发动战争，占领了巴格达，屠杀了所有没来得及逃脱的逊尼派居民。伊拉克的丧失引发了奥斯曼帝国的动荡，包括叙利亚和也门的大规模叛乱，叛乱扰乱了税收，切断了通往圣地的道路。与此同时，苏丹失去了对克里米亚鞑靼人的控制，鞑靼人对波兰挑起了未宣战的战争，战争断断续续地持续到 1621 年。面对这些问题，苏丹非常乐意在 1615 年确认了《吉托瓦托洛克条约》，接受一些小的边界调整，从而使格兰突出部周围的哈布斯堡王朝防御得到改善。波希米亚叛乱与波斯的胜利同时发生，苏丹竭力安抚皇帝，甚至在 1618 年夏天向他提出，可以提供几千名保加利亚或阿尔巴尼亚的辅助部队。尽管这些都被婉言谢绝，奥斯曼二世（Osman Ⅱ）次年还是派了一名特别大使祝贺费迪南德二世当选为皇帝。奥斯曼帝国方面的善意格外受到欢迎，因为帝国议会在 1615 年最后一次边境防御资助到期时，并没有自动延期。波希米亚危机迫使奥地利人抽空了边境的军队，在 1619 年从克罗地亚和匈牙利招募了 6000 名骑兵。此后，约有 4000 名边防部队士兵在帝国军服役，直到 1624 年，主要由乔瓦尼·伊索拉诺（Giovanni Isolano）指挥，他是一名在克罗地亚拥有地产的塞浦路斯人，在长土耳其战争中声名鹊起。哈布斯堡王朝没有足够的钱去支付边境上剩余驻军的费用，这导致了斯洛文尼亚和克罗地亚地区在 1623 年 7 月发生兵变。尽管特兰西瓦尼亚人站在波希米亚人一边，但苏丹没有抓住这个机会，没有他的帮助，他们的干预很快就失败了。[17]

由于哈布斯堡王朝和奥斯曼帝国的政府都被其他地方的战争分散了注意力，跨境关系现在轮到了匈牙利帕拉廷和布达的奥斯曼帕夏来处理。1625 年至 1645 年间，匈牙利帕拉廷是艾什泰哈齐·米克洛什（Esterházy Miklós）。他培养了匈牙利作为基督教世界堡垒的人文主义愿景，同时鼓励马扎尔贵族信任哈布斯堡王朝，认为他们是当下防御土耳其威胁的最好选择，最终也将收复被土耳其人夺走的土地。[18]1627 年，他在什尼与布达的帕夏谈判，将《吉托瓦托洛克条约》延长 15 年，为皇帝赢得更多时间来对抗基督教敌人。1631 年，奥斯曼人确实利用曼托瓦战争的机会掠夺了上穆尔河谷的 14 个村庄，但是他们拒绝了威尼斯人提出的扩大进攻的建议。尽管苏丹穆拉德四世最终在 1632 年左右恢复了奥斯曼帝国的秩序，镇压了各省的叛乱，但他更倾向于反对波斯人，希望在哈布斯堡王朝全神贯注于德意志问题的时候打败波斯。奥斯曼军队收复了阿塞拜疆、格鲁吉亚和伊拉克，于 1638 年夺回巴格达，并迫使波斯在次年接受了这些损失。

在 1625 年德意志战争加剧的时候，这种相对平静的局面使得皇帝可以从边境地区抽调更多的士兵。同年，第一个克罗地亚团组成，随后在 1630 年又增加了两个。瑞典的介入促使 1633 年前急剧扩张到 14 个克罗地亚团，另外还招募了 1500 名卡帕勒廷骑兵（Kapelletten），这是一种在弗留利和达尔马提亚招募的轻骑兵。克罗地亚团的数量在 1636 年达到高峰，共 25 个，三年后下降到 10 个，战争结束时下降到 6 个。尽管如此，不断的招募耗尽了边境的兵力，到 1641 年只留下 1.5 万名的有生力量，比官方编制少了大约 7000 人。[19] 但这仍然是一支庞大的部队，相当于战争后期一场大型战役中部署的人数。在皇帝面临越来越大的压力的时候，这意味着人力、金钱和物质方面的重大投入，人们在评估帝国在冲突中的表现时，往往忽略掉了这个因素。

哈布斯堡王朝持续在边境地带维持一支军队，这表明他们仍然非常害怕奥斯曼帝国的威胁。土耳其人在 1639 年与波斯缔结和约之后，发动了旨在巩固他们对卡尼萨的控制的大规模突袭，这表明哈布斯堡王朝的担忧似乎是合理的。要不是波斯战争重新被挑起，事情可能会变得更糟，苏丹被迫在 1642 年再次更新《吉托瓦托洛克条约》，这一次有效期为 20 年。

苏丹面临的问题削弱了他对特兰西瓦尼亚的控制，1606年后，特兰西瓦尼亚名义上仍处于他的宗主权之下。随着特兰西瓦尼亚变得越来越独立，大公感到有勇气于1644年至1645年再次介入三十年战争（见第19章）。因此，虽然奥斯曼帝国面临的种种问题让苏丹置身于战争之外，但悖谬的是，它却让特兰西瓦尼亚加入了战争。尽管如此，面对特兰西瓦尼亚总比面对更强大的奥斯曼帝国要好。人们担心布达的帕夏会用步兵和大炮支持大公，这种情况从未成真，因此特兰西瓦尼亚对战争的干预基本上没有什么作用。就在特兰西瓦尼亚实现和平之时，苏丹又专注于与威尼斯的新冲突，这场冲突一直持续到1669年。《威斯特伐利亚和约》签订后的复员迫使皇帝将军队从帝国撤出，转移到匈牙利，一直持续到1655年，以阻止奥斯曼帝国的进一步突袭。直到17世纪50年代末，奥斯曼人才强大到足以构成积极威胁，他们试图重新确立对特兰西瓦尼亚的影响力，这引发了1662年后与皇帝的另一场战争，最终在两年后以《吉托瓦托洛克条约》的再次更新而告终。直到1683年奥斯曼帝国围攻维也纳并失败，僵局才被打破，这场冲突也开启了1683—1699年的大土耳其战争。哈布斯堡王朝依靠国际援助，将土耳其人赶出了匈牙利，于1687年将匈牙利转变为世袭王国，4年后又吞并了特兰西瓦尼亚。这场胜利使奥地利凭借自身成为一个大国，使得神圣罗马帝国皇帝的头衔不再那么重要。[20]

对1606年收拾鲁道夫政策所造成的残局的哈布斯堡王朝来说，这些荣耀似乎是遥不可及的梦想。由于失去了两个最大的要塞，哈布斯堡王朝边境力量被削弱了，王朝在匈牙利政治中失去了阵地，而在特兰西瓦尼亚的所有影响都消失了。然而，这些事情的回响还远远超出了哈布斯堡王朝的东方王国，甚至还动摇了君主国本身的根基。尽管在战争中获得了超过5500万弗洛林的资助和税收，鲁道夫的债务还是攀升至1200万弗洛林。匈牙利铜矿等关键收入来源也被典当，用于筹集更多贷款。到1601年，王朝已经拖欠边境部队100万弗洛林，而到战争结束时，拖欠野战军的工资是这个数字的两倍。6000名士兵在维也纳游荡，要求至少得到100万弗洛林才肯离开。哈布斯堡王朝在自己的首都都无力维持秩序，凸显了他们的失败。失望和幻灭蔓延到帝国各地，诸侯很难相信他们的钱没有买到胜利。帝国财长盖兹科夫勒被正式指控盗用了 50 万弗洛林，尽管他在 1617 年被宣告无罪，但许多诸侯没有支付他们在最后一次边境资助中的份额，该资助是在 1613 年投票通过的。到 1619 年，仍然有 528 万弗洛林的拖欠。

兄弟之争

争斗的大公们

寻找替罪羊的工作也扩展到哈布斯堡王朝本身。鲁斯沃姆（Rußwurm）元帅于 1605 年因失去格兰被处决，他和博奇考伊一样，也是加尔文宗信徒。而在缔结最终的和约之后，大公们就开始互相攻击。随后发生的"兄弟之争"（*Bruderzwist*）加剧了战争造成的破坏，进一步削弱了王朝，鼓励了等级会议中的激进分子相信暴力对抗可以推进教派和政治目标。至关重要的是，在关键时刻，家族不和分散了皇帝对帝国的注意力，破坏了剩余的善意，并挫败了那些寻求和平解决那里紧张局势的人的努力。弗朗茨·格里尔帕策（Franz Grillparzer）的同名戏剧影响了人们对"兄弟之争"的看法。这部作品是 19 世纪奥地利文学的伟大作品之一，它将马蒂亚斯塑造成不顾一切、渴望权力、反对鲁道夫的篡权者的角色，而鲁道夫尽管有种种缺点，但似乎是一位爱好和平的君主。马蒂亚斯的整体处境更为复杂，而其他大公们在这场正在上演的戏剧中也不仅仅是一些小角色。

关于战争引发的相互指责迫使哈布斯堡王朝面对更深层次的、未解决的继承问题。1578 年 4 月，鲁道夫与他的五个兄弟达成一致，同意不再重复他们祖父 1564 年瓜分奥地利土地的行为。作为主要支系的最为年长的代表，鲁道夫将保留奥地利、波希米亚和匈牙利，在给他的兄弟们找到更合适的安排之前，给予他们津贴，让他们担当行省总督这样的角色。不幸的是，新教在整个帝国的传播减少了他们在帝国教会内部任职的机会，因为一些主教辖区在 16 世纪 80 年代落到了路德宗手中。1578 年 9 月，文策斯劳斯（Wenceslaus）大公早逝，只剩下四个兄弟需要安排。次子恩斯特似乎满足于在 1578 年后担任奥地利和匈牙利总督，他于 1595 年去世，也不用考虑了。最小的阿尔布雷希特在 1571 年后仍留在西班牙，最终被腓力二世选为他女儿伊莎贝拉的丈夫，就是早些时候鲁道夫拒绝娶的那位伊莎贝拉。尽管他的名字被多方提到，但阿尔布雷希特身处西班牙，无法成为奥地利和帝国继承权的有力竞争者。

第四个儿子马克西米连因为童年时的一场疾病，无法按惯例去西班牙旅行。他母亲指望他在帝国教会内谋得职位，但他表现出了更多的军事野心。最终找到了一个妥协方案，他于 1585 年被任命为十字军条顿骑士团大团长。在 1586—1587 年有争议的波兰国王选举中，他成为少数党候选人，但他未能胜过最受欢迎的瑞典的西吉斯蒙德，而且还在战斗中被后者俘获。尽管在 1589 年被鲁道夫赎回，马克西米连还是把失败归咎于他的哥哥没有给他足够多的支持。土耳其战争的爆发为他提供了一个发泄能量的机会，观察家认为他是尝试带兵打仗的大公中表现得最好的一位。他的部队纪律涣散，使他在迈泽凯赖斯泰什战役中失去了到手的胜利，短暂卷入特兰西瓦尼亚泥潭使他更加失望。鲁道夫 1600 年的崩溃似乎促使马克西米连重新行动起来。在所有大公中，他在德意志诸侯中有着最广泛的人脉，特别是因为他是条顿骑士团大团长。骑士团仍然是一个泛基督教组织，而不属于特定的教派，符合马克西米连自己对信仰的务实态度，以及他对和平的关切。马克西米连早年急于表现为鲁道夫的继承者，遭到了失败，现在他灰心丧气，转而充当诸侯和大公们之间公正的调停人，并集中精力巩固哈布斯堡王朝在蒂罗尔（他于 1602 年起成为那里的总督）的权威。[21]

最后是马蒂亚斯，他是第三个儿子，在 1595 年恩斯特死后，他是主要继承竞争者。[22] 马蒂亚斯没有在西班牙受过教育，因此没有他两个哥哥呆板僵硬的严肃气质。乍一看，他似乎是所有大公中最难让人赞许的，他过着花花公子般的生活，自我放纵，越来越懒惰。尽管如此，他还是有一定的魅力的，在一个以阴郁沉闷著称的家庭里，他有一种不寻常的乐趣感。他还保留了他父亲马克西米连二世的温和精神，并相信自己可以解决教派冲突。1577 年的一个晚上，他没有跟任何人打招呼就匆忙离开，在尼德兰危机最严重的时候突然出现在那里，接受了叛军的提议，成为他们的总督。他现在处在一个他完全应对不了的处境里。叛军领导人只是在聚集部队时，把他用作一个保全面子的工具，后来在 1581 年驱逐了他。这次经历让他清醒了过来，但他后来一直无所事事，因为他的家人都不信任他。尽管如此，1595 年，他是唯一一位能接替恩斯特出任奥地利总督的大公，而土耳其战争提供了战场指挥的机会。有明显的迹象表明，他在1600 年开始变得成熟，部分原因是克莱斯尔主教的影响，两人在奥地利密切合作，复兴天主教，平息农民叛乱。

费迪南德大公和他的弟弟利奥波德属于幼系的施蒂里亚分支，他们对哈布斯堡奥地利遗产有自己的主张。作为反宗教改革一代的年轻人，相比那几位坚持追随他们父亲、相信可以找到超越教派冲突解决方案的更年长的大公们，他们对西班牙和巴伐利亚来说是更有吸引力的选择。费迪南德因为婚姻和巴伐利亚紧密联系在一起，他的个人虔诚和对天主教复兴的投入给西班牙和教宗留下了深刻印象。作为次子，利奥波德注定要在教会内任职，但他并不适合教会生涯。尽管先后担任过帕绍（1605）和斯特拉斯堡（1607）的主教，但他从未许过更高的神职誓言，仍是哈布斯堡王朝中的一张充满变数的百搭牌，他对战争和政治野心比教会圣职更感兴趣。

首　轮

鲁道夫越来越古怪的行为让大公们相信他们必须采取行动。西班牙大使早在 1603 年就已经提出了废黜皇帝的可能性，但是教宗不愿意纵容这样的行为，因为还不清楚鲁道夫是否真的疯了。博奇考伊叛乱的爆发消除了这种顾虑，大公们于 1605 年 4 月在林茨召开会议，他们一致同意，应当首先迫使鲁道夫交出匈牙利。克莱斯尔主教小心翼翼地引导着马蒂亚斯，阻止他做出任何鲁莽的事情——比如从匈牙利叛军那里接受圣斯蒂芬王冠——并努力安抚西班牙人，他们仍然指责马蒂亚斯加剧了尼德兰的反抗。克莱斯尔是一名公共关系大师，他明白，应该把马蒂亚斯塑造成一个关心臣民关切的人，而鲁道夫则坚持旧式的更离群索居的君主生活。[23]1606 年 4 月 25 日，克莱斯尔再次在维也纳召集大公，让他们同意支持马蒂亚斯作为唯一继承人。鲁道夫将被宣布精神状况不佳，这扫清了将他的领地转让给马蒂亚斯的道路，然后马蒂亚斯可以从一个有利位置与选帝侯进行谈判，以被选举为罗马人的国王，从而确保能得到皇帝的头衔。

西班牙支持这一计划，并允许阿尔布雷希特在11月支持这份协议，但是费迪南德玩了一场双面游戏，他表面上赞同马蒂亚斯，但暗地里希望鲁道夫会任命他为继承人。当马蒂亚斯得知这一点后，他公布了1606年4月的协议，让他的竞争对手在鲁道夫那里名声扫地，被迫暂时退出竞争。然而，鲁道夫的坚决反对让帝国选帝侯感到不安，他们不愿意在他还活着的时候讨论继任者问题——而且无论如何，普法尔茨选帝侯和新教诸侯更想让马克西米连而不是马蒂亚斯成为继任者。1607年10月，海杜克人叛乱，抗议他们在博奇考伊叛乱后被抛弃，事情被推到了风口浪尖。匈牙利权贵怀疑鲁道夫故意鼓励他们，以破坏《维也纳条约》。克莱斯尔原本希望不用对等级会议做进一步让步就能解决继承问题，这场危机终结了他的希望，他现在采用一项高风险战略，争取匈牙利的支持，迫使鲁道夫同意。马蒂亚斯终于在1607年6月获得任命，成为匈牙利总督，他违抗鲁道夫的命令，于次年1月在普雷斯堡召开议会。来自上奥地利和下奥地利的代表来到这里，与匈牙利人结成联盟，并于2月达成协议。表面上，这是为了维护结束博奇考伊叛乱的协议，并确保鲁道夫不会扰乱与土耳其人的停战协议。实际上，它将匈牙利王冠转移到了马蒂亚斯手中，以换取他对匈牙利新教徒的进一步保障和对贵族的让步，牺牲了农民的利益。

鲁道夫仍然还有拒绝加入联盟的匈牙利天主教少数派的支持，但是他的政策正在疏远他日渐减少的支持者。对摩拉维亚内部事务的笨拙干预让那里的等级会议紧密合作，并在4月加入了马蒂亚斯的联盟。马蒂亚斯现在故意让局势进一步紧张，希望引发一场危机，让波希米亚也集结到他的旗帜之下，而让鲁道夫完全孤立。在等级会议中新教多数派的支持下，马蒂亚斯在茨奈姆集结了2万人的奥地利和摩拉维亚军队，茨奈姆就在摩拉维亚边境处，正对着维也纳。他还在更东面的摩拉瓦河边上集结了另一支1.5万人的匈牙利部队。马蒂亚斯在恰斯拉夫——位于他的营地和布拉格的半途——召集了一次包含哈布斯堡等级会议的大会，计划在会上强势亮相，他向德意志诸侯发布了一份宣言，声称自己的行为是为了恢复哈布斯堡君主国和神圣罗马帝国的稳定。

现在王牌掌握在波希米亚人手中。如果他们叛逃，西里西亚人和卢萨蒂亚人会选择跟随，只剩鲁道夫一个人孤立无援。在德意志宗教好斗分子的鼓励下，波希米亚新教领导层抓住机会，要求哈布斯堡王朝正式承认其信仰，而此前哈布斯堡王朝在 1575 年否认《波希米亚信纲》时已经拒绝过了（见上文第 3 章）。鲁道夫的手下只有 5000 名没有领到薪水的士兵，这些人正全力撤退到他的首都。他也失去了西班牙大使的信任，后者建议他在为时已晚之前达成协议。鲁道夫默许波希米亚等级会议在布拉格集会，并在 5 月让他们自己也做军事上的准备。看到马蒂亚斯也没钱了，波希米亚人摊牌了，他们拒绝被马蒂亚斯召唤到恰斯拉夫，转而开始支持鲁道夫。两人都被各自的支持者要了，这些人在 1608 年 6 月 25 日签署的《利本条约》（Treaty of Lieben）中，在哈布斯堡王朝内部和解的名义下，实现了自己的目标。鲁道夫被迫放弃了重新对奥斯曼人开战的计划，将圣斯蒂芬王冠交给了马蒂亚斯，并承认他是摩拉维亚、上奥地利和下奥地利的统治者。摩拉维亚人从波希米亚获得了更大的自治权，并在卡雷尔·齐罗廷（Karel Zierotin）领导下建立了一个新政府，他是一名富有才智的波希米亚兄弟合一会的追随者，真诚地渴望实现和平。

6 月 29 日，奥地利人、摩拉维亚人和匈牙利人利用在马蒂亚斯营地会面的机会，建立了自己的联盟，同意相互合作，以从王朝中获取更多让步。马蒂亚斯和克莱斯尔事先预料到了这一点，并试图依次与各省进行谈判，希望减少损失。马蒂亚斯在 1608 年 8 月接受了摩拉维亚的效忠，作为回报，他承诺将不会有人因为信仰而受到迫害。这和新教激进分子所期待的完全合法权利相距甚远，但是齐罗廷控制住了这些人，很高兴摩拉维亚获得了更大的政治自主权。奥地利的情况大不相同，在那里，等级会议的领导权移交给了像 1598 年进入上奥地利贵族议院的奇尔诺梅利（Tschernembl）男爵这样的人手中。他之前是激进的阿尔特多夫大学的学生，在 16 世纪 80 年代游历了新教欧洲，见到了当时的主要知识分子，并和他们讨论了反抗暴政的问题。尽管他反对 1595—1597 年的农民叛乱，但他比他的贵族同侪们更愿意承认普通民众的反抗权。正因为如此，他引起了后世历史学家的极大关注，后者经常扭曲了他的实际意义。[24] 作为加尔文宗教徒，他在奥地利新教徒中属于少数派，但是哈布斯堡王朝内部的争斗让他有机会把自己推到前台，夺取了等级会议的领导权。然而，他从未成功地将所有路德宗信徒团结起来，而他的极端主义又侵蚀了他和温和派天主教徒仅存的不多的共同点。

奇尔诺梅利认为，鲁道夫放弃奥地利的行为创造了一个空位期，权力现在掌握在等级会议手中，直到他们同意接受马蒂亚斯为继承人。这种说法说服了 166 名上奥地利和下奥地利新教领主和骑士，他们聚集在位于奇尔诺梅利家乡的激进派大本营霍恩。在这里，他们于 1608 年 10 月 3 日庄严宣誓成立一个联邦，实际上宣布脱离温和派和天主教徒，并在这两个省建立了一个替代政府。他们投票通过付钱给军队（由他们的佃户支付！），并派遣使者前去与匈牙利和普法尔茨的加尔文宗领导人会面。马蒂亚斯亲自前往普雷斯堡会见匈牙利人，以阻止他们。他同意执行《维也纳条约》，并不得不在议会恢复伊莱什为匈牙利帕拉廷的时候观望。议会在确认匈牙利和特兰西瓦尼亚的自治权之后，终于在 11 月 19 日承认马蒂亚斯为匈牙利新任国王。

奥地利人仍然在违抗，鲁道夫在布拉格策划阴谋，因此马蒂亚斯的地位并不稳固。据报道，他晚上睡不着觉，大声喊道："我的上帝，我该怎么办！如果我不给他们想要的东西，我会失去我的土地和臣民。如果我同意，我会被诅咒的！"[25]1609 年 3 月 19 日，他承认了奇尔诺梅利的大部分要求，停止了天主教改革，恢复了 1571 年的宗教保证，并扩大了这些保证，口头承诺允许帝国城镇信仰自由。过去 30 年来将哈布斯堡权威和天主教的一致性结合起来的艰苦努力被一扫而光。尽管奥地利人现在接受他为大公，但马蒂亚斯疏远了感到自己被遗弃的天主教少数派。狡猾的克莱斯尔仍然小心翼翼地留在幕后，当他的主人于 1608 年开始反叛，入侵波希米亚时，他仍留在维也纳。1609 年复活节期间，他公开拒绝给马蒂亚斯行圣礼，同时秘密建议做出让步，作为一种战术上的权宜之计。奇尔诺梅利认为克莱斯尔是大阴谋家，要求驱逐后者，在这种压力下，马蒂亚斯考虑说服教宗提拔克莱斯尔为枢机主教，把他送往罗马，以保全面子。但是随着与他的顾问的关系变得紧张，马蒂亚斯无法在等级会议面前收复任何失地了。

《陛下诏书》（1609）

与此同时，波希米亚人不失时机地迫使皇帝信守他的浮士德式的交易。与自己兄弟的斗争耗尽了鲁道夫仅存的信誉，他再没有其他人可以求助以支撑他摇摇欲坠的皇帝尊严。1608 年被遣散后，等级会议中的新教成员于 1609 年 4 月单方面重组，不顾鲁道夫让自己不受打扰的明确命令，强行闯入了皇帝在赫拉德恰尼城堡中的内殿。就像在奥地利的情形一样，令人兴奋的气氛把激进分子推到了前线。有人喊道："这个国王不好，我们需要另一个国王！"当图尔恩伯爵号召进行军事准备时，他收到了人们的欢呼，这一次，他们对抗的是皇帝。[26] 图尔恩家族最初来自意大利北部的德拉·托雷（della Torre）家族，但他们和许多同胞一样，也在奥地利和波希米亚获得了土地。人们几乎普遍对图尔恩评价不高，他也确实是一个非常无能的政治领袖和糟糕的战略家。尽管他是路德宗信徒，但他的行为表明，他更多地是出于个人野心，而非宗教信仰，他在 1609 年表现出来的激进主义是出于对鲁道夫在土耳其战争中未能回报他的效劳的不满。

图尔恩提出了一系列无情的要求，直到脆弱的鲁道夫在 7 月 9 日晚上投降，签署了臭名昭著的《陛下诏书》（Letter of Majesty），给予波希米亚新教徒的宗教和政治自由超过了奥地利和匈牙利新教徒赢得的自由。从今以后，领主、骑士和王室城镇可以自由选择信奉哪个基督教教派，每个团体可以选出十名"保护者"（Defensor）来捍卫他们的权利。这实际上创建了一个以瓦茨拉夫·布多维克·冯·布多夫（Vaclav Budovec von Budov）为首的政府，与洛布科维茨领导的哈布斯堡正式政府并列。图尔恩和科隆纳·冯·费尔斯（Colonna von Fels）——另一个意大利血统的军人——被任命为新教民兵的指挥官。其他新教徒接管了布拉格大学和酒饼同领派审议会议，从而获得了建设自己的行省教会的体制框架。[27] 8 月 20 日，一封类似的《陛下诏书》赋予了西里西亚路德宗与天主教同等的地位。

波希米亚天主教徒自 1599 年以来一直处于优势地位，现在却被他们的命运所依赖的王朝抛弃了。斯拉瓦塔失去了卡尔施泰因城堡主的职位，这个职位与监管王冠珠宝有关，现在鲁道夫将这个职位交给了图尔恩伯爵。洛布科维茨带领天主教徒拒绝签署这封《陛下诏书》，使皇帝更加孤立。哈布斯堡王朝的声望直线跌落，奇尔诺梅利和他在德意志的激进盟友相信，王朝正处于完全崩溃的边缘。鲁道夫向奥地利人保证，只要他们回到他那里，他也会给出奥地利版本的《陛下诏书》，看起来奇尔诺梅利等人的希望有望实现。

这场危机发生的同时，帝国内部形成了敌对的新教和天主教诸侯联盟，围绕着于利希-克利夫斯遗产纠纷而产生的国际紧张局势也正在发酵（详见第 7 章）。然而，最终没有发生重大战争，哈布斯堡王朝面临的直接威胁也消退了。在我们转向欧洲其他地方的事件之前，这需要一些解释。

激进分子是他们自己成功的受害者。他们在 1608—1609 年赢得的让步代表着实现了长久以来的梦想，这让大多数新教徒十分满意，也不再希望与帝国和更远地区的同宗者建立更密切的联系。由于这些收益是通过武力获得的，很少有德意志人希望与哈布斯堡王朝的反叛者有任何关系，后者被广泛认为是帝国的不忠臣民。激进的少数派被他们表面上的成功蒙蔽了双眼，没有看到他们的支持逐渐消失。1608 年底，一名向新教诸侯寻求借款的特使空手而归，到 1610 年 2 月，波希米亚人决定解散自己昂贵的民兵。[28] 尽管在摩拉维亚，齐罗廷仍然能将新教徒和天主教徒团结在一起，但在其他省份，两派已经不再聚会。激进新教徒选择在缺乏坚实宪法基础的独立教派集会上聚会，抵制正式的议会，而这使得天主教少数派可以控制等级会议。

1593 年土耳其战争的爆发带来了危险和机遇。鲁道夫重新发现个人的使命感，而各种程度不同的激进分子都被边缘化了，因为德意志诸侯和哈布斯堡等级会议紧密团结在鲁道夫身后，投票支持光荣的十字军远征。由于无法在匈牙利取得任何进展，鲁道夫的亲属和臣民越来越沮丧。先是施蒂里亚的费迪南德，随后是马蒂亚斯和鲁道夫，都加强了他们地盘上的天主教复兴，形势变得越来越不稳定。他们明确地将天主教复兴与重新确立王朝政治权威联系在一起，这代表着时代开始转变了，他们不再像 1576 年前费迪南德一世和马克西米连二世那样，将影响力寄托在调和相互竞争的信仰上。哈布斯堡的政策变得越来越不灵活，因为它的王朝利益和教派利益变得密切相关，使得不可能在不损害家族在一个地区的地位的情况下，在另一个地区做出让步。当鲁道夫在 1600 年后将这项政策推广到上匈牙利和特兰西瓦尼亚时，情况变得越发困难了。在土耳其战争继续进行的时候，这么做完全是愚蠢的行为，这激起了博奇考伊的反抗，迫使马蒂亚斯进行干预，并与奥斯曼人达成不令人满意的和约。1606 年后，由于苏丹自己的问题，哈布斯堡王朝免于遭受更严重的灾难，但是随着兄弟之争急剧失控，哈布斯堡君主国面临的危险从国际冲突变为内战。彼此竞争的大公们在一场游戏中赌掉了他们家族剩余的大部分信用，最终他们都是输家。虽然到 1609 年，马蒂亚斯在奥地利、摩拉维亚和匈牙利取得了明显的成果，但这些进步是以加强等级会议中新教派系为代价的。而鲁道夫在《陛下诏书》中对波希米亚人和西里西亚人做出了更具破坏性的让步。1595 年后，蒂罗尔因为没有一个世袭大公而没有被卷入到纷争中去，而费迪南德暂时退出了家族争斗，内奥地利人也没有卷入这场争论。尽管如此，16 年不间断的国际战争和内战使奥地利君主国遭到了严重削弱，在其富有的西班牙堂兄弟面前显得黯然失色。

第 5 章
西班牙和平

西班牙君主国

西班牙的诸多属地

从 1516 年到 1659 年这段时间被认为是西班牙的黄金时代，也是西班牙主导欧洲的时代。关于三十年战争的国际视角认为，战争实际上是其他欧洲国家反对西班牙霸权的一系列更广泛的斗争的一部分。当然，1618年后中欧斗争的影响之所以能遍及全球，主要是通过西班牙及其海外帝国的影响。在三十年战争中，西班牙的存在始终是一个因素，尽管正如我们将会看到的，它自己有着与奥地利哈布斯堡王朝截然不同的问题。

然而，在一个重要方面，他们所面临的困难是相似的。像他们的奥地利堂兄弟一样，西班牙哈布斯堡王朝统治着一个难以管理和维持的大帝国。1580 年，腓力二世强迫葡萄牙接受《联合法令》（Union of Crowns），帝国变得更为庞大了。年轻的唐·塞巴斯蒂昂（Dom Sebastiao）于 1578年在发生于摩洛哥的灾难性的阿尔卡塞尔·吉比尔战役中死去，和他一起死掉的还有葡萄牙贵族的精华，而自 1385 年以来就统治着葡萄牙的阿维斯家族绝嗣。葡萄牙和西班牙的合并是在一支入侵的西班牙军队强迫下的联姻，但许多葡萄牙人开始意识到合并带来的好处，因为它使葡萄牙可以接触到西班牙的财富和贸易机会。在合并后的新帝国中，葡萄牙本身只有110 万名新臣民，但葡萄牙对巴西、非洲和亚洲诸多地区都有主权声称。这些领地算不上牢靠，到 1600 年，巴西可能有不超过 3 万名欧洲人和 1.5万名奴隶，大约有 240 万土著居民分散在大部分未经探索的广阔内陆地区。在安哥拉和莫桑比克有几千名葡萄牙人驻守着各种堡垒，而在葡属印度（*Estado da India*），即葡萄牙在好望角以东的领地（管理地是位于印度西部的果阿），还有大约 1 万名葡萄牙人。[1]

西班牙本身在卡斯蒂利亚以及加泰罗尼亚、阿拉贡、巴伦西亚联合王国和巴斯克省有 875 万臣民。与欧洲其他地方的趋势相反，由于歉收、瘟疫、移民到殖民地，以及最重要的战争和税收负担，卡斯蒂利亚的人口增长在 1580 年左右就停滞了。到 1631 年，卡斯蒂利亚人只有 400 万，比 40 年前少了 100 万。西班牙的海外殖民地的人口也在下降，但在那里，这是征服本身造成的直接后果，征服给土著人口带来了疾病，也让他们过度劳作，到 1620 年，土著居民从 3400 多万下降到了 150 万左右。当时，大约有 17.5 万名殖民者和大约同样数量的非洲奴隶和混血人口分散在墨西哥、加勒比海地区、南美洲西部和北部海岸地区以及菲律宾马尼拉周围。[2] 相比之下，西班牙的欧洲属地在尼德兰南部有 150 万臣民，在米兰和西西里各有 100 多万臣民，在那不勒斯还有 300 多万臣民，这些统计数据可以让我们对西班牙的殖民帝国形成一个正确的视角。

由于西班牙自身经济停滞，其属地和殖民地的重要性被放大了。除了美洲白银的出口，西班牙对欧洲贸易的主要贡献是原材料和一些食品。西班牙对特定产品实施垄断的卡特尔系统抑制了经济增长，这种做法还延伸到殖民贸易上，国王与塞维利亚合作，使其成为通往美洲的唯一门户。收成不佳和沉重的财政负担导致人们迁移到城镇或殖民地，剩下来的人无力抵挡贵族和教士对其剩余公共土地的侵占。私人投资者和商人依靠白银收入来资助消费，因为西班牙无法养活自己的人口，不得不大量依赖进口食物。由于无法生产足够数量的有用商品，西班牙人无法受益于殖民贸易的增长，这种贸易随着美洲殖民白人人口的增长而扩大。尼德兰和其他外国商人纷纷涌入市场，在 1600 年左右获得了使用西班牙大西洋港口的特别优惠。50 年后，西班牙有超过 12 万名外国人，主要集中在塞维利亚，外国人占这座城市人口的十分之一。

白银：帝国的命脉

随着时间的推移，殖民经济确实实现了多样化，但白银仍然是西班牙的主要收益来源。新世界在1540年至1700年间生产了5万吨白银，是欧洲白银储量的两倍。玻利维亚的波托西（1545）和墨西哥的萨卡特卡斯（1548）发现了丰富的白银矿层，但直到1555年引进了德意志的采矿技术，利用水银将银从废物中分离出来之后，白银出口才真正开始。萨卡特卡斯从西班牙阿尔马登进口水银，但是秘鲁万卡维利卡开发水银矿后，波托西的银矿产量才开始飙升。[3] 西班牙人通过米塔（mita）制度来强迫劳动力劳作，在这个制度下，印第安人每7年中要被迫工作4个月。这些劳动力在海拔高至6000米的地方进行6天轮班制，每天死亡40人。越来越多的印第安村庄通过向西班牙人提供贡品，来购买豁免权，1600年前，用这些贡品雇佣的劳动力在工厂中占比超过一半。但是米塔制度仍然被当地腐败的精英所控制，这些人不惮于用有毒的热可可谋杀政府监督人员。西班牙殖民者利用成千上万的美洲驼和骡子将白银从山上运到山下，一直运到太平洋海岸的阿里卡，然后在那里搜集水银和回程的食物。与此同时，他们用船把珍贵的货物向北运到巴拿马，然后经过地峡，以转运到塞维利亚。当地副王试图改善万卡维利卡水银矿糟糕的工作环境，这导致了波托西白银产量从1591年开始波动，然后在1605年稳步下降，从1592年的峰值770万比索下降到1650年的295万比索。萨卡特卡斯的白银产量从1615年开始增加，弥补了这一不足，而这得益于大量劳动力的补充。但是墨西哥的生产依赖来自西班牙的水银，如果海上航线中断，墨西哥的水银供应很容易受到影响。

帝国的生命线建立在一个于1564年建立的护航系统上，大约有两支船队大部分时间航行在大西洋上。其中一支盖伦船队（galeones）于8月离开塞维利亚，沿西南方向向非洲海岸移动，然后经过加那利群岛，利用信风一路向西来到背风群岛。从那里，他们向西南方向驶往位于今天哥伦比亚的卡塔赫纳，或巴拿马的波托韦洛，这段行程长达6880千米，耗时八周。正常情况下，护航船队由8艘战舰组成，船上载着2000名水手和海军士兵，不过一般大型商船也会配备武器。在收集了波托西白银、胭脂虫、皮革和其他殖民地产品后，舰队在哈瓦那过冬，然后返回塞维利亚。另一支弗洛塔船队（*flotas*）在 4 月或 5 月从加的斯出发，由两艘战舰组成。它运载阿尔马登的水银，沿着同样的路线到达背风群岛，然后向西北转到伊斯帕尼奥拉岛、古巴，再转到墨西哥的韦拉克鲁斯，然后带回萨卡特卡斯的白银。这两支船队都不得不通过巴哈马海峡经由古巴返回，由于飓风和礁石的危险，这是整个航行中最危险的一段。在 17 世纪上半叶，盖伦船队航行了 29 次，但是只有两次运送白银的船队是由于敌人的行动损失的（分别是 1628 年和 1656 年）。到 1600 年，西班牙与美洲的贸易额约为每年 1000 万达克特，大约是葡萄牙与东印度群岛贸易额的两倍。

　　葡萄牙人也有一个名为卡费拉（*cafila*）的护航系统，以保护他们绕过非洲、横穿印度洋沿途各地宝贵的香料贸易中的份额。此外，他们在黄金海岸（现代加纳）的阿克西姆和埃尔米纳建立了据点，以保障黄金和奴隶贸易的安全，并于 1617 年在刚果河口周围和罗安达以南的安哥拉海岸城市本格拉建立了更多的堡垒。通过占有佛得角和圣多美岛，与葡萄牙的交通得到了保障。和其他地方一样，葡萄牙的影响力依赖与当地统治者——特别是罗安达以东的恩东戈国王——保持良好关系。葡萄牙人还通过因班加拉人（他们称之为贾格斯人）渗透到非洲内陆，后者劫掠奴隶，然后运送到海岸地区出售。在 15 世纪中叶，葡萄牙人已经以每年 700 多人的速度进口非洲奴隶，并在 1535 年后开始将奴隶运往巴西。每个奴隶花费大约 400 比索，相当于一名印第安劳工 8 个月的工资，直到 16 世纪 70 年代，奴隶才开始被大量运送，以取代日益减少的当地人口。到 17 世纪 20 年代，向刚果和安哥拉的扩张使葡萄牙人能够每年运送 4000 名奴隶，那时在巴西蔗糖种植园中，非洲劳工已经完全取代了印第安人。最终，在 1850 年奴隶贸易被正式废除时，至少有 365 万人被运送到巴西。奴隶对巴西经济至关重要，直到 1600 年左右，随着糖业的繁荣，巴西经济才开始起飞。到 1628 年，每年需要 300 艘船将价值 400 万克鲁扎多斯的农作物运往葡萄牙。到 1650 年平均年出口量增至原来的三倍，达到近 4 万吨，占巴西出口收入的 90%，这种情况直到 18 世纪其竞争对手加勒比海地区制糖业也发展起来之后才改变。巴西殖民地从位于巴伊亚州萨尔瓦多的主要基地，沿着海岸向北扩展到伯南布哥，伯南布哥的制糖业占巴西制糖业的三分之二。

尽管这些殖民地的发展令人印象深刻，但西班牙及其欧洲领地仍然是帝国真正的财政基础。尽管经济停滞不前，行政效率低下，西班牙还是设法筹集了 2.18 亿达克特来维持 1566 年至 1654 年间在佛兰德的战争，而同期美洲白银总收入为 1.21 亿达克特。[4] 1600 年左右，卡斯蒂利亚议会（Cortes）通过的直接税和间接税每年为 620 万达克特。其中最重要的是 1590 年引入的磨坊税（millones），在 1621 年至 1639 年间筹集了 9000 万达克特，是同期来自美洲的收入的三倍。相比之下，加泰罗尼亚、巴伦西亚和阿拉贡几乎没有支付任何税收，因为地方议会拒绝向王室定期交税。教会缴纳的三项税收——被称为"三惠"——每年价值约 160 万达克特。西属尼德兰提供了 360 万达克特，米兰提供了大约 200 万，那不勒斯是米兰的两倍，但是这些钱大部分都被用于当地防务了。相比之下，在 16 至 17 世纪之交，王室每年仅从白银进口获得 200 万达克特，因为国王只获得殖民地财库的盈余部分，以及进入塞维利亚的比这一数额大得多得多的私人船运的 1%。美洲白银的真正价值在于其作为信贷来源的作用，因为贷方仍然相信王室有能力用未来的白银进口来偿还不断上升的债务。债权人要么被给予可以获得特定收入的权利（consignaciones），要么拿到支付固定利息的政府公债（juros）。后者发展成一种融资债务，因为它们可以通过热那亚银行家在国际货币市场上交易，热那亚银行家在 1670 年之前处理了西班牙的大部分国外信贷。

到 16 世纪中叶，这样的基本模式已经牢固确立。只有一小部分当下支出可以通过普通税收满足，用进口白银作为抵押而借得的信贷所占的份额越来越多。政治取代了经济，因为金融成了维持公众对君主国能够偿还其不断增长的债务能力的信心的问题。每当这种信心动摇时，就会发生破产，比如 1559 年，当时债务总额达到 2500 万达克特，腓力二世于 1598 年去世时同样如此，当时债务攀升至 8500 万达克特，相当于国库正常年收入的 10 倍。维持信贷的困难迫使王室采取了一系列权宜之计，以消除现金流障碍。在伊比利亚和殖民地，王室开始出售官职和头衔，特别是普通贵族的证书，而在 1625 年至 1668 年间，西班牙新增了 169 个贵族，使得贵族人数增加了一倍。在卡斯蒂利亚，超过 3600 个城镇和村庄的王室权利被典当了出去，而在整个西班牙君主国，大部分海关都被私有化了。除了提供迫切急需的现金，这些权宜之计还创造了一个新的精英阶层，他们在这个白银制度中是既得利益者，因为大部分王室权利和头衔的购买者都是在大西洋贸易中致富的人。因此，如果要改革这个制度，必然会疏远王室的主要债权人。此外，这些权宜之计减少了长期收入，例如免税贵族的人数增加到卡斯蒂利亚人口的 10%。王室创造了一个怪物，吞噬了成千上万的印第安人和非洲人的生命，同时还沉重地压在西班牙的欧洲臣民的背上，而王室无法从这个怪物身下逃脱。

帝国防务

　　所有这些经济活动都是为了延续西班牙帝国主义。军事开支从 1574 年的 700 万达克特增加到 16 世纪 90 年代初的 900 万。在 1596 年至 1600 年间，西班牙仅维持其在佛兰德的军队就每年花费 300 万达克特，而从腓力二世去世到 1609 年休战期间，尼德兰战争总共消耗了西班牙 4000 万达克特。1600 年，西班牙在全世界约有 10 万人的军队，而在佛兰德共有一支 6 万人的军队，这是当时欧洲最大的作战军队。在 16 世纪最后 20 年，西班牙也成为欧洲领先的海军强国。西班牙海军在 1571 年地中海的勒班陀战役中为打败奥斯曼帝国发挥了重要作用，随后西班牙在地中海的桨帆船舰队缩减到 20 艘左右，辅之以西西里岛、那不勒斯和热那亚的较小船队。西班牙在 1588 年试图入侵英国，以失败告终，这表明西班牙缺乏现代战舰。此后，资源被转用于建造一直航行于公海上的大洋舰队（ *Armada del Mar Océano* ）。新的磨坊税被用于建造共达 5.6 万吨排水量的战舰，其中大部分是在 1588 年至 1609 年间，在北部沿海的拉科鲁尼亚建造的。到 1600 年，一支由 60 艘大型战舰组成的舰队已经建造完成。[5] 这些战舰分成三个规模大致相等的分队，第一支驻扎在里斯本，负责巡逻大西洋，为两支护送白银的舰队提供额外的安全保障；第二支巡逻直布罗陀海峡，确保进入地中海路线的安全；第三支驻扎在拉科鲁尼亚，打击法国和新教势力。1580 年还成立了一个由 6 艘船只组成的太平洋分队，以保护阿里卡和巴拿马之间的白银运输，但组建一个额外的加勒比分队的尝试因其船只不断脱离以协助大西洋船队而受挫。

到 1590 年，海军扩张所带来的人员需求已经提高到 2.7 万人，与此同时，陆军也需要更多的新兵，而卡斯蒂利亚的人口停止了增长。随着志愿参军的人越来越少，通过向军官发放佣金招募人员的现有制度变得越来越难继续实行。国家对此采取了多样化的措施，保留了对陆军和海军的直接管理，但将招募新兵、后勤管理和武器采购的关键工作外包出去。腓力二世也和当地贵族和地方法官合作来招募人员，并试图重振现已被解散的民兵部队，以在加泰罗尼亚、莱万特、安达卢西亚和加利西亚等边远省份的腹地提供一定程度的安全。与此同时，1562 年建立的国家垄断武器生产的制度在 1598 年后逐步被打破，到 1632 年，除了卡塔赫纳火药厂，所有的工作都由私人进行。[6] 私有化不一定意味着虚弱。例如，在 17 世纪30 年代，私营造船厂建造战舰的成本可以达到每吨 31 达克特，比国营造船厂少 4 达克特，这意味着平均每艘船可以节省 2000 达克特。然而，这些措施显然是计划外的，也不是想要的，只是因为君主国无力控制其迅速增长的债务才出现的。

1598 年，西班牙的收入中只有 510 万达克特可直接用于君主的开支，因为另外 410 万达克特抵押给了债权人，或者用于支付公债的利息。收入预期增加，到 1618 年，"自由"的部分减少到只有 160 万达克特。与此同时，年度支出攀升至 1200 万达克特，相比之下，总收入从腓力二世去世时的 1290 万达克特降至 1621 年的 1000 万或更少。腓力三世在 1598 年继位一年之后，发行了贬值的硬币，打破了西班牙历史悠久的政治传统。尽管他同意在 1608 年停止发行这种贝隆（vellón）铜币，以换取议会能通过更多的税收，但在 1617 年和 1621 年，他又一次发行了这种货币，将良币驱逐出流通。从长远来看，王室是失败方，因为西班牙人用贝隆币纳税，但是士兵们只会接受成色好的白银。腓力三世统治期间，发行的公债从 9200 万达克特增加到 1.12 亿达克特，每年利息支出高达 560 万达克特，相当于正常收入的一半。

这些问题导致许多西班牙人相信"船要沉了"（*se va todo fondo*），后来的历史学家也赞同这种衰落的感觉。16 世纪 90 年代，很多作家借鉴了古典思想，认为国家从上升到成熟到最终衰落是一个自然的生命周期，许多人担心自己的国家正进入最后阶段。然而，尽管所有人都相信只有上帝才能扭转这一进程，但对于人类干预能在多大程度上减缓这一进程，存在着广泛的分歧。政府当然不乏想法，因为它的臣民写了许多建议书，指出了可能存在的弱点，并提出了各种补救措施。[7] 所有人都关心西班牙君主国的声誉（*reputación*），这被正确地认为是维持信用体系的关键。他们不太关心后来历史学家们集中关注的人口减少、非工业化、农业萧条和贸易停滞等潜在的问题。历史学家们所认为的"西班牙衰落"的概念假设经济衰退后会自动丧失政治影响力，但 17 世纪早期的西班牙人并不这么过度悲观。他们认为，王室周期性的破产引发了挫折，比如 1609 年与尼德兰的停战协议，但是他们没有国家即将崩溃的感觉。西班牙仍然是一个富裕的国家，那里的生活非常好，至少对社会最上层的少数幸运者来说如此：115 位显贵（grandee）一共拥有 500 万达克特的年收入，相当于国家收入的一半。西班牙仍然有许多经验丰富的士兵、水手、行政人员和外交官，这些外交官在整个欧洲都有广泛的人际关系。相对于它的主要竞争对手法国，西班牙仍然足够强大，法国被各种危机一直折磨到 17 世纪中叶。最重要的是，到 1621 年，西班牙已经建立了足够的政治和军事势头，使它的帝国机器在燃料耗尽后，依然还延续运作了 20 年。

对声誉的关注将君主国置于任何关于西班牙强权的讨论的中心。西班牙关于威严的概念强调了王权的崇高性质，君主被认为是上帝特别挑选来进行统治、掌管自己和臣民的命运的。在旧的混合君主制中非常重要的等级会议、议会和其他顾问仍然发挥着作用，但是它们坚决服从于国王，国王独自做出决定。[8] 和往常一样，实践远远落后于理论。腓力二世曾试图迫使他的顾问们合作共事，拒绝偏好任何单独个人，但这仅仅导致个人在私下相互竞争。国王拒绝承认宪法对其权力的制约，通过为特别的任务设立临时性的特设委员会（*juntas*），他绕过了现有的机构，使情况更加复杂。这可能带来新的灵活性，但通常只是在现有的官僚体系上继续叠床架屋，造成混乱和划界争端。国务委员会（Consejo de Estado）提供了讨论一般性问题和制定政策的主要场所。它催生了大量的处理专门问题的特设委员会，其中有许多后来发展成为常设的，如战争委员会、金融委员会、十字军委员会（促进天主教复兴），还有一些处理君主国的各个属地：印度、葡萄牙、卡斯蒂利亚、阿拉贡、意大利和佛兰德。这些地区委员会的出现表明帝国仍然是一个复合国家，尼德兰、米兰、那不勒斯、西西里、撒丁岛和殖民地的副王和总督都享有广泛的权力。葡萄牙还在里斯本保留了自己的政府，以满足当地的自豪感。所有的总督都要面对由当地显要人士组成的咨询委员会，同时既要关注地方利益，也要处理来自马德里的命令，这尤其是因为他们的工资以及政府和驻军的工资都依赖地方税。

毫不奇怪，帝国防务在西班牙的大战略中占据首位。[9]西班牙帝国幅员广阔，因此潜在的敌人众多，而异端的传播引发了内部动乱的危险，这在 1566 年后的尼德兰叛乱中表现得最为明显。在合并葡萄牙之后，保护对印度贸易垄断权的防务也扩大了，因为葡萄牙的殖民地现在也需要保护。然而，赋予西班牙一种特殊使命感的是其对天主教的捍卫，因为天主教越来越与民族认同感融为一体。1492 年，西班牙吞并伊比利亚半岛上最后一个摩尔人王国，完成了收复失地运动（Reconquista），并从教宗手中获得了"最信奉天主教的国王"（His Most Catholic Majesty）的称号。西班牙的海外征服为其增加了新的传教士的角色，因为西班牙人认为自己正在给新世界带来文明。在地中海对抗奥斯曼人维持了一种十字军的理想，而在欧洲各地打击异端的斗争扩大了这种理想。

西班牙的天主教使命感还扩展到了将罗马本身也纳入其"非正式帝国"中，试图在其正式属地之外的罗马维持帝国影响力。[10]这始于 1492 年波吉亚家族的教宗亚历山大六世的继位，两年后，教宗在《托德西拉斯条约》（Treaty of Tordesillas）中将新世界分割给西班牙和葡萄牙。西班牙和教宗之间演变出了一种共生关系，双方从中受益，但西班牙是主导伙伴。在其他君主放弃罗马的时代，西班牙仍然对其保持尊重。西班牙正式承认了教宗对那不勒斯的封建管辖权，每年给教宗上缴 7000 达克特和一匹华丽的白马，而整个君主国中空缺的主教席位的收入仍然上缴给教宗的国库。罗马越来越依赖从西西里和其他西班牙领地进口的谷物，而西班牙慈善机构资助了救济院、医院和教堂。到 16 世纪末，西班牙社区人口增长到罗马城人口的四分之一，并在政治和礼仪生活中发挥了核心作用。1560 年之后，西班牙大使安排在圣彼得日上展示一匹来自那不勒斯的白马，象征性地将西班牙置于教宗政治的中心。西班牙每年支付高达 7 万达克特，确保了枢机主教团中多数人倾向西班牙。尽管西班牙的存在引起了民众的极大不满，但教宗普遍欣赏其所带来的好处。由于受到西班牙的保护，教宗国可以将国防开支从总预算的一半以上削减到五分之一以下。虽然有部分资金从西班牙流向罗马，但由于教宗的批准，更多的资金直接流入西班牙国库，到 1621 年，"三惠"和其他教会税收每年价值 368 万达克特，占西班牙普通收入的三分之一。

与普世教会的紧密联系加强了西班牙的帝国使命。尽管查理五世把皇帝头衔传给了他的弟弟，而不是他的儿子腓力，但他的遗产增强了西班牙自己的帝国意识，西班牙战舰和军队继续使用帝国的黑色双头鹰旗帜，一直到 17 世纪。虽然哈布斯堡王朝奥地利分支保留了神圣罗马帝国的头衔，但西班牙作家声称他们自己的君主国甚至早在古罗马之前就已经存在，认为诺亚的儿子是西班牙的第一任国王。[11] 然而，对批评者来说，西班牙帝国主义是笼罩欧洲的幽灵，西班牙在宗教的幌子下寻求建立一个普世君主国。西班牙的敌人对西班牙面临的许多问题知之甚少，他们以为西班牙的美洲财富意味着它可以进行一场大规模战争，而他们自己的资源会在战争中耗尽。在法国，这种感觉非常强烈，许多人感到被包围：南面是西班牙，东面是西班牙统治的米兰和弗朗什-孔泰，北面是卢森堡和佛兰德，西面是大西洋上的无敌舰队。对新教欧洲来说，1588 年的无敌舰队包含了暴政和迫害的双重威胁，这种富有侵略性的西班牙的形象，也一直被后来的历史学家重复描绘。

西班牙与神圣罗马帝国

事实上，西班牙一般不干预其他国家，除非它认为自己的核心利益受到了威胁，而且，国务委员会通常有强烈的敦促谨慎和保持距离的倾向。我们通过考察西班牙人对帝国的态度可以清楚地看出这一点，这种态度将在三十年战争期间影响帝国。[12] 腓力二世于 1548—1551 年间待在德意志，与许多诸侯有着个人往来，并在鲁道夫及其弟弟恩斯特和阿尔布雷希特逗留西班牙期间，也认识了他们。1558 年哈布斯堡王朝分为两支，分别发展出了自己不同的利益，这些私人的接触为此后西班牙的外交提供了坚实的基础。腓力对天主教的关注并没有妨碍他与保守派路德宗首领保持良好的工作关系，比如萨克森选帝侯和不伦瑞克-沃尔芬比特尔的海因里希·尤利乌斯（Heinrich Julius）公爵，他同时也与巴伐利亚公爵和其他主要天主教徒保持良好关系。腓力对在帝国内维持持久性的影响力没有兴趣。相反，就像对待教宗一样，他试图通过提供年金和其他奖励来为更有效的治理铺平道路，并团结当地舆论支持联合统治者。特别是，他集中精力建立一个以巴伐利亚和科隆为中心的亲西班牙派，如果皇帝采取任何违背西班牙利益的政策，他可以利用这个亲西班牙派来阻止皇帝。他在布拉格的鲁道夫身边培养廷臣方面也取得了一些成功。波希米亚书记官洛布科维茨与一度担任西班牙驻帝国大使的乌尔塔多·德·门多萨（Hurtado de Mendoza）有亲戚关系，而迪特里希施泰因枢机主教在西班牙出生，与有影响力的卡多纳（Cardona）家族有亲戚关系。正如我们所见（第 3 章），1598 年后，鲁道夫偏向支持波希米亚和匈牙利激进天主教徒，这些联系起到了重要的作用。

　　新教徒怀疑西班牙和教宗在共同策划一个恶毒的阴谋，但是大多数被称为"西班牙党"的人只是为了巩固奥地利的影响力，他们只有在符合自身利益的情况下才会与马德里合作。1612 年鲁道夫死后，帝国宫廷从布拉格迁回维也纳，西班牙的影响力下降了。新大使祖尼加（Zúñiga）与施蒂里亚的费迪南德大公建立了联系，但哈布斯堡王朝的内奥地利分支与慕尼黑的关系比与马德里的关系更密切。费迪南德的母亲和第一任妻子都是巴伐利亚的公主，而附近的意大利对格拉茨的宫廷文化产生了更大的影响。1619 年，施蒂里亚分支获得皇帝头衔后，这种情况继续存在。尽管费迪南德三世的西班牙妻子激发了人们对伊比利亚文化的兴趣，但在整个

17 世纪，在维也纳奠定了基调的仍是意大利。[13] 相应地，奥地利对西班牙的影响也在不断减少。马克西米连二世让他的三个儿子在马德里长大，只有阿尔布雷希特留了下来，矛盾的是，人们认为后者更像西班牙人，而不是奥地利人。鲁道夫和马蒂亚斯都没有把孩子送往西班牙，两人都憎恨西班牙对帝国的干涉。奥地利在马德里设有大使，但与设在君士坦丁堡的大使馆不同的是，这不是永久性的。施蒂里亚的费迪南德的妹妹，奥地利的玛格丽特于 1599 年嫁给了腓力三世。她用八次怀孕来保持丈夫的注意力，但是在她 1611 年去世后，奥地利在西班牙的影响就只剩下了马蒂亚斯的妹妹——十字架的玛格丽特（Margaret of the Cross），她住在马德里的皇家赤足女修道院，抚养奥地利的玛格丽特的孩子。

讽刺的是，西班牙人对帝国的兴趣之所以下降，是因为腓力二世认为鲁道夫是一个可靠的天主教徒，会比他的父亲马克西米连二世管理得更好。巴伐利亚和施蒂里亚看上去都是可靠的盟友，而 1587 年与瑞士天主教各州签订的一项条约为西班牙提供了一条跨越阿尔卑斯山的替代路线，降低了蒂罗尔的战略意义，西班牙帝国不同地区之间的交通一直是焦虑的根源。腓力三世 1598 年继位时，在给他准备的建议中，德意志的优先级很低，这与后来历史学家对德意志局势的评估形成了鲜明对比。新教诸侯被认为过于分裂，不会构成威胁，而奥地利人则无法独立行动。尽管奥地利哈布斯堡分支拥有皇帝头衔，但他们已经成为西班牙哈布斯堡王朝的次级合作伙伴。只要西班牙国王不打扰他们，德意志人不会制造麻烦。而民族偏见使得西班牙人更加不愿干涉德意志事务。在西班牙大使的报告中，德意志是一个道德沦丧的国家。德意志天主教诸侯在玩弄异端邪说，在土耳其战争中不愿缴纳全部税款，而德意志人作为一个整体被认为既落后又粗野，他们整天忙于大吃油腻的食物，狂饮啤酒，无法达到卡斯蒂利亚文明的高度。他们住在整天被雨水浸泡的土地上，那里森林沉闷，道路泥泞，只有又贵而又不舒服的小旅馆。

不同于他的父亲，腓力三世个人没有在帝国待过，因此在他的政治算盘中，帝国的地位还要更低。这位新君主被描述为"西班牙史上最懒的统治者"，呼应了腓力二世自己的评价，"上帝给了我这么多王国，却没有给我一个能够统治它们的儿子"。[14] 腓力三世最初有过短暂的兴趣，但是很快他被怀疑已经将政府交给了宠臣莱尔马（Lerma）伯爵（后来成了公爵），并退隐到了一个自我陶醉的私人世界中。因此，根据一位现代历史学家的说法，"马德里没有人在统治；一个世界帝国在按一个自动导航系统运作"。[15] 这种批评不仅不公正，而且在腓力二世统治下的所谓充满活力的西班牙和他儿子统治下衰落的西班牙之间制造了一种虚假的分裂。从15 岁起，腓力三世几乎每天都出席国务委员会会议，到 1597 年，他已经在为日渐虚弱的父亲签署文件。他继承了他父亲的威严感，认为自己的王权至高无上，并在所有重要事务上都保留了最终决定权。真正的区别在于，腓力三世试图将这种形式的绝对主义付诸实践。他通过让君主不再参与政府的实际管理，去强化他父亲已经遥不可及的崇高威严形象，更多地集中在权力的象征性表达上。实际业务被移交给莱尔马公爵，他现在直接与不同的部长和委员会打交道。

莱尔马的崛起走的是一条经典路线，他先是充当王储的党羽，然后让自己变得不可或缺。他的职业生涯也显示了宫廷宠臣的脆弱性，他有很多门客，但很少有朋友。他强调了自己的排场，以和竞争对手保持距离，同时强调了他自己作为腓力三世得力助手的独一无二性（他声称如此）。这是在走钢丝，必须非常小心翼翼，因为他傲慢的举止导致他的敌人声称他试图盖过君主的威严。他的影响力在 1606 年至 1608 年间已经动摇，当时他的主要盟友要么死亡，要么退休或被捕，例如维拉隆加（Villalonga）伯爵成为 1607 年破产的替罪羊。阿利亚加（Aliaga）修士曾经是莱尔马自己的告解神父，在 1608 年成为国王的告解神父后，就立刻背叛了他。莱尔马于 1609 年与尼德兰人达成《十二年停战协议》，暂停镇压尼德兰的叛乱，招致了大量批评。

尼德兰叛乱（1568—1609）

尼德兰溃疡

尼德兰叛乱在 16 世纪后期成为西班牙最紧迫的问题，并在 17 世纪上半叶继续影响其政策制定。尼德兰叛乱限定了马德里应对其他地方的问题的方式，因为在尼德兰人得到处理之前，其他问题是无法完全解决的。虽然叛乱本身没有引发三十年战争，但它加剧了国际紧张局势，各个派别的激进分子很快将叛乱与他们自己在中欧的斗争相提并论。因此，了解尼德兰的政治、战略、宗教和经济状况，对于理解西班牙如何应对 1618 年后奥地利遇到的困难非常重要。

马德里试图对低地国家施加更大的控制，激起了当地新教贵族的反对，尤其是奥兰治（Orange）家族。奥兰治家族在法国南部拥有一个同名的公国，还与莱茵兰的拿骚伯爵有亲属关系。尽管西班牙在 1559 年与法国缔结了和平协议[*]，但是要求继续征收高额税收，这加深了人们的不满。腓力二世坚持更加积极地迫害异端，这增加了教派上的动机，1566 年后，民众骚乱扩大为一场混乱无序的叛乱。1567 年 4 月，腓力派遣阿尔巴（Alba）公爵率领 1 万名士兵沿着后来被称为西班牙之路的道路向北行进，结果火上浇油。阿尔巴占领了安特卫普和其他主要城镇，建造了新的城堡来恐吓当地居民，并设立了一个镇压法院来处决异端和叛国行为。虽然被处决的人数远远低于新教宣传中声称的 10 万人，但形势非常糟糕，这导致到 1572 年，有 6 万名难民逃往德意志西北部和英国。[16]

西班牙的镇压在 1571 年后引发了新一轮的反抗。阿尔巴于 1572 年 4 月对佛兰德和其他南部省份发起了大规模反攻，以切断反叛分子与法国胡格诺派的联系。幸存者撤退到荷兰省和泽兰省。这些地方形成了一个天然堡垒，被海水、河流和可能被洪水淹没的低洼地所包围。尼德兰分裂的政治结构也对反叛者有利，因为每个省都有自己的议会（States），由来自乡村地区的骑士和管理城镇的行政官（Regents）组成。[17]反叛从一个城镇蔓延到另一个城镇，使得反叛者控制了荷兰省议会，并选举奥兰治亲王"沉默者"威廉为省督（stadholder），负责掌管民兵。随着这一进程在北部其他省份的重复，反叛分子很快控制了主要机构，将支持西班牙的人赶走了。

---

[*]　即《卡托-康布雷西和约》，法国放弃对意大利领土的要求，使西班牙成为在意大利的主导势力。法国将萨伏依和皮埃蒙特交给西班牙的盟友伊曼纽尔·菲利贝托，并把科西嘉还给热那亚。但保留了萨卢佐、加来和梅斯、图勒和凡尔登三个主教辖区。西班牙保留了弗朗什-孔泰，同时确认了西班牙对米兰、那不勒斯、西西里、撒丁岛的控制。

　　叛乱动摇了西班牙的声誉，迫使政府宣布再次破产，并引发了"西班牙狂怒"（Spanish Fury），1576 年，一支没有领到薪水的部队洗劫了安特卫普。[18] 骚乱打乱了军事行动，似乎证实了新教徒散布的"黑色传奇"（Black Legend），即西班牙是一个残暴、专制的国家。西班牙被迫在 1577 年 2 月同意休战，撤回卢森堡和佛兰德以重整军队。由于西班牙军队的撤出，叛军扩大了他们的地盘，扩张到了乌得勒支和盖尔德兰。他们现在东面被伊瑟尔河保护（其渡口在聚特芬），南面被莱茵河和马斯河保护，西面被现在落入他们手中的泽兰各岛保护。而东南部通往叛军控制的领土的道路在很大程度上被中立的列日主教辖区和贫瘠的肯彭荒原所阻挡，叛军占领了安特卫普，也确保了斯海尔德河口和西南部道路的安全。只有从德意志由东方进入的道路容易受到攻击，但是这条路线被试图调解的皇帝封锁了，皇帝在徒劳地寻求一个和平协议。在占领了低地国家的所有七个北部省份后，叛乱者于 1579 年 1 月成立了乌得勒支联盟，联盟于 1581 年通过了《誓绝法案》（Act of Abjuration），拒绝承认腓力二世的权威，走向了完全独立的第一步。

　　尽管双方都没有意识到这一点，但这些举动基本上分割了尼德兰，因为西班牙人无法重新征服尼德兰北部，而叛军也无法解放其余五个南部省份。冲突一直持续下去，因为西班牙拒绝放弃失去的省份，而尼德兰人需要一场明确的胜利来保住他们岌岌可危的国际地位。双方都开始建立各种各样的机构来继续对抗，战争继续持续了 70 年。西班牙在勒班陀战胜了土耳其人，苏丹在波斯方面遇到各种困难，这使奥斯曼帝国在地中海的威胁大为减少，因此西班牙能够向北转移资源，而且当时白银进口也在增加。帕尔马公爵亚历山德罗·法尔内塞（Alessandro Farnese）受命管理西属尼德兰，并掌管一支军队。他既是圆滑的外交家，又是娴熟的战略家，他创建了佛兰德战争学派，使其成为我们在上一章讨论土耳其战争时提到的西班牙军事体系的核心特征。

佛兰德学派

　　佛兰德学派采取了谨慎、有条不紊的对待战争的方法。帕尔马在开始每一场战役时，都向四面八方派遣骑兵来迷惑敌人，同时将主力部队从一个城镇转移到另一个城镇，攻占尼德兰人的据点，尤其是那些对运送部队和物资至关重要的水道沿线的据点。尼德兰人用意大利式的同心环形防御工事加强城市防御，这种工事意在与敌人保持距离，防止敌人轰炸自己的房屋。他们还是专业的筑堤者，可以淹没周围的农村地区以及阵地周围的常规沟渠系统，同时，这些外扩工事还扩大了驻军的火力范围。面对这样的堡垒，敌军需要大量人员来攻击。围城者不得不挖掘平行于敌人工事的战壕，以保护自己免受守军的炮火袭击。一旦他们固定了自己的火炮，可以提供掩护火力，他们就会开始向选定的攻击点艰难地挖掘堑壕，在接近敌人工事的过程中，还会挖出第二个，可能还有第三个平行的堑壕。每次前进的时候，他们都把大炮向前移动，直到最后大炮可以在近距离固定下来，轰击对面的主墙。一个精力充沛的驻军指挥官会组织突击，尤其是会在晚上进行，来骚扰围攻者，摧毁他们的战壕，破坏他们的大炮。此外，围攻者自己常常不得不挖一整圈防御工事，以防救援部队的袭击。

　　鉴于围城过程又危险又漫长，习惯上围城方会每隔一段时间就要求驻军投降。有时，守军会同意如果在一段时间之内没有获救的话就投降。在早期投降的驻军更有可能被授予荣誉投降（hounour of war）的条件，他们有权带着家人、财产和一些象征性物品，例如旗帜、一两门大炮，前往最近的友军城镇。那些投降晚的人往往会被当作战俘对待，尽管实际上只有军官会被拘留，因为没有一个政府负担得起关押普通士兵的费用。被俘虏的普通士兵通常会被收编进战胜者的队伍，这是能唯一能获得生存的方法。一旦内墙被攻破，守军就只剩最后一次机会了，如果拒绝投降，他们将面临袭击，如果敌人破城，城镇将会被掠夺，有时还会被屠城。[19]

　　帕尔马说服其余五个忠诚的省份在 1582 年后重新接纳西班牙军队之后，西班牙决心攻破尼德兰人的防御，建立了欧洲最庞大的军队。到1582 年 10 月，西班牙的佛兰德军（Army of Flanders）共有 6.1 万多人，同时西班牙君主国在意大利还有 1.5 万人，在西班牙和其他属地有两万多人。[20]佛兰德军中只有大约 2000 名骑兵，而其他地方的军队中超过四分之一是骑兵。突击武器不再被用作战场的主要武器，这被视为一种退步，因此西班牙人只能进行消耗战，而不能进行决战。然而，1579 年后数量上处于劣势的尼德兰人一直避免战斗，帕尔马的策略非常适合这种情况。此外，西班牙的体系在战术上仍然灵活，因为攻城战和前哨任务提供了小团体作战的经验。

这支庞大军队中实际上只有一小部分是西班牙人。卡斯蒂利亚人被视为军队的精英，其次是意大利人，紧随其后的是来自弗朗什-孔泰、卢森堡的勃艮第人，以及信仰天主教的爱尔兰人。来自佛兰德的瓦隆人在自己国内服役时被认为不可靠，但在德意志和其他地方表现稳定，他们构成了佛兰德军的骑兵主力。16 世纪早期，德意志人曾更受青睐，但现在他们在西班牙人心目中的地位有所下滑，而且他们在佛兰德服役时往往表现很差。许多在三十年战争中扮演重要角色的人曾在佛兰德军中服役。最突出的是让·策尔卡斯·蒂利（Jean Tserclaes Tilly），他的早期生活反映了尼德兰和西班牙之间的尖锐矛盾。蒂利的父亲卷入了最初的叛乱，并逃离了，以躲避阿尔巴法院的审判。蒂利本人被置于耶稣会士的照料之下，可能是充当人质，以保证他父亲表现良好。1576 年，在他父亲的财产被归还两年后，他在西班牙军中服役，参加了佛兰德以及科隆和斯特拉斯堡周围的军事行动。1594 年，他进入帝国军队服役。[21] 其他来自尼德兰南部的著名指挥官包括在三十年战争中成为蒂利下属的安霍尔特（Anholt）伯爵，以及在 1618 年至 1621 年间成为帝国总司令的比夸（Bucquoy）伯爵，后者之前在纽波特战役和奥斯坦德围攻中成名。他的继任者，来自意大利的希罗尼姆斯·吉罗拉莫·德·卡拉法（Hironymus Girolamo de Carafa），自 1587 年以来一直在佛兰德军中服役，之后于 1607 年转而到意大利的西班牙军队中服役。西班牙的影响力不仅限于天主教德意志地区，因为新教诸侯也有加入佛兰德军的。不伦瑞克的格奥尔格（Georg），未来的卡伦贝格公爵，先是在尼德兰军中服役，后来于 1604 年转变了阵营，决定在西班牙军队中完成军事训练，直到战争结束。

虽然军官队伍仍然主要由贵族组成，但它正变得越来越专业，有才能的人有机会脱颖而出。约翰·阿尔德林根（Johann Aldringen）是卢森堡一名城镇职员的儿子，他于 1606 年加入佛兰德军，在蒂利于 1632 年去世后晋升为巴伐利亚总司令。约翰·贝克（Johann Beck）是信使的儿子，在 13 岁时从最低级的士兵开始了军旅生涯，最终在 1634 年成为帝国军队将军，然后在 6 年后重返西班牙指挥。来自科隆选侯区的农民扬·韦特（Jan Werth）于 1610 年左右加入西班牙军队时只是一名普通士兵，最后作为帝国骑兵指挥官结束了职业生涯。帕尔马的声望和他的军事方法的名气吸引了那些寻求军事训练的人。例如，施里克伯爵在 1604 年加入了佛兰德军，之前他还曾与土耳其人作战。这些人有助于在整个帝国传播西班牙的军事思想，并根据德意志以往的经验和土耳其战争的教训来阐释这种思想。

尼德兰共和国

1579 年后，帕尔马的行动取得了一系列成功，证明了他的战略是正确的。他收复了马斯特里赫特、图尔奈、奥德纳尔德、布鲁日、根特、布鲁塞尔，最后，经过长期围城，于 1585 年 8 月收复了安特卫普。这些胜利确保了西班牙对南部省份的控制，并鼓励北部仍然信奉天主教的农村人口反抗信奉加尔文宗的叛军领导人，现在另外三个省份也暂时回到了西班牙的统治下。当时恰逢"沉默者"威廉被暗杀，这些事态发展促使尼德兰人向英格兰的伊丽莎白提供主权。伊丽莎白不愿意接受任何来自反叛者的条件，但还是对西班牙的胜利感到非常警惕，英格兰成为第一个与尼德兰结盟的大国。1585 年，英格兰派出莱斯特伯爵率领一小支军队来到尼德兰，尼德兰人接受了莱斯特伯爵为政治和军事领袖。这个安排没有得出什么好的结果。没有领到薪水的英格兰军队未能保卫尼德兰人，而莱斯特与加尔文宗激进分子合谋，以夺取更大的权力。1587 年，他企图政变未遂，而尼德兰人在荷兰省议会温和派领导人约翰·范·奥尔登巴内费尔特（Johan van Oldenbarnevelt）的影响下，决定性地转向了共和政府。奥尔登巴内费尔特反对狭隘的教派争斗，主张建立一个广泛的联盟来击败西班牙，他成功说服荷兰省和泽兰省选举威廉 17 岁的儿子拿骚的莫里斯（Maurice of Nassau）为新的省督，赢得了奥兰治家族的支持。这一举动巩固了荷兰省和奥兰治家族之间的强大联盟，前者通常支持温和派，后者通常是激进分子的焦点。尼德兰共和主义逐渐形成，特别是通过政治哲学家雨果·格劳秀斯（Hugo Grotius）的著作。共和的理想建立在巴塔维亚自由的神话之上——巴塔维亚是尼德兰的罗马名字——并且将《圣经》中犹太的乌托邦理想与古代雅典的理想结合起来，尼德兰人声称，富有、受过教育、有时间献身公共事业的人组成的协商式政府是自由、稳定、美德和繁荣的最好保障。[22]

1588 年，反叛各省份正式结成联盟，这些理想得到了切实的体现，联盟保留了每个省的自主权，但将权力交给了联省议会（States General），其中每个省都有一票表决权。1593 年后，联省议会每天都在海牙开会，但仍然充满各种辩论，因为所有重要决定都需要七个行省议会的批准。由莫里斯充当的省督提供了平衡，他的影响力建立在社会声望而非正式权威之上，并且，通过他与欧洲各王室的联系，以及他自己的个人宫廷，这种影响力得到了增强。除了处理金融和军事事务的机构，中央机构仍然很少，大多数行政权力分散到省和地方一级。尽管很麻烦，但共和国还是成功地运作了下去，因为它将各地区整合在一个共同的框架内。地方寡头已经拒绝了腓力二世干涉自己的事务，他们需要共和国来阻止西班牙重新获得控制权。

在漫长的独立斗争中，荷兰省惊人的人口和经济增长支撑了这个新生的国家。北方各省的人口在 1520 年至 1650 年间翻了一番，到 1600 年已经达到 150 万，由于 1572 年至 1621 年间又有 15 万名难民从南方逃离过来，人数有所增加。[23] 到 1650 年，荷兰省人口为 76 万人，远远超过第二大省弗里斯兰的 16 万人，而最小的德伦特省人口只有 2.2 万人。荷兰也是城市化程度最高的省份，有 17.5 万人居住在阿姆斯特丹，另有 36.5 万人居住在其他 22 个城市中。人口、财富和人才的集中推动了经济增长，到 1590 年，尼德兰在世界贸易中占据了首位。尼德兰的首要地位主要建立在航运的基础上，体现在建造船只和为欧洲和全世界运输货物上。殖民贸易激发了当时人们的想象力，但波罗的海和北海仍然是最重要的活动领域。1634 年，尼德兰渔船总数为 2250 艘，从事波罗的海和地中海贸易的有 1750 艘船只，相比之下，从事殖民地贸易的船只仅有 300 艘。欧洲贸易中的船只一年最多可以航行四次，但是去东印度群岛的航程需要两年时间。大部分殖民贸易与欧洲工业有关，例如 1599 年至 1605 年间，800 艘船只前往加勒比海地区是为了运回委内瑞拉的盐，用来腌制北海捕的鱼。尽管如此，香料贸易非常有价值，在 16 至 17 世纪之交，每年有 2710 吨的香料运抵，价值 137 吨白银，相比之下，从波罗的海运来的谷物只有 12.5 万吨，价值仅相当于 88 吨白银。[24]

尼德兰在运输贸易中的突出地位使共和国成为欧洲和殖民商品的转口港，并刺激了欧洲对尼德兰本地产品的需求，如纺织品、腌鱼和其他加工食品。商品的流动使得尼德兰商人在欧洲市场上占据了巨大的份额，因为人们在国内找不到的产品，都会找他们来买。尼德兰人为应对其他地方的商品短缺，吸引了投资和信贷，使得阿姆斯特丹取代了安特卫普和热那亚的传统金融中心。阿姆斯特丹交易银行（*Wisselbank*）成立于 1609 年，不同于其他地方的许多类似尝试，它可以获得大量来自私人投资者和市政当局的本地资源。尼德兰人能够提供更便宜的长期贷款，到 1600 年，尼德兰政府支付的利率降低到 10%，40 年后又降低了一半。[25] 这保证了尼德兰金融的稳定性，而这正是其竞争对手所缺乏的。联省议会每年都会批准未来 12 个月的中央预算，然后按照固定比例在各省之间分配负担。没有一个中央财政部；相反，每个省都被分配了具体的支出项目，用自己的税收支付。荷兰省的影响力就体现在这里，因为荷兰独自承担了 60% 的支出，而其他省份则贡献了其余部分，上艾瑟尔只支付 4%。尽管经济不断增长，收入不断增加，但负担仍然非常沉重，尼德兰人为争取自由而缴纳的税款无疑比他们以前付给西班牙统治者的要多得多。

武器经销商

除了现金，尼德兰经济还出产宝贵的战争物资，因为低地国家是欧洲军火工业的中心。西班牙控制了南部省份，掌握了梅赫伦的大炮铸造厂、马斯特里赫特的小型武器厂以及那慕尔的盔甲和火枪工场。列日主教辖区是南方最重要的中心，生产各种装备，特别是火器、盔甲和有刃武器，并同时向双方出售，以保持中立。附近的帝国城市亚琛和埃森也生产枪支，整个地区对帝国其他地区至关重要，其他地区生产能力有限。上奥地利著名的斯泰尔武器厂直到1639年才成立，当时每年只有生产大约3000支火枪的能力。德意志地区的主要武器制造中心是图林根的苏尔，在1620年至1655年间，苏尔的4000名居民生产了至少7万支火枪和1.3万支手枪，主要是为帝国军队生产的。佐林根和纽伦堡的冶金工人仍然是有刃武器的生产主力，但是整个中欧的生产都在尼德兰北部的生产面前黯然失色。阿姆斯特丹生产小型武器、大炮、火药和盔甲，而其他中心则更加专业化，代尔夫特和多德雷赫特主要生产小型武器，豪达供应火绳，乌得勒支生产盔甲和手榴弹，海牙生产青铜大炮。然而，尼德兰军火商如此重要的原因还在于他们有着广阔的贸易网络。他们从亚洲和波罗的海采购硝石，从西西里和厄尔巴岛采购硫黄，还从其他地方的供应商那里进口各种所需部件，最后在共和国组装成武器成品。

　　稠密的人口、武器生产和良好的交通相结合，使得尼德兰南部和北部对潜在的战斗方都有吸引力。布鲁塞尔的西班牙当局和海牙的尼德兰当局都经常放出多余的武器，以帮助交易商完成与友方势力的合同。尼德兰武器的需求量如此之大，以至于他们从来不打折，但是他们的政府有时会以较低的价格将自己的部分库存卖给盟友。尼德兰人获得的信贷和库存使他们能够提供一揽子交易，例如在1622年向不伦瑞克的克里斯蒂安（Christian）的军队提供全套武器、盔甲、皮带、火药、火绳、弹药、镐和铲子。国家和两个殖民地印度公司*的巨额开支维持了经销商的生存。例如，荷兰东印度公司（Vereenigde Oostindische Compagnie）的年度花费就达150万弗洛林，这保证了稳定的需求。政治考虑也确实影响了出口。最后一批卖给皇帝的大宗货物是在1624年，表面上是为了对抗土耳其人，但实际上是被用于对抗特兰西瓦尼亚人。向新教德意志各国的出口在1625年左右停止，部分原因是这些国家基本被击败，不复作为单独交战方而存在，但也是因为共和国希望避免卷入那里的战争。出口继续流向

---

* 分别是荷兰东印度公司和西印度公司。

法国、英国、丹麦、瑞典和威尼斯，这些国家都对共和国很友好，葡萄牙在 1640 年反抗西班牙后，也被列入武器供应商的客户名单中。当涉及生意时，尼德兰人对西班牙没有怨恨，在 1648 年《威斯特伐利亚和约》签订后，尼德兰人立刻向西班牙提供了武器，尽管这些武器显然会被用来对付共和国的前盟友法国。

17 世纪上半叶，尼德兰的出口总额至少为 20 万件小型武器，价值 120 万弗洛林。此外，价值 50 万弗洛林的 10 万套盔甲、总价超过 2500 万弗洛林的 270 万千克火绳和 220 多万千克火药被销往国外。这笔交易至少赚了 5000 万弗洛林，这相当于荷兰东印度公司对共和国国民生产总值的贡献。除此之外，还必须加上从出售船舶备品、铜、铅、锡、硝石和其他战争物资中获得的数额大致相当的利润。有些人发了财，比如从内河船船长起家的特里普（Trip）家族，或者从列日作为难民来到阿姆斯特丹的德·海尔（De Geers）家族。然而，值得注意的是，这两个家族的成功都归功于他们的商业投资多元化，这些多元化的投资有时候也会整合在一起。艾利亚斯·特里普（Elias Trip）和路易斯·德·海尔（Louis de Geer）通过借钱给古斯塔夫斯·阿道弗斯，获得了瑞典铜工业的垄断地位，他们经营一个营运资本相当于荷兰东印度公司三分之一以上的财团。阿姆斯特丹的特里普家族大厦建于 1660 年至 1662 年，装饰有炮筒形状的烟囱，耗资 25 万弗洛林，现在是荷兰科学院的所在地，路易斯·德·海尔去世时留下了 170 万弗洛林的遗产。[26]

海军最能体现战争和贸易之间的这种联系。海军是由关税和商人支付的保护费资助建立的。尼德兰海军管理权分散，适合共和国的总体结构，共有五个海军司令部，其中三个在荷兰省，其他两个在泽兰省和弗里斯兰省。虽然这为个人之间的竞争创造了空间，但它确实促进了与当地商业社区的互动，而当地商业社区仍然是额外船只和人力的重要来源。海军在重要的内陆水道为陆军提供紧密的支持，但后来也扩大到可以封锁佛兰德海岸，在北海和英吉利海峡巡航，并护送商船。后一项任务的费用由商人支付，而渔船队装备了自己的守护船，两个殖民地印度公司创建了自己的海军分队，分别用来保护与东印度群岛和西印度群岛的贸易。

从 1596 年开始，海军开始装备更大、武装更强的船只，有能力攻击西班牙海岸和亚速尔群岛。[27]

国内防务由城市民兵（*Schutters*）维持，民兵在 16 世纪 70 年代进行了重组，从市民和其他富裕居民那里招募。尽管可以用钱购得豁免权，但服兵役成了一件值得自豪的事情，与共和价值观、男子气概和团结精神联系在一起。民兵部队还会委托主要艺术家画肖像，伦勃朗的《弗兰斯·班宁·科克上尉的民兵连队》（即著名的《夜巡》）就是其中著名的例子。在前线，民兵部队被来自不同省份的正规军合并成的常规军队取代，奥兰治亲王担任将军。

尼德兰军事改革及其影响

虽然各省军队的合并发生在 1576 年 11 月，但直到十年后，这支军队才真正在拿骚的莫里斯的指挥下成形。[28] 年轻的亲王在父亲遇刺后意外掌权，因为他的哥哥菲利普·威廉（Philip William）被西班牙人控制，无法继任他父亲的职位。他也没有总司令的头衔，因为弗里斯兰、乌得勒支和盖尔德兰都选出了别的省督，打破了指挥的统一。尽管如此，由于奥尔登巴内费尔特的支持，莫里斯获得了荷兰的政治支持，成为主导军事人物，也是奥兰治家族在尼德兰政坛的主要代表。他的名字与一系列军事改革联系在一起，这些改革不仅奠定了尼德兰作战方式的基础，而且对德意志和瑞典的军事组织产生了相当大的影响。这些措施解决的是整个欧洲普遍存在的一个问题，但由于它们比其他地方的类似努力更早取得成功，因此成了值得效仿的模式，也吸引了后世历史学家的关注。[29]

莫里斯试图利用职业雇佣军的凝聚力，同时坚定地将他们置于政治控制之下。他的措施是运用哲学、科学和医学的见解，解决当代问题。16 世纪晚期的思想家们着迷于一种信念，他们相信可以在自然界中发现模式，从而解开宇宙的神圣秘密。这种早期的理性与后来的人文主义者对经典文本的重读相结合，后者相信可以在古希腊和罗马世界中寻找其他答案。尤斯图斯·利普修斯（Justus Lipsius）的作品清楚地表达了这种研究世界的方法。他在莫里斯曾就读的莱顿大学教书，并于 1589 年向亲王展示了他的《政治六书》(*Politicorum sive civilis doctrinae libri sex*)。[30] 和许多同时代人一样,利普修斯对宗派暴力感到震惊,并在古典文献中搜寻,试图找到补救办法,将古希腊哲学改写为新斯多葛主义。他认为激情蒙蔽了人类的集体最大利益,导致了非理性暴力。因此,情绪应该被抑制,最好是通过钢铁般的自律,不能的话就通过外部胁迫。通过阅读罗马后期的帝国历史,利普修斯扩展了他的哲学,呼吁建立一个坚定而负责任的政府,在这个政府中,统治者有责任保护他的臣民避免互相伤害,同时免于外部威胁。这些想法之所以获得如此大的影响力,是因为它们与新教和天主教生活改革者所渴望的大量基督教道德结合在一起。

在此基础上,利普修斯阐述了一个四重要素的纪律概念。操练使古罗马军队所向无敌,现在不仅应该用于武器训练,还应该用于训练士兵在一个有纪律的部队中接受服从。这种想法影响了生活的其他领域。例如,当时的舞蹈风格正在从直线形式转变为圆形的几何运动,前者允许舞伴之间快速互动,后者可以使个人更好地利用自己周围的空间。不必要的运动都应该被避免,舞者或士兵应该只在稳定的平衡状态下移动身体的某些部分。例如,向前刺出长枪,同时保持头部严格对齐,并面向前方。秩序是第二个要素,因为需要一个等级制的命令结构来指导个人运动,并确保军事机器中的所有齿轮都能平稳运行。至关重要的是,更高的级别也要服从秩序,他们不能再随心所欲地对待下属。第三,定期演习是更广泛的胁迫战略的一部分,目的是打破自行其是的雇佣军文化,鼓励把自律内在化。最后一个要素则强调奖励和惩罚。军法条例(Articles of War)不再是士兵集体组织的表达,而是新军事文化制度化的一种手段。军法条例由训练有素的律师起草,并与新征兵制度和宣誓仪式相结合,旨在通过标准化的服役合同取代集体薪酬谈判,并将所有人员包括在一个共同的法律框架内。

这些原始的绝对主义思想与教会和国家加强社会纪律的议程不谋而合,但是利普修斯的意图是让战争变得不那么富有暴力和破坏性。他的思想使莫里斯的改革在智识上受到尊重,并被广泛传播,因为尼德兰已经是印刷和出版中心。雅各布·德·盖恩(Jacob de Gheyn)在 1607 年出版了著名的图解武器手册,在那年晚些时候出现了丹麦语版,第二年出现了德语版。随后出现了许多其他实用手册，如约翰·雅各布·冯·瓦尔豪森（Johann Jacob von Wallhausen）在 1615—1616 年出版的三本手册，这三本手册在整个 17 世纪都经常被重印或重刊。[31] 更有影响力的是众多志愿者，他们成群结队地来到莫里斯旗下学习军事艺术，现在，与英国的联盟和共和国的成立使反叛不再是一件耻辱的事情，使在尼德兰服役更具吸引力。和佛兰德军的情况一样，这些个人联系将对三十年战争的进程产生强大的影响。一些人是从行伍中得到提拔的，比如彼得·埃佩尔曼（Peter Eppelmann），他是一名来自拿骚的哈达马尔的加尔文宗农民，由于良好的家庭的关系，得到了大学教育，并把自己的名字改成了高贵的"梅兰德"（Melander），即希腊语中的"苹果人"的意思。梅兰德先是担任莫里斯的秘书，后来成为掌旗官，再后来转到威尼斯，然后在黑森-卡塞尔军中服役，最后以帝国指挥官的身份结束了职业生涯，被封为贵族，采用了"冯·霍尔泽费尔"（von Holzapfel）的名字，这个名字在德语中是苹果树的意思。许多德意志新教贵族加入了尼德兰军队，例如约翰·冯·格索（Johann von Geyso），另一位受封贵族的平民，在 1640 年取代梅兰德成为黑森-卡塞尔军指挥官，还有克尼普豪森（Knyphausen）男爵，他在 1603 年在尼德兰军中担任上尉，后来成为瑞典的将军。其他人把他们的经历带到了其他地方，比如威尔士人查理·摩根（Charles Morgan），他后来指挥了一支英国远征军前往德意志北部，还有苏格兰人亚历山大·莱斯利（Alexander Leslie），他在 1602 年至 1608 年间在莫里斯手下担任上尉，之后进入瑞典军队服役，然后被封为列文伯爵，在英国内战中先是担任誓约派（Convenanters）指挥官，然后指挥保皇派军队。此外，沙蒂永侯爵加斯帕尔·德·科利尼（Gaspard de Coligny）在尼德兰服役时指挥了两个胡格诺派军团，他将莫里斯的改革传播到了法国。

尼德兰的影响力得以传播的第三条途径是政治联系，特别是通过拿骚-锡根伯爵约翰七世，他是奥兰治的威廉的侄子，在莫里斯手下服役，并在自己的领地上实施改革。德·盖恩的图解手册用的就是约翰的操练本，伯爵于 1616 年至 1623 年间在他的首都锡根设立了一个军事学院，由瓦尔豪森担任学院的教官。约翰将尼德兰的理念与德意志历史上的实践相结合，使新方法更适用于帝国内部的情况。阿尔巴公爵于 1567 年沿着边境向北进军，让莱茵兰地区的诸侯非常警觉，尤其是拿骚家族，因为他们和叛军领导人有亲属关系。由于担心增援阿尔巴的西班牙常规部队可能会转而进攻他们自己的土地，拿骚的伯爵们与他们在韦特劳地区的邻居结成了联盟。所有人统治的地区都较小，人口稀少，无法维持大量正规军。约翰认识到民兵在进攻中无法代替专业人员，但相信可以依靠他们保卫自己的祖国。臣民本来就有义务在紧急情况下应召，但他们出现时会带着奇形怪状的武器，例如锈剑、农具和棍棒。约翰认为，他们需要的是尼德兰式的良好纪律以及坚定决心，并使他们能够最大限度地利用现代武器。

地方官员负责登记男性人口，根据年龄、婚姻状况和健康状况将他们分成几组，然后挑选未婚的年轻男性，由专业教官提供定期指导。男性被分成标准规模的连队，较大的社区可以提供完整的连队，较小的教区则合并起来组成一个连队。然后从中特别挑选的部分（*Auswahl*）每周日都会在村庄中的绿地上操练，定期在营地集合，以更大的队形练习机动。在发生紧急情况时，教堂会敲钟召唤他们集合，他们去地方治安官那里领取武器，在操练军士和有军事经验的当地绅士的领导下集合。到 1595 年，这种"领地防御系统"（*Landesdefensionswesen*）中的所有元素都已经在拿骚建立起来，在约翰操练手册的建议下，到 1600 年左右，也在采用新式民兵体制的新教诸侯中传播开来。[32]

改革是统治者和臣民之间不断变化的关系的重要组成部分。德意志诸侯和其他的领地统治者已经可以召唤他们的臣民来执行领地义务（*Landfolge*），即协助抵抗入侵和对抗自然灾害的义务，以及对抗违法者的法院义务（*Gerichtsfolge*）。帝国公共和平的发展（见第 2 章）在 1570 年加强了这些权力，因为统治者现在可以要求他们的臣民维护帝国法律和保卫帝国，尽管领地等级会议对这些权力是否可以延伸到征召臣民进行进攻性战争还有争议，并且普遍拒绝投票征收新税。[33] 诸侯们将这种民兵制度视为一种在其臣民中扩大自己权威的方式，并且相信定期操练可以促进社会变革，而这些社会变革符合教派化所要求的纪律和道德驱动。像这些措施一样，领地防御系统的实施依赖由教区牧师、村长和王室治安官构成的统一网络。然而，诸侯遇到了来自其领地贵族的抵制，后者拒绝让自己的佃户被纳入这一体系。结果是达成了妥协，因为改革必须依赖等级会议同意支付训练士官的工资、购买新武器，并提供啤酒等用来鼓励人们来参加训练的诱惑品。在勃兰登堡，民兵征召仅限于选帝侯城镇，而在萨克森，9664 人是从选帝侯自己 9.3 万名体格健壮的佃户中挑选出来的，而帝国骑士管辖下的 4.7 万名体格健壮的男性只提供了 1500 名兵员。贵族们无法完全回避这个制度，因为他们拥有的封地是与履行兵役的义务挂钩的。通过回应封建征召，组成骑兵，这些长期的个人关系被纳入领地防御系统中去。萨克森的帝国骑士不得不提供两个团，总共 1593 人，而其他地方的骑士通常只提供全部民兵的十分之一。总的来说，约十分之一的健壮男性参加了民兵，约占总人口的 2.5%。[34]

民兵并不像一些后来的历史学家相信的那样，打算取代野战正规部队。相反，他们负责提供临时的本地防御，用来对付入侵和掠夺者，以及驻守战略堡垒。后者是整个系统中最昂贵的部分，因为诸侯们建造了新的尼德兰式防御工事，或者将现有的工事进行现代化改造。由于普法尔茨领地分散且易受攻击，普法尔茨选帝侯开启了最雄心勃勃的计划，在 1606 年至 1622 年间，他在一个古老的村庄周围建造了曼海姆，城市包括一个有七座棱堡的城堡（Friedrichsburg），以及围绕城市其余部分的城墙，另外还有六个完整的棱堡和两个半棱堡。另一座城堡于 1608 年在弗兰肯塔尔建造，并在 1620—1621 年得到加强，现有的海德堡城堡也被扩建了。无论如何，诸侯们都保留了一些专业军人作为护卫队和驻军。到 1600 年，民兵、堡垒和小型专业护卫队的结合构成了德意志全境军事组织的基础。

不难理解为什么等级会议怀疑统治者所做的保证，即这些措施纯粹是防御性的，因为在野战中，专业军人可以坚定这些动员民兵的决心。臣民们把操练看作不断增长的劳役需求之外的另一项苦差事，而且伴随着训练，还经常有大量酗酒行为，这也表明理论家认为操练会培养基督教道德的预测靠不住。勃兰登堡的城镇在 1610 年说服选帝侯放弃民兵组织，回到以前在需要的时候雇佣兵员的做法。这些挫折减缓了改革的推行速度。普法尔茨的计划从 1577 年开始，直到 1600 年才完全实施，而等级会议将萨克森民兵的组织推迟到 1613 年。

后人在评估这些措施和尼德兰改革时，往往会时代错误地把他们自己的关切投射到其上。德意志保守派将民兵视为发展全民兵役的里程碑，认为这是一项爱国义务，但帝国的政治分裂使其无法推行，诸侯只得在 1618 年后回到招募雇佣军的做法。其他人将民兵解释为潜在的人民军队，指出农民是如何利用这个系统组织叛乱的。这两种观点都不完全恰当。尼德兰城市民兵和德意志民兵都融入了明显的现代早期的愿景：前者是非集权的共和国中享有特权的市民，后者是领地诸侯的顺从臣民。无论如何，尼德兰的影响只是启发德意志采取这些措施的一个来源。1602 年领导普鲁士改革的法比安·冯·多纳（Fabian von Dohna）曾在莫里斯手下服役，并帮助普法尔茨组织民兵。然而，普鲁士体系被称为维布兰森（Wibranzen），这个词来自波兰语的"精选"（Wybrancy），而 1593 年后土耳其的威胁刺激了其他地方的改革。此外，天主教领地也在按照类似的方式重组其传统的民兵，尤其是在巴伐利亚，1593—1600 年间实施的措施组织了 2.2 万人，形成了 39 个农村团和 5 个城市团。

很多尼德兰的想法以及与德意志民兵改革相关的想法都是高度理论化的，专注于设计没有什么用处的几何形状。甚至那些更关心实际建议的人也经常反对技术变革，比如瓦尔豪森，他哀叹长枪作为骑兵主要武器的衰落。尼德兰人的方法和他们的对手没有什么不同，例如他们减少骑兵的数量，使其只占军队的一小部分。他们偏好更薄的阵形不仅仅是为了使火力最大化；这也是一种权宜之计，因为他们通常在人数上处于劣势。最重要的是，尼德兰的成功并非依赖新型武器或军事理论，而是依赖金融稳定和特定的商业心态。尽管西班牙拥有巨额财富，却仍然依靠忠实和对社会上级的忠诚，这样在钱用光的时候，依然能维持人员的数量。而对尼德兰人来说，这种想法是令人厌恶的，在他们看来，合同是一项具有约束力的协议：在一个持续增长仰赖于对信贷的持续信任的商业化经济体中，不可能有别的想法。士兵是雇员，因此有权定期获得报酬。

自大约 1500 年招募雇佣军的做法流行以来，每月支付士兵工资已经成为惯例，同时给他们一个或多个月的额外工资，作为招募奖金和退伍时的奖金。在 50 年间，士兵的工资增加了 50% 到 100%，直到 1530 年，统治者开始为每个军衔设定上限。通过以兵变为威胁，士兵们迫使当局随后支付越来越多的银币，尽管每月给一名步兵支付的银币的官方数量仍然保持在 4 金弗洛林左右。随着西班牙和尼德兰组建常备军，成本进一步上升，因为他们必须全年支付这些费用，而不是像 16 世纪初仍然习惯的那样，只在作战季支付。所谓的"尼德兰月"是在 1576 年作为一项经济措施引入的，它将一年分为 8 个各有 42 天的时间段，再加上一个 29 天的时间段，从而减少了政府每年分期付款的次数。其他人也尝试过这种方法，比如奥地利人，他们在 1607 年之前将这一年减少到 9 个月，其中两个月的工资将会以布料支付，用来制作制服。奥地利的措施仅仅引发了进一步的哗变，因为帝国士兵已经被拖欠了巨额工资。相比之下，尼德兰人之所以能成功，是因为他们至少履行了承诺，能支付打折之后的薪水。在一支有超过一半的男性来自共和国以外的军队中，固定的工资是凝聚力的基础，尽管时不时地会战败，但他们仍然能保持忠诚，尤其是因为政府的信誉依然牢固。波希米亚和德意志新教地区缺乏这种金融稳定性，因此他们在 1618 年后复制尼德兰战术和组织的尝试建立在非常不稳固的基础上。

保卫共和国（1590—1609）

虽然尼德兰军队拥有更稳固的财政基础，但他们的人数仍然少于对手，莫里斯在 1588 年召集了大约 20 500 名士兵，约占西班牙军队人数的三分之一。然而，他因腓力二世把资源转移到其他地区而获益，腓力二世先是在 1588 年关注英国事业（Enterprise of England）*，然后是在 1590 年后转而对法国宗教战争进行徒劳干预。帕尔马勉强地接受了这些来自马德里的命令，1593 年接替他担任总督的阿尔布雷希特大公不得不继续在阿图瓦进行战役，以支持法国天主教同盟。这使得莫里斯能够继续发动攻势，通过占领一系列战略城镇来巩固共和国南部边境。莫里斯 1590 年 3 月攻占布雷达，将尼德兰的突出部扩大到西南部的布拉班特，并且提

---

* 指西班牙无敌舰队。

供了一个平台，让深入攻击西班牙控制的尼德兰成为可能。这些新占领的土地并没有在与其他省份平等的基础上并入共和国，而是作为分子邦（*Generaliteitslanden*）被统治。从 17 世纪 20 年代起，它将成为争夺最激烈的地区。接下来的一年，一场三管齐下的进攻扩大了突出部，占领了距安特卫普仅 16 千米的许尔斯特，并夺回了聚特芬和代芬特尔，从而确保了艾瑟尔河战线的安全，进而占领了瓦尔河上的奈梅亨，将战线从边境向东南延伸。确保了整个南方阵线的安全之后，莫里斯于 1592 年转向北方地区，粉碎了 7 年前在北方各省爆发的天主教叛乱。格罗宁根于 1594 年被攻占，标志着这次战役的结束，所有七个省都回到了尼德兰共和国的控制之下。

　　莫里斯在 1595—1596 年重组军队之后，于 1597 年 8 月向东进攻艾瑟尔河对面剩余的西班牙领土，这一举动将对帝国产生致命的影响，因为它将战争转移到了帝国边境。尼德兰人迅速占领了另外七个设防城镇，将领土延伸到威斯特伐利亚帝国行政圈的边缘，并占领了莱茵河下游属于科隆选侯国的一个城镇——莱茵贝格。[35] 现在共和国北部的天主教人口完全与西班牙人切断了联系，除非马德里准备打破帝国的中立，并通过向西穿越威斯特伐利亚包围尼德兰人。西班牙做出了迟来的回应，在尼德兰人到达之前，于 1598 年 9 月派遣了 2.4 万名士兵进入明斯特、雷克林豪森和于利希、克利夫斯、马克和贝格的四个下莱茵公爵领，以牢固控制这些地方。公共和平的分权结构允许地方统治者启动帝国防御，哪怕鲁道夫皇帝没有做出回应。五个西方帝国行政圈最终动员了 1.6 万名士兵，但是直到 1599 年 7 月他们才集合起来，这时距离西班牙人离开已有三个月，只留下了几个德意志境内的驻军点。行政圈的军队试图夺回其中一个城镇，但可悲地失败了，他们在 9 月工资耗尽后解散。[36] 这一事件被称为"西班牙冬天"，它使得德意志人更想置身事外，不想掺和进西班牙和尼德兰的纠纷，科隆、明斯特及其他邻近地区开始与双方进行谈判，劝说他们限制入侵的范围。

　　西班牙人能够进军德意志地区，是因为他们在 1598 年 5 月与法国达成了《韦尔万和约》（Peace of Vervins），结束了西班牙的两线同时作战的状态，并使阿尔布雷希特能够重新部署整个佛兰德军对抗莫里斯。他将焦点转回西方，并再次攻击尼德兰共和国在斯海尔德河口周围戒备森严的防线。行动很快就在尼德兰的防御工事前停滞不前，随后由于欠薪不断增加，军队哗变，行动也随之崩溃。莫里斯从佛兰德海岸的布拉班特突出部向南进攻，打算消灭西班牙人在敦刻尔克建立的海军基地。阿尔布雷希特试图拦截他，1600 年 7 月 2 日，纽波特战役爆发，这是自 16 世纪 70 年代中期以来的第一次重大交战。这次行动显示了佛兰德阵地战学派的局限性。当时尽管佛兰德军共有 4000 名骑兵和 6 万名步兵，阿尔布雷希特却很难抽出 1500 名骑兵和 8000 名步兵用于战斗，因为其余的人要么要驻守设防城镇，要么由于兵变仍然违抗命令。[37]同样，这一行动也凸显了更激进的寻求决战策略的局限性。尽管打败了西班牙军队，莫里斯还是没能拿下敦刻尔克，战役结束之后，他依然在原来的位置。

阿尔布雷希特决定阻止对敦刻尔克的任何进一步企图，于 1601 年 7 月进攻奥斯坦德的英格兰和尼德兰驻军。奥斯坦德之战相当于 17 世纪的凡尔登战役。双方都投入了大量人力和物力，拥有这个港口的象征意义远远超出了其战略上的重要性。尼德兰人被迫将军队从 1599 年的 3.5 万人扩大到 1607 年的 5.1 万人，这也是因为莫里斯早期取得的成功让共和国有了更长的边界需要防守。

尽管如此，西班牙人对奥斯坦德的专注给了莫里斯又一次向东扩展阵地的机会，这一次他集中精力保护东北部边境，以保护格罗宁根周围新收复的地区。这是欧洲众多边界最为错综复杂的地区之一，在这些地区，各种领地管辖权交错，没有稳定的边境线。整个北海海岸拥有相似的地形、社会组织和政治文化，尽管东部位于帝国内部，西部现在属于共和国。边境两边的人民都珍视他们的农民集体自治权，即"弗里斯兰自由"。16 世纪中期，丹麦国王强行将位于今天德意志荷尔斯泰因的村庄并入其领地，因此最东部的人失去了这种自由。最西部的人试图通过成为新生尼德兰共和国的一个省而保住这种自由。位于中间的是东弗里斯兰伯国，直到 1464 年才并入帝国，由瑟克斯纳（Cirksena）家族统治，该家族本身就是乡村头目的后裔，仍然过着相对简朴的生活。东弗里斯兰和 16 世纪后期的许多其他德意志领地一样，一直为内部争端所困扰，其他这种领地还有于利希-克利夫斯、黑森、巴登、科隆和斯特拉斯堡（见第 7 章）。虽然没有一次导致了大规模战争，但所有这些纷争都涉及外国势力，其中内部争端的一派或多派呼吁外国势力提供援助。叙述历史的既有当地历史学家，也有那些研究更为广泛的欧洲关系的人，后者倾向于将这些地方视为大国冲突的潜在爆发点。这两种观点需要整合，因为这些争端的真正意义在于，它们倾向于吸引外部力量逐渐深入到帝国事务中。外国干预总是临时性的，旨在防止敌对各方的干预。人们很少考虑"退出战略"，因为一旦干涉之后，如果要退出的话，往往会造成权力真空，而这种真空可能会被敌对势力所填补。

在东弗里斯兰，这些要点显示得很清楚，这里也是 17 世纪 20 年代德意志西北部重要事件的背景（见第 10 章）。像许多北德意志世俗统治者一样，瑟克斯纳家族在 16 世纪早期接受了路德宗。这仍然是生活在郡里最贫困的三分之一地区的臣民的信仰，这里满是荒地和高沼地，受到伯爵的直接管辖。另外三分之二是沼泽地，也更繁荣，因为这里肥沃的土壤支持更市场化的农业。沼泽地的农民在领地等级会议中享有代表权，并强迫伯爵禁止进一步增加租金。他们和少数当地贵族信奉加尔文宗，并与该地区唯一的大城镇埃姆登的市民结成了联盟。埃姆登战略地位重要，位于埃姆斯河口，是北海最西部的港口，处理威斯特伐利亚的大部分贸易。尼德兰叛乱爆发后，埃姆登经历了一段繁荣时期，商人寻求一个更安全的地方做生意，而难民则前往那里过新生活。渐渐地，加尔文宗越来越和埃姆登及他们富裕的农民盟友反对瑟克斯纳家族的斗争联系在一起，后者信奉路德宗，试图获得更大的权威。

尼德兰人越来越关心 1599 年恩诺三世（Enno Ⅲ）伯爵的继位，因为他似乎比前任更有决心实行自己的意志，并且有亲属在西班牙服役。莫里斯未能占领敦刻尔克，引发了关于西班牙海军新战略的恐慌，该战略旨在破坏共和国独立所依赖的贸易。从敦刻尔克出发的私掠船已经在英吉利海峡拦截尼德兰船只，人们担心，如果他们被允许使用埃姆登，也会攻击波罗的海的贸易。共和国在 1602 年说服了埃姆登市民接纳一支尼德兰驻军，然后允许军队进入里尔港，里尔港是一个靠近埃姆斯河的小城镇，它阻断了从西南部穿过沼泽和荒原进入东弗里斯兰的唯一路线。埃姆登现在成了一个激进的政治和宗教中心，是为数不多的德意志加尔文宗信徒能和他们其他地方的同宗教徒一样，采用分散的长老会组织地方之一。埃姆登于1604 年聘请约翰尼斯·阿尔特胡修斯（Johannes Althusius）为其代言人，这显然是因为他的著作《政治》（Politica），该书因其暗示长官有权反抗暴君而广为人知。[38]

消耗战

西班牙人仍然被困在奥斯坦德前的战壕里。自 1582 年以来，每年都有 1500 人死亡，此外，还有瓦隆人、意大利人和德意志军队的进一步损失。1604 年 9 月，安布罗吉奥·迪·斯皮诺拉（Ambroglio di Spinola）终于成功地结束了奥斯坦德围城战，而在这长达四年的围城中，又有 4 万人阵亡。斯皮诺拉是在 1603 年被任命为指挥官的，这彰显了西班牙的很多财政和军事问题。他来自热那亚，这里是西班牙信贷和物流系统的枢纽。1583 年敦刻尔克被占领后，他的弟弟在组建佛兰德舰队（Armada of Flanders）中扮演了重要角色，但安布罗吉奥一直留在家里，结婚并经营家族银行。像许多银行家一样，他的成功归功于业务多样化，通过为征兵提供金融资助，他为一个儿子谋得了枢机主教的职位，他还大量参与西班牙在地中海地区的贸易。到 1602 年，斯皮诺拉的银行积累了 200 万达克特的运营资金，使他能够为西班牙征募和装备 1.3 万名士兵。他的利益现在已经与西班牙君主国的利益交织在一起；国王在战争中需要他，而斯皮诺拉也需要胜利来维持自己银行的信誉。占领奥斯坦德后，他被正式任命为将军，并于 1605 年正式取代阿尔布雷希特大公，成为佛兰德军的指挥官。这件事本来可能带来灾难性后果，但是现在却促成了有效的伙伴关系。两人都是通情达理的人，而斯皮诺拉的机智和技巧很快赢得了他经验更丰富的下属的尊敬。

他现在重新开始了向东包抄尼德兰人的政策，在艾瑟尔河地区动用 1.5万人发起攻击，以夺回 1597 年失去的许多城镇，包括 1606 年夺取了莱茵贝格。然而，斯皮诺拉没有渗透到共和国的内部防御体系中，而尼德兰人对西班牙自 1598 年 11 月以来的贸易禁运做出了回应，宣布无限制地商业掠夺。这一举动相当于第一次世界大战中德国的潜艇战，也同样有争议性。小型船只被许可作为私掠船拦截敌人的贸易，伪装成无害的渔船或者是遇难的友方船只欺骗商船。这和海盗行为之间的区别只是一条狭窄的分界线，这已经够糟糕的了，而且当时阿尔及尔的巴巴里海盗经常袭击英吉利海峡，甚至奴役康沃尔的村民。尼德兰人通过颁布法规来区分爱国的私掠行为和不信神者的海盗行为，来安抚虔诚市民的良心，对他们经常跨过这两者之间界限的行为睁一只眼闭一只眼。私掠不仅是一种有利可图的战争武器，而且深深植根于尼德兰文化中。作为一个满是海员的国度，尼德兰人庆祝由自由引导的"海上乞丐"，正是依靠这种"海上乞丐"的行为，他们在阿尔巴的镇压和 1572 年占领荷兰-泽兰堡垒期间还能坚持他们的事业。如同德国的 U 型潜艇战一样，海战后来陷入了消耗战，尼德兰人也因敦刻尔克人的掠夺而损失惨重。[39] 尼德兰的国防开支在 10 年内翻了一番，到 1604 年达到 1000 万弗洛林。有明显的迹象表明，尽管共和国的财政军事系统效率很高，但是也在面临崩溃。中央债务攀升至 1000 万弗洛林，与此同时，内陆省份也陷入了欠款危机，到 1607 年，军队比官方编制的 6.2 万人少了 1.1 万人。

随着双方在陆地和海上陷入旷日持久的斗争，后勤成为一个重要因素。尼德兰航海海军的发展，加上私掠行动，使得佛兰德军很难从海上供应获得补给。尽管西班牙人在 1585 年夺回了安特卫普，但由于尼德兰人控制了泽兰群岛，实际上封锁了斯海尔德河，而敦刻尔克周围有众多沙洲，虽然是一个优秀的私掠船基地，但并不适合大型船只使用。这些问题在 1588 年的无敌舰队之战中被充分暴露出来，当时西班牙舰队无法找到一个安全的港口来躲避英格兰的袭击，也无法集结帕尔马的军队。[40] 海上供应的困难凸显了阿尔巴公爵 1567 年所走的路线的战略意义，这条路线被称为"西班牙之路"。

西班牙之路

尽管被称为一条"路"，这条重要的动脉实际上仍然包括从西班牙地中海海岸到热那亚的海上旅程，热那亚和罗马一样，也是西班牙非正式帝国的一部分。军队、金钱和物资由热那亚桨帆船分队护送，该分队也是西班牙地中海舰队的非正式组成部分。从热那亚，人员向北行进到米兰，这里是西班牙在意大利北部的权力中心，在那里他们进行休整，并经常得到来自西班牙其他意大利属地的新兵的补充。主要路线穿过米兰地区西南部的亚历山德里亚要塞，到达皮埃蒙特的阿斯蒂，这是萨伏依公爵的领地，直到 1610 年他还是西班牙的盟友。然后，西班牙之路在这里分岔，一条支路通过皮内罗洛向西北延伸，通往阿尔卑斯山的塞尼山口，然后到达萨伏依本土和罗讷河上游，士兵们可以从那里向北进入弗朗什-孔泰。一条附加路线沿着都灵以西的苏萨谷延伸，越过蒙特热内夫尔。另一条支路是直接从米兰向北穿过伊夫雷亚河谷，然后通过大小圣伯纳德山口，穿过奥斯塔，沿着上萨伏依的阿尔沃河谷到达日内瓦，然后沿着侏罗山脉向东北方向进入弗朗什-孔泰。三条路线在那里会合，然后向北穿过洛林公国进入卢森堡和前线。从拉科鲁尼亚到佛兰德的海上运输每天可以行进 200 千米，相比之下，士兵们从米兰到佛兰德的 1000 千米路程平均每天只能行军 23 千米，但是陆路更安全，西班牙在 1567 年至 1620 年间通过陆路运送了 12.3 万多人，相比之下，海上只运送了 1.76 万人。[41]

法国宗教战争

对西班牙之路的关注使西班牙在 16 世纪 80 年代更深入地卷入法国和萨伏依的内部事务中，就像尼德兰和其他强权卷入德意志的争端那样。然而，就西班牙而言，卷入确实升级为了重大战争，因为比起任何德意志领地来说，法国是更大的潜在威胁。

法国在百年战争中战胜英国后，进入了一个充满活力的扩张时期。瓦卢瓦国王巩固了王室对中部省份的控制，同时征服了以前自治的各边境地区：1450 年诺曼底，1481 年普罗旺斯，1491 年布列塔尼，1523 年波旁和奥弗涅，1548 年萨卢佐。在勃艮第最后一位公爵于 1477 年去世后，法国试图夺取勃艮第，这引发了与哈布斯堡王朝的长期战争，随着查理八世于 1494 年入侵意大利，战争扩大了。尽管这场冲突最终以法国在 1559 年失败而告终，但法国人口在 15 世纪翻了一番，并继续增长，到 1600 年达到 1900 万。然而法国王室未能充分发掘这一潜力，因为亨利二世于 1559 年的一次比武大会中意外死亡后，法国王权变得虚弱了。政府移交给亨利二世的遗孀凯瑟琳·德·美第奇（Catherine de Medici），她担当已故国王的一系列年轻儿子的摄政：弗朗索瓦二世（1559—1560）、查理九世（1560—1574）和亨利三世（1574—1589）。在 15 世纪王室权力不断增长的过程中，有很多显贵和其他人成了输家，现在他们在与王室有血缘关系的首领的领导下，试图重新确立自己的影响力。这些显贵由于通婚和王室有亲属关系，但由于世袭继承的原则，以及王室对排他性权力的渴望，他们被排除在统治权之外。宗教使事情更加复杂化，因为许多诸侯及其外省门客在 1560 年左右成为胡格诺派信徒，信奉法国版本的加尔文宗，而他们的对手仍然是天主教徒。一系列被称为法国宗教战争的激烈争斗在 1562 年后愈演愈烈，显示出瓦卢瓦王朝无力保证和平，侵蚀了王室权威。[42]

现在，国际和平不再受到法国侵略的威胁，而是受到了法国内部爆发的混乱将邻国拖入其内战的威胁。这对帝国来说是一个特殊的问题，因为帝国的诸侯声称有权招募士兵来帮助友好的基督教势力，这是日耳曼自由之一。虽然征兵受到帝国立法的管制，不能反对皇帝或公共和平，但是领土分割使得皇帝很难阻止诸侯在边境征集部队，去援助他们的亲属或朋友。[43] 胡格诺派领导人已经在 1562 年 4 月呼吁德意志新教诸侯提供援助，后者提供了 4000 名骑兵，后来前后组织了七次德意志远征军，共提供了 7 万人。新教诸侯还为尼德兰叛军提供了军力。但天主教徒同样活跃，仅在 1567 年至 1575 年间，他们就为西班牙提供了 5.72 万名士兵，此外，在瑞典和丹麦 1563 年至 1570 年的战争中，还有 2.5 万人在瑞典和丹麦军中服役。这些数字说明了帝国的重要性，因为它在法国和尼德兰战争中提供的军队比任何其他非官方参与者都多。大约有 2 万名不列颠人在 1562 年至 1591 年期间在胡格诺派军队和尼德兰军队中服役，而大约在同一时期，有 5 万名瑞士人为法国君主而战，2 万人为胡格诺派叛军而战。普法尔茨地区是德意志地区招募胡格诺派教徒的主要推动者，因为其选帝侯在

1560 年皈依加尔文宗，而且其部分领土靠近西班牙之路的终点。德意志地区不断增长的人口让诸侯们可以募集足够多的兵力，但是他们依靠胡格诺派教徒及其国际赞助者来支付费用。这些经费总是迟到，而且从来没有完全付清。因此，德意志远征军是断断续续和短暂的，大多数只持续了几个月，以一片混乱告终。

洛林和萨伏依

　　这些招募还使诸侯面临来自法国天主教徒的报复，法国天主教徒在 1584 年组成了天主教联盟（*Ligue*），或用他们自己的话来说，即"神圣联盟"，当时很明显，亨利三世（瓦卢瓦家族最后一位成员）唯一可能的继承人是波旁家族的亨利，他是纳瓦拉国王，也是胡格诺派领袖。神圣联盟是强大的吉斯（Guise）家族的一个工具，他们与瓦卢瓦家族有亲属关系，控制着法国东北部香槟周围的地区以及主要讲法语的洛林公爵领，而洛林理论上是帝国的一部分。吉斯家族认为自己是法国天主教的守护者，并且致力于阻止任何想要限制他们的政治自主权的人登上法国王位。他们的领土位置使其成为哈布斯堡战略思想中的一个重要因素，因为他们的合作对于保障西班牙之路的最后一段的安全，以及阻止法国向阿尔萨斯和莱茵河地区实施任何敌对行动至关重要。1584 年 12 月，腓力二世决定开始资助神圣联盟，这一决定将七场激烈但短暂的内战转变为旷日持久的国际斗争，一直持续到 1598 年。法国国内的局势被简化为两个对立的阵营，每个阵营都有强大的外国支持者。1585 年，英国在参与尼德兰叛乱之外，还决定与纳瓦拉的亨利结盟，资助了自 1587 年 8 月以来规模最大、为期五个月的德意志远征军。联盟进行报复，入侵莱茵河以西的新教领地，仅在蒙贝利亚就烧毁了 62 个村庄。

　　萨伏依的参与和洛林的情况大致相同，萨伏依是另一个在帝国西部边缘的领地，保持不稳定的自治。[44] 萨伏依在 16 世纪初险些成为法国扩张的另一个牺牲品，由于哈布斯堡王朝的干预，法国在占领 23 年后，于 1559 年被迫将之返还。伊曼纽尔·菲利贝托（Emanuele Filiberto）公爵认为法国接下来遇到的问题为他提供了一个逃避外国国王监护的机会。

1560 年，他将首都从萨伏依的尚贝里迁到皮埃蒙特的都灵，这里位于阿尔卑斯山南面，相对较为安全。他开始培养一种更加独特的身份。意大利语被宣布为官方语言，珍贵的圣裹尸布于 1578 年被移至都灵，他还付钱给作家们，宣扬新的神话，说这个新首都是由一位流浪的埃及王子建立的，早于罗马和特洛伊。这些举动被 19 世纪的作家赋予了民族主义色彩，特别是当萨伏依家族成员在 1860 年成为新统一的意大利的国王时。但是萨伏依家族在 16 世纪还没有这样宏伟的计划，只是专注于获得与其他欧洲王室平起平坐的权利，并致力于占领足够的新领土来维持其独立。收复日内瓦成了一件事关荣耀的事情，日内瓦在 1536 年法国入侵时期被占领，随后成了一个独立的加尔文宗共和国，与此同时，日内瓦位于沃州的腹地还加入了瑞士联邦。公爵还计划向南移动，越过利古里亚的亚平宁山脉，夺取热那亚，获得入海口。公爵同时还希望向西推进到普罗旺斯和多菲内，以及向东推进到米兰。这种雄心单凭自己不可能实现，萨伏依的政策依赖于利用其"阿尔卑斯山守门人"的战略地位。萨伏依控制了尼斯和都灵南部的皮埃蒙特之间的腾达山口，此外，西班牙之路南部的三条路线都穿越了萨伏依的领土。

1580 年卡洛·伊曼纽尔一世（Carlo Emanuele）继位，开启了一项更加激进的政策。新公爵被斥为一个机会主义者，在接下来的四十年里，他在欧洲的战争中来回奔波。然而，由于他承受不起将自己脆弱的独立与任何一个大国过于紧密地捆绑在一起，而他的王朝扩张目标始终保持不变，他被迫频繁地改变国际结盟关系。1582 年他试图夺回日内瓦，未能成功，这使他确信需要一个强大的盟友，1585 年，他与腓力二世的女儿卡塔利娜·米夏埃拉（Catalina Michaela）结婚，同时同意支持他岳父对法国的干预。1588 年，他夺回了 40 年前被法国夺走的萨卢佐，萨卢佐位于阿尔卑斯山以东的波河上游的河谷。第二年，他重新夺回了沃州，但是夺回日内瓦的又一次尝试以失败告终，促使他改变了努力的方向，转向普罗旺斯和多菲内，他认为这两地会更容易得手。

在萨伏依从南部入侵的支持下，天主教联盟于 1588 年 5 月无视亨利三世的命令，占领了巴黎。亨利三世于 1589 年 8 月 2 日被一名天主教激进分子暗杀，这消除了联盟身上最后的限制，联盟开始残酷迫害胡格诺派。联盟表面上的成功也是其失败的原因，因为它缺少自己的王位候选人。大多数温和派天主教徒认为纳瓦拉的亨利是他们的合法君主，但是如果亨利被承认为国王，这是对西班牙声誉的重大挑战。他不仅是一个异端，而且还陷入了与西班牙的争端中，西班牙于 1512 年吞并了纳瓦拉的一半土地。之前腓力二世一直在利用天主教联盟和萨伏依进行代理战争，他现在直接干预，命令帕尔马在 1590 年入侵阿图瓦——这一行为对尼德兰战争的进行产生了深远的影响。普法尔茨和萨克森在 1591—1592 年组织了第七次也是最后一次德意志远征军来帮助亨利，但是亨利在 1593 年 7 月通过皈依天主教获得了法国王冠，据说他当时还说："巴黎值得一场弥撒。"虽然他的皈依疏远了更激进的胡格诺派教徒，但让更多的温和派天主教徒支持他，1594 年 2 月，他正式加冕为亨利四世，一个月后他进入巴黎。腓力二世的健康状况不佳，面对日益严重的挫折，他无法阻止教宗克莱门八世（Clement Ⅷ）于 1595 年 8 月欢迎亨利回到天主教会。新国王模仿了西班牙对待教宗的方法，不再那么反对教宗对法国教会的管辖权，并迅速组建了一个由 20 名枢机主教组成的亲法国派。尽管西班牙在罗马仍然占主导地位，但它不再是罗马城里唯一的玩家了，尤其是因为随着法国影响力的不断提升，教宗可以通过一个势力对抗另一个势力来增加自己的自由。

随着亨利四世被接受为法国国王，联盟看起来越来越像一个西班牙傀儡，其领导人纷纷叛逃，让西班牙独自作战。亨利于 1595 年 1 月正式向西班牙宣战，入侵弗朗什-孔泰，切断了西班牙之路。西班牙不得不在萨尔布吕肯通过这一地区，现在西班牙之路转移到了帝国东部。两年后，陆军元帅莱迪吉耶尔*把萨伏依军队从多菲内驱逐了出去，占领了莫列纳和塔朗泰斯河谷，切断了西班牙之路的南端。西班牙从尼德兰发起反击，在激烈的战斗后占领了亚眠，但很明显，西班牙对法国的干预被证明会适得其反。最终双方接受教宗调解，于 1598 年 5 月签署了《韦尔万和约》，西

---

* 弗朗索瓦·德·本内，莱迪吉耶尔公爵。

班牙承认亨利四世，归还亚眠和加来，并迫使洛林放弃了其占领的梅斯、图尔和凡尔登。法国人撤离萨伏依，将萨卢佐问题提交教宗仲裁。[45]

萨伏依表示，它愿意放弃在罗讷河和索恩河之间说法语的地区，前提是能保留萨卢佐，这样萨伏依在阿尔卑斯山以西的领土得以完整保留。这一提议让西班牙感到震惊，因为它会让西班牙之路暴露在危险之中，现在西班牙之路离开了阿尔卑斯山谷，而是绕过加尔文宗控制下的日内瓦。西班牙暗中鼓励卡洛·伊曼纽尔，以提供军事援助为前提让他去坚持要求更好的条件。亨利失去了耐心，在西班牙人的帮助到来之前，派遣了 2 万名士兵回到萨伏依，卡洛·伊曼纽尔于 1601 年 1 月 17 日与法国签订了《里昂条约》（Treaty of Lyons），放弃了其法语臣民，以换取萨卢佐。现在西班牙之路缩窄至塞尼山口和日内瓦西部罗讷河上格莱珊的双跨桥之间的切泽里山谷，当法国于 1602 年 7 月暂时封闭这一地区时，这条路线的脆弱性尽显无遗。西班牙试图重新打开位于山区内部通过日内瓦的路线，赞助卡洛·伊曼纽尔于 12 月袭击日内瓦，这就是著名的"登城事件"（L'Escalade），但萨伏依未能夺回这座城市，导致西班牙和萨伏依之间的关系迅速恶化。萨伏依渴望与复兴的法国保持良好关系，对西班牙使用格莱珊路线施加了越来越多的限制，并最终于 1609 年驱逐了守卫该路线的士兵。第二年，萨伏依与法国正式联盟，完成了政治方向的调整。现在西班牙需要另一条穿过阿尔卑斯山的道路。

瑞士的阿尔卑斯山口

出于对西部路线的担忧，1587 年 5 月，西班牙与瑞士七个天主教州中的五个签订了条约，换取对圣哥达山口的使用权。这是穿过瑞士中部的唯一可行的方式，道路穿过卢塞恩湖和楚格以东的天主教州，然后沿着罗伊斯河谷到达莱茵河地区。从这里，士兵们可以穿过友好的奥地利领地布赖斯高和上阿尔萨斯，并通过洛林到达卢森堡，重新回到原来的北部路线上。唯一一条替代路线是通过瑞士中部经由辛普朗山口到达罗讷河上游，但是这条路线很长，而且可能会被强大的新教伯尔尼州封锁。米兰总督在 1604 年设法延续了 1587 年的条约，但是瑞士天主教徒对法国影响力的复

瓦尔泰利纳和瑞士山口

图例:

瑞士各新教州
西班牙之路
山口

① 辛普朗山口
② 圣哥达山口
③ 卢克玛尼山口
④ 恩加丁山口
⑤ 温布赖尔山口
⑥ 阿尔贝格山口
⑦ 布雷格茨山口
⑧ 布雷根茨隘口

威尼斯
共和国

蒂罗尔

肯普滕

伊斯尼

博尔米奥 ⑥

⑦

福拉尔贝格

布雷根茨 ⑧

神圣之家联盟

十教区
联盟

基亚文纳

灰色联盟

瓦尔泰利纳

莫尔贝尼奥

米兰
公爵领

①

②

③

多瑙河

林道

巴塞尔河

罗特韦尔

图特林根

康斯坦茨

沙夫豪森

苏黎世

楚格

施维茨

卢塞恩

罗讷河

菲林根

霍恩特维尔

干伯林根

布赖斯高

布赖斯

昂西塞姆

迪恩

弗莱堡

布赖萨赫

上阿尔萨斯

蒙贝利亚

弗赖布尔高

伯尔尼

弗里堡

沃州

日内瓦湖

日内瓦

莱芒湖

瓦莱州

萨伏依

弗朗什－
孔泰

兴感到越来越紧张，其中一个最初的签署方拒绝续签。尽管天主教各州
在 1586 年组成了一个神圣联盟，但它们并不想与其新教邻居作战。瑞士
的政治是一种错综复杂的地方关系，就像帝国的情况一样，相互冲突的利
益抑制了两极分化，使其避免上升到宗派暴力。新的条约要求西班牙每隔
两天派 200 人的分遣队行军，同时将武器分开装在货车上。在 1604 年至
1619 年间，西班牙六次使用圣哥达山口路线，但在 1613 年，乌里和施维
茨的天主教徒暂时关闭了这条路线，防止米兰总督在与萨伏依的战争中从
德意志地区招募新兵。这些状况不是一个大国能长期容忍的。[46]

　　还有一条运输士兵的路线是海路，将人员从亚得里亚海运到的里雅斯
特，然后穿过内奥地利和蒂罗尔，到达莱茵河地区。然而，这不仅时间很
长，而且很容易受到威尼斯的威胁，威尼斯经常反对西班牙在意大利的政
策。威尼斯还控制了布伦纳山口，这是从意大利到蒂罗尔的最佳路线。在
东部路线和瑞士中部的山口之间只剩下三条路线。一条路线是从米兰向
北，穿过圣哥达山以东的施普吕根山口，沿着上莱茵河穿过库尔和康斯坦
茨湖，到达布赖斯高。施普吕根山口以东是恩加丁山谷，它从因河上游进
入蒂罗尔。最后，有一条 120 千米长的瓦尔泰利纳走廊，从科莫湖向东北
延伸，有两条路线可以进入蒂罗尔，一个是斯泰尔维奥山口，仅在 6 月至
9 月开放，另一个是海拔较低的温布赖尔山口，通常全年都可以通行。尽
管瓦尔泰利纳走廊更偏东，但是它更快，大约需要四天的路程，相比之
下，穿越圣哥达山口的路程需要十天。

　　这三条路线都掌握在雷蒂亚自由邦（Rhetian free states）手中，它们
更常见的名字是格劳宾登，字面意思是“灰色联盟”（Grey League）。雷
蒂亚是由三个联盟组成的联邦，与瑞士联邦有松散的联系，名义上也是奥
地利哈布斯堡王朝的联盟。和瑞士人一样，雷蒂亚也是在 14 世纪和 15 世
纪一系列拒绝哈布斯堡统治的阿尔卑斯山社区联盟中诞生的。灰色联盟本
身控制着莱茵河的上游，除了库尔城，库尔主教拒绝加入灰色联盟。神圣
之家联盟（Holy House League）控制了因河上游的恩加丁山谷，而较小
的十教区联盟（Ten Parish League）则与蒂罗尔西北部接壤。这三个联盟
都由自治市镇组成，后者各自派代表参加一个议会，以协调对外关系。灰

色联盟占主导地位,但三个联盟中需要至少有两个达成一致,才能做出有约束力的决定。雷蒂亚的战略意义来自 1500—1532 年它对米兰的征服。这些山地居民不仅占领了瓦尔泰利纳走廊,还占领了其南端的基亚文纳,因此既控制了向南通往米兰的道路,也控制了向北沿着施普吕根山口和恩加丁山谷的路线。

像瑞士一样,雷蒂亚政府并不是现代意义的民主制。很大一部分人口没有选举权,虽然基亚文纳和瓦尔泰利纳的居民享有自治权,但这些地方被视为被征服的领土,在雷蒂亚议会中没有任何代表权。到 16 世纪 70 年代,随着人口增长对相对贫乏的当地资源造成越来越大的压力,社会局势变得越来越紧张。社区政府落入了"大汉斯"(*Grosse Hansen*)的手中,这是一个由大家庭组成的网络,他们获得了村议会的控制权,并越来越多地拥有贵族头衔,过着贵族式的生活。与瑞士一样,这种缺乏中央集权的政治结构意味着,能够控制地方就更有机会获得财富,并在高层获得影响力。外国势力都准备好了支付高额费用,好让雷蒂亚议会做出更为有利的决定,能被允许通过山口,并能在人口过剩的村庄征兵。由于外部影响的存在,不同的派系与不同的外部势力结盟,这加剧了现有的紧张局势。由于大汉斯们利用自己在当地法院的影响力来解决个人恩怨,议会中的冲突又回到了乡村一级。这一点触及了雷蒂亚(和瑞士)社会所基于的社群理想的核心,因为所有现代早期组织的主要目的都是维护公共和平,而法院正是用来维护这一点的。从 16 世纪 20 年代起,路德宗的传播使这一问题变得更加复杂,因为许多家庭皈依了路德宗,而其他家庭仍然信奉天主教。新教徒认为他们的信仰是他们独立于哈布斯堡和库尔主教的管辖的一种表现。而他们在瓦尔泰利纳被剥夺公民权的南方臣民(*Sudditi*)则坚持天主教,以此来表达自己的身份。语言差异强化了这些分歧,因为北方人说德语,而南方人说意大利语。

在枢机主教博罗默和库尔主教派遣的嘉布遣会士及其他传教士推行天主教复兴的同时,雷蒂亚教会在加尔文宗的影响之下,开始坚持在教区加强监督,以强制推行生活改革,这使事态变得更加糟糕。雷蒂亚领导层感到自己越来越处在困境之中,这不仅仅是因为他们三个联盟的人数少于他们在基亚文纳和瓦尔泰利纳的臣民数量。两地的臣民变得越来越不安分，在 1572 年和 1607 年两次发起叛乱。灰色联盟的大多数居民仍然信奉天主教，而居住在瓦尔泰利纳的 4000 名新教徒感到非常不安，这使事情变得更加复杂。毫不奇怪的是，加尔文宗的政治领导人将信奉天主教等同于颠覆行为，并利用其在当地法院的影响力，从 1617 年开始发起迫害运动。

米兰总督富恩特斯（Fuentes）说服雷蒂亚人允许西班牙士兵的小分队在 1592 年后通过瓦尔泰利纳，但是议会于 1601 年 12 月承诺只有法国人可以进入，并在两年后与威尼斯签署了类似的协议。总督进行了报复，于 1603 年在科莫湖的顶部建造了富恩特斯堡，封锁了基亚文纳的入口，并实施了谷物禁运。雷蒂亚人仍然不为所动，因此到 1610 年，西班牙仍没有一条令人满意的穿越阿尔卑斯山的路线。幸运的是，由于他们和尼德兰人达成了《十二年停战协议》，这一点现在不那么紧迫了。

西班牙缔造和平

在法国和新教史学记叙中，西班牙一直与侵略性政策联系在一起，这掩盖了它在 1600 年前后寻求和平解决许多问题的努力。西班牙并不是唯一一个谋求和平的国家，事实上，它在结束战争方面取得了相对的成功，部分原因是其他欧洲国家也希望如此。缔造和平不是出于利他主义，相反，这和有关欧洲安全的相互竞争的愿景有关，根据这种愿景，一个主导强权可以通过仲裁对手之间的争端来维护自己的利益。英国的詹姆斯一世和法国的亨利四世都认为，他们自己的权力和死后的声誉取决于他们解决欧洲冲突的能力。而教宗还希望通过担任仲裁人的角色，摆脱西班牙和法国的影响。[47] 欧洲关系正在从中世纪基督教世界转向基于主权国家的国际秩序，这种尝试也是对这一深层转变的回应。在这一阶段，经济和政治联系将各个国家在一个共同系统里更明显地关联在一起，但它们之间互动的确切性质仍有待解决。秩序与等级制联系在一起，而不是平等，这意味着存在着一种卓越的权力来保障所有人的和平，例如一个王国中的国王，或者一个城市中的地方法官。

西班牙和平的愿景是西班牙君主国的帝国使命的核心。像其他努力缔造和平的欧洲君主一样，西班牙打算从一个强势的位置去解决冲突，但往往只是由于自身的虚弱而被迫这样做。由于动机复杂，而最终的协议往往又很脆弱，人们很容易将缔造和平视为长期斗争中的战术撤退。从腓力二世去世到三十年战争爆发期间，对于那些将整个时期视为反哈布斯堡长期斗争的一部分的人来说，这段时期西班牙缔造和平的努力无疑就是这种类型。然而，缔造和平的努力既非出于天真，也不愤世嫉俗，我们要审查这些结束敌对行动的谈判，来揭示当时的人是如何看待自己卷入了一系列不同——如果说相关的话——的冲突的。

西班牙和平起源于 1559 年与法国缔结的和约，和约结束了 16 世纪上半叶的斗争，保证了 50 年的"意大利安宁"。腓力于 1596 年 11 月再次破产，1597 年的无敌舰队也再次以失败告终，这使他确信不可能同时击败法国、英国和尼德兰，这也使他重启谈判，并于 1598 年缔结了《韦尔万和约》（见上文）。从某种意义上来说，《韦尔万和约》是进一步对抗尼德兰的一种策略，因为它打破了 1596 年 5 月在格林威治签订的《三国盟约》（Triple Alliance），当时西班牙的三个敌人在盟约中发誓不与西班牙单独议和。然而，这也是结束欧洲冲突的更广泛愿望的产物，因为和约是由教宗和英格兰的伊丽莎白促成的。此外，西班牙显然希望《韦尔万和约》持续下去。1610 年亨利四世遇刺后，莱尔马公爵拒绝了利用法国的麻烦的呼吁，坚持促进更密切关系的政策。亨利的遗孀于 1611 年 4 月同意莱尔马缔结双重王朝婚姻的请求 *，在四年后两方成婚。[48]

比利时自治

莱尔马还继续西班牙的政策，努力结束尼德兰叛乱，这种努力始于 1598 年 5 月垂死的腓力二世，他当时赋予更大的自治权给西属尼德兰，并将其委托给他的女儿伊莎贝拉。这种安排部分是因为国王希望他最钟爱

---

* 腓力三世的女儿奥地利的安妮（1601—1666）嫁给了年轻的法国国王路易十三（1601—1643），两人于 1615 年成婚。

的女儿的生活能够得到保障，因为当时已经很明显，皇帝鲁道夫不会娶她。1599 年，作为替代，她与阿尔布雷希特大公成婚，但这也是腓力很早之前策划的，他还规定如果这对夫妇有一个儿子，比利时的自治将继续下去。与此同时，这对夫妇将作为布鲁塞尔的"大公"共同执政。腓力希望，一个自治的尼德兰人更容易被尼德兰人接受，他们可能会被迫放弃与西班牙的斗争，转而接受与布鲁塞尔联盟。[49] 在尼德兰共和国成立整整十年后，这无疑为时过晚，而且佛兰德军继续驻扎在南部，仍然直接向马德里报告，整个计划也受到了损害。然而，我们不应该匆忙贬低这个计划。阿尔布雷希特和伊莎贝拉决心维护自己的自治权，如果他们有儿子，事情可能会有所不同。伊莎贝拉是从阴郁的西班牙宫廷中走出来的最有魅力的人之一。她在肖像中显得比丈夫还高，无疑是一个活跃的角色，在 1615 年布鲁塞尔射击俱乐部锦标赛上，第一次射击就正中靶心。她因此在文字、形象和仪式上被称为亚马逊女王，这一切显然是精心策划的，目的是尝试提升这对夫妇的皇室地位。

　　在这些努力之外，他们还采取了一系列实际措施，旨在确保当地人的忠诚，并在反叛省份内培养同情者。尽管他们宣称对布鲁塞尔和其他城镇拥有管辖权，但这对夫妇普遍尊重地方特权。他们推行的天主教生活的复兴包括了对耶稣会士的赞助，但更多地致力于恢复旧的伊拉斯谟传统，使天主教对潜在的北方皈依者更具吸引力。阿尔布雷希特在担任葡萄牙总督期间（1583—1593）就已经有过执政经验。他设法在不损害比利时自治的情况下与斯皮诺拉将军合作，向英国、法国和罗马派遣了自己的特使，并于 1600 年与尼德兰人展开了直接会谈。他在说服马德里政府与英国达成合约方面发挥了重要作用，马德里最终承认苏格兰的詹姆斯六世是1603 年去世的伊丽莎白的继承人。比利时的调解让 1604 年的《伦敦条约》得以签订，这结束了西班牙与英国长达 19 年的战争，西班牙和英国逐渐开始和解，尽管时有紧张局势，但这种和解一直持续到 17 世纪中叶。

《十二年停战协议》

　　两位大公认识到，他们的自治最终取决于与尼德兰人实现和平。现在他们的军事行动越来越侧重于迫使尼德兰人接受合理的条件，阿尔布雷希特于 1607 年 3 月通过谈判达成停火协议，以便有更多时间缔结停战协议。尼德兰拒绝对北部天主教徒给予宽容，这在马德里引起了相当大的不安，因为停战协议意味着对宗教事务的关怀要屈从于现实的压力，比如 1607 年 11 月的再次破产。一些人还担心这会给尼德兰人重整旗鼓的时间，使他们在未来更难被击败。斯海尔德河将会重新对商业开放，但许多人还是担心尼德兰人现在会渗透到脆弱的印度贸易中，尽管尼德兰承诺推迟成立新提议的西印度公司（WIC）。而且尼德兰拒绝解散现有的东印度公司，该公司已经从葡萄牙人手中抢走了市场，实际上在最终条款中，停战仅限于欧洲。腓力三世和莱尔马驳回了对停战协议的反对意见，认为继续战争有可能造成更大的破坏，于 1609 年 4 月 9 日与尼德兰人达成了《十二年停战协议》。

因此，西班牙在 1598 年至 1609 年间先后与法国、英国和尼德兰达成协议，成功地从西方三场战争中脱身。作为一项军事战略，外交手段显然有效；它粉碎了敌对的三国联盟，并使尼德兰共和国内部的紧张局势加剧，在 1621 年停战协议到期时，尼德兰因为这种紧张局势在某些方面被削弱了。然而，我们不能因为腓力三世自己把缔造和平说成是权宜之计，就"相信他的话"。[50] 鉴于和平协议富有争议，特别是这是与尼德兰异端达成的，国王很难在不损害他威望的情况下在公开场合用别的方法描述这些协议。

对所有认为缔造和平是出卖西班牙核心利益的人来说，莱尔马迅速成为众矢之的。甚至连莱尔马的儿子乌塞达公爵，也加入了越来越多的批评者的行列。为了转移注意力，莱尔马在停战协议签署的当天，就下令驱逐摩里斯科人（Moriscos）。摩里斯科人是指那些自从摩尔人在 1492 年战败后，继续生活在西班牙并皈依了基督教的原穆斯林，他们占了西班牙人口的 4%。此时恰逢人口和经济停滞不前，这项政策无疑是错误的，巴伦西亚不得不去从事自给自足的农业，而且使拦截西班牙运送给在休达和丹吉尔的北非驻军的物资的海盗数量大为增加。西班牙不得不投入越来越多的资源来保卫自己的南部海岸。随后针对巴巴里海盗采取的行动毫无结果，但这至少使西班牙能够与同样遭受掠夺的英国和法国联合起来，并提供了一个改善其基督教十字军传统形象的机会。

萨伏依和曼托瓦

这也是莱尔马更广泛地调整西班牙对地中海政策的一部分，他认为地中海才是西班牙在欧洲的恰当舞台。他试图惩罚萨伏依投靠法国阵营的行为，从而恢复西班牙的威望，重新打开通往尼德兰的西班牙之路。伊诺霍索（Hinojosa）侯爵是莱尔马的亲戚和政治盟友，他在富恩特斯死后被任命为米兰总督，并被指示加大对萨伏依的压力。一系列交互发生的事件引发了一场不必要的战争，这将是围绕曼托瓦公国的一系列斗争的第一场。有争议的曼托瓦继承问题值得我们关注，因为它构成了意大利方面的三十年战争，也说明了王朝政治在引发战争方面的重要性。

1612 年，弗朗切斯科四世（Francesco IV）公爵在位不到一年就去世了，他的弟弟费迪南多（Ferdinando）夺取了权力，以公爵无子为由，赶走了寡嫂玛格丽塔（Margherita）。玛格丽塔是萨伏依的卡洛·伊曼纽尔的长女，卡洛·伊曼纽尔认为这是一个巩固东部边境的机会，要求得到蒙费拉托侯爵领*作为赔偿。曼托瓦是一块男性继承的封地，但蒙费拉托不同，可以由女性继承，这使得卡洛·伊曼纽尔可以要求其女儿得到继承权。这件事应该由皇帝裁决，因为曼托瓦和萨伏依都是帝国意大利领土的一部分，因此属于他的管辖范围。然而，兄弟之争使皇帝没有多少时间去关注意大利事务，导致萨伏依于 1613 年 4 月入侵蒙费拉托，开始了自 1559 年以来意大利的第一场大规模战争。伊诺霍萨被指示要避免战争，但由于有争议的领土位于米兰和萨伏依之间，他感到有义务做出回应。马德里声称自己的行为是在维护费迪南多的继承权，在多方催促之下，伊诺霍萨在 1614 年做出反击，将萨伏依人从蒙费拉托驱逐出去，并入侵了皮埃蒙特。莱尔马不希望发生重大冲突，并对伊诺霍萨完全击败萨伏依的可能性持悲观态度。伊诺霍萨接受了法国的调解，同意于 1615 年 6 月在阿斯蒂达成临时和约，他撤出皮埃蒙特，让蒙费拉托的命运悬而未决。

这场战争加大了莱尔马在西班牙宫廷受到的压力，尤其因为乌塞达公爵效仿了他父亲的策略，培养了与王储和那些希望在马德里变天的人的

---

*　弗朗切斯科同时是曼托瓦公爵和蒙费拉托侯爵。

友谊。个人竞争与原则上的分歧交织在一起，共同决定什么对西班牙最有利。随着对莱尔马的批评越来越多，腓力三世拒绝了阿斯蒂的和平协议，莱尔马被迫罢免伊诺霍萨为替罪羊，以保住自己的位置。

由于得到了外国援助，卡洛·伊曼纽尔的地位越来越稳固。虽然法国并不寻求战争，但也很高兴利用西班牙的困境来提高自己的国际地位，派遣了多达 1 万名的辅助军队来增援萨伏依军队。[51]威尼斯也认为萨伏依可以用来对抗哈布斯堡王朝，在 1616 年和 1617 年支付了萨伏依三分之一的军费开支，卡洛·伊曼纽尔招募到了 4000 名德意志雇佣兵，他们在恩斯特·冯·曼斯菲尔德（Ernst von Mansfeld）的领导下及时赶来参加 1617 年的战役。萨伏依在 1616 年重新征服蒙费拉托，重启了战争，但是大部分法国人没有到达，而威尼斯也卷入了与费迪南德大公的战争（见第 8 章），拒绝开辟对抗米兰的第二条战线。此外，卡洛·伊曼纽尔关于意大利自由的修辞未能打动该地区的其他统治者，后者仍然认为西班牙是区域和平的最佳保障者。比利亚弗兰卡（Villafranca）侯爵出任新米兰总督，并重组了西班牙军队。瑞士天主教徒暂时中止反对西班牙使用圣哥达山口越过阿尔卑斯山，使得来自佛兰德军队和德意志新兵的增援部队能够到达。比利亚弗兰卡在六个月的围攻后占领了韦尔切利，突破了皮埃蒙特边境防线。随着战局开始对西班牙有利，西班牙再次努力通过法国和教宗的调解以获得令人满意的和平条件。1617 年秋天，《帕维亚条约》（Treaty of Pavia）结束了曼托瓦争端，而《巴黎条约》（Treaty of Paris）解决了威尼斯与内奥地利的战争，两个战场都达成了和约。西班牙归还了韦尔切利，以换取萨伏依撤出蒙费拉托，现在该地被留给曼托瓦的费迪南多公爵。

这两个条约都不是特别令人满意，萨伏依将会于 1627 年在蒙费拉托问题上再次挑战这一和约。然而，欧洲统治者之间的关系总是存在一定程度的摩擦。更重要的是，没有任何迹象表明大规模战争是不可避免的。尼德兰的《十二年停战协议》还剩下三分之一的时间，布鲁塞尔政府以及西班牙的一大部分人都认为应该续约，至少如果尼德兰同意修改条款的话。最重要的是，西欧和南欧似乎没有任何迹象表明中欧将在一年内爆发冲突。

第 6 章

波罗的海霸权

丹 麦

波罗的海和欧洲冲突

斯堪的纳维亚参与三十年战争将中欧问题与争夺波罗的海霸权的斗争联系在了一起。像西班牙和法国的干预一样，瑞典和丹麦的参与最后延长了冲突的时间，扩大了冲突的范围，而非直接促成冲突的起因。斯堪的纳维亚人关切的是自己独特的问题，波罗的海的斗争远在中欧冲突之前就开始了，并在《威斯特伐利亚和约》达成之后依然延续了一段时间。然而，与西方列强不同，丹麦和瑞典更密切地与帝国问题的核心——宪法问题——关联在一起。就丹麦而言，这是因为它的国王本来就是帝国政治体成员，并且深深地卷入德意志北部的宗教政治问题中。瑞典在这个阶段相对较远，事实上，大多数德意志人认为它几乎算不上是文明世界的一部分。然而，瑞典在 1630 年的干预使帝国政治变得非常复杂，并导致瑞典与帝国宪法挂钩，这既是因为它保证了和平协议，也是因为它获得了一部分仍然属于帝国的领土。

在 1599 年后，波兰也加入了瑞典和丹麦在波罗的海地区的斗争。波兰的介入将波罗的海事务与那些更远的东方国家的问题联系在一起，尤其是莫斯科公国的内战，以及波兰自己在南部与特兰西瓦尼亚、瓦拉几亚和摩尔达维亚边界沿线的麻烦。这三个波罗的海的竞争对手都与德意志诸侯有婚姻和政治联盟关系，丹麦和波兰还和哈布斯堡王朝有亲属关系。由于贸易利益关系，它们还和尼德兰等西方国家以及不列颠群岛斯图亚特君主国有联系。斯图亚特王朝因 1590 年詹姆斯六世国王与丹麦的安妮的婚姻而与丹麦联系在一起。

在这三个竞争对手中,丹麦最初是最重要的,因为自 1397 年以来,它一直是斯堪的纳维亚卡尔马联合 * 的核心。这种联合纯粹是通过君主个人达成的,因为丹麦、瑞典和挪威保留了他们自己的王室委员会,由主要贵族组成,以维护他们的法律和利益。[1] 丹麦也与帝国政治有着更密切的联系,自 1448 年以来,丹麦就由奥尔登堡(Oldenburg)王朝的一个分支统治,宫廷讲德语。王朝的其他分支继续统治着奥尔登堡这个小公国本身,而在戈多普的另一个分支与丹麦国王共享石勒苏益格和荷尔斯泰因公爵领。石勒苏益格完全处在丹麦管辖之下,但是荷尔斯泰因是下萨克森帝国行政圈的一部分,拥有它使得丹麦国王及其戈多普的亲戚成为帝国政治体成员,在帝国议会中有代表权。

丹麦在卡尔马联盟中占主导地位,这也因为自 1387 年以来,挪威就在其统治之下。到 1620 年,奥尔登堡王朝统治了大约 118 万臣民,其中三分之二在丹麦,其余在挪威。他们在荷尔斯泰因还有 18.5 万臣民,公国属于戈多普家族的部分还有 5 万臣民,石勒苏益格有 10 万。法罗群岛和冰岛也属于奥尔登堡王室,那里还有几千人,但从欧洲的角度来看,即使加在一起,其总人口也仍然相对较小,大致和波希米亚王国相当。1620年,瑞典和芬兰的总人口为 120 万,另外 25 万人分散在波罗的海南部的省份(其中一些只是最近才占有的)。像丹麦人和挪威人一样,瑞典人和芬兰人主要集中在各自国家的南部,广阔的内陆地区几乎无人居住。

1520—1523 年,瑞典贵族拒绝承认丹麦国王,选择了自己的君主,卡尔马联合解体,各方开始争夺波罗的海的霸权。卡尔马联合分裂成两个部分,丹麦-挪威和瑞典-芬兰,这两部分在为双边关系而争吵的同时,也在内部为其政府形式而斗争。两位国王都声称拥有瑞典、丹麦和挪威三个王国的联合遗产,丹麦质疑瑞典脱离卡尔马联合,希望再次使瑞典

---

* 卡尔马联合是 1397 年至 1523 年由斯堪的纳维亚的丹麦、瑞典(包括芬兰)和挪威(包括冰岛、法罗群岛、格陵兰、设得兰和奥克尼)为主组成的共主邦联。1397 年 6 月在瑞典卡尔马城结成联盟后,挪威、瑞典和丹麦三个王国共同拥戴一个君主。

屈服，或者至少保住自己作为波罗的海主导力量的地位。这场争端集中在波罗的海西部，尤其是通往北海的唯一入口厄勒海峡。实际问题象征性地在争夺旧纹章的斗争中表达了出来，双方都声称自己拥有上面绘有三国王冠的旧纹章的专有使用权。虽然双方一直在竞争，但也有相对平静，甚至是合作的时期，尽管如此，竞争还是导致了六次所谓的"北方战争"（1563—1570、1611—1613、1643—1645、1657—1658、1658—1660 和 1675—1679），直到最后一次大北方战争（1700—1721）才最终得以解决。大北方战争让两个竞争对手筋疲力尽，让俄国占领了波罗的海的东端。[2]

在冲突的早期阶段，丹麦保住了瑞典南部的斯科讷，使其对手只能通过约塔河沿岸的一条狭长地带进入厄勒海峡，约塔河从维纳恩湖流入北海。这个战略走廊由靠近现代的哥德堡的海岸要塞埃尔夫斯堡保护。在瑞典于 1658 年占领厄勒海峡的整个西部和南部海岸之前，这里一直是争夺的焦点。瑞典试图确保其独立，然后通过将丹麦赶出厄勒海峡，为瑞典王室获得更显著的欧洲形象，取代丹麦的首要位置。

丹麦的财富和权力

在这些战争中，两位君主都没有得到其人民的全力支持。国际竞争需要大量资源，而这是人口稀少的波罗的海地区难以提供的，这加剧了国王和其臣民之间的紧张关系，后者在分散的中世纪联合中享有很大程度的自治权。1536 年，克里斯蒂安三世（Chritian Ⅲ）在丹麦内战中获胜，强化了其君主权威。[3] 挪威和冰岛失去了自治权，直接被置于君主统治之下，而路德宗则按照德意志的模式与国家教会合并。丹麦天主教主教被监禁，一度强大的议会（Riksråd）被一举缩减为大约 20 名世俗顾问，他们不得不对一个抽象的王权概念宣誓效忠，这个王权概念超越了个体君主的生命。国王没收了天主教会的土地，这相当于三分之一的耕地，使他直接控制了国家的一半耕地。2000 名贵族拥有另外 44% 的耕地，依然还很强大。新秩序为了争取他们，赋予了他们对于其佃农更大的权威，这些佃农现在已到了沦为农奴的地步。然而，君主国的选举性质在形式上保持不变，提高税收或宣战仍然需要议会的同意。

丹麦的解决方案在一个权力大大加强了的君主和仍然强大的贵族之间建立了平衡。因为国王本人还是荷尔斯泰因公爵，因此享有超越丹麦宪法的自主权，能够绕过议会。例如，克里斯蒂安四世强迫议员支持1611年对瑞典的战争，威胁说不然他就以公爵的身份发动战争。王室还干预地主和农民的关系，实行租金管制，以保持农村人口残余的忠诚度。经济增长让大多数贵族高兴，因为他们从蓬勃发展的谷物贸易中获利。更微妙的是，王室通过操纵封建管辖权，将空置的封地授予支持王室的家庭，影响了贵族的组成。到1625年，三分之一的贵族已经积累了四分之三的王室封地，形成了一个与君主国紧密结合的贵族阶层。贵族们的财富使得他们可以把儿子送到外国大学读书和在欧洲旅游，他们开始分享王室更广阔的视野，也同样渴望捍卫路德宗，希望在波罗的海争夺霸主地位。

最重要的是，丹麦国王非常富有，在很大程度上可以不受财政限制，而其他君主们都为之缚手缚脚。[4] 厄勒海峡的通行费是君主最明显的资金来源，也最具战略敏感性。丹麦控制着北海和波罗的海之间的所有三条通道：两条穿过日德兰海岸外的岛屿的较次要的路线，以及厄勒海峡，后者是岛屿和斯科讷之间的大型通道，也是大型船只唯一可行的路线。由于西欧人口和东欧庄园经济的共生发展，波罗的海贸易蓬勃发展。除了谷物，该地区还生产木材、焦油、火麻、铜和其他对所有海洋国家至关重要的"海军储备"。1583年，有将近5400艘船只通过海峡，是50年前的三倍。丹麦在赫尔辛格建立了一个越来越复杂的综合重量和货物价值的收费系统，同时还在挪威北部建立了额外的收费点，以对通过摩尔曼斯克前往俄国的另一条路线收费。从1560年到1608年，通行费年收入激增了十倍，达到24.1万里克斯（riksdaler）。它的真正价值在于作为一个独立的收入来源，直接流入国王的私人账户，而不是国库。[5] 通行费也加强了国王的国际影响力，因为他可以用优惠税率奖励盟友，这在竞争激烈的大宗运输市场中至关重要。

和西班牙的白银一样，丹麦的通行费掩盖了它潜在的经济和财政弱点，这些弱点只有在卷入三十年战争后才会暴露出来。虽然丹麦可以收取通行费，但它没有控制贸易。通过厄勒海峡的船只有一半以上是尼德兰人的，其余主要来自英国和德意志。丹麦对贸易的参与仅限于生产一些谷物和用于运输的木材，以及在挪威的深海捕鱼业。因此，丹麦君主国仍然是所谓的"领地国家"，严重依赖王室土地的收入，这一收入在 1608 年占王室收入的 67%。领地经济依赖易货交易，君主国直接从佃户那里收取代替租金的农产品。这些产品很大一部分直接由宫廷消费，或者转移支付给那些刚刚开始领取货币工资的官员。其余的在市场上出售以换取现金。

君主关心如何不受贵族的束缚，因此避免向议会索要常规资金。在 1563—1570 年的北方战争中，税收只是用作暂时的权宜之计，之后一直持续到 1590 年，以清偿剩余的债务。1611—1613 年的战争也采用了同样的程序，并取得了明显的成功，创造了一种乐观情绪。丹麦的经济繁荣也支撑了这种乐观情绪，经济繁荣一直持续到 1640 年，远比欧洲其他地区持续得更久。来自王室土地的收入持续增长，在 1615 年之后，每年的年度盈余超过 20 万里克斯。1615 年后，尽管在军事准备上花费了大量资金，但克里斯蒂安四世还是积累了至少 100 万里克斯的现金储备。这使他成为欧洲第三富有的人，仅次于巴伐利亚公爵马克西米连（据说身价 1000 万弗洛林）和克里斯蒂安自己的母亲，梅克伦堡的索菲亚（Sophia of Mecklenburg）。索菲亚于 1631 年去世时身价 280 万里克斯。因此，丹麦君主国非常不寻常地处在债权人而非债务人的位置。国王投资了 43.2 万里克斯于他自己的东印度公司，公司在印度科罗曼德尔海岸的特兰奎巴建立了一个小殖民地。他还资助捕鲸业，以削弱尼德兰和英国的竞争对手，促进与冰岛的贸易，并在哥本哈根开办一家丝绸工厂，还有其他旨在提高声望和促进真正的经济发展的企业。到 1605 年，他已成为他的贵族们的银行家，在 1618 年至 1623 年间提供了更多的贷款，帮助他们度过东欧庄园经济中断造成的困难时期。这些做法在政治上得到了明显回报，阻止了对王室政策的批评，而提供国际贷款和操纵通行费的做法互为补充，赢得了外国盟友。然而，这种表面上的财富具有欺骗性。它给了国王进行海外冒险的手段和信心，同时掩盖了国家摇摇欲坠的财政基础。如果战争不能立即取得成功，通行费和谷物出口都会受到影响，尤其是因为最有可能的敌人瑞典的地理位置使其可以同时破坏这两者。一旦现金储备用完，王室就只能依靠相对不灵活的国内经济，而且由于丹麦缺乏一个成熟的财政结构，甚至从国内经济收税都不大可行。

军费是王室财富消耗的大头。现金储备给了国王令人印象深刻的先发打击能力，使他能够相对快速地发动重大战争。当丹麦在 1563 年与瑞典进行第一次战争时，在 2.8 万人的军队中，德意志雇佣军人数不下 2.4 万人。[6] 在 1596 年后，克里斯蒂安四世转移了重点，专注于增强丹麦的永久防御能力，同时仍然依赖现金储备，在必要时可以动员一支打击力量。从 1596 年到 1621 年，至少有 100 万里克斯花在对堡垒进行现代化改造和扩建上。八个主要的要塞建成，以保护斯科讷和瑞典南部和西部的其他省份，而克里斯蒂安尼亚（现代奥斯陆）是为了保护挪威而建造的。在最大的西兰岛上建立了另外两座要塞，以保卫哥本哈根。另外三座要塞是为了保护进入荷尔斯泰因西部的通道而建立的，分别位于不来梅大主教辖区的施塔德、易北河北岸的格吕克施塔特及其东北部的克伦佩。其他要塞则用来保护东荷尔斯泰因、石勒苏益格和日德兰半岛。

1599 年至 1602 年间，丹麦对其民兵进行了重组，以提供训练有素的人力来驻守要塞和保卫国家，而不需要花费军费维持一支庞大军队。骑兵是由拥有王室封地的贵族组成的，他们有义务服封建骑士的兵役（rostjeneste），而步兵则从自耕农和王室佃户中征召。1609 年，民兵被并入国家体系，并在与瑞典的第二次战争后分两个阶段进行重组，即 1614 年和 1620—1621 年。现在，共有 5400 名农民征召兵，服役三年，通过对每个地区实行配额制而征召，其费用由王室直接从其领地的收入中支付，而贵族则提供 12 个永久性的骑兵连。国王为了得到贵族的合作，接受了某些限制条件，同意民兵只用于国防。征召兵对国防的理解比王室要狭隘得多，因此 1617 年后被派去修建格吕克施塔特要塞的人很快就当了逃兵。克里斯蒂安的改革有着独特的丹麦根源，但是他肯定受到了拿骚关于民兵的思想的影响，因此他用丹麦语出版了约翰伯爵的操练手册也就不足为奇了。和约翰一样，国王也认为一支专业部队骨干对强化征召兵至关重要，并开始维持一支大约 4000 人的正规军，其中许多人是在德意志北部招募的。这些构成了 1611 年和 1625 年丹麦攻击部队的基础，在这两次战争中，都有更多用现金储备雇佣的雇佣军作为补充，同时民兵被动员起来守卫要塞。

克里斯蒂安充分认识到海军在波罗的海战争中的重要性，也对海军投入了大笔资金。1588 年，丹麦舰队的规模已经和打败无敌舰队的英格兰舰队相当。1618 年的海军开支是要塞计划消耗的六倍，海军的总吨位从 1600 年的 1.1 万吨增加到 1625 年的 1.6 万吨。更重要的是，国王在新的设计上投入了大量资金，建造了更大、更全副武装的战舰，包括 1599 年下水的装备有 44 门火炮的"胜利"号，随后在 1627 年，"胜利"号的旗舰地位又被 54 门火炮的"索菲亚"号所取代。[7]

丹麦与帝国

同时代人和后人对这些军备的目的的推测与后来丹麦作为爱好和平的小国的历史大相径庭。一些人将后来丹麦爱好和平的形象投射到 17 世纪，认为议会代表了丹麦的真正利益，反对克里斯蒂安四世鲁莽的个人野心。最近的研究表明，国王也关心国家的安全，正是这一点促使他参与欧洲事务。议会反对的真正原因是贵族们意识到王室的冒险会影响他们的收入和国内政治影响力。在关于丹麦后来历史的叙述中，波罗的海地区的利益依然占据首要位置，但是奥尔登堡王朝保留了其德意志根基，并继续对帝国政治感兴趣。弗雷德里克二世（Frederick II）的姐姐已经于 1548 年嫁给了萨克森选帝侯，与最重要的路德宗领地建立了牢固的联系，因此也让丹麦和萨克森有了共同关切，希望维护 1555 年的《奥格斯堡和约》。[8]

当弗雷德里克的儿子克里斯蒂安四世在 1596 年成年时，丹麦的政策变得更加激进。克里斯蒂安在 11 岁时继位，在四位贵族议员组成的摄政团下度过了八年。这一经历让他对贵族的心态有了很好的了解，他学会了如何操纵他们的情感。丹麦是英国以外最强大的新教君主国，弗雷德里克和他的儿子都认为自己是整个欧洲路德宗利益的守护者；然而，虽然表面上非常正统，克里斯蒂安仍是一个温和派，更多地是被对自己王国的责任感所驱使，而不是被宗教目标所驱使。克里斯蒂安精力充沛，可以热情地投入到自己的目标中，但在第一次受到挫折时就陷入沮丧，然后又充满信心地重拾计划。克里斯蒂安擅长组织计划，但经常因为不耐烦和不愿意放权而破坏自己的计划。尽管他遭遇了重大的失败，他在丹麦人心目中还是最受爱戴的国王，这尤其是因为他活泼的性格、巨大的胃口和精力充沛的爱情生活。他先和勃兰登堡的安娜·凯瑟琳娜（Anna Catherina）结婚，这是一场无爱的婚姻，随后他找了一连串的情妇，最后是与基尔斯滕·蒙克（Kirsten Munk）的第二次婚姻，这是一次贵庶通婚，基尔斯滕·蒙克是一位交游广泛的年轻丹麦女贵族，她没有回报丈夫的忠诚，后来还试图谋杀他。虽然第一次婚姻没有激情，但仍诞生了三个儿子。长子和他父亲同名，分享了对喝酒的热情，但是没有他父亲的智力和精力，在1647年就去世了。最小的乌尔里克（Ulrik）于1633年去世，时年仅22岁。1648年时，只有中间的儿子弗雷德里克还活着，继承了父亲的王位。当然，这两个儿子的早逝是无法预测的，在统治的大部分时间里，克里斯蒂安都被他强烈的路德宗的家族责任感所驱使，去为两个不能继承王国的儿子寻找适当的去处。

为年轻的王子寻找去处是促使克里斯蒂安介入德意志北部帝国教会政治的一个因素。但将丹麦的战略简化为在"波罗的海"和"德意志"这两个选项之间作出鲜明的选择则是错误的，因为克里斯蒂安的政策有一系列目的，而这些目的之间是互补的。波罗的海的霸主地位不仅是斯堪的纳维亚问题，还涉及丹麦在欧洲的地位，这相应地又与作为基督教世界核心的神圣罗马帝国有关。奥尔登堡王朝与大多数新教德意志诸侯有亲属关系。虽然荷尔斯泰因并不是选侯国，但其公爵们自己的王室血统使他们表现得好像在级别和影响力上仅次于皇帝。丹麦在帝国内的影响力可以提升它在其他地方的地位，并会使暴发户瑞典难以干涉克里斯蒂安认为属于自己后院的事务。他的儿子们在德意志北部主教辖区担当教区长官不仅可以带来地位和收入，还会为德意志新教徒保护这些土地，从而提升丹麦在路德宗中的地位。不来梅大主教辖区和其他丹麦想要获得的地盘位于从北海到荷尔斯泰因南部、再向东北延伸到波罗的海，形成一个环形地带。如果这些土地落在友好势力的手中，丹麦的国家安全将得到加强，而且丹麦在下萨克森政治中将会占据主导地位。最后，教会土地横跨威悉河、易北河和其他从德意志北部流入北海和波罗的海的河流。如果能拥有这些土地，丹麦就能够将其通行费系统扩展到德意志北部地区，并能维持对强大的汉萨同盟的优势地位。

汉萨同盟建立于 1160 年，后来发展到包括 70 个德意志城镇，此外还有 100 个分布在从佛兰德到芬兰地区的准成员。这是中世纪许多市民联盟中最成功的一个，这些联盟的主要作用是迫使欧洲统治者向其成员提供广泛的贸易优惠条件。然而，汉萨同盟缺乏和大君主国相提并论的军事潜力，并且处于缓慢的衰落中。许多成员认为被纳入帝国并成为帝国城市是对其经济和政治自治的更好保障。创始城市吕贝克已经获得了帝国城市的地位，其他城市，如马格德堡和不伦瑞克，把汉萨同盟成员身份当作躲避自己领地统治者管辖权的一种手段。因此，汉萨城镇的地位相当模糊；像不来梅和汉堡这样的大城市认为自己是自治的，但是它们没有被完全承认为帝国城市。

这种情况使得丹麦能够与其他北德意志诸侯建立密切的关系，这些诸侯也试图压制市民自治，为其亲属谋得主教职位。克里斯蒂安最重要的盟友是不伦瑞克-沃尔芬比特尔的海因里希·尤利乌斯公爵，后者一直试图征服不伦瑞克市，并于 1566 年成为哈尔伯施塔特教区长官。他娶了克里斯蒂安的妹妹伊丽莎白，从而将丹麦与韦尔夫家族联系在一起，韦尔夫家族长期以来在帝国政治中扮演着重要角色，是德意志西北部最重要的世俗诸侯。海因里希·尤利乌斯喜欢让其他的韦尔夫家族成员效仿他，尤其是他的小儿子克里斯蒂安，后者于 1616 年成为哈尔伯施塔特的教区长官。然而，他的遗孀提拔了克里斯蒂安四世的二儿子弗雷德里克，弗雷德里克于 1623 年 4 月被哈尔伯施塔特大教堂圣职团接纳，并被培养成继任者。海因里希·尤利乌斯的弟弟菲利普·西吉斯蒙德（Philipp Sigismund）是费尔登和奥斯纳布吕克的新教教区长官，也促进了弗雷德里克的职业生涯，确保了后者在 1623 年继承了费尔登教区长官的位置。与此同时，乌尔里克成为什未林较小的主教辖区的教区长官，将丹麦的影响力扩展到东部。

不来梅是最大的奖赏。它既是该地区最大的教会领地，而且，作为大主教辖区，也是最有声望的。获得不来梅将使丹麦拥有威悉河口和易北河的南部。因为拥有荷尔斯泰因，克里斯蒂安已经获得了易北河北岸部分地区。他以此来宣称对汉堡拥有所有权，汉堡是汉萨同盟所有城镇中最大、最有活力和最成功的。1603 年 10 月，他声称这座城市属于荷尔斯泰因，并部署军队迫使它宣誓效忠。然而，汉堡市民成功地将他告上了法院，帝国枢密法院在 1618 年 7 月做出了有利于他们的裁决。克里斯蒂安进行报复，在城市下方的荷尔斯泰因土地上建立了格吕克施塔特，他可以从那里对来往汉堡和北海的船只征收通行费。然而，想要得到不来梅的努力遭到了他的戈多普亲戚的强烈抵制，他们自 1585 年以来一直是不来梅和较小的吕贝克主教辖区的教区长官。克里斯蒂安施加了无情的压力，迫使他们在 1621 年 11 月接受弗雷德里克王子为助理主教，导致他在 13 年后成为不来梅大主教。丹麦现在包围了汉堡和不来梅市。[9]

分裂的瓦萨王朝

瑞典的兄弟之争

丹麦在德意志北部影响力的增长被波罗的海对岸的竞争对手抵消了。瑞典作为欧洲大国的崛起是 17 世纪国际关系中最引人注目的事件之一。虽然瑞典帝国主义的物质基础早在之前征服利沃尼亚和爱沙尼亚港口的时候就已经奠定，但只是在古斯塔夫斯·阿道弗斯于 1630—1632 年在德意志取得胜利之后，国际社会才承认了瑞典的新地位。随着瑞典精英寻求欧洲的接纳，伴随着快速扩张而来的是宗教和文化生活同样发生了戏剧性的变化，同时外国人也从欧洲各地来到瑞典，带来了新的观念和影响。

瑞典的内部发展大致与丹麦类似。卡尔马联合解体后，君主国从内战中诞生。古斯塔夫斯·瓦萨（Gustavus Vasa）压制了贵族对世袭君主的反对，扩大了王室的经济基础，将王室在 10 万个农场中的份额提高到 21% 以上，同时将贵族控制农场的比例降低到 16%。剩下的土地都归自耕农所有，这和丹麦的情况相反，丹麦的自耕农只拥有所有农场的 6%。这些统

计数字凸显了瑞典贵族相对弱势的地位，在 1600 年，他们只有大约 400
个家庭。15 名贵族拥有所有领主土地的 60%，其他大部分贵族每个只有
不到 10 个佃户。每 10 个瑞典人中就有 9 个是农民，几乎所有的经济活动
都是在家庭一级组织的，因为瑞典没有丹麦或波兰那样的庄园经济。社会
分层不那么极端，尽管所有人的生活都相对艰难，但穷人并不像其他地方
那样贫困。农民们穿戴着厚厚的黑色羊毛大衣、帽子和手套，穿着结实的
皮靴，而不是大多数西欧人所穿的木屐。贵族们过着简朴的生活，尽管他
们在 1600 年也开始派遣他们的儿子进行教育性的"壮游"，但他们还没有
采用丹麦和波兰已经流行的更奢侈的生活方式，没有精美的衣服、丰富的
食物和豪华的乡村别墅。[10]

　　君主国更直接的问题不是来自顽固的贵族，而是来自统治王朝内部的
争斗，这种情况与奥地利哈布斯堡王朝的情况大致相似，同样，敌对的兄
弟们在争夺霸权。古斯塔夫斯·瓦萨的长子埃里克十四世（Erik XIV）最
初被承认为国王，开始在波罗的海东部实行扩张政策。他利用了条顿骑士
团的瓦解所造成的状况，条顿骑士团曾征服了整个波罗的海沿岸，从普鲁
士到现代的立陶宛和拉脱维亚，再到爱沙尼亚，但是 1410 年在坦能堡战
役被波兰击败后，条顿骑士团瓦解了。波兰人占领了西部普鲁士（又称王
室普鲁士），其中包含维斯瓦河三角洲，紧邻波美拉尼亚和帝国边境。他
们还占领了紧靠普鲁士东北部的瑟米加利亚主教辖区，从而将条顿骑士团
国一分为二。东普鲁士之所以没有被吞并，完全是因为骑士团大团长霍亨
佐伦的阿尔布雷希特（Albrecht von Hohenzollern）在 1525 年皈依了路德
宗，并将条顿骑士团国世俗化，成为波兰统治下的公国。他的家族有着长
期的精神疾病历史，后来这一支系绝嗣后，1618 年普鲁士公爵传给了勃
兰登堡的霍亨佐伦家族。剩余的条顿骑士团成员在瑟米加利亚以北地区作
为独立的利沃尼亚骑士团继续战斗，但是到 16 世纪中叶，他们面临着来
自俄国的越来越大的压力。他们向皇帝求助，但大多数德意志诸侯怀疑该
地区是否属于帝国，迫使这些骑士效仿普鲁士的先例，皈依路德宗，接受
波兰的保护。只有最南方的骑士成功地做到了这一点，他们于 1561 年作
为库尔兰公国（现在拉脱维亚西部）加入了波兰-立陶宛联邦。[11]埃里克

抓住了机会，占领了当时利沃尼亚的其余地区，并于 1561 年 6 月部署一支远征部队在此登陆，占领了列巴尔（今塔林），将瑞典和波兰带到了战争的边缘。

最终是丹麦人在 1563 年先动了手，认为他们必须在对手在利沃尼亚站稳脚跟之前发动攻击。由于埃里克的行为激起了波兰和俄国的敌意，丹麦还认为自己有机会重新征服瑞典。一支丹麦部队袭击了利沃尼亚，另一支占领了战略要塞埃尔夫斯堡，在瑞典引发了一场危机。古斯塔夫斯·瓦萨的次子约翰公爵与波兰王室关系密切，于 1562 年娶了波兰雅盖隆王朝最后一位国王的妹妹卡塔日娜·雅盖隆（Katarzyna Jagiellonka）。1568 年，约翰与一些亲属连同瑞典小贵族合谋废黜埃里克，以后者与一个农家女孩结婚为由宣布他精神失常，并监禁了他。约翰让瑞典从战争中脱身，同意支付巨额赎金来收回埃尔夫斯堡，但坚持拥有爱沙尼亚，这是旧条顿骑士团国最北部的一部分，其代价是与俄国的旷日持久的斗争，一直持续到 1595 年。这场丹麦-瑞典战争的真正受益者是波兰，它吞并了利沃尼亚的其余部分，从而获得了波罗的海东南沿海的大部分地区。

尽管约翰在 1569 年被承认为瑞典国王，但他不得不与贵族支配的王国议会分享权力。由于他对波兰有着野心，扭转了瑞典宗教改革的缓慢进程，开始支持天主教，双方的关系变得紧张起来。他的儿子西吉斯蒙德和当时的许多瑞典人一样，被养育成一名天主教徒，并被培养为 1572 年绝后的雅盖隆王朝的接班人。这些努力取得了成功，1587 年，波兰贵族接受瑞典王子为国王西吉斯蒙德三世。然而，随着 1592 年约翰的去世，情况变得更加困难，他的继承人西吉斯蒙德不在国内。实际政府运作则交给了古斯塔夫斯·瓦萨的第三个儿子卡尔，此前，他被约翰封为南曼兰公爵，以阻止他宣称对王位有继承权。从许多方面来说，卡尔是三兄弟中最没有吸引力的一个，他密谋阻止他的侄子取代他，并于 1593 年正式宣布瑞典为路德宗国家。西吉斯蒙德最终抵达瑞典时，也不得不接受了这一点，当后来波兰事务迫使他返回波兰时，他也不得不将政府交给卡尔。宗教、行省和个人因素导致围绕叔叔和侄子形成了两个派别。1598 年，当西吉斯蒙德率领一小支波兰军队返回时，事情发展到了顶点。卡尔以路德宗名义召集了市民和农民，于 1600 年将他的侄子从瑞典驱逐出去，在臭名昭著的林雪平流血事件中，处决了那些未能逃脱或改变立场的贵族。幸存者于 1604 年接受他为国王卡尔九世。然而，这并没有结束更广泛的战争，波兰人在 1605 年基尔霍姆战役后将瑞典人赶出了利沃尼亚，而冲突一直持续到 1611 年。瓦萨王朝永久分裂成敌对的天主教-波兰分支和路德宗-瑞典分支，两国之间的敌意一直持续到 18 世纪。

内战使瑞典孤立无援。其他新教统治者继续期待丹麦的领导，认为卡尔九世是篡位者，尽管他信奉路德宗。此外，卡尔试图夺取对波罗的海东部贸易的控制权，但这超出了他的能力。1581 年他征服了爱沙尼亚及其纳尔瓦港，封闭了莫斯科公国通往波罗的海的通道，迫使它转而通过北极方向进行贸易，于 1583 年建立了阿尔汉格尔斯克港。卡尔现在试图通过占领拉普兰和挪威北部海岸（芬马克）来对这条贸易路线收税。这些地区大多无人居住，但如果瑞典要对通过白海的贸易征收通行费，这些地区是必不可少的。这一企图导致了 1611 年的第二次北方战争。这基本上重复了第一次北方战争。丹麦再次证明了自己的军事优势，占领了埃尔夫斯堡和其他战略点，但是这一次它的优势并没有那么大，它在 1613 年签署了《克那瑞德和约》（Treaty of Knäred），结束了战争。瑞典放弃了对挪威北部和波罗的海的沃瑟岛（今萨雷马岛）的主权要求，并再次赎回埃尔夫斯堡，于 1616—1619 年间支付了 100 万里克斯。[12]

古斯塔夫斯·阿道弗斯和乌克森谢纳

瑞典之所以接受了这些条款，是因为卡尔于 1611 年 10 月去世，将政府交给了他 17 岁的儿子古斯塔夫斯·阿道弗斯，根据瑞典法律，他要到 21 岁生日时才能成为国王。对那些在内战中支持错误一方的贵族来说，他们认为现在有机会恢复失去的影响力。许多人仍然同情西吉斯蒙德，他们以波兰做威胁，要求得到让步。在被丹麦击败的背景下，危机很容易导致另一场内战，而且已经有一些乡村地区发生了叛乱，反对征收战争税以及随后的埃尔夫斯堡的赎金。然而，28 岁的贵族阿克塞尔·乌克森谢纳（Axel Oxenstierna）最后促成了一项妥协，他在 1611 年起草了《继位宪章》(Charter of Accession),新国王如果想要得到承认,就必须同意接受宪章。贵族对议会的统治得到了确认,他们还保留了国家的重要官职,包括乌克森谢纳的书记官职位。宣战、征税和征兵需要贵族议会的知晓、建议和同意。王室还必须与议会(Riksdag)协商,议会由瑞典的四个等级(贵族、神职人员、市民和自耕农)组成,可以对税收施加限制。

这一安排能够成功,是因为瑞典精英的规模较小。当时,成年男性贵族人数不超过 600 人,活跃在中央或省级政治中的人则更少。政府是由一系列的个人关系组成的,瑞典的幸运是两位领导人物不仅才华出众,而且还是好朋友。古斯塔夫斯·阿道弗斯是 17 世纪最杰出的人物之一,在他生前,他就已经拥有了几乎神话般的地位。[13] 他显然给那些见过他的人留下了鲜明的印象,无疑属于后人所说的具有"奇理斯玛"人格的人之列。在个人印象对政治关系至关重要的时代,他拥有一个关键能力,即无论对方身份如何,他都可以在不损害自己的地位或失去他们的尊重的前提下跟对方交谈。在一个国王经常与普通臣民接触的国家里,这种能力至关重要,因为他在旅行中或在议会和省议会跟农民打交道时,他都经常会碰到普通人。瑞典农民不太可能像其他地方期望的那样顺从上级:一个人告诉古斯塔夫斯:"如果我妻子穿得像你妻子一样好,古斯塔夫斯国王,她也会像王后一样可爱和迷人。"[14] 尽管普通瑞典人一般对王室政策的总体方向没有异议,但他们仍然需要被说服有必要掏腰包为这些政策付费,或者更重要的是,同意每年有成千上万的本土子弟应征入伍。古斯塔夫斯有能力用有说服力的语言向不同的群体说明他的目标,这是为他的宏大计划赢得支持的一个重要因素。

他的性格也对一些事件产生了影响。许多同时代人就注意到了他的冲动行为。他很容易情绪失控,尽管通常只是口头上的,而非行动上的,而且也会很快为之后悔。他努力控制自己的情绪,但仍然尖酸刻薄,专横跋扈,但他那永不休止的热情是有传染性的。尽管他喜欢权衡各种选择并听取建议,但他的急性子经常会让他改弦易辙。尽管他能够有条不紊地制订计划,但他仍然是一个行动的人,会亲自训练士兵、测试新大炮、驾驶军舰。他保持着他的同胞的谦虚习惯,在作战时过着节俭的生活,自觉地和士兵们同甘共苦，甚至会喝生水——这是一个非常危险的习惯，至少让他生了一场大病。1630 年后，他接触了更丰富的德意志饮食，在生命的最后两年里变得肥胖。他几乎没有时间去炫耀或举行仪式，但他意识到这些仪式在政治上的作用，可以用来维持自己的君主地位。他也喜欢在贵族生活和宫廷生活中出席至关重要的社交场合。在 1631 年法兰克福的一次舞会上，当他发现没有足够的女伴时，他命令从城市中招募增援人员。

他的名声还因他如同受魔法保护一般的生活经历而更为远扬。有好几次，他的马就在他身下被射杀，或者掉进了结薄冰的河里。还有几次，他的朋友们在他身边被砸得粉碎，但每次他都奇迹般地活了下来。据说，在 1621 年的里加围城战中，一个炮弹掉进了他的帐篷，然后突然转向，恰好避开了他的头。当然，1627 年 8 月，他在迪尔斯考被击中颈部，子弹永久性地留在了他的身体里，但他后来还是康复了，尽管后来终生颈部僵硬。这些事件加强了他对神圣天意的信念，也让他坚信自己正在执行上帝的旨意。后来像哲学家黑格尔这样的著述者，相信国王自己的话，把他解释为世界精神的工具，注定要展开历史。古斯塔夫斯是在父亲的宣传下长大的，他父亲的宣传将瓦萨王朝的斗争与新教事业联系在一起。他似乎真诚地相信这两种利益是等同的。1620 年访问德意志时，他贿赂了爱尔福特的一名神父，秘密观察了一场弥撒，这一经历加强了他对天主教的所有偏见。然而，他自己的信仰仍然是泛福音主义，而不是偏向狭隘的教派，他拒绝了瑞典神职人员在 1611 年的《继位宪章》中支持保守的《协和书》的要求。他还准备为政治目的操纵宗教敏感性。众所周知，他的父亲倾向加尔文宗，虽然古斯塔夫斯本人仍然更接近路德宗，但他也没有去纠正加尔文宗德意志诸侯认为他属于他们教会一员的信念。

这对合作伙伴中的另一人是乌克森谢纳。关于他们的关系，古斯塔夫斯有一句名言："如果我的热情没有感染冷静的你，我们就永远做不成任何事情。"[15] 在某些方面，新书记官确实是国王的对立面。乌克森谢纳及其兄弟一起前往罗斯托克、维滕堡和耶拿，在新教大学接受了良好教育。他是模范大学生，习惯于工作到深夜，在 1605 年掌管瑞典政府后，依然保持了这种习惯。萨克森选帝侯轻蔑地称他为"抄写员"，乌克森谢纳还遗憾地表示过，公务繁忙让他远离了图书馆，无法再关注自己的兴趣。他有着令人敬畏的记忆力，对细节非常关注，同时还与瑞典主要贵族家庭有着密切联系，这些都让他得以迅速崛起。尽管如此，他优越的成长环境使他傲慢自大，他可能会对同事直言不讳，觉得只有他自己知道得最多。与国王不同的是，他完全缺乏幽默感，但至少什么时候都能睡得不错，在极端压力下也能保持稳定、冷静和算计能力。

瑞典强权的基础

古斯塔夫斯和乌克森谢纳的伙伴关系可分为五个阶段。头六年的工作是为了使国家从自卡尔九世开始的冲突中脱身。随后，他们进行了短暂的国内改革，极大地增强了瑞典在大战中的作战能力。1621 年，古斯塔夫斯与波兰展开了一场旷日持久的斗争，一直持续到 1629 年。这期间，瑞典首次受到了考验（见第 13 章）。1630 年，瑞典又干预了德意志战事。两年后古斯塔夫斯战死，只剩下乌克森谢纳一人辅佐国王的小女儿克里斯蒂娜（Christina）女王。

1617 年，瑞典与丹麦和俄国的战争结束，国王及大臣终于可以举行推迟已久的加冕礼，以此来稳定瑞典君主国。他们占领了以前授予王室成员的自治公爵领，以阻止这些领地成为在波兰的瑞典天主教流亡分子策划阴谋的焦点。政府也进行了重组，尽管在这里我们应该小心，不要对这些改革做过多的强调。诚然，它们成了其他国家的榜样，尤其是勃兰登堡-普鲁士和彼得大帝的俄国，但这直到 17 世纪后期才发生，瑞典在 17 世纪 30 年代至 50 年代取得了胜利之后，才得到广泛的赞赏。改革是逐渐发生的，并没有一个理性变革的清晰蓝图。王室理事会（Råd）作为议会中的贵族等级逐渐从议会中脱离出来，并发展成一个专业机构，代表政府而非社会团体。与此相关的还有围绕着根据其职能形成的事务分工，形成了五个事务部门（college）：司法部、财政部、书记官府、海军部、陆军部。这些事务部门实际上在 1630 年就已经出现，并在四年后的进一步改革中得到了正式认可。这些改革没有一个是特别值得一提的。事实上，在一个世纪前，大多数德意志领地已经在向类似的行政发展迈进。但是一旦瑞典开始这么做，它很快就在效率方面取得了进步，为进一步的财政和军事改革提供了平台。

支付埃尔夫斯堡赎金的必要性迫使瑞典修改其财政制度，瑞典开始在神职人员的协助下，根据人口普查征收新税。新的税务登记允许从 1620 年开始征收永久税，无须与议会协商。贵族们能够接受是因为他们个人可以得到豁免，而他们的佃户只用支付王室农场征收的费用的一半。瑞典比竞争对手丹麦更快地实现了其领土的经济现代化，转向使用现金支付，而不是实物支付，并加紧生产可在国际市场销售的商品。尼德兰专家在 1623 年帮助瑞典引入了城市消费税，并于第二年在财政部引入了复式簿记法，这很快使瑞典拥有了欧洲最先进的会计系统。其他人受雇开发瑞典的自然资源，特别是尼德兰的特里普和海尔财团，他们在 17 世纪 20 年代有效地启动了瑞典工业。在他们的指导下，在接下来的 30 年里，铜的年产量增长了五倍，达到 3000 吨，到 1637 年，铁和铜已经占瑞典出口的 67%。[16] 参与国际贸易是军事扩张的一个重要先决条件，因为国际贸易可以获得外国信贷。瑞典在各关键商业中心建立了一个代理网络，比如汉堡的约翰·阿德勒·萨尔维乌斯（Johan Adler Salvius），他与外国政治和金融支持者谈判。来自铜贸易的利润，以及更可靠的领土收入，被代理人用作购买战争物资和招募雇佣军的贷款担保。

瑞典投入了大量资金用于建设海军。到 1630 年，海军扩大到 31 艘帆船和 5000 名人员。海军是瑞典帝国的桥梁和堡垒。[17] 海军的进攻能力在于它可以将军队运送到波罗的海南部海岸或丹麦群岛，然后为其提供海岸支援。海军也是防止敌人到达瑞典的第一道防线。需要两种不同类型的军舰来应对波罗的海及瑞典海岸的不同特点。瑞典东部和芬兰南部海岸附近的水域很浅，许多岛屿之间有狭窄的通道。从梅克伦堡到奥得河河口的德意志海岸通常也很浅，被沙洲覆盖，许多更东边的港口也是如此。瑞典人发展了小型桨帆船队，用来支持军队行动，它们靠近海岸航行，或者沿流入波罗的海的大河航行。这些桨帆船也可以用来保卫瑞典自己的海岸，但是为了拦截海上实力更强的丹麦战舰，主力舰队需要更大的风帆战舰。这两种船组合在一起，在瑞典西部海岸和挪威海岸的深水地区行动，那里也有许多岛屿。瑞典负担不起两个单独的舰队，只能在用于深水区域的风帆战舰和用于浅水的桨帆船之间做出平衡，以同时进行两栖作战和海岸防御。

瑞典的军事改革比海军发展吸引了更多的注意力。1617 年至 1618 年，瑞典使用自 1544 年以来编制的人口登记册将国家划分为几个招募区。每个区都将定期从 18 岁至 40 岁的强壮男性中招募一个团（后来招募更多）。一些城镇有豁免权，高级贵族的庄园以及铁矿和铜矿社区也有豁免权。如同行政改革一样，瑞典的军事系统花了几十年的时间才发展起来，直到 1634 年才正式化，当时军队规模固定在 13 个瑞典步兵团和 10 个芬兰步兵团，以及 5 个瑞典骑兵团和 3 个芬兰骑兵团。每个团都由它所来自的行省命名，这个系统一直持续到 1925 年。沿海地区的应征者被派往海军服役，尽管在应征之前很少有人是有经验的水手。行政管理得到了改善，要求每个团定期向战争学院提交集合报告，而新的纪律守则于 1621 年和 1632 年颁布。[18] 1642—1644 年，征募制度被加强了，在行政上将农场分成若干组（rotar），每个组都必须支付一名士兵的费用。这为 1682 年形成的分配制度（Indelingverket）提供了最后的基础，该制度一直持续到 1901 年。现在，每组中有一个农场在和平时期被留出来支持士兵，当军队动员时，士兵的邻居耕种这块地。

后来的作家们对这些措施做了过多的解读，特别是在美国，因为西点军校将古斯塔夫斯·阿道弗斯的遗产纳入了其教学大纲中。古斯塔夫斯被誉为“世界历史上杰出的军人之一，或许也是有史以来最伟大的军事缔造者和创新者”，他发展了“完全原创性的军事学说”。[19] 20 世纪英国的主要军事理论家宣称国王是“现代战争的奠基人”，因为据说他是第一个意识到火器全部含义的人，也是第一个计划战役时有明确目标的人。[20] 瑞典的军事改革创建了“第一支现代军队”，这是因为它明显依赖国家征兵、专业军官队伍以及进攻和防守的能力。[21]

这种赞扬是大多数充满目的论的军事史研究的产物，这些研究致力于为当代规则在历史中寻找教训和先例。后来的弗里德里希大王（Frederick the Great）也得到了类似的评论，这位普鲁士国王在 18 世纪中叶打败了奥地利，使用的军队在部分上也是采用有限征兵制征召的。这两位君主都被描绘成战士国王，他们面临着几乎不可能战胜的困难，赢得了辉煌的胜利。18 世纪普鲁士的成功，就像 17 世纪瑞典的成功一样，都被归结于其军队的民族性（据称如此），据说国民军队要比其对手的杂糅军队更有动力。然而，两支军队一半以上都是领薪水的专业军人，其中许多人来自其他国家。[22] 像普鲁士的征兵制一样，古斯塔夫斯的制度是一个贫穷国家采取的权宜之计，这个国家的农业经济处于欧洲市场网络的边缘，没有完全商业化。在一个缺乏足够现金以雇佣专业军人的国家，征兵是一种血税。同时代的人认识到了这一点；在议会上，征兵配额草案和普通税收一起被辩论。分配给贫困人口的配额是最重的，因为那些没有明显谋生手段的人会自动被征召，而每个教区的其他人都抽签决定。而且，人们过多地关注古斯塔夫斯作为"伟大将领"的一面，忽视了这个系统的实际运作基础。瑞典和芬兰的畜牧业经济使得生产分散在农户中，在男人不在的时候，妇女也可以承担许多工作。与中欧和东欧的以谷物经济为主的国家相比，瑞典的这种经济可以征召更多的男性人口，因为在那些国家，男性被要求在领主的田地里工作。

帝国野心

1617 年后改革的真正意义在于，它们将瑞典从一个被击败和羞辱的小国转变为一个有能力在 17 世纪中叶支配波罗的海的国家。然而，这些财政军事基础设施的发展只能解释瑞典人是如何建立一个帝国的，而无法解释为什么他们想要一个帝国。这是一个很好的问题，因为瑞典有很多避免战争的理由：它处于欧洲的边缘，没有多少资源，也没有重要的盟友。对瑞典帝国主义的解释分为两个阵营。[23] 所谓的"旧学派"的代表有古斯塔夫斯·阿道弗斯的主要传记作者，他们认为瑞典的扩张是为了防御丹麦和波兰的包围。虽然这些作家确实指出了结构性因素，如瑞典的地理位置和欧洲的权力平衡，但他们主要强调的是国王本人和他的小圈子的个人能动性。很明显，1600 年后，西吉斯蒙德决心夺回瑞典王位，只是因为波兰人不愿意支持他，他才做不到这一点。王朝分裂又因为教派对抗而进一步加深，此外，瑞典人还受到了民族神话的启发，认为自己是洗劫古罗马的哥特人的继承者。

另一方则是反对这些观点的"新学派"。他们认为有必要区分动机和理由，声称所谓的防御包围只是一种宣传，用来掩盖商业动机。瑞典人想控制利润丰厚的波罗的海贸易，特别是通向俄国的谷物、毛皮等商品贸易。1623 年，通行费仅占国家净收入的 6.7%，这既因为瑞典缺乏本土商业，也因为丹麦控制了厄勒海峡。略高于 23% 的收入来自铜贸易的利润，但这仅仅是一个出口原材料的采矿业，而近 45% 的收入仍然直接来自王室领地。这样的经济既不能保证瑞典的大国地位，也不能给贵族带来财富。然而，如果瑞典征服了波罗的海东部海岸，它可能会向俄国和波兰的农产品征税，从而抢先占有丹麦的通行费。有些人进一步阐发了这一论点，声称瑞典君主是有意发动战争的，以给自己及其贵族盟友带来财富。当然，参与战争提供了新的机会，特别是对贵族来说，他们在这一时期变得更为富有，也成为一个更有特色的社会群体。1633 年，贵族们为其佃户获得了 17 世纪 20 年代开始征收的税收的部分豁免权，而王室土地上的佃户仍然全额缴纳税款。王室佃户和自耕农面临的征兵压力也更重，其中有十分之一应征入伍，相比之下，贵族佃户中只有二十分之一被征召。本质上，财富被重新分配到贵族的钱包里，因为较轻的国家负担允许贵族占有更大份额的农民产品。他们也更直接地从战争中获利，因为王室被迫以转移王室权利来代替支付，这种做法类似于自 16 世纪 90 年代以来西班牙贵族和君主在卡斯蒂利亚所做的事情。

虽然我们确实应该区分理由和动机，但总的来说，"新学派"仍然不太令人信服。财富积累仍然只是一个手段，用来达到其他各种目的。最近，瑞典帝国主义被解释为该国精英希望在国际舞台上证明自己，并为自己和自己的王国赢得认可。[24] 所有的欧洲君主和贵族都渴望赢得认可，但很难理解为什么这一动机必须优先于教派、王朝和战略利益。相反，这只是诸多复杂而混合的动机的另一面，而这些动机因具体情况而不同。我们必须记住，古斯塔夫斯、乌克森谢纳和其他关键人物都不是在真空中做决定的，而是被迫对他们无法控制的情况做出反应。一旦瑞典帝国主义发动起来，事态发展就呈现出某种难以逃脱的内在逻辑。由于瑞典缺乏长期战争所需的资源，它不得不依靠借款而进行动员，因此押注于迅速取得胜利，以获取维持偿付能力的手段。然而，最初的胜利并不足以获得必要的资源，也无法为现有占领地提供必要的保障。为了维持一个无法承担停滞不前的后果的帝国，有必要采取进一步的行动。只有在国王及其顾问们谈论国防以及对其他大国敌对意图的担忧时，这些结构性因素才会有意识地浮出水面。在他们看来，防卫是正当的，因为他们是上帝在地上的仆人，在捍卫真正的信仰和国王由神授予的君权。

瑞典与帝国

王朝内部的争斗是最初的动力。如果西吉斯蒙德再次征服瑞典，古斯塔夫斯和承认他为国王的贵族都将会走向败亡。古斯塔夫斯对瑞典天主教流亡分子阴谋的担忧可能看起来有些异想天开，但 17 世纪的人们相信这种东西，和今天许多人相信有一个协调一致的国际恐怖主义网络差不多。他们相信，波兰人与哈布斯堡王朝以及法国贵族一起密谋建立一个新的天主教十字军教团，致力于推翻路德宗瓦萨王朝。1617 年的《厄勒布鲁法规》（Örebro Statute）命令所有天主教徒在三个月内离开瑞典，否则就会面临死刑。信仰天主教被视为与西吉斯蒙德接触，等同于叛国行为，然而，尽管当局进行了严密的监视，但只审判了三名瑞典人，因为他们协助德意志耶稣会士散发天主教宣传作品。

要对抗这样的国际阴谋，需要成立一个同样广泛的正义联盟。古斯塔夫斯已经和几个重要的德意志新教家庭有了亲属关系。他的母亲（卡尔九世的第二任妻子）是荷尔斯泰因-戈多普的克里斯蒂娜，她是黑森的菲利普——宗教改革的主角之一——的孙女。古斯塔夫斯还通过卡尔九世的第一任妻子玛丽亚与德意志加尔文宗的主要家族有亲属关系，玛丽亚是普法尔茨选帝侯路德维希六世（Ludwig Ⅵ）的女儿。卡尔九世和玛丽亚的女儿，古斯塔夫斯同父异母的姐姐卡塔琳娜（Katharina）嫁给了普法尔茨王朝茨魏布吕肯分支的代表约翰·卡齐米尔（Johann Casimir）。古斯塔夫斯自己的婚姻问题开始变得越来越突出，因为他必须要有一个合法继承人来阻止波兰的复辟。他的家人越来越担心他与一名军官的尼德兰妻子玛格丽塔·斯洛茨（Margaretha Slots）的关系，1616 年，她给他生了一个私生子古斯塔夫·古斯塔松（Gustav Gustasson）。

1615 年，双方展开协商，准备让古斯塔夫斯与勃兰登堡选帝侯约翰·西吉斯蒙德（Johann Sigismund）的长女玛丽亚·埃莱奥诺拉（Maria Eleonora）结婚。这场拟议中的婚姻将把瑞典与第二重要的新教选帝侯联系起来，而且会带来明显的战略优势。勃兰登堡选帝侯将继承位于利沃尼亚以南的普鲁士公爵领（后来于 1618 年继承）。由于瑞典已经控制了利沃尼亚北部的爱沙尼亚，如果普鲁士也落在友方的手里，可以对波兰治下的利沃尼亚形成包抄之势。由于克里斯蒂安四世已经与约翰·西吉斯蒙德的妹妹安娜·凯瑟琳娜结婚，这场婚姻也可以用来抵消丹麦在勃兰登堡的影响力。然而，提案使选帝侯陷入了两难境地。与瑞典的联盟可能会增加他在普鲁士问题上对波兰的影响力，但同样会招致西吉斯蒙德国王的长期敌意。选帝侯的妻子是普鲁士的安娜，她担心如果这场婚姻成为现实，波兰人会夺取她的祖国，所以她宣称宁愿看到女儿死掉，也不愿意她嫁给瑞典人。丹麦和波兰都向勃兰登堡提出了婚姻请求，这加大了压力。所有的求婚者显然都高估了勃兰登堡的潜力，因为它是四个世俗选帝侯中最弱的一个。现在注意力集中在玛丽亚·埃莱奥诺拉的身上，她对古斯塔夫斯产生了热情，但是在她的命运决定之前，她不被允许私下会见古斯塔夫斯。

古斯塔夫斯失去了耐心，无视亲属和议员的建议，于 1620 年 4 月出现在柏林。他出现的时刻不能再糟糕了。选帝侯刚刚去世，他的儿子和继承人格奥尔格·威廉（Georg Wilhelm）正在柯尼斯堡寻求波兰的同意，以继承普鲁士。在受到选帝侯遗孀冷淡的接待后，古斯塔夫斯屈从了他的姐夫约翰·卡齐米尔的意见，转而匆匆赶往海德堡，去会见一位广受赞誉的普法尔茨公主。他刚走，安娜就改变了主意，担心波兰人和她女儿的婚姻会产生更糟糕的影响。古斯塔夫斯赶了回来，在 6 月 18 日与玛丽亚的一次私人会面上迷住了她。第二天就宣布了订婚的消息，他未来的妻子和岳母前往斯德哥尔摩，在 11 月举行婚礼。格奥尔格·威廉明智地一直待在柯尼斯堡，大声抗议他与整个事情无关。

这场婚姻对所有相关人员来说都是一场灾难。古斯塔夫斯结婚是出于政治原因，他形容自己聪明而多愁善感的妻子是"一个软弱的女人"。而玛丽亚讨厌自己的新家，因为那里只有"岩石和山，冰冷的空气，以及其他诸如此类的东西"。[25] 她想要一个丈夫，却嫁给了一个国王。而古斯塔夫斯发现玛丽亚强烈的占有欲令人恼火。更糟糕的是，她没能生下梦寐以求的儿子，只生下两个女儿，其中只有第二个女儿克里斯蒂娜作为唯一合法继承人幸存下来。瑞典法律允许女性继承王位，但是大多数人觉得这个想法很古怪。古斯塔夫斯的外甥，约翰·卡齐米尔的儿子卡尔·古斯塔夫（Karl Gustav），被有意地和克里斯蒂娜一起抚养长大，以作为可能的替代者，事实上，在她于 1654 年退位后，他继承了瑞典王位，成了卡尔十世。这场婚姻原本期待带来的政治优势也未能实现。格奥尔格·威廉刻意避免与波兰对抗，并正式得到了普鲁士。古斯塔夫斯·阿道弗斯对待他妻兄的态度是越来越恼火，等后来瑞典加入三十年战争之后，态度变成了轻蔑。

尽管婚姻没有带来什么个人或政治上的回报，但它在两个方面很重要。它说明了王朝联姻在欧洲国际关系中的普遍意义，不仅表明了男性家庭成员的重要性，也表明了他们女性亲属的作用。更具体地说，这也表明瑞典的视野在现阶段是多么有限。古斯塔夫斯拒绝了与普法尔茨建立更广泛的联系，而是选择了更靠近波罗的海海岸的一个不太重要的德意志家庭。瑞典没有资格担当新教捍卫者的角色，这个角色在很大程度上仍然属于丹麦。

波兰-立陶宛

贵族的联邦

波兰-立陶宛联邦（*Rzeczpospolita*）是争夺波罗的海霸权的三个竞争者中面积最大的，也可能是最强大的。到 1618 年，联邦覆盖了 90 万平方千米，是法国面积的两倍，不仅包括现代的波兰和立陶宛，还包括拉脱维亚、白俄罗斯和乌克兰的西半部。尽管人口密度不高，但它仍然拥有1100 万臣民，大约是丹麦和瑞典总和的三倍。像它的两个竞争对手一样，波兰-立陶宛联邦是一个复合国家，但是在这个国家中，各个部分保持了更大的自主权，君主仍然相当弱。[26]

波兰王国和立陶宛大公国在1569年卢布林联合后仍然保持为截然不同的两个部分，只是接受了由瑟姆议会（Sejm）选出的共同君主，议会每两年在华沙以外的一个地方召开。和神圣罗马帝国一样，虽然君主是选举出来的，但是事实上却是世袭君主制。雅盖隆王朝从1386年到1572年一直统治波兰，在一个短暂的间隔之后，瓦萨王朝从1587年到1668年间一直统治波兰。然而，波兰的政治发展不同于中欧，在中欧，大贵族通过拥有世袭土地和头衔获得宪法权利。波兰贵族（szlachta）认为自己是古代征服者的后代，他们集体而平等地管理国家。除了少数没有头衔的立陶宛人，他们的地位依赖拥有一个世袭的王室职位，例如管理一个省的督军（palatine）、一块地区的总督或一个城堡的城堡主。虽然其他职位依然是由王室授予，但一些最重要的职位——比如指挥军队的大盖特曼（grand hetman）——则为拥有者终身保留。贵族因此在政府中拥有重要的发言权，这在很大程度上超出了君主的影响力。然而，贵族们的财富差别很大，像拉齐维乌（Radziwiłł）这样的少数大家族拥有大量的地产，大多数人相对贫穷，有的人比农民好不了多少。不管财富如何，贵族们都认为自己是"国家"，并将宪法视为他们自由的体现。野心勃勃的贵族利用土地所有权通过瑟姆议会和地区联盟（rokosz）来对国家政治施加影响，宪法允许他们组成这样的联盟以反对国王的暴政。

波兰-立陶宛联邦的内部冲突主要是政治冲突，而不是宗教冲突。联邦分散的结构和协商式的政治文化都鼓励人们对宗教多元化采取比中欧或西欧更宽容的做法。和特兰西瓦尼亚人一样，波兰-立陶宛联邦领导人试图通过承认教派的平等地位和划分管辖权和权利的协议来避免教派暴力。在达成政治共识的同时，那些致力于寻求和平的妥协主义者（irenicist）也在努力弥合神学分歧，在各教派之间找到共同点。例如，希腊东正教社区在1563年后获得了与立陶宛天主教徒完全平等的地位，这两种信仰于1596年合并为"归一教会"（Uniate），又称希腊天主教会，保留了东正教仪式，但服从教宗权威。路德宗尤其在讲德语的王室普鲁士城镇中传播，但是这些社区远离帝国内的同宗教徒，拒绝承认《协和书》，与波兰新教徒建立了更紧密的联系。后者包括加尔文宗教徒和波希米亚兄弟合一会，以及路德宗信徒。他们的代表于 1570 年达成了《桑多梅日共识》（Sandomierz Consensus），这是一份超越教派的声明，旨在避免教义上的争议。尽管遭到天主教主教的反对，它还是获得了国王的批准，从而将新教徒纳入了联邦宪法。[27]

王室权力在很大程度上取决于国王在这些代议制机构中缓慢地获得支持，从而赢得其主要贵族信任的能力。贵族区域议会（Sejmiki）向瑟姆议会派出代表，在瑟姆议会中，必须所有代表都完全同意，其决定才有约束力。这样的安排实际上使得个别贵族对所有立法都有否决权，瑟姆议会在 1576 年至 1606 年间分裂了六次，没有做出任何决定。西吉斯蒙德三世无法说服贵族支持他夺回瑞典王位的努力，行事方式变得越来越隐秘，但与丹麦的克里斯蒂安四世不同，他没有独立的收入来资助自己的计划。他采取了类似于奥地利哈布斯堡王朝所采用的措施，通过在王室任命中偏袒天主教徒，在其等级会议内培养忠诚的代理人。1605 年，西吉斯蒙德将瑞典人驱逐出利沃尼亚，计划进行更广泛的改革，包括在瑟姆议会中采取多数投票制和永久税收制。结果导致了 1606 年的贵族叛乱，叛乱与匈牙利哈布斯堡的博奇考伊叛乱同时发生，两者都涉及捍卫贵族自由。然而，与匈牙利不同的是，波兰的叛乱缺乏显著的教派特征，因为波兰的新教徒人数太少，没有天主教徒的支持就无法组织叛乱。他们只能压制自己在宗教上的不满，而是基于政治上对西吉斯蒙德计划的不满，建立了桑多梅日联盟（Confederation of Sandomierz）。联盟并没有如他们希望的那样产生广泛的影响，因为大地主仍然忠于国王，尽管国王有种种缺点，但他仍尊重他们的地位。现在，联盟的支持者仅限于那些怨恨权贵日益增长的财富的贵族，叛乱于 1607 年瓦解。

波兰的韧性和力量

这一暴力事件似乎证实了人们通常关于波兰政治无政府状态的印象。和帝国一样，波兰-立陶宛联邦经常被认为没有效力，与欧洲国家走向更强大、更集权的总趋势脱节。最终，波兰在 1772 年至 1795 年间被奥地利、普鲁士和俄国三个绝对君主制国家瓜分，贵族们为他们的自由付出了代价。然而，我们不应该把后来的情况移植到 17 世纪来，在当时，波兰-立陶宛联邦还是欧洲最强大和最成功的国家之一。1613 年后，西吉斯蒙德重新赢得了贵族的信任，瑟姆议会投票通过大幅持续增加税收，只有一次会议（1615）未能达成一致。与其他国家不同的是，波兰-立陶宛联邦成功地在发动了战争的同时没有积累大量债务。此外，它几乎击败了每一个敌人，直到 1648—1654 年哥萨克叛乱引发了一个被称为"大洪水"的时期，当时瑞典人、俄国人、特兰西瓦尼亚人和勃兰登堡人入侵了这个国家。而且，甚至这场危机它也度过了，波兰-立陶宛联邦显示出了自己的韧性，于 1683 年在维也纳城前为打败奥斯曼帝国做出了重大贡献。[28]

波兰的军事潜力被低估了，因为波兰的部队没有按照西方路线进行组织。波兰有一支由 3000—5000 名轻骑兵组成的小规模常备军，被称为"四分之一军"（Kwarciani），这个名字来自维持这支军队的王室收入的比例。这支军队被用来在东南部边境巡逻，以对抗鞑靼人的劫掠，只有在瑟姆议会投票通过增加税收后，其规模才得以增加。然而，国王有自己的王室卫队，可以从王室领地的农民中招募大约 2000 名民兵（Wyblanieka）。在需要的时候，他还以封建征召的方式，召集大贵族的私人军队。征兵通常需要几个月的时间，并且经常成为贵族们表达不满的机会，而非用于作战。然而，东方式的突袭劫掠战为获得战利品提供了充足的机会，因此吸引了大量愿意充当轻骑兵的志愿者。从 1578 年开始，波兰-立陶宛联邦也将乌克兰哥萨克人登记为边境民兵，类似于哈布斯堡王朝军政国境地带的做法，到 1619 年，共有 10 900 人登记在册。波兰人依靠骠骑兵作战，这是一种披甲的长枪骑兵，由中型骑兵（Pancerni）支援，两者在一支典型的野战军中占到了一半或更多的比例。这种部队甚至对以现代尼德兰方式训练的士兵也非常有效。瑞典人在基尔霍姆战役中部署了 10 900 人，包括大量德意志和其他地区的雇佣军步兵，但几乎被 2600 名波兰骑兵全歼，后者只有 1000 名步兵作支援。[29] 联邦也对其他地方的军事发展做出了反应，招募了所谓的"德意志"步兵部队和使用纪律严明的火力战术的骑兵部队。其中许多人确实是德意志人和其他外国人，但是随着中欧战争的爆发，加上波兰贵族对他们国王军队中的外来者的怀疑，从 17 世纪 30 年代开始，这些部队大部分从他们自己的人民中招募。因此，波兰-立陶宛联邦军队结合了东方和西方的战术，因为他们需要面对来自两个方向的敌人。

与俄国和瑞典的战争

波兰和瑞典的斗争在 1605 年后因莫斯科的内乱而暂停一个阶段，在那里，一连串的王位觊觎者声称自己是留里克王朝的最后一名大公德米特里（Dimitrii），事实上德米特里死于 1591 年。接下来俄罗斯的"混乱时代"给瑞典和波兰都提供了夺取俄罗斯领土的机会。西吉斯蒙德于 1609 年介入，打算让他的儿子瓦迪斯瓦夫（Władysław）成为新沙皇。争吵不休的俄国各派最终在 1613 年接受了米哈伊尔·费奥多罗维奇·罗曼诺夫（Michael Fedorovich Romanov）为新沙皇，他建立了一个持续到 1917 年革命的王朝。西吉斯蒙德于 1618 年 12 月签署了《德乌利诺和约》（Peace of Deulino），放弃了干预，保留了斯摩棱斯克，该地区于 1611 年被占领，波兰-立陶宛联邦边境推进到第聂伯河以东。瑞典在 1613 年与丹麦缔结和约，古斯塔夫斯得以利用俄国的困难征服了新地区，从而抵消了波兰的这一收获。1617 年 3 月，新沙皇在《斯托尔博瓦和约》（Peace of Stolbova）中割让了英格里亚和卡累利阿，让瑞典控制了整个芬兰湾，并将俄国排斥在波罗的海之外，直到 18 世纪初。然而，瑞典未能垄断与俄国的贸易，因为丹麦仍然占据着从挪威到阿尔汉格尔斯克港的北部路线。尽管人们的期望仍然很高，但瑞典从未从俄国获得过巨额财富，1617 年后，古斯塔夫斯已经将目标从波罗的海南岸向西转移到波兰。[30]

《斯托尔博瓦和约》签订之后，古斯塔夫斯过于自信，试图趁波兰-立陶宛联邦与米哈伊尔沙皇持续斗争之机，于 1617 年从爱沙尼亚入侵利沃尼亚。第二年春天，盖特曼克日什托夫·拉齐维乌（Krzysztof Radziwiłł）率领一支大军解除了里加之围，迫使瑞典人接受了为期两年的休战。永久和平是不可能的，因为西吉斯蒙德拒绝放弃对瑞典王位的主张。与路德宗瑞典和东正教俄国的战争增强了西吉斯蒙德的天主教信仰，西班牙和教宗也都对他表达了善意。西吉斯蒙德也作出了回应，改善了他与奥地利哈布斯堡王朝的关系，哈布斯堡王朝曾于1587年反对他当选为波兰国王。而且由于特兰西瓦尼亚、瓦拉几亚和摩尔达维亚的利益冲突，双方关系一直紧张，但是西吉斯蒙德在1592年后仍然与哈布斯堡王朝的内奥地利分支建立了密切的联系。[31] 王朝婚姻导致了1613年3月的正式联盟，双方承诺在面对反叛者时提供互助，反叛者这个词当时暗示的是瑞典瓦萨王朝，但是随着5年后波希米亚叛乱的爆发，这个词有了非常不同的含义。

第 7 章

从鲁道夫到马蒂亚斯（1582—1612）

宗教与德意志诸侯

《奥格斯堡宗教和约》中固有的问题从 1582 年——鲁道夫在位后的第 6 年——开始变得更加清晰可见，进入 17 世纪之后，这些问题变得更加明显，使马蒂亚斯在 1612 年继位时面临着巨大的困难。尽管帝国的紧张局势加剧，但并没有不可避免地滑向战争。这些问题当然严重，但并非不可克服，特别是如果皇帝准备采取更有力和一致的行动，提供大多数诸侯所期望的公正指导的话。正如下面将要展示的，沿着教派路线形成两个极端对立的阵营非常困难。1608 年后，确实形成了两个敌对的联盟，但两者仍然表现出完全不同且部分彼此冲突的诸侯利益。我们需要梳理出这些利益关系，并对其进行详细审查，因为它们揭示了为什么在 1618 年时，有些人准备拿起武器反对皇帝，而其他人支持他，并且大多数人寻求和平。

潜在的天主教领袖

帝国的等级结构鼓励心怀不满的诸侯期待来自上层的领导。皇帝自然是天主教徒最容易想到的领袖，但他极不愿意公开偏袒他们。通过促成《奥格斯堡和约》，奥地利哈布斯堡王朝将皇帝角色与跨教派政治联系起来。他们有充分的理由继续这样做，因为他们的许多臣民都是路德宗信徒，而且，他们也需要广泛的支持来抵御奥斯曼土耳其人。费迪南德一世皇帝于 1556 年建立了兰茨贝格联盟，明确致力于维护《奥格斯堡和约》，并放弃宗教作为暴力的理由。巴伐利亚、萨尔茨堡和其他主要天主教领地加入了进来，重要的新教领地也加入了进来，比如纽伦堡和奥格斯堡等帝国城市。阿尔巴公爵申请加入，但被马克西米连二世拒绝了，以保持联盟的两党特性。[1]

哈布斯堡王朝的立场让其他天主教徒很难不顾他们的意见，按教派形成一个单独的党派。美因茨选帝侯是下一位潜在的领袖，他是高级天主教诸侯和帝国大书记官，但是为了公共和平，他追随皇帝，支持与温和的路德宗信徒对话。像其他两个教会选帝侯一样，他缺乏资源来扮演一个独立的角色，而且目睹了边界对面的法国和尼德兰的宗派暴力，感到不安。帝国教会土地上不存在世袭统治，这也使得人们的注意力更多地聚焦在对裙带关系的担忧，或促进内部的天主教复兴上。个人野心与关于天主教的相互竞争的愿景交织在一起，在众多主教辖区、小修道院和其他机构内部和之间制造了更多的裂痕。一些历史学家认为有证据表明存在一个联合反宗教改革阵线，在更仔细的检查后，这些证据完全站不住脚，存在的只有一系列地方势力斗争，这些斗争阻碍了任何协调一致的反对新教共同行动。

一个很好的例子是雄心勃勃的尤利乌斯·埃希特·冯·梅斯佩尔布伦（Julius Echter von Mespelbrunn）主教，他在1573年以微弱多数当选为维尔茨堡主教。乍一看，他似乎是一个典型的反宗教改革人士，扭转了新教在弗兰肯教会土地上的传播。他通过模糊地方税和帝国税之间的区别，从他的臣民身上榨取了更多的财富，超过了领地应该承担的反土耳其税，从而迅速获得了经济独立，不再受教堂圣职团的限制。这使得他能够削弱弗兰肯帝国骑士的影响，并资助了一些复兴天主教生活的措施，而此前弗兰肯帝国骑士支配了圣职团，并越来越转向了路德宗。1582年，他创建了一所新医院和一所大学，并将主教辖区重组为24个教区，每个教区都有一名更合格的神父。[2] 1586年，600名路德宗信徒被逐出主教辖区，三年后，主教辖区正式颁布了特伦托会议的法令。

随着埃希特自己的教区得到了安全，他把注意力转向了他的邻居。他先从富尔达开始，他在1576年策划了修道院长德恩巴赫（Dernbach）的倒台。尽管德恩巴赫从小是一名新教徒，但他已经皈依了天主教，并于1571年开始了自己的天主教改革计划。埃希特的干预导致了事件上诉到帝国法院，德恩巴赫最终于 1602 年被恢复了职位。到那时，大多数当地贵族已经为他们的路德宗信仰获得了法律豁免权，最终在 1652 年成为帝国骑士，完全不受修道院长的管辖。改革被推迟了，因为德恩巴赫现在集中精力寻求主教地位，以维护富尔达的自治。在班贝格也出现了类似的问题，埃希特试图让自己在那里当选为主教，尽管现任主教正在推动自己的改革。当 1599 年主教位置出现空缺时，埃希特的支持者分裂了特伦托派的投票，结果最终约翰·菲利普·冯·格布萨特尔（Johann Philipp von Gebsattel）当选，后者是更传统的文艺复兴天主教的代表，容忍路德宗的复兴。埃希特以给巴伐利亚大笔借款为条件，为其门客阿施豪森（Aschhausen）赢得了政治支持，阿施豪森最终于 1609 年成为班贝格主教，并姗姗来迟地开始了其改革计划。在其他地方，教会诸侯为在帝国机构中的优先地位或个别领地的管辖权而争吵不休。没有人能够提供明确的领导，协调一致的反宗教改革行动纯粹是新教徒偏执的虚构想法。

　　虽然天主教诸侯比新教诸侯多得多，但大多数都是神职人员，因为很少有世俗统治者仍然忠于罗马。洛林公爵过多地参与法国政治，无法再担任德意志天主教领袖，因此巴伐利亚公爵是哈布斯堡王朝唯一可能的替代者。[3] 早在哈布斯堡王朝大公们试图在自己的领土上以天主教一致性为基础而巩固政治权威之前，巴伐利亚公爵就已经这么做了。诚然，巴伐利亚的新教势力要弱得多，这使得公爵能够压倒少数与路德宗牵扯不清的高级贵族，并与仍然主要信奉天主教的低级贵族结盟。到 1600 年，巴伐利亚是治理得最好的德意志领地，有一个相对全面的行政网络，能够深入当地社区以定期征税。某些因素确实表明巴伐利亚的好战倾向可能转化为政治激进主义。他们与其普法尔茨亲属有着长期的竞争关系，随着后者在 16世纪 60 年代皈依了加尔文宗，这种对抗加深了，公爵还继承了一份自豪的遗产，他的祖先包括在 1314—1347 年担任皇帝的路德维希四世。

　　然而，如果巴伐利亚要担任更突出的角色，这将不可避免地使他们与哈布斯堡王朝的关系变得紧张，哈布斯堡王朝很乐意帮助巴伐利亚，前提是公爵记得自己在合作关系中只是次要的。巴伐利亚公爵阿尔布雷希特四世（Albrecht IV）娶了马克西米连一世皇帝的妹妹库尼贡德

（Kunigunde），马克西米连后来在 1503 年至 1505 年间巴伐利亚与普法尔茨的激烈遗产纠纷中支持前者。1550 年成为巴伐利亚公爵的阿尔布雷希特五世，还有他的孙子、1598 年继位的马克西米连一世都娶了哈布斯堡王朝的公主，而阿尔布雷希特的女儿玛丽亚嫁给了一位奥地利大公*，马克西米连的妹妹玛丽亚·安娜嫁给了未来的皇帝费迪南德二世。然而，奥地利的领土在南部和东部包围了巴伐利亚，1505 年，哈布斯堡王朝获得了蒂罗尔边境上的库夫施泰因和其他地区。同时，奥地利与巴伐利亚在萨尔茨堡庞大但人口稀少的大主教辖区内争夺影响力，双方是盐贸易的竞争对手，盐是他们的主要出口商品。

巴伐利亚需要小心行事，一般来说他们会支持哈布斯堡王朝，但会期望获得奖励，能将其公爵领提升至最高级别。最终，随着 1623 年普法尔茨选帝侯头衔交给了他们，他们如愿以偿。1547 年施马尔卡尔登战争后，萨克森选帝侯的头衔从恩斯特分支移交给了阿尔布雷希特分支，与这一次情况类似。** 然而，在 17 世纪之前，巴伐利亚没有机会提出这样的要求，而且在马克西米连一世继位之前，也没有一个公爵显示出这样做的意愿。阿尔布雷希特五世坚定地支持哈布斯堡王朝的跨教派主义，甚至否决了奥格斯堡主教加入兰茨贝格联盟的申请，因为后者过于激进。1579 年继承他成为公爵的威廉五世更有兴趣扩大巴伐利亚在帝国教会中的影响力，但除此之外，他的活动主要局限在自己的土地上，在慕尼黑开展了一项大型建筑项目。

也许天主教同盟最大的障碍是天主教本身。对大多数天主教徒来说，神圣罗马帝国仍然是统一的基督教世界中的一个单独的基督国度（*respublica Chrisitana*）。既然他们自己的信仰是唯一的"真正的"宗教，他们没有必要将自己从现有的宗教机构分离出来，成立一个独特的教派团体。因为这样做将表明既定秩序存在某种缺陷，并暗示新教徒批评它是有道理的。

---

*　安娜·玛丽亚嫁给了费迪南德一世的儿子，内奥地利的卡尔二世。

**　普法尔茨选帝侯和巴伐利亚公爵同属维特尔斯巴赫王朝。

潜在的新教领袖

新教诸侯之间的凝聚力甚至比天主教徒还要小，因为他们既在教义上存在分歧，也在通常的地位和王朝利益上存在冲突。随着问题变得更加明确，两个不同的群体逐渐浮现。大多数人支持以萨克森为首的温和派路德宗团体，该团体主张在宪法范围内维护 1555 年的《奥格斯堡和约》。还有一个更激进的加尔文宗团体，以普法尔茨为首，通过对抗寻求宪法改革，只得到了小伯爵和领地贵族的适度支持。两者之间的划分既不明确，也不是不可更改的。加尔文宗的勃兰登堡和黑森-卡塞尔在两个派别之间摇摆不定，而重要的路德宗诸侯，如符腾堡和安斯巴赫，在相当长的一段时间里都站在普法尔茨一边。此外，尽管这种区别是通过教派分歧表达出来的，但是策略上的分歧早在加尔文宗作为帝国内部的政治力量出现之前就已经存在了。

作为宗教改革的发源地，萨克森是成为新教领袖的最显而易见的选择。历史学家通常对萨克森没有多少同情，萨克森也是三十年战争所有主要参与者中最不被理解的。鉴于大多数人认为战争是不可避免的，帝国也在走向衰落，人们自然认为萨克森维护《奥格斯堡和约》的努力既幼稚，也注定会失败。[4] 然而，《奥格斯堡和约》通过稳定帝国内部的宗教和政治平衡，基本上满足了萨克森的目标。因为萨克森严格遵守路德宗正统教义，所以在激进分子将加尔文宗纳入《奥格斯堡和约》的运动中，它得不到任何好处。尽管直到 1561 年至 1581 年，萨克森才正式控制蔡茨-瑙姆堡、迈森和梅泽堡主教辖区，但它声称这些主教辖区在 1542 年已经世俗化，因此包含在《奥格斯堡和约》的条款之中。选帝侯有兴趣将其亲属任命为邻近的马格德堡和哈尔伯施塔特的教区长官，但是这里的主要障碍是来自敌对新教徒的竞争，而不是天主教的抵抗。最重要的是，选帝侯从未忘记，自己的头衔归功于 1547 年哈布斯堡王朝的支持。如果不算在1551—1552 年间，莫里茨公爵领导诸侯反抗皇帝，韦廷家族阿尔布雷希特分支和哈布斯堡王朝之间不间断的合作可以一直追溯到 1487 年，而且在费迪南德在《帕绍和约》中同意了其条件后，莫里茨立即恢复了对哈布斯堡王朝的支持。莫里茨的弟弟和继任者奥古斯特（August）在1553—1586年统治期间继续支持哈布斯堡，因为这似乎是保证萨克森新地位的最佳办法。奥古斯特也倾向于和恩斯特分支的亲属及其他诸侯家庭保持距离，而倾向于和帝国议会中选帝侯团中的其他选帝侯保持密切关系。萨克森决心保持现状，并不意味着他们的政策不灵活。相反，奥古斯特制定了一个标准策略，他的继任者在1618年后卷入战争中延续了这一策略。每一个新的问题都要在外交上被隔离开来，以防止它扰乱宪法平衡，然后转移到帝国机构，在那里它可以通过和平妥协来解决。

普法尔茨的发展使其统治者拒绝这种策略，转而寻求宪法改革。普法尔茨在中世纪晚期非常强大，普法尔茨选帝侯鲁普雷希特一世（Ruprecht Ⅰ）在1400年至1410年成了罗马人的国王。*除了领土，普法尔茨选帝侯还获得了与普法尔茨头衔相关的若干主权权利，包括分封贵族的权力和对莱茵河中游众多较弱领土的封建管辖权。1437年，一直拥有波希米亚王位的强大的卢森堡王朝绝嗣，使得维特尔斯巴赫王朝普法尔茨分支成为哈布斯堡王朝在帝国内的主要对手，这也是促使马克西米连皇帝与巴伐利亚结盟的一个因素，最终导致了普法尔茨在1505年战败。查理五世统治下的哈布斯堡王朝的巩固，使普法尔茨的政治重心从中世纪晚期的莱茵河中部地区向东转移。16世纪40年代，普法尔茨接受了宗教改革，这使他们与教会选帝侯和此前帝国教会中的其他盟友更加疏远。

普法尔茨选帝侯接过了新教好战派的领导权，而这是1547年后萨克森谨慎放弃的。这始于1556—1567年的帝国议会，《奥格斯堡和约》签署之后的第一次帝国议会，在会上，普法尔茨提出了一系列要求，这些要求后来成了其政治纲领，一直延续到1618年后的战争中。普法尔茨致力于沿着教派路线分裂帝国议会，来克服议会中天主教占多数派的处境，至少在讨论宗教问题时如此。无论是诸侯还是选帝侯，都要分成天主教徒和新教徒讨论问题，然后双方协商达成共同协议。这个机制后来被称为"分离各派"（*itio in partes*），并于1648年成为《威斯特伐利亚和约》的

---

* 因为其竞争者瓦茨拉夫四世拒绝退位，鲁普雷希特一直未能加冕为神圣罗马帝国皇帝，因此他的头衔只是罗马人的国王。

一部分，但这种做法并没有帝国法律为基础，并遭到萨克森选帝侯和其他人的强烈反对，他们担心这将破坏帝国的等级宪法。第二个要求是接受新教徒对《奥格斯堡和约》中有争议条款的解释，来解决他们的不满（*Gravamina*）。尽管萨克森泛泛地支持废除教会维持令等具体条款，但它强烈反对普法尔茨实现这些目标的策略。普法尔茨提议扣留用来反对土耳其人的帝国税，并阻止选举出一个罗马人的国王。这将有效地造成一个空位期，从而允许普法尔茨和萨克森作为帝国副手行使帝国权力，至少可以行使足够长的时间来实施提议的变革。萨克森曾在 16 世纪 30 年代提倡过这些策略，但现在对这种对抗方法不感兴趣。

普法尔茨的政治纲领明确指出了《奥格斯堡和约》带来的核心问题，而萨克森对此选择忽略。《奥格斯堡和约》试图通过将教义从政治中剔除来缓和当时的紧张局势，但不愿意将对教派团体的考虑纳入帝国议会或其他帝国机构之中。只要新教徒认为自己是一个有特定利益的派别，他们就会感受到帝国议会中固有的天主教多数派的威胁。普法尔茨的纲领试图通过按教派路线重新部署政治来解决这个问题。天主教徒不准备做出太大的让步，使得普法尔茨别无选择，只能脱离宪法，寻求独立的教派联盟，就像萨克森在 16 世纪 30 年代所做的那样。

虽然存在这些策略上的分歧，但是这些分歧花了 30 多年才催生了两个不同的新教派系。萨克森和普法尔茨都不想让天主教徒利用他们的分歧。在普法尔茨选帝侯弗里德里希三世于 1560 年皈依加尔文宗后，符腾堡曾呼吁孤立普法尔茨，而萨克森限制了符腾堡的做法。下一任普法尔茨选帝侯路德维希六世在 1576 年后重新信奉路德宗，在他于 1583 年去世之前，基本上消除了教派分歧。政治利益也阻碍了教派的两极分化。两位选帝侯都和其天主教同事一起努力巩固他们对其他诸侯的集体优势，尤其是在查理五世退位后，他们促成了向费迪南德一世的过渡。作为回报，他们被允许维持一个永久的"选帝侯团"（*Kurverein*），有权会面和讨论帝国事务。

新教分裂

更根本的是，新教诸侯王朝被一系列利益冲突所分裂，这些利益冲突使得任何纯粹基于教派的集团都不可能稳定存在。尽管新教诸侯控制了奥地利和巴伐利亚以外的所有大诸侯国，但他们因为频繁的王朝分裂削弱了自己的潜在力量。宗教改革改变了接受长子继承权的总趋势，新教诸侯保留甚至重新引入遗产分封制，以便平等地给他们的子女提供条件。[5] 不幸的是，这与 1583 年帝国法律的变化同时发生，该法律令现有帝国领地的政治权利被固定了下来。统治者无法通过分割自己的领地来在帝国机构中创造额外的选票，现在他们不得不决定，要么在自己的继承人中分享诸侯权利，要么从主要领地中分出一些家产给次子。

后一种途径减少了公平婚姻的机会，因为次子不再拥有与宪法权利有关联的土地。在某些方面，这促成了新教的激进主义。年幼的儿子寻求其他职业，为尼德兰人和胡格诺派招募雇佣军，或者在帝国教会寻找新教教区长官的职位。韦廷王朝恩斯特分支提供了一个很好的例子。1572 年后，王朝进一步分裂成阿尔滕堡、科堡、艾森纳赫和魏玛四个分支。由于自己的地位虚弱，他们选择与同样希望改善关系的萨克森选帝侯和解。然而，这四个分支没有一个能够支持进一步的划分。约翰·恩斯特（Johann Ernst）在 1615 年成为魏玛公爵后，面临着七个需要为之提供家产的兄弟，因此毫不奇怪的是，在三十年战争中，他和他的亲属是新教军队中最活跃的小诸侯。

更普遍的情况是，新教领地由于分割遗产而被削弱，因为这种分割会消耗资源，同时还会制造破坏性的继承纠纷。这些问题中的第一个是在勃兰登堡发生的，这也进一步导致勃兰登堡是最弱的选侯国，并使其统治者只能在帝国事务中扮演次要角色。勃兰登堡选侯国在 1535 年被分割，尽管 1571 年后在约翰·格奥尔格（John Georg）的领导下重新团结起来，但在他于 1598 年去世后，长子继承权的采用又造成了更多的问题。新选帝侯约阿希姆·弗里德里希（Joachim Friedrich）时年 52 岁，他忠于自己作为路德宗信徒的职责，关心为他那些无法继承选侯国的亲属提供去处。1598 年，哈弗尔贝格、勃兰登堡和莱布斯世俗化的主教辖区被并入选侯国，这使得它们无法再成为替代性的去处。约阿希姆·弗里德里希自 1566 年以来一直是马格德堡的教区长官，在他继位为选帝侯时，他成功地把这个职位传给了他最年幼的儿子克里斯蒂安·威廉（Christian Wilhelm），但这是以与萨克森产生摩擦为代价的。安斯巴赫和拜罗伊特本来是属于他的弗兰肯亲属的，当 1603 年选帝侯继承这两块领地时，他没有保留它们，而是将它们交给了同父异母的兄弟和他的第二个儿子。[6]

其他地区也遇到了严重的遗产纠纷问题，其中最重要的影响了黑森。黑森曾在宗教改革期间和萨克森一起是新教领袖。1567 年黑森分成了四个分支，其中马尔堡、卡塞尔和达姆施塔特分支在 1583 年后还存在。[7]最初划分的时候要求四个分支共同信仰路德宗，但是当 1576 年黑森家族被要求支持《协和书》时，黑森-卡塞尔的威廉拒绝了。他的土地成为加尔文宗传播福音的对象，他的继任者领地伯爵莫里茨在 1603 年正式皈依了加尔文宗。1604 年 10 月马尔堡分支绝嗣，教派分裂加深了遗产纠纷所带来的矛盾。达姆施塔特领地伯爵路德维希五世不仅仍是路德宗信徒，而且他不再满足于担当一个幼系分支的代表，想夺取整个马尔堡，这里是黑森的文化中心和共同审议会议的所在地。莫里茨于 1605 年将加尔文宗引入马尔堡北部，从而损害了自己对马尔堡的主张。路德维希以此为借口，上诉到了帝国宫廷议会，因此，在整个三十年战争期间，达姆施塔特一直站在皇帝一方。

黑森的例子还说明了破坏新教团结第二个常见因素。不仅仅是诸侯们在教义上有分歧，他们的臣民有时也接受不同于其统治者的新教教派。领地伯爵莫里茨在卡塞尔和马尔堡开始发动"第二次宗教改革"时遇到了严重的困难。而他的邻居利珀伯爵西蒙六世（Simon Ⅵ）在 1607 年试图也这么做的时候遇到了公开叛乱，被迫将首都从代特莫尔德迁到莱姆戈。1613 年圣诞节勃兰登堡选帝侯约翰·西吉斯蒙德公开改信加尔文宗时，勃兰登堡也爆发了严重的骚乱，他在宫廷和奥得河畔法兰克福大学之外几乎找不到支持者。甚至他的妻子普鲁士的安娜也公开批评他，并召集路德宗反对他。[8]

新教各国也被另外两种形式的竞争所分裂。大领地经常试图对较弱的邻居行使管辖权，经常利用宗教理由来补充旧的封建主张。例如，普法尔茨期待附近较小的伯爵和帝国骑士会跟随他拥抱加尔文宗，而领地伯爵莫里茨则希望路德宗的瓦尔德克跟随他进行第二次宗教改革。[9]新教徒也因对天主教领地的不同主张而发生冲突，而这种主张通常早在宗教改革之前就已经存在了。达姆施塔特和卡塞尔对黑尔斯费尔德帝国大修道院的所有权有争议，该修道院自1432年以来一直处在黑森的保护之下。而黑森-卡塞尔、克利夫斯和韦尔夫公爵都声称对帕德伯恩拥有权利，并各自在其大教堂圣职团中有着自己的派别。卡塞尔的影响导致许多帕德博恩贵族成为加尔文宗教徒，给这场争论又增添了教派层面的争议。结果，新教在那里的影响力消失了，终结了已经连续存在了八年的路德宗教区长官，使得天主教主教迪特里希·冯·菲尔斯滕贝格（Dietrich von Fürstenberg）于1585年当选——新教黑森派法政牧师甚至投票支持他，以阻止韦尔夫派候选人获得多数票！类似地，韦尔夫和黑森的竞争使得天主教势力在战略要地科维修道院重新抬头。[10]

政治利益可以优先于宗教团结。达姆施塔特希望在继承纠纷中得到有利的裁决，这导致了他支持皇帝。符腾堡在对抗哈布斯堡王朝时犹豫不决，哈布斯堡王朝曾于1517年在符腾堡公爵破坏公共和平时没收了公爵领。尽管在1534年皇帝恢复了符腾堡公爵的位置，但他没有立即确认符腾堡作为帝国封地的地位，直到1599年才迟迟予以确认，而且附加了条款，如果公爵家族绝后，公爵领将并入哈布斯堡王朝。强大的韦尔夫家族也有充分的理由不愿意采取激进的新教政治路线。和维特尔斯巴赫家族一样，他们有着悠久而自豪的历史，在1180年被弗里德里希·巴巴罗萨（Friedrich Barbarossa）皇帝击败之前，曾经统治过整个萨克森。他们开启了重建自己地区权力的漫长过程，但是因为没有采取长子继承权，所以一直很不顺利，直到1592年，当王朝有两个主要分支时，他们才采用了长子继承权。较弱的吕讷堡分支从策勒控制了不伦瑞克的一部分，而较长的丹嫩贝格分支拥有沃尔芬比特尔、卡伦贝格、格鲁本哈根和哥廷根。这两个分支都声称拥有对不伦瑞克市的保护权，不伦瑞克有2万名居民，是主要的经济中心。虽然不伦瑞克市民和两个公爵都信奉路德宗，但是他们并未能和谐相处，因为不伦瑞克试图通过加入汉萨同盟来摆脱公爵的控制。不伦瑞克-沃尔芬比特尔的海因里希·尤利乌斯是他那个时代最能干、最有学识的诸侯之一，在艺术和智力兴趣方面与鲁道夫二世有许多共同之处。1602 年，他前往布拉格起诉不伦瑞克市，但遭到了其吕讷堡亲属的反对，尽管他们在希望对不伦瑞克行使权力方面有着共同的王朝利益。海因里希·尤利乌斯两次试图以武力夺取这座城市，但都未能成功，只得于1606 年服从帝国枢密法院的判决，停止了行动。他仍然留在布拉格，在那里，他在帝国枢密院的存在鼓励了许多温和的路德宗信徒继续忠于哈布斯堡王朝。与此同时，他对不伦瑞克的攻击疏远了新教帝国城市，这些城市仍然对任何诸侯联盟持怀疑态度，担心这些联盟会被用来对付它们，而不是用来捍卫宗教。争夺教会土地的竞争甚至鼓励海因里希·尤利乌斯的前任将三个儿子抚养为天主教徒，在 1578 年让他们进入修道院，以使他们可以在邻近的主教辖区被选为主教。[11]

至 1608 年的教派与帝国政治

科隆争端（1583—1590）

韦尔夫家族早先试图获得整个希尔德斯海姆主教辖区，但已经遭到挫败，他们在 1523 年获得了希尔德斯海姆 24 个区中的 21 个区，使得主教只拥有城镇周围的其余三个区。希尔德斯海姆镇于 1542 年皈依路德宗，并接受了韦尔夫人的保护。剩余的天主教法政牧师面临彻底被清除的危险，他们于 1573 年选举了巴伐利亚的恩斯特为主教。[12] 新主教是巴伐利亚的阿尔布雷希特五世公爵的第七个儿子。与新教徒不同，天主教统治者仍然可以选择将儿子送入帝国教会，以抵消采取长子继承权带来的问题。恩斯特本人显然不是枢机主教博罗默那样的后特伦托式主教，但由于巴伐利亚致力于天主教复兴，给教宗留下了深刻印象，教宗认为其统治王朝比接受《奥格斯堡和约》的奥地利哈布斯堡王朝更好。教宗和西班牙都支持恩斯特，以确保德意志主教辖区不落入新教教区长官之手。希尔德斯海姆是恩斯特得到的第二个主教教区；1566 年，他 12 岁时就已经成为弗赖辛的主教。随后 1581 年，他又被选为列日主教，但他的主要目标是科隆，在那里，一场有争议的选举导致了自施马尔卡尔登战争以来帝国的第一次重大宗派暴力。

天主教徒因为彼此竞争，推迟了弗兰肯的改革，同样的竞争关系也使新教可以渗透到科隆选侯区。恩斯特 1577 年试图在科隆参选，但遭到约翰·冯·曼德沙伊德（Johann von Manderscheid）的反对，后者已经是斯特拉斯堡的主教，最终让格布哈特·特鲁克泽斯·冯·瓦尔德堡（Gebhard Truchsess von Waldburg）以微弱优势获胜。西班牙对此并不太担心，因为特鲁克泽斯看起来是一个与耶稣会有密切联系的好天主教徒，而恩斯特甚至没有被按立。然而，新大主教爱上了一位修女艾格尼丝·冯·曼斯菲尔德（Agnes von Mansfeld），并于 1582 年 2 月与她结婚，导致当地人口分裂成两派。文艺复兴时期的天主教容忍豢养情妇，但这超出了它所能忍受的范围。争论使特鲁克泽斯变得激进，他召集了一支军队，夺取了位于波恩的首府，然后于 12 月 19 日宣布皈依加尔文宗。他宣称自己不会将领地传给他的继承人，显然期待皇帝接受他为另一个新教教区长官，但是科隆作为一个选侯国非常重要，同时，他皈依的是加尔文宗而不是路德宗，这导致问题进一步激化。德意志人现在不得不面对《奥格斯堡和约》的模棱两可之处，但科隆争端并不是朝着不可避免的战争迈出的一步，而是揭示了问题的复杂性，以及这种复杂性又是如何防止两极分化形成两个明确的对立派系的。

教宗于 1583 年 4 月 1 日罢免了特鲁克泽斯，这立即让剩余的天主教选帝侯感到震惊，他们和其新教同事一起怀疑，是否有人有权罢免帝国的最高诸侯之一。[13] 与此同时，特鲁克泽斯对加尔文宗的选择疏远了路德宗信徒，他们担心这会使皇帝对新教教区长官的默许站不住脚，而这种担心是有道理的。他们拒绝像普法尔茨那样用教派分歧来解释当下局势，尽管特鲁克泽斯的皈依让新教在选帝侯团中占到多数。普法尔茨选帝侯召集了一支 7000 人的军队，派出了 1000 人来支援波恩的特鲁克泽斯，而信奉加尔文宗的韦特劳诸伯爵和尼德兰人也表示支持。然而，萨克森和勃兰登堡的反对阻止了黑森-卡塞尔等其他地区加入进来，甚至大多数普法尔茨军官也拒绝进入科隆领地，因为帝国下令解散军队。

巴伐利亚抓住了机会，不仅要求将特鲁克泽斯撤职，而且要求用恩斯特替换他。西班牙意识到了自己的错误，现在担心靠近科隆的西班牙之路的安全。它派遣了 3000 名步兵（其中有年轻的蒂利，他当时是一名掌旗官），而大教堂圣职团则召集起来选举新大主教。在天主教徒中，这种热情远非普遍。大多数主教和修道院长对恩斯特关于向他的战争基金捐款的呼吁反应迟缓，而皇帝鲁道夫反对西班牙的干预，也不愿意在巴伐利亚公然的巩固王朝统治的做法面前让步。然而，哈布斯堡候选人完全没有机会 [14]，不情愿的皇帝最终认可了 1583 年 5 月 23 日当选的恩斯特。恩斯特征集了军队，于 12 月发动进攻，在当地天主教贵族的帮助下，在下个月占领了波恩，迫使特鲁克泽斯逃往尼德兰。1583 年 11 月选帝侯路德维希去世，普法尔茨在这个关键时刻陷入了瘫痪，政府留给了他 7 岁的儿子。其他选帝侯采取了一致行动，在 1585 年 1 月承认了恩斯特，1585 年 5 月，恩斯特在西班牙和教宗的支持下被选为明斯特主教，获得了他的第五个主教辖区。

纽伦堡和蒂罗尔于 1584 年从两派共同参与的兰茨贝格联盟退出，以示抗议。尽管直到 1598 年，兰茨贝格联盟仍正式存在，但实际上已经崩溃，这表明帝国温和的中间立场正在受到侵蚀。然而，它的消亡与其说是教派两极分化的结果，不如说是源于对鲁道夫处理这件事的方式的幻灭。事情最终通过武力解决，这让人们对帝国机构解决复杂问题的能力产生了怀疑。西班牙的干预扩大了外国势力对帝国政治的参与。西班牙还在选侯国中留下了军队，因为特鲁克泽斯的支持者和尼德兰援助人员仍在几个城镇中坚持抵抗。恩斯特获得了明斯特主教辖区，加深了西班牙的参与，因为他现在控制了尼德兰共和国以东附近横跨莱茵河下游的大片领土。尼德兰人认为恩斯特是西班牙的盟友，并把他的土地视为敌人的领土。西班牙感到有义务保护他，而多年没有得到适当报酬的西班牙士兵看到了在富裕的教会土地上夺取供给的机会。战斗一直限于小规模的越境袭击，直到 1587 年 12 月，600 名新教徒占领了只有 140 名西班牙人驻守的波恩。经过 6 个月的围困，帕尔马公爵派遣了一支庞大的部队于次年 9 月夺回了这座城市。1590 年 2 月，他向北移动，占领了莱茵贝格，这是一块属于科隆的飞地，提供了穿越莱茵河的通道，并为随后西班牙从东方包围尼德兰共和国的战役提供了便利。帝国的领土完整受到了损害，但只是在其西北角。损失是有限的，因为西班牙和尼德兰都不想卷入德意志政治。西班牙甚至屈服于新教的抗议，没有将波恩变成一个大型设防基地。[15]

斯特拉斯堡的主教之战（1592—1604）

科隆发生争端之后，斯特拉斯堡主教辖区也出现了类似的问题，给鲁道夫的声望造成了更大的损害。斯特拉斯堡主教辖区位于莱茵河上游，环绕着新教城市斯特拉斯堡，包含了莱茵河上最靠北的永久桥梁。像科隆一样，它因靠近西班牙之路吸引了国际关注，但是，就像帝国政治中经常发生的那样，真正的争端开始于个人仇恨，而远非大国的关切。

特鲁克泽斯是斯特拉斯堡大教堂圣职团的执事，在科隆支持他的 3 名法政牧师也是其圣职团成员，其他成员是 11 名新教徒和 7 名天主教徒。1592 年曼德沙伊德主教去世后，事情发展到了顶点。新教多数派担心洛林的查理公爵的存在，他被天主教少数派接受为法政牧师，因此有权竞选主教。查理是枢机主教和梅斯主教，已经是一个有着广泛人脉、有权势的人物（他因为婚姻与凯瑟琳·德·美第奇以及巴伐利亚公爵威廉五世都有亲属关系）。新教徒担心自己会成为西班牙-洛林-巴伐利亚阴谋的受害者，像科隆的同事一样被从职位上赶走。他们聚集了一些支持者，袭击了斯特拉斯堡市内的主教机构。他们安全地躲在城市防御工事后面，选举了当地新教学院一名 15 岁的学生约翰·格奥尔格（Johann Georg）为新主教。约翰·格奥尔格是现任勃兰登堡选帝侯的孙子，这一选择旨在争取帝国内部路德宗的支持。他们还指望得到符腾堡的帮助，符腾堡在阿尔萨斯拥有小块飞地，而且在法国天主教联盟 1587—1588 年蹂躏了蒙贝利亚后，强烈反对洛林。王朝利益隐藏在新教团结的薄薄的表皮下面。符腾堡公爵弗里德里希一世利用了年轻主教岌岌可危的处境，借给他 33 万弗洛林的贷款，要求得到主教辖区的控制权。符腾堡公爵还要求得到上基希尔地区，这样就能在公爵领和阿尔萨斯飞地之间建立一个通道，而弗里德里希一世 6 岁的儿子被封为法政牧师，并被任命为约翰·格奥尔格的继任者。[16]与此同时，天主教法政牧师逃往强大的主教城镇萨韦尔讷，正式选举洛林的查理为对立主教。

接下来的争论并不是新教徒和天主教徒之间的直接较量，而是洛林、约翰·格奥尔格和符腾堡之间的三方斗争，而局外人则寻求和平解决方案。安哈尔特的克里斯蒂安（Chrsitian of Anhalt）控制了约翰·格奥尔格在当地招募的少数军队，并设法阻止洛林在 1592 年占领整个主教辖区。由于鲁道夫无力调解，法国的亨利四世在第二年促成了一次临时分治方案，把萨韦尔讷和其他 6 个区交给洛林，包括上基希尔在内的剩下 6 个区留给约翰·格奥尔格。随后，符腾堡利用其财政实力，通过进一步谈判修改了这一协议，导致 1604 年达成了另外两项协议。约翰·格奥尔格将所有领地交给符腾堡，以换取一份年金和偿还债务。符腾堡再把主教辖区移交给洛林，而洛林允许符腾堡保留上基希尔 30 年。

这场所谓的"主教之战"看起来比科隆争端更为温和。所有各方仍然愿意谈判，让物质利益和王朝利益决定最终结果。尽管如此，公共和平再次遭到破坏，鲁道夫在帝国中的地位进一步受损。更糟糕的是，在1598—1599 年"西班牙冬天"之后，天主教在斯特拉斯堡的胜利让人们担心，有一个协调一致反对德意志新教徒的反宗教改革运动。

建立一个新教联盟的梦想

1583 年后西班牙对莱茵河地区的干预表明，法国内战和尼德兰的战争正在蔓延到德意志地区。丹麦和英国非常警觉地看待这些事件。丹麦和英国领导人害怕西班牙人或耶稣会士在自己国家活动，自然也倾向于认为天主教阴谋也延伸到德意志地区。1585 年，英国与尼德兰叛军结盟，并向法国胡格诺派提供资金和志愿者。丹麦通过普法尔茨为胡格诺派输送资金，两国都希望与德意志诸侯建立更紧密的联系，这些诸侯在新教徒的考量中的重要性远远超过了他们对任何联盟可能做出的实际贡献。[17] 激进派的一个核心观点是教宗打算首先攻击作为宗教改革发源地的德意志。德意志诸侯在这一点上也享有比 1648 年后更高的国际地位。尽管他们的地位明显不如那些主权君主，但仍然是国际政治的一部分，而且也经常出行到外国。他们的领土位于欧洲的中心，可以通往斯堪的纳维亚半岛、尼德兰和法国，这使得其领土成为对抗天主教威胁的理想基地，而德意志志愿者和雇佣军在所有新教军队中的存在也维持了他们的军事声誉。

事实上，这样一个国际新教联盟的前景只是一种幻想。丹麦教会和英国教会有着不同的国家轨迹，两国君主有着不同的政治野心，这些都阻碍了这两个潜在的外国支持者之间达成任何坚定的协议。一方变得更加激进的同时，另一方的热情往往在减弱，使得它们无法达成利益的同步。尽管科隆和斯特拉斯堡争端的紧迫性显而易见，但围绕保守派路德宗《协和书》的争议成了一个新的绊脚石，在 1582 年之后，这个绊脚石成了更大的麻烦。德意志新教徒之间想要结成任何联盟，都依赖外部的赞助，但是英国和丹麦都不会资助任何一个团体，除非这个团体同时包括萨克森和普法尔茨。然而，由于普法尔茨对萨克森未能在争端中支持科隆表示不满，两位最主要的德意志新教诸侯之间的裂痕越来越大。随着普法尔茨政府从普法尔茨-劳滕幼系分支转移到约翰·卡齐米尔手中，事情变得更加糟糕。约翰·卡齐米尔在 1583 年至 1592 年间担任摄政，他周围都是西方宗教战争中的流亡者和退伍军人，而不是此前统治普法尔茨的人。他从好斗分子的角度来看世界，没有什么耐心去考虑帝国传统上建立在共识上的政治运作，并大力扭转上一任选帝侯重新引入路德宗的做法，甚至在 1592 年引发了上普法尔茨的叛乱。这种极端主义的倾向使普法尔茨进一步疏远了帝国中的潜在盟友，同时也因个人的挫败而更加强烈。1583 年，萨克森选帝侯的侄女和女儿与加尔文宗的奥兰治的威廉和约翰·卡齐米尔的婚姻都失败了。

由于无法在选帝侯团中与萨克森合作，普法尔茨恢复了在帝国的正式宪法框架之外建立一个单独的福音政治体（corpus evangelicorum）的政策。在推进教派目的方面，新教徒现在有了明确选择。他们可以选择追随萨克森，通过帝国机构来维护现状，或者加入普法尔茨完全建立在共同信仰上的新团体，该团体在帝国议会和行政圈议会之外单独举行大会。在16 世纪 80 年代之后，越来越明显的是，大多数诸侯更喜欢萨克森模式，而不是对抗性的普法尔茨模式。萨克森在 1587 年与黑森-卡塞尔重新建立了旧的联盟，从而将前施马尔卡尔登联盟的另一个领袖纳入其阵营。符腾堡、波美拉尼亚、梅克伦堡和韦廷王朝恩斯特分支都支持萨克森，萨克森于 1614 年将其联盟扩大到包括勃兰登堡。

现在很多事情都取决于萨克森选帝侯的态度，随着 1586 年克里斯蒂安一世的继位，有迹象表明，萨克森可能与普法尔茨和解。新选帝侯拒绝了他父亲的菲利普派路德宗的正统思想，但也从未公开宣布皈依加尔文宗，他的最终意图仍不清楚。在继位之前，他已经嗜酒和赌博成瘾，也无力控制自己宫廷上的个人竞争行为，这使得其他人可以发挥更大的影响力。他的书记官尼古劳斯·克雷尔（Nikolaus Krell）也支持菲利普派，并推出一本新的《圣经》，以对抗 1589 年以来日益高涨的民众反对情绪。选侯国内部的重新定位和帝国政治方向的改变同时发生，萨克森在 1590 年 2 月与普法尔茨谈判，于第二年 1 月形成了托尔高联盟（Union of Torgau）。这一举动被解释为激进的一步，预示着强大的、统一的新教阵线的出现。[18] 克里斯蒂安比他的父亲更愿意与普法尔茨合作，但托尔高协议并不代表他转向了普法尔茨式的激进主义，而是他为了引导新伙伴走上更温和道路的步骤。尽管联盟向法国派遣了一支远征军，但由于现在亨利四世已经成为国王，这一步也不显得那么激进。此外，他们在帝国的合作仅限于向鲁道夫联合发出抗议，寻求通过宪法手段安抚新教徒的不满。在其他新教统治者中，只有黑森-卡塞尔支持联盟，而联盟本身也在克里斯蒂安于 1591 年 9 月去世后瓦解。

克里斯蒂安的意外死亡立即引发谣言，说他是被萨克森路德宗教会毒死的，以阻止加尔文宗的第二次宗教改革，此时联盟的脆弱性尽显无遗。即使他活得更久，联盟也不太可能对帝国权威构成严重挑战，因为 1593 年土耳其战争的爆发让鲁道夫获得了广泛支持。克里斯蒂安死后留下三个儿子，长子克里斯蒂安二世只有 8 岁。魏玛的弗里德里希·威廉和男孩的外祖父勃兰登堡选帝侯约翰·格奥尔格共同成为摄政。克里斯蒂安二世的母亲，勃兰登堡的索菲（Sophie of Brandenburg），在 1591—1593 年策划了一场针对菲利普派和加尔文宗的清洗运动，监禁了克雷尔。现在所有牧师都必须宣誓效忠《协和书》，这些措施在反加尔文宗的暴动中得到广泛的支持。萨克森不仅恢复了以前在帝国政治中的立场，在政治上也不再采取主动，因为摄政王不愿意冒任何风险。克里斯蒂安二世延续了家庭的酗酒传统，甚至比他的父亲更软弱而没有主见，让他的母亲能够维持萨克森对鲁道夫的支持。正如一位萨克森枢密院议员在 1610 年指出的那样，"政治上我们是天主教徒"。[19] 唯一切实的回报是帝国宫廷议会确认了对克雷尔的死刑判决，无视了英国伊丽莎白一世和亨利四世的宽恕请求，尽管没有任何证据表明有阴谋存在。索菲确信克雷尔腐蚀了她的丈夫，1601 年10 月 9 日在德累斯顿的主广场公开处决克雷尔时，索菲坐在主人的位置。这种个人复仇行为被广泛解释为萨克森反对加尔文宗的决心。

萨克森专注于清算旧怨，这为普法尔茨重新开始组织另一个教派联盟的努力提供了政治舞台。随着萨克森保守主义与日益增长的普法尔茨好战主义形成鲜明对比，新教政治再次分化。新普法尔茨选帝侯弗里德里希四世并不是一个明显的激进分子。虽然他被培养成一个路德宗信徒，但在约翰·卡齐米尔的影响下，他皈依了加尔文宗。而直到 1592 年，卡齐米尔的摄政才结束。然而，弗里德里希从来没有接受加尔文宗的工作伦理，他喜怒无常，经常生病，尤其是 1602 年以后。弗里德里希热爱宫廷盛大场景，导致预算严重超支，1613 年时已经负债 180 万弗洛林。[20] 宫廷的扩张也使得在摄政期间已经存在的贵族成分占据了上风，极大地改变了普法尔茨政治的特征。在此之前，普法尔茨政府由一个于 1557 年成立的枢密院（Oberrat）掌控，主要由在人文主义大学接受教育的平民充当职员。他们的集体决策一般倾向于保持谨慎，而弗里德里希四世日益依赖贵族出身的朝臣和军人，使得个人的影响力大为增加。而选帝侯日益糟糕的健康状况加剧了这一情况，这再次唤醒了他的宗教热情，并使他倾向于从教派角度来看问题。

一个人特别吸引了选帝侯的注意和青睐：安哈尔特的克里斯蒂安，他是导致三十年战争爆发过程中最重要的人物之一。他通常被斥为鲁莽的阴谋家，但毫无疑问，如果波希米亚冒险获得成功，他会被认为是一位有远见的战略家。他待在普法尔茨，这也体现了众多新教诸侯面临的一个共同问题。尽管他为选帝侯服务，但他本人是阿斯坎尼（Askanier）家族的王子，阿斯坎尼家族有一千多年的历史，曾经是帝国最强大的王朝之一。到

16 世纪末，它已经沦落到统治安哈尔特，一个夹在勃兰登堡和萨克森之间的小公国的地步。由于他们没有采用长子继承权，甚至这一小块土地也是四分五裂的，在 1586 年后，克里斯蒂安及其兄弟们共同分享这一小块地盘。对这样一个有抱负的人来说，他分到的贝恩堡实在是太狭小了，克里斯蒂安寻求一个更有声望的宫廷，去扮演更重要的角色。

1586 年，他先是去了萨克森，在那里皈依了加尔文宗，以特别的热情拥抱了新信仰，相信有一个关于"普世知识"的神奇的系统。他和许多狂热的加尔文宗信徒一样，相信可以通过根据《圣经》正确地解释事件，来辨认出神的旨意。1591 年，他被授予萨克森-普法尔茨联合部队的指挥权，以协助亨利四世。和此前所有的德意志远征军一样，没有一个支持者真的提供了金钱，安哈尔特只能自己支付 130 万塔勒的费用。直至 1818 年，他的后代仍在向法国索偿这笔债务。[21] 然而，长达 11 个月的战役让他结识了很多国际加尔文宗的主要成员，尤其是拿骚-锡根伯爵约翰。在短暂的斯特拉斯堡主教之战中，他指挥了新教势力，1593 年，他还准备接受鲁道夫的提议，指挥军队对抗土耳其人。约翰伯爵说服了他，让他相信这与新教事业背道而驰，并在 1595 年促成了他被任命为上普法尔茨总督。

这个职位让克里斯蒂安展示了他无可争议的才华。上普法尔茨于 1329 年被普法尔茨选侯国获得，位于选侯国以东相当远的地方，由一个位于安贝格的政府单独管理，而下普法尔茨则由海德堡统治。上普法尔茨的宗教传统也完全不同，虽然在下普法尔茨，路德宗只存在于宫廷中，但它在上普法尔茨确实很受欢迎，上普法尔茨还强烈反对约翰·卡齐米尔强行推广加尔文宗。安哈尔特将机智和狡猾结合在一起，重新赢得了他们的忠诚，而且非常成功，以至于地方等级会议对后来的波希米亚冒险给予了强力支持。[22] 安哈尔特担任总督相当成功，这提升了他在海德堡宫廷的地位，在那里，随着他的门生和其他与国际加尔文宗相关的人物被任命，他的影响力越来越大。

四修道院纠纷（1598—1601）

到 16 世纪 90 年代末，安哈尔特已经能够重拾约翰·卡齐米尔的激进政策，并从这一政策出发，合乎逻辑地组建了一个由普法尔茨领导的新教联盟。为了说服其他诸侯放弃萨克森的宪政路线，安哈尔特试图证明现有的机构不再维护新教利益。他故意选择帝国司法作为战场，因为《奥格斯堡和约》依赖帝国通过法院和平仲裁解决争端的能力。很有可能的是，他或者至少是普法尔茨政府中的其他人，真的相信现有的机构不仅固有地对新教徒抱有偏见，而且已经沦为了耶稣会反宗教改革的工具。然而，通过将帝国司法政治化，安哈尔特大大加剧了帝国内部的紧张局势。

通过将 1598 年之后的境况与之前 40 年作比较，可以看出普法尔茨计划的影响。在《奥格斯堡和约》中，帝国枢密法院负责解决涉及宗教问题的案件。法院大部分人员都是天主教徒，因为要由每个行政圈的领地提名新法官来填补空缺。在三十年战争之前的 30 年里，由于各领地选择其同宗信徒，只有三分之一的法官是新教徒，这大致反映了新教徒在诸侯中的比例。尽管如此，新教领地继续支付其维持法院的定期捐款。而且，在1559 年至 1570 年间，一系列天主教徒被选为首席法官时，新教徒也没有抗议。直到 1576 年，普法尔茨才严肃地建议引入宗教平等原则，要求天主教徒和新教徒轮流担任首席法官。[23] 皇帝拒绝了这一建议，因为这不仅是对皇帝特权的攻击，而且也没必要，因为宗教敏感的案件已经交由一个议事组——一个由三名新教法官和三名天主教法官组成的复审小组——进行审判。如果议事组未能就裁决达成一致，他们必须将此事提交给另一个小组，这个小组中两个教派成员同样各占一半。这个程序非常成功，以至于在 1559 年至 1589 年间，只有七起针对法院判决的正式投诉。

1598 年普法尔茨挑出了所谓的"四修道院纠纷"（Vierklösterstreit），这其中没有一个案例与过去成功解决的案例截然不同。第一起案件发生于1597 年 1 月，涉及一项不利于奥埃廷根伯爵的判决，法院命令伯爵归还加尔都西会修道院，他于 1556 年将修道院世俗化，因此在《奥格斯堡和约》规定的标准年之后。在第二起案件中，法院做出了类似的判决，命令1568 年侵占加尔默罗会修道院的希尔施霍恩帝国骑士返还修道院。第三项判决指示斯特拉斯堡市不要干涉其城墙内的抹大拉的玛丽亚女修道院的内部事务。最后一项判决中，法院要求巴登边疆伯爵和埃伯施泰因伯爵释放弗劳伦娜女修道院院长，他们逮捕了这名女修道院院长，理由是她私生活不检点。所有的决定都是在双教派审查小组中根据多数票做出的，这表明一些新教法官支持其天主教同事。

普法尔茨提出了一些基于教派而非法律上的异议，将这些案件政治化了。法院根据财产权和管辖权对每一个案件进行了判决，但所有这些案件都涉及关于教会财产的目的和用途的根本分歧。此外，他们认为判决缺乏有效性，因为上诉程序已经崩溃。这一程序被称为巡查（Visitation），建立于 1532 年，并在《奥格斯堡和约》中得到了确认。一个特别委员会对帝国枢密法院的案例进行年度审查，而委员会的成员则由帝国所有政治体成员中的人员轮流担任。科隆争端之后，1588 年轮到马格德堡的路德宗教区长官担任时，鲁道夫阻止了他上任，因此拖延了审查进程。天主教徒和新教徒一样希望有法院正常运作，在 1594 年的帝国议会上，提议将巡查权委托给帝国代表团（imperial Deputation）。这是另一个由来自所有政治体的成员组成的委员会，负责在帝国议会休会期间处理一些特殊事务。鉴于新教徒目前在帝国代表团中的成员甚至少于巡查小组，他们拒绝了这一提议，认为这是另一起针对他们的天主教阴谋。

然而，这不仅仅是一个教派问题，它也暴露了帝国宪法中的一个严重缺陷。帝国枢密法院并不是一个现代宪法意义上的最高法院，它无权通过提供自己对法律的解释来处理法律漏洞，或解决新问题。相反，它负责执行帝国议会通过的现有立法，而最终判决权是皇帝的特权。由于忧郁症患者鲁道夫拒绝判决，此事被发回帝国议会，使得一些较小的问题也会引发激烈的政治辩论。这四起案件中的新教诉讼人只是要求在帝国代表团的组成中引入平等原则，以确保上诉的公平，但是他们的要求被普法尔茨忽视了，普法尔茨联合勃兰登堡和不伦瑞克，质疑该机构审查案件的权力。1601 年，这一举动使帝国代表团瘫痪，使得普法尔茨可以将此事提交 1603 年 3 月至 7 月间召开的下一届帝国议会。

普法尔茨领导人希望这四起修道院争端最终能说服怀疑者放弃萨克森路线，加入一个单独的新教派系。自 1594 年帝国议会以来，普法尔茨已经主持了六次新教代表大会，讨论在正式帝国机构中应该采取何种策略。

虽然代表们接受了普法尔茨拒绝支持反抗土耳其人的政策，但萨克森对大会的抵制使得大会的决定在很大程度上毫无意义。西班牙入侵莱茵河下游地区确实促使安斯巴赫和黑森-卡塞尔在 1596 年开始了谈判，以成立一个新的新教联盟，但是再一次地，没有萨克森的参与，丹麦和英国都不会支持这个计划。1603 年帝国议会重新召开，好斗派缺乏支持的状态暴露无遗。刚刚成为英格兰国王的苏格兰詹姆斯六世礼貌地拒绝了安哈尔特提出的领导新联盟的邀请。法国拒绝了类似的提议，因为安哈尔特庇护了布永公爵，一位胡格诺派的重要贵族，布永公爵在默兹河上的色当拥有自己的主权领地，领导了一场反对亨利四世的阴谋。由于担心自己孤立无援，安斯巴赫和黑森-卡塞尔在最后一刻反悔，拒绝加入普法尔茨反对重新支援对抗土耳其人的资金的计划。气氛变得如此恶劣，以至于 1603 年 4 月当萨克森选帝侯克里斯蒂安二世骑马外出有人向他开枪时，萨克森立即指控安哈尔特策划暗杀。[24] 萨克森得到了众多温和派天主教徒的协助，他们对帝国代表团的瓦解感到震惊，不想给普法尔茨代表一个策划抗议的借口。

巴伐利亚

尽管这次帝国议会和往常一样，以一份帝国决议书结束，列出了所有参与者认可的决定，但有明显的迹象表明，旧的基于共识的政治文化面临着巨大的压力。普法尔茨的行为加剧了天主教徒的怀疑，他们越发认为所有新教徒本质上都不可理喻，导致他们越来越不愿意容忍对《奥格斯堡和约》的侵犯。威廉五世于 1594 年让他 24 岁的儿子马克西米连进入巴伐利亚政府，并在 4 年后将巴伐利亚政府完全交给了他，自己则退隐去过虔诚沉思的宗教生活，此时天主教的不妥协态度越来越强烈。[25]不同于 16、17 世纪之交的其他主要人物，马克西米连公爵见证了整个三十年战争，是最有影响力和最有活力的德意志天主教诸侯。关于他的性格有一些争论。所有人都同意他非常有决心且野心勃勃，而他的主要传记作者迪特尔·阿尔布雷希特（Dieter Albrecht）过分强调了他天生的谨慎和小心翼翼。

马克西米连像他的妹夫施蒂里亚的费迪南德一样，笃信天主教，采取了一种自我惩罚式的宗教路线，每天花几个小时祷告或参加弥撒。他尤为敬拜圣母，在 1616 年宣布她为巴伐利亚的主保，并在 1645 年以自己的鲜血写下一份誓言，献身于她，这份誓言存放在旧厄廷圣祠的一个银帐幕中。在做出重大决定之前，马克西米连都会寻求圣母的代求，例如，在多瑙沃特的干预（1607）和上普法尔茨的入侵（1621）上选择的时期都与她的日历上的重要日期相吻合。然而，和费迪南德一样，马克西米连的个人虔诚并不妨碍他与信仰不同的人对话。1601 年，他安排了路德宗和天主教神学家之间著名的争论，邀请两种信仰的主要思想家来到雷根斯堡会面，寻求共同点。阿尔布雷希特正确地认为，马克西米连和费迪南德一样，都采用法律视角看待政治行为，这使他无论在心理上还是在实际上都倾向于尊重皇帝。和同时代的萨克森选帝侯一样，马克西米连仍然认为帝国是一个神授的等级制度，天然地依赖皇帝的指导。他不愿意在没有事先得到皇帝批准的情况下采取行动，在采取行动之前倾向于得到皇帝的明确批准，并在失败的情况下致力于谈判保障措施。

这种态度使巴伐利亚保持幕后的位置，没有轻举妄动，而且巴伐利亚公爵不太可能有建立一个独立的天主教派系的长期计划。但是很明显，像萨克森选帝侯和普法尔茨选帝侯一样，马克西米连确信自己的教派目标和王朝目标符合天主教会和整个帝国的更广泛利益。公爵认为，天主教徒自 1555 年以来已经放弃了太多的立场，现在是他们采取坚定立场防止帝国陷入混乱的时候了。这一立场受到了 1586 年慕尼黑出版的一本名为《论自主》（Autonomia）的书的影响，该书的作者是帝国宫廷议会秘书安德烈亚斯·厄斯腾贝格（Andreas Erstenberger），他批评了法国天主教政治派为安抚胡格诺派而采取的宽容态度。对厄斯滕伯格来说，不可能有所谓的"自主"，因为良心自由就意味着自由地效力于魔鬼。巴伐利亚领导了1593—1594 年帝国议会中的其他天主教徒，威胁说如果马格德堡教区长官被允许上任，他们将会退出。这一行动意味着拒绝承认所有教区长官，而此举是将主教辖区重新交到天主教手中的前兆。马克西米连在 1597—1598 年的下一届帝国议会上延续了这一路线，当时他坚持多数投票的有效性，而反对普法尔茨提出的"分离各派"的要求。

多瑙沃特

1604 年至 1608 年间，一系列帝国判决恢复了天主教对《奥格斯堡和约》中关于帝国城市的条款的解释，加强了天主教的立场。新教徒认为这些条款允许良心自由，而天主教徒则指出其他条款，认为城市的宗教必须保持 1555 年的状态。路德宗一直对城市市民很有吸引力，他们是路德宗的首批追随者之一。路德宗在 1555 年后蔓延到阿伦、科尔马、埃森、阿格诺等地，虽然这些城市正式上依然是天主教城市。例如，到 1602 年，多特蒙德只剩下 30 名天主教徒，而在考夫博伊伦，当地 80 名天主教徒要面对 700 名新教徒，在多瑙沃特的 4000 人中，只有 16 个家庭仍然忠于罗马。虽然每个案例都有其各自的地方色彩，但都涉及类似的问题。天主教少数派面临着武装团伙不断增加的威胁，特别是在议会选举期间，因此市民政府往往会落入新教徒手中，例如 1581 年在亚琛发生的那样。这些新议员在执政后，颁布了有利于他们信仰的立法，例如，阻止采用格列高列历，或者拒绝给予新天主教徒公民身份，例如多瑙沃特就是这样，尽管它在正式上是一个双教派城市。天主教人口的减少使他们的机构变得脆弱，使得新教徒能够控制医院、学校、教堂和其他宝贵的资产。这种行为通过帝国司法重重叠叠的管辖权网络产生了更广泛的影响。例如，到 1605 年，多瑙沃特仅存的天主教教堂属于圣十字本笃会修道院，该修道院声称自己不受该市管辖，而是处于奥格斯堡主教的保护之下。

帝国枢密法院的瘫痪让帝国宫廷议会成了唯一一个还在完全运作的帝国法院。宫廷议会总部设在维也纳，其人员全部都由哈布斯堡王朝任命，他们既是法官又是皇帝的政治顾问。它不仅比帝国枢密法院更快，而且它的判决得到了皇帝的直接支持。由于这个原因，它接受的案件数量从 16 世纪 80 年代中期之前的每年 250 起增加到 1590 年的 500 起，之后略有下降。而其中政治敏感案件的数量从 1585 年前的每年 25 起增加到 17 世纪初的 60 起。尽管新教徒都认可帝国宫廷议会足以胜任解决封建法问题，但他们并不完全信任它，总是将宗教案件提交给帝国枢密法院，因为后者享有更大的司法独立权。[26] 然而，帝国城市的直接领主是鲁道夫，因此受制于他的权威，以前的皇帝就曾干预过帝国城市，改写其帝民宪法和恢复秩序。因此，人们普遍认为，在 1604 年后，当帝国宫廷议会发布了一系列反对亚琛、多特蒙德、埃斯林根、汉堡和考夫博伊伦的新教议会的命令的时候，鲁道夫是在自己的权限范围之内行事的。

像四修道院纠纷一样，这些个别案件并不特别严重，变得如此严重是因为普法尔茨将这些案件政治化，以动员人们支持其组建教派联盟的计划。多瑙沃特一案如此有争议性，是因为它发生在其他一些城市的天主教复辟之后，也因为鲁道夫对这件事处理不当，导致他被人们指责为专断裁决。这起事件是由一场宗教游行引发的，和奥地利的游行一样，这象征着一场控制社区的斗争。奥格斯堡主教克内林根（Knöringen）和迪林根大学的耶稣会士鼓励圣十字修道院院长重新开始在圣马可日游行。市议会在 1605 年 5 月裁定，修士只能带着卷起的旗帜游行。在奥格斯堡主教的支持下，修道院院长向帝国宫廷议会提出上诉，帝国宫廷议会让城市议会陈述案情，同时命令后者在此期间不要扰乱游行。当地天主教徒认为这默许了他们的立场，并于 1606 年 4 月展开旗帜游行。接下来的"旗帜之战"中，新教市民撕毁了旗帜，将修士们赶回修道院。帝国宫廷议会于 9 月 3 日裁定，市民的行为明显破坏了和平，驳回了城市议会关于它无力遏制暴民的论点。

鲁道夫在这时的干预将一个普通地方案件变成了一部高层政治的戏剧。巴伐利亚的马克西米连早在 1604 年就已经执行了针对考夫博伊伦的命令，1607 年 3 月 17 日，皇帝授权他在多瑙沃特也这样做。马克西米连看起来是一个忠诚的天主教徒，而鲁道夫想在"兄弟之争"之后赢得巴伐利亚的支持。然而，鲁道夫的决定违反了惯例，这类帝国事务一般是委托给行政圈中的主要诸侯来执行裁决。由于多瑙沃特位于施瓦本行政圈，而不是巴伐利亚行政圈，符腾堡公爵弗里德里希认为这是故意在怠慢他，并试图动员德意志南部新教徒表示抗议。鲁道夫犹豫了一下，在这个过程中丢脸了，而马克西米连没有得到明确的命令是不会行动的。与此同时，多瑙沃特的新教好斗派对他们议会明显的胆怯感到愤怒，在 1607 年 4 月煽动了一场骚乱，驱逐了一些被派来调查之前骚乱的巴伐利亚代表。马克西米连现在有了他需要的借口，但仍在等待，直到鲁道夫不情愿地将这座城市置于帝国禁令之下，然后终于命令巴伐利亚在 12 月 1 日采取行动。马克西米连现在不得不迅速行动，因为帝国议会已经召开，他担心这件事会被提交给那里。鲁道夫做出决定后的一周内，6500 名巴伐利亚士兵开始行军。他们快到时，煽动者逃跑了，巴伐利亚士兵于 12 月 17 日没有任何障碍地进入了多瑙沃特。

这一事件损害了帝国宫廷议会的声誉，使得普法尔茨指控它也是诸多腐败机构中的一个。尽管鲁道夫真心希望能够和平解决，但他对这件事的处理非常不当。他还拒绝听从萨克森的建议，没有发表声明否认他的判决是基于教派考虑的。鲁道夫膨胀的威严感使他认为没有必要解释自己的行为。最后是巴伐利亚这么做了，这损害了皇帝的信誉，并引发了人们对皇帝独断裁决的担忧。

尽管这一事件被广泛认为直接导致了教派联盟的形成，[27] 但施瓦本新教徒对符腾堡的抗议没有表现出多少热情，并于 1609 年再次与天主教同事在行政圈会议上集会。马克西米连也试图避免激化局势。他把多瑙沃特的教区教堂交还天主教控制，但他一直避免镇压路德宗，直到 1609 年才开始，而且那时也是因为他想吞并这座城市。鲁道夫将多瑙沃特置于巴伐利亚的管理之下，直到城市付清马克西米连的开销。这种安排是帝国司法体系的一部分，因为帝国司法依赖有罪方支付执行法院裁决的领地的费用。然而，马克西米连故意开支过度的惩罚性远征花了 30 多万弗洛林，而多瑙沃特年收入为 1.5 万弗洛林，根本不可能还清。公爵留在了那里，1609 年后，他已经从所有官方文件中删除了这座城市的帝国头衔。由于他现在把市民视为自己的臣民，他对尊重他们的信仰没有感到任何不对劲的地方。

1608 年帝国议会

即使是现在，安哈尔特仍发现自己很难争取到人们对教派联盟的支持。1605 年与勃兰登堡和尼德兰人达成的协议胎死腹中，因为勃兰登堡将自己的王朝利益置于国际新教利益之上，把原计划交给尼德兰人的款项交给了波兰人，以保证自己能继承普鲁士公爵领。符腾堡和巴登-杜尔拉赫倾向于与普法尔茨-诺伊堡达成一个地方协议，使得普法尔茨在 1607 年与安斯巴赫、拜罗伊特和纽伦堡缔结的协议范围有限，仅限于保护上普法尔茨免受巴伐利亚可能的攻击。

尽管如此，多瑙沃特事件与"兄弟之争"同时发生，使萨克森确信必须采取措施来维护新教利益。在即将召开的帝国议会中，鲁道夫选择了施蒂里亚的费迪南德大公为他的代表，这表明皇帝的提议没有什么可期待的。萨克森现在接受了普法尔茨的论点，即多数投票不应该适用于与宗教相关的议题。和托尔高联盟的情形一样，这并不表明萨克森开始转向好战路线，因为萨克森的威望意味着它现在成了普法尔茨项目的发言人，当然会用更温和的语言表达这一点的。普法尔茨采取了类似的立场，甚至与美因茨选帝侯举行了会谈，以平息有争议的问题。

帝国议会于 1608 年 2 月召开，费迪南德大公回应了新教徒关于正式确认《奥格斯堡和约》的要求。费迪南德表示愿意承认，前提是新教徒归还自 1552 年之后夺取的所有的天主教财产。费迪南德的提议表明天主教立场显著强硬，即归还土地应该基于对《奥格斯堡和约》的明确解释，而不是后来帝国法院的个别案例。人们正确地认识到，这一立场是 1629 年费迪南德在其政治和军事实力达到鼎盛时颁布的《归还教产敕令》（Restitution Edict）的起源。[28] 面对这一立场，萨克森的温和态度变得站不住脚，主动权重新回到普法尔茨手中，他们提出了一系列要求，包括鲁道夫应该对匈牙利新教徒给予宽容，虽然实际上匈牙利处在帝国议会的管辖范围之外。在高涨的情绪面前，萨克森和美因茨选帝侯要求保持理智的努力无济于事，最终普法尔茨退场，紧随其后的是黑森-卡塞尔、巴登-杜尔拉赫和其他人。许多温和的天主教徒被激怒了，现在转而支持巴伐利亚和奥格斯堡主教这样的好斗派。

新教联盟和天主教同盟（1608—1609）

新教联盟

1608 年的帝国议会没有达成通常会有的最终决议书就结束了，这是有史以来第一次。在帝国枢密法院巡查小组和帝国代表团相继失败之后，帝国议会的崩溃表明宪法正在面临瘫痪，而萨克森选帝侯认为现有机构足以提供充分安全保障的想法是一厢情愿。安哈尔特迅速行动，巧妙地利用了 1608 年 2 月符腾堡的弗里德里希葬礼上情绪激动的场合，直接向新教诸侯们提出了自己的建议。一个团体象征性地在奥豪森修道院重新集会——该修道院已经被安斯巴赫世俗化——并于 5 月 14 日同意成立一个新的新教联盟，就在帝国议会未能令人满意地结束 11 天之后。[29]

新教联盟基本上是由从 1607 年即已存在的普法尔茨防务集团与 1605 年开始存在的德意志西南部的普法尔茨-诺伊堡、巴登-杜尔拉赫和符腾堡联盟合并而来的。到 1609 年春天，只有另外四位诸侯加入了进来，但是于利希-克利夫斯危机（见下文）又让勃兰登堡、黑森-卡塞尔、茨魏布吕肯、安哈尔特的兄弟们和厄廷根伯爵，以及包括纽伦堡、乌尔姆和斯特拉斯堡在内的 16 个帝国城市也加入了进来。随着它们在 1610 年 1 月加入，新教联盟仍然只包括大约一半的新教领土。由于黑森-卡塞尔加入了进来，达姆施塔特肯定不会加入，而韦尔夫公爵之所以放弃，是因为他们希望鲁道夫在他们与不伦瑞克的争端中予以支持。对诸侯意图的怀疑也使得许多重要的帝国城市不愿意加入，例如奥格斯堡，但是最明显的空缺则是萨克森选帝侯，他拒绝加入，使得所有东北部的公爵和伯爵都望而却步。

由于新教联盟的成员只占新教领地的一半，联盟仍然是一个基于普法尔茨现有的王朝和政治网络的南德意志地区联盟。帝国城市的加入主要是因为联盟将多瑙沃特地位的完全恢复作为其主要要求之一。尽管城市的数量超过了诸侯，但 1610 年对联盟宪章的修订使这些城市只是二等成员，因为宪章中诸侯的计票被计为两倍。最初的宪章为期 10 年，在前三年由普法尔茨担任领导，但整个组织仍然是临时性的，在预期中萨克森加入后，会成立第二个北德意志领导小组。所有成员都宣布，彼此之间放弃暴力，并同意在帝国机构中彼此协调一致。新教联盟成立 13 年来共举行了 25 次全体大会，但未能建立自己的机构。尽管联盟被认为是激进的普法尔茨计划的工具，但由于其自身的弱点，它不得不在财政和军事安排上严重依赖现有的帝国宪法。如果联盟决定动员一支军队，成员们使用帝国税务登记册中的配额来决定付给联盟多少钱。对帝国宪法的依赖也是一种政治上的权宜之计，因为联盟必须表现为正式的公共和平框架中的一个附属机构，以避免被谴责为非法组织。因此，联盟也未能建立自己的司法机构或机制，可以让普通成员追究领导者的责任。所有的信件都是通过海德堡送达的，因为只有普法尔茨有足够发达的官僚机构，能够处理这项业务。

天主教同盟

14 个月后，天主教统治者成立了一个敌对组织。由于新教宣传试图将其描绘成臭名昭著的法国天主教联盟（Catholic Ligue）的德意志版本，该组织在历史上被称作天主教同盟（Catholic Liga）。像新教联盟一样，这个新组织是由两个早期组织联合组成的。三名教会选帝侯对 1603 年帝国议会选举的结果感到失望，并已经考虑成立一个教派联盟，致力于捍卫天主教对《奥格斯堡和约》的解释。然而，1604 年成为新美因茨选帝侯的约翰·施魏克哈德·冯·克朗伯格（Johann Schweikhard von Kronberg）更愿意继续与萨克森谈判，以达成友好的结果。鲁道夫的消极态度也让特里尔选帝侯和科隆选帝侯望而却步，因为他们觉得任何联盟都必须包括皇帝才能合法。而且，也很难想象这种团体会没有巴伐利亚，但是此时马克西米连反对任何教派联盟，尤其是包括哈布斯堡王朝在内的联盟，因为他害怕被卷入奥地利的兄弟之争。而多瑙沃特事件的政治影响迫使马克西米连改变主意，他现在正努力组建一个联盟来保证巴伐利亚的安全。尽管如此，他还是小心翼翼地留在幕后，让奥格斯堡的克内林根主教在前台，招募施瓦本、弗兰肯和巴伐利亚的主教。

未来天主教同盟的核心在 1609 年 7 月马克西米连的一次个人会议上走到了一起，在巴伐利亚与奥格斯堡、康斯坦茨、肯普顿、帕绍、雷根斯堡、埃尔旺根和维尔茨堡的主教之间形成了联盟。他们达成了一项为期 9 年的共同防御条约，含糊其辞地致力于捍卫天主教。因为没有与三个教会选帝侯达成协议，组织细节仍然很粗略。马克西米连随后利用奥格斯堡和康斯坦茨招募更多的德意志南部成员，同时鼓励他的叔叔科隆大主教恩斯特推广一个莱茵河地区集团。于利奇-克利夫斯危机的爆发让美因茨大主教施魏克哈德不再反对教派联盟，两派最终于 1610 年 2 月在维尔茨堡举行了秘密会议，这代表了天主教同盟的真正基础。巴伐利亚将领导南方理事会，其中包括 1609 年最初的 8 名成员，以及被招募的班贝格和 19 名施瓦本高级教士。这 28 块领地依据其所属的行政圈分成三组：巴伐利亚、施瓦本和弗兰肯。第二个理事会是莱茵河地区，由美因茨大主教领导，包括科隆、特里尔以及施派尔和沃尔姆斯主教。[30]

天主教同盟有很多和新教联盟类似的缺陷。它同样也是帝国宪法内的一个辅助机构，只有现有机构无法解决问题或提供安全的情况下才能发挥作用。由于巴伐利亚的目标更加保守，与新教联盟相比，天主教同盟更详细、更明确的结构更容易接受帝国宪法。和新教联盟的情况一样，如果需要提供人员或金钱，天主教同盟的成员将使用帝国税收配额来分配各自需要承担的比例。天主教同盟有一个更清晰、更集中的指挥结构，但也需要对批准领导者决定所必需的全体大会负更多的责任。

双方的共同问题

巴伐利亚和普法尔茨都决心使用各自的新联盟来实现自己的王朝和教派目标。通过与其他领地联系起来，他们都希望增加自己在帝国机构中的影响力。新教联盟和天主教同盟也是吸引外部赞助者的平台，这些赞助者可以提供资金和安全，特别是如果帝国的紧张局势导致了公开暴力。尽管新教联盟和天主教同盟一开始都是为了安全而成立的，但更有可能采取冒险政策，因为巴伐利亚和普法尔茨都可以在其盟友之间分摊行动的成本。其他领地是出于同样自私的动机加入进来的，尤其是新教诸侯，他们希望新教联盟也能帮助自己实现王朝目标。然而最让大家担忧的还是安全问题，所有成员都认为，如果帝国机构失败，他们作为联盟的一员将能够得到安全保障。

随着领导者和成员在三个关键问题上发生了意见分歧，王朝野心和安全担忧之间的紧张关系很快变得明显。普法尔茨和新教联盟其他激进分子认为，由于哈布斯堡王朝压制自己土地上的新教自由，而鲁道夫的判决明显非常专断，其公正领导人的地位受到了不可挽回的损害。其他人只是希望皇帝能明白事理，恢复成为一个积极而不偏不倚的角色。巴伐利亚也对哈布斯堡王朝保持警惕，美因茨、西班牙和教宗都要求把奥地利的大公们接纳进天主教同盟，但是由于巴伐利亚持警惕态度，拒绝了这种要求。如果哈布斯堡王朝也加入进来，巴伐利亚将被迫放弃对天主教同盟的控制，联盟也将失去其作为马克西米连王朝目标的工具的作用。由于马克西米连无法拒绝他们的正式申请，他采取了其他策略来阻止哈布斯堡王朝。他赢得了西班牙大使巴尔塔萨·德·祖尼加（Baltasar de Zúñiga）的信任，在 1610 年 8 月获得了西班牙和教宗对天主教同盟的支持，作为回报，他承认西班牙国王腓力三世和费迪南德大公是联盟的"保护者"。西班牙没有支付任何费用，教宗也只提供了他承诺的资助的一小部分，但是他们在政治上对巴伐利亚领导地位的认可更有价值。西班牙同意，奥地利在帝国中采取低调政策意味着它只能与巴伐利亚合作。马克西米连坚持天主教同盟的教派性质，这给奥地利的加入进一步增加了障碍，因为即使是鲁道夫也承认他不能加入一个公开的天主教联盟。施魏克哈德还呼吁接纳萨克森、黑森-达姆施塔特和其他温和的路德宗信徒，马克西米连也拒绝了，因为接受他们意味着消除联盟的教派特征，从而使得鲁道夫也可以加入进来。

新教联盟和天主教同盟都因为其成员在主要目的上的分歧而进一步分裂。普法尔茨和新教联盟的激进分子认为宗教战争不可避免，号召大家做好准备，准备在最佳时机发动袭击。其他人只是将新教联盟视为一种工具，用来迫使天主教徒在正在进行的谈判中变得更讲理。马克西米连并不像普法尔茨选帝侯那样好斗，但是仍然把天主教同盟看作一个框架，用来在邻国和盟友之间分摊巴伐利亚防务费用，而后者则把联盟看作一种保险政策，希望它的存在足以阻止新教徒做蠢事。

第三个分歧在于对外关系上。安哈尔特和其他普法尔茨领导人相信，整个欧洲的天主教徒都在密谋铲除真正的新教信仰，主张自己也开展类似的广泛战争，以针对天主教的威胁。其他人拒绝支持这种行动。这使其领导者行事变得越来越隐秘，以新教联盟的名义推行自己的外交政策，而不征求联盟成员的意见。而在天主教同盟中，这两个角色颠倒了，领导者反对将西班牙正式包括在内，担心这会导致鲁道夫加入，而天主教同盟则会被卷入哈布斯堡王朝对抗尼德兰的斗争中去。

于利希-克利夫斯危机（1609—1610）

当新教联盟和天主教同盟首次面对于利希-克利夫斯遗产争端的考验时，这种紧张关系使这两个联盟都面临巨大的压力。继科隆和斯特拉斯堡争端之后，这是莱茵河地区第三次爆发暴力事件。这一事件大致与帝国内部教派紧张关系日益加剧的叙事相符合，即对立的天主教声称者和新教声称者之间的斗争有可能吸引外国势力。一些人甚至认为 1609 年是三十年战争的真正开始时间，而一场全面的冲突之所以被推迟，只是因为这不符合西班牙和尼德兰的利益。[31] 然而，正如 1618 年所证明的那样，帝国的居民完全可以在任何时候打起来，并不需要等待其他国家的批准或援助。1609 年至 1610 年间之所以没有爆发重大冲突，是因为人们还是普遍反对暴力，普遍希望通过谈判和平解决冲突。

于利希-克利夫斯继承问题

现在双方面临的问题非常严重。有争议的领土面积很大，总面积约为1.4 万平方千米，而且战略地位重要，位于西班牙之路的尽头，该道路从这里穿过，可由东南部通往尼德兰共和国。克利夫斯公国横跨流入尼德兰的莱茵河两岸，将科隆选侯国与尼德兰领土隔开。贝格公爵领和于利希公爵领在更南边，位于科隆选侯国的两侧，而于利希控制着莱茵河和默兹河之间的航线。较大的马克伯国位于贝格以东，与前者并不相连，而较小的拉芬斯贝格伯国则位于更东北的比勒菲尔德附近。相对不重要的拉芬施泰因领地则是尼德兰领土上的一块飞地。所有这些领地都是帝国毫无争议的一部分，属于威斯特伐利亚帝国行政圈，但是它们都暴露在西北角，与西班牙、尼德兰和法国的领土相接。它们在经济上也很重要。仅于利希就有 18 万名居民，是帝国人口最稠密的地区之一。来自尼德兰北部和南部的流亡者刺激了商业和工业的发展，促进了于利希染布业的发展，还促进了森林茂密的贝格和马克的采矿和冶金业，以及克利夫斯的农业。

　　这里的居民和尼德兰人有许多共同的政治传统，他们也与尼德兰人有着密切的宗教、文化和经济联系。在这些土地于 1521 年落入一个共同王朝手中之前，每个地区都有自己的等级会议，这些等级会议于 1496 年共同组成了一个联盟。共同的地方习俗使于利希和贝格之间，以及克利夫斯和马克之间建立了紧密的联系，而新教的不均衡传播则使人们形成了跨越领地边界的联系。到 1609 年，贝格和拉芬斯贝格人口中主要是新教徒，但天主教徒占克利夫斯和马克人口的一半，而占于利希人口大多数。加尔文宗在 16 世纪 70 年代随着尼德兰难民的到来而传播开来，特别是在克利夫斯的韦瑟尔镇，加尔文宗难民的到来几乎使当地原来 7000 人的人口翻了一倍。[32]

　　约翰·威廉（Johnn Wilhelm）公爵在 1592 年袭爵之前已经患有精神疾病，他没有子嗣，他的亲戚们急切地等待着他去世。[33] 由于存在婚姻关系，[*]而且查理五世在 16 世纪 40 年代还曾试图将克利夫斯并入尼德兰，哈布斯堡王朝声称自己有继承权。然而，如果鲁道夫要求得太多，这必然会损害他作为公正的裁决官的地位，因此，他寻求让一个友好的王朝继承，只有在没有别的办法的情况下，才考虑将其并入帝国。萨克森也有继承权，此外至少还有另外七个派系有主张，尽管只有勃兰登堡和普法尔茨-诺伊堡因为最近与约翰·威廉的姐姐的婚姻有可信的主张。鲁道夫一如既往，无法下定决心，试图推迟做出决定，以免疏远任何主张者及其潜在的外国赞助者。由于鲁道夫的优柔寡断，于利希-克利夫斯出现了一个真空，如果约翰·威廉死了，不同的党派都会采取行动，以保住自己的位置。就像科隆和斯特拉斯堡的情况一样，各派并不是严格按照宗教路线分成两派的。公爵夫人雅各贝·冯·巴登-赫希贝格（Jakobe von Baden-Hochberg）是一名虔诚的天主教徒，她与以新教徒为主的等级会议合作，以摆脱她丈夫的天主教顾问的影响，这些顾问为了保住自己的地位而讨好鲁道夫。就

---

[*]　约翰·威廉的母亲是奥地利的玛丽亚，费迪南德一世的女儿。

在公爵夫人于 1597 年去世前不久，议员们说服了鲁道夫逮捕她，罪名是她监禁自己的丈夫、腐败和通奸。与此同时，政府在西班牙和尼德兰之间走了一条中间路线，希望保持中立。所有的主要声称者都是路德宗信徒，他们变得警觉起来，不是因为于利希本身采用的妥协主义教派文化，而是因为鲁道夫的干涉表明皇帝正计划通过没收这些领地来先发制人。

1609 年 3 月 25 日约翰·威廉去世时，由于这些彼此矛盾的王朝、教派和战略利益的存在，当时并没有形成两极分化的局面，和平解决的前景依然存在。尽管当时新教联盟已经成立了 10 个月，但是天主教同盟还没有成立，西班牙和尼德兰也即将达成《十二年停战协议》（1609 年 4 月 9日）。法国也不太感兴趣，只要公国没有落入西班牙和奥地利的手中，所有其他声称者都希望问题能够友好解决。不幸的是，鲁道夫卷入了与马蒂亚斯大公的争吵中，并想方设法在不损害自己权威的情况下推迟做出决定。一个摄政团于 4 月 2 日建立，由公爵的第二任妻子洛林的安托瓦妮特（Antoinette of Lorraine）、枢密院议员和一名帝国专员组成。鲁道夫随后于 5 月 24 日宣布，帝国宫廷议会将在四周内宣布最终裁决结果。普法尔茨-诺伊堡和勃兰登堡都认为这些行为意在剥脱他们的继承权。他们在《多特蒙德条约》（Treaty of Dortmund，6 月 10 日）中团结一致，同意排斥所有其他声称者，并与地方等级会议合作，建立一个临时政府。他们还同意在 12 个月内解决他们自己互相冲突的主张，或者将此事交与一个公正的诸侯委员会裁决。他们拒绝了鲁道夫和宫廷议会的裁决，这反映了人们在多瑙沃特事件后对帝国司法系统的幻灭。勃兰登堡选帝侯约翰·西吉斯蒙德派他的弟弟恩斯特（Ernst）边疆伯爵作为他在公国的代表，而普法尔茨-诺伊堡的菲利普·路德维希（Philipp Ludwig）则任命他的儿子和继承人沃尔夫冈·威廉（Wolfgang Wilhelm）来维护自己的利益。两人率领了一些军队，无视于利希的摄政政府和鲁道夫皇帝，称自己为"拥有者"（*Possidierenden*）。

要不是鲁道夫的堂弟利奥波德大公出面干预，皇帝也不太可能会对此做很多事情。尽管利奥波德只有 23 岁，也不是神职人员，但他已经被选为帕绍和斯特拉斯堡的主教，这是哈布斯堡对抗巴伐利亚在帝国教会中的影响的战略的一部分。利奥波德过于自信，认为自己在于利希的坚定行动可以恢复帝国的威望，并在兄弟之争中提升自己的地位。鲁道夫被利奥波德说服，凭借自己的权威宣布《多特蒙德条约》无效，并且在没有咨询宫廷议会的情况下，于 7 月 14 日任命了这位年轻的大公为帝国专员。利奥波德冲向于利希，但一到镇上，他很快就被"拥有者"三倍于他的军队包围了。[34] 于利希的城防在 1547—1549 年得到了加固，但利奥波德的人也不敢越过城墙。在击退了一次对亚琛的突袭并占领了迪伦之后，"拥有者"们收紧了绞索，利奥波德的处境看起来越发无望。

于利希-克利夫斯危机与哈布斯堡领地的动乱同时发生，而教派联盟也正在形成，更加令人不安。大多数诸侯赞成调解，鲁道夫不得不接受 1610 年 5 月 1 日在布拉格召开一次会议，促成一项普遍协议。费迪南德大公和马克西米连大公亲自出席，而阿尔布雷希特大公派出了一名特使。德意志温和派的代表是美因茨选帝侯、科隆选帝侯和萨克森选帝侯，以及不伦瑞克的海因里希·尤利乌斯公爵和黑森-达姆施塔特领地伯爵路德维希。诸侯敦促鲁道夫用一名更为不偏不倚的帝国专员取代利奥波德，以作为友好解决的第一步。鲁道夫担心自己的声望受损，于 7 月 7 日草率地做出了一个武断的决定，将整个于利希-克利夫斯遗产交给萨克森。尽管萨克森欢迎这一举动，但它不大可能真的得到好处，因为除了利奥波德仍然在坚守的于利希，勃兰登堡和普法尔茨-诺伊堡现在已经占领了所有的领土。诸侯们继续施加压力，迫使鲁道夫改变路线，并于 8 月在科隆召开了另一次和平会议。

法国的干涉

每次这种延误都会提高不受欢迎的外国干预的可能性。法国已经与新教联盟和萨伏依同时展开了谈判，导致了 1609 年 12 月与后者的婚姻联盟，并于 1610 年 1 月与前者签署了军事协定草案。这表明法国要对西班牙之路的两端同时发起攻击，自从萨伏依驱逐了自 1602 年以来一直守卫格莱珊大桥的西班牙军团之后，这种攻击的可能性就一直存在。与此同时，亨利四世将法国军队的规模扩大了一倍多，在法国东北部集结了 2.2

万人，由陆军元帅德·拉·沙特尔（de la Châtre）率领。[35] 19 世纪的作家从法国大革命和拿破仑三世 1859 年支持萨瓦家族反对奥地利的角度来看这些事件，认为亨利四世有一个宏大计划，来帮助那些努力摆脱西班牙枷锁的国家。事实上，法国的准备仅仅是一些武力威胁行为，用来恐吓西班牙，维护亨利作为仲裁人和和平使者的形象。宗教战争之后，法国君主小心翼翼地维护着国王保证国内安宁的形象，现在试图将这一形象扩展到国际舞台上。这对鲁道夫来说是一个隐含的挑战，因为亨利试图扮演仲裁人的角色，试图夺走传统上属于帝国的那部分积极因素，让皇帝与哈布斯堡王朝压迫的负面形象联系在一起。法国无意主动发起打击，还因为现在西班牙已经与尼德兰停战了。"拥有者"已经同意不分割于利希-克利夫斯遗产，亨利对此感到遗憾，同时他仍然对新教联盟持怀疑态度，因为安哈尔特接纳了背叛他的布永公爵。法国的大规模军事行动是为了恐吓所有其他各派，以避免发生实际的战斗。

关于即将实行干预的谣言引起了法国天主教徒的焦虑，他们担心国王可能会同时与西班牙和皇帝作战。为了巩固政权，并为推迟加入军队提供借口，1610 年 5 月 13 日，亨利出席了他妻子玛丽·德·美第奇（Marie de Medici）的加冕典礼。第二天，他前往巴黎，为她定于两天后的正式入城礼做准备。由于早晨交通拥堵，亨利的马车被堵在了费罗内里街上，这时弗朗索瓦·拉瓦亚克（François Ravaillac）刺杀了他。国王在之前的 23 次暗杀企图中幸存下来，但这次是致命的。虽然国王的突然去世让我们永远无法知道他的最终意图，但非常重要的是，法国的军事准备继续进行，而没有被打断。由于担心自己会被列为刺客的同谋，天主教狂热分子放弃了对王室政策的批评，加入了以他的遗孀为首的摄政团，一起对已故国王作为和平缔造者的美德大加赞扬。所有人都同意，法国的外交政策应该致力于恢复以前的影响力，并接受了国王关于军事准备是为了促使于利希-克利夫斯争端的所有各方达成友好协议的说法。

于利希-克利夫斯继承纠纷在这方面具有长期意义，因为法国随后对德意志的干预与这起早期事件和对亨利的神圣记忆相关。后来，黎塞留（Richelieu）和马萨林（Mazarin）都不得不处理亨利政策的内在矛盾。法国的声望建立在其声称寻求欧洲和平的基础上，然而它的仲裁角色需要军事力量。如果法国要维持欧洲均势，进行干预，必然要与欧洲的主导力量西班牙和哈布斯堡王朝进行竞争，但这可能意味着天主教法国要站在尼德兰和德意志新教异端一边。

最终法国进行实际干预时，其规模相当有限，这进一步表明，法国并没有积极寻求战争的意图。1610 年 8 月，法国只派了 9000 人的军队过去，每个人只签约了四个月的期限。他们从梅斯出发，沿着默兹河慢慢前进，穿过列日主教辖区的中部，此前阿尔布雷希特大公曾于 5 月 13 日批准他们自由通行。局势看起来很紧张，因为其他各方也动员了起来。7 月中旬，拿骚的莫里斯亲王在靠近克利夫斯的申肯汉斯集结了 1.4 万名步兵和 8000 名骑兵，但是奥尔登巴内费尔特无意挑起与西班牙的冲突，这支军队主要是为了展示尼德兰共和国的力量。[36] 腓力三世授权阿尔布雷希特支持利奥波德，但前提是法国人和尼德兰人真的加入了对于利希的围攻。阿尔布雷希特确实加强了边境的驻军，但同时派了一名代表去布拉格议会寻求谈判解决。西班牙和尼德兰一样，关注的主要是面子问题。莱尔马公爵最关心的是意大利，而不是莱茵河地区，他也不想让局势失控。阿尔布雷希特始终与莫里斯保持接触，允许他从申肯汉斯沿着莱茵河行军，并在莱茵贝格渡过莱茵河。

德意志的干涉

这些军队的行动加剧了帝国内部的焦虑，在帝国内部，人们很少能清楚地知道外国势力的实际意图。普法尔茨领导层最初认为这场争端是勃兰登堡和普法尔茨-诺伊堡的私事，拒绝给予帮助。安哈尔特也不愿意参与进来，除非普法尔茨和友好力量达成稳固的联盟，而其他成员则恰恰避免形成这样一个联盟，因为他们担心这会让他们卷入一场战争。安哈尔特被迫与法国、英国和尼德兰进行秘密谈判，直到 1610 年 1 月至 2 月在施瓦本哈尔召开的新教联盟大会上才透露这些信息。现在新教联盟同意动员5000 人，前提是“拥有者”将为此买单。

利奥波德很自然地向天主教同盟求助，虽然美因茨准备提供援助，但巴伐利亚的马克西米连坚定地将这个问题排除在联盟的议程之外，因为他想避免参与到哈布斯堡王朝的所有纠葛中来。利奥波德很难集结一支军队来给于利希解围。他不能使用帕绍，因为从那里集结的任何军队想要过来的话，都会受到弗兰肯和施瓦本的新教徒的夹击，才能到达莱茵河。而蒂罗尔大公马克西米连拒绝在他的土地上集结军队，指责鲁道夫制造了这场危机。现在只剩下斯特拉斯堡主教辖区可以依靠，利奥波德的军官在那里集合了1000名骑兵和3000名步兵，将他们分散在村庄里，以躲避附近的普法尔茨部队。

天主教同盟的成员也开始集结军队，但只是为了自卫。然而，关于这些准备工作的消息以及利奥波德活动的谣言加剧了新教徒的焦虑。普法尔茨选帝侯于1610年3月13日在海德堡会见了符腾堡公爵和巴登-杜尔拉赫边疆伯爵，同意进行反击，并无需新教联盟其他成员的同意。奥托·冯·索尔姆斯-布劳恩费尔斯（Otto von Solms-Braunfels）伯爵率领2000人的部队，主要由领地民兵构成，进入斯特拉斯堡领地。[37] 利奥波德的军官重复了天主教方在斯特拉斯堡主教战争期间的策略，撤退到萨韦尔讷和其他设防城镇。入侵者用光了钱之后，他们纪律涣散的部队几周后纷纷回家，暴露了新教联盟的弱点。

尽管如此，这次行动阻止了利奥波德的部队向北移动救援于利希，那里局势日益危急，特别是在莫里斯拦截了5月在列日集结的其他军队之后。三位新教诸侯召集了新教联盟，进行了第二次尝试，在他们的领地上集结了7300名步兵和2500名骑兵，并在维尔茨堡和班贝格驻扎一些人，部分是为了恐吓天主教徒，同时也为了省钱。与此同时，安斯巴赫边疆伯爵和巴登-杜尔拉赫边疆伯爵率领第二支军队穿过斯特拉斯堡大桥，袭击利奥波德的军队。[38] 后者再次撤退到城镇中去，但这一次，新教联盟带了大炮，很快占领了达赫施泰因、莫尔塞姆和米齐格。然而，利奥波德的骑兵仍然在乡村没有受到威胁，而其余的步兵坚守着萨韦尔讷。虽然新教联盟的军队比第一支入侵部队规模更大，装备更好，但耗资也更高。斯特拉斯堡市民憎恨诸侯们的阴谋政治，不愿意向军队供应食物，军队的行动停止了。8月10日，当地达成了停火协议，让洛林公爵和阿尔萨斯贵族有时间促成双方撤军。

到那时，于利希的命运已经注定。利奥波德在 5 月成功逃脱，留下了 1500 多名驻军。7 月 28 日，新教联盟增援部队的到来让"拥有者"的封锁力量达到了 2200 名骑兵和 8000 名步兵，规模终于足够大，可以攻城了。莫里斯和沙特尔的到来又增加了 2.3 万名士兵，四周之后的 9 月 1 日，驻军选择投降，以换取自由通行权，与利奥波德的其他军队在上阿尔萨斯会合。

法国和尼德兰的存在是为了挽回面子，因为围城的进行已经使他们无法置身事外。如果利奥波德的驻军不那么顽强，能够更早投降，莫里斯和沙特尔都不会干预。事实上，沙特尔沿着默兹河的行军慢得惊人，让新教徒怀疑法国背叛了他们。直到 8 月 19 日，城市的外垒已经倒塌，沙特尔才到达，而一旦驻军撤离，沙特尔就迫不及待地要离开。一周后，尼德兰人也离开了，只留下皮坦（Pithan）上尉率领了一支小分队待在于利希。第二年，另一支韦瑟尔的驻军与他们会合，韦瑟尔是克利夫斯位于莱茵河上的一个战略位置重要的过河点。尼德兰在那里的影响力与在埃姆登的差不多，意图和效果也都类似。韦瑟尔于 1612 年正式改信加尔文宗，其驻军威胁西班牙与斯皮诺拉在 1605—1606 年间在艾瑟尔河以东获得的领土的交通。除此之外，所有各方都迅速脱离了战斗。新教联盟和天主教同盟于 1610 年 10 月 24 日同意共同撤军，并在新年前解散了各自的部队，而利奥波德则于 12 月穿过施瓦本，撤退到了帕绍。

结 果

第一次"于利希战争"并不是三十年战争的一次彩排，但它提供了一些军事上的教训，只是后来的交战者没有学到。这一次的行动相对短暂，主要限于阿尔萨斯和莱茵河下游部分地区。利奥波德可能从来没有同时召集过超过 7000 人，而他的对手在 1610 年 8 月战争高潮时派出了 3 万人，外加 2.3 万人的法国和尼德兰的辅助军队。截至 9 月，天主教同盟动员了多达 1.9 万人，但并没有参加到战事中来。这一切使各方都筋疲力尽。普法尔茨-诺伊堡在于利希留下的三个连队中有两个因拖欠工资而兵变，于 1611 年被迫解散，而勃兰登堡只在那里留下了 100 人的驻军，另外 400

人在亚琛。利奥波德声称自己因参与损失了 260 万弗洛林，而仅阿尔萨斯的奥地利部分的损失估计就达 114 万弗洛林。利奥波德最初能设法到达于利希，还是因为西班牙大使借给了他钱。西班牙人的消极态度部分是由于担心佛兰德军被派往前线后，会要求支付拖欠的工资。法国的介入花费了 538 万弗洛林，相当于亨利自 1598 年以来积累起来的战争资金的三分之一。即使蒂罗尔这样的中立领土也遭受了损失，它在 1612 年 1 月被迫提高葡萄酒税，引发了持续到 1614 年 9 月的农民骚乱。[39]

财政上的后果加深了两个教派联盟受到的政治伤害，在这两个教派联盟中，关于谁来买单的争论现在变得更加复杂。于利希-克利夫斯危机在两个联盟完全形成之前就爆发了，两个联盟都有新成员为了寻求安全而纷纷加入，但这些新成员很快就对现实感到幻灭。利奥波德感到怨恨，因为巴伐利亚拒绝将争端视为天主教同盟的问题。尽管天主教同盟在 1610 年 8 月同意防御动员，但大多数成员对此表示后悔，因为费用高昂，而且招募新的士兵又让他们成为新教联盟动员的目标。他们憎恨巴伐利亚继续反对哈布斯堡王朝加入进来，他们担心除非奥地利诸大公加入进来，否则得不到安全保障。为了表达不满，他们没有缴纳完的会费，让巴伐利亚来弥补亏空。

新教联盟受到的影响更深，因为新教联盟直接牵涉了进来。两个"拥有者"没有一个为他们受到的援助而买单，而普法尔茨找不到 1610 年作战季所需的 30 万弗洛林。尽管新教联盟严重依赖民兵，但其行动还是超出了预算，同时伴随军队的大批营地追随者增加了开支。1610 年 10 月，安斯巴赫边疆伯爵带着 1.8 万名男子、妇女和儿童，还有 4000 辆大车从阿尔萨斯出发，行军到乌尔姆，要求付款。面对着家门口的军队，施瓦本和弗兰肯的会员别无选择，只能从口袋里掏钱。如果说占领于利希带来了什么欣喜，这些混乱的局面也很快驱散了它们，同时还加深了人们对安哈尔特的领导层从事阴谋的怀疑，尤其是在最初的遗产纠纷仍未解决的情况下。

第 8 章

一触即发？

皇帝马蒂亚斯

于利希-克利夫斯争端给鲁道夫造成了严重的伤害，随后，兄弟之争迅速升级。然而，随着鲁道夫在 1612 年去世，马蒂亚斯大公继任为皇帝，许多问题得以相当成功地解决。到 1618 年，天主教同盟被解散，而新教联盟被边缘化，濒临崩溃。1613 年，随着帝国议会再次召开，帝国机构复苏了，这一次有了正式的最终决议书，而帝国宫廷也恢复了活动。哈布斯堡王朝恢复了一些信心，没有什么迹象表明帝国正处于灾难的边缘。然而，复苏的时间太短，不足以挽回 16 世纪 70 年代以来受到的损失。至关重要的是，哈布斯堡王朝仍然相对虚弱，因此如果对手准备孤注一掷地冒险进攻，王朝就很容易受到打击。这种虚弱既出于个人，也出于一些结构性因素。尽管马蒂亚斯比他的哥哥更有活力，但他已经 55 岁，而且也厌倦了长期的王位争夺，成为皇帝之后，他几乎没有多少精力去统治了。

兄弟之争的最后一幕

从鲁道夫到马蒂亚斯的过渡分两个阶段。首先，马蒂亚斯剥夺了他哥哥的剩余权力，然后说服选帝侯接受他为继任者。1608 年后，他们的第一轮争吵让两兄弟筋疲力尽，任凭等级会议摆布（见第 4 章）。僵局被利奥波德大公打破，他虽然于利希受挫，但仍维持着一支军队，并于1610 年 12 月在帕绍重新集结。在奥地利战争委员会的秘密协助下，他通过招募原来参加土耳其战争的退伍军人，将军队的人数增加到 4000 名骑兵和 8000 名步兵，由拉梅（Ramée）上尉率领。虽然最近遭到挫折，但是他毫不畏惧，认为自己面临着新机会，因为波希米亚等级会议在1610年2月解散了民兵。鲁道夫自1609年起就被新教徒软禁在赫拉德恰尼宫中，利奥波德相信，如果他把鲁道夫解救出来，鲁道夫会任命他为继任者。这是一种高风险的战略，因为利奥波德甚至无力支付于利希战争的欠款，他只是承诺，鲁道夫会在他们到达布拉格后奖励他们，然后才能开始新的行动。

这群所谓的"帕绍人"的集结使人们担心再度爆发暴力冲突。温和派诸侯强迫鲁道夫进行谈判。不伦瑞克的海因里希·尤利乌斯设法召集了一次有皇帝参加的会议，但是鲁道夫只是利用这个机会来抨击他不负责任的亲属。最终，费迪南德大公、马克西米连大公，以及马蒂亚斯和阿尔布雷希特的代表向鲁道夫道歉，并将1606年4月缔结的反对他的协议撕成碎片，交给鲁道夫。作为回报，皇帝答应给利奥波德付款，以解散后者的军队。马蒂亚斯的顾问克莱斯尔主教正确地认为，这一点毫无价值，因为鲁道夫既缺乏动机也没有手段来遵守他的承诺。1610年12月21日，拉梅上尉带领这些没有领到薪水而日益绝望的军人进入上奥地利，在那里待了五周，造成的损失高达200万弗洛林，然后带着269辆满载战利品的货车进入波希米亚。同时，另一支仍在斯特拉斯堡主教辖区的分遣队掠夺了马克西米连大公在上阿尔萨斯的领地。

鲁道夫和马蒂亚斯在1606—1609年吃到苦头之后，现在都没有采取任何行动，他们认识到，采取反制措施将会导致进一步向等级会议让步，因为只有后者有钱。只有海因里希·尤利乌斯试图筹钱以贿赂拉梅解散军队。利奥波德对军队的行为感到越来越尴尬，于1611年2月15日与军队会合，从西方进入布拉格。等级会议召回了民兵，封锁了查理大桥，不让他们跨过伏尔塔瓦河进入布拉格的主城区。帕绍骑兵偷了海因里希·尤利乌斯筹集到的钱，然后跑掉了，只剩下了步兵，后者威胁要叛逃到等级会议那边去，希望那里会付他们钱。利奥波德的虚张声势已经被揭穿，鲁道夫拒绝和他对话。年轻的大公于3月10日连夜逃离了这座城市。

马蒂亚斯抓住了机会，集了2500名士兵，从维也纳出发，以恢复秩序的名义向奥地利和摩拉维亚征收税款。两周后，当他进入布拉格时，他已经有了 1.8 万人，现在可以从一个有利的位置进行谈判了。他们达成了一份协议，保存了利奥波德的面子，将整个事件归咎于拉梅，判处他死刑（尽管他设法逃脱了）。他们付清了剩下的帕绍军队的欠款。德意志和波希米亚新教徒赞颂马蒂亚斯从凶残的帕绍人手中拯救了自己。确认波希米亚新教特权的书面文件也进展顺利。与此同时，西班牙放弃了已经成为累赘的利奥波德，支持马蒂亚斯成为鲁道夫的继任者，并送给马蒂亚斯一份求之不得的 20 万达克特的礼物。波希米亚领地等级会议在 4 月召开一次广泛的会议，接受马蒂亚斯为国王。新君主威胁切断赫拉德恰尼宫的食物供应，直到鲁道夫于 1611 年 5 月交出王位。皇帝被限制在住所里，受到严格的预算限制。马蒂亚斯现在拥有奥地利、匈牙利和整个波希米亚，费迪南德仍然是内奥地利的统治者，马克西米连大公保留了蒂罗尔，而利奥波德仍然是斯特拉斯堡和帕绍的主教。

1612 年帝国选举

选帝侯于 1611 年 9 月至 11 月在纽伦堡集会，讨论帝国继承人问题。无论教派归属，他们都希望权力平稳有序过渡，以平息哈布斯堡领土上的内战，化解帝国的紧张局势。他们完全不能接受爱出风头的利奥波德。教会选帝侯偏爱仍在布鲁塞尔的成熟能干的阿尔布雷希特，但萨克森认为他与西班牙关系太密切，而马克西米连不愿意自己被推向前台。马蒂亚斯仍然不被信任，人们认为他是阴谋家，而天主教徒认为他对新教徒太软弱。人们迟迟不愿意接受马蒂亚斯，这使得鲁道夫在他最后的日子里狂热地谋划收复失地。谣言四起，说年迈的皇帝将要娶普法尔茨选帝侯的丧偶母亲，加入新教联盟，并在安斯巴赫边疆伯爵领导下组建一支新的军队。[1]

由于担心麻烦，选帝侯同意在 1612 年 5 月 21 日重新集会，选举罗马人的国王。克莱斯尔作为波希米亚选帝侯的代表来到纽伦堡，充分意识到自己主人在选举中面临的障碍。他做了周密的准备，在 1611 年 12 月说服西班牙和其他大公让马蒂亚斯成为唯一的候选人，让阿尔布雷希特退出竞选。马蒂亚斯于 12 月 4 日与堂妹蒂罗尔的安娜（Anna of Tyrol）结婚，这样就有了生育孩子的可能性，能保证他的支系的平稳继承。他的竞选口号——"和谐比光明更强大"——清楚地表明他决心促进教派之间的团结。鲁道夫于 1612 年 1 月 20 日去世，使得即将举行的会议成为一次完全的皇帝选举，一切都已经准备就绪。

考虑到新教当下的虚弱状态，这是一个合适的时机。约翰·格奥尔格刚刚在他的哥哥克里斯蒂安二世死后继位成为新萨克森选帝侯，他迫切希望尽快解决整个事务。1610 年 10 月 8 日，弗里德里希四世在于利希-克利夫斯危机最严重的时候去世，导致普法尔茨政策受挫，而且和 1583 年的情况一样，留下了另一位未成年的继承者。新选帝侯弗里德里希五世才 14 岁，信奉加尔文宗的海德堡宫廷选择了成熟能干的茨魏布吕肯的约翰二世担任摄政。然而，普法尔茨-诺伊堡的路德宗亲属对这一安排提出了质疑，两派之间的相互竞争耗尽了约翰的全部精力，也让安哈尔特利用帝国空位期实施宪法改革的计划无法实现。[2] 选帝侯按计划在法兰克福举行了会议，在一次讨论中，普法尔茨代表被指控故意拖延事务，随后马蒂亚斯于 6 月 13 日获得一致通过，当选皇帝。

克莱斯尔

新皇帝已经筋疲力尽了。虽然他个人倾向于和平，真心希望解决帝国的问题，但他从来不是一个在意细节的人。他只是满足于和岁数只有他一半大的新婚妻子一起在辉煌的帝国宫廷中享受生活。所有的政策都留给了克莱斯尔主教处理，他现在已经完全来到前台，成为帝国政治中的主导人物。克莱斯尔的政策当时已经受到严厉的批评，现在依然很有争议。他的敌人怀疑他的诚意，指责他故意让问题悬而未决，以使自己不可或缺。其他人不那么怀疑他的动机，但仍然认为他的努力在即将到来的战争大潮面前只是徒劳。[3]

克莱斯尔无力扭转皇帝国际地位的下降。尽管奥地利哈布斯堡王朝保留了皇帝头衔，但西班牙强权的增长却盖过了他们。1562 年后，帝国在西欧所有重大战争中都保持正式中立，这进一步削弱了帝国在国际关系中的作用。尽管如此，帝国宫廷仍然是一个重要的外交中心，尤其是因为皇

帝致力于在这些冲突中达成和平协议。自 16 世纪 80 年代以来，帝国全神
关注于土耳其问题，鲁道夫也日益置身事外，这减少了皇帝在西方的存在
感。帝国不再在西方国家首都维持常驻使节，这使得帝国政府不得不依赖
富格尔通讯（相当于早期的路透社）以及布鲁塞尔和马德里提供的信息，
这些信息往往很有误导性。土耳其战争的失败进一步削弱了帝国的威望；
英格兰的詹姆斯一世最初相信新的十字军行动号召，现在也持特别悲观的
态度。[4]

　　克莱斯尔继续让帝国的政策倾向于东方，部分原因是人们最初并不清
楚 1606 年与土耳其的停战会维持多久，也因为奥斯曼帝国的威胁是一种
有用的手段，可以用来争取对马蒂亚斯的支持。在国内政治中，也可以用
来防止等级会议利用 1612 年帝国权力转移的机会来向皇帝索取进一步的
让步。新教徒推动马蒂亚斯召开一次包含哈布斯堡所有等级的大会，打算
利用这次会议，沿着 1608 年开始的上奥地利和下奥地利联盟的路线（第
4 章），建立一个更紧密的联盟。克莱斯尔通过要求征收新税来修复军政
国境地带，化解了新教徒的要求。这得到了匈牙利人的支持，无论如何，
他们对 1608 年获得的自治基本满意，不愿意参加提议中的新大会。克莱
斯尔能够与每个省轮流谈判，确保他们同意在 1615—1616 年分期偿还鲁
道夫 3000 万弗洛林债务中的 2100 万。尽管帝国议会在 1613 年投票通过
了附加税，但对重新发动对奥斯曼人的战争没有什么热情，1615 年，克
莱斯尔明智地确认和延长了停战协议。

"和解"还是继承问题？

　　如果想要重建帝国的国际地位，必须先要解决帝国的内部问题。最紧
迫的任务是解散两个教派联盟，为更广泛的和平铺平道路。除了于利希-
克利夫斯遗产这个悬而未决的问题，帝国还需要解决韦尔夫家族关于不
伦瑞克的争端，以及城市中的宗教案件。新教联盟不仅仍然要求完全恢复
多瑙沃特的地位，新教徒还利用帝国空位期从亚琛的天主教委员会手中
夺取了权力。骚乱象征着皇帝权威的下降：亚琛是传统上皇帝加冕的地
方，现在马蒂亚斯被迫在法兰克福加冕。克莱斯尔决心恢复帝国声望，并

认识到恢复人们对帝国司法的信心是重要的先决条件。然而，他的计划更进一步，想要解决更深层次的潜在问题。想要通过一项被称为"和解"（composition）的政策来完全解决教派分裂的紧张局势。这个词来自同时代的"友好和解"（amicabilis compositio）的概念，即在正式帝国框架之外达成的宗教友好妥协。这个想法最初是由普法尔茨在 1603 年的帝国议会上提出的，当时它要求新教徒和天主教徒分别组成两个不同的团体，而不是按照传统分成三个等级。普法尔茨的提议旨在将宗教和政治结合起来，而克莱斯尔希望通过成立一个人数相等的新教徒和天主教徒两党委员会，来分开解决有争议的问题，将宗教和政治分开，以免影响帝国机构的平稳运行。这个计划受到帝国财长盖兹科夫勒的支持。盖兹科夫勒是路德宗信徒，一直以来支持友好协议，长期和克莱斯尔通信讨论这个想法。

乍一看，这一策略似乎很奇怪。像许多改宗者一样，克莱斯尔比那些从小就作为天主教徒长大的人更为虔诚，他在阻止路德宗扩散进下奥地利中发挥了重要作用。他突然准备好进行妥协，这让新教诸侯心生怀疑，而天主教徒则变得越来越警惕，并怀疑 1615 年 12 月授予他枢机主教的帽子的决定是否明智。事实上，新策略是克莱斯尔以前政策的延续，只是实施得更有力，也更一致，因为现在他的主人成了皇帝，而不再仅仅是大公。天主教在哈布斯堡领地上的巩固将会继续，但是在帝国的其他地方，将会采取更加务实的方法。据说，他经常告诉新教诸侯，他不相信天主教会完全恢复。他似乎已经接受了对帝国教会的侵蚀是不可逆转的，至少在短期看来是如此。值得注意的是，1613 年帝国议会重新召开时，他放弃了鲁道夫早先反对马格德堡教区长官入座的立场，理由是这是一个政治职位而非宗教职位。简而言之，"和解"的目的是让天主教徒和新教徒再次紧密联系在一起，使帝国易于管理，并通过这一点，一旦等紧张局势缓解之后，好让双方能找到共同的宗教基础。

天主教徒立即产生了怀疑，因为克莱斯尔的策略与普法尔茨的政治计划相似，而且他提议组建的两党委员会没有任何宪法先例。他们觉得克莱斯尔在本末倒置，因为帝国继承的问题还没有解决。选帝侯们送给马蒂亚斯和他的新婚妻子一个精心装饰的婴儿床为结婚礼物，这清楚地传达了一个信息：要生育一个继承人，结束人们对哈布斯堡王朝未来的怀疑。安娜只有 27 岁，人们还可以抱很大的希望，但尽管一直有怀孕的传言，这对夫妇仍然没有孩子。情况很快变得很明显：1612 年的选举只是推迟了鲁道夫统治时期的主要问题。鉴于马蒂亚斯的健康状况不佳，他妻子也日益肥胖，后来她于 1618 年 12 月 15 日死亡，这件事变得越发紧迫。安娜的去世使之前患有痛风但一直快乐的皇帝陷入了极度的沮丧。

啤酒格奥尔格

克莱斯尔决心推迟继任问题，直到他的"和解"政策取得成果，这不仅是为了延长他的政治影响力，也是为了处于有利地位与竞争对手谈判。他赢得了一些温和的天主教徒的支持，如美因茨选帝侯施魏克哈德，后者一直以来也在敦促妥协。他的计划也对萨克森选帝侯约翰·格奥尔格很有吸引力，因为这一计划旨在维护《奥格斯堡和约》。和马蒂亚斯一样，新萨克森选帝侯在性格上属于一个更早的政治时代，他和皇帝一样热爱文艺复兴式的排场、狩猎、幽默和酗酒。约翰·格奥尔格的酗酒问题非常严重，赢得了"啤酒格奥尔格"（*Bierjörg*）和"梅泽堡啤酒之王"的外号。作为幼子，他于 1601 年去意大利进行了为期 14 个月的教育之旅，回来时没有多少继承权力的希望。他的哥哥克里斯蒂安二世在 28 岁时就已经有了萨克森典型的"啤酒肚"。1611 年 7 月 23 日，克里斯蒂安参加了一场全副武装的比武大会后，从马上爬下来，大口大口地喝啤酒以降温，然后突发心脏病倒下。

似乎没有什么迹象表明约翰·格奥尔格会表现得更好，但他后来统治了 45 年，见证了整个三十年战争。与勤勉的巴伐利亚的马克西米连不同，啤酒格奥尔格懒惰，花更多的时间喝酒和打猎（他在 1611 年至 1653 年间杀死了 113 629 头猎物），在历史上以一个无能的统治者被人记住，因为他浪费了萨克森的政治资本，任凭他人取代自己成为德意志新教徒的领袖。[5] 诚然，新选帝侯将很多决策权移交给了枢密院，但这与他的前任们是一致的，也和议员们坚持捍卫《奥格斯堡和约》的现行政策一致。在萨克森的政治运作中，有很多协商是顾问们通过口头表达意见进行的，这使得我们很难还原约翰·格奥尔格扮演的角色。他似乎很少干预，一般来说，他遵循了他们的建议，而这些建议总是以一致的备忘录的形式提出，而这种备忘录掩盖了初步讨论中必然经常发生的激烈争论。当然，他大体同等厌恶天主教和加尔文宗，但他和克莱斯尔一样，区分了个人感情和务实的政治。他非常喜欢会见来访的政要，而这些人离开时往往会对他留下不错的印象。马蒂亚斯的访问非常成功，但是约翰·格奥尔格甚至和像施蒂里亚的费迪南德这样的天主教强硬派也能相处得很好，他们共同对打猎很有热情。然而，一旦当时的友好气氛消退，严酷的政治现实再次入侵，他发现很难信守当时做出的口头承诺。

弗里德里希五世

约翰·格奥尔格所代表的啤酒文化指向了帝国的过去，这是一种个人化关系组成的网络，而莱茵普法尔茨的葡萄酒饮者则拥抱了一种截然不同的精神。摄政于 1614 年 7 月将政权移交给年轻的弗里德里希五世。新选帝侯比他的父亲更严肃，在某些方面更有才华，但也更有野心，更固执。[6] 他完全相信存在一个天主教阴谋，要消灭德意志新教，把帝国转变成哈布斯堡世袭君主国。对他来说，保卫新教不能与诸侯的日耳曼自由分离。他有着坚定的加尔文宗信仰，坚信自己事业的正义性，并对最终的胜利有不可动摇的信念。他确信上帝站在他一边，他的座右铭是"主啊，按照你的旨意统治我"。然而，从社会和政治角度来看，他的信仰与当时开始在英格兰和尼德兰城镇居民中扎根的斯巴达式清教主义相去甚远。他之所以被选中要去实现神圣的目的，是出于他作为资深世俗选帝侯的尊严以及他的家族在帝国政治中的光荣传统。1611 年，为了将新教联盟与强大的斯图亚特王国联系起来，经摄政约翰二世协商，弗里德里希五世与詹姆斯一世的女儿伊丽莎白结婚，这极大地激发了他的远大理想。詹姆斯一世于 1612 年 4 月同意与新教联盟缔结为期 6 年的盟约，尼德兰人随后于 1613 年 5 月缔结了一项为期 15 年的盟约。

弗里德里希前往英格兰去迎接他的新娘，他岳父款待他的婚宴花费了 53 294 英镑。庆祝活动由坎特伯雷清教徒大主教乔治·阿博特（George

Abbot）主持，当伊丽莎白于 1613 年 4 月出发前往新家时，阿博特一直与伊丽莎白保持通信联系。阿博特与安哈尔特的克里斯蒂安都一厢情愿地看待世界，相信詹姆斯会坚定地投入到一个准备与敌基督作战的国际联盟中来。事实上，詹姆斯是少数几个完全明智的欧洲君主之一，他更喜欢和平而不是战争。对他来说，婚姻是平衡欧洲敌对势力的更广泛战略的一部分。国王将女儿安置在新教阵营后，又计划为他的儿子，未来的查理一世寻找一位西班牙新娘。[7]

这对新婚夫妇在 4000 名随行人员的陪同下，沿着莱茵河，乘坐 34 艘装饰华丽的驳船，于 6 月 7 日抵达海德堡。为了庆祝他们的到来，人们举行了更多的活动，包括一次比武大会。自 1609 年符腾堡公爵约翰·弗里德里希与勃兰登堡选帝侯的女儿结婚以来，比武大会已经成为新教诸侯聚会的一个特色。[8] 弗里德里希喜欢打扮成古典神话和历史人物来参加比武大会，以凸显他对哈布斯堡王朝的挑战。他装扮成阿尔戈英雄伊阿宋，偷金羊毛的人，而金羊毛是哈布斯堡最高骑士团的标志。他还装扮成迦太基的征服者西庇阿，这是对西班牙的隐形威胁，因为与迦太基同名的卡塔赫纳（Carthagena）就位于西班牙。他还选择装扮成阿米尼乌斯（Arminius），这就更明目张胆了，因为这是公元 1 世纪打败罗马军团的日耳曼酋长。1613 年的庆祝活动包括一场戏剧表演，其中代表日耳曼尼亚的人物被宁芙包围（象征着帝国行政圈），用韵文评论最近的帝国议会，指责帝国议会未能达成令人满意的结果是西班牙人、耶稣会士和嘉布遣会士造成的。这传达的信息很清楚，新教诸侯坚定地支持德意志的统一，维护日耳曼自由，而他们受到了抱恶意的外国势力的威胁。他们还印刷了大量描述庆祝活动的插图书籍，以保证更远的地方的人也能看懂这一点，包括詹姆斯一世，他收到了一份英文译本。

海德堡宫廷现在呈现出一种更为王室的氛围，以匹配与欧洲王室新达成的亲属关系。在 1613 年之前，法语和法国文化已经流行起来，这是因为年轻的选帝侯是在布永公爵位于色当的胡格诺宫廷中长大的。这也让普法尔茨与大多数德意志诸侯区别更大，这些诸侯仍然生活在拉丁语和德语的晚期人文主义世界中，并且是在教授帝国法律传统的德意志大学接受的教育。比起原始专制主义的法国宫廷风气，他们更有可能区分人和权力，而非按捺下对君主的批评。[9]

在新环境中，安哈尔特的克里斯蒂安影响很大。在 1610 年后，还在摄政期间，他就已经获得了相当大的自主权，可以推行他认为合适的外交政策。枢密院成员已经越来越老，过度劳累，无法干涉他对新教联盟的运营。自 16 世纪 80 年代以来，尼德兰拿骚伯爵和韦特劳诸伯爵在普法尔茨政府中占据了重要地位，但在 1609 年的《十二年停战协议》解除了他们领地受到的威胁后，他们失去了兴趣。拿骚的约翰六世和约翰七世都不在普法尔茨宫廷中服务了，只剩下索尔姆斯-布劳恩费尔斯的约翰·阿尔布雷希特伯爵担任宫廷总务大臣和名义上的政府首脑。他们的离开造成了一个空白，填补空白的是一些没有在政府中接受过正式任命的人，比如来自普鲁士公爵领的多纳兄弟，他们在弗里德里希 1606 年后的教育中扮演了重要角色，很快就担任了安哈尔特的秘密特使。

亨利四世的遇刺使安哈尔特确信，上帝选择了弗里德里希来粉碎天主教阴谋。安哈尔特和弗里德里希都越来越难透过海德堡宫廷的幻想泡沫来看待世界，尤其是在一系列据称由一名"克里斯蒂安·罗森克鲁兹"（Christian Rosenkreuz）创作的小册子在 1614—1621 年出版之后。这些小册子据称包含了玫瑰十字会的作品，这是一个（虚构的）由睿智仁慈的哲学家组成的秘密结社，他们解开了神圣理解的神秘钥匙，现在正在引领人类进入一个新的启蒙时代。整件事都是约翰·瓦伦丁·安德烈埃（Johann Valentin Andreae）编造的，他父亲是一名正统路德宗主管，组织了符腾堡领地教会。安哈尔特已经深深为卡巴拉文献所吸引，很容易相信这种无稽之谈，这也加强了他的信念，那就是上帝选择了新教联盟来创造一个新的时代。

1613 年帝国议会

弗里德里希和安哈尔特寻找机会重新拿回在于利希-克利夫斯危机后丧失了的主动权。1613 年，马蒂亚斯召集了他的第一次帝国议会，这是他们的机会。这是自 1608 年灾难性的议会以来的第一次会议，他们可以通过策划另一场危机，以让新教徒团结一致支持新教联盟。这也是克莱斯尔的"和解"政策面临的第一次考验，他在会议筹备过程中提出了一系列让步，希望通过说服温和派相信他的诚意，孤立普法尔茨。他下令调查所有关于帝国司法的投诉，包括四修道院的纠纷，并暂停了对亚琛的帝国禁令。而马格德堡教区长官被重新接纳进了帝国议会，这表明帝国在认真地尝试恢复人们对帝国司法的信心，正是因为马格德堡教区长官被排除在外，引发了帝国枢密法院巡查制度在 1588 年的崩溃，并积压了 300 起未决上诉。为了确保自己没有被误解，克莱斯尔在会议开始前亲自给许多新教徒写信，包括安哈尔特，强调自己希望友好解决问题的态度。

这些提议自然引起了天主教徒的恐慌，并遭到他在哈布斯堡政府中一些同事的反对。约翰·路德维希·冯·乌尔姆（Johann Ludwig von Ulm）认为这是绥靖政策，表示强烈反对。他的批评至关重要，因为他是帝国副书记官，是位于维也纳的哈布斯堡政府机构和位于美因茨的帝国大书记官之间的联系纽带，而大书记官在正式上监管像帝国议会这样的机构。巴伐利亚公爵马克西米连正确地怀疑克莱斯尔的意图在于孤立天主教同盟。马克西米连已经在努力维护自己对联盟的权威。1611 年 10 月下旬，他派遣了 1 万名士兵前往萨尔茨堡，监禁了长期以来一直反对天主教同盟和巴伐利亚影响的赖特瑙大主教。教宗抗议说赖特瑙是一名好天主教徒，马克西米连予以反击，表明大主教长期与一位情妇萨洛梅·阿尔特（Salome Alt）有染，生育了 10 个孩子。赖特瑙一直被关在自己的宫殿里，直到 6 年后去世，但是萨尔茨堡的法政牧师拒绝向巴伐利亚屈服，选出了一位同样决心避免加入教派联盟的继任者。[10] 公爵在莱茵河地区取得了更大的成功，在他叔叔恩斯特于 1612 年去世后，他帮助弟弟费迪南德获得了科隆主教辖区和恩斯特的其他主教职位。费迪南德从 9 岁起就接受耶稣会的教育，后来成为耶稣会最大的赞助人之一。比起仍然是文艺复兴式天主教徒的叔叔，费迪南德的宗教观点更接近持后特伦托会议派见解的哥哥。他还比较年轻，没有经验，只要马克西米连小心翼翼地对待他，他就很愿意听从哥哥的话。[11] 然而，这并没有阻止美因茨的施魏克哈德推动萨克森成为天主教同盟第三位理事，这让联盟不再具有教派性质，同时向哈布斯堡成员敞开了大门。克莱斯尔从 1612 年开始接受这一要求，准备要么屈服天主教同盟，要么使其无害。当天主教同盟于 1613 年 3 月在法兰克福召开会议，为即将到来的帝国议会做准备时，马克西米连很难说服成员们抵制帝国议会。他一离开，美因茨选帝侯就在另一次单独的议程上说服其他人接受克莱斯尔的计划。

与此同时，新教联盟成员在位于弗兰肯的新教帝国城市罗滕堡集会，安哈尔特在那里哄骗他们支持激进的普法尔茨计划。只要天主教同盟还存在，他们就拒绝解散，并例行公事地重申了他们的要求：宗教平等、良心自由和恢复多瑙沃特的地位。当他们再次于 8 月 13 日在雷根斯堡召开的帝国议会上重新集会时，成员们大多记得他们的台词，在他们的要求没有立即得到充分满足时，加入了普法尔茨代表的另一次退会。然而，这一次，普法尔茨-诺伊堡公爵打破了一致，选择萨克森和其他温和派一起加入天主教徒的队伍中去，在 10 月 22 日以习惯多数票通过了大会决议书。决议书为哈布斯堡的边防提供了有限的援助，并同意帝国议会将于 1614 年 5 月重新召开会议，恢复妥协谈判。这个成果虽然微不足道，但至少保持了团结的外表，避免了像 1608 年那样有损帝国尊严。然而，克莱斯尔也很清楚，只要两个敌对的联盟存在，他就什么都做不了，因此他找了个借口宣布无限期延迟帝国议会（下一次帝国议会直到 1640 年才重新召开）。

哈布斯堡王朝和天主教同盟

克莱斯尔现在试图更直接地破坏这两个教派联盟。由于美因茨的施魏克哈德的努力，他已经踏进了天主教同盟的大门，所以他首先集中精力先努力颠覆天主教同盟，好让普法尔茨没有借口延长新教联盟。帝国议会结束后，天主教同盟会议在雷根斯堡重新召开时，施魏克哈德带领一些较弱小的会员重写了章程。施瓦本人脱离了巴伐利亚的监管，委托蒂罗尔大公马克西米连担任第三位理事，而该组织被正式命名为"基督教守卫者"，以摆脱宗派色彩。1614 年 3 月，在奥格斯堡举行的另一次大会上，新组织获得认可，其章程被延长了九年。

这位新理事希望在教派之间促成妥协式的和解，长期反对天主教同盟。在他的亲戚布尔高边疆伯爵卡尔和其他施瓦本天主教徒的推动下，马克西米连大公终于在 1615 年 4 月就任了。强硬派奥格斯堡主教和埃尔旺根主教选择留在巴伐利亚的理事会中，而其他施瓦本人则没有缴纳捐款。蒂罗尔政府无法单独资助该组织，因此组建新的地区民兵组织的计划不得不取消。尽管如此，哈布斯堡的存在使得天主教同盟无法成为一个单独的巴伐利亚利益平台。马克西米连公爵认识到自己已被击败，于 1614 年 3 月与他更亲近的邻居组成了一个影子联盟，当他于 1616 年 2 月 14 日正式辞去自己的理事职务时，这个联盟依然存在。[12] 克莱斯尔迅速采取行动，清理了天主教同盟的残余势力，1617 年 4 月 3 日，马蒂亚斯下令解散天主教同盟。天主教同盟的覆灭表明了马蒂亚斯王朝统治下帝国复兴的强度，也表明没有哈布斯堡的批准，一个单独的巴伐利亚领导的天主教团体不可能存在。这也阻止了天主教诸侯再次参与到于利希继承问题中来。

于利希-克利夫斯的新危机（1614）

自 1610 年以来，于利希-克利夫斯遗产问题一直悬而未决，因为勃兰登堡和普法尔茨-诺伊堡的占有依赖的是军事胜利，而不是公认的权利，他们的管理也没有被各等级会议完全接受。这种不确定性使得萨克森和其他声称者可以重新提出自己的要求。而新教联盟无法促成协议，因为在 1610 年至 1614 年，这些相互冲突的主张与茨魏布吕肯和普法尔茨-诺伊堡之间关于普法尔茨摄政的争端纠缠在一起。此前鲁道夫曾将继承权交给萨克森，1613 年 2 月马蒂亚斯确认了这一点，但是无力执行自己的判决。

尽管在第一场争端中，两个新教声称者共同反对帝国剥夺继承权，但在第二场争端中，教派分化表现得更为突出。公爵领的勃兰登堡方面的总督恩斯特边疆伯爵于 1610 年皈依了加尔文宗，并在他的部队驻扎的地区积极推广加尔文宗。三年后，他哥哥在勃兰登堡也公开皈依了加尔文宗，这是完全出于个人信念，选帝侯与加尔文宗的联系让路德宗诸侯不再那么支持他对于利希的主张。与此同时，普法尔茨-诺伊堡的总督沃尔夫冈·威廉失去了耐心，他早在 1609 年就已经与利奥波德大公展开秘密会谈。在西班牙大使祖尼加的鼓励下，他转向了慕尼黑的维特尔斯巴赫亲属，于 1613 年 7 月 19 日皈依天主教，但没有告诉他父亲。4 个月后，他与威廉五世公爵的女儿玛格达莱娜（Magdalena）结婚，完成了他个人政策的重新转向。1614 年他父亲去世，他控制了普法尔茨-诺伊堡。[13]

到 1614 年初，勃兰登堡和普法尔茨-诺伊堡的官员不再相互联系。沃尔夫冈·威廉确信勃兰登堡在尼德兰人的协助下正在策划一场政变：5 月，300 名尼德兰士兵增援了于利希的皮坦上尉，驱逐了普法尔茨-诺伊堡的连队，而其他人则在附近的默尔斯待命。沃尔夫冈·威廉进行了报复，将勃兰登堡行政人员驱逐出了杜塞尔多夫，并增派了 900 名士兵。这是一个不幸的误解。新任勃兰登堡总督、选帝侯储格奥尔格·威廉确实策划了一场政变，但尼德兰人无意提供协助——事实上，奥尔登巴内费尔特试图调和两个声称者，派遣援军是为了让皮坦能够防止他们之间打起来。尼德兰人在 7 月又派了 2000 人前往于利希稳定局势，同时用他们的财力来约束勃兰登堡，勃兰登堡已经募集了 3900 名士兵，但无力支付费用。尼德兰海军部的接收人彼得·霍夫泽（Peter Hoefyser）代理了一笔 10 万弗洛林的贷款，利息为 8%。由于勃兰登堡连利息都付不起，它不得不遵从尼德兰的意愿。[14]

随后又出现了进一步的误解，西班牙将尼德兰的军事集结理解为对其在莱茵河下游势力的挑战。阿尔布雷希特大公和斯皮诺拉决定，需要通过展示武力来促使尼德兰人遵守《十二年停战协议》。由于莱尔马专注于意大利问题，他们自行从佛兰德军中调动了 13 300 名步兵和 1300 名骑兵。然而当西班牙人兵力准备好的时候，情况已经很明显，奥尔登巴内费尔特实际上想要避免战争，但是，想要安分守己地回到兵营里而不丢面子已经太迟了。斯皮诺拉于 1614 年 8 月 22 日从马斯特里赫特出发，两天后抵达亚琛，在那里，他为自己的进军找了一个方便的借口，说自己是来执行一个反对新教议会的命令的。然后，他向迪伦进军，与沃尔夫冈·威廉的部队会合，占领了于利希和贝格公爵领。整个过程中几乎没有流血，因为各方都刻意避免接触。斯皮诺拉确实攻击了自 1611 年以来就处于尼德兰占领下的战略渡口韦瑟尔，但是驻军在 9 月 5 日仅开了 36 枪就投降了。与此同时，莫里斯率领着大约数量相当的尼德兰军队占领了克利夫斯其余的地区，占领了马克，并加强了于利希的驻军。

双方于 10 月 13 日在克桑滕（位于克利夫斯）开始会谈，11 月 12 日在法国和英格兰的调解下达成了分治条约草案。根据于利希-贝格和克利夫斯-马克的历史关联，整个遗产被分割为两个部分。由于后者面积较小，拉芬斯贝格和拉芬斯施泰因被分配给了它们，尽管拉芬斯贝格正式上是和于利希联系在一起的。勃兰登堡和普法尔茨-诺伊堡将抽签决定领土归属。由于拟议中的分治方案大致反映了当地的局势，它实际上认可了西班牙和尼德兰干预的结果。勃兰登堡在 1616 年解散了军队，而普法尔茨-诺伊堡的军队则大幅减少。西班牙和尼德兰共和国同意撤军，他们撤走了大部分士兵，但在占领的城镇留下了驻军。1615 年至 1616 年间，这些部署通过进一步的小规模行动进行了调整，同时勃兰登堡和普法尔茨-诺伊堡进行了协商，以防止有人再次进行军事干涉。

西班牙的干涉极大地增强了其在欧洲西北部的战略地位，获得了 10 个克利夫斯市镇、28 个于利希市镇以及 24 个贝格和马克市镇。西班牙还占领了韦瑟尔、莱茵贝格和奥斯绍，这样西班牙在莱茵河上就有了三个主要渡河点，与艾瑟尔河以东的其他驻军点重新建立联系，而这些驻军点在 1610 年因尼德兰的干涉而被切断了联系。虽然尼德兰在于利希的驻军得到了加强，但现在已经被孤立，尼德兰的其他收益也不那么重要。莫里斯占领了位于克利夫斯的莱茵河渡河点埃默里希和马克的大部分城镇。他接着在波恩和科隆之间建造了一座新的要塞以威慑选帝侯，还嘲讽性地将其称为普法芬米策（Pfaffenmütze，意思为"神父的帽子"）。尽管如此，他的阵地两侧都被西班牙军队包抄了。西班牙和尼德兰都违背自己的意愿卷入了于利希危机，尽管他们获得了回报，但没有表现出战斗的意愿。在《十二年停战协议》于 1621 年 4 月到期之前，敌对的各方驻军一直避免对抗。

帝国复苏

这场危机破坏了新教联盟，这正是克莱斯尔想看到的。不仅普法尔茨-诺伊堡叛变到天主教同盟中来，其他成员也开始停止缴纳会费。仅勃兰登堡到 1613 年 12 月就欠了 16 万弗洛林，它拒绝付款，理由是它在于利希的行动是为了共同的事业。1615 年，沃尔芬比特尔公爵再次采取行动夺取不伦瑞克市，这破坏了将会员扩大到北方新教徒的机会。在第二次从帝国议会中退出后，普法尔茨也失去了政治上的立场，因为他们孤立了帝国内部的新教联盟成员。1614 年，一名新教法官采取了前所未有的行动，从帝国枢密法院辞职，因为当时的天主教首席法官违反了神圣的程序，没有将宗教案件委托给一个教派平衡的审查小组。[15] 然而，普法尔茨无法从中获得任何好处，因为在克莱斯尔的努力下，大多数新教徒已经与帝国司法体系和解了。

　　1612 年后，关于破坏宗教和平的投诉数量急剧下降，而帝国宫廷议会接受的案件数量从每年不到 200 起激增至 1618 年的 440 起。这种数量上的增加与其说是紧张关系加剧的迹象，不如说是因为诸侯现在更愿意将他们长期以来的家庭和封建纠纷提交帝国仲裁。人们不再用赤裸裸的教派视角去看待一些继承争议，如在于利希、黑森或巴登的争议，甚至普法尔茨政府也放弃了反对宫廷议会管辖权，让宫廷议会在 1615 年裁决自己与施派尔主教的边界争端。这在很大程度上要归功于马蒂亚斯更宽松的统治方式。与鲁道夫不同，他接受了萨克森的建议，保证了在有争议的案件中，宫廷议会只有在征求选帝侯的意见之后才做出裁决。

乌斯科克战争与哈布斯堡王朝的继承（1615—1617）

乌斯科克战争（1615—1617）

　　和平的主要威胁不是帝国内部的教派紧张关系，而是哈布斯堡王朝继承问题的不明朗，充满了不确定性。奥斯曼与哈布斯堡边境的新麻烦使事情变得更为严重，这导致了比于利希继承战更为严重的战斗。[16] 土耳其战争的一个不令人满意的结果是，大量难民涌入了亚得里亚海沿岸塞尼的已经人满为患的乌斯科克社区。费迪南德作为施蒂里亚大公，负责军政国境地带的这一部分，由于附近的比哈奇已经在 1592 年被土耳其人夺走了，他无法放弃塞尼。由于 1615 年与苏丹续签了停战协议，避免跨境劫掠激怒奥斯曼人就势在必行。哈布斯堡地方官员引导乌斯科克匪徒去亚得里亚海从事海盗活动。很快，乌斯科克人就成了威尼斯人和其他商人的主要威胁。

威尼斯共和国已经憎恨哈布斯堡在其北部和东部的存在，因为这限制了其在陆地上的扩张。哈布斯堡在获得格尔茨伯国之后，获得了伊斯特拉半岛上的港口，得到了亚得里亚海的入口，这与威尼斯人宣称拥有海外排他所有权（*dominium culfi*）的主张相冲突。威尼斯人以乌斯科克海盗为借口，对的里雅斯特商人征收高额通行费，希望结束后者令人恼火的商业竞争。费迪南德想要和平解决问题，但缺乏关闭塞尼的手段，因此威尼斯人加强了海上封锁，决心开战。作为一个贸易共和国，威尼斯对信仰采取务实的态度，至少与外国政府打交道时如此。它与英格兰和尼德兰签署了联盟，这些国家的船只也遭受了乌斯科克海盗的袭击，威尼斯还与新教联盟达成了提供士兵的协议，新教瑞士人也同意封锁阿尔卑斯山山口，阻挡哈布斯堡的增援部队。西班牙和萨伏依在曼托瓦问题上纠缠，而马蒂亚斯忙于帝国内部的问题，威尼斯相信炮舰外交很快就会取得成功。

1615 年 12 月 20 日，威尼斯军队占领了伊松佐河以西的狭长的奥地利领土，随后被格拉迪斯卡的少数驻军堵住了去路，武力威胁升级为公开战争。攻势陷入了僵局，地点正是在 300 年后第一次世界大战中意大利和奥匈帝国的前线。到 1616 年 2 月，威尼斯人已经集结了 1.2 万人的军队，因此可以对格拉迪斯卡进行定期围困。他们还得到奥斯曼波斯尼亚居民的暗中支持，后者同样厌倦了乌斯科克人。奥斯曼人的劫掠增加了十倍，牵制了克罗地亚和斯洛文尼亚的边境民兵，阻止费迪南德将他们重新部署到伊松佐河地区。费迪南德在前线只有 600 名德意志人和同样数量的乌斯科克人，被迫保持守势。等级会议提供了一些钱，派出了一些民兵小分队，但除此之外拒绝参与，指责费迪南德咎由自取。现在形势危急，因为失败可能为等级会议开启大门，让他们挑战费迪南德艰苦奋斗得来的天主教复兴。

然而，由于威尼斯人因疾病而损兵折将，格拉迪斯卡守军坚守住了，随着冬天的到来，威尼斯人放缓了围城。威尼斯在 1617 年加倍努力，任命了一名新的指挥官，并随着拿骚-锡根的约翰·恩斯特带着 3000 名尼德兰雇佣军的到来，重组了其军队。这样在 1617 年 5 月时，威尼斯有了一支 1.6 万人的军队。2000 名尼德兰人接着抵达，11 月英格兰援军也到来了，一个强大的英格兰-尼德兰分队加入了有 86 艘船的威尼斯舰队。

人们一直认为，英格兰和尼德兰的强力支持沿着教派路线巩固了相互敌对的国际联盟，使"一场普遍的欧洲冲突明显迫在眉睫"。[17] 当时各种派别的激进分子也是这样看待这场冲突的，然而英格兰和尼德兰都不希望与西班牙公开决裂，尽管他们参与了进来，这场冲突在很大程度上仍然是奥地利和威尼斯之间的事。22 艘英格兰船只和尼德兰船只都挂着威尼斯的旗帜，它们是作为士兵被雇佣的，而不是作为盟友被免费派遣的。这些部队是从海上来的，因为米兰的西班牙总督根据政府的官方中立政策，封锁了阿尔卑斯的南部山口。西班牙方采取行动的只有那不勒斯副王，奥苏纳公爵佩德罗（Pedro），而且他也没有得到马德里的授权。那不勒斯人憎恨威尼斯的商业优势，早在 1616 年就已经派遣私掠船去亚得里亚海骚扰共和国的航运。英格兰-尼德兰舰队的到来迫使私掠船返回港口，这促使奥苏纳派出了正规舰队。1617 年 11 月 20 日，他们与威尼斯人打了一场海战，未分胜负就撤退了。[18] 腓力三世不愿纵容奥苏纳的行为，因为在蒙费拉托争夺战之后，他不想在意大利再打一场战争。

西班牙与奥地利继承

腓力三世在乌斯科克战争中关心的不是尼德兰和英格兰的介入，而是战争对哈布斯堡王朝继承的影响。利奥波德大公 1610 年在于利希失败后，祖尼加大使就已经提出了这个继任问题。马德里的讨论集中在西班牙应该主张到什么程度，以及那些西班牙没有主张的部分，应该支持哪个候选人获得。腓力三世的顾问认为他对匈牙利和波希米亚王位有很好的主张，理由是他的母亲奥地利的安娜从未放弃自己的权利。[19] 腓力确信如果他放弃自己的主张，他的名声会受到损害，他希望他的奥地利亲属正式承认自己是家族的首脑。

西班牙的大臣们对如何实现这一目标存在分歧。一些人坚持查理五世泛欧帝国的遗产，建议腓力应该继承全部领地，甚至推举自己或儿子为下一任皇帝。其他人则更为现实，主张以西班牙的正式主张为交换，换取奥地利的战略让步。他们认为，大公们应该履行自己的义务，因为根据西班牙对 1548 年《勃艮第条约》（Treaty of Burgundy）的解释，尼德兰仍然属于帝国，应该因破坏公共和平而受到惩罚。尽管考虑到《十二年停战协议》，这个问题并不那么紧迫，但在三十年战争期间，这仍然是西班牙要求奥地利协助对抗尼德兰的主要法律论据。更紧迫的是，大臣们认为奥地利应该交出一些土地来加强西班牙帝国的安全，但是在哪些土地上存在很大分歧。一派怀疑大公不会交出自己的部分世袭土地，主张要求得到帝国在利古里亚海岸拥有管辖权的部分地区，以巩固西班牙在意大利的地位。而另一派以斯皮诺拉为首，主张让奥地利割让阿尔萨斯和蒂罗尔，以使西班牙人控制西班牙之路的中段。

两派都不希望与帝国有任何关系，都认为帝国不属于西班牙的主要利益范围。尽管如此，西班牙仍然不得不支持一名候选人作为马蒂亚斯的继任者，以确保中欧问题不会给佛兰德或意大利带来麻烦。利奥波德大公的狂野行为使他不在考虑之列，而马克西米连在 1612 年 10 月放弃了自己的权利，支持费迪南德。由于唯一可行的候选人卷入了战争，西班牙决定在选帝侯选择一个不太合适的替代者之前，迫使马蒂亚斯承认费迪南德是他的继任者。

西班牙的干预打乱了克莱斯尔的计划，他本来想推迟考虑继任的问题，直到他的"和解"政策取得成功。他不仅用肮脏的伎俩拆费迪南德的台，也拆阿尔布雷希特的台，德意志天主教徒中仍有许多同情后者。1616年，他向安哈尔特透露了两年前宫廷议会主席策划的一项计划的细节，该计划是阿尔布雷希特应该率领一支军队进入德意志，加入天主教同盟，以恢复帝国权威。这样就只剩下费迪南德了，克莱斯尔故意拖延奥地利的援助，暗中破坏他的战争计划。克莱斯尔这么做可能是出于个人仇恨，但更有可能是因为他坚信如果公开支持费迪南德的话，会毁掉任何与新教徒合作的机会。威尼斯参议院在 1616 年投票赠予了他一份价值 8000 斯库多的礼物，这无疑令人怀疑。

与此同时，巴伐利亚的马克西米连成为皇帝候选人的可能性使事情变得更加复杂，早在 16 世纪 90 年代，人们就已经在谈论他成为皇帝的可能性了。安哈尔特错误地将马克西米连从天主教同盟理事会中辞职解释为对抗哈布斯堡王朝的合作的一步。1616 年 5 月，他向公爵提议合并新教联盟和天主教同盟，以阻止哈布斯堡王朝继承皇帝。尽管马克西米连礼貌而坚决地拒绝了这一提议，安哈尔特还是坚持这个疯狂的计划，让普法尔茨选帝侯弗里德里希五世于 1618 年 2 月访问慕尼黑。到那时，马克西米连顺势而为，向哈布斯堡王朝施压，要求他们在各种地区争端中做出有利于巴伐利亚的让步。弗里德里希离开慕尼黑时，不仅完全错误地认为马克西米连会竞选皇帝，甚至还相信公爵会接受新教！ [20]

《奥尼亚特条约》(1617)

由于克莱斯尔拒绝割让奥地利领土，西班牙因此放弃了对蒂罗尔的要求，试图谋得阿尔萨斯和布赖斯高这两个远奥地利领地，这两地目前由马克西米连大公统治，他没有直接继承人。费迪南德的还价是亚得里亚海港口和一大片内奥地利领土，但是被拒绝了，因为这与西班牙的利益相去甚远。马蒂亚斯欠佳的身体状况和乌斯科克危机迫使费迪南德在与西班牙谈判之后达成了一系列协议，以西班牙谈判者的名字命名，统称《奥尼亚特条约》(Treaty of Oñate)。[21] 在 1617 年 6 月 6 日的公开文件中，腓力三世正式放弃了对波希米亚和匈牙利的主张，但在未来，他的儿子的主张将优先于费迪南德的女儿。此外，还安排在稍后的某一天，西班牙将得到一个未指明的奥地利省作为补偿。条约呈递给马蒂亚斯时，他同意了，但是他和其他大公都不知道的是，那年 3 月还有一份进一步的秘密协议，费迪南德后来在 7 月 29 日批准了它。协议规定，一旦费迪南德从马克西米连大公手中继承了阿尔萨斯的奥地利部分和莱茵河上游的奥特瑙飞地，他将把这两地移交给西班牙。此外，费迪南德的长子将与腓力三世的女儿结婚，协议还模糊地提到帝国在意大利的权利将会转让给西班牙。

在 1619 年 2 月之前，只有费迪南德和他的顾问埃根贝格知道这些条款，但是这些条款对他获得马蒂亚斯的全部领地至关重要。现在费迪南德不用担心西班牙会反对了，他开始与波希米亚的天主教派系谈判，以确保其王位。而洛布科维茨书记官说服波希米亚新教徒放弃反对，以换取费迪南德对《陛下诏书》的明确确认。得到马蒂亚斯的许可后，费迪南德于1617 年 6 月 29 日加冕为波希米亚国王。

乌斯科克战争的结束

在费迪南德对奥尼亚特做出让步的同时，威尼斯人沿伊松佐河也开始了等待已久的攻势。当格拉迪斯卡驻军在坚守阵地时，费迪南德疯狂地呼吁援助。他的巴伐利亚姐夫送来了一些钱和火药，而内奥地利等级会议终于愿意掏钱，克莱斯尔放弃了他反对在马蒂亚斯的土地上招募军队的立场。波希米亚加冕典礼大大提高了费迪南德的声誉，并使他能够在年底前征集到 4000 人。资金到位后，费迪南德拜访了他在土耳其战争中结识的马拉达斯、当皮埃尔和科洛雷多。瓦伦斯坦抓住这个机会继续他的职业生涯，带着 260 人从摩拉维亚一路抢劫过来，可以说就是从农民的身上偷衣服。阿尔德林根也在场，他当时担任步兵掌旗官，许多其他后来在三十年战争中崭露头角的人也是如此，比如托尔夸托·孔蒂（Torquato Conti）和奥托·海因里希·冯·富格尔（Otto Heinrich von Fugger）。不到一年后，当费迪南德面临波希米亚叛乱时，他们中的许多人又要响应他的召唤了。

尽管威尼斯人在数量上有四比一的优势，但他们无法攻破伊松佐河一带的奥地利防线。费迪南德渴望结束这场徒劳的斗争，把他的全部注意力转向即将到来的继承问题上来。他接受了法国和西班牙的调解，签署了 1617 年 9 月 26 日的《马德里条约》。威尼斯人同意撤退，换取哈布斯堡人将乌斯科克人重新安置到更远的内陆。威尼斯共和国减小了军队规模，遣散现在开始哗变的尼德兰人和英格兰人，而费迪南德将军队削减到1000 人，这些军队用来强迫乌斯科克人在 1618 年 6 月前沿着军政国境地带向东北部移动。

威尼斯现在可以腾出手来对付那些密谋推翻共和国的麻烦的那不勒斯

人了。威尼斯人加强了其海军行动，直到腓力三世于 1620 年逮捕了奥苏纳公爵，并将其监禁，罪名是他图谋成为独立的那不勒斯亲王。

普法尔茨的边缘政策

世界末日的临近

在哈布斯堡王朝的继承问题正在慢慢向有利于费迪南德的方向发展的同时，安哈尔特一直在努力维持帝国新教徒的好战性。1617 年 4 月，帝国城市在海尔布隆举行的新教联盟大会上发起反抗，要求得到重大让步，然后才能同意无视帝国解散的命令而扩大新教联盟。帝国城市要求得到在未来军事行动中的否决权，同时禁止援助非联盟成员的诸侯国，作为回报，它们同意从 1618 年最初的宪章到期之时起将新教联盟延长三年。勃兰登堡厌恶这些让步，而黑森-卡塞尔领地伯爵莫里茨则拒绝出席，因为新教联盟似乎没有给他带来任何好处。

结果只是驱使安哈尔特进行了更进一步的欺骗，尽管新教联盟在 1621 年前又召开了 11 次会议，比以前频繁得多，但这些会议不再是全体成员参加的，而只是安哈尔特、普法尔茨、符腾堡、安斯巴赫和巴登-杜尔拉赫核心小组的个人会议。1616 年，安哈尔特就已经扩大了秘密联系范围，他派克里斯托夫·冯·多纳（Christoph von Dohna）去布拉格与波希米亚激进分子会谈，而其他使者去和上奥地利的奇尔诺梅利男爵会谈，还派了其他使者前往萨伏依和威尼斯。[22]

只有从普法尔茨宫廷越来越狂热的视角看来，这些行为才有意义，随着新世纪的到来，普法尔茨宫廷已经陷入了千禧年主义。世界末日信仰在基督教中有着悠久的历史，但是教宗在特伦托法令中已经远离了这些传统，路德宗的《协和书》也同样如此。日内瓦的加尔宗教会也谴责了1566 年黄金时代将会来到地球的信仰，但是这些想法还是从 16 世纪 80年代开始流行起来。这些想法往往是由普通加尔文宗教徒表达出来的，比如克里斯托夫·科特（Chrsitoph Kotter），他是一名来自斯普罗陶的制革工人，在 1616 年声称自己看到了异象。在普法尔茨贵族中更有影响的是约翰·海因里希·阿尔施泰德（Johann Heinrich Alsted）和约翰·阿莫斯·科梅纽斯（Johann Amos Comenius）的著作，他们都曾在拿骚-迪伦堡的约翰六世于 1584 年在黑博恩建立的加尔文宗学院学习过。阿尔施泰德成了学院最杰出的老师，科梅纽斯在他手下学习后把其想法带回了波希米亚。在仔细阅读《圣经》之后，两人都相信哈布斯堡王朝与圣约翰的《启示录》中描述的黑暗势力有关。一直以来有一种"帝国转移"的积极意识形态，认为神圣罗马帝国是古代罗马帝国的直接延续，是最后一个基督教阶段，而他们提供了另一种解读。阿尔施泰德将帝国从《但以理书》中仁慈的第四帝国变成了《启示录》中无名的第四兽。他确信，一切将在列王之战（也在《但以理书》中被预言）中结束，其中南方的王践踏了圣所，强迫其人民放弃信仰。然后北方的王介入，击败对手，拯救了人民。

阿尔施泰德和科梅纽斯这样的知识分子的支持使末世论得到了认真对待，并与科学和神秘学之间的不稳定边界相一致。这一时期现在被称为"小冰河时代"，气候变化引起的冰雹和其他自然灾害越来越频繁，助长了人们认为世界即将结束的观点。人们对女巫和恶魔的着迷则是这一点的进一步表现。对那些相信世界末日的人来说，圣所指的显然是新教德意志地区，而哈布斯堡王朝和西班牙代表了南方的王。阿尔施泰德预言北方的王将于 1625 年到达（丹麦确实于那年介入战争），这将导致义人从 1694 年统治一千年，直到 2694 年的最后审判到来。普法尔茨、黑森-卡塞尔、波希米亚、英格兰和瑞典纹章中都使用了狮子，这是与北方的王有关的动物，这似乎进一步证实了阿尔施泰德已经解开了《圣经》的神圣意义。

1618 年 11 月一颗大彗星的到来使千禧年主义达到顶峰。接下来的几周内，出现了 120 本预言灾难的小册子，彗星到来后常会发生这种事。之前哈雷彗星于 1577 年的出现让丹麦天文学家第谷·布拉赫预测西班牙和帝国将会有麻烦，鉴于尼德兰叛乱的爆发，这是一个相当安全的赌注。[23] 当前的这些思潮之所以如此危险，是因为它们吸引了激进派新教领导人的思想，而这些领导人手中掌握有足够多的资源，可以发起末日之战。

新教不和

安哈尔特确信一场重大斗争即将来临，他加紧努力，将更多温和派新教徒拉拢到激进分子的阵营中。他意识到普法尔茨最近的挫折及其深受法国影响的文化损害了其地位，并使其疏离了德累斯顿等新教宫廷中的酗酒文化。他试图通过将有影响力的路德宗和加尔文宗在友好的环境里聚集在一起，让普法尔茨激进主义更具吸引力。1617 年，他的妻子在上普法尔茨首府安贝格建立了一个贵族组成的金棕榈骑士团，而他与他的兄弟路德维希合作，在那一年成立了有影响力的丰收学会（*Fruchtbringende Gesellschaft*），路德维希与魏玛宫廷有婚姻关系。在同时代众多文学协会中，丰收学会是最重要的，迅速吸引了大量成员。[24]

丰收学会表面上的目的是通过排除外国表达方式和发展新的诗歌形式来净化德语，因此人们常常用民族主义的话语来描绘它。事实上，它的成员相当国际化，包括瑞典人，甚至还有 6 名苏格兰人。尽管它后来也接纳了巴伐利亚和帝国的将军们，但它最初的目的是扭转人文主义者的妥协主义方案，并帮助安哈尔特弥合路德宗和加尔文宗之间的分歧。与此同时，加尔文宗神学家试图与路德宗的同事展开对话。大卫·帕累斯（David Pareus）在 1614 年出版了一本书，认为他们有更多可以彼此团结的地方，而非分裂的地方。他得到了黑森和勃兰登堡神职人员的广泛支持，以及在魏玛及耶拿大学非常活跃的其他菲利普派成员的支持。

这一姿态在德累斯顿被无视了，在那里，正统的反驳是由萨克森宫廷传教士马蒂亚斯·霍埃·冯·霍埃内格（Matthias Hoë von Hoënegg）做出的。[25] 和克莱斯尔一样，霍埃也出生在维也纳，但他的家庭背景相当富裕，而且还上了当地大学。天主教的压力使克莱斯尔改信天主教，但在霍埃身上却相反，只是强化了他的路德宗信仰。他在施派尔和维滕堡完成了学业，那里正统的路德宗氛围培养了对所有背离路德最初信仰的人的长期仇恨。到 1613 年，他出版了 7 本书，主要攻击教宗。普法尔茨-诺伊堡的宫廷牧师深受打动，读了一本后皈依了路德宗。后来在俾斯麦镇压天主教文化期间，这些书在 19 世纪的德国被重印了。然而，当霍埃在 1613 年担任萨克森宫廷高级传教士之后，加尔文宗是他的主要目标。他在德累斯顿恶毒地铲除了他们，通过扰乱他的副手的布道和辱骂，迫使他的副手下台。加尔文宗信徒对此进行反驳，拿他的奥地利血统做文章，质疑他的正直，称他为"萨克森教宗"和"新犹大"，说他把萨克森出卖给信奉天主教的哈布斯堡王朝。

在 1617 年 10 月举行的纪念宗教改革 100 周年的活动中，这种诽谤达到了新的高度。萨克森决心利用这个机会，从传统路德宗蔑视教宗的立场出发，宣称自己在德意志新教神学中拥有至高无上的地位。仅仅庆祝行为本身就是在挑战罗马，因为教宗自 1300 年以来就宣称垄断了禧年，并且很自然地谴责了任何纪念路德的活动。这位伟大的英雄被誉为"德意志摩西"，在萨克森的政府法令、学校戏剧、焰火、游行、布道、木刻和奖章中都得到纪念。[26] 选帝侯约翰·格奥尔格并不认为这和他对马蒂亚斯的政治支持矛盾，因为萨克森总是区分了诚实的德意志天主教徒和邪恶的教宗派，前者遵守《奥格斯堡和约》，后者在其他地方密谋颠覆帝国。而且，这种政治上的区别在神学上也是合理的，因为路德只是质疑教宗对真理的错误解释，而不是教会本身，路德及其追随者仍然属于这个教会。

对德意志天主教徒感受的关切仅仅让萨克森的怒火加倍向加尔文宗信徒释放。弗里德里希五世于 1617 年 4 月在海尔布隆举行的新教联盟大会上呼吁共同庆祝，他的宫廷传教士将加尔文宗视为路德改革传统的延续。而霍埃严厉谴责了加尔文宗，认为他们是为了享受《奥格斯堡和约》的好处，因而只是玩世不恭地试图冒充路德宗信徒。安哈尔特的文化倡议遭到攻击，被视为暗中企图引诱路德宗信徒放弃其真信仰。萨克森政府则明确将其庆祝活动建立在《协和书》的文本的基础上，而其他领地是否会效仿成了检测它们是否忠诚的测试。符腾堡遵循萨克森模式纪念了 1517 年，谴责加尔文宗信徒以及"假教师、嗜血暴君、土耳其人、教宗、耶稣会士、茨温利派……"和执意压制真正信仰的"其他宗派主义者"。[27]

"和解"策略的失败

悖谬的是，新教的内斗削弱了克莱斯尔的"和解"策略，因为路德宗和加尔文宗的分歧让天主教徒害怕两者都不可信。1613 年后，克莱斯尔已经放弃了帝国议会，他开始推动他提议中的两党委员会召开。缺乏先例引发了许多问题，最终导致整个项目脱轨。它到底应该是一个选帝侯大会，还是一个同等数量的新教诸侯和天主教诸侯组成的更广泛的会议，都没有达成一致意见。克莱斯尔希望马克西米连大公担任主席，以便在失败时不让马蒂亚斯受到指责，但是马克西米连出于同样的原因也不愿意担任，而其他人则反对涉及任何哈布斯堡王朝的人。最重要的是，主要的天主教徒希望首先解决帝国继承问题，而普法尔茨和勃兰登堡选帝侯坚持先就宗教问题进行谈判。克莱斯尔抓住他们的要求作为借口，推迟了令人担忧的继承问题，很可能安哈尔特提议巴伐利亚的马克西米连为皇帝候选人是为了在天主教徒中挑拨离间，以争取更多时间来团结短暂的新教国际。

马蒂亚斯同样在费迪南德的道路上设置障碍，坚持如果不亲自前往匈牙利，他无法把匈牙利移交给费迪南德，然后又声称自己病得无法旅行。费迪南德指出匈牙利议会可以在没有君主许可的情况下集会，迫使马蒂亚斯为了保全面子召开会议。匈牙利大贵族坚持要确认匈牙利君主国的选举性质，然后才能接受费迪南德。克莱斯尔欺骗了他们，在会议记录中记下，在马蒂亚斯推荐费迪南德为继任者之后，他们才行使了自己的"传统权利"，这一举动让哈布斯堡王朝后来声称费迪南德是通过世袭权利获得王位的。克莱斯尔这样做，可能是因为他担忧马蒂亚斯欠佳的身体状况，以及随之而来的与费迪南德重修旧好的紧迫性。等级会议于 1618 年 5 月 16 日正式宣布费迪南德为新君主，并接受了天主教徒西吉斯蒙德·福尔加奇（Sigismund Forgách）来担当此前空缺的匈牙利帕拉廷一职。5 月 27 日，费迪南德在匈牙利与格兰大主教共进午餐，这时传来消息，他在波希米亚的代表被人从窗户扔了出去。

第二部分

冲　突

第 9 章

波希米亚叛乱（1618—1620）

为了自由和特权

　　波希米亚叛乱是帝国在政治和宗教问题上面临的第一次严重冲突。与于利希危机或多瑙沃特事件不同，事实证明，要遏制不断吸引外来者的暴力行为是不可能的。然而，认为冲突迅速升级为国际化冲突也是一种误判。1618 年，欧洲还没有准备好开战，因为所有主要大国仍然受到自身问题的困扰。然而这恰恰是危险所在。由于对手显然都忙于自己的问题，每个大国都觉得自己此时干预帝国事务是安全的。几乎没有人打算由于自身的卷入而导致一场大规模战争，也没有人想到冲突会持续三十年。波希米亚叛乱通常被认为是三十年战争的一个单独的阶段，以 1620 年波希米亚的战败和冲突向莱茵河地区转移，直到 1624 年而告终。这种标准历史分期法有一些优点，突出了每一个阶段的不同之处，但是这种分期法也是德意志和捷克民族观点的产物。所有事件是一起展开的，叛乱暴露了皇帝的弱点，使得普法尔茨选帝侯毫无顾忌地加入波希米亚人阵营中。

一场贵族的阴谋

　　只有事后看来，叛乱才是显而易见的。当时的人们都措手不及。为了解释这一点，我们需要简单地回顾一下鲁道夫二世于 1612 年去世后波希米亚的情况。波希米亚叛乱不是一次民众叛乱，而是由少数绝望的激进新教徒领导的一场贵族政变。尽管马蒂亚斯已经确认了波希米亚和西里西亚的《陛下诏书》，新教机构却建立在不稳定的基础上。新教领导人试图通过扩大自己在外交政策中的分量、加强对武装部队的控制，将这些机构更牢固地建立在王国宪法上。马蒂亚斯和克莱斯尔的对策是更加一致地执行了鲁道夫的现行政策，即在官方任命中更倾向于天主教徒，将新教徒孤立在他们自己的平行机构中。这些平行机构中最主要的是 1609 年成立的维护宪法的三十名"保护者"委员会。但这个机构缺乏行政权力，权力仍然掌握在哈布斯堡王朝任命的十位执政官（Regent）手中。保护者由等级会议选举产生，声称代表国家发言，但是等级会议本身也分裂成两部分，一部分是对保护者持怀疑态度的天主教少数派，另一部分是因教派和政治观点而分裂的新教多数派。由于君主任命的天主教徒也是波希米亚人，"他们免于被指控为哈布斯堡王朝的外来走狗"。[1] 由于宗教是攻击王室政策的唯一理由，政治沿着教派路线两极分化。

马蒂亚斯认为波希米亚的《陛下诏书》是不公平地从他哥哥那里勒索来的，觉得自己只有义务尊重其正式条款。一些王室领地被转让给天主教会，以让这些土地不在宽容的范围之内。王室领地上的农民被禁止在邻近的私人庄园参加礼拜，1614 年，在波希米亚东北部的两个德语城镇，新教礼拜被禁止，理由是布劳瑙（布劳莫夫）属于天主教布雷诺夫修道院的管辖范围，而克洛斯特格拉布（赫罗布）属于布拉格大主教的管辖范围。费迪南德在 3 年后成为波希米亚国王时确认了这些措施。这些措施符合他用法律视角看待问题的方式，严格来说也都是正确的，但罗赫留斯大主教在执行这些政策时，采取的方法是故意挑衅式的。而费迪南德加剧了这一错误，他逮捕了控诉大主教的代理人拆毁了克劳斯特格拉布教堂的请愿者，然后命令王室法官监督公共资金，努力削减对新教教区的财政支持。

在叛军后来为自己的暴力行为辩护所写的《申辩书》（*Apologia*）中，这些措施占据显著位置。[2] 毫无疑问，在叛军眼中，这些只是一些糟糕行动的开端，但是它们并不比哈布斯堡平时的欺骗性政策更糟糕，单凭这些措施不足以引发全面叛乱。问题的关键在于，哈布斯堡王朝没有意识到波希米亚新教贵族的不满程度。这并不奇怪，因为王朝过去的统治一直顺风顺水：1617 年帝国议会中只有两名代表反对费迪南德成为国王。费迪南德已经确认了新教特权，而且在他自己看来，他仍然尊重这些特权。哈布斯堡宫廷回到了维也纳，在这个关键时刻又拉大了与波希米亚人之间的距离。尽管鲁道夫超然冷漠，但波希米亚人已经习惯了国王生活在自己中间。虽然十名执政官中有三名新教徒，但其他人都是天主教强硬派，如书记官洛布科维茨、雅罗斯拉夫·马丁尼茨和威勒姆·斯拉瓦塔。

反对派由图尔恩伯爵领导，他是 1617 年的两个主要反对者之一，后来他被剥夺了卡尔施泰因城堡主的职位，被马丁尼茨取代。这只是反转了鲁道夫 6 年前的行为，当时这个职位是从斯拉瓦塔手中夺走的，是为了赢得新教徒的支持。然而，这一行为极具象征性，因为城堡主掌管着波希米亚王权之物*，费迪南德想要确保这些王权之物不会被用来加冕其竞争对手。作为补偿，图尔恩得到了高级封建法官的职位，然而这一职位的薪酬要低得多，而且他也不得不辞去保护者委员会中的职务。这一举动被解释为是蓄意破坏新教领导层，而新教领导者现在很少与波希米亚正式政府中的天主教同僚交谈。

1618 年 3 月，分歧进一步加深，保护者委员会中图尔恩的盟友召集了一个单独的新教集会，表达自己对权利受到侵犯的不满。许多城镇没有派代表，但集会的领导层仍然坚定不移。在没有不同声音的情况下，很容易说服在场的人认同整个《陛下诏书》都受到了威胁。集会向马蒂亚斯皇帝递交了请愿书，然后同意于 5 月 21 日再次开会，以讨论他的答复。克莱斯尔认为图尔恩的相对孤立是展示君主决心的一个机会，他写了一份尖锐的答复，禁止重新召开集会。克莱斯尔挥舞着大棒，而马蒂亚斯则拿出胡萝卜，承诺回到波希米亚讨论局势。克莱斯尔的信是通过执政官递交的，后者现在是君主在当地的代表。

图尔恩抓住这一点，争取更广泛的支持，因为攻击执政官为"邪恶顾问"比公开违抗费迪南德或马蒂亚斯更容易。他说服了保护者们，声称克莱斯尔的禁令违反了《陛下诏书》，并确保牧师利用周日布道的机会宣布代表们将重新集会，讨论天主教徒破坏王国统一的"秘密伎俩和做法"。集会于 5 月 21 日如期召开，尽管贵族的出席率有所提高，但许多市民仍然远离议会。图尔恩及其同伙毫不畏惧，无视了执政官又一次更温和的解

---

*　Crown Regalia，包括王冠在内的一系列王权象征物。波希米亚的王权之物中的王冠可以追溯至 1347 年，是欧洲第四古老的。

散命令，还声称执政官打算逮捕他们，激起了人们的激烈情绪。图尔恩在5月22日宣称，是时候"按照惯例把他们扔出窗外了"。[3] 这明显是在指涉1419年7月30日的"掷出窗外事件"，当时布拉格市长和议员在胡斯叛乱初期被杀。那天晚上，他在城堡附近的阿尔布雷希特·扬·斯米日采（Albrecht Jan Smiřický）的家中会见了最亲密的支持者，协调第二天的计划。他似乎打算重复1609年4月的行动，当时新教徒强行闯入赫拉德恰尼宫，强迫鲁道夫批准了《陛下诏书》。然而，这一次，共谋者完全准备好使用暴力来打断缓慢的谈判步伐，以使其支持者激进化。

在图尔恩的召唤下，市议会议员于5月23日早些时候加入了共谋者和其他代表的行列，唱起了赞美诗来鼓舞士气。通过与一名天主教（！）队长的预先安排，他们被允许进入赫拉德恰尼宫，走上狭窄的楼梯，来到执政官开会的房间，但发现执政官只有四位，还有他们的秘书。共谋者想要证明执政官要对克莱斯尔的煽动性信件负责，并要求他们认罪。前两个人被抵在墙上，拒绝承担责任，被赶出了房间，留下斯拉瓦塔和马丁尼茨，他们一直是预定好的受害者。两人本来都以为自己只会被逮捕。当他们意识到等待自己的命运是死亡时，为时已晚，因为图尔恩的副手已经把温和的保护者煽动了起来；然而，很可能房间里的许多人仍然不知道计划是什么。诚然，安德烈亚斯·施里克（Andreas Schlick）伯爵反对图尔恩的计划，但是他很难看到窗户边发生了什么。一旦两个受害者头朝下被丢了出去，就再也没有回头路了，可怜的法布里修斯也被扔出去追随他的主人了。

图尔恩已经实现了使局势激进化的目标，但未能杀死计划中的受害者，这是叛乱的不祥之兆。新教宣传者报道说受害者落在了城堡沟渠中的垃圾堆里，来试图掩盖这场灾难，这一解释因被席勒写进了他的《三十年战争史》中而广为流传。[4] 马丁尼茨在掉下去时祈求圣母的帮助。看到他跟跟跄跄地站起来，楼上窗口前的主要的保护者乌尔里希·金斯基（Ulrich Kinsky）大声说道："上帝啊！他的玛利亚真的帮助了他！"[5] 从这句话中产生了一个神话，说圣母将自己的斗篷托在掉落的人身下，这鼓励了天主教士在战斗口号和庆祝胜利的行伍中认同她。斗篷可能真的救了他

们的命，但是这是受害者的斗篷，而非圣母的。那天早晨较冷，哈布斯堡
王朝以一贯的吝啬做派，让房间没有取暖设备，迫使执政官们穿着厚厚的
斗篷和帽子。后来哈布斯堡王朝慷慨地将法布里修斯封为贵族，法布里修
斯·"冯·霍亨法尔"（von Hohenfall，意为"从高处坠落的"）。

叛军领导人

　　共谋者迅速行动，将其平行机构转变为一个临时政府。新教大会于 5
月 25 日宣布自己为新的议会，并从领主、骑士和城镇三个等级中各选出
10 名理事，以取代执政官和波希米亚书记官的职能。王室政府的其他部
分保持不变，尽管效忠哈布斯堡王朝的人被替换了。目前，叛乱分子还没
有废黜费迪南德。相反，他们只是无视他，直接向马蒂亚斯提出要求，他
们至少对马蒂亚斯还保留了表面上的尊重。这种情况类似于尼德兰叛乱的
起始阶段，当时反叛者自称忠诚的爱国者，反对腐败的地方政府，而非国
王本人。结果是缺乏明确方向，因为温和派试图引导运动的方向，不至于
与哈布斯堡王朝明显决裂。

　　波希米亚叛乱中，没有一个像奥兰治的威廉这样的人能提供鼓舞人心
的领导。理事的领袖是威勒姆·鲁帕（Vilém Ruppa），他是妥协产生的结
果，无力调和各派分歧。波希米亚贵族内部的竞争使得运动真正的领袖图
尔恩放弃了担当理事，而选择去指挥军队，并由他的朋友科隆纳·冯·费
尔斯担任副手。为了防止图尔恩变得过于强大，理事们任命霍恩洛厄的格
奥尔格·弗里德里希（Georg Friedrich）伯爵为国防大臣。尽管霍恩洛厄因
在土耳其战争中的表现而受到哈布斯堡王朝的嘉奖，但他因宗教和亲属关
系将他的家庭置于激进的新教阵营中：他的母亲是拿骚的莫里斯的亲戚，
他的妻子伊娃（Eva）来自庞大的波希米亚瓦尔德施泰因家庭。霍恩洛厄
很快就批评了图尔恩和其他高级军官，并坚持要在战场上分享指挥权。[6]

　　优柔寡断反映在了政策上。反叛者宣言暗示耶稣会士在密谋反对《陛
下诏书》。图尔恩下令将耶稣会士驱逐出布拉格，但他们显然是软柿子，
因为即使连天主教徒也憎恨他们。一名天主教徒被任命为理事会成员，理
事会最初不没收教会财产。事实上，在这样一个多信仰的国家里，如果

要将信仰推向前台，就不可能不打开一个争论关于什么是真正的信仰的潘
多拉魔盒。拿宪法问题做文章更能吸引温和的局外人，他们中的大多数人
认为掷出窗外者已经触犯了法律。理事会在 6 月初召集军队，从每 10 名
农民或每 8 名市民中征召一人，并转移了哈布斯堡国库的现有税收，以资
助成立一支专业军队。然而，图尔恩在 6 月只招募了 4000 名雇佣军，到
9 月，军队总数最终上升到 1.2 万名，而征召民兵的计划完全失败。这样
的兵力不足以保卫将近 5 万平方千米的区域，更不用说将战争带到维也纳
了。图尔恩在 6 月下旬开始了进攻行动，但谈判仍在继续，部分是为了争
取时间，但也是为了让潜在的支持者相信，错是在哈布斯堡一方。

哈布斯堡王朝的回应

费迪南德已经在《奥尼亚特条约》中得到了西班牙人支持自己继承帝
位的保证，他一直在等待时机，直到体弱多病的马蒂亚斯去世。然而，随
着波希米亚危机加深，似乎在他继承之前，整个哈布斯堡君主国都可能解
体。费迪南德对克莱斯尔越来越不耐烦，克莱斯尔为了迅速平息局势，几
乎答应了反叛者早先的所有要求。但是图尔恩及其支持者已经走得太远
了，现在不能接受这些慷慨的条件，克莱斯尔提出的条件中要求他们放下
武器，他们以此为借口拒绝了提议。在 6 月中旬，克莱斯尔已经决定使用
武力，但是组建一支人数充足的军队需要时间。[7]

费迪南德认为是枢机主教而不是缺少士兵成了决定性行动的主要障
碍。现在即使一些温和派也觉得克莱斯尔在新教徒中名誉扫地，以至于
他的继续在任阻碍了妥协。自 1616 年以来的一连串阴谋未能推翻他，在
1618 年 7 月 1 日庆祝费迪南德加冕为匈牙利国王的宴会上，一颗子弹险
些击中克莱斯尔的头部。由于担心教会的声誉，罗马教廷大使说服了马克
西米连大公确保以一种不引人注目的方式将克莱斯尔撤职。马克西米连邀
请枢机主教 7 月 20 日到霍夫堡，与费迪南德、奥尼亚特和马克西米连本
人会面。克莱斯尔到达时，他发现这三个人已经在讨论，然后他被大公的
仆人带进了前厅。在那里，他被当皮埃尔上校抓住，并迅速被带到因斯布
鲁克。他价值 30 万弗洛林的现金和珠宝全部没入几乎完全空虚的帝国战

争金库中。马蒂亚斯卧床不起，对此无能为力。克莱斯尔忠诚的妻子斥责费迪南德："我看得出来，对你来说，我丈夫活得太久了。这就是对他给你带来两顶王冠的感谢吗？"[8] 克莱斯尔最终在 1619 年 6 月受审，成为哈布斯堡失败政策的替罪羊，包括《陛下诏书》和乌斯科克战争中的行为。枢机团批准了有罪判决后，他于 1622 年被软禁在罗马，三年后费迪南德允许他返回维也纳，他在那里过着舒适的赋闲生活，直到去世。

马克西米连大公于 1618 年 11 月 2 日去世，现在只剩下马蒂亚斯挡在费迪南德与皇位之间了。主动权名义上仍在马蒂亚斯手中，他妻子于 12 月 15 日去世后，他的情况明显恶化，马蒂亚斯在生命的最后三个月里一直为星象担忧，把时间花在查看鲁道夫收藏的大量古董上。

在掷出窗外事件发生后的几天内，哈布斯堡地方指挥官将所有可用的人匆忙带到布德韦斯和克鲁毛，保证了林茨与布拉格之间的交通安全。现在布德韦斯、克鲁毛和比尔森是波希米亚王国仅剩的忠于哈布斯堡的城镇了。一些人从军政国境地带撤出，以增援在乌斯科克战争后费迪南德保留的 1000 名士兵，但是即使有这些额外的增援，7 月 21 日在下奥地利可用的兵力也只有 14 200 名。比夸伯爵在佛兰德军中服役成绩出色，自 1614 年后一直被留用，一个月后他到达指挥岗位，但是图尔恩已经击退了当皮埃尔从下奥地利突进到这三个城镇的企图。[9]

争取支持

双方都呼吁援助。根据诉求的对象不同，波希米亚人分别采用了教派和宪法说辞。这种不一致也反映了他们自己关于目标的深刻分歧。许多人认为军事准备是迫使哈布斯堡王朝确认 1608—1609 年已经授予的特权的一种手段。其他人想更进一步，但现阶段很少有人考虑完全抛弃哈布斯堡王朝。哈布斯堡王朝则将自己展示为一个面对任性、叛逆的孩子的耐心的族长。随着军事行动的开始，哈布斯堡王朝强调了对手的激进主义立场，声称对手打算建立一个瑞士式或尼德兰式的共和国。[10] 双方都没有立刻得到支持。教宗保罗五世在 7 月反应冷淡，他的第一笔资助直到 9 月才到达维也纳。保罗仍然相信哈布斯堡王朝夸大了危险，圣诞节前一切都会结束。

西班牙专注于其他事情，没有料到帝国会有麻烦。要不要干预的问题与驱逐莱尔马公爵的行动纠缠在一起，引起了不同意见。莱尔马最近被任命为枢机主教，希望从宫廷事务中退休。他敦促保持谨慎，甚至他的一些批评者也认为介入会分散西班牙在地中海地区的力量，让威尼斯和萨伏依制造更多麻烦。其他人认为西班牙的正确任务是打击奥斯曼人，而不是异端。在6月和7月，祖尼加几乎是唯一一个主张干预的人，但他设法说服国务委员会，西班牙最深的耻辱是基督教徒造成的，而非穆斯林，西班牙应该首先解决这些问题，以恢复威望。他的论点是，如果奥地利失去了波希米亚，并且连同一起失去了在皇帝选举中的投票权，选帝侯可能会选择另一个德意志王朝的成员为马蒂亚斯的继承人，这对整个哈布斯堡王朝不利。然而，祖尼加无意扩大战争，拒绝了施派尔主教菲利普·冯·瑟特恩（Philipp von Sötern）的呼吁，即重振查理五世1546年的天主教阵线，消灭德意志的新教。干预只是为了将麻烦扼杀在萌芽状态，稳定帝国，以防止帝国的麻烦让西班牙在其他地方的处境复杂化。西班牙从7月开始送去援助，但其中大部分本来就是已经承诺付给费迪南德的，用于他在乌斯科克战争后解散军队的。现在，这些钱没有给士兵发工资，而是被用来重建他的部队，到10月，西班牙维持了一支大约3000名士兵组成的军队，其中大部分是德意志人。[11]

哈布斯堡王朝也向新教徒求助。萨克森的约翰·格奥尔格立即召集了民兵，封锁了与波希米亚的边境。在观察了事态发展并听取了双方特使的意见后，他在8月得出结论：波希米亚人将事件歪曲为宗教斗争。萨克森的政策仍然是在现有宪法的基础上缓和紧张局势，萨克森选帝侯邀请所有感兴趣的党派和他一起在波希米亚的艾格镇会谈。[12]新教联盟的反应同样让波希米亚人失望。掷出窗外事件的消息使新教联盟的领导层措手不及。弗里德里希五世和安哈尔特正忙于挑起与瑟特恩主教的争端，理由是瑟特恩主教在莱茵河边的乌登海姆建造一座现代要塞，他们认为这是一个不可接受的威胁。新教联盟领导人希望这场危机能得到越来越多的支持，以更新新教联盟的章程。在符腾堡和巴登-杜尔拉赫的支持下，普法尔茨派了

5200 名民兵和农民先锋于 6 月 15 日拆除了乌登海姆的要塞。然而这一事件适得其反，使新教联盟其他成员感到震惊，他们现在更加不信任其领导层。[13] 为了挽回局面，弗里德里希主动提出调解，马蒂亚斯婉言谢绝了。[14] 新教联盟大会于 10 月召开，讨论这一局势。除了三个帝国城市，各方都接受了安哈尔特的论点，认为这是一个宗教问题，但没有投票赞成积极采取行动，这大大抵消了这一论点的意义。安哈尔特继续在幕后推动干预，但他意识到，除非波希米亚人能够说服王国的其他省份加入他们，否则英格兰和其他强国不太可能提供帮助。[15]

摩拉维亚占据了关键位置。虽然摩拉维亚只有波希米亚的一半大小，但它位于波希米亚、下奥地利、西里西亚和匈牙利之间，可以通过茨奈姆穿过山脉相对方便地到达维也纳。1547 年，正是因为缺乏摩拉维亚的支持，波希米亚的叛乱最终失败了。摩拉维亚等级会议的关键人物是枢机主教兼奥尔米茨主教迪特里希施泰因，他是一名反宗教改革者，因此他忠于哈布斯堡王朝并不令人惊讶。哈布斯堡王朝意料之外的支持者是卡雷尔·齐罗廷，尽管哈布斯堡王朝对他并不感激，但他坚持不懈地追求和平。作为波希米亚兄弟合一会的信徒，齐罗廷在当地新教徒中受到广泛的尊重，他们中的大多数人希望在君主和等级会议之间保持现有平衡。同情叛乱的人在 8 月说服摩拉维亚议会动员了 3000 人，但是齐罗廷和迪特里希施泰因确保军队留在省内，保持中立，同时也允许哈布斯堡军队过境。在没有摩拉维亚人加入的情况下，其他地方的新教徒也不愿加入叛乱，而匈牙利人则保持冷漠。

战争爆发

比夸决定绕过图尔恩的军队，通过摩拉维亚前往布拉格，在途中与当皮埃尔的分队会合。图尔恩放弃了对哈布斯堡剩下的三个据点的毫无结果的围困，并在恰斯拉夫坚守阵地，阻止比夸进入易北河流域。农民游击队切断了哈布斯堡的补给线。比夸在恰斯拉夫周围寻找食物的过程中，摧毁了 24 个村庄，他于 9 月往西南部撤退到靠近布德韦斯的地方。军事形势对图尔恩有利，曼斯菲尔德伯爵带着 2000 多名瑞士雇佣军前来围攻比尔森，这些雇佣军在意大利结束战斗后留下来，[*]一直在安斯巴赫待命。10月，激进分子最终在西里西亚议会中占了上风，随后，雅格恩多夫边疆伯爵带领 3000 名西里西亚人也加入了进来。比尔森于 11 月 25 日投降，成为曼斯菲尔德的主要基地。比夸和当皮埃尔分别回到了布德韦斯和克雷姆斯，由于疾病和逃兵损失了一半的人。

图尔恩受到这些相对容易的成功的鼓励，分散了他的军队。霍恩洛厄被留下来围攻比夸，图尔恩自己向东去恐吓摩拉维亚人，海因里希·施里克（Heinrich Schlick）向维也纳进军。因为分散了兵力，这些举措基本都没有达到效果。施里克于 11 月 25 日抵达下奥地利的茨韦特尔，但手下只有 4000 人，他们缺少冬季服装，无法继续前进。冬天，人数再次下降，到 1619 年 2 月，三支部队总共只剩下 8000 人。帝国方面利用这个平静时期开始重整局势。虽然上奥地利新教徒禁止帝国军通过他们的省份，但曼斯菲尔德没有封锁通过帕绍阻挡多瑙河穿过波希米亚南部山脉的黄金通道。哈布斯堡王朝迅速用要塞封锁了这条路线，在援军沿河行军时用来提供补给。拉莫特（La Motte）中校为瓦伦斯坦上校组建了一个新的 1300 人的瓦隆人胸甲骑军团，穿过霍恩洛厄摇摇欲坠的封锁，增援了比夸。

由于双方都无法获得明显的优势，双方都同意参加萨克森发起的会谈。就在特使们聚集的时候，1619 年 3 月 20 日，马蒂亚斯去世的消息传来了。哈布斯堡奥地利现在被移交给费迪南德，费迪南德已经是波希米亚和匈牙利的国王。然而，他的地位仍然不稳固，还需要通过等级会议的正式宣誓效忠，才能被他的臣民接受为合法的君主。上奥地利激进分子坚持一种虚构的说法，认为马蒂亚斯的弟弟阿尔布雷希特大公，而不是他的堂弟费迪南德是他们的统治者，同时他们还在等待局势改善。费迪南德迅速行动，寻求臣民的认同，他不情愿地确认了波希米亚人的特权，并且承诺如果反叛者放下武器会得到赦免。反叛者拒绝了这一提议，因此他们进入了公开叛乱阶段，因为他们无法再继续假装自己只反对费迪南德，而不是整个哈布斯堡王朝了。

---

[*]　当时的雇佣兵如果无仗可打就会解散，只有连续不断的战争才会让他们一直有事情做。

现在没有回头路了。4 月 18 日，理事们授权图尔恩入侵摩拉维亚。在他的 4000 名雇佣军之外增加了 5000 名新的民兵，5 天后，他越过边境，向茨奈姆前进，摩拉维亚等级会议仍在那里开会。当皮埃尔在克雷姆斯只有 2000 人。他向北跑，但是已经太迟了，因为摩拉维亚的中立已经不复存在了。三个摩拉维亚团中的一个叛逃到入侵者那边去。瓦伦斯坦领导的步兵团也哗变了。瓦伦斯坦杀死了他们的少校，带着其他可靠的士兵行军到奥尔米茨，在那里他没收了等级会议的金库，然后越过边境逃往南方。[16] 费迪南德的反应似乎令人惊讶，但却显示了费迪南德是如何从法律视角看待政治问题的。费迪南德认为瓦伦斯坦没有接到雇主的命令就采取了行动，于是让部队带着钱回家，希望能支持枢机主教迪特里希施泰因领导下的忠诚分子，后者现在正在布吕恩与图尔恩谈判。图尔恩用瓦伦斯坦的行为诋毁枢机主教，走进他的房子，指着窗户，暗示类似于不幸的布拉格执政官的命运在等着他。迪特里希施泰因辞去了他在等级会议中的职位，但是齐罗廷拒绝支持与波希米亚人联盟。他的反对破坏了新教的团结，图尔恩只得到了四个月的休战。迪特里希施泰因抓住这个机会逃跑了，他对等级会议的军队喝掉了他酒窖里价值 3 万弗洛林的酒感到沮丧。他的卫队在尼可斯堡主教城堡里一直坚守到 1620 年 2 月 3 日。[17]

"暴风雨请愿"

为了说服摩拉维亚人和其他人加入己方，图尔恩冒险进攻维也纳，他在 5 月底带着 1 万人从茨奈姆越过边境。图尔恩突破城市防御后，维也纳市议会剩下的新教徒准备与一群密谋者一起夺取控制权。一名当地贵族在维也纳以东的菲沙门德收集了船只，使得图尔恩能够渡过多瑙河，赶走不多的守卫首都的匈牙利轻骑兵。当图尔恩于 6 月 5 日到达城市南面的圣马克斯村时，当地居民们逃离了郊区，图尔恩在那里等待密谋者的信号。[18]

图尔恩的推进迫使下奥地利人选择站队。上个月费迪南德召集新教教徒开会时，他们已经怒气冲冲地退出了会议，但 6 月 4 日又重新集会。第二天早上 10 点，他们鼓起勇气再次离开，走进霍夫堡去见费迪南德本人。

据传有人抓住费迪南德，企图迫使他答应他们的要求。他躲在城堡的小礼拜堂里，手里拿着十字苦像，祷告得救。就在这时，当皮埃尔新成立的火绳枪团中的五个连冲进了院子，驱散了抗议者。事实上，费迪南德自己召集了新教代表，以促进他们与其天主教同事的和解。当皮埃尔到达后，他们确实离开了，但当天下午，费迪南德为骑兵的突然出现道歉，他们又回来继续谈判。尽管如此，400 名骑士的到来鼓舞了费迪南德的士气。这支部队作为龙骑兵第八团一直延续到了 1918 年，拥有独特的特权，被允许带着自己的乐队进入霍夫堡，而费迪南德当时抓住的十字苦像仍然保存在小礼拜堂里。

其他的增援部队加上动员起来的学生，使防御力量达到了 5000 人。一些人占领了普拉特岛，而四艘由海杜克人驾驶的炮船威胁着图尔恩与河对岸部队的交通。图尔恩既没有攻城武器，也没能等到城中的第五纵队的信号，选择于 6 月 12 日向北撤退。图尔恩刚刚离开，利奥波德大公就监督进行挨家挨户搜查，搜捕颠覆分子并缴获武器。这一事件让下奥地利天主教徒抛弃了对费迪南德的怀疑，接受他为统治者。新教贵族被揭露为密谋者，逃到了一个设防小镇霍恩，他们在那里建立了自己的理事会，并开始在自己的领地上招募军队。

叛乱者在维也纳城前失败的同时，他们在战争中的第一次激战中局势遭逆转，困境越来越深。比夸收到消息说曼斯菲尔德已经放弃了切断黄金通道的企图，正和 3000 名士兵一起前去与霍恩洛厄会合，他率领一支大约 5000 人的突击队去拦截曼斯菲尔德。6 月 10 日，曼斯菲尔德在内托利采误入了陷阱，回到了扎布拉提，他在城外建好了防御工事，要求霍恩洛厄与自己会合。在封锁了通往北方的可能的逃生路线，并击溃了曼斯菲尔德的前哨后，比夸放火焚烧了这个主要由茅草屋顶的木屋组成的城镇。火势迅速蔓延，点燃了一个弹药库。曼斯菲尔德的大部分部队在试图逃跑时被帝国骑兵切断。自 1619 年 2 月以来，曼斯菲尔德一直被帝国列为罪犯，他承担不起被抓捕的代价，设法带着 15 名追随者一起突围。曼斯菲尔德的运气再次不佳，莫尔道泰因的波希米亚驻军误以为他是一名帝国军官，开枪射击，直到最后才让他进来。他的部队大约有一半被比夸的人围困在树林里。这些人此前一直没有领到报酬，现在改变了阵营，以换取一个月的工资。而霍恩洛厄尽管只相距 7 千米远，但未能干预，不得不解除封锁，和从维也纳撤退回来的图尔恩军队重新会合。争斗不休的波希米亚指挥官重新集结，在人数上仍然超过了比夸的部队，后者的部队现在占领了波希米亚南部。战争仍在继续，但是比夸的胜利恰到好处地提升了士气，因为现在费迪南德要在法兰克福竞选皇帝，成为马蒂亚斯的继任者。

一个国王换一顶王冠

帝国皇冠

与兄弟之争不同，哈布斯堡王朝关于皇帝继承的争议不再局限于王朝本身。对费迪南德来说，波希米亚叛乱只是在他夺取帝国皇冠的主要目标上的节外生枝。1619 年 4 月 12 日，他给帝国政治体写信，强调反叛分子拒绝了他和平解决问题的努力。[19] 军事形势的改善使他得以于 7 月 10 日前往法兰克福，选帝侯已经集结在了那里。选举揭示了普法尔茨政策的破产。弗里德里希五世未能赢得萨克森的支持，挫败了他利用这次选举争取让步的希望。由于找不到费迪南德之外的候选人，他被迫陷入矛盾的境地，提议巴伐利亚的马克西米连公爵作为候选人。他原本计划利用新教联盟的军队占领法兰克福，但因黑森-卡塞尔拒绝，这一计划也被中止。新教政变的谣言只是加剧了本已紧张的局势。法兰克福市民卫队误以为美因茨选帝侯的卫队是入侵部队并开枪射击。美因茨军队选择了撤退以避免挑衅，但是市民卫队后来在科隆选帝侯的信使离城的时候杀死了他。[20]

费迪南德最终进城，与美因茨选帝侯、科隆选帝侯和特里尔选帝侯会合，而萨克森选帝侯、勃兰登堡选帝侯和普法尔茨选帝侯派了各自的代表参加会议。波希米亚人没有被接纳，但是选帝侯也裁决，费迪南德不能行使波希米亚的投票权。在商议的间隙外出打猎时，费迪南德意外地射杀了科隆选帝侯的侍从，让自己的局面更加不妙。[21] 然而，他是唯一的候选人，任何关于替代方案的讨论都纯粹是出于形式。很明显，普法尔茨的代表也同意了费迪南德当选，担心进一步反对只会孤立他的主人。

波希米亚联邦

费迪南德在 8 月 28 日被一致推选为皇帝，然而他的反对者剥夺了他现有的波希米亚和匈牙利王位，这抵消了他的当选。1619 年 7 月 31 日，五个波希米亚省的代表在布拉格会面一周后，同意建立联邦。8 月 16 日，上奥地利和下奥地利新教激进分子在赫拉德恰尼宫举行了一次特别仪式，以同盟的形式联合起来。[22] 联邦的 100 条条款以一种混合制君主制取代了此前基于共和派理事会的政府，新的混合制君主制基于此前根据《陛下诏书》建立的新教机构。保护者被重新确立为宪法监护人，现在已经扩展到所有省份，他们将要维护的宗教特权也同样如此。天主教对新教徒的宗教管辖权被废除，尽管天主教徒可以在政府中担任低级职位，但他们被要求宣誓效忠联邦条款。君主制被确认为选举制，但更重要的是波希米亚接受了摩拉维亚、西里西亚以及上卢萨蒂亚和下卢萨蒂亚这四个省的选举权，只在票数相等的情况下保留了决定性的投票权。联邦企图按照贵族原则组织一个国家，其原则类似于威尼斯共和国或波兰-立陶宛联邦的。我们永远无从知晓其真正效果如何了，因为联邦在战斗中诞生，也在战斗中被毁灭，最重要的是，与尼德兰和瑞士的体系不同，它没能击败哈布斯堡王朝。

奥地利新教徒仍然只是盟友，而不是正式的成员，因为奇尔诺梅利反对加入，认为合作只是迫使费迪南德同意向地方让步的一种手段。由于上下奥地利等级会议的大部分成员甚至拒绝支持与联邦结盟，对波希米亚人的支持完全通过激进分子自己的特设机构进行。[23] 而联邦的许多实际成员觉得自己是被迫加入的，尤其是摩拉维亚人。西里西亚人加入的条件是获得了特别的让步，加强了其行政自治，而摩拉维亚人也获得了自己的审议会议和大学。联邦做出了一些努力，建立了中央协调机制，但是每个省都保留了自己的议会和独特的法律。

联邦的建立先于解决波希米亚王冠问题，这表明叛乱者决心控制君主国。8 月 19 日，与会代表正式"拒绝"承认费迪南德为国王，声称 1617 年的程序违宪，因此他从未正式成为他们的君主。大多数人都希望萨克森的约翰·格奥尔格会成为波希米亚国王候选人，但他只是想让波希米亚人对他的和平提议感兴趣。[24] 第二大热门人选是拜特伦·加博尔（Bethlen Gábor），他在 1613 年特兰西瓦尼亚再次动乱后成为那里的大公。[25] 拜特伦出身于一个贫穷的加尔文宗马扎尔贵族家庭，由他的塞克勒人母亲抚养长大，并在德意志地区接受教育。他声称自己寻求建立一个东欧行省联盟，一些人已经接受了他的说法，但更有可能的是，他只是为了证明特兰西瓦尼亚独立于哈布斯堡王朝和奥斯曼帝国。哈布斯堡的外交官让苏丹相信拜特伦不可信，因此后者在奥斯曼人的支持下攻击匈牙利的可能性不大，同时这也削弱了他在布拉格的影响力。卡洛·伊曼纽尔成为萨伏依的候选人就更不可能了。像拜特伦一样，他认为一个君主头衔可以用来保住萨伏依岌岌可危的独立地位，但他更不挑剔，已经提出如果阿尔巴尼亚人选择他为国王，他就将阿尔巴尼亚从苏丹手中解放出来。虽然他是一名天主教徒，但他已经在意大利的战斗中展示了自己是一个资深的反哈布斯堡王朝斗士，人们也相信他非常富有。他曾资助了曼斯菲尔德的军队，但当比夸在扎布拉提缴获了能证明他曾资助曼斯菲尔德军队的文件后，他选择了让步。卡洛·伊曼纽尔迅速改变了立场，到 1620 年，他提出只要费迪南德给他一个君主头衔，他就会向费迪南德提供 1.2 万人。这使得弗里德里希五世成为唯一可行的选择，在他 23 岁生日的 8 月 26 日，他以 144 票当选波希米亚国王。尽管约翰·格奥尔格拒绝参选，仍有 6 名代表投票支持他。[26]

命运攸关的决定

尽管弗里德里希天生优柔寡断，他还是有足够的智力能意识到他接受提议所带来的严重后果。在 9 月，他的顾问们一直就他应该怎么做而争论不休。他的母亲和当地的普法尔茨官员强烈要求他拒绝，因为这显然会导致战争；安哈尔特和卡梅拉留斯（Camerarius）——另一位有影响力的外来者——主张接受。一直以来有一个古老的传说说选帝侯害怕妻子，被他野心勃勃的英国妻子恐吓，后者渴望成为一位王后，我们没有多少理由接受这一说法。但是伊丽莎白肯定带来了错误的期望，让人们相信詹姆斯一世会提供支持。詹姆斯在 1619 年 1 月更新了与新教联盟的盟约，而尼德兰人承诺下个月给波希米亚以适度援助。弗里德里希很难将仅仅是有可能发生的，和很可能会发生的事情区分开，他把模糊的善意表达误认为是坚定的承诺。另一个说法是，安哈尔特敦促弗里德里希接受提议，是因为他对上普法尔茨金属板行业进行了大量投资，而该行业越来越依赖从波希米亚的进口。[27] 然而，这一因素在最终决定中不太可能有重大影响，普法尔茨长期的王朝野心与上帝召唤弗里德里希作为他在地上的工具的信念结合在一起，促成了这个最终决定。普法尔茨、西里西亚和卢萨蒂亚的激进分子预言了一个黄金时代，弗里德里希将成为审判日之前的"最后一位皇帝"。我们可以从一件事情上更好地看出普法尔茨的王朝野心，选帝侯决定给他 12 月 17 日在布拉格出生的第四个孩子取名鲁普雷希特。在后来的英国历史上，他被称为莱茵河的鲁普雷希特亲王*，这个名字指的是 15 世纪早期的鲁普雷希特皇帝，普法尔茨王朝历史上唯一的一位皇帝。1620 年 4 月，当普法尔茨等级会议接受他的长子弗里德里希·海因里希为他的继任者时，王朝野心得到了证实。自然，在弗里德里希的公开解释中，他没有提到这些目标，只是重申了掷出窗外者在《申辩书》中提及的陈情，以及在奥斯曼威胁下稳定帝国的必要性。[28]

　　1619 年 10 月 7 日星期一，弗里德里希将普法尔茨政府委托给茨魏布吕肯的约翰·卡齐米尔，带着他更狂热的那部分官员，乘坐 153 辆马车离开了海德堡，其中有几辆装着长子的玩具，还有一辆载着他快要生产的妻子的马车。沿途爆发了一场山崩，一块石头落在伊丽莎白的膝盖上，差点把未来的鲁普雷希特亲王从历史上抹去。安哈尔特带着 1000 名士兵在上普法尔茨与他们会合，没有帝国军队能够阻挡他们的前进，他们在月底进入布拉格。欢呼的人群中有 400 名装扮成胡斯派革命者的市民。为了以防弗里德里希没有抓住重点，为他加冕而颁发的纪念奖章上写着"蒙上帝恩典、等级会议认同之王"。[29]

---

*　鲁普雷希特（1619—1682）是查理一世的外甥，后来在英国内战中担任骑兵指挥官，在投降之后被逐出英国。王政复辟之后他回到英国，在第二次和第三次英荷战争中担任海军指挥官。

波希米亚战争努力

波希米亚人期望他们的国王能带来坚实的国际支持，然而他们要非常失望了。新教联盟大会在 9 月召开，但是，正如斯特拉斯堡代表所说，他们自己也不清楚，弗里德里希被选举为国王是"上帝惩罚我们还是奖励我们"。[30] 在弗里德里希明显准备接受提议之后，他们在 11 月再次召开会议，但是害怕重蹈 1546—1547 年的经历，当时施马尔卡尔登联盟在波希米亚叛乱的同时被镇压。只有安斯巴赫和巴登支持弗里德里希，而黑森-卡塞尔退场以示抗议。新教联盟集结了军队，但这是为了阻止天主教的报复。尼德兰允许从在他们军队中服役的不列颠人和德意志人中招募两个团，但拒绝牵涉进来，1620 年 8 月，尼德兰甚至停止了他们的资金援助，而且他们原本也从来没有全额发放过。柏林的路德基要主义者爆发了骚乱，声称那些前去援助波希米亚人的英国军队实际上是为了将加尔文宗强加给勃兰登堡人的，此时新教的不团结尽显无遗。

更糟糕的是，詹姆斯宣称自己"最痛苦"的事情是他的女婿在接受王位之前没有等待自己的建议。"英格兰迷惑了同时代的人，还迷惑了此后的历史学家。"[31] 而且，围绕詹姆斯本人的争论无助于解决问题。詹姆斯自满、浮夸、持逃避主义，还经常自相矛盾，但他真诚地寻求和平，在国内外敌对派别之间周旋。他的政策的核心内容是为他的儿子查理找到一个合适的天主教新娘，以平衡他自己与一位丹麦公主的婚姻以及他女儿与弗里德里希五世的婚姻。大多数英国人以一种简单化、教派化的方式看待大陆事务，他们不明白为什么国王不急于帮助哈布斯堡土地上被压迫的新教徒。他们怀旧地回顾伊丽莎白时期的黄金时代，当时英国人击败了无敌舰队，似乎拯救了尼德兰和法国的胡格诺派教徒。尽管当时有一些争议，但是关于手段而不是目的的，而现在人们对国家目标存在严重分歧。一个虽小但有影响力的派别和国王一样认为，国家的正确角色应该是担当高于各个派别的欧洲事务仲裁人。

然而，英国的调解成功的机会也微乎其微。唐卡斯特（Doncaster）伯爵率领的主要使团暴露了一些基本问题，这些问题会挫败斯图亚特王朝影响战争进程的所有努力。英国人消息不灵通，而他们的大使又来得太迟。唐卡斯特的出发因詹姆斯生病而推迟，直到 1619 年 5 月才出发。奢华的旧式大使的做法——使团共 150 人，耗资 3 万英镑——进一步阻碍了进展。最重要的是，英国没有什么可以提供的。哈布斯堡王朝只有当詹姆斯能够约束他的女婿时才会对其提议感兴趣，而詹姆斯显然做不到。他们接待未来的使节，只是以免给伦敦那些叫嚣发起全面军事行动支持"新教事业"的派别提供燃料。与此同时，弗里德里希想要的是人和金钱，而不是更多的建议，他不明白他的岳父为什么不履行自己对新教联盟的新盟约。詹姆斯甚至拒绝提供贷款，尽管普法尔茨特使在公众中募集了 6.4 万英镑，征募了一支由安德鲁·格雷（Andrew Grey）爵士率领的 2500 人的英国军团。[32] 詹姆斯的丹麦姻亲依然态度冷漠，而古斯塔夫斯·阿道弗斯 1620 年春天去海德堡寻找妻子的旅行加强了他对德意志新教徒不团结的信念（见第 6 章）。欧洲人开玩笑说，丹麦人会拯救弗里德里希，他们会送 1000 份腌鲱鱼，尼德兰人会提供 1 万盒黄油，而詹姆斯会派遣 10 万名使节。[33]

由于普法尔茨自己的资源完全用于保卫自己容易被攻击的领土，弗里德里希在 1619 年底从令人失望的新教联盟大会上回来时，开始转而求助于他的波希米亚新臣民。他筹划在新领地里进行一次皇室进城游行*，但因为 1620 年 3 月的军事事件而中断。他高贵的举止和公开演讲的能力让他得到了热情的欢迎，但是他妻子采取大胆的法国时尚，也未能学会德语，他的臣民对此并不以为然。弗里德里希对天主教权利的看法和费迪南德对新教权利的看法一样狭隘。弗里德里希声称，只要天主教徒保持忠诚，他就会接受他们，但是他没有做什么来阻止当地人对天主教徒的骚扰。长期的现金短缺问题很快导致天主教财产和教堂财产被没收。[34] 这种行为并没有让波希米亚叛乱者担忧，但是弗里德里希对当地新教徒的政策很快就引起了关注。新国王和他的随从对波希米亚新教的复杂性没有什么了解。加尔文宗宫廷传教士亚伯拉罕·斯库特图斯（Abraham Scultetus）认为酒饼同领派是秘密的天主教颠覆分子。斯库特图斯无视自己在勃兰登堡第二次宗教改革中的失败，对所有自己蔑视的事物发起了攻击。他试图拆除布拉

---

* 中世纪和现代早期欧洲皇室会举行的一种游行，统治者或其代表进入自己的城市并举行盛大的仪式，公众进行欢迎仪式，并有宴会举行。

格查理大桥上的宗教雕像，因为公众的反对而未能成功，但是普法尔茨的加尔文宗教徒于 1619 年圣诞节在圣维特大教堂发泄了对圣像的愤怒，拆除或毁坏了其中无价的中世纪艺术品，拆除了祭坛上方的巨大十字苦像，戳透了画作，还打开了圣徒的坟墓。波希米亚人深受冒犯，不仅仅是因为教派的原因，更多地是因为圣维特大教堂代表了他们自己独特的身份认同。

这种行为导致人们普遍不愿意为弗里德里希做出牺牲。波希米亚联邦采取了在兄弟之争中使用过的征兵方法，每个省都组建了自己的军团，并将其中的部分或全部人员加入一支共同的军队。在一些二手资料中，这些士兵经常被描述为民兵，但主要是由等级会议委托的军官招募的雇佣军。1618 年 9 月，波希米亚征召 3 万臣民入伍，但只有 10 500 人应征，而一个月后他们也被遣送回家了。1619 年 3 月又重复了这个实验，召集了 1.2 万人，希望这一次通过更强的选择性，这支部队会更愿意作战，也更有效。波希米亚人还诉诸封建义务，要求贵族参军，尽管叛乱者当时没有一位国王。这些民兵很快消散了，或者被吸收进正规部队。摩拉维亚和西里西亚后来动员了民兵用于自卫，但除此之外也依赖专业人员。军队的规模波动很大，但波希米亚自己一般维持约 1.2 万人的军队，摩拉维亚和西里西亚各自维持约 3000 人的军队，而卢萨蒂亚则出钱代替出人。上奥地利和下奥地利的新教徒直到 1619 年才开始动员，而且也从未完成准备工作，只派遣了几千人到联邦军队中。国外援助集中在曼斯菲尔德的军队中，他们在波希米亚西部单独作战，国外援助更容易到达那里。这些援助包括两个英国团、至少七个德意志团、一个尼德兰团和四支瓦隆人部队，总共约有 7000 名士兵。[35]

波希米亚联邦未能达到尼德兰军队的水平，也未能与后来的英格兰和苏格兰议会派相匹敌，后者组织了强大的"新模范军"，击败了保皇派对手。图尔恩和其他波希米亚指挥官依靠的是以前对抗土耳其人的经验，模仿了帝国军队的组织和战术。越来越多的德意志新教徒和其他志愿者鼓吹采取尼德兰的方法，并最终在安哈尔特于 1620 年春天接过指挥权时得以实施。[36] 然而，许多波希米亚人反对变化，在关于指挥权的争议之外，他们就组织形式也产生了不同意见。这些问题在一定程度上是结构性的，源于独立分队的系统，每支分队都有自己的将军，只对等级会议负责，因为是等级会议招募了他们，并给他们付军饷。重大行动需要广泛协商，但达成协议的可能性也因个人之间的冲突而受挫，尤其是波希米亚人之间，以及波希米亚人与安哈尔特和曼斯菲尔德之间的冲突。图尔恩无法平衡他的政治和军事角色，他倾向采取那些能够推进叛乱的行动。这就需要放弃一个地区的指挥权，并长途跋涉到其他地方，去承担那里的责任，正如在1618年底所发生的那样，当时他离开波希米亚西南部的霍恩洛厄，去和摩拉维亚人打交道。他在1619年10月又这么做了，再一次让比夸逃跑掉了并得以重新集结。此外，从1620年3月开始，行动被推迟了两个月，因为联邦在等待安哈尔特到来。

外国支持微不足道，领导层也不愿放弃既定做法，这些都使得联邦长期资金不足。波希米亚人最终同意了两倍于上一次（1615）的税收，而其他省份也增加了新的税收，但是甚至官方数字也远远低于实际要求。摩拉维亚通过的税收只能支付所要求数量的60%，即使假设有可能征收所有的税收。战争，加上民众日益不满，导致了巨额拖欠。理事和贵族个人提供了大量贷款，或者出售他们的地产来筹集资金，而布拉格的犹太社区被迫提供额外的资金，更多的资金来自从逃跑掉的哈布斯堡效忠者那里没收的财产。然而，理事们决定不出售鲁道夫的艺术收藏品，因为他们认为找不到买家，甚至连没收的土地也很难出售，其中一些土地只是为了清偿联邦日益增加的债务而被赠送出去。各方反应平平，债权人也不愿给联邦提供贷款，表明了人们普遍怀疑联邦的未来。

匈牙利王冠

波希米亚人越来越指望拜特伦·加博尔来拯救他们。然而特兰西瓦尼亚大公的眼睛盯着匈牙利王冠，这个目标总比波希米亚王冠更现实。1619年8月18日，他给波希米亚人写信，宣布他将很快在摩拉维亚与他们会合。这个策略是为了赢得他们的支持，可以改善他在普雷斯堡与匈牙利人谈判时的地位。自1608年以来，西部和西北部各郡的主要马扎尔贵族中间兴起了一波重新皈依浪潮，让天主教徒再次在议会中占据了多数。然而，他们和新教徒都不想卷入波希米亚冲突。拜特伦摆出调解人的姿态，赢得了心怀不满的匈牙利上层新教权贵的支持，如捷尔吉·拉科齐（György Rákóczi）、绍尼斯洛·图尔佐（Szaniszló Thurzó）伯爵和伊姆雷·图尔佐（Imre Thurzó）伯爵。他的特使说服奥斯曼帝国大臣穆罕默德帕夏批准了对哈布斯堡王朝发动战争，并承诺将提供土耳其步兵作为辅助部队。

拜特伦的干预暴露了很多问题，这些问题在特兰西瓦尼亚对战争的干涉中一直存在。拜特伦相信弗里德里希和波希米亚人都很富有，可以提供他所需的资金援助，维持他那支基本上不正规的骑兵部队，并支付夺取哈布斯堡的要塞所需的步兵和炮兵费用。而对弗里德里希及其顾问来说，他们看到了他们想要的：一个声称读过 26 遍《圣经》的人必然是反抗哈布斯堡天主教暴政的正义斗士。在 6 月，拜特伦已经要求得到 40 万塔勒和整个内奥地利，但他最终决定在弗里德里希同意之前就采取行动，因为他需要一个切实的成功来说服波希米亚人和苏丹支持他。8 月 26 日，他带着 3.5 万人离开了克卢日（克劳森堡），一周后，拉科齐带着 5000 名上匈牙利人不受任何阻拦地进入了卡萨。捷尔吉·塞奇（György Széchy）和其他上匈牙利的支持者威胁普雷斯堡，要破坏忠于哈布斯堡的匈牙利帕拉廷西吉斯蒙德·福尔加奇组织抵抗的努力。上匈牙利的矿业城镇宣布支持拜特伦，但拜特伦推迟了自己的进展，在卡萨召开了一次支持者参加的特别大会，大会于 9 月 21 日宣布他为"匈牙利保护者"，实际上废黜了福尔加奇。费伦茨·雷代伊（Ferenc Rhédey）带着 1.2 万多名骑兵穿越小喀尔巴阡山脉进入摩拉维亚，而拜特伦则和其他军队一起继续向普雷斯堡前进，击溃了哈布斯堡派来的一支救援分遣队。

哈布斯堡王朝的情况看起来很糟糕。军政国境地带的驻防地都宣布支持拜特伦，只有科默恩、拉布和诺伊特拉保持忠诚。福尔加奇只召集到了 2500 人，而利奥波德大公手下只有 2650 人守卫维也纳，另外 560 人在克雷姆斯和其他多瑙河城镇。比夸率领 17 770 人的主力部队驻扎在波希米亚西南部的塔博尔和皮塞克附近，当皮埃尔率领 8600 人驻扎在摩拉维亚边境。[37] 现在时间非常关键，费迪南德还在从法兰克福加冕典礼回来的路上，而波希米亚人刚刚宣布联邦成立，并选举弗里德里希为国王。比夸不得不放弃对布拉格的进攻，留下 5000 人来守住他目前的位置，和其他人一起去拯救维也纳。

当拜特伦的轻骑兵在普雷斯堡渡过多瑙河，并在 10 月下旬涌向下奥地利时，恐慌再次笼罩了下奥地利人。难民涌入城市，而富人则越过阿尔卑斯山逃离。比夸已经和当皮埃尔的部队会合，但是决定不拿皇帝现在唯一的军队去冒险，因为霍恩洛厄、图尔恩和雷代伊都在从摩拉维亚逼近，他们的人数和帝国军队之比超过了三比二。10 月 25 日，比夸在维也纳越过多瑙河，烧毁了桥梁。虽然波希米亚联邦控制了整个北岸，但无法到达河对岸的城市，他们不得不先向东行进，在下游的普雷斯堡过河。拜特伦利用这段平静时间巩固了他在匈牙利的地位。在普雷斯堡抓获福尔加奇后，拜特伦强迫他在 11 月 18 日召开一次议会，开始了废黜费迪南德国王的过程。11 月 21 日，波希米亚联邦军队终于渡过了多瑙河，再次在南岸向西移动，5 天后比夸试图在布鲁克附近拖延他们，但被击败。下奥地利新教徒动员了 3000 人的军队向东进军到克雷姆斯，切断了哈布斯堡军队与另一边的联系。

一年之内，敌人第三次出现在费迪南德的首都门口。皇帝毫不畏惧，躲开了大雪、难民和特兰西瓦尼亚劫掠者，重新进入这座城市。自上次袭击以来，利奥波德已经做了周密的准备，储备了足够的食物，足以养活城中现有的 2 万名士兵和 7.5 万名平民。再一次地，围攻者没有携带重型攻城武器，比夸在周围的乡村实行了焦土政策，现在它无法维持包围维也纳的 4.2 万名士兵。大雨加剧了这些围城者的困境，尤其是那些已经数月没有领到薪水的波希米亚人。而承诺中的土耳其辅助部队也没有出现。拜特伦及其盟友们对彼此感到失望，这加剧了联邦阵营的紧张局势，疾病也削弱了他们一半的有生力量。最后一根稻草是 11 月 27 日特兰西瓦尼亚遭到袭击的消息。一周后，围城行动被放弃，除了波希米亚人还留在下奥地利，所有的部队都赶着回家。

波兰的干预

对特兰西瓦尼亚的袭击是在哈布斯堡争取波兰支持的长期努力之后发

生的。波兰可能是比西班牙更重要的盟友，西吉斯蒙德三世和腓力三世一样，都是虔诚的天主教徒。波兰的军事实力将在 1621 年得到展示，当时波兰组建了一支 4.5 万人的军队，还有 4.5 万名哥萨克人支援。[38] 更重要的是，波兰与西里西亚和匈牙利接壤，可以直接进行援助，并且波兰和哈布斯堡王朝在 1613 年签署了一项互助条约，承诺将援助镇压叛乱。波兰王后是费迪南德皇帝的妹妹，自然支持干预，但国王仍未做出决定。国王自己仍然坚定不移地以波罗的海为主要目标，当瑞典在 1617—1618 年入侵利沃尼亚时，他对他的姻亲没能提供援助感到失望。（1621 年第二次入侵时，费迪南德再次没能帮上忙。）西吉斯蒙德也不得不考虑贵族们的想法，他们更喜欢袭击他们的传统目标，即土耳其和莫斯科公国。然而，俄国人在 1618 年 12 月与波兰达成和约，这使得西吉斯蒙德有更多的选择空间。

许多波兰教士都接受哈布斯堡的看法，即波希米亚新教徒构成了共同的威胁。西吉斯蒙德已经指示他的儿子瓦迪斯瓦夫拒绝了波希米亚人参加他们的国王选举的邀请。[39] 随着局势在 1619 年恶化，费迪南德向波兰提出了一些条件，包括放弃布列斯劳主教辖区给波兰。许多波兰历史学家认为西吉斯蒙德在三十年战争中错失了一个机会，他们认为他应该接受这个提议，或者扮演后来瑞典扮演的角色，加入德意志新教徒，夺取西里西亚。[40] 西吉斯蒙德没有这样的计划。相反，他寻求一种方法来满足波兰的亲哈布斯堡游说团的要求，而不卷入一场长期战争，因为这会干扰他收复瑞典的主要目标。瑟姆议会的领导人同意了，因为有限干预可以摆脱掉那些没有领到薪水的 3 万人的哥萨克军队。在最近与俄国的战争结束之后，这些部队已经被遣散，但他们跨越南部边境对土耳其的突袭有可能引发与苏丹的新冲突。这支哥萨克部队在历史上被称作利索夫斯基军团（Lisowczycy），名字来自原本的指挥官亚历山大·利索夫斯基（Aleksander Lisowski），他是个立陶宛老兵，曾在俄国战争中指挥过一个军团。利索夫斯基军团是那种"上帝不想要、魔鬼也害怕"的骑兵。[41] 不同于传统的波兰骑兵，他们不穿盔甲，依靠速度和佯败来引诱对手落入陷阱。他们很高兴得到报酬，但也为战利品而战，故意靠恐吓来使平民屈服。

哈布斯堡大使打算招募哥萨克人来加强帝国军队，但是这些人不愿意在一个远离家乡的地方打仗，那里还布满坚不可摧的要塞，很难进行掠夺。计划被改变了，4000 名利索夫斯基军团士兵和另外 3000 名哥萨克人被上匈牙利权贵捷尔吉·霍蒙瑙伊（György Homonnai）招募。捷尔吉·霍蒙瑙伊是特兰西瓦尼亚等级会议的成员，也是拜特伦的私敌，他认为拜特伦在 1613 年的选举中欺骗了他。霍蒙瑙伊被迫流亡国外，已经发起了两次失败的叛乱。1619 年 10 月底，他突然穿过他在波多利亚的领地。此前拜特伦不相信霍蒙瑙伊能构成威胁，只给拉科齐留下了 4000 人防守特兰西瓦尼亚。11 月 22 日，两军在兹特罗卡（今天斯洛伐克的斯特罗普科夫）附近相遇。拉科奇的军队把经典的佯败战术误以为真，被击溃了。[42]

霍蒙瑙伊的袭击加剧了东欧本已动荡的局势。尽管大维齐尔做出了承诺，奥斯曼人还是犹豫着要不要打破与哈布斯堡王朝的停战协议。尽管如此，他们认为拜特伦是他们的代理，不希望他被驱逐出特兰西瓦尼亚，尤其是被波兰人驱逐，后者已经在干涉邻国摩尔达维亚了。苏丹刚刚与波斯达成和约，允许鞑靼人在奥斯曼帝国正规军的支持下进入摩尔达维亚，1620 年 10 月，他们在楚措拉击溃了波兰的救援部队。第二年西吉斯蒙德派遣了一支庞大的军队，驻扎在德涅斯特河上的霍奇姆（霍京），击退了几乎两倍数量的鞑靼人和土耳其人。与瑞典之间的新问题迫使西吉斯蒙德在 1621 年年底同意停战，恢复了 1619 年前的局势，尽管波兰不得不接受苏丹的候选人作为摩尔达维亚大公。这场冲突与三十年战争是分开的，但这场冲突使波兰和奥斯曼都未能干涉，对帝国来说有重要意义。

在拜特伦离开在维也纳郊外的营地之前，他面临的威胁已经消退了。在早先的叛乱后，拜特伦已经逮捕了大部分霍蒙瑙伊的支持者。霍蒙瑙伊发现自己几乎得不到人们的支持，已经在 12 月 2 日撤退了。由于更广泛的形势仍不明朗，拜特伦被迫接受匈牙利议会的调解，于 1620 年 1 月 16 日同意与费迪南德休战 8 个月。拜特伦仍然对费迪南德构成威胁，但是眼前的危险已经过去了。

西吉斯蒙德拒绝让利索夫斯基军团回到波兰，并把他们沿着山脉转移到西里西亚，与帝国军队会合。1620 年 1 月至 7 月，1.9 万名利索夫斯基军团成员分成五个分队出发，但其中一些被西里西亚民兵拦截。比夸获得了持续的增援，重新采取攻势，他在 3 月、4 月和 6 月初，从克雷姆斯向图尔恩盘踞在朗根洛伊斯的波希米亚和奥地利军队发起了三次进攻。西里西亚人和摩拉维亚人回来了，到 5 月，当安哈尔特到达接过指挥权时，波希米亚联邦军增加到 2.5 万人。[43] 拜特伦派出的 8000 名匈牙利和特兰西瓦尼亚骑兵加入了他们的行列。尽管费迪南德提供了优厚的条件，拜特伦仍然不信任皇帝，决定重新参战。1620 年 3 月，拜特伦和弗里德里希派遣了一个联合代表团前往君士坦丁堡，寻求奥斯曼人对叛乱的支持。穆罕默德阿伽（Mehmed Aga）于 7 月抵达布拉格，为弗里德里希的加冕表达了苏丹迟来的祝贺。他要求看看掷出窗外事件发生在哪里，并热情地承诺为波希米亚提供 6 万名奥斯曼辅助人员。布拉格的许多人对与奥斯曼交好深感不安，但联邦领导层为这样一个粉碎波兰和哈布斯堡王朝的大联盟的幻想计划所诱惑。斯库特图斯玩了一个神学上的花招，强调了加尔文宗和伊斯兰教之间的共同点，而奇尔诺梅利男爵则认为，只要能从天主教徒手中解救新教事业，任何手段都是正当的。尽管疑虑重重，弗里德里希还是于 7 月 12 日给苏丹写信，说只要苏丹可以提供援助，可以让波希米亚成为奥斯曼帝国的附庸国。[44] 一个由 100 名波希米亚人、匈牙利人和特兰西瓦尼亚人组成的代表团前往君士坦丁堡，带着 7 万弗洛林用于贿赂以达成交易。与此同时，弗里德里希向拜特伦承诺提供 30 万弗洛林，甚至典当了他的珠宝来筹集第一笔款项。

拜特伦得到的支持越来越多，在 1620 年 8 月轻松击退了霍蒙瑙伊的另一次进攻，控制了在上匈牙利诺伊索尔召开的议会。这次议会是在费迪南德的要求下于 5 月召开的，为了在所有匈牙利人中间促成和平。拜特伦的支持者宣布废除教士等级，并没收所有反对者的财产。费迪南德于 8 月 13 日下令解散议会。12 天后，拜特伦的支持者选举他为匈牙利国王。在整个过程中，坚定信仰天主教的克罗地亚议会（Sabor）拒绝了匈牙利人的提议，并与其邻居，仍然忠于哈布斯堡王朝的内奥地利结盟。

费迪南德集结力量

整个 1619 年不断恶化的局势至少让费迪南德的潜在支持者开始认真考虑他的提议了。哈布斯堡王朝正处于崩溃的边缘。费迪南德继位时发现自己背负着 2000 万弗洛林的债务。而王室年收入只有 240 万弗洛林，但其中大部分为现在反叛的等级会议控制，而等级会议的税收高达每年 300万弗洛林，这笔钱他也同样得不到。在 1619 年 6 月前的 10 个月里，帝国军的工资、给养和军需品的总开支为 500 万弗洛林，而收入、强制贷款以及西班牙和教宗资助仅有 300 万弗洛林。如果把拖欠的工资和其他债务包括在内，军事方面的赤字达到 430 万弗洛林，这还不包括君主国现有的债务。[45]

费迪南德还可以靠各种权宜之计继续撑下去，而波兰人可能会消灭拜特伦，但如果没有大量的额外帮助，他肯定无法击败所有的对手。从皇帝加冕礼开始，他就发起了一场协同努力来获得援助。西班牙、法国和教宗被要求提供现金和外交援助，以威慑新教联盟不要介入，而巴伐利亚和萨克森则被要求提供直接的军事支持。

巴伐利亚

马克西米连公爵看到了实现他长久以来梦想的机会。在整个 1618 年，他无视哈布斯堡的求助，悄悄地准备重建被迫解散的天主教同盟。受到波希米亚危机的惊吓，天主教同盟的前成员欢迎加强自身安全的机会。马克西米连小心翼翼，不显露自己的意图，让美因茨选帝侯出面来重振这个组织，这个组织从 1619 年 8 月开始又一次活跃起来。[46]费迪南德在 10 月从法兰克福回来的路上访问了慕尼黑，由于他当选为皇帝，马克西米连得以进入第二阶段，他现在不仅寻求费迪南德对天主教同盟的承认，还要求从后者那里得到让步，牺牲普法尔茨的利益。维也纳的危机日益严重，迫使费迪南德只得接受"巴伐利亚魔鬼驱逐波希米亚别西卜"。[47]在 1619 年10 月 8 日的《慕尼黑条约》（Treaty of Munich）中，费迪南德承认了天主教同盟，并请求其援助，从而为未来巴伐利亚的所有行动奠定了法律基础。作为协助皇帝恢复帝国公共和平的辅助手段，马克西米连有权获得适当的赔偿。虽然整个天主教同盟会提供帮助，但是只有巴伐利亚的费用会被支付，在另外的一项安排中，费迪南德承诺将把奥地利的一部分地区划给巴伐利亚公国，直到他能够偿还马克西米连的债务。[48]

天主教同盟于 12 月在维尔茨堡举行会议，这是自 1613 年以来的第一次代表大会，并同意组建一支 2.5 万人的军队，由成员捐款资助。天主教同盟重新建立，建立了南德意志理事会和莱茵理事会，分别由巴伐利亚和美因茨领导。成员完全是天主教徒，主要是教会成员，因为较小的帝国伯国和城市要么不愿意加入，要么只是间歇性地参加。萨尔茨堡从 1611 年赖特瑙的命运中吸取了教训，同意合作，但仍然拒绝正式加入。[49]马克西米连获得了天主教同盟军事事务的独家指挥权，这既因为他有着高效的官僚机构，也因为他有让·策尔卡斯·蒂利这样一名经验丰富的战地指挥官。马克西米连的任期在 1621 年底结束时，美因茨选帝侯拒绝取代巴伐利亚，让公爵在天主教同盟的整个存续期间一直掌管其总方向。马克西米连的弟弟科隆的费迪南德拒绝加入，但仍然与天主教同盟合作，成为莱茵理事会成员的真正领袖。

对马克西米连来说，战争是力量（*potestas*）而不是暴力（*violentia*）的展示。他把自己展示成一个全副武装的武士君主，但对个人荣誉没有兴趣。1620 年，他尽职尽责地和军队在一起，但是将实际指挥权留给了他完全信任的蒂利。他的行动必须要得到法律认可，而且要在控制之下，以达到精确的目的。[50]只有皇帝采取必要的步骤认可巴伐利亚的干预，而且提供绝对的保证，让马克西米连会得到奖赏，他才会采取行动。费迪南德已经在 1620 年 1 月 19 日宣布弗里德里希当选波希米亚国王无效。在马克西米连的坚持下，他发出了最后通牒，要求弗里德里希在 6 月 1 日前交出王位，否则将面临帝国禁令。这将使弗里德里希成为一名罪犯，而皇帝有权没收他的财产，并将其重新分配给任何人。截止日期过后 5 天，费迪南德授权马克西米连干预波希米亚事务，随后他于 7 月 23 日对上奥地利叛军下达了类似的命令。

马克西米连以他典型的谨慎作风，寻求西班牙和教宗的进一步确认。

弗里德里希接受波希米亚王冠，终于使教宗相信形势的确严峻，将对皇帝的现有资助增加了一倍。保罗五世教宗在 1618 年至 1621 年间共提供了 38 万弗洛林，相当于帝国军队一个月的工资。[51] 保罗五世对马克西米连更加慷慨，因为天主教同盟的存在让他无须直接帮助哈布斯堡王朝就能证明自己是一个好天主教徒。然而，他没有掏腰包，而是向德意志和意大利神职人员征收特别税，在 1620 年至 1624 年之间筹集了 124 万弗洛林。同一时期，天主教同盟其他成员的贡献总计 483 万弗洛林，而保罗在建筑项目和裙带关系上的支出是该数字的六倍多。对教宗来说，这显然不是一场宗教战争。

求助西班牙产生了意义更为重大的后果。一般来说，马克西米连反对西班牙的干预，但是现在他需要它。如果他要对奥地利和波希米亚联盟采取行动，必然会暴露天主教同盟的领地，让其受到新教联盟的报复。而西班牙对莱茵河地区的干预会牵制住这些人，让蒂利领导的天主教同盟军队转向东方。马蒂亚斯皇帝去世后，西班牙对形势反应迟缓，因为这恰巧与计划已久的腓力三世对葡萄牙的国事访问同时发生，这次访问的目的是振作西班牙君主国。自 1619 年 4 月以来，腓力三世一直不在国内，他在 9 月回国时病倒，从未完全康复。许多人仍然反对干预德意志事务，但是弗里德里希接受波希米亚王冠被认为是对哈布斯堡王朝的侮辱，必须要受到惩罚。[52]

西班牙干预的复杂性质需要一些解释。1619—1621 年，西班牙送去了 200 多万弗洛林，用于维持帝国军队，并帮助支付波兰哥萨克人的薪水。帝国军官被允许在西班牙属地招募新的部队，主要是 1619 年 1 月以后征召的 6000 名瓦隆人部队。西班牙的意大利盟友提供了一些额外的帮助，尤其是托斯卡纳大公*，他资助了当皮埃尔的德意志和瓦隆军团，这些部队抵达霍夫堡时让下奥地利人大吃一惊。其他部队直接由西班牙指挥和支付，尽管其中许多是新招募的，因为哈布斯堡君主国此时只有大约5.8 万名士兵。[53] 和巴伐利亚一样，西班牙干预的名义理由是维护帝国宪

---

* 当时的托斯卡纳大公是科西莫二世·德·美第奇（1590—1621），他的妻子是费迪南德的妹妹玛丽亚·玛格达莱娜。

法。马拉达斯和约翰八世·冯·拿骚（Johann VIII von Nassau）率领的由6000 名步兵和 1000 名骑兵组成的第一支分队从尼德兰出发，这支部队名义上是"勃艮第行政圈军队"，表面上是在履行勃艮第在帝国公共和平立法下的义务。他们刻意避开了新教同盟的领地，选择穿越阿尔萨斯山到达帕绍，在 1619 年 7 月与上奥地利的比夸会合。第二支由 7000 名意大利人组成的分队越过圣哥达山口，沿着阿迪杰河谷行军，于 1619 年 11 月 15 日到达因斯布鲁克。其中 4000 人继续沿着莱茵河向下游前进，去增援佛兰德军，剩下的 3000 人于 1 月在贝尔杜戈（Verdugo）和斯皮内利（Spinelli）的带领下向北行进，越过黄金通道进入波希米亚。1620 年晚些时候，由 9000 名西班牙人和意大利人组成的第三支分队从意大利向北行进，但他们穿过谢泽里河谷去增援佛兰德军。这是西班牙之路西段的最后一次被使用，由于萨伏依投靠法国，这段道路太过于危险。随着与尼德兰的《十二年停战协议》即将到期，这是重建西班牙进攻能力的更广泛战略的一部分，到 1620 年 6 月，佛兰德军集结了 44 200 名步兵和7000 名骑兵。[54]

最终拼图

由于萨克森调解政策失败，约翰·格奥尔格被迫改变策略，加入了费迪南德一方，希望他的参与能把危机限制在波希米亚。他利用自己在上萨克森和下萨克森行政圈的影响力，挫败了新教联盟积极分子招募军队的努力，尽管他未能阻止图林根的恩斯特分支亲属派一些部队前往波希米亚。美因茨选帝侯和马克西米连拒绝放弃要求新教徒归还 1552 年之后占领的教会土地，但是他们在 1620 年 3 月于米尔豪森举行的一次会议上与萨克森和黑森-达姆施塔特达成了妥协。约翰·格奥尔格接受了巴伐利亚的解释，认为弗里德里希破坏了公共和平。作为回报，巴伐利亚和美因茨承诺不使用武力收复以前的主教辖区，只要它们的现任路德宗教区长官仍然忠于皇帝。[55]

马克西米连催促费迪南德在 3 月完成流程，把弗里德里希置于帝国禁令之下，但他意识到了这将暴露他想取代他的亲戚成为选帝侯的野心，又

选择了后退。最终他们同意等到以一场清晰的胜利确立一个更合适的机
会。约翰·格奥尔格担心萨克森的干预是否合法，费迪南德打消了这一顾
虑，他于 1620 年 4 月专门委托约翰·格奥尔格恢复卢萨蒂亚的秩序。应
约翰·格奥尔格的要求，这一委托在 6 月得到了修订，包含了对路德宗居
民的特殊保障，而一个月后，费迪南德同意萨克森可以保留卢萨蒂亚的两
个部分，直到他可以补偿萨克森的费用。

　　新教联盟的中立消除了行动的最后障碍。1619 年 6 月的另一次联盟
大会授权动员 1.1 万人用于自卫。激进分子在私下里同意征召更多的军队，
但是他们在拦截西班牙援军失败之后，在 1620 年 5 月依然只募集了 1.3
万人的军队，集结在乌尔姆，由安斯巴赫边疆伯爵率领。他们的军队完全
不能与天主教同盟相比，后者在劳英根和金茨堡集结了 3 万名士兵。[56] 然
而，马克西米连想确保一旦蒂利向东进入波希米亚，联盟不会发动攻击。
会谈于 6 月 18 日开始，旨在完全避免德意志境内的暴力，法国最终进行
了干预，路易十三派安古莱姆（Angoulême）公爵出面调解。费迪南德寻
求法国的支持，声称波希米亚人和胡格诺派一样，在宗教上和政治上都是
对天主教君主国的威胁；然而，路易拒绝了团结一致的呼吁，主张法国的
正确角色是充当欧洲仲裁人（见第 11 章）。在安古莱姆的协助下，天主教
同盟和新教联盟于 7 月 3 日达成协议，承诺不在德意志地区交战，但允许
马克西米连自由干预波希米亚，而新教联盟的积极分子愿意的话，可以反
对西班牙。安古莱姆希望将此扩展为一个普遍的和约，但是费迪南德抓住
了机会，发起了进攻。

白　山

哈布斯堡进攻

　　费迪南德的进攻涉及六支独立的军队。比夸让当皮埃尔带着 5000 人
防守维也纳，对抗拜特伦，比夸自己带着 21 500 人从克雷姆斯出发，将
安哈尔特从下奥地利的立足之地驱逐出去。马克西米连派遣 8600 人守卫
巴伐利亚与上普法尔茨的边境，并率领着 21 400 人的主力部队于 7 月 24

日进入上奥地利，这些部队是从阻止乌尔姆的新教联盟的军队中抽调的。西班牙也加入进来，入侵下普法尔茨，而约翰·格奥尔格别无选择，只能在 9 月开始对卢萨蒂亚作战。这些举动是对波希米亚本身展开最后攻击的必要准备步骤。

在 1620 年上半年，联邦的战役进展一直不顺利，这让那些家园在战斗中被毁的下奥地利人大失所望。费迪南德口头保证，只要贵族表示效忠，他将尊重其个人的宗教特权，以此分裂了反对派。7 月 13 日，86 名路德宗领主和骑士与 81 名天主教领主和骑士一起，连同 18 个帝国城镇的代表共同接受费迪南德为下奥地利的合法统治者。其余 62 名新教贵族逃到了位于摩拉维亚边境上的雷茨，他们在那里发表了反抗声明。8 月 3 日，巴伐利亚军队涌入，占领了林茨，农民组成的民兵只在上奥地利山区进行了微弱的抵抗。奇尔诺梅利和激进分子逃离，温和派于 8 月 20 日投降，将他们的 3500 名正规军交由天主教同盟处置。现在费迪南德宣布雷茨宣言的 33 名签名者为罪犯。安哈尔特的军队还有几个奥地利团，但实际上联邦已经丢掉了上下奥地利这两个省。亚当·冯·赫贝尔斯托夫（Adam von Herberstorff）带着 5000 人被留下来防守上奥地利，而马克西米连和蒂利则沿着奥地利和波希米亚边境向东行军，去和比夸会合。尽管新教徒占上下奥地利居民的大多数，但这两个省份没有发生一场战斗，都已经被天主教哈布斯堡王朝永久收复了。

对弗里德里希来说，莱茵河一带情况更加严重，他的支持者聚集在那里反对西班牙。离开乌尔姆后，安斯巴赫向西北行进到位于美因茨和沃尔姆斯之间的奥本海姆，以守护莱茵河以西部分的下普法尔茨的右半部分。包括 5700 名当地民兵在内，他现在召集了 21 800 名士兵，此外还有另外 2000 名英国志愿者在 10 月到达，由霍勒斯·德·维尔（Horace de Vere）爵士率领。霍勒斯的部队在莫里斯的弟弟弗雷德里克·亨利（Friedrich Henry）亲王带领的 2000 名尼德兰骑兵的护送下，向南行进。霍勒斯爵士是"战斗维尔"家族中的一员，这个家族长期以来一直在尼德兰战场作战，还参与了于利希围城战。他的军团是第二支到达的英国分队，比格雷军团晚了五个月到达。[57] 尽管安斯巴赫在人数上占优势，但他不愿意战斗，寄希望于英国的调解。

路易斯·德·贝拉斯科（Luis de Velasco）率领着 1.8 万人集结在佛兰德以威慑尼德兰人，而斯皮诺拉则于 8 月 18 日带着另外 1.9 万人离开布鲁塞尔，穿过了特里尔选侯国向东行军。夺得科布伦茨后，斯皮诺拉迅速占领莱茵河以西的普法尔茨领土，攻占了克罗伊茨纳赫和阿尔蔡。除了骑兵之间的短暂冲突，安斯巴赫避免接触。尽管如此，斯皮诺拉仍然担心尼德兰可能会进行更大规模的干预，因为现在离停战协议到期只剩几个月了，而他的意大利部队拒绝再一次围城，因为临近冬天了，而天气越来越糟。双方在 12 月停战进入过冬期的时候，安斯巴赫还占有奥本海默、海德堡、曼海姆和弗兰肯塔尔等主要要塞。尼德兰人打道回府，对不温不火的新教领导人表示了厌恶之情。

这些行动打消了约翰·格奥尔格通过调解解决冲突的希望，他开始了自己的进军，但他的军官显然缺乏热情。沃尔夫冈·冯·曼斯菲尔德（Wolfgang von Mansfeld）伯爵是弗里德里希的那位将军的远亲，他在德累斯顿集结了 8300 名士兵和 3000 名民兵，促使波希米亚人停止向萨克森出售谷物。约翰·格奥尔格此前已经召集过卢萨蒂亚等级会议迎接他了，终于在 1620 年 9 月 3 日入侵，占领了这两个省的西半部。雅格恩多夫边疆伯爵仍然控制着东部地区，派了 2000 人驻守包岑。萨克森的失败将会摧毁约翰·格奥尔格在德意志新教徒中的剩余信用，还会给波希米亚人带来急需的士气鼓舞。尽管受到下属的阻挠，沃尔夫冈·曼斯菲尔德继续前进，进行了一次短暂的轰炸，摧毁了该镇的大部分地区，迫使包岑于 10 月 5 日投降。大多数卢萨蒂亚的贵族和城镇现在接受了萨克森的条件，宣布脱离联邦，换取对其特权的保证。但是雅格恩多夫边疆伯爵仍然在卢萨蒂亚东南角的格尔利茨坚持，现在季节已晚，无法对更东部的西里西亚作战。[58]

自 6 月底以来，波希米亚联邦的主力军队已经三次因欠薪哗变而瘫痪，直到 8 月 2 日，政府向布拉格的犹太人勒索了更多的钱来付款，哗变才停止。这使得安哈尔特失去了在马克西米连与比夸会合之前击溃比夸的最后机会。他放弃了在下奥地利的阵地，向北撤退到摩拉维亚，他认为对手正朝那个方向前进。比夸原来的意图正是如此，但是费迪南德推翻了他自己的将军的决定，将他置于马克西米连的指挥之下，而马克西米连听从蒂利的建议，直接向布拉格进军。马克西米连已经接收了 5000 名额外的天主教同盟军队士兵，但是他的军队在离开巴伐利亚时已经有 500 名病人，现在被"匈牙利热"所困扰，根据当时的诊断来看，这是一种斑疹伤寒或霍乱，疾病会在年底前杀死 1.2 万名天主教士兵。[59]

瘟疫表明，战争的全部恐怖从一开始就存在，而不是战争变得越来越野蛮之后才出现的。双方的非正规军队已经因残忍而臭名昭著。1620 年 1 月，穿越摩拉维亚的第一批哥萨克人破坏了一场婚礼，在谋杀新郎后绑架了新娘。费迪南德在维也纳被围后告知萨克森选帝侯：

> 匈牙利人摧毁、掠夺和焚烧了他们途经的一切，并且（据说）连人们身上的最后一点衣服都抢走了，毁坏了他们，砍倒了他们，把他们中的许多人当作战俘拖了出来，用前所未闻的酷刑拷打，以寻找金钱和财产。他们掳走了许多 12 到 16 岁的男孩，虐待孕妇和其他人，许多人都被发现死在路上。他们把绳索紧紧缠绕在这些人的脖子上，以至于他们的眼睛都冒了出来。

费迪南德以一句话结束了他的评论，这句话在整个战争中都非常适用："事实上，敌人在任何地方都表现得如此糟糕，这样的暴行我们甚至都没听说过土耳其人干过。"[60]

尽管补给充足，天主教同盟军队在入侵上奥地利期间表现也非常糟糕。暴力事件在一定程度上可能是对边境沿线农民反抗的报复，但是在穿过巴伐利亚的行军中已经出现了混乱，目标是不分青红皂白的，这些人既劫掠新教家庭，也抢劫天主教修道院和女修道院。天主教日记作者将这种违反纪律的行为描述为对异端反叛者的神圣惩罚，显然，许多高级军官以此为借口，无视公爵维护秩序的努力，例如他的廷臣就参与洗劫了下奥地利的格雷伦施泰因城堡。[61]巴伐利亚-帝国军队中的一大群随军神父也煽动了宗教仇恨，其中包括赤足加尔默罗会一名院长多梅尼科·杰苏·玛利亚（Domenico à Jesu Maria）。他出生在阿拉贡，原名多明戈·卢作拉（Domingo Ruzzola），已经有会预言的名声，并且在治愈了眼睛感染和展示其他"神迹"之后，赢得了马克西米连的信任。[62]

当巴伐利亚-帝国军队到达布德韦斯时，安哈尔特意识到自己的错误，急忙向西到达塔博尔阻止敌军。图尔恩仍在为被安哈尔特取代而生气，而曼斯菲尔德伯爵对霍恩洛厄晋升为陆军元帅感到不满，拒绝合作，向西南行进，试图通过威胁巴伐利亚来分散马克西米连的注意力，但未能成功。马克西米连公爵绕过塔博尔向西，于9月27日攻占普拉哈季采，并于10月5日穿过皮塞克到达比尔森。曼斯菲尔德匆匆赶了回来，及时赶到，而安哈尔特则紧随其后，向东移动了一小段距离，来到了罗基察尼。曼斯菲尔德与对方进行了秘密会谈，商讨叛变的可能性，而这种秘密会谈后来几乎没有停止过（见第10章）。马克西米连和比夸都认为对方在拖延时间，他们的供应已经不足了，据说公爵只能吃黑面包，而蒂利从路过的多明我会托钵僧手中抢走了一个苹果。天气变得如此寒冷，以至于一些士兵在晚上冻死了。[63]

蒂利决心保持势头，不想整个冬天被困在比尔森城外，在马克西米连的支持下，他否决了比夸的反对意见，向北朝布拉格进军。马拉达斯被留下来封锁比尔森，而瓦伦斯坦则带着一小支帝国分遣队前往波希米亚西北部，与仍在山区对面的萨克森人建立联系。安哈尔特向北快速行军，以挡住对方去布拉格的路，到达了拉科夫尼克的一个重要路口。可能受到马克西米连榜样的激励，弗里德里希现在也来到了军中，确认了安哈尔特的权威，并暂时振作了士气。士兵们同意暂停抗议欠饷，并探寻了沼泽后面的一个树木繁茂的山脊。马克西米连从10月27日起就被困在这个位置的前面。比夸在11月3日的一次小规模战斗中受了重伤，但是第二天一列补给车到达，重振了士气。马克西米连和蒂利知道，在冬季休战季到来之前，他们只有不多的时间能迫使对方接受战斗了，否则弗里德里希就会获得喘息的时间。11月5日，在晨雾的掩盖下，一些喧闹的火枪手离开以分散联邦军队的注意力，整个巴伐利亚-帝国军队绕过山脊急速向布拉格赶去。那天晚上晚些时候，安哈尔特才意识到危险，但是在11月7日午

上图　布拉格掷出窗外事件：马丁尼茨被人脑袋朝下从一扇窗户扔了下去，斯拉瓦塔正要被人从另一扇窗户推出去。吓坏了的法布里修斯在房屋中间被人抓住，将会是下一个被扔出去的。

下图　"迫害基督徒"。这幅 1622 年的德意志新教单幅报纸通过描绘"西班牙宗教裁判所"，将对天主教徒的敌视和仇外情绪联系在一起。

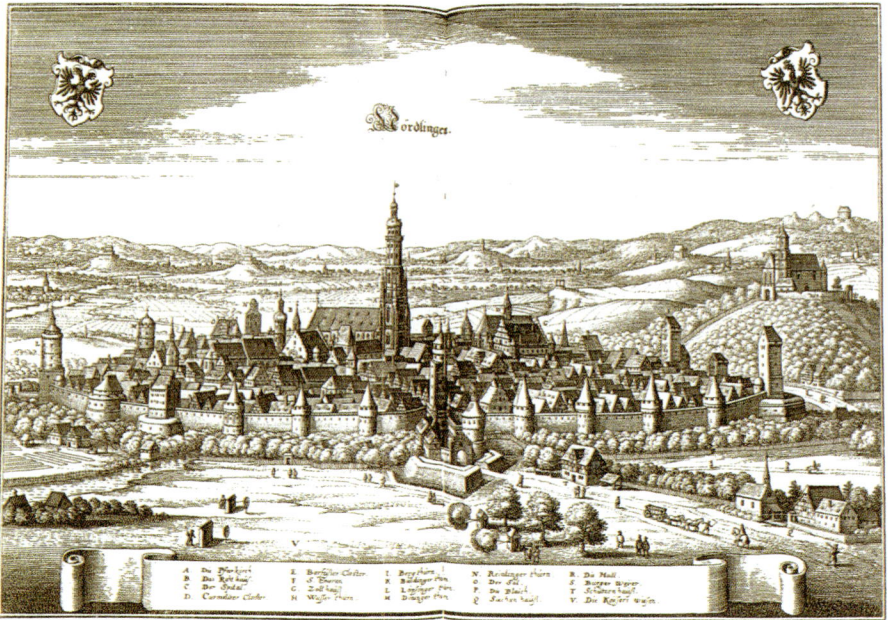

上图　帝国城市讷德林根，这是梅里安的《日耳曼尼亚地理志》中一幅典型的图像。

下图　沃尔芬比特尔公爵领中的弗里登斯温希村。庄园宅邸（右）、教堂（中央）以及边界墙篱都清晰可见。

上图 帝国城市布赫霍恩的纹章，位于埃里斯基尔希的执法官宅邸。

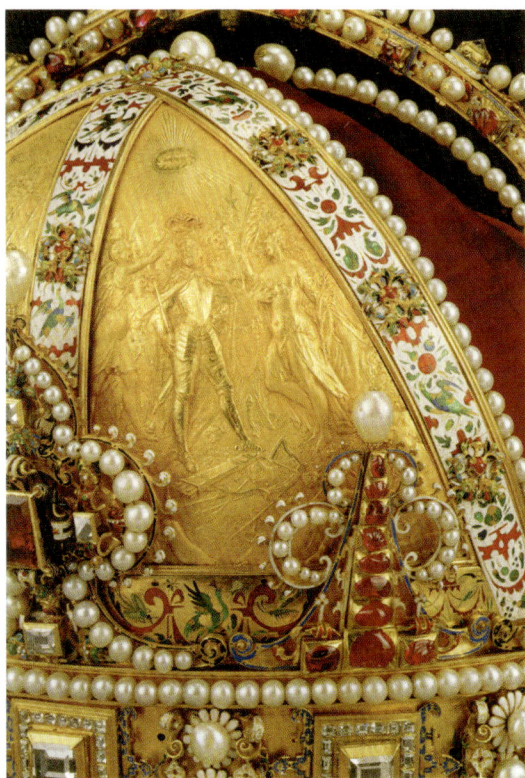

下图 鲁道夫二世自己心目中的形象：他 1602 年的帝国皇冠上的细节。

上图　费迪南德二世。这幅雕版画非常像本人，虽然有一些美化；画中他戴着金羊毛骑士团的徽章。

下图　马蒂亚斯和他的妻子安娜，这是哈布斯堡家族巴洛克式虔诚的早期例子。

上图　一部1644年的瑞士操练手册中的火枪手。在战争后半期，大部分士兵看起来都差不多是这样。

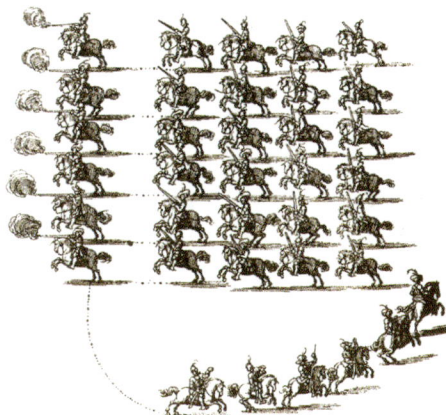

中图　在一部1630年的西班牙操练手册中，火绳枪骑兵在进行战马半回旋操练。

下图　女大公伊莎贝拉，背景中是她位于马里蒙特的乡村休假地。

左上图　古斯塔夫斯·阿道弗斯的素描，绘于他入侵德意志期间。

右上图　巴伐利亚的马克西米连，摆出一个军人造型。

下图　阿克塞尔·乌克森谢纳，瑞典大书记官。

左上图　弗里德里希五世，作于 1619 年，当时他担任波希米亚国王。

右上图　安哈尔特的克里斯蒂安一世，扩大战争的一个关键人物。

COMES
IOHAN TILLI

下图　可能是蒂利最准确的一幅画像，画家未知，大约作于白山战役时期。

上图 布拉格血腥法庭上处决波希米亚叛乱者，1621年。注意这些步兵团，他们是来看管围观者的。

下图 "哈尔伯施塔特的疯子"，不伦瑞克的克里斯蒂安，他身穿的盔甲经过了黑化处理以防生锈。

夜，他让部队急行军，超过了对手，到达了位于布拉格以西约 8 千米处的白山。

白山战役

即将到来的战役是三十年战争的第一次大战，也是最具决定性的。[64]
安哈尔特的位置相对比较有利。白山这个名字来自山上的白垩石和砾石坑，其山脊从东北向西南延伸约 2 千米，比周围地区高出约 60 米。白山在最陡的北端（右边）防守最为坚固。山脊的这一端是一个有围墙的树木繁茂的狩猎场，其中有一个叫星宫（Star Palace）的小亭子，弗里德里希和他的妻子在一年前胜利进入布拉格之前就曾在这里待过。沙尔卡河位于阵地前方约 2 千米处，河边都是湿地，但离山太远，无法防守。

安哈尔特有 1.1 万名步兵、5000 名骑兵、5000 名匈牙利和特兰西瓦尼亚轻骑兵。他想在整个山脊设防，但是他手下濒临哗变的士兵已经筋疲力尽，他们说挖掘是农民干的活。弗里德里希继续前往布拉格，说服等级会议提供了 600 塔勒来买铁锹，但是太迟了，士兵们只做了五个小型防御工事。大多数大炮都没有跟上军队，随军的 10 门加农炮沿着这条线分布。魏玛的约翰·恩斯特及其步兵团一起占领了星宫，而波希米亚军的其他士兵则以尼德兰方式沿着山脊排成两行，在步兵营之间穿插了骑兵中队，提供密切的支援。轻骑兵很沮丧，因为那天晚上早些时候他们很惊讶地发现大多数人被放置在后方的第三线，处在一个没有什么用处的位置上，而有些人则被放置在最右边。尽管有这些明显的缺点，安哈尔特仍然保持乐观，认为敌人会像在拉科夫尼克一样在阵地前停滞不前，弗里德里希留在布拉格吃早餐。

11 月 8 日星期日上午，浓雾遮住了巴伐利亚-帝国军的行军。先遣部队占据了河流上的两个渡口，然后其他部队跟上，从早上 8 点开始部署。天主教同盟的军团在对着白山北端的左侧集结，而比夸的帝国军则被部署在右侧。他们总共比对手多了 2000 人、两门大炮，士气也更好。军队的两部分都是以西班牙的方式部署的，1.7 万名步兵被分成 10 个大方阵，由小骑兵中队陪同。

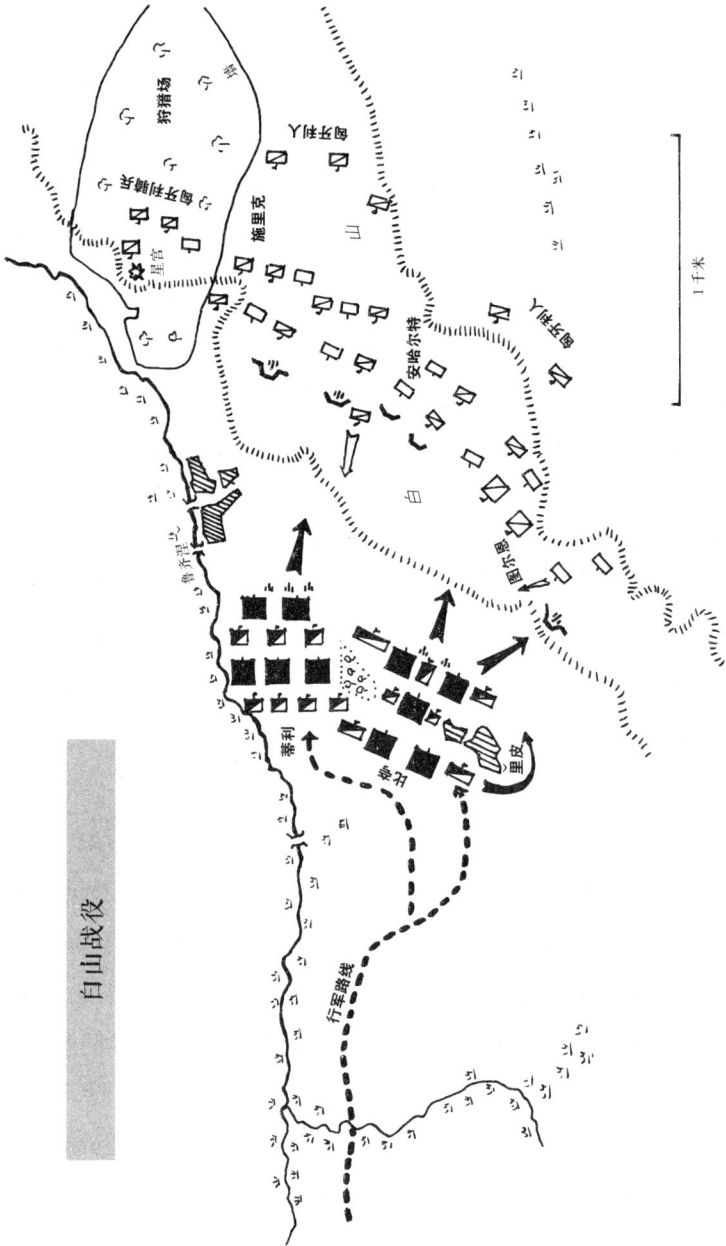

白山战役

狩猎场

Y堡主楼

施里克

星宫

安哈尔特

白

图尔恩

鲁齐霍诺

蒂利

侯习

里皮

行军路线

1千米

在士兵就位并聆听弥撒时，指挥官们举行了会议。比夸想故技重施，绕过安哈尔特前往布拉格，但是马克西米连和蒂利都确信，是时候给他们决定性的一击了。据称，多梅尼科冲了进来，挥舞着一座被加尔文宗偶像破坏者把眼睛挖了出来的圣母像，结束了争论。如果这是真的，这一定是一个精心策划的行为，因为加尔默罗会士是在三周前在一栋被毁的房子里发现这座圣像的。天主教部队接到进攻命令时非常高兴；他们厌倦了在波希米亚各地追逐联邦军队，渴望到布拉格劫掠一番。

大炮已经发射了一段时间，但效果甚微。大约在中午过了 15 分钟后，所有 12 门大炮同时开火，发出前进的信号。巴伐利亚军比帝国军距离山脊更近，巴伐利亚军面对的山坡也更陡峭。安哈尔特决定采取积极防御措施，派两个骑兵团沿着山坡驱赶帝国骑兵，后者负责掩护发起进攻的意大利步兵和瓦隆步兵团的侧翼。图尔恩自己的步兵团随后向山下移动，在敌人吃力地爬上斜坡时与对方交战。看到自己的骑兵正在向后撤，图尔恩的军团向远方齐射了一轮，然后逃跑了。安哈尔特的儿子试图挽回局势，带领着自己的骑兵团从联邦军队的第二线冲了出来，他的部下用手枪齐射的方式冲进了一个帝国方阵中。在那么短暂的一瞬间，看上去联邦就要取胜了，但是更多的帝国骑兵出现了，甚至比夸也不顾之前的伤势，到达了战场来集结步兵。在主要行动开始后的一小时内，小安哈尔特被俘虏，联邦骑兵全面撤退，许多部队甚至没有与敌人交战就撤离了防线。波希米亚步兵紧随其后，而匈牙利人逃跑的时候，一些人甚至下马步行穿过葡萄园逃往布拉格。尽管据说他们是被突然出现在烟雾中的多梅尼科吓坏了，但恐慌源于有人声称比夸的波兰哥萨克骑兵已经绕过山脊西南端出现在他们的后面了。施里克指挥的右翼的摩拉维亚人坚持的时间更长些，主要是因为蒂利花了更久的时间才到达那里，但是他们在下午 1 点 30 分左右也投降了。一些幸存者在星宫又抵抗了半个小时，最后都投降了。

弗里德里希一整天都待在布拉格，当第一批逃兵到达时，他正在吃午饭。许多人在绝望地逃跑的时候，溺死在伏尔塔瓦河中。帝国-巴伐利亚军队有 650 人伤亡，主要是因为小安哈尔特的英勇进攻。联邦军队有 600 人在战场上阵亡，另有 1000 人死在去布拉格的路上，还有 1200 人受伤。

损失很严重，但大多数人逃脱了。布拉格是一座大型设防城市，冬天即将到来，敌人不太可能围城。正是在这里，蒂利无情施压的策略产生了效果，将一场还不错的战场胜仗转化为决定性的胜利。此前波希米亚联邦的士气已经因为蒂利强力的攻势而被削弱，现在完全崩溃了。甚至马克西米连也对敌人士气低落的程度感到惊讶，当他要求布拉格投降时，他本来还以为会遇到反抗。联邦的领导层境况非常悲惨。奇尔诺梅利和图尔恩的儿子弗朗茨都试图在查理大桥上组织防御，阻止巴伐利亚军过河。弗里德里希犹豫了一下，但是安哈尔特和老图尔恩都认为毫无扭转局势的希望。伊丽莎白怀着她的第五个孩子，第二天一早就离开了。她的丈夫担心他要是带着王冠逃跑的话，愤怒的市民可能会阻止他，所以他把王冠连同其他印章和许多机密文件一起丢下，加入了向东逃出城市的难民人流。

联邦解体

帝国军已经从西边入城了，抓住了弗里德里希的辎重车队的尾部。许多波希米亚联邦士兵仍在游荡，要求得到欠薪，但是一旦马克西米连在11月10日赦免他们之后，就各自散去了。那些愚蠢到留下来的人在接下来的几天里都被杀了。城市里塞满了战前带到那里保管的贵重物品、牲畜和其他财产，现在都因为军队仓促逃离而被遗弃了。这些东西，还有现在空空荡荡的庄园和房屋，对胜利的军队太有吸引力了，他们开始夺取在街上发现的东西，然后破门而入，最后直接暴力抢劫。"那些一无所有的人，也害怕自己脖子被抹掉；所有人都后悔没有拿起武器战斗到底。"[65]

在这种情况下，进一步的追击是不可能的。冬天也异常寒冷，据说博斯普鲁斯海峡也结冰了。曼斯菲尔德仍然控制着波希米亚西部的大部分地区，而雅格恩多夫仍在西里西亚，拜特伦也还在匈牙利。然而，没有什么能减缓弗里德里希政权的崩溃，因为温和派都和叛乱者保持了距离。摩拉维亚等级会议在12月底已经向费迪南德效忠。弗里德里希于11月中旬越过山脉向东逃入西里西亚，但受到了冷遇，对方对他表现出来的极端加尔文主义倾向感到愤怒。由于担心萨克森会阻止自己逃往北方，弗里德里希于12月匆忙沿着奥得河进入勃兰登堡，在1621年3月漫长的谈判结束后，卢萨蒂亚人和西里西亚人向约翰·格奥尔格投降。

拜特伦最终在 9 月 1 日放弃了与皇帝的休战，再次率领 3 万名骑兵进攻上匈牙利，夺回普雷斯堡，他打算在那里举行加冕典礼，戴上他前一年夺取的圣斯蒂芬王冠。大多数 1620 年到达的波兰哥萨克人都归当皮埃尔指挥，并被部署来保护田野里的庄稼免遭特兰西瓦尼亚突袭者的劫掠。一个天主教同盟的团于 1620 年 9 月底抵达，克罗地亚人也到了，同时到来的还有一些厌倦了拜特伦的掠夺的马扎尔权贵的私人军队。内奥地利等级会议动员了 2500 人，而下奥地利等级会议派出了一个还没有加入联邦军队的新教兵团。当皮埃尔前去破坏拜特伦的加冕仪式，尽管他后来于 10 月 9 日被杀，但他还是设法烧毁了普雷斯堡的桥梁，切断了通向多瑙河南岸的通道。拜特伦又派了 9000 人去帮助弗里德里希，但是这些人到达白山太迟了，很快就在 11 月通过摩拉维亚撤退了。

尽管大维齐尔在 7 月批准了与弗里德里希的同盟协议，但很明显，苏丹只是以此向费迪南德施压，要求他对 1606 年的停战协议做出调整。1621 年 1 月，白山战役的消息传到了君士坦丁堡，打消了苏丹对避免与皇帝决裂的决定是否明智的疑虑。与此同时，布达的奥斯曼帕夏占领了匈牙利边境城镇瓦茨，他的主人长期以来一直宣称对其拥有主权。这震惊了马扎尔贵族，显露了他们自相残杀的后果，而拜特伦甚至无力保护他们免受奥斯曼人的伤害。1621 年 1 月，匈牙利的主要家族要么宣布支持费迪南德，要么至少与法国大使一起向拜特伦施压，要求他在海恩堡重新与费迪南德谈判。

失败的原因

联盟指挥官在写给弗里德里希的信中，纷纷为自己开脱罪责。[66] 图尔恩附和了加尔文宗宣传者的观点，将失败归咎于波希米亚人民的罪恶，将他们的处境与上帝对以色列人的惩罚相比较——这一论点暗示他们仍然有希望，因为上帝后来将以色列人从埃及解救出来了。安哈尔特提供了更多的信息。他引用了其他人提出的观点，例如一些部队不愿意参战，但他更多地强调了凝聚力的普遍下降和越来越多的不服从现象。他将这些归咎于缺乏外国支持和政府故意拖欠军队薪水，到战役开始时，拖欠工资已经高达 550 万弗洛林。

联邦的组织当然是有缺陷的，直到 1620 年 8 月才成立了一个战争委员会来总管薪水、供应和防御工事等事务。糟糕的会计制度夸大了欠款总额，因为很少有人来核实士兵宣称的数字。然而，失败并不是因为缺乏资源。曼斯菲尔德的军队在扎布拉提战败时，已经有 6 个月没有拿到薪水了，但是比夸还是发现了 10 万弗洛林的金子，以及曼斯菲尔德自己价值5 万塔勒的盘子。比夸继续攻占了南波希米亚的城堡，发现了更多的囤积的财物，仅在弗劳恩贝格（赫卢博卡）就发现了 30 万塔勒。[67]

这些指挥官强调的各个方面是失败的症状，而非其原因。未能调动资源表明领导层并没有开发出叛乱的全部潜力。叛乱建立在一种共同的政治文化上，而非宗教、语言或种族因素，所有后面这些因素都分裂了叛乱的支持者。新教徒在波希米亚、摩拉维亚、西里西亚、卢萨蒂亚和奥地利占大多数，但他们缺乏共同的信条。即使在神学上非常相似的地方，比如普法尔茨加尔文宗信徒和波希米亚兄弟合一会之间，文化因素也可能会压倒这一点，弗里德里希在布拉格进行破坏圣像运动时就发现了这一点。波希米亚人大多是捷克人，但他们的许多贵族都讲德语。一些有着德语名字的家庭反过来会说捷克语，摩拉维亚人说捷克语或斯洛伐克语，西里西亚人说德语或波兰语，而卢萨蒂亚人会说德语或文德语*。主要的哈布斯堡效忠者，如洛布科维茨、马丁尼茨和斯拉瓦塔都是捷克人，而其他家族，如瓦尔德施泰因家族、迪特里希施泰因家族、金斯基家族、考尼茨（Kaunitz）家族、切尔宁（Czernin）家族和蒂芬巴赫（Tiefenbach）家族在双方都有成员。有一些共同的起源神话，其中有一个说波兰人和捷克人有共同的祖先，分别是莱赫（Lech）和切赫（Cech）两兄弟的后代。然而，支持叛乱的帕维尔·斯特兰斯基（Pavel Stránsky）否认波希米亚和摩拉维亚的捷克人是同一民族。简而言之，教派、语言和政治忠诚之间并不相互对

---

* 索布语（serbščina），又称文德语（Wendisch），是德国东南部少数民族索布人的语言。

应，试图将叛乱描绘成反对德意志压迫的民族运动是一种时代错误。[68]

　　将波希米亚叛乱者团结在一起的是他们对圣文策斯劳斯王冠，以及其所象征的一切的认同。斯特兰斯基等作者将国家与等级会议的权利联系在一起，而不是语言或宗教，正是通过这种政治文化，波希米亚联邦与奥地利人、特兰西瓦尼亚人和上匈牙利人建立了联盟。[69]波希米亚权贵威勒姆·罗赞贝克（Vilém Rozemberk）认为自己以"本国"候选人的身份参加 1573 年的波兰国王选举是完全正当的。虽然斯特兰斯基是一名市民，而各省之间也有教育和商业上的联系，但共同的政治文化主要局限于贵族，这就造成了很大的问题。

　　联邦派的口号是"等级会议的权利"，这反映了他们接受某种君主制，而不是完全反对王权。[70]他们反对的是被排除在君主权力之外，而不是国王的存在。1619 年建立联邦的议会明确反对尼德兰式的共和主义，他们选择根据现行法律，而非新的抽象自由理想或人民主权，使自己合法化。与尼德兰叛乱者或英格兰和苏格兰议会派不同，中欧贵族无法扩大自己运动的社会基础。奇尔诺梅利准备在 1620 年之前废除农奴制，以换取农民的支持，但是被他的同僚拒绝了，他们反而更愿意与苏丹结盟。农民袭击入侵者主要是为了自卫，他们也袭击联邦军队，例如，在白山战役前夕，联邦军队疯狂地寻找木柴，摧毁了整个村庄。城市市民主要是酒饼同领派，在神学上更接近天主教，但在文化和政治上与路德宗和波希米亚兄弟合一会更为一致。他们已经被掷出窗外事件吓到了，当贵族试图把军税的负担转嫁给他们时，他们很快就不再同情叛乱者。[71]贵族们也边缘化了贫困的骑士，他们中的许多在 1619 年前以健康状况不佳为借口，没有参加联邦军队。

　　正如我们所看到的那样，甚至贵族之间的团结也因为个人竞争而遭到破坏。然而，现代早期政治的个人化特征暴露了进一步的弱点。而分封制的个人化特征使得人们可以改变自己的立场，以谦卑的服从姿态换取皇帝的赦免。费迪南德利用了这一点，他仔细挑选一部分人将其宣布为罪犯，让大多数人可以寻求他的宽恕。

　　波希米亚的新教远非一种历史进步的信仰，而是代表了一种正在衰落中的贵族社团主义，而这种社团主义受到一个更加集权的国家的发展壮大的威胁。哈布斯堡王朝决定将天主教作为政治忠诚的试金石，这让其中央集权有一种教派的性质，但这没有什么特别"天主教"的地方，在英格兰等国家，人们将新教和政治认同联系在一起时，也出现了类似的情况。新教徒能得到的军事和政治任命机会有限，更愿意去认同一个由家长制领主组成的浪漫化的世界，我们可以清楚地在他们对教区任命的赞助中看出这一点。他们通过拥有地产，在行省议会中拥有席位，也依然还和领地和行省政治联系在一起。然而，由于常规税的增长提高了王室以工资而非土地奖励效忠者的能力，权力转移到了中央。这些关系仍然是现代早期的，因为它们是以统治者的宫廷而不是一个非个人化的国家来作为中介的；由于这些关系仍然是个人化的，文化资本仍然相当重要。和其他君主一样，哈布斯堡王朝强调信任、忠诚、威望和荣誉等情感概念，奖励那些在效忠中表现出这些美德的人。要想充分利用自己的经济资源，这些社会资本是必要的，许多无地贵族比富裕市民更受到尊重，就是例证。

通信水平的低下凸显了宫廷作为获取社会和文化资本的场所的重要性。人们在宫廷可以见到有影响力的人，也可以获得作为贵族获得成功所需的经验和技能。[72] 恩主制在本质上是不稳定的，这取决于恩主是否有能力用有限的资源满足门客之间的竞争愿望。哈布斯堡宫廷从费迪南德一世时期的 600 人增加到鲁道夫时期的 800 人，而幼系分支还有大约 600 人。这和英格兰的伊丽莎白的政治建制相比，人数仍然相对较少，伊丽莎白一世的朝臣就比鲁道夫的要多，甚至连枢机主教黎塞留都有 480 名随从。作为皇帝，哈布斯堡王朝不得不满足帝国中的其他门客的要求，这使得他们自己的贵族能得到的位置更少了。恩主制也只是一种"软"控制形式。它要求一种互惠关系，但是这种关系在法律上并不能强制执行。对于不忠行为，除了公开羞辱和解雇，恩主没有其他的处罚方式。此外，恩主制将谈判从等级会议的宪法领域转移到宫廷的非正式领域，可以说阻碍了政治发展。事实证明，这还会造成分裂，因为君主个人的偏好使得奖赏集中在一些人身上，助长了其他人的怨恨。

这些情况因为两次皇位继承时间相隔不久而加剧了。官员们仍然为单独的君主服务，而不是为非个人的国家服务。这些工作完全没有保障，因为新统治者可以随意解雇前任的顾问，任命自己偏好的人。1619 年，费迪南德将他现有的完全信奉天主教的内奥地利门客带进哈布斯堡政府和帝国政府，取代了许多仍在任职的新教徒，尤其造成了分裂。

贵族们面临着日益激烈的土地竞争，这在某些情况下导致收入下降，还面临着文化上的压力（部分受宫廷影响），这需要为他们的儿子准备昂贵的"壮游"，并精心设计新的豪宅和乡村住宅。1580—1620 年间，下奥地利无地新教贵族人数从 61 人增加到 117 人。到 1620 年，334 名新教贵族中只有 43 名获得了王室任命，相比之下，123 名天主教贵族中有 72 名获得了任命。王室雇用了一半以上的无地天主教贵族，给他们提供了收入来源，而新教贵族却没有这种待遇。此外，因为哈布斯堡王朝可以将其雇员封为贵族，国家服务而非财富越来越多地决定了贵族身份。这反过来又让受惠者获得了更多的土地，因为他们可以用工资去购买负债家庭出售的土地。16 世纪后期，天主教徒主要是小业主，到 1620 年，天主教徒成为下奥地利主要的土地所有者。[73] 作为回应，新教徒将他们的儿子送到德意志接受大学教育，这越来越成为在政府任职的必要条件，但许多人因大学中的教派争斗而变得激进，实际上根本无法得到想要的工作。

在贵族团体和君主之间存在着横向的团结关系，而在恩主和门客之间则是纵向关系，这两者之间的紧张又因教派差异而加剧了。尽管新教徒在哈布斯堡各省贵族中都占大多数，但他们未能组成反对王朝的统一战线。1619 年 4 月，在下奥地利新教徒中，有 77 人向费迪南德效忠，而 121 人未表态，102 人加入了叛军，而其中只有 50 人实际上与君主作战了。许多家庭的分裂可能是由于他们故意在采取对冲赌注的政策，这些家庭选择让父亲或叔叔保持中立，照看家产，让儿子们两边都加入。尽管如此，积极支持者相对较少这一点表明人们非常厌恶反叛事业。这种失败并不是贵族社团主义在君主专制主义面前的失败。相反，事实证明，理想化的新教贵族社团主义不如另一种受到君主青睐的贵族社团主义身份更有吸引力。

其他因素也起了作用。与尼德兰人不同，波希米亚人缺少一个可以撤退的天然堡垒。他们也未能占领布德韦斯和克鲁毛，这给了哈布斯堡王朝跨越南部边境的基地，而且一旦萨克森加入了皇帝一方，反叛者实际上就被包围了。波希米亚人未能在早期取得任何真正的胜利，没能吸引其他人加入进来。但英国早在 1585 年就支持了尼德兰人，那时还不清楚后者能否击败西班牙人。事实上，除了拜特伦，没有任何外国势力公开支持弗里德里希，这表明整个欧洲对反叛分子的态度正在变得更加强硬。[74] 这解释了亲波希米亚的宣传中对宗教的重视，因为以宗教为基础进行呼吁，要比把他们描写成建立替代性联邦政府的斗士更容易。

第 10 章

费迪南德的胜利（1621—1624）

普法尔茨事业

冬　王

在白山战役结束后的几周内，布鲁塞尔和维也纳出现了标语牌，悬赏"一个国王，几天前逃跑。年龄：成年；肤色：红润；身高：中等；一目斜视，无须或微须；性格不错，只要他偷来的王国不挡他的路——名字：弗里德里希"。[1]这个逃犯因其统治时间的短暂很快就被嘲笑为"冬王"（*Winterkönig*）。当他从西里西亚向北飞驰时，他的整个世界似乎都崩溃了。他余下的支持者士气低落，不值得信任。他在柏林寻求庇护，但是选帝侯在 1 月受到帝国的谴责后，把他打发走了。拜特伦在海恩堡与帝国派开始了会谈，而西里西亚人在 2 月投降了。那个月，新教联盟开始谈判撤离下普法尔茨，曼斯菲尔德同意与蒂利休战六周。萨克森、丹麦和英国都建议弗里德里希议和，因为费迪南德显然已经收复了波希米亚。《十二年停战协议》将于 4 月到期，但许多人仍希望协议能延长。至少在帝国，和平的前景并非不切实际，最紧急的情况似乎已经结束，奥格斯堡的天主教同盟大会在 3 月投票决定将其军队人数减少到 1.5 万人。[2]

然而弗里德里希拒绝妥协，破坏了和平的希望。他的违抗鼓励了其他人留在战场上，而西班牙和尼德兰的战争在春天重新开始，表明外国援助即将到来。1 月，谈判确实在萨克森的调解下开始，弗里德里希宣布他准备放弃波希米亚王位，承认费迪南德为国王，但他附加了一些连约翰·格奥尔格都认为过分的条件：费迪南德要承认波希米亚联邦，给予充分的宗教自由，承担弗里德里希所有的波希米亚债务，补偿普法尔茨的军费开支！³ 费迪南德对此的回应是于 1621 年 1 月 29 日将弗里德里希、安哈尔特、霍恩洛厄和雅格恩多夫置于帝国禁令之下，为没收他们的土地和头衔铺平了道路。弗里德里希只是变得更加不妥协。现在他剩下的只有尊严了，他觉得自己无法违背对支持者的承诺，其中大多数人现在也在流放之中。他们唯一的希望是继续战斗。

当弗里德里希和伊丽莎白在 4 月中旬到达海牙时，情况似乎非常无望。他们的第一个住处是由联省议会租给他们的一栋房子，属于范·德·米基尔（van der Mijle），两年前，范·德·米基尔在共和国自己的内部权力斗争中被迫流亡（见下文）。尼德兰人后来为他们提供了瓦瑟纳尔宫，在接下来的 40 年里，这座宫殿一直是伊丽莎白的家。尼德兰和英国的施舍起初相对慷慨，但很快就减少了，特别是在 1639 年英国内战开始后，瓦瑟纳尔的访客报告说，他们看到老鼠在伊丽莎白的裙子下奔跑。⁴

安哈尔特已经离开了普法尔茨，表面上是在德意志北部地区代表弗里德里希。他的儿子在白山被俘虏，他疲惫不堪，情绪低落。丹麦的克里斯蒂安四世最终给予他政治庇护，条件是他放弃阴谋。安哈尔特急于让他儿子得到释放，也为了防止帝国没收贝恩堡，于 1624 年前往维也纳，并获得赦免。在他生命的最后 6 年里，他一直在努力让自己的土地免受战争的祸害，而他之前付出如此巨大的努力来促成这场战争。霍恩洛厄逃往埃姆登，直到他的亲戚在 1623 年为他求得赦免，之后他一直在为自己辩解，试图将失败的耻辱转移给施图本福尔（Stubenvoll）上校。许多年轻的中层军官也离开了，在别处寻找更好的前景和工作保障。其他人不得不与巴伐利亚和西班牙军队妥协，后者很快就占领了选侯国。工作的重担落在了剩下的年迈的忠诚者身上，他们得到了一些通常缺乏足够培训或经验的快速提拔的年轻人的帮助。⁵ 像卡梅拉留斯这样积极宣扬波希米亚冒险计划的人暂时失宠，这一真空暂时部分由伊丽莎白的英国秘书填补，这反映了普法尔茨宫廷是多么依赖她父亲的援助。持续的失败让许多留下的人深受打击，比如阿查兹·冯·多纳（Achaz von Dohna），他后来于 1624 年退隐到他东普鲁士的庄园。

人事变动导致人们普遍缺乏方向，也使得弗里德里希无法维护他的权威。在接下来的两年里，像首席大法官帕韦尔（Pawell）这样的人和年轻的新星鲁斯多夫（Rusdorf）这样的人之间发生了斗争，帕韦尔推行了一项极端议程，旨在恢复一切，包括波希米亚，而鲁斯多夫则支持接受英国调解的更现实的前景，以确保能恢复部分领土，能保住弗里德里希的选帝侯资格。哈布斯堡王朝将弗里德里希描绘成了篡位者，普法尔茨的宣传对此作出了回应，宣传了一个公正的国王被迫悲惨流放的神话。他们将弗里德里希与哈布斯堡王朝的斗争比作大卫与歌利亚之战，前者在努力收复被强大的哈布斯堡王朝占领的家园。伊丽莎白已经失去了她的王国，但对她的支持者来说，她仍然是"心中的王后"，这是为了反对哈布斯堡的宣传，哈布斯堡把她描绘成"德意志的海伦"，带领这个国家陷入毁灭性的冲突。保护弱者的浪漫冒险感对很多英国外交官和贵族很有吸引力，他们创作了很多十四行诗，更实际的是，他们作为志愿者加入到了弗里德里希的剩余部队中。[6]

新教联盟的终结

弗里德里希仍然是新教联盟的领袖，但是联盟已经在崩溃了。符腾堡曾是联盟的激进成员之一，在弗里德里希接受了波希米亚王冠之后，他就退缩了，转而选择通过官方的行政圈结构与其天主教邻居合作。[7] 其他许多人也怀疑自己的宪法之外的教派联盟的效用。费迪南德皇帝刻意选择了颁布帝国禁令的时机，他选择在新教联盟大会开会讨论延长其宪章时颁布，指出了反对他的后果。大多数人接受了美因茨和黑森-达姆施塔特的调解提议，作为普法尔茨的邻居，他们不希望看到战争在邻近地区爆发。斯皮诺拉意识到与尼德兰的《十二年停战协议》即将到期，非常乐意看到4 月 12 日的《美因茨条约》（Treaty of Mainz）。联盟撤出了在下普法尔茨的阵地，作为回报，斯皮诺拉暂停了进一步的行动，并承诺如果詹姆斯一世能说服他的女婿接受费迪南德的条件，将永久停止这些行动。

新教联盟大会于 1621 年 5 月 14 日散会，但没有更新其章程，实际上解散了该组织。尽管联盟提升了普法尔茨的声望，使得普法尔茨能与斯图亚特王朝联姻，但联盟从未有过可与其竞争对手天主教同盟相比的凝聚力。马克西米连在教派的背景下追求自己的王朝目标，而一些普法尔茨领导人试图将这种关系反过来，拉大了他们和更多只想寻求地方安全的联盟成员之间的距离。

西班牙与尼德兰重新开战（1621）

联盟的瓦解恰逢《十二年停战协议》的结束。双方决定让停战协议到期而没有再续，这与帝国的局势没有什么关系。西班牙和尼德兰共和国内部的派系都将战争视为控制自己政府的手段，也认为战争能促进国家的最大利益。

正如鼓吹停战协议的西班牙人所希望的那样，停战在尼德兰社会中造成了深刻的分裂。西班牙贸易禁运的结束让尼德兰社会中的一些人受益，同时也伤害了其他人。那些投资了像东印度公司这样的军事化冒险企业的人损失惨重，纺织业也是如此，他们现在又面对来自佛兰德的竞争。[8] 然而，最严重的分歧是加尔文宗内部的分歧。共和国的领导层是坚定的加尔文宗信徒，但是在社会其他成员中信徒的比例上升很慢，到 1609 年时，也只占大约五分之一。加尔文宗信徒发现自己很难从一个秘密教派运动发展成组织教会。他们坚持严格的道德标准，要求对神学有细致的掌握，这都使新成员望而却步。大部分农村人口坚持旧宗教，要么是为了对冲自己的赌注，以防西班牙收复北部省份，要么是因为他们更喜欢依然还很有活力的前特伦托式天主教；从德意志北部涌入尼德兰城镇的路德宗经济移民还提供了另一种信仰。地方政府，甚至行省政府经常仍在天主教徒手中。即使在自己的家园，加尔文宗信徒仍然彼此隔绝，他们"为自己深深的不安全感所困扰"。[9]

加尔文宗信徒对此的反应是转向内部，开启了一场关于他们真正教义的激烈争论，这场争论很快就与关于停战协议的更广泛的分歧联系在一起。许多人和路德宗信徒一样，对加尔文的预定论感到不安。一个被称为抗辩派（Remonstrants）的组织（又被称为阿米纽斯派，这个名字来自其主要神学家雅各布斯·阿米纽斯［Jocobus Arminius］）试图软化加尔文的苛刻观点，加尔文认为，个体对自己的拯救没有任何影响。阿米纽斯派赢得了商人的支持，这些商人渴望有一个更为宽容的信仰，以扩大自己的贸易往来，他们还赢得了那些支持延长停战协议的商人的支持。后者包括约翰·范·奥尔登巴内费尔特，他自 1586 年以来一直是共和国民事政府的实际领导人，认为停战协议已经带来了独立的大部分好处，好于战争的不确定性。而弗朗西斯库斯·戈马尔（Franciscus Gomarus）领导的反抗辩派（Counter-Remonstrants）持强硬的加尔文宗立场，他们鼓吹加尔文宗教会在民事上独立，并希望信仰能指导政治。他们赢得了那些因停战协议而经济受损的人，以及来自尼德兰南部难民的支持，后者希望通过重新爆发的战争夺回自己的家园，最后，他们还赢得了共和国总司令拿骚的莫里斯的支持。[10]

莫里斯拒绝提供士兵来帮助奥尔登巴内费尔特维持秩序和对抗日益加剧的戈马尔派骚动，让局势变得越来越糟糕。阿米纽斯派的议员被戈马尔派暴徒赶下台，改变了 1617 年后联省议会中的政治平衡。1618 年 7 月，莫里斯公开表明立场，宣布解除剩余的阿米纽斯派匆忙集结的民兵武装，危机达到了顶峰。为了阻止麻烦的发生，奥尔登巴内费尔特在多德雷赫特（多尔特）召开了一次全国会议，以解决神学争议。然而，到那时，他已经失去了对联省议会的控制，联省议会于 8 月 28 日通过了一项秘密动议，授权莫里斯逮捕他和其他阿米纽斯派领导人，包括后来以现代国际法理论家闻名的雨果·格劳秀斯。11 月会议最终召开时，戈马尔派得到了明确的支持，轻松地击败了竞争对手。经过一场作秀审判，奥尔登巴内费尔特于 1619 年 5 月 13 日被处决。格劳秀斯被监禁，但设法逃到了巴黎。政变似乎证实了戈马尔派关于预定论的观点——不管看起来多么不可能，上帝的选民最终都会胜利。此前强大的荷兰省议会一直反对莫里斯的政治影响力，奥尔登巴内费尔特的死打破了这一点，但是仍然还有三个省反对与西班牙继续开战。戈马尔派面临暴乱的强烈反对，因为共和派团结起来支持阿米纽斯派，反对奥兰治家族的君主专制倾向。

正在发生的混乱决定了共和国对波希米亚叛乱的反应。由于莫里斯仍在国内面临反对，他拒绝被卷入延长停战协议的问题。虽然弗里德里希从来不是一个可信的盟友，莫里斯还是提供了足够的援助来点燃中欧的大火，吸引了西班牙消防员的注意力。尽管莫里斯在国内与戈马尔派结盟，但他并不认同国际加尔文宗，并决定让自己有更多的选择。直到 1646 年，共和国才在帝国中维持了一名常驻使节，并且一直小心翼翼，从未正式承诺在那里开战。与此同时，莫里斯继续与阿尔布雷希特大公会谈，制造了他将延续停战协议的虚假希望。[11]

尼德兰鸽派失败的同时，西班牙鹰派也取得了胜利。莱尔马公爵于 1618 年被迫辞职，而他的主要支持者卡尔德龙（Calderón）则因捏造巫术指控被捕，并随后被处决。权力正在转移到祖尼加和他的外甥奥利瓦雷斯伯爵手中，祖尼加战略性地将奥利瓦雷斯安置在未来的腓力四世的家户中。祖尼加声称，西班牙已经花费了太多的财富试图征服尼德兰人，以至于现在不能放弃，据说他声称"一个已经失去声誉的君主国，即使它没有失去领土，也是一个没有光的天空，一个没有光线的太阳，一个没有灵魂的身体"。[12] 阿尔布雷希特和伊莎贝拉仍然主张续签停战协议，他们可以看到停战协议给尼德兰南部经济带来的好处。他们主张采取一个类似于 1499 年奥地利给予瑞士的协议：给予尼德兰独立，以换取永久联盟。要求尼德兰共和国给予其天主教臣民宗教自由的要求同样被列入议程，以照顾马德里的宗教情感，而尼德兰天主教徒是不可能在不损害西班牙威望的情况下被抛弃的。1579 年通过的共和国建国宪章第 13 条就包括了良心自由，但在实际上受到加尔文宗官方教会的限制。更严重的问题是西班牙要求尼德兰停止干涉东印度群岛和西印度群岛的贸易，并解除对斯海尔德河的封锁，因为封锁继续扼杀安特卫普的经济。如果莫里斯接受这些条件，必然会疏远他的支持者。由于阿尔布雷希特显然无法说服马德里缓和自己的要求，莫里斯赌谈判会失败，迫使联省议会的其余对手将政治和军事主动权交给他。

像尼德兰共和国一样，西班牙也无意卷入德意志事务，越来越认为那里的战争严重地分散了自己的资源。佛兰德军的很大一部分仍留在下普法尔茨，并将继续与帝国和天主教同盟军队并肩作战，直到 1623 年，但是马德里和布鲁塞尔都寻求赶紧从那里脱身，以便集中力量打击尼德兰人。

西班牙在莱茵河下游沿岸采取一系列行动，将尼德兰人驱逐出自 1614 年以来一直占领的许多地区，但西班牙的目的是遏制尼德兰人，而不是将战争蔓延到德意志西北部。西班牙的总体目标是平定帝国内的动乱，他们向蒂利和帝国军队提供了有限的援助，以帮助后者击败弗里德里希剩余的德意志支持者。在三十年战争的剩余时间里，这仍然是西班牙的目标，因为很明显，在这一目标实现之前，不可能指望奥地利提供任何援助。

各新教君主

各新教君主国同样不愿意帮助弗里德里希。丹麦无疑是当时最强大的新教王国，与弗里德里希的斯图亚特姻亲关系融洽。（相比之下，瑞典的古斯塔夫斯·阿道弗斯一直叫嚣对德意志进行大规模干预，这仅仅是为了吸引人们对他征服波兰波罗的海沿岸的计划的兴趣。）对弗里德里希来说，不幸的是，丹麦的克里斯蒂安四世并不看好他的行为，质问"谁建议你驱逐国王并夺取了一个王国？"[13]

尽管如此，丹麦国王还是觉得有义务采取行动。像萨克森的约翰·格奥尔格一样，他担心弗里德里希的鲁莽行为危害了德意志路德宗的利益，费迪南德可能会在耶稣会士和其他"邪恶顾问"的影响下，剥夺他们的宪法权利，就像查理五世在 1547 年米尔贝格获胜之后做的一样。克里斯蒂安展示自己路德宗决心的同时，还向弗里德里希施压，要求他谦卑地向费迪南德表示服从，以安抚后者。1621 年 3 月，他在荷尔斯泰因的塞格贝格召开了一次会议，出席会议的有弗里德里希以及下萨克森行政圈、新教联盟、勃兰登堡、詹姆斯一世和尼德兰的代表。丹麦在其德意志属地部署了 5000 名士兵，4 月，下萨克森在自己的议会上同意动员。然而这一表示新教团结的相当无力的尝试也失败了，因为没有一个与会者真的打算强迫费迪南德同意自己的要求，取消对弗里德里希的帝国禁令。许多人还怀疑自己的动员是否合法，这一动员是在维护公共和平的名义下进行的。更根本的是，关键的参与者有着各自不同的目标。瑞典根本拒绝参加，而克里斯蒂安则是利用部署来恐吓汉萨同盟的城镇，让它们承认丹麦对北德意志河流的管辖权和收费权。这不仅让下萨克森人心生警惕，也疏远了尼德兰人，因为尼德兰人已经憎恨高昂的通行费，并且是汉萨同盟的主要贸易伙伴。[14] 克里斯蒂安如果公开反对费迪南德，必然会危及他几个儿子的地位，他们是什未林和费尔登的路德宗教区长官，他接受了皇帝对 1620 年 3 月在米尔豪森所做宣言的确认，当时皇帝将这些主教辖区留给了新教。

英国的政策继续优柔寡断，来回摇摆，对各个事件的回应常常是零碎的，干预措施往往也很糟糕。无论是詹姆斯，还是 1625 年之后他的儿子查理一世，都未能调和教派愿望和政治现实之间的紧张关系。教派愿望要求为弗里德里希进行干预，而政治现实则意味着需要与哈布斯堡王朝谈判，哈布斯堡王朝很快就控制了整个普法尔茨。干预充满风险，而谈判继续停滞不前，因为英国对固执的选帝侯缺乏影响力。然而，英国王室认为，它必须采取行动，哪怕只是为了满足民众的要求和维护自己的威望。英国定期派遣远征军，最初是作为志愿者支持弗里德里希，后来是作为官方力量向西班牙或法国施加压力。在整个过程中，外国势力被允许在不同程度的王室支持下直接招募英国人加入自己的军队（见表 1）。征聘是一项沉重的负担。1586 年至 1602 年间，伊丽莎白时代总共征召了 10.6 万人，相当于总人口的 2%。而斯图亚特招募的人数至少高出 25%，由于英国在 1603 年至 1620 年间几乎没有任何军事行动，这对英国的影响更大。征兵的负担主要落在英格兰东南部（因为从那里征召前往欧洲大陆的士兵比较方便）和苏格兰（那里大约有 10% 的成年男性应征入伍）。而且，英国付出的代价也很高：君主国花费了 144 万英镑来维持普法尔茨的流亡宫廷，并在 1620 年至 1632 年间继续为流亡宫廷和曼斯菲尔德招募士兵，而王室债务到 1625 年已经超过了 100 万英镑。[15] 从长远来看，从斯图亚特王朝各王国前往欧洲大陆作战的人数与 1621 年至 1648 年间在瑞典和芬兰招募的人数大致相同，然而相比之下，英国的努力产生的外交影响微不足道，也没有带来任何战略收益。

拜特伦和雅格恩多夫

只有在东部，弗里德里希的前支持者重新开始了斗争。雅格恩多夫边

表 1　英国军事行动统计

远征军	日期	人数	受援方	构成
A：支持新教事业的				
安德鲁·格雷爵士	1620 年 1 月	2500	波希米亚	英格兰、苏格兰
约翰·西顿（John Seton）爵士	1620	1200	波希米亚	苏格兰
霍勒斯·德·维尔爵士	1620—1622	2250	普法尔茨	英格兰
其他志愿者	1620—1622	2000	波希米亚-普法尔茨	英格兰、苏格兰
英格兰-尼德兰旅 *	1621	8000	尼德兰	英格兰、苏格兰
英格兰-尼德兰旅 *	1624—1626	6000	尼德兰	英格兰、苏格兰
曼斯菲尔德	1625 年 1 月	13 300	曼斯菲尔德 **	英格兰、苏格兰
加的斯	1625 年 9 月	10 000	查理一世	英格兰
查理·摩根爵士	1627—1629	18 700	丹麦	75% 苏格兰人，其余的是英格兰人和威尔士人 ***
雷岛	1627	6000	查理一世	英格兰、威尔士
汉密尔顿侯爵	1631	6000	瑞典	80% 苏格兰
瑞典军队	1632—1639	24000	瑞典	80% 苏格兰
克雷文勋爵	1638	3000	普法尔茨	英格兰
法国军队	1624—1644	25 000	法国	苏格兰-爱尔兰
		127 950		
B：支持哈布斯堡王朝的				
耶日·奥索林斯基（Jerzy Ossolinski）	1621 年 3 月	5000	波兰	不列颠
佛兰德军	1621—1623	2300	西班牙	爱尔兰
佛兰德军	1631—1633	1800	西班牙	爱尔兰
佛兰德军	1635	7000	西班牙	爱尔兰
佛兰德军	1640	150	西班牙	爱尔兰
直接前往西班牙的	1641—1653	4337	西班牙	爱尔兰
佛兰德军	1642	2000	西班牙	爱尔兰
佛兰德军	1649—1653	20 000	西班牙	爱尔兰
		42 587		
		170 537		

注：这张表只统计派出的总兵力，并不统计每次派出的兵力。

* 1621 年参战的兵力有 5000 人，后又增派 8000 人。

** 1626 年战后幸存的士兵加入了丹麦军。

*** 1629 年战后幸存的士兵加入了瑞典军。

数据来源：S. Murdoch, *Britain, Denmark-Norway and the House of Stuart, 1603–1660* (East Linton, 2003), pp.49–51, 56, 62, 227–8; M.C. Fissel, *English Warfare 1511–1642* (London, 2001), pp.105–10, 271; R.B. Manning, *An Apprenticeship in Arms. The origins of the British army 1585–1702* (Oxford, 2006), pp.62–93, 98, 101; M. Glozier, *Scottish Soldiers in France in the Reign of the Sun King* (Leiden,2004); F.G.J. Ten Raa et al., *Het staatsche Leger 1568–1795* (8 vols., The Hague, 1911–59), III, pp.167–70 178–82; R.A. Stradling, *The Spanish Monarchy and Irish Mercenaries: the Wild Geese in Spain 1618–68* (Blackrock, 1994); R.I. Frost, 'Scottish soldiers, Poland-Lithuania and the Thirty Years War', in S. Murdoch (ed.), *Scotland and the Thirty Years War* (Leiden, 2001), pp.191–213。

疆伯爵仍然控制着上卢萨蒂亚的格尔利茨和格拉茨，格拉茨封锁了波希米亚和西里西亚之间的主要通道。那些拒绝服从费迪南德的波希米亚人和摩拉维亚人，例如年轻的图尔恩伯爵，也加入了他的行列。然而，在上卢萨蒂亚和西里西亚等级会议向萨克森选帝侯屈服，并同意协助帝国军队，以换取费迪南德对约翰·格奥尔格颁发的宗教保障的确认后，他的地位就不怎么稳定了。他于 1621 年 3 月 3 日放弃了格尔利茨，但决定继续战斗，因为他已经被帝国宣布为罪犯，他也受到了拜特伦于 4 月 22 日中断海恩堡会谈的决定的鼓舞。

费迪南德准备同意此前 1620 年 1 月已经向拜特伦作出的大面积领土让步，但坚持要继续担任匈牙利国王。像弗里德里希一样，拜特伦觉得如果他抛弃了波希米亚人，必然会损害自己的荣誉，因此他要求波希米亚人也被包括在拟议的和约中，并坚持自己仍然是国王。在整个谈判过程中，双方都在骚扰对方的阵线，并利用相对平静的时期来集结力量。摩拉维亚等级会议跟随下奥地利和内奥地利等级会议的先例，迅速转向，为帝国军提供了军团，而匈牙利权贵则提供了骠骑兵和海杜克人，克罗地亚人则派出非正规部队。皇帝保留了 2000 名哥萨克人，并增加了德意志步兵，使比夸在多瑙河以北有一支相当不错的 2 万人的军队，而科拉尔托还率领着5000 名士兵守卫着南岸。拜特伦只能集结到 1.7 万名轻骑兵和 4000 名步兵。[16] 这些数字表明了中东欧的战斗规模和这个阶段更为人知的莱茵河地区的行动规模相当（见下文）。

会谈一破裂，比夸立即采取行动，在短暂轰炸后，于 5 月 5 日占领了普雷斯堡，而科拉尔托则在河的南部占领了一些小哨所，没有碰到什么抵抗。比夸随后占领了蒂尔瑙和诺伊特拉，以保护摩拉维亚和下奥地利免遭特兰西瓦尼亚的进一步袭击，然后包围了尼特拉河上的诺伊霍伊塞尔，诺伊霍伊塞尔是军政国境地带沿线的一个重要要塞，1619 年叛逃到拜特伦一方，现在被绍尼斯洛·图尔佐占领。拜特伦向东撤退到卡萨，呼吁雅格恩多夫加入他。雅格恩多夫边疆伯爵已经在施韦德尼茨和亚沃尔重新集结，但是 8000 人的萨克森军队通过西里西亚向前推进，让他别无选择，只能于 7 月沿着山脉向南撤退到上匈牙利。

与此同时，拜特伦派了 6000 名轻骑兵在他的主力部队前面来解救已经被围困了 7 周的诺伊霍伊塞尔。骑兵赶走了帝国前哨站，很快这些围城者就被反包围了。比夸在带领一些骑兵外出寻找食物时被杀。他的死被认为是一个重大打击，直到 1625 年，皇帝才找到另一位水准相当的将军。[17] 指挥权移交给了马克西米连·利希滕施泰因（Maximilian Liechtenstein）上校，随着拜特伦和他的其他部下到达，帝国军处境变得越来越绝望，特兰西瓦尼亚军队数量增加到 1.5 万。1621 年 7 月 11 日晚上，利希滕施泰因放弃了攻城车队，试图越过尼特拉河逃跑，但被陷在沼泽地里。只有 8000 人成功抵达舒特岛，他们基本上被困在那里，依靠帝国驻拉布、科默恩和普雷斯堡的部队提供的物资维持。

拜特伦无视了他们，向西行军，于 7 月 30 日重新夺回蒂尔瑙，并与雅格恩多夫的部队会合，后者有 8000 多人，主要是步兵和炮兵——这正是拜特伦需要的部队。普雷斯堡从 8 月 18 日开始被围困，特兰西瓦尼亚人前往摩拉维亚袭击，而拜特伦的匈牙利西部支持者则继续袭击多瑙河以南的下奥地利和内奥地利。然而，根本的趋势对他不利。他的军队数量只有一年前的一半。他也没钱支付给雅格恩多夫的步兵，而匈牙利人厌倦了战斗，来自 11 个郡的分队回家去了。无法占领普雷斯堡进一步打击了士气。瓦伦斯坦在摩拉维亚为皇帝征召了 4000 名士兵，而帝国主力部队已经恢复至 1.2 万人。费迪南德希望尽快达成和解，提供了比在海恩堡提出的更好的条件。

按照一贯作风，拜特伦在 7 月进军时已经开启了谈判。10 月，由于绍尼斯洛·图尔佐与枢机主教迪特里希施泰因和艾什泰哈齐·米克洛什在摩拉维亚的尼可斯堡开始谈判，行动终止了，条款于 1621 年底商定完成，并于 1622 年 1 月 6 日得到批准。拜特伦被允许保留 1620 年 1 月提供的包括卡萨在内的 7 个上匈牙利郡（现代斯洛伐克），费迪南德保留了匈牙利全国剩下的 24 个郡。拜特伦的支持者获得赦免，而匈牙利的宗教特权得到确认。他还得到了奥珀伦和拉蒂博尔这两个现在空缺的西里西亚公爵领，而费迪南德实际上承认了特兰西瓦尼亚的独立。作为交换条件，拜特伦交出了圣斯蒂芬王冠，放弃了他在 1620 年 8 月获得的国王头衔。图尔佐的叛逃使这笔交易成了定局。匈牙利帕拉廷福尔加奇于 1622 年初去世，在匈牙利议会的选举上，费迪南德把图尔佐列为四名候选人中唯一的新教徒。于是图尔佐自然被选为了总督，但在 1622 年 8 月，按照与皇帝秘密达成的协议，他皈依了天主教。[18]

被抛弃后，雅格恩多夫向北撤退到格拉茨，这是他唯一剩下的驻军点，但是他没有土地，因此也就没有钱，他的军队瓦解了。1622 年 3 月，萨克森军、帝国军和西里西亚军包围了格拉茨。格拉茨最终于 10 月 25 日投降。萨克森人撤离西里西亚，但皇帝留下 1 万人占领摩拉维亚，镇压被波希米亚流亡者煽动叛乱的斯洛伐克农民。

新教圣骑士

新的捍卫者

现在新的捍卫者填补了空缺，对这些人来说，为普法尔茨事业而战成了掩盖各种更为个人的野心的光荣外衣。这些圣骑士没有可靠的基地。他们对弗里德里希的尊重很大程度上取决于他能在多大程度上提供英国的支持。他们甘愿冒非凡的风险，有时仅仅是为了避免迫在眉睫的灾难，但也希望一场惊人的胜利会提高他们的声誉，并吸引更坚实的政治和财政支持。

首先是恩斯特·冯·曼斯菲尔德伯爵，他是三十年战争中最具争议的人物之一。他的动机仍不清楚，他的行为表里不一。对大多数人来说，他似乎是典型的雇佣兵，而这一时期一般来说士兵也都是雇佣兵。[19]围绕瓦伦斯坦的争论集中在他的政治野心上，但在谈到曼斯菲尔德时，人们认为他只有一些更卑贱的动机。也许理解这个复杂人物的关键是，他是彼得·恩斯特（Peter Ernst）的第十三个儿子，还是一名私生子。彼得·恩斯特是上萨克森的一块小领地的伯爵和一名西班牙陆军元帅。曼斯菲尔德显然无望继承领地，而且，他父亲还不得不与众多亲属分享这个伯爵领。曼斯菲尔德选择了军旅生涯，希望以此获得合法身份和回报。他缺乏地位，因此很容易受到冒犯，这也没给他赢得多少同情。除了单纯的运气不佳，他的脾气显然也导致他无望快速晋升，因此他对哈布斯堡王朝产生了一种怨恨，既因为他们没有偿还他的费用，还因为他们两次因为他自己的错误而解除了他的指挥权。鲁道夫二世最终在土耳其战争后给了他合法身份，但是他还寻求其他人的认可，例如，他在 1613 年被萨伏依公爵封为贵族。他在 1610 年第一次于利希危机期间叛逃到了新教同盟一方，但只是在他被俘之后。尽管他容忍新教，但他从小就是天主教徒，也没有明确的证据表明他皈依了新教。当然，那些有着真正信仰的人不喜欢他，他对新雇主的忠诚似乎只是因为这能带来更好的前途，还因为他对哈布斯堡王朝有着持续的敌意。

曼斯菲尔德后来的突出表现源于他作为组织者的能力，而这是因为他有一个经验丰富的招聘军官网络。其中一些人他早在 1613—1618 年在萨伏依服役期间就结识了，比如约阿希姆·卡普佐（Joachim Karpzow），后者曾在曼斯菲尔德 1618 年带到波希米亚的瑞士新教团中服役。卡普佐后来因没有审判就将妻子斩首而臭名昭著。尽管曼斯菲尔德发表了《申辩》（Apologie, 1621），称自己是一名富有骑士精神的骑士，捍卫"冬后"的荣誉，但他和卡普佐这样的人的关系只会损害他自己的声誉。曼斯菲尔德有着出色的战略和战术能力，同时还冷酷无情，愿意让他的部下冒生命危险。结果，在他战败的时候，经常因为快速撤退而使结果更加糟糕，因为在此期间，他的部队往往会瓦解，这使得他的雇佣成本很高。

曼斯菲尔德的雇主也经常不能按时发放军饷，这让他被迫从作战区域勒索金钱和供应品。早在 1619 年 2 月，他就已经被置于帝国禁令之下，远远早于弗里德里希的其他支持者，处境非常危险。甚至在白山战役之前，曼斯菲尔德就已经独立行动，巩固了他对波希米亚西部的控制，以期能换取赦免和赔偿。1620 年 10 月，他提出交出比尔森，以换取 40 万弗洛林来补偿他的部队。他后来还提出了类似的提议，这些提议通常是在 1621 年 11 月之后提出的，要求得到领土补偿和担任军事指挥官，最好是为一位大公效力。[20] 我们永远都不清楚，他到底是真心的还是只是在拖延时间。到 17 世纪 20 年代初，他的健康状况也出了问题，患有心脏病和哮喘，在旅行中只能乘坐马车。他的领土要求纯粹是机会主义的，主要集中在下（北部）阿尔萨斯和他在 1621 年 11 月占领的施派尔主教辖区的一部分，后来他在 1622 年占领了东弗里斯兰后，他又要求得到那里的土地。

曼斯菲尔德与弗里德里希关系关切，因此能从普法尔茨那里获得现金和民兵，以及大部分外国支持。这些资产给了他一支 1.5 万至 2 万人的作战力量，高于其他圣骑士，但是由于普法尔茨领地非常分散，他在战略上遇到的困难更大。1621 初，他的部队集中在森林茂密、丘陵起伏的上普法尔茨，还有一些位于波希米亚西北部孤立的驻军点。这些阵地离设防较好的下普法尔茨 175 千米，而下普法尔茨本身也面临着自己的战略问题，因为它被莱茵河一分为二。下普法尔茨右半部分被河边繁茂的玉米田和麦田覆盖，但在更东边的海德堡附近的地方有更多的丘陵和森林地区。下普法尔茨的关键是曼海姆，一个位于内卡河和莱茵河交汇处的新的设防城镇。莱茵河在曼海姆下游的奥彭海姆和上游的盖默斯海姆都有渡口。下普法尔茨位于莱茵河以西的地区有一系列纵横交错的树木繁茂的山脊，这些山脊将普法尔茨北部的美因茨和西部的特里尔隔开。从特里尔向西到西班牙卢森堡的路线由克罗伊茨纳赫把守，但真正的据点是弗兰肯塔尔，它位于曼海姆对面的莱茵河冲积平原以西。新教联盟解散后，这些地方由英国上校德·维尔率领的 7000 人守卫。[21]

相比之下，弗里德里希的其他支持者要么是在位的诸侯，要么是其合法后代。黑森-卡塞尔领地伯爵莫里茨和巴登-杜尔拉赫边疆伯爵格奥尔格·弗里德里希（Georg Friedrich）都是弗里德里希的邻居。两人都是新教联盟成员，但是格奥尔格·弗里德里希支持波希米亚冒险，而莫里茨退出联盟以示抗议。他们的共同纽带是他们都担心弗里德里希的失败会让他们面临无情的帝国司法。莫里茨有充分的理由相信费迪南德会剥夺他的马尔堡领地，这是他在 1604 年从达姆施塔特的亲属那里抢来的。尽管信奉路德宗，达姆施塔特领地伯爵路德维希五世在 1618 至 1619 年前往法国、西班牙、罗马和慕尼黑，为皇帝争取支持，并帮助美因茨选帝侯促成了与斯皮诺拉的停战协议，导致联盟于 1621 年 5 月解散。莫里茨拥有一大片管理良好的领地，在所有圣骑士中有着最丰富的地方资源，在 1620 年底，他召集了 2950 名正规士兵和 9350 名民兵。他的领地战略位置也很重要，位于美因河的北部，北面是威斯特伐利亚和下萨克森，南面是普法尔茨和弗兰肯。[22]

领地伯爵莫里茨有很多奇思妙想，想给他的臣民带来好处，但遭到了他的贵族们的反对，这些人大部分仍然是路德宗信徒，拒绝支持军事冒险。由于莫里茨越来越依赖加尔文宗外来者，比如 1623 年领导民政管理的沃尔夫冈·金特（Wolfgang Günther）博士，他的孤立状况加剧了。[23]他和金特在 1621 年完全误判了形势，抓住了采取行动的机会，但以典型的新教不团结作风，攻击了邻近信奉路德宗的瓦尔德克伯爵领。瓦尔德克与拿骚王朝有着良好的联系，看起来是一个天然的盟友，但莫里茨对其帝国封地的地位提出了质疑，声称自己是统治者。瓦尔德克伯爵是韦特劳联盟的成员，该联盟协调夹在莱茵河、美因河和黑森之间的几个加尔文宗、路德宗、天主教小领地之间的安全。这些领地动员了它们的亲属；尼德兰人指责莫里茨背叛了新教，而天主教徒谴责他是第二个冬王。黑森等级会议背着他与达姆施塔特和皇帝谈判，1622 年 3 月帝国宫廷议会做出不利的判决后，领地伯爵放弃了瓦尔德克。这一事件毁掉了莫里茨的声誉，在战争席卷到他家门口时，让他孤立无援。

巴登-杜尔拉赫的格奥尔格·弗里德里希则更弱，1594 年，他以其亲属破产为借口夺取了他们的领地巴登-巴登。但格奥尔格·弗里德里希无法获得帝国的认可，同时还想摆脱更强大的路德宗邻居符腾堡的影响，他改信了加尔文宗，然后加入了新教联盟。他声称读过 58 遍《圣经》，是拜特伦的两倍，但是他的路德宗臣民拒绝改变信仰。他的 11 500 人的军队一半是民兵，而他的领土太小，太穷，支付不起专业人员的费用。除了他自己的卫队，他的其余部队包括曼斯菲尔德借给他的团，以及符腾堡的马格努斯（Magnus）提供的两个团，后者有可能是从 1621 年 3 月解散的新教联盟符腾堡分队中招募的。[24]马格努斯是符腾堡公爵约翰·弗里德里希年轻得多的弟弟。他几乎没有掌权的希望，抓住了这样一个获得荣耀的机会，后来在温普芬之战中牺牲了。而约翰·弗里德里希拒绝支持这次冒险，使格奥尔格·弗里德里希无法获得符腾堡更强大的资源。

其他的圣骑士和年轻的马格努斯情况类似，往往是诸侯或贵族家庭的后代，但没有足够的财力维持自己的地位或活动，也无法满足他们的野心。其中最重要的是不伦瑞克-沃尔芬比特尔公爵克里斯蒂安，他是海因里希·尤利乌斯公爵的小儿子。[25] 克里斯蒂安一次无意中透露了他哥哥的勃兰登堡妻子有外遇，激怒了他的哥哥，也就是能力糟糕的现任公爵弗里德里希·乌尔里希（Friedrich Ulrich）。克里斯蒂安是哈尔伯施塔特的路德宗教区长官，他的地位部分归功于他母亲、丹麦的克里斯蒂安四世的姐姐的影响。作为教区长官，他的地位并不稳固，但这并不能解释他为何轻率地决定支持弗里德里希，他因这种典型行为获得了"哈尔伯施塔特的疯子"的称号。作为下萨克森的一部分，哈尔伯施塔特在米尔豪森担保范围之内，这让萨克森和丹麦都满意。考虑到他的丹麦亲戚关系、他强大的韦尔夫亲属和他温和的路德宗信仰，克里斯蒂安可以相对自信费迪南德不会废黜他。

克里斯蒂安的一面横幅上的口号"上帝的朋友——天主教徒的敌人"暗示了传统的教派动机，但另一幅标语"为了上帝和她"——她指的是冬后伊丽莎白——表明了他受到了普法尔茨事业中骑士精神的一面的激发。毫无疑问，他有着领土野心，可能打算侵占帕德博恩的现任主教的地盘，但是克里斯蒂安的参与时间较短，也不稳定，让我们很难确定他的明确动机。他的地位最为不利，因为哈尔伯施塔特并不是一个征召一支大军的好地方。除了母亲给他的一些钱，他在 1622 年 8 月临时为尼德兰效劳之前完全没有额外的资源。因此，他的部队很少超过 1 万人，而且骑兵比例很高。虽然骑兵名义上比步兵要贵，但在下萨克森的马匹繁殖地区，骑兵相对容易招募，而且，骑兵可以比步兵更好地靠土地的收成生活。

魏玛兄弟的参与情况大致相似，尽管他们已经深深投入到弗里德里希的事业中，早在 1620 年时就已经向波希米亚提供了部队。长兄约翰·恩斯特公爵并不热心于保护家庭财产，而他的弟弟妹妹支持一项事业，如果成功，他也会从中受益。弗里德里希和威廉都去了波希米亚，1621 年，最年轻的、后来最有名的伯恩哈德（Bernhard）也加入了进来，在威廉的军团中担任一名军官。像安哈尔特一样，魏玛兄弟缺乏足够的资源，但也有自己的政治和教派纲领。他们曾在耶拿大学接受教育，耶拿大学是路德宗较为激进的大学之一，那里教授类似加尔文宗抵抗理论的观点。除了有望征服天主教土地，他们还希望从其萨克森亲属约翰·格奥尔格那里拿回选帝侯的头衔*，约翰·格奥尔格对费迪南德的忠诚使他成为潜在的目标。[26]他们的亲属阿尔滕堡公爵弗里德里希则更为机会主义：他本来考虑皈依天主教，但是因为西班牙没有给他征召的军队付钱，他于 1623 年 1 月加入了克里斯蒂安公爵一方。[27]

　　新教激进主义的爆发背后也有结构性因素。巴伐利亚和天主教同盟在 1619 年至 1620 年间招募了至少 5 万人的军队，其中一半死于疾病、当了逃兵或在战斗中被杀。仍然有许多人愿意参军。就业不足率仍然很高，因为自 16 世纪 30 年代以来，人口快速增长，这一点尚未因战争而趋于稳定或逆转。食品价格的上涨超过了工资的增长，而 1621—1623 年的恶性通货膨胀让情况更加糟糕。从事"战争行业"似乎可以轻松挣钱，招募者承诺入伍奖金、高薪，还承诺退伍后会发放奖金。掠夺的前景具有额外的吸引力，此外还有各种各样的习俗上的压力也鼓励人们参军，比如逃避不愉快的个人环境的愿望。此外，德意志招聘人员缺乏来自其他强国的竞争。尽管佛兰德军和尼德兰共和国军队在 1618—1622 年间编制都增加了一倍，但是他们的大部分人员都是在当地招募的，而法国、丹麦和瑞典还没有开始招募大量德意志雇佣军。

　　此外，还有许多有经验的士兵可供招募，包括那些在土耳其战争、于利希危机和最近的意大利战争中服役的士兵。他们可以用作骨干，来加强没有经验的部队，因此需求量很大。幸运的是，几个友好的政府恰好在圣骑士招募的时候解散了各自的军队。曼斯菲尔德招募了大部分前新教联盟成员的士兵，而克里斯蒂安公爵招募了大约 2500 名汉堡在其与丹麦危机之后遣散的士兵。后者包括克尼普豪森男爵，他以前也曾在尼德兰军中服役，现在在克里斯蒂安相当混乱的军队中组建了一个较好的团。

皇帝的对策

　　圣骑士分散在德意志西部和北部，将战争转移到了这些地区，远离了

---

* 魏玛兄弟是韦廷家族恩斯特分支，在反对查理五世的施马尔卡尔登战争失败之后，被剥夺了选帝侯头衔，转移给了韦廷家族的阿尔布雷希特分支。

哈布斯堡领地，那里的战役即将结束。萨克森于 1622 年 5 月将西里西亚归还给哈布斯堡，并解散了自己的军队。皇帝仍然有一支 1.5 万至 2 万人的军队，但是这些人主要用于对付拜特伦。利奥波德大公在阿尔萨斯还有 6000 人，1622 年夏天，他在那里还得到了 9000 名哥萨克人的增援。[28]

西班牙分队一直和帝国主力部队在一起，直到 1622 年 6 月。当时他们共有 7500 人，在卡拉乔洛（Caracciolo）将军的领导下，前往参加下普法尔茨的行动，然后于次年离开前往佛兰德。1621 年，尼德兰战争的重新爆发已经促使斯皮诺拉派遣范登贝赫（van den Bergh）伯爵率领约 1 万名士兵前往于利希，只给下普法尔茨的科尔多瓦（Córdoba）将军留下 1.1 万名士兵。西班牙遵循自己的目标。除了卡拉乔洛的军团，其部队都不归帝国指挥，而科尔多瓦的任务也只是保卫莱茵河以西的地区，而不是卷入德意志战事。当范登贝赫与当地尼德兰驻军争夺莱茵河下游时，声称对于利希遗产有继承权的双方仍在继续自己的争斗。

主要行动是范登贝赫从 1621 年 9 月开始围攻于利希的尼德兰驻军。因为西班牙人从沃尔夫冈·威廉公爵那里可以获得普法尔茨-诺伊堡领土上的稻草和燕麦，尼德兰人开始"抓捕和拉伸"（Fangen und Spannen）人质，在整个战争中，这种报复行为成了一种恶性循环，一直在持续。[29]1622 年 7 月，沃尔夫冈·威廉集结了军队，人数最终达到 2500 人，帮助范登贝赫夺取了于利希，然后在 1623 年 1 月又夺回了普法芬米策，让它不再对波恩构成威胁。勃兰登堡担心自己的领地会成为下一目标，自己花钱，将在这一地区的 1300 名士兵交给尼德兰人指挥，以保持影响力，同时又不过度暴露自己。勃兰登堡不愿开战，于 1624 年 5 月将拉芬施泰因交给了沃尔夫冈·威廉，以换取后者对他们共同属地的承认。[30]现在，西班牙占据了上风，将尼德兰人和勃兰登堡人从于利希、马克和拉芬斯贝格的大部分地区驱逐出去。西班牙在于利希、克利夫斯和明斯特西部有 1.1 万人，占据着 50 个前哨站。然而，它的战略是孤立尼德兰共和国，而不是协助皇帝。

西班牙对帝国事务不感兴趣，而费迪南德自己的力量软弱，不得不依赖天主教同盟。马克西米连公爵与征服普法尔茨有着直接的利益关系，这是他在波希米亚拯救了皇帝的回报。费迪南德确实还有一些影响力，因为马克西米连需要他的批准才能采取行动。巴伐利亚推迟了入侵上普法尔茨的行动，直到费迪南德于 1621 年 7 月 9 日批准之后才开始，而蒂利进军莱茵河的行动在 11 月以抓捕罪犯曼斯菲尔德的名义被合法化了。几千名巴伐利亚军仍然守卫着上奥地利，当蒂利追捕曼斯菲尔德时，他把剩下的大部分部队留在了上普法尔茨，自己指挥的是天主教同盟成员的分队。马克西米连仍然是天主教同盟的指挥官，因为美因茨选帝侯放弃了自己的权利。根据天主教同盟宪章，一旦军队到达莱茵河理事会的区域，美因茨选帝侯有权接管这支军队。尽管如此，新形势从根本上改变了天主教同盟。相关的威斯特伐利亚成员因尼德兰战争的重新爆发和不伦瑞克-沃尔芬比特尔的克里斯蒂安公爵突袭帕德伯恩而感到不安。科隆的费迪南德在 1621 年组建了自己的分队，很快得到了其他部队的补充，组建了一支约 1.2 万人的独立的天主教同盟军团，由蒂利的副手安霍尔特伯爵指挥。这成为科隆领导的独立的威斯特伐利亚军队的核心，在整个战争中仍然是一个重要因素。[31]

蒂利对阵曼斯菲尔德

曼斯菲尔德是一个足智多谋而顽强的对手。1621 年 5 月，他未能突破波希米亚西北部和雅格恩多夫会合，他在位于纽伦堡-比尔森道路上的上普法尔茨境内的魏德豪斯驻扎了 1.3 万名士兵。剩下的 2000 人被安置在安贝格和卡姆，为的是在他对阵蒂利和马拉达斯时，掩护他的后方不受巴伐利亚军队的袭击。蒂利和马拉达斯已经在山口对面的罗斯豪普特（罗兹瓦多夫）集合了超过 1.8 万人的天主教同盟和帝国军队。在接下来的 4 个月里，两支军队轮流攻击和炮击对方的营地，这是一系列持久战的第一场。在整个三十年战争中，这种持久战和更为我们熟知的战场激烈战斗一样常见。尽管蒂利人数上占优势，但他仍然较弱，因为马克西米连已经撤走了他最好的军团，用于在施特劳宾组建第二支共计 14 500 人的巴伐利亚军队。取代原来这些士兵的是人数较少的民兵，后者在旷日持久的阵地战中表现不佳。[32]

马克西米连在施特劳宾的准备工作终于在 1621 年 9 月中旬完成。不到一周，他就占领了卡姆，正逼近安贝格，打算依靠山脉将曼斯菲尔德困住。在惯常的谈判无果而终的情况下，曼斯菲尔德在一个暴风雨的夜晚突破了围困，前往诺伊马克特。在蒂利越过山口和马克西米连会合之后，曼斯菲尔德的阵地就无法守住了，曼斯菲尔德于 10 月 9 日向西快速行军，穿过纽伦堡前往曼海姆，两周之后带着 7000 名没有领到军饷、濒临哗变的士兵抵达了那里，而掉队者都被放弃了。

曼斯菲尔德的逃跑对蒂利来说很尴尬，但对马克西米连来说却是一个机会。上普法尔茨没有进一步抵抗就投降了，让蒂利可以去追捕曼斯菲尔德。马克西米连担心西班牙人可能会占领整个下普法尔茨，希望至少占领它的首都海德堡，因为它与选帝侯头衔有关。曼斯菲尔德逃到莱茵河对岸地区，蹂躏了下阿尔萨斯，将东部地区抛给蒂利。因为疾病，也因为被抽调，天主教同盟的主要兵力现在减少到不到 1.2 万人，无法夺取海德堡或曼海姆，而科尔多瓦和西班牙人同样也未能赶走弗兰肯塔尔的英国守军。

弗里德里希自己的要塞的抵抗重新燃起了他的希望，他于 1622 年 4 月 22 日秘密穿越法国，在盖默斯海姆与曼斯菲尔德会合。巴登-杜尔拉赫的格奥尔格·弗里德里希宣布了自己的决定，将政府移交给他的长子，在科尼林根（靠近现代的卡尔斯鲁厄）集结了自己的军队。1621 年底，克里斯蒂安公爵未能突破安霍尔特的封锁线，但 1622 年 1 月，他将沃尔夫冈·威廉的驻军从马克伯国的利普施塔特驱逐出去。在尼德兰工程师的帮助下，利普施塔特被改造成一个大型要塞，而克里斯蒂安的骑兵洗劫了附近的帕德伯恩。主教辖区的金库都被卖掉了，用于购买武器并组建一支 1万人左右的军队。

蒂利面临着一个艰巨的任务，要在这三个圣骑士集合之前击败他们。他现在招募了一些新兵，有了一支 2 万人的军队，准备围攻海德堡。弗里德里希和曼斯菲尔德在盖默斯海姆渡过莱茵河，沿途掠夺了施派尔主教辖区，但发现蒂利在维斯洛赫的阵地太强了。他们选择了退缩，希望格奥尔格·弗里德里希与他们会合。蒂利于 4 月 27 日拂晓出击，在他们于维斯洛赫以南 10 千米的明格尔斯海姆渡过水位上涨的克莱因巴赫河时赶上了他们。[33] 蒂利的军队大约有 1.5 万人，比曼斯菲尔德少 3000 人。当曼斯菲尔德的骑兵试图掩护其余军队过河时，天主教同盟先遣队把他们弄得狼狈不堪。人们奔向大桥，军队混乱不堪，道路被废弃的辎重堵塞了。蒂利的克罗地亚人放火烧毁了村庄，但是一个新教瑞士军团坚持了足够长的时间，让溃散的士兵在南面的山上重新集结。曼斯菲尔德和弗里德里希本来已经逃走了，但现在又回来了，沿着阵线骑行，鼓励士兵们勇敢作战，挽回在白山战役失去的荣誉。蒂利的步兵于下午抵达之后，他越过大桥发起了进攻，但是曼斯菲尔德用他的骑兵从山后发起反击，追赶蒂利的部队一直到明格尔斯海姆，直到他们被天主教同盟老兵组成的施密特（Schmidt）团拦住。曼斯菲尔德的后卫一直守在山上直到黄昏，之后跟随已经撤退的其他部队撤离，后者已经损失了 400 人。纪律正在崩溃。曼斯菲尔德军队的许多人在匆忙穿过沼泽地时丢了鞋子，花了一下午时间剥去死者的衣服。蒂利的损失更大，可能有 2000 人，于是他向东撤退到温普芬。

第一轮是平局，但是圣骑士们在人数上仍然占优势，因为格奥尔格·弗里德里希于 4 月 29 日在辛斯海姆与弗里德里希和曼斯菲尔德会合了，他们总共有 3 万人的兵力。然而他们在围攻小城镇埃平根上浪费了时间，没能在科尔多瓦率领 5300 人穿过莱茵河与蒂利会合之前击溃蒂利。由于缺乏补给，曼斯菲尔德率军去攻击西班牙驻守的拉登堡，因为拉登堡切断了曼海姆和海德堡之间的道路，同时留下几个团给格奥尔格·弗里德里希，后者现在有 12 700 人的军队。[34] 蒂利劝阻科尔多瓦不要离开去解救拉登堡，并说服他去攻击格奥尔格·弗里德里希，格奥尔格·弗里德里希过于自信，不知道西班牙人已经到来。1622 年 5 月 5 日晚上，他们在温普芬以南的一座树木繁茂的山上展开部署。由于为一位国王效力，科尔多瓦占据了右边的荣誉位置，而蒂利率领 12 900 名天主教同盟部队部署在左边。一夜之后雨已经过去，第二天早上天气炎热而晴朗。士兵们在阴凉处休息，用了早餐和配给葡萄酒，加强士气，同时他们的炮兵轰击部署在南部的巴登军队。格奥尔格·弗里德里希选择的阵地位置不佳，位于由内卡河和身后有很多湿地的博利格尔河形成的直角内侧，他左侧是一片树林，右侧靠近内卡河以西的上埃森斯海姆村。整个前线被 70 辆货车覆盖，其中一些安装了小型加农炮，保护着 2000 名火枪手，剩下的步兵被落在后面。阵形看起来很强大，但是一旦战局不利，几乎没有撤退的机会。

蒂利和科尔多瓦在上午 11 点开始全面推进，但被猛烈的炮火逼退，退到树林深处。格奥尔格·弗里德里希也停下来吃午饭，撤回前哨，包括位于左边树林里的前哨。科尔多瓦立即带领西班牙火枪手占领了这个地方。格奥尔格·弗里德里希派遣步兵试图夺回树林，战斗重新开始，同时他的大部分骑兵从上埃森斯海姆村发起了突然袭击。战场上充满着无效的炮击所散发的烟雾和两军在平原上行进扬起的灰尘，完全笼罩了骑兵的行迹。随着格奥尔格·弗里德里希的骑兵沿着山坡散开，夺取了对方的大炮，几支天主教同盟部队崩溃了，整个左翼开始后退。施密特团的人看到他们的一个战友本来离开队伍去解手，突然"跑过来，手里拉着裤子，大喊：敌人！敌人！"[35]施密特团很快形成了一个刺猬状的防守阵形，长矛指向四面八方，而一些火枪手则冲去左侧，去操纵刚刚被炮手丢弃的 4 门加农炮。

格奥尔格·弗里德里希的骑兵开始分散，一些人在牢不可破的施密特团周围打转，而另一些人则去追赶之前被击溃的部队。他的步兵仍然被困在货车后面，距离太远而无法提供援助。与此同时，科尔多瓦的火枪手已经绕过了防线的另一端，威胁对方防线的后方。由于天主教同盟和西班牙骑兵人数更多，而且经验也更丰富，他们重新集结，并在下午晚些时候将对手赶出战场。下午 7 点左右，步兵对着货车阵线发起了最后一次进攻。就在这时，后面的一些装有火药的货车爆炸了，向夜空中散发出很多烟雾，因此有一个神话说，一个穿着白色长袍的女人护祐天主教徒取得了胜利。尽管巴登步兵主要是民兵，但他们顽强抵抗，最后一支分队在晚上 9 点投降。这次袭击造成蒂利和科尔多瓦 1800 人伤亡，但是格奥尔格·弗里德里希的军队已经不复存在。四分之一被杀或被俘，大约一半逃跑，只留下 3000 人与曼斯菲尔德会合，后者终于在 5 月 8 日占领了拉登堡。

曼斯菲尔德暂时越过莱茵河，赶走了利奥波德大公，后者正在威胁他在阿尔萨斯的新基地阿格诺。克里斯蒂安公爵的军队终于接近了美因河，但是它向南加入曼斯菲尔德的路线要穿过表面上中立但暗地里支持帝国的

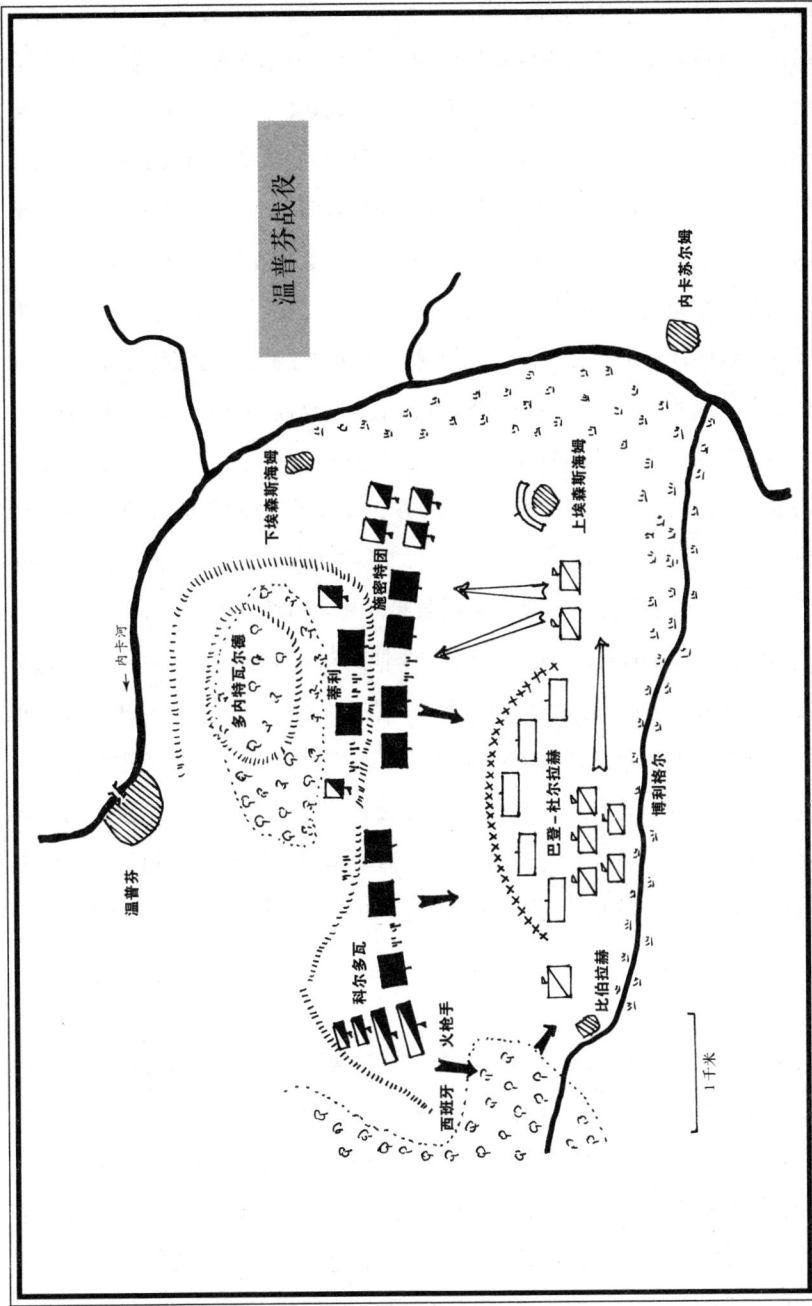

温普芬战役

温普芬

内卡河 →

下埃森斯海姆

上埃森斯海姆

内卡苏尔姆

施密特团

多内特瓦尔德

蒂利

科尔多瓦

西班牙 火枪手

巴塞-杜尔拉赫

博利格尔

比伯拉赫

1千米

黑森-达姆施塔特领地伯爵的领地。6月初，曼斯菲尔德从阿尔萨斯返回，抓住了领地伯爵，强迫他让克里斯蒂安通过。科尔多瓦带着他的大部分人再次回到莱茵河另一侧，但是蒂利得到了来自波希米亚的卡拉乔洛将军率领的其他西班牙军团，以及一直跟踪克里斯蒂安从威斯特伐利亚行军而来的安霍尔特的军队的援助，远远补偿了科尔多瓦离开带来的损失。现在他的军队人数达到了3万人，这是他指挥过的规模最大的部队。6月10日，蒂利在洛尔施阻止了曼斯菲尔德军队向北行进之后，大胆地放弃了美因河以南的地区，在阿沙芬堡渡过美因河，快速越过了法兰克福，并在6月20日追上了克里斯蒂安，当时后者正在位于法兰克福以西的赫希斯特过河。

曼斯菲尔德设法援助了克里斯蒂安5000人的部队，但克里斯蒂安的人数仍然以1：2处于劣势。这一次蒂利没有重复在明格尔斯海姆所犯的错误。他有条不紊地孤立了克里斯蒂安留在索森海姆用来拖延他的2000名步兵，依靠恐慌来达到他想要的效果。赫希斯特桥上挤满了货车，仅过了3000辆就坍塌了。克里斯蒂安命令他的骑兵游过河，但许多人因此淹死了。随着天主教同盟骑兵团的出现，混乱加剧了，而这正是天主教骑兵团出现的目的。赫希斯特城堡一直坚持到晚上10点，但是克里斯蒂安失去了三分之一的军队，而许多幸存者丢了武器。蒂利修好了桥，第二天继续向南追击。克里斯蒂安加入了曼斯菲尔德的队伍，在他们一起向曼海姆撤退时，又损失了负责掩护撤退的2000人。其余的辎重都被俘获了，而克里斯蒂安的骑兵则后悔扔掉马鞍袋逃跑时丢掉了优质的威斯特伐利亚火腿。[36]

这场战斗决定了普法尔茨的命运。格奥尔格·弗里德里希已经开始与皇帝谈判，以求获得赦免，于6月22日解散了他剩余的军队，让位给他的儿子，并归还了他从他的亲戚手中夺走的土地。曼斯菲尔德和克里斯蒂安撤退到阿格诺。詹姆斯国王想要安抚皇帝，在他的压力下，弗里德里希于1622年7月13日取消了曼斯菲尔德的合同。蒂利派安霍尔特去追击曼斯菲尔德，自己继续待在河的东面，夺回拉登堡，并在长期围困之后，最终占领了海德堡（9月15日）和曼海姆（11月2日）。马克西米连公爵现在占据了下普法尔茨的整个东半部，并任命海因里希·冯·梅特涅

赫希斯特战役

通向阿沙芬堡 →

1千米

美因河

法兰克福 霍克斯特森林

行军路线

罗德尔海姆 ●

卡拉乔洛
(西班牙)

蒂利
(天主教同盟)

诺达河

泰森海姆 北 ⊙

布坎海姆堡

尼达河

克尼普豪森率领
的后卫

亨利四世
布伦斯威克

赫希斯特 美因河

（Heinrich von Metternich）为总督。[37]

曼斯菲尔德在安霍尔特、利奥波德和刚刚到达的 9000 名哥萨克人的骚扰下，从阿格诺撤出了他的战利品，并与克里斯蒂安一起通过中立的洛林撤退到色当。这两位指挥官关系紧张，几乎要到决斗的地步。他们与所有各方重新谈判之后，重新签订了一份合同，于 8 月 24 日起为尼德兰服役三个月。斯皮诺拉集结了 20 600 人围攻贝亨奥普佐姆，这个要塞保护了莱茵河以南的尼德兰突出部，并可以对安特卫普进行严重封锁。两位圣骑士被要求去帮助缓解压力，但是他们只有穿越西班牙领土才能做到。自离开阿尔萨斯以来，他们已经失去了 1.1 万名逃兵，只剩下 6000 名骑兵和 8000 名步兵，其中大部分人濒临哗变，只是勉强还能服从命令。科尔多瓦跟在他们后面。8 月 29 日，科尔多瓦超越了他们的纵队，带领着 9000 名步兵和 2000 名骑兵占据了那慕尔以西的弗勒吕斯阻挡了去路。在遭到多次攻击后，西班牙右翼后撤了，所有能快速通过的人都跑掉了。圣骑士们失去了所有的辎重和大炮以及大部分步兵，但是许多骑兵第二天到达了布雷达。受伤的克里斯蒂安在军乐的伴奏下被截掉了左臂，他颁发了一枚纪念奖章，上面刻着 *Altera restat*（"我还有另一只！"）与明格尔斯海姆一样，这场战斗被誉为新教的伟大胜利，但对缓解贝亨奥普佐姆的围困没有什么帮助，10 月 4 日，斯皮诺拉终于放弃了围困，因为很明显尼德兰人可以通过海上补给驻军。[38]

战争进入德意志西北部

由于德意志人的合同即将到期，尼德兰人急于摆脱这些不服管教的军队。他们不想干涉德意志事务，但是范登贝赫在于利希的行动威胁到了他们东部边境的安全。双方同意将曼斯菲尔德送往东弗里斯兰，在那里他可以靠当地资源生活，还可以防止信奉路德宗的恩诺三世伯爵与范登贝赫一起将尼德兰驻军赶出埃姆登。尼德兰人支付了曼斯菲尔德的军饷，并重新装备了他的军队，曼斯菲尔德于 1622 年 10 月底带着 6000 人从申肯汉斯沿着明斯特的西部边缘，沿着埃姆斯河进入东弗里斯兰。恩诺本想淹没边境，但是埃姆登的居民破坏了这一企图。一旦进入边境，曼斯菲尔德在东弗里斯兰的天然防御工事后面就安全了。东弗里斯兰西部是尼德兰边境，北部是海洋，而南部和东部大部分地区是贫瘠的荒原和沼泽。曼斯菲尔德在西南部的埃姆斯河上的梅彭和莱尔都驻扎了军队，进一步封锁了整个区域。现在唯一能进入该地区的道路经过东北部的奥尔登堡公爵领，而这条路线受到丹麦的保护。

埃姆登希望得到帮助，但不是这样的帮助。曼斯菲尔德的入侵带来了灾难。他开始利用税务登记表进行系统的掠夺。埃姆登的贸易繁荣突然停滞了，因为该镇充斥着逃离农村的难民。[39] 克里斯蒂安为 7000 人购买了尼德兰武器后，在 1623 年 1 月抵达。曼斯菲尔德任命他为骑兵指挥官，但两人最终分道扬镳，克里斯蒂安带着自己不多的追随者继续向东越过威悉河进入下萨克森。

两个圣骑士都成了紧张的外交情势的焦点。马克西米连和哈布斯堡王朝都希望这事尽快了结。他们与英国中间人进行了和平谈判，弗兰肯塔尔在詹姆斯的命令下于 3 月 20 日投降。托马斯·费尔法克斯（Thomas Fairfax）爵士的两个儿子为保卫这里而牺牲，许多守军非常愤怒，但是弗兰肯塔尔的情况毫无希望，詹姆斯希望它的投降可以让费迪南德给弗里德里希提供更好的条件，现在弗里德里希已经继续在尼德兰流亡。皇帝宣布整个帝国境内休战，让西属尼德兰大公夫人伊莎贝拉有时间组织一次会议来解决普法尔茨问题。然而，很明显，皇帝打算用自己满意的方式解决问题，声称曼斯菲尔德继续留在帝国消除了对弗里德里希的任何和解义务。[40] 1623 年 2 月，一个诸侯大会（Fürstentag）在雷根斯堡召开，为反对曼斯菲尔德的措施提供建议，并从皇帝那里获得丰厚的奖励。天主教同盟大会同时召开，并同意将蒂利的军队维持在 1.5 万人。

新教势力彼此之间的目的存在着冲突，也和法国的目的存在冲突，法国目前正在意大利寻求盟友反对西班牙（见第 11 章）。法国同意赞助曼斯菲尔德，以转移西班牙的注意力，在 6 月给他送去了钱，并通过海路给他送去了 6000 名新兵。这些新兵的到来使曼斯菲尔德的军队人数超过 2 万人，相当于当地人口的三分之一，远远超过东弗里斯兰所能承受的军队人数。与此同时，克里斯蒂安公爵在下萨克森的出现让他的韦尔夫亲属感到尴尬，他们担心这会让费迪南德有借口来打破米尔豪森担保。克里斯蒂安四世同样为此感到担心，他派遣丹麦军队将克里斯蒂安挡在不来梅之外，并将曼斯菲尔德赶出奥尔登堡。克里斯蒂安被他的哥哥弗里德里希·乌尔里希拯救了，乌尔里希利用自己在下萨克森行政圈的影响力，于3月雇佣了克里斯蒂安来维持该地区的中立，为期三个月。这笔钱和喘息的机会让克里斯蒂安在6月之前在哈尔伯施塔特和沃尔芬比特尔招募了2.1万人。选帝侯约翰·格奥尔格于4月动员了上萨克森军队阻止克里斯蒂安向东移动。[41]

费迪南德已经授权蒂利在1623年2月保护威斯特伐利亚，但是蒂利仍留在南方，既为了重组自己的部队，也为了让皇帝的特使有时间缓和局势。费迪南德主动提出让克里斯蒂安保留哈尔伯施塔特，并赦免他和曼斯菲尔德，前提是他们解散自己的部队。这些条件足够慷慨大方，但都以不光彩为名被拒绝了。克里斯蒂安坚持皇帝应该赦免他手下的军官，包括那些波希米亚流亡者。与此同时，图尔恩伯爵从君士坦丁堡写信带来了令人鼓舞的信息，说拜特伦将重新加入战斗。

安霍尔特动员了1.2万人来掩护威斯特伐利亚的南半部，而蒂利于4月在韦特劳征召了1.7万人，来执行帝国宫廷议会针对黑森-卡塞尔领地伯爵莫里茨的新裁决。宫廷议会将马尔堡奖励给了达姆施塔特，明确承认后者的忠诚，同时用来补偿曼斯菲尔德军队在其领土上造成的300万弗洛林的损失。科拉尔托在5月率领波希米亚的8000名帝国军增援了蒂利，他们一起在6月底移动到下萨克森边境的埃施韦格。应马克西米连的请求，费迪南德向下萨克森发出最后通牒，如果克里斯蒂安拒绝服从，下萨克森将帮助蒂利。克里斯蒂安从哈尔伯施塔特向西移动，在哥廷根封锁了边境，他的骑兵已经和帝国军发生了小规模冲突。蒂利向前进军，克里斯蒂安终于在7月16日中断了谈判。

施塔特洛恩之战

克里斯蒂安的前景看起来一片黯淡。他害怕自己的亲属会帮助蒂利，于是向西飞奔，希望尼德兰人能再次雇用他。7月28日，他辞去主教辖区教区长官，将其留给丹麦人，但这并没有给他带来任何好处。曼斯菲尔德拒绝离开东弗里斯兰，尽管克里斯蒂安向北进入奥斯纳布吕克，缩短了他们之间的距离。这一举动使得蒂利能够赶上他们，因为他选择了更直接的向西路线，于 8 月 4 日到达了埃姆斯河的格雷芬，而克里斯蒂安刚刚离开仅半小时。安霍尔特与蒂利的部队会合，但是由于多次派遣分队，再加上战斗减员，他们的军队现在只有 5000 多名骑兵、1.5 万名步兵和 14 门大炮，这其中还包括科拉尔托率领的帝国分队。[42]

克里斯蒂安还有 50 多千米的路要走，才能到达尼德兰的布雷德福特驻军点，中间这段土地较为平坦，但布满了各种小河和界沟。他采用了之前在赫希斯特使用的战术，留下一个强大的后卫队来掩护他从一个"隘口"（阻塞点）撤退到另一个"隘口"。8 月 5 日星期六晚上，他设法越过了施泰因富特阿河。蒂利的克罗地亚军队在贝格施泰因富特赶上了他们，迫使克里斯蒂安快速越过霍斯特马尔，在费赫特河对面的斯特伦菲尔德扎营。他留下了指示，辎重部队将在晚上 11 点出发，其他的部队随后跟进，然后就睡着了。克里斯蒂安在凌晨 3 点醒来，发现疲惫不堪的士兵仍在熟睡。他的后卫最终在早上 8 点离开了梅特伦的费赫特河渡口，但没有摧毁桥梁，而是退回到宁博格，施提拉姆（Styrum）上校被留下率领一支由 500 名骑兵组成的新分队，在黑克村守住丁克尔河的渡河点。

蒂利的部队已经在紧追不舍，他们渡过了费赫特河越过克里斯蒂安营地时，营火还未完全熄灭。安霍尔特于上午 9 点袭击了施提拉姆上校的部下，迫使克里斯蒂安派出 500 名火枪手解救他们，并退回到斯希普河，克尼普豪森男爵被留在那里，率领着一支由 2000 名火枪手和两门大炮组成的更强大的后卫部队，部署在河西边的威瑟姆和维尔伦之间。克里斯蒂安将其余部队部署在维尔伦以南的匡特维克山上，要求他们坚守这个位置三个小时，以便让他的辎重车辆有时间越过贝克尔河，贝克尔河是到达布雷德福特之前的最后一个障碍，位于布雷德福特东北方向大约 9 千米处。尽管炎热的天气使得水位较低，但是河岸依然潮湿，货车无法通过，只能通过施塔特洛恩大桥或东面另一座紧邻的桥梁过河。他的军队只有 1.5 万人，有 16 门大炮。大约一半是新兵，许多人没有武器，已经表现出恐慌的迹象。

克尼普豪森的人撤退了，克里斯蒂安不得不在维尔讷兰德韦尔后面做最后一搏，维尔讷兰德韦尔是一个位于村庄和施塔特洛恩之间的教区界沟。最可靠的部队，主要是魏玛兄弟的部队，被安置在中央。他的左边是一片叫洛纳布鲁赫的沼泽荒原，被炎热的天气烤得快干了。右边是列斯纳树林和一条叫莱平河的深沟。荒原和河流像漏斗一样，在西南方向变窄，使克里斯蒂安部队挤在贝克尔河边，而蒂利在北方则有更大的空间部署自己的部队。

现在是 8 月 6 日下午 2 点，这一天是主显圣容节，天主教徒认为这是一个吉兆。安霍尔特部署的时候，天主教同盟的炮兵开始轰击克里斯蒂安的步兵。克里斯蒂安组织了两次反击，都失败了，蒂利在大约 90 分钟后继续前进。他的步兵老兵接近火枪射程，而骑兵包抄了敌人的右翼。克里斯蒂安的军队被赶向施塔特洛恩时崩溃了。新兵跪下乞求怜悯，但是克罗地亚士兵和哥萨克士兵一路砍杀逃兵，直到第二天黎明。

蒂利死伤 1000 人，受伤者包括他的侄子维尔纳（Werner），后者指挥了一个骑兵团。大多数报道称新教徒死亡人数为 6000 人，另外还有 4000 人连同大量军火和整队辎重车辆被抓获，只有两辆满载现金的货车及时与克里斯蒂安一起逃离。所有的大炮都被俘获了，后来蒂利在科斯费尔德市场将其展出。约有 1000 名俘虏加入了蒂利的部队，但发现蒂利对纪律的要求比之前严格很多之后，很快就当了逃兵。其余的俘虏被带到明斯特，他们被关押的条件如此恶劣，以至于当地居民和神职人员为他们提供了救济物资。这些人在答应不再拿起武器反抗皇帝之后被释放了。60 多名高级军官，包括 6 名诸侯和伯爵，被移交给皇帝。魏玛的威廉被一直关押到 1625 年 12 月。他的弟弟伯恩哈德受了伤，但设法逃脱了。克里斯蒂安失去了这么多军官，很难再招募新的军队。他率领着 5500 名幸存者又在尼德兰服役了 10 周，不公平地将灾难归咎于克尼普豪森。

清理火场

西班牙希望，尼德兰再次庇护逃亡军队的决定会促使马克西米连和费迪南德一起对抗尼德兰。但马克西米连拒绝了，他一直认为这两场冲突是

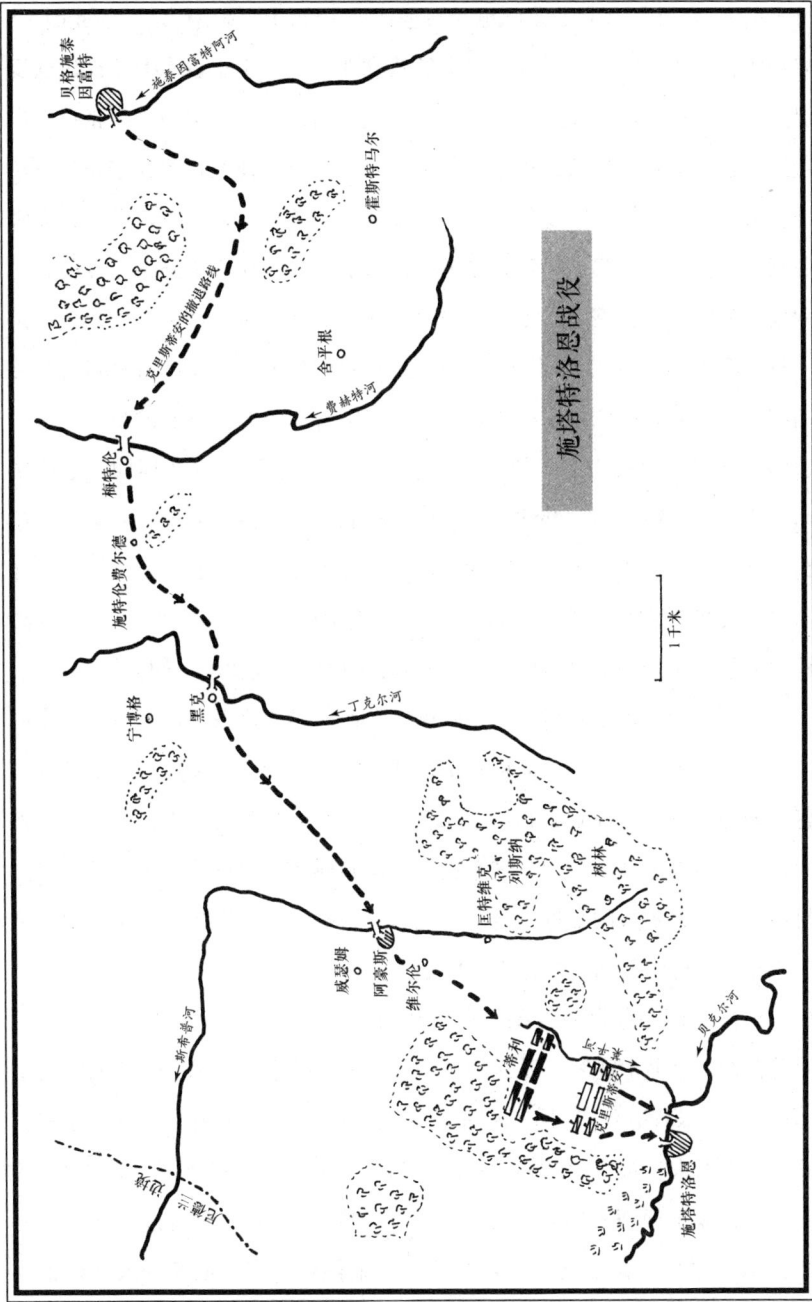

施塔特洛恩战役

分开的。[43] 此外，蒂利的军队也无力进行进一步的大规模行动。与此同时，安霍尔特于1622年11月抵达威斯特伐利亚，引发了德意志第一次民众反对战争的行为。明斯特主教辖区的城镇主要信奉新教，但他们的抵抗是出于避免暴力的普遍愿望。由于害怕尼德兰的报复，他们拒绝让安霍尔特的部队进来过冬。安霍尔特的部队没有薪酬，缺乏食物，在农村游荡，而农民则逃到沼泽地。仅威斯特伐利亚公爵领的损失就相当于通常年度税收的六倍。科隆选帝侯费迪南德已经对这些城镇心怀不满，认为它们的违抗是一种叛乱行为。1623年春天，安霍尔特在等待克里斯蒂安和蒂利向西移动的同时，一直在围攻这些城镇。施塔特洛恩战役为更彻底的行动扫清了道路。在天主教同盟部队的协助下，一个委员会于1624年巡回了这些城镇，修改了城镇章程，并建立了新的天主教议会。只有明斯特本身免于惩罚，其特权没有受到损害，因为它已经同意不再授予新教徒公民身份，并向军队提供了食物。然而，蒂利的部队到达明斯特附近，耗尽了其资源，他贪婪的部队于1623年9月闯入修道院和房屋，劫掠了一周。[44]

蒂利仍然不得不对付曼斯菲尔德，曼斯菲尔德烧毁了边境村庄，淹没了荒原上剩下的道路，从而增强了东弗里斯兰的天然防御能力。他试图沿着曼斯菲尔德去年10月使用过的路线进入东弗里斯兰，在8月占领了梅彭，但没能更进一步。向东进军奥尔登堡同样无功而返，因为这条路也被封锁了。随着冬天的临近，蒂利把他的人分散到边境沿线的驻军点中，希望能靠饥饿迫使曼斯菲尔德出来应战。

日益严重的危机使这些长期不和的人们也团结在了一起。埃姆登与伯爵合作，拦截尼德兰人发送的物资。克里斯蒂安的小部队在他的第二份尼德兰合同到期后，返回了东弗里斯兰，情况更加恶化了。曼斯菲尔德发现，被派去边境之外劫掠的觅食队都当了逃兵。奥尔登堡公爵凑齐了9万塔勒，克里斯蒂安同意接受了这笔钱，在1624年1月解散了他剩下的2000人的部队。由于曼斯菲尔德坚持要求得到更多，尼德兰人借给东弗里斯兰等级会议相当于三年税款的钱，曼斯菲尔德代表依然还在他麾下的4500人的部队接受了这笔钱；大部分人在月底拿到钱之后，迅速地加入了尼德兰军队。

与此同时，蒂利于 1623 年 10 月派遣一支支队南下进入黑森-卡塞尔，以迫使莫里茨公爵解除武装。像前一年的格奥尔格·弗里德里希一样，莫里茨逃离了，最后让位给他的儿子威廉五世，以保护领地不被没收。蒂利的部队在那里一直驻扎到 1625 年，搜刮了 500 多万弗洛林的钱款。威廉五世屈从于当地压力，处死了沃尔夫冈·金特，作为他父亲政策的替罪羊。[45]

在上匈牙利，在不知疲倦的图尔恩的鼓舞下，拜特伦在整个 1623 年都在密谋，相信克里斯蒂安正向东行进来加入他的队伍。拜特伦恢复了 1620 年的宏伟计划，接受了苏丹派 3 万名土耳其人和鞑靼人援军的承诺，条件是一旦匈牙利和波希米亚被征服，这两个国家将成为苏丹的附庸国。辅助军队于 1623 年 6 月开始集结，而克罗地亚和斯洛文尼亚边境民兵则在 7 月哗变，抗议他们的军饷都是用贬值的硬币支付的。收获粮食的需要将拜特伦的行动推迟到 8 月中旬。帝国军已经在 5 月得到了警告，因为匈牙利人的不满情绪加剧了他们的突袭力度。卡拉法和瓦伦斯坦在摩拉瓦河上集结了 7500 名士兵，在 1 万名哥萨克人的协助下封锁了通往摩拉维亚和下奥地利的道路。另有 9000 人被从德意志和奥地利调来增援。拜特伦得知克里斯蒂安战败之后，暂时停止了行动，但在 9 月又恢复了行动，次年 3 月在摩拉瓦河上的格丁（霍多宁）困住了帝国军，奴役了 1.5 万名当地居民。维也纳再次陷入恐慌。费迪南德考虑逃到因斯布鲁克，而格丁城内的情况非常糟糕，瓦伦斯坦的人只能吃自己的马。

如同 1622 年一样，现在的根本趋势显然不利于拜特伦。西里西亚民兵动员起来阻止他向北推进，同时更多的哥萨克人到达以遏制袭击。拜特伦没有意识到敌人的恐慌，只意识到了自己的孤立，在 11 月接受了另一次休战协议，并于 1624 年 5 月将其转变成和约。费迪南德给予拜特伦宽松的条件，基本上确认了《尼可斯堡条约》。他有能力宽宏大量。对费迪南德来说，这场胜利并不算大，但却是决定性的。拜特伦的个人信用完全破产了。尼德兰人拒绝了援助，苏丹被说服不要冒险打破与哈布斯堡王朝的停战协议。拜特伦派了一名天主教贵族前往维也纳，提议改变立场，娶一位费迪南德的女儿，并将特兰西瓦尼亚遗赠给皇帝。费迪南德对此并没有当真。1625 年 10 月，他在众多人员的陪同下，到达普雷斯堡参加下一次议会，巩固了对他那一部分匈牙利地区的控制。在帕兹马尼枢机主教的协助下，他的要求获得了大多数人的同意。议会选举天主教徒艾什泰哈齐·米克洛什为匈牙利帕拉廷，取代已故的图尔佐，并于 12 月接受皇帝 17 岁的儿子费迪南德大公为国王。尽管费迪南德确认了 1606 年的宗教让步，但很明显，天主教在议会中的影响力的增长使得他在未来有可能撤销这些让步。[46] 圣骑士已经被击败，帝国的战争似乎已经结束。费迪南德和他的支持者可以集中精力利用他们的胜利。

天主教占优势（1621—1629）

变化和连续性

白山战役长期以来被视为一个转折点。那些倾向于哈布斯堡王朝的人认为这是一场进步的胜利，结束了封建无政府的状态，防止波希米亚滑入"一个波兰式的未来"。[47] 然而，对大多数捷克人来说，这是一场民族灾难，开启了外来统治下的"黑暗时代"和文化衰落的过程。1918 年 11 月 3 日，在捷克脱离奥匈帝国一周之后，一大群人聚集在白山战役的战场上，聆听鼓吹独立是雪洗 1620 年耻辱的演讲。人们随后游行到布拉格老城广场，推倒了被视为哈布斯堡专制主义象征的圣母柱。这种观点今天仍然存在，近年来一篇广受欢迎的关于这场战役的记述的标题就是《白山上的黑色一天》。[48]

直到 20 世纪 50 年代，这种解释才受到社会和经济历史学家的挑战，他们指出了跨越 1618—1620 年政治断层的长期连续性。在 1948 年至 1990 年间，这种替代性解释理论被与国家支持的马克思主义历史观联系在一起，极大地败坏了它的名声。当然，这些事件不能被简单解释为统治阶级内部争夺经济资产的斗争。尽管如此，很多重要的方面依然存在连续性，而对贵族的分析提供了重要的线索，可以用来说明发生了哪些变化。

为了理解这些军事事件造成的影响，它们在波希米亚造成的后果必须与帝国其他地区的后果一起查看。波希米亚的情况之所以不同，只是因为王国是哈布斯堡世袭土地的一部分，费迪南德在那里可以比在战败的德意志诸侯领地上有更大的行动自由。基于语言或所谓的文化差异的民族独特性，只有在那些战败叛军的宣传和那些后来鼓吹捷克独立的人的作品中才显得格外重要。

1620—1623 年胜利的意义不在于全面的宪法或制度变革，而在于将权力和财富重新分配给皇帝的支持者。相应地，这些人最显著的特征是其天主教信仰，而传播天主教只是哈布斯堡王朝在鲁道夫统治下衰落后稳定王朝的更广泛计划的一部分。费迪南德对对手的态度是一致的，不管他们说捷克语还是德语。所有拿起武器反抗他的人都是已经丧失权利的反叛者。而费迪南德的胜利使他成为征服者，有权随意处置他们的财产。尽管如此，费迪南德的行为依然受到他所认为对帝国宪法和他作为皇帝职责的正确解释的指导。他的命令和最后通牒都被认为是公正的警告。那些未能接受他仁慈的人显然将自己置于错误的境地。进一步的惩罚依然还需要将他们正式定为罪犯。然后，他通过与选帝侯和诸侯协商来决定适当的惩罚，如果涉及了世袭土地，则由法律裁决。区别在于费迪南德双重身份所具有的不同性质。在波希米亚和奥地利，他认为自己是面对臣民的世袭统治者，这些臣民可以被剥夺生命和财产；在其他地方，他面对的是不服从皇帝的封臣。"臭名昭著的反叛者"的概念使得正式听证变得不必要，但是寻求过于严厉的惩罚而使皇帝特权遭到批评也是不必要的。无论如何，费迪南德并不想寻求死刑判决，而是想没收对手的土地和头衔。这可以通过与他的支持者协商来实现，而且，最好可以通过跟那些反叛者协商来实现，费迪南德非常愿意赦免他们，前提是他们承认自己的"罪行"，并同意割让领土。

稳定王朝

费迪南德对既定规范的坚持在政治变革中最为明显。可以预见的是，总的趋势是加强他的权威，走向所谓的"专制主义"。然而，我们不应过分强调集中化或现代化。他没有建立新的机构。相反，他只是对现有安排做了修改，以降低正式反对的可能性。

费迪南德在 1621 年 5 月 10 日的遗嘱中增加了一个附件，以解决"兄弟之争"的遗留问题,他引入了长子继承权,确保他的儿子费迪南德大公继承他所有的土地。然而,即使在这里,古老的习俗依然持续下去,因为皇帝分两个阶段(1623年和1630年)将蒂罗尔交给了他的弟弟利奥波德,利奥波德在马克西米连大公于1618年去世后被任命为那里的总督。费迪南德还放弃了在1623年将奥地利提升为一个王国的计划,因为利奥波德担心这会降低自己在哈布斯堡君主国中的地位。[49]

尽管等级会议在叛乱中都有参与,但费迪南德没有试图废除等级会议本身。萨克森对卢萨蒂亚的占领和对西里西亚的干预意味着由于选帝侯的保证,那里的机构逃脱了惩罚,它们的特权没有受到损害。在其他地方,费迪南德可以采取更有力的行动,但最终只颁布了上奥地利(1625,1627年修订)、波希米亚(1627)和摩拉维亚(1628)的"更新宪法",这些宪法一直用到1848年革命前。君主国被宣布为世袭制,波希米亚人声称自己有权选举国王的主张也被取消了。等级会议保留了就税收进行投票的权利,但失去了自由集会的权利,也丧失了对一些正式上是世袭的重要国家职位的控制。鲁道夫的《陛下诏书》被撤销,天主教成为唯一的官方信仰,但犹太人仍有特殊的豁免权。等级会议的权力现在取决于王朝的恩典,而不是不可剥夺的集体权利。随着真正的影响力转移到永久的、领薪水的委员会,等级会议也丧失了其重要性。蒂罗尔始终保持忠诚,因而那里没有发生变革,即使在那里,随着政府变得更加官僚和技术化,农民也越来越多地选择律师在议会中代表他们。[50]

不管有没有参加战斗,在此期间,等级会议的角色从集体代表转变为进行行政管理。他们参与决定税收只是为了帮助君主找到国家可以合理承受的金额,并帮助征收这笔钱。在对外关系中,现在只有君主能够代表国家。费迪南德计划的这一核心内容恢复了查理五世1548年的计划,通过确保世袭土地的完全自治,使帝国更容易管理。早在1620年,费迪南德就把1559年合并的奥地利书记官府和帝国书记官府分开了。奥地利书记官府现在处理费迪南德作为世袭统治者的事务,包括外交信函,而帝国书记官府则处理与帝国等级会议的关系。正式来说,美因茨选帝侯仍然是帝国书记官府的首脑,但是哈布斯堡帝国的政策是通过皇帝任命的副书记官执行的。波希米亚书记官府依然存在，但于 1624 年迁至维也纳。波希米亚书记官府和奥地利书记官府都开始颁发贵族凭证，扩大了哈布斯堡王朝的赞助范围，而不用依赖传统上与分封贵族相关的皇帝特权。枢密院提供了协调。枢密院在 16 世纪 20 年代就已经出现，但在费迪南德信任的顾问、枢密院主席埃根贝格男爵的领导下变得更加重要。

这些制度上的调整却没有人事变动重要。叛乱表明，问题不在于等级会议本身，而在于政权的反对者对它们的使用。实际的等级会议已经分裂，其成员中有很大一部分在 1618 年后仍然忠诚，或者至少保持中立。正是在这里，宗教的重要性才得以衡量，因为天主教仍然是最明显的忠诚标志。费迪南德在 1620 年后取得的一连串胜利使他可以将已有的恩庇扩大到帝国的其他地区。通过重新分配被征服的土地，他削弱了反对派的经济基础，加强了支持者的。费迪南德通过放过温和派或那些表现出悔意的人士的土地，赢得他们的支持，并且扩大了他的人才储备。

重要的是，我们不要高估这一战略的一致性。政策的实施是临时性的，有一部分显然是出于财政上的权宜之计。只有在几代人之后，这种全面的影响才得以实现。直接受益者获得的地位和财富都因为他们支持了获胜方。他们得到了土地和高级职位的奖励，在整个战争中为君主国提供了黏合剂。他们的命运立即与哈布斯堡王朝的命运交织在一起，正如波希米亚流亡者和其他受害者的命运取决于皇帝的其余敌人（如瑞典人）的成功一样。战后一代主要是这些受益者的子女。与 1618 年的叛乱者不同，他们没有改变政治安排的野心，而是想提升自己在哈布斯堡宫廷和行政机构中的地位。由于军队和官僚机构的持续发展，以及创造新的头衔和荣誉，王朝满足了他们的愿望。地方和行省利益的代表现在主要通过这些非正式渠道进行沟通，而显赫的贵族家庭在系统内提拔自己的门客。

血腥法院

这一过程的第一阶段与 1620 年的夏季攻势同时发生，涉及确认受害者。费迪南德在 1620 年 8 月后发布了三项命令，将 65 名下奥地利人和 51 名上奥地利人列为反叛分子，而他们的财产已经被没收。其他人在

1621 年 1 月和 2 月成为目标，当时弗里德里希和他在德意志的主要支持者被置于帝国禁令之下，而卡尔·利希滕施泰因和枢机主教迪特里希施泰因领导的一个特别委员会开始在布拉格工作。维也纳发送了一份 82 名被逮捕的人的名单，其中包括波希米亚的理事和掷出窗外者。一些人，比如科隆纳·冯·费尔斯，已经死了，或者已经逃跑了。许多天真的人无视蒂利在 1620 年 11 月让他们逃跑的暗示，仍然留在布拉格。审判持续了两个月。约翰·格奥尔格无视了新教徒的请求，将在萨克森寻求庇护的掷出窗外者约阿希姆·安德烈亚斯·施里克移交给了皇帝。32 人被判死刑，理由是他们的罪行构成叛国罪。另外还有 11 人免于死刑，所有人都失去了财产，从而也连带惩罚了他们的家人。处决的形式是刻意野蛮化的：大多数人在被处决之前会被拔掉舌头或砍掉右手。

费迪南德在收到判决结果时与自己的良心搏斗，他咨询他的顾问，并前往玛丽亚采尔的圣祠寻求神的指引。波希米亚书记官洛布科维茨和未来的帝国副书记官施特拉伦多夫（Stralendorf）力劝皇帝将刑罚减为到桨帆船上服役。斯拉瓦塔和马丁尼茨也不希望报复，反对判处掷出窗外者死刑。费迪南德赦免了其中 5 人，并减轻了其他一些人的死刑处决形式，但他还是在 1621 年 5 月 23 日，即掷出窗外事件发生三周年时签署了 28 份死刑令。利希滕施泰因被告知要尽快执行判决，因为皇帝不希望他胜利进入布拉格与处决同时进行。城中的驻军扩大了，城门关闭了。6 月 21 日，27 人连同另一名在监狱自杀的罪犯的尸体被带到老城广场。被处决者中包括 3 名领主、7 名骑士和 17 名市民，其中包括一名大学校长，他是唯一一个被拔掉舌头的人，以惩罚他发表了赞扬弗里德里希的演讲。他们中有一个天主教徒：迪奥尼斯·切尔宁（Dionys Czernin），他是让掷出窗外者进入赫拉德恰尼宫的队长。

剑子手扬·米代拉尔（Jan Mydllar）需要四把剑来完成这个可怕的任务，尽管其中 3 名平民是被绞死的。12 个人头、两只手和校长的舌头被钉在城门上，一直留在那里，直到 1631 年萨克森人把它们移走。另有 29 名逃犯被缺席判处死刑。这一事件已经作为血腥法庭进入捷克历史。因为费迪南德此前将事件解释为叛乱，这是其逻辑上的结果。与尼德兰叛乱开始时阿尔巴公爵的血腥委员会相比，或者与 17 世纪和 18 世纪英国叛乱失败后的镇压相比，受害者的人数相对较少。然而，这无疑是不必要的，也是一个错误。布拉格的气氛变了。叛乱领导人此前被指责为灾难的罪魁祸首，但他们现在却赢得了人们的同情。[51]

萨克森人将 3 名卢萨蒂亚人移交给费迪南德，并对另外 11 人处以罚款。摩拉维亚人中，只有弗里德里希·冯·蒂芬巴赫（Friedrich von Tieffenbach）上校于 1621 年 5 月 27 日在因斯布鲁克被处决。迪特里希施泰因和斯拉瓦塔举行了第二次法庭，判处 12 名摩拉维亚人死刑，但没有一人被处决。其中一些人已经逃跑了，而迪特里希施泰因和卡雷尔·齐罗廷为其他人求情。费迪南德显然从布拉格的错误中吸取了教训，将刑期减为无期徒刑——最终在 1630 年之前，所有人都被释放了。

土地转让

处决增加了流亡者对皇帝的仇恨，但没收土地在历史上看来则更为重要。在血腥法庭之后，利希滕施泰因委员会使用一个在 1620 年 11 月就准备好的名单开始没收叛军的财产。这是 1945 年共产党接管之前，欧洲最大的一次财产转让，1945 年包括 17 世纪 20 年代受益者的后代的许多人也失去了他们的财产。1623 年 10 月，因为抗议太多，委员会被迫停止夺取贵族的土地，到那时，委员会已经没收了支持叛乱者的财产。委员会继续夺取市民的财产，但规模要小得多。这一行动影响了 680 个波希米亚贵族家庭（其中 166 个失去了一切），还有 135 位布拉格市民家庭和其他 50 个城镇的市民家庭。从 250 个家庭中没收了大约 150 个摩拉维亚庄园。由于这一过程还涉及转移前领主对其佃户的封建管辖权，我们可以从这一事实看出领土转移的规模：一半的摩拉维亚人都更换了领主。上西里西亚几乎没有什么财产被没收，但波希米亚和摩拉维亚领土重新分配的主要受益者也在那里获得了土地。

事实证明，整个事件对后世来说比处决引起了更多的激烈争论。捷克历史学家称此为"蓄意抢劫"。[52]斯拉瓦塔家族是唯一一个在波希米亚扩大了财产规模的捷克高级贵族家庭，他们在那里有 2000 多个依赖他

们的农户。另有 16 个捷克家庭控制了另外 1 万个家户，相当于总人口的
18%。虽然捷克语仍然是波希米亚贵族的主要语言，但它在摩拉维亚被德
语取代，而支持叛乱的齐罗廷家族成员失去了他们原本 1 万个家户的近四
分之三。

　　没收土地是对叛乱的标准惩罚。没有一个抗议者质疑这一行为的基本
合法性，相反，他们认为有些行为是有情可原的，以此来寻求宽恕。这一
进程意味着国家在没有改变基本的法律和财产安排的前提下，大规模扩张
了其权力。君主本身没有没收土地，只保留了土地总量的 1.6%。君主也没
有惩罚未参与叛乱的叛乱者亲属，没有没收他们的土地，只拿走了叛乱分
子直接拥有的土地。没收一般是以类似强迫出售的形式进行，被没收者会
收到一定的赔偿金，但用的是贬值的硬币。因此，随着费迪南德重组和扩
大他的门客群体，奖励了忠诚者（不论家庭出身或财产的位置在哪），国家
权力的增长是通过重新安排个人关系来实现的。君主国在不破坏行省特权
的情况下获得了普遍的影响力。现在，更多的家庭同时在几个省份拥有土
地，而新来者则融入了哈布斯堡精英阶层。在 1621 年至 1656 年间成为波
希米亚贵族的 417 个家庭中，德意志人、西班牙人、意大利人和比利时人
占 281 个。这些人大多数是帝国陆军军官或者来自君主国其他地区的天主
教徒。

　　财富高度集中在少数几个主要家族手中，尤其是那些在 1618 年之前
已经支持费迪南德的家族。利希滕施泰因家族和洛布科维茨家族在波希米
亚、摩拉维亚和西里西亚拥有巨大的地产，而斯拉瓦塔家族在波希米亚和
摩拉维亚拥有大量土地。利希滕施泰因家族和迪特里希施泰因家族一起控
制了摩拉维亚的四分之一，而埃根贝格男爵则成了波希米亚的主要地主。
没收、流放和外来者的涌入破坏了旧波希米亚贵族的社会凝聚力。婚姻市
场扩大了。语言和参与地方政治不再是定义贵族身份的标准。许多贵族都
不待在自己的领地了，因为参加宫廷和中央政府更为重要。

普法尔茨领地和头衔

　　土地转移政策很早就扩展到哈布斯堡世袭土地之外了，虽然直到

1622年蒂利取得一系列胜利之后，这些政策才真的有可能实施。汉堡的一份报纸早在 1619 年 9 月就推测，如果弗里德里希接受波希米亚王冠，费迪南德将会把普法尔茨的选帝侯头衔移交他人。[53] 头衔最明显的接受者是巴伐利亚的马克西米连，他有很强的理由要求根据 1619 年 10 月的《慕尼黑条约》得到赔偿，而且，他于 1620 年 8 月接受了皇帝委托，在波希米亚和上奥地利采取行动。马克西米连认识到承担波希米亚责任的困难，于 1 月 13 日放弃了那里，只保留了上奥地利，费迪南德于 2 月 15 日正式将上奥地利移交给马克西米连，直到他能够偿还巴伐利亚的战争费用。[54] 这让马克西米连对皇帝拥有相当的影响力，因为哈布斯堡财政部很难找到钱赎回上奥地利。1621 年 1 月 29 日，费迪南德屈服于巴伐利亚的压力，宣布弗里德里希为罪犯，重新分配选帝侯头衔的法律准备工作已经完成。

然而，费迪南德并不急于走得更远，他认识到，如果弗里德里希被剥夺了选帝侯头衔和波希米亚国王的头衔，那他们将再也无法和解。他还认识到，没收普法尔茨头衔和土地将为其他势力接手弗里德里希的事业提供借口。另一个问题是关于西班牙的，因为西班牙是以勃艮第行政圈成员身份干预的，因此也有权获得赔偿。哈布斯堡的顾问很少有人赞成将普法尔茨的头衔转让给巴伐利亚，但是弗里德里希 3 月在塞格贝格的不妥协态度让费迪南德确信，宽容是没有意义的。1621 年 6 月，他将对马克西米连的委托扩大到包括上普法尔茨，然后在 9 月 22 日秘密地将选帝侯头衔转让给他。只有费迪南德公开承认之后，裁决才会生效，但是马克西米连也不愿向他施压，直到双方都确定得到西班牙的支持后才会行动，而西班牙不想放弃下普法尔茨西部，这是与詹姆斯一世谈判的重要筹码。新任教宗格列高列十五世与他的前任不同，认为这场冲突是一场圣战，令西班牙相信，将选帝侯头衔从一个坚定的加尔文宗信徒移交给天主教徒马克西米连会对西班牙有利。

蒂利的胜利为这些转让提供了基础，尤其是在他 1622 年 11 月占领海德堡和曼海姆之后。12 月，一个帝国代表团在雷根斯堡召开会议，并扩大为诸侯大会，正如我们所见，这与天主教同盟会议，还有詹姆斯和伊莎贝拉召开的和平谈判同时发生。费迪南德希望恢复团结，并准备宽宏大量。安哈尔特、霍恩洛厄等人被赦免。与曼斯菲尔德和克里斯蒂安公爵的谈判仍在继续，皇帝提出条件，只要他们放下武器，都会得到宽大处理。不同于在波希米亚，这里没有处决对手的计划。费迪南德也不打算打破对德意志北部主教辖区的米尔豪森担保。一些教会诸侯已经呼吁完全归还以前的教会领地，但是这些都没有纳入皇帝的计划。所有归还土地都只涉及了世俗领地——巴登-巴登、马尔堡、瓦尔德克。

现在只有普法尔茨要处理了，这是一个足够大的领地，足以满足马克西米连的需求。弗里德里希在巴伐利亚北部拥有的三个区被交给了他的普法尔茨-诺伊堡亲属，好让他们能够接受马克西米连的新地位。美因茨在15世纪丢给普法尔茨的森林之路（Bergstrasse）被归还，而施派尔得到了辛斯海姆，这是对弗里德里希在1618年摧毁乌登海姆的补偿。达姆施塔特得到了两个地区，以及属于勒文施泰因（Löwenstein）伯爵、索尔姆斯-布劳恩费尔斯伯爵和伊森堡（Isenburg）伯爵的一些地产，以弥补它在1622年受到的损失，这些人曾在曼斯菲尔德的军队中担任上校。[55] 这些土地转移的规模相对较小：给予达姆施塔特的两个区只有850名居民。真正的主要受益者仍然是马克西米连，他在1623年2月25日收到了整个上普法尔茨和东下普法尔茨的剩余部分。

选帝侯头衔也在同一天公开转交给了马克西米连，这一天也是查理五世将萨克森选帝侯头衔从韦廷家族恩斯特分支转移给阿尔布雷希特分支的75周年纪念日。这一举动遭到了普法尔茨-诺伊堡、萨克森、勃兰登堡和西班牙大使奥尼亚特的抵制，而伊莎贝拉则发出了抗议。这一裁决保留了一种非永久性的感觉，因为土地转让是与马克西米连暂时占有上奥地利相关的，而两者都和费迪南德偿还马克西米连的战争费用（最终双方同意为1200万弗洛林）的义务相关。马克西米连仍然受制于费迪南德，因为他需要后者的帮助来保证自己的新地位得到更广泛的认可。美因茨的调解在1624年7月说服了约翰·格奥尔格，在此之前，皇帝将卢萨蒂亚移交给萨克森，条款类似于将上奥地利抵押给巴伐利亚公爵的条件，这一次抵销了393万弗洛林的费用。[56]

尽管这些决定很重要，但它们掩盖了费迪南德计划的另一部分。从雷根斯堡大会开始，到 1624 年 8 月，皇帝已经创造了 11 个新的诸侯，相比之下，在过去的 70 年里只有 4 个人得到提拔。新诸侯包括霍亨佐伦天主教分支的三名成员，以及他们的亲属陆军元帅扎尔姆（Salm）伯爵。其他人来自哈布斯堡王朝自己的领地贵族，包括利希滕施泰因的三个兄弟、枢机主教迪特里希施泰因和瓦伦斯坦将军。选帝侯们对这种试图将在未来的帝国议会中塞满哈布斯堡王朝支持者的行为反应冷淡，并坚持要求，新诸侯在行使投票权之前要得到适当的封地。这一要求加强了哈布斯堡王朝贵族和帝国贵族的融合：现在不仅帝国伯爵和在皇帝军队服役的骑士获得了从哈布斯堡世袭土地上的叛乱分子手中没收的财产，哈布斯堡贵族现在在帝国土地和头衔中也占据了更大份额。费迪南德还充分利用自己的特权，将 100 多个家庭提升为帝国男爵，另外 70 个家庭提升为帝国伯爵，其中 1622 年 9 月蒂利也提升为伯爵。[57] 那些通过购买或结婚而得到适当土地的伯爵在行政圈集会上获得了发言权。同样，这与哈布斯堡精英有着密切的联系：1627 年至 1654 年间，皇帝的枢密院成员中有 10 人成了施瓦本行政圈的伯爵。

如同在哈布斯堡土地上一样，费迪南德的计划是通过改变人事而不是机构来实现的，他只是提拔效忠者，排斥对手。这些变化的规模已经很大，但依然还在帝国宪法所能容纳的范围之内。真正的问题始于 1627 年，当时丹麦及其北德意志盟友的失败为更根本的土地和所有权再分配提供了机会（见第 12 章）。

重新天主教化

尽管如此，费迪南德的措施还是有争议的，尤其是因为这些措施与天主教的推广有关。这一过程被称为"重新天主教化"，尽管许多受影响的人一生都是新教徒。费迪南德推行的天主教是后特伦托会议式的，而不是更早类型的。这在执行这项政策的人中间造成了紧张，其中一些人更喜欢反宗教改革前不那么严厉的天主教。尽管是否信仰天主教是衡量政治忠诚的主要标准，但世俗命令有时与政策的宗教层面相矛盾。[58]

主要目的是形成一个稳固的天主教政治和社会精英阶层，而马克西米连和费迪南德的主要顾问都没有将这些措施推广到精英之外的人口的强烈愿望。马克西米连和哈布斯堡的主要官员都赞成继续实行战前的渐进式方式，避免直接攻击那些得到合法认可的新教徒，而是鼓励他们改宗。说服仍然是战后时期重新天主教化的一个主要因素，这也是许多神职人员喜欢的方式。然而，教宗、耶稣会士和其他一些人主张更有力的方法。耶稣会士在没有得到地方支持的情况下，在较小的苏尔茨巴赫公爵领推行政策，悲惨地失败了。[59] 成功显然取决于政治支持，教宗特使敦促费迪南德批准使用武力。尽管皇帝希望还将一切维持在他眼中的法律范围之内，但他仍然容易受到激进分子言论的影响。他相信他的对手是叛乱者，因此已经丧失了其宗教以及政治权利和财产。马克西米连更加谨慎，部分原因是在1628年他被其他选帝侯认可之前，他对普法尔茨的占有仍不稳固。因此马克西米连有机会观察到费迪南德在自己的世袭土地上遇到的问题，以及沃尔夫冈·威廉公爵说服他的于利希和贝格臣民接受天主教的困难。

尽管存在这些差异，该项目仍遵循了1579年设计的在奥地利和巴伐利亚推广天主教的模式（详见第3章）。新教基础设施首先成为攻击目标，牧师和教师先被驱逐，而教会和学校被交给天主教徒。这个项目始于1621年12月的波希米亚，尽管利希滕施泰因最初试图豁免路德宗信徒，后者直到1622年10月才被命令离开。在下奥地利这些措施被推迟到1626年，而马克西米连直到征服后3年才在上普法尔茨对加尔文宗信徒实施这项政策。随后，哈布斯堡王朝将目标指向了新教城镇。早在1623年，就出台了只有信奉天主教才能成为维也纳公民的政策，这一标准先是扩展到了波希米亚，然后扩展到了上奥地利和下奥地利的城镇。"新宪法"摧毁了新教剩余权利的法律基础，为波希米亚、上奥地利和下奥地利（在1627年）以及摩拉维亚和内奥地利（在1628年）的一系列"一般命令"扫清了道路，这些命令规定，民众有6个月的时间来考虑，要么改宗，要么移民。

马克西米连以相反的顺序实施了这些措施，于1628年4月在上普法尔茨发布了一项一般命令，然后在1629年彻底废除了当地的等级会议。他在采取这一行动时获得了费迪南德的许可，而且他废除的上普法尔茨等级会议的根基比哈布斯堡领地上的那些要弱。巴伐利亚的措施也攻击加尔文宗，加尔文宗在主要信奉路德宗的上普法尔茨被广泛憎恨，甚至在下普法尔茨的大部分地区也不受欢迎。下普法尔茨的重新天主教化始于 1628年，也没有那么系统化，因为马克西米连只控制了三分之一的领土，下普法尔茨的一半领土在西班牙人手中，其余的在美因茨、施派尔和达姆施塔特手中。西班牙人对宗教问题视而不见，就像他们在莱茵河下游地区的驻军点所做的那样。达姆施塔特信奉路德宗，而美因茨和施派尔由于管辖权争端而未能与巴伐利亚协调一致。已经向蒂利投降的路德宗城镇也被忽略了，而巴伐利亚占领当局忙于征收战争税，无暇在宗教问题上施压。

巴伐利亚引入了重新天主教化的其他元素，包括格列高列历法和证明自己服从当局的忏悔证明。没有参加弥撒或在斋戒期间吃肉的人会被处以罚款，但是巴伐利亚驱逐异议者的力度不如哈布斯堡王朝。上普法尔茨的命令只针对了贵族，他们是马克西米连的主要目标。到 1630 年，90 个家庭改信了天主教，尽管还有 93 个家庭选择了离开，但他们并不需要出售地产，只是成了不在领地的领主。其他社会群体直到 1660 年 7 月才受到影响，即使到那时户主也免于受到影响。而在巴伐利亚，则没有必要采取这些措施，因为那里很少有人信奉新教。马克西米连没有触及巴伐利亚等级会议，而是靠经济压力来施加影响，让宫廷、行政和军事任命对当地贵族越来越有吸引力。由于这些任命只对天主教徒开放，新教贵族因此有强烈的改宗动机。[60]

哈布斯堡的贵族中有很大一部分也改信了天主教。叛乱加强了新教信仰和颠覆之间的联系，使得信仰既危险，又在道德上可疑。而白山之战似乎表明上帝偏爱天主教徒。有些人改宗是为了逃避惩罚，或分享战利品。机会主义的一个显著例子是拿骚-哈达马尔的约翰·路德维希（Johann Ludwig），他于 1629 年放弃加尔文宗，以赢得费迪南德在一项继承争端中的支持。他成为拿骚王朝中第一个被封为诸侯的人（1639），后来还代表皇帝出席威斯特伐利亚大会。对其他人来说，改宗只是他们对哈布斯堡王朝的忠诚的延伸。施蒂里亚路德宗信徒鲁道夫·冯·蒂芬巴赫在白山战役中指挥炮兵，并于 1623 年改信了天主教，尽管他的兄弟因为站在另一边而被处决*。1613 年至 1637 年间，21 名匈牙利权贵及其儿子皈依天主教，进一步降低了新教徒在议会中的比例。即使在下奥地利，尽管在那里路德宗贵族保留了良心自由的权利，到 1650 年，420 名贵族中也只有三分之一仍然信奉新教。

天主教获取成功的主要因素是惩罚措施，这些措施迫使大多数新教徒流亡国外。在白山战役和费迪南德的没收政策之后，大量的人选择了逃离。其他人，主要是比较温和的人，在"一般命令"发布之后也选择了逃离。1598 年至 1660 年间，可能有 10 万人离开了内奥地利和下奥地利以逃避迫害。同样数量的人逃离了西里西亚，尽管萨克森的干预在那里保障了路德宗的权利，而同期约有 15 万人离开波希米亚和摩拉维亚。大多数人是在 17 世纪 20 年代离开的。尽管在这些移民中贵族只占一小部分，但相对于他们在总人群中的比例，贵族数量已经高于均值。1628 年内奥地利的命令导致 750 名施蒂里亚贵族和 160 名克恩滕贵族选择离开，而1400 个波希米亚和摩拉维亚贵族家庭中有 300 多个选择了移民。人口外流推动了哈布斯堡精英阶层的重建，因为移民的人出售了他们的土地。哈布斯堡王朝为自己得到的政治利益付出了高昂的代价，人口减少了至少7%，财富也枯竭了。那些离开的人往往是有条件可以选择离开的：1623年后离开维也纳的 150 名市民带走了价值 30 万弗洛林的财产。[61] 这些损失加剧了战争造成的破坏，将负担推给了留下的人，包括虔诚的天主教徒。同样，后者中很少有人有资格填补教会和行政部门的空缺：1640 年，波希米亚三分之二的教区缺少神父。

这些问题延缓了人们对天主教的接受。为使官方信仰更具吸引力，人们付出了巨大努力。瓦伦斯坦的妻兄，枢机主教恩斯特·阿尔布雷希特·冯·哈拉赫（Ernst Albrecht von Harrach）坚持不懈地宣传天主教，将其作为忠诚的捷克人身份的焦点，并培养了当时已有的对一个名叫内波穆克的约翰的波希米亚教士的崇拜，后者最终在 1729 年被封为圣徒，并成为哈布斯堡虔诚的象征。[62] 耶稣会士在上普法尔茨焚烧了 1 万本新教书

---

* 即上文提到的在因斯布鲁克被处决的弗里德里希·冯·蒂芬巴赫。

籍，免费分发自己的敬虔文学著作，并开发了一个基于社区剧院的复杂的文化推广计划。一旦贵族离开或改宗，当局就接受了保持耐心的必要性。马克西米连实际上放弃了让上普法尔茨的路德宗成年人改宗的企图，让耶稣会士专注于教导他们的孩子。

奥地利、巴伐利亚和捷克天主教文化的活力证明了这些措施所产生的长期影响，虽然新教少数群体也一直存留了下来，后来受益于皇帝约瑟夫二世 1781 年的宽容令状。[63] 然而对被迫放弃赋予他们生命意义的信仰和仪式的那一代人来说，重新天主教化带来了痛苦。捷克的酒饼同领派是一种穷人的信仰，现在基本上被消除了。流亡者遭受了额外的苦难，经常受到东道主的残酷对待，对这些东道主来说，他们的存在要么是尴尬，要么只是方便的政治棋子。内奥地利人大部分逃到匈牙利西部，或者向西跋涉到符腾堡、弗兰肯和南德意志帝国城市。上奥地利人和下奥地利人沿着多瑙河前往雷根斯堡等新教城市。许多摩拉维亚人去了匈牙利西北部，但至少一半的波希米亚人逃到萨克森，在那里受到了冷淡的接待。萨克森政府与皇帝合作夺取财产，甚至把一些重要人物引渡给皇帝受审。直到费迪南德于 1627—1628 年发布"一般命令"，约翰·格奥尔格才询问了顾问，是否应该基于宗教原因给予难民庇护。保守派顾问支持给予正统路德宗以庇护，尽管许多高阶教士仍然持怀疑态度。皮尔纳和其他边境城镇中说捷克语的少数民族的增长让萨克森人担心正在受到加尔文宗的渗透，因为当地萨克森官员听不懂这些流亡者在教会里在说什么。这些流亡者被视为贫穷的受迫害基督徒，值得同情，但他们仍被期待等待——当然是感激地等待——被选帝侯容忍，直到局势允许他们回家。受欢迎的程度随着社会地位的下降而下降，农民和较贫困的市民直到 17 世纪 30 年代初第二波难民才获得庇护。对流亡者的限制只是在 17 世纪 50 年代才放松，当时是为了补充遭到毁坏的选侯国的人口，后来在 1680 年，这些限制又被重新实施。[64]

这些痛苦的流亡者把希望寄托在继续战争上，就像尼德兰南部难民游说共和国不要延长《十二年停战协议》那样。最著名的流亡者弗里德里希五世成了所有敌视哈布斯堡王朝的势力的焦点。普法尔茨和波希米亚的事业虽然都被击败了，但继续作为丹麦和瑞典干涉的理由而存在。

第 11 章

奥利瓦雷斯和黎塞留

法国和西班牙对帝国天主教的复兴有着错综复杂的感受。它们对帝国危机的反应表明了它们之间的竞争不同于帝国内战，也说明了教派团结是多么脆弱。法国将费迪南德的胜利视为对自身利益的威胁，而西班牙则憎恨这些胜利，认为它们转移了原本可以用于对抗尼德兰的能量和资源。

奥利瓦雷斯

伯爵-公爵

尼德兰战争重新爆发的同时，西班牙政府也发生了更迭。腓力三世在健康状况恶化两年后，于 1621 年 3 月 31 日去世。新国王腓力四世将统治 44 年，他在位期间，西班牙没有一天处于和平状态。他长大之后是一个有教养的人，同情臣民的苦难，但是很容易沉溺于个人享乐，尤其是喜欢漂亮的女人。腓力四世登基时只有 16 岁，严重依赖祖尼加，也越来越依赖祖尼加雄心勃勃的外甥奥利瓦雷斯伯爵唐·加斯帕尔（Don Gaspar）。像祖尼加一样，奥利瓦雷斯来自古兹曼家族，这是庞大的梅迪纳·西多尼亚家庭的一个幼系分支。奥利瓦雷斯在 1607 年继承父亲的土地和头衔后，投入了大量精力在宫廷中谋得一席之地，最终成了腓力王子的一名随从。他巧妙地克服了未来国王最初的敌意，并通过在保持恭顺的同时，也不惮于提供坦率的建议和告知不快的事实，赢得了王子的信任。

听到腓力四世继位，奥利瓦雷斯说"现在一切都是我的了"。[1] 他与舅舅合作，消灭了前宠臣枢机主教莱尔马的剩余门客。1622 年 10 月祖尼加去世后，他与前政权保持距离的决心更加明显，不到两年，奥利瓦雷斯就成了宫廷和政府无可争议的主人。他很快获得了回报，扩大了他在安达卢西亚的地产，并在 1625 年加入西班牙权贵的行列，成为桑卢卡尔拉迈奥尔公爵，从此被称为伯爵-公爵。他还提拔了他的亲族成员，其中许多人获得了高阶职位，或者发了横财。奥利瓦雷斯当时 35 岁左右，皮肤发黑，身材肥胖，缺乏耐心，坚信只有他自己知道得最多，并愿意用工作到深夜来证明这一点。他刻意避免了莱尔马和法国对手枢机主教黎塞留的炫耀风格，而是培养自己作为敬业官僚的新形象。他满足于在各个现有委员会中担任职位，而没有为自己创造新职位，他个人仍然很朴素，隐瞒了自己的财富，让国王成为众人瞩目的焦点。

> 伯爵-公爵和枢机主教［即黎塞留］之间的差别不能再大了。枢机主教带着一大群随从走进一个房间时，从上到下看上去都是一个教会亲王；而伯爵-公爵在宫殿里忙碌着，帽带里插着国家文件，腰间也挂着文件，以提醒所有看到他的人，他不过是一个稻草人。[2]

这种风格标志着他的计划：意欲对莱尔马时代令人深恶痛绝的腐败、浪费和失败开战。这种风格也很适合尼德兰战争重新爆发后的阴郁气氛，这种氛围最终导致了 1623 年 2 月的一系列金融、行政和道德混合改革。改善政府的努力因战争的重新爆发而遭到挫败，战争破坏了平衡预算的任何机会。奥利瓦雷斯无法逃脱导致西班牙参战的环境。和莱尔马以及伊莎贝拉不同，他认为不可能在与尼德兰达成和约的同时维持西班牙的威望。主要的变化在于他给西班牙战略带来了更大的活力、连贯性和灵活性。尽管如此，自腓力二世时代以来，世界已经变化了很多，奥利瓦雷斯承认获得彻底的胜利已经不可能了。西班牙的军事行动旨在迫使尼德兰人做出让步，接受"好的协议"（*buen concierto*），也就是说西班牙可以接受的协议，其主要内容是尼德兰人放弃自己的殖民野心，恢复天主教臣民的礼拜自由，并接受一些名义上对西班牙国王的服从。像他的叔叔一样，奥利瓦雷斯认为海军在保护西班牙殖民地和扼杀尼德兰贸易方面更为重要。陆地行动被纳入一项战略，该战略在 1625 年具体化为包围共和国的雄心勃勃的尝试。[3]

从西班牙联姻提议到布雷达

尽管存在着宗教上的分歧和潜在的殖民地竞争，西班牙还是致力于与英国建立良好的关系。过去十年来，两国关系相对友好，奥利瓦雷斯希望詹姆斯一世能够提供海军支持来反对尼德兰人，因为最近尼德兰人袭击了印度尼西亚的英国商人。詹姆斯意识到西班牙军队控制了下普法尔茨的大部分地区，也寻求和解，但是选择了一个完全不合适的方法，提议让他的儿子查理娶一位虔诚的天主教西班牙公主。马德里早在 1621 年就已经决定反对这场联姻，但是詹姆斯依然坚持不懈，查理按照浪漫的苏格兰传统出发去迎接他的新娘，1623 年 3 月，他和朋友乔治·维利尔斯（George Villiers，后来的白金汉公爵）未先通知就来到了西班牙，很不可信地假装成约翰和汤姆·史密斯。奥利瓦雷斯不得不展开认真的谈判，令他惊讶的是，查理提出改信天主教。奥利瓦雷斯怀疑他的诚意，而查理则越来越不耐烦，回家时受到了新教的公开欢迎。为了掩饰自己的耻辱，英国政府将失败归咎于双方对普法尔茨问题存在着不可调和的分歧。[4]

詹姆斯认为军事准备是迫使西班牙在普法尔茨问题上做出让步的一种手段，而查理和白金汉则准备开战。白金汉确信西班牙人的"傲慢"使得进一步的婚姻谈判毫无意义。1624 年 12 月，他策划了另一场与法国的联姻，查理与路易十三的妹妹亨丽埃塔·玛丽亚（Henrietta Maria）订婚。英国被卷入了一个复杂的谈判网络，虔诚的人将其解释为福音派联盟，但实际上，这些谈判只是一种卑鄙的企图，试图让其他人参与战斗。由于丹麦和瑞典都不愿意出力让弗里德里希五世复位，西方列强继续沿用先行的资助新教圣骑士的政策。

1624 年底，曼斯菲尔德是唯一还留在战场上的军事指挥官，所有注意力现在都集中在他身上。各方计划协调一致，以帮助他在莱茵河下游地区组建一支新的军队，向上游进军，解放普法尔茨。英国的兴趣主要是王朝政治，而法国和尼德兰人认为这是分散西班牙注意力的机会，他们希望曼斯菲尔德继续入侵弗朗什-孔泰，切断西班牙之路。而曼斯菲尔德则认为这是一个复活自己公国的机会，这个公国在 1621 与 1622 年之交曾短暂存在于阿尔萨斯。在 1624 年 5 月 4 日的《伦敦条约》中，詹姆斯答应付给曼斯菲尔德钱，让他征募 1.3 万人的英国军队。克里斯蒂安公爵也抵达了英国，希望能指挥骑兵，而巴登-杜尔拉赫的格奥尔格·弗里德里希则从莱茵河上游的避难所写信说，一旦他们登陆，他会加入他们。

征募进展很慢，詹姆斯通过强制征兵来填补空缺。路易十三没有加入联盟，不允许曼斯菲尔德在法国登陆。士兵们被关在运输船上，以阻止他们当逃兵或抢劫多佛。天气变得极度寒冷，许多人在喝了海水后病倒了。1625 年 2 月曼斯菲尔德坐船到达泽兰时，英法两国都被自己的问题分散了注意力。1624 年冬天的胡格诺派骚乱转移了法国人的注意力，也让英国舆论开始反对查理的新妻子。曼斯菲尔德的军队由于疾病减员到 7000 人，而且由于无望得到法国的支持，曼斯菲尔德无视了詹姆斯的指示，转而与尼德兰人合作。[5]

斯皮诺拉将军对尼德兰人施加了很大压力，为了报复在贝亨奥普佐姆的失败，他从 1624 年 8 月开始包围贝亨奥普佐姆附近的布雷达，部署了 7 万名佛兰德军中的三分之一。尼德兰军队总共只有 4.8 万人，其中 9000 人在要塞中。斯皮诺拉在布雷达周围建立了一条庞大的战壕，希望以饥饿迫使它屈服。曼斯菲尔德的到来没产生什么影响。1625 年 4 月 23 日，拿骚的莫里斯去世，尼德兰人的救援工作受阻。指挥权交给了莫里斯的弟弟弗雷德里克·亨利，但是他在 5 月的进攻没能突破斯皮诺拉的战壕，6 月 5 日，在 1.3 万名守军和平民死亡后，布雷达投降了。布雷达之围被拿来与恺撒对阿莱西亚的史诗般的围攻（公元前 52 年）相提并论，西班牙人认为这是一场伟大的胜利，在诗歌、戏剧中都庆祝了这场胜利，委拉斯开兹的名画也是为这场胜利而创作的。[6]

海上战争

西班牙在 1625 年接连取胜，布雷达之围是那年的四场胜利中的第一场。其他三场胜利都是在海上取得的，奥利瓦雷斯采取的海上新战略恰逢一个快速转型时期。以前的海战主要使用笨重、高舷侧的大型船只，作战方式主要是一对一的决斗，一艘船的船员会试图登上另一艘船并捕获对方船只，现在的主要趋势抛弃了这种作战方式。取而代之的是更长、更窄的帆船，这些船只携带有经过改进的海军火炮，以更有纪律的编队作战，后来这种编队发展为船头向前的经典战列线，最大限度地利用舷侧火力。在当时还不清楚哪种设计或战术更为优越，这在很大程度上取决于船员个人的技能和勇气。

尼德兰人逐渐增加了船只的尺寸，从 1590 年的 80—160 吨增加到了 1620 年的 300—400 吨，到那时，荷兰东印度公司已经拥有了排水量达 1000 吨的船只，用于长途武装贸易。[7]大型战舰可以携带多达 100 门大炮，本身就是珍贵的物品。古斯塔夫斯·阿道弗斯命令尼德兰军舰设计师在斯德哥尔摩监督建造四艘大船。主要的一艘名为"瓦萨"号，排水量达 1400 吨，携带了 64 门青铜大炮，载有 430 名水手和士兵。然而，因为要装载过多武器，炮门离吃水线太近，1628 年 8 月，在处女航中，"瓦萨"号倾覆，在一阵微风中沉没。[8]这一事件说明了试验新技术和组装海军力量所面临的风险和成本。

此前，西班牙在大西洋使用大型盖伦帆船，在地中海使用桨帆船。建造船只需要消耗大量木材：一艘 560 吨的远洋战舰需要 900 棵橡树，一艘桨帆船需要 200 多棵松树。西班牙在加利西亚、阿斯图里亚斯及其北部海岸有着大片橡树林，而加泰罗尼亚则提供用于建造桨帆船的松木。西班牙在管理自己的资源方面比其竞争对手做得更好，尤其是斯图亚特王朝，后者在 17 世纪 40 年代砍光了英格兰大部分地区的森林，依赖从苏格兰、爱尔兰和美洲进口木材。而黎塞留的海军计划砍光了布列塔尼的优质树木，迫使法国从莱茵兰进口木材。尼德兰共和国基本上没有森林，从一开始就依赖进口，而所有大国都依赖从波罗的海地区进口松树、焦油和大麻。尼德兰人有着卓越的造船厂管理系统，在此期间能够以每年 500 至 1000 艘的速度建造远洋船只，加强他们对海上贸易的控制，并建立一支足以封锁佛兰德海岸的舰队。

西班牙对此进行了反击，于 1620 年在敦刻尔克成立一支新的船队，由 20 艘专门建造、政府拥有的商队劫掠船组成，辅之以大约 60 艘私人经营的船只，这些船只 10% 的利润交付给君主，其余部分在船长、船员和船主之间分配。这些船只是后来护卫舰的原型，比常规战舰更小，装备相对较少。它们依靠速度，单独或成群行动，而它们的名字也反映了相应的战术：猫、狐狸、野兔、黑鼹鼠、野人、斧头。[9]在扬·雅各布森（Jan Jacobsen）这样的勇敢船长的带领下，敦刻尔克人在 1621 年《十二年停战协议》期满后就开始突袭。尼德兰的货运运费在几个月内翻了一番，而海上保险费用飙升，利润减少。1621 年至 1627 年间，只有 52 艘尼德兰船只冒险穿过英吉利海峡从地中海前往波罗的海，而 1614 年至 1620 年间，这一数字为 1005 艘。其他经济部门也经历了严重的衰退，引发了持续了十年的衰退。敦刻尔克人也拦截其他国家驶往尼德兰共和国的船只或者那些只是出现在错误地点的船只。在 1624 年至 1628 年间，英国人损失了 390 艘船只，相当于其商船总量的五分之一，在多佛注册的 58 艘船只中，有 35 艘在 1626 年前因维修而被搁置。

尼德兰商人呼吁立即对这个新的"北方的阿尔及尔"*实施报复。一半的尼德兰舰队驻扎在敦刻尔克附近，最终在 1622 年晚些时候，在雅各布森试图冲破封锁时，抓住了他的船。雅各布森引爆了自己的船只，而没有选择被俘获，赢得了烈士的地位。尼德兰人绞死了他幸存的船员，但未能阻止其他私掠船。

敦刻尔克人最大的一场胜利发生在 1625 年秋天，当时尼德兰决定与英国舰队合作对抗西班牙，被迫削弱了对敦刻尔克港的封锁。一场风暴驱散了其余的封锁船只，使私掠船能够进入北海，在 10 月袭击了设得兰群岛附近的尼德兰渔船队。两周内，他们摧毁了 150 艘船只，包括 20 艘渔业保护船，抓获了 1400 名船员。他们后来的成就没有那么大，但是仍然迫使荷兰东印度公司在欧洲水域建立护航。1626 年后，尼德兰船只和商品损失总计至少 2330 万弗洛林，法国人在 1635 年成为目标后，损失高达 235 万弗洛林，直到 1646 年敦刻尔克被占领。西班牙造成的损失超过了

---

* 阿尔及尔是著名的巴巴里海盗的主要根据地之一，在那个时期成为海盗的代名词。

它所遭受的。在 17 世纪 30 年代，敦刻尔克一年摧毁了 250 艘船只；而在 1546 年之后的一个世纪里，航行在大西洋上的塞维利亚舰队只因为敌人的行动损失了 62 艘船只。

全球层面

尼德兰人无法在欧洲水域击败西班牙人，因此将战争带到了美洲。西班牙在加勒比海地区的基地过于强大，而尼德兰人 1623 年派遣一个大型探险队绕过合恩角前往太平洋，却被击退，并于 3 年后终于一瘸一拐地回家了。然而，西班牙的注意力分散确实使英国和法国在美洲获得了立足点。英国人于 1607 年在弗吉尼亚建立了定居点，随后在圭亚那（1609）和亚马孙河流域（1619）建立定居点。由于海盗行为，西班牙已经放弃了较小的加勒比岛屿，白金汉公爵赞助了殖民这些岛屿的努力，特别是圣基茨岛和巴巴多斯岛。与此同时，法国占领了伊斯帕尼奥拉岛，更名为海地，并占领了其他岛屿，包括马提尼克岛和瓜德罗普岛。加勒比海地区对英国和法国的经济和战略重要性都超过了它们在加拿大的前哨站，但这些地区还没有获得它们在 18 世纪拥有的重要性。

尼德兰的主要努力针对的是葡萄牙在印度尼西亚和巴西的领地。联省议会早在 1614 年就已经宣布《十二年停战协议》在东印度群岛失效，5 年后荷兰东印度公司在巴达维亚建立据点。随着竞争对手英国东印度公司将葡萄牙人从波斯湾入口处的霍尔木兹要塞赶走，葡萄牙人的压力加大了。之前霍尔木兹要塞被认为是牢不可破的。荷兰东印度公司在 1621 年发动了一场攻势，在两年内征服了葡萄牙在印度尼西亚的大部分领地，使其在香料贸易中占据了主导地位。

1621 年 6 月，尼德兰人成立了一家新的荷兰西印度公司，以参与到《十二年停战协议》期间繁荣的巴西制糖业中来。葡萄牙人缺乏开发巴西经济潜力的能力，荷兰西印度公司很快控制了一半以上进入欧洲的食糖贸易。在加尔文宗投资者的压力下，公司组织了大规模的探险活动，想要占领巴西海岸沿线脆弱的葡萄牙定居点，以及罗安达（位于安哥拉）和黄金海岸的埃尔米纳（位于今天加纳）的奴隶贸易站，以夺取"大西洋三角贸易"上的另外两个点。非洲远征军被击退，但是皮耶·海因（Piet Hein）率领 26 艘船只和 3300 名士兵在 1624 年 5 月没有遇到多少反抗就占领了巴西的主要港口巴伊亚。葡萄牙人发动了"封臣之旅"（Voyage of the Vassals），葡萄牙贵族发动了自 1577 年那次失败的十字军行动以来规模最大的战役，派出了 52 艘船只和 12 566 名士兵，不仅在 1625 年 5 月夺回了巴伊亚，而且清除了加勒比海地区的尼德兰人，并及时返回加的斯，驱赶了英国人。[10]

加的斯

詹姆斯一世于 1625 年 3 月 27 日去世，查理和白金汉终于再也不受任何限制。他们仍然决心报复自己在马德里受到的羞辱。9 月 18 日，英国与尼德兰签署《南安普敦条约》（Treaty of Southampton），同意联合进攻，一个尼德兰分队加入英国舰队，组成一支由 33 艘战舰、70 艘运输船和 1 万名士兵组成的部队。舰队攻击加的斯，却发现西班牙人已经将船只转移到安全地带，并躲在强大的防御工事后面严阵以待。英国军队最终还是登陆了，因为喝掠夺来的葡萄酒，士兵开始在混乱中互相射击。他们只得重新上船，远征军在 11 月一瘸一拐地回家。查理和白金汉公爵因为他们可悲的失败，没有能达到伊丽莎白时代的荣耀，而受到了严厉的批评。人们以往认为查理一世时代是一个衰落的时代，然而这一标准看法已经被最近的研究所改变，研究表明，英国的衰落只是相对的，而不是绝对的。白金汉公爵将海军从 1619 年他被任命为海军上将时的 23 艘船扩大到 1625 年的 34 艘船。然而，其他大国更系统地建立了有着专门建造的战舰的国家海军。法国在 1620 年仅有 3 艘战舰，到 1625 年，已经有 17 艘，1640 年有 53 艘。[11]和伊丽莎白时代一样，英国仍然依赖商船来补充其兵力。然而，自 1604 年以来，与西班牙的长期和平使英国商人确信利润来自贸易而非私掠，他们没有兴趣加入国王的掠夺远征军。

失败损害了英国在欧洲的地位，降低了查理一世作为盟友的可信度。法国于 1626 年 3 月与西班牙签署了一项协议，疏远了英国。查理继续战争到 1626 年，派遣船长约翰·彭宁顿（John Pennington）爵士在英吉利海峡巡逻，拦截西班牙船只。彭宁顿获得了价值 5 万英镑的战利品，但由于他同时也拦截法国船只，这一行动只会使英国更加孤立。

军备联盟

西班牙在陆地和海上的成功鼓励奥利瓦雷斯加倍努力击败尼德兰人。他著名的军备联盟计划源于他早期的改革，一直以来被解释为集中和统一西班牙力量的努力。[12] 但他的目标实际上更有限，也更具临时性。在计划中，每个省需要维持固定数量的士兵，用于自己的防务，同时还要为主要陆军和海军缴纳税款，从而为现有部队增加 14 万人的后备力量。这一计划威胁到了一直为各行省所看重的自治权，奥利瓦雷斯从 1625 年 11 月开始与各省轮流谈判，遭到了相当大的反对。由于缺乏关于国家资源的准确信息，执行工作进一步受挫。例如，只有 40 万居民的加泰罗尼亚被要求提供与葡萄牙和那不勒斯相同数量的男性，然而后两者的人口都是加泰罗尼亚的三倍多。军备联盟的重要性在于，这表达了奥利瓦雷斯对西班牙帝国的愿景，也是一种建立附加税的基础手段，替代了召集预备役人员的做法。然而，政策的执行情况参差不齐，加泰罗尼亚拒绝参与，巴伦西亚支付额外的钱，阿拉贡最终在 1641 年之后才派遣了额外的人员。[13]

腓力四世曾在 1626 年吹嘘他有 80 万人的可用兵力，他的话被广为引用，但这是夸张，甚至超过了联盟的理论极限。[14] 实际的总数更可能是 13 万到 15 万人，其中约 1.7 万人在伊比利亚、那不勒斯和大西洋前哨站，其余的在佛兰德和伦巴第。舰队规模也不到国王宣称的 108 艘，但仍然是一支庞大的舰队。到 1630 年，新的建造将航海海军增加了一倍，达到大约 50 艘主力舰，相当于 1600 年的峰值，而桨帆船舰队略低于之前 40 艘船只的总数。奥利瓦雷斯保持乐观，腓力被臣民视为"星球之王"，因为他的敌人和敌人的附属国都被他的辉煌所震慑。

布雷达之围表明陆地行动成本高昂，奥利瓦雷斯开始将 1621 年 4 月以来实施的贸易禁运发展为一个综合战略，以扼杀尼德兰经济。海军将切断海上通道，而陆军利用其驻军点组成的封锁线控制莱茵河、埃姆斯河、威悉河、默兹河和斯海尔德河地区。1625 年，福斯·欧亨尼娅纳（Fosse

Eugeniana）运河工程动工了，目的是将贸易从韦瑟尔以南的莱茵河转移到西班牙领土默兹河上的芬洛来。与此同时，从 1624 年末开始，一套许可证制度被开发出来，以垄断北欧贸易。该系统被称为"北方海军部"（*Almirantazago de los Paises Septentrionales*），它有一个由设在塞维利亚的法院监督的代理人网络，来验证进出西班牙港口的商品的原产地。这个系统旨在根除冒充为德意志或其他国家商品的尼德兰走私商品。西班牙专家认为，对尼德兰人来说，北欧水域比印度更重要。[15] 西班牙还尝试创建一个竞争性贸易公司，最终失败了，但是许可证制度被大力推行。丹麦人和汉萨同盟成员被给予奖励，以取代尼德兰人运送海军用品和纺织品，而在 1630 年 11 月西班牙与英国议和之后，英国人也被纳入该体系之中。西班牙拒绝接纳尼德兰制造的船只上运送的货物，导致了挪威和德意志北部造船厂的繁荣。这个系统从未完全实施，但还是严重影响了尼德兰人，直到葡萄牙王政复辟之后，伊比利亚半岛上的一些港口才重新对尼德兰人开放。"西班牙在 16 世纪 20 年代至 30 年代的一揽子重商主义措施，代表了影响 17 世纪世界经济发展的最根本和决定性因素之一。"[16]

黎塞留

法兰西君主国的分裂

　　西班牙的战备措施是针对尼德兰人的，但是它们让法国感到警惕，因为法国仍然害怕其南部邻居甚于莱茵河以东的麻烦。法国的应对能力受到其自身不稳定的严重限制。虽然路易十三比腓力四世大 4 岁，但他在因父亲被暗杀而继位时年纪更小，只有 8 岁。政府移交到太后玛丽·德·美第奇手中，她一直担任摄政到 1614 年。这种情况与 1559 年后另一位美第奇太后凯瑟琳为一系列年轻国王掌权时的情况惊人地相似。这一次，法国没有陷入内战。尽管亨利四世被一名天主教狂热分子杀害，但他在全国范围内得到广泛支持。在他被谋杀后，就连耶稣会士也加入近乎普遍的赞美颂歌中来，很快法国就建立了一个仁慈而成功的君主的神话，这个国王想让每个农民的锅里都有一只鸡。[17]

不同于 1559 年君主国破产时的情形，玛丽有 2400 万里弗尔的年收入和 1200 万里弗尔的现金储备。然而，1559 年后破坏法国稳定的许多问题在 1610 年后依然存在，并将限制国王干预欧洲冲突的能力。最重要的是统治家族以及被称为"亲王"（*prince du sang*）的近亲之间的冲突，后者拥有显赫的头衔和庞大的地产，并认为诸如行省总督和军队指挥官这样的高阶公共职位理所当然是他们的。其中一些贵族是天主教徒，像吉斯家族，包括各洛林公爵，他们与前瓦卢瓦王朝有婚姻关系。至少直到最近，其他人都是胡格诺派教徒，与波旁王朝有亲属关系。其中地位最高的是孔代亲王亨利二世·德·波旁，他是 1562 年胡格诺派领导人的孙子，在 1614 年领导了一场叛乱，要求在摄政中发挥更大的作用。玛丽的大部分现金储备被浪费在应对这一挑战上了。然而，潜在的问题依然存在，因为法国君主国缺乏将其骄傲而富有的贵族及其众多的行省附庸融入政治体系的手段。

传统上处理这一问题的方法是君主通过人格力量来主张自己的权力，并通过谨慎分配官职和奖励，来在彼此竞争的贵族之间取得平衡。路易十三在 1614 年被提前宣布成年，这在很大程度上是考虑到了这一点。然而，玛丽不准备放弃权力，继续像对待孩子一样对待她的儿子：新国王不得不正式请求母亲不要再因为他犯错而打他。人们通常认为路易十三是一个软弱的人，在 1624 年后，他只是把太后的监护换成了黎塞留的监护。确实，他缺乏父亲的幽默和魅力。他在父母、医生和家庭教师善意但并不恰当的干涉下长大。据说他父亲在他出生后就把一把枪放在了他手中。他的游戏室像个军火库。当路易 13 岁的时候，他已经拥有了 55 把火绳枪，并且所到之处都会携带放置枪支的柜子。当被告知拉瓦亚克谋杀了他父亲时，他喊道："哈！如果我带着剑在那里，我会杀了他。"然而他只是虚张声势，并无作为指挥官的技巧，他发现领导真人要比领导玩具士兵困难得多。尽管如此，他并不缺乏新奇的想法，最近的一位传记作者认为之所以他能与黎塞留合作得很好，是因为两人基本上持有相似的观点。[18] 黎塞留的影响力来自他有能力将路易愤怒的激情引导为更具建设性的活动。路易信任他，也需要黎塞留作为挡箭牌，以转移别人对自己的性格和错误的批评。

母子之间的分歧一直持续到她 1642 年去世，1614 年后，除了和母亲的矛盾，路易和他的弟弟加斯东·德·奥尔良（Gaston d'Orleans）之间也发生了竞争，后者被简单地称为"先生"。[19] 虽然在君主死亡——路易比他母亲只多活了一年，他死时自己的儿子只有 4 岁半——是一种政治风险的时代，国王有个兄弟总是更保险一些，但是这个兄弟的角色很难界定，也很难扮演。加斯东显然不喜欢自己附属的地位。除了个人分歧，他们还对国家应该如何治理以及如何应对国外事件有不同意见。王室和贵族中的个人时不时地成为竞争性政治和宗教诉求的焦点，因为这些彼此竞争的派别迅速合并和分裂，形势依然不稳定。

胡格诺派

基本共识是君主在国内外都应该充当仲裁者。博丹的联盟理论强化了仲裁者的概念，博丹认为，任何三人或三人以上的团体都需要一名领导人提供指导，确保分歧不会威胁到联盟。在内部，这可以通过君主的角色来实施，而在国际上，可以通过一个强大的国家来保障欧洲的和平。[20] 有些人支持国王采取更强硬的手段，以防止再次发生内战。然而，君主的权威仍然有限，尤其是在 16 世纪才并入法国的边远省份。即使在核心省份，王室裁决也只有在高等法院（*parlements*）登记后才成为法律。1598 年的《南特敕令》结束了之前的内战，而在敕令所覆盖的地区，宗教分裂加强了地方主义。

《南特敕令》提供的解决方案与《奥格斯堡和约》截然不同。《奥格斯堡和约》是帝国宪法不可分割的一部分，赋予路德宗信徒在正式机构中的权利。然而，法国高等法院只登记了《南特敕令》的一半，即确认了天主教为多数信仰，同时给予胡格诺派少数派有限的良心自由的那一部分。胡格诺派有 90.4 万人，居住在从大西洋边上的拉罗谢尔到地中海边上的蒙托邦和朗格多克地区这条对角线上的一大片地区，这片地区横跨了多尔多涅河、罗得河和塔恩河。另外 12 万人住在最西南的贝阿恩地区，这是旧纳瓦拉王国的残余部分，最近才并入法兰西君主国。尽管数量众多，胡格诺派教徒在法国 2000 万居民中所占的比例比帝国新教徒在帝国人口中的比例要小得多。他们仍然分散在贵族的庄园和 200 个城镇，这些城镇根据《南特敕令》其余部分享有特权，但法令的这一部分完全是根据君主权威发布的。他们可以由皇室出资在一半的城镇维持自己的军队，并在另一半城镇驻扎民兵。尽管法国天主教徒憎恨这些特权，但这些远远少于德意志新教徒享有的特权。至关重要的是，胡格诺派缺乏一个相当于帝国议会这样的政治平台：《南特敕令》只批准了审议会议和宗教会议。

最初，胡格诺派依靠的是他们的领主在王室宫廷的影响。然而，富裕的贵族和贫穷的行省贵族之间出现了裂痕，后者中的许多人倾向于在宗教上采取好斗立场，支持那些从王室失宠的贵族。一个重要的例子是蒂雷纳（Turenne）子爵亨利，他获得了默兹河和西属卢森堡之间的以色当为中心的布永的一小块主权领地。他的妻子是弗里德里希五世的姨妈*，他也和国际加尔文宗联系在一起，这助长了他对伟大的幻想。他在 1602 年密谋反对亨利四世后被迫逃离，他在普法尔茨的存在是法国未能帮助新教联盟的主要原因。

胡格诺派通过将他们的宗教集会转变成政治会议，寻求一个更稳定的平台来维护自己的利益，他们在 1611 年选举亨利·德·罗昂（Henri de Rohan）为领袖。罗昂出身于相对卑微的行省贵族阶层，游历甚广，曾在拿骚的莫里斯和亨利四世麾下作战，后者于 1603 年将他封为公爵。罗昂确信胡格诺派在法国内部保证了政治平衡，拒绝支持 1614 年孔代亲王的叛乱。[21]

胡格诺派的存在使法国政治变得相当复杂。新教势力视法国为潜在的合作伙伴，因为执政的波旁王朝直到 1593 年才改信天主教，同时路易十三在他继位时也确认了《南特敕令》。法国还担心自己可能被西班牙包围，这也提供了一个共同立场。法国王室还寻求与新教国家的联系，包括德意志诸侯。然而，君主国和高级贵族内部的分裂使得国王并不能垄断对外关系。路易十三的母亲和弟弟作为王室成员对外国势力来说都是非常不错的替代性合作对象，而布永、罗昂和其他胡格诺派显贵则通过加尔文宗

---

* 亨利（1555—1623）的妻子是拿骚的伊丽莎白（1577—1642），"沉默者"威廉的女儿，是弗里德里希五世母亲拿骚的路易丝·朱丽安娜（1576—1644）的妹妹。

网络保持着自己的联系。

和波希米亚反叛者一样，胡格诺派作为一个野心勃勃的少数派也感到焦虑，他们在既定的政治秩序中没有稳固的位置。君主国现在坚定地信仰天主教，虽然它没有像奥地利哈布斯堡王朝那样，将教派立场作为评判忠诚与否的标准，但它显然憎恨胡格诺派教徒在法国社会中享有的特权地位，哪怕只是因为这让国王更难满足对地位和资源的竞争需求。王室与《南特敕令》的联系也使法国与天主教势力的关系复杂化。

黎塞留

人们关于如何应对这种情况形成了不同的意见。一个自称"好天主教联盟"（*Les bons Catholiques*）的团体继承了宗教战争中的天主教联盟的精神和政治遗产。他们受到了圣方济各·沙雷氏（François de Sales）的启发，后者认为人类行为应该表现出天主教的虔诚，这一观点在他的《虔诚生活指南》（*L'Introduction à la vie dévote*，1609）中有所阐述。因此好天主教联盟又得名"虔诚派"（*dévots*）。他们认为，政治应该以宗教为指导，因为神的意志优先于国家理由。只有赢得西班牙等其他天主教大国的尊重，法国才能发挥其作为欧洲仲裁者的恰当作用。而当异端分子在国内被容忍，或者与国外新教徒结盟时，这是无法实现的。[22] 黎塞留后来认为这群人非常天真，但是在 1624 年成为财政大臣的米歇尔·德·马里亚克（Michel de Marillac）这样的虔诚派，也为他们的策略提出了合理的实际理由。马里亚克认为，与西班牙结盟可以使法国免于一场大规模战争。金钱可以转而用于减轻民众苦难、消除民众叛乱的危险，在一个作物常常歉收且社会严重不平等的时代，这样的危险是一直存在的。虔诚派希望，黎塞留作为一名教会成员，在进入政府后能够代表他们的利益。然而他们后来对此非常失望。

黎塞留原本是要投身军旅生涯的，但在 1607 年，他接替他的一个哥哥的位置，担任吕松主教，以保证他的家族在教会方面的利益。他因勤奋执行特伦托会议法令，赢得了教宗的赞许。他的政治生涯始于 1614 年，接下来的十年，他在宫廷政治的危险水域中航行，设法同时与路易十三和玛丽，以及 1622 年任命他为枢机主教的教宗保持了良好关系。玛丽于 1624 年 4 月任命他为"楼上委员会"（council upstairs）的成员，这是一个关键性的决策机构，因为在皇宫二楼开会而得名。不到四个月，他就成了委员会的主席，成了法国实际上的第一部长。[23]

在达到这个位置时，黎塞留已经挺过了反复出现的政治挫折，而一个更脆弱的人面对这种挫折早已崩溃了。他有着坚定的意志和无情的决心，而这种性格还因为他拥抱了新斯多葛主义而更加顽强，新斯多葛主义正是尼德兰军队改革背后的哲学。黎塞留无疑非常贪婪，积累了大约 2000 万里弗尔的财富，但他把炫耀当作一种政治策略，用来让竞争对手黯然失色，而他自己本人则保持简朴的作风。很明显，黎塞留想在历史上留下自己的印记，他在位于普瓦图-图赖讷边境的祖居地建造了一座名为黎塞留的新城，并于 1631 年将其提升为公爵领。他经常被人引用的回忆录是影响后人观点的又一次尝试，同时也是针对同时代人的娴熟宣传，由他的朋友嘉布遣会的约瑟夫神父协调，约瑟夫神父以"红衣主教"黎塞留背后的"灰衣主教"*被载入史册。[24]

黎塞留个人精心培养的形象、他的实际政策与他在当时的抱负之间存在着差异，同时他还面对各种批评，导致后世人们对他的评价在所有重要问题上都存在着根本分歧。在不同的人看来，黎塞留或残酷无情，或宽宏大量；或是战争贩子，或是和平缔造者；或是现代法国的设计师，或是使法国陷入旷日持久且代价高昂的战争的人。批评者指责黎塞留信奉马基雅维利主义，甚至那些赞成他的人也强调他冷酷、算计的策略。黎塞留是一个机会主义者，只是因为他想把环境变得对自己有利。政治就像一盘象棋，当时的人就已经使用这种隐喻。黎塞留会比别人多想几步，但是知道在将死对手之前还有很多步要走。

黎塞留成长于宗教战争的最后也是最具破坏性的阶段，他赞同博丹的观点，认为强大的君主国是对抗暴政和无政府状态的堡垒。他还接受了高卢教会的传统，在承认教宗的宗教角色的同时，主张法国教会应该有行政

---

* éminence grise 这个词从此进入英语，意为"幕后操纵者"。

自主权。他在 1616 年宣称："一个国家的利益和宗教的利益是两码事。"[25]
国家必须服务于基督教的目标，但国家只是一个政治集合体，没有一个不
朽的灵魂，因此可以做一些个体基督徒不允许做的事情。因此他的立场更
接近虔诚派的对立面"好法国人"（*Les Bons Français*），后者准备为了法
国的更大利益与胡格诺派妥协。胡格诺派仍然被认为是对君主国和真正信
仰的威胁，但是冒再次开启内战的风险是错误的，特别是考虑到国家正在
面临来自国外的危险。西班牙实力的增长被视为对法国作为仲裁人的"传
统"角色的威胁，因此对基督教世界的威胁大于国内的异教徒。黎塞留的
目标是"基督教世界的一个美好和平"，这个概念他故意没有予以清楚界
定。然而，他确实使用了太阳的比喻，将路易十三展现为一个和谐宇宙的
良善中心，将秩序辐射到法国以外。到底黎塞留自己有多相信这个观点，
现在仍有争议。然而，这成了他的国内政策和外交政策的主要依据。

胡格诺派叛乱

在国内，黎塞留试图通过逐渐限制显贵和胡格诺派的自治来巩固王
权。路易十三已经开始着手这项工作，于 1618 年在贝阿恩建立了自己的
权威。除了这场没有流血的战役，路易十三在他母亲试图诉诸武力以重获
影响力时，还与她发生了两次短暂的冲突，这些事件解释了法国在波希米
亚叛乱期间相对低调的政策。从 1621 年开始，反对胡格诺派的斗争重新
开始，使得法国未能干预帝国的事务。

法国内战的重新爆发与西班牙-尼德兰冲突的重新爆发以及帝国内部
战争同时发生，给人一种全面战争的印象。而许多胡格诺派教徒和虔诚派
无疑也正是这么看的。和波希米亚领导人一样，胡格诺派好斗分子认为，
有一个天主教阴谋要消灭他们的信仰，消除他们的政治影响。胡格诺派大
会于 1620 年 12 月未经君主许可在拉罗谢尔召开。这个城市因为国际贸
易而富裕，并且很好地融入了新教商业网络。拉罗谢尔几乎完全被海水和
盐沼包围，而 1596 年至 1611 年间修建的现代防御工事补充了这些天然防
御。激进的会议分子控制了这座城市，并向英国求助，要求给予保护。许
多人对罗昂和贵族领导不满意，他们认为这些人将自己在宫廷中的前途置

于宗教职责之上。拉罗谢尔扮演了一个蔑视王室权威的分离主义政府的角色，随着胡格诺派势力在其他地方收缩，拉罗谢尔变得越来越重要。[26]

像尼德兰战争的重新爆发一样，胡格诺派叛乱有其自己的轨迹，与欧洲大陆其他地方的冲突并不相关。叛乱的根源在于天主教对《南特敕令》不满，而胡格诺派因其在政治上没有被整合到法国政治中，也感到焦虑。冲突爆发了三次：1621 年 4 月至 1622 年 10 月、1625 年 1 月至 1626 年 2 月和 1627 年 7 月至 1629 年 6 月。战斗是断断续续的，因为双方都不愿意也不能够达成明确的结果。王室很少能一次聚集超过 2 万人长达几个月，而且也只是利用这些兵力来获得在特定地区的暂时统治。1627 年以前，军事行动集中在南部和东部。由于冲突重启了之前的宗教战争以来地方上的宿怨，战斗往往很野蛮。为了维持王室的威望，并使得人们能够接受对胡格诺派自治的逐步解除，王室做出了仁慈的姿态，没有进行强力镇压。1622 年和 1626 年的和约都确认了礼拜自由，赦免了那些拿起武器反抗的人，但是王室占领的据点没有归还给对方。到 1627 年，胡格诺派据点基本上只限于蒙托邦和拉罗谢尔。由于君主派人占领了控制着夏朗德河口的奥莱龙岛和雷岛，进入拉罗谢尔的渠道也受到了限制。这两个岛以及南面的布鲁阿日镇都作为黎塞留新海军的基地，成了设防城镇。[27]

胡格诺派仍然构成威胁，黎塞留担心任何逆转都会被玛丽、加斯东·德·奥尔良或其他嫉妒自己影响力的显贵利用。不管是真是假，一直都有一系列针对他的阴谋的传言。他吸引了西班牙人的注意力，因为奥利瓦雷斯越来越把他视为危险的对手。据说西班牙人参与了这些阴谋，这仅仅增强了黎塞留的信念，即所有欧洲冲突都不是由宗教引起的，而是由哈布斯堡的恶意引起的。他认为腓力四世想让费迪南德成为一个绝对统治者并动用德意志资源征服尼德兰。

这种感觉是相互的。腓力四世因路易十三粗暴地对待他的妹妹安妮（Anne）而感到愤怒，安妮于 1615 年嫁给了法国国王，这是莱尔马公爵和玛丽·德·美第奇和解政策的一部分。自从安妮到达法国后，她就被排斥在政治之外，也没有得到国王的喜爱，这种行为破坏了西班牙所认为的天主教天然应该团结的信念。法国似乎与魔鬼结盟，在国内容忍异教徒，在国外资助尼德兰人。西班牙在宣传中声称自己是最古老的君主国，也是第一个信奉基督教的民族，与好战的法国人形成了鲜明的对比。[28]

黎塞留的策略

黎塞留制定了四种方法来对抗西班牙的威胁，根据不同的情况，以不同的强度采取每一种方法。[29] 他更喜欢的政策是建立一个各个联盟组成的网络，使法国能够战胜西班牙的霸权，实现欧洲所期望的普遍和平。这解释了为什么他在 1624 年后一直与多个欧洲大国进行长期谈判，以建立一个泛反哈布斯堡阵线。他很清楚这方面的障碍，因此寻求同时与德意志和意大利联盟进行谈判。与意大利联盟的谈判采取了"解放意大利"不受西班牙统治的口号，并努力将威尼斯、萨伏依、帕尔马、教宗国等国并入一个防御联盟，以孤立米兰和那不勒斯的西班牙驻军。而与帝国的谈判则强调"日耳曼自由"，想要以此来削弱皇帝的权力。黎塞留的首选计划是与巴伐利亚达成共识，将天主教同盟转化为亲法国的中立党派，这样可以阻止费迪南德派军对抗尼德兰。然而，他也准备和萨克森的约翰·格奥尔格这样的新教诸侯谈判，只要他们愿意配合这个目标。

如果未能说服其他国家加入一个更广泛的联盟的话，黎塞留的第二种策略是与个别国家达成双边联盟。法国和这些同盟刻意保持距离，以避免损害法国作为天主教国家的声誉或使法国被迫追求它不感兴趣的目标。黎塞留的首选方法是提供资金和募兵（后者并不常见），这样可以在没有公开表示支持的情况下帮助盟友。这是他在 1635 年之前支持尼德兰人和瑞典人时采取的方法，他希望哈布斯堡王朝的两个分支都有事情干。

第三种选择是向较弱的领地提供保护，这样这些领地可以让法国军队通过，可能有助于法国。[30] 法国已经在 1552 年宣称对梅斯、图尔和凡尔登主教辖区及其相关城市拥有保护权，这样就提供了一个进入洛林的通道，并威胁到西班牙之路（见第 5 章）。1600 年左右，这一制度得到了扩展，法国向色当和日内瓦提供保护，同时接触了阿尔萨斯和意大利的小统治者，寻求类似的安排。宗教战争后法国的复兴使这种提议非常有吸引力。鲁道夫二世的无能削弱了帝国保护（*Reichsschütz*）的价值，尤其是对帝国外围脆弱的领地而言。其他领地无法像瑞士那样保持中立，因为瑞士联邦不愿意接纳新的成员，也不愿意参与阿尔卑斯山以外的事务。然而，法国的实力强大也意味着这种保护往往会成为吞并的第一步。为了使这种保护有效，法国必须在当地驻军，这对保护国来说是一种负担，对邻国来说也是一种威胁。因此，对弱者来说，只有在其他人很显然不打算尊重其中立地位的时候，寻求保护才成为不得已的选择。

保护也可能给法国带来问题，导致黎塞留采用第四个也是最不希望采用的战略，即直接采取军事行动。法国的武装力量旨在给其外交政策加上分量，特别是与联盟的关系。征服是有限的，并且与保护密切相关。这两种手段都是获得穿越法国边境的门户，以阻止外国入侵，并允许法国在其他地方进行干预。这个策略并不是黎塞留发明的。自 1600 年以来，法国在意大利的介入已经旨在夺得苏萨、皮内罗洛、萨卢佐和卡萨莱，以获得一条越过阿尔卑斯山的安全路线。这一政策表面上是防御性的，本质上是侵略性的，并且倾向于将法国卷入其边境之外的冲突。长期以来，法国一直试图吞并梅斯、图尔和凡尔登，这导致了法国干涉洛林内政，以消除洛林公爵在三个主教辖区的影响。而在洛林的干涉反过来又把法国吸引到邻近的德意志领地上，正如我们将在第 16 章中看到的，这是法国在 1635 年向西班牙开战的主要原因。

像奥利瓦雷斯一样，黎塞留的策略也存在根本缺陷。这两个人都认同克劳塞维茨意义上的战争是外交手段的延续。双方都不想发生重大冲突。使用武力是为了使对方更好交涉。不幸的是，两者都没有关于对方实力或利益的准确信息。一旦开始，就很难打破循环，因为来自一方的压力促使另一方将事态升级。单独而言，这些事件仍然相对较小，但是随着争论点的积累，而且双方越来越互不信任，关于它们的谈判变得越来越困难。

瓦尔泰利纳

神圣屠杀

围绕瓦尔泰利纳的紧张局势最能说明这些困难所在，这场争端早在黎塞留上台前就已经存在了。在这里，波希米亚叛乱扰乱了米兰的西班牙总督和占领阿尔卑斯山谷的雷蒂亚自由邦之间的对峙。控制了雷蒂亚议会的加尔文宗激进分子欢迎弗里德里希当选为波希米亚国王，并随后向他提供了军队。[31] 马德里指示 1618 年 8 月成为米兰总督的费里亚（Feria）公爵重新开放山口，前提是他可以将军事行动限制在瓦尔泰利纳。费里亚所做的超出了他收到的指示。在没有告知马德里的情况下，他与瓦尔泰利纳天主教徒合谋，后者曾寻求他的帮助以反对其新教主子。嘉布遣会修士充当了信使，这正是新教激进分子所怀疑的到处存在的天主教阴谋。看到西班牙军队聚集在山谷南端的富恩特斯堡，雷蒂亚人开始采取对策。然而，由于天主教徒担心自己的阴谋会被发现，他们在费里亚还没准备好时就首先出击，于 1620 年 7 月发起了为期 15 天的"神圣屠杀"，至少造成 400 名新教徒死亡。幸存者向西和向北逃到瑞士和雷蒂亚。[32]

雷蒂亚军队在 1500 名瑞士新教徒的支持下进行反击，击溃了当地人，摧毁了他们的教堂。1000 名西班牙人随后从富恩特斯堡进军，在 9 月前占领了基亚文纳和瓦尔泰利纳山谷的南半部。西班牙人在莫尔贝尼奥、松德里奥、诺瓦和里瓦建立了堡垒，天主教叛乱者在这些堡垒之后建立了自己的政府。利奥波德大公认为这是一个重新确立奥地利管辖权的机会，并要求萨尔茨堡大主教提供军事援助，因此雷蒂亚人受到的压力越来越大。哈布斯堡王朝最初的进攻于 1621 年 3 月在山谷的北端被击退，但是到了 1622 年 1 月，雷蒂亚人投降了，交出了对十教区联盟八名成员以及属于神圣之家联盟的下恩加丁山谷的权力。这使得雷蒂亚缩减了将近三分之一，并威胁到了它对瓦尔泰利纳北部的控制。天主教在瓦尔泰利纳南部强制推行，那里的新教教区牧师有一年时间选择离开。1622 年 4 月发生了一次新教叛乱，奥地利人被暂时驱逐了，但是叛乱随后被新到的军队镇压，他们在 9 月将下恩加丁和达沃斯吞并进了蒂罗尔。那年冬天，饥饿造成了广泛的痛苦。

尽管马德里事后批准了费里亚的行动，但他的行动造成了非常尴尬的局面。干预没有打破僵局，只是让现在没有人能够使用山谷，并且在意大利引起了恐慌，1621 年威尼斯和教宗开启谈判，寻求与法国结盟。法国的介入是西班牙最不希望看到的局面，因此它寻求外交协议。法国被自己的问题分散了注意力，同样想避免战争，但需要采取行动保持其在意大利的影响力。路易的代表开始了一系列广为人知的与萨伏依和威尼斯的会谈，最终在 1623 年 2 月达成了《巴黎条约》（Treaty of Paris），计划建立一支 4 万人的军队，预期由曼斯菲尔德领导，驱逐西班牙人。

西班牙不准备冒险发起战争，而是接受教宗调解，以保全颜面。在《巴黎条约》签订一周后，双方同意教宗部队应该取代山谷中的西班牙驻军。尽管西班牙在 1623 年 10 月设法沿着西班牙之路通过山谷向德意志派遣了 7000 人的增援部队，情况仍然不尽如人意。此外，亲法国的乌尔班八世在 8 月被选立为新教宗，标志着教宗政策开始反对哈布斯堡王朝。乌尔班八世相信宗教危机已经过去，并停止了他的前任教宗对皇帝和天主教同盟的资金援助。1624 年黎塞留掌权后，反哈布斯堡的趋势继续，因为他认为可以利用瓦尔泰利纳争端向西班牙施加压力，而不至于将法国过度暴露在危险之中。

1625 年战争

黎塞留得到萨伏依的卡洛·伊曼纽尔的热切帮助，后者想解决自己长期以来与热那亚关于祖卡雷罗封地的争议，并于 1624 年 11 月与法国签署了一项秘密协议。[33] 对热那亚的攻击将切断西班牙之路的南端，并击倒西班牙的债主。随着新教徒对哈布斯堡王朝的敌意明显汇集起来，现在时机似乎很合适，这也是法国在伦敦参与了与曼斯菲尔德会谈的原因。黎塞留希望英国和尼德兰派遣舰队来帮助他自己的分队，以切断西班牙和热那亚之间的航道，而威尼斯将攻击米兰。德·埃斯特雷（d'Estrées）率领着 3500 名法国士兵越过新教瑞士领土，与大致同样数量的雷蒂亚人会合，这些雷蒂亚人是法国出钱招募的。更多的资金援助和军队涌入萨伏依，在 1625 年 2 月开始对热那亚作战的 3 万人军队中，法国人占了三分之一。

这次袭击使西班牙人和热那亚人措手不及。热那亚大部分地区被侵占，而来自西班牙的 4000 人增援部队在 3 月被法国军舰拦截。德·埃斯特雷很快征服了瓦尔泰利纳，因为除了在里瓦和基亚文纳，教宗的驻军都没有抵抗。然而，黎塞留精心策划的计划随后开始崩溃。瓦尔泰利纳的行动使法国直接反对一个亲法国的教宗，激怒了虔诚派。费里亚公爵派出6000 人去增援热那亚，热那亚继续抵抗法国和萨伏依联军的围困。威尼斯没有参加战斗，而英国和尼德兰原本许诺的支持则未能实现，使得西班牙能够突破相对薄弱的法国舰队，并在 8 月解除了热那亚之围。1625 年在国内胡格诺派又发生了叛乱，分散了黎塞留的注意力：这是国际加尔文宗典型的令人费解的政治行为，法国新教徒的暴动导致其政府无力帮助他们的阿尔卑斯山对面的同宗兄弟。

　　叛乱至少给了黎塞留一个借口，让他可以开始谈判，以摆脱日益危险的局面。在教宗的调解下，双方于 1626 年 3 月 5 日达成《蒙松条约》（Treaty of Monzón），条约恢复了 1617 年前的局势，但是有重要的附加条件。雷蒂亚名义上恢复了对瓦尔泰利纳的管辖权；但是现在瓦尔泰利纳被认为是天主教地区，这加强了它的自治权，并使人怀疑谁能决定可否穿越山谷。教宗军队取代了法国军队，但要塞应被拆毁。[34]《蒙松条约》是黎塞留职业生涯中的一次严重挫折，黎塞留指责他的特使要为这些条款负责，并装病避见愤怒的萨伏依大使。萨伏依人被抛弃后，不得不自己选择议和，现在寻求与西班牙联盟，并开始与法国国内对黎塞留不满的人合谋，可能参与了 1626 年在沙莱谋杀枢机主教的阴谋。西班牙赢得了第一轮。

第 12 章

丹麦对皇帝的战争（1625—1629）

下萨克森的麻烦

北德意志主教辖区

曼斯菲尔德于 1624 年 1 月撤离东弗里斯兰，基本上结束了帝国内部的战争。丹麦人在 1625 年 6 月的干预开始了丹麦人所说的"皇帝战争"（*Kejserkrig*），即反对皇帝的战争。战斗主要集中在下萨克森，这一地区迄今为止一直没有发生冲突。尽管这是三十年战争中的一个不同的阶段，但大多数人认为这是早期问题的延续。普法尔茨问题就是连续性中的一个要素，尤其是对英国人而言，他们希望丹麦能在曼斯菲尔德失败的地方取得成功。然而，更为重要的是，自 1618 年以来，帝国内部的力量发生了转移，关于新教徒要不要归还自 1552 年以来占据的教会领土，人们产生了很多希望和恐惧。

悬而未决的是 7 个下萨克森主教辖区和 5 个威斯特伐利亚主教辖区，这两个主教辖区群体占各自地区的四分之一以上（见表 2）。[1] 天主教在该地区的影响力仅限于西南部的威斯特伐利亚，在那里它完全依赖科隆选帝侯费迪南德。由于新教徒拥有几乎所有的世俗领地，新教的存在被放大了，但是地方王朝之间的竞争，以及它们和丹麦国王之间的竞争削弱了新教徒的影响力。正是因为这种分裂，新教徒们丢失了奥斯纳布吕克，1623 年，霍亨佐伦枢机主教当选为 49 年来的第一位天主教主教。尽管费迪南德皇帝仍然尊重米尔豪森担保，但他显然对下萨克森人在 1621 年和 1622—1623 年未能阻止克里斯蒂安公爵在那里集结军队感到愤怒。而下萨克森人则怀疑皇帝一再呼吁提供金钱来击退拜特伦和土耳其人，只是一个用来集结资源以打击他们的诡计。蒂利在威斯特伐利亚的威悉河对岸的继续存在增加了他们的焦虑。

表 2　北德意志主教辖区的拥有现状（约 1590—1650）

领地	面积 （平方千米）	宗教信仰		统治者
下萨克森				
不来梅	5170	P	1596—1634	荷尔斯泰因-戈多普的约翰·弗里德里希
		P	1634—1644	丹麦的弗雷德里克三世
		P	1645—1714	瑞典
马格德堡	5005	P	1598—1631	勃兰登堡的克里斯蒂安·威廉
		C	1631—1638	利奥波德·威廉大公（哈布斯堡）
		P	1638—1680	萨克森-魏森费尔斯的奥古斯特
哈尔伯施塔特	1705	P	1616—1623	不伦瑞克-吕讷堡的克里斯蒂安
			1623—1625	空缺
		C	1627—1648	利奥波德·威廉大公（见马格德堡）
希尔德斯海姆	1760*	C	1612—1650	科隆的费迪南德
什未林	770	P	1603—1624	丹麦的乌尔里希二世
		P	1624—1633	丹麦的乌尔里希三世
		P	1634—1648	梅克伦堡的阿道夫·弗里德里希
吕贝克	522	P	1607—1634	荷尔斯泰因-戈多普的约翰·弗里德里希
		P	1634—1655	荷尔斯泰因-戈多普的约翰十世
拉策堡	374	P	1610—1636	不伦瑞克-吕讷堡的奥古斯特
		C	1629—1630	伯恩哈德·冯·马林科鲁特（Bernhard von Mallinckrodt）
		P	1636—1648	梅克伦堡的古斯塔夫·阿道夫
威斯特伐利亚				
明斯特	10 500	C	1612—1650	科隆的费迪南德
帕德伯恩	975	C	1618—1650	科隆的费迪南德
奥斯纳布吕克	2025	P	1591—1623	不伦瑞克-吕讷堡的菲利普·西吉斯蒙德
		C	1623—1625	霍亨佐伦的艾特尔·弗里德里希伯爵

领地	面积 （平方千米）	宗教信仰		统治者
费尔登	1320	C	1625—1661	弗朗茨·威廉·冯·瓦滕贝格
		P	1586—1623	不伦瑞克-吕讷堡的菲利普·西吉斯蒙德
		P	1623—1629	丹麦的弗雷德里克三世
		C	1630—1631	弗朗茨·威廉·冯·瓦滕贝格
		P	1631—1634	荷尔斯泰因-戈多普的约翰·弗里德里希
		P	1634—1644	丹麦的弗雷德里克三世
		P	1645—1714	瑞典
明登	1198	P	1599—1629	不伦瑞克-吕讷堡的克里斯蒂安
		C	1629—1648	弗朗茨·威廉·冯·瓦滕贝格
		P	1648—1806	勃兰登堡-普鲁士

注：不来梅和马格德堡是大主教辖区，其他是主教辖区。

* 包括韦尔夫家族拥有的"大主教管区"（Greater Diocese）。

C 为天主教，P 为新教。

丹麦的动机

丹麦的克里斯蒂安四世关切地注视着这些事态发展。他认为这些教会领地对他的小儿子们来说是很好的去处，也是将丹麦的影响力延伸到易北河和威悉河的一种手段。但是事实证明，丹麦的入侵既不受韦尔夫人和汉萨同盟城市的欢迎，也不受荷尔斯泰因-戈多普人的欢迎，后者是克里斯蒂安的封臣，也是他的竞争对手，尤其是在对不来梅的控制上。克里斯蒂安在下萨克森寻求更好的关系和更大的影响力，然而这个地区长期以来一直是韦尔夫人的禁脔。多种因素促使他考虑从 1624 年初开始进行军事干预。但是宗教团结与此无关，因为援助波希米亚和德意志新教徒的时间已经过去了。然而，克里斯蒂安担心瑞典可能会派遣一支军队，这使他考虑首先部署出击。而且既然古斯塔夫斯·阿道弗斯陷入了与波兰的战争，克里斯蒂安认为自己全面干预德意志问题时比较安全。

他的计划不受丹麦贵族的欢迎，他们害怕为克里斯蒂安发动了一场代价高昂的战争，却只是为了他自己的王朝利益。克里斯蒂安有着巨额现金储备，这意味着他可以无视国内的反对，而且也不用征收额外的税款就可以开战。但是他意识到如果要进行长期的冲突，他还需要更多的支持，他欢迎他的姐夫詹姆斯一世以弗里德里希的名义再次发出呼吁。丹麦于1625 年 1 月加入了海牙谈判，形成了一个新教联盟。罗伯特·安斯特拉瑟（Robert Anstruther）爵士能说流利的丹麦语，他在 6 月带着英国许诺的一笔大额资金援助中的第一笔来到了海牙。到那时，克里斯蒂安已经在荷尔斯泰因集结了 2 万多人，并动员了一支由 30 艘船只组成的舰队。

有人声称，他打算突破蒂利的防线，与黑森-卡塞尔这样的潜在盟友或上奥地利骚动不安的农民结成同盟。[2] 目前这是不可能的。克里斯蒂安的活动仍然限于下萨克森，在那里，他的代表到处游说人们在 1625 年 3 月的集会上选举他担任现在空缺的行政圈上校一职，让他指挥任何为保护主教辖区而动员的军队。克里斯蒂安致力于用一个合法的框架来巩固丹麦的影响力，并将他自己的王朝目标展示为维护帝国宪法。下萨克森人识破了这一点，选择了不伦瑞克-沃尔芬比特尔的弗里德里希·乌尔里希公爵。克里斯蒂安强迫集会在 5 月重新召开，废除了之前的决定，这一次他如愿当选为行政圈上校。代表们还同意动员 12 900 人，接受丹麦的薪酬和纪律守则。[3] 最终实际上只有 7000 名士兵被动员，集结在阿尔勒河和威悉河交汇处的费尔登。克里斯蒂安的部队在汉堡以西的地方渡过了易北河，于 6 月初到达了威悉河边上的宁堡。对克里斯蒂安来说，展示武力是为了提高他与蒂利和费迪南德谈判中的筹码，在行动开始后，他始终通过信使与后者保持联系。他在海牙并没有达成任何坚定的协议，而且他也没有参加到一个更广泛的反哈布斯堡联盟中来，直到 1625 年底被孤立之后，他才参与其中。他的行为已经在下萨克森引起了恐慌。韦尔夫家族吕讷堡分支谴责弗里德里希·乌尔里希放弃行政圈指挥权的决定。而吕讷堡的格奥尔格公爵，英国未来的乔治一世的祖父，拒绝了丹麦的委托，加入了帝国军，这是他与皇帝达成的协议的一部分，以使他哥哥的策勒公国免于被帝国没收。

中立问题

这场危机使战争的一个主要原因变得更加清楚：关于帝国内部的权威

的争议。波希米亚叛乱已经提出了这样的一个难题,即在帝国发生冲突期间,帝国政治体能否保持中立。皇帝容忍了下萨克森人保持中立,尽管克里斯蒂安公爵违反了中立原则,但是丹麦的干预使得皇帝无法再忍了。费迪南德明确命令帝国政治体不要援助丹麦人,并于5月7日发布一项命令,授权天主教同盟对抗帝国的敌人。拒绝服从这些指令可能会使得帝国实际上没有效力,这也就是后世所说的"搭便车问题"。帝国政治体当然乐于享受帝国的保护,但往往不愿意为这种保护付出代价,尤其是当冲突远离自己的土地时。教派紧张关系只是提供了另一个不参与的原因。自1618年以来,新教就停止了上缴他们的资金/费用份额,而他们本来缴纳的就远不足额,下萨克森人将其武装中立展示为维护公共和平,因为他们认为自己的行为符合皇帝的意愿。但是对费迪南德来说,帝国的自由高于各个领地的自由,而这些领地并不能自行决定何时提供帮助。

这个帝国宪法问题在国际维度上也有意义,因为现在尚不清楚,皇帝或诸侯是否可以自由帮助其他地方的盟友。巴伐利亚的马克西米连特别担心费迪南德利用他目前的优势,转移德意志的资源来帮助西班牙。而对马克西米连来说,帝国是一个集体,任何让帝国卷入外部冲突的决定都需要与其他人协商,至少需要与他刚刚成为其中一员的选帝侯团协商。[4]

现代的中立概念不存在于17世纪的帝国宪法或仍受基督教道德规范的国际法。这种概念是在雨果·格劳秀斯1625年的开创性作品《战争与和平法》(*De jura belli ac pacis*)中首先提出的。在当时,战争是关于恢复正义的,而这意味着总有一方是对的,另一方是错的。绝对中立在道德上是站不住脚的,因为这意味着对双方都漠不关心。中立者仍然应该支持正义事业,例如允许其军队过境,或者提供战争物资,甚至是提供辅助军队。而交战方也正是这么期待潜在的中立者的。自然,每一方都认为自己的事业是正义的,要求第三方提供合作以保持自己的领土完整,或避免被强制卷入。这种情况对帝国政治体来说尤其难以抉择,因为他们对皇帝有效忠的义务,但皇帝显然是交战方之一。正如蒂利对黑森人所说的那样:"这叫作服从,而不是中立。你们的领主只是一名帝国诸侯,而他的领主是皇帝。"[5]

善意中立对于那些同情一方，同时还距离另一方足够远可以免于报复的人来说是可能的。萨尔茨堡此前拒绝加入天主教同盟，而在战争期间跟新教徒打交道时，将自己之前的拒绝当作保持中立的证据，但萨尔茨堡仍向巴伐利亚和皇帝提供士兵和现金。⁶斯特拉斯堡则偏好另一方，向他们出售补给品，偶尔还让他们通过自己战略位置重要的桥梁。汉堡、不来梅和吕贝克这三个汉萨同盟城市享有更为中立的地位，这部分是因为它们有 17 世纪 20 年代得到加强的现代防御工事，也因为它们对丹麦等新教大国有着矛盾的态度，相比皇帝，这些国家代表了对它们更大的威胁，毕竟它们只用向皇帝支付象征性的款项来履行自己的义务。与这些城市类似的天主教城市是帝国城市科隆，科隆也和多方有着广泛的贸易联系，而不管对方教派立场如何，也是举行谈判和进行金融交易的方便地点。像萨尔茨堡一样，科隆拒绝加入天主教同盟，但同意支付帝国税，同时还借钱给皇帝。费迪南德容忍科隆向尼德兰人出售供应品，但当交易涉及他在帝国的直接敌人时，他谴责了科隆的市议会。⁷

和谈失败

费迪南德无意让下萨克森人保持中立，但同样，他也不想对一个强大的对手发动新的战争。帝国军没有条件对付丹麦人，尤其是因为西班牙在 1623 年底撤回了辅助军队。由于拜特伦的意图不明，人们还在做各种猜测，匈牙利局势仍然不确定。费迪南德决定将展示武力与和解姿态结合起来，于 7 月 27 日确认了米尔豪森担保。两天后，蒂利占领了赫克斯特和霍尔茨明登这两处威悉河渡口，阻断了克里斯蒂安向南进军的路线。马克西米连选择与皇帝合作，是因为克里斯蒂安在下萨克森的活动表明他正在组织一个新的新教联盟。

蒂利只有 1.8 万人，其他人留给了安霍尔特，后者驻扎在莱茵河下游地区，以防曼斯菲尔德从尼德兰共和国发动袭击。蒂利仍然留在威斯特伐利亚威悉河以西地区，而克里斯蒂安国王则把部队集中在河对岸北面的哈默尔恩。7 月 30 日，他骑马绕行哈默尔恩，视察防御工事。据说他当时喝醉了，从马背上摔进一条 7 米深的沟里，昏迷不醒。尽管他康复了，但陷入了两个月的抑郁期。他的病情到底有多严重我们并不清楚，因为他可能用受伤作为借口，来继续与皇帝和他在海牙的潜在盟友进行谈判。大多数下萨克森人借此机会在谈判过程中撤出了自己的部队，而丹麦人选择在8月撤退到费尔登。萨克森的约翰·格奥尔格得到费迪南德的允许，在不伦瑞克召集了一次和平会议，他在会上提出的解决方案已经成了他的标准方案：外国军队应该撤出，而费迪南德应该确认《奥格斯堡和约》和米尔豪森担保。腓力四世和伊莎贝拉都敦促费迪南德与克里斯蒂安和解，以防止帝国再次爆发战争。费迪南德准备接受，前提是克里斯蒂安先撤军。这种看似微不足道的要求对维持他的权威至关重要，否则就显得他非常容易被敲诈。

　　克里斯蒂安在不伦瑞克进行和谈的同时，也在海牙为战争做准备。他不仅坚持蒂利退出，而且坚持天主教同盟解散，以证明他的新教立场。英国承诺每月提供3万英镑，尼德兰在12月9日达成的一项协议中也愿意每月提供5000英镑。与此同时，布雷达落入西班牙人手中之后，曼斯菲尔德率领着他剩下的4000名士兵转移到了克利夫斯。另外还有2000名英国人和4000名德意志、法国和尼德兰新兵与他会合，而克里斯蒂安公爵招募了三个骑兵团。他们在10月合兵一处，一起穿过威斯特伐利亚北部，与丹麦人会合。蒂利的兵力太弱，无法阻止他们，也无法拿下威悉河上的宁堡。他的军队因瘟疫和缺乏补给而损失了8000人，仅仅在11月3日夺取了威悉河东边的卡伦贝格。由于有望获得英国和尼德兰的资金援助，克里斯蒂安四世现在可以委托前圣骑士——例如格奥尔格·弗里德里希边疆伯爵和魏玛兄弟——征召更多的德意志军队，而另外8000名英国人在1626年抵达，其中包括唐纳德·麦凯（Donald MacKay）的苏格兰军团，这个军团后来因为罗伯特·门罗（Robert Monro）的回忆录而出名。[8]

　　现在，期待已久的新教联盟终于形成了，又让好斗分子燃起了可以对哈布斯堡王朝发起双重打击的希望，他们期待，当拜特伦从东南部发动袭击时，克里斯蒂安的增援部队将在德意志西北部发起行动。然而这种梦想完全不现实。拜特伦在海牙的代表未能说服任何人相信他的主人会真的出现。拿骚的莫里斯甚至开玩笑说，他怀疑拜特伦是否是一个真人。[9]而英国和尼德兰单独决定在 9 月袭击加的斯时，他们的援助也打了折扣，而且承诺中的资金援助也很快就会拖欠。克里斯蒂安迟迟未能批准海牙条约，直到 1626 年 3 月才予以批准，那时他也只是因为一支由瓦伦斯坦率领的帝国军队的到来而被迫这么做的。

瓦伦斯坦

崭露头角

瓦伦斯坦的早期生活中，很少有什么迹象能表明他会成为战争中最有争议的人物。他来自庞大的瓦尔德施泰因家族的一个幼系分支，在 12 岁时成为孤儿，由一个叔叔抚养长大，最终得到了他父亲在易北河的庄园。他父亲的庄园只有 92 家佃户，他也只是众多波希米亚小贵族中的一员。他"身材高大、苗条、纤瘦，几乎总是显得很忧郁"，穿着朴素的黑色衣服，留着向后梳的黑色短发，这进一步加强了他阴郁的外表。所有同时代人都说他有着敏锐的目光和冷漠、不苟言笑的表情。他可能很迷人，而且"非常慷慨，送别人礼物时乐在其中，而且，他也确实会给那些期望最少的人最多的礼物，但是他的礼物是金色的陷阱，往往附有难以解除的义务"。[10]他似乎是一个很难让人喜欢的人，在冰冷的自我控制和狂暴的情绪爆发之间交替，随着他的健康衰退，他的情绪爆发变得越来越频繁。他从未从 1605 年的疟疾中完全康复，尽管他饮酒适度，饮食健康（以当时的标准来衡量），但到 1620 年，他已经患上了痛风。十年后，他又患上了心脏病、恐慌症、神经紊乱、便秘、绞痛和抑郁症，所有这些无疑助长了他对占星术的兴趣。

瓦伦斯坦接受了传统的教育，曾在加尔文宗的阿尔特多夫大学待过短暂的一段时间，后来因斗殴被开除。他在土耳其战争期间为哈布斯堡王朝效劳，在这期间他皈依了天主教，以推进他的职业发展。1609 年，他娶了一位富有的寡妇，后来她因瘟疫早逝，留给他价值近 40 万弗洛林的财产，这给了他真正的机会。1615 年，他成为摩拉维亚等级会议军队的上校，4

年后转而投靠皇帝时，他已经为皇帝组建了两个团。他后来的影响力不在于军事上的出色成就，而是在于他巧妙融入了叛乱后的秩序。1620 年后，战争转移到莱茵河地区，他没有跟随战争前往那里，而是作为利希滕施泰因的下属留在波希米亚，协助后者没收叛军的财产，并参加了臭名昭著的 1622—1623 年铸币厂财团，这导致了当时的恶性通货膨胀。在波希米亚土地转让中，他是主要受益者之一，通过精明买卖增加了地产，最终在波希米亚东北部积聚了近 1200 平方千米的土地，包括 9 个城镇和 57 个村庄和城堡。从 1619 年到 1623 年，他利用这些利润进一步投资，向皇帝提供了 160 万弗洛林的贷款，提升了他的影响力。费迪南德的财库空空如也，只能通过分封贵族来偿还债权人，于 1624 年 3 月将瓦伦斯坦的领地提升为弗里德兰公爵领。瓦伦斯坦的第二次婚姻加强了他与哈布斯堡精英的关系，他娶了哈拉赫（Harrach）伯爵的小女儿伊莎贝拉·卡塔琳娜（Isabella Katharina）。哈拉赫伯爵是皇家枢密院议员，也是费迪南德最信任的顾问埃根贝格周围的"西班牙派"成员之一。[11]

财富和影响力的迅速增长使瓦伦斯坦早在 1625 年就引起了争议。席勒的戏剧影响了后世对他的看法，席勒塑造了一个命中注定要超越公认的准则，并因此受到惩罚的人的形象。后世不同的作家们要么把他描绘成一个军事独裁者，要么把他描绘成捷克或德意志的民族英雄，后面这种描述是因为有人猜测他准备背叛哈布斯堡王朝，为德意志带来和平或为波希米亚带来独立。近年来，有人将他描绘成一个与时代脱节的人，是历史上最后一个伟大的佣兵队长，这种人很快就因为现代国家的发展而变得无足轻重。[12]

尽管人们出版了几乎所有与他有关的存世文件，但"瓦伦斯坦问题"依然存在，因为我们仍不清楚他的动机。在 1625 年，他显然是出于对身份地位的渴望，这种渴望在那时仍未得到满足，但关于他想成为国王甚至皇帝的谣言只是胡乱猜测。人们常常忘记，瓦伦斯坦缺乏推动王朝野心的关键因素。他的女儿已经稳妥地嫁给了鲁道夫·考尼茨（Rudolf Kaunitz）伯爵，而他唯一的儿子死于 1628 年 1 月，死时只有 3 个月大。6 个月后，瓦伦斯坦任命他的亲戚马克斯（Max）为继承人。瓦伦斯坦的注意力似乎已经从新的个人成就转移到巩固他在健康崩溃前所取得的成就上了。1633
年底，医生告诉他只有两年的寿命了。他变得越来越具防御性，也越来越
感到沮丧，因为有人指责他僭越了自己的地位，不配与诸侯和君主相提并
论。越来越多的批评只是助长了他根深蒂固的傲慢感，尤其是在 1631 年
底他对费迪南德来说显然是不可或缺的之后。他确信自己能够帮助皇帝赢
得这场战争，因此怨恨一切监督他的尝试，但是他的自信也受到了挫折，
因为他越来越意识到，他不再被帝国政府信任了。

新军队的创建（1625—1626）

瓦伦斯坦在 1623 年 6 月因与拜特伦作战的战绩而被提升为少将。虽
然这是将军级别中最低级的，但他有着巨额财富，可以超越自己的地位，
在 1623 年招募了一整支军队，迅速把自己推到政治和军事精英的前沿。
他已经得到了在维也纳的一些有势力的朋友的支持，也得到了西班牙新任
大使德·艾托纳（de Aytona）侯爵的支持。瓦伦斯坦看上去有着源源不
断的资金来源，说服了德·艾托纳。下萨克森的新危机暴露了费迪南德
对天主教同盟的依赖程度，对费迪南德来说，这增加了紧迫性。费迪南
德和马克西米连之间最初的平衡被逆转了，现在剩余的帝国军队作为辅
助部队附属于蒂利的军队。费迪南德希望通过组建自己的野战部队，可
以压过马克西米连，因为马克西米连已经开始批评他没有全力应对丹麦
的威胁了。[13]

1625 年 4 月，皇帝与瓦伦斯坦开始谈判，并于 6 月签订了一份合同，
授权瓦伦斯坦招募 6000 名骑兵和 1.8 万名步兵。[14] 人们常常忘记，这并
不是皇帝的唯一力量。费迪南德还从蒂罗尔派了 2000 人进入意大利，并
允许西班牙再招募 1 万人来增援伦巴第军，击退了法国和萨伏依联军的
进攻，正如我们在第 11 章中看到的那样。费迪南德还在匈牙利和哈布斯
堡世袭土地上维持了 1.6 万名士兵，并在那年早些时候，把从匈牙利撤
出的一支 12 500 人的军队交给了他的新将军，因此瓦伦斯坦只需要招募
11 500 名新兵就能完成合同。这支新部队在纸面上的实力可以算作当时人
所说的"大军"（exercitus formatus），即一支足以打一场大仗的野战军。

军队的规模是刻意选择的，以能比得上蒂利的军力，让费迪南德在军事上与天主教同盟平起平坐。瓦伦斯坦告诉蒂利，他想要采取"协同"的战略，意思是在自主的基础上双方进行合作。他不愿充当蒂利的下属，这无疑既出于自己独立的愿望，也是因为费迪南德意欲在战争中扮演主角。

这一切都取决于瓦伦斯坦是否能够征募到足够的部队。虽然瓦伦斯坦在 1626 年初吹嘘他有 5 万人，但他在哈尔伯施塔特东南的小镇阿舍斯莱本只召募了不到 1.6 万人，这里是他的新基地。此外，许多人都是训练不足纪律涣散的新兵。这些部队没有能给德·艾托纳留下深刻印象，他认为费迪南德仍然依赖马克西米连。[15] 随后的军事扩张大大扭转了 1626 年双方的不平衡局面：蒂利征召了 3.5 万人，其中 2 万人和主力部队在一起，其余人留在驻军点。而与此同时，帝国军大约达到了 7 万名战斗人员的规模，与战争早期的情况相比，这是一次巨大的升级，尽管瓦伦斯坦直接指挥的战斗人员人数很少超过蒂利自己的野战部队。军队规模的扩张部分是出于战略需要，因为曼斯菲尔德 1626 年 10 月入侵西里西亚，迫使瓦伦斯坦在那里部署第二支部队。但扩张同时也是一种刻意采取的策略，旨在积聚压倒性的力量，迫使克里斯蒂安国王议和。瓦伦斯坦于 11 月 25 日至 26 日在莱塔河畔布鲁克与岳父哈拉赫伯爵和埃根贝格会面时提出了这个计划。虽然他达到 10 万名士兵的规模的要求暂时减少了 7 万名，但他在 1627 年 5 月亲自前往维也纳，获得了更大编制的授权。[16] 1628 年后，更多的部队得以招募，部分是因为费迪南德在各处做出了更多的承诺，但帝国总的有效兵力不太可能超过 11 万人，包括那些仍在瓦伦斯坦控制之外的部队（见表 3）。

表 3 帝国军的兵力

时间（年）	账面数字			可能实际有效的兵力总数
	步兵	骑兵	总计	
1625	45 300	16 600	61 900	40 000—50 000
1626	86 100	25 000	111 100	60 000—70 000
1627	83 100	29 600	112 700	100 000
1628	102 900	27 300	130 200	110 000
1629	111 000	17 900	128 900	110 000
1630	129 900	21 000	150 900	95 000

注：账面兵力根据 *Kriegslisten* printed in *Documenta Bohemica Bellum Tricennale Illustrantia*, Vol. IV, pp.414–46 计算得出。

瓦伦斯坦的权力和下属

瓦伦斯坦的处境并不像人们有时所说的那样特殊，他更远非全能。现有的将军已经对他的迅速晋升和自主权感到了不满。毫无疑问，他尖刻的个性导致他与其他人关系紧张，但有一个潜在的结构性问题超出了他的控制。所有现代早期的军队都缺乏清晰、统一的指挥结构，甚至像古斯塔夫斯·阿道弗斯这样亲自率领军队的君主也发现很难掌控一些下属。才能和经验只是决定能否得到任命的诸多因素中的两个。高阶贵族经常要求得到指挥权，要么是因为他们的出身高贵，要么是因为他们自费组建军团，比如在西班牙和法国那样。但出身较低的军官也能获得足够的影响力，坚持自己的指挥权。其结果是，重要的军官拥有几乎独立的指挥权，他们在各自的地区独立行事。要塞则由地方总督管理，而他们也不需要向最近的战地指挥官报告。当时人所谓的"general staff"*无非就是所有将军级别的军官的总称。

帝国军遵循这种模式。费迪南德保留了对将军任命和晋升的完全控制权，尽管瓦伦斯坦从 1628 年 4 月起被允许提名候选人。[17]皇帝得到了宫廷战争委员会的协助，但这是一个行政上的清算中心，没有多少战略规划的能力。费迪南德的敌人位于四面八方，导致帝国军队进一步分散，在匈牙利、阿尔萨斯、哈布斯堡世袭领地，以及派往意大利和帝国的分队中，高级军官都得到了单独的指挥权。每个将军都直接向皇帝报告，关于他们之间谁的级别更高这个问题，则故意含糊不清。瓦伦斯坦的任命只是部分集中了军队，让他控制了帝国内的所有军队，包括先前利奥波德大公领导的阿尔萨斯的 2 个团，以及 6 个本来打算前往尼德兰协助西班牙人的团。世袭土地和匈牙利的其他部队仍不归瓦伦斯坦管辖，那些前往米兰的部队同样如此。

老兵马拉达斯比瓦伦斯坦大 20 岁，他保留了哈布斯堡土地的指挥权，并在 1626 年 3 月晋升为陆军元帅，得到了安抚。卡拉法是花了巨大代价从西班牙军队中挖过来在匈牙利指挥的，并不那么容易满足，他于

---

* 这个词在现在指总参谋部。

1628 年返回西班牙，与以前的战友重新会合。瓦伦斯坦的前任上司利希滕施泰因退休了，蒂芬巴赫也退休了，但科拉尔托仍然是战争委员会的主席。瓦伦斯坦也远远做不到自由任命自己的官方下属。他可以通过谈判签订合同来组建新的团，但是费迪南德保留了任命这些团的上校的最终决定权。招募命令继续由战争委员会签发，由费迪南德签名。然而，瓦伦斯坦在 1627 年显然是以自己的权威发布这些招募命令的，尽管他对此予以否认。在他自己选择上校的时候，他也几乎没有遇到多少反对意见，在布鲁克会议之后，他还获得了提名新教徒的权利。最早被提名的新教徒中有阿尼姆（Arnim），他是勃兰登堡的路德宗贵族，于 1627 年 1 月被任命，此前曾在瑞典、波兰和曼斯菲尔德手下效力过。阿尼姆是一个相当有能力的人，到 1628 年 4 月，他已经成了陆军元帅，也是瓦伦斯坦的二把手。许多苏格兰、英格兰和爱尔兰军官此时也进入了帝国军中服役。[18] 瓦伦斯坦还任命了一些说法语的瓦隆人，其中比较重要的有梅洛德（Merode）伯爵，后者成了他的主要征募官，到 1629 年，梅洛德伯爵已经为他征募了74 个连队，那年他另外又征召了 2500 人。

瓦伦斯坦任命的另一位瓦隆人是吉尔·德·哈斯（Gil de Haas），一位几乎不识字的伊普尔石匠，最终成为巴伐利亚将军，表明瓦伦斯坦不像他同时代的人那样势利。尽管如此，许多年纪较大的军官觉得新人缺乏经验，嘲笑那些据说年纪太小连胡子都没有的上校。1626 年后，帝国军队的迅速扩张无疑导致了整体质量的下降。在 1625 年初帝国服役的 15个团中，有 14 个团在瓦伦斯坦于 1630 年 11 月被解职时仍然存在，而在他第一次担任将军期间组建的 103 个团中，1630 年时只有 66 个团仍然存在。而在 1631 年之前解散的团中，有 30 个团存在还不到两年（见表 4）。早期的解散很少是由于战斗伤亡造成的；相反，这通常是因为上校找不到足够的新兵来履行合同。这种不规律性很难导致良好的纪律，因此，梅洛德的名字被说成是"掠夺者"（marauder）这个词的来源也就不足为奇了。

表 4　1618—1630 年帝国军中的团数量

组建年份	当年组建的团数量	在 1625 年中时仍存在的团的数量	
1618 年以前	—	2	
1618	10	2	
1619	18	4	
1620	11		
1621	17	5	
1622	5	—	
1623	5	—	
1624	3	2	
1618—1624 年总计	69	15，此外还有 3 个在 1625 年解散的团	
		1630 年 12 月还存在的团	存在不到两年的团
1625	18	11	1
1626	19	8	5
1627	21	7	12
1628	10	7	2
1629	14	14	—
1630	21	19	10
1625—1630 年总计	103	66	30
1618—1630 年总计	172		

数据来源：G. Tessin, *Die Regimenter der europäischen Staaten im Ancien Régime* (Osnabrück, 1986); A. Wrede, *Geschichte der K.u.K. Wehrmacht* (5 vols., Vienna, 1898–1905)。

　　瓦伦斯坦任命的一些人臭名昭著，但这掩盖了他还从现有军队继承了一个高级军官组成的核心团体的事实，由于这些人的社会地位或关系，他不得不与之共事。其中有四位帝国诸侯：荷尔斯泰因-戈多普的阿道夫公爵和四位萨克森-劳恩堡公爵中的三位，他们都皈依了天主教，并且在对抗波希米亚叛军时就组建了自己的军团。劳恩堡的弗朗茨·阿尔布雷希特（Franz Albrecht）和阿道夫公爵都是糟糕的指挥官，纪律也非常松懈，但他们必须被容忍。其他人有的是可靠的职业军官，比如来自下奥地利的布雷纳表兄弟，还有一些已经改变过阵营的摩拉维亚人和西里西亚人，比如海因里希·施里克和沙夫戈奇（Schaffgotsch）男爵。后者忠诚地效劳于瓦伦斯坦，但是施里克和大多数波希米亚人对他们的新指挥官保持冷淡。许多意大利人也是如此，有的已经在帝国军中服役，比如科洛雷多兄弟；有的是从西班牙军中过来的，比如奥克塔维奥·皮科洛米尼（Octavio Piccolomini）和埃内斯托·蒙泰库科利；还有的从天主教同盟军队中加入，比如马泰奥·加拉斯（Matteo Gallas）。他们与西班牙和意大利各国的联系提供了很多潜在的赞助者，尤其是皮科洛米尼，他来自佛罗伦萨一个显赫的家族，这个家族已经出过两位教宗。[19] 其他人有无可挑剔的贵族血统，比如瓦伦斯坦之前的合作者夸达尼奥拉侯爵托尔夸托·孔蒂，他在1619年就为瓦伦斯坦组建了骑兵军团，而科拉尔托则是皇帝第二任妻子贡萨加的埃莱奥诺雷（Eleonore）的远亲。

瓦伦斯坦无法满足下属的野心，这导致了不忠行为。弗朗切斯科·格拉纳（Francesco Grana）认为瓦伦斯坦对他贪婪掠夺的厌恶阻碍了他的职业发展。皮科洛米尼和加拉斯则怀疑瓦伦斯坦偏袒波希米亚人和德意志人，这显然不是真的。一些人只是他情绪激烈爆发的受害者。瓦伦斯坦于1625年任命约翰·阿尔德林根为上校和事实上的幕僚长，后来与他产生了严重的冲突。1627年，在一次争论中，瓦伦斯坦称他为"笔吏"，阿尔德林根敏感地意识到自己作为一名抄写员的卑微出身，一直无法原谅瓦伦斯坦。虽然阿尔德林根在1629年晋升为将军，但他发现自己的职业发展被后来者超越，因此转而寻找其他的恩主，例如加拉斯，两人在1630年都娶了阿尔科伯爵的女儿，成了连襟。

最后，一直有一些独立的指挥官不在瓦伦斯坦管辖范围之内，这让皇帝可以选择其他的赞助对象。最好的例子是恩斯特·曼斯菲尔德的远亲之一，沃尔夫冈·曼斯菲尔德伯爵，他在1619—1621年间指挥萨克森军队，后来皈依天主教，并于1622年加入了皇帝一方。他是三十年战争中期最重要的指挥官之一，虽然现在被很多人忘了，他一直在意大利服役到1628年，因此一直不受瓦伦斯坦的影响。

战争财政

瓦伦斯坦对军队资金的控制也不如人们普遍认为的那么可靠。一般认为，他是一个被称为"贡金"的军事资助体系的改良者，如果不是发明者的话。约翰·林恩（John Lynn）恰如其分地称之为"暴力税"，这种体系将战争财政分散化，将财政权从等级会议手中剥夺，交到军官手中，而这些军官通过暴力强迫社区维持自己的军队。对于一个濒临破产的君主来说，这种方法使得他可以通过让敌人承担代价来发动战争。然而，瓦伦斯坦并不像一些人声称的那样，打算通过"进攻式后勤"来发动战争，即故意征募了比实际所需更多的人，以使对手利用不了自己的领地资源。[20] 这一说法的主要证据来自差不多同时代的克芬许勒关于费迪南德统治时期的记载，他声称瓦伦斯坦要求的军队建制是授权数量的两倍。事实上，瓦伦斯坦只被许可在敌方领地上征收贡金，而在 1625 年时，他还没有占领任何一块敌方领地。实际的军事资助依赖更多样的方法，所谓的贡金只是其中的一个因素。

真正的核心是信用，而不是勒索，这凸显了瓦伦斯坦与皇帝个人关系的重要性。和斯皮诺拉一样，瓦伦斯坦之所以能够招募一支军队，是因为他已经是富人了。而他的军官们自愿筹集新的部队，因为他们知道瓦伦斯坦不仅可以预付启动资金，而且由于皇帝对他的信任，他可以确保偿还费用。征募系统提供了大部分资金。由于瓦伦斯坦以帝国的权威行事，因此他可以在军队集结的时候指派城镇给士兵提供住处。上校们得到授权，可以从第一天起就索要全额编制的食物和工资，尽管实际上可能需要几周时间才能征集到所有新兵。瓦伦斯坦将上校的个人津贴提高到每周 500 弗洛林（在 1629 年被减少到 300 弗洛林），相比之下，天主教同盟的上校每个月只有 402 弗洛林。士兵的工资仍然很低，步兵每个月为 7.5 弗洛林，外加价值 2.5 弗洛林的面包。[21] 其他统治者仍然试图直接支付军官的费用，瓦伦斯坦让费迪南德免于这一义务，允许他的上校从当地居民那里得到向士兵提供装备、衣服和食物的费用。

瓦伦斯坦还使负债累累的帝国财政部免于支付士兵行军到前线时的工资。1618 年后，天主教同盟和帝国军队都努力维持每月直接给士兵支付工资，并采取了土耳其战争期间已经采取过的一些权宜之计，比如降低工资率，说服士兵接受口粮或制服来代替工资。积累拖欠工资成了三十年战争中的常态，并将在 17 世纪 40 年代左右战争的进程。政府可以期待人们在战役中丧生，以注销部分债务，但欠其他人的钱实在太多，没有任何完全解决问题的可能。军队复员同样不可行，因为团除非领到报酬，否则拒绝被解散。通常的做法是由等级会议做担保来筹集借款，将责任转移出去，而等级会议则获准分期偿还额外的债务。在 1623 年，费迪南德已经强迫波希米亚等级会议承担了 820 万弗洛林的债务。

克里斯蒂安四世面临的问题说明了国家直接提供费用的局限性。1625年至 1627 年间，战争花费了丹麦 820 万里克斯。普通收入只能覆盖四分之一多一点，而外国援助提供了大约 300 万里克斯，而这只是最初承诺的一半。下萨克森人只贡献了 12 万里克斯，克里斯蒂安被迫借款超过 250万里克斯，主要是从他母亲那里。这耗尽了他的储备，并在 1627 年外国资金援助枯竭后引发了一场危机，而瑞典和波兰重新开启敌对行为，导致丹麦的通行费收入骤降至战前水平的三分之一。[22]

瓦伦斯坦坚持由当地居民支付全部工资和口粮，违反了惯例，也违反了帝国法律。帝国议会曾在 1570 年裁定，士兵们可以期待在行军途中得到住宿，但是应该以预先商量好的价格支付其他一切费用，或者至少提供收据。起初，人们还努力遵守这些规则。瓦伦斯坦的军官于1625 年从波希米亚出发时，给行军路线上的领地发送了必要的通知信（*Requisitoriales*），这样地方当局就可以为他们安排食物和住宿。[23] 然而，这一做法很快就变得不可能了，因为新军队规模大，行军速度也更快，最重要的是，地方完全无力支付费用。

在速度和灵活性的战略必要性与以农业为主的经济支持军队的能力之间存在着差距，而缺乏资金加大了这一差距。在军事法规的设想中，每名士兵每日配给包括约 1 千克面包、0.5—1 千克肉类、约 1.5 升葡萄酒或 3升啤酒。此外，每个士兵都有权得到蜡烛、木柴、盐等服务品（*servis*），骑兵还可以得到 3.5 升燕麦或其他等价的饲料。除了这些，还应该有（严格来说是士兵自己花钱）与肉一起食用的豌豆、大豆和粗面粉，此外根据季节的不同，还会添加卷心菜或酸菜和干果，以及黄油和鸡蛋。虽然大部分肉类配给实际上都是一些不可食用的骨头和软骨，他们的食谱蛋白质含量仍然高于普通农民，每天能提供 3000 卡路里的热量。[24]

　　大多数士兵还得跟依附他们的人分享食物。这些"营地追随者"的数量和组成是三十年战争中研究最少的两个方面。许多后来的评论者引用了像瓦尔豪森或格罗茨菲尔德（Gronsfeld）这样的批评家的评论，认为每名士兵会有三到四名非战斗人员跟随。幸存的召集证据表明，一比一的比例更为普遍，但有时甚至低至四名士兵对一名非战斗人员。[25] 大约一半的追随者是妇女，经常是士兵的合法妻子，也有寡妇、俘虏或妓女。后者在一个世纪前得到了官方保护，但现在成为惩罚性法规的目标，这种惩罚性法规既受到了宗教改革后新的道德活力的影响，也出于限制"辎重"规模的实际考虑，因为正如魏玛的伯恩哈德所说，这种"辎重"是"军队失序的根源和混乱的起因"。[26] 其他女性则更独立，充当裁缝，负责保护赃物，出售烈酒等供应品，如格里梅尔斯豪森的角色之一"大胆妈妈"，这个角色后来通过贝托尔特·布莱希特（Berthold Brecht）的戏剧更为人所知。目击者报告说，妇女的头上捆着孩子，腾出手来拿更多的袋子。[27] 妇女还帮助寻找食物和清洁衣服，也是一些基本医疗服务的主要提供者。其他追随者是"男孩"，通常是青少年，负责携带武器和照看马匹。许多人后来也成了士兵，例如格里梅尔斯豪森的半自传人物痴儿西木，在他的家被洗劫后，他先是成了仆役，后来成了火枪手。

　　尽管无须为众多营地追随者提供官方津贴，但他们无疑增加了对资源的实际需求。一个农民家庭如果在交完税收和租金之后还能有足够的盈余，能在下一个收获季节之前养活自己，已经算是幸运的了。一个大型农场充其量能储存相当于 3000 份口粮的食物，这是一个满员帝国步兵团的每日需求。即使是一个普通的城镇，也不可能容纳足够多的食物让一支大军待上好几天。如果当地居民藏起补给品，或者带着它们逃往森林、沼泽或最近的设防城市，事情会变得更糟。早在 1625 年，美因茨的官员就报告说，瓦伦斯坦的军团行军经过的地方，村民们面临着"彻底的毁灭"。[28] 恐惧流露在当时人们的信件中，当局抓住一切关于军队移动的流言，不顾一切地采取预防措施。

　　瓦伦斯坦早在 1625 年 6 月就开始招募士兵，但直到 11 月占领哈尔伯施塔特，他才发布了工资和配给条例。他在此前要求的"贡金"更接近当时人们所说的"火税"（Brandschatzung）*，因为不交钱就会面临类似的后果。这些税是对受到威胁但还没有被军队实际占领的地区征收的。1575年后，尼德兰人和西班牙人就曾威胁要突袭德意志社区，来勒索钱财。瓦伦斯坦利用招募系统强迫富裕的德意志南部商业城市支付这些钱，这些城市同意一次性付清，以换取瓦伦斯坦撤销上校在其领地内招募军队的授权。他在第一次将军任期内使用了这种方法，仅从纽伦堡就至少敲诈了44万弗洛林。这些城市之所以同意，是因为费用仍然低于实际占领后的成本和破坏。

同时代人所说的"贡金"是这种最初勒索的更常见形式。军队与特定领地的当局签订正式协议，每月定期向部队支付分期付款，而这些部队并不一定实际占领领地。作为回报，指挥官将发布保护令（Salva guardias），免除民众的进一步负担，并承诺留下来保障支付的任何士兵都会表现良好。瓦伦斯坦在1626年3月之后将这种方法推广到上萨克森的小领地，并在同年秋天推广到勃兰登堡。1627年9月以后，荷尔斯泰因公爵领也被包括在内，尽管帝国曾做出了明确的相反保证，而大约1.2万人在7月初占领了符腾堡，将这个体系扩展到了德意志西南部。在1627年11月瓦伦斯坦与波美拉尼亚公爵进行的弗兰茨堡会议上，这一系统被强加给波美拉尼亚，12月占领了梅克伦堡后，他又将这一系统推行到了那里。以这种形式，贡金是征收现有领地税的一种手段。在1627年11月后，勃兰登堡只是将之前交给选帝侯的钱转交给了占领军。波美拉尼亚是一个显著的例外，可以以实物的形式提交贡金，那里引入了用以购买谷物的新税，谷物先集中在当地的军械库中，然后再发放给士兵。哈布斯堡世袭土地上也采用了同样的方法，特别是在西里西亚，1627年6月，西里西亚等级会议批准了传统的直接征税，但更名为"士兵税"，每周征收一次，比通常的数额更小，但也更频繁。[29]

后来历史文献中所理解的贡金实际上是某种形式的住宿金（billeting）。

---

* 火税是当时军队征收的强制性捐款，如果不交城镇就会被烧掉。

上校们被允许按照哈尔伯施塔特法令规定的费率直接从给他们提供住处的社区征集食物。这与谈判达成的贡金有相当大的重叠，特别是因为后者也会涉及根据食品和工资条例计算的配额。区别在于，一旦主力部队离开，谈判达成的贡金将会继续支付，住宿金则更为临时性，因为军队经常更换地点。事实证明，一旦军队离开，很难再收到贡金，因此士兵们往往劫持人质以确保地方遵守。未能支付与宗教或政治动机没有多大关系，而只是因为支付超出当地资源的款项是完全不可能的。例如，与波美拉尼亚签订的弗兰茨堡公约规定每月支付 4 万塔勒，以维持一支 2.2 万人的军队，而波美拉尼亚通常的年度税收仅为 9 万塔勒。到 1630 年，公爵领被 7540 名骑兵和 31 500 名步兵占领，据说自他们到达以来，仅东半部就损失了 660 多万塔勒。[30]

　　缺乏问责制使事情变得更糟。管理工作并不像人们通常声称的那样原始，他们还是会努力做记录，并与民政当局保持联系。尽管如此，上校还是有相当大的回旋余地，经常不经宣布就到达，或者带着比预期多得多的士兵。他们经常勒索更多的钱来换取纪律的维持，而他们的士兵后来还是会忽视规定。派来谈判的官员经常会故意夸大官方的要求，然后能从社区得到一份回扣，以换取同意一个更合理的金额，而社区还会为此感激不尽。此外，他们还会强加一些额外的要求，特别是在服装和交通方面，而即使最富有的公爵和诸侯也不会享用额外的奢侈品。[31]

　　牟取暴利很常见，尽管很少真的有人赚到大钱。弗里茨·雷德利希（Fritz Redlich）对"连队经济"的研究现在已成了经典，他过分强调了雇佣军招募的商业性质。[32] 军官经常购买武器和服装，但很明显，这些武器和服装也是由国家军械库和集中采购提供的。利润是通过累积贿赂、掠夺和其他欺诈手段（如为不存在的士兵提取口粮）逐渐积累的。这些钱同样容易失去，要么是因为个人的愚蠢，通常是赌博，要么是因为不幸，尤其是在战败后更是如此。被俘的军官通常不得不自己支付赎金，直到 17 世纪 40 年代情况才有所改变，那时交换战俘更加常见。政府经常不支付工资或报销合法费用。正如我们将会看到的，在战争的最后 20 年里，军队哗变的主要根源是那些在士兵中激起不满情绪的没有领到薪水的军官。很少有个人将资本积累本身当作目标，也少有军官能有商人的商业头脑。[33]金钱只是一种推进职业发展的手段，以进一步提高地位。然而，真正的财富仍然来自土地，因为在1631年之后，土地的占有变得更加不稳定，像阿尔德林根这样的谨慎的投机商则将现金投资到更安全的地方的银行家那里。

社会的等级性和集体性使得这些负担在不同阶层分配得并不均匀。像弗兰茨堡公约这样的协议免除了贵族、诸侯、拥有特权的城镇、神职人员、大学教职员工和其他专业团体的责任。行政长官和城市官员通常免于提供住宿的义务，他们倾向于更好地满足军官的要求，因为他们意识到，士兵可以摧毁葡萄园和其他位于城墙外的富裕市民的资产。这可以解释围城造成的社会紧张关系，穷人往往最有决心抵抗，因为他们知道如果士兵占领了城镇，他们没有办法购买保护。然而抵抗带来了相当大的风险。皮科洛米尼的一名掌旗官在试图进入波美拉尼亚小镇施塔加德时被杀后，他对小镇处以1万塔勒的罚款。然而，这种暴力行为相对较少（见第22章）。进行武装抵抗的城镇通常还会得到正规驻军的协助，尽管如果在围攻者破城之前未能投降，城镇居民会像士兵一样遭到抢劫和屠杀。

人们广泛地认为，瓦伦斯坦体系的分散化特征将战争"私有化"，使像哈布斯堡王朝这样的仍不够发达的国家能够组建庞大的军队，而不用相应地扩大其行政和财政结构。因此，贡金和军事合同是在通向现代化的道路上的权宜之计，直到国家足够发达，重新将战争"民族国家化"。[34]这种解释非常有误导性，因为它让人们忽略了常规税收的持续重要性，以及皇帝及其军官之间的恩主-门客的关系。虽然现有的财政结构在压力下面临崩溃，军队仍然依靠文职官员来寻找资金和住所。掠夺既不能支付战争的费用，也限制了军队的规模。在短期看来，掠夺既浪费又低效，因为士兵要么狼吞虎咽，扔掉一切不能立即消费的东西，要么找不到平民小心翼翼藏起来的食物和贵重物品。从长远来看，由于正常经济活动的停止和资源的消失，掠夺也是自我毁灭性的。地方编年史上充满了这样的记录，驻军不得不挤在余下不多的房子中，因为士兵们把其他房子拆了当柴火用。最重要的是，士兵大多是外来者，他们不知道社区的藏身地，也不知道一个地区到底有多少财富。贡金和住宿金要求都是一次性总付的，由当地官员来决定社区中由谁来提供，又提供多少。地方官员们在军官们无休止的要求和当地居民的请求之间左右为难。毫无疑问，在 17 世纪 30 年代，许多地区的领地管理系统崩溃了，很多官员要么被杀要么不干了，而他们留下的空缺很难填补。官员们还伪造账目，有时还与军官合作，以瓜分战利品。然而，人们总的印象是，一群收入很低、没有得到良好支持的人在这个可怕的时代，依然在尽自己的努力做到最好。霍恩洛厄的一名管家尽心尽力地做着他的记录，尽管他的办公室被敌对势力洗劫了八次。[35]

然而，1625 年后，不断增加的负担侵蚀了既有的关系。如果一些人获得了豁免，或者逃避了应该承担的责任，那么这个负担会更加沉重地落在社区的其他人身上。一些家庭谴责那些涉嫌伪造纳税申报单的人，良好的睦邻关系破裂了。当局有着压倒一切的想要减少暴力的愿望，放弃了以前采用的仁慈模式。16 世纪，在面临生存问题等危机时，统治者和领主一般愿意接受回报减少，以让臣民有时间恢复。而现在这种宽容是不可能的，因为军事要求刻不容缓。甚至像霍恩洛厄伯爵领这样相对较小的领地也被迫将其基本的财政制度建立在更坚实的基础上，并无情地征收税款，以避免发生军事报复这样更糟糕的情况。[36]

瓦伦斯坦夸口说，他不用动用已经捉襟见肘的哈布斯堡国库就可以维持一支军队，但实际上，他严重依赖哈布斯堡君主国现有的税收体系。国库在 1626 年 11 月已经承认不可能维持一支扩大的军队。[37]然而，哈布斯堡的常规税收继续每年提供 120 万弗洛林，以维持军政国境地带，并在 1625 年到 1630 年期间每年给瓦伦斯坦提供 400 万弗洛林，而瓦伦斯坦在同一时期获得了价值 300 万弗洛林的西班牙资金援助。[38]这些现金流入瓦伦斯坦的战争金库，而他的金库也装满了从城市和领地勒索来的金钱，这些地方提供金钱，以免于被征兵和提供住宿金。

现金被用于资助行动以及大量购买火炮和弹药，并支持重要的信贷安排。信贷早已存在，瓦伦斯坦预付给上校、哈布斯堡国库甚至是皇帝金钱，例如，他支付了费迪南德出席 1630 年的雷根斯堡大会的费用，而这次大会终止了瓦伦斯坦的第一次将军任期。到 1628 年，这些预付款共计

695 万弗洛林，来自瓦伦斯坦的私人财富和他的银行家扬·德·维特（Jan de Witte）筹集的贷款。德·维特是来自安特卫普的加尔文宗难民，定居在布拉格，曾经通过向鲁道夫二世提供信贷赚取了巨额利润。维特为现金流动的僵局提供了解决方案，而这种僵局本有可能扼杀瓦伦斯坦的体系。税收和贡金通常会短缺，而且来得晚。1625 年底，阿舍斯莱本应支付 106 400 弗洛林，但 28 周后只交付了 4 万弗洛林，而勃兰登堡的付款在 1627 年的前四个月后就枯竭了。德·维特提供了过渡性贷款，最初是由未来特定来源的收入担保的，但很快就只靠瓦伦斯坦的个人担保来维持了。错综复杂的信贷网络延伸到从伦敦到君士坦丁堡的 67 个城市，通过很多中间人来维持，许多贷款人不知道自己的资金真正流向何处。作为对 2.5% 的提成的回报，德·维特每月定期支付分期付款，但只能从瓦伦斯坦战争基金中得到部分补偿。[39]

这个系统在根本上就不健全。与建立在经济扩张基础上的尼德兰借款系统不同，皇帝没有办法偿还自己的全部债务。到 1628 年，除了欠瓦伦斯坦的钱，费迪南德还欠梅洛德、阿尼姆和荷尔斯泰因的阿道夫 91.2 万弗洛林。与此同时，军队规模总计超过 10 万人，这是中欧迄今为止规模最大的军队。日益严重的危机显露出了这个系统的真正基础仍然是皇帝、将军和军官之间的个人关系。尽管费迪南德缺钱，但他仍然是对权利和财产有着最终决定权的封建君主。早在 1625 年之前，帝国就已经通过没收哈布斯堡世袭土地上的叛军财产来维持战争了。土地被出售，以筹集资金支付日常开支，或者直接分配出去，以替代工资和拖欠款项。费迪南德和他的继任者费迪南德三世巧妙地操纵了皇帝特权的各个方面，以最大化利用这类交易的价值。在特别紧急和需要的情况下，一些人可以立即得到土地，但其他人则被列入一个与特定地产挂钩的等待名单中，而与此同时，这些地产还为帝国国库提供收入。这类名单上的地产变成了可以交易或继承的可交换商品，不过依然要得到帝国的批准。每次转手都要扣除部分费用，这样皇帝就可以减少现有的债务，或者抵销新的债务。即使一个人拥有唯一的索赔资格，皇帝也可以通过正式授予采邑或给予特权来抵销欠款，比如，将瓦伦斯坦的领地提升为弗里德兰公爵领就属于后一种情况。[40]

政治影响

蒂利战胜圣骑士后，财产没收的现象已经扩展到莱茵兰，同时战争向德意志北部蔓延，为将权力重新分配给费迪南德的支持者提供了新的可能性。1625 年 9 月，瓦伦斯坦在波希米亚行军时，关于他的军队造成的物质损失的抗议就越来越多。科堡公爵抱怨说，帝国官员在他的领地上时"就像在自助旅店"。[41] 这种抱怨是真诚的，并吸引了大部分历史学家的兴趣，但是真正引起了争议的是政治影响，因为土地和资源的重新分配从根本上改变了帝国的权力。

遵循早先的模式，费迪南德于 1625 年 12 月将克里斯蒂安四世置于帝国禁令之下，命令帝国的所有居民不要帮助后者，否则将面临类似的后果。[42] 随着军事形势的改善，帝国宫廷议会从 1628 年 2 月起任命专员，夺取在克里斯蒂安军中服役的军官位于威斯特伐利亚和下萨克森的地产。1630 年 6 月，价值至少 74 万弗洛林的土地被没收，而其他一些位于荷尔斯泰因和日德兰半岛的属于丹麦君主部分的地产也被没收。更严重的是，专员们得到授权，对那些没有服从费迪南德命令的诸侯采取行动。在马格德堡和哈尔伯施塔特的例子中，它们的命运和其他经济、政治和宗教因素交织在一起。这两个教会领地夹在中立的勃兰登堡和占领了韦尔夫家族公国的丹麦军队之间，位于易北河的两边，在克里斯蒂安的东翼。瓦伦斯坦在 1625 年 10 月向这里进军，导致它们的路德宗教区长官、勃兰登堡的克里斯蒂安·威廉加入克里斯蒂安四世一方，这立即为费迪南德夺取威廉的领地提供了借口。

随着冬天的临近，这两地为瓦伦斯坦提供了受欢迎的住宿地，以及一个由易北河连接到波希米亚的前沿基地，在那里，他在自己庞大的私人领地弗里德兰组织了一种计划经济。那里的某些经济部门，如钢铁生产，直接向军队提供装备，但总的来说，瓦伦斯坦还是保存了弗里德兰的资源。

军队也被指示避开这块福地（*Terra Felix*）*，同时他花费了大笔钱财，在他的首都基特欣和布拉格都建造了一座新府邸。[43]

与此同时，他争取到了蒂利的同意，在那个冬天留在莱茵河以西，将马格德堡和哈尔伯施塔特留给帝国军队，以使费迪南德在争夺主教职位的斗争中击败维特尔斯巴赫家族。1625 年 10 月，当皇帝确认科隆的费迪南德的堂弟弗朗茨·冯·瓦滕贝格（Franz von Wartenberg）是奥斯纳布吕克的新主教时，他已经遵从巴伐利亚人的意见了。[44] 皇帝也有自己的家庭成员要考虑，希望将马格德堡和哈尔伯施塔特两地留给他的小儿子利奥波德·威廉。虽然瓦滕贝格直到 1638 年才接受按立，但他已经是一名经验丰富的教区长官，比他的哈布斯堡竞争对手大 21 岁。而且当地天主教徒和教宗也认识到他有着真正的宗教热情，导致了关于谁应该当选的长期争论。瓦伦斯坦并不怎么热衷于皇帝的计划，因为这会限制他对这两个主教辖区资源的开发。哈尔伯施塔特大教堂圣职团最终在 1627 年 12 月选择了利奥波德·威廉，但是马格德堡的新教法政牧师选择了萨克森的约翰·格奥尔格的第二个儿子，萨克森-魏森费尔斯的奥古斯特（August of Sachsen-Weissenfels）。马格德堡本身无视各方，在一次直到 1631 年 5 月的长时间对抗中，拒绝接受帝国驻军。

丹麦的失败（1626—1629）

德绍大桥之战

克里斯蒂安四世于 1626 年 3 月批准海牙联盟，使丹麦不可逆转地卷入战争。他手中的资金不断减少，不得不越来越依赖那些不可靠的盟友，这也使得他更难对加入他一方的将军施加权威。尽管有人声称，贡金系统使军队不再需要补给线，但事实远非如此。[45] 军队变得更大了，但是用于野战的部队规模仍然保持不变，因为额外的部队被部署来确保供应金钱和食物基地的安全。1626 年就出现了一种趋势，那就是尽可能长时间地住

---

* 弗里德兰（Friedland）在德语中意为"快乐的土地"。

在提供住宿的民房中，花当地居民的钱来进行休养。事实证明，在冬季很难积累物资，来支持部队在提供贡金的地区以外行动，这也因为敌人的意图不确定，人们不知道应该将物资预先储存在哪里。战斗的平静期为谈判提供了机会，这是整个三十年战争的一个持续特征。被中断的不伦瑞克会谈已经在 1626 年 5 月重新开始，并在那年夏天的作战季结束后于 9 月恢复，在整个 1627 年间断断续续地继续。军事行动主要是为了确保当地的军事优势，加大自己在谈判中的筹码，以使对方更能接受合理的要求。

1626 年初，克里斯蒂安不得不将他的 2 万人的主力部队集中在沃尔芬比特尔，以恐吓韦尔夫人，并使瓦伦斯坦和蒂利分开。瓦伦斯坦位于沃尔芬比特尔东南部的哈尔伯施塔特，部队人数大致与克里斯蒂安相同，而蒂利的部队稍微少一点，驻扎在西部的威悉河边上，他们两人的军队中间隔着哈茨山。克里斯蒂安四世派遣魏玛的约翰·恩斯特带着一小支分队穿越威悉河，分散蒂利的注意力，试图占领奥斯纳布吕克。克里斯蒂安公爵在哥廷根集合，准备向南推进到黑森，索尔姆斯的菲利普·莱因哈特伯爵（Philipp Reinhard of Solms）已经在那里集合了 4000 名农民。蒂利意识到，如果对方通过的话，领地伯爵莫里茨会加入他们。蒂利想占领明登、诺特海姆和哥廷根以保障边境，保护黑森的安全，黑森继续支付他军队的大部分费用。

蒂利拒绝穿越哈茨山与瓦伦斯坦会合，这让瓦伦斯坦沮丧不已，瓦伦斯坦在 1626 年 2 月至 3 月期间至少递交了六次辞呈，抗议帝国国库完全没有提供资金。瓦伦斯坦还担心曼斯菲尔德会对他的前进基地构成新的威胁，曼斯菲尔德现在在易北河的劳恩堡有 1.2 万名士兵，准备入侵勃兰登堡，转而进攻他的侧翼。费迪南德不想将战争蔓延到上萨克森，命令瓦伦斯坦留在易北河以西，在那里他开始在戈斯拉尔周围对克里斯蒂安公爵展开行动。2 月中旬，当曼斯菲尔德沿着易北河右岸穿过勃兰登堡西部时，瓦伦斯坦被迫掉头回去，而富克斯（Fuchs）手下的一小队丹麦军队在易北河以西紧跟着他。曼斯菲尔德宣布，他要来解放马格德堡大主教辖区，并开始占领河以东的安哈尔特的领地。瓦伦斯坦很快赶走了富克斯，但他得知曼斯菲尔德威胁他在德绍附近的罗斯劳由阿尔德林根把守的前哨站，那里守卫着马格德堡和德累斯顿之间唯一的永久桥梁。如果这里失守，曼斯菲尔德可能会中断从波希米亚向帝国军队提供的供应。

从 4 月 12 日起，曼斯菲尔德对阿尔德林根右岸阵地加大了压力。瓦伦斯坦补充了增援部队，于 4 月 24 日亲自率领主力部队抵达，使守军人数至少达到 1.4 万人。曼斯菲尔德在做一件自己力不能及的事，他已经与富克斯发生了争吵，后者仍然在北方，离得太远而无法帮忙。他只有 7000 人和 25 门大炮，兵力太弱，无法拿下对方的阵地。4 月 25 日早上 6 点，曼斯菲尔德孤注一掷，发起了最后一次袭击，没有意识到瓦伦斯坦已经把部队藏在东边的一片树林里。曼斯菲尔德的攻击减弱之际，瓦伦斯坦发起了反击。曼斯菲尔德的骑兵向下游逃到哈弗尔贝格，抛弃了投降的步兵。[46]

瓦伦斯坦未能利用这次胜利，这通常归咎于蒂利和瓦伦斯坦之间的竞争，以及他们持续的后勤问题。蒂利在瓦伦斯坦不在的时候，不得不派遣安霍尔特去拿下奥斯纳布吕克，而他则去对付克里斯蒂安公爵。克里斯蒂安公爵于 1626 年 6 月 16 日去世，暂时让丹麦在该地区的行动停止。瓦伦斯坦最终于 6 月 30 日在哥廷根附近的杜德施塔特与蒂利会面，双方同意入侵下萨克森。但这次袭击因上奥地利的叛乱而推迟，这是迄今为止最大规模的民众骚乱爆发。

1626 年上奥地利叛乱

与 1620 年的情况相反，上奥地利的许多新教徒现在准备纵容叛乱者，特别是当叛乱捍卫自己的信仰时。宗教上的不满无疑是引发骚乱的原因之一。[47]巴伐利亚在上奥地利的总督是赫贝尔斯托夫，他本人是从路德宗改信天主教的，费迪南德期待他会执行重振天主教的措施。新教牧师和教师于 1624 年 10 月被驱逐出境，那些被指控支持 1618 年叛乱的人在 1625 年被罚款 100 万弗洛林，而所有新教徒都被告知要么改宗要么离开。这些措施引起了反对，尤其是来自上奥地利的等级会议，他们发起了一场诋毁赫贝尔斯托夫的运动，以转移当地人对他们在 1620 年的失败的批评。马克西米连公爵不想打扰上奥地利，因为他需要靠那里的纳税人来结清 1623

年与费迪南德达成的巨额战争赔款。最终，罚款降低到 60 万弗洛林，而巴伐利亚驻军减少到 5000 人。

我们现在很难准确判断这些农民到底想要什么，因为农民的要求是由一名前法官和一名律师写下来的，他们的话可能反映了农民的感受，也可能没有。文件抨击了新的"宗教改革命令"，费迪南德命令赫贝尔斯托夫在 1625 年 10 月 10 日发布这一命令，将改宗的最后期限延长到 1626 年的复活节。主要的批评是，当局认为重新天主教化比一个管理良好的政府更重要，也没有解决人民真正的不满——1622 年恶性通货膨胀后，农民债务激增，很多商业活动也破产。重新天主教化的措施也打击了社区自治，从当地人手中夺走了学校和村庄的资金，同时很多人想用农民等级取代等级会议中的教士等级。当时的单面大幅报纸把当时的情形和 1525 年的农民战争做类比，把当时的领袖描绘成 1525 年农民战争的领袖，但是有着 1626 年的武器和需求。[48]

筹划叛乱的情况与 1595 年的情形类似。一个富有的农民斯特凡·法丁格（Stefan Fadinger）和他的姐夫、客栈老板克里斯托夫·策勒（Christoph Zeller）合谋，但因为在兰巴赫与巴伐利亚士兵发生斗殴，叛乱提前于 1626 年 5 月 17 日爆发了。叛军吸取了 1611 年帕绍事件和 1619—1620 年叛乱的经验，利用行省民兵系统动员了 4 万人的军队，而上奥地利总人口才 30 万。他们缺少炮兵和骑兵，直到一些市民宣布支持他们才有所改观。三位贵族也加入了进来，其中包括阿哈茨·威林格尔（Achaz Wiellinger），他在法丁格被杀后接管了政权，但是当地的新教精英们没有参与叛乱，他们认为叛乱会失败，这只会损害自己的利益。整个运动仍然很分散，只有一些个别的战团，由遭受越来越大痛苦的人领导。一些人是好斗派，例如一些被称为"学生"的见习牧师，当局认为他们是疯子。然而，像 1525 年一样，路德宗民众表达了对更广泛自由的要求。

叛乱在靠近巴伐利亚边境的上奥地利西北角的多瑙河两岸爆发。赫贝尔斯托夫离开林茨前去镇压，但在波伊尔巴赫遭到策勒的伏击，赫贝尔斯托夫的大部分部下在 5 月 21 日被屠杀。赫贝尔斯托夫逃到了林茨，但是他对林茨的控制也削弱了，因为林茨居民广泛同情外面的叛军。像许多现代早期的反叛者一样，法丁格和策勒在乡村地区游荡以赢得更多的支持者，从而浪费了最初的优势。赫贝尔斯托夫于 5 月 25 日开始谈判，以争取时间，农民们准备支付 1623 年的款项，为费迪南德赎回上奥地利省，前提是皇帝允许宗教宽容。停火被频繁的小规模冲突打破，法丁格和策勒被杀。林茨高地上的农民军面对波希米亚和巴伐利亚的帝国和天主教同盟小股分队的打击，遭遇了一系列挫折，士气更加低落。

马克西米连在多瑙河以南的巴伐利亚集结了 8000 人，其中一半是新兵。他们在 9 月 18 日进军，结束了停战协议，但是几天之内，他们就被边境山区的农民击溃。马克西米连召唤了帕彭海姆（Pappenheim）将军，后者于 11 月 4 日率领 4750 名帕绍人前去解救林茨。在林茨驻军和一小支帝国分队的增援下，帕彭海姆在四场激战中征服了多瑙河以南地区，杀死了 1.2 万名叛军。抵抗力量崩溃了，赫贝尔斯托夫逮捕了 100 名据称是叛乱领导人的人。但除了和其他 20 人一起被处决的威林格尔，我们现在找不到事后报复其他上奥地利贵族的证据。法丁格的尸体甚至被挖掘出来，重新处以绞刑。费迪南德没有处以新的罚款，推迟了重新天主教化的措施，直到 1631 年才重新实施。

政治不确定性

与此同时，克里斯蒂安四世依然待在沃尔芬比特尔不动，在 5 月重新接受了萨克森的调解。他面临着后来古斯塔夫斯·阿道弗斯 1630 年时面临的同样的困难：如何赢得德意志更广泛的支持，以击败皇帝。克里斯蒂安需要黑森的支持才能向南行军，需要勃兰登堡的同意才能向东行军。黑森拒绝在丹麦还没有取得胜利的情况下表态，而选帝侯格奥尔格·威廉对曼斯菲尔德的入侵持悲观态度。

加尔文宗信徒在勃兰登堡枢密院占据多数席位，以御前大臣普鲁克曼（Pruckmann）为首，普鲁克曼认为"这是一场宗教战争"。然而他们受到了选帝侯母亲周围的路德宗传统派和枢密院唯一的天主教成员亚当·施瓦岑贝格（Adam Schwarzenberg）伯爵的阻挠。（古斯塔夫斯·阿道弗斯告诉加尔文宗信徒，他们应当"效仿波希米亚人，把这位伯爵扔出窗外"。）[49]

路德宗信徒和选帝侯一样，怀疑这场战争是否真的像加尔文宗信徒所宣称的那样，是一场宗教战争，而施瓦岑贝格认为，如果勃兰登堡支持皇帝，皇帝会奖赏勃兰登堡。瓦伦斯坦在德绍大桥的胜利增加了勃兰登堡受到的压力，德累斯顿私底下也感到高兴，约翰·格奥尔格允许帝国军在曼斯菲尔德向东移动时穿越萨克森的领土。

　　7 月 11 日，曼斯菲尔德将其军队重建到 1 万人，得到了魏玛的约翰·恩斯特领导的 7000 名丹麦人的支持，出人意料地离开了哈弗尔贝格，向北绕过柏林到达奥得河，9 天后，他向南进入西里西亚，行程达 250 千米。西里西亚民兵随后崩溃，曼斯菲尔德占领了西里西亚，并前往上匈牙利。这一大胆的举动开辟了一条新的战线，并增加了特兰西瓦尼亚干预的可能性。拜特伦刚刚被海牙联盟接纳，1626 年 3 月，他与勃兰登堡的格奥尔格·威廉的妹妹卡塔琳娜 * 结婚，提升了自己的地位。瓦伦斯坦没想到曼斯菲尔德会这么快恢复兵力。他意识到柏林内部正在进行权力斗争，不愿侵犯勃兰登堡的中立来削弱柏林的亲帝国派。三周后，曼斯菲尔德的去向变得很明显，瓦伦斯坦带着 2 万人出发去追击，留下 1.6 万人来保护他的基地，并与蒂利合作。

卢特战役

　　蒂利有条不紊地攻占了下萨克森和黑森-卡塞尔之间由新教势力占据的明登、诺特海姆和哥廷根这三个据点。门登在 7 月初遭到袭击，其 2500 名居民中的五分之二到五分之四死于天主教同盟军队洗劫该镇时的屠杀。[50] 蒂利随后带着哈茨矿工到哥廷根的防御壕沟下挖掘，排干壕沟中的水。7 月 27 日，扎尔姆-屈尔堡（Salm-Kyrburg）莱茵伯爵（劳伯爵）** 率领的一支救援部队在勒辛遭到伏击，并四散逃窜。哥廷根在抵抗了七周之后，于 1626 年 8 月 11 日投降。克里斯蒂安四世急忙向南去拯救他在诺

---

* 　勃兰登堡的卡塔琳娜（1602—1649），1626 年嫁给了拜特伦，后来在拜特伦死后试图掌控特兰西瓦尼亚未能成功，于 1633 年又嫁给了萨克森-劳恩堡的弗朗茨·卡尔（1594—1660）。

** 　莱茵伯爵（Rheingraf）和劳伯爵（Raugrave）是扎尔姆家族的头衔。

特海姆的最后一个驻军点，但是未能阻止阿尔德林根带着 4300 名帝国军士兵和蒂利会合。国王于 8 月 25 日通过塞森向北撤退，打算逃到沃尔芬比特尔。他的决定挫伤了丹麦人的士气，并让蒂利军队原本萎靡不振的士气重新振作起来。天主教同盟军队在丹麦军队撤退时不断进行骚扰，切断了留下来拖延追击的分队。克里斯蒂安国王面临着此前克里斯蒂安公爵在赫希斯特和施塔特洛恩一样的两难处境，即是否抛弃他宝贵的辎重。国王选择不抛弃，于是货车很快就堵塞了通往沃尔芬比特尔道路穿过巴伦山麓卢特东北方的一片茂密树林的路段。克里斯蒂安被迫在 8 月 27 日星期四早些时候部署，希望更大规模的后卫行动能够摆脱追军。然而蒂利无意放弃，而是寻求一场决战。

两支军队都有 2 万人，但丹麦人的大炮略多。丹麦人的位置位于一个被森林包围的清澈山谷中。最近的炎热天气使丹麦军队右边的内勒小河干涸了，但是位于他们前面和左面的胡梅克小溪似乎仍然有水。[51] 蒂利调来重炮，在火枪手的保护下轰炸丹麦人，而他的军队中的其他人则在中午左右出现。蒂利的军队吃午饭时，丹麦人正在雨中不安地等待。下午早些时候，安霍尔特越过胡梅克小溪，攻击丹麦左翼，发起了主攻。克里斯蒂安已经到前方去解决车队运输的问题，但却没有说明他不在时由谁来指挥。领地伯爵莫里茨的小儿子菲利普未经授权就发起反击，试图击溃对方的炮兵。与此同时，蒂利早些时候派出的分遣队终于穿过了树林，包围了丹麦军的两翼。丹麦人在下午 4 点左右开始动摇，蒂利的中军越过小溪，夺取了对方的大炮。丹麦王家护卫队成功地进行了冲锋，掩护了第二线和第三线的撤退，但是第一线未能脱离战场，不得不投降。克里斯蒂安的损失多达 3000 人，包括黑森-卡塞尔的菲利普、富克斯将军等高级军官。另有2000 人当了逃兵，2500 人连同所有大炮和大部分辎重都被俘虏了，包括两辆满载黄金的货车。而蒂利的损失是大约 700 人死伤。

克里斯蒂安指责弗里德里希·乌尔里希公爵，后者在四天前撤回了沃尔芬比特尔分队。当丹麦人撤退到费尔登时，他们烧毁了沃尔芬比特尔周围 24 个村庄，还洗劫了吕讷堡。韦尔夫人通过协商，让汉诺威等城镇的驻军没有战斗就撤离了，并协助帝国军队封锁仍控制着沃尔芬比特尔的丹

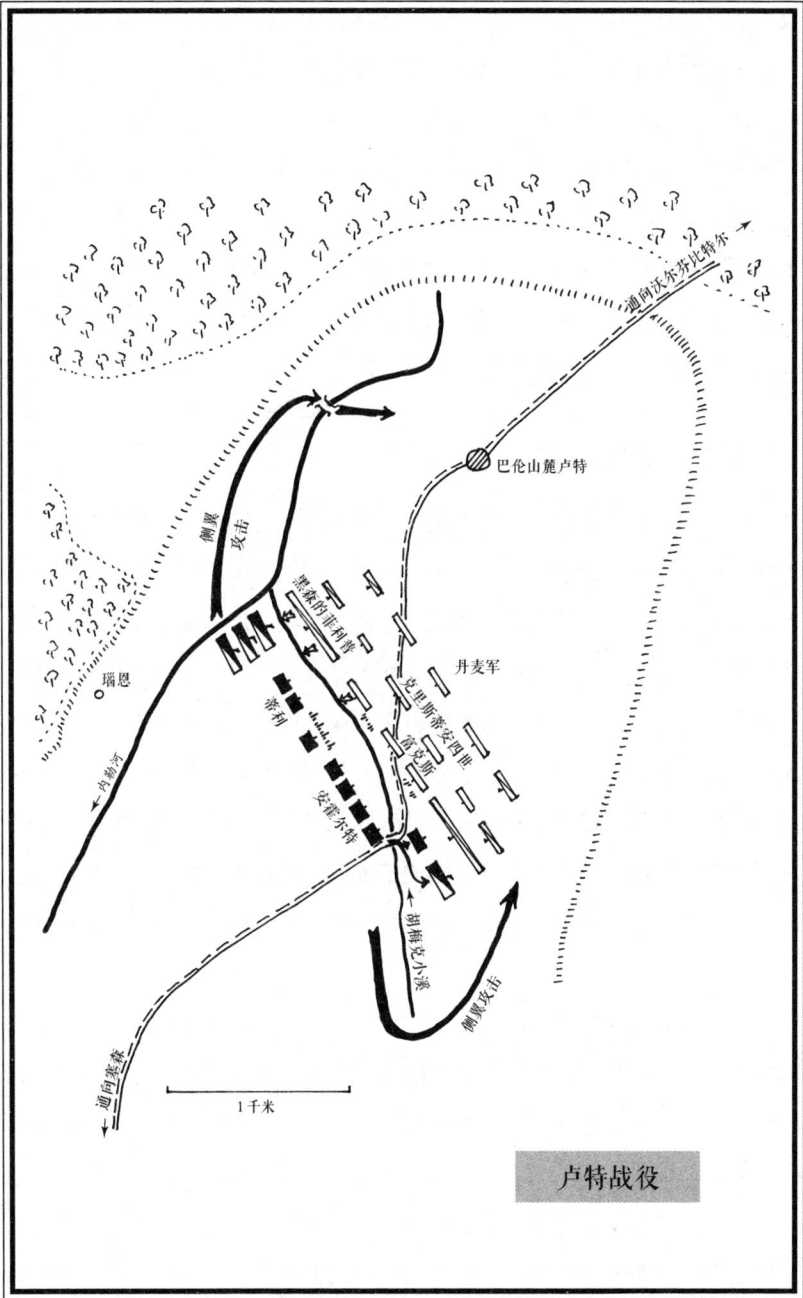

卢特战役

麦人。这场胜利提升了蒂利的声望，让他喜爱的侄子维尔纳可以与富有的卡尔·利希滕施泰因的女儿结婚。天主教同盟军队迅速占领了不来梅大主教辖区，并派遣一支分遣队进入勃兰登堡，让格奥尔格·威廉承认马克西米连为选帝侯。然而，蒂利的部队正在进入的地区已经被丹麦人吃空了。克里斯蒂安向每一个重新参军的逃兵提供了 6 塔勒，2100 名被迫加入天主教同盟军队的俘虏中的大部分人立即离开了。蒂利的部队虚弱而疲惫，无法发动致命一击。随着冬天的到来，情况更加糟糕，巴伐利亚的申堡骑兵团开始在道路上抢劫，以维持生存。[52]

曼斯菲尔德的最后一战

卢特之战使得克里斯蒂安无法向曼斯菲尔德提供援助，后者现在在上匈牙利被切断了。很有可能瓦伦斯坦故意放缓了追击，以使曼斯菲尔德走得太远而无法回头。瓦伦斯坦的赌博获得了回报，因为曼斯菲尔德被困在塔特拉山区等待拜特伦，而拜特伦一如既往地迟到了。尽管曼斯菲尔德的军队中有许多波希米亚流亡者，但波希米亚和摩拉维亚农民拒绝效仿上奥地利人的榜样，仍然忠于皇帝。在曼斯菲尔德和魏玛的约翰·恩斯特到来前，上匈牙利的农民把当年的收成都藏起来了。曼斯菲尔德对拜特伦的出现不抱希望，决定减少损失，穿越波希米亚，前往上奥地利，那里的叛乱仍在进行。不过，约翰·恩斯特仍然相信拜特伦，认为曼斯菲尔德的计划太冒险了。

瓦伦斯坦在 8 月下半月越过西里西亚，越过他的对手，到达了军政国境地带，土耳其人正在那里骚扰要塞。这种武力显示足以让布达的帕夏停止帮助拜特伦，并于 11 月 11 日与皇帝达成停战协议。曼斯菲尔德和约翰·恩斯特的部队因为艰难的条件、疾病和逃兵，减员到 5400 人。曼斯菲尔德与公爵发生了争吵，带着一小支护卫队出发了，打算穿过山区，逃往威尼斯。尽管他当时只有 46 岁，但却疾病缠身，患有哮喘、心脏病、斑疹伤寒和晚期肺结核。据称，当 12 月 14 日在萨拉热窝附近的一个村庄被死神抓住时，他全副武装，坚持站立起来，面对自己的结局。约翰·恩斯特在两周之后也死于瘟疫。[53]

拜特伦一直等到收获季节到来，才带着 1.2 万名骑兵和类似人数的土耳其辅助部队前去与曼斯菲尔德会合。当曼斯菲尔德到达上匈牙利时，土耳其辅助部队已经离开，而拜特伦在行动的同时，还在与费迪南德的代表进行会谈。12 月 20 日双方签署了《普雷斯堡和约》，确认了此前的停战协议，新协议对《尼可斯堡条约》做了一些有利于费迪南德的修订。布达的帕夏已经暂停了行动，并于 1627 年 9 月延长了 1606 年的什尼停战协议。

拜特伦仍然不值得信赖；他向古斯塔夫斯·阿道弗斯提出，可以向对方提供轻骑兵，用于对波兰的战争，但是在达成协议之前，拜特伦就于 1629 年 11 月 15 日去世。1630 年 9 月，拜特伦此前的助手捷尔吉·拉科齐发动政变，取代了拜特伦的遗孀卡塔琳娜，她当时正在与哈布斯堡王朝谈判，准备接受哈布斯堡的统治权。特兰西瓦尼亚陷入内部纷争，直到 1636 年拉科齐才胜出，这是由于他与苏丹和当地加尔文宗神职人员有着更为密切的关系。[54]

许多人认为瓦伦斯坦应该打败拜特伦，而不是和他谈判。瓦伦斯坦在 1626 年 11 月的布鲁克会议上为自己辩护，回应了批评者，并于 1627 年 4 月对维也纳进行了漫长的访问，赢得了在接下来的作战季自由行事的权力。他的成功促使勃兰登堡的格奥尔格·威廉宣布支持皇帝。勃兰登堡选帝侯向东前往普鲁士，只带了施瓦岑贝格。不受柏林的加尔文宗议员的限制之后，他于 1627 年 5 月签署了一项联盟协议。此前在 1624 年至 1626 年间不知疲倦地努力建立一个新教联盟的勃兰登堡特使温特菲尔德（Winterfeld）三个月后因捏造的叛国指控被捕。新联盟允许阿尼姆领导的帝国军团穿过勃兰登堡到达奥得河畔法兰克福，以困住曼斯菲尔德军队还驻守在西里西亚的要塞中的残余势力。

这些部队由约阿希姆·冯·米茨拉夫（Joachim von Mitzlaff）指挥，他是一名在丹麦军中服役的波美拉尼亚人，他设法将军队重建到 13 400 人，并在上西里西亚山区特罗保和雅格恩多夫附近建立了一个有效的基地。[55] 瓦伦斯坦于 1627 年 6 月在尼斯集结了 4 万人。米茨拉夫的堡垒一个接一个投降，他选择带着 4000 名骑兵向北进发，希望避开阿尼姆。瓦伦斯坦派梅洛德和佩希曼（Pechmann）上校追击他，他们于 8 月 3 日赶上了米茨拉夫，并击溃了他的部队。米茨拉夫本人逃脱了，但是许多波希米亚流亡者被抓获，其中包括瓦伦斯坦的亲戚克里斯托夫（Christoph），瓦伦斯坦把他监禁起来。瓦伦斯坦随后向西北穿过勃兰登堡向劳恩堡行进，派遣阿尼姆向北前往梅克伦堡。

克里斯蒂安四世面临着越来越大的挫折，被迫恢复谈判。费迪南德正计划召开一次会议，确认 1623 年雷根斯堡诸侯大会的决定，作为一个整体和约的基础。费迪南德知道，普法尔茨选帝侯及其斯图亚特王朝的支持者将必须被包括在内，因此他欢迎符腾堡和洛林提出的 1627 年 7 月在阿尔萨斯的科尔马主办会谈的提议。克里斯蒂安敦促弗里德里希五世接受皇帝的条件，因为这可以使他在不失颜面的前提下达成和约。弗里德里希最终做出了真正的让步，提出放弃波希米亚，接受马克西米连为选帝侯，条件是马克西米连死后选帝侯头衔归还给普法尔茨，同时还提出通过代表向帝国权威表示屈服，以避免个人受辱。协议已经几乎可以达成，因为费迪南德可能放弃赔偿的要求，前提是弗里德里希放弃骄傲，亲自来表示屈服。然而，这要求得太多了，谈判于 7 月 18 日破裂。[56]

1627 年的战役

克里斯蒂安不得不继续战斗，从英国和法国得到了一些增援。5000名英国和尼德兰辅助军队被派往威悉河下游地区，并在宁堡和沃尔芬比特尔设立了前哨站，而他 1.5 万人的主力部队在劳恩堡守卫着易北河。边疆伯爵格奥尔格·弗里德里希抵达哈弗尔贝格，指挥剩余的 1 万名士兵，负责掩护东部。易北河以北的格吕克施塔特、克伦珀和平讷贝格等要塞保卫着通往荷尔斯泰因的西部通道，而北面的伦茨堡则保护着通往日德兰半岛的入口。薄弱点位于中立的汉堡和波罗的海之间的东南部，那里只有特里陶城堡和荷尔斯泰因民兵保护。

行动开始得很晚，蒂利直到 7 月 15 日才从阿尔勒河向易北河推进，留下帕彭海姆围攻沃尔芬比特尔，并派安霍尔特占领宁堡和威悉河沿岸的其他阵地，而吕讷堡的格奥尔格公爵攻击哈弗尔贝格。格奥尔格·弗里德里希得知米茨拉夫战败后，放弃了哈弗尔贝格，向北撤退，穿过梅克伦堡，回到维斯马附近的因塞尔波埃尔岛，在那里他等待了五周，才等到运输船将他运到荷尔斯泰因。瓦伦斯坦带着军队从西里西亚到达，派施里克去追赶边疆伯爵格奥尔格·弗里德里希，同时他自己通过现在开放的丹麦东部侧翼继续前进。与此同时，蒂利在谋略上胜过了克里斯蒂安，佯装进攻劳恩堡，然后在布莱克德越过易北河上游。门罗记录了博伊岑堡的英勇防御，据称 800 名苏格兰人在那里击退了蒂利，造成 2000 人伤亡。尽管一些现代历史学家接受这一说法，但丹麦军队士气低落，实际上几乎没有抵抗。[57] 克里斯蒂安重复了在卢特的错误，在进入荷尔斯泰因组织增援时，让无能的波希米亚伯爵图尔恩负责防务。图尔恩很快放弃了易北河，向西北方向撤退到格吕克施塔特。摩根（Morgan）将军收到了一份姗姗来迟的命令，让他撤出保卫威悉河的英国军队，以免被切断退路。摩根的人没有领到薪酬，难以管教。他同意了英国大使的意见，选择了无视命令，转而撤退到斯塔德，从那里他有机会乘船逃到英国。

瓦伦斯坦于 9 月 5 日在劳恩堡北面不远处与蒂利会合，他们仅用了两周时间就占领了荷尔斯泰因。图尔恩和幸存的 8000 名丹麦人逃往北方，让剩下的驻军点自生自灭。平讷贝格于 9 月 28 日陷落，但是沃尔芬比特尔和宁堡都抵抗到 12 月才投降，而摩根一直坚守施塔德到 1628 年 5 月 5 日。由于城中充满了腐烂的尸体，摩根坐船到英国之后，围城者三天都无法进入。丹麦人可以通过海上补给格吕克施塔特的驻军，而易北河在 1628 年 11 月 17 日洪水泛滥，摧毁了那里的帝国军的围城工事。蒂利在平讷贝格被火枪击伤，在余下的作战中一直在休养。但这也可能是他为不想充当瓦伦斯坦副手所找的借口，因为瓦伦斯坦现在已经全面接管了指挥权。[58]

混乱和管理不善阻碍了进一步的防御。格奥尔格·弗里德里希没有足够的运输船只，不得不在因塞尔波埃尔岛上留下了 2000 人。他带着剩余的 6000 人在位于荷尔斯泰因东海岸一个狭窄半岛顶端的海利根哈芬登陆，打算与图尔恩会合，但图尔恩突然撤退，让施里克困住了边疆伯爵。1627 年 9 月 26 日，帝国军轰炸他们的营地，丹麦人在一片恐慌中崩溃了。只有 1000 人在船上逃脱。像要塞中的驻军一样，投降的大多数人都没有领到报酬，并且很快就加入了帝国军队。[59] 10 月 16 日伦茨堡的陷落让丹麦半岛的大门向费迪南德敞开。当地贵族要么没有响应克里斯蒂安的征召，要么在帝国军接近时逃跑，而农民组成的民兵则反对丹麦当局。主力部队从奥尔堡撤至丹麦群岛，又有 3000 名骑兵被留下。

瓦伦斯坦成为梅克伦堡公爵

丹麦选择了撤退，让下萨克森任由费迪南德及其盟友处置。皇帝认为弗里德里希·乌尔里希在卢特之前叛逃是机会主义的表现，对他处以 40 万塔勒的罚款，并在他的首都沃尔芬比特尔驻扎了一支军队，以保证他能支付罚款。其他土地被重新分配，来支付军队日益增长的拖欠工资。马格德堡和哈尔伯施塔特的一部分被交给了施里克和梅洛德，而瓦伦斯坦已经在 1627 年 5 月接受了西里西亚的萨根公爵领，以代替皇帝欠他的 150 850 弗洛林。阿尼姆率领的军队在梅克伦堡的两个公爵向克里斯蒂安提供部队并拒绝向帝国当局投降后，于 9 月占领了梅克伦堡。[60]

瓦伦斯坦罕见地造访了帝国宫廷，此后梅克伦堡要交给瓦伦斯坦的谣言就传开了，1628 年 2 月，谣言得到了确认，皇帝将它和邻近的什未林主教辖区都交给了瓦伦斯坦。[61] 这一安排和上普法尔茨和卢萨蒂亚的情况同步进行，让哈布斯堡财政部抵销了欠瓦伦斯坦的 475 万弗洛林的债务，但瓦伦斯坦直到 1629 年 6 月 16 日才被封为梅克伦堡公爵，此前一周，梅克伦堡的前任统治者被置于帝国禁令之下。瓦伦斯坦被提升为正式的帝国诸侯，这是前所未有的，并且在当时立即引起了争议。它的全部影响只能在 1621 年以来帝国发生的巨大变化的背景下才能理解。资深世俗选帝侯弗里德里希五世被废黜，他的财产交给了皇帝的支持者。尽管对弗里德里希五世最重要的合作者安哈尔特和霍恩洛厄的禁令已经被取消，梅克伦堡公爵们已经和巴登-杜尔拉赫的格奥尔格·弗里德里希一起，成为罪犯。黑森-卡塞尔领地伯爵莫里茨被迫退位，不伦瑞克-沃尔芬比特尔的弗里德里希·乌尔里希则受到羞辱。瓦伦斯坦的军队驻扎在波美拉尼亚、荷尔斯泰因、符腾堡、勃兰登堡部分地区，以及安哈尔特等地区，这表明其他受到尊敬的统治集团将很快失去他们的财产。瓦伦斯坦故意助长了这些恐惧，部分是为了转移对他自己地位的批评，他暗示蒂利应该成为卡伦堡公爵，而帕彭海姆可能会拥有沃尔芬比特尔。[62] 这些事态发展恰好与教会诸侯和宗教教团要求收回教会财产的越来越高的呼声同时发生，让路德宗信徒以及幸存的加尔文宗信徒深感警惕。

米尔豪森选帝侯大会

尽管天主教同盟领导层一开始也热衷于要求归还教会领地（见第 13 章），但他们也有同样的担忧。马克西米连公爵尤其反对瓦伦斯坦军队的扩张，担心这会让费迪南德有机会将帝国卷入尼德兰的战争。天主教同盟军队的完整性也受到了威胁，因为其军官转而到帝国军中服役。1625 年之前的军事平衡状态已经被逆转，因为瓦伦斯坦的兵力是蒂利的三倍，而费迪南德没有咨询马克西米连就直接向蒂利下达命令。

1625 年 10 月之后，关于军事负担日益加重的抱怨经常没有区分天主教同盟军队和帝国军队。到 1627 年，抗议几乎完全针对瓦伦斯坦，这并不是因为蒂利的军队表现得更好，而是因为这个问题已经政治化了。1627 年 2 月 2 日，三位教会选帝侯对瓦伦斯坦在战争中的行为提出了联合抗议，并同意在即将召开的会议上，表达其他帝国政治体的担忧。这次会议是在纽伦堡的请求下召开的。[63]

这次会议不仅计划要解决普法尔茨问题和丹麦战争，还要解决获胜的天主教成员之间的平衡问题。它于 1627 年 10 月 18 日召开，持续到 11 月 12 日，美因茨选帝侯和萨克森选帝侯亲自出席，其他人派代表出席。众多诸侯和市民代表团出席了会议，使这场会议看起来像是一届帝国议会，这是四年来的第一次实质性会议，它提供了一个就哈布斯堡政策进行辩论和批评的机会。[64]

马克西米连已经在 4 月发表了对瓦伦斯坦的批评，但是作为天主教方胜利的主要受益者，他还是做出了致命的妥协。尽管他也担心那些广受尊敬的诸侯王朝的命运，但还是命令档案管理员调查巴伐利亚对勃兰登堡提出主权声称的可能性。[65] 此外，在他自己的新地位稳固之前，他也不能招惹是非。萨克森于 1624 年承认了普法尔茨选帝侯头衔的转让。而勃兰登堡在 1627 年 5 月与皇帝签订的条约中也接受了它，为下一阶段将它从纯粹的个人头衔转变为世袭头衔扫清了道路。为了达到这个目的，马克西米连需要费迪南德和其他选帝侯的同意，因此他按下了批评皇帝的将军的声音。[66]

马克西米连恰到好处地达成了平衡，他在支持皇帝的政治议程的同时，也谴责了瓦伦斯坦的下属最恶劣的虐待行为。尽管萨克森和勃兰登堡表示了反对，马克西米连还是在 11 月 12 日被承认为世袭选帝侯。巴伐利亚也放弃了对上奥地利代价高昂的占领，于 1628 年 2 月 22 日将其还给了费迪南德，以换取费迪南德将整个上普法尔茨和下普法尔茨东半部转封给马克西米连。协议中包括另外一项承诺，如果马克西米连后来失去了这些土地，费迪南德将偿还巴伐利亚的战争费用，现在的数额被定为 1300 万弗洛林。在进行这一转交的同时，瓦伦斯坦也被分封为梅克伦堡公爵，证实了其他诸侯最大的担忧，即费迪南德明显无视他们的传统自由。

吕贝克和约

克里斯蒂安四世已经失去了他在大陆上的所有属地，但仍留在丹麦群岛上。1627—1628 年的冬天气候相对温和，使他的海军能够突袭海岸边的帝国据点，并夺回费马恩岛，他夺取了瓦伦斯坦征集的 80 艘船只，并将他的军队运到哥本哈根。克里斯蒂安通过将征兵扩大到挪威，重建了军队，最终达到了 2 万人，这还不包括在格吕克施塔特和挪威的驻军。丹麦的突袭鼓励了迪特马申、荷尔斯泰因、日德兰部分地区和北滩岛的农民叛乱，北滩岛是石勒苏益格西部海岸的弗里斯兰群岛之一，其 9000 名居民中有三分之一拿起了武器。丹麦军队也不断骚扰阿尼姆对施特拉尔松德的围攻，同时丹麦战舰也打乱了瓦伦斯坦羽翼未丰的帝国海军。

克里斯蒂安试图在大陆上夺回一个立足点，带着 6000 人在格赖夫斯瓦尔德以东、位于波美拉尼亚海岸上的沃尔加斯特登陆。瓦伦斯坦放弃了对施特拉尔松德的围攻，于 8 月 24 日率 8000 人发动了袭击，像施里克一年前在海利根哈芬所做的那样，困住了丹麦人。克里斯蒂安的部队在沼泽地后面进行了顽强抵抗，使国王得以逃回舰队上，有 1000 人死亡，1100

人被俘。1629 年春天，克里斯蒂安四世又回来了，带着 1 万人在日德兰东海岸登陆，并向南行进，打算和摩根会合。摩根此前带着 4750 名英国人和尼德兰人乘坐船只从格吕克施塔特出发，在北滩岛登陆。尽管瓦伦斯坦派遣了一些部队前往曼托瓦，在那里的一场新战争中提供协助，他还是轻易做出了反应，到 6 月 6 日，他准备再次在沃尔加斯特包围丹麦新的桥头堡。

幸运的是，克里斯蒂安及时达成了和约，他接受了皇帝于前一天在吕贝克提出的经过修订的条款。在贵族的压力下，国王于 1629 年 1 月 22 日重启会谈。瓦伦斯坦渴望和平，建议费迪南德归还被征服的丹麦省份而不要求赔偿，以赢得克里斯蒂安在瑞典的潜在干预中作为盟友的可能性。鉴于曼托瓦危机，费迪南德同意了，前提是克里斯蒂安放弃下萨克森。克里斯蒂安的协议粉碎了已经支离破碎的海牙联盟。黎塞留谴责他是懦夫，但对丹麦人来说，和约简直就是天赐，他们很快就忘记新教团结的理想，而且无论如何，新教团结的理想在他们对战争的态度中本来也不重要。[67]

第 13 章

欧洲战争的威胁（1628—1630）

1628 年后，政治和军事因素的危险巧合有可能将欧洲的冲突合并成一场更广泛的斗争。帝国推进到波罗的海，让瑞典感到警惕，瑞典考虑与丹麦结盟，而这又鼓励波兰向费迪南德提供支持。费迪南德与西班牙谈判，要求对方协助建立一支帝国海军，以挑战瑞典在波罗的海的地位，并攻击尼德兰。丹麦的失败使得帝国军队可以放手在尼德兰和意大利帮助西班牙，以及帮助波兰对抗瑞典。法国干预了意大利事务，而英国则在胡格诺派最后一次叛乱中予以帮助。这些不同地区的斗争能否融合，取决于七场大围城战的结果：拉罗谢尔、但泽、施特拉尔松德、马格德堡、卡萨莱、曼托瓦和斯海尔托亨博斯。每个城市的命运决定一方或多方力量能否去干涉其他地方。拉罗谢尔、施特拉尔松德和马格德堡作为新教据点的身份更加凸显了战争的教派因素。费迪南德在 1629 年的《归还教产敕令》中要求新教徒归还所有的教会领地，进一步加剧了宗教紧张局势。白热化的事态发展似乎证实了预言已久的末日之战的到来。

然而，所有各方都从悬崖边上退缩了。各方的干预仍然是有限的，时间也较为短暂。更重要的是，谁都无意要挑起全面战争，而是想要解决各自单独的问题，阻止其他人干涉。一些外交官游说建立新的联盟，另一些人则努力解决争端，防止树立新敌。那些争先恐后地研究瑞典在 1630 年后干涉德意志的学者，忽略了这些年中有一些达成和平的真正机会，也没有看到一些人在真诚地尝试寻求帝国问题的一般性解决方案。

波罗的海

波兰战争

尽管这些冲突同时发生，但它们都有各自不同的根源。我们从波罗的海的斗争开始叙述，因为它与丹麦的失败重叠。古斯塔夫斯·阿道弗斯决心征服利沃尼亚，这是一个容易受到瑞典在爱沙尼亚桥头堡攻击的地区。奥斯曼帝国在 1620—1621 年间袭击波兰南部，为古斯塔夫斯提供了机会，他发动了迄今为止规模最大的瑞典两栖作战，1.2 万名士兵在利沃尼亚海岸登陆，另有 4000 名士兵穿过爱沙尼亚边境，去围攻里加。[1]

里加在五周的围攻后于 1621 年 9 月陷落，但是入侵造成了一个古斯塔夫斯无法打破的僵局。他掌握了波罗的海制海权，可以任意选择攻击点，但是一旦上岸，他只有很短的时间来实现目标，因为很快疾病和秋雨就使进一步的行动变得不可能。利沃尼亚地区人口稀少，定居点之间距离遥远，这种情况实际上比波兰人本身（他们人数处于劣势）造成的麻烦更大。瑞典人不得不强行登陆，疾病很快使他们兵力不足，而且他们还需要额外的人来守卫被占领的城镇。马匹更好的波兰人很轻易地就逃脱了瑞典骑兵的追击，因为瑞典骑兵的小马很难追赶上他们。这些情况迫使古斯塔夫斯在每年秋天谋求休战，在冬季巩固已经获得的土地，以及从瑞典集结增援部队。如果波兰人拒绝休战，他们经常能收复大片失地，突袭瑞典控制的疆域，将被分割的瑞典驻军点逐个击溃。虽然这些成功并不足以驱逐瑞典人，但完全打乱了古斯塔夫斯为下一个作战季所制定的计划。

西吉斯蒙德三世在 1622 年 8 月接受了停战协议，但由于他拒绝放弃瑞典王位，将停战协议转化为和约的谈判失败了。古斯塔夫斯花了一段时间观察后，才相信丹麦所做的战争准备不是针对他的。然而，一旦他确信克里斯蒂安会攻击德意志地区，他就鼓励丹麦干预那里，以使他的对手深陷帝国的问题之中。古斯塔夫斯还与英国和尼德兰进行了谈判，希望说服他们资助一场新的波兰战争，以"转移注意力"。尼德兰特使前往瑞典，却发现古斯塔夫斯已经在 7 月去了利沃尼亚。当他最终找到瑞典君主时，却只受到了书记官乌克森谢纳的接待，后者用拉丁文长篇大论地历数了波兰瓦萨王朝的罪恶。英国人做了努力，但未能让古斯塔夫斯放弃对丹麦人的不信任，因此瑞典仍未加入海牙联盟。

古斯塔夫斯于 1626 年 1 月在瓦尔霍夫战役中取得胜利，最终完成了对利沃尼亚的征服，并让他得以占领其南部的库尔兰。他决定不向人口稀少的立陶宛进军，转而向沿海更远的波兰普鲁士进军。这个更富裕、人口更稠密的省份更容易通过海路到达，也更有能力为入侵者提供补给。古斯塔夫斯的主要目标是但泽，这是波兰-立陶宛联邦最大的港口，也是欧洲最富裕的商业城市之一。但泽主要讲德语的市民更喜欢自己目前在波兰-立陶宛联邦中的特权地位，而不是与瑞典人合作。由于但泽很难直接进攻，古斯塔夫斯集中精力征服东部富饶的维斯瓦河三角洲地区以及但泽和波罗的海之间的潟湖，以控制进出联邦的贸易。古斯塔夫斯无视他的妻兄勃兰登堡的格奥尔格·威廉的抗议，占领了更东的普鲁士公爵领上的港口皮劳，巩固了自己的地位。[2]

西吉斯蒙德三世最初被鞑靼人的袭击分散了注意力，派了他最好的将军盖特曼科涅茨波尔斯基（Koniecpolski）去增援波兰普鲁士的少量军队，而汉萨同盟则帮助其成员但泽招募德意志雇佣军。1627 年 8 月，科涅茨波尔斯基未能在特切夫击败古斯塔夫斯，开启了一场旷日持久的消耗战，瑞典人无法占领但泽，而波兰人也无法收复三角洲。

波罗的海计划

1627 年 11 月，瑞典在波罗的海南岸推进的同时，帝国军也到达波美拉尼亚。瓦伦斯坦与波美拉尼亚公爵博吉斯拉夫（Bogislav）十四世就公国的占领进行谈判，为他的军队寻找更多的食物。占领波罗的海海岸的西端为打击丹麦各岛提供了一个机会，当时克里斯蒂安撤退到了这些岛屿上。然而要达到这个目的，瓦伦斯坦需要船只，而西班牙似乎可以提供这些船只。这个奥地利-西班牙海军合作计划被称为瓦伦斯坦的"波罗的海计划"，在 19 世纪引起了相当大的兴趣，被视为德意志帝国海军和殖民政策的先驱。[3]

该计划实际上是西班牙首先发起的，是奥利瓦雷斯试图通过"北方海军部"许可证制度扼杀尼德兰贸易计划的一部分（见第 11 章）。西班牙希望皇帝说服汉萨同盟支持这个项目。讨论很快得出结果，瓦伦斯坦将夺取并守卫必要的港口，而西班牙将提供海军专家、物资和大部分资金。1626 年 1 月后，会谈扩大到包括西吉斯蒙德三世。哈布斯堡王朝在多瑙河维持了一支炮船船队，但在组建公海舰队方面没有专业知识，而波兰人拥有一支小规模的海岸防卫部队，1627 年 11 月在但泽潟湖中对瑞典人作战时取得了微小的胜利。第一艘真正意义上用于海上作战的波兰军舰于 1622 年下水，到 1628 年，西吉斯蒙德有了 12 艘军舰，另有 15 艘正在装配中。[4]

随后，讨论陷入了停顿，因为在一方对该项目的热情高涨之际，另一方失去了兴趣。他们就海军基地的位置选择产生了重要的分歧。西班牙最初设想的基地应该位于埃姆登或其他北海港口，以支持对尼德兰海岸的封锁，而费迪南德和西吉斯蒙德则倾向于波罗的海。波兰的参与并不是至关重要的，因为西吉斯蒙德的目标是入侵瑞典以夺回王位，这不仅对哈布斯堡王朝两个分支毫无吸引力，而且看起来完全不切实际。如果要将基地建立在波罗的海，西班牙面临着相当大的问题，尤其是他们要通过丹麦控制的厄勒海峡派遣舰队。奥利瓦雷斯不愿让西班牙做过多的承诺，坚持任何波罗的海行动都要以皇帝的名义进行，哪怕资金和材料都是西班牙提供的。达成协议的机会暂时显得很渺茫，因为皇帝期望奥利瓦雷斯提供援助，而自己不必反过来帮助西班牙对抗尼德兰人。然而，到 1628 年 2 月，奥利瓦雷斯还是准备派遣 28 艘船只，前提是费迪南德将尼德兰置于帝国禁令之下。自 1621 年以来，西班牙一直没有支付资金援助，1626 年，西班牙恢复了对费迪南德的资金援助，到 1629 年，共提供了 249 万弗洛林，其中大部分是在 1628 年关于海军的谈判越来越密集之际交付的。西班牙派遣海军和商业专家加布里埃尔·德·罗伊（Gabriel de Roy）带着 20 万塔勒购买船只和招募船员。

费迪南德觉得在梅克伦堡和波美拉尼亚提供基地已经足够，拒绝向尼德兰宣战。随后皇帝的注意力越来越集中在汉萨同盟成员身上，他们被指望提供 24 艘船只，以换取在西班牙的许可证制度中享受特惠待遇。瓦伦斯坦则将用德·罗伊的钱购买或建造另外 24 艘船只。舰队将以皇帝的名义运作，而瓦伦斯坦则于 1628 年 2 月被正式任命为大洋与波罗的海舰队司令。

施特拉尔松德和马格德堡

尽管汉萨同盟对丹麦怀有敌意，他们仍然怀疑皇帝，也怀疑他的动机。瓦伦斯坦对汉萨同盟城市施特拉尔松德和马格德堡的处置破坏了任何赢得它们的希望。施特拉尔松德通常被孤立地视为最后反抗天主教暴政的新教据点，直到最终被瑞典解救。然而，我们需要在汉萨同盟的外交和瓦伦斯坦同期对马格德堡的封锁的更广泛背景下，看待施特拉尔松德漫长的围城战。

占领梅克伦堡让瓦伦斯坦控制了罗斯托克，但是他还想为舰队建立另一个基地。博吉斯拉夫想要将瓦伦斯坦的注意力从其领地斯德丁转移出去，鼓励后者改用施特拉尔松德。施特拉尔松德是波美拉尼亚的一部分，但长期以来一直违抗公爵的权威，博吉斯拉夫认为自己不妨利用帝国的宿兵来重新确立管辖权。与此同时，只要马格德堡拒绝接纳帝国驻军，瓦伦斯坦在易北河的前沿基地仍然不稳固。

瓦伦斯坦对这两个城市采取了相同的处置方式。他将权力下放给指挥该地区军队的将军：在施特拉尔松德是阿尼姆，而在马格德堡则是沃尔夫冈·曼斯菲尔德。他们松散地封锁了这两个城市，并要求交出大笔贡金，以迫使其议会进行谈判。两位将军都不想使用武力来损害帝国的声誉，他们都接受汉萨同盟的调解。市议会由支持妥协的富有贵族支配，协议看起来非常可行。然而较贫穷的市民反对达成协议，担心如果军队进城，他们会蒙受最大的损失。新教牧师激励人们进行抵抗，特别是在马格德堡，这个城市有着蔑视天主教的骄傲传统，他们利用这个城市名为"少女的城堡"（Magdeburg）的含义来强调自己事业的纯洁。[5] 外来者施加压力要求城市进行抵抗，加剧了内部的分裂。丹麦人和随后的瑞典人都鼓励施特拉尔松德人坚守，而被废黜的马格德堡新教教区长官克里斯蒂安·威廉与在城中的支持者合谋，反对沃尔夫冈·曼斯菲尔德。

施特拉尔松德建在一个三角形的岛屿上，由潟湖与大陆隔开，潟湖在夏天干涸成为沼泽，只能通过五条堤坝与大陆往来。东边的开放的水道提供了一个受保护的道路，可以让船只沿着海岸往来于德意志最大的岛屿吕根岛。1627—1628 年冬天，在激进的律师格森（Gosen）领导的激进派别的坚持下，他们烧毁了郊区，招募了 1000 名雇佣兵来增援 2450 人的民兵，加强了城市的天然防御。⁶阿尼姆的帝国军队只有 8000 人，他提出只要施特拉尔松德支付 15 万塔勒，他就放弃在城中驻军的要求。为了增加提议的分量，他于 1628 年 2 月 14 日占领了港口东南入口处的代霍尔姆岛。随着城市进入帝国军队大炮射程之内，市议会同意支付 8 万塔勒，其中 3 万塔勒先行交付。一个派系寄希望于汉萨同盟的调解，想在不发生进一步冲突的前提下解决问题，但是格森的派系发誓要战斗到底，并迫使委员会封锁代霍尔姆，直到 4 月 15 日代霍尔姆投降。一个月后，阿尼姆得到了 6000 人的增援，试图发动夜间袭击，但被击退。他在 5 月 23 日再次努力，持续了 10 天，但仍然没有成功。

施特拉尔松德的抵抗分散了帝国军的注意力，对克里斯蒂安来说是个好消息，他派遣了 1000 名德意志人和苏格兰人来帮助该城，包括门罗所在的麦凯的团。费迪南德自 1627 年 12 月以来与汉萨同盟的谈判失败，这意味着仍然没有一支帝国海军来阻止他们。代霍尔姆的陷落让施特拉尔松德的港口重新开放，丹麦人于 6 月 7 日进港。然而接受外国援助让施特拉尔松德人陷入了致命的危险中，因为他们现在公开地与费迪南德的敌人联合起来。

丹麦的参与激起了瑞典的兴趣。古斯塔夫斯自 1625 年以来一直寻求与施特拉尔松德和解，因为这是离瑞典最近的德意志港口，非常重要。他也很高兴丹麦陷入困境之中，在整个 1627 年与瓦伦斯坦秘密谈判结盟，以使他可以入侵挪威。瓦伦斯坦自主采取了行动，直到 12 月，才在事后获得费迪南德的批准，两周后古斯塔夫斯中断了会谈。瓦伦斯坦真的害怕瑞典的干预，认为帝国的海军计划纯粹是防御性的。然而，对古斯塔夫斯来说，瓦伦斯坦的行为与他表面上的言辞相矛盾，他似乎在尽一切努力激怒瑞典。古斯塔夫斯于 1628 年 4 月与克里斯蒂安达成了协议，以拯救施特拉尔松德。1629 年 2 月，这两位君主在霍兰-斯科讷边境的乌尔斯贝克牧师住宅会面。双方的和解提升了克里斯蒂安在吕贝克和平谈判中的地位，但是丹麦和瑞典之间的分歧太深，无法结成持久的联盟。古斯塔夫斯一见面就讨厌这位邻居，因为他喝酒太多，还坚持丹麦的居先地位。

平衡已经向另一个方向靠拢。瑞典援军于 1628 年 6 月 20 日抵达施特拉尔松德港，但他们拒绝登陆，除非施特拉尔松德签署一份长达 20 年的协议，并接受亚历山大·莱斯利爵士为总督。丹麦于 9 月 27 日放弃了所有对施特拉尔松德的保护主张，默许了这一点。瑞典人的到来非常及时。瓦伦斯坦于 7 月 7 日出现，使围城军队达到 2.5 万人，并立即开始了持续三天的新一轮攻击。施特拉尔松德遭到了猛烈轰炸，其中一炮击毙了 14 名守军；"任何怀疑这一点的人都可以去看看他们的头骨残骸，直到今天，它们仍然留在城墙上"。[7]

施特拉尔松德仍然反抗，迫使瓦伦斯坦重启谈判。市议会同意支付剩余的 5 万塔勒，并接受波美拉尼亚公爵的驻军而不是帝国驻军。[8] 瑞典军官阻止了市议会履行其承诺，瓦伦斯坦于 7 月 31 日解除了围城，找了一个挽回颜面的理由，说是博吉斯拉夫公爵要求他撤军。施特拉尔松德成功地将帝国军拒之门外，但代价是之后被瑞典占领了 187 年。瓦伦斯坦最担心的事情现在已经发生了。古斯塔夫斯在德意志有了一个基地，但人们不清楚他会用它做什么。

汉萨同盟受到施特拉尔松德围城战的鼓舞，在 9 月拒绝了帝国海军的计划，甚至拒绝出售船只或货物，瓦伦斯坦被迫改用规模较小的梅克伦堡的维斯马港。即使在德·罗伊的帮助下，他也很难招募有经验的水手，也很难找到瓦伦斯坦认为必不可少的 40 艘船。那年春天，丹麦军舰在波美拉尼亚海岸抓住了还在建设中的帝国船队，给其造成了相当大的损失。瓦伦斯坦越来越绝望，获得了维也纳的许可，将乌斯科克海盗移民到波美拉尼亚，并提议花钱雇用一名苏格兰商人烧掉瑞典舰队。

帝国对波兰的干预

瓦伦斯坦还与西吉斯蒙德展开了谈判，西吉斯蒙德提供一支海军中队，来换取瓦伦斯坦在维斯瓦河三角洲提供军事援助。波兰人已经征集了

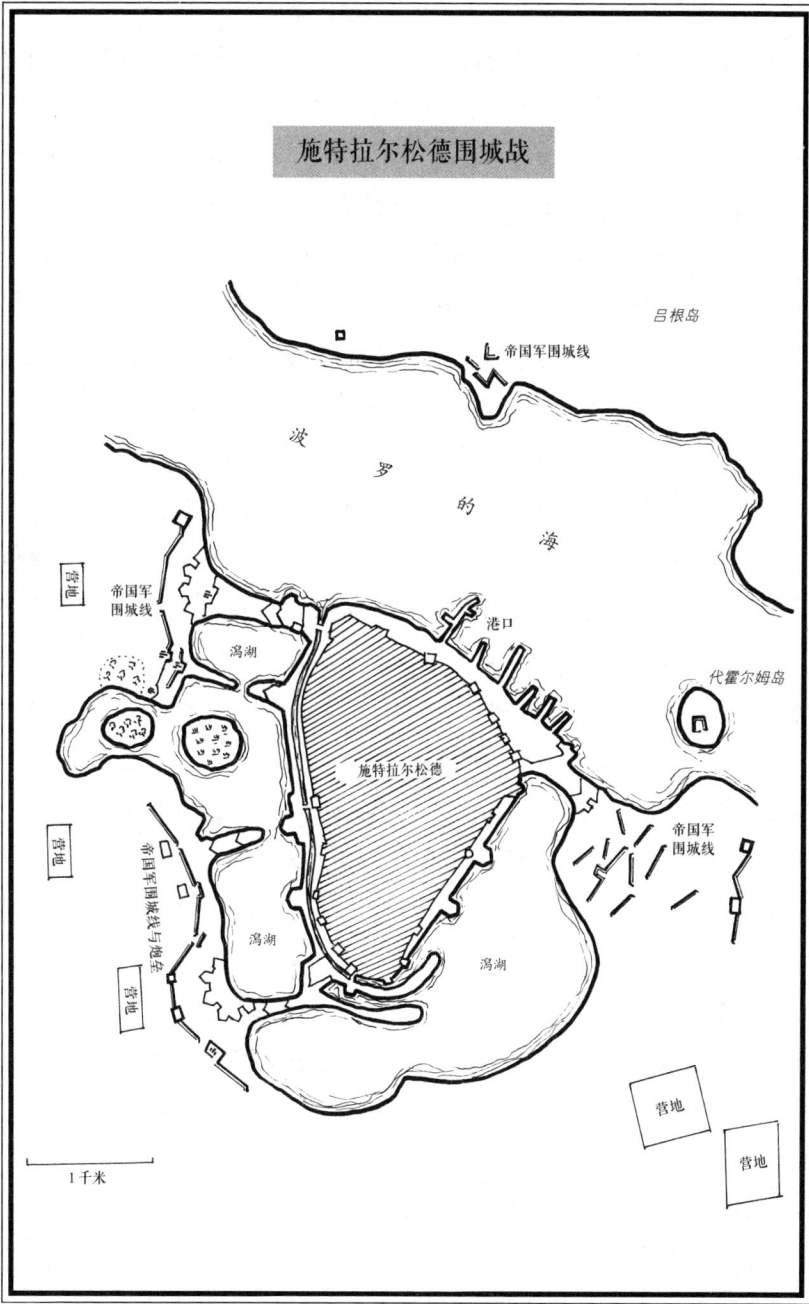

施特拉尔松德围城战

吕根岛

帝国军围城线

波 罗 的 海

港口

代霍尔姆岛

营地

帝国军
围城线

潟湖

施特拉尔松德

帝国军
围城线

营地

帝国军围城线与炮台

潟湖

潟湖

营地

营地

营地

1千米

3.5 万人，但是只有三分之一在三角洲地区，由科涅茨波尔斯基指挥，因为其余的人不得不被部署来对抗奥斯曼人和瑞典在其他地方的威胁。费迪南德让瓦伦斯坦同意，阿尼姆于 1629 年 5 月从波美拉尼亚被派遣前往那里。这场战役在军事上取得了成功，但在外交上是一场失败。波兰人不信任之前在瑞典军中服役的阿尼姆，声称他只带了 5000 人。事实上，他带着 7000—8000 人，尽管仍比之前承诺的少 7000 人。[9] 阿尼姆本人公开反对干预，并抱怨波兰人没有支付他军队薪水，或没有提供食物。

尽管如此，他还是设法避开了瑞典的前哨站，穿过维斯瓦河，与河东岸的科涅茨波尔斯基会合。古斯塔夫斯有 2.3 万人，但大多数人还在封锁但泽，他手边只有 7000 人在格劳登兹（今格鲁琼兹）以北的维斯瓦河畔马林韦尔德附近。1628 年 6 月 27 日，他决定向下游撤退到他位于马林堡的总部，他将辎重沿着大路运送，而主力部队则走小道，向东穿过斯图姆荒原。虽然波兰人想要得到帝国步兵的帮助，但科涅茨波尔斯基并没有等后者赶上来，而是选择追赶在荒原上散开的瑞典人，并在霍尼希菲尔德村攻击了他们的后卫。瑞典人最初抵抗了一会儿后崩溃了，他们向北逃到下一个村庄普尔科维兹，在那里他们在赫尔曼·弗兰格尔（Hermann Wrangel）上校率领的一个分遣队周围集结起来。波兰和帝国骑兵追上来，再次包抄对手。一名奥地利骑兵抓住了古斯塔夫斯的腰带，但是国王将腰带从头上翻过，设法逃脱，只丢掉了帽子，阿尼姆将它当作战利品送给了瓦伦斯坦。

追逐持续到诺伊多夫，小道在那里重新与大路会合，在那里穿过巴赫河。瑞典人被卡在了这个瓶颈地带，一些人被驱赶到道路两边的沼泽地，在那里他们投降了。瑞典人发起了最后一次反击，赶走了追赶者，为剩下的人赢得了足够的时间得以逃脱，他们损失了至少 1000 人和大量马匹，剩下的骑兵大多没有马可骑了。只有大约 3000 名波兰和帝国骑兵参与了战斗，其中有 400 人伤亡。这正是波兰人擅长的那种战斗方式，而古斯塔夫斯在开始撤退时严重低估了风险。

这场胜利丝毫没有缓解同盟双方的紧张关系。阿尼姆声称波兰人在战斗中误杀了他的 20 名士兵。作为勃兰登堡人，他也拒绝支持西吉斯蒙德的计划，不愿意进入尚未受到破坏的普鲁士公爵领，最后他选择了辞职，抗议波兰人没有为他的士兵提供补给，这些士兵已经沦落到吃草的地步。

西吉斯蒙德的贵族强迫他进行谈判，因为瑞典人仍然控制着三角洲的大部分地区。古斯塔夫斯很清楚，他也赢不了。自 1625 年以来，被派往普鲁士的 5 万名瑞典应征士兵中，超过 3.5 万人死亡或当了逃兵，这增加了他对外国雇佣军的依赖。这导致他的战争支出高达 530 多万里克斯。[10]

双方都接受了英法的联合调解。随着丹麦的退出和意大利局势的恶化，黎塞留希望瑞典摆脱与波兰的争端，转而威胁帝国。他的特使沙尔纳塞（Charnacé）于 1629 年 9 月 26 日促成了《阿尔特马克停战协议》（Truce of Altmark），瑞典撤出了库尔兰地区，但保留了利沃尼亚的大部分地区，以及除但泽、柯尼斯堡和普茨克之外的几乎所有普鲁士港口，这给了它价值 50 万里克斯的年通行费收入。

剩下的帝国军立即离开了三角洲。当西吉斯蒙德发现他失去了自己的海军时，更加不高兴了，现在他的海军被困在维斯马。1629 年到达维斯马的 8 艘波兰船只成了帝国舰队的核心，包括"大卫王"号，它拥有 33 门大炮，排水量达 400 吨，是最强大的。[11] 到 1629 年底，帝国舰队增加到 25 艘船，但是瓦伦斯坦的钱用完了，尽管他对梅克伦堡的新臣民征收了造船税。他还雇佣了一名意大利工程师，挖了一条运河，从维斯马穿过什未林湖，到达易北河，让他的船只和持有西班牙许可证的商船避开丹麦海峡的通行费。这个项目过于雄心勃勃，但是目光远大，比后来的基尔运河的构想早了 260 多年。尽管瓦伦斯坦下令避免激怒瑞典，但德·罗伊还是通过海上劫掠来维持舰队。《吕贝克和约》消除了丹麦的威胁，但只是由瑞典人取代了他们的位置，继续封锁维斯马。德·罗伊把他们赶走了，但是瓦伦斯坦被解职，这让舰队失去了其最主要的拥护者。没有领到报酬的船员离船而去，船只也被遗弃，直到维斯马于 1632 年 1 月投降，瑞典人俘获了它们腐烂的残骸。[12]

尼德兰

西班牙破产

西班牙参与波罗的海计划，在马德里和布鲁塞尔不断遭到批评，那些人认为这是浪费宝贵的资源。[13] 攻占布雷达（见第 11 章）是一场代价高昂的胜利，西班牙付出的代价超过了对尼德兰人的伤害。1621 年至 1627年间，西班牙的税收翻了一番，而借款却飙升了 500%。尽管腓力四世削减了 30 万达克特的王室家户开支，但无济于事，因为尼德兰战争的费用从 150 万达克特猛增到 350 万达克特，而大西洋舰队的开支增加了一倍，达到 100 万达克特。随着西班牙传统的热那亚债权人变得越来越紧张，王室抛下了宗教上的顾虑，第一次向葡萄牙犹太人和犹太人改宗者（*Converso*）借款。[14] 这一举动激起了葡萄牙人对西班牙统治的不满，也未能阻止 1627 年 1 月的财政崩溃，政府暂停支付利息，并发行了额外的纸质债券，来应对当前的开支。

这些困难使得西班牙未能利用拿骚的莫里斯于 1625 年 4 月去世后尼德兰人的暂时混乱。联省议会为了保持政策连续性，选举了莫里斯的弟弟弗雷德里克·亨利为新的省督。弗雷德里克·亨利与激进的加尔文宗有关联，他和他哥哥一样，致力于重新统一尼德兰北部和南部，形成一个新教共和国。然而，作为家族中的第三位尼德兰领导者，他越来越多地从王朝政治考虑问题，尤其是在儿子于 1626 年出生后，他通过终结霍马勒斯派对阿米纽斯派的迫害，来寻求更广泛的支持。[15]《贡比涅条约》（Treaty of Compiègne）*签订之后，法国提供了资金援助，增强了共和国的稳定性。这些援助每年价值 100 万弗洛林，占军事开支的 7%，使共和国能够在 1626年 3 月增加 7000 名士兵。随后的增加使得军队总数达到 7 万人，此外共和国还有 5 万名民兵和一支排水量为 4 万吨的海军，海军人数在 8500 人上下。尼德兰舰队比 1621 年扩大了三分之一，而指挥权则交到了皮埃特·海因，以及后来的马尔腾·特龙普（Maarten Tromp）和米希尔·德·勒伊特（Michiel de Ruyter）这样的更有技能、更大胆的海军将领手中。

---

* 1624 年黎塞留与尼德兰签订的条约，让法国为尼德兰提供资金援助。

海因有三十多年的服役经验，曾参加过 1624 年的乌斯科克战争和巴伊亚远征军。他领导了 1626 年的第二次巴伊亚远征，沿着卡皮瓦里河向上游航行，把葡萄牙运糖船队从藏身地赶了出来。他在第二年的大西洋旅程上收获 55 件战利品。海因为尼德兰赢得了迫切需要的重大胜利。先前拦截西班牙珍宝船队的尝试都失败了。哪怕尼德兰人设法在广阔的大西洋上找到了对方的船队，西班牙的大型盖伦帆船也是难以对付的对手。在荷兰西印度公司的资助下，海因带着一支由 31 艘船只组成的新远征船队启航，巡航了 4 个月，最终于 1628 年 9 月 8 日在古巴发现了西班牙人。他迅速制服了 9 艘较小的船只，但另外 6 艘逃到了哈瓦那以东的马坦萨斯湾。当海因赶上这几艘船时，太阳正在落山，但他决定发动攻击，防止对方卸下珍贵货物或烧毁船只。尼德兰人开火之后，西班牙船员弃船而去。海因缴获了 80 吨以上的白银，以及数以千计的兽皮、一箱箱糖和一袋袋昂贵的胭脂虫和靛蓝染料。这批物资至少价值 1100 万弗洛林，甚至可能有 1700 万。他沿途避开了猛烈的暴风雨和派去拦截他的敦刻尔克人，以及要求分一杯羹的法尔茅斯的英国海关官员，顺利回国，受到英雄般的欢迎。荷兰西印度公司股东获得了 75% 的分红；普通水手得到 17 个月的工资，而海因得到 6000 弗洛林和一枚金质奖章。然而，他并没有活很长时间来享受这笔财富，1629 年 6 月 18 日，他在与奥斯坦德私掠船发生的一次小规模冲突中阵亡。

海因的成功的真正影响是心理上的，它破坏了奥利瓦雷斯在 1627 年破产后恢复对西班牙经济信心的努力。由于担心再次遭到袭击，弗洛塔船队放弃了常规的航行计划，选择晚些时候在飓风季节期间离开。1631年，韦拉克鲁斯舰队在尤卡坦附近失事，又损失了 500 万达克特，我们可以从中感受到这一决定的影响。在下面的十年，整个新西班牙舰队沉没的货物相当于马坦萨斯湾损失的三分之一。1629 年，王室没收了与大陆省（Tierra Firma）船队一同抵达的三分之一的私人白银，这进一步打击了人们的信心，并导致人们广泛地进行欺诈，以防再次被没收。西班牙进入严重的衰退期，由于瘟疫、饥荒和干旱重现，情况更加糟糕。1627 年 8 月，疾病打击了西班牙君主国的核心地带，国王本人病重。

伊莎贝拉女大公现在 60 岁了，厌倦了战争。斯皮诺拉将军想在一次重大失败毁掉自己的声誉之前退休，他担心马德里永远也不会偿还他数量可观的开支。消息传来，奥利瓦雷斯对曼托瓦发动了一场新的战争，这让他相信西班牙政府已经失去了对现实的把握。这场持续的斗争似乎毫无意义，因为早先的胜利已经使尼德兰人在 1625 年建议延长停战协议。由于奥利瓦雷斯控制了腓力四世的通信往来，斯皮诺拉在 1628 年 1 月采取了不同寻常的举措，亲自前往马德里。他要求奥利瓦雷斯做出一个严峻的选择：要么与尼德兰妥协，要么派遣大量增援部队。奥利瓦雷斯准备按照 1621 年提出的条件讨论和约，但他最愿意做出让步的地方是与东印度群岛的贸易，而不是与西印度群岛的。他仍然坚信西班牙的处境正在改善，傲慢地拒绝了斯皮诺拉的要求，嘲讽说罗马人仅用 10 万人就征服了世界，而斯皮诺拉有着几乎一样多的兵力，却无法击败尼德兰人。[16]

西班牙无力向尼德兰派遣援军，这让来自帝国的援助更加重要。布鲁塞尔政府不懈地游说天主教同盟提供帮助。安霍尔特在 1622 年短暂进入西属尼德兰追捕曼斯菲尔德，而在施塔特洛恩战役之后，克里斯蒂安公爵利用尼德兰领土作为避难所，这增加了另一个干预的理由。伊莎贝拉许诺提供资金援助和相互援助。1625 年 2 月，安霍尔特以执行对刚刚抵达尼德兰营地的曼斯菲尔德的帝国禁令为借口，调动了掩护科隆的小规模部队，前往布雷达帮助西班牙人。安霍尔特在 6 月撤出，但是曼斯菲尔德出现在尼德兰在莱茵河下游的驻军点，这让科隆的费迪南德感到紧张，费迪南德要求西班牙人提供保护，并敦促他们发动攻击，将尼德兰人赶出埃姆登。伊莎贝拉派出了 2000 人，但是巴伐利亚的马克西米连拒绝让他们越过莱茵河，并命令天主教同盟部队不要合作，以免激化帝国的局势。当曼斯菲尔德穿越威斯特伐利亚与丹麦人会合时，危机得以化解，科隆的费迪南德支持了这一政策。1627 年，危机再次出现，当时范登贝赫伯爵率领一支西班牙军团进入明斯特，试图徒劳地拯救赫龙洛免受弗雷德里克·亨利的攻击时，危险再次出现。[17] 现在，天主教同盟领导层确信，只要他们不援助西班牙，尼德兰人就会放过他们，科隆选帝侯费迪南德努力促成休战。

斯海尔托亨博斯围城战

弗雷德里克·亨利在 1629 年对尼德兰南部省份发起了新攻势，扰乱了局势。他想要一场重大胜利来巩固自己在国内的地位，而从马坦萨斯掠夺的财富提供了这一手段。在向东派遣了一支牵制力量对抗韦瑟尔和林根之后，他率领 2.8 万人和 118 门大炮向西进攻，包围了斯海尔托亨博斯，这是布拉班特继安特卫普之后的第二大城市。斯海尔托亨博斯被沼泽和三个坚固的外围工事包围，驻军有 4600 名正规军和 2000 名民兵。尼德兰的围城始于 5 月 1 日，到 7 月 18 日，他们已经占领了外围工事，距离主墙只有 25 米。

范登贝赫未能直接为斯海尔托亨博斯解围，他选择于 7 月 22 日率领 2.5 万人越过艾瑟尔河，希望通过威胁阿姆斯特丹来解除围困。《吕贝克和约》使帝国军队可以自由行动，皇帝指示拿骚-锡根的约翰八世伯爵带着 1.7 万人与范登贝赫会合。[18] 帝国军于 1629 年 8 月 13 日占领了阿默斯福特，帮助范登贝赫推进到距离阿姆斯特丹 40 千米的地方，几乎将共和国一分为二。弗雷德里克·亨利拒绝分兵援助阿姆斯特丹。尼德兰公民民兵动员起来——这在很大程度上是一种象征性的姿态——同时水手下船，使陆地军队达到前所未有的 12.8 万人。帝国军纪律涣散，进军停滞不前。8 月 19 日，尼德兰突袭占领了莱茵河战略渡口韦瑟尔。9 月 10 日，斯海尔托亨博斯的激烈战斗达到了高潮，主墙下的一个巨大地雷爆炸。守军又坚守了一周，经过五个半月的英勇抵抗，最终投降。

拿骚-锡根伯爵的军团被召回并撤退到杜伊斯堡。瓦伦斯坦从一开始就反对干预，因此很乐意看到这支部队回来。尼德兰人沿着莱茵河派遣了 1.2 万人，占领了西班牙剩余的大部分前哨站。西班牙的失败是自 1588 年的无敌舰队之役和 1643 年罗克鲁瓦战役之间最严重的挫折。[19] 西班牙即使多少还有一些乐观情绪，也因为这场失败而荡然无存了，这也使西班牙增援部队未能派往意大利，导致了西班牙在意大利的失败。未完工的福斯·欧亨尼娅纳运河工程被放弃了。许多较小的驻军点已经于 1628 年从德意志撤出，西班牙现在拆除了普法芬米策，并于 1630 年 7 月将林根，还有马克和拉芬斯贝格的六个据点移交给天主教同盟，只保留了杜塞尔多夫、奥斯绍、莱茵贝格以及位于莱茵河、列日和于利希之间的盖尔德兰飞地。西班牙军队的撤退使得帝国战争和尼德兰战争更加泾渭分明。

与此同时，腓力四世否决了奥利瓦雷斯的意见，并授权伊莎贝拉重启停战谈判。弗雷德里克·亨利准备进行谈判，特别是因为一个围绕着荷兰新大议长阿德里安·波夫（Adriaen Pauw）日益壮大的派别也支持和谈。双方的要求仍然相距甚远，但至少都同意让德意志西北部成为中立地带：1630 年，皇帝和选帝侯都很乐意接受这一安排。[20]

曼托瓦和拉罗谢尔

曼托瓦继承问题

正如斯皮诺拉预测的那样，奥利瓦雷斯在意大利进行干预的决定削弱了西班牙在佛兰德的防御力量。新的冲突起因是关于曼托瓦遗产的争议，这份遗产包括曼托瓦本身及其附属地蒙费拉托。两块领地都不是很大，也不是很富有，但位于波河沿岸，在西班牙属米兰公爵领的两边，因此战略地位重要。费迪南德皇帝相应地也派了一支军队越过阿尔卑斯山，以维护他对帝国意大利属地的管辖权。尽管有大国的参与，但冲突的原因还是地方性的，和早期的于利希危机一样，与王朝利益有关。如果最后三位曼托瓦公爵中的任何一位有合法的男性继承人，战争都是可以避免的。贡萨加家族试图自己解决继承问题。不幸的是，他们的法国亲戚查理公爵提出了最有力的主权声称，他控制了法国东北部的讷韦尔和勒泰勒自治公爵领。

查理有着近乎鲁莽的勇敢、冲动，充满了对自己命运的使命感，也对天主教充满热情。1602 年，他在布达围城战中担任志愿者，并于 1616 年成立了贵族组成的国际基督教民兵组织，参与了各种阴谋，包括推翻古斯塔夫斯·阿道弗斯的企图。他和其他法国贵族一样，对自己的血脉有一种夸大的自豪感，不满足于作为法国君主封臣的从属地位。他不会让继承一个主权公国的机会脱手而去，选择让他的儿子先发制人。他的儿子于 1627 年 12 月 23 日娶了行将就木的温琴佐（Vincenzo）公爵的侄女，并且得到了教宗的祝福。温琴佐于三天后去世，但是新婚夫妇还没有通知西班牙或皇帝，就让他们的支持者宣布查理为新的曼托瓦公爵。查理于 1 月 17 日抵达曼托瓦，并派遣一名特使前往维也纳请求得到皇帝承认。[21]

这场政变让所有主要大国感到不安，没有一个大国想在意大利开启战端。战争后来爆发，是因为西班牙和费迪南德都未能控制在场的地方官员，也未能协调应对，造成了一个裂痕，而黎塞留对此加以了利用。而且即使在那时，如果查理妥协了，冲突也是可以避免的。查理在法国不受信任，而直到 1628 年 10 月，黎塞留一直忙于对付胡格诺派。西班牙和皇帝都不想与法国作战，许多人认为，无论如何，虔诚派很快就会把黎塞留赶下台。

正式来说，事情取决于费迪南德皇帝，因为意大利北部属于帝国的一部分，他对此拥有管辖权，因此也是继承纠纷的最终仲裁人。哈布斯堡王朝一直致力于提拔贡萨加家族，以对抗法国和教宗的影响。费迪南德在第一任妻子去世 6 年后，于 1622 年娶了温琴佐的妹妹埃莱奥诺拉。埃莱奥诺拉不喜欢查理，但也不希望她的祖国遭到蹂躏，因此在维也纳支持查理的请求。然而也正是这层联系使得黎塞留考虑支持查理，因为后者似乎会成为哈布斯堡的门客。费迪南德不愿意立即承认查理为公爵，因为他害怕疏远其他贡萨加家族成员，这些人曾在波希米亚叛乱期间忠诚地效忠于他。他希望如果其他贡萨加家族成员放弃自己的主张的话，查理能够补偿他们，并希望查理将蒙费拉托的战略要塞卡萨莱交给帝国控制。最重要的是，他想把其他人排除在决策之外，以强调自己拥有最高的帝国管辖权。

早先围绕蒙费拉托的斗争清楚地表明西班牙和萨伏依都觊觎这块领土。西班牙的干涉尤其不受欢迎，因为它长期以来一直试图取代帝国对意大利北部的管辖权。早在 1628 年 1 月 26 日，自 1627 年以来一直担任西班牙米兰总督的科尔多瓦已经接到皇帝的命令，不要向曼托瓦或蒙费拉托派兵。两个月后，费迪南德任命拿骚-锡根的约翰为帝国专员，在他做出最终裁决之前没收这两个地区。[22] 拿骚于 5 月 17 日抵达米兰，当时情况已经发生了巨大变化。

科尔多瓦曾多次警告马德里这一迫在眉睫的危机，但他没有收到任何有关如何行事的指示，因为奥利瓦雷斯忙于应对尼德兰战争。科尔多瓦只能自行解决问题，他选择牺牲曼托瓦，以缓和西班牙与萨伏依之间的长期紧张关系，并于 12 月 25 日与卡洛·伊曼纽尔公爵签署了一项协议，瓜分蒙费拉托，而卡萨莱将归西班牙。两天后，他写信给西班牙，请求允许他以皇帝的名义占领蒙费拉托。马德里出现了意见分歧，尤其是在斯皮诺拉于 2 月抵达马德里后，但政府从科尔多瓦的信中推测他已经占领了卡萨莱，因此批准了行动。[23] 事实上，科尔多瓦直到 1628 年 3 月 29 日才行动，因为伦巴第军人手不足。科尔多瓦只能征集到 1 万人，而萨伏依提供了 5500 人。他们很快占领了各自一半的蒙费拉托，但在卡萨莱之前停滞不前，科尔多瓦声称自己收到了皇帝的信，要求城堡投降，而查理的指挥官识破了他的虚张声势。科尔多瓦只能派人前往热那亚寻求工程师、炮兵和一大笔贷款，开始正式围城。

延迟让查理得以在卡萨莱和曼托瓦征集了 13 500 名民兵和雇佣军，而德·于克塞勒（d'Huxelles）将军则在查理的法国领地上募集了另外 6600 名民兵和雇佣兵。查理安全地躲在曼托瓦的城墙后面，拒绝了西班牙和帝国提出的交出卡萨莱以换取承认的提议。法国的关键人物仍然反对干预，勃艮第和多菲内的总督们尽最大努力阻挠德·于克塞勒的准备工作。德·于克塞勒的军队一直有人逃跑，他在 8 月越过阿尔卑斯山向卡萨莱进发，但是被萨伏依的军队追上并且击溃了。

拉罗谢尔围城战

尽管查理反抗帝国，但很明显，如果没有外来帮助的话，他是支撑不了多久的。而援助只能来自法国，但是黎塞留全神贯注于对付拉罗谢尔，决定一劳永逸地解决这个问题，教宗称拉罗谢尔为"撒旦会堂"。黎塞留控制了奥莱龙岛和雷岛，可以封锁拉罗谢尔，拉罗谢尔人的困境在英国引起了相当大的同情。查理一世娶了法国的亨丽埃塔·玛丽亚为王后，加剧了人们对王室政策的批评，尤其是对白金汉公爵的批评。白金汉试图通过利用人们日益增长的法国恐惧症来巩固自己的位置，自掏腰包投资了 7 万英镑组织一次海军远征，阻止黎塞留围攻拉罗谢尔，以展示英国的决心。这是一项重大的行动：当时英国只有 145 艘超过 200 吨的船只，而白金汉公爵自己就组建了 115 艘船只，有 4500 名水手和 7000 名士兵。

白金汉公爵于 1627 年 7 月 21 日在雷岛登陆，意图通过占领该岛来打破黎塞留的封锁。3000 名法国君主的步兵干脆撤退到他们刚刚被重新补充了给养的新城塞。砂质岛屿提供的资源很少，现在就成了哪一方会先耗尽食物的问题。白金汉在 9 月收到了 70 艘补给船和 1900 名爱尔兰援军，但是情况继续恶化。法国人利用一个无月之夜向驻军运送更多的食物，第二天早上，驻军展示了钉在枪柄上的新鲜鸡肉，嘲讽饥饿的围攻者。白金汉孤注一掷，在 11 月 6 日组织了一次袭击，结果发现士兵把云梯造得太短，无法登上城墙。两天后，剩下的 2000 名士兵撤离该岛。白金汉公爵一如既往地过于自信，并没有准备备用计划，以备初次登陆未能占领该岛。他的到来只是损害了拉罗谢尔人的利益，给黎塞留提供了一个借口，后者将封锁扩大为全面的围城。枢机主教和国王一起率领 1.5 万名新兵抵达，于 9 月开始行动，建造了一座 1500 米的大坝，并将船只沉入水中，封锁了港口。[24]

拉罗谢尔人在坚定的市长让·盖顿（Jean Gaiton）的领导下，仍然充满信心。亨利·德·罗昂已经在朗格多克募集了 5000 名胡格诺教徒，而白金汉计划再进行一次救援。英国舰队于 1628 年 5 月 15 日抵达，但是其海军上将没有下定决心攻击障碍以越过港口。整个欧洲都在看着黎塞留能否在科尔多瓦占领卡萨莱之前拿下拉罗谢尔，紧张局势一触即发。英国人于 9 月 18 日返回，炮击了障碍，但没有效果。而且到那时已经真的太晚了。围攻者已经多达 2.5 万多人，守军受饥饿的困扰，城中人口从 2.7 万人减少到 8000 人。围城并不像黎塞留的宣传声称的那样顺利，但是他克服了重大的实际问题，而且他也得到天主教精英的支持，他们普遍认为，是时候解决胡格诺派的问题了。10 月 28 日，在英国人起航离开将近四周后，拉罗谢尔无条件投降。[25]

拉罗谢尔的陷落改变了国际形势，然而鉴于三年前在意大利的失败经历，黎塞留犹豫着要不要干预。干预将需要一支庞大的军队，并有可能与西班牙开战。各方派系都在竭尽全力说服查理·德·讷瓦尔接受妥协，但他拒绝了，因为很明显，如果卡萨莱陷落，黎塞留将会丢脸。公爵做了所有正确的事情来激励枢机主教，查理开始与虔诚派谈判，并写信表示除非获救，否则他将不得不倒向西班牙。

黎塞留决定放手一赌，从拉罗谢尔出发去解救卡萨莱，然后在剩余的胡格诺派教徒恢复元气之前再翻越阿尔卑斯山回来。他的目标是拯救卡萨莱，而不是让公爵得到全部遗产。这仍然很危险，因为法国军队的人数远远少于他认为成功所必需的 4 万人。1629 年 2 月 28 日，国王带领 9400 名步兵穿过蒙热内夫尔山口，穿过积雪，来到苏萨谷，在那里，4000 名西班牙人和萨伏依军队在 6 米高的障碍之后堵住了去路。3 月 5 日凌晨 3 点，法国人发动了一场袭击，夺下了这个阵地，他们在雪崩中蒙受的损失超过了敌人的行动所造成的。[26] 两天后，萨伏依求和，和约在 5 月得到了确认，路易十三承诺承认卡洛·伊曼纽尔拥有蒙费拉托的一部分，以换取法国在卡萨莱驻军的权利。科尔多瓦因得不到马德里和维也纳的支持而气馁，接受了这一安排，并于 3 月 19 日解除了围城。3000 名法国人加强了卡萨莱的驻军，而其他人现在控制了苏萨，以保护翻越阿尔卑斯山的路线，并确保萨伏依表现良好。

在达到黎塞留的目标后，路易十三率领大部分军队重新翻越阿尔卑斯山回国，对付朗格多克的胡格诺派教徒。普里瓦于 5 月 26 日陷落，所有 3000 名居民都被杀害或驱逐，这是刻意为之的，以打破抵抗。它起了作用，胡格诺派教徒于 6 月 28 日接受了《阿莱和约》(Grace of Alais，阿莱是今天的阿莱斯)，和约确认了他们的宗教和司法特权，但废除了关于军事和政治自治的其他特权。罗昂被允许流亡到威尼斯。黎塞留利用他的成功，极力渲染国王的英雄角色，并把阿尔卑斯战役和随后对胡格诺派的镇压说成是他挫败君主国内外敌人的伟大胜利。

帝国对意大利的干预

这对奥利瓦雷斯来说太过分了，他担心世界会认为马坦萨斯的白银损失削弱了西班牙，迫使它默许意大利的事态发展。国务委员会否决了科尔多瓦的行动，并敦促皇帝和西班牙一起行动，将法国人逐出卡萨莱，在曼托瓦问题上采取他们自己的协议。1629 年 9 月斯皮诺拉接替科尔多瓦成为米兰总督时，伦巴第军通过要求帕尔马和托斯卡纳还人情来提供军队，以及征召额外的那不勒斯新兵，得到了增强，达到了 1.8 万人。[27]

黎塞留与萨伏依的交易激怒了查理公爵，他利用法国介入的机会，从曼托瓦向米兰东部的克雷莫纳发起进攻，开辟了第二条战线。费迪南德二世相信查理冥顽不灵，认为现在只有采取军事干预才能维护他对意大利封臣的帝国权威。1629 年 4 月，梅洛德伯爵已经带着一支 5000 人的先遣队占领了瓦尔泰利纳。费迪南德与丹麦达成和约之后，在 5 月派遣了更多的部队，在接下来的两个月里，科拉尔托带着 3 万人穿过瓦尔泰利纳山谷向曼托瓦进发，而西班牙人封锁了卡萨莱。随着新的军事平衡的变化，萨伏依改变了阵营，重新加入西班牙一方。尽管科拉尔托与西班牙军队合作，外交关系仍然紧张。马德里没有明白，自己在意大利的自信行动迫使皇帝进行干预，但皇帝只想维护自己的权威，并不想对抗法国。此外，科拉尔托越过阿尔卑斯山的进军降低了帝国帮助对抗尼德兰的可能性，而尼德兰仍然是西班牙的首要目标。

7000 名威尼斯辅助军队的到来未能阻止帝国军在 10 月占领曼托瓦的乡村，将查理公爵和 4000 名法国、瑞士和意大利军队限制在曼托瓦城中。曼托瓦四周都被明乔河形成的潟湖包围，只有从西部、北部和东部穿过暴露的长桥，或者穿过南部的得特岛上的渡口，才能到达。虽然帝国军队占领了得特岛，但是高涨的水位淹没了工事。帝国军从东方越过圣乔吉奥大桥发起进攻，也被击退，损失惨重，而潟湖的存在使得攻城大炮离得太远，无法发挥作用。科拉尔托原本夸口说在两周内拿下曼托瓦，现在不得不试图依靠饥饿让曼托瓦投降。斯皮诺拉在卡萨莱也运气不佳，随着冬天的到来，两支军队都被迫放松控制。

帝国的干预使黎塞留陷入了两难处境。如果他抛弃查理的话会丢脸，但是他于 10 月在萨伏依边境集结的 1.8 万人军队没能吓阻哈布斯堡王朝。如果再组织一次翻越阿尔卑斯山的远征，在亲西班牙的虔诚派中会非常不受欢迎，而法国军队的规模仅为成功所必需的一半。尽管如此，1630 年 2 月，路易十三还是沿着苏萨山口以南的道路进军，于 3 月 31 日夺取了皮内罗洛，并占领了萨卢佐。萨伏依的主力部队从卡萨莱被召回，以迎战法国人，但于 7 月在都灵以西的阿维利亚纳被击败。法国的成功减轻了卡萨

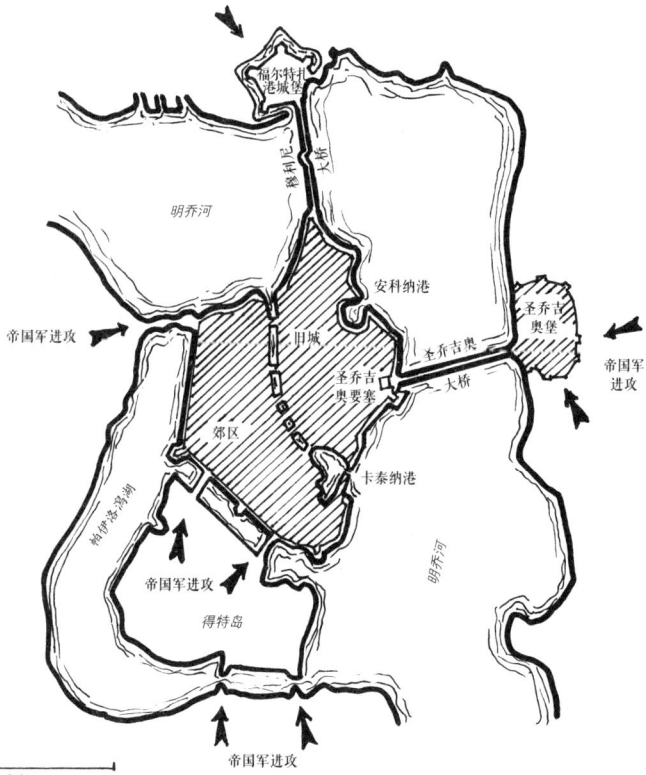

曼托瓦围城战

福尔特扣
港城堡

明乔河

蓬利尼
大桥

安科纳港

圣乔
奥堡

旧城

帝国军进攻

圣乔吉奥

圣乔吉奥
奥要塞

大桥

帝国军
进攻

郊区

帕伊佐乔湖

卡泰纳港

明乔河

帝国军进攻

得特岛

帝国军进攻

1千米

莱受到的压力，但黎塞留仍然离达成目标相距甚远。到 9 月时，疾病杀死了 2 万名法国士兵的三分之二，他们被迫暂停行动，直到增援部队越过阿尔卑斯山抵达。

从 1630 年 5 月起，卡萨莱和曼托瓦都再次面临严密的围城。在法国的刺激下，威尼斯派出了 1.7 万名士兵去解救曼托瓦，但是这支军队在维拉博纳被加拉斯和阿尔德林根击溃。此后，守城部队的处境迅速恶化。1629 年，鼠疫已经出现在了伦巴第。经过一个冬天的平静后，随着春天天气变暖，疫情再次暴发且更加致命，尤其是在曼托瓦，那里超过 3 万的人口因为难民的涌入而大为膨胀。到 7 月中旬，只有 700 名士兵仍然还能作战。科拉尔托意识到敌人的虚弱状况，于 7 月 16 日在船上增派部队的支持下，穿过大桥发起了袭击。查理撤退到福尔特扎港城堡，两天后投降了。

曼托瓦遭到了彻底的洗劫。科拉尔托和阿尔德林根偷走了公爵的艺术品收藏，而战利品据说共计 1800 万达克特，是那不勒斯王国年收入的两倍。至少有 1 万名居民在围困中丧生，此后，曼托瓦的居民不超过 9000 人。这场悲剧的规模在公众中很少有人得知。查理简单地将其理解为上帝的意愿，并在罗马寻求庇护；大多数同时代人指责查理防卫不足或威尼斯人的救援努力乏善可陈，而不是指责进行杀戮的帝国指挥官和他们的军队。[28] 随着曼托瓦被帝国军占领，卡萨莱落入斯皮诺拉手中似乎只是时间问题。

《归还教产敕令》

发　生

帝国对意大利的干预的重要性在德意志发生的事情之前显得微不足道，费迪南德在 1629 年 3 月颁布了《归还教产敕令》，犯下了严重错误。与他的大部分政策一样，这项措施旨在促进和平，但效果却适得其反。费迪南德并非像他的批评者声称的那样，利用对丹麦的胜利执行自己的政策，恰恰相反，他认为《敕令》是对吕贝克会谈的补充，以全面解决帝国内部的问题。《敕令》通过提供一个收回教会土地的法律框架，试图通过复活费迪南德认为的对《奥格斯堡和约》的真正解释来恢复帝国内部的和平。然而他的目标并不现实，方法也不明智。最重要的是，归还教产的过程不可能与其他复兴天主教的措施脱离开来，也不可能和其他引起许多天主教徒和新教徒正当怀疑的充满争议的土地转让、贡金和军事要求脱离开来。

自 1620 年以来，哈布斯堡王朝一直试图重新建立天主教政治和宗教权威，《敕令》是这些政策的结果。1623 年后，随着这些政策从哈布斯堡和普法尔茨领地扩展到广阔的弗兰肯和莱茵兰地区，它们变得越来越有争议。最初选择的目标较易受到攻击，例如弗兰肯的新教骑士，他们被迫将新教牧师驱逐出庄园，并重新服从班贝格和维尔茨堡的天主教宗教管辖权。[29] 在某些情况下，军队会被用来收复个别修道院，但通常情况下，修道院的前拥有者，或者更确切地说其继承人，会通过帝国法院要求批准归还。这一进程因丹麦的干预暂时中断，但在卢特战役后又重新开始，并于 1627 年 2 月被牢牢列入议程，当时康斯坦茨主教和奥格斯堡主教对符腾堡发起了一系列诉讼，符腾堡是第一个受影响的主要新教领地。

许多天主教徒认为，采取果断行动以拯救自宗教改革以来被异端邪说夺走的数以百万计灵魂的时机已经成熟。自 1620 年以来，天主教几乎不间断地一直在取得胜利，这表明上帝不仅站在他们一边，而且还召唤他们参加圣战。三名被掷出窗外的官员奇迹般地幸存下来，拉罗谢尔陷落，这些事件都被解释为上帝恩宠的证据。至关重要的是，马克西米连公爵的耶稣会顾问亚当·康岑（Adam Contzen）和费迪南德的告解神父威廉·拉莫米尼都积极倡导这种解释。[30] 拉莫米尼更有影响力，因为皇帝愿意听取他的意见。他最初来自卢森堡，20 岁时加入耶稣会，在哈布斯堡宫廷中迅速崛起，1623 年成为维也纳大学校长，一年后成为皇帝的告解神父。他不具备费迪南德的那种令人愉悦的品质，在宗教基要主义上还甚于皇帝，接近新教所描绘的邪恶耶稣会阴谋家的刻板印象。拉莫米尼强势、任性、朴素，非常珍惜看重自己的地位，说服了他的院长维特勒希（Vitelleschi），将所有耶稣会的信件通过他传送给费迪南德。随着要求归还教产的呼声越来越大，维特勒希承诺每周要举行 2500 场弥撒，来鼓励费迪南德开始进行拉莫米尼宣称的"光荣事业"，这显然无视了 1588 年西班牙命运多舛的无敌舰队一开始也被称为"光荣事业"的事实。

这种亢奋的气氛让我们很难区分政治动机和宗教动机，我们也不应该试图将这两者分开，因为同时代人认为它们是相关的。尽管如此，好斗派推进天主教的目标能够进行下去，也只是因为它同时也满足了人们的政治野心。此外，许多高阶神职人员选择和拉莫米尼的天命立场保持距离，并敦促保持更大的克制。[31] 费迪南德也犹豫不决，并于 1627 年 7 月 3 日向天主教选帝侯征求意见。选帝侯们想收回教会地产，而不是根除新教。美因茨选帝侯撰写了回复，回复集中在修道院上，因为修道院是帝国非直辖地产，因此比实际的主教辖区争议较少。然而，马克西米连敦促皇帝声明，声称只有 1530 年版《奥格斯堡信纲》的信徒才能享受《奥格斯堡和约》的好处。这显然将加尔文宗信徒排除在外，目的是阻止弗里德里希五世收回普法尔茨领地和选帝侯头衔。选帝侯们以为费迪南德只会向帝国法院发布新的指导方针，并由帝国法院来处理这些归还教产的请求，因此于 1627 年 10 月在米尔豪森同意让他拟出一个合适的文本。[32]

帝国宫廷议会于 1628 年 1 月开始研究起草这份文件，消息很快就从维也纳泄露出去。新教使节要求得到澄清，但许多人也接受了归还教产不仅可能发生，而且也是合法的。[33] 尽管做出了一些努力来咨询新教徒，但在最终文本中，耶稣会激进分子的影响显然过大。帝国宫廷议会的副主席、帝国副书记官施特拉伦多夫直接引用了耶稣会迪林根大学的主要神学家保罗·莱曼（Paul Laymann）展示的论点。莱曼的小册子《通往和平之路》（Pacis compositio）集中综合了天主教极端派对《奥格斯堡和约》的解释的法律论点。《敕令》的签署日期是 1629 年 3 月 6 日，但实际上是 3 月 25 日正式发布的，那一天莱曼的作品在法兰克福书展上架。[34]

帝国内部的恐慌

尽管选帝侯和新教徒期望得到的是一份指导方针，让法院继续对每一个案件作出单独的裁决，费迪南德却认为《敕令》是最终裁决。他觉得自己是在回应各方的呼吁，是在对构成了《奥格斯堡和约》的"白纸黑字"

做出清晰的裁决。然而这是不可能的，因为《奥格斯堡和约》的力量在于它故意含糊不清。费迪南德的《敕令》只是陈述了极端天主教徒对《奥格斯堡和约》的解释，排斥了加尔文宗，并要求归还自 1552 年以来所有被新教徒占领的土地，包括主教辖区。和没收那些"臭名昭著的反叛者"土地的行为一样，《敕令》让围绕帝国宪法的争议更加突出。尽管费迪南德坚持认为米尔豪森会议是一场司法听证会，但他是否有权做出完全单方面的决定仍有很大争议。

作为最终裁决，《敕令》被认为是无可争议的，剩下的就是执行它，这需要收回马格德堡和不来梅的大主教辖区、13 个北德意志主教辖区和500 多座修道院，这些修道院主要位于下萨克森、符腾堡和弗兰肯。帝国宫廷议会为每一个帝国行政圈正式任命了专员，通常是选择一名当地天主教诸侯，由哈布斯堡政府官员和军官进行协助。瓦伦斯坦和蒂利已经在 3月 24 日被授权在必要时使用武力。

《敕令》并不是对德意志新教徒的无差别攻击，因为前教会土地在他们之间分布不均。勃兰登堡和萨克森将分别失去三个主教辖区，但不清楚这些主教辖区是否受到《奥格斯堡和约》的保护，因为它们的并入是在整个 16 世纪逐渐进行的。主要的受害者有丹麦（丹麦在《吕贝克和约》中接受了损失）、德意志北部的韦尔夫家族和其他人，以及符腾堡（天主教徒声称拥有 50 座修道院，占公爵领的三分之一）。[35]

最让人担忧的并非潜在损失的规模，而是事情的后果可能还不止于此。德意志似乎又回到了查理五世颁布《临时协定》的黑暗时期。马格德堡市长约翰·多思（Johann Dauth）在阅读《敕令》的一份抄本时，对他的旅伴说，他们一生大概都看不到和平了。新教瑞士人认为自己会是下一个目标，认为那年夏天前往意大利的帝国军队就要来将《敕令》强行施加给他们了。[36]

许多天主教徒也感到沮丧。可以想见的是，拉莫米尼情绪高涨，写信给教宗说"自查理曼时代以来，没有一个罗马教宗从德意志获得如此大的快乐"。乌尔班对此做了精心设计的答复，他祝贺费迪南德"异端邪说将会知道地狱之门无法战胜教会……也无法战胜强大的奥地利的武力"。[37]

这并不算是一个充分的认可，而乌尔班如果要承认《奥格斯堡和约》的有效性，也不可能做这种认可。教宗对他的大使被排除在监督归还教产行动之外表示不满，因为费迪南德认为这是一个司法问题，而不是宗教问题。后来，无疑是出于事后之明，教宗宣称自己从未赞同过归还教产。

更严重的是来自西班牙和维也纳的反对。腓力四世建议费迪南德最好"为他的虔诚和热情找到一个更合适的出路"。[38] 西班牙长期以来一直主张向德意志路德宗妥协，以安抚帝国，形成一个联盟，阻止法国等国家援助尼德兰人。各方协调一致努力将拉莫米尼赶下台，特别是通过嘉布遣会士基罗加（Quiroga）的努力，基罗加于 1631 年初来到维也纳，成为费迪南德大公的妻子玛丽亚·安娜公主的告解神父。费迪南德最受信任的顾问埃根贝格退隐到自己的庄园去，而科拉尔托则抗议说关于《敕令》的争议正在破坏曼托瓦战争的努力。其他哈布斯堡高级神职人员，如维也纳主教沃尔夫拉德（Wolfradt）、两位枢机主教帕兹马尼和迪特里希施泰因也加入了抱怨的行列。

实　施

瓦伦斯坦公开反对《敕令》，甚至在给萨克森的约翰·格奥尔格的信中也这么说。[39] 帝国军队从 3 月 29 日起对马格德堡实施了持续 28 周的严密围城，但这与《敕令》没有什么关系。马格德堡对军队利用易北河运送波希米亚谷物表示不满，怀疑军官们利用这一点来削弱当地商人。好斗的市民夺取了一艘帝国谷物运输船时，市议会似乎失去了控制。像德·斯帕格纳特（de Spaignart）这样的牧师还没有公开违抗皇帝，但是他们的布道促成了自以为是且完全不切实际的期望，当地领导人被这种期望所吸引。市议员宣布奥托皇帝 700 年前免除了城市的所有军事义务，为他们拒绝接受驻军辩护；然而他们又声称自己拥有帝国城市的地位，与这一说法相矛盾。考虑到将要发生的事情，他们还愚蠢地发誓"宁愿去死，也不愿接受驻军，还说他们宁愿放火焚烧自己的房子，把一切都烧成灰烬"。[40]

瓦伦斯坦希望避免让马格德堡成为另一个施特拉尔松德，表现出非同寻常的耐心，接受汉萨同盟的调解，来缓和局势。市议会进行了重组，以直接选举取代了议员的共同选择，满足了民众的需求。瓦伦斯坦放弃了驻军的要求，免除在这座城市执行《敕令》的要求，代价是他们要交出 15 万塔勒，而汉萨同盟另外再给 5 万塔勒。[41] 帝国军拆毁了自己的工事，但在城市周围维持着松散的骑兵警戒线，监视进出的人。费迪南德想让自己的小儿子利奥波德·威廉大公担任大主教，瓦伦斯坦对此毫不热心。最终，皇帝组建了一个新的更为顺从的主教座堂圣职团，在 1630 年 5 月废黜了萨克森-魏森费尔斯的奥古斯特[*]，选择了大公为大主教。

除了马格德堡大主教辖区，帝国专员们从新教控制下收复了不来梅大主教辖区，费尔登、哈尔伯施塔特、明登和拉策堡主教辖区，两座帝国修道院以及大约 150 座修道院、女修道院和教堂，包括符腾堡的 50 座和沃尔芬比特尔的 30 座。1631 年秋天，归还教产行动因瑞典的干预而停止，但在此之前很久就遇到了严重的困难。帝国专员想要在地方上逆转已经发生了 70 年甚至更久的变化。修道院经常已经被拆毁，或被改作其他用途，而教会土地则经常已被出售，或在上面建有其他设施。这些土地最初的拥有者早已死亡，引发了新的问题，即谁应该得到这些地产。结果是一场不体面的争夺战，而其中耶稣会士以贪婪著称。这些之前的地产没有一座属于他们，但由于他们觉得自己对《敕令》的颁布做出了特殊贡献，以及最近在德意志积极的传教热情，他们对这些地产有着专一的拥有权。1630 年，拉莫米尼给费迪南德的新年礼物是一份清单，上面是他想要的 90 座修道院和房子。这一要求引发了"修道院争议"，对立的教团相互争夺教产的所有权，一直持续到 20 世纪。[42]

这些教团还经常与主教们发生冲突，因为主教们长期以来一直憎恨修道院的自治地位，希望将收回的地产直接纳入自己的教区中。这种内讧损害了天主教的声望，拿骚-锡根的约翰这样公然的机会主义者同样如此，他本人 1613 年才皈依了天主教，散布谣言说他在迪茨的亲戚支持丹麦人，以找理由来没收他们的地产。这种行为使那些寻求与邻居友好妥协的天主教徒的处境更加困难。[43] 而且，重新天主教化也经常仍然只是表

---

* 　奥古斯特，（August, Duke of Saxe-Weissenfels，1614—1680），他是之前马格德堡的新教教区长官。

面现象。没有足够的修士、修女和神父来照看这些被追回的地产。新教牧师遭到驱逐，市议员被替换，但取而代之的都是较贫穷、不怎么称职的候选人。

新教徒的回应

费迪南德将《敕令》解释为司法性的，而不是宗教性的，因此新教徒可以在法律上对其提出挑战，这阻挠了费迪南德达成一个干净、简单的协议的目标。例如，符腾堡的路德维希·弗里德里希不得不放弃修道院的地产，但他向帝国枢密法院申诉，反对天主教会收回这些修道院自世俗化以来一个多世纪里支付的税款。费迪南德支持符腾堡公爵对这些修道院拥有政治管辖权，同意这些修道院只是从路德教会而不是公爵领中分开。这种争执受到当地居民的欢迎，因为有两个甚至更多的可能的领主在就领主权进行争执的时候，他们可以为不服从找到借口。

费迪南德这步棋走得大错特错。《敕令》疏远了温和的路德宗信徒，同时在好战的天主教徒中培养了不切实际的期望。而且在发表了如此不妥协的声明后，很难在不削弱皇帝权威的情况下撤回或修改它。约翰·格奥尔格竭尽全力为费迪南德提供了一条体面的出路，强调《奥格斯堡和约》是一份条约，未经双方同意不得修改。萨克森选帝侯没有直接攻击费迪南德的司法权威，而是认为每一个具体案件都应该提交法院，由法院根据具体案情进行审判。他拒绝了符腾堡等受害者将反对《敕令》与抗议瓦伦斯坦的军事贡金联系起来的呼吁。相反，他认为应该对天主教徒施加压力，说服他们缓和自己的要求，让他们采取不那么对抗性的手段。这需要与勃兰登堡选帝侯进行更密切的合作，以形成统一战线。这是一个艰难的过程，因为新教好斗分子误以为萨克森的政策是迈向一个新教派联盟的一步，他们的公开游说让约翰·格奥尔格更难说服天主教徒们相信他的善意。

与勃兰登堡选帝侯的会谈于 1629 年 10 月开始，并于 1630 年 4 月在安娜堡举行了一次联合峰会，同时在会上还进行了神学讨论，以弥合路德宗和加尔文宗之间的分歧。[44] 约翰·格奥尔格拒绝在费迪南德将于 1630 年 7 月召开的选帝侯大会上提出《敕令》的问题，因为这一问题过于造成分裂。相反，会谈是在幕后进行的。他们还提议在 9 月召开新教大会，以向天主教徒施压让他们谈判。美因茨选帝侯安塞尔姆·卡齐米尔（Anselm Casimir）已经做出了回应，主张恢复枢机主教克莱斯尔的"和解"计划，在天主教和新教代表团之间进行双边会谈。他接受了达姆施塔特的一项建议，即不要直接质疑《敕令》，而是暂停执行《敕令》50年，让教会地产归属保持 1621 年的状态。这接近于五年后《布拉格和约》（Peace of Prague）所接受的妥协方案，而且也的确有成功的机会。所有三个教会选帝侯都愿意接受，甚至马克西米连公爵私下里也承认他会接受。这消息使狂热分子感到震惊。维特勒希向拉莫米尼保证，每周会有 1000 场弥撒和 4000 场诵念《玫瑰经》来坚定费迪南德的决心。致命的是，马克西米连接着又猛踩刹车。他利用这个问题迫使费迪南德在瓦伦斯坦的解职问题上做出让步（见下文）。一旦皇帝同意让步之后，马克西米连就放弃对妥协方案的支持。他自己后来承认这是一个严重的错误，并声称他受到耶稣会告解神父的影响，想要维护天主教利益。[45]

围绕归还教产的争议突出了三个问题。

首先，天主教徒之间的分歧表明教派团结的基础薄弱，政治凌驾于宗教之上。重要的天主教徒从一开始就反对《敕令》，而不仅仅是在瑞典在布赖滕费尔德获胜后才反对。宗教信仰无疑激励了《敕令》的支持者，他们甚至在《敕令》的政治缺陷变得明显之后，仍然坚持其有效性，但正是帝国政府非代表性的、等级性的结构让这些少数派得以将他们的观点付诸实践。

第二，《敕令》是一个严重的错误。这并没有促成瑞典的干预，因为瑞典的干预与德意志新教徒的困境没有什么关系，但它确实保证了古斯塔夫斯登陆时德意志大门是敞开的。这场争论破坏了将《吕贝克和约》扩展为帝国问题总体协议的任何机会。到 1627 年时，大多数新教徒都预计会有某种形式的归还教产行动，甚至也接受天主教徒在某些情况下也有正当的要求。而且很可能大部分人会接受归还一些非直辖地产，也接受失去马格德堡和哈尔伯施塔特，因为这两地的新教教区长官公开支持丹麦人。费迪南德坚持全面的归还教产，而不是充分考虑个别情况，这使得整个过程站不住脚，并使更多的德意志新教徒心怀怨恨。

第三，这场争论凸显了整个帝国范围内的政治文化的活力，这种文化继续弥合教派分歧。甚至那些受益于《敕令》的人也怀疑这是否是收回地产的适当方式。大多数人赞成传统的根据具体案情判决具体案件的方法，因为这让他们在潜在的竞争对手以及地产现所有者面前，更有机会证实自己的主张。甚至好斗派也承认宪法的力量，更多地从法律上而不是宗教上为《敕令》辩护。尽管他们有着压倒性的军事优势，他们还是克制住了没有大规模没收，而是偏向采用司法程序。这也解释了为什么这场争论让皇帝困惑：皇帝真的相信自己是在宪法权利范围内行事。更重要的是受害者的反应。帝国的居民没有像 1614 年后的法国贵族和胡格诺派那样直接叛乱，而是提出了法律禁令，并通过谈判达成妥协。甚至是被围困的施特拉尔松德人也认为向美因茨选帝侯寻求帮助是值得的。[46]

雷根斯堡选帝侯大会（1630）

瓦伦斯坦被解职

帝国政治文化的韧性表明，我们不应该抹杀费迪南德通过 1630 年 7 月至 11 月在雷根斯堡召开选帝侯大会来解决帝国问题的努力。大会开幕后几天，古斯塔夫斯在波美拉尼亚登陆，这让大会笼罩在阴影之中，而雷根斯堡的讨论通常被认为是由帝国以外的事件所主导，这标志着"三十年战争德意志时期的结束，外国时期的开始"。[47]

尽管美因茨和达姆施塔特同时提出的和平倡议提供了一个协议，但皇帝和选帝侯仍无法解决潜在的宪法和教派问题，人们指责皇帝和选帝侯的失败，这不是没有道理的。尽管如此，这次大会是帝国集体意志的一次重要展示，有 2000 多人参加。人们普遍担心费迪南德已经超越了他的权限，大会正是在这种氛围中召开的。皇帝的野心在他于 4 月分发给选帝侯的要求中已经展现出来了。皇帝想要将《吕贝克和约》扩展为一个全面协议，对此无人反对，但是他们担心他是如何提议实现这一目标的。费迪南德想让他的长子费迪南德大公被选举为罗马人的国王，以此来消除人们对哈布斯堡王朝继承的进一步怀疑，从而稳定帝国。而选帝侯们不准备在还有其他许多问题仍未解决的情况下，放弃他们这一主要筹码。

费迪南德关于帝国外部威胁的解决方案也失败了。选帝侯拒绝批准在尼德兰或意大利向西班牙提供军事援助，天主教徒也不会同意解散天主教同盟，也不愿意将其军队与瓦伦斯坦的帝国军合并。相反，选帝侯要求在讨论其他任何事情之前，应该先将瓦伦斯坦解职。几位帝国顾问不敢采取这样的步骤，担心将军会将军队转向维也纳。然而，这位看似全能的总司令却出人意料地脆弱。

与黎塞留或奥利瓦雷斯不同，瓦伦斯坦没有在宫廷中培养一个忠诚的追随者网络。他不愿在重大场合中露面，甚至在费迪南德大公 1627 年11 月加冕为波希米亚国王时也没有出现，这使他疏远了高层人物，尤其是大公本人，后者从未认同过瓦伦斯坦的军事才能，认为自己是潜在的替代者。瓦伦斯坦与宫廷的距离造成了误解，尤其是因为他倾向于自己主动采取行动，这引起了人们对他越权的怀疑。他也很难反驳马克西米连故意煽动的谣言，马克西米连通过帝国宫廷中的嘉布遣会修士一直能得到秘密信息。[48] 最关键的是，波罗的海计划的失败让德·艾托纳大使大失所望，他原本支持瓦伦斯坦，现在转向指责他总是承诺向西班牙提供援助，但从未实现。

当时的批评者已经在塑造瓦伦斯坦后来傲慢、诡计多端和不可信的历史形象。1625 年以后，出现了越来越多的小册子将他和卢修斯·埃利乌斯·塞扬努斯（Lucius Aelius Sejanus）相比，后者曾担任罗马皇帝提比略的顾问，但却可耻地失宠了。对瓦伦斯坦的批评也为新教的怨恨提供了一个安全的出口，让路德宗信徒还抱着这样的希望，即费迪南德真的是一个善意的君主，只是被邪恶的顾问误导了。而瓦伦斯坦自己公开反对《敕令》和曼托瓦战争，这让费迪南德对他的信心也动摇了。最后，很显然的是，他已经失去了他的点金之手。到 1629 年 5 月，他再也无力支付德·维特贷款的利息，德·维特只能卖掉自己的财产，以过高的利率借款。瓦伦斯坦提议派遣军队回西里西亚收缴拖欠的税款，这已经对哈布斯堡君主国构成了威胁。

费迪南德同意在 8 月 13 日解瓦伦斯坦的职。他等了两个星期，才派遣特使告诉瓦伦斯坦，当时后者已经前往德意志南部的梅明根，以便更接近曼托瓦战场。事态最初还不清楚，因为费迪南德还没有正式提名一个替代者，仍然期待瓦伦斯坦给出建议。瓦伦斯坦敦促皇帝不要相信批评者，并正确预测他的下台会使军队瘫痪，也使帝国无法对当时仍然有限的瑞典干预作出有效回应。他心怀不满，然后回到了他在基特欣的宫殿。德·维特因为这条信息陷入了绝望之中。德·维特没有希望拿回钱了，9 月 11 日，他在自己布拉格的庄园中投井自杀了。金融崩溃恰逢秋季来临，供应变得稀缺。自 1630 年 3 月以来，军队的状况就已经一直在恶化，当时瓦伦斯坦将军官们要求的贡金减半，然后在 4 月根据费迪南德的命令停止了进一步的招募。

军队改革

马克西米连拒绝放弃天主教同盟的自主权，这使得瓦伦斯坦的替换问题变得更加复杂。最终，双方于 11 月 9 日同意，最高统帅权仍然属于皇帝，皇帝再将权力委托给蒂利，后者现在被任命为帝国中将。帝国军队和天主教同盟军队依然是两支不同的军队，但是现在由同一个指挥官指挥。[49] 各方做出了真正的努力，以解决战争资金问题。瓦伦斯坦的体系被抛弃，取而代之的是一支规模较小，但是有着更可靠的资金来源的军队。帝国军将减少到 4 万人，这主要是通过解散仍在意大利的部队来做到的，而天主教同盟军队将减少三分之一至 2 万人。帝国内的所有领地都要按照一个等级系统缴纳战争税，每年一共有 96 个罗马月，其中三分之二归帝国军所有，其余归天主教同盟所有。每支军队都被分配到特定地区过冬。根据鲁道夫二世的税收登记，假设所有领地都支付了它们的份额的话，皇帝预计可以从帝国非哈布斯堡地区获得 570 万弗洛林的收入。这将相当于以前负担的三分之一。然而，皇帝意识到许多领地不会缴纳，因此蒂利也被授权征收贡金来弥补短缺。因此，旧制度的一部分因素继续保留了下来，人们也相应地继续对帝国和天主教存在不满。这些安排还意味着修改宪法，将帝国行政圈降为一个维持皇帝专属控制下的一支永久军队的框架。

这种不令人满意的安排是由帝国政治决定的，与瑞典的威胁无关。蒂利是一个妥协产生的候选人，旨在平衡皇帝和巴伐利亚的利益。他的位置很艰难，因为他要面对两位有着不同议程的上级。指挥权仍然分散，在意大利和哈布斯堡世袭土地上的帝国军队仍然由其各自的将军率领，安霍尔特指挥的位于威斯特伐利亚的独立天主教同盟军团也是如此，安霍尔特于 1630 年去世之后，这支军队的指挥权移交给了帕彭海姆。帕彭海姆在 1614 年皈依天主教后，作为一名狂热分子被载入史册，他在 6 年后发誓，要为曾经身为异教徒的每一年都承受一个伤口。他的承诺在白山战役中得到了兑现，在那里他被留下来等死，赢得了"伤痕累累的海因茨"（Schrammheinz）的绰号。他在镇压上奥地利叛乱（1626）和摧毁马格德堡（1631）中扮演的角色使他的声誉受损。帕彭海姆的确雄心勃勃，但他提倡大胆行动是为了迅速赢得战争，他也没有沾染同时代人的许多恶习，尤其是酗酒。[50] 他对独立指挥权的渴望符合科隆的费迪南德的安全政策，但却使蒂利的任务更加困难。

意大利的和平

选帝侯们一直反对曼托瓦战争，这似乎对费迪南德有利。卡萨莱仍然在顽强地坚守着，但是很明显，它坚持不了多久。在教宗的压力下，黎塞留于 8 月派遣"灰衣主教"约瑟夫神父和布吕拉尔·德·莱昂（Brûlart de Leon）前往雷根斯堡。这两位特使对意大利的报道感到震惊，请求黎塞留提供更多的指示，但只收到了令人困惑的答复。谣传路易十三病得很重，众所周知，虔诚派正密谋推翻枢机主教。一些人认为谈判是一次错失的机会，认为费迪南德过于自信，没有向法国做出令人满意的让步。[51] 有谣言说，意大利的几个公国将会移交给瓦伦斯坦和科拉尔托，这错误地反映了皇帝的目标。费迪南德已经决定妥协，并向约瑟夫神父和布吕拉尔·德·莱昂提出了慷慨的条件，他们于 10 月 13 日接受了条件。法国和皇帝都将撤军，卡萨莱将非军事化，但路易十三可以保留苏萨和皮内罗洛。费迪南德将对曼托瓦争端进行仲裁，承诺将承认查理公爵，前提是他赔偿其贡萨加亲属，并允许萨伏依保留蒙费拉托的一部分。帝国管辖权得到了维护，除了西班牙，所有派系都得到了部分好处。

法国军队得到了增援，达到 20 300 人，现在在萨伏依境内继续行军，距离卡萨莱只有几千米，这时一位风尘仆仆的教宗特使，未来的枢机主教马萨林带着和约的消息到来了。条约看起来要把几乎之前已经落入黎塞留控制的要塞夺走。更糟糕的是，他的代表已经同意法国不会帮助皇帝的敌人。这一条款只是通常用来表达诚意的，但现在却可能会限制黎塞留的外交选择。虔诚派敦促批准条约，渴望期待已久的法国和哈布斯堡的和解。拒绝批准似乎是愚蠢的，但是接受条约则意味着黎塞留承认失败。

随着国王病重，危机更严重了，到 9 月 30 日，路易已经接受了临终圣礼。看来加斯东·德·奥尔良很可能会接替他的哥哥成为国王。11 月10 日星期日下午，虔诚派和枢机主教的其他敌人在玛丽·德·美第奇的卢森堡宫会面，同意接受《雷根斯堡和约》。玛丽在会议结束时通知黎塞留，她与他没有任何关系。考虑到自己的生命安全，黎塞留准备逃到勒阿弗尔，但这时他收到了一份邀请，要他在凡尔赛皇家狩猎别墅与国王会面。他于 11 月 11 日抵达那里，发现路易完全康复了，并得到承诺，王室将继续支持他。这就是"受骗之日"。第二天早上，路易签署了逮捕黎塞留反对者的法令。随着黎塞留的批评者被监禁或被流放，他可以继续原来的政策，否决了《雷根斯堡和约》。

鉴于雷根斯堡会谈正在进行，斯皮诺拉于 9 月 4 日暂停了对卡萨莱的行动。鼠疫袭击了他的军队，他在 9 月也死于鼠疫。由于帝国军队未能遏制瑞典占领波美拉尼亚，被迫撤回德意志，而军队也已经感染了瘟疫。费迪南德不得不重启谈判，商讨雷根斯堡协议，1631 年 6 月 19 日，各方签署了经过修订的《凯拉斯科和约》（Peace of Cherasco），法国不再承诺不援助费迪南德的敌人。曼托瓦战争已经让西班牙花费了 1000 万埃斯库多，他们无力对条约的条款进行争执。查理·德·讷韦尔被任命为曼托瓦公爵，他很快允许法国在卡萨莱驻军 2400 人，这些人一直待到 1652 年。黎塞留胁迫萨伏依永久放弃皮内罗洛，法国一直占领那里到 1696 年。《凯拉斯科和约》依然维护了帝国对整个意大利北部的管辖权，但这却是以损害帝国与西班牙的关系为代价的。[52]

第 14 章

北方雄狮（1630—1632）

瑞典的干预

瑞典的准备

很少有人会料测到，古斯塔夫斯于 1630 年 7 月 6 日在波美拉尼亚附近的乌瑟多姆岛的登陆使战争又延长了 18 年。瑞典拥有用来入侵的技术专长和人力，但没有维持入侵的资源。古斯塔夫斯在赌自己的国运，希望自己能在丹麦克里斯蒂安失败的地方成功，能从自己的桥头堡向南突进。自 1621 年以来，8 万名征召军已经让瑞典的人口承受了巨大的损失。1630 年，瑞典陆军和海军有 4.3 万名瑞典人和芬兰人，还有 3 万名外国雇佣军，但他们没有钱。仍然留在普鲁士的 4000 名骑兵拒绝行动，除非他们能拿到 16 个月的拖欠工资。古斯塔夫斯和乌克森谢纳估计他们需要 7.5 万人征服德意志北部海岸，另外 3.7 万人保护瑞典现有的占领地。他们计划用 4.6 万人进行攻击，但是由于缺乏运输工具，最终只有 13 600 人能够作战，这些部队与已经在施特拉尔松德的 5000 人会合。第二批 7000 人在夏天到达，还有更多的德意志新兵抵达，但是即使到 11 月，军队也只到达了 2.9 万人，其中还有三分之一生病了。[1]

军队的人数比古斯塔夫斯以前指挥的都多，但是他以前面对的是寡不敌众的波兰人，而现在他面对的是德意志北部的 5 万名帝国军和天主教同盟军队，还有在西部和南部的大约 3 万人军队。虽然现在帝国军没有瓦伦斯坦，而且目前处境糟糕，但他们也是强大的对手。双方军队规模的差别解释了为什么在雷根斯堡开会的皇帝和选帝侯虽然担心他，却没有对他的到来特别操心。古斯塔夫斯那时还没有获得他的全部声望，这种声望让人没有意识到他所冒的风险是多么巨大。瑞典人自 1631 年 9 月以来取得了一系列伟大胜利，这似乎表明成功是必然的，并导致许多军事历史学家得出结论，瑞典军队天生优越。瑞典军队士气确实很高。对于已经习惯了波兰战场的恶劣条件的瑞典人和芬兰人来说，德意志地区尽管经历了 12 年的战争，似乎依然是一片富饶的土地。芬兰和苏格兰军队已经有了可怕的名声。旅行者关于奇怪的斯堪的纳维亚人的传说已经引发了人们的兴趣，在古斯塔夫斯登陆之后，这种兴趣有增无减。汉堡的报纸报道了一队凶猛的拉普兰人骑着驯鹿。芬兰分队被称为"哈卡帕利塔"（hakkapeliitta），这个名字来自他们的战斗口号"把他们砍倒"（*hakkaa päälle*）。据说他们会魔法，能够改变天气，或者能直接过河。古斯塔夫斯利用了这一点，他出现的时候身边总有一队芬兰骑兵和同样奇异的苏格兰步兵。他的宣传声称他的军队已经习惯了寒冷，从不叛变或逃跑，只靠最基本的口粮就能生存，会奋战到最后一刻。[2]

迄今为止，古斯塔夫斯还没有面对过一个"西方"的对手。他的组织和战术是为了对抗波兰人而发展起来的，而对抗波兰人的战果好坏参半。古斯塔夫斯并不是一个创新者，而是借鉴了现有的做法，尤其是尼德兰人的做法。[3] 基尔霍姆战役（1605）和对波兰人的战败让瑞典人将步兵、骑兵和炮兵紧密结合在一起。著名的用来跟随步兵的轻型皮革包裹的火炮并不是新的：它们在 14 世纪就已经出现了。它们也不是特别好用，1626 年之后，它们就被抛弃了，取而代之的是更耐用的青铜加农炮，这种青铜炮安装在轻型车辆上，重量略超过 280 千克，能将 1.5—2 千克重的炮弹发射至大约 800 米远处。这些火炮可以由三个人或一匹马拖着，可以跟得上步兵的步伐，增加他们的火力。[4] 步兵部署在三至四个旅中，每个旅由 400 人的单位（称为中队）组成，其中混合了长枪兵和火枪兵，以方格棋盘形式排列，可以相互支援。其他的火枪手被派遣去支援骑兵，有时还带着轻型大炮。后来的作家强调速度和果断，但事实上这些战术是防御性的，是用于对抗占优势的波兰骑兵的。火枪手分遣队可以通过火力帮助骑兵瓦解敌人的进攻，然后骑兵才会发起反击。到 1631 年，步兵们接受了齐射的训练，以使反击前对敌人造成的心理影响最大化。骑兵和步兵编队变薄，只有六排，以增加火力并扩大正面以防被包抄。这些策略的效果在很大程度上没有得到验证，瑞典人抵达德意志时刚刚在斯图姆荒原被击败，这是他们的最后一次大型作战行动。

战略和目标

事后之明也歪曲了人们对瑞典战略和目标的评估。古斯塔夫斯的主要传记作者将瑞典在德意志的扩张描绘成精心策划的分阶段战略，最终将入侵哈布斯堡世袭土地。但事实上，国王登陆时带着的地图只到了萨克森的边境，他到达萨克森边境时，让制图员制作了一张新地图，覆盖了边境以南的地区。[5]

瑞典的目标也是临时制定的。的确，古斯塔夫斯早就下定决心要开战，并故意无视了一些可以避免战争的机会。早在 1627 年 12 月，古斯塔夫斯就已经开始考虑干涉德意志，当时乌克森谢纳设法说服国王首先与波兰和解，并于 2 月开始谈判，最终缔结了《阿尔特马克停战协议》。瑞典派遣了代表前往吕贝克参加会谈，但由于瑞典不是丹麦与皇帝战争的交战方，他们被拒绝了。尽管如此，丹麦还是寻求改善瑞典与帝国的关系，皇帝于 1630 年 4 月派遣特使前往但泽。瑞典同意举行会谈，意在让法国感到警惕，可以提高与法国结盟时的条件，还可以表明自己愿意接受和平。事实上，早在 1630 年 1 月，乌克森谢纳已经公开跟英国大使托马斯·罗伊（Thomas Roe）爵士讨论"即将到来的战役"了。[6] 国务委员会不情愿地在 4 月同意了一场进攻战争，接受了古斯塔夫斯的说法，即有必要为他的代表在吕贝克遭受的耻辱报仇。国王用各种借口哄骗丹麦和皇帝，一直在拖延但泽会谈，最后在 6 月提出了完全不能接受的要求，以让谈判恰好在他的军队登陆之前崩溃。

古斯塔夫斯期待皇帝将从德意志北部撤军，而他自己不用撤离施特拉尔松德。除此之外，他真正想要什么我们就只能猜测了，因为他从未向费迪南德提出过明确的条件。他的公开声明，例如他著名的宣言，都是旨在证明他的干预是正当的，而不是提出要求。宣言由萨尔维乌斯撰写，于

1630 年 6 月在施特拉尔松德以德语和拉丁语出版，到 1630 年年底，已经用 5 种语言出版了 23 个版本。各个版本之间有很小但关键的差异，反映了瑞典希望如何向不同国家展示自己。根据听众不同，古斯塔夫斯和乌克森谢纳做出了一些相互矛盾的声明，同时小心地不做出任何承诺。一些真正的想法经常掩盖在一些表面上的玩笑之下，以让盟友和敌人感到警惕，或者测试他们的反应，例如路易十三可能成为皇帝，而黎塞留可能成为教宗。[7] 一些后来的历史学家声称瑞典还有一些经济动机，但是我们几乎很难发现这点。古斯塔夫斯几乎没有做出任何努力将德意志征服地纳入瑞典控制的市场之内。[8]

新教在国内宣传中占有重要地位，但在古斯塔夫斯的宣言中却被忽略了，因为干预必须被呈现为教派中立的，以免疏远法国。新教好斗分子对弗里德里希五世和克里斯蒂安四世感到失望后，把希望寄托在古斯塔夫斯身上，希望他能成为新的救世主。在古斯塔夫斯登陆后不久的一幅宣传画中，国王身穿全套盔甲摆出英勇的姿势，而他的部队则在波美拉尼亚登陆。上帝的手从一片云中伸出，给他神圣的正义之剑，以打击天主教的暴政。许多天主教徒也相信这一点。菲林根的圣乌苏拉女修道院院长朱莉安娜·恩斯特（Juliane Ernst）相信，符腾堡公爵等新教诸侯已经寻求古斯塔夫斯的"帮忙，以再次夺回修道院"。[9] 古斯塔夫斯并不打算这样做。乌克森谢纳后来也承认宗教只是一个借口，而古斯塔夫斯说如果宗教是原因的话，他应该向教宗宣战。

公开展示中的第一个真正动机是"安全"（Assecuratio）。宣言中提到的所有威胁都已经消退：帝国海军已经解散；费迪南德已经同意谈判，并且正在将瓦伦斯坦解职，同时也在削减军队。古斯塔夫斯想要的是确保皇帝永远不会构成危险。因此，瑞典的安全在于修改帝国宪法以削弱皇帝，扭转哈布斯堡王朝最近的复兴，特别是在德意志北部。随着瑞典参与的性质和程度的变化，具体的细节也发生了变化。起初，古斯塔夫斯避免批评费迪南德，也没有宣战。相反，他用一些人道主义的论断来包装干预，即干预是为了援助被压抑者。这是一个极其脆弱的立场，因为尽管他的特使尽了最大努力，古斯塔夫斯仍未能说服施特拉尔松德之外的任何德意志人请求得到他的帮助。[10] 他向瑞典议会宣称，自从阿尼姆袭击施特拉尔松德以来，瑞典和帝国就处在战争状态，他的特使们故意掩盖了他当初是如何胁迫施特拉尔松德市议会寻求帮助的。

费迪南德声称瑞典在进行无端侵略，为了对抗这一说法，古斯塔夫斯鼓吹"日耳曼自由"。瑞典的宣传传播了这样的观点：帝国内部的平衡对欧洲和平至关重要。因此，瑞典采取了符合欧洲最大利益的行动，将帝国宪法恢复到其"适当"的状态。古斯塔夫斯给予德意志的作家丰厚的报酬，让他们清楚地阐释这一点。其中最有影响力的是博吉斯拉夫·菲利普·开姆尼茨（Bogislav Philipp Chemnitz），他的化名希波里休斯·阿·拉皮特（Hippolithus a Lapide）更为我们所知。由于他能获得一些瑞典机密文件，他关于 1630 年后的事件的记录至今仍有价值。然而，他对宪法的解释故意地带有党派色彩；他将帝国描绘成一个贵族共同体，皇帝只是同侪之首。毫不奇怪，他的书被禁止了，同时费迪南德的刽子手还象征性地焚烧了他的书。[11]

瑞典人对其第二个目标"满意"（Satisfactio）则更为缄默不语，这一目标也就是说，他们高贵的努力要得到回报。这些领土野心从一开始就存在，虽然随着军事时运的改变，这些野心也随之改变。帝国军放弃围困施特拉尔松德之后，乌克森谢纳立刻重新就瑞典在那里的地位与之谈判，将其变成瑞典的一个保护国。国务委员会于 1630 年 5 月决定无限期保留施特拉尔松德。7 月登陆后，古斯塔夫斯行军到斯德丁，告诉没有子嗣的公爵博吉斯拉夫，征服波美拉尼亚是他的权利。这种说法是基于雨果·格劳秀斯最近的一本书，这本书对瑞典人很有用，书中暗示瑞典人可以随心所欲，只要他们人道地对待被征服的人民。[12] 古斯塔夫斯让博吉斯拉夫接受结盟，以作为特殊恩惠的标志。公爵于 7 月 20 日投降，接受瑞典控制了其公国，同时控制了其海上通行费。协议的第 14 条还让瑞典在公爵死后获得波美拉尼亚，尽管名义上只有在其他主张者（主要是勃兰登堡）拒绝友好解决的情况下。虽然波美拉尼亚等级会议仍然希望恢复自治，但公国实际上已经被吞并了。

第三个目标是军队的满足（Contentment），因为很明显，如果瑞典没有额外的手段来偿还军队的欠款，是不可能实现议和的。这在 1630 年时还没有被预料到，现在已经体现在试图以德意志为代价发动战争的欲望中了。正如一名议会成员所说，"把山羊拴在邻居家门口总比拴在自己家门口要好"。[13]

与法国结盟

古斯塔夫斯早在与法国结盟之前就已经下定决心要开战了。与法国结盟让瑞典利用法国在德意志的势力，以及每年 40 万塔勒的资金援助。两国的结盟是出于功利考虑的。直到 1629 年，法国对瑞典一直没有多少兴趣。瑞典与西班牙关系更密切，西班牙仍然是其木材和矿物的重要市场，而且，在 1635 年后，瑞典也拒绝加入法国与西班牙的战争。尽管如此，法国和瑞典的联盟一直持续到 18 世纪末，并扩大了法国文化在瑞典的影响，而此前瑞典文化一直是主要受到新教德意志和英国的影响。

黎塞留不顾他的特使沙尔纳塞的反对意见，坚持结盟，后者的判断更为准确。沙尔纳塞知道，一旦瑞典雄狮被释放在德意志，法国将无法控制它，但是黎塞留想让瑞典来代替丹麦去对抗哈布斯堡王朝。他需要瑞典来转移哈布斯堡王朝的注意力，但这种转移会造成破坏，而他不想让法国与这种破坏挂钩。他也关心维护天主教，坚持让古斯塔夫斯在其征服的任何德意志土地上保证礼拜自由。瑞典在《阿尔特马克停战协议》中就没有这一条款，随后瑞典在其占领利沃尼亚和普鲁士时都镇压了天主教。

黎塞留真正感兴趣的是巴伐利亚，而不是瑞典。法国在安排《乌尔姆停战协议》（1620）和支持马克西米连的新选帝侯头衔方面给慕尼黑留下了良好的印象。黎塞留认为马克西米连是费迪南德皇帝的潜在继任者，并希望与天主教同盟结盟，以使德意志南部和西部保持中立，从而阻止奥地利援助西班牙。马克西米连不愿与哈布斯堡王朝决裂，这让黎塞留确信自己不得不与瑞典打交道。他不想烧毁通往巴伐利亚的桥梁，坚持让古斯塔夫斯承诺不要攻击天主教同盟成员。古斯塔夫斯不愿受到任何约束，但他未能从波美拉尼亚事务脱身，只得在 1631 年 1 月 23 日接受了《贝尔瓦尔德条约》（Treaty of Bärwalde）中黎塞留提出的条款。法国将向瑞典提供五年的援助，在此期间，古斯塔夫斯将尊重黎塞留的条件，并不得在未咨询他的前提下议和。[14]

马克西米连已经在 1630 年 11 月雷根斯堡大会期间与黎塞留的特使达成的一项条约中，获得了法国捍卫其选帝侯头衔的担保。黎塞留不情愿地于 1631 年 5 月 31 日在《枫丹白露条约》（Treaty of Fontainebleau）中批准了这一点，尽管条约正式要求法国保卫巴伐利亚免受包括瑞典在内的所有敌人的攻击，同时让马克西米连免于协助法国对抗哈布斯堡王朝。双方都承认该条约实际上不可执行，但认为这是双方善意的声明。

在狮子和老鹰之间

莱比锡大会

攻取斯德丁非常容易，但是想从波美拉尼亚脱身就难了。公爵领太小也太穷，无法维持一支庞大的军队，事实证明，在 1630 年余下的时间里，瑞典人无法征集足够的军队突破帝国的封锁线，从东部沿着奥得河以及从西部向梅克伦堡的进攻不断被帝国击退。瑞典想要成功，完全取决于德意志新教诸侯，他们现在被夹在瑞典狮子和帝国老鹰之间。古斯塔夫斯很大程度上是一个未知量。人们对瑞典的了解很少。而古斯塔夫斯的苛刻要求似乎证实了之前的谣言——瑞典人都是一群半野蛮人。古斯塔夫斯告诉他的勃兰登堡姐夫："我不想听到中立的词。殿下要么是我的朋友，要么是我的敌人……这是上帝和魔鬼之间的斗争。如果殿下与上帝同在，他必须加入我这一方，如果他是为了魔鬼，他必须与我战斗。没有第三条路。"[15]

然而，中间路线正是大多数新教徒想要的。尽管他们对《归还教产敕令》感到恐惧，但大多数人希望费迪南德能够被说服而缓和要求，而不用诉诸暴力。萨克森和美因茨继续会谈，并获得皇帝的许可，在法兰克福召开了一次跨教派的"和解"会议。与此同时，约翰·格奥尔格召集新教徒，于 1631 年 2 月 16 日在莱比锡举行了会议。除了支持费迪南德的达姆施塔特和被瑞典阻止的波美拉尼亚，所有主要领地都派出了代表。尽管一年前萨克森赞助了一次狂热的反加尔文宗活动来庆祝《奥格斯堡信纲》

一百周年，勃兰登堡继续选择支持约翰·格奥尔格。新任勃兰登堡书记官西吉斯蒙德·冯·格茨（Sigismund von Götz）在大会上说："瑞典人是外国国王，与帝国事务没有关系。"[16]

极端路德宗信徒霍埃·冯·霍埃内格停止了早先对加尔文宗的批评，甚至暗示了抵抗的必要性。大会并没有号召发起圣战，尽管人们后来对此有相反的说法。[17]大会于 4 月 12 日发表的最终宣言设想组建一支 4 万人的军队，其资金来源是去年 11 月在雷根斯堡商定交给帝国军队的份额。这不是一个教派联盟。大会没有提到要按照上帝的最高权威行事。相反，这是为了"维护基本法律、帝国宪法和福音派帝国政治体的日耳曼自由"。这当然不是一个"愚蠢的计划"。[18]约翰·格奥尔格通过将新教徒集结到一个中立的阵营中，增加了他们的集体分量。马克西米连对此表示赞赏，于 5 月在丁克尔斯比尔举行的天主教同盟大会上，同意不再那么严格地执行《敕令》，而法兰克福的代表们继续讨论达姆施塔特提出的暂停执行《敕令》50 年的建议。

尽管如此，约翰·格奥尔格的律法主义路线让他失去了承受帝国和天主教同盟宿兵负担的人的同情。瑞典登陆意味着此前在雷根斯堡商定的部队削减计划现在被取消，虽然帝国军队的有效兵力仍低于瓦伦斯坦时期，但代价仍然很高昂。现在很多事情都取决于费迪南德的反应，但他提供的很少。瑞典人登陆后战绩平平，这给了人们一种错误的信心，而帝国军队有望从曼托瓦回来增援蒂利，加强了这种信心。费迪南德顽固地拒绝接受约翰·格奥尔格提出的出路，加剧了《敕令》的错误。

费迪南德不愿作出让步，这让一些人相信他们别无选择，只能加入瑞典一方。这些积极分子包括通常的嫌疑者：在逃的两位梅克伦堡公爵、魏玛的威廉和伯恩哈德兄弟、符腾堡、黑森-卡塞尔和被宣布为罪犯的新教圣骑士巴登-杜尔拉赫的格奥尔格·弗里德里希的儿子边疆伯爵弗里德里希五世。黑森-卡塞尔破产了，面临解体，因为当地骑士与费迪南德谈判，想要逃离其管辖权。莱比锡大会的宣言为征集军队提供了一个方便的掩护。领地伯爵威廉五世和魏玛兄弟一起，在其卡塞尔和齐根海恩的要塞里集结了 7000 人的军队。他停止向现在人数已经减少了很多的天主教同盟占领军提供贡金，并封锁了为蒂利在不来梅大主教辖区的驻军准备的物资，使后者濒临哗变。为了安全起见，符腾堡摄政尤利乌斯·弗里德里希将其年轻的被监护人埃伯哈德三世（Eberhard III）公爵及其两个兄弟送去"壮游"，将他们的母亲送去乌拉赫城堡，同时他的民兵开始驱逐帝国驻军。尤利乌斯·弗里德里希还与他的弗兰肯邻居开启了会谈，后者集结了 2600 人，主要是在纽伦堡。[19]

所有人都保持谨慎，不愿意公开站在古斯塔夫斯一边，直到他证明自己有能力保护他们免受帝国报复。此外，大多数人仍然期待选帝侯约翰·格奥尔格能采取更强硬的立场，迫使费迪南德接受他们的要求，而不必加入外国入侵者一方。

马格德堡围城战

只有马格德堡被废黜的教区长官克里斯蒂安·威廉宣布支持瑞典。1630 年 7 月 27 日，他溜过帝国岗哨，进入马格德堡，在那里他和一些支持者一起攻进市政厅。马格德堡主教座堂法政牧师和市议员寄希望于萨克森。克里斯蒂安·威廉的到来迫使他们摆明了立场，正式同意与瑞典联盟。为了确保他们不会改变主意，古斯塔夫斯派遣法尔肯伯格（Falkenberg）上校伪装成船夫入城，后者在 10 月接管了这座城市。帕彭海姆率领的帝国军很快就把市民卫队和民兵赶回城墙内，但是他只有 3000 名步兵，无法开始攻城。[20]

蒂利想发动攻势，把古斯塔夫斯赶入海中，但马克西米连拒绝了，因为这将需要天主教同盟部队对抗瑞典人，违背了 1 月签订的《贝尔瓦尔德条约》，而古斯塔夫斯也正是为了这个目的选择将条约公开出版了。[21] 帕彭海姆得到了 7000 名援兵，来加强马格德堡周围的控制。古斯塔夫斯不能让这座城市沦陷，因为这会阻止潜在的盟友加入自己。他计划到 1631 年初能有 10 万人，但实际上只召集了 2 万名野战军，其中三分之一还生病，另外还有 1.8 万人在各驻军点。人员短缺只能由德意志新兵来弥补，但除非他取得重大成功，否则他们不会加入。1 月 5 日，瑞典发动突然进攻，将帝国军赶出加尔茨和格赖芬哈根，占领了奥得河下游地区。然而，勃兰登堡在屈斯特林的驻军阻止了古斯塔夫斯向上游进军，而蒂利则带着7500 人的增援部队从哈尔伯施塔特赶来，10 天走了 320 千米的路程，以重振士气低落的帝国军队。

受挫后，古斯塔夫斯重走原路，小心翼翼地避开勃兰登堡，向西穿过波美拉尼亚进入梅克伦堡，并于 2 月 25 日占领了代明。蒂利跟在他后面，于 3 月 19 日袭击了新勃兰登堡。750 名瑞典守军有三分之一在袭击中丧生。为了在莱比锡大会上左右舆论，宣传者将其描绘成一场大屠杀，发生在教堂的礼拜时间。[22] 蒂利意识到自己的军队人手不足，选择回到马格德堡，将围城者的人数增加到 2.5 万。另外 5000 人被部署在德绍大桥上，科隆的费迪南德在威斯特伐利亚集结了 7000 人，而马克西米连和其他天主教同盟成员在富尔达另外集结了 8000 人。意大利的和平让费迪南德可以召回那里的 2.4 万人的军队，军队开始重新跨越阿尔卑斯山。

这些军队使得马格德堡无法得到任何直接的解围，因此古斯塔夫斯留下了一些人来帮助梅克伦堡的几位公爵围攻公爵领内剩余的帝国要塞，并带着大约 1.8 万名士兵再次向东行进到奥得河。4 月 13 日，他袭击了奥得河畔法兰克福，杀死了 6400 多名驻军中的 1700 人，作为对所谓的新勃兰登堡暴行的报复。两周后，他占领了兰茨贝格，获得了东波美拉尼亚和奥得河下游地区。[23]

蒂利拒绝从马格德堡围城战中分兵，自 5 月 1 日他攻下其外围工事，围城就一直在进行。两周后马格德堡郊区陷落了。守军只有 2500 名正规军，由 5000 名武装市民支持，其中只有 2000 人是成年人。马格德堡人口约为 2.5 万人，已经因为 5 年前的鼠疫和城市长期的经济衰退而减少了。许多市议员对与瑞典联盟并不热心，敦促法尔肯伯格接受蒂利一再提出的荣誉投降的提议。法尔肯伯格继续坚持古斯塔夫斯就要来了，尽管当蒂利在 5 月 20 日星期二早上 7 点发动最后一次攻击时，古斯塔夫斯还在 90 千米之外的波茨坦。帕彭海姆向围攻者分发了一份葡萄酒配给，以提高士气。在事先安排好的信号下，1.8 万名帝国和天主教同盟军队从五个方向向城市发起进攻。

几位目击者扣人心弦的记录很好地记载了下面发生的事件。我们需要小心对待这些记录。最著名的是居里克（Guericke）的，他是一名议员，急于将责任推给法尔肯伯格和教士们，为他后来掌权的同事们脱罪。[24] 法尔肯伯格对袭击措手不及，因为他预计蒂利会继续谈判，当帝国军早上 8 点左右闯入市政厅时，他仍在和议员们争论不休。几名议员离开去寻找家人。由于弹药短缺，守军防御不力，但是城墙上的人仍在顽强抵抗。两个克罗地亚骑兵连穿过河边较浅的地方，偷偷穿过防御薄弱的易北河前线的一个侧门，引起了守军的恐慌。著名的马格德堡大火就是在这时开始的，这引发了一场争论，持续了很长时间，几乎持续到 20 世纪。一些新教宣传者创造了马格德堡少女自焚而不愿投降的神话，另一些人则指责天主教指挥官。格罗茨菲尔德在这件事情上没有多少个人动机，他报告说，帕彭海姆告诉他，是帕彭海姆下令放火烧了一栋房子，以将一些阻止士兵进城的火枪手赶出来。其他人也讲述了类似的故事，似乎可以肯定这场大火是一场事故，因为围城的目标是完整地占领这座城市。[25] 大火烧到存放着火药的药剂师的房子之后迅速蔓延开来，上午 10 点，整座城市都熊熊燃烧起来。

北部前线的抵抗力量崩溃了，帕彭海姆的纵队得以进入。他们入城之后，其他地方也崩溃了。法尔肯伯格更早的时候就死了。居民们一看到守军离开城墙，就开始在自己的房子里设置障碍。蒂利入城之后，命令部下停止抢劫，扑灭大火。虽然许多军队失去了控制，但仍有足够的人遵守了命令，拯救了大教堂，大教堂里有 1000 人在寻求庇护。普利孟特瑞会修士在他们修道院中还保护了 600 名妇女，她们也逃过了大火，但随着风煽起大火，这座城市 1900 栋建筑中的 1700 栋被摧毁，没法拯救更多的人了。甚至天主教的报道也承认暴力持续了几天。修士们看到 6 名士兵在他们的院子里强奸了一名 12 岁的女孩。尽管她死了，但他们太害怕了，不敢报告，直到最后其中一人去报告了蒂利，但已经不可能确定肇事者是谁了。[26]

议员丹尼尔·弗里泽（Daniel Friese）通过换上旧衣服得以逃脱，这样就没人以为他是一个值得勒索的富人。尽管如此，他的房子还是被洗劫一空。一些士兵能找到一双新鞋就已经很高兴了。其他人如果找不到更有价值的东西，就到处施暴。弗里泽和家人一起躲在阁楼里才没有被发现，这时一队新的劫掠者出现了，他的女仆试图从煤棚的藏身之处躲到他们那里来。此时，已经没有什么可拿的了，士兵们开始殴打弗里泽，直到他蹒跚学步的儿子走到一名士兵面前，把自己的零花钱给了他。据弗里泽的大儿子说，这名士兵"立即改变了态度，以友好而不是残忍的方式对待我们。当我们站在他身边的时候，他看着我们这些孩子，说道：'啊，一群多么好的小伙子啊！'"这名士兵帮助他们逃到帝国军营，在那里，这名士兵的妻子发现丈夫没有带来战利品，大为恼火。弗里泽的家庭设法将一些贵重物品藏了起来，在 3 天后支付了离开营地的费用。[27] 这不是这场恐怖事件中的孤例，还有其他士兵帮助平民（包括神职人员）逃跑的例子。

大约 2 万名守军和平民死亡，至少 300 名围攻者在袭击中丧生，另有 1600 人受伤。有太多的尸体需要埋葬，大部分都被扔进了河里。大多数人死于火灾，或因躲在地窖里窒息而死。1632 年 2 月的一项人口普查显示马格德堡当时只有 449 名居民，大部分地区直到 1720 年仍是废墟。马格德堡的灾难成了战争中的一个决定性事件，并在很大程度上影响了人们对战争的理解，被视为暴行的一个标杆。仅在 1631 年就出现了至少 205 本描述马格德堡陷落的小册子，后来的大屠杀，包括 1649 年克伦威尔士兵在德罗赫达和韦克斯福德犯下的暴行*，立即被人们拿来与马格德堡的灾难相提并论。

中立的终结

早在马格德堡陷落之前，费迪南德就已经开始对抗其他新教好斗分子了。一项帝国法令于 5 月 14 日宣布莱比锡的宣言无效，并命令签署方解散部队。从意大利返回的部队已经在康斯坦茨湖就位，开始执行法令。在弗兰肯人到达之前，他们迅速占领了符腾堡。符腾堡摄政兵力不足，于 7 月 24 日投降，同意继续向帝国驻军呈交贡金。阿尔德林根从符腾堡率主

---

* 1649 年 9 月，克伦威尔在征服爱尔兰的时候攻下这两座城市，城市投降之后克伦威尔下令屠城。

力部队到达后不久，弗兰肯人投降了。马格德堡的陷落让蒂利得以对付黑森-卡塞尔，但他一直等到得到帝国授权之后才开始行动。领地伯爵威廉在被要求解散部队时含糊其辞，不愿作答，但古斯塔夫斯的行动拯救了他，古斯塔夫斯穿越易北河的进军迫使蒂利在 7 月 19 日回防。由于威廉拒绝解散军队意味着公开反对皇帝，他于 7 月 27 日公开宣布支持瑞典。

威廉的支持并不重要，重要的是古斯塔夫斯能够赢得勃兰登堡和萨克森的支持，因为后二者的声望能够说服其他人追随古斯塔夫斯。当蒂利的部队突袭马格德堡时，古斯塔夫斯的士兵封锁了屈斯特林的勃兰登堡军，并向克珀尼克推进，以迫使格奥尔格·威廉进行谈判。当符腾堡遭到入侵，黑森-卡塞尔受到威胁时，古斯塔夫斯在柏林城外集结了 2.6 万人，炮击选帝侯的宫殿。格奥尔格·威廉于 6 月 20 日投降，同意定期缴纳贡金，让瑞典人占领勃兰登堡的大部分地区。古斯塔夫斯还向格奥尔格·威廉施压，要求后者的儿子弗里德里希·威廉娶克里斯蒂娜公主，但是选帝侯犹豫不决，意识到这是篡夺他对波美拉尼亚的主权的手段。[28]

国王派遣奥克·托特（Åke Tott）率领 8000 人去完成对梅克伦堡的征服，然后在韦尔本一处设防营地集结了 1.6 万人。蒂利集结了他在马格德堡附近剩下的军队，然后率军接近。马克西米连无法阻止天主教同盟部队和瑞典人之间发生冲突，这给了古斯塔夫斯无视黎塞留施加的限制的借口。蒂利在 7 月底和 8 月初的酷热中发生的小规模战斗中吃了败仗，但损失远少于古斯塔夫斯声称的 7000 人，古斯塔夫斯不得不夸大他的微不足道的战绩，以赢得盟友。他的主力部队仍不到 2.4 万人，而菲尔斯滕贝格从德意志南部赶来，使蒂利的部队增加到 3.5 万人，另外 2.4 万人正在路上，此外还有人仍在科隆集结。

选帝侯约翰·格奥尔格在最后一刻放弃了中立，古斯塔夫斯所期待的突破终于出现了。费迪南德和马克西米连没有谴责萨克森的军备行为，现在萨克森总共有 1.8 万人的军队，他们还指示蒂利不要侵犯萨克森的领土。即使是针对黑森-卡塞尔的行动也因考虑到约翰·格奥尔格的反应而被推迟，蒂利的先遣卫队只是掠夺了边境，而没有袭击领地伯爵的部队。在整个过程中，帝国外交官试图通过选择割让卢萨蒂亚来赢得萨克森的支持。

马克西米连也准备接受对《敕令》的策略性让步，并支持仍在进行中的法兰克福"和解"大会。[29] 最后，蒂利被授权向萨克森边境推进，并要求得到供应，以加强外交提议的分量。失败后，帝国军队入侵，于 9 月 5 日解除了选帝侯在梅泽堡驻军点的武装。自 4 月以来，新教徒一直没有缴纳战争税，造成了相当大的问题。随着蒂利的军队因得到增援而人数大为增加，他必须离开马格德堡周围受到战争破坏的地区，进入富饶的萨克森。蒂利推进到莱比锡，莱比锡于 9 月 15 日投降。虽然他已经开始烧毁萨克森的村庄，但他仍希望达成协议，但是选帝侯早在 12 日就已经选择了站在瑞典一方。

新教观察员对约翰·格奥尔格的这一决定表示欢迎。此前一直广为传播的印有古斯塔夫斯画像的宽幅报纸被重新发行，新的报纸上选帝侯和他并肩而行。然而，约翰·格奥尔格的行动只是策略上的改变，而不是政策的改变。选帝侯对国王的宏伟计划并不热心，也拒绝将其视为一场宗教战争。他的结盟只是为了对费迪南德施压，在恢复战前局势的基础上实现和平。尽管天主教徒愿意交涉，但他们没有做出足够多的让步。他们的不妥协会让帝国付出高昂的代价，因为很明显，协议本来已经快要达成了。到 11 月中旬，费迪南德咨询的 6 名神学家已经承认废除《敕令》比冒帝国毁灭的风险更好。然而，那时已经太迟了。[30] 我们不确定瑞典人有没有意识到萨克森人的目标与他们自己的目标存在着巨大的差异。尽管如此，联盟仍然至关重要，而瑞典人给予选帝侯的自主权比任何其他德意志伙伴都更广泛。

布赖滕费尔德之战

古斯塔夫斯在维滕贝格渡过易北河，向南进军，在莱比锡东北的迪本与选帝侯会合。在场的 1.6 万人的萨克森军队穿着新制服，光彩照人，其中还包括 1500 名当地士绅及其随从。2.3 万人的瑞典军队相形见绌，他们"在一块犁过的土地上过夜，浑身泥土，还穿着肮脏的破衣服，看起来像厨役"。[31] 瑞典人是"久经沙场的老兵"，而萨克森人从 4 月才开始进行操练。萨克森军的指挥官阿尼姆也加入了进来，因为他的前主人勃兰登堡的格奥尔格·威廉已经于 6 月接受了瑞典联盟。这支联军是古斯塔夫斯迄今为止指挥过的规模最大的军队，他决心发动决定性的打击，希望以此说服德意志新教徒加入他这一方。蒂利同样决心战斗，最终得以采取他自年初以来倡导的进攻策略。[32] 他的两位上级也下定了决心，认识到只有明确的胜利才能阻止其他人效仿勃兰登堡和萨克森的榜样。

双方聚集在莱比锡北部的布赖滕费尔德村附近的一片相对宽阔的平原上，这将是三十年战争中规模第二大的战役，也是最重要的战役之一。蒂利有大约 3.7 万人，拥有 27 门大炮，人数比对方略少（少了超过 1000人），大炮数量也更少（少了至少 29 门大炮）。菲尔斯滕贝格率领下的 7000 名帝国军刚刚到达，仍然疲惫不堪，但是士气高昂，因为他们"有着不可战胜的勇气，坚信自己会取得胜利"。[33] 蒂利在平原边缘从东向西的略微隆起的地带组织部队。步兵被部署在 12 个大的方块，三个一组，另外还有两个营驻扎在两边以支援骑兵。帕彭海姆率领着 4000 名左右的骑兵位于左翼，这些是帝国胸甲骑兵的精锐。菲尔斯滕贝格指挥着大约 3100 名天主教同盟重骑兵和 900 名克罗地亚骑兵位于右翼。另有 1000 人被留在莱比锡。

瑞典人和萨克森人已经在北方约 8 千米处扎营。9 月 17 日清晨，他们没有吃早餐就迎着清晨的阳光开始行军了。他们花了几个小时，穿过了一条周围有很多湿地的小溪，进入蒂利的大炮射程之内。部署在自己步兵阵地前方的帝国炮兵已经开始轰击，直到中午左右，瑞典炮兵才开始做出回应。炮兵对决持续了两个小时，有着更大纵深的帝国部队遭受了更大的伤亡。古斯塔夫斯有意将自己的军队与部署在莱比锡–迪本大路以东采取较深阵列的萨克森新兵隔离开来。瑞典人向西集结，霍恩（Horn）将军指挥着紧靠着大路的骑兵，然后是 7 个步兵旅，而古斯塔夫斯率领其余的骑兵排成两行位于最右边，正对着帝国军的帕彭海姆。

古斯塔夫斯把他的部队继续向西延伸，打算包抄帝国军。帕彭海姆看出了对方的目的，选择在下午 2 点左右发起冲锋，但被 2500 名瑞典骑兵的齐射所击退，后者还得到了 860 名火枪手的增援。帕彭海姆的胸甲骑兵又冲锋了七次，接近手枪的射程，每次他们都在交锋中败下阵来。与此

布赖滕费尔德战役（1631）

同时，菲尔斯滕贝格向萨克森人发起进攻，让伊索拉诺率领的克罗地亚军绕过他们的侧翼。尽管受到炮击而有所动摇，萨克森人最初还是进行了一些抵抗，直到那些士绅征召兵开始逃跑。两个骑兵团中包含了选帝侯唯一还有战争经验的士兵，他们加入了霍恩的部队。其余的人逃跑了，约翰·格奥尔格也跟着逃跑了，萨克森损失了 3000 人，主要是在追击中损失的。

现在战场上满是成千上万人马激起的干燥灰尘，再加上大炮的硝烟，人们越来越难看清发生了什么。菲尔斯滕贝格无法集结自己的骑兵，许多人都在追赶萨克森人，或在抢劫对方的辎重。他的快速前进越过了步兵，后者大约于下午 3 点 30 分才到达萨克森之前的阵地。霍恩有时间沿着道路将他的军队重新集结，与其他部队形成了直角，并得到了中部第二线的步兵的增援。帝国步兵和天主教同盟步兵抵达时零星地向前推进，而霍恩精力充沛的生力军很快就驱散了菲尔斯滕贝格筋疲力尽的骑兵部队。更糟糕的是，蒂利的右翼不得不向东转，以面对霍恩的新位置，这在它和帕彭海姆的部队之间打开了一个缺口。经过两个小时徒劳的攻击，帕彭海姆的部队已经筋疲力尽。他们在古斯塔夫斯发起反击时被击溃了，让帝国军队过度延展的中部暴露出来。帝国中军在下午 5 点左右遭到攻击，当时蒂利的右翼开始崩溃。受重创的步兵以良好的秩序撤退了，在他们原来位置后面的一片树林中站稳了脚跟。黄昏时，瑞典人把大炮拖到射程之内，帝国军抵抗力量崩溃了。战场上大约有 6000 人被俘，第二天又有 3000 名逃兵在莱比锡投降了。超过 7000 人死亡，而许多逃掉的人也受了伤，包括蒂利。其他人当了逃兵，几天之后，蒂利在哈尔伯施塔特只能集结 1.3 万名幸存者。瑞典损失了 2100 人，但通过迫使帝国战俘参军，他们弥补了这一损失。

最终，古斯塔夫斯取得了他登陆以来一直未能取得的辉煌胜利。新教宣传人员迅速大肆宣扬这一成功，称之为对洗劫马格德堡的神圣惩罚。布赖滕费尔德战役是自战争开始以来天主教军队的第一次重大失败，它加强了好斗派关于古斯塔夫斯是救世主的信念。后来的评论者认为这是一个据称更为优越的军事系统的必然结果。[34] 确实，蒂利更深的编队让帝国军遭受更大的伤亡，但蒂利真正的失败在于未能指挥和控制好人数这么多的部队，这为古斯塔夫斯发动决定性的反击创造了机会。

瑞典帝国

新亚历山大

布赖滕费尔德改变了瑞典国王的形象。新教一方的观点失去了早先的谨慎，采取了更加好斗的语气；第二年中，人们开始习惯把古斯塔夫斯比作新约书亚。英雄崇拜在虔诚信徒中传播开来。托马斯·罗伊爵士模仿国王的风格，蓄起了胡须。然而，许多人对他没有利用这个机会进行和谈感到失望。[35] 某种异教暗流可以为他的真正动机提供线索。古斯塔夫斯到达德意志南部时，越来越多的人猜测他会越过阿尔卑斯山，像公元 410 年的哥特人一样洗劫罗马。瑞典已经充分利用其哥特传统，将自己展示为一个与任何欧洲君主国平等的帝国。而人文主义者编造的伪历史声称瑞典人源自希伯来人，是由诺亚的孙子在洪水后建立的，因此瑞典是世界上最古老的国家。在 1617 年庆祝古斯塔夫斯加冕的比武大会上，他穿着哥特式服装。一些人进一步认为他是一个新亚历山大，暗示他非但不是在致力于恢复日耳曼自由，而是在寻求建立自己的马其顿帝国。

蒂利迅速向西撤退，穿过威斯特伐利亚，然后向南穿过黑森进入弗兰肯，与他期待已久的增援部队会合，使他的军队达到了 4 万人。另有 2 万名帝国军士兵聚集在西里西亚，还有一些人仍在从意大利返回。古斯塔夫斯已经无法选择直接追击的策略了，而沿着奥得河向上游行军进入奥地利也是不可能的。在新教德意志的大部分地区，瑞典人仍然不受欢迎，他们也知道在敌对的哈布斯堡领地上开展行动几乎是不可能的。古斯塔夫斯决定转而通过图林根向西南方向移动，在冬季来临前夺取尽可能多的土地。这样可以让黑森-卡塞尔的威廉加入他的行列，符腾堡和其他德意志南部的人也可能会加入进来。

古斯塔夫斯遇到的反抗出人意料地虚弱。爱尔福特于 10 月 2 日陷落，下一个是维尔茨堡，于 10 月 15 日投降。维尔茨堡是富裕的维尔茨堡主教辖区的首都，防守特别坚固，在美因河对岸与城镇相对的一座陡峭的山丘上有一座名为马林贝格的要塞。在进攻期间，守军请求得到怜悯，但得到的回答却是进攻方高喊"马格德堡的怜悯"。[36] 短暂休息后，古斯塔夫斯沿着美因河向下游进军，占领了法兰克福，然后于 12 月 23 日在奥彭海姆渡过了莱茵河，占领了美因茨。下普法尔茨位于莱茵河右岸的大部分地区在接下来的两周内被征服，包括海德堡。与此同时，第二支规模较小的军队完成了对梅克伦堡的征服，然后越过易北河进入韦尔夫家族的领地。

瑞典的盟友

这些征服决定了瑞典在德意志的存在的结构，这种结构一直维持到战争结束，其中有四个要素：盟友、波罗的海桥头堡、战略基地和德意志合作者。盟友是必不可少的，但这是一个薄弱环节。古斯塔夫斯坚持对其合作伙伴进行"绝对指导"，但发现很难维持这一点。萨克森人是最重要的。他们在布赖滕费尔德的糟糕表现掩盖了他们的实际潜力。约翰·格奥尔格集结了逃散的军队，然后继续招募部队，到 1632 年共招募了 2.4 万人。除了这些部队，瑞典人还得到了大约 1.3 万名勃兰登堡军和几千名骑兵的支持，这些骑兵是由自 1630 年加入瑞典方的 200 名波希米亚和摩拉维亚流亡者组建的。即使除去用于驻扎的部队，这也是一支强大的力量。[37] 阿尼姆于 1631 年 11 月 1 日穿越边境，进入波希米亚，两周后进入布拉格，迫使费迪南德召回蒂利军队中的 1.8 万名士兵，古斯塔夫斯的胜利进军因此也更为容易。

萨克森展示武力只是为了迫使费迪南德进行谈判。约翰·格奥尔格知道，现在任何可行的和约都不会达到新教好斗分子的期望，因此他想从一个强势的立场进行谈判。这样，如果他牺牲新教徒的利益进行让步，会显得是宽宏大量之举。萨克森掩盖了这些意图，但是选择阿尼姆为指挥官已经引起了瑞典的怀疑。当波希米亚流亡者捣毁瓦伦斯坦的一座城堡时，阿尼姆给他的前上级写信道歉。双方还通过金斯基和其他不那么心存报复的波希米亚人建立了联系，这种联系一直持续到瓦伦斯坦去世。[38] 各方都小心翼翼地不作出承诺，他们所写下来的往往是一种妥协的策略。因此，我们无法确定各行动方的真实动机。一些人猜测瓦伦斯坦已经对他的被解职不满，并故意通过扣留梅克伦堡和弗里德兰的谷物来破坏蒂利的指挥。虽然他确实没怎么帮助蒂利，但他似乎不太可能是出于报复。[39] 波希米亚流亡者在图尔恩伯爵的领导下，已经准备让瓦伦斯坦保留他自己的地产，甚至让他成为波希米亚的国王，如果这能帮助他们拿回丢掉的地产的话。瓦伦斯坦虚与委蛇，因为这为皇帝提供了通往萨克森和瑞典的有用管道。而瑞典和法国在 1633 年一直鼓励关于波希米亚王位的讨论，以诱使瓦伦斯坦背叛皇帝，而如果他依然保持忠诚，则用于罗织构陷他的罪名。由于瑞典拒绝和谈，瓦伦斯坦把希望寄托在通过阿尼姆和其他波希米亚流亡者与萨克森达成谅解上。费迪南德知道这些讨论的存在，虽然他对这些讨论的确切内容一无所知。与萨克森达成协议一直是费迪南德的目标，我们应该看到，正是在这样的背景下，瓦伦斯坦在 1631 年底恢复了帝国指挥官职务，获得了非常大的权力（见下文）。

在阿尼姆和瓦伦斯坦会面几次之后，关于他在进行联络的消息泄露出去，而瓦伦斯坦的前助手，劳恩堡的弗朗茨·阿尔布雷希特，于 1631 年初抵达德累斯顿。古斯塔夫斯对此感到足够的警惕，禁止德意志诸侯进一步调解，但这并没有阻止约翰·格奥尔格在私下里通信。萨克森的行动继续为谈判增加分量。阿尼姆会好几个月在表面上无所事事，但如果约翰·格奥尔格的处境变糟的话，他会突然采取激进的行动。古斯塔夫斯对此也无能为力。如果他公开批评的话，会打破新教团结的表象，并疏远勃兰登堡，尽管勃兰登堡要弱得多，却是古斯塔夫斯在波美拉尼亚继承问题上的竞争对手。国王在向莱茵河地区进军时冒了相当大的风险，因为这意味着保卫奥得河地区和他通往波罗的海的交通线的任务都落在了两位对此并不热心的选帝侯身上。

相比之下，黑森-卡塞尔对瑞典的事业更加热心，因为费迪南德的不妥协让威廉五世别无选择。领地伯爵统治着选侯国之外最大的世俗领地，他野心勃勃，支持古斯塔夫斯修改帝国宪法的计划。威廉提议将三个教会选帝侯头衔重新分配给世俗诸侯，显然希望自己成为受益者之一。威廉能够提供大约 1 万人的军队，作为盟友，他有一定的影响力，已经帮助占领了美因茨，并且是古斯塔夫斯唯一承诺会给予大量领土的诸侯。作为将马尔堡割让给达姆施塔特——古斯塔夫斯已经接受了其中立——的回报，威廉将获得威斯特伐利亚的大部分教会土地。[40]这种安排的危险很快就显现出来，因为黑森人集中精力征服这些地区，而不是帮助瑞典人。

古斯塔夫斯对待普法尔茨的顾虑要少得多。像丹麦一样，他认为支持普法尔茨事业是获得英国援助的一种方式。雷岛远征军的失败和白金汉随后被暗杀加深了英国国内的危机。威尔士亲王——未来的查理二世——的出生，也减少了查理一世支持冬后及其子女的王朝责任，因为他现在有了自己的继承人。查理一世回到了他父亲的政策上，在 1630 年 11 月修补与西班牙的关系，希望这至少可以让普法尔茨拿回部分地区。他的姐姐变得不耐烦了，敦促他与瑞典合作："如果我们忽略了这个机会，可能无望拿回任何东西，因为这是不可能通过条约拿回来的。"[41]

查理采取了斯图亚特王朝典型的三心二意的措施，派遣一支远征部队对抗哈布斯堡王朝，但仅提供这些部队作为辅助部队，而没有让古斯塔夫斯做出任何关于普法尔茨复辟的承诺。指挥权交给了经验不足的汉密尔顿（Hamilton）侯爵，他在军事史上以"不幸的队长"（Captain Luckless）的名字被人记住。[42] 1631 年，有消息称 2 万名英国人将在威悉河地区登陆，这让蒂利非常分心。事实上，汉密尔顿只带了 6000 名士兵，并于 8 月在斯德丁登陆，向奥得河上游移动，以监视西里西亚的帝国军。古斯塔夫斯担心汉密尔顿可能会与波希米亚流亡者一起在那里建立起一个自治的普法尔茨政权，将汉密尔顿转移到萨克森，以支持瑞典在韦尔夫土地上的行动。汉密尔顿的部队因为逃兵、营养不良和疾病而越来越少，到 12 月只剩下 500 人，英国的影响力也随之下降。

尼德兰欢迎瑞典对帝国的干预，因为这降低了帝国援助西班牙的可能性。然而，共和国领导人拒绝接受这是一场宗教战争的概念，仅在 1631—1632 年提供了有限的资金援助，以诱使古斯塔夫斯放弃垄断波罗的海谷物贸易的计划。他们也拒绝支持弗里德里希五世，只是在 1632 年 1 月他前往莱茵河地区与古斯塔夫斯会面时，支付了他的费用。普法尔茨选帝侯的出现对古斯塔夫斯有利，因为古斯塔夫斯可以利用选帝侯向马克西米连公爵施加压力，马克西米连现在认为瑞典有意让弗里德里希拿回他的土地。然而，古斯塔夫斯以英国再派遣 1.2 万人、每月支付 2.5 万英镑作为复辟的条件。作为回报，弗里德里希可以拿回领地，但只能成为瑞典君主的封臣。这些条件会让他沦为瑞典的"傀儡"，他在 3 月正式拒绝了。9 月，弗里德里希厌恶地离开了国王。他此前已经生病了，11 月 30 日在美因茨去世，进一步削弱了普法尔茨事业。[43]

波罗的海桥头堡

瑞典的主要兴趣在于巩固其对波罗的海沿岸地带的控制。施特拉尔松德是不可或缺的核心，出于对声望的考虑，瑞典拒绝放弃该城。古斯塔夫斯显然还打算占领波美拉尼亚的其余部分，以及曾经用作帝国海军基地的梅克伦堡的维斯马港。瑞典对不来梅和费尔登感兴趣则因为害怕丹麦可能会站在皇帝一方进行干涉。不来梅的路德宗教区长官，荷尔斯泰因的约翰·弗里德里希，相信费迪南德牺牲他的利益达成协议，并在 1631 年底宣布支持瑞典。不来梅大主教辖区不仅控制了威悉河，而且其斯塔德要塞还控制了易北河下游地区。1632 年春天，丹麦军队在不来梅城外与瑞典人交火，形势变得更加紧急。瑞典人认为可以通过不来梅教区长官将丹麦人留在易北河以北，并帮助他驱逐了小规模的天主教同盟驻军，征服了南面的费尔登。然而，约翰·弗里德里希于 1634 年去世，随后韦尔夫人于 1635 年转变阵营，乌克森谢纳放弃了不可靠的当地盟友，直到 1645 年瑞典才征服了不来梅和费尔登，并将这些地区列入了其领土需求的清单（见第 19 章）。这些土地和波美拉尼亚一起，将瑞典与其在德意志的军队联系在一起。它们由受信任的指挥官带领的瑞典和芬兰本土部队驻守，并接收了 17 世纪 30 年代中期以后派遣的大部分新兵。

战略基地

波罗的海桥头堡被每个区域各作战中心的战略前沿基地扩大了。首先也是最重要的是爱尔福特，该城属于美因茨，但有着悠久的自治传统，想从美因茨脱离出来成为帝国城市。爱尔福特控制了马格德堡、萨克森、黑森和弗兰肯之间的道路，从而保障了从波美拉尼亚到德意志中部的路线的安全。爱尔福特邻近的马格德堡在 1632 年初被占领后也成了基地。然而，由于马格德堡残破不堪，加上约翰·格奥尔格声称他的儿子是其教区长官，它的效用被削弱了。而维尔茨堡确保了弗兰肯地区的安全，主要是因为位于美因河上游的班贝格很难防守。美因茨成为瑞典在莱茵兰的主要基地，也是瑞典的德意志帝国的非正式首都。在达姆施塔特领地上还修建了一个巨大的要塞古斯塔夫斯堡，与美因茨隔河相望，如果军队必须从德意志南部撤退，它可以成为一个安全的避难所。[44] 其他的基地都是被哄骗加入瑞典方的帝国城市。法兰克福的驻军点守卫着美因河下游地区，而纽伦堡和维尔茨堡一起，保障弗兰肯地区。奥格斯堡为瑞典在施瓦本提供了一个基地，但是它靠近巴伐利亚，因此很容易受到攻击。

虽然爱尔福特在三十年战争期间一直为瑞典人占据，但其他基地在 1635 年之前都已经丢掉了。这些基地几乎都是天主教领地，这也解释了为什么瑞典人在这些地区比在其桥头堡的兵力更少。这些地区遵守天主教，违抗占领军，违抗者还得到了好战的神职人员的鼓励。大多数神父都被驱逐了，但是古斯塔夫斯考虑到法国的意见，不得不把一些教堂留给了天主教徒。瑞典人和他们任命的德意志人受到了来自当地新教徒的巨大压力，后者要求复仇。1632 年，奥格斯堡的特别报复性的重新天主教化的措施被推翻。瑞典人几乎没有做出任何努力来阻碍当地发起的行动，例如法兰克福驱逐嘉布遣会修士，或者霍恩洛厄伯爵试图将新教强加于被征服的地区的行动。[45] 在其他地方，推广新教更加困难。美因茨完全是天主教地区，路德宗教会仅限于瑞典驻军点。由于教师和学生都逃掉了，大学也关闭了。否则，天主教学校通常继续开放，许多地方官员保住了自己的职位，因为占领者缺乏足够忠诚且称职的新教徒来取代他们。

这些基地使瑞典能够利用德意志的资源来维持其战争努力。古斯塔夫斯登陆时只有支付一周工资的现金。最初关于支付战争费用的期望被证明是过于乐观了。每年维持一名士兵的费用平均为 150 塔勒，是预期的三倍。一开始他们认为 190 万塔勒足以维持一年的作战，但在 1631 年期间，军事总支出已经超过 1000 万，这还不包括征用的粮食和其他实物支付。

瑞典自己花费了 230 万塔勒发动入侵，但是它将自己的支出削减到 320 多万，分摊到下面的三年里。普鲁士的通行费在 1629 年至 1635 年间又提供了 370 万塔勒，但是来自波美拉尼亚的收入令人失望，只有 17.1 万塔勒，大约和尼德兰微薄的资金援助相当。法国的援助更为可观，并使瑞典能够通过古斯塔夫斯的常驻代理人约翰·萨尔维乌斯在汉堡和阿姆斯特丹筹集贷款。这些来源共计 1100 万塔勒，但只能支付瑞典在德意志战争期间实际花费的 30%。[46]

为了在德意志地区补上这一缺口，古斯塔夫斯复制了瓦伦斯坦的贡金制度。瑞典寻找德意志盟友的一个主要目的是转移维持瑞典军队的税收。波美拉尼亚、梅克伦堡、勃兰登堡和马格德堡都支付了相当大的数额，但是古斯塔夫斯对德意志的财富有着不合理的预期。1632 年，他向奥格斯堡索要 24 万塔勒，但是奥格斯堡正常的年度税收不超过 5 万。[47]瑞典人还总是希望立即获得大笔税收，这打破了税收和生产之间微妙的平衡。社区被迫借款，背上了大笔债务。在被征服地区情况则更糟糕，那里瑞典人更没有节制。1631 年 10 月，维尔茨堡被勒令支付 15 万塔勒，9 个月后又支付了 20 万塔勒。慕尼黑在 1632 年支付了 10 万塔勒的现金和 4 万塔勒的珠宝，但瑞典人还想要 16 万塔勒，并劫持了 42 名人质。一人逃脱了，3 年后其他人被释放，但有 4 人在这之前就死了。1631 年 12 月，美因茨被要求在 12 天之内筹集 8 万塔勒，这相当于其通常税收的 18 倍。瑞典人勉强接受了每周 1500 塔勒的付款，但在 6 月其居民没钱时停止了。与此同时，犹太社区支付了 2 万塔勒来拯救其犹太会堂。

与瓦伦斯坦在时情况一样，贡金系统的分散性为腐败和效率低下提供了空间。鲍迪辛（Baudissin）上校被怀疑侵吞了 1631 年秋天从图林根筹集到的 5 万塔勒，而古斯塔夫斯的专员接受了来自维尔茨堡的 6000 塔勒，作为回报，将最初需求减半。[48]当瑞典似乎会保留其征服地之后，情况发生了变化。当美因茨放弃贡金系统，转而采用选侯国现有的税收结构时，瑞典人 80% 的需求得到了满足，政府收入得以复苏。德意志金钱不仅供养了占军队总数四分之三至十分之九的雇佣军，而且还支付了 1630 年至 1648 年间每年花在瑞典和芬兰分队上的 100 万里克斯中的 51%。

德意志合作者

德意志的人力资源至关重要，因为古斯塔夫斯很快发现，他的士兵在帝国中死亡的速度和在波兰一样快。尽管他的部下以顽强著称，他在1630年7月登陆的人中还是有46%在6个月内死去了，主要是由于不熟悉的微生物感染。到1631年底，他已经损失了5万人，当时他在德意志的军队中只有1.3万名瑞典人和芬兰人。此后应征入伍者的正常年自然减员率为五分之一，大多数人在抵达德意志后活不过4年。[49] 经验和人数同样重要。许多本地军官无法胜任这项工作。奥克·托特是一名芬兰老兵，在普鲁士战役中享有可怕的声誉，但事实证明，他掌控不好派去征服下萨克森的小规模部队。1632年5月接替他的卢萨蒂亚人鲍迪辛的情况也好不了多少。

提供帮助的是德意志合作者，他们自己征召和指挥军队。与瑞典人不同，他们有着许多地方知识，而且他们自己的小领地往往也能够提供一些人力和金钱。维尔茨堡的陷落使许多诸侯和贵族相信布赖滕费尔德战役并不是一个孤立的成功，他们蜂拥而至迎接这位征服的英雄。没有人像萨克森那样拥有广泛的自治权，或像黑森-卡塞尔那样享有事实上的自由。相反，这些合作者不得不放弃其要塞和军队，听从瑞典的绝对指挥，上交其收入，用于支持战争。[50] 他们受到瑞典的委托，如果幸运的话，还会得到预支的少量现金，用来招募更多的团。在战争期间，总共有近500个德意志团为瑞典所征召，而任何时候都有多达100个团在服役。这些部队组成了新的地区军队。魏玛的威廉被指派保卫爱尔福特，而他的弟弟伯恩哈德则控制着弗兰肯，他们都使用自己的团以及纽伦堡、弗兰肯骑士和萨克森-科堡民兵提供的部队。1632年5月，符腾堡和巴登-杜尔拉赫以自己的民兵为核心，组建了一支施瓦本军队。拿骚和韦特劳的伯爵们组建了一支莱茵河地区部队，以美因茨为中心开始行动。在下萨克森地区还组建了一支更分散的军队，以梅克伦堡几个公爵和不来梅教区长官组建的部队为核心。吕讷堡的格奥尔格公爵辞去了自己在帝国军中的职位，和沃尔芬比特尔的弗里德里希·乌尔里希一起，也加入了他们的行列。

这些军队没有一支完全可靠。每支军队大约有 5000 人，规模太小，如果没有额外的帮助，无法取得任何战果。这些军队会得到一些瑞典的部队和军官的协助，特别是在下萨克森地区和莱茵兰，但这些瑞典军队部分被用作看护者，他们自己往往也很虚弱。格奥尔格公爵发动了自己的战争，以占领希尔德斯海姆，而弗里德里希·乌尔里希则集中精力试图收复沃尔芬比特尔。瑞典部队选择紧随他们之后，以免被留下来单独面对当地的天主教同盟部队。算在一起，部队人数在 1632 年初翻了一番，到年中又增加了 4 万人，达到 14 万人的历史最高水平。然而，国王直接指挥的军队仍然相对较小。1632 年初，古斯塔夫斯在美因茨只有 1.6 万人的军队，而霍恩在弗兰肯只有 1 万人。

德意志部队发誓效忠瑞典，但这仍需要瑞典人不断地取得成功。一些合作者在致力于新教事业方面已经走得太远，没有多少其他选择。莱茵军队的两位指挥官，莱茵伯爵扎尔姆-屈尔堡和普法尔茨伯爵比肯费尔德的克里斯蒂安（Christian of Birkenfeld），都是资深的新教圣骑士。霍恩洛厄的克拉夫特（Kraft）伯爵于 1632 年 5 月被任命为弗兰肯总督，他是前新教联盟成员，而他的哥哥格奥尔格·弗里德里希则曾是波希米亚的陆军元帅。正如这些例子所显示的，瑞典的合作者主要来自小诸侯、伯爵和帝国骑士。他们都是新教徒，但许多人是加尔文宗信徒，这是瑞典拒绝承认的教派。更重要的是，他们属于帝国宪法中部分被剥夺特权的阶层。他们和黑森-卡塞尔一样，希望从预期的变化中获利。索尔姆斯的菲利普·莱因哈德伯爵是另一位新教圣骑士，他在 1627 年与丹麦人交战后加入瑞典方，他提议废除皇帝的职位，将帝国转变为一个贵族共和国（*status aristocratus*）。

更直接的是，所有人都希望得到从邻居那里没收的教会领地。这种被委婉地称为"捐赠"的做法始于 1630 年，用来喂养瑞典的战争怪物。博吉斯拉夫公爵在波美拉尼亚的地产被没收，以 10 万塔勒的价格出售给施特拉尔松德。1631 年，随着瑞典人向南进军，耶稣会等宗教教团成为惩罚措施的目标，而那些逃离的人则自动被没收财产。仅在法兰克福没收的财产就价值 80 万弗洛林。[51] 到 1633 年，夺取财产变得系统化了，霍恩洛厄的克拉夫特接收了富有的埃尔旺根小修道院和申塔尔修道院，同时他哥哥获得了富格尔（Fugger）伯爵的地产以及美因茨和维尔茨堡的一些土地。

像归还教产的受益者一样，许多人发现"捐赠"是有毒的水果。霍恩洛厄的克拉夫特在支付 1.8 万塔勒给施佩尔罗伊特（Sperreuter）上校后才能获得埃尔旺根小修道院，此前它被施佩尔罗伊特上校的军队所占领。他还发现乌克森谢纳已经将小修道院的许多地产交给了其他军官。重要文件丢失，地方政府陷入混乱。由于信奉天主教的居民不合作，克拉夫特只能依赖外来者，而他们无法满足瑞典人对定期贡金的需求。克拉夫特已经为古斯塔夫斯筹集了三个团，在帝国军于 1634 年收复这座修道院时，他估计这笔交易花费了 10 万塔勒。"捐赠"同样引起了不切实际的期望，不可避免地导致人们对瑞典失望。1632 年 2 月马格德堡和哈尔施塔特陷落，但克里斯蒂安·威廉没能拿回这两地，他非常失望，在被帝国军队俘虏后，立即改信了天主教。与此同时，瑞典总督安哈尔特-克滕的路德维希试图将这两地并入自己的公国，但于 1635 年 7 月被迫辞职。[52]

新奥古斯都？

"捐赠"是一种权宜之计，尽管如此，还是揭示了古斯塔夫斯的帝国计划。一名威尼斯外交官指出，"古斯塔夫斯"是"奥古斯都"的同字母异序词[*]，奥古斯都是第一位罗马皇帝的名字。[53]1631 年 11 月 17 日，古斯塔夫斯在精心策划的凯旋式中进入法兰克福，清楚地表明了他的帝国野心。同时代人注意到，他"现在就坐在……同一间屋子里，这就是过去皇帝举行加冕仪式的地方。他或许认为这是个好兆头，这可能不是他最后一次坐在那里"。[54] 这种猜测忽略了一点，即他无意保留现行宪法不变。古斯塔夫斯以征服权为由，宣布被占领的地区为瑞典的封地，并将其分发给支持者，条件是如果它们的新统治者死后没有继承人，它们将归还瑞典。这一条件甚至适用于梅克伦堡和下普法尔茨这样"被解放"的地区。那些免于被征服的盟友，如韦尔夫或黑森-卡塞尔，仍然不得不接受瑞典的保

---

[*] 即 Gustavus 和 Augustus，拉丁文中没有 U 和 V 的区分。

护，这种关系取代了它们现有的与皇帝的关系。与帝国城市签订的协议中也写下了同样的条款，而马格德堡、罗斯托克和爱尔福特等城镇只有接受瑞典的统治权，才能获得城市地位。

盟友和被征服的领土早在 1632 年就被指示忽略皇帝的命令，相反要向古斯塔夫斯支付封建会费。到 6 月，古斯塔夫斯已经在谈论将他的军事联盟转变成永久的政治体（*corpus politicorum*）了，自然，这要在他的"绝对指导"之下。新政治体将使用现有宪法的一些要素。帝国的行政圈结构已经被瑞典人用于对其盟友和合作者进行分组。然而，瑞典在弗兰肯和施瓦本以及图林根都任命了总督，而图林根并不是一个行政圈，这表明宪法的这一元素只是为了方便起见而采用的。总督被委托行使瑞典的统治权，瑞典人无意让他们对行政圈议会负责。[55]

瑞典人也并不尊重现有的边界和管辖权。他们根据自己的惩罚和奖励制度，将城镇和地区从一块领地夺走，分配到另一块领地。图尔恩和塔克西斯（Thurn und Taxis）家族被剥夺了帝国邮政垄断权，帝国邮政系统交给新教官员运作，用于分发瑞典的宣传材料。[56] 纠纷将继续由帝国枢密法院仲裁，但是法院将进行重组，以排除天主教徒，后者将被排除在新的福音政治体之外。目前还不清楚这个福音政治体与帝国的关系是什么。古斯塔夫斯称之为"一个政治体中的政治体"，但他不太可能屈从于现在的皇帝。在瑞典占领美因茨后，已经有相当多的人猜测，认为乌克森谢纳将被任命为新选帝侯和帝国书记官。虽然细节可能从未确定，但瑞典的德意志政策的明确方向是篡夺帝国权力，分割帝国，将哈布斯堡王朝的影响力限制在其世袭土地上。[57]

古斯塔夫斯的野心即使在他的核心圈子里也远说不上受欢迎。阿克塞尔·乌克森谢纳的弟弟、瑞典首席大法官加布里埃尔·乌克森谢纳（Gabriel Oxenstierna）敦促在恢复帝国不同地区之间理想平衡的基础上，达成并不过分的和约。他认为，任何更多的要求都会疏远瑞典的盟友，并将瑞典拖入无休止的战争。甚至阿克塞尔也怀疑将战争扩大到德意志南部是否明智，他在事后认为这只是激怒了皇帝，延长了战争。德意志的反对声音更大。约翰·格奥尔格小心翼翼地守护着他在上萨克森的领导地位，而韦尔夫人抵制瑞典人操纵下萨克森集会的企图。众多天主教徒的存在使得施瓦本的机构未能发挥作用，但是瑞典在弗兰肯的失败更值得注意，因为那里的反对派是由路德宗信徒拜罗伊特的边疆伯爵克里斯蒂安领导的，他是行政圈上校。他拒绝让他的民兵加入魏玛的伯恩哈德领导的地区军队，并迫使瑞典人与个别合作者达成协议，而不是通过行政圈达成全面联盟。[58]

呼吁援助

天主教的恐慌

瑞典的快速推进在整个德意志天主教徒中引起了恐慌。蒂利的部队组织涣散，士气低落。布赖滕费尔德粉碎了他的信心，他避免发生战斗。当瑞典人在相对没有遭到破坏的被征服的教会领地休息时，蒂利的部队拥挤在巴伐利亚和威斯特伐利亚的几个前哨站里。随着冬天的到来和从意大利返回的部队所携带的瘟疫的影响，他的部队进一步减员。

天主教贵族和神职人员面临着这样的难题，即是留下来保护自己的地产还是逃命。玛丽亚·安娜·尤尼乌斯（Maria Anna Junius）是班贝格郊区的海利根格拉布女修道院的多米尼加会修女，她很自然地相信这样的报道，即瑞典人在占领邻近的维尔茨堡时，在卫戍部队在要塞小教堂里祷告时（她这样认为）屠杀了他们，鲜血沿着城墙流了下来。[59]她怀着越来越大的恐惧记录下了瑞典人的到来，而她的院长则绝望地寻求建议，不知道她们是否应该放弃家园。最终她们留下来了，但其他人逃跑了，许多人穿着平信徒的衣服出逃，以避免被抓住。一些人设法带走了贵重物品，比如布豪的女修道院院长逃走的时候还带着 27 匹马和一群牛。那些可以逃跑的人前往瑞士或奥地利，去投奔同教团的其他机构，但是那里往往也人满为患，很少有愿意接纳更多难民的。康斯坦茨、蒂罗尔和萨尔茨堡更愿意接纳难民。弗兰肯人和莱茵兰人通常前往帝国城市科隆，那里很快还会接纳美因茨选帝侯和科隆选帝侯、维尔茨堡主教、沃尔姆斯主教和奥斯纳布吕克主教、普法尔茨-诺伊堡公爵等其他许多人。

有时恐惧实际上是没有根据的。尤尼乌斯有些尴尬地记录了 1632 年 2 月班贝格陷落后瑞典军官的绅士行为。他们中的许多人对修道院的生活很好奇，带着妻子去拜访修女。后来，在瑞典官员的一次访问中，尤尼乌斯和她的姐妹们唱歌来招待魏玛的伯恩哈德。当瑞典人在另一次占领后离开时，姐妹们送给一位曾保护修道院大门的哨兵一份礼物，他非常感激。这种彬彬有礼的关系往来激起了班贝格人的怨恨，他们已经对主教的突然出逃感到愤怒。对大多数人来说，不管他们的教派归属如何，战争的迅速蔓延都带来了疾病、困难和不确定性。

皇帝早先在归还教产问题上的顽固态度让很多人深感遗憾。马克西米连现在和美因茨选帝侯一起，支持达姆施塔特领地伯爵格奥尔格，后者仍然在不知疲倦地游说各方在暂停《归还教产敕令》的基础上达成妥协。[60] 萨克森的约翰·格奥尔格欢迎这一提议，但鉴于瑞典目前的主导地位，现在并不是恰当的时机。随着帝国军队大部分撤至波希米亚和西里西亚，天主教同盟的许多成员也被占领，同盟感到不安全。乌尔班教宗非常担心马克西米连可能会议和，因此他在 1631 年底短暂恢复了教宗对天主教同盟的资金援助。这笔钱不多，马克西米连开始寻求更多的支持，他首先选择向洛林的查理四世公爵求助。[61]

洛　林

洛林在正式上是帝国的一部分，但享有广泛的自治权，其统治者深深卷入法国事务。马克西米连的妻子伊丽莎白·雷娜特（Elisabeth Renate）是查理四世的姑姑，在法国宗教战争期间，这个家族领导了激进的法国天主教联盟。查理在 17 世纪 20 年代曾多次试图加入天主教同盟，但总是因为同盟害怕疏远法国而被拒绝了。现在马克西米连开始邀请洛林加入天主教同盟，我们可以从中看出他现在是多么绝望。洛林在法国和哈布斯堡关系中是一个爆发点，而查理的行动无意中使各方强权离战争更近了。这部分是因为他自己的性格。尽管他可能迷人而慷慨，但他不停地在施展各种阴谋诡计，赢得了反复无常的名声。他在南锡的宫廷庇护了许多反黎塞留的流亡者，包括大阴谋家德·谢弗勒斯夫人（Mme de Chevreuse）。"受骗日"之后，国王的弟弟加斯东·德·奥尔良也加入了他们的行列。[62] 加斯东的出现吸引了西班牙人的注意，因为，作为国王的弟弟，他被认为是比胡格诺派叛军更合适的盟友，奥利瓦雷斯曾于 1625 年短暂地和胡格诺派眉来眼去。加斯东在 1631 年 6 月逃到布鲁塞尔与母亲会合之后，洛林仍然与流亡者有牵连。阴谋一直持续到 1641 年主要阴谋者被击败。细节各不相同，但基本上是加斯东在法国寻求担当一个更重要的角色。他因为他哥哥不允许他结婚而心怀怨恨，这显然是为了阻止他成为王位的潜在继承人（路易十三直到 1638 年才有了孩子）。1632 年 1 月，加斯东秘密娶了查理的妹妹玛格丽特·德·沃代蒙（Marguerite de Vaudemont）。

由于法国对梅斯、图尔和凡尔登这三个主教辖区有保护权，法国的影响渗透到洛林公爵领，而公爵想摆脱这种影响。由于已经有亲属被选为图尔和凡尔登的主教，查理想要抵消法国在梅斯的影响，梅斯是法国在该地区的主要基地。1630 年 2 月，应他的邀请，2700 名帝国军占领了梅斯的飞地维克和穆瓦延维克，这两地位于从法国穿过孚日山脉到阿尔萨斯的道路的两侧。当时正是曼托瓦危机最严重的时候，黎塞留误认为这是一支全面入侵部队的先遣卫队，并立即在其西面的香槟集结了一支军队。

事实上，费迪南德没有进一步的打算，但是奥利瓦雷斯准备资助查理，以帮助加斯东入侵法国。这一举动是为了分散法国的注意力，以不让他们援助尼德兰人，但这冒了很大的风险。[63] 加斯东前往蒙贝利亚，这是一块位于阿尔萨斯、巴塞尔和洛林之间的符腾堡领地。他于 1631 年 9 月到达，到 1632 年 5 月时，他已经集合了 2500 名骑兵，而查理则集合了 1.5 万名士兵。由于查理无力维持这支军队，还担心他们的存在会导致仍在香槟的法国军队入侵洛林，于是他选择于 1631 年 10 月越过莱茵河去帮助蒂利。他的部队因热病而大幅减员，也未能阻止瑞典人占领下普法尔茨。不到一个月，大约只有 7000 名纪律涣散的幸存者回到了莱茵河对岸。

这支军队的暂时离开恰恰使法国得以入侵洛林，帝国在维克和穆瓦延维克的驻军人数已经大为减少，在 12 月底投降了。查理再次短暂地尝试移除法国的影响，1632 年 5 月遭受了第二次入侵，导致 6 月 20 日签订了《利韦丹条约》（Treaty of Liverdun）。查理交出了重要的城镇和桥梁，使法国能够将征服的飞地与三个主教辖区连起来，从而保障通往阿尔萨斯的路线的安全。加斯东一如既往选择了糟糕的时间点，三天之后带着 5000 人入侵了法国。尽管朗格多克总督选择加入了他的行列，胡格诺派和显贵们已经吸取了教训，没有发起叛乱来支持他。加斯东逃脱了，但不幸的总督被当作替罪羊处决了，1634 年 10 月，法国王室两位兄弟也得以短暂地和解了。[64]

西班牙

西班牙的援助同样问题重重，没有效力。伊莎贝拉大公夫人认为，瑞典的推进将最终使天主教同盟不再反对援助西班牙。她向科隆提供了 3000 多人驻军的帮助，但科隆礼貌地拒绝了。古斯塔夫斯到达莱茵河时，下普法尔茨大约有 9000 名西班牙士兵，但他们都在河的西岸。只有 400 人前来增援美因茨，这些人都是心怀不满的德意志人，美因茨投降之后，他们就进入瑞典军中服役。[65] 马克西米连仍然不信任西班牙，拒绝了伊莎贝拉的条件。

在波罗的海计划和曼托瓦战争失败后，皇帝寻求与西班牙改善关系。费迪南德大公于 1631 年 2 月与西班牙公主玛丽亚·安娜（Maria Anna）结婚，但是直到一年后，西班牙大使才承诺提供 2.4 万人和每月 20 万埃斯库多的援助，来对抗瑞典人。西班牙暂时将下普法尔茨的部队增加到 1.8 万人，并在 1630 年至 1633 年之间，提供了价值总计 259 万弗洛林的资金援助和其他间接援助。然而，1632 年 2 月的条约从未被批准，因为费迪南德将阿尔萨斯、远奥地利和蒂罗尔作为世袭领地交给了他的弟弟帕绍的利奥波德。这解决了奥地利内部继承问题上的紧张，但违反了 1617 年的《奥尼亚特条约》，当时条约承诺将阿尔萨斯交给西班牙。

法　国

令费迪南德恐惧的是，马克西米连向法国求助，作为替代的帮助来源。尽管洛林造成了很多麻烦，但黎塞留并不打算过度地惩罚查理四世。瑞典人意外抵达莱茵河让他被迫摊牌。古斯塔夫斯通过登陆波美拉尼亚已经满足了黎塞留的要求，即阻止皇帝援助西班牙。古斯塔夫斯随后在天主教德意志的暴行是另一回事，改变了整个中欧的均势状态。黎塞留已经在1631 年 10 月开始谈判，致力于将他目前与巴伐利亚的谅解转变为一个完全的联盟。他更希望天主教同盟宣布自己中立，在西班牙-尼德兰战争和瑞典-帝国战争之间建立一个缓冲区。如果未能达到希望，他将与每个战略要地的诸侯单独进行谈判，签署保护条约。

1631 年 12 月，法国进军洛林，同时公开邀请所有天主教诸侯接受保护，免受瑞典和西班牙的攻击。维克和穆瓦延维克的陷落使法国军队能够到达阿尔萨斯，使这一提议更有吸引力。特里尔选帝侯瑟特恩于 12 月 23日接受了黎塞留的提议。瑟特恩是一名严肃的教士，是天主教同盟成员，他对西班牙感到失望，因为西班牙侵犯了他在尼德兰的领地，现在也未能提供保护。[66] 马克西米连犹豫了。他面临着来自古斯塔夫斯的巨大压力，古斯塔夫斯认为，自 1631 年 3 月以来，天主教同盟部队的反抗解除了他将巴伐利亚视为中立方的义务。古斯塔夫斯给马克西米连两周时间来接受他对教会领地的征服，同时将天主教同盟部队减少到 1.2 万人，否则将面临入侵。[67]

由于黎塞留因加斯东的阴谋而分心，加上美因茨选帝侯和维尔茨堡主教弗朗茨·哈茨费尔特（Franz Hatzfeldt）伯爵自己在梅斯与法国人展开了会谈，谈判变得更加复杂。黎塞留无法强迫古斯塔夫斯提出更好的条件，这让马克西米连相信法国无法驯服瑞典雄狮。他同样不愿意与费迪南德决裂，因为这会危及他的新领地和新头衔。1632 年 2 月，马克西米连在努力修复与维也纳的关系，并不再反对瓦伦斯坦复职。由于马克西米连将继续保持忠诚，费迪南德提供了军事援助。与此同时，他和西班牙都承诺将帮助美因茨选帝侯收复领地。这些保证说服了其他教会诸侯不要抛弃正在漏水的帝国大船，去登上法国救生艇。

召回瓦伦斯坦

由于洛林、西班牙和法国无法拯救德意志天主教徒，巴伐利亚等公国都认为除了重新加入皇帝一方继续战斗，别无选择。所有人都意识到，只有召回瓦伦斯坦，这才是可能的。许多帝国士兵对蒂利失去了信心，不愿意在他手下服役。1631 年 4 月奥得河畔法兰克福陷落后，费迪南德与瓦伦斯坦展开了认真的会谈。谈判在 11 月更加频繁，与此同时，瓦伦斯坦多次与阿尼姆会面，同时还与克里斯蒂安四世讨论丹麦加入皇帝一方的问题。[68] 费迪南德于 12 月 15 日任命他为"老板"（*General Capo*），为期三个月，随着局势继续恶化，谈判重启。马克西米连表示同意之后，费迪南德就于 1632 年 4 月 13 日在维也纳以北的格勒尔斯多夫正式确定了这一安排。协议的原件丢失了，也许是连同其他在瓦伦斯坦被谋杀后可能会表明费迪南德有罪的文件一起被销毁了，这让我们只能从各种大约同时代的印刷版本中重建协议的条款。[69]

除了丰厚的薪水和对其财产的保障，瓦伦斯坦还获得了绝对自由的军事全权（*in absolutissima forma*）。这是为了让瓦伦斯坦和维也纳不再有摩擦，而瓦伦斯坦认为这导致了他之前被解职。费迪南德接受了这一点，因为他相信瓦伦斯坦是唯一能挽回局面的人。虽然一些人声称该条约使瓦伦斯坦成为独裁者，但他仍然隶属于皇帝，皇帝的同意对于任何有约束力的条约都是必要的。瓦伦斯坦现在可以发布招聘状并自己任命上校，但所有高级晋升仍须经皇帝批准。他被允许利用哈布斯堡世袭土地上的资源，但鉴于帝国军已经被赶出德意志其他地区，这并不奇怪。瓦伦斯坦的重新任命也加强了费迪南德的权威，结束了 1630 年为了向马克西米连让步而存在的双重指挥系统。蒂利于 1632 年 4 月 30 日去世，这终结了可能的关于谁才是最高长官的争论。马克西米连接过了自己在巴伐利亚的军队的指挥权，由阿尔德林根负责提供建议，而帕彭海姆最终获得了分散在德意志西北部的帝国和天主教同盟驻军不受阻碍的指挥权。

尽管瓦伦斯坦有着这些新权力，他仍然孤立无援。他的岳父哈拉赫伯爵的去世和埃根贝格的辞职让他失去了在维也纳的主要支持者。他的之前的合作者已经离开了，要么像阿尼姆一样加入了敌对方，要么像孔蒂一样因身患结核病而失去了行动能力。他非常依赖加拉斯和阿尔德林根，这两人都是他在 1631 年 12 月提拔的。其他下属是从现有上校中抽调出来的，特别是本宁豪森（Bönninghausen），一位来自威斯特伐利亚的小贵族，主要以骑兵作战能力而闻名，还有格茨男爵，这位吕讷堡的路德宗信徒于1626年在曼斯菲尔德军队崩溃后改变了阵营，并于1633年被任命为将军。亨德里克·霍尔克（Hendrik Holk）上校直到1630年3月才离开丹麦军，但到1632年12月，他已经是帝国元帅了。这些都是有能力也有经验的人。尽管如此，令人惊讶的是，瓦伦斯坦现在更喜欢他的姻亲特尔奇卡（Trčka），后者在短短两年内从上校晋升为高级将领。瓦伦斯坦还提拔了克里斯蒂安·伊洛（Christian Ilow），这是一个谄媚的勃兰登堡小贵族，曾因为爱说闲话和易于激动的作风为瓦伦斯坦所鄙视，但现在却得到提拔，并在1633年9月霍尔克死后成为瓦伦斯坦的主要下属。

1631年12月之后，帝国军队能够相对快速地重建，这是因为前一年军队裁减后还有很多人没有找到新的雇主，也因为哈布斯堡地区征召了新兵，这些征召兵只领到之前一半的军饷也愿意参军。[70] 现在团的规模一般比17世纪20年代时的小，部分原因出于必要，但也反映了新的战术思想，现在倾向于采用500到1000人的部队，而不是更大的西班牙方阵。步兵现在部署为7到10行，大约是以前深度的一半，以最大限度地提高火力，降低面对炮兵火力时的脆弱性，同时还能改善指挥和控制。天主教同盟和帝国的步兵接受了齐射训练，并且像瑞典人一样，每个团都配备有火炮。在计划中，骑兵团仍应该有1000人的编制，但实际中人数要少得多。在战斗中，他们被分成100到400人的分队，没有经验的人更有可能组成更大的部队，而老兵则会被部署进较小的分队。这些分队像尼德兰人一样排成四至五行，但仍然比瑞典人多一排。经验仍然是战场表现的决定性因素，那些在吕岑战场（1632）和黑西施奥尔登多夫战场（1633）上逃跑的帝国骑兵之所以逃跑，是因为他们主要由新兵组成，而不是因为他们的组织或部署不如瑞典人。

顶　峰

战争的扩张和区域化

三十年战争现在进入了最具破坏性的阶段，双方各派出了大约10万人。1632 年的战役标志着瑞典在德意志权力的顶峰，也是战争中最激烈的阶段，因为古斯塔夫斯试图巩固他的帝国。双方在班贝格、莱希河、施泰瑙、阿尔特·韦斯特和吕岑打了五场大仗，此外还进行了许多较小的战斗。这些战斗的地点分布表明冲突的范围更大，但也表明其越来越具有区域性，这是帝国的自然地理和政治地理所决定的。将大量军队集中在一个地方会面临着后勤上的困难，而且瑞典和皇帝都依赖其各自德意志盟友，使得互相敌对的军队分布在整个帝国，这建立了一种战略格局，这种格局经过几次重大调整，一直持续到 1648 年。

在这时，双方同时部署了几支大型军队，导致大规模战斗频繁发生。随着 1635 年后总兵力的下降，野战军的数量减少了，最初是每一方减少到两支军队，到 1647 年减少到每一方一支。区域行动持续存在，因为 1631—1632 年敌意的迅速蔓延使得参战方在整个帝国都有驻军点。这些前哨基地通常还会得到几个额外的团的补充，他们自己与当地对手进行斗争，争夺地区优势。他们依靠在附近地区征收贡金而生存，鼓励突袭和围城，以获得额外的资源并占领更多的领土，当时人将这种行为称为"小型战争"。如果主力部队需要在该地区作战，这些驻军点也可以充当基地。这些基地可以提供步兵作为临时增援，也可以从大型要塞中抽调火炮提供攻城武器。后来，特别是从 1638 年开始，随着野战部队的减少，临时部队可以由驻地步兵、新征召兵和任何现有的军团临时组建。

帝国军的努力主要集中在保卫皇帝的世袭领地不受瑞典人和萨克森人（直到 1634 年）的攻击。除了在 1634 年至 1638 年间一个短暂的恢复时期——当时主力部队转移到莱茵河地区，然后是易北河地区——这仍然是帝国军作战的主要战场。帝国高级指挥官向其他地区提供援助的能力取决于波希米亚和西里西亚的安全，尤其是因为这两个地方现在为帝国军提供了大量资金。主要的天主教同盟大军只剩下巴伐利亚的团，保卫他们自己的家园，并在可能的时候推进到弗兰肯和施瓦本。剩下的天主教同盟部队集中在威斯特伐利亚。一些部署在莱茵河以西，以防尼德兰入侵，而在 1632 年初，人数不到 1 万人的大部分驻军点分散在莱茵河以东的各个阵地，包括依然还驻守在沃尔芬比特尔的帝国军。

威斯特伐利亚人面临着古斯塔夫斯的下萨克森和黑森合作者征召的 5 万多人的军队，这些合作者之间因为彼此的竞争，分成了六支有着完全不同目标的军团。古斯塔夫斯试图通过信使指挥行动，然后在年中召集 2 万名士兵在弗兰肯与他会合，结果事情变得更糟。帕彭海姆进行了一场精彩的战役，散布谣言说他要带着 1 万人进军，但事实上他只能从驻军中抽调 3000 人。1632 年 1 月，他冲向东部，救出了在马格德堡坚守的 3500 人，拿回了最好的大炮，将其他大炮推进易北河里，还炸毁了马格德堡的防御工事，在雾中逃到了沃尔芬比特尔。3 月，他出现在赫克斯特，奇袭了瑞典人和黑森人，然后他再次发起行动，撤出了斯塔德的驻军。然后，他整个夏天都在对手周围跑来跑去，他们一直未能联合起来对抗他的部队。[71]

留在德意志西南部的帝国军队移交给了现在位于因斯布鲁克的自治的蒂罗尔行政当局。几个孤立的驻军点争夺阿尔萨斯的控制权，对抗在美因茨作战的规模大得多的莱茵伯爵的军队。其余的人坚守在黑森林周围的战略路线上。一支强大的守军守卫着位于布赖萨赫的莱茵河大桥，并占领了难以防守的行省首府弗赖堡。其他分遣队驻扎在莱茵费尔登、劳芬堡、塞京根和瓦尔茨胡特这四个森林城镇（*Waldstädte*），这四个城镇控制着巴塞尔和康斯坦茨湖之间的莱茵河上游地区。这是从阿尔萨斯前往黑森林南端附近唯一可行的路线，然后道路在那里分岔。一条道路向东北延伸，进入符腾堡飞地图特林根附近的多瑙河上游地区，然后到达巴伐利亚。这条路线由公爵牢不可破的霍恩特维尔城堡把守，城堡坐落在周围平原上方 263 米处的一座死火山上。另一条道路向东穿过位于康斯坦茨湖北岸的于柏林根、林道和拉多尔泽尔，到达布雷根茨隘口，通过这个山口可以前往蒂罗尔和瓦尔泰利纳。康斯坦茨湖、多瑙河和巴伐利亚边境之间的地区布满了建有城墙的帝国城市，其中最重要的是拉芬斯堡、肯普滕、梅明根、乌尔姆和奥格斯堡。尽管随着 1635 年法国的干涉，这一地区战略重要性日益增加，皇帝还是很少能够投入大量的资源来保卫这些地方。防务主要由当地民兵负责，特别是在菲林根和帝国城市罗特韦尔，它们守卫着从符腾堡穿过黑森林到布赖萨赫的后门。

利奥波德大公于 1632 年 9 月去世后，他在奥地利和蒂罗尔的土地移交给他的遗孀，不屈不挠的托斯卡纳公主克劳迪娅（Claudia），她担任他们儿子的摄政。克劳迪娅非常聪明，奉行自己的军事和外交战略，经常得不到维也纳的帮助。[72] 就像在威斯特伐利亚的情况一样，她的对手之间的不团结有助于她组织地区防御。符腾堡本希望保持中立，并继续与施瓦本天主教徒和巴伐利亚进行讨论，直到 1632 年 5 月，瑞典的压力迫使符腾堡摄政尤利乌斯·弗里德里希同意了一个进攻联盟。古斯塔夫斯不仅拿回了因归还教产而失去的修道院，还承诺符腾堡得到菲尔斯滕贝格天主教世俗公爵领为瑞典封地。尤利乌斯·弗里德里希并不指望得到额外的领土，但认为眼前的收益可以用来充当说服天主教放弃归还教产政策的筹码。像韦尔夫人一样，他发动了自己的战争，基本上没有得到瑞典人的支持，只是和黑森林对面的邻居巴登-杜尔拉赫进行了松散的合作。符腾堡的部队约有 6200 人，但主要是民兵，缺乏足够的攻城火炮。他们只是在最初的天主教恐慌平息后才开始行动。尽管在布赖滕费尔德战役后，城镇纷纷投降，但天主教人口很快意识到，投降只会带来财产没收、迫害和勒索。

霍恩于 2 月 10 日袭击班贝格，打破了与巴伐利亚的停战协议，之后的几起事件表明了天主教徒的新抵抗决心。被天主教同盟正规军抛弃的班贝格市民和民兵坚守了 9 个小时，直到弹药耗尽，才不得不投降。如果民兵能得到少数专业人员的加强，他们甚至可以抵抗大规模部队。但是，尽管占领了首都，瑞典人从未控制过班贝格的其他地方，因为两个城镇克罗纳赫和福希海姆在整个战争中都一直被其他人占领。虽然罗特韦尔于 1633 年 1 月落入符腾堡之手，但菲林根始终未被攻破，而蒂罗尔的农民则在 1632 年 7 月击退了魏玛的伯恩哈德夺取布雷根茨隘口的企图。

班贝格战役和莱希河战役

霍恩对班贝格的袭击正式重启了战争。蒂利从上普法尔茨的驻军点抽调部队，召集了 8000 名巴伐利亚民兵，率领 2.2 万人从讷德林根向北推进，并于 3 月 9 日晚上奇袭了霍恩。霍恩在场的只有两个瑞典团，其余的 1.2 万人是由波希米亚流亡者和古斯塔夫斯在当地的新合作者召集的德意志新兵。天主教同盟先遣卫队击溃了霍恩布置在城市东南部的骑兵前哨站。逃离的骑兵令位于雷格尼茨河城市郊区未完工的工事后的守军陷入了恐慌。帝国军闯入海利根格拉布女修道院，尤尼乌斯修女在那里看到一名克罗地亚人"在我们的地盘上砍倒了一名瑞典人……把他的头从后向前分开，只剩一只耳朵垂下来"。[73] 守军很快就被击溃了，但是在通往城市西部主要部分的桥梁上发生了激烈的战斗。霍恩的两个步兵团夺回大桥后，蒂利在一个啤酒园里安置了两门重炮，向河对岸开火。据称第一炮打中了白山战役的老兵索尔姆斯–劳巴赫（Solms-Laubach）伯爵，让他受了致命伤。"下一炮穿过一所房子，穿过下一个房子的两堵墙，有孩子睡在婴儿床里，然而炮弹除了在婴儿身上震落了一些灰尘，没有造成任何伤害。"战斗一直持续到午夜，瑞典后卫放弃了这座城市，因为其余的军队已经逃跑了。霍恩失去了三分之一的军队，主要是因为逃兵，然后撤退到施韦因富特。

蒂利的损失也很大，无法利用自己的胜利，而古斯塔夫斯不得不采取行动来维持他一直成功的势头：由于霍恩的失败，符腾堡已经在犹豫要不要签署联盟协议。国王从美因茨出发，与霍恩和其他部队会合后，于两周后的 3 月 31 日进入纽伦堡，他在那里被人们欢呼为复仇的"午夜雄狮"。不到一周，他就占领了多瑙沃特，然而这一成功因不加区分地屠杀投降的天主教士兵和欢迎他的新教市民而大打折扣。[74] 古斯塔夫斯得到了进一步增援，兵力达到 3.7 万人和 72 门大炮，足以进攻巴伐利亚。

古斯塔夫斯面临着所有入侵者都会面临的困境。多瑙河将选侯国一分为二，为数不多的桥梁位于英戈尔施塔特、凯尔海姆、大型帝国城市雷根斯堡，还有更东边的施特劳宾和帕绍。他无法在不分割自己军队的情况下同时进攻北方和南方，因此他决定入侵南方，因为这片区域包含了巴伐利亚富裕的首都慕尼黑。这需要瑞典人穿越莱希河，莱希河从上巴伐利亚山脉沿着巴伐利亚与施瓦本的边境向下游流去，在多瑙沃特和英戈尔施塔特之间流入多瑙河。奥格斯堡的大桥仍然被 5000 名巴伐利亚人把守，而其他人守卫着另一个渡口，位于莱希河和多瑙河交汇处的赖恩。蒂利和阿尔德林根在赖恩以南的坚固地面上驻扎了 2.1 万名士兵和 20 门大炮。莱希河分成一系列平行的水流速度很快的河道，每条河道宽 60 至 80 米。春季

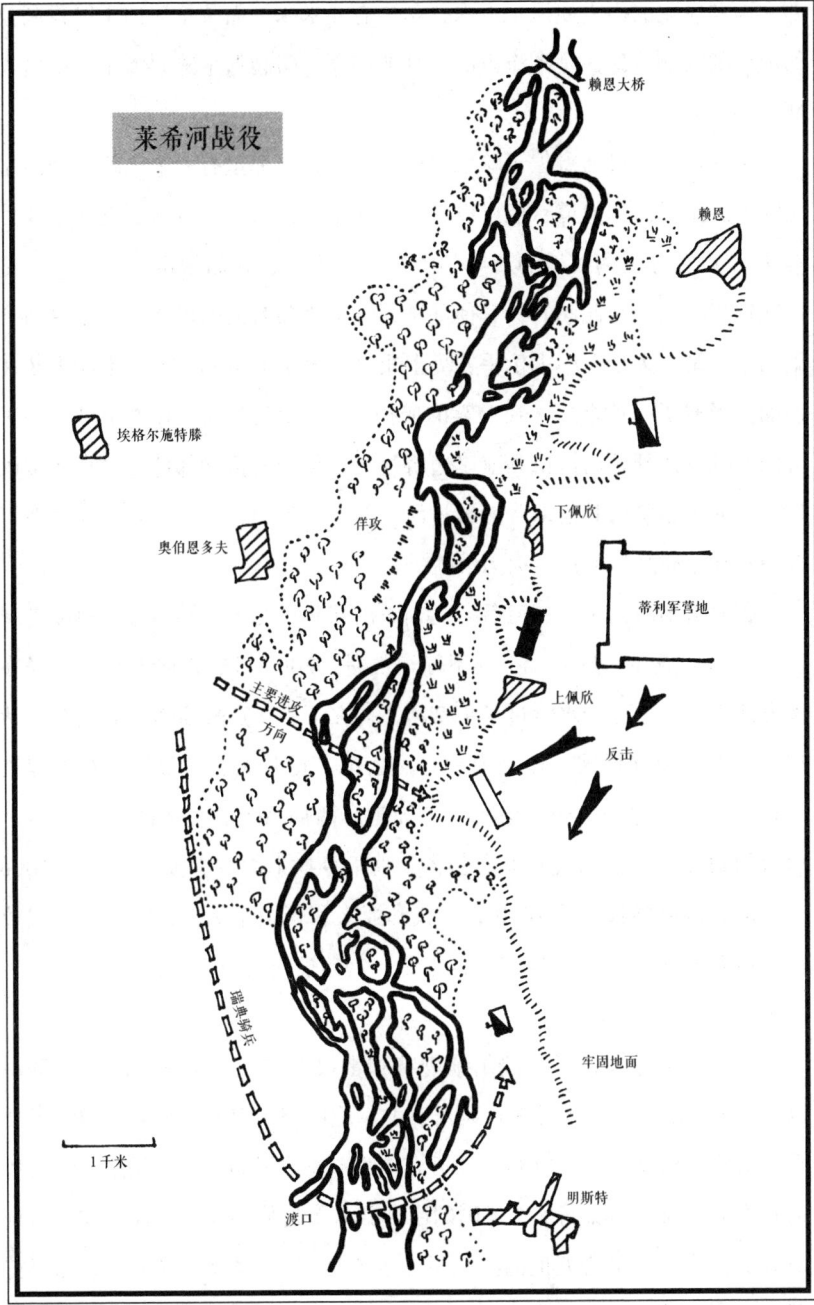

莱希河战役

赖恩大桥

赖恩

埃格尔施特滕

下佩欣

奥伯恩多夫

佯攻

蒂利军营地

主要进攻
方向

上佩欣

反击

瑞典骑兵

牢固地面

1千米

渡口

明斯特

的大雨和融化的山雪使河水上涨，至少有 4 米深，而莱希河位于巴伐利亚的河岸的大部分地区是半淹没的树林或沼泽。跨越这个障碍将是古斯塔夫斯最伟大的成就之一。

唯一可行的过河点位于赖恩以南 5 千米处，那里有一个岛屿，和西岸之间有一条很深的河道，但可以从岛上涉水到达东岸。古斯塔夫斯于 4 月 14 日在正对着蒂利营地的对岸的空地上停下来，开始炮击，暗示他会试图从这里过河。与此同时，其他部队开进了小岛对面的树林，开始在河道上架桥。第二天早上，火枪手在岛上集合。燃烧的湿稻草和大炮的火药在河面上形成了一道烟幕，在烟雾的掩护下，334 名芬兰人在 5 个月额外工资的激励下，开始向巴伐利亚岸边游过去。预制的桥梁部件浮过来并被固定住，使得军队的其他部分能够过河，整个过程中，他们得到了隐藏在河西岸和岛上树林里的炮兵火力的掩护。

蒂利得知敌人正在过河后，立刻派出部队，在天主教同盟营地以南展开了激烈的战斗。然而，蒂利不知道的是，2000 名瑞典精英骑兵已经在南方两千米的地方涉水渡过了莱希河，并在下午 4 点战斗达到高潮时到达战场。阿尔德林根被一枚小炮弹突然击中，暂时失明，蒂利的右大腿被一枚 3 磅重的炮弹击碎，他失去了知觉，两周后死亡。指挥权移交给了勇敢但缺乏经验的巴伐利亚选帝侯，他下令撤退。双方损失了大约 2000 人，但是撤退导致另外 1000 名巴伐利亚人和帝国军队士兵被俘虏。战败使奥格斯堡守军士气低落，他们接受了荣誉投降的条件，并在 10 天后撤出了奥格斯堡。[75]

马克西米连加强了英戈尔施塔特和雷根斯堡的驻军，撤退到多瑙河以北。古斯塔夫斯在 5 月 3 日袭击英戈尔施塔特，但毫无战果，损失了几乎和莱希河战役一样多的人。由于马克西米连位于侧翼，他无法继续向奥地利推进，因此他蹂躏了选侯国的南部，试图迫使马克西米连议和。古斯塔夫斯在弗里德里希五世的陪同下，于 5 月 17 日进入慕尼黑，在那里待了 10 天，挖掘出 119 门按照马克西米连的命令埋在地里的大炮，带走一切巴伐利亚人没能带到山区的东西。他参加了一场天主教弥撒，但没有让任何人相信他的宽容。天主教农民对入侵者发动了一场激烈的游击战，游击战蔓延到施瓦本，反对瑞典人的掠夺。[76] 马克西米连仍在反抗。古斯塔夫斯一直待在奥格斯堡附近，直到他恐吓符腾堡和其他施瓦本人加入他一方，然后穿过多瑙沃特向北行进，对抗瓦伦斯坦的新军队。

施泰瑙战役和阿尔特·韦斯特战役

　　瓦伦斯坦让帝国军人数达到大约 6.5 万人。4 月底，他率领着一半数量的军队从茨奈姆进入波希米亚。萨克森人的抵抗崩溃了。萨克森人和波希米亚流亡者由于掠夺彻底疏远了波希米亚人，所以即使是新教徒也很高兴看到瓦伦斯坦在 6 月中旬再次穿越山区。瓦伦斯坦决定不入侵萨克森。7 月 1 日，在留下了守卫波希米亚和西里西亚的兵力后，他向西前往艾格与马克西米连会合。两个人都努力和对方相处。马克西米连小心翼翼地称呼瓦伦斯坦为梅克伦堡公爵，并借给他 30 万弗洛林用作补给。

　　古斯塔夫斯让约翰·格奥尔格独自作战。他知道选帝侯仍在与瓦伦斯坦谈判，并担心他可能会叛变到对方阵营去。6 月 16 日，当他得知帝国分遣队已经开始拦截他时，他向北进发，在纽伦堡坚守。如果他选择向西北方向行进到维尔茨堡会更安全，这样就和他在下萨克森和莱茵兰的其他军队更近，但是古斯塔夫斯不能失去像纽伦堡这样重要的新教城市。他征召了 6000 名农民在城市周围挖一条大壕沟，并安置了 300 门从城市军火库借来的大炮。骑兵被留在城外，以维持交通线，而古斯塔夫斯等待他的其他军队与他会合。

　　瓦伦斯坦于 7 月 17 日抵达，决心不再重复蒂利在韦尔本的错误，决定靠饥饿让瑞典人投降，而不是直接攻击他们的堡垒。他在纽伦堡以西的齐恩多夫建造了自己的营地，营地周长 16 千米，砍伐了 1.3 万棵树，转移了相当于 2.1 万辆现代卡车运载量的泥土。[77] 帝国位于菲尔特、福希海姆等城镇的驻军点控制着通往纽伦堡的道路，而骑兵则在乡村巡逻。古斯塔夫斯被困住了。他有 1.8 万名士兵，但城中有 4 万名居民和 10 万名难民，他面临着无法克服的补给问题。帝国军烧毁了瑞典防御工事外的所有磨坊，守军很快就只能领到一半的口粮。

　　瓦伦斯坦营地的情况最初要好得多，因为他可以从远方的波希米亚和奥地利得到补给。然而，随着 8 月天气变热，情况变得更加糟糕。5.5 万名士兵和大约 5 万名营地追随者集中在一起，每天产生至少 4 吨人类排泄物，此外还有 4.5 万名骑兵的马匹和辎重马匹的排泄物。营地里充满了老鼠和苍蝇，到处传播疾病。瓦伦斯坦成了他自己战略的受害者，8 月中旬，在瑞典人俘虏了一个补给车队后，瓦伦斯坦的军队已经无法全面作战。他也无法拦截乌克森谢纳派出的与古斯塔夫斯会合的 2.4 万人的增援部队和 3000 辆补给车。

随着弗兰肯紧张局势加剧，约翰·格奥尔格试图派遣阿尼姆入侵西里西亚，来提高他的谈判条件。很多偶像化古斯塔夫斯的传记掩盖了这些事件，但是这些事件涉及大量军队，也暴露了瑞典联盟内部的紧张局势。阿尼姆手下有 1.2 万名萨克森人，还有 3000 名勃兰登堡人和 7000 名瑞典人。后者由雅各布·杜沃尔（Jacob Duwall）指挥，他出生于苏格兰，原名麦克杜格尔（MacDougall），自 1607 年以来他一直在瑞典服役，自己组建了两个德意志团，这两个团构成了他的军队的主体，杜沃尔的军队的存在是为了确保阿尼姆保持忠诚。[78] 杜沃尔是一个精力充沛的人，但和许多职业军官一样，也是一名酒鬼。

帝国增援部队从波希米亚赶来，与年迈的马拉达斯率领的西里西亚驻军会合，马拉达斯在施泰瑙集结了 2 万名士兵，施泰瑙是奥得河上位于格洛高和布列斯劳之间的一个重要过河点。马拉达斯在施泰瑙东南方、位于城市和奥得河之间的绞架山上扎营，并在城市西边的沙山上部署了骑兵，以监视往来道路。火枪手占领了西边的盖森多夫郊区和附近的教堂墓地。8 月 29 日中午，负责煽动叛乱的杜沃尔率领的先头部队抵达，立即与帝国骑兵交战。经过两小时的小规模战斗，帝国军撤退到施泰瑙以南的卡尔特巴赫山谷的沼泽地带。萨克森炮兵现在已经到达沙山，迫使骑兵撤回到马拉达斯的营地，使得火枪手暴露在外。杜沃尔的弟弟率领 1000 名瑞典和勃兰登堡火枪手袭击了郊区和教堂墓地。为了防止进一步的攻击，帝国军放火烧了这座城镇，几乎完全摧毁了它。杜沃尔想继续进逼，但阿尼姆拒绝了。两人几乎很难谈得来，杜沃尔相信阿尼姆仍在和位于绞架山的敌人谈判。

施泰瑙战役（1632）

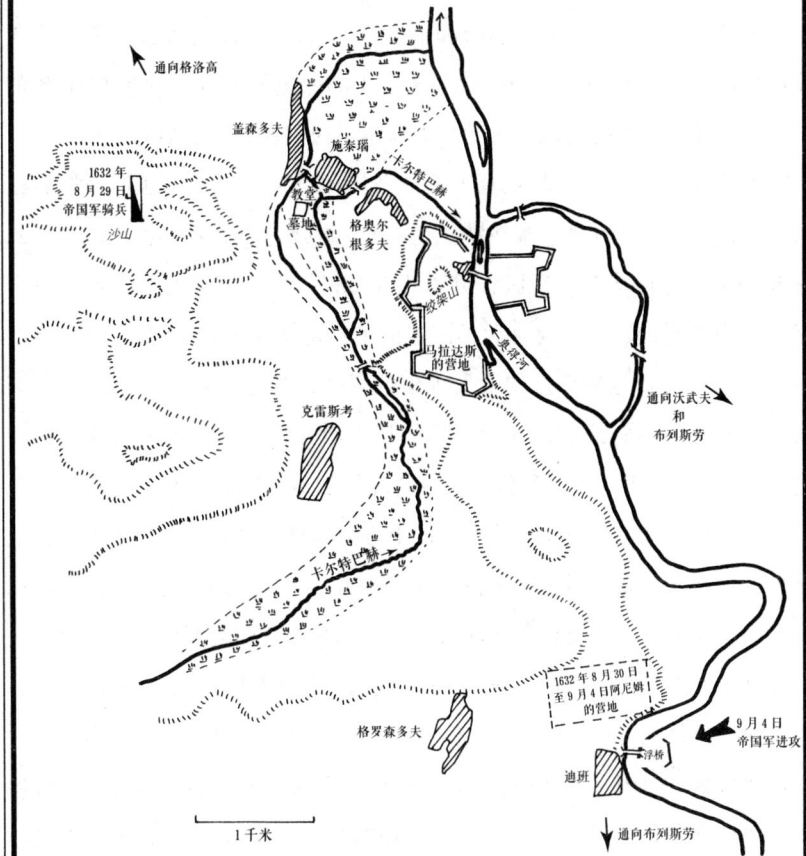

通向格洛高

盖森多夫

施泰瑙

卡尔特巴赫

1632年
8月29日
帝国军骑兵

沙山

教堂

墓地

格奥尔
根多夫

绞架山

马拉达斯
的营地

克雷斯考

通向沃武夫
和
布列斯劳

卡尔特巴赫

1632年8月30日
至9月4日阿尼姆
的营地

格罗森多夫

9月4日
帝国军进攻

1千米

迪班

浮桥

通向布列斯劳

第二天阿尼姆没有再袭击敌方营地，而是向南行进到更上游的迪班，在那里建造了一座桥，打算过河从另一边切断马拉达斯的退路。马拉达斯姗姗来迟地袭击了迪班，但是在 9 月 4 日被击退，他选择了撤退，并在施泰瑙桥留下了一个小分队来推迟追击。盟军损失不大，但帝国军损失了 6000 人，主要是当了战俘，或在最初交战期间逃跑了。这些损失表明，帝国军的部分人员状况仍然很差，尤其是在领导者犹豫不决的情况下。阿尼姆继续前进，攻占了布列斯劳和施韦德尼茨，他扭转了那里重新天主教化的措施。帝国军被驱入山区。与普鲁士的弗里德里希二世在 1740 年的著名入侵相比，阿尼姆以更少的兵力征服了西里西亚，面临的困难更大。

瓦伦斯坦决定惩罚萨克森人，命令霍尔克率领 1 万人从福希海姆出发，入侵福格特兰地区，福格特兰是约翰·格奥尔格领地的西南端。霍尔克开始系统性地掠夺该地区，以恐吓选帝侯，古斯塔夫斯要求离开纽伦堡的压力越来越大。乌克森谢纳派遣的增援部队于 8 月 27 日抵达，现在古斯塔夫斯有着他指挥过的最大规模的部队，共有 2.8 万名步兵、1.7 万名骑兵和 175 门野战炮。瓦伦斯坦的兵力因疾病和霍尔克的离开而减少到 3.1 万名步兵和 1.2 万名骑兵。但情况依然对瑞典人不利，特别是考虑到瓦伦斯坦的扎营点位于雷德尼茨河上方的高地上，距离古斯塔夫斯营地至少 6 千米。这条河阻止了来自东部的攻击，而更开阔的南部和西部距离古斯塔夫斯最远，他也很难从那里进攻而不暴露自己的侧翼。因此只能从北方进攻，那里由阿尔德林根率领的天主教同盟部队把守，这是地势最高的一面，也是兵力最强的一面。防御工事的外面是防御墙，这相当于第一次世界大战的铁丝网在 17 世纪的对应物，士兵们砍伐和修剪树木，将尖锐的树枝指向敌人。还有一座城堡废墟提供了另一个防守点，该地由之得名：阿尔特·韦斯特（Alte Veste，意为旧城堡）。

偷袭是不可能的。古斯塔夫斯在 9 月 1 日至 2 日的晚上占领菲尔特以渡过雷德尼茨河之后，他的意图就很明显了。有迹象表明，古斯塔夫斯发动攻击是因为他认为瓦伦斯坦正在撤退，但这种说法可能只是瑞典人传播开来的，以为这场溃败开脱。[79] 国王计划用雷德尼茨河以东的炮火让瓦伦斯坦无法行动，而他和魏玛的威廉则袭击阿尔德林根，魏玛的伯恩哈德向

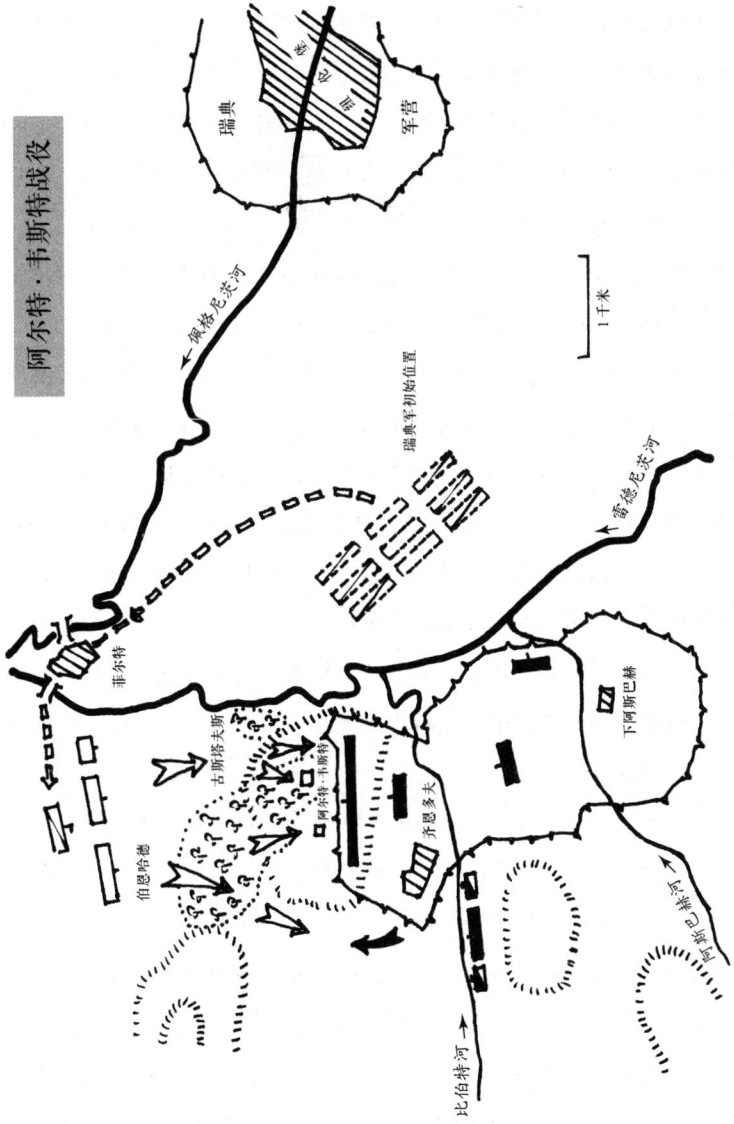

阿尔特·韦斯特战役

瑞典

瑞典军营

须德尼茨河

瑞典军初始位置

雷德尼茨河

菲尔特

1千米

伯恩哈德

古斯塔夫斯

阿尔特·韦斯特

齐恩多夫

下阿斯巴赫

阿斯巴赫河

比伯特河

较弱的西部进攻。最初的炮击未能完全压制住帝国的炮兵。古斯塔夫斯不
顾一切继续前进，于9月3日早些时候将步兵送上树木繁茂的北坡。稀薄
的毛毛雨已经使地面变得湿滑，而且由于白天雨越来越大，将团级火炮带
上来是不可能的。古斯塔夫斯一再发起进攻，一直延续到深夜，但只在西
边夺取了一些帝国军的外围工事。最终古斯塔夫斯放弃了。他在骑兵掩护
下撤退，至少1000人死亡，1400人重伤。约翰·巴纳尔（Johan Banér）
将军因受伤在这一年的剩余时间里丧失了行动能力。更糟糕的是，士气低
落促使1.1万人开了小差。在长时间的对峙中，古斯塔夫斯的营地至少有
2.9万人死亡，而动物的伤亡让他只有4000名骑兵还有马可骑。

　　古斯塔夫斯无法留在纽伦堡，于9月15日撤出。他在温茨海姆等了
一周，然后判断瓦伦斯坦不再构成直接威胁，选择向南行进，打算在施瓦
本过冬。瓦伦斯坦损失了不到1000人，但是他的军队士兵病得很严重。
许多马匹死亡，以至于当他在9月21日烧毁营地时，被迫丢弃了1000辆
补给车辆。瓦伦斯坦向北移动，越过弗兰肯的其余部分，进入图林根，而
加拉斯则穿过波希米亚东北部，去增援霍尔克的劫掠者，以增强对萨克森
的压力。帝国军占领了迈森，并派遣克罗地亚人前往德累斯顿，送信儿说
约翰·格奥尔格在宴会上不需要再点蜡烛了，因为帝国军现在将焚烧萨克
森的村庄来提供照明。

　　马克西米连和瓦伦斯坦于10月中旬在科堡分开。选帝侯同意，帕彭
海姆将率领天主教同盟野战部队从威斯特伐利亚加入瓦伦斯坦，而阿尔德
林根和14个帝国团交给巴伐利亚人，以提高巴伐利亚人的实力。然而事
实证明，这种安排并不令人满意，由此引发的激烈争论暴露了马克西米连
和皇帝之间持续的紧张关系。瓦伦斯坦抱怨说，帕彭海姆到达得不够快，
事实上，在帕彭海姆最终放弃自己的独立角色并向萨克森进军之前，瓦伦
斯坦不得不多次重复发出了命令。[80] 而马克西米连憎恨阿尔德林根仍然向
瓦伦斯坦汇报，瓦伦斯坦已经在11月底之前召回了一些团。马克西米连
回到南方保护巴伐利亚，而瓦伦斯坦则向东北进入萨克森，命令停止掠
夺，因为他现在打算在萨克森选侯国过冬。

吕岑战役

古斯塔夫斯意识到了他的错误。瓦伦斯坦不仅威胁了他的主要盟友，而且危及他与波罗的海桥头堡的交通线。他不顾乌克森谢纳的建议，向北疾驰，在 17 天内行军 650 千米，死了 4000 匹马。途中，他与向相反方向行军的马克西米连擦肩而过。两军相距仅 25 千米，但都不知道对方的存在。萨克森主力军队仍然和阿尼姆一起留在西里西亚。约翰·格奥尔格手中只有 4000 人，加上在格奥尔格公爵领导下的 2000 名吕讷堡人，他们在下萨克森跟踪帕彭海姆。莱比锡第二次向帝国军投降，愤怒的选帝侯处决了莱比锡的守军指挥官，并让他的遗孀支付军事法庭的费用。[81]

帕彭海姆于 11 月 7 日与瓦伦斯坦会合，萨克森人撤退到托尔高，古斯塔夫斯在长途行军后在爱尔福特休息。现在天气非常冷。瓦伦斯坦分散部队去寻找食物，派遣哈茨菲尔德（Hatzfeldt）上校率领 2500 人去监视托尔高。帕彭海姆焦躁不安，想回到威斯特伐利亚，因为他听说瑞典人正在那里拔除他的驻军点。瓦伦斯坦患着痛风，没有精力与他争论，同意了他带着 5800 人出发。加拉斯被从波希米亚边境召唤来替代帕彭海姆，但需要一段时间才能到达。

古斯塔夫斯向东沿着萨勒河移动，于 11 月 10 日占领了瑙姆堡。他决定发动一场战斗，希望另一场布赖滕费尔德战役能够恢复他因阿尔特·韦斯特之战而受损的声誉。当他接近帝国军时，他从农民那里了解到瓦伦斯坦兵力非常弱，选择步步紧逼以抓住后者。鲁道夫·科洛雷多将军指挥一支由 500 名龙骑兵和克罗地亚人组成的分遣队，在魏森费尔斯以东的里帕赫河沼泽地拦截了古斯塔夫斯，于 11 月 15 日拖延了他 4 个小时。现在战斗已经太迟了，古斯塔夫斯被迫扎营过夜。[82]

瓦伦斯坦在收到科洛雷多的消息后，放弃了向莱比锡撤退，在距离莱比锡还有 20 千米的吕岑停了下来。他只有 8550 名步兵、3800 名骑兵和 20 门重炮。他的右翼受到米尔格拉本小河沼泽地的保护。魏森费尔斯和莱比锡之间的大路从吕岑穿过这条小河，吕岑是一个有 300 栋房屋和一座古城堡的小镇，建有城墙。瓦伦斯坦正确地猜到了古斯塔夫斯不会再尝试正面进攻，而是会越过更远的东南面侧面包抄他。因此，他在镇的东北方平行于大路的地方布置了兵力。火枪手们花了一夜时间拓宽道路两边的沟渠，而霍尔克则负责监督主力部队的部署，依靠蜡烛引导部队就位。400名火枪手被派往吕岑保护右翼，13门大炮被布置在镇北面不高的温德米尔山上。大约一半的骑兵位于这些大炮后面，其余的位于左翼。步兵分两行部署在中间，另外7门大炮在他们的左边，420名火枪手部署在前面的壕沟里。瓦伦斯坦没有足够的骑兵来掩护从他的左翼到弗洛斯格拉本沟的缺口，这条沟切断了瓦伦斯坦军队阵地之外的大道。伊索拉诺率领600名克罗地亚人在缺口处充当屏障，而营地追随者带着辎重聚集在他们的后面，举着旗帜，假装自己是一支强大的部队。他们应该一直等到帕彭海姆到来取代他们，瓦伦斯坦已经在夜里派人去召回帕彭海姆了。

约翰·格奥尔格拒绝从托尔高派遣增援部队，但是古斯塔夫斯有近1.3万名步兵、6200名骑兵和20门重炮，因此仍然有信心。11月16日早些时候，他的军队在西边约3千米的地方在浓雾中聚集，聆听国王鼓舞士气的讲话。正如瓦伦斯坦预测的那样，古斯塔夫斯向东越过米尔格拉本河，然后向北越过弗洛斯格拉本沟，在上午10点左右在他面前部署。行动于大约一小时后浓雾消散后开始，瑞典人向帝国阵地前进。古斯塔夫斯将军队分成两线，骑兵部署在两翼，并得到火枪兵的支持。最好的步兵在第一线，国王自己在右翼指挥大部分瑞典和芬兰骑兵，而魏玛的伯恩哈德指挥左翼主要由德意志人组成的3000名骑兵。

克罗地亚人很快就四散奔逃了，后面的那支诱饵部队也随之逃跑了。尽管如此，古斯塔夫斯还是被藏在沟里的火枪手耽搁了。被广泛引用的说法称瓦伦斯坦一整天都待在轿子里，但是这个说法实际上来自瑞典的宣传。瓦伦斯坦忍着痛风的痛苦，骑上马组织有力的防御。瓦伦斯坦命令部下放火烧掉吕岑，以阻止瑞典人进入并转向他的侧翼。风把大火的烟雾吹向敌人一方，就像在布赖滕费尔德一样，人们很快就看不到发生了什么。伯恩哈德的部队既不能占领吕岑，也不能占领温德米尔山。瑞典人真正的机会位于右翼，在那里古斯塔夫斯有更多的空间可以绕过帝国军的阵线。瓦伦斯坦将骑兵从他所在的右翼调走，阻止国王前进。

下午早些时候，帕彭海姆带着2300名骑兵抵达，他们从夜里开始出

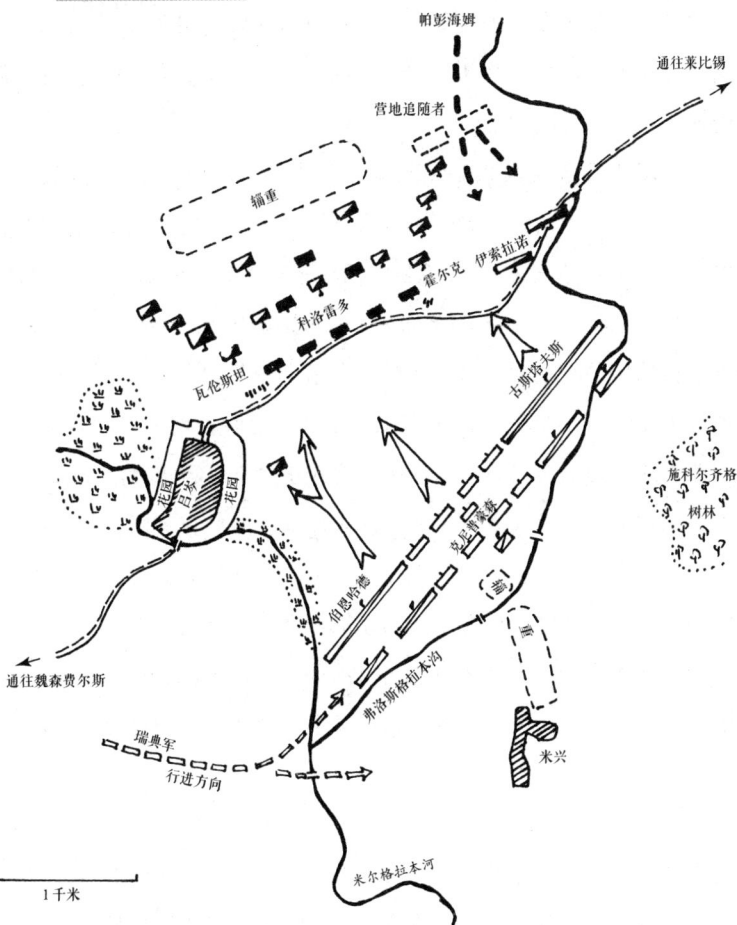

吕岑战役

帕彭海姆

通往莱比锡

营地追随者

辎重

科洛雷多 霍尔克 伊索拉诺

瓦伦斯坦

古斯塔夫斯

花园 花园

伯恩哈德

多尼斯豪森

施科尔齐格 树林

通往魏森费尔斯

弗洛斯格拉本泗

米兴

瑞典军 行进方向

米尔格拉本河

1千米

发，已经骑行了 35 千米。他的到来鼓励克罗地亚人返回了战场，他们一起把瑞典军队赶回了大路的对面。经验丰富的瑞典步兵也遭受了严重的伤亡，在未能击退帝国中军后，他们选择了后退。魏玛的威廉的护卫队逃跑了，让瑞典辎重队陷入了恐慌，也选择了逃跑。几支帝国部队也已经瓦解，两支军队都正在失去凝聚力。帕彭海姆在攻击初期就中弹阵亡了；瓦伦斯坦传唤他的命令后来从他尸体上取回了，上面沾满了血迹。战役支离破碎成单独部队之间的乱战。

古斯塔夫斯骑着马去集结被击溃的步兵，但他看起来迷路了，在途中被击中了，可能是被一名帝国步兵下士打中。他的随从试图把他带到安全的地方，但冲进了右翼的烟雾中仍在进行的骑兵混战中，他又被莫里茨·法尔肯伯格（Moritz Falkenberg）中尉击中了，后者是马格德堡保卫者法尔肯伯格的天主教亲戚，很快也被瑞典骑兵司令所杀。[83] 那次致命的枪击烧伤了劳恩堡的弗朗茨·阿尔布雷希特的脸，他是志愿陪同国王的。由于弗朗茨·阿尔布雷希特自己也处在攻击之下，再也无法支撑住马鞍上的国王，国王倒在了地上。瑞典人从未原谅公爵抛弃了国王的尸体，尸体随后被抢劫者刺穿，衣服也被剥光。国王去世的传言对瑞典军队越来越低落的士气是雪上加霜。指挥步兵的克尼普豪森坚持认为古斯塔夫斯只是受了伤，王室随军牧师雅各布·法布里修斯（Jacob Fabricius）组织了赞美诗演唱以振作士气。伯恩哈德不知道发生了什么，继续对吕岑进行徒劳的攻击。

下午 3 点左右，战斗平息了。克尼普豪森建议撤退，但是伯恩哈德在评估了局势之后，敦促发起另一次攻击，最终攻占了温德米尔山。射击一直到两小时后天黑后才停止。帕彭海姆的 3000 名步兵在那之后一小时到达。瓦伦斯坦已经筋疲力尽，震惊于至少 3000 名人员的损失，其中还有许多高级军官。他决定撤退，放弃了大炮和另外 1160 名伤员，当他回到波希米亚时，这些伤员被留在了莱比锡。瑞典人损失了 6000 人，正要撤退时，一名战俘透露帝国军已经先行撤退了。

双方损失悬殊，再加上古斯塔夫斯阵亡，加剧了关于究竟谁是胜方的争论。因为新教的宣传和古斯塔夫斯后来在军事学院课程中的牢固地位，吕岑一直被普遍称赞为"瑞典的伟大胜利"。[84]瓦伦斯坦表现出了远为出色的指挥能力，而古斯塔夫斯依靠的是兵力优势下的缺乏想象力的正面强攻。瑞典人之所以能够宣称自己取得了胜利，是因为瓦伦斯坦失去了勇气，选择了撤退，瓦伦斯坦后来直到 11 月 25 日才确定古斯塔夫斯已经死了。瓦伦斯坦可能对这个错误感到后悔。确实，他对在战斗中逃跑的部队发泄了怒火，坚持处决了 11 名士兵，但他也向受伤者发放了奖金，并对像霍尔克和皮科洛米尼这样表现出色的人给予丰厚奖励。

吕岑的真正意义在于古斯塔夫斯的死。瑞典人继续战斗，到 1 月，已经帮助萨克森军将剩余的帝国军驱逐出选侯国。但是他们的目的已经改变，乌克森谢纳试图以最好的条件使他的国家从战争中脱身，但未能成功。

第 15 章

没有了古斯塔夫斯（1633—1634）

海尔布隆联盟

瑞典王室的稳定

　　瑞典政府将国王之死列为紧急事件，呼吁民众团结一致，以确保战争取得令人满意的结果。在对国外观众展示的材料中，他被描绘成一个为了新教而死的英雄，以提醒德意志人记得瑞典为他们所做的牺牲。实现和平不在瑞典人的考虑范围之内，因为政府担心谈判会被外界理解为软弱的表现，表明瑞典的强弱完全取决于一个国王。[1]

　　古斯塔夫斯留下了一个 6 岁的女儿克里斯蒂娜，而宪法没有规定没有国王时该如何统治。他的遗孀玛丽亚·埃莱奥诺拉无法行使权力。听到丈夫阵亡的消息，她极为悲伤，把自己和女儿锁在一个房间里，并把窗户涂黑。1633 年 8 月，当她的丈夫经过防腐处理的尸体最终到达尼雪平时，她命令棺材一直打开，这样她就可以每天探望他。10 个月后，乌克森谢纳设法在斯德哥尔摩的骑士岛教堂安葬了国王的遗体，但不得不派人看守，因为她试图挖掘遗体。这样的悲痛可能是因为精神不稳定，但也可能她在试图推迟不可避免的权力丧失，因为对克里斯蒂娜的控制现在是玛丽亚·埃莱奥诺拉的唯一资产。1636 年，乌克森谢纳终于将克里斯蒂娜从她母亲阴暗的房子里解救出来，将王后放逐到了格利普霍姆岛。4 年后，王后乔装逃往丹麦，在女儿同意再次见到她之前，她又在勃兰登堡度过了 7 年的悲惨时光。[2]

　　政治真空由 10 名国务委员填补，他们在克里斯蒂娜于 1644 年被宣布成年之前一直负责摄政。这些安排在 1633 年初被议会批准了，并在第二年乌克森谢纳起草的宪法改革中得到确认。主要是由贵族组成的摄政团并不全心全意支持乌克森谢纳，但所有人都认为他是不可或缺的，1633 年 1 月，他被确认为瑞典最高书记官和驻德意志使节。他获得了广泛的权力，但是"国王只需要命令的地方，书记官只能通过靠劝告和说服达成"。[3] 乌克森谢纳仍然需要临时做决断，自己发起执行政策，因为从斯德哥尔摩写信往来需要一个多月的时间。他与早熟的克里斯蒂娜保持着友好的关系，克里斯蒂娜起初对他怀有敬畏之情，但很快就开始对他的教导不满。她在成年之后坚持自己的立场，支持那些倾向于做出更多让步以达成和平的议员。然而，到那时瑞典的政策已经牢固确立，她几乎没有办法改变它，也没有迹象表明她真的想改变它。她对法国文化的爱好和对天主教的兴趣已经使她倾向于瑞典的主要盟友。她不佳的健康状况和不愿意结婚的态度更令人担忧，因为这让继承问题悬而未决，并使波兰拿回王位的希望一直存在。

指挥权问题

如果说大后方问题相对不大的话，乌克森谢纳在德意志面临的困难要大得多，那里的首要任务是确保军队的忠诚。由于古斯塔夫斯的胜利所带来的声望，在瑞典军中服役仍然很有吸引力。古斯塔夫斯死后，继续有优秀的军官加入进来，但是很少有本土的将军能有足够的经验和声誉赢得尊重。乌克森谢纳首先意识到他自己无法领导军队，因为他作为一名战略家的才能远远低于作为一名政治家的能力，而且他也缺乏在战场上获得权威所必需的个人魅力。他的人选是他的女婿古斯塔夫·霍恩（Gustav Horn），后者自 1625 年起就是国务委员。霍恩是一个谨慎的指挥官，无法在其他将军面前坚持自己的立场。约翰·巴纳尔是一个更强有力的人，但他还没有证明自己的能力，在 1634 年霍恩被俘之后，他才完全站到前台来。古斯塔夫斯的新星炮兵将领伦纳特·托尔斯滕松（Lennart Torstensson）在阿尔特·韦斯特被俘。尽管他于 1633 年在战俘交换中获释，但他因英戈尔施塔特的恶劣监禁条件而健康严重受损，直到 1635 年他才能开始行动。

即使乌克森谢纳能找到合适的瑞典人选，他也不可能把其强加给德意志人。乌克森谢纳完全没有考虑过把指挥权交给萨克森的约翰·格奥尔格，乌克森谢纳不信任他，并鄙视他为"一个无关紧要的酒鬼"。[4]魏玛的威廉作为古斯塔夫斯的副手，在顺序上是下一个人选，但他在阿尔特·韦斯特以身体不好为由离开了军队，以掩盖没有获得被征服土地的失望之情。魏玛的威廉的行为实际上将自己排除在最高职位之外，他试图以爱尔福特的瑞典总督的身份组织自己的军队，来恢复影响力。然而，他的光芒已经被他雄心勃勃的弟弟伯恩哈德所掩盖，后者成了乌克森谢纳的主要问题。对伯恩哈德的阐释一直受到了19世纪的德国历史学家的影响，他们将伯恩哈德描绘成一位民族英雄，是皇帝和瑞典人之外的另一个选择。[5]伯恩哈德因自己的勇气和热情赢得了部下的忠诚，他们被称为"伯恩哈德军"（Bernhardines）。他会突然采取大胆的行动，让对手感到恐慌，但常常以近乎灾难的结局告终。他也经常改变主意，浪费时间向不同的方向行进，但实际上没有取得效果。由于这些原因，以及他随后在1635年叛逃到法国，他已经成为一个有争议的人物，但是他的政治野心造成了最大的解释困难。作为魏玛兄弟（最初是11个）中最小的一个，他不愿意顺从他的哥哥姐姐们。他们的父亲在1605年决定让他们联合统治，这让伯恩哈德几乎没有什么空间作为一个完全的帝国诸侯行事。他决定要让瑞典人奖励给他一个自己的公国，也坚持要当指挥官。

乌克森谢纳非常清楚伯恩哈德的野心，并竭力避免做出坚定的承诺，因为这将不可避免地使他的任务更加复杂，即说服皇帝和其他诸侯接受瑞典自己的领土要求。瑞典的局势岌岌可危，因为军队的"所有权"尚不清楚。德意志军官根据与古斯塔夫斯签订的合同组建了军团。而古斯塔夫斯的去世让他们怀疑自己是否还对瑞典负有义务，他们被拖欠了相当多的工资。另外的危险在于，约翰·格奥尔格可能会说服德意志人他们的真正前途在于加入费迪南德一方，以换取赦免和轻微让步。

维也纳的一个特别委员会对这个问题进行了辩论，于1633年1月28日提出了报告，谴责了归还教产政策。特劳特曼斯多夫、施特拉伦多夫和瓦伦斯坦敦促和平，但费迪南德没有吸取前两年的教训，并认为军事形势的改善是恢复强硬路线的机会。尽管如此，古斯塔夫斯的去世允许丹麦的克里斯蒂安四世再次提出调解，派遣使者与萨克森选帝侯和瓦伦斯坦会面。约翰·格奥尔格受到鼓舞，但他害怕瑞典的报复，因此仍然只是小心翼翼地支持达姆施塔特领地伯爵格奥尔格的提议，后者继续建议暂停《归还教产敕令》。萨克森曾于 1633 年 3 月在莱特梅里茨与帝国代表进行了短暂的直接会谈，但未能说服勃兰登堡放弃瑞典。[6]费迪南德让步了，授权特劳特曼斯多夫在 7 月暂停《敕令》，并将规范年改为 1612 年，从而保护了路德宗教区长官。丹麦可以拿回不来梅和费尔登，但是马格德堡和哈尔伯施塔特将留给皇帝的小儿子利奥波德·威廉大公。

乌克森谢纳迅速采取行动消除威胁。他拒绝了伯恩哈德的要求，后者要求将所有军队统一归他指挥，以对皇帝发起致命一击。相反，伯恩哈德被派往施瓦本和弗兰肯指挥军队，而霍恩从阿尔萨斯与伯恩哈德会合，负责监视他。巴纳尔则一直忙于将古斯塔夫斯的遗体运回瑞典。吕讷堡公爵格奥尔格和领地伯爵威廉五世分别留在下萨克森和威斯特伐利亚。最好的瑞典部队都被撤回，驻守梅克伦堡和波美拉尼亚，尽管乌克森谢纳仍希望在此时获得不来梅、费尔登和美因茨，并在那里留下了驻军。由德意志和波希米亚流亡者指挥的几个团被指派协助萨克森和勃兰登堡，防止他们中的任何一个叛逃。西里西亚的指挥权委托给了图尔恩。乌克森谢纳知道图尔恩是个糟糕的将军，但是他需要一个有声望的人物来抗衡阿尼姆。实际指挥权由杜沃尔行使，他拒绝服从弗朗茨·阿尔布雷希特公爵的命令，后者被约翰·格奥尔格晋升为萨克森陆军元帅。如果萨克森改变阵营，杜沃尔主要由德意志人组成的小分队是乌克森谢纳在奥得河地区的主要保证。[7]

海尔布隆联盟

在暂时控制了军队之后，乌克森谢纳在 1633 年 1 月通过推进古斯塔夫斯计划中的新教政治共同体，抢先阻止了约翰·格奥尔格将瑞典的德意志盟友拉进一个中立党派的企图。快速行动至关重要，因为黎塞留正在考虑放弃瑞典，转而支持更容易控制的萨克森。[8]法国的资金援助支付

在 1632 年就已经放缓，在古斯塔夫斯死后完全停止。黎塞留派弗基耶尔
（Feuquières）侯爵去评估谁会是法国更好的合作伙伴。乌克森谢纳 3 月在
相对安全的新教帝国城市海尔布隆召开了代表大会，在那里他得到了小伯
爵和小诸侯的大力支持，他们已经妥协，成为瑞典的合作者。相比之下，
约翰·格奥尔格在德累斯顿召开的对立会议出席率很低。弗基耶尔担心法
国可能会两头落空，于 4 月 19 日延长了《贝尔瓦尔德条约》。至关重要的
是，法国同意继续向瑞典支付资金援助，而不是向乌克森谢纳与施瓦本、
弗兰肯和上莱茵河地区的德意志合作者谈判建立的新联盟支付。这使乌克
森谢纳在 1633 年 4 月 27 日正式成立的海尔布隆联盟中保持了支配地位。
德意志人同意继续战斗，直到瑞典为其努力获得"适当"的补偿，而乌克
森谢纳则承诺向皇帝施压，要求将帝国恢复战前的状态，现在这已经成为
联盟的官方谈判立场。他们接受乌克森谢纳为联盟的理事，在军事事务中
拥有绝对否决权。乌克森谢纳将得到 10 名议员的建议，其中 3 名是瑞典
人，其他人大多是资深的合作者，如索尔姆-霍亨索尔姆斯伯爵，或其他
热心人士，如符腾堡书记官勒夫勒（Löffler）博士。

考虑到当时的情况，海尔布隆联盟的成立是一项了不起的成就。然
而，联盟的效力取决于它能取得持续的军事成功，以说服其成员继续留在
其中。联盟的成员承诺定期缴纳贡金，以维持一支 7.8 万人的军队，但组
织规模不够大，无法筹集到支付这些士兵所需的资金。联盟成员充其量每
年能缴纳 250 万塔勒，而军队的实际需求是 980 万。黎塞留对瑞典的自
主权也不满意，并指示弗基耶尔削弱乌克森谢纳作为理事的权威。只要成
员们接受法国的保护，弗基耶尔保留了将法国的资金援助转交给联盟的选
项。这一政策是自相矛盾的。法国需要联盟作为一个权宜之计，以将德意
志人组织成一个广泛的跨教派中立团体，但要实现这一目标，法国就必须
最终摧毁联盟。

为了让海尔布隆联盟真正生效，乌克森谢纳必须赢得下萨克森和上萨
克森成员的支持，包括萨克森和勃兰登堡。在 1633 年 7 月至 9 月召开的
联盟第一次大会上，弗基耶尔几乎说服了勃兰登堡的格奥尔格·威廉关于
联盟的优点。然而，勃兰登堡最终只是在 10 月 28 日加入了一个与法国-

瑞典的联盟，而没有加入海尔布隆联盟，因为这样做就相当于同意瑞典可以拥有波美拉尼亚。乌克森谢纳威胁入侵，恐吓达姆施塔特支付贡金，但是他对下萨克森和柏林的访问都因波美拉尼亚问题而遇到了麻烦，而因为波美拉尼亚问题，这位书记官的"整个德意志政策都失败了"。[9]

瑞典兵变

瑞典不断恶化的军事局势也很难让它得到更广泛的支持。1633 年初，阿尔德林根利用吕岑战役之后的混乱清除了德意志南部的瑞典驻军点。霍恩带领莱茵地区军队从阿尔萨斯反击，而伯恩哈德则率领着王室军队的剩余部分一起横扫了图林根，收编了图林根和弗兰肯的部队。在多瑙沃特渡过多瑙河后，伯恩哈德于 4 月 9 日在奥格斯堡与霍恩会合，形成了一支总共 42 700 人的部队。这支军队比德意志南部的巴伐利亚军和帝国军多两倍多，但是任何利用这种优势的机会都在 4 月 30 日的兵变中破灭了，兵变就发生在联军进入巴伐利亚的时候。

自 1631 年以来，士兵们一直没有领到全额工资，在布赖滕费尔德战役和吕岑战役之后，承诺的奖金也没有发放。纪律正在崩溃，伯恩哈德在弗兰肯的无序行军和对莱希河畔兰茨贝格的洗劫就证明了这一点，在那里，300 名投降的驻军以及包括儿童在内的 154 名居民被杀死。许多人认为，军官们已经失去了对士兵的控制，而随后战争期间的破坏是由于普通士兵不服从命令造成的。[10]事实上，所有重大叛乱都是高级军官策划的，他们为了自己的目的操纵或煽动了士兵的不满。

兵变揭示了瑞典在很大程度上依赖德意志军官执行其政策。古斯塔夫斯在世时，效忠于不断取得胜利的伟大领袖的感觉抑制了人们的不满情绪。然而，他们现在不准备再等了，特别是当海尔布隆联盟和法国新的资金援助的消息传来之后，这表明瑞典可以轻松支付欠他们的 300 万塔勒。事实并非如此，这也不仅仅是钱的问题。伯恩哈德利用没有官方军事行动的平静期来实行自己的征服计划，在 5 月用名义上叛乱的军队入侵了艾希施泰特。

伯恩哈德抵达海尔布隆提出自己的要求时，乌克森谢纳投降了。此前古斯塔夫斯只是分配了个别的修道院和地区，小心翼翼地保留了瑞典的统治权来扩张他的帝国。书记官放弃了这一政治计划，将领地完整地交出，以满足军官们的需求。艾希施泰特和奥格斯堡主教辖区连同4块大封地和一座修道院，以80万塔勒的价格卖给了布兰登施泰因（Brandenstein）上校，后者还承诺在两年内交付100万塔勒来购买当时仍未被占领的康斯坦茨主教辖区。布兰登施泰因是个机会主义者。他此前是一名萨克森军官，尽管被皇帝封为伯爵，还是叛逃到瑞典方。作为一个小贵族，他不可能自己支付这些钱，人们接受这些钱将会以贡金的方式支付。为了使这一掠夺许可合法化，布兰登施泰因被任命为海尔布隆联盟的财务主管。这种安排只是一种权宜之计，现在这种权宜之计破坏了瑞典的战争努力，因为它只是将地产转移给一名军官以获得现金，而军队本来就可以征到这些现金的。[11] 修道院和地区分配给上校们和海尔布隆联盟的战争顾问。作为古斯塔夫斯的私生子，古斯塔松上校得到了特别优厚的奖励，获得了奥斯纳布吕克市。大多数人怀疑瑞典无法长期占有这些新征服的土地，以低价出售其新财产。在1631年至1635年间，共有250次土地捐赠，其中92次发生在施瓦本。仅在弗兰肯的那些就价值490万塔勒。

到目前为止，最重要的是1633年6月，班贝格和维尔茨堡被移交给伯恩哈德，成为他的世袭领地，他还得到了弗兰肯公爵的头衔。他将在4年内支付60万塔勒，超出了他作为联盟成员应该缴纳的贡金。他几乎没有时间享受他的新身份。伯恩哈德将政府委托给他的哥哥恩斯特，后者持续与当地日益高涨的反对和其他弗兰肯人的敌意作斗争。他们的兄弟威廉在8月得到了艾希斯费尔德作为补偿。而霍恩在一年前已经收到了条顿骑士团在梅尔根特海姆的总部，反对兵变，这扩大了他和伯恩哈德之间的裂痕。

莱茵河沿岸的紧张局势

特里尔和马斯特里赫特（1632—1633）

伯恩哈德和霍恩直到1633年7月才恢复军事行动，当时更广泛的形势已经明显地对瑞典不利了。为了理解这一点，我们需要回顾自古斯塔夫斯在 1631 年底占领美因茨以来莱茵河一带发生的事情。瑞典遇到的困难日益增长，无力在莱茵兰与法国竞争。黎塞留继续他非常不稳固的策略，让瑞典在 1631 年后卷入帝国事务，暗中援助尼德兰人，保护德意志天主教徒，让洛林保持中立，所有这些都没有引起西班牙的报复。尽管这一政策一直到 1634 年都行之有效，但它之所以能成功，只是因为瑞典在德意志能够不断取胜，而西班牙则遭遇了进一步的挫折。天主教同盟对这些事态发展深感怀疑，特里尔的命运使其相信了 1632 年拒绝法国保护的决定是明智的。

特里尔选帝侯瑟特恩与法国的新联盟并不受其主教座堂法政牧师的欢迎，在法国人于 1632 年 4 月到达之前，他们让西班牙军队进入特里尔市和科布伦茨。瑟特恩的要塞菲利普斯堡的指挥官班贝格（Bamberger）中校投奔了皇帝，让法国人无法得到莱茵河上的一座重要桥梁，这座桥梁可以通往黑森林的北端。德·埃菲亚（D'Effiat）率领一支据说有 2.3 万人的法国军队从洛林出发，在 5 月将西班牙人从特里尔驱逐出去，并与瑞典军队短暂合作，占领了控制科布伦茨过河点的埃伦布赖特施泰因要塞。特里尔和科布伦茨再次短暂地易手，因为法国人被加斯东的叛乱和德·埃菲亚的死分散了注意力，但是法国人在 8 月返回，重新夺回了这两地。[12] 这些交战意义重大，因为它们使法国和瑞典军队靠近西班牙，而当时弗雷德里克·亨利领导下的尼德兰人正在攻击马斯特里赫特。欧洲的敌对行动再一次看起来可能会演变成全面战争。

弗雷德里克·亨利寄希望于在尼德兰南部各省份引发一场叛乱，他认为这些省份在持续的战争负担下越来越骚动不安。范登贝赫伯爵于 1628 年取代斯皮诺拉成为佛兰德的指挥官，他确信这场冲突无法获胜，逃到名义上中立的列日。弗雷德里克·亨利让一支尼德兰纵队佯攻安特卫普，带着 3 万名士兵向默兹河上游进军，穿过列日主教辖区，于 1632 年 6 月 8 日进攻主教辖区第二大城市马斯特里赫特。这次袭击侵犯了科隆的费迪南德之前被同意拥有的中立性，费迪南德也是列日的主教。然而，尼德兰人不想卷入帝国的战争；他们的攻击是出于战略考虑，因为如果他们占领马斯特里赫特，就能切断西属尼德兰的两个部分之间的交通。布鲁塞尔政府呼吁提供帮助。尽管德意志局势危急，帕彭海姆还是带着 8000 名威斯特伐利亚军队士兵穿越莱茵河来拯救这座城市，以换取急需的西班牙资金援助。[13]

马斯特里赫特围城战迫使西班牙人撤出特里尔，并召回下普法尔茨的大部分士兵，从而在两次大冲突之间制造了一个楔子。8 月 17 日，西班牙人与帕彭海姆的联合攻击未能突破尼德兰的包围线。3 天后，尼德兰工程师引爆了马斯特里赫特城墙下的地雷，幸存的西班牙人于 8 月 23 日投降。9 月 5 日，马斯特里赫特东南方的林堡在轻微抵抗后也投降了。现在，位于莱茵河下游以东和威斯特伐利亚的其余西班牙驻军点与尼德兰南部省份断绝了联系。

危机迫使伊莎贝拉允许尼德兰等级会议重新召开，这将是等级会议在西班牙统治下的最后一次召开。伊莎贝拉已经偏向和谈，并于 11 月开始谈判，而等级会议也派出了自己的代表团。[14]许多人希望这可以通向整个西北欧洲的普遍和平。黎塞留对此非常警惕，于 1633 年 1 月派遣沙尔纳塞来坚定尼德兰人的决心。与此同时，弗雷德里克·亨利继续迫使伊莎贝拉提出对自己更为有利的条件，于 1633 年 4 月率领 1.6 万人在默兹河和莱茵河下游发动了又一轮进攻。这些部队重新部署了马斯特里赫特驻军，占领了莱茵贝格和奥斯绍这两处莱茵河过河点，使西班牙的据点只剩下于利希、迪伦和莱茵河以西的其他几个城镇。自西班牙于 1630 年放弃其德意志前哨基地以来（见第 13 章），这些驻防点一直在易手，尼德兰人的行动结束了这一状态。自 1630 年以来占领林根的天主教同盟部队现在放弃了它，以避免与前进中的尼德兰人接触。尼德兰人已经撤离了他们在于利希和贝格公爵领的据点，并于 1632 年 4 月将其位于马克的据点归还给勃兰登堡控制，让自己能够将部队集中在离本土更近的克利夫斯公爵领。到 1632 年 6 月，莱茵河中游的瑞典军队已经增至 1.9 万人，但是 7 月有 8000 人被召回，与古斯塔夫斯在阿尔特·韦斯特会合。尽管霍恩推进到阿尔萨斯，于 11 月占领了斯特拉斯堡主教位于本费尔德的要塞，但他没有足够的兵力去征服阿尔萨斯其他地区。战争仍然是分开的，因为交战各方的目标不一致，而且他们无意树立新的敌人。

洛林（1633—1634）

1633 年，西班牙向阿尔萨斯派遣一支新军队的消息促使黎塞留与洛林公爵和解。查理四世已经摆脱了 1632 年 6 月强加给他的限制，到 1633 年 8 月，他已经重建了一支 9000 人的军队。新力量提高了他作为莱茵兰人潜在保护者的资格，阿尔萨斯的哈布斯堡王朝总督已经在 1632 年 12 月邀请他在阿格诺和萨韦尔讷两地驻军。黎塞留策划了法国和洛林之间的冲突，他要求查理接受法国对其附属的巴尔公爵领拥有管辖权，然后在 7 月，当查理不出意料地拒绝之后，立即宣布他为反叛者。然而法国人一直等到他带着大部分军队进入阿尔萨斯，以解救被克里斯蒂安·冯·比肯菲尔德率领的 8000 多名瑞典莱茵军队围困的阿格诺。[15] 比肯菲尔德于 8 月 11 日在普法芬霍芬与公爵交锋，击溃了洛林军队，后者损失了 1500 人。

现在法国可以安全地进攻了，3 天后黎塞留命令拉福斯（La Force）元帅占领了巴尔。拉福斯得到了增援，军力达到 3 万人，开始占领洛林的大部分地区，9 月 25 日，他占领了南锡，并在那里抓获了查理的妻子尼科尔（Nicole）为人质。查理避开了法国的追击，带着 1000 名追随者退入弗朗什-孔泰。他的弟弟尼古拉斯·弗朗索瓦（Nicolas François）枢机主教最初同意了法国的条款，但设法伪装成一名贴身男仆逃离了南锡，而他妹妹玛格丽特则打扮成士兵离开了。这给黎塞留提供了占领洛林其余地区的借口，法军在 1634 年 8 月占领了其最后一个据点。莱茵兰人屈从于新的条件，到 1634 年 1 月，法国人被允许进入蒙贝利亚、阿格诺、巴塞尔主教辖区和哈瑙伯爵在阿尔萨斯的领地。[16]

黑西施奥尔登多夫战役（1633）

瑞典也失去了对德意志西北部的控制，因为当地盟友拒绝加入海尔布隆联盟。乌克森谢纳试图通过扩大古斯塔夫斯承诺的领土让步来让瑞典重新获得控制权，但这只加剧了分裂，因为各方都集中精力在自己的征服上。黑森军在梅兰德的率领下进入威斯特伐利亚，意图占领明斯特，而格奥尔格公爵带着吕讷堡军包围了科维、赫克斯特和哈默尔恩等帝国前哨。弗里德里希·乌尔里希公爵拒绝完全合作，希望通过与皇帝谈判拿回沃尔芬比特尔。克尼普豪森的瑞典部队规模太小，无法实施任何中央控制。

瑞典和联军的这种分散使得天主教同盟地区指挥官格罗茨菲尔德能够在帕彭海姆进军吕岑之后留下的几支部队的基础上，重建他的军队。梅洛德利用在科隆逃亡的天主教诸侯提供的资金招募了 4000 名瓦隆人，加强了格罗茨菲尔德的实力。凭借这些部队，格罗茨菲尔德击退了瑞典的莱茵军队在 1633 年初从美因茨向下游推进的企图。到 6 月，他已经集结了 10 800 名步兵、3900 名骑兵和 15 门大炮，向东行进以解救哈默尔恩。在一次罕见的团结行动中，梅兰德和克尼普豪森强行军，与格奥尔格公爵在位于哈默尔恩西北 20 千米处的黑西施奥尔登多夫会合，他们于 7 月 7 日抵达，共有 7000 名步兵、6000 名骑兵和 37 门大炮。[17]

第二天的战役是三十年战争期间威斯特伐利亚规模最大的一次战役，和施泰瑙战役（1632）一样，它提供了一个宝贵的机会，让人们可以对 17 世纪战术的相对灵活性有所了解。盟军夜间部署在该镇以北 20 米高的高台上，面向西北，克尼普豪森率领的左翼在奥尔登多夫休息，而梅兰德率领的右翼位于巴克森村前，那里地面突然隆起，延伸到威瑟山。格奥尔格指挥中心的步兵和炮兵，而整个防线被一条沼泽溪流保护着。他无法过河，但格罗茨菲尔德人数更多的步兵同样也无法发挥作用。格罗茨菲尔德部署在大约 500 米远的地方，他的左翼由格林（Geleen）率领，被另外两条小溪和一片从山上伸出来的树林遮挡住了。格罗茨菲尔德的步兵稍微多一点，但很多都是新兵，而他的骑兵人数则少于对方。他提议留在原地，牵制住敌人，让本宁豪森溜过去解救哈默尔恩，现在封锁哈默尔恩的敌军只有几百名火枪手。梅洛德和其他军官反对说，他们会被指控为怯懦，并认为会错失一击粉碎敌人的机会。

战役于早上 7 点以惯常的炮击开始，与此同时，双方的火枪手开始争夺树林。梅兰德的团级大炮和骑兵支援他们的步兵，以小分队的形式向前行动，以击溃格林的步兵。相比之下，帝国和天主教同盟的骑兵军官拒绝率队前进，声称他们在树林中会一片混乱。格林失去了树林，向后撤退，使得中军暴露在外，受到了越来越多的来自侧翼的火力和来自正面的格奥尔格的大炮的压力。

黑西施奥尔登多夫战役

罗登

尝试突破

塞格尔霍斯特

格森

木宁豪森

搬弹炮

斯托尔沃特斯

巴克森

格罗森海尔登

格奥尔格公爵

乌斯柏尔

克尼普豪森

斯兰德

奥尔登多夫

1千米

与此同时，克尼普豪森率领 900 名骑兵越过小溪，对抗帝国军的右翼。格罗茨菲尔德发起冲锋，希望能把他们赶下高地，但被击溃了，使得更多的瑞典人得以部署。进一步的攻击也被击退，很快克尼普豪森包抄了帝国军右翼，帝国军右翼现已崩溃并逃离。格林的骑兵在同一时间退却了，让步兵剩下来孤军作战。他们英勇战斗到下午 2 点，但被包围起来并被砍倒。帝国军和天主教联盟军只有 4200 人逃脱，主要是骑兵，至少6000 人在战役的最后阶段和追击中被杀。盟军损失了大约 300 人。这是三十年战争中最彻底的胜利之一。

哈默尔恩于 7 月 18 日投降，奥斯纳布吕克于 10 月投降。直到 1643年，后者一直是瑞典在该地区的主要基地，乌克森谢纳一直拒绝将其移交给格奥尔格公爵。8 月，他还将克尼普豪森的五个团撤回到弗兰肯，削弱了共同的军队，让黑森和吕讷堡夺取威悉河以西更多土地的计划受挫。克尼普豪森感到十分沮丧，于 1634 年 2 月 26 日辞职，剩下来的瑞典部队实际上没有领导。

黑森的政策

瑞典的虚弱动摇了黑森人，他们在威斯特伐利亚的行动旨在征服各主教辖区，从而建立通往尼德兰共和国的陆桥。长期以来，领地伯爵威廉五世一直在寻求尼德兰的援助，现在他加倍努力，希望共和国是比瑞典更可靠的伙伴。乌克森谢纳支持黑森的外交行动，将其作为诱使尼德兰人支持海尔布隆联盟的手段。1633 年 8 月，梅兰德率 1000 名黑森骑兵和 2600名瑞典骑兵加入了弗雷德里克·亨利的军队。就像早期瑞典对特里尔和科隆的攻击一样，这有可能合并两场战争为一场大战。然而，弗雷德里克·亨利对黑森人的迟到感到恼火，认为他们之所以到来只是因为在威斯特伐利亚吃空了当地的给养。10 月底，他把黑森人和瑞典人送回莱茵河对岸。黑森人越来越被尼德兰人视为对手，尤其是在他们于 12 月占领了利普施塔特，进而占领利珀河全线，还占据了尼德兰人刚刚还给勃兰登堡的前哨站之后。这些额外的前哨站让黑森人控制了靠近尼德兰边境的明斯特西部的大部分地区。[18]

梅兰德致力于与尼德兰人结盟，谈判一直进行到 1635 年，1634 年已经接近达成，当时共和国提出提供资金援助和 3500 名辅助军队。他们想要利用黑森人在尼德兰东部边境开辟一个缓冲地带，使共和国免受德意志战争的影响。成功与否取决于黑森人能否占领明斯特，现在明斯特仍然被帝国军占领。要达到这个目的，黑森人势力太弱，而韦尔夫人拒绝提供帮助，宁愿围攻希尔德斯海姆和明登，最后分别在 1634 年 6 月和 11 月占领了两地。

1633 年至 1634 年的战役在该地区建立了一种平衡，这种平衡一直持续到 1648 年，只经历了一些小小的变动。在 1645 年征服不来梅和费尔登之前，瑞典人的势力范围只限于奥斯纳布吕克。韦尔夫人占领了威斯特伐利亚东北部的明登和霍亚，还占领了希尔德斯海姆和易北河以南的下萨克森。黑森人的征服将天主教同盟和帝国的据点一分为二，将明斯特东部埃姆斯河谷的其余驻军点与科隆、其相关的威斯特伐利亚公爵领和帕德博恩的核心据点隔离开来。帝国军基本上失去了下萨克森，但是如果他们的主力部队需要穿越该地区，驻有强大军队的沃尔芬比特尔仍然可以充当一个中转站。时不时的征服利珀河谷的尝试适得其反，因为它使该地区大部分地区遭到破坏。

驱逐黑森人的努力失败，威斯特伐利亚中立的希望也无望实现。科隆的费迪南德故意拒绝了伊莎贝拉大公夫人 1633 年呼吁援助的请求，不愿意对抗弗雷德里克·亨利，以免疏远尼德兰人。那年 8 月，他的威斯特伐利亚公爵领的等级议会和其他各种天主教小领地与邻近的加尔文宗伯爵领签订了一项协议，以维持利珀河以南大部分地区的中立。与此同时，尼德兰在 1632 年的部分撤军让普法尔茨-诺伊堡的沃尔夫冈·威廉宣布于利希和贝格中立。这两个公爵领的等级议会为了同样的目的，重新与克利夫斯和马克的等级议会结盟。

1633 年 12 月 1 日伊莎贝拉去世后，尼德兰和比利时的谈判破裂，使这些本来很有希望的发展受挫。长期以来，奥利瓦雷斯一直不信任她的努力，他的临时总督德·艾托纳侯爵解散了南方等级会议，并帮助逮捕了涉嫌与范登贝赫伯爵有关系的谈判者。随着弗雷德里克·亨利支持主张战争的霍马勒斯派，尼德兰的政策也朝着类似的方向发展。虽然黎塞留拒绝签署公开联盟，但他于 1634 年 4 月 15 日同意将自 1630 年以来支付给共和国的资金援助从 100 万里弗尔增加到 230 万里弗尔，以换取尼德兰中止谈判。

科隆的费迪南德非常沮丧，但现在别无选择，只能继续努力驱逐黑森人。就黑森人来说，他们在这里建立了设防工事，认识到这些被征服的地区不仅可以为军队提供补给，而且在他们的家园被侵占时也是讨价还价的筹码。双方都缺乏人力和财力，认为普法尔茨-诺伊堡的沃尔夫冈·威廉的领地是唯一剩下的软柿子。公爵意识到这种危险，把他的军队征召到（纸面上的）7365 人，以保卫 52 座城堡和城镇。这徒然激发了费迪南德和黑森人的欲望，他们希望把这些军队纳入自己的部队。费迪南德派本宁豪森去突袭贝格，而黑森人在 1633 年 11 月占领了埃尔伯菲尔德，解除了普法尔茨-诺伊堡驻军的武装，还强迫这些人把衣服脱了，并把他们的旗帜碎片作为衣服送给他们，以蓄意羞辱他们。与此同时，皇帝支持普法尔茨-诺伊堡等级会议拒绝向公爵的士兵付款的决定，希望等级会议将钱转交给他。普法尔茨-诺伊堡士兵领不到报酬，士气低落，成群结队地当了逃兵，但公爵坚持中立。[19]

我们详细地讲述了这些事件的细节，因为它们通常被忽略了。它们展示了瑞典人首次出现在莱茵河一带所带来的危险，打破了天主教同盟和帝国自 1622 年以来的支配地位，并制造了一个真空，而这一真空日益被法国所填补。法国和西班牙离战争越来越近，但欧洲的冲突依然是各自独立的。事实证明，教派团结不足以在尼德兰、瑞典和德意志新教徒之间建立一个联盟。德意志新教徒仍然处于分裂状态，各自追求自己的目标，却很少考虑瑞典，也没有利用他们在人数上的优势。相对的失败加剧了他们的竞争，他们还怨恨瑞典的援助不够，导致 1635 年他们想要投靠皇帝。

西班牙的介入

瓦伦斯坦的秘密外交

只要瑞典在德意志南部和中部的势力不可动摇，和平就不可能实现。

驱逐瑞典人的任务被移交给瓦伦斯坦和一支帝国军队，帝国军在波希米亚和西里西亚共有 7.2 万人，另外还有 3 万帝国军士兵分散在阿尔萨斯、威斯特伐利亚、康斯坦茨湖和多瑙河一带的驻军点中。[20] 瓦伦斯坦的战略是说服萨克森和勃兰登堡抛弃瑞典，从而让瑞典的波罗的海桥头堡暴露在外，同时孤立瑞典在其他地方的基地。下面他打算采取什么行动仍不清楚，但他似乎很可能寻求真正的妥协，包括部分撤销《归还教产敕令》，将波美拉尼亚的至少一部分割让给瑞典，以使乌克森谢纳能够体面地撤出。乌克森谢纳选择与瓦伦斯坦谈判，是因为他更喜欢瓦伦斯坦而不是丹麦的调解努力，后者的努力仍然是完全不可接受的。瓦伦斯坦不断向费迪南德通报情况，甚至报告他利用波希米亚流亡者作为中间人的情况，并转达了一些有关讨论具体条款的信息。[21]

许多人反对妥协，尤其是即将失去波美拉尼亚的勃兰登堡。几乎没有证据表明瓦伦斯坦会支持波希米亚流亡者的要求，因为他自己和他的近亲是波希米亚土地转让的主要受益人。尽管如此，瓦伦斯坦与这些流亡者的讨论还是在维也纳引起了怀疑，而且随着他向不同的谈判方提出不同的条件，这种怀疑增加了。随着各方的协商和谣言的泄露，瓦伦斯坦条件的不一致变得越来越明显。例如，瑞典人在 1633 年 10 月截获了瓦伦斯坦给洛林公爵的信，信中暗示他打算将瑞典人完全赶出德意志。[22]

尽管瓦伦斯坦在 1633 年初派遣了几支部队去增援巴伐利亚的阿尔德林根，但他浪费了瑞典兵变带来的机会。他没有移到哈布斯堡世袭土地之外，这让这些领地首当其冲承受了经济负担。早在 1632 年 1 月，他就要求预付 20 万弗洛林，然后是每月提供 10 万弗洛林。他至少得到了 130 万弗洛林购买大炮和设备。1632 年 5 月，萨克森人和流亡者从波希米亚被驱逐出境后，第二轮没收补偿了这一部分费用，当时从 16 名领主、126 名骑士和 190 名平民手中夺取了价值 300 万弗洛林的财产。[23] 这笔横财很快就耗尽了，而瓦伦斯坦预计波希米亚和西里西亚会在整个 1633 年为他的部队提供食物、住房和衣服。他为了安抚那些地位最高的批评者，让他们免于宿兵的职责。但这只是将负担转嫁到了中小地主身上，后者的农民选择了逃离，这引发了一个恶性循环，在农业陷入停顿之际，瓦伦斯坦需要更多的贡金来养活饥饿的军队。

瓦伦斯坦没有采取行动，而是在 4 月派使者去和阿尼姆及图尔恩谈判。这是一个合适的时机，因为海尔布隆联盟的成立在萨克森引起了恐慌，但是如果没有其他新教徒的支持，约翰·格奥尔格觉得自己太弱而无法抛弃瑞典。阿纳姆敦促选帝侯增加军队，以追求更独立的道路，但选帝侯没有钱。约翰·格奥尔格仍然怀疑瓦伦斯坦，后者的军队数量超过了他的两倍。尽管如此，关于约翰·格奥尔格参加会谈的谣言还是让乌克森谢纳感到警惕，他命令巴纳尔留在波美拉尼亚，必要时接管萨克森的军队。可靠的军官被派往西里西亚，以确保那里的较小的勃兰登堡团服从瑞典人而不是萨克森人的指挥。

瓦伦斯坦在 5 月中旬带着 2.5 万人的军队和 28 门新大炮（由布拉格教堂钟熔化铸造而成）进军，与在上西里西亚也有同样人数的军队的加拉斯会合。阿尼姆的兵力要少很多，他选择向北撤退到施韦德尼茨附近的朗根洛伊斯。两支军队接近大炮射程，但瓦伦斯坦于 1633 年 6 月 7 日提出停战，然后停战又延长两周，以进行更多会谈。瓦伦斯坦于 7 月 2 日结束休战，两天后试图奇袭施韦德尼茨的 1800 名盟军驻军，但被击退后退回到维尔考，而阿尼姆则在附近的布泽尔维茨扎营，地点几乎与弗里德里希大王在 1761 年的扎营点完全相同。8 月 11 日，瓦伦斯坦让霍尔克和 1 万名士兵从艾格出发突袭萨克森，以向选帝侯施加压力。霍尔克两周后撤退了，根据瓦伦斯坦的命令，与当时正在拜访约翰·格奥尔格的阿尼姆重新开始会谈。两位将军共进晚餐时，霍尔克突然病倒了。他害怕被下毒了，但是得到保证说绝无此事，并被留在马车中与下属商议。现在很明显他得了鼠疫，他的下属拒绝见他。他独自死在路边，此前他的马车夫去找神父了。

瓦伦斯坦的行为疏远了西班牙人，而最初西班牙人是欢迎他复职的。奥利瓦雷斯通过基罗加和一系列特使与瓦伦斯坦进行了非正式接触，这些特使从 1632 年 5 月起带来了资金援助。到 1633 年底，这些资金援助总计 100 万弗洛林。西班牙的意图很明确。这笔钱是为了迅速结束德意志战争，好让瓦伦斯坦可以攻击尼德兰人的。作为对梅克伦堡损失的补偿，他被授予西弗里斯兰公爵的头衔，但当时该地仍未从尼德兰共和国手中夺回。瓦伦斯坦拒绝上钩，认为西班牙的问题与帝国的问题是分开的。[24]

西班牙决定派遣费里亚

会谈一直持续到 1634 年 1 月，但是从 1633 年 2 月开始，奥利瓦雷斯已经寻求了一个替代方案，决心对帝国进行实质性干预，以扭转莱茵河一带不断恶化的局势。这一决定代表了一个重大的变化，并且随着奥利瓦雷斯试图协调几个部分矛盾的目标，他的政策也在发生演变。一个目标是继续现有的增援皇帝的政策，但现在是通过瓦伦斯坦以外的手段。萨韦德拉（Saavedra）被派往慕尼黑恢复 1630 年搁置的计划，选举费迪南德大公为罗马人的国王。他一无所获，使得西班牙更难为奥利瓦雷斯的计划赢得支持，奥利瓦雷斯打算通过沿着自 1632 年以来就被封锁了的西班牙之路派遣部队来增援佛兰德军。

1633 年 5 月，米兰总督费里亚接到指令，要集结一支军队穿越阿尔卑斯山，重新开放道路。远征军还有另一个目标，即护送腓力四世的弟弟费尔南多（Fernando）前往尼德兰，接替当时生病的伊莎贝拉为新总督。随着整个西班牙君主国的人力减少，奥利瓦雷斯的代理人付钱给蒂罗尔政府，招募了 6000 名德意志人，并在弗朗什-孔泰招募了另外 4500 名勃艮第人。等费里亚与他们会合时，他应该有 4000 名骑兵和 2 万名步兵。这支强大的阿尔萨斯军（*Ejército de Alsacia*）将对抗法国，并恢复西班牙在整个莱茵兰的力量。[25]

由于费尔南多生了病，费里亚在 1633 年 8 月率领 1.1 万名西班牙人和意大利人出发，这是 10 年来西班牙人第一次穿越瓦尔泰利纳。[26] 黎塞留做出了防止这种举动的安排，自 1631 年以来，就一直向雷蒂亚自由邦支付一笔费用，以维持一支由胡格诺派前领导人亨利·德·罗昂领导的小部队。然而，枢机主教聪明反被聪明误。黎塞留怀疑罗昂与新教瑞士人密谋，下令在 1632 年底解散所有法国支付的团，只保留了一个。他听到了费里亚行军的消息之后，匆忙下令罗昂重新集合，但为时已晚，西班牙先遣队已经在山谷中。

费里亚的到来改变了德意志的局势。伯恩哈德和霍恩在 7 月重新开始对巴伐利亚作战，而瓦伦斯坦却不知为何，在西里西亚无所作为。费迪南德正式呼吁腓力四世，一旦费里亚越过阿尔卑斯山，就让他重新进入德意志。到目前为止，皇帝非常担心瓦伦斯坦的不作为，他认为这是其他地区遇到挫折的原因。战争委员会主席施里克被派去调查瓦伦斯坦到底在做什么，以及为什么他如此坚决地反对费里亚的行军。施里克于 8 月 22 日抵达西里西亚，发现瓦伦斯坦刚刚同意了又一次为期四周的休战，休战期最终延长至 10 月。费迪南德于 9 月 18 日将阿尔德林根在巴伐利亚的分遣队直接置于马克西米连的指挥之下，从而打破了此前在格勒尔斯多夫与瓦伦斯坦达成的协议，协议中瓦伦斯坦被授权全权指挥帝国军。这一举动说服了选帝侯同意西班牙干预，在西班牙给予巴伐利亚一年的小额资金援助之后，这一安排得到了确认。[27]

康斯坦茨之围

费里亚的到来迫使伯恩哈德和霍恩分开他们的部队。前者继续与阿尔德林根和韦特率领的巴伐利亚军作战，但被击败，并被从包括艾希施泰特在内的大部分占领地赶出。与此同时，霍恩于 8 月 18 日向南行军，打算拿下康斯坦茨，并封锁从蒂罗尔进入德意志西南部的各个山口。康斯坦茨（当时属奥地利）坐落在一个从湖的南边突出的小岬角上。只有渡过莱茵河上游，穿过瑞士领土，才能从南方进攻那里。

有个别瑞士人加入了瑞典一方，但是新教各州一直拒绝与瑞典结盟，因为他们认为这会分裂联邦。而且古斯塔夫斯的帝国建设计划违背了他们的共和理想，他们同时还不满于古斯塔夫斯对加尔文宗的敌意。霍恩决定赌一把，选择侵犯瑞士的中立，希望通过占领康斯坦茨说服新教各州加入他的阵营，并永远封锁阿尔卑斯山口。他将步兵和炮艇部署在康斯坦茨湖的北岸以监视这个城镇后，于 9 月 7 日在施泰因渡过莱茵河，第二天到达康斯坦茨镇并开始炮击这里。他有大约 1 万人，如果立即进攻，可能会破城而入，因为康斯坦茨依赖瑞士的中立，它的防御工事只对着湖的一面。城中只有 1200 名守军，其中一半是民兵。主教和神职人员乘船逃到湖对岸的林道，但是当地指挥官表现出了坚定的决心。城镇南侧防御工事的缺口被用泥土匆忙堵住，同时步兵和民兵被用船运送过来，使驻军超过3000 人。

尽管伯恩哈德等人正在前来增援霍恩，但随着费里亚已经穿过了山区的消息传出，形势变得越来越严峻。法国提出调解，希望通过说服康斯坦茨镇接受一支瑞士驻军并保持中立，来实现霍恩的目标。一些市民同意了，但当局拒绝了。只有苏黎世纵容了霍恩的存在，其他瑞士人认为这危及了他们的中立。绝望之下，霍恩对该镇发起了一系列伤亡惨重的攻击，但是费里亚率领 9200 人与阿尔德林根以及另外 1.2 万人于 9 月 29 日在拉芬斯堡会合，并向靠近湖西端的于伯林根推进，以将瑞典人困在瑞士。霍恩发起了最后一次攻击，未能拿下该镇，选择于 10 月 2 日撤退，撤离得正好及时。

法国人声称他的撤军是出于对瑞士人的尊重，但没有人相信。这一事件削弱了新教好斗分子在瑞士联邦内部的影响力，也让天主教各州延长了1587 年与西班牙的过境协议，该协议已经于 1626 年到期。1634 年 3 月，瑞士联邦还将西班牙属弗朗什-孔泰也纳入其中立地位之内。[28]

灾　难

当阿尔德林根和费里亚到达莱茵河一带时，洛林在法国入侵下意外而突然的崩溃改变了这里的局势，现在，由于拉福斯率领着一支强大的法军位于孚日山脉的另一侧，对阿尔德林根和费里亚来说，穿过阿尔萨斯是危险的。霍恩已经渡过了莱茵河，与阿尔萨斯北部的比肯费尔德会合，使费里亚和阿尔德林根的活动范围被限制在南部。与此同时，伯恩哈德带着 1.2万人原路返回，奇袭了韦特率领的巴伐利亚小股部队，在仅仅 10 天的围攻后，于 11 月 14 日占领了雷根斯堡。失去这样一座享有盛名的帝国城市对皇帝来说是一个重大打击，并使伯恩哈德得以蹂躏巴伐利亚东部以前未被触及的地区。

阿尔德林根被迫派遣他的骑兵返回巴伐利亚去帮助马克西米连，进一步削弱了莱茵河上的联军。随着冬天临近，食物也没有了，费里亚和阿尔德林根再次穿越莱茵河，期间受到了霍恩的骚扰。被鼠疫削弱的哈布斯堡军队现在瓦解了。马克西米连拒绝让他们进入巴伐利亚，费迪南德不情愿地同意一些人在下奥地利过冬，其余人前往萨尔茨堡。小修道院院长弗里森埃格（Friesenegger）记录说："这是一场奇观。许多连队只有一半人数，到处都是黑色和黄色的脸，瘦弱的身体，要么衣不遮体，要么衣衫褴褛，或者穿着偷来的女装，看起来饥肠辘辘，极为匮乏。然而，他们一旁的军官却穿着漂亮而华丽的衣服。"[29] 萨尔茨堡大主教也拒绝提供庇护，最终幸存者于 1634 年 1 月加入了他们在奥地利的战友，那时费里亚已经死了。

自 1631 年以来，战争的迅速蔓延与鼠疫相结合，引发了广泛的不满，这是这场战争的一个重要方面，但还没有得到充分的研究。尽管 1622 年至 1623 年的威斯特伐利亚市民叛乱（见第 10 章）和 1626 年的上奥地利叛乱（第 12 章）包含了政治和宗教上的不满，但新的动乱主要是由士兵对日常生活的中断的不满引起的。动乱主要发生在农村，也没有得到协调。农民伏击觅食的分队和散兵游勇，或者抵抗对村庄的袭击。在帝国军事力量薄弱的地区，他们还得到了当局的援助，使得瑞典人成为民众发泄愤怒的主要目标。1633 年 1 月，在阿尔萨斯南部属于哈布斯堡的松德高，天主教农民发动叛乱反抗瑞典人，而威斯特伐利亚的农民则得到了当地贵族和本宁豪森的帝国骑兵的帮助，骚扰了黑森人。上施瓦本和班贝格的农民协助官方民兵袭击瑞典前哨站，而巴伐利亚人在 1633 年夏天抵抗了霍恩和伯恩哈德的入侵。瑞典迅速进行了报复。仅在松德高就有至少 4000 人被杀，许多村庄被烧毁，但游击队并没有完全被镇压。[30]

然而，动乱也有一些是对当局的强烈抗议，因为当局没有履行维护安宁的职责。阿尔德林根在 1633 年 9 月去和费里亚会合之后留下了一些用来维护选侯国安全的帝国军，然而这些部队行为不良，引起了巴伐利亚人的不满。骚乱主要发生在帝国部队集中的伊萨尔河和因河之间的地区，而不是瑞典人活动的莱希河以西地区。随着受到鼠疫肆虐的哈布斯堡军队试图在年底进入选侯国，抗议者增加到至少 2 万人。1 月 18 日，部队在埃伯斯贝格与一大群人对抗，当军队意识到农民的武器装备很差后，就发动了袭击。大约 200 人被杀，当局起诉了 100 名被指控的头目。地方当局接受了农民关于他们是出于自卫的说法。甚至马克西米连最终也被说服批准了法庭做出相对温和的判决。1 人因叛乱被斩首，5 人因谋杀士兵被处决，11 人被放逐三年，但其余人都被释放了。[31]

上奥地利自 1630 年以来就零星发生的骚乱在 1632 年后加剧，但与 1626 年的叛乱不同，它仅限于那些饱受战争导致的社会混乱之苦的人。当局因为财政压力放弃了之前的家长式仁慈政策，不再准备对无力纳税、挣扎求生的家庭网开一面。这也许可以解释为什么上奥地利动乱是以神秘的宗教术语表达的，因为运动领导人，被称为莱姆鲍尔（Laimbauer）的米夏埃尔·艾兴格尔（Michael Aichinger）宣称有着关于更美好的未来的愿景。他在同情者的庇护下到处流亡，最终被 1000 名雇佣军、地方官员和武装天主教平民的混合力量围困在弗兰肯贝格教堂的废墟中。他的 300 名追随者中只有 60 名是武装男子，其余都是妇女和儿童。据说他被发现时藏在两个追随者的裙子下，1636 年 6 月 20 日，他与包括他 4 岁儿子在内的其他 6 人一起被残忍地处决了。[32]

瓦伦斯坦：最后一幕

第二次施泰瑙战役

带走了霍尔克和费里亚的瘟疫同样还蹂躏了西里西亚的军队，而且帝国军营地的痢疾和萨克森地区的饥荒使情况更糟。瓦伦斯坦的有效兵力下降了 9000 人，只有 3.6 万人，而阿尼姆损失了他的 2.5 万人中的近三分之一。[33] 瓦伦斯坦终于在 1633 年 10 月 2 日结束了停战协议，派遣皮科洛米尼带领一支小分队向西穿越卢萨蒂亚。皮科洛米尼散布谣言说这是主力部队的先遣警卫，欺骗跟随他的阿尼姆。瓦伦斯坦紧随其后，确保萨克森军已经走了，然后派出伊索拉诺率领 7 个克罗地亚团继续追击，同时他率领 3 万人原路返回，前往东北方向的奥得河地区。他打算占领施泰瑙，孤立 6000 名把守西里西亚各要塞的瑞典军和萨克森军士兵。图尔恩和杜沃尔在被烧毁的施泰瑙附近的马拉达斯旧营地只集结了 2400 名步兵，此外还有 2300 名骑兵分散在奥得河以东的村庄里。[34]

图尔恩忽视了他的前哨基地发出的警告，即沙夫戈奇率领的 8000 名帝国骑兵已经在下游的克本渡过了河。10 月 11 日早些时候，这些部队向南横扫，而瓦伦斯坦和步兵则向城镇以西的沙山前进。瑞典人声称，指挥前哨的军官故意命令士兵在沙夫戈奇的人穿过时不要开火。确实，这两个上校后来都进入了帝国军中服役。杜沃尔喝醉了，一句话都说不出来。图尔恩投降了，投降条款中包括交出所有的驻军点，这自然更让瑞典人怀疑他的背叛。瓦伦斯坦把图尔恩和杜沃尔带在身边，召集这些要塞接受投降条款。格洛高和利格尼茨同意了，但是其他地方拒绝了，杜沃尔逃掉了，并在布列斯劳组织了有力的抵抗，直到他死于 1634 年 4 月，可能是因为肝衰竭。

勃兰登堡的格奥尔格·威廉加强了屈斯特林的驻军，以防瓦伦斯坦向奥得河下游推进，但是 1.1 万名帝国军横扫过夫，占领了奥得河畔法兰克福和瓦泽河畔兰茨贝格，然后向两边散开，占领了波美拉尼亚和勃兰登堡东部的大部分地区。乌克森谢纳疯狂呼吁伯恩哈德从德意志南部进军，从上普法尔茨威胁波希米亚。伯恩哈德占领雷根斯堡后，姗姗来迟地服从了命令。他的围城已经在慕尼黑和维也纳引起了巨大的恐慌，人们呼吁瓦伦斯坦向他的救援方向前进。瓦伦斯坦留下了一些分遣队去清除西里西亚盟军的残余，当雷根斯堡陷落时，他已经在穿越波希米亚的途中了。他派出了一支由 2000 名骑兵组成的先遣卫队，继续越过山区前往帕绍，但自己随主力部队返回比尔森周围的冬季营地。

反对瓦伦斯坦的阴谋

瓦伦斯坦的行为已经不再是理性人的行为——人们发现他的无所事事无法理解。许多观察家现在公开将他的行为归因于他对占星术的痴迷。确实，瓦伦斯坦痴迷于这一魔法技艺，而同时代人将占星术与天文学和医学联系在一起。他曾很有名地于 1608 年委托开普勒为他制作天宫图，并于 1625 年他成为指挥官之后再次委托。开普勒于 1628 年正式到他麾下效劳，瓦伦斯坦后来还咨询了其他人，特别是热那亚的吉安·巴蒂斯塔·塞纳（Gian Battista Senno），后者曾经是开普勒的助手。瓦伦斯坦还有一个星盘和一个护身符，并要求阿尼姆探知古斯塔夫斯的出生日期，这样他就可以研究古斯塔夫斯的天宫图了。然而，瓦伦斯坦同时也意识到，教会谴责占星术是亵渎神明的行为，小心翼翼地隐藏他的真实想法。然而，到1627 年，他的兴趣已经为人所知，当时出现了各种各样的小册子，声称他的决定受到占星家预测的指导。这是马克西米连故意编造的谎言，是为了让瓦伦斯坦被解职的计划的一部分，以刻意迎合费迪南德的虔诚心态。它通过外交报道迅速传播开来，并在 1633 年得到广泛流传，为那些致力于让瓦伦斯坦再次下台的人提供了很多帮助。[35]

　　虽然外界压力对瓦伦斯坦的第一次下台起了决定性作用，但这次反对来自哈布斯堡君主国内部，费迪南德对瓦伦斯坦的不作为越来越怀疑。马克西米连小心翼翼地工作，煽动费迪南德的疑虑，但是直到 12 月 18 日才要求瓦伦斯坦被解职，并且在整个事件中没有起到直接的作用。拉莫米尼和耶稣会士也反对瓦伦斯坦，但同样在除掉他的过程中没有起到关键作用。西班牙给的压力更大。尽管基罗加钦佩瓦伦斯坦，并且在报告中仍偏向他，但是奥尼亚特在陪同费里亚的军队于 11 月抵达维也纳时，立即感受到了当地气氛的变化。[36] 至关重要的是，支持按照瓦伦斯坦建议的路线妥协和实现和平的温和派也不再相信他能做到这一点。对瓦伦斯坦的反对出于个人，而非政治，因为其中温和派与好斗分子紧密合作，所有人都认为瓦伦斯坦的行为正在破坏帝国的权威和威望。瓦伦斯坦对宫廷生活的厌恶同样对他非常不利。自 1628 年以来，他就没有和费迪南德说过话，1632 年，他在维也纳附近的格勒尔斯多夫谈判时故意没有访问维也纳。现在几乎没什么人还为他辩护了。人们普遍认为，他告诉波希米亚流亡者，费迪南德过于依赖教士，无法为达成和平做出必要的让步，而他会自己安排条件，并使用军队强迫皇帝接受这些条件。这相当于叛国。冈达克·利希滕施泰因在与特劳特曼斯多夫和安东·沃尔夫拉德主教协商后，于 1634 年 1 月 11 日向费迪南德发送了一份正式备忘录，建议"清算"瓦伦斯坦。[37]

　　瓦伦斯坦对军队的疏远也使这成为可能。1633 年的大部分时间，他都待在西里西亚，远离其他高级军官，基本让这些军官自行其是。他的不作为引起了人们的关注。他的无所事事损害了军队的士气和健康，同时使军官们没有任何机会来表现自己获得晋升。由于害怕瓦伦斯坦臭名昭著的坏脾气，这些军官不愿意直接找他，而是自己讨论事情，变得越来越像讨论阴谋诡计，最后在 1633 年 8 月开始用密码通信。皮科洛米尼成了他们的领袖。尽管皮科洛米尼在瓦伦斯坦的支持下不断晋升，但他感觉到皇帝对将军越来越不满，并可能希望自己被选为新的帝国指挥官。[38] 皮科洛米尼的一名下属法比奥·迪奥达蒂（Fabio Diodati）写了一本名为《班贝格文件》（Bamberger Schrift）的匿名小册子，总结了军队对瓦伦斯坦的不满。

施里克 8 月从西里西亚回来后，费迪南德又派遣了特劳特曼斯多夫去会见瓦伦斯坦，但瓦伦斯坦仍没能对自己的行为做出令人满意的解释。特劳特曼斯多夫于 11 月 28 日在比尔森会见了这位将军，此前瓦伦斯坦已经放弃了前往雷根斯堡。瓦伦斯坦意识到了人们对自己的批评，为自己辩护。例如，针对费迪南德对他释放被囚禁的图尔恩的愤怒，他声称让一位无能的伯爵指挥敌军比把他关在监狱里更有用。他还给皇帝写信解释说，他不想在冬季作战以危及军队的健康，并在 12 月底又重复这一论点。[39]

这些信件提供了瓦伦斯坦直接违抗帝国命令的证据，最终决定了他的命运。他似乎还没有意识到这些后果，尤其是因为事实上他有充分的理由不继续进入巴伐利亚，因为那里现在挤满了从莱茵河地区撤退的阿尔德林根和费里亚的军队。然而，在几个月的可疑行为后，他的拒绝现在似乎证实了他打算投敌。他试图寻求下属的忠诚，把上校们叫到比尔森，以辞职相威胁，让局势变得更加复杂。在出席者中，有 49 人于 1 月 12 日签署了一份个人忠诚声明，被称为第一次《比尔森誓言》（Pilsner Reverse）。瓦伦斯坦指示沙夫戈奇确保仍在西里西亚的军官签名，而舍尔芬贝格（Scherffenberg）将军被指示在上奥地利也这样做。大多数人签字是因为他们预计瓦伦斯坦的辞职或解职会像 1630 年 11 月时一样引发一场信贷崩溃，这会毁掉他们个人，也会破坏军队的凝聚力。

与此同时，皮科洛米尼于 1 月 10 日对瓦伦斯坦进行严厉的批评。他的批评在维也纳非常有分量，因为他被认为是瓦伦斯坦最倚重的下属，而且《比尔森誓言》的消息似乎证实了对瓦伦斯坦的指控。费迪南德于 1 月中旬在埃根贝格的宅邸里与特劳特曼斯多夫、安东主教和埃根贝格见面，并同意瓦伦斯坦要么被逮捕，要么被处决。埃根贝格也参与进来，这表明瓦伦斯坦已经完全孤立了。当皮科洛米尼于 1 月 22 日收到这一决定的消息时，他已经与一小群准备充当刺客的苏格兰和爱尔兰军官建立了联系。沃尔特·巴特勒（Walter Butler）是一名德意志龙骑兵团的上校，该团的主要军官都是他的爱尔兰同胞，包括罗伯特·菲茨杰拉德（Robert Fitzgerald）少校、沃尔特·德弗罗（Walter Devereux）上尉、丹尼斯·麦克唐奈（Dennis MacDonnell）和爱德蒙·布尔克（Edmond Boorke）上尉。苏格兰人约翰·戈登（John Gordon）在这群人中是个例外，只有他是加尔文宗信徒，而其他人都是天主教徒。作为特尔奇卡步兵团的中校，戈登是艾格驻军点的指挥官，他的助手是他的朋友沃尔特·莱斯利（Walter Leslie）少校。[40]

　　哈布斯堡的高级官员可能意识到了这一点。瓦伦斯坦现在被认为是臭名昭著的反叛者，因此没有必要进行正式审判。费迪南德于 1 月 24 日签署了一项特许状，解除了所有军官服从瓦伦斯坦的义务，并指示他们服从加拉斯，直到新的指挥官被任命。第二项更严厉的特许状于 2 月 18 日签署，直接指控瓦伦斯坦从事阴谋，实质上是一份死刑令。该消息没有立即公布，因为所有人都相信有必要保密，以避免军队分裂。现在人们还不清楚有多少军官会跟随瓦伦斯坦。此时，波希米亚、西里西亚以及勃兰登堡和波美拉尼亚东部有 5.4 万名帝国军。其中不到三分之一分散在比尔森周围，而奥地利的阿尔德林根、蒂罗尔的奥萨（Ossa）和威斯特伐利亚的格罗茨菲尔德手下还有 2 万人。皮科洛米尼签署了《比尔森誓言》，以免引起怀疑。应瓦伦斯坦的要求，他和加拉斯一起返回比尔森进行磋商，但于 2 月 15 日设法离开。皇帝的第一份特许状副本被分发给忠诚的军官，准备随后分发给他们的部队。上奥地利和下奥地利等级会议召开了紧急会议，并投票通过追加拨款，以让士兵们满意。

　　瓦伦斯坦的盟友舍尔芬贝格于 2 月 17 日在维也纳被捕后，事态迅速发展。第二天，费迪南德下令加强布拉格驻军，阿尔德林根召集忠诚的军队逮捕瓦伦斯坦。其他部队集中在布德韦斯和上普法尔茨，阻止他逃跑。瓦伦斯坦没有怀疑任何事情，直到迪奥达蒂上校在 2 月 17 日夜至 18 日凌晨带着他的团离开比尔森。瓦伦斯坦派遣了一系列信使前往维也纳，在信中驳斥了针对他的谣言，而其余的军官被重新集合，于 2 月 20 日签署了第二份誓言。这次只有 30 人服从了，他们被派往布拉格集结自己的部队。当士兵们开始逃离仍在比尔森的团时，瓦伦斯坦意识到无法再信任军队了。在连夜收拾行装后，他于 2 月 22 日离开，向西前往艾格，从那里他可以加入萨克森或瑞典。劳恩堡的弗朗茨·阿尔布雷希特仍然充当着瓦伦斯坦与萨克森秘密会谈的中间人，被派去通知伯恩哈德前往上普法茨见瓦伦斯坦。

没有证据表明瓦伦斯坦的叛逃是事先计划好的。直到 2 月 18 日，约翰·格奥尔格仍在指示阿尼姆继续谈判，如果谣言属实，则去劝阻瓦伦斯坦不要叛逃。1633 年 8 月至 10 月的第二次休战使乌克森谢纳相信瓦伦斯坦并不真诚。在 9 月 11 日的一次长达 5 个小时的会议上，阿尼姆未能说服乌克森谢纳相信瓦伦斯坦真诚地在寻求和平。10 月，瑞典驻德累斯顿特使拉斯·通格尔（Lars Tungel）去世，乌克森谢纳失去了主要的消息来源，这加深了他对萨克森的怀疑。他现在寻求瓦伦斯坦下台，以防止瓦伦斯坦和萨克森单独议和而分裂萨克森，并通过法兰克福的报纸散布谣言，利用瓦伦斯坦众所周知的对费里亚行军的反对，在维也纳散布不和的言论。

艾格大屠杀

瓦伦斯坦放弃了他在比尔森的大部分行动缓慢的步兵和炮兵，带着大约 1300 名士兵外出，并要求巴特勒带着 900 名龙骑兵与他会合。巴特勒派遣他的告解神父帕特里克·塔弗（Patrick Taaffe）向皮科洛米尼保证，他仍然忠于皇帝，只是在胁迫下行事。阴谋家们之前预料会有一场长期的斗争，但军队迅速对瓦伦斯坦不满，这让他们深受鼓舞。旺格勒（Wangler）上校确保布拉格守备部队的安全，部队纷纷从外围的住宿地涌入城中，宣布效忠费迪南德。皮科洛米尼带着 2000 名骑兵出发去追赶瓦伦斯坦，在米斯城外切断了他的后卫。皮科洛米尼选择停留在了那里，随后声称他的手下太累了，无法继续前进了，可能是为了和后面发生的大屠杀撇清关系。

　　瓦伦斯坦率领越来越少的随从于 2 月 24 日下午晚些时候抵达艾格。戈登把自己的住宿处帕赫贝尔宅邸让给了他，那是在主广场上的一栋三层的漂亮建筑，是从一位流亡的路德宗市民那里征用的。由于城镇已经被戈登的 1200 名步兵占领了，大多数部队不得不在城外扎营。第二天，瓦伦斯坦信任的副手伊洛多次会见戈登、莱斯利和巴特勒，试图说服他们继续忠于瓦伦斯坦。这三个人都在和良心挣扎。在他们后来的声明中，宗教因素和对哈布斯堡王朝的忠诚事关重要，但是个人前途显然也是一个因素。他们也意识到自己已经走得太远了：如果不处决瓦伦斯坦，他们自己可能也会牵连到他的罪行中来。他们私下同意，将瓦伦斯坦从他最后的核心圈子分开，这个圈子包括伊洛、特尔奇卡、金斯基和尼曼（Niemann）上尉，尼曼上尉指挥着瓦伦斯坦的护卫队。他们冒险邀请全部 5 个人在城堡里共进晚餐，不出他们所料，瓦伦斯坦拒绝了。晚餐于晚上 6 点后开始，戈登做东。莱斯利请求离席，让麦克唐奈率领着巴特勒的一队龙骑兵进入城堡。回到餐桌后，他一直等到一名仆人进来，后者点点头，表示一切都准备好了。6 名龙骑兵突然大叫："谁是皇上的好士兵？"戈登、莱斯利和巴特勒跳起来大喊："费迪南德万岁！"金斯基在座位上被杀，其他人在短暂但激烈的打斗中被杀，期间桌子被掀翻了。巴特勒随后赶到帕赫贝尔宅邸，大约晚上 10 点钟到达。菲茨杰拉德守卫住大门，而德弗罗则冲上楼，杀死了一名挡路的侍从。由于剑被折断了，他抓起一支半长柄枪，冲进瓦伦斯坦的卧室。将军已经取下了剑、靴子和外套，正要准备睡觉。犹豫片刻后，德弗罗刺穿了他的身体。尸体被拖下楼梯，装进一个箱子里，被带到城堡。[41]

　　第二天刺客们花了一整天确保士兵们的忠诚。莱斯利前往维也纳报告情况，而肯定已经详细得知瓦伦斯坦的计划的巴特勒派了一队龙骑兵去抓捕毫无防备的弗朗茨·阿尔布雷希特，后者在刚刚见过伯恩哈德之后骑马回来。他们还试图通过发送一封盖有金斯基签名戒指印章的伪造信件来绑架阿尼姆，但谋杀的传言已经泄露出去了。萨克森人真的相信瓦伦斯坦正在背叛，但伯恩哈德怀疑请他帮忙是另一个诡计。

局势仍然混乱。特罗保的指挥官没有意识到发生了什么，于3月1日宣布支持瓦伦斯坦，但当他的部下接受帝国大赦时，他也被迫投降了。霍恩利用了这一形势，招募了3000名施瓦本的帝国驻军加入了他的军队，帝国驻军点几乎没有什么抵抗。[42]伯恩哈德直到3月1日才得知谋杀的消息，他离开雷根斯堡向北猛冲，希望占领艾格，并将心怀不满的帝国部队争取到自己一方，但已经太迟了。

奖励和掩饰

尽管如此，不满情绪仍在继续扩散，因为正如人们恐惧的那样，信贷崩溃了，阴谋分裂了军官队伍。事件的主要推动者是意大利人，而执行者则是苏格兰人和爱尔兰人。受害者是波希米亚人、西里西亚人或北德意志人。梅尔基奥尔·冯·哈茨菲尔德（Melchior von Hatzfeldt）被任命为军事法庭法官来审查事件，但他认为这是加拉斯的诡计，以使一名德意志人承担不愉快的任务。他设法逃避了这一职责，但怨恨依然存在，特别是对不招人喜欢的皮科洛米尼。[43]新教的宣传最初敌视瓦伦斯坦，后来转而煽动紧张局势，以破坏帝国军队稳定。

皇帝很快采取行动，宣布他的儿子费迪南德大公于4月27日出任新指挥官，加拉斯为副手。皇帝重新负责任命上校，而上校现在被禁止同时指挥两个以上的团。其他一些努力是为了改进纪律和对炮兵进行合理化改革，但除此之外，军队及其经费保持不变。[44]皇帝已经于2月20日授权没收了瓦伦斯坦及其合作者的财产，现在加速了这一行动，以巩固财政并赢得忠诚，这些财产的净资产估计超过1300万弗洛林。[45]巴特勒、莱斯利和戈登都分到了财产。但巴特勒没有长久享受新生活，于1634年12月死于瘟疫，而戈登很快就离开了帝国军队，转而到尼德兰军中服役，这可能是因为他的傲慢疏远了他的战友。相比之下，莱斯利成了一个富有而有影响力的人物，但没有进一步实际指挥军队。实际刺杀瓦伦斯坦的人得到了现金奖励和一些不多的荣誉，但依然无足轻重。德弗罗在5个月后以上校身份去世。真正的受益者是皮科洛米尼、加拉斯和阿尔德林根等主谋，他们都获得了大笔地产，部分是作为奖励，但也是为了结清拖欠的工资。

当时的媒体报道了 24 起处决。[46] 事实上，只有特罗保的指挥官和沙夫戈奇将军被处决了，尽管没有证据表明后者有罪。其他 7 人被剥夺了自己的团，还有一些人被暂时监禁，包括弗朗茨·阿尔布雷希特，他在 1635 年 8 月在萨克森改变阵营后被释放。1634 年 7 月，一系列报道得出结论，认为两次《比尔森誓言》事件构成叛乱，并以"臭名昭著的反叛者"为理由为刺杀瓦伦斯坦做辩护。这些发现在 10 月作为官方解释被姗姗来迟地公布了。人们继续寻找证据，但是除了瓦伦斯坦的波希米亚中间人之一的拉辛（Rasin）的坦白，几乎找不到任何证据。

费迪南德不想进行政治迫害，而且初步调查也证实瓦伦斯坦基本上是独自行动。像马克西米连一样，他只是为危险已经过去而感到如释重负，并希望这件事就此过去。显而易见，像格勒尔斯多夫协定这样可能会表明他自己也有罪的文件被销毁了，以平息人们对皇帝的批评。瓦伦斯坦的亲属没有抗议，他的遗孀被允许住在他的一处庄园里，但很晚之后才为她提供经济安排。只有埃根贝格真的感到不安，辞去了枢密院议员的职务，但他后来很快去世了，因此他的姿态几乎没有什么影响。

瓦伦斯坦迅速从当前的争论转向文学和戏剧中；早在 1640 年，伦敦就上演了一出关于他的戏剧。大约在 1700 年，人们的兴趣减弱了，但是随着席勒的三部曲在 18 世纪末出版，人们对他的兴趣复活了，引发了关于他的重要性的历史辩论。也许真正的悲剧在于，在瓦伦斯坦被谋杀的时候，他已经变得无关紧要了。随着萨克森人积极寻求和平，他更多地是一个障碍而非援助。人们通常的看法是，他是意大利文艺复兴时期出现的一系列伟大雇佣兵队长中的最后一位。[47] 这类人物被认为代表了历史发展的转变，是国家在能够自己组织军队之前采取的权宜之计。这种看法非常有误导性。瓦伦斯坦未能赢得下属的忠诚，这表明哈布斯堡国家处在相对强势的地位。军官们认识到，最终是皇帝，而非瓦伦斯坦，保证了他们的资金来源，并使他们的行为合法化。瓦伦斯坦如果像伯恩哈德在瑞典兵变期间所做的那样，为军官们的不满担当发言人，他可能会赢得他们的支持。第一次《比尔森誓言》也表明了这一点。然而，事实证明，在政治不忠行为中，很少有人准备支持他。

两个费迪南德

西班牙再次干预（1634）

瓦伦斯坦的被杀为奥利瓦雷斯更新 1633 年的战略铺平了道路，他将恢复莱茵河沿岸的西班牙势力与向皇帝施压以让他协助对抗尼德兰人这两个目标结合起来。他并不期望费迪南德会对尼德兰共和国宣战，但希望帝国处境的改善可以让皇帝将部分军队派遣到佛兰德去。由于伊莎贝拉于1633 年 12 月去世，以及范登贝赫伯爵阴谋证据的进一步发现，尼德兰事务变得紧迫起来。一支新的军队在米兰集结起来，护送腓力四世的弟弟费尔南多到尼德兰。这支军队还将与仍在巴伐利亚的费里亚的远征军的幸存者会合，恢复德意志南部的局势，打通西班牙之路，并为佛兰德提供有力的增援。奥尼亚特得到指示，要提供更多的实质性资金援助，只要费迪南德同意以军事援助作为回报，这些援助将立即发放。[48]

1634 年 4 月下旬，奥尼亚特在维也纳会见了巴伐利亚和皇帝的资深顾问，为解放德意志南部做出必要的安排和计划。在巴伐利亚人的支持下，他说服帝国军在对抗萨克森方面继续采取守势，并将其主要力量转而对抗伯恩哈德和霍恩。一个月后，费迪南德大公和加拉斯带着来自比尔森的 2.5 万人与阿尔德林根会合，阿尔德林根在多瑙河地区有 3000名帝国军、7500 名巴伐利亚军和 4000 名西班牙军幸存者。鲁道夫·科洛雷多在波希米亚留下了 2.5 万人，而他的兄弟希罗尼穆斯·科洛雷多（Hieronymus Colloredo）在西里西亚和奥得河沿岸有 2.2 万人。大约有6000 人把守着布赖萨赫和康斯坦茨湖周围的其他前哨站，而威斯特伐利亚地区的天主教同盟部队总人数为 1.5 万。[49]

这些数字相当可观，显示了帝国继续进行战争努力的规模，皇帝仍能够同时维持几支庞大的军队。瓦伦斯坦死后，指挥也变得更加协调一致，这与瑞典人依然四分五裂的状况形成了鲜明对比。霍恩依然困在于伯林根城前，他围攻该城，试图关闭康斯坦茨湖的路线，不让费尔南多通过。伯恩哈德还在弗兰肯，他认为帝国军在西班牙人到来之前不会有任何企图，他自己有足够多的时间恢复对克罗纳赫和福希海姆的徒劳的攻击，这两地可以让他安全地拥有班贝格。

瑞典两支主要军队的分散让雷根斯堡处在危险之中，这是他们前一年的主要战利品。帝国军和巴伐利亚军队从 5 月 23 日开始围困这座城市。拉尔斯·科格（Lars Kaage）带领 4000 多名驻军进行了有力的防御，但不能无限期地守下去。霍恩和伯恩哈德于 7 月 12 日在奥格斯堡附近会师，但是他们的总兵力因为作战减少到只有 2.2 万人。他们向东推进到巴伐利亚，于 7 月 22 日在莱希河畔兰茨贝格击败了一支封锁军，阿尔德林根也在此战中被杀。他们又浪费了一周时间，然后才恢复行军，然而这已经太迟了，因为雷根斯堡已经于 7 月 26 日投降了。科格被耻辱地召回瑞典，但他实际上表现得很好，对围城者造成了沉重的打击，围城者有 8000 人伤亡，还有 6000 名逃兵。围城战的静态特征使得疾病和饥馑有更多的机会造成损失，往往比直接战斗造成更大的伤亡。来自哈布斯堡世袭土地的坏消息加剧了帝国的损失，在那里，由于领导不力和人员不足，人们未能利用第二次施泰瑙战役带来的收益。

乌克森谢纳决心消除对波美拉尼亚的威胁，同时分散约翰·格奥尔格的注意力，让他无法再进行和平谈判。亚历山大·莱斯利于 3 月 16 日夺回了瓦泽河畔兰茨贝格，而希罗尼穆斯·科洛雷多则在更南的地方忙于封锁布列斯劳。直到 5 月，巴纳尔才在图尔恩军队的残余部分基础上重建了一支 1.4 万人的军队。格奥尔格·威廉派出了 3000 名勃兰登堡军，而阿尼姆则带着 1.4 万名萨克森军抵达。5 月 8 日，在一场艰苦的战斗中，联军在列格尼茨击溃了希罗尼穆斯·科洛雷多的军队，其中训练更好的萨克森步兵起到了决定性的作用。帝国军崩溃了，损失了 5000 多名士兵。科洛雷多被送上了军事法庭，并被短暂监禁。到 6 月，巴纳尔已经夺回了包括奥得河畔法兰克福在内的奥得河中部的阵地。随后，他和阿尼姆一起向西入侵波希米亚，在雷根斯堡陷落的那一天，他出现在了布拉格城外。

费迪南德大公沿着多瑙河向波希米亚进发，但是在 8 月 2 日停止了进军，因为消息传来，阿尼姆已经撤退了，他以缺乏补给为借口放弃了巴纳尔。大公派遣 11 个团继续增援鲁道夫·科洛雷多，而其他人则在 8 月 16 日返回占领多瑙沃特。帝国军的危机已经过去了，但西班牙感到了足够的警惕，指示费尔南多绕道前往弗兰肯去帮助帝国军。

7月穿越瓦尔泰利纳的11 700人的西班牙军和意大利军是迄今为止使用这条路线的最大和最后一支军队。他们的前进被山谷入口处科莫湖的高水位耽搁了，但是他们在8月与费里亚军队的残余部分会合，总共有3892名骑兵和18 700名步兵。[50]同时，费迪南德大公向西北方向推进了一小段距离，包围了仅由500人防守的讷德林根，同时派出骑兵去解救仍然被克拉茨（Cratz）手下约4000名士兵封锁的福希海姆。向弗兰肯的进攻击中了海尔布隆联盟的心脏。乌克森谢纳在联盟第二次大会上努力争取各方已经疲软的支持，大会目前在法兰克福举行。讷德林根没有什么战略价值，但是乌克森谢纳不能失去它，调用了他所有可用的力量来救援它。

讷德林根战役

霍恩和伯恩哈德回到施瓦本重新集结后，在乌尔姆重新会合，向东穿过阿伦和博普芬根，但他们到达得太晚了，无法阻止费迪南德大公于8月18日开始围困讷德林根。霍恩拒绝越过埃格尔河攻击人数占优的敌军。他知道西班牙人正在赶来的路上，但是他期待乌克森谢纳组织的增援部队首先到达。8月24日，在清除了保护该镇的克罗地亚人之后，霍恩派出了250名火枪手，并承诺在6天内解救守军。大约7000名士兵于8月28日抵达，但他们主要是符腾堡民兵，没有多大价值。当费尔南多于9月3日抵达时，伯恩哈德和霍恩听到了敌人营地中庆祝的声音。鲁本斯在一幅画中纪念了两个费迪南德的会面。这两个堂兄弟相处得很好，但实际指挥权由他们经验丰富的副手——加拉斯和莱加内斯（Leganés）侯爵行使，后者是斯皮诺拉的女婿。在阿尔德林根死后，流亡在外的洛林公爵作为巴伐利亚指挥官也来参战。[51]西班牙人已经感染了瘟疫，自从他们到达巴伐利亚以来，瘟疫已经杀死了4000人，但联合军队仍然强大，有1.5万名骑兵、20 500名步兵和至少52门大炮。在这些部队中，有1.5万名是"西班牙人"，8500名是巴伐利亚人，1万名是帝国军，还有2000名是克罗地亚人。

讷德林根遭到猛烈轰炸，在9月4日的一次袭击中几乎陷落。收到求救信号后，霍恩和伯恩哈德在午夜进行了交谈。霍恩想等索尔姆斯到来，索尔姆斯预计在 6 天内会带着 6000 人到来，但是伯恩哈德正确地认为，讷德林根坚持不了这么久，并认为克拉茨第二天会从福希海姆到来，使他们的兵力达到 1.6 万名步兵、9700 名骑兵和 70 门大炮。他们可能不知道真正的敌我人数比，对河对岸的情况只有粗略的了解，因为帝国军的克罗地亚人和龙骑兵封锁了有效的侦察。他们决定向西行军，佯装撤退到乌尔姆，但是在上游的博普芬根穿过埃格尔河，然后向南行进，占领讷德林根以南 2 千米处的一排山丘，包抄两个费迪南德。他们在早上 5 点出发，然后与克拉茨的军队会合，把辎重留在内勒斯海姆，由 3000 名符腾堡军看守，向东穿过树木繁茂的汝拉山。霍恩和伯恩哈德一直交替指挥先遣卫队，这样两人就都不会觉得从属于对方。现在轮到伯恩哈德指挥了，他继续前进，沿着单行道缓慢前进。

下午 4 点左右，帝国警卫队发现了他。莱加内斯和加拉斯立即做出反应，占领了左边的山丘。这些山丘沿埃格尔河从西北向东南延伸，被泥泞的雷岑巴赫小溪与汝拉山分开。下午 4 点后不久，伯恩哈德的部队出现在西边的希默尔赖希山丘上，与西班牙和帝国的警卫队交战，其中包括巴特勒的龙骑兵。[52] 伯恩哈德试图从西向东一个接一个地夺下这些山丘，与敌军发生了战斗。他的骑兵仍在从汝拉山出发，试图穿过雷岑巴赫小溪，但 3 个小时后，他接连占领了希默尔赖希山、树木繁茂的兰德尔山和开阔较矮的拉赫贝格山。这段时间里，西班牙和帝国的火枪手聚集在树木繁茂的黑瑟尔贝格山，在骑兵的支持下继续抵抗。霍恩在晚上 10 点后到达，接替了伯恩哈德疲惫不堪的军队，4 小时后，黑瑟尔贝格山终于被占领了。

这段时间的拖延至关重要，让 6600 名西班牙人和 1500 名巴伐利亚步兵占领了最东面的阿尔布赫山，这是整个阵地的关键所在，因为它封锁了哈布斯堡军侧翼的道路。他们花了一夜时间为 14 门大炮挖掘三个小防御工事，同时 2800 名勃艮第军和意大利骑兵在附近集结。其余的军队沿着向北通向讷德林根的一行小山部署，还有 2000 名步兵留在讷德林根附近的防御工事里，以防城中军队出击。

哈布斯堡军预期敌人会越过希默尔赖希，于是在位于阵地和埃格尔河之间的赫克海默菲尔德平原上部署了军队。伯恩哈德和霍恩无意采取这种危险的举动。相反，伯恩哈德疲惫不堪的部队会在兰德尔山和拉赫贝格山上等候，而霍恩稍为不那么疲惫的军队会从黑瑟尔贝格山和雷岑巴赫河谷袭击阿尔布赫山。霍恩大约有 4000 名骑兵和 9400 名步兵，但其中 3000 人是符腾堡民兵。他于 9 月 6 日拂晓发动攻击，可能是因为他的骑兵指挥官错误理解了一次侦察，并向东南陡峭的斜坡发起了攻击。骑兵被击退了，但是第一波突击的苏格兰和德意志步兵很快压倒了哈布斯堡前线，哈布斯堡前线主要由当年冬天招募的在西班牙军中效力的德意志新兵组成。新教徒将后来的溃败归咎于一辆火药车爆炸，暂时让获胜的步兵陷入了混乱。但更有可能的是，等待在战壕后面的西班牙本土老兵组成的伊迪亚克斯团突然发起反击，让他们措手不及。不到一个小时，霍恩的部队就被打回了出发的位置。

随后的每一次进攻都越来越疲软，而西班牙人可以从山丘东北的后备部队中补充生力军。西班牙人也知道如何应对令人恐惧的瑞典式齐射，每当敌人准备开火时，他们都会蹲下。而子弹一飞过他们的头顶，西班牙人就跳了起来，进行自己的齐射。伯恩哈德派出了两个步兵旅来协助，并把他自己的骑兵转移到平原上，以分散哈布斯堡军的注意力，阻止他们增援阿尔布赫山。新来的步兵很快被西班牙火枪手困山脚下，然后被在北面等待的意大利骑兵袭击。霍恩派自己的骑兵去营救时，与对方骑兵发生了激烈的肉搏战，而查理公爵一如既往，不愿站在战线的另一端无所事事，在这时骑马过来组织反击。战斗的声音在 120 千米外的安代克斯都能听见。[53]

大约上午 10 点钟，霍恩后撤了，让伯恩哈德其他仍然在拉赫贝格山上等候的步兵暴露在外。在更多巴伐利亚军队的支持下，西班牙军越过黑瑟尔贝格山，驱散了霍恩最后一批试图穿过雷岑巴赫小溪逃跑的军队。与此同时，克罗地亚人沿着埃格尔河前进，越过希默尔赖希山，攻击伯恩哈德的侧翼。伯恩哈德也意识到形势无望，并试图从平原上解脱出来。"西班牙人砍倒了所有人。"[54] 伯恩哈德能够逃跑只是因为一名龙骑兵借给他一匹新马。霍恩和其他 4000 人被俘虏。此前被迫加入瑞典军中的巴伐利亚和帝国战俘现在重新加入了原来的部队，海尔布隆联盟的许多俘虏也是如此。大约有 8000 人被杀，其中包括在克罗地亚人夺取留在内勒斯海姆

纳德林根战役

图例：
- 小山
- A 希默尔东赖希
- B 兰德东贝格
- C 黑塞恩东贝赫
- D 阿恩东布赫
- E 阿恩布鲁德

瑞典的进攻
- ① 霍恩
- ② 萨克森-魏玛
- ③ 伯恩哈德

1634年9月5日瑞典军的行军

通往多瑙沃特

里斯平原

赖姆林根

围城工事

纳德林根

勒施河

赫尔海姆

霍尔海姆

埃德尔海姆

许恩海姆 雷芬巴赫河

埃林根

乌恩梅明根

阿恩梅斯贝格

森

林

反

应

博普芬根

通往乌尔姆

霍亨贝格

代林根

奥曼海姆

内勒斯海姆

1千米

的辎重时被屠杀的 2000 名符腾堡人。几天后，伯恩哈德到达海尔布隆时，只剩下大约 1.4 万人。他向乌克森谢纳承认："我们面临了巨大的灾难，情况无法再糟了。"[55]

瑞典失去德意志南部

相比之下，哈布斯堡损失的 2000 人似乎微不足道，因此他们声称自己取得了一场重大胜利。在帝国经历了一系列的失败后，讷德林根战役似乎表明瓦伦斯坦的被杀是正确的，并通过将加拉斯和皮科洛米尼与胜利联系在一起，增强了他们的影响力。就像布赖滕费尔德战役一样，因为战败方士气低落，失败更为显著。战败的消息于 9 月 12 日抵达法兰克福，同时还有大量难民涌入城中。剩下的海尔布隆代表第二天逃跑了。乌克森谢纳试图沿着美因河临时建立一条新的防线，将失败限制在南方。没有人合作。约翰·格奥尔格未能对波希米亚发起此前所要求的转移帝国注意力的攻击，而格奥尔格公爵拒绝向南移动以守住美因河中段。魏玛的威廉放弃了弗兰肯，带着 4000 人回到了爱尔福特的基地，将美因河上游暴露在皮科洛米尼和伊索拉诺面前，他们正带着 1.3 万名来自讷德林根和波希米亚西北部的士兵前来。皮科洛米尼占领了施韦因富特，而伊索拉诺摧毁了自 1631 年以来为瑞典供应大部分小武器和弹药的苏尔武器工厂。随后伊索拉诺率领 6000 名克罗地亚人在 11 月沿着美因河向下游横扫，进入黑森占领的黑斯费尔德。

9 月 19 日，帝国军主力向西移动，绕过乌尔姆进入斯图加特。埃伯哈德三世公爵逃往瑞士，最后一座符腾堡要塞于 11 月投降。只有多瑙河上游与外界隔绝的霍恩特维尔城堡还在坚守。当帝国军自由行动时，西班牙人继续向西进军，现在由韦特指挥的巴伐利亚军队于 11 月 19 日占领了海德堡，尽管其城塞仍然还在顽抗。韦特的骑兵向前追去，当伯恩哈德的军队逃到法兰克福时，韦特的骑兵骚扰了他们的残余部队。瑞典莱茵河军队的指挥官拒绝让伯恩哈德加入，因为这会影响他们的士气。比肯菲尔德放弃了海尔布隆，退到斯特拉斯堡对面的凯尔桥头堡。比肯菲尔德试图取代伯恩哈德，但是他的希望被乌克森谢纳粉碎了，乌克森谢纳认为除了战败的伯恩哈德，其他的选择都不切实际。扎尔姆-屈尔堡伯爵于 10 月 16 日死于瘟疫，伯恩哈德因此能够将前阿尔萨斯部队纳入他的指挥之下。

费尔南多留下韦特和查理公爵征服普法尔茨其他地区，自己继续沿着莱茵河行进，10 月 16 日在科隆渡过河，19 天后到达布鲁塞尔。与此同时，菲利普·曼斯菲尔德（Philipp Mansfeld）伯爵在安德纳赫集结了威斯特伐利亚人，据称和他在一起的还有 100 名坐着马车渴望收回地产的天主教领主和教士。[56] 随着菲利普向南进军，伯恩哈德似乎会在菲利普的锤子和加拉斯的铁砧之间压得粉碎。

这种情况和 1631 年的情况如出一辙，只是这一次受到影响的是新教地区，瑞典的德意志合作者急速逃离后，地方政府崩溃了。痛苦也更普遍，因为瘟疫阻碍了收割，造成了广泛的困难。有迹象表明，费迪南德皇帝已经吸取了 1629 年的教训，试图抑制过分狂热的天主教徒的行为。他出面阻止哈茨菲尔德主教惩罚与瑞典人合作的弗兰肯骑士，也拒绝让耶稣会士接管位于图宾根的符腾堡大学。他的政策无疑受到了政治考虑的影响，因为维也纳不想危及与萨克森的有希望达成协议的谈判。费迪南德大公的出现也缓和了局面。然而，事实证明，常常无法阻止军官和教区长官利用这种情况，他们要么是为了填充自己的钱包，要么是为了为长期收入不足的帝国军寻找资金。[57] 在维尔茨堡，天主教政府恢复得相对较快，但瑞典在马林贝格和柯尼希斯霍芬两地的驻军分别坚守到 1635 年 1 月和 12 月。

乌克森谢纳拼命工作，尽其所能想要挽回局面，12 月 2 日，他在沃尔姆斯重新召开了海尔布隆联盟大会。尽管一些成员愿意继续战斗，但大多数成员都试图通过萨克森的调解寻求出路。萨克森特使和达姆施塔特特使于 11 月 24 日商定了和平条款草案，称为《皮尔纳声明》（Pirna Note）。乌克森谢纳试图通过发表他所知道的关于和平条款的内容，来鼓励联盟成员退出，其中最重要的内容是《声明》建议将 1627 年设为新的规范年，这将确保天主教徒保住了很多收益。[58]

法国接管

乌克森谢纳的地位被黎塞留进一步削弱了，黎塞留认为现在是法国取代瑞典的一个机会，并试图将海尔布隆联盟转变成一个跨教派的中立团体。法国曾于 1633 年 9 月 15 日向瑞典提出建议，以建立一个更紧密的联盟，但批准与否取决于移交菲利普斯堡，该地后来于 1634 年 1 月被扎尔姆-屈尔堡占领。乌克森谢纳不愿放弃该要塞，因为这将允许法国进入德意志。剩下来的海尔布隆联盟好斗分子越来越认为法国是更理想的伙伴。所有人都意识到，奥斯曼苏丹为了进攻波斯，于 1633 年中止了对波兰南部的进攻。1634 年 6 月，经过两年的作战，波兰与俄国议和，因此一旦《阿尔特马克停战协议》在 1635 年到期，波兰就可以自由地向瑞典开战。[59] 黑森-卡塞尔的威廉五世已经开始与法国谈判，与此同时还与尼德兰人谈判，并于 1634 年 2 月接受了法国资金补助。法国军队于 8 月 26 日被允许进入菲利普斯堡，尽管要塞名义上仍在联盟控制之下，符腾堡公爵担任驻军指挥官。

符腾堡书记官勒夫勒和普法尔茨特使斯特雷夫·冯·劳恩施泰因（Streiff von Lauenstein）现在前往巴黎，背着乌克森谢纳进行谈判。他们在 11 月 1 日代表联盟接受的条款很好地表明了黎塞留的目标。法国实际上控制了联盟，联盟承诺未经法国同意不会议和。50 万里弗尔的资金援助将直接支付给联盟财库，将瑞典排除在外。黎塞留还会派遣 1.2 万名士兵，但是这些士兵不会是法国人，这样路易十三就不至于公开与皇帝开战。联盟将在下面征服的土地上恢复天主教信仰。最后，它将为法国的努力提供适当的"满足"条件，包括哈布斯堡所属阿尔萨斯部分、布赖萨赫、康斯坦茨以及其间的所有莱茵河要塞。[60]

协议墨迹未干之时，其中提出的一些让步条件中的地方已经到了法国手中。在讷德林根战役后的恐慌和混乱中，瑞典官员自己也做出了一些安排。瑞典驻阿尔萨斯代表莫克尔（Mockel）于 10 月 9 日向法国移交了 17 个城镇，包括科尔马和塞莱斯塔，只保留了本费尔德。罗昂率领 5000 人占领了这些地区，与此同时，拉福斯带着 1.9 万人从曼海姆渡过莱茵河，另外在南锡还有 3000 人占领洛林。

对联盟资产的争夺现在集中在法兰克福的军队（仍有大约 1.8 万人）以及位于美因茨、施派尔、哈瑙和海德堡城塞的驻军上。弗基耶尔准备绑架乌克森谢纳，以防他将军队转移到美因河以北，脱离法国影响范围。在沃尔姆斯开会的海尔布隆联盟代表表示，如果伯恩哈德愿意留在南方保护他们，他将得到专属指挥权。1635 年 3 月 12 日，乌克森谢纳不情愿地放弃了自己对军队的绝对控制，条件是伯恩哈德仍然从属于他，而他依然是联盟的理事。诸侯代表批准了勒夫勒和斯特雷夫的条款，但是城市代表和乌克森谢纳拒绝了。弗基耶尔拒绝提供承诺中的资金援助，但是当形势恶化时，他不得不授权军事干预，因为菲利普·曼斯菲尔德伯爵沿着莱茵河缓缓前进，而加拉斯加紧了对海德堡城塞的包围。拉福斯派出 7000 人在曼海姆通过浮桥渡河，在 12 月 22 日帮助伯恩哈德解除了海德堡之围。直到法国人到达后，曼斯菲尔德才抵达美因河，然后他选择后撤，以避免与法国人接触。

然而，压力继续增大。1635 年 1 月 24 日，帝国军伪装成农民，潜入菲利普斯堡，制服了由法国步兵和符腾堡民兵组成的驻军。随着这一威胁的消除，韦特在 2 月 2 日带领 3700 人越过冰冻的莱茵河，占领了施派尔。洛林的查理带着 9000 名巴伐利亚军和帝国军在莱茵河上游的布赖萨赫过河，占领了蒙贝利亚，并开始重新征服阿尔萨斯。拉福斯别无选择，只能放弃海德堡，于 2 月 22 日在曼海姆重新渡过莱茵河。尽管他收复了阿尔萨斯和施派尔，但行动调用了另一支军队的人员，而黎塞留原本打算用这支支军队协助尼德兰人。冬季战役使拉福斯的部队大幅减员，他只剩下 9000 名有效战斗人员，只得撤退到梅斯，和枢机主教拉瓦莱特（La Valette）率领的 1.1 万名增援部队会合。直到 6 月，两人都一直忙于阻止查理公爵夺回他的公爵领。[61]

沃尔姆斯大会在休会四周后于 1635 年 2 月 17 日重新召开。路德宗成员接受了《皮尔纳声明》，但是加尔文宗成员仍然拒绝。大会在 3 月 30 日没有达成协议就解散了，实际上标志着海尔布隆联盟的解散。《皮尔纳声明》没有给瑞典任何东西。乌克森谢纳已经在 2 月派雨果·格劳秀斯前往巴黎，但是黎塞留拒绝见他。书记官咽下骄傲，买了新衣服，带着 200 名随从出发，于 4 月 27 日在贡比涅会见了枢机主教。路易十三给了乌克森谢纳一枚戒指，以示尊重，但是除了模糊的友谊条约，拒绝承诺任何事情。那时，瑞典并不是法国的唯一问题，因为黎塞留和他的主人正在发动一场完全不同的战争。

第 16 章

为了日耳曼自由（1635—1636）

费迪南德利用讷德林根战役的余波在帝国缔造和平，而法国和西班牙都在走向战争。这两个方向的发展是相关的，但有着不同的根源。在萨克森的斡旋下，皇帝达成了《布拉格和约》（Peace of Prague），部分平定了帝国，这导致瑞典在 1635 年中被孤立。在进一步探讨这一点之前，有必要考察法国和西班牙之间的紧张关系。正如接下来的两节所指出的，法国并不寻求在帝国内开战，但因为要支持瑞典以及阻止费迪南德援助西班牙，在冲突中越陷越深。干预起到了效果，分散了皇帝的注意力，并使瑞典得以恢复力量。尽管如此，直到 1636 年，皇帝和瑞典之间仍可能达成和约。因此，审视外交和军事行动之间的互动很重要，可以让我们看出为什么双方都浪费了这个机会。帝国和巴伐利亚的军队加入西班牙一方进攻法国，但拒绝与尼德兰人交战。西班牙欢迎费迪南德的援助，但设想其援助主要用于帮助自己对抗尼德兰。奥地利和西班牙的军事合作一直持续到 1639 年，但是皇帝没有做出太多承诺，拒绝让西班牙的利益关系影响帝国内部的决策。

黎塞留决定开战

西班牙政策

我们有充分的理由怀疑西班牙的宣传，即他们是法国无端侵略的无辜受害者。自曼托瓦战争以来，奥利瓦雷斯对法国的敌意越来越深。1634年 5 月 12 日，他与加斯东·德·奥尔良签署了一项新的秘密协议，承诺提供 6000 名辅助人员和资金援助，使他能够再次入侵法国。然而，奥利瓦雷斯不太可能积极寻求与法国开展一场大规模战争，好让自己对腓力四世不可或缺。[1] 西班牙国务委员会于 4 月 13 日投票反对战争，与加斯东的交易只是重复早先在 1631—1632 年的政策，即让黎塞留手中有事做。[2]

奥尼亚特于 1634 年 10 月 31 日与费迪南德达成了《埃伯斯多夫条约》（Treaty of Ebersdorf），条约表面上旨在维护帝国的完整。但条约的秘密条款赞同了西班牙对 1548 年的《勃艮第条约》的解释，即皇帝应该以尼德兰是帝国的一部分为由帮助西班牙反对尼德兰人。奥尼亚特说服费迪南德对这些义务接受了一个非常宽泛的定义，即需要援助西班牙来对抗任何敌人。尽管如此，他还是小心翼翼地只对奥地利做出了承诺，只是尽最大努力说服其他帝国政治体加入他的行列。此外，很明显，西班牙哈布斯堡和奥地利哈布斯堡对如何提供援助有着截然不同的想法。奥利瓦雷斯期待皇帝会派遣部分帝国军，而费迪南德只是想让西班牙在德意志招募更多的士兵。

尽管条约有对抗法国的潜在义务，这项安排仍然针对尼德兰人。费尔南多的军队已经行进到佛兰德，而不是法国。1635 年初的帝国军事行动仍然仅限于将法国人和伯恩哈德的军队驱逐出施派尔和其他帝国领土。查理公爵在 4 月和 5 月入侵洛林的行动是他自己发起的。此外，奥利瓦雷斯自 1633 年以来的战略重点是在佛兰德集结足够多的军队，以取得决定性优势，迫使尼德兰人接受一个对西班牙体面的和约。西班牙国务委员会于 1635 年 2 月 2 日再次认可了这一点，同意继续优先考虑尼德兰战争。[3]

尽管如此，西班牙政策的总趋势仍然是敌视法国。黎塞留不能听凭西班牙打败尼德兰，正如他不能让皇帝打败瑞典。黎塞留仍然需要这两个新教势力与西班牙的主导地位做抗衡。更糟糕的是，莱茵河上游地区局势的恶化与西班牙在下游的干预同时发生，西班牙的行动无意中直接挑战了黎塞留。费里亚的远征军未能成功占领阿尔萨斯，这让奥利瓦雷斯授权卢森堡总督将法国人从特里尔驱逐出去，从而开辟了一条从德意志到尼德兰的替代路线。特里尔法政牧师对选帝侯瑟特恩提名黎塞留为助理主教的计划感到震惊，他们与卢森堡总督合作，后者派出了 1200 人。3 月 26 日，这支军队奇袭了特里尔的法国军，抓住了瑟特恩，而法政牧师接管了政府。另外 1500 名帝国军在 4 月将法国军驱逐出科布伦茨，但是后者逃进了埃伦布赖特施泰因要塞，并在那里坚守了 28 个月。瑟特恩的被捕与奥利瓦雷斯无关，可能是费尔南多组织的，费尔南多认为与法国的冲突不可避免，因此想加快冲突的到来，以此来迫使整个帝国——特别是奥地利——履行承诺。[4]

法国好战

从 1633 年 12 月起，法国政府变得更加好战，这是受到一个以阿贝尔·塞尔维安（Abel Servien）为中心的好斗党派的鼓励，他们希望黎塞留采取更加果断的行动。枢机主教肯定正走向与西班牙的公开冲突，但不希望冲突如此迅速地到来。与西班牙的战争意味着公开加入仍处于分裂状态的尼德兰人，尼德兰人有一个强大的和平党派支持恢复 1634 年 4 月中止的谈判。弗雷德里克·亨利绕过了和平派占多数的正规机构，利用他在各省的影响力，并在法国贿赂的帮助下，赢得支持以延长战争。法国之前只是给予间接援助，1635 年 2 月 8 日援助转为一个进攻联盟。双方承诺各自派出 3 万人和 15 艘船只共同入侵西属尼德兰。入侵后，该地区将有 3 个月的时间宣布独立，或者被法国和尼德兰共和国瓜分。[5]

当 3 月 30 日关于瑟特恩被捕的消息传到巴黎时，条约尚未得到批准。西班牙的行动迫使黎塞留出手。自"受骗日"以来，黎塞留的整个立场都建立在强硬的外交政策上，他无法接受处于法国保护之下的最为高阶的外国诸侯被逮捕的耻辱。[6] 在与路易十三的一系列仓促会晤后，他于 4 月 5 日做出了宣战决定。与此同时，黎塞留向布鲁塞尔提出了释放瑟特恩的请求，以赢得时间，并通过展示表面上的和平意愿，将自己的行为展示为"正义战争"。瑟特恩的逮捕给他提供了方便的借口，他可以把冲突描绘成是反对西班牙暴政的斗争。约瑟夫神父起草的宣言小心翼翼地避免了对皇帝的批评。法国部队已经进入尼德兰，一名身着传统塔巴德（tabard）服装、戴着羽毛帽子的传令官在一名发言官的陪同下，骑马来到布鲁塞尔递交宣言。费尔南多拒绝见他，他只得把宣战书钉在边防站，然后回家。[7]

法国备战

法国已经将近 40 年没有发生大规模战争了，相对来说准备不足，只是在卷入战争几年之后，才发挥了其真正潜力。关于法国军队的规模已经有了相当多的争论，但尽管历史学家对确切的总数有不同意见，所有人都同意应该调低以前的估计。在进入战争的第一年里，法国总兵力肯定低于之前广泛认为的 12 万至 15 万人。到 1634 年底，军队大概有 4.9 万人，1635 年增加到最多 6.5 万名步兵和 9500 名骑兵，接下来一年增加到 9 万。[8] 大多数士兵没有经过战火考验，而军官也没有经验。后来成为格拉蒙（Gramont）公爵的吉什（Guiche）伯爵回忆了 1635 年的事件：

> ……战役的开始和一切对军队来说似乎都很困难，甚至对军官来说也是如此，因为他们已经过了很长时间的平静生活；骑兵们不习惯扎营，做得很笨拙……军队认为，要过上连续四五天都没有面包的日子简直难以想象，他们的态度几乎引起了普遍的骚乱。[9]

由于遇到通常的财务问题，黎塞留对快速取胜的乐观预期很快落空。尽管战争以进攻开始，但法国人在战争最初 6 年中的大部分时间里都在自己的土地上作战。他们无法向敌人征收资金，尽管中立方支付了"保护费"，但军队仍必须驻扎以保证支付。法国向洛林和阿尔萨斯勒索钱财，但 1643 年后，阿尔萨斯越来越被视为法国的一个省，他们在勒索时有了一定的克制。在德意志（后来在加泰罗尼亚）作战的军队确实是依靠当地资源生活的，但法国还继续向尼德兰、瑞典和其他盟友支付了大量资金援助。

法国年收入大幅增加，从 1610 年的 3250 万里弗尔增加到战争前夕的 5750 万里弗尔，到 1643 年达到 7900 万里弗尔。通货膨胀是增长的部分原因，但其他原因是法国需要不懈努力以跟上不断增长的军费开支。军费开支在 17 世纪 20 年代已经平均每年近 1600 万，在拉罗谢尔围城战和曼托瓦战争期间，接近每年 2000 万里弗尔，但在 1635 年飙升至 3300 多万，1640 年后超过 3800 万里弗尔。在这段时间里，军费增长了 138%，而农业生产总值仅增长 37%。人均税收负担增加了一倍多，相当于每年近五周的工资，相比之下，亨利四世时期的负担只相当于不到两周的工资。[10] 由于在当时普通家庭的大部分收入都花在了食物上，这造成了广泛的困难，引发了 17 世纪中叶的一系列重大叛乱。

战争使一个即使在和平时期也运作不善的系统捉襟见肘。君主国总是超支，被迫大量借贷。与西班牙一样，特定的收入来源被抵押给金融家以换取贷款。不仅收入在被征收之前就被消耗掉了，而且财政系统的大部分都被转移到私人手中，很大程度在政府控制范围之外。黎塞留项下的支出只有 49% 提交给了王室审计局审核，其余的部分只提交了总额。政府以国家安全为由要求不受审核，但这样做的真正原因是要隐藏支付给金融家的过高利率。在 1620 年至 1644 年间，法国总共筹集了 7 亿里弗尔的贷款（*affaires extraordinaires*），而利息达 1.72 亿里弗尔。[11] 普通税收的正式结构"只不过是金融家的一个幌子而已，他们对给政府造成的损害漠不关心，对纳税人口的痛苦不屑一顾"。[12]

黎塞留意识到了这些问题，并定期采取措施打击最严重的滥用权力行为。1634 年，法国引入了一种被称为生存税（*subsistence*）的新军事税，此前许多外包给金融家的税收被收回。然而战争挫败了改革的努力，1642 年，税收再次被抵押出去。这个系统已经发展了将近两个世纪，人们非常不愿意挑战那些负责收钱和花钱的人的既得利益。也许更根本的是，那些负责的人并不觉得有必要做出改变。到 1635 年，中央政府几乎完全掌握在黎塞留的门客手中，他们完全没有动机去改变现有机构。君主国可能会从一场金融危机走向下一场金融危机，但至少它会继续前进。著名的中央任命的检查员，被称为督查（*intendants*），显然不像人们曾经认为的那样是君主专制的公正代理人，但是他们确实保证了资金能流入国库，军队得到了支付，战舰得到了装备。[13] 法国军队纪律状况仍然糟糕，但是他们至少没有像瑞典的德意志军队那样兵变。

西方的战争（1635—1636）

哈布斯堡王朝内的军事合作

费迪南德非常不愿意看到法国对西班牙宣战，他原本希望避免冲突。

帝国特使于 8 月离开巴黎，但直到 12 月底，皇帝才批准与西班牙采取联合行动，直到 1636 年 3 月，法国大使才被驱逐出维也纳。路易十三和费迪南德都没有向对方宣战。皇帝仍然希望法国和西班牙解决它们的分歧，而不用延长冲突。[14] 与西班牙的军事合作已经开始，但是帝国军队的参与仅限于在帝国内部的目标上。费尔南多的军队抵达布鲁塞尔时，总数为11 540 人，被吸收进了佛兰德军。《埃伯斯多夫条约》设想西班牙提供资金组建一支 13 300 人的新军队。费迪南德不情愿地允许西班牙在 1635 年2 月之前招募大约 8000 名德意志人，并转移了 5000 名最近在莱茵河地区加入加拉斯军队的克罗地亚和波兰骑兵。10 月，另有 9000 名新兵越过圣哥达山口向南进军，以增援在意大利北部作战的西班牙伦巴第军。费迪南德还允许西班牙在 9 月征募了 10 781 名从波兰军队中退役的士兵。这些人在西里西亚过冬后，最终有 7000 人于 1636 年 10 月加入加拉斯的军队，而其余人则去增援了西班牙在米兰的军队。这些只是间接援助，而且是有代价的，因为西班牙在 1635 年至 1637 年间支付了 91 万弗洛林的征募费用，而同期对奥地利的直接资金援助为 120 万弗洛林。[15]

1635 年，西班牙扣留了承诺的资金援助中的 54 万弗洛林，向费迪南德施加压力，要求他提供更直接的援助。加拉斯得到了当时 9 万人的帝国军队中的 3.5 万人，前往莱茵河地区开辟新战场。马克西米连同意支持这一行动，是因为法国在 1634 年 12 月对海德堡围攻的干涉让他拒绝黎塞留再次提出的保护建议。巴伐利亚军队大约有 1.8 万人，而科隆-威斯特伐利亚军队只有 6000 人左右。一些巴伐利亚军队帮助封锁了埃伦布赖特施泰因的法国人，而其他人则沿着莱茵河上游与加拉斯合作。

西班牙直接联系了加拉斯，向他提供了公爵的头衔，同时也小心翼翼地调查他的过往历史，如果未能说服加拉斯的话，则用这些罪证来构陷他。尽管如此，加拉斯仍然忠于帝国，声称他未能入侵法国是因为作战上的问题。其中许多困难确实是真实存在的。他不得不派出 1 万人帮助西班牙打通刚刚被亨利·德·罗昂的兵团从上阿尔萨斯封锁的瓦尔泰利纳（见下文第 18 章）。那次行动彻底失败了，进一步阻止了奥地利哈布斯堡王朝帮助西班牙。另外 6000 人被派去增援洛林的查理，查理基本上是在自行其是，自己作战以恢复他的公爵领。最后，加拉斯还派遣了 1 万多人与皮科洛米尼会合，后者在弗兰肯过冬，于 6 月沿着美因河返回。皮科洛米尼的兵力最终达到 2.2 万人，但这可能还包括曼斯菲尔德领导的帝国部队，后者仍然在莱茵河以东支持威斯特伐利亚人。[16]

皮科洛米尼在安德纳赫附近渡过莱茵河，向西朝默兹河一带前进。他的进军极大地帮助了费尔南多，后者现在面临着两条战线的战争，就像 16 世纪 80 年代担任尼德兰总督的帕尔马公爵一样。费尔南多现在必须同时把守南部与法国接壤的边境沿线的城镇以及北部面向尼德兰的现有前哨站。这些兵力大约占他 7 万人的将近一半，使得他在野战部队人数上不如法国和尼德兰军队。而法国军队比之前向尼德兰人承诺的少了 4000 人，因为年初这些人被转移到阿尔萨斯去帮助拉福斯了。尽管如此，他们还是从色当向默兹河下游进军，于 1635 年 5 月 22 日在阿韦讷击败了由萨伏依的托马索（Tommaso）率领的西班牙封锁部队。法军在那慕尔与尼德兰军队会合后，6 月 9 日向西向布鲁塞尔进军，占领了蒂嫩（蒂勒蒙）。这时事情开始对他们不利，因为他们在包围鲁汶（勒芬）时陷入了困境。和尼德兰老兵比起来，法国人表现得非常糟糕。供应崩溃了，法国人只剩下 8000 人的有效兵力，这让尼德兰人非常紧张。当皮科洛米尼进入克利夫斯时，西班牙人占领了位于埃默里希下游控制着莱茵河的申肯汉斯城堡。这些举动有可能使尼德兰人被困在比利时，他们只得迅速撤退，而法国人则匆匆赶回默兹河。法国和尼德兰的入侵挫败了西班牙收复马斯特里赫特的计划，但失败却使两个盟友之间关系紧张。

莱茵河战役（1635）

新战争的需要对人力提出了更高的要求。法国人在佛兰德表现糟糕，1634 年底拉福斯遭受了巨大损失，这些都凸显了富有经验的士兵的重要性。黎塞留想避免与皇帝公开决裂，但他需要一支军队来争夺阿尔萨斯的控制权。现在获得瑞典在莱茵河地区的军队成了当务之急，法国要么通过海尔布隆联盟，要么通过与魏玛的伯恩哈德达成协议完成这一目标。费迪南德注意到了伯恩哈德日益增长的重要性，他在 1634 年底派遣苏格兰上校约翰·亨德森（John Henderson）说服公爵叛变。皇帝一直在进行这种努力，但总是因为他不愿意给予瑞典的德意志军官所要求的政治和财政上的让步而失败。[17] 法国在 4 月提议把阿尔萨斯作为法国封地交给伯恩哈德，以补偿他在班贝格和维尔茨堡的损失，同时承诺重新提供 1.2 万人增援他的军队，相比之下，费迪南德对爱国责任的强调显得苍白无力。伯恩哈德犹豫了之后，想要证明法国能够兑现承诺。

起初这似乎不太可能兑现，因为莱茵河上游沿岸地区的局势仍然岌岌可危。这些军事行动值得我们详细关注，因为它们揭示了尽管法国与西班牙开战，皇帝在布拉格与大多数德意志新教徒达成和约，但事态仍在不断变化。费迪南德的将军们无力解决伯恩哈德，这不仅让法国越来越深地卷入德意志的战争，也鼓励瑞典继续战斗。

当布拉格协议的消息在 6 月传开后，莱茵河地区的军事行动才得以恢复。费迪南德大公带着援军到达，使加拉斯的军队人数重新达到 2 万人。这些军队被完全用于维护《布拉格和约》，试图攻下瑞典在莱茵河沿岸剩余的前哨基地，并试图击溃伯恩哈德。格罗茨菲尔德率领的巴伐利亚军攻取了位于莱茵河右岸的前哨，而加拉斯包围了莱茵河西面的美因茨和萨尔布吕肯。伯恩哈德在派出 6000 人把守这些地点之后，只剩下 7500 人，他现在的兵力太少，做不了什么事情。海德堡城塞于 7 月 24 日向格罗茨菲尔德投降，随后法兰克福（8 月 21 日）和曼海姆（9 月 10 日）也选择投降。黎塞留指挥枢机主教拉瓦莱特率领 2.6 万人的法国军队中的 1 万人在洛林帮助伯恩哈德，他们一起在 8 月解了美因茨之围。[18] 加拉斯撤退了，但是法国人遭遇了他们在尼德兰遇到的同样的问题，行动受阻。随着供应线的中断，拉瓦莱特的军队有三分之二的人当了逃兵。由于黑森人显然不愿合作，枢机主教在 9 月仓促撤退到梅斯。格罗茨菲尔德率领 6500 名巴伐利亚士兵与加拉斯一起从萨尔布吕肯向南推进到洛林。这一举动显然危害了法国的利益，但他们行动的目的是恢复 1632 年法国入侵前的状态，而不是攻击法国本身。查理公爵发起了那一年第三次收复公爵领的尝试，他在两个巴伐利亚骑兵团的帮助下，于 6 月底从布赖萨赫越过阿尔萨斯山。他的第二个姐姐，普法尔茨堡的亨利埃特（Henriette），也穿着男式服装陪同部队参加了战斗。

路易十三不得不调动 1.2 万名新招募的瑞士雇佣军后备部队,将公爵驱逐出西方,而拉瓦莱特、拉福斯和伯恩哈德则面临加拉斯从北方的入侵。10 月 12 日至 11 月 23 日期间,双方在穆瓦延维克附近的设防营地对峙。双方都深受瘟疫和营养不良之苦,和 1633 年瓦伦斯坦和阿尼姆的军队,或者 1632 年纽伦堡的两支军队的情况一样。查理公爵的到来增加了对资源的压力,而加拉斯整日酗酒,帝国营地的情况恶化得更快。最终加拉斯选择了放弃,在雪中穿过萨韦尔讷撤退,不得不抛下大炮,因为士兵们吃掉了役畜。他的军队损失了多达 1.2 万人,但是法国的损失,包括逃兵在内,可能至少同样高。[19] 尽管如此,加拉斯成功阻止了法国人去解救伯恩哈德在美因茨的驻军,美因茨仍然处于帝国围困之下。在美因茨幸存的 1000 名守军被抛弃了,沦落到吃靴子的地步,他们 1 月选择投降,换取安全撤退到梅斯的保证。美因茨的陷落使瑞典失去了莱茵河上游的最后一个主要据点。

虽然伯恩哈德在德意志的据点已经只剩下美因河上的哈瑙了,由詹姆斯·拉姆齐(James Ramsay)爵士把守,但伯恩哈德还是赢得了法国的帮助,于 10 月 27 日在圣日耳曼昂莱与法国正式结盟。[20] 伯恩哈德将军队转移到法国,抛下了效忠于已经解散的海尔布隆联盟的借口。一则秘密条款承诺给他一笔年金,一旦阿尔萨斯的奥地利部分被拿下,也将作为法国封地交给他。黎塞留打算在阿尔萨斯继续战争,而不愿投入更多的法国军队。法国军队可以减少到只剩下洛林的驻军。条款对双方来说都不令人满意。尽管伯恩哈德处于法国的指导之下,他仍然保持着自主性,而他的行动和此前效劳于瑞典时一样,仍然至少部分地专注于保护承诺中给他的领土。法国承诺每年给他 400 万里弗尔(160 万塔勒)资金援助,但这将只够支付他应该维持的 6000 名骑兵和 1.2 万名步兵的三分之一,他只能扩大行动以寻求贡金。这些总是达不到要求,他募集的军队也很少能达到官方编制的一半,其结果是法国扣留了部分资金援助,使问题更加复杂。此外,黎塞留拒绝放弃瑞典以前在阿尔萨斯的前哨基地,这让伯恩哈德怀疑法国是否打算自己保留阿尔萨斯。

"科尔比年"

奥利瓦雷斯在 1636 年继续优先考虑对尼德兰人的战争，这一政策在尼德兰比对抗法国更受欢迎。[21] 费尔南多仍有近 7 万人的军队，但弗雷德里克·亨利先行出击，夺回了申肯汉斯以及一年前失去的其他地方。尼德兰的攻势停止了，因为他们暂时没钱了，但是尼德兰的进攻再次打乱了西班牙的计划。与此同时，法国将其主要精力放在了弗朗什-孔泰上，继续对尼德兰采取守势，只在意大利发动了辅助攻击。孔代亲王率领 2 万人进入弗朗什-孔泰，在 5 月 26 日包围了其首都多勒。入侵违反了瑞士联邦所担保的弗朗什-孔泰的中立，但被认为是消灭 1635 年底撤退到那里的查理公爵的关键。

查理和当地的西班牙军队太弱，无力抵抗。奥利瓦雷斯敦促费迪南德采取行动，但皇帝仍然只同意提供间接援助。1635 年 12 月 30 日，皇帝与西班牙签订了一项新的条约，西班牙承诺在战争结束前每月援助 10 万塔勒的资金，以换取 2.5 万名德意志人为其效劳。奥利瓦雷斯扣留了这笔钱，只有当帝国将军们做了一些有利于西班牙的事情时，才分期发放付款。[22] 加拉斯拒绝离开他在阿尔萨斯的德吕瑟内姆的设防营地。他仍在重建军队，并与斯特拉斯堡就使用其莱茵河大桥进行了长期的谈判，但最终未能达成协议。加拉斯的失败使伯恩哈德和拉瓦莱特继续占领阿尔萨斯。

由于帝国将军们持续不作为，奥利瓦雷斯命令费尔南多从尼德兰发起攻击，以转移注意力。费尔南多和托马索亲王率领 2.5 万人的军队入侵皮卡第。最后，皮科洛米尼从莱茵河向西移动，与韦特率领的 7 个在列日过冬的巴伐利亚团会合，他们一起用大约 1.2 万名士兵攻击香槟。富饶的法国农田遭到了富有经验的掠夺者的彻底掠夺。[23] 入侵者无视了苏瓦松（Soisson）率领的 9000 人的法国军队，没有遇到多少抵抗就占领了拉卡佩勒和勒沙特莱这两座边境上的小要塞。费尔南多于 8 月 7 日包围了努瓦永以北的索姆河上的科尔比，而韦特的骑兵突袭了贡比涅。科尔比于 8 月 15 日陷落，费尔南多南下与韦特会合，而另外 1 万名西班牙士兵越过比利牛斯山西部，占领了圣让德吕兹。

法国宫廷陷入了恐慌，黎塞留的整个政策看起来都在崩溃之中。难民向南涌入沙特尔和奥尔良。路易十三召集了民兵和王室卫队。甚至加斯东也响应了号召，自 1634 年以来，他一直闷闷不乐地待在自己的庄园里，现在他也赶了过来，匆忙募集了 4800 名增援士兵赶到。弗雷德里克·亨利率领 1.3 万人的尼德兰军队对尼德兰南部发动攻击，以分散哈布斯堡军队的注意力，而孔代则于 8 月 15 日放弃了对多勒的围困，派出 9000 人加入国王的军队。皮科洛米尼想进一步深入法国，但是西班牙人对成功感到惊讶，没有更多的资源来利用这一成功。费尔南多从未打算占领巴黎，只是想巩固他目前的位置，以在皮卡第和香槟过冬。路易和加斯东从巴黎出发时，费尔南多选择了撤退。科尔比于 11 月 14 日被夺回，局势稳定下来。

这场危机确实让加拉斯穿过贝尔福缺口从阿尔萨斯进入弗朗什-孔泰，与查理公爵会合，使总兵力达到 4 万人。然而，瘟疫和秋雨让他们未能利用自己的人数优势。帝国军沿着索恩河上游向东撤退，在布赖萨赫结束了这一年。查理公爵袭击了他的公爵领，开始了"城堡之战"（*guerre des châteaux*），这是洛林各驻军点之间的劫掠和反劫掠的恶性循环。[24]

入侵法国是临时性的，哈布斯堡没有真正的机会迫使路易十三议和。[25]其真正的影响是迫使法国宫廷承认它现在正在进行一场旷日持久的斗争。哈布斯堡王朝两个分支之间的合作仍然没有成效，奥地利和西班牙分别追求不同的目标。加拉斯的行动未能确保阿尔萨斯的安全，只是坚定了黎塞留消除对洛林的威胁的决心。

《布拉格和约》（1635）

缔造和平

帝国内部的和平仍然是费迪南德的首要目标。讷德林根战役的胜利终于让他能够从一个强势地位进行谈判，这很有必要，因为不然的话，让步就很容易显得像是示弱。他采纳了康拉德·雷普根（Konrad Repgen）所描述的三步计划：将所有帝国政治体联合到他身后；取得军事优势；将外国人驱逐出帝国。[26]这将通过与他主要由天主教徒构成的支持者以及瑞典新教德意志盟友和合作者达成全面和平来实现。他准备就《归还教产敕令》做出一些让步，以确保达成足够广泛的协议，孤立那些不愿意接受条件的人。帝国内部的所有力量都将在帝国的指挥下联合起来，以达到击败瑞典所需的人数和协调。与瑞典人也将达成和约，但他们只能被邀请接受皇帝的解决方案。

这一战略通常被解释为冲突世俗化，人们认为冲突只是因为外国的干预才得以继续。人们还认为法国的干预挫败了皇帝以"帝国专制主义"为基础而达成和约的企图。[27] 现在这场战争肯定失去了表面上的教派性质，因为萨克森、勃兰登堡和大多数路德宗领地都接受了 1635 年 5 月 30 日皇帝提出的条款。像拉莫米尼这样的好斗分子在很大程度上失去了以前对政策的影响力，现在这种影响力牢牢掌握在特劳特曼斯多夫和其他更务实的人手中。然而，三十年战争从来就不仅仅是一场宗教斗争，与宪法争端相关的教派问题一直持续到 1635 年以后，因为费迪南德的条款让一群少数派继续心怀不满，他们在追求政治目标的同时，继续强调宗教上的不满。

战争确实改变了性质，因为皇帝坚持认为最初的问题已经解决，现在敌人是充满恶意的外国君主，他们一心想要扰乱帝国的和平，夺取帝国的领土。皇帝必须坚持这么说，因为在布拉格达成的条款满足了他的许多目标，他不想在以后的谈判中损害这些成果。然而，正是这些条款引起了法国和瑞典的争议。《布拉格和约》并没有使费迪南德成为一个绝对君主，他想做的只是恢复他所认为的恰当的宪法秩序。[28] 然而，这是一个君主式的协议，是通过一系列与选帝侯的单独会谈商讨出来的，并没有递交给其他帝国政治体进行进一步的讨论。费迪南德声称，由于法国的干预越来越深入，不可能召开帝国议会，但这只是方便地将缔造和平保留为皇帝的特权。《布拉格和约》中的条款展示了一定程度的皇帝权威，而这对瑞典和法国来说是不可接受的，因此，他们更加紧密地团结在一起，打破了哈布斯堡王朝刚刚出现的复兴局面。费迪南德还犯了一个严重错误，他将一些诸侯排除在布拉格的大赦范围之外，这为法国和瑞典的持续干预提供了便利。这使得这两国可以用"日耳曼自由"的口号来包装他们的干预，以掩盖削弱皇帝和让帝国易于从外界操控的目标。

费迪南德的顾问们担心他不佳的健康状况，必须要准备让他的长子当选罗马人的国王了。瓦伦斯坦已经不复存在，瑞典人也在撤退，现在以《皮尔纳声明》为基础与萨克森进行直接对话更加容易了。[29] 费迪南德意识到，只有在赢得天主教支持者支持的情况下，才有可能实现和平，特别是因为教宗已经宣布他反对涉及教会土地的让步。告知教会诸侯比较容易，因为他们现在都在科隆避难。[30] 许多人，特别是美因茨选帝侯，准备在《归还教产敕令》问题上做出让步，但是费迪南德想要更进一步，他想要解散天主教同盟，以减轻新教徒的恐惧，并对战争进行控制。几位天主教诸侯对巴伐利亚的行为不满，而由于蒂利在布赖滕费尔德战役后未能保护他们，天主教同盟也似乎毫无吸引力。施塔迪翁（Stadion）是条顿骑士团大团长和费迪南德大公的顾问，是一位有影响力的批评者，他认为天主教同盟是统一指挥的障碍，而现在统一指挥被认为是赢得战争的关键。[31]

获得巴伐利亚的赞同成了实现和平的关键前提条件。皇帝在 1634 年 11 月 19 日在斯图加特休会期间对马克西米连做了一些特别的让步，赢得了他的同意，马克西米连被允许在新合并后的帝国军队（Reichsarmada）中保留一个独立的巴伐利亚军团指挥权。在马克西米连的第一任妻子于 1635 年 1 月 4 日去世后，一个王朝联姻计划敲定了他和皇帝的交易。选帝侯仍然没有子女，需要一个儿子来保证他在世袭领地上所获得的收益。他于 1635 年 7 月 17 日与皇帝的长女玛丽亚·安娜（Maria Anna）结婚，并在第二年的 10 月 31 日生下一个儿子，即未来的选帝侯费迪南德·马里亚（Ferdinand Maria），马克西米连非常满意。皇帝赢得了巴伐利亚的支持之后，科隆选帝侯的继续反对也相对无关紧要了。[32]

随着与萨克森的谈判取得进展，剩下的就是让维也纳剩下的好斗分子保持安静，以安抚皇帝的良心。枢机主教迪特里希施泰因在 2 月根据费迪南德的命令召集了一个由 24 名神学家组成的委员会。拉莫米尼和 8 名耶稣会士的论点被大多数人推翻，他们认为，根据两害相权取其轻的原则，让步是正当的。

和约条款

《布拉格和约》解散了天主教同盟和其他所有联盟，只有选帝侯之间的联盟还能存在，选帝侯也仍然可以主动集会。宪法被强调为《布拉格和约》的基石，《布拉格和约》呼吁帝国的所有居民不管教派归属如何，都要"像日耳曼人一样诚实行事"。[33] 大赦范围扩大到那些自 1630 年以来拿起武器反抗皇帝的人。梅克伦堡的两个公爵被明确赦免，领地也得到恢复，但第 31 条和第 57 条排除了普法尔茨选帝侯，并确认巴伐利亚拥有其领地和头衔。与萨克森达成一致的另一份名单排除了符腾堡、黑森-卡塞尔等人，但是他们被邀请与皇帝自行达成和平。《布拉格和约》遵循了《归还教产敕令》的说法，将新教徒称为《奥格斯堡信纲》的信徒，也就是说路德宗信徒，但没有明确指定《奥格斯堡信纲》为 1530 年的文本，因为该文本会明确将勃兰登堡选帝侯这样的加尔文宗信徒排除在协议之外。

那些被排除在大赦之外的人将要根据 1629 年的《归还教产敕令》将其占有的教会土地完全归还给教会。其他人在 1552 年至 1627 年 11 月 12 日期间占有的教会土地的归还问题将会有 40 年的搁置期。1627 年被选定为新的规范年，因为它是在为《敕令》奠定法律基础的米尔豪森选帝侯大会之后。换句话说，费迪南德政策的基本合法性得到了维护，但政策的实施却被大幅修改。《布拉格和约》强调，在搁置《敕令》期间，将继续努力寻求归还教产问题的友好解决办法。如果这些谈判失败，皇帝只有在咨询了一个由同等数量天主教徒和新教徒组成的诸侯代表团后，才能重新颁布《敕令》。第 11 条指出，如果这个跨教派代表团未能达成协议，1627 年作为新的规范年将继续有效。这实际上相当于永久搁置《敕令》。皇帝让选帝侯约翰·格奥尔格的儿子终身保有马格德堡，而另一则条款授予萨克森对卢萨蒂亚的完全所有权。哈尔伯施塔特仍然留给了利奥波德·威廉大公，但是为了保护其新教居民，规定了一些单独的保障措施。费迪南德做出了如此大的让步，是因为他达成了他的主要目标，即将新教排除在哈布斯堡世袭土地之外，他只是在西里西亚做出了一些小让步，以保全萨克森的面子。

《布拉格和约》的第 42 条指出，战争需要各方做出共同努力，明确指出皇帝和天主教徒会向忠诚的新教徒提供援助。签字方同意成立一支联合军队（*conjunctis virubus*），发誓效忠一个宪法表达上的"皇帝和帝国"。第 69 条规定，自 1635 年 9 月 1 日起，所有帝国政治体必须分六次支付 100 个罗马月的款项，以资助军队。第 70 至 75 条规定，后勤和宿兵必须遵守帝国法令，但这是一种不切实际的试图驯服战争的企图。

《布拉格和约》只在帝国和萨克森代表之间达成，而其他帝国政治体被邀请加入。为了鼓励他们加入，皇帝分发的印刷版本中省略了有争议性的将一些人排除在大赦之外的条款。布拉格的庆祝宴会结束后，特劳特曼斯多夫乐观地写道，军队现在可以只用集中精力对付剩下不多的敌人了。[34]

赢得认可

在皇帝和他剩下的敌人之间，萨克森保持着重要的斡旋者的角色。约翰·格奥尔格被任命为萨克森行政圈的帝国专员，以执行《布拉格和约》，并与瑞典谈判。像巴伐利亚一样，他被允许保留自己的军队为一个独立的军团。阿尼姆因在 1631 年后反对皇帝而受到了牵连，他放弃了指挥权，最终退隐到勃兰登堡的庄园去了。瑞典人悬赏捉拿他，1637 年 3 月抓获了他，但他后来设法逃脱了。1635 年 8 月，鲍迪辛取代他成为萨克森军的指挥官，鲍迪辛此前已经在 1633 年 3 月脱离了瑞典军队。萨克森人撤离了西里西亚，并于 7 月将其 2.5 万人的军队集中在莱比锡。[35] 他们得到了奥得河下游由马拉齐诺（Marazzino）伯爵率领的 7000 名帝国军的协助，马拉齐诺是另一名在瓦伦斯坦遇刺中出力的意大利军官。

勃兰登堡已经在 1635 年 2 月与皇帝签署了停战协议，迅速接受了《布拉格和约》。选帝侯格奥尔格·威廉仍然担心瑞典可能报复，尤其是因为瑞典人仍然占领着他的许多城镇。他最终履行了他的军事义务，在 10 月将三个团交给了萨克森指挥，但在其他方面试图保持中立。[36] 瑞典的下萨克森合作者也在 2 月与皇帝达成了停战协议，并在 5 月之后谈判接受《布拉格和约》。1634 年 8 月，沃尔芬比特尔的弗里德里希·乌尔里希从宫殿的楼梯上摔下来去世，没有留下子女，吕讷堡的格奥尔格公爵成了这里的主导人物。到 1636 年 5 月，格奥尔格威胁他的亲戚，重新分配了家庭领地，最终建立了自己的公国，包括了卡伦堡、哥廷根和希尔德斯海姆。后者尤其成问题，因为根据《布拉格和约》中的条款，它应该被归还给科隆的费迪南德。格奥尔格于 1635 年 8 月 10 日接受了这些，辞去了他在瑞典军中的职务，并派遣了几支部队短暂地与萨克森人合作。然而，他拒绝完全服从费迪南德，后者只是提议重新任命他为帝国将军。他与他的哥哥奥古斯特二世（August II）一样，保留了 6 个团，后者继承了沃尔芬比特尔。他们的不合作行为让费迪南德在沃尔芬比特尔留下了一支帝国驻军，由鲁申贝格（Ruischenberg）上校率领，作为要求格奥尔格归还希尔德斯海姆的筹码。奥古斯特抗议说，这支包括依附者在内据说多达7000 人的驻军是无法忍受的负担。沃尔芬比特尔的人口从 1200 人下降到160 人，而整个公国都已经"变得几乎一片荒凉"。[37]

勃兰登堡和韦尔夫人逃脱了报复，是因为瑞典人和皇帝都没有足够的力量来强迫他们站在自己这边。他们的立场使军事行动限制在易北河和奥得河之间的走廊地区，从而为瑞典在波美拉尼亚的桥头堡提供了一定程度的保护。科隆的费迪南德对《布拉格和约》持怀疑态度，未能收复希尔德斯海姆只是其背后的一个因素。1635 年 10 月，马克西米连通过谈判为科隆的费迪南德谋得了一些让步，在军事结构上增加了一个额外的例外，允许威斯特伐利亚军队在自己的将军领导下继续作为一个独立的军团，从而安抚了费迪南德。威斯特伐利亚军队享受的自主权比巴伐利亚和萨克森军队所享有的更少，主要是因为其军队规模较小，并且依赖人数更多的巴伐利亚和帝国部队，而这些部队在其他地方发生危机时经常被召回。然而，1635 年 10 月的协议确实巩固了巴伐利亚的自主权，而且马克西米连设法摆脱了查理公爵，并在 1636 年 1 月用约翰·格茨（Johann Götz）伯爵取代他成为新的陆军元帅。

其他领地也根据《布拉格和约》第 64 和 66 条的漏洞保留了部分部队，这些漏洞允许帝国政治体在自己的领地上保留驻军。例如，维尔茨堡在 1636 年保留了大约 2000 人，尽管有些人被派遣去增援帝国军队。[38] 然而，普法尔茨-诺伊堡的沃尔夫冈·威廉受到了相当大的压力，他是唯一拒绝在《布拉格和约》系统下合作的天主教徒。这一事件显示了宪法作为和平基础的核心地位。皇帝没有选择入侵，而是通过帝国枢密法院起诉了公爵。皮科洛米尼仍然威胁使用武力，尤其是在 1635 年底他的部下在不顾一切地寻找温暖的宿兵点时。大部分普法尔茨-诺伊堡部队因为没有领到报酬而叛逃到帝国军那边，只剩下 870 人留在杜塞尔多夫。

大赦问题

海尔布隆联盟一些更为重要的成员被排除在和约条款之外，这成了所谓的"大赦问题"，并最终导致《布拉格和约》未能达成。费迪南德大公赞成对所有准备接受《布拉格和约》的人实行全面大赦，但他的父亲排除了普法尔茨选帝侯、黑森-卡塞尔、符腾堡、霍恩洛厄、许多莱茵地区伯爵和所有波希米亚流亡者。其中一些人是著名的加尔文宗信徒，但是教派在这个关键的决定中只起了很小的作用。的确，约翰·格奥尔格一直坚持加尔文宗不应该被包括在《奥格斯堡和约》中，而《布拉格和约》也确认了这一点。然而，费迪南德的目标是他最顽固的敌人，这些人的财产大部分已经转交给了他的盟友。如果普法尔茨选帝侯获得大赦的话，就必然会与巴伐利亚的安排矛盾。几位霍恩洛厄伯爵在 1634 年被宣布为罪犯，是因为他们在瑞典的合作者中占有突出的地位。所有其他的伯爵在 1635 年都被赦免了，除了格奥尔格·弗里德里希，因为他对瑞典的支持违反了波希米亚叛乱后早先大赦的条款。

符腾堡被排斥在外与宗教问题无关，因为这是路德宗领地。对其档案的俘获揭示了自 1632 年以来它与瑞典的合作程度，这提供了有用的借口，而且皇帝还可以利用公爵领来满足讷德林根战役之后一直要求得到奖励的呼声。巴伐利亚想要海登海姆，哈布斯堡蒂罗尔分支觊觎位于他们施瓦本的领地中的符腾堡飞地，高级教士们期待拿回修道院，而帝国高阶军官则请求分享战利品。1635 年 6 月和 7 月，施里克、特劳特曼斯多夫和沃尔夫拉德主教获得了 7 个区，尽管费迪南德拒绝了其他要求。他还拒绝了将帝国骑士排除在大赦范围之外以让维尔茨堡等人没收他们财产的呼声。[39]

尽管达姆施塔特对《布拉格和约》做出了真正的贡献，但他期望得到全部卡塞尔地区的要求是完全不合理的。尽管如此，费迪南德觉得有义务再分给他普法尔茨的几个区，以及其他属于索尔姆斯伯爵和伊森堡-比丁根伯爵的领地。拿骚-沃尔拉姆支系的四个伯爵领被分配给美因茨、施瓦岑贝格、洛布科维茨大公和洛林的查理公爵，而茨魏布吕肯在 1635 年 10 月被占领后被没收，理由是其领主约翰·卡齐米尔是古斯塔夫斯的姻亲。[40]

这些决定是可以理解的。受益者都是皇帝的忠实支持者，其中许多人也在他们现在获得的土地的主人手中蒙受了痛苦。尽管如此，费迪南德增加了既得利益者的人数，使得更多的人反对赦免，导致解决大赦问题更加困难。然而，由于将如此多的人排除在大赦之外，他使《布拉格和约》无法成为一个人们所期待的普遍和约。他给他的儿子留下了一个几乎不可能完成的任务，即解决大赦问题，这个问题很快陷入这样的困境之中：皇帝只能给予那些被放逐的统治者部分赦免，而他们及其外国支持者则要求完全复辟。

黑森-卡塞尔问题

到目前为止，讨论的案例在政治上非常重要，但在军事上并不重要，因为这些被皇帝宣布为罪犯的人只有很少的军队，这些军队都在伯恩哈德的指挥之下，不受他们自己的控制。黑森-卡塞尔更危险，因为它仍然拥有自己的军队，并且已经在威斯特伐利亚的大部分地区站稳脚跟。黑森-卡塞尔的统治家族真切地关心加尔文宗信徒被排除在《布拉格和约》之外的问题，但也决心不让自己两手空空地结束战争。至少，他们想要得到1606 年才移交给它的原帝国黑斯费尔德修道院。领地伯爵威廉五世认为费迪南德对待他的家人不必要地严厉。1635 年 7 月，他向乌克森谢纳保证，他将继续忠于瑞典，但在伯恩哈德渡过莱茵河撤退后，他陷入了绝望之中，而瑞典的主力军队再次兵变（见下文）。在卡塞尔和齐根海恩留下了驻军之后，威廉五世在 8 月底和梅兰德率领的 4000 人的军队一起撤退，与他的威斯特伐利亚前哨会合。

帝国军从威斯特伐利亚军队和皮科洛米尼的军队中集结了 1.2 万人的兵力，准备入侵黑森-卡塞尔，梅兰德被迫在 10 月代表威廉同意停战。费迪南德大公渴望达成协议，进行了干预，暂停了对占领富尔达的黑森军队的行动，并提出了一些让步。科隆的费迪南德也赞成妥协，他认为这是甩掉这些盘踞在他威斯特伐利亚领地的黑森寄生虫的最佳方式。[41]威廉于11月12日暂时接受《布拉格和约》，前景看起来很光明，但皇帝未能最终达成协议，帝国部队进入了威斯特伐利亚的主教辖区。皇帝通过维尔茨堡主教重新与威廉联系，但是领地伯爵不再信任皇帝了，威廉继续谈判，只是为了让法国人感到警惕，以期从他们那里得到更好的条件。

乌克森谢纳派亚历山大·莱斯利接管因克尼普豪森于1636年1月去世而无人领导的其余瑞典部队。莱斯利在英国历史上以他后来的头衔列文伯爵而闻名，他是众多在瑞典军中服役的富有才干的苏格兰军官之一，早在1608年就已经加入瑞典军，并在古斯塔夫斯手下出色地战斗过。[42]他立即恢复了仍驻扎在奥斯纳布吕克和其他北德意志驻军点的大约3000名德意志雇佣军的士气。吕讷堡的格奥尔格公爵的几个团在5月叛逃到莱斯利一方去，让他在8月前控制了威悉河和吕讷堡的部分地区。这些事态发展鼓励威廉在1636年5月放弃停战协议。威廉的决定受到了他的妻子阿马莉·伊丽莎白（Amalie Elisabeth）的影响。作为哈瑙女伯爵，阿马莉·伊丽莎白关心拯救自己的家乡，那里仍在拉姆齐率领的伯恩哈德驻军的保护之下。和克里斯蒂娜女王、伊莎贝拉大公夫人和蒂罗尔的克劳迪娅一样，她也是对当时事件产生重大影响的女性统治者之一。尽管她被描绘为一个和平缔造者，[43]但事实上她比她的丈夫更有决心获得新的领地。黑森军队从哈姆向西南行进，与莱斯利军队会合，冲破了帝国警戒线，向哈瑙提供补给。[44]

黑森军队离开之后，威斯特伐利亚军队占领了黑森军之前在利珀河沿岸的大部分前哨站，使黑森据点暂时只剩下利普施塔特、多斯腾和科斯费尔德。乌克森谢纳不得不在8月向东召回莱斯利，使得黑森军别无选择，只能从哈瑙向北撤退，再次将他们的家园暴露给敌人。费迪南德失去了耐心。10月，他将威廉置于帝国禁令之下，并开始集结军队接管黑森-卡塞尔。

唤起爱国主义

火药筒兵变

乌克森谢纳拿大赦问题做文章，将《布拉格和约》描绘成违反了"日耳曼自由"。讷德林根战役之后，联军的崩溃引起了瑞典政府的恐慌。萨尔维乌斯报告说，"这里所有人都在讨论和平、和平、和平"。[45] 书记官也幻灭了："波兰战争是我们的战争；不管是赢或是输，这是我们的得失。我不知道这场德意志战争算是什么，为了声誉，我们在这里倾注了鲜血，然而除了忘恩负义，我们什么也没得到。"[46] 布拉格协议证实了他最糟糕的期望："皇帝在这个和约中取得的成就比他赢得两场讷德林根战役还要多。"瑞典人认为德意志人背叛了他们，普遍感到痛苦。瑞典宣传人员在法兰克福秋季书展上出版了各种文件，旨在证明他们的德意志政策是无私的。瑞典人之前一直克制，不批评萨克森，但现在他们显然不能赢回约翰·格奥尔格了。瑞典主要的德语作家开姆尼茨随后写了一篇难堪的个人攻击，指责选帝侯不尊重古斯塔夫斯的牺牲。瑞典还试图盗用皇帝的爱国语言。"不管是天主教徒还是新教徒，"开姆尼茨写道，"你们都是日耳曼人，你们的祖先宁愿死亡也不接受外国压迫。"[47] 鉴于瑞典本身也在帝国内部维持着代价高昂的存在，将《布拉格和约》与西班牙暴政联系在一起的企图听起来毫无意义。同样，瑞典试图通过渲染教派问题，来扮演一个被击败的新教活动家的角色，然而自相矛盾的是，他们自己与法国结盟。

事实上，乌克森谢纳正在寻找一个体面的方式来撤出德意志，并准备放弃先前的广泛要求，而只象征性地选择几个波美拉尼亚港口。在 1635 年，情况看起来很绝望。瑞典整个南部和西部的军队都已经失去了，要么被摧毁，要么被伯恩哈德交到了法国控制之下。萨克森、勃兰登堡和吕讷堡已经叛逃，而黑森也正在进行谈判准备如此。瑞典在德意志西北部的军队已经只剩下了 9 个团，人数为 3000 人，由施佩尔罗伊特上校率领，被困在下萨克森，另外 4000 人位于爱尔福特，由魏玛的威廉率领。由巴纳尔领导的主力军队总数只有 2.6 万人，比建制少 1.8 万人。这支军队中大约有 1.1 万人驻扎在波美拉尼亚，位于马格德堡和哈尔伯施塔特的野战部队只剩下 1.5 万人，其中不到 3000 名是瑞典人和芬兰人。瑞典已经连续经历了 4 年歉收。对于一个大部分税收仍以实物支付的国家来说，这是一个沉重的打击。乌克森谢纳也知道他没有什么可以提供给军队的。

和平取决于费迪南德是否愿意提供一些更为现实的条件，以及他关于爱国主义的言论会在多大程度上能使瑞典剩余的德意志雇佣军叛变。这两个问题现在都由约翰·格奥尔格来决定，他是德意志东北部的帝国专员。选帝侯对瑞典的批评非常敏感，为自己的转变阵营做辩护，他的理由是他必须带来人们渴望已久的和平，来拯救帝国免于毁灭。他还利用了人们对瑞典掠夺的普遍不满。然而，他的核心论点是重新诉诸爱国主义，目的是为了超越教派，将帝国描绘成一个共同的祖国。这些论点最终会产生一些共识，促进了《威斯特伐利亚和约》的达成，但是在短期内它们遇到了严重的困难。只要瑞典的德意志军队依然还有可能改变阵营，约翰·格奥尔格就不得不避免谴责他们为叛徒，而是呼吁他们通过改变阵营来结束德意志的苦难。[48]

这一立场束缚了萨克森的政策，迫使选帝侯推迟军事行动，让乌克森谢纳有了足够的喘息空间。听到《布拉格和约》的消息后，巴纳尔军队中的德意志军官选举了一个委员会，与瑞典和萨克森进行谈判。他们深感不满，相比之下，帝国军官仍然对瓦伦斯坦被谋杀后没收的财产的最近分配感到满意。那些自 1632 年以来一直以瑞典的捐赠形式得到报酬的人，在讷德林根战役后已经失去了这些报酬。许多军官还是刚刚接受了与皇帝的和约的诸侯的臣民。帝国在 7 月发布了召唤令（avocatoria），要求他们离开瑞典军队，这给了他们一个保全面子的借口，以更忠诚于皇帝为由放弃了瑞典。然而，这样的举动也就相当于自动放弃了向瑞典索要欠薪。[49]

和平成了对军官要求的讨价还价。乌克森谢纳的谈判主要是一场表演，他小心翼翼地隐藏了保留至少部分波美拉尼亚的意图，以免疏远德意志人。他将自己最初提出的 800 万塔勒的军饷要求减半，并提议分阶段撤军，以换取全面大赦和将帝国恢复到 1618 年的状态。这是完全不现实的，但约翰·格奥尔格提议仅支付 100 万塔勒，由萨克森和德意志新教徒支付，以换取瑞典放弃所有领土野心，这也是完全不现实的。

军官们意识到乌克森谢纳的特使没有代表自己的利益，于是派出了自己的代表团去会见选帝侯。[50] 选帝侯于 8 月 19 日向巴纳尔发出最后通牒，要求其离开马格德堡，加大了压力。与此同时，帝国向提出《布拉格和约》条款的军官们发出了另一份召唤令。意识到瑞典人歪曲了这些条款，这些军官们抓住了刚刚抵达营地的乌克森谢纳，后者刚刚结束了与黎塞留的会面，乘船返回德意志。其结果是 1635 年 8 月 21 日从书记官那里敲诈出来的"火药筒会议"。乌克森谢纳同意在没有咨询军官们的情况下不会议和，并将他们的"满足"纳入瑞典的战争目标。后者是诱使他们继续战斗的一种策略，把补偿他们的责任交到敌人那边去。

尽管如此，军官们的忠诚度仍然可疑。米茨拉夫是来自波美拉尼亚的前丹麦军官，我们上次提到他是在 1627 年，他后来进入瑞典军中服役，8 月 24 日策划了魏玛的威廉的军团叛逃。4 个团加入了萨克森一方，而其余的都解散了。瑞典人仍然控制着爱尔福特，但是约翰·格奥尔格在 11 天后从莱比锡出发，去执行最后通牒。关于勃兰登堡选帝侯接受《布拉格和约》的消息让巴纳尔措手不及，巴纳尔留下 5 个团来把守马格德堡，于 9 月 28 日向北撤退到施滕达尔。乌克森谢纳借机溜到了维斯马更可靠的驻军点那里。

军官们再次爆发了愤怒，约翰·格奥尔格借此机会，在位于易北河上、马格德堡上游的舍讷贝克与军官代表团展开直接对话。在他的军队占领哈尔伯施塔特的同时，选帝侯将他的条件提高到 250 万塔勒，直接付给将军们。直到帝国特使库尔茨（Kurz）伯爵于 10 月 16 日抵达，约翰·格奥尔格才授权鲍迪辛将军使用武力。选帝侯过于自信，期望德意志团保持中立。在勃兰登堡部队和吕讷堡部队的配合下，萨克森人向下游挺进，第二天占领了韦尔本。巴纳尔不再信任他的部下，试图通过德米茨逃到梅克伦堡。鲍迪辛派了 7000 名步兵渡过易北河，前往右岸切断他的退路，但是巴纳尔率领剩下可靠的部队奇袭了鲍迪辛的军队，击溃了他们。萨克森人损失了 5000 人，鲍迪辛只是自己游过了易北河才勉强逃脱。这一仗提高了巴纳尔的威望，但他还是没有任何机会，继续向波美拉尼亚湖后面的马尔钦撤退。约翰·格奥尔格跟着巴纳尔到帕尔希姆，而马拉齐诺已经占领了加尔茨，现在向西行进与约翰·格奥尔格会合。

《斯图姆斯多夫停战协议》

法国的外交行动将瑞典人从这一绝望的境地中拯救了出来。军官们一直在等着看今年9月瑞典和波兰的《阿尔特马克停战协议》到期后会发生什么。西吉斯蒙德三世于1632年去世，他更务实的儿子瓦迪斯瓦夫四世继承了波兰王位。瓦迪斯瓦夫提出放弃瑞典王位，以换取赔偿，瑞典人拒绝了，并鼓励俄国人于当年进攻斯摩棱斯克，于是瓦迪斯瓦夫允许费迪南德招募了更多的骑兵，并于1633年重新与哈布斯堡王朝结盟。尽管瓦迪斯瓦夫不得不派遣另一支军队击退鞑靼人和土耳其人对波兰南部的入侵，他还是于1633年9月解了斯摩棱斯克之围，迫使沙皇在1634年5月议和，并确认波兰拥有1618年割让的土地。凭借这场胜利，瓦迪斯瓦夫说服瑟姆议会同意在《阿尔特马克停战协议》到期之后对瑞典发动攻势。

波罗的海危机对黎塞留来说时机不能再糟糕了，与法国和西班牙开战、《布拉格和约》和瑞典兵变同时发生。皇帝提议把西里西亚交给波兰，只要瓦迪斯瓦夫同意将这一新联盟转变成对瑞典的联合进攻。乌克森谢纳用船运了2万人来增援普鲁士驻军，用来展示武力，但他也承认不可能同时两线开战。9月12日，在黎塞留的特使达沃（d'Avaux）的斡旋下，乌克森谢纳在斯图姆斯多夫的会谈中同意将《阿尔特马克停战协议》再延长26年。瑞典做出了重大让步。瑞典以前在波罗的海的扩张是渐进的，通过武力夺取土地，通过停战协议确认最初的占领，然后再通过进一步的战争将这些土地完全占有。瑞典本来可以合理地期待以这种方式吞并王室（波兰）普鲁士。因此，瑞典在斯图姆斯多夫的让步代表着一次重大后撤。为了集中精力打一场非常不确定的德意志战争，瑞典选择从此前的主要扩张目标中退出。[51]

瓦迪斯瓦夫继续希望利用瑞典的困难，于1637年9月与费迪南德二世的女儿塞西莉亚·雷纳塔（Cecilia Renata）结婚，从而重新建立了与哈布斯堡的联盟。然而，他的臣民对攻击瑞典失去了热情。由于他同时与英国和法国进行谈判，以及通过提高普鲁士的通行费来疏远丹麦，他与哈布斯堡王朝的关系也恶化了。他准备让西班牙招募 3 万名辅助军队用于佛兰德，但是瑟姆议会在 1641 年阻止了这一行动。[52]《斯图姆斯多夫停战协议》继续有效，将三十年战争局限在帝国内部。

更直接的是，《斯图姆斯多夫停战协议》允许乌克森谢纳让伦纳特·托尔斯滕松率领 9700 人撤出普鲁士。这些部队于 1635 年 10 月下旬开始抵达波美拉尼亚，为巴纳尔衣衫褴褛的军队送去了新衣服，鼓舞了士气。托尔斯滕松的部队奇袭了马拉齐诺的部队，促使约翰·格奥尔格在 12 月撤退以保卫柏林，而巴纳尔则夺回了韦尔本，并在 1636 年 1 月解除了马格德堡之围。没有领到报酬的饥饿的萨克森军队回到哈雷，几乎回到了他们去年夏天开始的地方。

萨克森失败的原因

萨克森选帝侯在 11 月重启谈判，但是军事形势的改善使乌克森谢纳故意阻挠，他现在要求任何协议都必须在整个帝国批准。结果令人深感失望。巴纳尔军队的动荡一直持续到 1636 年 5 月。至少有 6 名将军和几名经验丰富的上校叛逃了，但是并不是所有人都抛弃了瑞典人。例如，两位梅克伦堡公爵接受了《布拉格和约》之后，施佩尔罗伊特上校作为梅克伦堡人就觉得自己不再对瑞典人负有义务了。克尼普豪森从退休状态复出，带着法国大使提供的 1.5 万塔勒匆忙赶来，以使施佩尔罗伊特手下的士兵保持忠诚。1635 年 12 月，只有 80 名骑兵跟着施佩尔罗伊特加入了帝国军。[53]

在某些情况下，诉诸德意志爱国主义无疑是有效的，但这种选择通常是混合了个人动机的综合结果。奥古斯都·冯·俾斯麦（Augustus von Bismarck）的例子就说明了这一点。俾斯麦是后来那位德国首相的远祖，是勃兰登堡一位地主的儿子，他于 1631 年 6 月进入瑞典军中服役，1635 年在伯恩哈德率领下跟着部队一起转移到法国。他的兄弟写信告诉他，他们的领主勃兰登堡选帝侯已经接受了《布拉格和约》，并召唤他的臣民离开敌人的军队。这封信于奥古斯都升职后三天到达他的手中，他把信藏在口袋里，等着很久以后才选择公开，那时他的团已经进军德意志北部，让他积累了一笔小财富，可以作为勃兰登堡要塞司令过上更舒适的退休生活。[54]

　　萨克森人寄希望于说服更多军官叛逃，因此没有采取军事行动，此时强有力的行动本来可能已经粉碎了巴纳尔的军队。持续的拖延使得本来就很低的士气更加消沉，因为许多萨克森人对与前盟友作战并不热心。他们对鲍迪辛担任新指挥官也没有信心。鲍迪辛曾经是一名精力充沛的军官，现在成了一名酒鬼，甚至比约翰·格奥尔格喝得还多，他曾经有一次在战斗中睡着了。一名军官在日记中记录了另一次小挫败之后发生的事情：

> 一大早，鲍迪辛向站在齐膝深的泥泞中的骑兵发表讲话，告诉他们应该喂马，因为他打算攻击敌人。我不敢说这引起了什么样的咒骂和骚动。告诉那个狗屎，他应该喂他的妻子，那个妓女，我们难道拿泥巴喂给马吗？[55]

　　严重的财政问题也导致了混乱。约翰·格奥尔格避免召开等级会议，不想让他们——尤其是骑士——有机会批评他的政策。1618 年，当时选帝侯决定不支持波希米亚人，在围绕此事发生的争论中，议会也没有召开。后来议会确实在 1622 年和 1628 年召开了，并以更高的税率扩大了现有税收，但这甚至不足以支付 1618—1624 年适度动员的费用。而到 1628 年，税收也开始拖欠了，选侯国的债务增加了一倍多，达到 700 万弗洛林。1631 年后，萨克森处在完全战争状态，加深了危机。1635 年 1 月召开了一次议会，但只是延长了现有的安排。选侯国深陷债务之中，到 1657 年，债务已经飙升至 2520 万弗洛林，这还是在前一年已经抹掉了 1000 万弗洛林的拖欠利息的情况下。[56]

《维斯马条约》（1636）

　　萨克森的失败加强了乌克森谢纳的决心。叛逃让瑞典失去了一些经验丰富的军官，但因为拖欠的工资可以被注销，这也减轻了瑞典人的负担。那些留在瑞典方的人现在都成了帝国罪犯，别无选择，只能继续战斗。乌克森谢纳知道当务之急是将瑞典与法国的联盟确立在更坚实的基础上。黎塞留也渴望改善关系。1635 年夏天法国进攻的失败也凸显了瑞典的重要性，枢机主教派圣沙蒙（St Chamont）侯爵来确保书记官不会与费迪南德单独议和。

乌克森谢纳于 1636 年 2 月在维斯马会见了特使，并于 3 月 30 日商定了一项新条约，路易十三于 5 月 11 日批准了该条约。法国支付了瑞典要求的 6 万塔勒欠款，自古斯塔夫斯去世后，法国就中止了资金援助。这笔钱使乌克森谢纳能够招募另外 4 个英国团来加强军队。尽管现在法国许诺了更多的资金援助，但乌克森谢纳拒绝批准条约，因为条约要求他在不咨询法国的情况下不得议和。法国和瑞典的联盟已经被宣布，这已经达到了乌克森谢纳的目的，即向皇帝施加压力，挫败丹麦再次提出的调解提议。在灾难性的"科尔比年"中，法国甚至不能失去这样一个不可靠的盟友，黎塞留甚至在条约没有批准的情况下也不情愿地发放了资金援助。1636 年 7 月，乌克森谢纳终于能够回国来平息国内的批评，让斯滕·比耶尔克（Sten Bielke）和萨尔维乌斯留在帝国代表瑞典。[57]

和皇帝的会谈仍然没有结果，因为费迪南德仍然过于自信，而乌克森谢纳相信进一步的战斗可以为自己赢得更好的条件。由于下萨克森暂时被韦尔夫人控制，在与黑森-卡塞尔会谈期间，威斯特伐利亚的军事行动也基本上暂停了，战斗仍然局限于易北河和奥得河之间的地区。

维特施托克战役

威斯特伐利亚地区军事行动的平静让费迪南德可以派遣梅尔基奥尔·哈茨菲尔德伯爵率领 1 万名帝国军从那里出发去增援萨克森人。哈茨菲尔德是从萨克森-劳恩堡兄弟组建的军团中涌现出来的几名高级军官之一。自 1620 年以来，他一直在帝国军中效力，参加了德绍战役和布赖滕费尔德战役这样的重大行动，1634 年，皇帝将部分从沙夫戈奇那里没收的财产奖励给了他。他受教育程度相对较高，人脉也较广泛，他的哥哥弗朗茨是班贝格和维尔茨堡的主教。哈茨菲尔德是一名出色的战略家，但他总是试图在战场上进行微观管理，一旦部队开始交战，他往往会失去对军队的控制，而且他有一种非常不好的倾向，即将自己的错误归咎于下属。鲍迪辛被边缘化了，日益沮丧，于 1636 年 7 月 10 日辞职，为哈茨菲尔德被任命为萨克森指挥官扫清了道路。

瑞典的德意志军队只剩下 4.5 万人，主要控制着梅克伦堡和波美拉尼亚。波罗的海在冬天冻结了，瑞典无法派遣增援部队，威斯特伐利亚由莱斯利率领的野战部队只有 6000 人，而位于马格德堡的巴纳尔手下只有 1.2 万人。巴纳尔仍然不信任军队，并于 5 月 5 日回到了韦尔本。相比约翰·格奥尔格，哈茨菲尔德采取了更为有力的行动，围困而非封锁马格德堡，并于 7 月 13 日占领了它。马格德堡的人口仍然只有 2600 人，但是它的占领意味着萨克森获得了《布拉格和约》中承诺的一个重要的战争目标。

瘟疫再次肆虐这个地区，所有的草都被吃光了，巴纳尔于 8 月 12 日放弃了韦尔本，向西去与莱斯利会合，后者正从下萨克森回来。哈茨菲尔德派遣克利青（Klitzing）率领 4000 人去保护勃兰登堡，勃兰登堡仍然没有完全投入对瑞典的战争。马拉齐诺被奥得河地区召回，与现在驻扎在唐格明德的帝国军队主力会合，入侵波美拉尼亚西部和梅克伦堡。为了拯救波美拉尼亚桥头堡，巴纳尔决定孤注一掷。他在易北河上向东北行进，与 3800 名从波美拉尼亚驻军点派来的军队会合，使总军力达到 1.7 万人。然后他向东进军，破坏了哈茨菲尔德的交通线，迫使他召回克利青，并在波美拉尼亚湖区以南的维特施托克集合。巴纳尔赶在克利青到达之前，匆忙发起了进攻。

双方的人数大致相当，哈茨菲尔德可能要多约 1000 人，而且他的阵地位置也更好，位于维特施托克西南的低矮的施雷肯贝格山脊的东南端，面向南方。他的左翼（东侧）被多瑟河和树木繁茂的弗雷兹多夫荒原所掩护。山脊的南面得到了壕沟和用链子拴在一起的马车的加强，而且无论如何，很难穿过树木繁茂的泥泞的纳特荒原到达他的阵地。而西方的路线则被大片的海利根格拉布森林挡住了。

巴纳尔采取了唯一可行的路线，于 10 月 4 日星期六早些时候在弗雷兹多夫渡过多瑟河，在荒原上进军，到达了在河流和哈茨菲尔德位置之间的沙尔芬贝格山。他很快意识到了困难，但还是决定进攻，分开了军队，

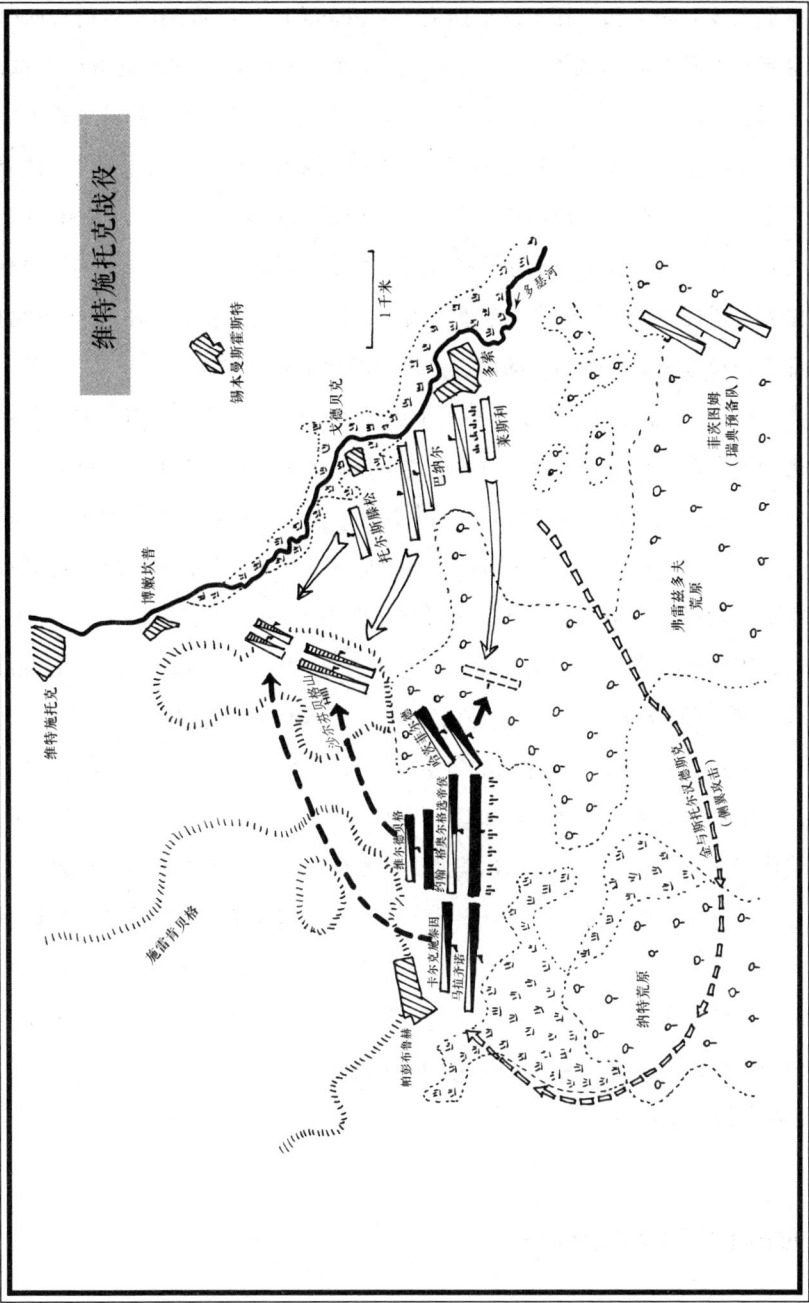

维特施托克战役

派遣金（King）和斯托尔汉德斯克（Stålhandske）率领 3100 名骑兵向西穿越纳特荒原转向敌人的另一侧。莱斯利率领 5800 人向西北方向进军，牵制住哈茨菲尔德的正面，而巴纳尔率领其他人继续绕着沙尔芬贝格山攻击敌军的左翼。这是一个极其危险的计划，因为军队的三部分有可能被分别击败。地形掩盖了他们最初的行军，但是他们还是于下午 2 点 30 分左右被发现，一场争夺沙尔芬贝格山的激烈战斗开始了。哈茨菲尔德从中军派人去增援左翼，把瑞典人赶下了山坡，进入弗雷兹多夫树林。莱斯利的部下被拉进来阻止帝国军的前进。关于巴纳尔被杀的谣言传开了。直到 6 点 30 分，金才发射信号枪，表示他已经到达了战场的另一侧。帝国右翼遭到了突袭，失去了大炮，但天色越来越暗，金很快不得不中止攻击。

巴纳尔至少损失了 3500 人。并不清楚在夜幕降临时谁占据优势，但是帝国和萨克森军队受到了重创，士气低落，哈茨菲尔德和约翰·格奥尔格决定撤退。巴纳尔声称在追击过程中俘虏了 5000 人，但是这是不可能的，因为萨克森军和帝国军撤退时井然有序。他们总共损失了大约 5000 人，其中有 2000 人阵亡，但是他们所有的大炮和辎重都被丢弃了。[58]

维特施托克战役是这场战争中最重要的战役之一。如果瑞典失败的话，他们将失去在德意志的最后一支野战部队，并使黑森-卡塞尔将其停战协议转化为和约。哈茨菲尔德的失败不仅使这一点未能发生，也阻止了韦尔夫人屈服于皇帝。勃兰登堡选帝侯和他的宫廷逃到屈斯特林，柏林陷入了恐慌之中。哈茨菲尔德的帝国军失去了凝聚力，一路向西掠夺到了莱茵河下游地区，而萨克森军回了家。巴纳尔向西南横扫了图林根，解救了爱尔福特，并重新打通了和黑森军队的交通线，然后向东进入萨克森，在 2 月占领了托尔高。

为和平作出新的努力

科隆大会（1636）

教宗乌尔班八世对德意志的苦难深感震惊，但是他既没有准备好帮助哈布斯堡王朝取得胜利，也没有批准他们向新教徒让步以获得和平。他想保持自己普世教父的地位，扮演一位仁慈的父亲，训斥他的天主教子女，解决他们之间的小争执，团结起来反对新教恶霸。这要求他与哈布斯堡王朝保持距离，因为哈布斯堡王朝看起来太强大，疏远了许多其他天主教徒。他的特使帮助调停了曼托瓦冲突，达成了和约（见上文第 13 章），但自那以后，他几乎没有取得什么成就，而是致力于吞并乌尔比诺来集中力量扩大教宗国。

然而，黎塞留对西班牙宣战迫使他采取行动，特别是因为这在意大利北部引发了新的战斗（详见第 18 章）。枢机主教吉内蒂（Ginetti）于 1635 年 8 月被任命为教宗使节，这对天主教各方势力来说是一个两难的境地。教宗的调停并不受欢迎，特别是对费迪南德来说，他已经接受了牺牲帝国教会为代价而做出让步的必要性。然而，教宗不能被直接拒绝。费迪南德同意在 8 月 18 日举行会谈，指望其他各方踟蹰不前。[59] 由于教宗拒绝邀请新教徒，而法国坚持其盟友也被包括在内，最终威尼斯自愿在法国人和哈布斯堡王朝之间担任调解人。不断恶化的军事形势使得召开一次大会更加有必要，吉内蒂于 7 月出发，最终于 1636 年 10 月 22 日抵达科隆。

弗里德里希五世的儿子卡尔·路德维希（Karl Ludwig）在 1636 年 1 月年满 18 岁，如果拿回领地的话，他的岁数已经足够大，能进行统治了。英国的查理一世利用这个机会发起了自己的和平倡议，在 4 月花了 7 万英镑派遣了一个由阿伦德尔（Arundel）伯爵率领的奢华的使节团。阿伦德尔沿着莱茵河来到哈布斯堡领地，在那里受到了礼貌的接待，但是费迪南德和马克西米连显然都认为普法尔茨问题已经结束了。在对那些未遭破坏的地区进行了长时间的观光游览后，阿伦德尔通过了遭受破坏的美因河和莱茵河地区回国。[60]

与此同时，法国同意在科隆举行会谈，但未能派出代表。费迪南德的特使姗姗来迟地于 1637 年 4 月抵达，随后西班牙使节也到了。黎塞留提出了条件。他准备放弃阿尔萨斯，就洛林问题进行谈判，但前提是费迪南德承认法国对梅斯、图尔和凡尔登的保护权，并接纳德意志诸侯参加大会。这实际上比 11 年后皇帝最终在威斯特伐利亚接受的条件更好。法国想让诸侯也加入进来，这代表了法国外交的一个重大发展，他们将帝国宪法置于公开要求的中心，以使他们对帝国日益深入的军事参与合法化，并破坏《布拉格和约》。在 1637 年，这对皇帝来说完全不可接受，他仍然指望军事形势会有所改善。[61] 如果没有新教徒正式加入进来的话，科隆会谈就没有成功的机会，尤其是因为对手丹麦的倡议（自 1633 年以来一直在进行）在汉堡提供了替代性的讨论。尽管吉内蒂于 1637 年 10 月离开，但乌尔班仍坚持不懈，将这项毫无结果的任务委托给了一系列官员，然后于 1643 年晚些时候交给了 1639 年 8 月在科隆担任教宗特使的法比奥·基吉（Fabio Chigi）。

雷根斯堡选帝侯大会（1636—1637）

教宗的倡议和阿伦德尔使团的重要性被帝国中另一次更重要的会议所掩盖：1636 年 9 月 15 日召开的雷根斯堡选帝侯会议，会议一直持续到次年 1 月 23 日。[62] 这是自 1630 年以来的第一次帝国大会，也是《布拉格和约》之后的第一次。几位诸侯，还有三名选帝侯亲自出席，其他许多人也派出了特使，丹麦、波兰、法国、西班牙和教宗也都派出了使节。费迪南德决心在令人失望的 1635 年战役之后赢得各方支持，并通过让他的儿子当选罗马人的国王来巩固《布拉格和约》。西班牙认为大会是敦促奥地利遵守《埃伯斯多夫条约》和赢得对抗法国的援助的好机会。奥尼亚特资助了大会，向巴伐利亚、美因茨、科隆和萨克森提供了至少 20.9 万弗洛林，他们本来就会投票给费迪南德大公。尽管如此，这笔钱让他们心平气和地拒绝了尼德兰的呼吁，尼德兰此前呼吁帝国正式宣布自己在尼德兰与西班牙的战争中保持中立。奥尼亚特也很高兴他们表面上对法国采取强硬立场，要求梅斯、图尔和凡尔登回归。然而这样的声明只是例行公事，并不表明他们真的有热情对抗法国。事实上，选帝侯们倾向于接受教宗的调解，费迪南德努力说服了他们，帝国的问题必须与法国和西班牙的冲突分开。

西班牙释放了选帝侯瑟特恩，让他处于帝国的看管之下，以免被指控干涉帝国事务。特里尔的投票权被暂停。约翰·格奥尔格和勃兰登堡的格奥尔格·威廉都以战争为借口没有参加。在瑞典的压力下，格奥尔格·威廉坚持要讨论萨克森与乌克森谢纳的会谈的进展。然而，没有一个选帝侯认为除了约翰·格奥尔格的提议还有什么其他替代选项，只能由新教德意志人支付瑞典人离开帝国的费用。瑞典可以保留通行费和梅克伦堡港口，直到这笔钱被交付。

悖谬的是，维特施托克的失败加强了费迪南德的地位，因为瑞典占领了勃兰登堡，使勃兰登堡选帝侯确信，他不能指望从乌克森谢纳那里得到任何东西。格奥尔格·威廉逃往东普鲁士后，于 11 月开始与费迪南德谈判，结成新的联盟，认为这是防止皇帝牺牲波美拉尼亚以获得与瑞典的和平的最佳方式。博吉斯拉夫公爵于 1637 年 3 月 20 日去世，为谈判增添了动力，谈判于 6 月 22 日达成。格奥尔格·威廉得到了财政援助，作为回报，他承诺派遣一大支军队来加强帝国军。他的地位仍然不如巴伐利亚或萨克森，因为其军队规模较小，到 1638 年 6 月，人数仍不超过 1.1 万人。军团处于现在加入勃兰登堡军队的克利青的指挥下，但缺乏巴伐利亚人和萨克森人的自主权，不得不同时对费迪南德和选帝侯宣誓效忠。[63]

费迪南德与勃兰登堡进行了更密切的合作，确保达成了他的其他目标。选帝侯们将布拉格商定的财政安排再延长一年。费迪南德大公于 1636 年 12 月 22 日正式当选为罗马人的国王（刚好及时，因为他的父亲在大会闭幕后一个月去世）。然而，他的当选是以进一步限制其特权为代价的，其中最重要的是，他承诺在将任何人置于帝国禁令之下之前征求选帝侯的意见。[64]

然而，和平的另一个机会已经被浪费了。皇帝和几位天主教选帝侯没有做任何事情来使约翰·格奥尔格作为调解人的任务变得更加容易。他们认为新教徒应该单独付钱以让瑞典人离开，理由是邀请瑞典人进入帝国的是新教徒。约翰·格奥尔格无法对乌克森谢纳给出更好的提议，拒绝进一步调解。谈判继续通过其他中介进行，但这只是出于形式。最终，所有人都发现持续战争的代价比他们在 1635—1636 年可能实现的和平要高昂得多。

第 17 章

哈布斯堡高潮（1637—1640）

僵　局

费迪南德三世皇帝

　　年仅 29 岁的新皇帝是在王朝危机和战争中长大的。他的母亲是费迪南德二世的第一任妻子，巴伐利亚的玛丽亚·安娜，因此他也是选帝侯马克西米连的外甥。费迪南德三世小时候一直体弱多病，但他的两个哥哥先于他去世。他进行了一些常规健身训练，改善了健康状况，但他过早参与政治的压力——他在 17 岁时被加冕为匈牙利国王——对健康造成了损害，导致他过早地于 1657 年去世。他的 3 个妻子中的 2 个和 11 个孩子中的 6 个都先于他死去，这加强了他天性中的忧郁倾向。除了有着真诚的责任感，他还对当代文化有着浓厚的兴趣，是哈布斯堡王朝中最有艺术天赋的人之一。除了布置新的宫殿花园和扩大家族已经丰富的艺术收藏，他还是一名熟练的音乐家，以当时流行的意大利早期巴洛克风格创作了几部非常不错的作品。

　　尽管费迪南德三世受的是耶稣会的教育，但他的行事风格仍然比他父亲温和，更清楚地区分了私人道德和公共实用主义。他和他父亲一样，坚信家族的命运取决于保持世袭土地不受异端邪说的影响。天主教信仰仍然是检测政治忠诚的标准。这一目标在白山战役之后已经实现，并在 1635 年的《布拉格和约》中得到了保障，但是保护王朝在其核心地带的利益仍然是费迪南德三世政策的核心。他在帝国方面的政策更加灵活，因为他在帝国的首要任务是维护自己的宪法特权，而不是强加教派目标。

　　新皇帝面临相当大的困难，尤其是在大赦问题上。不过，讷德林根战役他也在场，可以沾上胜利的光，他还得到了一些能干的顾问的支持。其中最重要的是马克西米连·冯·特劳特曼斯多夫，他自 1633 年起就一直是家族的家事总管，也是费迪南德唯一完全信任的人。特劳特曼斯多夫诚实、忠诚、目光敏锐，已经是奥地利的最高外交官，在 1622 年就曾与拜特伦议和过，还促成了巴伐利亚从上奥地利撤军，以及促成各方达成《布拉格和约》。1637 年后，他成为宫廷和政府的首脑。他的朋友库尔茨·冯·森芬瑙（Kurz von Senffenau）接替 1637 年 10 月去世的施特拉伦多夫，成为帝国副书记官，巩固了他的地位。两人都赞成与瑞典议和，前提是瑞典提出可以接受的条件。

　　政权更迭削弱了西班牙的影响力，但西班牙的影响力早在 1634 年后就已经开始下降。奥利瓦雷斯在努力促成双方协同对法国进行大规模进攻，声称只要法国被击败，瑞典就会撤出。"科尔比年"似乎表明再次进行联合进攻的时机已经到来，西班牙要求帝国将皮科洛米尼在默兹河地区的军队增加到 3 万人，另一支帝国军队越过莱茵河发动进攻，还要求得到允许在德意志招募 1.6 万人。维也纳的一些人仍然主张与西班牙合作。甚至一年后，在策划 1638 年战役时，施里克还提议对巴黎发起进攻，他声称这会在法国引发"派系分裂和兵变"。[1] 然而，帝国军状况不佳，无法满足西班牙的期望。费迪南德三世登基时，加拉斯率领的帝国军主力只有 16 110 人。[2] 作为皇帝，费迪南德现在不能再跟随军队作战，因为如果战败的话，在政治上会造成严重伤害。尽管如此，他还是同意派遣加拉斯、皮科洛米尼和韦特率领 2.6 万名帝国军和巴伐利亚军人从卢森堡出发，沿着默兹河进入香槟，而查理公爵则率领 1.2 万人从弗朗什-孔泰进攻，他的军队中一半是西班牙人。这一钳形攻势旨在解放洛林，而不是入侵法国，甚至是这个计划，后来也由于其他事件而流产。

　　费迪南德三世并不觉得有义务做更多的事情，因为奥利瓦雷斯仍没有全额支付承诺的资金援助。银行抽取了一部分发放的金钱，增加了奥地利的不信任感。腓力四世不得不在 1637 年晚些时候召回奥尼亚特，把他当作关系恶化的替罪羊。[3] 皮科洛米尼的军团一直在卢森堡支持西班牙人的行动，直至 1639 年年底，当时其指挥官和 1.2 万名士兵中的大部分撤离。在列日人兰博伊（Lamboy）男爵领导下，一支较小的部队仍然存在，兰博伊早在 1621 年之前已经是帝国上校，但作为一名将军很糟糕。帝国军团没有帮助西班牙对抗尼德兰人，而是掩护莱茵河下游地区抵御法国入侵，并向查理公爵提供有限的援助。

莱茵河战役

韦特率领的巴伐利亚军于 1637 年 1 月撤出皮卡第，与帝国军会合，自 1635 年 8 月以来，帝国军一直在埃伦布赖特施泰因封锁法国。尼德兰提供了 117 车补给品，法国提供了运送这些补给品的费用，这些补给品将由梅兰德的黑森军队从多斯腾护送到该地区。然而由于韦特俘获了车队，这一国际救援努力失败了。守军的处境非常绝望。指挥驻防部队的比西-拉梅特（Bussy-Lameth）子爵据说吃了 80 只老鼠才活了下来，他允许一半的驻防部队爬下城墙逃跑，从而减轻了补给压力。拉姆齐派驳船从哈瑙沿美因河运送更多食物，但它们在美因茨被拦截了。自 1637 年 5 月 8 日以来，埃伦布赖特施泰因就处在轰炸下，最初的 2000 名士兵中只有 195 名活了下来，他们最终于 6 月 28 日投降，以换得返回法国。[4] 帝国军加强了对特里尔选侯国的控制，将黑森人限制在莱茵河以东的地区，让他们无法接受法国的援助。

这场失败，再加上魏玛的伯恩哈德在阿尔萨斯乏善可陈的表现，促使黎塞留加大了法国在莱茵河地区的参与力度。他扣留了伯恩哈德 160 万里弗尔的资金援助，因为后者只召集了 9000 人。相反，黎塞留派遣了杜阿利耶（du Hallier）率领 5800 名法国士兵提供支援，而没有提供金钱援助，因为金钱可能会让伯恩哈德过于独立。伯恩哈德在马恩河上游过冬后，于 5 月向东南进入弗朗什-孔泰，这主要是因为它看起来比阿尔萨斯更好对付。[5] 伯恩哈德与朗格维尔（Longueville）公爵会合，后者接替了孔代，指挥一支 1 万人的勃艮第军队，并于 3 月通过洛林前进。他们合兵一处，于 6 月在索恩河打败了查理公爵率领的 6000 名士兵，并开始有计划地征服这个西班牙行省，他们避开贝桑松这样的坚固要塞，选择占领外围城堡。

伯恩哈德选择让朗格维尔去完成剩下的任务，于 8 月初闯入上阿尔萨斯，从依然忠于瑞典的本菲尔德驻军点那里获得了物资。由于现在缺钱，他决心征服莱茵河以外的地区，消耗敌人的资源过冬。这一时刻似乎非常适宜，因为加拉斯率领的帝国主力军队已经在 6 月向东进军，去帮助萨克森人，只留下无能的萨韦利（Savelli）和变节的施佩尔罗伊特率领的小股分队。黎塞留批准了这个计划，希望这能减轻法国的负担，同时增加皇帝的压力。未来三年内，这是法国在该地区的主要战略目标。

帝国城市斯特拉斯堡坚持中立，拒绝让任何一方使用其桥梁。8 月 6 日，伯恩哈德试图通过位于塞莱斯塔东北的莱茵瑙（里诺）诸岛过河。这次尝试过于乐观，因为他的军队过弱。在多次催促之下，马克西米连终于同意派出韦特率领 7000 名巴伐利亚军出发，他们在埃伦布赖特施泰因陷落后就腾出手来了。他们增援了埃滕海姆的帝国部队，迫使伯恩哈德于 9 月 2 日返回河对岸。如今，包括杜阿利耶的部队在内，伯恩哈德的军队已经减少到 6900 人。他们不顾瑞士的抗议，向南撤退到巴塞尔主教辖区。当地居民选择逃离，使得本已严峻的供应问题更加严重，依靠法国驻蒙贝利亚驻军提供的物资，伯恩哈德才熬过了冬天。

黑森-卡塞尔

法国在威斯特伐利亚的失败证实了莱茵河战役的经验：法国无法仅仅通过德意志代理人来追求其帝国的目标。黎塞留原本打算让黑森-卡塞尔在德意志西北部扮演类似伯恩哈德在阿尔萨斯扮演的角色。由于瑞典援助的前景渺茫，领地伯爵威廉五世于 1636 年 10 月 21 日缔结了《韦瑟尔条约》（Treaty of Wesel），与路易十三世结盟。他同意了黎塞留的标准条款，即没有法国同意的情况下不得议和，在被征服的地区尊重天主教。作为回报，他将每年获得 20 万塔勒，用来维持 1 万名士兵的军队，同时法国承诺为他提供外交支持。[6]

黎塞留计划用法国资金在莱茵河下游再招募 1.2 万人，以增援黑森军队，他们可以成为西方战争和瑞典与皇帝冲突之间的屏障。被委以这项任务的人是兰曹（Rantzau）伯爵，他是一名新教徒，在 1635 年为法国效劳之前曾在尼德兰军、瑞典军和皇帝的军队中服过役。他是法国女王的宠臣，后来有谣言说他是路易十四的父亲。他声称受过 60 次伤，而且确凿无疑地在职业生涯中失去了一只眼睛、一只脚、一只手和一只耳朵。他在 1637 年 3 月抵达，在 9 月之前只设法招募了 1000 名新兵。[7] 这一点，再加上法国之前未能解救埃伦布赖特施泰因，让人们更加怀疑法国作为盟友的可靠性。

费迪南德三世本来更愿意与威廉五世谈判，但是费迪南德二世已经在 1636 年 10 月公布了帝国禁令，并任命黑森-达姆施塔特领地伯爵格奥尔格为帝国专员。皇帝缺少军队，以此为借口在最后一刻还在进行谈判，但仍未能说服威廉退出战争。1637 年 4 月，费迪南德三世不情愿地批准了入侵黑森-卡塞尔的计划，但是格茨和哈茨菲尔德率领的威斯特伐利亚军队的大部分已经在 3 月撤离去增援加拉斯了，只留下格林、瓦尔（Wahl）和韦伦（Velen）率领的薄弱分队。自《布拉格和约》以来，达姆施塔特一直大力支持皇帝，招募了 5500 人的军队，但其中大部分人都与帝国军一起在萨克森服役，或者在哈瑙监视拉姆齐。[8] 威廉的军队设法向北逃到了威斯特伐利亚，在那里他们帮助其战友在 6 月夺回了费希塔和比勒费尔德。埃伦布赖特施泰因的陷落最终让帝国军腾出了足够多的人手来在 10 月入侵黑森-卡塞尔，烧毁了 17 个城镇和 300 个村庄，以恐吓领地伯爵威廉。

黑森军仍然把守着卡塞尔和齐根海恩，而威廉利用他新缔结的法国联盟恢复与尼德兰的谈判。共和国一如既往地拒绝了他的提议，更偏好与科隆保持良好关系。然而，当尼德兰自己在 1636 年 10 月更新与法国的联盟时，它看到了利用黑森军队在其东部边境充当缓冲区的好处。考虑到此前与曼斯菲尔德伯爵的冲突（见第 10 章），尼德兰人做好了充分的准备，与埃姆登和东弗里斯兰等级会议达成了协议，后者每月支付 1.2 万塔勒以维持 2500 名黑森军。威廉于 1637 年 9 月撤退到东弗里斯兰。这一安排原定持续 6 个月，但黑森军一直待到 1650 年 8 月。重要的是，科隆的费迪南德和皇帝都没有选择试图挑战他们的存在，不愿打破与尼德兰共和国之间的默契。格茨带着 4000 人穿过图林根返回，到 11 月时，他将黑森军从帕德博恩和莱姆戈赶了出去，但没有追击他们进入东弗里斯兰。[9]

威廉五世于 10 月 1 日在莱尔去世，留下一个小儿子，由他的遗孀阿马莉·伊丽莎白负责照看。作为波旁家族的远亲，阿马莉·伊丽莎白期望法国支持她的野心。黎塞留做出了巨大的努力，指望能保住黑森-卡塞尔的忠诚，他给阿马莉·伊丽莎白送去了一个镶满钻石的十字架，并将她丈夫的年金转交给了儿子。由于担心拉姆齐上校可能会把她的祖国哈瑙移交给法国，帝国军打破了自 1636 年黑森被解围之后就存在于那里的不安的休战状态。1638 年 2 月 18 日，在美因茨军中服役的威廉·冯·梅特涅（Wilhelm von Metternich）上校袭击了这个地方，没有一人死亡，但拉姆齐在战斗中受了致命伤。梅特涅得到了波希米亚的柯尼希斯瓦特庄园作为奖励，这里后来成了他的后裔、著名奥地利政治家克莱门斯·梅特涅的家。[10]

甚至在此之前，阿马莉·伊丽莎白就确信法国不会提供多少直接帮助，转而求助于尼德兰人，她和波希米亚的伊丽莎白一样，把自己展示为一个贫穷的寡妇。顽固的市民直到 1639 年才给她庇护，但他们不准备为她而牺牲与科隆选帝侯的良好关系。和"冬后"一样，她对尼德兰人来说也成了一个尴尬的存在。她的部队在东弗里斯兰和威斯特伐利亚扰乱了尼德兰的贸易，压迫了那些本来会对共和国友好的城镇。

因此，皇帝仍然希望黑森人会改变阵营。施里克与梅兰德谈判，西班牙表示愿意出钱，而美因茨选帝侯和科隆选帝侯说服费迪南德解除好战的达姆施塔特领地伯爵的帝国专员职务，并承认阿马莉·伊丽莎白在她儿子未成年时是摄政。皇帝也放弃了对黑斯费尔德的主张，并准备给予加尔文宗事实上的宽容，就像他对安哈尔特和勃兰登堡所做的那样。作为回报，阿马莉·伊丽莎白只被期望将马尔堡交给达姆施塔特。吕讷堡的格奥尔格公爵等人建议她接受这个慷慨的提议，但是她以皇帝对加尔文宗的敌意为借口拒绝了这个提议。直到 1638 年 3 月 3 日，她才最终同意停战，而且在等待总的形势好转时，保留了现有的驻军点。

普法尔茨孤注一掷

费迪南德接受了这一点，因为普法尔茨流亡者出人意料地造成了新的麻烦，他想集中格茨不多的部队来应对这一威胁。1636 年阿伦德尔伯爵外交使团的失败引发了斯图亚特外交政策的又一次突然转向：查理一世放弃了 1634 年与西班牙结成的名义上的同盟，于 1637 年 2 月 27 日与法国签署了一项新条约。法国做出了在普法尔茨问题上给予外交支持的模糊承诺，作为交换，查理准备向哈布斯堡王朝宣战，提供了 30 艘船只，让法国招募 6000 人。黎塞留从未批准该协议。他不想损害与选帝侯马克西米连的关系，后者仍然是他在帝国内的首选合作伙伴。法国提供援助的可能性足以让查理派托马斯·罗伊爵士前往汉堡从事这个无望的差事，当时法国、瑞典和帝国使节都聚集在汉堡，名义上在丹麦的调解下进行谈判。丹麦人仍然憎恨英国，因为他们认为英国在 17 世纪 20 年代对他们的支持不足，而瑞典人不明白为什么查理作为新教君主、卡尔·路德维希的舅舅，没有全力支持普法尔茨。他们因不耐烦而在 1638 年 7 月向苏格兰反对分子出售武器，这些反对分子对国王的违抗导致了 1639 年的第一次主教战争，从而开启了英国内战，这使得英国在下一个十年里都未能有效地参与欧洲事务。[11]

波希米亚的伊丽莎白早就放弃了以"武力之外的手段"拿回全部土地的希望。[12] 事实证明，她儿子的远征军比早期新教圣骑士的战役更不切实际。克尼普豪森的遗孀让一个小团体进入梅彭，梅彭是从明斯特主教那里夺来的，瑞典将其作为捐赠送给了她的丈夫。除了卡尔·路德维希，这些人还包括他的弟弟鲁普雷希特和一些把自己献给冬后的英国勇士，比如北安普顿伯爵和克雷文（Craven）勋爵。梅彭位于明斯特与东弗里斯兰的边境，可以用作基地来集结军队，然后向南进军，以收复下普法尔茨。即使考虑到他们带来了 41 桶英国黄金，这个计划也过于不切实际。他们与阿马莉·伊丽莎白进行了长期谈判，但未能获得黑森军的支持，因为阿马莉·伊丽莎白不想冒险打破她和皇帝之间的休战。[13] 苏格兰老兵詹姆斯·金在 1637 年接管了瑞典在威斯特伐利亚的军队的指挥权，他承诺从位于明登和尼堡之间的基地提供 1000 人，据说是因为他正在考虑退休的问题，想取悦查理一世。

卡尔·路德维希设法招募了 4000 人，其中包括最近被天主教徒遣散的一些士兵。[14] 科隆的费迪南德担心随着帝国部队再次撤离，情况会变得更糟。指挥权被委托给了哈茨菲尔德，他还收到指示，在 3 月从威斯特伐利亚驻军点中抽调了 4500 人组成一支新军队。到 5 月，他已经有了一支足够强大的部队，突袭了梅彭，缴获了 20 门大炮，击退了普法尔茨军队。卡尔·路德维希在南方的克利夫斯重新集结，在那里他受到当地尼德兰驻军的保护，但只剩下 1700 人，而哈茨菲尔德在 1638 年 7 月时已经集结了 6420 人。[15]

卡尔·路德维希于 9 月 9 日在施塔特洛恩与金率领的瑞典军会合，向北进发，想夺回梅彭。帝国军在梅彭的守军很强大，而东弗里斯兰人淹没了边境，普法尔茨军无法进入，黑森军也无法离开去与普法尔茨军队会合。普法尔茨军向东穿过奥斯纳布吕克，希望占领莱姆戈充当一个新的基地，莱姆戈靠近威悉河沿岸的瑞典前哨站。哈茨菲尔德率军赶来，他们只得被迫放弃围城，向明登撤退。他们认为哈茨菲尔德会满足于仅仅解围莱姆戈，不会追击他们。然而，哈茨菲尔德的军队有 5800 人，主要是骑兵，他向东快速追击，于 10 月 17 日在弗洛托大桥切断了普法尔茨军队的退路。

鲁普雷希特亲王和瑞典骑兵试图突围，但他被此前谋杀瓦伦斯坦的沃尔特·德弗罗俘虏，同时被俘的还有其他 1200 人。金到达明登时身边只有 5 个同伴。卡尔·路德维希试图乘着马车逃跑（非常不英勇），但马车沉入了威悉河，马和车夫都淹死了。他抓住一根柳枝，设法上了岸，活了下来。他在明登藏了两个月，最后才回到尼德兰继续流亡。哈茨菲尔德只有 79 人伤亡，并在 11 月占领了费希塔。

这场失败扑灭了独立的普法尔茨事业的最后一丝曙光，使其完全依赖肆无忌惮的外国支持者。英国内战的爆发使其最一致的支持者无法再支持它，也促使许多英国人回国。西班牙拒绝放佛兰德军中服役的 6000 名英国人回国，但是至少有 30 名有经验的苏格兰军官在 1639 年离开了瑞典军。1638 年后，每年只有不超过 10 名苏格兰人成为瑞典军官，相比之下，过去 10 年中有 1900 人加入瑞典军队。[16]

瑞典撤退

由于谈判陷入僵局，帝国军第三次试图将瑞典人赶下海，而且是第一次采取集中对付瑞典的行动。1637 年 6 月，加拉斯率领 2 万人的主力部队从莱茵河出发，加入了人数大大减少的帝国军和萨克森军队，帝国军和萨克森军队大约有 1 万人，驻扎在维滕贝格和托尔高之间的易北河上的普雷奇。更多的萨克森军驻扎在马格德堡和维滕贝格，隔离了自 3 月以来一直被封锁在托尔高的巴纳尔的 1.4 万人的军队。加拉斯在托尔高上游和下游的河流上都架了桥，准备过河并包围瑞典人。然而，巴纳尔再次逃脱了，这一次是在 6 月 28 日晚上，还将从选帝侯地窖掠夺的 30 万升葡萄酒分发给了下属。与曼斯菲尔德和克里斯蒂安公爵不同的是，巴纳尔没有任何顾虑地焚烧了辎重，并让步兵骑上运输的马匹，以快速撤退。

瑞典人向北直接通向波美拉尼亚的路线被勃兰登堡人封锁了，后者现在站在皇帝一方武装了起来。巴纳尔没有采用这条路线，而是向东北方向进军，穿过于特博格和吕本到达奥得河。在直接追击瑞典人的同时，加拉斯还派出了一支分队快速进军，首先到达屈斯特林，将巴纳尔困在奥得河与波兰边境之间。巴纳尔把军官们的妻子，包括他自己的妻子，以及剩余的辎重送到边境，佯装要从那里撤退，但是他向西原路返回，在奥得河畔法兰克福南边渡过了河，然后向北猛冲，在埃伯斯瓦尔德与弗兰格尔率领的 5000 人会合。他在 16 天的长途跋涉中损失了 4000 人，但是军队本身仍然基本没有受损。

然而，瑞典在波美拉尼亚只有 9000 名驻军，在梅克伦堡只有 1200 名。所有人都没有领到报酬，士气低落。要塞的状况也很糟糕，驻军很久以前就把栅栏当作柴火烧掉了。巴纳尔无力阻止加拉斯夺取它们。兰茨贝格、加尔茨、代明等地再次落入帝国军手中，瑞典控制的地方只剩下斯德丁、施特拉尔松德、维斯马、瓦尔讷明德、格赖夫斯瓦尔德、安克拉姆、卡姆明和科尔贝格。这次代价高昂的撤退破灭了一年前维特施托克战役带来的希望。[17]

乌克森谢纳因为局势所迫，降低了要求。他现在准备讲和，条件是他占有一些波罗的海港口 15 年，而德意志人支付 300 万塔勒，其中一部分将用于解散军队。所有关于修订帝国宪法的要求都被放弃了，但是他仍然坚持要求赦免那些被排除在《布拉格和约》之外的人，以维持他目前的盟友，作为对哈布斯堡王朝的潜在制衡。他甚至准备接受深受憎恶的劳恩堡的弗朗茨·阿尔布雷希特及其两个兄弟弗朗茨·卡尔（Franz Carl）和尤利乌斯·海因里希（Julius Heinrich）作为新的中间人。费迪南德三世于 1638 年 1 月派副书记官库尔茨在汉堡直接与瑞典人会谈。加拉斯很乐观，但瑞典人停止了谈判，理由是皇帝拒绝就普法尔茨流亡者和波希米亚流亡者进行谈判。

这仅仅是一个诡计，因为瑞典后来在 1648 年很乐意放弃这两方来达到和平。真正的原因是乌克森谢纳只是在拖延时间，以完成他与法国同时在进行的谈判。由于法国自己的军队没有取得任何进展，法国需要瑞典维持对帝国的压力，以阻止其所恐惧的哈布斯堡王朝两个分支联合进军。黎塞留在 1638 年 3 月 15 日的《汉堡条约》（Treaty of Hamburg）中接受了乌克森谢纳的条款。法国每年 40 万里克斯的资金援助延长了三年，而且黎塞留接受了瑞典并不参加法国对西班牙的战争的条件。类似的安排也写入了 3 月续签的法国和尼德兰联盟条款中，但是黎塞留要求尼德兰不得与西班牙单独议和，而乌克森谢纳只用同意与法国协调外交。[18]

军事形势回到了 1630 年夏天，只是这次对瑞典更有利。巴纳尔在波罗的海桥头堡牢牢站住了脚，以斯德丁为主要基地。1638 年 7 月，新的法国资金援助让乌克森谢纳得以运送三船新制服，以及 1.4 万名新兵和 18 万塔勒的现金。相比之下，加拉斯只集结了 1.5 万人，不得不在梅克伦堡和波美拉尼亚的一条长长的警戒线中过冬，以遏制敌人。萨克森人正忙于封锁爱尔福特，尽管加拉斯得到了一支 8500 人的勃兰登堡军的增援，但这支军队组织混乱，领导不力，他们的统帅是康拉德·冯·布格斯多夫（Conrad von Burgsdorff）这样"不比匪徒强多少"的人。[19] 然而，对勃兰登堡来说，这样的努力相当之大，反映了选帝侯在博吉斯拉夫公爵去世后夺得波美拉尼亚的决心。勃兰登堡政府在施瓦岑贝格伯爵的领导下已经更加独裁和军事化，施瓦岑贝格的声誉遭到了几代普鲁士历史学家的过度抹黑，他们颂扬格奥尔格·威廉的儿子在 1640 年之后的统治，将其称为"大选帝侯"。[20] 格奥尔格·威廉于 1638 年 12 月将指挥权交给了施瓦岑伯格，后者重组了军队，但这疏远了克利青，克利青于次年 5 月加入了韦尔夫人，而另一名上校则和他的团一起叛逃到瑞典。勃兰登堡的有效兵力下降到不足 6000 人，行动能力仅限于保卫自己的要塞。

与此同时，巴纳尔打破了帝国的警戒线，夺回了加尔茨，然后在 1638 年 10 月解放了梅克伦堡。加拉斯退回了易北河对岸，掠夺了勃兰登堡，并派遣部队进入波希米亚和西里西亚，以减轻物资稀缺的压力。[21] 事实证明，不可能调集足够的人数来攻破瑞典的最后防线，因为易北河和奥得河之间的地区已经被自 1635 年以来的战火摧毁了。虽然当时还不清楚，但帝国军再也没有第二次机会了。

争夺莱茵河的决心

帝国军事财政

财政困难是失败的原因。《布拉格和约》基本上沿用了 1630 年在雷根斯堡设计的军事资助体系，通过帝国政治体的定期支付来维持一支军队。按照一年 80 个罗马月的估计，这些付款最多可达 800 万弗洛林，但甚至人们预测的收入也远低于此，因为瑞典人仍然控制着波美拉尼亚和梅克伦堡等地区。而且皇帝未能赢得黑森-卡塞尔或韦尔夫人的支持，收入进一步减少。加拉斯抱怨汉堡、不来梅和吕贝克等城市向敌人借贷时出手大方，但拒绝让他疲惫不堪的军队驻扎。[22] 那些真正付钱的人主要是前天主教同盟成员，他们现在认为自己是皇帝的盟友，希望得到相应的待遇，同时免于宿兵和冬季宿营。

1636 年 10 月，选帝侯大会将拨款额再延长了 120 个罗马月，但是皇帝已经开始指定地区来维持他的主要盟友的部队。上萨克森的付款将直接支付给约翰·格奥尔格的部队，而科隆军队靠掠夺威斯特伐利亚自己养活自己。巴伐利亚行政圈、弗兰肯行政圈和施瓦本行政圈的付款于 1636 年

1 月分配给马克西米连的军队。这种做法模糊了官方的战争税和个别指挥官要求的许多其他付款之间已经模糊的区别。弗兰肯人在 1638 年 2 月声称，这些额外费用相当于他们所欠的罗马月的 2 到 5 倍，他们试图通过保留官方税收来抵销这些费用。他们还要求采取措施改善军队纪律，减少付款，在军队通过他们地区的时候允许行政圈官员监督。[23]

作为回应，当 1636 年通过的拨款于 1638 年 11 月到期时，费迪南德三世通过行政圈议会接触了所有的帝国政治体，而不仅仅是选帝侯。萨克森和勃兰登堡支持了上萨克森议会的呼吁，因为他们非常清楚，议会同意的 120 个罗马月付款将归他们自己的士兵所有。威斯特伐利亚人也同意了这样做，但是弗兰肯人拒绝了，理由是他们的地区除了维持本地驻军，还维持了一大支帝国军队。结果，11 月 20 日，皇帝将施瓦本和巴伐利亚划给马克西米连，将弗兰肯和上莱茵地区保留给自己的军队。[24]

这些困难导致帝国军队的规模从瓦伦斯坦时期的巅峰缓慢而稳定地下降。《布拉格和约》中设想帝国军队的规模是 8 万人，但是包括巴伐利亚军和萨克森军在内的军队总数仍然超过 10 万人。瘟疫的影响、缺乏资金和日益严重的后勤问题使得部队的人数在 1635 年后无法维持。到 1638 年初，哈布斯堡的战争委员会估计军队总数有 7.3 万人，包括萨克森军、巴伐利亚军和西班牙支付的一些辅助人员，但计划只增加 1 万名新兵。1637 年将加拉斯率领的主力部队转移到萨克森的决定导致萨韦利在上莱茵河地区的兵力严重不足。那里的 14 个帝国骑兵团每个只有 80 到 200 人，而 10 个步兵团平均每个只有 200 人，只有赖纳赫（Reinach）上校在布赖萨赫的部队有 800 人。到 2 月时，部队人数略有增加，但各团兵力严重不足，情况很差。许多军官生病了，而没有领到薪水的士兵靠抢劫维持生计。出于对自己部队状况的考虑，马克西米连允许韦特将巴伐利亚军撤回到上施瓦本、符腾堡和多瑙沃特等资源稍微更丰富的地区。巴伐利亚军总体上维持了较好的状态，在 1639 年至 1645 年间，每个骑兵团和步兵团平均各有 800 至 1000 人，此后略有下降。[25]

未能保持团级力量造成了相当大的问题。部队必须合并起来才能达到战术编队所需的人数。更严重的是，部队的花费不成比例地高，因为拿高薪水的军官比普通士兵更容易存活下来。1638 年 11 月，帝国制定了改革计划，将众多兵力不足的团合并成数量较少但规模更大、更有效的团。在这时，据估计，上莱茵河地区的和加拉斯率领的两支主力部队只剩下 29 500 人。[26] 不包括巴伐利亚军和萨克森军在内，1639 年的帝国总兵力只有 5.9 万人，这仅仅相当于帝国军队 5 年前规模的一半。

派系领袖

1638 年莱茵河战役的可怕损失是人数下降的主要原因。魏玛的伯恩哈德决心实现前一年设定的目标，为法国在莱茵河以东建立稳固的立足点。这次他做了充分的准备。因为他在蒙贝利亚和巴塞尔主教辖区过冬，他已经靠近了莱茵河沿瑞士边境到康斯坦茨湖的河段。去年他试图直接穿越黑森林，现在这条路线提供了一个替代选项。虽然从瓦尔泰利纳逃出来（见第 18 章）的罗昂亲自加入了他的行列，但伯恩哈德仍然没有多少军队。萨韦利率领的一支 500 人的帝国军占领了莱茵费尔登，在瓦尔茨胡特、弗赖堡和菲利普斯堡还有其他驻军点，赖纳赫的团把守在布赖萨赫。如果想要夺得整个河段，伯恩哈德必须夺取所有这些前哨站。他还需要黑森林以外的基地来利用符腾堡和多瑙河流域丰富的资源。

幸运的是，伯恩哈德有一个优秀的间谍网络，知道他的对手有多弱。他还得到埃拉赫（Erlach）上校的帮助，后者是一名曾在尼德兰军中服役的老兵，在白山战役中受过伤，随后相继在曼斯菲尔德军中和瑞典军中服役到 1627 年。从那时起，他在家乡的伯尔尼新教区指挥民兵。1637 年 9 月，他加入了伯恩哈德的军队，尽管他直到 1638 年 5 月才不在伯尔尼服役。他与伯尔尼贵族的联系确保了伯恩哈德的军队得到了大量供应。

埃拉赫还与维德霍尔德（Widerhold）少校进行了谈判，维德霍尔德是一名黑森人，担任符腾堡民兵的教官，是霍恩特维尔城堡的指挥官，霍恩特维尔是符腾堡公爵领唯一一个仍然在反抗皇帝的要塞。尽管维德霍尔德现在已经从当地的大众意识中消失了，但直到 20 世纪，他一直在施瓦本爱国民间传说中占据着突出的位置。随着冲突的迅速升级，许多孤立的驻军点分散在帝国各地，很多派系领袖发挥了越来越重要的作用，维德霍尔德就是其中的典范。这些驻军点会通过突袭来维持自己的生存，如果友军返回它们所在的地区，它们也可以充当潜在的基地。位于本菲尔德的瑞典军、位于沃尔芬比特尔由鲁申贝格率领的帝国军和位于哈瑙由拉姆齐率领的伯恩哈德军是我们已经遇到的三个例子。其他人包括在利普施塔特率领黑森军的胡格诺派难民圣安德烈（St André）男爵和他的下属，来自蒙贝利亚的雅克·梅西耶（Jacques Mercier），后者又被称为小雅各布（Little Jacob），出身行伍，曾在匈牙利、波希米亚、俄国和尼德兰军中服役。两人都是当时的名人，格里梅尔斯豪森将他们融入了他的小说。在哈布斯堡军中服役的类似人物是瑞士贵族弗朗茨·彼得·柯尼希（Franz Peter König），他在 1624 年被封为冯·莫尔（von Mohr），在 17 世纪 30 年代早期康斯坦茨湖附近的小冲突中脱颖而出。正如这些背景草图所显示的，这些人的背景通常相对卑微，通过大胆的冒险获得了声誉和财富。他们从来没有被提拔到指挥大军的级别，而且往往很难被控制。柯尼希因卷入与非常难相处的沃尔夫冈·鲁道夫·冯·奥萨（Wolfgang Rudolf von Ossa）的争吵而被解职，后者是德意志西南部的哈布斯堡军事专员。

维德霍尔德表面上以符腾堡公爵埃伯哈德三世的名义行事，但实际上追求自己的目标。他将恐怖与仁慈结合起来，避开了霍恩特维尔城堡附近地区，集中力量长期袭击天主教社区，迫使 56 个村庄、修道院和小村向他的驻军点提供物资，到 1638 年底，他的驻军人数增至 1058 人，有 61 门大炮。[27] 他从友好的村民那里获得了充足的情报，这些村民也经常参与他的劫掠。他死后还了人情，给当地穷人留下了一大笔捐赠。他的功绩堪称传奇。有一次，他抓住康斯坦茨主教去打猎的空子，偷走了他的马匹和银两，后来，他在巴林根俘获了当地的帝国战争金库，净赚了 2 万塔勒。

自讷德林根战役以来，维德霍尔德一直被封锁，他同意在 1636 年 2 月之后保持中立，因为重新开始了将符腾堡公爵纳入布拉格大赦的谈判。费迪南德三世于 1637 年提出投降是埃伯哈德三世复辟的条件，但维德霍尔德无视了公爵的命令，于 1638 年 2 月宣布支持伯恩哈德。他一直是哈布斯堡王朝的眼中钉，尤其是因为他还袭击了蒂罗尔飞地，并且直到 1650 年才屈服于公爵的权威。

莱茵费尔登战役

1638 年的莱茵河战役是一场旷日持久的斗争，显示了组建和维持军队时遇到的困难。在开始阶段，伯恩哈德争夺从莱茵河到多瑙河上游之间的森林城镇的控制权，而在第二阶段，双方围绕奥地利的布赖斯高地区展开了激烈的斗争，布赖斯高可以充当法国的基地，因此成了黎塞留的领土要求之一。

伯恩哈德带着 6000 人和 14 门大炮在瑞士领土上前进，1 月 28 日，他越过巴塞尔，突袭了位于莱茵费尔登的萨韦利的部队。驻军进行了抵抗，封锁了他前进的道路，迫使伯恩哈德用有限的资源开始围城。主要围城工事面向城镇，位于莱茵河南岸，另外两个骑兵团位于河对岸，正对着莱茵费尔登的门楼，守卫着大桥。一个步兵团被派遣去守卫城市更上游的劳芬堡大桥，而 4 个骑兵团则在博根守护渡口，博根是条顿骑士团的一个设防庄园。[28]

韦特立即意识到解救莱茵费尔登的必要，并敦促萨韦利帮助他从布赖斯高前哨集结了 2600 名步兵和 4500 名骑兵，并且只带了最少的弹药，没有携带大炮就冲过山区。帝国军于 1638 年 2 月 28 日星期天早些时候出现在博根外，但是被伯恩哈德部署在篱笆后面的龙骑兵挡住了去路。由于无法展开，帝国军采取了另一条更艰难的平行于河流的道路，向西前往莱茵费尔登。在这 4 个小时里，伯恩哈德用船运送了 600 多名火枪手和 8 门轻炮，并将已经位于莱茵河以北的陶帕德尔（Taupadel）率领的骑兵集中在城镇上方的高地上。当巴伐利亚骑兵试图在卡绍的道路上展开部署时，陶帕德尔发起了冲锋。巴伐利亚军被击溃了，但是在冲锋中，罗昂和另一名资深圣骑士约翰·菲利普·冯·扎尔姆-屈尔堡（Johann Philipp von Salm-Kyrburg）受了致命伤，而埃拉赫上校被俘虏。萨韦利和帝国步兵现在到达并占领了高地。伯恩哈德坚守阵地，直到夜幕降临，然后悄悄越过敌人，沿着河流向东撤退到塞京根，在这个过程中丢弃了至少 3 门大炮，损失了 150 人。

萨韦利和韦特没有追击，考虑到他们刚刚让士兵在冬季带着较少口粮强行军穿过山区，这并不令人惊讶。伯恩哈德在上游 14 千米的劳芬堡重新集结，3 月 2 日，他和从南岸过来的军队会合。现在，他采取了一次他赖以成名的那种冒险出击。第二天一早，伯恩哈德沿着北岸返回博根，取回了帝国军没有找到的 3 门大炮。[29]

早上 7 点左右，帝国哨兵发现了他。韦特和萨韦利匆忙在沿着直角流入莱茵河的一条沟渠后面部署，但是"我们还没来得及把人集结起来，第一个人已经被射杀了"。[30]伯恩哈德的步兵有序前进，在轻型大炮的支援下，在一半的距离开火。然后两边的骑兵冲锋。帝国步兵也以齐射回击，但当敌人冲过壕沟时，他们仍在重新装填弹药。帝国步兵崩溃了，骑兵也试图逃跑，一些人甚至扔掉了盔甲以减轻负担。韦特与巴伐利亚最好的步兵团一直坚守阵地，直到最终被迫投降。总共有 500 人被杀，3000 人被俘，被俘者包括萨韦利、恩科福特（Enkevort）将军和施佩尔罗伊特。后者是第一批逃离的人之一，他担心自己会被前雇主抓住，但还是在巴塞尔的地域上被抓了。伯恩哈德讨厌韦特，因为韦特公开指责他是帝国的叛徒。在伯恩哈德为庆祝胜利而给被俘军官举行的宴会上，他非常开心地看着韦特和萨韦利互相指责对方应该为失败负责。

萨韦利的行为有点像蛤蟆先生 *。在负责给牢房送食物的女人的帮助下，他很快就逃脱了。不幸的是，当局不像肯尼斯·格雷厄姆（Kenneth Grahame）故事中的人物那样宽容，她和其他七名被指控的同谋被处决了。其实伯恩哈德应该为此庆祝，因为萨韦利对任何军队来说都是累赘，而不是有用的资产，他的职位来自他与宫廷的关系。而恩科福特是一名称职的军官，他的职位部分要归功于他在 1634 年及时从瓦伦斯坦方叛逃，他和韦特一直被关押在法国，直到两人分别于 1641 年和 1642 年被用来交换被俘的瑞典将军。施佩尔罗伊特和他的妻子及孩子被当作人质关押在霍恩特维尔城堡，直到 1641 年，被用来与当时被俘的陶帕德尔交换。他的监禁待遇并不像恩科福特和韦特那样好，那两人还参加了法国的社交活动，施佩尔洛伊特的家人在 1639 年 7 月霍恩特维尔的轰炸中丧生。在军事效率与指挥官的技能和声誉密切相关的时候，这些军官的损失虽然是暂

---

* 蛤蟆先生是肯尼斯·格雷厄姆的《杨柳风》中的人物，被关进监狱之后，他在牢头的好心肠女儿的帮助下，通过掉包计逃出监狱。

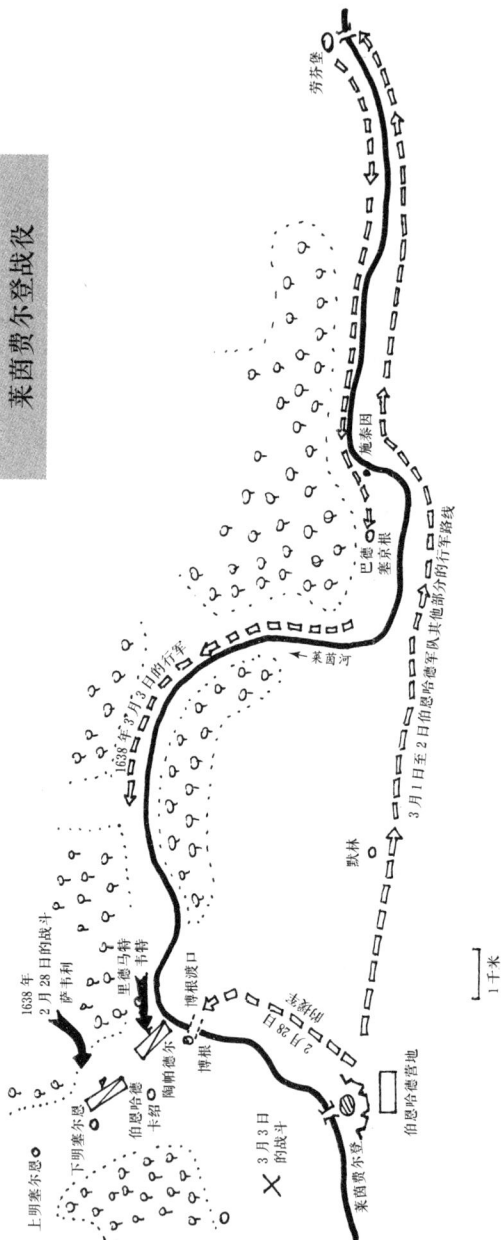

莱茵费尔登战役

时的，但非常严重。莱茵费尔登战役也挫败了皇帝消灭黑森-卡塞尔的努力，因为格茨和前天主教同盟部队不得不在 4 月从威斯特伐利亚转移到上莱茵河。

莱茵费尔登又勇敢地抵抗了三周，于 3 月 24 日被迫投降。即使在迫使帝国军战俘加入己方之后，伯恩哈德的部队仍然只有 1.2 万人，其中一半是骑兵。他缺少足够的步兵来围攻仍然抵抗的其他城镇。杜阿利耶的法国分队在 1637 年底已经被召回了，现在黎塞留派出了一支由 4500 名步兵组成的分队留在伯恩哈德的军中。法国军队视莱茵河为冥河，担心如果他们冒险进入德意志，将永远回不来。新分队在一个月内就有 2000 人逃跑，但是黎塞留决定伯恩哈德应该消除对阿尔萨斯的威胁，在 7 月又派出了 1900 名步兵。两个分队都由杰出的军官领导，他们将代表法国在德意志的利益，直到战争结束。更年长的盖布里昂（Guébriant）在 1636 年的战役中就认识了伯恩哈德，自愿领导增援部队。盖布里昂勇敢而诚实，能够对他暴躁的下属表现出自己的坚强。他同样勇敢的妻子也帮助了他，在他最后一场战役时甚至亲自带领 400 名来自巴黎的新兵与他会合。盖布里昂过早地于 1643 年去世，使他因此未能跻身载入军事史册的第一流法国将领的行列，他的光芒被指挥第二支分队的蒂雷纳所掩盖。蒂雷纳是布永公爵的弟弟，他的职业生涯因与胡格诺派有牵连而受阻，他一直在尼德兰军中服役，直到 1632 年。尽管蒂雷纳体质虚弱，言语有障碍，他还是以勇敢和娴熟的指挥官著称，成为唯一一名被拿破仑认为是伟大将军的法国人。1638 年后，他很快被调到意大利和鲁西永，但在盖布里昂死后，他又回到德意志指挥军队，一直在那里待到 1648 年。[31]

布赖萨赫之围

伯恩哈德没有继续沿着森林城镇的路线推进，而是立即转向北面的布赖斯高地区。行政中心弗赖堡很难防守，于 4 月 10 日陷落。然后，从 6 月 15 日起，他将步兵和炮兵集结在布赖萨赫城外，让陶帕德尔率领骑兵前往黑森林以东，以阻止援军。布赖萨赫坐落在莱茵河上方的一座岩石山上，控制着一座永久桥梁，这座桥坐落在两个岛屿上，在西岸有防御工事保护。赖纳赫上校是一名经验丰富的巴伐利亚军官，曾在吕岑战役中指挥过帕彭海姆的步兵，后来被调到帝国军中服役。他的驻军被增加到3000人，还有152门大炮。在1638年余下的战役里，帝国军为了解救他，做了一系列越来越绝望的尝试。

解围的任务交给了约翰·格茨伯爵，他是在帝国军中服役的众多路德宗信徒之一。格茨来自吕讷堡，在加入帝国军队之前，他曾先后在普法尔茨军中和尼德兰军中服役。他被认为是瓦伦斯坦军中的"德意志"派，但是在1634年的清洗中幸存下来，只是第二年在西里西亚因表现不佳被送上了军事法庭。尽管马克西米连通常反感新教军官，但约翰·格茨还是因勇敢和经验丰富的名声在1636年被任命为巴伐利亚的指挥官。他也很受费迪南德三世的信任，并于1638年9月被任命为莱茵河地区帝国军指挥官。格茨在黑森林以东的罗特韦尔募集了13 500人，打算与洛林的查理协同，一起解围布赖萨赫，查理此时仍率领5000人在坚守弗朗什-孔泰，对抗朗格维尔率领的1.3万名法国军。

格茨越过山区，于6月26日出现在布赖萨赫以北。他给城中运去了一些补给，但他的部队太弱，无法直接尝试救援，于是越过边境进入阿尔萨斯，希望在那里占领法国的阵地会迫使伯恩哈德解围。事实证明，法国驻军过于强大，而伯恩哈德将陶帕德尔的骑兵转移到莱茵河以西来对抗他。遭到挫败后，格茨撤退到符腾堡，留下萨韦利在斯特拉斯堡对面。休养之后，他于8月7日在奥芬堡重新与萨韦利会合，总兵力达到1.5万人。

维滕韦尔战役

格茨试图通过使用全部军队护送物资，然后在莱茵瑙运上驳船，以此来给布赖萨赫提供补给。伯恩哈德意识到，只要格茨还留在战场上，他永远也不可能占领布赖萨赫，他决定迫使对方接受决战。他从围城阵线中抽出11 400人，向北穿过肯辛根和拉尔。帝国军的侦察兵在8月8日星期天才发现他的到来，直到这时帝国指挥官才意识到伯恩哈德已经不在布赖萨赫了。先头部队中的帝国骑兵被驱回了在拉尔以北大约4千米的弗里森海姆村。格茨迅速做出回应，将步兵和炮兵部署在西面2千米处的舒特恩的一座长满了葡萄藤的小山上，而其余的军队则在小山和弗里森海姆之间的一条界沟后面集结。伯恩哈德派出他的法国步兵清除了被帝国军放火焚烧的弗里森海姆。格茨在山上重组了他的部队，而伯恩哈德则把大炮开进对面的葡萄园。他很快意识到那里的地形不适合占其部队超过一半兵力的骑兵作战，因此停止了行动，回到了更开阔的马尔贝格，期间他损失了大约 50 人，敌人损失了 120 人。这场战斗是军队之间许多相对没有多大伤亡的战斗的典型，基本上也不会被记载，但这将是一场更重大行动的前奏。[32]

格茨决心让他的补给车队通过，将三分之二的军队交给萨韦利，让后者在第二天一早向维滕韦尔出发，前往莱茵瑙。格茨希望大片的凯撒瓦尔德树林能隐蔽这一举动，但是伯恩哈德已经警觉了，在晨祷后向西北方向走去，在萨韦利穿过树林的缝隙时抓住了他。萨韦利没有采取任何预防措施，走在供应车队前面太远，车队堵塞了后面的道路。伯恩哈德和盖布里昂首先到达了缺口，在左侧部署了骑兵，随后将步兵部署在中间，而陶帕德尔和其他骑兵在右翼。萨韦利的骑兵被伯恩哈德在莱茵河边的一片树林里部署的 400 名火枪手和两门火炮打乱了阵形。当伯恩哈德发起了冲锋时，萨韦利的骑兵崩溃了，有些逃跑了，打乱了步兵的秩序，还抢劫了补给车队。格茨带着后卫到达时，萨韦利和逃兵正在从隘口处逃离。然而，位于右翼的陶帕德尔的骑兵遇到了实力更为强劲的敌军，被格茨击退了，格茨还袭击了伯恩哈德的步兵，并缴获了他们的大炮。伯恩哈德用萨韦利丢弃的大炮回击，并从预备队调来了两个老兵步兵团。格茨率领骑兵反复攻击，直到午夜才撤退，将 3000 名伤员撤离到奥芬堡。尽管如此，他还是有 2000 人阵亡，1700 人被俘，损失了 13 门大炮和 3000 多辆装满食物和弹药的货车。伯恩哈德则有 1000 人伤亡，但是通过强迫敌方战俘和逃兵加入己方军队弥补了这些损失。

这是一次严重的失败，暴露了帝国军的重大弱点，军队很快在撤退中瓦解了。兵团仍然兵员不足，而且经验丰富的人太少。格茨到达奥芬堡时，只有 3000 人还穿着军装。他对萨韦利感到愤怒，后者的宫廷关系使他得以逃脱军事法庭的审判，但其他军官，包括韦特的兄弟，都被逮捕

维滕韦尔战役

格次　8月8日　● 弗里森海姆

8月8日法军步兵（上午）

8月8日法军骑兵（上午）

拉尔

兵营堡

舒特

长钉堡

凯撒瓦尔德

维滕韦尔

萨韦利

格次

基彭海姆

马尔贝格

通往肯辛根

陶帕德尔

卡佩尔恩德

伯恩哈德

来茵河

隐藏起来的火枪手和大炮

1千米

了。格茨抱怨说，斯特拉斯堡的市民对待他的逃兵比对待敌人还恶劣，这些人偷了他们的衣服，殴打他们，最后还把他们赶走。[33]

绝望的措施

虽然自己受了伤，但格茨坚持在罗特韦尔重新集结，等待兰博伊将军率领 3900 名士兵到来，他们原本打算前往意大利增援西班牙人，但现在被指示加入格茨的队伍，此外还有其他从波希米亚和弗兰肯的驻军点中搜罗来的人也将到来。士兵们对他们的指挥官失去了信心，错误地认为格茨"不是真正的巴伐利亚人，更像是一个魏玛人"，还认为他与伯恩哈德秘密谈判。[34] 试图穿过黑森林为布赖萨赫驻军提供食物的尝试失败了，但是现在被派往菲利普斯堡的萨韦利确实通过派克罗地亚人在西岸到达布赖萨赫桥头堡，设法运进了一些食物。伯恩哈德只有 9000 人，无法完全封锁布赖萨赫了。农民能够进入城中，以极高的价格出售食物。尽管如此，布赖萨赫内部的局势越来越危急；赖纳赫已经驱逐了平民，并且兵力已经减少到 1600 人。伯恩哈德试图在驻军内部散布不满情绪，散发他在萨韦利的辎重车队里缴获的信件，暗示哈布斯堡王朝怀疑指挥官不忠。

在格茨的新军队准备好之前，查理公爵做出了时机不佳的救援努力，带着 4000 人从弗朗什-孔泰进军上阿尔萨斯，没有受到朗格维尔率领的法国军队的阻拦。伯恩哈德正确地赌博格茨无法参战，于是越过莱茵河，在另一边召集分遣队，集结了 4800 人，于 9 月 15 日在科尔马西南的坦恩城外堵截查理。伯恩哈德的骑兵表现出了高超的纪律，在击溃了洛林骑兵之后返回战场，协助己方步兵粉碎了查理的步兵，后者战斗了两个小时之后也崩溃了。

格茨直到一个月后才做好行动准备，他带着 1 万人沿着格洛特尔山谷行军，经过了弗赖堡，于 10 月 22 日出现在布赖萨赫，却发现伯恩哈德安全地回到了自己的工事中。被击退后，格茨派了 1000 名火枪手越过莱茵河，从阿尔萨斯一侧赶走围攻者，但这些人被蒂雷纳驱散了。沮丧之下，他重新穿越了黑森林。[35] 由于他自己的军队状况不佳，他只得依靠当地民兵袭击森林城镇，最后一次试图通过绕过山脉的南端来解救布赖萨赫，而查理再次前进到坦恩，萨韦利则从菲利普斯堡出击。三支部队加在一起总人数超过了伯恩哈德军，但每支部队都太弱，无法取得任何成果，行动于11月末中止。

当地居民已经逃离，帝国军只能靠蓟、蛇和少量的面包配给来维持生存。他们没有鞋子和袜子。他们的马也快死了。10月抵达的增援部队在一个月内失去了一半兵力，包括萨韦利军队在内的总人数下降到1.2万人，尽管自8月以来有1.3万人加入了他们。[36] 格茨作为替罪羊被捕，但尽管萨韦利在宫廷里的朋友尽了最大努力，他还是被无罪释放，并于1640年恢复了指挥权。

布赖萨赫的陷落

布赖萨赫的驻军已经只剩不到400人，他们已经4周没有面包了，靠嚼马皮和牛皮维生。赖纳赫最终同意于12月19日投降，以换取自由通行。[37] 伯恩哈德非常愤怒地发现，他有30名战俘在围城期间饿死。据称其中三具尸体被幸存者吃掉，引起了广泛的恶名。食人故事自1629年开始流传，并在17世纪30年代中期变得更为常见。尽管它们在1640年后变少了，但在欧洲殖民时代的其他食人故事的影响下，它们进入了民间记忆，并在19世纪中期重新出现。在那个时候，它们显然被深信不疑，一个世纪后，它们仍然被引用为确凿的证据。[38]

在17世纪，当时的叙述就已经受到了古典神话和巴洛克戏剧的影响，它们将母亲吃掉孩子的故事作为绝对恐怖和堕落的主题。关于人们吃狗、老鼠和其他不大可食用的动物，有许多直接的报道，但是食人的报道总是基于道听途说。[39] 这些故事是虚构的，而且肯定会编织在宣传话语中，这些宣传大多是由西南的德意志新教徒写的，以唤起人们的同情，或者作为战争造成道德崩溃的隐喻。

作为对指控暴行的报复，当赖纳赫的部队摇摇晃晃走出布赖萨赫的时候，伯恩哈德刻意羞辱了他们。他决心宣称自己的胜利，骑着在莱茵费尔登俘获的韦特的马进入要塞。他强迫赖纳赫将政府档案留在身后，因为他打算让布赖萨赫成为自己公国的首都。他还坚持在布赖萨赫驻扎自己的部

队，而不是法国军队。法国人在一场至少有 2.4 万人丧生的战役中花费了
110 万塔勒。而小册子作者颂扬伯恩哈德是德意志的阿喀琉斯，他为路易
十三打开了德意志的大门（*Porta Germaniae*）。

　　事实上，与其说是伯恩哈德打开了一座通往德意志的大门，不如说他
关闭了一扇通往法国的大门。布赖萨赫是一个有用的桥头堡，但是法国还
需要黑森林另一边的城镇来开辟通往德意志的路线。它的意义不在于切断
西班牙之路——它已经被切断了——而是阻止帝国入侵阿尔萨斯，让法国
有机会永久占领阿尔萨斯。法国对阿尔萨斯的管理方式从军事管理转向民
政管理，不再视阿尔萨斯人为外国人。[40] 这也标志着查理公爵的终结。他
在阿尔萨斯的最后一个据点塔恩于 1639 年初陷落。1639 年 2 月，他和他
的情妇以及 1600 名士兵越过公国的西部边缘逃到卢森堡边境的谢尔克，
在洛林留下了几个孤立的驻军点，但是弗朗什-孔泰的门户大开。战争已
经越来越深入到帝国，伯恩哈德得到了增援，现在可以在莱茵河以东进行
作战了。

德意志北部的和平？

费迪南德三世解决大赦问题

　　日益恶化的军事形势促使费迪南德努力解决他父亲遗留下来的大赦问
题。皇帝做出了新的努力，试图争取黑森-卡塞尔和韦尔夫人接受《布拉
格和约》，并利用剩余的军事势头说服瑞典议和。作为回应，法国和瑞典
加大了对德意志人的压力，要求他们保持忠诚，或者至少保持中立。

　　皇帝的双手被他父亲的政策捆住了。在 1636 年的雷根斯堡大会上，
希尔德斯海姆被许诺交给科隆，以换取科隆对皇帝的支持，而符腾堡的另
外 5 个区在 1637 年初被移交给了哈布斯堡蒂罗尔分支和巴伐利亚书记官
里歇尔（Richel）作为奖励。萨克森的约翰·格奥尔格担心一些人被排除
在大赦之外，会破坏实现和平的机会，而沃尔芬比特尔的奥古斯特公爵在
费迪南德三世继位的时候请求拿回他的首都。[41]

　　费迪南德尽了最大努力。格奥尔格·弗里德里希是唯一一名被排除

在《布拉格和约》大赦范围之外的霍恩洛厄伯爵，他也于1637年获得赦免。[42] 皇帝也承认埃伯哈德三世公爵不用对维德霍尔德的行为负责任，并同意允许他回到符腾堡，前提是他接受失去修道院和捐赠地区的事实。茨魏布吕肯也被包括在这些安排中，所有这些安排在1638年10月都已经完成了。1640年，拿骚-沃拉姆的四位伯爵也被赦免，但是由于他们的土地没有恢复，他们仍然待在梅斯和斯特拉斯堡，领取法国的年金。

沃尔芬比特尔的问题被证明要困难得多，因为它成了试图让德意志西北部中立的倡议的支点。萨克森和勃兰登堡军队在1637年试图从东部入侵，以迫使韦尔夫人重新加入战争。格奥尔格公爵试图通过让瑞典人撤出自1636年4月以来就占领的吕讷堡，说服他们离开。

一个新的第三方

格奥尔格确信他需要加强自己的中立性，于是在黑森-卡塞尔的阿马莉·伊丽莎白于1638年3月更新了与皇帝的休战协议后，开始与她谈判。他们加在一起有1.2万名士兵，为维护共同中立提供了可行的基础。[43] 这个提议对黑森指挥官梅兰德很有吸引力，梅兰德主张扩大这一中立范围，将科隆、普法尔茨-诺伊堡和黑森-达姆施塔特包括在内，以组成一个新的第三方，通过迫使皇帝修改《布拉格和约》，实现全面和平。

1638年3月法国和瑞典在汉堡更新其联盟后，丹麦做出了新的努力，以保护其在下萨克森的利益，这与梅兰德的提议同时发生。克里斯蒂安四世支持格奥尔格的计划，写信给巴纳尔，要求瑞典军队放过韦尔夫公爵领。[44] 费迪南德因此指示加拉斯不要在下萨克森宿兵，并派副书记官库尔茨来讨论这个提议。克里斯蒂安也代表奥古斯特公爵进行干预，要求鲁申伯格撤出沃尔芬比特尔。[45] 沃尔芬比特尔的帝国驻军现有2500人，还不包括依附者，除了为马匹寻找食物，每月还花费当地居民6428塔勒。士兵们还在砍伐周围森林中的珍贵树木取暖。格奥尔格公爵认为这些士兵出现在他的祖传领地上是对他尊严的侮辱，并表示他们破坏了公爵领的良好管理。事实证明，丹麦的支持对费迪南德决定允许公爵在9月回到沃尔芬比特尔起到了决定性作用，但是帝国驻军依然存在。[46]

费迪南德决定保留沃尔芬比特尔驻军，虽然有战略上的考量，但他在政治上也不可能放弃这里，因为科隆和巴伐利亚都坚持要保有该地，认为这是拿回希尔德斯海姆的保障。不幸的是，希尔德斯海姆被格奥尔格公爵占据，而不是奥古斯特，而奥古斯特无法说服弟弟合作。[47]格奥尔格继续推行自己的计划，以皇帝在 11 月提出的战争税作为借口，召集下萨克森议会辩论中立问题。费迪南德谴责建立"私人防御"的举动，认为这违背了《布拉格和约》，并命令韦尔夫军加入帝国军。[48]

黎塞留最初欢迎北德意志保持中立，而在 1637 年之后在汉堡代表法国利益的达沃也尤为欢迎。两人长久以来都渴望以巴伐利亚为中心建立一个中立的区域，现在看到了实现这一目标的机会。马克西米连邀请美因茨选帝侯、科隆选帝侯和萨克森选帝侯于 6 月在纽伦堡会面，并在瑞士的艾因西德伦修道院与法国展开秘密会谈，虽然只是名义上是秘密的。乌克森谢纳担心这会让法国脱离战争，让瑞典独自作战。现在，由于身患重症，巴纳尔只能坐在马车里面，他从梅克伦堡穿过易北河，于 1639 年 1 月入侵了吕讷堡。韦尔夫人尽管提供了补给，但拒绝加入瑞典方，巴纳尔只得在两个月后撤回萨克森。3 月 22 日，下萨克森议会正式宣布该地区中立，认为将瑞典排除在该地区之外符合公众利益。[49]

巴纳尔的攻势

事实证明，巴纳尔进军萨克森出乎意料地成功，这鼓励他进军哈布斯堡世袭领地。尽管以失败告终，但这次袭击提供了第一个真正的证据，证明自讷德林根战役以来帝国权力的高潮正在消退。费迪南德三世似乎很脆弱，而这正是他最需要说服怀疑者加入他的时候。巴纳尔于 3 月中旬在爱尔福特集结部队，横扫了马格德堡大主教辖区，带着 1.8 万人进入萨克森。茨维考和开姆尼茨很快就陷落了，但是他在弗赖贝格面前停滞不前，巴纳尔本希望夺得约翰·格奥尔格在那里的银矿。矿工们增援了当地的守卫部队，进行了顽强的抵抗。巴纳尔因为延误而感到愤怒，下令发动袭击，损失了 500 人。严寒使得这些人未得到埋葬，因为尸体冻得很结实。

1638 年 10 月，马拉齐诺将军接管了萨克森军的指挥权，合并了较弱的团，但即使加上加拉斯派来的部队，他也只有 5000 人。解围了弗赖贝格之后，马拉齐诺犯了一个错误，一直追击巴纳尔到开姆尼茨。1639 年 4 月 14 日，巴纳尔回身迎战并击溃了马拉齐诺的部队，俘虏了 1500 人。萨克森军被粉碎了，再也没有恢复过来。约翰·格奥尔格本来打算饶恕马拉齐诺，但是皇帝推翻了这一决定，把他送上了军事法庭。巴纳尔再次向东南方向进军，于 5 月 3 日占领了皮尔纳，得到了进入波希米亚的通道。他留下 3000 人来守住峡谷之后，向南进入了一块自 1634 年以来一直没有发生战争的土地。当巴纳尔从山区出来时，加拉斯聚集了 1 万人的军队，由霍夫基兴（Hofkirchen）率领，于 5 月 29 日在梅尔尼克阻击巴纳尔。霍夫基兴没有听从下属的建议，过早地发动攻击，丢掉了最初的优势，有 1000 人伤亡，还有 400 人被俘。[50] 瑞典将军利里霍克（Lilliehöök）从波美拉尼亚挺进，占领了更多勃兰登堡驻军点，而斯托尔汉德斯克率领另一支分队推进到了奥得河，击败了曼斯菲尔德，并在 1639 年年中占领了西里西亚的大部分地区，帝国军的处境进一步崩溃了。

这些成功在很大程度上是由于帝国军在 1637 年代价高昂的莱茵河战役后的虚弱。巴纳尔的军队人数太少，无法占领波希米亚，也无法攻下布拉格。[51] 他的手下纪律涣散，在袭击皮尔纳期间，杀死了 38 名波希米亚流亡者，打伤了另外 153 人。他承诺给波希米亚带来自由，不足为奇的是，很少有人对此作出回应。费迪南德将哈茨菲尔德从威斯特伐利亚召回，还从德意志南部撤回了格林率领的帝国军的大半部分。这些军队加上加拉斯军队的残余，到 7 月，皇帝的弟弟利奥波德·威廉大公在布拉格有一支 3 万人的军队。由于未能占领布拉格，巴纳尔无法继续留在波希米亚。10 月，他从解放者变成了破坏者，摧毁了波希米亚王国的三分之一，这是迄今为止最严重的一次破坏，希望以此恐吓皇帝，但并未收到效果。

为争夺德意志军队而竞争

1639 年 4 月，黑森指挥官梅兰德促成了一项条约，正式确立了和黑森-卡塞尔与韦尔夫人的联盟。梅兰德努力招纳更多的成员，通过阿尼姆与萨克森展开谈判，阿尼姆去年秋天逃脱了瑞典的囚禁，回到了德累斯

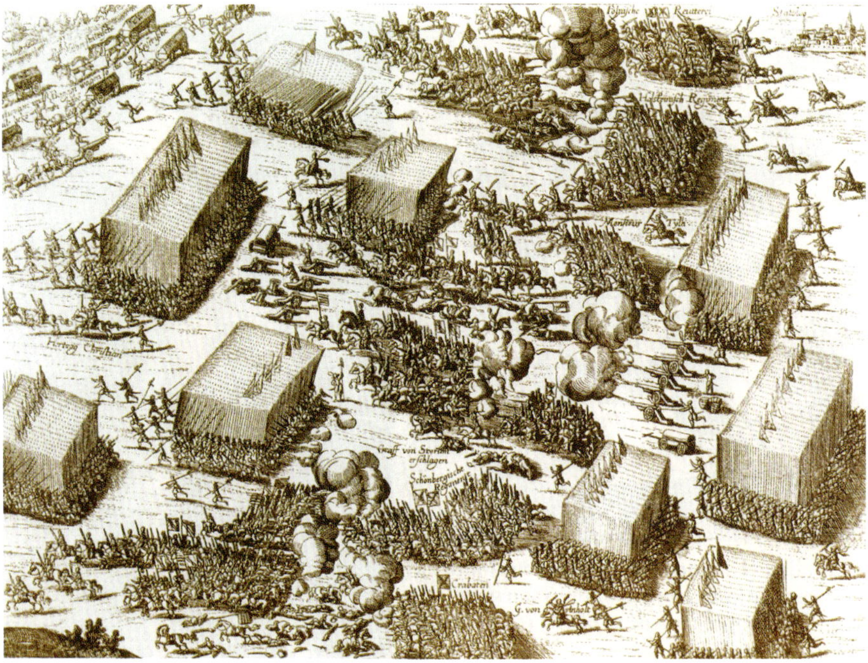

上图 施塔特洛恩战役，1623年。随着蒂利从图的右侧发起进攻，克里斯蒂安的军队解体了。

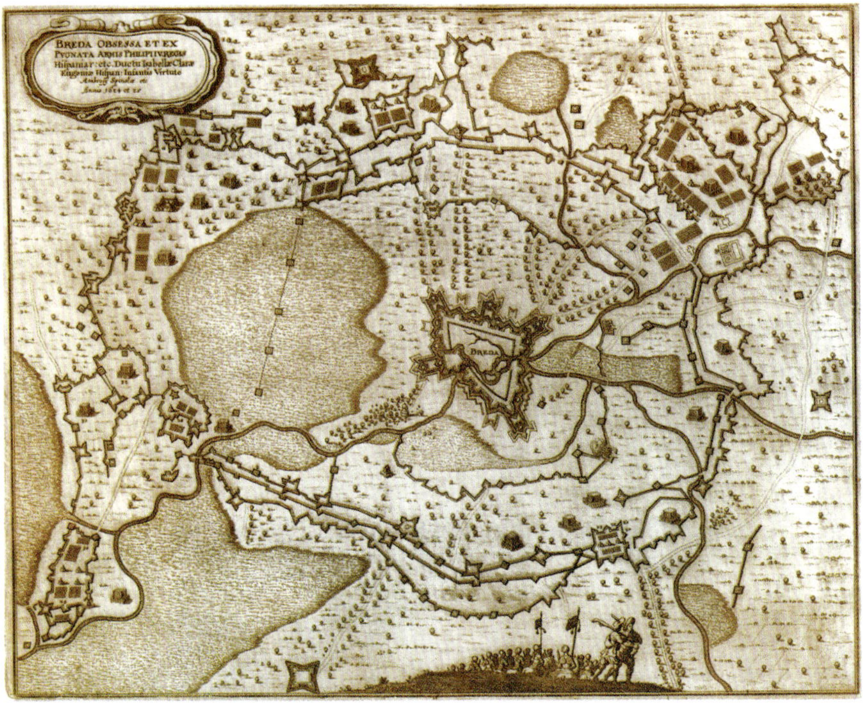

下图 在斯皮诺拉1624年至1625年代价高昂的围城战中，尼德兰城镇布雷达（图中央）被西班牙的堑壕围了起来。

左上图 在1631年的新教宣传画中，萨克森选帝侯约翰·格奥尔格加入古斯塔夫斯（前景）一方。

右上图 瓦伦斯坦被描绘成帝国总司令，1626年。

下图 当古斯塔夫斯的军队登陆波美拉尼亚时，他接过了神圣正义之剑。1630年的一幅新教印刷品。

上图　古斯塔夫斯在吕岑战役中，国王即将迎来他的死亡，画中一名帝国火枪手正要射出致命一击。

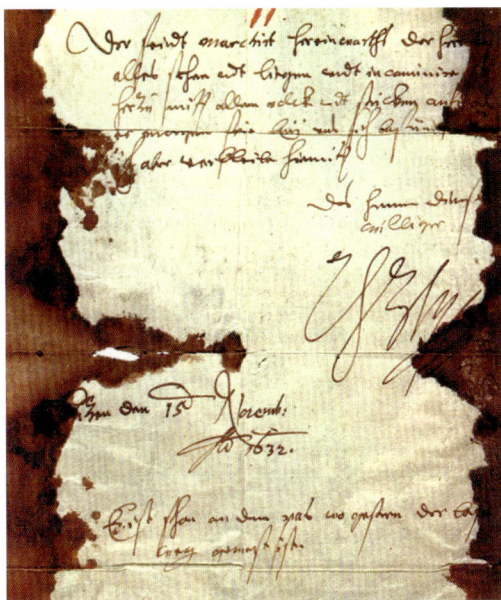

左下图　瓦伦斯坦的信上沾满了帕彭海姆的血迹。

右下图　瑞典的克里斯蒂娜女王，当时她八岁。

上图　艾格大屠杀，1634 年。德弗罗用一支半长柄枪刺穿了瓦伦斯坦的身体。

左下图　费迪南德三世，他比他的父亲更务实，作为一名皇帝也更成功。

右下图　黑森－卡塞尔的阿马莉·伊丽莎白。画像丝毫没有美化，但传达了她性格中坚定刚毅的一面。

上图　在 1639 年的唐斯湾之战中，尼德兰船只正在救援落水的西班牙水手。

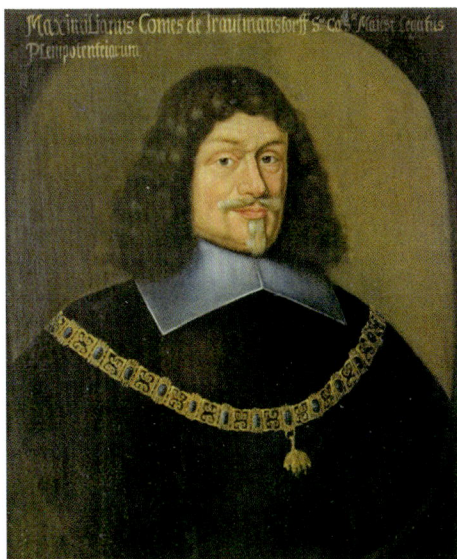

左下图　马克西米连·特劳特曼斯多夫伯爵，他在威斯特伐利亚大会上担任哈布斯堡王朝的主要谈判官。

右下图　慕尼黑的玛利亚柱的落成仪式，柱子是为了纪念白山战役的胜利。在图左的帐篷中，有歌手和乐手进行表演。

上图 六名巴伐利亚骑兵委托创作的祈愿画，感谢他们在阿勒海姆战役中活了下来，画中远景描绘了阿勒海姆战役。

下图 汉斯·乌尔里希·弗兰克的《记住死亡》。

上图 农民的复仇，一名
骑兵在森林中遭到伏击。

中图 士兵们劫掠一座村
庄。

下图 哈尔德格伯爵团中
的孔西尼上尉的连队的队
旗，画中"福尔图娜"在
一个球上保持平衡。

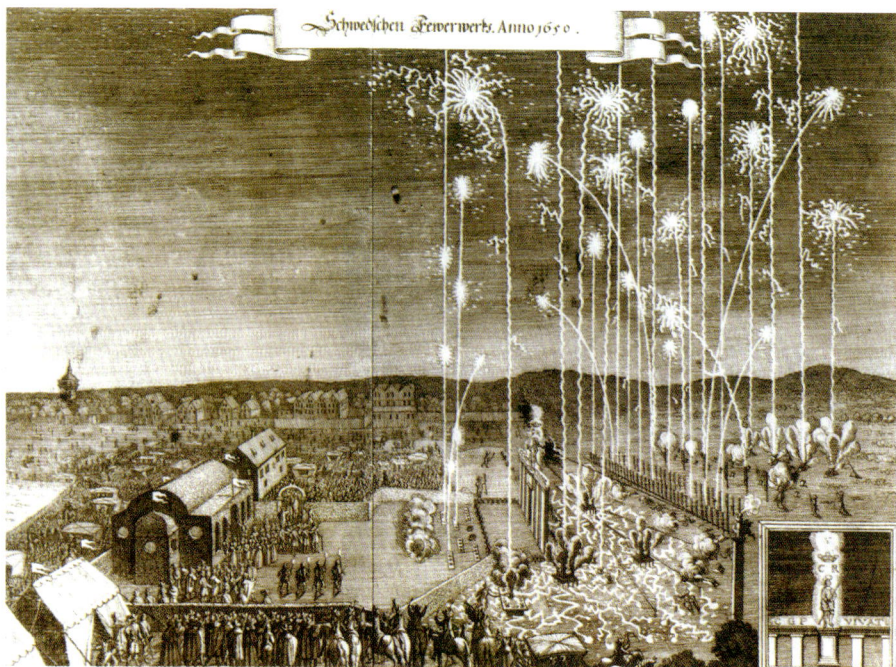

上图　在 1650 年的纽伦堡执行大会上的瑞典烟火表演，庆祝《威斯特伐利亚和约》的实施。皇帝也有自己的表演展示。

下图　赫拉德·特·博克的著名画作，描绘了西班牙和尼德兰共和国于 1648 年 5 月 15 日签署《明斯特和约》的情景。艺术家位于画布左侧，站在一个拿着帽子的男人后面向外看。

顿。梅兰德还通过他与丰收学会其他成员的关系，与其他人建立了联系，将其联系网络扩展到瑞典军、帝国军和巴伐利亚军中。[52]

当梅兰德与伯恩哈德接洽，并提议让他担任第三方联合军队的指挥官时，黎塞留越来越担心。4月，伯恩哈德有大约1.4万人，而黑森军不到1.1万人，其中一半位于各驻军点。尽管伯恩哈德攻占了布赖萨赫，但是布赖萨赫已经被毁了，伯恩哈德仍无法在那里维持他的军队。1639年1月，他再次穿越莱茵河，入侵了几乎毫无防备的弗朗什-孔泰，驱散了试图在杜河河谷阻挡道路的农民。在蓬塔利耶站稳脚跟后，他在接下来的6个月里进行了抢劫、焚烧和掠夺。他对法国越来越不满，希望不仅仅充当黎塞留的德意志招聘官，还要求将阿尔萨斯、布赖斯高和巴塞尔主教辖区划给他，作为自己的公国。然而梅兰德的计划中没有给这样的野心留下地盘，因为梅兰德致力于通过妥协实现和平。伯恩哈德反对这个计划，认为"一个新的联盟和新的第三方将意味着第三场战争"，转而讨论考虑重新加入瑞典方。[53]

然而还没有完成这些工作，伯恩哈德就于1639年7月18日去世了，可能是死于那年冬天已经在弗朗什-孔泰肆虐的流行病。伯恩哈德意识到自己命不久矣，于死前一天召集了上校，任命埃拉赫、赖因霍尔德·冯·罗森（Reinhold von Rosen）、约翰·伯恩哈德·奥姆（Johann Bernhard Ohm）和威廉·奥托·冯·拿骚（Wilhelm Otto von Nassau）伯爵为军队的"理事"。

现在有三支庞大的没有和其他方结盟的军队掌握着西部德意志和北部德意志的命运：位于威斯特伐利亚的黑森军、位于莱茵河岸的伯恩哈德军和位于下萨克森的韦尔夫军。费迪南德自1637年以来一直与梅兰德谈判，并通过萨韦利与伯恩哈德谈判。他提出可以将梅兰德封为帝国伯爵，并诉诸爱国主义来说服他改变立场。胁迫是不可能的：哈茨菲尔德在4月进军波希米亚时，他从威斯特伐利亚带走了7600人，将那里的帝国军减少到9000人，包括韦伦领导下的5500名科隆骑兵。在美因茨、达姆施塔特和巴登-巴登的协助下，各方开始了一项协调努力，以说服伯恩哈德军的"理事"改变阵营。[54]各方派遣了两个使团，表示愿意将伯恩哈德的尸体以完全的军事荣誉护送到魏玛。约阿希姆·冯·米茨拉夫曾在 1635 年帮助收买魏玛的威廉的军队，现在他被派去重复发动政变。

法国和瑞典反击了这些举动。由于部队伤亡以及 1638 年苏格兰人开始回国作战，在瑞典军中服役的合格且可靠的高级军官人数大为减少。乌克森谢纳甘冒风险，任命一名德意志人柯尼希斯马克（Königsmarck）接替金担任德意志西北部的指挥官，尽管他在弗洛托大桥之战中表现不佳。柯尼希斯马克是一名贫穷的勃兰登堡贵族，在 1620 年被招募为帝国军的骑兵，在 1630 年辞职时只晋升为了掌旗官。1631 年后，他在瑞典军中晋升很快，他的才能很快得到认可。他现在指挥着大约 5000 人，主要限于爱尔福特。这些人太少，不足以胁迫韦尔夫人，但如果韦尔夫人公开宣布支持瑞典，也是一支潜在的增援力量。他还展示了瑞典的实力，在 8 月袭击了班贝格、维尔茨堡和库尔姆巴赫，这是瑞典军自 1634 年以来第一次入侵弗兰肯。

米茨拉夫直到 1639 年 10 月底才到达魏玛。他的出现让威廉公爵和恩斯特公爵感到警惕，他们害怕瑞典的报复，而且无论如何，他们对伯恩哈德军的"理事"没有影响力。米茨拉夫空手返回，勉强避开了来自茨维考和开姆尼茨驻军的来抓捕他的 700 名瑞典骑兵。[55] 同时，法国采取行动，阻止包括瑞典人在内的任何人获得这支军队。法国把给予梅兰德的现有年金增加了一倍，达到 1.8 万里弗尔，同时还任命他为路易十三的德意志军的二把手。在《多斯腾条约》（Treaty of Dorsten）中，法国对阿马莉·伊丽莎白的资金援助又增加了 2 万塔勒。然而，她要求黎塞留不要公开这份协议，直到瑞典批准其与法国的条约。这是为了维护她在威斯特伐利亚的岌岌可危的休战状况，保护她的驻军点。[56]

卡尔·路德维希也想招募伯恩哈德军，这一企图被黎塞留的代理人轻易地挫败了，他们在这位不幸的王子匿名经过法国时逮捕了他。与此同时，掌管伯恩哈德军中法国分队的盖布里昂在 10 月 9 日的一份新协议中说服了"理事"们继续忠于法国。[57] 现在伯恩哈德军完全效忠于法国，成为德意志军（Armee d'Allemagne），致力于"恢复和稳定日耳曼自由"。它的所有征服地都被移交给路易十三，但是埃拉赫仍将是布赖萨赫的总督，上校们仍然控制着他们各自部队的内部管理。

费迪南德对于争取韦尔夫人的第三支军队已经不抱希望了。他于 8 月 22 日正式将希尔德斯海姆分封给科隆选帝侯，授权哈茨菲尔德在 10 月强制执行这一命令，并强迫韦尔夫军队加入帝国军队。[58] 皮科洛米尼已经在 9 月将其 1.5 万人的部队从卢森堡转移过来进行协助。作为回应，11 月 9 日，格奥尔格公爵加强了与黑森-卡塞尔的共同防御协议，而梅兰德则打破了与黑森的停战协议，占领了比勒费尔德。帝国军集结在莱茵河以东，因此西岸毫无防备。盖布里昂意识到伯恩哈德军太弱了，无法再次进攻莱茵河地区，但是他们选择沿着西岸向北移动，在河对岸的巴伐利亚人的跟踪下，占据了皮科洛米尼刚刚撤离的摩泽尔河下游地区。此举在一定程度上是因为他们缺乏补给，但也是为了让法国军的主力离黑森人更近以提供支持。一些伯恩哈德军在宾根越过莱茵河，入侵了美因茨选侯国，占领了帝国军新集结地后方的韦斯特林山。

皇帝确实批准了驱逐盖布里昂的行动，盖布里昂于 12 月 27 日再次穿越莱茵河，通过林堡后撤，然后在阿格诺和布赖萨赫以南度过冬季。然而，皇帝仍然倾向于采取外交解决方案，推迟了对韦尔夫人领地的入侵。皇帝与巴纳尔展开了谈判，费迪南德认为巴纳尔得到了瑞典的授权，可以议和。[59] 费迪南德仍然抱有一线希望，一些伯恩哈德军官可能会改变阵营。皇帝公开赦免了所有愿意和他一起摆脱"外国枷锁"的人。[60] 罗森仍然好战，但其他人开始怀疑法国声称为"日耳曼自由"而战的诚意。奥姆上校告诉一名美因茨的代理人，如果法国反对真正的和平，"让所有拿起剑或手枪去对抗皇帝陛下的人下地狱去吧。他们［上校们］都厌倦了战争"。

像往常一样，现金被证明是症结所在。军官们希望皇帝保证支付拖欠的薪水。费迪南德面临着巨大的财政压力，在这点上无法与法国人相比，法国人通过法兰克福银行家输送资金来保持上校的忠诚。[61] 大公夫人克劳迪娅向维德霍尔德提出了慷慨的条件，提出完全赦免、3 万弗洛林和在蒂罗尔军中的一个职位，但依然被后者拒绝了。尽管如此，盖布里昂还是非常警惕，于 1640 年 8 月 17 日要求伯恩哈德军的上校重申他们对法国的忠诚，黎塞留继续尊重他们。

战争向北移动

到 1640 年 1 月，费迪南德三世通过抽调其他地区的军队，设法在波希米亚维持了一支 4.4 万人的军队。[62] 其中只有 12 400 人在利奥波德·威廉大公的率领下可以用作野战部队，在哈茨菲尔德的领导下，有 4100 人在弗兰肯过冬。皮科洛米尼在威斯特伐利亚只有 1.3 万人，而萨克森人集结了 6648 人，这只是萨克森 5 年前军力的四分之一。勃兰登堡人实际上已经出局了。巴伐利亚军的总数仍约有 1.7 万人，其中大部分在莱茵河上游地区，那里总共可能有 1 万人的军队，包括一些帝国军。其余的在多瑙沃特和英戈尔施塔特附近的营地过冬。正如这些数字所表明的，皇帝现在很难在多个地区同时发起重大行动。

皇帝敌人的状况类似。巴纳尔的有效兵力只有 1 万人，而其他瑞典指挥官的兵力只够保住他们目前的位置。巴纳尔别无选择，只能在 3 月撤离波希米亚，沿着前一年的路原路返回，在爱尔福特与柯尼希斯马克会合。瑞典驻守萨克森的部队于 1640 年 4 月 20 日在普鲁恩被击败，其开姆尼茨的驻军投降，而其他大多数人则放弃了各自的阵地。[63]

法国和瑞典在未来两年面临的挑战是建立一个可行的军事和政治合作框架，而其中必须包括黑森人和韦尔夫人，而费迪南德则寄希望于做出最后一次努力，让所有德意志人支持《布拉格和约》，来挫败这一挑战。皇帝偏好谈判，韦尔夫人和黑森人无情地利用了这一点，他们利用冬天来积蓄力量，然后于 1640 年 5 月宣布自己的立场。格奥尔格公爵公开表明了立场，派遣部队到巴纳尔那里去，指望依靠瑞典的帮助来阻止敌人入侵希尔德斯海姆。格奥尔格名义上召集了 2 万人，但实际上他在哥廷根和威悉河畔的驻军点只有 6000 人，还有克利青手下的 4500 人的野战部队。阿马莉·伊丽莎白在 3 月承认了她与法国的联盟，但是仍然承诺尊重在威斯特伐利亚与皇帝的停战协议。在法国的同意下，梅兰德于 5 月将 4000 人的黑森野战部队向东转移到艾希斯费尔德，以增援巴纳尔。黎塞留将朗格维尔从意大利召回，希望他作为公爵拥有足够的个人权威来掌控 8000 人的伯恩哈德军野战部队。伯恩哈德军将沿着莱茵河返回，与集结起来的联军会合。

　　皇帝不得不对这些举动做出反应。他仍然希望赢得黑森人的支持，因此接受了阿马莉·伊丽莎白的保证。尽管如此，新成为科隆指挥官的瓦尔被授权收复阿马莉·伊丽莎白的部队在过去两年违反停战协议夺取的据点。黑森驻军也变得更加大胆，现在袭击了帕德博恩。皮科洛米尼跟随梅兰德向东行军，并于 5 月 5 日在爱尔福特以南的萨尔费尔德与利奥波德·威廉会合。他们建立了工事，封锁了进入弗兰肯的道路。在两个星期的对峙后，巴纳尔选择向西北撤回到下萨克森，这让韦尔夫人非常惊慌，他们担心巴纳尔会抛弃他们。在韦尔夫人答应再派遣 5000 人之后，巴纳尔又向南行军到哥廷根和卡塞尔。利奥波德·威廉一路跟着他，8 月穿过黑斯费尔德，再次在弗里茨拉尔扎营。那一整年都很冷，夏天雨水很多，境况悲惨，食物也很难找到。[64] 巴纳尔的第二任妻子去世了，朗格维尔病倒了，再次将指挥权交给了盖布里昂。巴伐利亚野战军从英戈尔施塔特抵达，使利奥波德·威廉的军队人数重新回到 2.5 万人。在又一次为期四周的对峙之后，巴纳尔撤退了，大公沿着威悉河向北推进，与瓦尔的 4000 名野战军会合。他们一起在 10 月占领了赫克斯特，但是军队已经筋疲力尽，纪律涣散。天气变得多风，变得甚至更冷。利奥波德·威廉向南撤退到英戈尔施塔特过冬。巴纳尔留下了 7000 人来封锁沃尔芬比特尔，而他的其他军队靠着搜刮韦尔夫人的村民，过得很舒适。

　　这场战役看似波澜不惊，但却将战争的焦点完全转移到了德意志北部，将威斯特伐利亚各前哨基地的“小战争”转移到了莱茵河上游地区。在埃拉赫的指导下，伯恩哈德军的驻军从布赖萨赫和森林城镇开始进行活动，并与霍恩特维尔的维德霍尔德配合。巴伐利亚军从菲利普斯堡、海德堡和奥芬堡进行报复，而帝国军则从康斯坦茨和菲林根出击。双方从各自要塞中抽调的人数都未能超过 3000 人，也未能取得多大的战果。1640 年，埃拉赫派遣骑兵去收集施瓦本的收获，从而破坏了围攻霍恩特维尔的计划。克劳迪娅在 1641 年再一次设法拼凑了一支部队，对维德霍尔德发动进攻，但因大雪和食物短缺而在 1642 年 1 月被迫放弃。唯一的成功是埃拉赫和维德霍尔德取得的，第二年 1 月，他们短暂地合兵一处，奇袭拿下了于伯林根。[65]

德意志南部在这段时间得到了一些恢复，而北方却损失惨重。几位魏玛公爵不顾一切地劝说交战各方尊重图林根的中立，但未能成功。尼德兰人担心法国的德意志军到达他们附近，会将两场战争合并为一场战争。然而，1639 年年底，皮科洛米尼的军队撤出卢森堡，帝国军在莱茵河以西只剩下兰博伊率领的几支部队了，兰博伊把大部分时间都用于消灭普法尔茨-诺伊堡在于利希的最后一个政权。黑森人在莱茵河另一侧的贝格也做了同样的事情，并于 1641 年占领了卡尔卡尔，在莱茵河左岸有了一个桥头堡，并与法国人建立了联系。卡尔卡尔变成了一个大型要塞，通过从周围社区劫持人质来确保它们定期缴纳贡金。

尽管黑森人克制住自己，没有在于利希激怒西班牙人，梅兰德还是在 1640 年底辞职，以抗议阿马莉·伊丽莎白的政策。1641 年 12 月，作为奖励，费迪南德将梅兰德和他的兄弟雅各布（Jacob）封为世袭的帝国伯爵"冯·霍尔泽费尔"。1641 年 2 月，梅兰德还被任命为帝国陆军元帅，但是他和双方都有密切的联系，作为一名外交官太有用，无法担当实际的指挥职务。相反，费迪南德派他去在西班牙和尼德兰共和国之间斡旋和平，最终这项任务毫无结果，他在 1645 年 10 月取代瓦尔成为威斯特伐利亚的指挥官。皇帝仍然控制着德意志南部和中部的大部分地区，但是北部的丧失意味着整个局势仍然悬而未决。

第 18 章

均势（1641—1643）

法国-瑞典联盟（1641）

战争与外交的关系

梅兰德从卑微的农民戏剧性地被提拔为帝国高阶贵族，这是一个似乎颠倒了的世界的缩影。他积聚了一大笔财富，据称总计 150 万塔勒，并从他的前主人拿骚-哈达马尔的约翰·路德维希伯爵手中买下了一块封地。尽管梅兰德经常被贬低为一个粗野的乡巴佬，[1]但事实上他受过良好的教育，能说流利的法语（可能意大利语也很流利），并且在 1608 年就已经被封为贵族，这使得他后来的显赫地位不那么特别突出了。

因此，即使是梅兰德的戏剧性的经历也表明了既定社会惯例的韧性。帝国的政治文化也是如此。尽管帝国的政治文化因为战争而受到了考验，但仍然指导着人们的行为。在通常的描述中，战争在 1640 年后进入最具破坏性和无意义的阶段，因为据称它陷入了"普遍的无政府的和自我延续的暴力"。[2]这种发展通常被归因于像古斯塔夫斯、瓦伦斯坦和伯恩哈德这样的"伟大将领"的死亡，并与战争的国际化有关。"士兵支配了一切"，因为下级军官主动采取行动，以维持部队或填饱腰包。[3]

这在很大程度上是一个神话，是领地当局在战后为了加强对人口的控制和监视而制造的。统治者希望说服臣民在和平时期继续支付高额税收来维持军队。军队被认为是保证诸侯的尊严和促进其在欧洲事务中发挥更大作用所必需的。战后的军人，尤其是在 17 世纪 60 年代，越来越多地被描述为纪律严明的士兵（*Soldaten*），而非 1648 年前典型的无法无天的兵痞

(*Soldateska*)。[4]

到 17 世纪 40 年代，肯定有更严重的问题。战争的迅速扩张打乱了社会和经济结构，破坏了领地管理。即使有赏金，招募也变得更加困难。[5]然而，军队规模现在比 1635 年以前更小，也更为机动。军队的总人数下降了至少三分之一，尽管用于个别战役而集中的部队仍然相当庞大，但他们的组成已经发生了重大变化。1635 年以前，骑兵占野战部队的四分之一到三分之一，而此后，骑兵的比例一般都超过一半。一些步兵现在也骑马行军以加快行军速度。除了一些显著的例外，在德意志，围城所用的时间更少。相比之下，在佛兰德的军事行动仍然以围绕着主要城镇的旷日持久的争夺为主。有证据表明，随着屠杀变得不那么普遍，驻军指挥官也更容易投降。军官们通常会按照承诺被释放，尽管投降的普通士兵经常被强迫加入战胜者一方。强迫入伍这个方法很少奏效，因为只要有机会，大多数人都会很快逃掉，加入他们的前主人一方。经验丰富的士兵日益短缺，这可能解释了为什么一些人认为逃兵问题比 17 世纪 20 年代更严重。[6]

军队中骑兵相对于步兵的比例增大，这部分抵消了军队整体人数下降的影响，因为指挥官现在可以更快地应对防御薄弱地区的意外威胁。然而，骑兵的增加也是军队后勤能力受到制约的结果，因为骑马的人可以在更广泛的范围内觅食，还可以在马鞍上携带补给品。因此，在农村地区征召新兵更为重要，因为军队需要既能骑马又能照看坐骑的人。动物伤亡率普遍较高，尤其是冬季饲料短缺而军事行动仍在继续的情况下。每场战役结束时，大约一半的骑兵都会失去坐骑，这导致了第二年的战役开始得很缓慢，因为每年都需要采购新的坐骑，将军们还需要等待着草长出来。

军队组成上的变化并不能用关于标准的军事发展的理论来解释。大多数军事史上的技术决定论者认为这些变化是由武器发展决定的。长枪兵在军队的比例从 1618 年的 33%—50% 下降到 17 世纪 40 年代的 20% 或更少。人们通常认为，这与一种采用所谓的线列战术的趋势有关，在这种战术中，步兵单位不再各自为战，而是排成长长的线列作战，团与团之间只有很短的间隔。[7]这种战术的目的是最大限度地提高火力，就像 16 世纪 90

年代尼德兰奥兰治改革时那样。从 17 世纪 70 年代开始，线列战术成为欧洲战争的常态，因为所有军队都强调在严密监督下投送步枪火力的速度和数量。到 1700 年，骑兵的比例再次下降到不到三分之一。尽管这些发展是人们有意识地推动的，但三十年战争后期的情况却并不是这样。当时长枪兵的短缺被认为是一个劣势，因为他们通常是更有经验的战士，对进攻战术来说是必须的。步兵日益依赖火枪，因此他们现在很少用于进攻。火枪手经常被安置在野战工事后面或树林中，以免受到现在数量更多的骑兵的攻击。

虽然部队素质参差不齐，但高级或低级军官的技能没有明显下降。那些名垂战史的著名将军的死亡给战争后期的指挥官蒙上了阴影。法国军队中有蒂雷纳和年轻的孔代，瑞典军队中有不那么出名的弗兰格尔和柯尼希斯马克，导致一位作家认为皇帝的将领不如对方的。[8] 然而，像梅西、梅兰德、蒙泰库科利和皮科洛米尼这样的人至少可以比得上瓦伦斯坦、蒂利等早期帝国将军。

战斗人员继续保持有效的战斗力，这导致了更深远也更重要的一种影响。战争仍然造成严重破坏，但它仍然在严格的控制和引导之下。[9] 随着统治者寻求改善自己的谈判立场，军事行动继续服务于政治目标。如果有什么不同的话，那就是战争和外交之间的相互关系变得更加紧密，因为现在很明显，没有人能够仅仅通过军事手段来实现自己的目标。

雷根斯堡帝国议会

由于未能取得决定性的胜利，1640 年，费迪南德三世召集了 27 年来的第一次帝国议会。尽管他旨在重振布拉格协议，但这一决定实际上背离了 1635 年的政治纲领。他的父亲试图通过只咨询选帝侯来处理帝国政治问题，拒绝让其他帝国政治体有一个公共论坛来批评他的政策，并对此施加限制。费迪南德三世已经表现出了更灵活的态度，但是他仍然维护自己的特权。1638 年 11 月，他接触了行政圈议会，将小领地重新纳入正式的政治程序中，但这也旨在将其讨论限制在皇帝增加战争税的议程上。这些讨论以及关于德意志北部中立地位的谈判表明了人们日益增长的对和平的渴望。1640 年 2 月，选帝侯们利用他们自行组会的权利在纽伦堡召开了选帝侯大会。巴伐利亚的马克西米连已经在 1636 年支持了教宗发起的和平倡议。他现在表示了自己的诚意，邀请正在召开行政圈会议的诸侯参加纽伦堡大会。[10] 皇帝决定先发制人，阻止马克西米连成为和平派系的领袖，召集所有帝国政治体召开帝国议会，在那里他可以制定议程。纽伦堡大会因皇帝的这一决定变得多余，于 7 月 7 日闭幕。选帝侯的代表与其他帝国政治体的代表于 9 月 13 日在雷根斯堡重新集会，会议一直召开到 1641 年 10 月 10 日。

帝国议会的议程与 1636—1637 年的选帝侯大会的议程非常相似。帝国被要求延长 1638 年一些行政圈议会同意征收的税收，现在这些税收已经到期了。所有人都将团结在皇帝的身后，击败法国和瑞典这两个一心压制"日耳曼自由"的王国。[11] 费迪南德做出了一些让步。为了不激怒施瓦本新教徒，他决定推迟对霍恩特维尔的攻击。大赦问题得到了解决，一项提议是提高已给予符腾堡的条件，将一些修道院归还给符腾堡，皇帝甚至考虑赦免黑森-卡塞尔和普法尔茨，前提是他们加入帝国的战争。还可能会建立新的第八个选帝侯头衔，以说服普法尔茨选帝侯接受其巴伐利亚亲戚的新身份。最后，费迪南德暗示说，他可能会接受 1627 年为更永久的规范年，这将允许一些新教教区长官无限期保留其主教辖区。这些提议遭到罗马教廷大使的谴责，但最终被天主教诸侯接受，甚至即将失去领土的美因茨选帝侯和科隆选帝侯也接受了。

提议中这些对《布拉格和约》所做的修改已经非常接近后来在《威斯特伐利亚和约》中通过的调整。如果它们在 1636 年，甚至在 1637 年被提出，皇帝可能已经实现了他的目标，达成了统一战线。但现在为时已晚，因为韦尔夫人和黑森人已经致力于与瑞典结盟。皇帝重新发布了命令，要求德意志人停止在法国和瑞典军中服役。由于选帝侯和城市的支持，帝国大会决议书采纳了费迪南德的提议，尽管 46 名诸侯代表中有 31 人投了反对票。大会决议书确认了皇帝的命令，并增加了战争税，通过追溯到 1640—1641 年批准了 240 个罗马月的税收。然而，对大会决议书的遵守很差，因为即使是那些忠于皇帝的领地也想免于宿兵的费用和被劫掠。[12]

巴纳尔 1641 年的冬季攻势

虽然帝国议会成效有限，但还是让法国和瑞典感到了警惕，他们怀疑德意志盟友的忠诚。尽管健康状况欠佳，但巴纳尔于 1641 年 1 月从图林根南下，以打乱大会的进行。盖布里昂和陶帕德尔带领法国的德意志军进入弗兰肯北部，不是像 10 年前那样致力于征服，而是勒索贡金。巴纳尔负责进行主要攻击，他快速穿过霍夫和拜罗伊特，在厚厚的积雪中行进了200 千米。他的行军速度和信使一样快，好让敌人来不及采取对策，他于1 月 20 日成功抵达雷根斯堡。三个骑兵团穿过冰冻的多瑙河下游，出乎意料地从南边逼近这座城市，奇袭了皇帝的狩猎队。尽管他们抓获了皇帝珍贵的猎鹰，但皇帝因为延误没有离城，没有被抓住。突然解冻使河上的冰变薄，瑞典人只得匆忙撤退。巴纳尔短暂地炮击了雷根斯堡，但他只带有轻型火炮，炮击只是武力展示。费迪南德拒绝离城，并因为在炮火下保持冷静赢得了人们的赞誉。

巴纳尔意识到远征正在朝着对他不利的方向发展，再次向北进军。盖布里昂拒绝卷入对抗哈布斯堡领地的行动，并向西北方的下萨克森撤退，让瑞典人独自撤退到上普法尔茨的卡姆。巴纳尔希望在经由艾格闯入波希米亚之前，能在森林覆盖的山丘中休息。皇帝组织了一次意想不到的有力反击。利奥波德·威廉大公、皮科洛米尼和梅西在多瑙河汇集了 2.2 万名帝国军和巴伐利亚军，并于 3 月向北推进。巴纳尔匆忙召集他的部队在卡姆重新会合，仅仅是因为独臂的埃里克·斯朗（Erik Slang）率领的一支分队于 3 月 19 日在诺因堡短暂地延缓了敌人的行动，才挽救了巴纳尔的命运。其他瑞典人以每天 20 千米的速度，沿着因解冻而变得泥泞不堪的道路逃向北方，在 4 月初越过普雷斯尼茨山口进入萨克森。他们丢了辎重，另外还有 2000 多人被俘，4000 多人生病和逃跑。[13]

瑞典再次兵变

巴纳尔的军队在哈尔伯施塔特与盖布里昂会合后不久，于 5 月 10 日去世。再加上一个月前吕讷堡公爵格奥尔格去世，这让瑞典处在危险的境地。[14] 巴纳尔无情而有力，1635 年后，他在重建军队和挽回瑞典在德意

志的地位方面发挥了重要作用。他去世的后果马上就显而易见了。根据
应急计划，指挥权移交给三名少将：瑞典人交给卡尔·古斯塔夫·弗兰
格尔（Karl Gustav Wrangel）伯爵；芬兰人交给阿维德·维滕贝格（Avid
Wittenberg）；德意志人交给亚当·冯·普富尔（Adam von Pfuhl）。1.6
万名士兵中只有 500 名是瑞典本土人。情况又回到了 1635 年的 "火药
筒兵变" 时的情形了，30 名上校中有 23 名在卡斯帕·莫台涅（Caspar
Mortaigne）领导下成立了一个委员会，要求满足他们的要求。

费迪南德抓住了机会，提供大赦，努力争取普富尔。普富尔的姐姐是
玛丽亚·埃莱奥诺拉皇后的一位女侍官，也是巴纳尔的第一任妻子。普富
尔因这些联系和自己的服役记录，有望被任命为巴纳尔的继任者。但乌克
森谢纳无意选择一名德意志人，任命了伦纳特·托尔斯滕松，尽管托尔斯
滕松身体状况不佳。[15] 托尔斯滕松仍在瑞典，留下的真空很快被和上校们
站在一起的普富尔填补。他们与沃尔芬比特尔的奥古斯特开始谈判，奥古
斯特利用他好斗的弟弟死亡的机会也恢复了与皇帝的谈判。不满情绪也蔓
延到了盖布里昂军队中的德意志军官中。

和 1635—1636 年的情形一样，在与军官们进行会谈的同时，和平谈
判也重新开始。法国和瑞典更新 1638 年的联盟时，未能就目标问题协调
一致。黎塞留想要一个普遍和约，能令人满意地解决法国的所有冲突。乌
克森谢纳的目标仍然局限于德意志，他考虑和法国分道扬镳，单独与费迪
南德议和。1639 年黎塞留把伯恩哈德军并入法国军之后，瑞典人对法国
的怨恨增加了。自 1639 年以来，库尔茨和几位劳恩堡公爵一直代表皇帝
在汉堡进行谈判。帝国议会的情绪促使费迪南德派遣了一个单独的使团前
往布鲁塞尔，重新调解西班牙和尼德兰之间的问题。与此同时，几位劳恩
堡公爵向瑞典转达了更好的条件，其中包括在雷根斯堡讨论的妥协，即将
普法尔茨、韦尔夫人和黑森-卡塞尔包括在《布拉格和约》的范围之内。

不同于他的父亲，费迪南德回应了乌克森谢纳的领土要求，以让瑞典
能够体面地退出战争。瑞典人于 1640 年征服了阿尔特马克（位于勃兰登
堡西部）和奥得河畔法兰克福。选帝侯格奥尔格·威廉于 12 月去世，对
他雄心勃勃的继任者弗里德里希·威廉来说，波美拉尼亚很明显不能通过

武力获得。新选帝侯在一个宣布他继位的使团的掩护下，开始与瑞典谈判。施瓦岑贝格伯爵是勃兰登堡枢密院中唯一的天主教徒，是这次和解的主要反对者，他于 1641 年 3 月去世。费迪南德正确地预测到勃兰登堡将会改变阵营，并试图先发制人。1640 年底，他得到巴伐利亚选帝侯和美因茨选帝侯的同意，提议将全部波美拉尼亚交给瑞典。[16]

不幸的是，费迪南德的特使没能说服萨尔维乌斯相信这份提议是认真的。尽管如此，会谈的谣言还是让法国人感到震惊，他们一直在向乌克森谢纳施压，要求延长 1638 年的联盟协议，联盟将于 1641 年 3 月到期。达沃提议，在每年的资金援助外，每年再给瑞典另外 8 万里克斯，直到各方都能达成令人满意的和约。乌克森谢纳觉得为了这种坚定的支持而牺牲外交自主权是值得的，于 1641 年 6 月 30 日批准了条约。两个王国现在被投放到一个共同的战线上，每一个都不得不继续战斗，直到双方都满意为止。

对法国联盟的确认提高了乌克森谢纳在其他谈判中的地位。勃兰登堡选帝侯于 7 月 24 日接受了为期两年的停战协议，让瑞典拥有加尔德莱根、德里森、兰茨贝格、克罗森和奥得河畔法兰克福，从而保证了波美拉尼亚和西里西亚之间的交通。弗里德里希·威廉还承诺每月提供 1 万塔勒和 177 千升谷物。为了阻止不可避免的帝国抗议，他将部分军队移交给皇帝，只留下 2200 人控制柏林、斯潘道、屈斯特林和派茨。他的许多军官都很愤怒。罗肖（Rochow）上校威胁要炸毁斯潘道，而戈尔达克（Goldacker）上校把他的团交给帝国军。虽然现在成为帝国陆军元帅的劳恩堡的弗朗茨·阿尔布雷希特将斯托尔汉德斯克的分队赶出了西里西亚，但勃兰登堡的倒戈让瑞典得到了通往波美拉尼亚的道路，并给了乌克森谢纳处理军官兵变的时间。

书记官邀请上校们在 7 月派两名代表前往斯德哥尔摩。两人得到了瑞典的款待，受到了恭维，得到了奖励，而上校委员会的发言人莫台涅上校被提升为少将，并在波美拉尼亚得到了土地，以清算他的欠饷。萨尔维乌斯找到了 6 万塔勒来满足其军官最迫切的要求。军队随后进行了重组，合并了兵力不足的团，并同意把 33 万塔勒的欠款分摊到其余的部队中。萨尔维乌斯最终交出了 486 260 塔勒，其中大部分是以新的法国资金援助为抵押赊账而筹集的。在托尔斯滕松到来之前，瑞典人利里霍克接替了普富尔成为临时指挥官。与此同时，盖布里昂说服他自己的军官停止与皇帝的谈判，并拿萨克森自 1635 年以来的命运来警告他们。

沃尔芬比特尔战役

与皇帝的秘密接触一直持续到 1641 年秋天，但是军队已经通过在沃尔芬比特尔的干涉，表明了自己的可靠。瑞典需要确保韦尔夫人的忠诚，并证明自己可以帮助其德意志合作伙伴。克利青从秋天起就封锁了鲁申贝格的帝国驻军，但是他的 7000 人的军队人数太少，无法占领这个城镇。沃尔芬比特尔的工事已经以尼德兰的方式得到了增强，在用抵御炮弹的石头做成的工事外面，覆盖上了土墙，以保护防守者。它被一条有水的宽阔沟渠所包围，水是通过水闸从奥克河引来的，还有一座单独的城堡用作城塞。克利青复制了帕彭海姆在 1627 年的围攻中采用过的方法，从 1641 年 3 月中旬开始招募农民在城镇下游的奥克河上修建水坝。尽管鲁申伯格出击了多次，大坝还是在 6 月底完工，两端各有一个坚固的炮垒。围城者在河西边的蒂德建立了一个巨大的设防营地，等待河水倒灌，淹没城镇。[17]

利奥波德·威廉大公和皮科洛米尼大公在萨勒河畔的埃格尔恩等候与瑞典兵变的军官的谈判取得成果，一直等到 6 月沃尔芬比特尔的局势恶化，才向西进发。瓦尔率领的巴伐利亚军被从威斯特伐利亚召来，使得总兵力到达 2.2 万人。盖布里昂、柯尼希斯马克和其余依然忠诚的瑞典部队急行军到达这一区域，于 6 月 28 日与克利青会合，仅仅比帝国军早到了两个小时。除了 7000 名韦尔夫军队，还有 6000 名前伯恩哈德军和 1.3 万名瑞典人。一辆披着黑布的马车载着巴纳尔的尸体位于他们的中央。

奥克河河水泛滥，使得联军的左翼（东部）无法被攻击，而他们的营地过于坚固，无法从正面突破。利奥波德·威廉命令瓦尔穿过菲梅尔斯以西的树林，从另一侧包抄敌人，同时帝国军对营地进行攻击，以转移敌人的注意力。6 月 29 日上午 9 点，瓦尔已经就位，正对着联军右边的瑞典人，但是帝国军的行动被地形耽搁了。在帝国军还没有抵达的时候，巴伐利亚

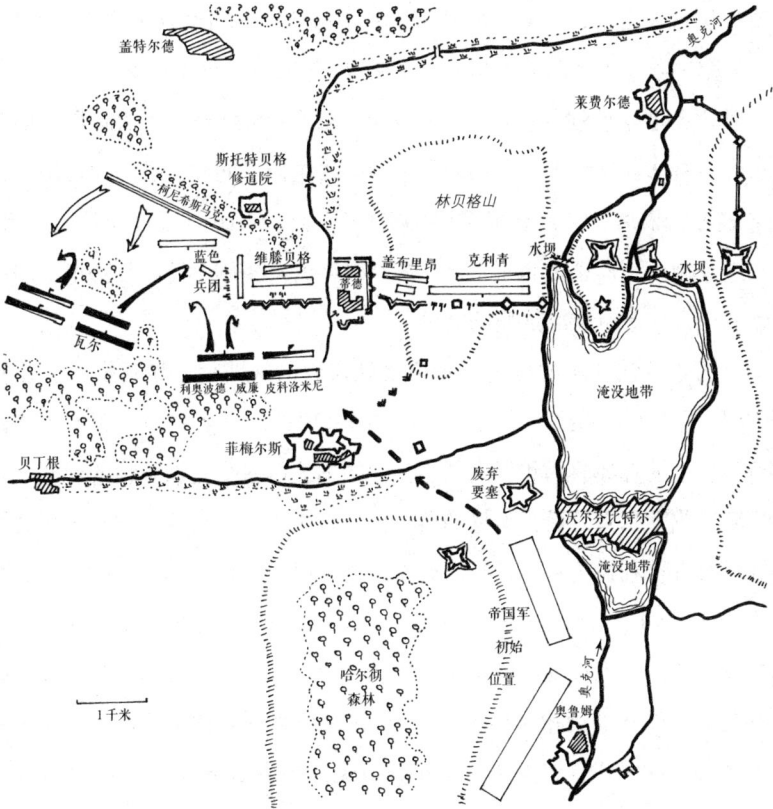

沃尔芬比特尔战役

军就于中午发动了攻击。柯尼希斯马克试图阻止瓦尔包抄自己，一场争夺瑞典阵地之外树林的激烈战斗开始了。帝国军最终抵达了战场，但他们没有仅仅是佯攻敌人阵线，而是卷入了争夺树林的斗争中。拥挤的大批步兵被夹在营地尽头的一个炮垒和柯尼希斯马克部队之间的交火中，暴露在毫无遮蔽的空地上。炮火把树木轰成碎片，造成更多的伤亡。巴伐利亚人继续前进，击溃了瑞典的精锐部队"蓝色"兵团*，占领了炮垒。他们的骑兵也突破了更远的西部，但在反击之下，都被击退了。盖布里昂和克利青派出骑兵从营地出击，从东方威胁帝国军。战斗一直持续到下午晚些时候，利奥波德·威廉下令筋疲力尽的军队撤退，至少有 3000 人伤亡。

联军也遭受重创，损失了大约 2000 人，无意离开自己的防御工事去追击帝国军队。这种不作为加剧了他们的将军们之间的分歧，而帝国军在南部对哥廷根展开了漫长而最终徒劳的围城。在 10 月 1 日冲破大坝后，联军最终撤退到汉诺威和希尔德斯海姆之间的萨尔施泰特，在那里他们停留了两个月，等待重启谈判的结果。

在沃尔芬比特尔的奥古斯特公爵就最近的战斗向皇帝道歉后，谈判于 10 月 7 日在戈斯拉尔重启。格奥尔格公爵的继任者克里斯蒂安·路德维希是一个缺乏经验的年轻人，不是他的伯父的对手，而且他的伯父还得到了第三位韦尔夫公爵吕讷堡的弗里德里希的支持。奥古斯特对希尔德斯海姆没有直接利益关系，选择放弃希尔德斯海姆，以拿回自己的首都。瓦尔于 1642 年 1 月 16 日安排了一项妥协，并得到了后来的几项协议的确认和扩展。韦尔夫人接受了《布拉格和约》，交回了有争议的希尔德斯海姆，条件是科隆的费迪南德承诺未来 40 年在那里尊重路德宗信仰，这只是一个挽回颜面的承诺。韦尔夫人被正式赦免，鲁申伯格最终于 1643 年 9 月 23 日撤离沃尔芬比特尔。《戈斯拉尔条约》（Treaty of Goslar）代表着韦尔夫人野心的失败。在战争的剩余时间里，他们还保留了几千名驻军，但是对战争发展已经没有什么影响。[18] 韦尔夫人的中立使得法国和瑞典无法通过下萨克森联系起来，中断了它们的军事合作。盖布里昂向西进军以帮

---

* 蓝色兵团由古斯塔夫斯组建，主要由德意志雇佣军组成，名字来自士兵们所穿的蓝色制服，蓝色兵团参加了瑞典几乎所有战役。

助黑森人，而瑞典人最终向东进入西里西亚。

　　然而，勃兰登堡的倒戈，以及帝国和敌方的军官重新谈判的失败，抵消了帝国在下萨克森所取得的相对不大的成功。随着帝国政治体变得越来越不安，费迪南德做出了另一个和平姿态。他的特使于 1641 年 12 月 25 日在汉堡与法国和瑞典就和约的初步内容达成了一致。这些协议决定了未来和平大会的形式，但没有决定其内容。法国和天主教势力将在威斯特伐利亚城镇明斯特召开会议。瑞典和新教徒会在附近的奥斯纳布吕克开会。两地都将被宣布中立，同时使节、他们之间的邮件往来，以及他们与各自首都的邮件往来的安全也将得到保证。这些条款标志着帝国的立场与之前有了根本的不同，之前帝国在与法国打交道之前，只与瑞典谈判解决帝国的战争。费迪南德现在不情愿地在 1642 年 7 月批准了初步协议，虽然他知道与法国的谈判可能会导致与西班牙的冲突。尽管如此，他还是推迟了交换集结使节所需的证件，希望军事局势能有所改善。[19] 目前，事情仍然悬而未决。

帝国内部的战争（1642—1643）

肯彭战役（1642）

　　现在皇帝承受不起任何一场失败，无论失败多么微不足道。相应地，黑森人在宣布支持瑞典后，也需要一场胜利，才能恢复与费迪南德的谈判。他们召集了 7000 人，由将军卡什帕·埃贝斯泰因（Kaspar Eberstein）伯爵率领，埃贝斯泰因是一名波美拉尼亚人，于 1631 年从瑞典军加入黑森人的军队，并被提拔接替梅兰德的位置。盖布里昂于 1641 年 12 月抵达，但他不得不威胁入侵上艾瑟尔，尼德兰人最终才于 1642 年 1 月 12 日允许联合军队越过莱茵河到达韦瑟尔。盖布里昂的 12 个步兵团只有 2000 名士兵，而 12 个骑兵团的总数只稍好一点，有 3500 人。而埃贝斯泰因的兵力已经下降到 4000 人，其中一半是骑兵。[20]

　　尽管如此，他们现在开始蹂躏科隆选侯国，对那里构成了严重威胁。兰博伊的 9000 名帝国军被从协助西班牙人的战斗中召回，越过默兹河保护科隆，而哈茨菲尔德则带着 7000 名增援人员从维尔茨堡的冬季驻地匆匆赶来。1 月 8 日，哈茨菲尔德先于他的部队到达，并征集了船只，准备让部队在安德纳赫渡过莱茵河。盖布里昂和埃贝斯泰因决定在哈茨菲尔德的军队到来之前攻击兰博伊。这要冒很大的风险，因为他们已经没有食物了，如果失败，他们别无选择，只能像 1622—1623 年曼斯菲尔德和克里斯蒂安公爵一样逃进尼德兰共和国。兰博伊手下有三分之一的人要么生病了，要么缺乏足够的武器装备，而且他只有 6 门大炮，而敌人有 23 门。然而兰博伊过于自信，无视了等待哈茨菲尔德的指示。他在许尔斯——现在是克雷菲尔德的郊区——扎营，在离肯彭不远的一条双干界沟后面扎营，下面的战役就是因此地而得名的。

1 月 17 日，当敌人出现在壕沟对面时，兰博伊还在吃早餐。战局起初一直摇摆不定，直到盖布里昂派遣的龙骑兵和火枪手越过兰博伊位置两侧的壕沟，出现在他的侧翼。帝国军崩溃了，有 2000 人战死。兰博伊和另外 5000 人被俘，只有 2000 人逃脱。他们拒绝了西班牙人提供食物的提议，因为担心会被强迫加入佛兰德军，这些人最终越过莱茵河，在韦特劳加入了哈茨菲尔德军。

兰博伊浪费了一次粉碎法国的德意志军的宝贵机会。德意志军自 3 年前占领布赖萨赫以来，一直没有取得重大的战果，已经濒临解体。心怀感激的路易十三将盖布里昂提拔为法国元帅，并派遣 3600 名布列塔尼新兵坐船去鹿特丹与他会合。尼德兰人遣散了 3000 人，让他们到法国军中服役，作为额外的增援。在接下来的 9 个月里，盖布里昂夺取了科隆选侯国的其他一些小地方，包括肯彭和诺伊斯，以及于利希的迪伦。他的部队夺取了如此多的食物，以至于饥饿的西班牙和帝国士兵都叛逃到他这一方来。

帝国采取的对策表明现在组建新军队是多么困难。皇帝花了 13.5 万塔勒，而哈茨菲尔德自掏腰包花了 8000 塔勒，选帝侯费迪南德卖掉了自己的银器来提供更多的金钱。由于敌人开始扣押旅客并挟持商人勒索赎金，科隆市放松了中立的立场，从市民卫队提供了 500 人和 6 门大炮，而 2000 名洛林人从卢森堡抵达，西班牙人派出了 1500 人保护亚琛。6 月，瓦尔带着 2600 名巴伐利亚人抵达，两个月后，韦特被释放，他率领 3 个帝国骑兵团出现了。韦特的到来表明了个人人格的重要性：当农民看到这位著名的指挥官时，他们甚至跪了下来，认为他能消灭敌人。[21] 帝国军现在有大约 1.5 万人，和对手相当，但是哈茨菲尔德不敢冒险再打一场仗，何况他也缺少马匹，还依赖西班牙人获得食物，因为他负担不起当地商人所提出的高昂价格。

联军吃光了他们早先的战利品，现在也开始食物匮乏。盖布里昂和埃贝斯泰因之间经常发生争论，因为法国人拒绝让黑森人在占领的城镇中驻军。黑森人放弃了，9 月底，盖布里昂威逼阿马莉·伊丽莎白将 1000 名埃贝斯泰因军队的士兵交给他，以换取将被占领的城镇交给她控制之后，他们撤回莱茵河对岸。[22] 盖布里昂向东进军，试图阻止韦尔夫人签署《戈斯拉尔条约》，但未能成功。科隆选侯国遭受了严重的破坏，但是莱茵河下游的力量平衡已经恢复。

瑞典复苏

瑞典人在放弃围攻沃尔芬比特尔之后，一直在温森（策勒附近）无所事事，直到托尔斯滕松终于在 1641 年 11 月 25 日带着 7000 名新兵到达。托尔斯腾松将军队撤回易北河以东一个靠近韦尔本的位置，在下面的 4 个月里，他在那里重整了自兵变以来溃散的纪律。兰博伊在肯彭的失败使皇帝无法利用瑞典人这段不作为的时期。托尔斯滕松展示了相当高超的战略技巧，于 4 月派遣柯尼希斯马克率领骑兵突袭萨克森，将帝国军吸引到那里，然后自己率领 1.5 万人的主力穿越勃兰登堡，与斯托尔汉德斯克的 5000 人部队在奥得河上会合。

托尔斯滕松认识到，巴纳尔在 1639 年入侵哈布斯堡领地的行动之所以失败，是因为他主要依靠速度，而没有占领要塞，而这些要塞对于守住新占领的领地来说是必要的。5 月 4 日，他攻占了格洛高，开始入侵西里西亚，然后占领了亚沃尔和斯特里高，向西南方向推进到施韦德尼茨。西里西亚防御薄弱，但劳恩堡的弗朗茨·阿尔布雷希特公爵率领 7000 名帝国和萨克森骑兵从萨克森匆匆赶了过来，打乱了托尔斯腾松进一步的计划。弗朗茨·阿尔布雷希特不知道斯特里高已经陷落了，错误地认为托尔斯滕松正朝南向布列斯劳行军。他也不知道柯尼希斯马克带着 6000 名瑞典骑兵从萨克森出发，一路跟着自己。柯尼希斯马克在 5 月 31 日出现了，然后假装撤退，引诱帝国军对抗驻扎在施韦德尼茨以东一座山上的瑞典步兵，欺骗了公爵。一些帝国团早早就逃跑了，但是其他人战斗了 5 个小时才撤退。和在肯彭的情况一样，战败意味着军队实际上的毁灭，因为军队很快就会失去凝聚力，最后有 1800 人死亡，2000 人被俘。战死者中包括弗朗茨·阿尔布雷希特本人，他在瑞典人手中受了致命伤，愤怒的瑞典人仍然认为他应该为古斯塔夫斯国王的死负责。施韦德尼茨三天后投降，瑞典人大获全胜。[23]

托尔斯滕松将一半的军队留给了利里霍克，让后者继续征服上西里西亚，而他自己带着其余的军队通过特罗保进入摩拉维亚，占领了奥尔米茨，奥尔米茨很快就投降了——据称是因为瑞典人俘获了其守军指挥官的妻子。[24] 巴纳尔在 1639 年时还没有渗透到这么靠东的地区，该地区仍然相对未遭破坏。瑞典人缴获了 5000 套新制服，闯入了修道院，绑架修士勒索赎金，打开墓穴从尸体上偷取戒指。他们从活人身上拿走的更多，包括 1 万本书，他们把这些书寄给了渴求知识的克里斯蒂娜女王。当瑞典人在 1650 年离开奥尔米茨时，城中原本的 3 万居民只剩下 1675 人。富裕的市民立即就逃离了，维也纳也陷入了恐慌之中。

然而，西里西亚的布里格仍然在顽抗，而帝国军在奥尔米茨以南的布吕恩集合，有 2670 名波希米亚民兵加入。到 1642 年 7 月，利奥波德·威廉集结了 2 万人的军队，但其中许多人是新兵，在寒冷潮湿的秋天到来后只想回家。[25] 一些人去封锁奥尔米茨，其余的人穿过特罗保去为布里格解围，在 8 月前收复了西里西亚的大部分地区。托尔斯滕松的策略现在获得了回报，因为利奥波德·威廉无法收复格洛高，格洛高保护了瑞典与波美拉尼亚的交通，并允许 6000 名瑞典人离开奥得河加入主力部队。此外，帝国军未能夺回奥尔米茨，使瑞典在哈布斯堡领土深处有了一个基地，直到战争结束一直能构成威胁。帝国军被迫向西穿过卢萨蒂亚进入萨克森，萨克森选帝侯绝望地看到，他的土地再次成为战场。[26]

第二次布赖滕费尔德战役

托尔斯滕松追击帝国军，围攻莱比锡，强迫对手开战。利奥波德·威廉带着 2.6 万人如期抵达，其中包括 1650 名萨克森人，瑞典人撤回到布赖滕费尔德，这是古斯塔夫斯 11 年前大获全胜的地方。[27] 皮科洛米尼持怀疑态度，敦促谨慎行事，但令人不安的消息已经传来，盖布里昂和黑森人正在行军以加入托尔斯滕松军，因此大公决定于 11 月 2 日接受战斗。[28]

前一天晚上，两支军队在与 1631 年的阵地成直角的位置扎营。帝国军位于东面的塞豪森，面向西边，与位于布赖滕费尔德的托尔斯滕松相对。在他们之间是林克尔瓦尔德，这是当初蒂利的步兵最后坚守的地方，南面有一个由里彻河形成的浅河谷。托尔斯滕松的军队比对方少 7000 人，但他决心粉碎皇帝仅存的一支重要军队。

黎明时分，两支军队都向前推进，托尔斯滕松穿过里彻河，在林克尔瓦尔德前方部署。利奥波德·威廉接受了皮科洛米尼的建议，派了 16 个胸甲骑兵团向北绕过树林，攻击瑞典的左翼，将对方与通往托尔高的大道切断。托尔斯滕松将军队向北调动，以应对对方的攻击，上午 10 点左右，大规模行动开始。帝国步兵被树林分割，但依然向前进军，对抗托尔斯滕松的中军。和瑞典人一样，帝国军现在也使用团级火炮来支援步兵。这些火炮发射链弹，协助步兵击退了瑞典人，并缴获了对方的一些大炮。

瑞典右翼的维滕贝格和斯托尔汉德斯克从里彻河谷前进，越过了陪同他们的火枪手。快速进军取得了效果，让普赫海姆（Puchheim）没有时间恰当地部署帝国骑兵。帝国第一列的几个团没有接战就崩溃了，第二列的萨克森军也跟着逃跑了。其余的人顽强抵抗，但寡不敌众。斯托尔汉德斯克带着一半的瑞典骑兵追赶，而维滕贝格则带领其余的人跟随托尔斯滕松的步兵去帮助左翼的斯朗。斯朗坚持古斯塔夫斯的战术，缓慢前进，以使火枪手跟上。他在帝国最初的进攻中被杀，而当克罗地亚人从北方攻击他们的侧翼时，他的部下也后撤了。柯尼希斯马克重整了他们，并坚持了足够长的时间，直到维滕贝格将军中午左右到达。瑞典人现在拥有局部优势，横扫对手的侧翼，把他们逼向仍在中部苦战的步兵。

利奥波德·威廉和皮科洛米尼带领护卫队进行了反击，好让森林以北

第二次布赖滕贺尔德战役（1642）

的步兵得以逃脱。一名瑞典龙骑兵将手枪对准大公，但枪没能开火。但他们没法挽救那些在树林南边的部队了，后者抵抗了一个小时左右才投降。这是一场艰苦的战斗。瑞典人有 4000 人阵亡或重伤，但是利奥波德·威廉的一些骑兵素质低下，让他输掉了战役。帝国军有 3000 人阵亡，此外还损失了近 5000 名战俘、所有 46 门大炮，以及全部的野战金库和补给货车。

胜利远比 1631 年的小得多，但仍然产生了重大的影响。失败的消息在天主教德意志引起了恐慌，民众担心第一次布赖滕费尔德战役的后果会重演。[29] 马克西米连召集了巴伐利亚民兵，做好了最坏的打算。莱比锡不出所料地于 12 月 7 日投降，支付了一大笔款项，以避免掠夺，并允许瑞典驻军驻扎在那里直到 1650 年。瑞典人解围了自 1639 年以来一直被隔绝的位于开姆尼茨的据点，并在 1643 年 2 月对弗赖贝格发动了一次攻击，但未能成功，损失了 2000 人。费迪南德急忙向约翰·格奥尔格保证，他将竭尽全力拯救萨克森，而瑞典人对选帝侯没有立即议和感到失望。[30]

逐步走向中立

勃兰登堡的弗里德里希·威廉没有那么乐观。选帝侯相信皇帝会牺牲波美拉尼亚给瑞典人以议和，因此选择改善了与瑞典的关系，1643 年 5 月 9 日，他将自 1641 年以来的停火状态确立为停战协议，停战将一直持续到最终和平解决为止。乌克森谢纳将勃兰登堡乡村地区交还给选帝侯，条件是后者继续缴纳 1641 年商定的贡金。1644 年 7 月，由于看起来勃兰登堡的中立是可信的，乌克森谢纳也交还了克罗森和奥得河畔法兰克福。自 1643 年 9 月以来与法国进行的其他谈判将中立地位扩大到了勃兰登堡选帝侯的威斯特伐利亚属地，以换取黑森人撤离利普施塔特以外的克利夫斯的所有据点。这一安排给了选帝侯更大的自主权，但没给他的臣民带来多少解脱，他们需要继续缴纳战争税，但现在只是交给适度扩张了的勃兰登堡军。[31]

勃兰登堡的中立直接违反了 1641 年的帝国议会决议书，决议书禁止任何诸侯未经皇帝明确批准而做出这样的安排。弗里德里希·威廉辩解说，军事形势让他别无选择。他的政治地位非常重要，皇帝也缺乏军事力量，因此他得以避免被报复。在其他地方，统治者避免了这种公开的协议，但也逐渐退出了战争。通常，在主人的默许下，地方官员会就各自地区谈判协议。海德堡的巴伐利亚政府定期向附近的法国驻军缴纳贡金，以阻止其在下普法尔茨掠夺。[32] 这样的安排显然代表着脱离战争的第一步。1641 年 3 月 21 日，在边境地区官员达成一系列地方协议后，班贝格和维尔茨堡主教也与爱尔福特的瑞典驻军签署了一项正式条约。主教不仅承诺定期缴纳贡金，以换取瑞典释放人质，而且双方同意合作恢复该地区的贸易。约翰·菲利普·冯·舍伯恩（Johann Philipp von Schönborn）在 1642 年 6 月成为新维尔茨堡主教时确认了这一安排。班贝格和维尔茨堡每月支付 500 弗洛林，直到《威斯特伐利亚和约》签订。除了名义上，这在所有方面都是中立的。[33]

这一趋势并不局限于帝国的核心地区。自从 1636 年法国入侵弗朗什-孔泰以来，瑞士一直致力于恢复勃艮第的中立性，法国和西班牙曾在 1522 年同意保持勃艮第中立。查理公爵战败后，西班牙位于多勒的政府无望得到任何援助，于 1642 年 4 月达成了一项局部停战协议，并于 1644 年 7 月在马德里的允许下延续了停战协议，一直维持到最后达成和平。这缓解了莱茵河上游地区的紧张局势，鼓励法国人在 1645 年将蒙贝利亚归还给当地的符腾堡政府，以换取符腾堡保持中立的承诺。[34]

这些发展很重要。首先，它们消除了以往人们的误解，即战争后期只有普遍的、无限制的破坏行为。当时人们正在作出巨大努力来限制和遏制暴力，尽管这些努力的不幸后果是将战斗引向其他无法逃离的地区。第二，各地区逐步走向中立进一步减少了帝国战争努力的可用资源，并使皇帝剩余的支持者灰心丧气。他们首当其冲地承受着这一负担，却没有立即获胜的希望，自此对费迪南德的领导不再抱幻想。1641 年的帝国大会决议书再次推迟了司法改革的问题，但是确实承诺成立一个帝国代表团来讨论这个问题。帝国代表团是一个正式的委员会，由所有三种帝国政治体的成员组成。1642 年 5 月，巴伐利亚选帝侯、美因茨选帝侯和科隆选帝侯要求召集帝国代表团，表明了他们继续与诸侯和城市广泛合作，而非回到

他们与皇帝的专属关系的意愿。费迪南德无法阻止他们扩大帝国代表团的
职权范围，将和平和军事纪律也包括在内。那年夏天，他召集行政圈议会
讨论延长前一年在雷根斯堡商定的战争税时，也遇到了类似的反应。[35]

1643 年战役

现在和平大会不可避免地要召开了，费迪南德需要继续作战，同时避
免严重的风险，以从一个强势地位开始召开大会。当务之急是找人取代利
奥波德·威廉成为帝国军的指挥官。哈茨菲尔德拒绝接手，因为他觉得自
己的建议在过去一直被无视了。费迪南德最终任命了加拉斯，无视他现在
是一个酒鬼的事实。皮科洛米尼觉得自己被取代了，接受了腓力四世的提
议，接管了佛兰德军。梅西取代现在残废了的瓦尔，成了巴伐利亚的指挥
官。联合部队仍然强大，超过 7 万人，这还不包括哈布斯堡军政国境地带
上的部队。加拉斯有 3.2 万人的军队，其中三分之一是骑兵，而哈茨菲尔
德指挥着 1.5 万名帝国军和科隆军，包括前沃尔芬比特尔的驻军。巴伐利
亚军已经增加到 22 650 人，但是萨克森军只剩几千人，主要是马格德堡
和其他驻军。其他几千名帝国军和蒂罗尔军仍然守卫着莱茵河上游。

由于没能迫使萨克森议和，托尔斯滕松于 1643 年 3 月再次入侵哈布
斯堡土地，通过卢萨蒂亚进攻波希米亚北部，意图解除奥尔米茨的围困，
同时与特兰西瓦尼亚的潜在支持者会合。加拉斯将部队集中在柯尼希格雷
茨以阻止托尔斯滕松，同时派遣克罗科（Krockow）将军率领 4000 名骑
兵进入波美拉尼亚。有许多波美拉尼亚人因自己祖国受到的待遇而感到厌
恶，离开了瑞典军队，克罗科就是他们中一员。不幸的是，克罗科过于乐
观了。虽然他很快占领了波美拉尼亚东部的大部分地区，但他兵力太弱，
无法进攻防守更好的西部地区，而且很快就被切断了交通线，因为柯尼希
斯马克迅速率领一支 3000 人的联军分队赶上了他，这支分队本来是留下
来占领萨克森的。克罗科每天以 50 千米的让人筋疲力尽的速度逃离，在
10 月底抵达布列斯劳，只剩 1200 名幸存者。[36]这次分兵至少阻止了援军
到达托尔斯滕松处，托尔斯滕松在撤退到西里西亚之前，除了解除奥尔米
茨的围困，无法取得其他战果。帝国军跟在他后面，最终在 1644 年夺回

了施韦德尼茨。

在未能阻止韦尔夫人议和后，盖布里昂于1642年底抵达萨克森边境。托尔斯滕松说服了法国人不要进入萨克森，徒劳地希望这能劝说萨克森人议和。盖布里昂只有7000人，而且与瑞典人合作无望，有被切断的危险。他再次向西行进，这次沿着美因河谷进入符腾堡，直到在1月被巴伐利亚人赶了出去，在他到达布赖萨赫时，损失了1600人。法国的德意志军回到了5年前所在的地方。战争的主要焦点也随之转移，再次给德意志西北部带来了缓和，而黑森人在那里被孤立了。

黎塞留死后，马萨林统治下的新政权追求新目标（见下文），军事形势正在简化，以与法国的目标相一致。两个王国现在不是直接合作，而是在军事上进行分工。法国人将会越过黑森林打击巴伐利亚，而瑞典人则从他们在萨克森、奥得河流域和奥尔米茨的新据点打击哈布斯堡世袭领地。黑森人则让威斯特伐利亚人忙着。这项战略花了两年时间才实施，这尤其是因为瑞典人和黑森人还有其他更为优先的目标，但一旦这项战略在1645年确定下来，它就在战争的剩余阶段一直有效。

起初，法国的情况不太好。它仍然主要忙于跟西班牙打仗，无法向德意志投入足够的资源。法国的困难解释了费迪南德最终要准备召开和平大会。盖布里昂的妻子带着一些增援部队抵达，再加上从驻军点抽调的一些士兵，到6月，已经拥有了一支1.1万人的野战部队。马萨林需要一场成功来稳定政府，在他的推动下，盖布里昂通过森林城镇向霍恩特维尔前进。梅西率领的巴伐利亚军沿着多瑙河向上游移动来阻挡他，所以盖布里昂缩减了他的作战计划，巩固他在黑森林东南斜坡上的控制，为第二年的新攻势做准备。他袭击了罗特韦尔，但又一次，梅西于7月出现在那里解除围困。盖布里昂放弃了，越过山区撤退，而梅西行进到了山区的北端，重新占领了巴登-杜尔拉赫和下阿尔萨斯的部分地区。[37]

图特林根战役

这不是马萨林想要的结果。洛林的谢尔克于9月陷落，这让兰曹得以率领6000人的部队前去增援盖布里昂。盖布里昂再次前进，但在11月

18 日占领罗特韦尔时受了致命伤。指挥权移交给了兰曹，然而兰曹被前伯恩哈德军的上校看不起。兰曹留下陶帕德尔守卫罗特韦尔，进入位于图特林根的多瑙河上游沿岸的冬季营地，在图特林根两侧的米林根和默林根各有一支分遣队。

黑森人的不作为让哈茨菲尔德可以从莱茵河下游派出 6 个团，而逃亡的查理公爵也从谢尔克抵达，使梅西的兵力达到大约 1.5 万人，大致与兰曹的兵力相当。梅西最初来自洛林，在 1638 年转到巴伐利亚服役之前，一直在帝国军中服役，获得了宝贵的经验。他是一位杰出的将军，擅长统率所有三个兵种，能够猜测对手的意图。梅西赢得了其他将军的同意，大胆地向东绕过黑森林尽头，然后向南穿过符腾堡，奇袭法国军队。梅西在锡格马林根渡过多瑙河后，向西穿过梅斯基希，从东南部接近图特林根。这是一个很好的计划，因为通过巴林根向北的更直接的路线会让他的侧翼暴露给陶帕德尔位于罗特韦尔的驻军，而且还必须跨越多瑙河才能发动进攻。梅西在梅斯基希外面的树林的掩护下，于 11 月 24 日下午三点左右接近了图特林根，未被发觉。

法国军的哨岗被巴伐利亚龙骑兵俘虏了，所以当敌人从树林中冲出来并占领了兰曹在城外墓地的守卫薄弱的炮兵阵地时，他完全措手不及。其他部队袭击了驻扎在附近的洪贝格的法国军。罗森率领前伯恩哈德军骑兵从位于下游的米勒海姆的宿兵点匆匆赶来，但很快被梅西的兄弟卡斯帕（Kaspar）赶走，卡斯帕还消灭了罗森留下的法国步兵。与此同时，韦特率领 2000 名骑兵袭击了位于上游默林根的法国骑兵，在此过程中，还击溃了 500 人的马萨林步兵团——这一行动令人遗憾，因为该部队主要由西班牙战俘组成，只要有机会，这些人非常希望改变阵营。法国骑兵逃跑了，放弃了剩余的步兵，第二天，当缴获的大炮对着默林根时，步兵也投降了。兰曹和图特林根的两个步兵团现在也缴械了，一周后罗特韦尔的 2000 人也放弃了抵抗。

所有法国将军和军官的妻子都被俘虏了，还有价值 10 万塔勒的镀银器皿和一个月的现金工资。不少散兵游勇被农民砍倒了，最后只有 4500 人勉强到达莱茵河边上的法国驻军点。罗森、陶帕德尔和几名德意志军官逃掉

图特林根战役

了，但剩下的大部分伯恩哈德军都损失掉了。法国宫廷成功地淡化了这场灾难，大部分关于三十年战争的历史都没有提到这场战役，但这是一次重大挫折。法国已经失去了一支老兵组成的部队，跟 5 年前的情形相比，法国依然没有在莱茵河一带取得什么进展。

西班牙日益严重的危机（1635—1643）

图特林根战役暂时恢复了帝国的平衡，但总的趋势依然是对皇帝不利。法国在一个冬天内重建了德意志军，这种能力反映了自最初对西班牙作战的挫折以来，法国的地位总体上有所改善。西班牙日益增长的内部问题反过来又使费迪南德无望得到进一步援助。随着西班牙变得更虚弱，推迟汉堡初步协议中商定的威斯特伐利亚会议变得更加困难。为了了解这些发展，我们需要回顾 17 世纪 30 年代中期以来发生在西方的战争。

这些冲突的规模已经大大增加。法国在 1635 年直接参与了尼德兰战争，两个盟国继续协同对西属尼德兰发动攻击。法国也开始直接对西班牙作战，攻击西班牙在意大利的属地。1637 年后，法国在比利牛斯山脉开辟了一条新战线，1640 年在加泰罗尼亚和葡萄牙都爆发了叛乱。

意大利战争（1635—1642）

法国对意大利的干预侵犯了皇帝的管辖权，并打破了 1631 年的《凯拉斯科和约》建立的平衡（见上文第 13 章）。为了和黎塞留的总体战略保持一致，对西班牙领地的攻击不是单独进行的，而是与意大利各君主合作进行的。这个联盟被称为里沃利联盟，事实证明它相当虚弱。萨伏依是其中最有影响力的成员，派出了 12 250 人的专业部队，以换取法国对其帝国野心的支持，法国还许诺将米兰的一部分交给它。曼托瓦仍未能从之前的战争中恢复过来，只能提供 3000 人，而帕尔马派出了另外 4500 人。其他意大利统治者保持中立。虽然黎塞留对他的盟友做出了各种承诺，但他对意大利的重视程度很低，直到 1635 年 10 月，位于意大利的法国军队才达到1.2 万人。而到那时，由于法国和意大利指挥官之间的争吵，作战局势已经崩溃。

西班牙不仅守住了自己在伦巴第的领土，而且发起了一场两栖反击战，于 9 月占领了普罗旺斯沿海的莱兰群岛。1636—1637 年，法国多次试图收复这些领土的努力遭到挫败，因此西班牙能够打断黎塞留对其盟友的援助。法国在 1636 年作出了更大的努力来进攻伦巴第，但仍然比预期晚了一个月开始，兵力也只达到预期力量的三分之二。法国军队帮助击退了对保护着萨伏依的韦尔切利的攻击，但是这场行动分散了法军的注意力，使得西班牙在 1637 年 2 月之前击败了帕尔马和曼托瓦。[38]

这场战斗对帝国来说具有一定的意义，因为它将帝国军队吸引到了争夺瓦尔泰利纳的最后斗争中。西班牙在 1633—1634 年利用瓦尔泰利纳山口去干预德意志事务，这让黎塞留确信它必须被关闭，而他唯一的办法是恢复雷蒂亚新教徒对山口的天主教居民的控制。他派亨利·德·罗昂从阿尔萨斯穿越瑞士新教领土，与用法国资金募集的 2000 名雷蒂亚军会合。1635 年 3 月 27 日，大约 7400 人的联军在齐腰深的雪中穿越了施普吕根山口，奇袭了位于山谷南端的基亚文纳的西班牙军。拿下基亚文纳之后，更远处的其他驻军点都被困住，很快就被消灭了。整场战争中最大胆、最出色的战役之一就这样开始了。罗昂的兵力太弱，无法同时控制山谷的两端，因此他守卫在更易受攻击的北部入口附近的博尔米奥，同时派遣分队监视南部。

哈布斯堡王朝试图夺取山谷的行动暴露了他们在讷德林根战役之后联合作战方面的弱点。加拉斯不情愿地派遣费内芒（Fernemont）率领 1 万人前往蒂罗尔，攻击山谷的北端，但是米兰新任西班牙总督阿尔沃诺斯（Albornoz）枢机主教担心自己会遭到法国和萨伏依联军的袭击，只是姗姗来迟地派遣塞尔贝洛尼（Serbelloni）伯爵率领 2000 人前去攻击南端。费内芒在西班牙人准备好之前就已经出发了。罗昂让他占领了山谷的北半部，然后通过恩加丁山谷包抄并奇袭了他，在 7 月中旬时让他打道回府。塞尔贝洛尼刚刚占领了南边的入口，当罗昂过来对付他时，也迅速撤退了。1635 年 10 月，法国和萨伏依联军对米兰的进攻以失败告终，这导致哈布斯堡王朝大胆地利用气候温和的秋天再次尝试。费内芒得到增援，兵力达到 1.5 万人，而塞尔贝洛尼现在有 5000 人。奥地利人再次过早地采取行动，在激战之后被罗昂击败，罗昂对山区作战有着出色的理解，包抄了奥地利人。法国人随后于 11 月 9 日向南猛冲，又击溃了西班牙人。[39]

罗昂曾被雷蒂亚人视为"天使加百列化身"，但他因为黎塞留的指示而处在一个左右为难的位置，因为黎塞留不允许雷蒂亚人在山谷中重新推行新教。西班牙在 1629 年至 1634 年间穿越了瓦尔泰利纳山谷的行动给这里带来了瘟疫，原先的人口减少了一半。剩下 4 万名幸存者甚至很难养活罗昂规模不大的部队。而且，雷蒂亚人对更广泛的法国目标没有兴趣，拒绝支持罗昂在 1636 年 5 月入侵米兰的企图。战争回到阿尔卑斯山地区，加剧了瑞士联邦内部的紧张局势，当年天主教徒允许西班牙派遣其 1 万名德意志征召兵通过圣哥达山口，以增援伦巴第军，现在伦巴第军由莱加内斯领导，他取代了阿尔沃诺斯。

罗昂被切断了。他欠雷蒂亚步兵 100 万里弗尔的工资，而许多军官和雷蒂亚政府一样怀疑法国的意图。耶纳奇（Jenatsch）上校原先是一名新教基要主义牧师，由于未知原因，最近皈依了天主教，于 1636 年 10 月在罗昂军队中发起了一场兵变，并夺取了山谷沿线的战略要地。哈布斯堡王朝大吃一惊，但很快接受了他的提议，在 1637 年 1 月 17 日与他结盟，同意驱逐法国人，条件是西班牙人支付拖欠士兵的工资，而奥地利则取消了1629 年其管辖的十教区联盟地区对新教的禁令。罗昂不得不在 4 月撤出剩余的法国军队。最初，西班牙人与异教徒的联盟被认为是不得已而为之，但到了 1639 年，西班牙抛弃了其剩余的顾虑，正式将瓦尔泰利纳交给雷蒂亚控制，条件是雷蒂亚自由邦不会干预瓦尔泰利纳的天主教地位，并允许西班牙过境。由于法国控制了阿尔萨斯，切断了西班牙之路，后一项要求现在基本上毫无意义。尽管如此，与雷蒂亚的联盟还是让雷蒂亚新教徒可以在西班牙军中服役，到 1640 年，他们占到莱加内斯军队的七分之一。

萨伏依内战

曼托瓦战争不令人满意的结果在萨伏依宫廷内部造成了分歧，而法国在意大利的失败扩大了这一分歧。尽管萨伏依已经获得了蒙费拉托的北半部，但被迫将皮内罗洛交给法国，而且允许法国进入其领土。洛林在

17 世纪 30 年代早期的命运凸显了这样一种处境的危险。1637 年 9 月查理·德·讷韦尔去世后，法国在公国的影响力有所增长。法国军队占领了蒙费拉托的一部分，包括卡萨莱，威尼斯人占领了曼托瓦。萨伏依公爵维托里奥·阿梅迪奥一世（Vittorio Amedeo）在 10 月去世后，紧张局势演变成战争。[40]

亲法国派由路易十三的妹妹、公爵遗孀玛丽·克里斯蒂娜（Marie Chrisitina）领导，她为两个年幼的儿子担任摄政，第一个儿子在 1638 年已经去世。她可能嫉妒她的两个姐妹亨利埃塔·玛丽亚和伊丽莎白的地位，她们分别成了英国王后和西班牙王后。当然，她自己的野心也反映了萨伏依王朝的野心，萨伏依已经根据据称与塞浦路斯王国的联系宣称拥有王室血统。黎塞留操纵了这些野心，他说只有在萨伏依通过侵占米兰的领土得到扩大之后，法国才可能承认它也是一个王国。雷亚莱（Reale）夫人——这是她自封的头衔——遭到了她丈夫的两个弟弟托马索亲王和毛里齐奥（Maurizio）枢机主教的反对，她将他们排除在摄政之外。托马索最近从佛兰德军退役归来。他娶了布永公爵的女儿玛丽（Marie），与法国的反黎塞留派关系密切。有谣言说雷亚莱夫人毒死了她的丈夫，以防止萨伏依投靠西班牙。托马索和毛里齐奥也利用了该地区对都灵中央集权的不满。尽管这些因素很重要，萨伏依内战的核心还是一场争夺控制摄政权的王朝斗争。[41]

就在黎塞留想要撤回军队集中在其他战线的时候，夫人派（madamisti）和亲王派（principisti）之间的冲突严重破坏了法国在意大利的地位。法国人很少在公国召集超过 1 万人，其中一半人需要守住卡萨莱和其他要塞。1638 年，莱加内斯率领 1.3 万名西班牙人加入了亲王派，占领了韦尔切利、伊夫雷亚、弗尔吕厄和尼斯。法国与雷亚莱夫人的关系恶化，因为黎塞留利用她目前的困境向她施加压力，强迫她将其他驻军点交给法国控制。1639 年 3 月，西班牙人深入萨伏依，费迪南德皇帝行使了帝国管辖权，宣布托马索和毛里齐奥为摄政王。托马索于 7 月 27 日率领 10 500 人进入首都，但是雷亚莱夫人带着 2000 名法国护卫队逃进了城塞中。剩下的法国军队同意停战至 10 月，这使得西班牙人能够扩大对公国的控制，而托马索则继续封锁他的嫂子。

阿尔古（Harcourt）伯爵率领了一支由 7000 人组成的新的法国军队抵达萨伏依，尽管他击败了西班牙野战部队，但无法在冬季之前为都灵城塞解围。1640 年初，莱加内斯包围了卡萨莱，试图转移阿尔古的注意力，让托马索有时间占领城塞。阿尔古抽调了剩余的法国驻军点的兵力，以增援野战部队，并解围了卡萨莱。他得到了进一步的增援，兵力达到 1.9 万人，5 月他出现在都灵城外。一场不寻常的三重围攻开始了。雷亚莱夫人守卫城塞，对抗托马索的 1.2 万人，而托马索又被阿尔古围困在都灵城内，而莱加内斯率领 1.7 万名西班牙军队在城外包围了阿尔古。托马索首先耗尽了补给，并于 1640 年 11 月崩溃，让法国人解围了城塞。

结果是僵局。法国人在战场上只有 8000 名有效兵力，无法将西班牙人赶出他们占领的城镇，但是加泰罗尼亚和葡萄牙在年底的叛乱也让莱加内斯无法获得增援。雷亚莱夫人和亲王们都意识到，他们为之战斗的东西正在被摧毁。尽管托马索的妻子和孩子都被西班牙人扣留为人质，他还是与法国展开了谈判。1642 年 5 月，他和他的兄弟被接受为联合摄政王，并获得了一大笔法国年金，还得到了自己的宫殿。托马索接管了法国和萨伏依联合军队，到 17 世纪 40 年代后期，军队增加到了 2 万人。法国将都灵归还给了雷亚莱夫人，但在城塞中保留了驻军，一直维持到 1657 年，以确保萨伏依在战争的剩余时间里效忠法国。

教　宗

教宗乌尔班八世对法国在 1635 年后对意大利的干预感到失望，但由于他依靠法国来抗衡西班牙，无法做出回应。他也因为自己的机会主义而妥协了立场。在 1631 年吞并乌尔比诺之后，他利用西班牙注意力被分散的机会，试图通过在 1641 年 10 月攻击卡斯特罗小公国来扩大教宗国。摩德纳、威尼斯和托斯卡纳都长期对教宗不满，并于 1642 年 8 月加入了拥有卡斯特罗公国的帕尔马公爵一方，发起了反击。乌尔班的部队出人意料地成功抵抗了这次攻击，但很明显，他现在有点力不能及了，他接受了法国的调停，于 1644 年 3 月将卡斯特罗公国还给帕尔马公爵。

乌尔班于4个月后去世，对罗马的亲法国派造成了严重打击，亲法国派已经因其领导人马萨林离开罗马前往法国而遭到削弱。50名枢机主教在8月的酷热中聚集，选择乌尔班的继任者，西班牙决心恢复其影响力。西班牙军队集结在那不勒斯南部，而他们的托斯卡纳盟友的军队移动到教宗国的北部边境。疟疾袭击了罗马，枢机主教们开始死亡或逃离。乌尔班的巴尔贝里尼（Barberini）亲属及其盟友转而效忠西班牙，以换取得到保护的承诺，正式将西班牙的候选人选举为教宗英诺森十世（Innocent X）。教宗的新转向很快得到了展示，英诺森任命了马萨林的竞争对手让·德·雷斯（Jean de Retz）为枢机主教。法国在罗马的被庇护人，例如奥尔西尼（Orsini）家族，接受了西班牙的年金。西班牙在罗马恢复了影响力，稳定了西班牙在意大利的存在，这对西班牙平息1647年震撼那不勒斯的叛乱至关重要。"如果乌尔班八世掌权，毫无疑问，他会自己声称拥有那不勒斯，或者把它交给法国。"[42]

比利牛斯山前线

萨伏依和米兰边境上的战斗仍在继续，但是意大利的战略意义在1642年后有所下降，因为法国发现由于加泰罗尼亚和葡萄牙发生叛乱，直接打击西班牙要更为容易。先前比利牛斯山脉沿线的攻击在西班牙的防御力量面前已经停止了，但是西班牙为了击退这些攻击，也付出了高昂的代价，导致了两场叛乱的爆发。

翻越比利牛斯山脉只有两条可行的路线。法国可以在比利牛斯山西部从加斯科涅进攻西班牙的纳瓦拉，但这条道路由富恩特拉维亚要塞守卫。位于比利牛斯山东部的鲁西永伯爵领的佩皮尼昂封锁了进入加泰罗尼亚的道路。1636年至1637年期间，由于缺乏资金、农民骚乱以及军事和海军指挥官之间的协调不力，法国试图从两端入侵的企图都遭到了挫败。西班牙随后派遣1.5万人从加泰罗尼亚进攻佩皮尼昂以北、地中海沿岸的法国要塞勒卡特。袭击出人意料地被击退，而1637年10月，一支夺取了位于边境以外的加斯科涅的圣让德吕兹的5000人的分队也撤退了。[43]

这一小小的成功鼓励黎塞留将更多的资源用于采取新的攻势。现在法国让孔代亲王率领一支由 1.7 万人组成的庞大军队取代行省总督和地方民兵，来攻击富恩特拉维亚。由于法国占领了阿尔萨斯，切断了西班牙之路，现在大西洋海岸变得越来越重要，因此法国决定将兵力集中于比利牛斯山脉西端。西班牙进行了一项大型海军建设计划，拥有了 150 艘战舰，比斯开省的造船厂还有更多的船只在造，有望在 1638 年拥有 5 万吨的船只。拉科鲁尼亚的一支新船队的指挥权被委托给了洛佩·德·奥塞斯（Lope de Hoces），他是从敦刻尔克私掠船长中提拔起来的。在 1637 年底，他已经护送了 5000 名增援部队到佛兰德，最后一段路程还得到了敦刻尔克人的协助。他从英吉利海峡返航，途中俘获了 32 艘敌船。[44]

法国的进攻致力于破坏西班牙的准备工作，并阻止后者利用英吉利海峡航线。黎塞留的门生索迪斯（Sourdis）海军上将率领一支由 41 艘船只组成的舰队封锁了圣塞瓦斯蒂安以北的海角上的富恩特拉维亚，而孔代则从陆地包围了它。索迪斯派遣部分舰队沿海岸行进，摧毁了西班牙造船厂，并于 1638 年 8 月 22 日在吉塔里亚的小港口赶上了奥塞斯。西班牙人损失了 11 艘船和 4000 人；奥塞斯靠游上岸来才没有被俘。然而，在陆地上，一支 8000 人的西班牙救援部队接近了法国的包围线。9 月 7 日，索迪斯让水手登陆，增援孔代，后者在不顾一切地试图破城。孔代被击退了，第二天放弃了围城，退回加斯科涅。陆军的失败抵消了海军的成功，助长了法国最高统帅部内部的个人争斗。一名将军担心自己会成为这次挫折的替罪羊，甚至逃到了英国。

富恩特拉维亚的解围在马德里被视为巨大的胜利，暴民闯入皇家酒窖，为奥利瓦雷斯举杯敬酒，他被视为这场胜利的设计师。然而，这一年结束时，情形实际上对法国有利。吉塔里亚的损失，尤其是有经验的军官的损失，损害了西班牙海军的效率。也许更不祥的是，腓力四世被迫从佛兰德召回两个精锐爱尔兰团，以协助富恩特拉维亚。未来的爱尔兰新兵分队现在被直接运往西班牙，而这与西班牙集中精力在佛兰德对抗尼德兰的总体目标相矛盾。[45]

第二年，当法国转而攻击比利牛斯山另一端的鲁西永时，这种模式再次出现。孔代留下 6000 人保护普罗旺斯和朗格多克后，率领 16 500 人南下，6 月 10 日占领了边境上的奥普勒，7 月 19 日占领了更重要的位于佩皮尼昂以北的萨尔塞要塞。副王圣科洛马（Santa Coloma）动员了 11 237 名加泰罗尼亚民兵，但是孔代觉得自己已经取得了足够的战果，而且他的兵力已经因为疾病减员到 8000 人。孔代退回到法国领土，在萨尔塞留下驻军。西班牙任用那位伟大将军的儿子费利佩·斯皮诺拉（Felipe Spinola）率领 1.7 万人进行反击。斯皮诺拉在进攻中损失了 2500 人，但是未能取得成果，因为孔代带着 2.4 万人回来解围了驻军点。在 11 月 2 日对西班牙包围线的攻击被击退后，孔代的军队在暴雨中解散，只有 2500 名士兵还带着旗帜。他第二次撤退，让萨尔塞于 4 天后投降。

事实证明，对西班牙来说，萨尔塞战役的代价甚至比保卫富恩特拉维亚还要高。西班牙人损失了 1 万人，而在萨尔塞被夺回时，加泰罗尼亚民兵只剩下 2146 人。这些人大多在冬天回家去了，这让奥利瓦雷斯非常厌恶，他觉得加泰罗利亚在军备联盟中没有发挥恰当的作用。虽然鲁西永属于加泰罗尼亚王国，但它是被主要由卡斯蒂利亚人、爱尔兰人、瓦隆人和意大利人组成的军队拯救的。[46] 9000 名卡斯蒂利亚人被安置在伯爵领的南部，而加泰罗尼亚当局抗议他们由来已久的自由受到了侵犯。

加泰罗尼亚和葡萄牙叛乱

奥利瓦雷斯最初的反应相对温和，但是加泰罗尼亚人继续抗议，到 1640 年 4 月，抗议变成了武装抵抗保卫加泰罗尼亚的军队，这时他变得不耐烦了。然而军队仅仅是民众长期对政府腐败不满的焦点。加泰罗尼亚著名的自由主要限于支配了王国议会（Corts）的贵族，他们为了自己的目的操纵自己的特权。例如，携带武器的权利被用来掩盖普遍存在的盗匪行为，因为领主支持各式各样的帮派，与邻居进行争斗。"加泰罗尼亚部分地区盛行黑手党式的政权，通过暴力和勒索来维持自身的存在。"[47] 在这种情况下，抗议者并不认为自己的行为是不服从，而是为了引起腓力四世对他们困境的关注而进行的尝试。

农民们拿着镰刀，于 1640 年 5 月 22 日进入巴塞罗那，打开了那里的监狱。副王惊慌失措，取消了原定于 6 月 7 日举行的基督圣体节游行。无论如何，大约 2000 名 "收割者"（*segadors*）抗议，引发了持续 4 天的骚乱。[48] 副王和一名主要法官被谋杀，其他官员或躲或逃。马德里和行省当局相互指责对方造成了目前蔓延整个王国的混乱。

叛乱威胁到贵族的特权，但如果腓力四世镇压了叛乱，这些特权也同样会受到限制。贵族们寻求另一条出路，开始与法国谈判，并于 9 月 29 日同意向法国船只开放港口，并维持黎塞留派来协助他们的 3000 人的辅助军队。奥利瓦雷斯认为他在面临又一场尼德兰叛乱，召集了一批忠诚省份的士兵。11 月 23 日，洛斯·贝莱斯（Los Vélez）侯爵率领 2 万人进入加泰罗尼亚南部，宣誓就任新副王。他夺回了托尔托萨和重要的塔拉戈纳港，塔拉戈纳也是加泰罗尼亚大主教的所在地。

黎塞留最初认为，叛乱对法国是一件好事，因为在都灵的围城战最激烈的时候，叛乱可以分散西班牙的注意力。他准备承认加泰罗尼亚是一个贵族共和国，可以充当法国和西班牙之间的有用缓冲区。在洛斯·贝莱斯推进后，局势不断恶化，黎塞留被迫再派遣 1.3 万人，以增援叛军。法国军队于 12 月底抵达巴塞罗那。他们的出现让行省政府受到了损害，后者被指控未能保卫加泰罗尼亚王国。在另外 5 名法官被谋杀后，其他人于 1641 年 1 月 23 日接受了法国的保护，接受路易十三世为 "巴塞罗那伯爵"，并实际上割让了鲁西永。3 天后，法国和加泰罗尼亚的联合军队在城外的蒙特惠奇山上击败了洛斯·贝莱斯。

反叛者已经无法再回头了，但他们 "得到了权力的负担，却没有获得其成果"。[49] 法国一半的兵力都被用于征服鲁西永，而西班牙仍然占据着佩皮尼昂和其他重要要塞。只有一半的军队被派往加泰罗尼亚，那里的战斗集中在巴塞罗那以西的莱里达（列伊达）周围，这座城镇控制着从卡斯蒂利亚进入王国的主要道路。

自 1640 年 12 月起，葡萄牙人也加入了加泰罗尼亚的行列，在西方开辟了一个新的伊比利亚前线。1619 年后，葡萄牙人为西班牙的战争努力贡献了相对较少的 100 万克鲁扎多斯。马德里在 1634 年要求提供 300 万克鲁扎多斯，这让他们觉得完全不合理。1637 年，葡萄牙的三个省份爆发了税务叛乱，与此同时，葡萄牙帝国的关键部分也被尼德兰人夺走。这些问题激起了人们对失去独立性的怨恨。奥利瓦雷斯 1638 年对葡萄牙议会的镇压更是火上浇油。反西班牙的情绪与反犹主义交织在一起，因为在 1627 年之后，里斯本的犹太人和犹太改宗者被纳入西班牙金融体系，以弥补热那亚银行家无力管理日益增长的债务所留下的空白。在反犹主义者的鼓励下，民众和神职人员都支持与西班牙决裂。对独立的渴望被表达为塞巴斯蒂昂的神话——在 1578 年摩洛哥的阿尔卡塞尔·吉比尔战役中"失踪"的最后一位本土国王最终会回来。与波希米亚或加泰罗尼亚的情况不同，葡萄牙存在着一个本地的布拉甘萨（Braganza）王朝，为即将到来的叛乱提供了强大的焦点。

叛乱的导火索是 1640 年 6 月西班牙要求葡萄牙提供 6000 名士兵协助粉碎加泰罗尼亚叛乱。12 月 1 日，葡萄牙不满分子冲进女副王萨伏依的玛加丽塔（Margarita）在里斯本的宫殿，像波希米亚人一样，将她的顾问米格尔·德·瓦斯康塞洛斯（Miguel de Vasconcellos）扔出窗外。女副王被捆绑送往边境，西班牙抵抗力量崩溃了。除了北非的休达，所有的葡萄牙殖民帝国都于 1641 年承认了新政权。[50]

随后的冲突在葡萄牙历史上被称为王政复古战争（1640—1668）。葡萄牙人基本上是独自战斗，他们几乎从零开始临时组建了一支军队，并于 1641 年 6 月向西班牙发起进攻。教宗乌尔班在 1642 年接待了他们的大使，这意味着承认葡萄牙独立，而英国人同意与葡萄牙人结盟，后来这个联盟由于布拉甘萨的凯瑟琳和查理二世的婚姻（1660）而延长，在这场婚姻期间，孟买交给英国统治，并且在短暂的一段时间内，丹吉尔也被英国统治。然而，直到 17 世纪 50 年代，战斗仍然是有限的，因为奥利瓦雷斯专注于打击会为法国的入侵打开大门的加泰罗尼亚叛乱。而葡萄牙人虽然反对西班牙统治，但他们仍有着共同的敌人尼德兰，因为尼德兰人继续征服葡萄牙殖民地。

财政–军事负担

叛乱表明西班牙帝国过度扩张。西班牙君主国依然富裕，但已无力支付日益增加的战争成本。由于与法国的新斗争，国防开支从 1635 年的

730万埃斯库多跃升至两年后的1300多万埃斯库多。早在17世纪20年代，王室已经在财政上依赖不计后果的权宜之计，几乎没有其他选择来支付额外的开支。到1640年，财政系统收益已经开始递减。政府越来越多地使用贝隆铜币，这恰恰让债权人坚持要用白银支付。尽管有周期性的损失，例如运输白银的船队在马坦萨斯被俘获，白银进口量仍然很高，在1618年至1648年期间，王室平均每5年收到价值600万至800万达克特的白银。这还不够，所以王室开始没收在塞维利亚上岸的私人白银，到1640年没收了价值500万达克特的白银。作为回应，商人伪造舱单，采取了其他欺诈措施，从而打击了私人白银的正常关税，现在正常关税也有所下降。与此同时，纳税人用王室自己贬值的货币支付给政府，导致实际收入下降三分之一。1632年，王室简单地增加了新的税收，在卡斯蒂利亚增加了糖、纸、巧克力、鱼和烟草的税收，同时将现有的间接税收，即磨坊税增加了一倍。[51]

人力需求也在增长。1631年至1639年间，每年有3000多名卡斯蒂利亚人被派往佛兰德，而在伊比利亚招募的人数可能是这个数字的三倍。[52] 1638年，为了应对富恩特拉维亚危机，卡斯蒂利亚议会同意在1.8万人的基础上再增加8000人。尽管王室最初承诺这是一项临时措施，但王室提议在1640年再征召1.2万卡斯蒂利亚人。尽管加泰罗尼亚拒绝提供1637年要求的6000人，阿拉贡、巴伦西亚和马略卡现在也支付了更多的现金，派遣了更多的新兵。对比利牛斯山的威胁已经迫使民兵在1635年重新组建，进一步增加了行省负担，因为民兵必须由行省政府出资武装和维持。

总的来说，从1620年到17世纪40年代，根据地区不同，征募人数增加了6到10倍。到17世纪40年代初，西班牙军队达到了其最大兵力，约20万人，但是在伊比利亚开辟新战线意味着现在有更多的人部署在国内。佛兰德军从1640年1月的88 280人的高峰缓慢但稳定地下降到1647年2月的65 458人。尽管这仍然高于腓力二世时期，但不足以同时对抗法国和尼德兰共和国。

即使这些数字也无法再维持下去。1635年后，伤亡率和流失率可能达到每年2万人，据说在1646年，寡妇占梅里达人口的六分之一。1621年后，由于人们寻求更好的生活条件，从西班牙移民到新世界的人数也在增加；在16世纪80年代至17世纪30年代，伊比利亚半岛的人口可能减少了四分之一，而农业产出下降了40%。然而负担越来越大，承受负担的人却越来越少。卡斯蒂利亚的税收在1621年时相当于不到25天的工资，到1640年已经增加到相当于42天。由于纳税人拖欠税款，欠款累积，到1649年，仅磨坊税就欠下3600万达克特。而且借钱来弥补短缺也更加困难。从1621年到1640年，通过中央财政部的支出总计超过2.5亿达克特。其中3050万达克特用于民事预算，4420万达克特直接交给武装部队。[53] 王室被迫下放权力，将仍然能获得的地方收入来源直接分配给具体支出，如要塞驻防，失去监督和问责的权力。叛乱使情况更加糟糕。到1644年，王室已经耗尽了用于出售或典当的资产，承诺用未来4年的收入来支付其现有负债。

兵役也遇到越来越大的阻力。士兵的收入只有农业工人的三分之一。民兵兵役尤其令人反感，因为这显然是变相的征兵制。在1636年动员的1.1万名卡斯蒂利亚民兵中，只有四分之一拿到了武器，而在1641年参加民兵的一些人拿到的是投掷石块的投石器，甚至那些拿到火枪的人每人也只有4至6发子弹。毫不奇怪，开小差很普遍。1632年，甚至那些显贵也开始逃避兵役，他们被要求自己组建团，却只能得到可以被称为上校这样可疑的荣誉。当这个要求在1634年被重复时，奥利瓦雷斯募集了1500人，但其他人却找了各种各样的借口。[54]

抵制募兵和税收的动机不仅仅是害怕死亡或无力支付。人们也越来越觉得，君主的要求不再合理。加泰罗尼亚人认为，他们拒绝征兵是正当的，不仅是因为加泰罗尼亚王国传统上有豁免权，也是因为他们在其他方面也做出了贡献，包括派遣民兵。在整个社会中，人们都觉得他们已经做了比必须做的更多的事情。他们不觉得自己应该对失败负责，因为指挥权只留给了君主的人。在王室看到不服从的地方，臣民看到的是无能和不公正。奥利瓦雷斯为解决日益严重的问题而创建的特别委员会的激增，只是让已经效率很差的行政系统更加堵塞，为逃避不受欢迎的命令提供了额外的机会。[55]

撇开腓力四世个人的缺点（在第11章中有详细描述），西班牙君主国在结构上没有做出足够的准备来应对。西班牙关于威严的理想要求君主保持超然的态度，以避免君主与潜在的失败联系在一起。奥利瓦雷斯在确保国王不插手日常事务方面也有个人利益。为了让国王忙碌，他在 1630 年后开始扩建马德里东郊圣热罗尼莫修道院的国王寓所，后来这建成了丽池宫（Buen Retiro Palace）。为了纪念西班牙自 1621 年以来取得的胜利，西班牙委托最优秀的艺术家创作了 12 幅巨幅绘画，来装饰 1635 年落成的王国大厅（Hall of Realms）。这个项目有着相当大的风险——在 1637 年尼德兰人重新占领布雷达时，委拉斯开兹描绘西班牙攻陷布雷达的杰作几乎墨迹未干。法国宣战后，西班牙爱国主义暂时情绪高涨，然而这种情绪很快被浪费掉了，因为国王待在宫中娱乐，而他的臣民则在沉重的负担下呻吟。[56]

殖民地战争

来自东印度群岛的坏消息放大了普遍的失败感，这个地区已经成为伊比利亚财富和权力的象征。葡萄牙人继续占领果阿和莫桑比克，但在 1639 年被当地反对者驱逐出日本。与康提国王争夺斯里兰卡控制权的旷日持久的斗争最终使该岛对尼德兰人开放，尼德兰人在 1636 年后加入了当地人驱逐葡萄牙人的运动。这场冲突耗尽了葡属印度的资源，削弱了葡萄牙在其他地方抵抗尼德兰人的能力。到 1641 年时，尼德兰人已经占领了印度尼西亚香料群岛的大部分地区。[57]

西印度群岛的局势同样暗淡。荷兰西印度公司利用在马坦萨斯湾夺得的战利品装备了 67 艘船只，配备了 1170 门大炮，在亨德里克·隆克（Hendrik Loncq）上将的指挥下运送了 7280 名士兵。这是西班牙为保卫葡属巴西而部署的人力的两倍，船只数量的三倍。隆克于 1630 年 2 月占领了伯南布哥的主要港口奥林达和累西腓。奥利瓦雷斯派遣西班牙高级海军上将安东尼奥·奥肯多（Antonio Oquendo）率领 56 艘船只和 2000 名士兵，在尼德兰人进入制糖地区腹地之前夺回了这些城镇。奥肯多最终于 1631 年 9 月在阿布罗略斯群岛击败了尼德兰人。但是奥肯多自己的兵力也受到了重创，因为当地没有港口整修船只，不得不返回里斯本。[58] 尼德兰人扩大了他们的阵地，占领了亚马孙河和现代委内瑞拉之间的圭亚那海岸。随后于 1634 年占领库拉索岛，获得了当地的盐贸易，盐对尼德兰鲱鱼业至关重要。

1635 年的第二次救援行动同样未能驱逐尼德兰人，这与 10 年前成功的远征军形成鲜明对比。巴西种植园主意识到他们必须与占领者合作，才能保障自己的收入。1637 年 1 月，精力充沛的拿骚-锡根亲王就任尼德兰总督后，葡萄牙对巴西的控制急剧萎缩。他通过允许天主教女修道院和修道院保持开放，赢得了当地人的支持，对该地区进行了第一次科学调查，并在 1641 年时，将尼德兰的控制范围扩大到深入内地 1800 千米的地方，而他的兵力只有 3600 名欧洲人和 1000 名印第安人。1638 年和 1640 年，葡萄牙另外两次远征军又被击退。与此同时，尼德兰于 1637 年占领了非洲黄金海岸的埃尔米纳，获得了葡萄牙的主要奴隶基地。到 1641 年，尼德兰人利用葡萄牙与恩津加（Njinga）女王之间的矛盾占领了罗安达和安哥拉的其他据点。葡萄牙在黄金海岸的最后一座要塞阿克西姆也于次年陷落。到 1654 年，尼德兰奴隶贩子已经向巴西运送了 3 万名非洲人。尼德兰在 1637 年至 1644 年间对欧洲的糖出口总额已经达到 770 万弗洛林，而同期还运送了其他价值 2030 万弗洛林的殖民地产品。[59]

1638 年至 1641 年间，西班牙的跨大西洋贸易崩溃了。1640 年，没有珍宝船队到达塞维利亚。第二年，大陆省船队只带来了 50 万达克特，而新西班牙船队在这个季节航行太晚，离开巴哈马海峡时遭到飓风袭击。10 艘船带着 180 万达克特的商品沉没了。到 17 世纪 40 年代后期，穿越大西洋的船只的总吨位比《十二年停战协议》期间低近 60%。白银继续流入，但新世界生产的白银只有 40% 多一点能抵达塞维利亚，而王室收到的白银不到 17 世纪 30 年代的一半。下降的部分原因是殖民防御成本的增加，但也有很多下降的原因是欺诈，同时战争迫使殖民地变得更加自给自足，并在官方系统之外发展自己的贸易。

从布雷达到罗克鲁瓦（1637—1643）

布雷达的陷落（1637）

西班牙越来越多的问题引发了帝国的担忧，这些问题破坏了腓力四世对尼德兰的战争的努力。如果西班牙能在尼德兰取得成功，费迪南德三世就可以从卢森堡撤军，而西班牙要是失败，法国的力量就可以被释放，加强其在德意志的军队。随着战争的持续，费迪南德敦促他的亲戚至少和尼德兰人和解，集中精力对付法国。西班牙以同样的不耐烦来看待帝国的事件，不明白为什么皇帝在讷德林根战役后没能粉碎瑞典。在冬季进行作战规划的时候，帝国指挥官一再承诺会与西班牙合作，但每年作战季开始时，他们只会朝着相反的方向前进，阻止瑞典对萨克森或波希米亚的攻击。

1637 年，人们感受到了这种影响，从而驱散了"科尔比年"后的乐观情绪。1636 年入侵法国的意外成功鼓励奥利瓦雷斯将当时 6.5 万人的佛兰德军中的七分之三转移到阿图瓦和海诺特，以入侵皮卡第。然而，他拒绝将莱茵河下游的剩余据点交给尼德兰议和，使大部分其他军队都束缚在驻军点中。奥利瓦雷斯意识到自己的打击力量不足，他向费迪南德施加压力，让后者沿着摩泽尔河和阿尔萨斯分出一些兵力来，正如我们在前一章中看到的那样，这一点无法实现。

西班牙人集结在尼德兰的南部，而在共和国内，弗雷德里克·亨利把其政治资本押在了对尼德兰北部边境的重大打击上。他承受着越来越大的谈判压力。尽管他在 1636 年支开了尼德兰和平派领袖阿德里安·波夫（Adriaen Pauw），派遣后者为驻巴黎大使，他的支持率还是在下降。1635 年后，尼德兰公开与法国结盟，这在曾是战争主要支持者的霍马勒斯派好斗分子中造成了分歧，因为弗雷德里克·亨利答应黎塞留，在被征服的地区接受天主教。此外，阿姆斯特丹商人对解放安特卫普没有兴趣，因为安特卫普可能会恢复此前的地位，成为地区商业中心。对战争的支持越来越限于三个团体。南部的泽兰省、乌得勒支省和盖尔德兰省仍然感到易受攻击，希望弗雷德里克·亨利占领莱茵河以外更多的土地作为缓冲。其次，这些省份也是比利时加尔文宗难民的家园，他们希望军事上的成功能让他们得以重返家园。最后，有些人从战争中获得了大笔收益，尤其是荷兰西印度公司的股东，西印度公司成功地吸引了共和国各地的投资者。[60] 这些团体在 1637 年依然强大，但重要的是，荷兰省议会实施了自《十二年停战协议》以来的首次预算削减，在 1636 至 1637 年的冬天解散了最近组建的团。

弗雷德里克·亨利抓住机会，在 7 月 21 日袭击了布雷达，当时西班牙人仍在南部边境集结军队。费尔南多不得不再次向北行进。他无法打破尼德兰的包围，试图通过占领芬洛和鲁尔蒙德来分散省督的注意力。他的离开使枢机主教拉瓦莱特得以率领 1.7 万名法国人占领朗德勒西和莫伯日，迫使费尔南多回头向南走。布雷达于 10 月 7 日陷落，西班牙失去了在 1625 年的胜利取得的所有收获。失败促使奥利瓦雷斯回到了他原来的尼德兰战略，指示费尔南多在 1638 年 3 月 17 日做出重大努力，迫使尼德兰共和国在现在重开的谈判中接受合理的条款。西班牙不再期待取得胜利，现在的目标是体面地结束战争。[61]

帝国援助的结束（1638—1639）

1638 年 5 月，法国和尼德兰军队进行了良好的协调，同时袭击西属尼德兰的北部和南部边境，西班牙进攻阿图瓦的计划被迫放弃。弗雷德里克·亨利率领 2.2 万名尼德兰人行进至安特卫普，而沙蒂永（Châtillon）元帅则率领 1.3 万名法国人向圣奥梅尔挺进，由拉福斯率领的另外 1.6 万名士兵在皮卡第作掩护。西班牙人被牵制住了，但还是设法从安特卫普进行了一次出击，在卡洛俘虏了 2500 名围城者，这是尼德兰在战争中最严重的失败之一，弗雷德里克·亨利选择了撤军。这次逆转削弱了省督的地位，他越来越君主式的行事风格正招致共和派的批评。皮科洛米尼不得不像往常一样，等到有足够的军队来保护科隆，然后才能在 7 月向西进军，帮助萨伏依的托马索亲王解围圣奥梅尔。法国人占领了几个次要的据点，收复了勒卡特莱，但是路易十三仍很失望。

法国军队的指挥权被委托给黎塞留的亲戚拉梅耶雷（La Meilleraye），他在 1639 年率领 1.4 万人向埃丹进军，在边境上由沙蒂永率领的类似规模的军队做掩护。弗基耶尔率领 2 万名士兵去将皮科洛米尼牵制在卢森堡，同时去占领可以通向那慕尔和科布伦茨之间地区的城镇蒂永维尔，以阻止帝国进一步干预。西班牙停止了资金援助，强迫费迪南德让皮科洛米尼留在卢森堡。[62] 得到了洛林的查理公爵的兵力增援之后，皮科洛米尼在

6 月 7 日日出时出人意料地出现了，率领 1.4 万名帝国军和西班牙军出现在弗基耶尔在蒂永维尔的包围圈之外。法国人来不及从兵营中集合，被击溃了，损失了 7000 名战俘和军队中最好的一些团。然而由于路易十三也在主力军中，这意味着如果法国要放弃对埃丹的围城，就必然会严重伤害国家的威望，围城一直持续到埃丹于 6 月 29 日投降。皮科洛米尼的大部分部队随后撤出该地区，以对抗瑞典对波希米亚的入侵，结束了西班牙和皇帝直接进行军事合作的时代。

唐斯湾

法国资源转移到佛兰德和比利牛斯山东端，让西班牙能够在拉科鲁尼亚集结一支新舰队，以打破敦刻尔克的封锁，并为 1640 年的新攻势提供大量增援。这是一项艰巨的任务，西班牙在 2 月与英国展开了谈判，以获得海军上的援助。西班牙舰队由 70 艘战舰和 30 艘运输舰组成，共计 3.6 万吨，有 6500 名水手、8000 名水兵和 9000 名士兵，用来增援佛兰德军。索迪斯海军上将于 6 月和 8 月突袭了西班牙海岸，但未能打乱准备工作，自己筋疲力尽地撤离，最终西班牙舰队于 8 月 27 日起航时，只能由尼德兰人来拦截了。

9 月 16 日，当西班牙人进入英吉利海峡时，马尔腾·特龙普率领 17 艘船只发动攻击。奥肯多过于自信，没有向他的下属发出足够的指示。由于奥肯多在 1631 年靠摧毁尼德兰旗舰赢得了伯南布哥附近的战斗，他仍然坚持船只之间对决的传统战术。特龙普在前方以紧密的队形航行，所以每次有西班牙船只向前攻击时，都会遇到他的密集火力的攻击。一位经验丰富的葡萄牙军官观察道："奥肯多就像一头勇敢的公牛，被一群猎犬凶猛地攻击，盲目地冲向攻击他的人，所以他带着满船的尸体、伤员和肢体残缺不全的人，勇敢地去攻击离他最近的人。"[63] 尽管最终奥肯多将特龙普和对方舰队牵制在法国海岸，他还是在下午 3 点左右放弃了，因为他自己的船也被撞得无法继续航行。第二天，两支舰队都因为无风而无法航行，但是特龙普在 9 月 18 日又得到了 17 艘战舰的增援，重新开始战斗，直到耗尽了所有的火药。敦刻尔克仍然被封锁，奥肯多意识到，如果他航行到加来以北，就没有安全的港口可以整修船只了，所以他穿越英吉利海峡，在肯特郡的迪尔附近的唐斯湾抛锚，希望英国人会提供帮助。

彭宁顿上将带着 30 艘船只出现了，但只是为了维护英国的中立。到 11 月时，英国确实帮助西班牙运送军队和 300 万埃斯库多现金到佛兰德，但是除了出售一些高价火药，没有对西班牙舰队提供什么帮助。大多数较小的船只穿过了尼德兰的封锁线，逃到了敦刻尔克，但是特龙普得到了来自尼德兰印度公司舰队的大型武装商船的增援，现在有 103 艘战舰，多于奥肯多的 46 艘。特龙普于 10 月 21 日上午进入英国水域发起攻击。奥肯多将他的 12 艘轻型船只搁浅，与其他船只一路突围。他的旗舰被击中了 1700 次，但还是逃到了马尔迪克。11 月初，10 艘搁浅的船只重新浮上水面，逃往佛兰德。

特龙普因未能俘获西班牙旗舰而受到严厉批评。奥肯多在敦刻尔克进行了整修，并于第二年年初驾驶 24 艘船只返回西班牙。虽然被截获了 1500 名士兵，但部分任务已经成功完成，1639 年 12 月，佛兰德军达到了 7.7 万人，而海军总吨位仍为 34 131 吨。尽管持续受到封锁，从 1640 年到 1646 年敦刻尔克陷落，西班牙还是成功护送另外 4000 名新兵到佛兰德。尽管如此，战役至少让西班牙人损失了 35 艘船只，超过 5000 人死亡，1800 人被俘。1638 年至 1640 年间，西班牙总共损失了 100 艘战舰、12 名海军上将和 2 万名水手，相当于 10 场特拉法尔加战役的损失。[64]

西班牙无法维持这种消耗率。由于整个战略存在缺陷，所有的努力是徒劳的。正如 1640 年的战役再次证明的那样，只要法国和尼德兰共和国进行协调，同时从南北两个方向进攻，西班牙人就无法在任何一个方向发起进攻。在西班牙人击退了尼德兰人之后，法国人在 2 个月的围城后于 8 月 9 日占领了阿拉斯。在舰队战败和加泰罗尼亚叛乱爆发后，这是一个重大打击。随着法国人占领了阿图瓦的其余地区，数千人逃到里尔。11 月，更多的坏消息传来，法国人解围了都灵，而随着葡萄牙发生叛乱，情况在 12 月继续恶化了。

反复的挫折改变了奥地利和西班牙关系的平衡。西班牙在 1640 年向奥地利支付了相当可观的 42.6 万弗洛林，现在已经无力再提供帮助，1641 年只提供了 1.2 万弗洛林，而在 1642 年提供了 6 万弗洛林作为借款。皮科洛米尼从卢森堡被召回，皇帝取消了霍恩特维尔的行动，西班牙已经为这个行动支付了蒂罗尔一笔款项以招募 4000 人。[65] 西班牙影响力进一步下降，因为其经验丰富的大使卡斯塔涅达（Castañada）于 1641 年返回马德里，而现在在马德里代表费迪南德的是格拉纳（Grana）元帅，格拉纳元帅是一个强势人物，他同意皇帝的观点，认为西班牙正在浪费自己的资源，也在浪费实现和平的机会。

抓住救命稻草

奥利瓦雷斯变得越来越绝望，重新与法国的不满分子接触，自 1636 年以来，这些人一直在密谋反对黎塞留。一些人逃到伦敦，在那里他们支持西班牙的努力，西班牙一直徒劳地劝说查理一世加入反对路易十三的联盟。英国内战的爆发使这一计划毫无希望达成。到了 1640 年，奥利瓦雷斯将注意力转向了苏瓦松伯爵周围的一群人，他们逃到了与尼德兰接壤的布永公国。在雄心勃勃的桑马尔斯（Cinq Mars）侯爵的鼓励下，他们相信自己得到了法国王后奥地利的安妮的支持，相信可以靠武力的展示强迫路易十三解雇黎塞留。奥利瓦雷斯认为这些共谋者是"使自己免于灾难的唯一救星"，并承诺给予支持。[66]

这些在英国流亡的不满分子本应带着一支临时组建的舰队前往吉耶纳去征募胡格诺派教徒的，但他们从未抵达那里。到 1641 年 4 月，黎塞留已经知道了这个阴谋的细节，他改变了作战计划来对抗它，在香槟集结了 1.2 万人，由沙蒂永率领，以在布永阻挡苏瓦松伯爵。共谋者惊慌失措。弗雷德里克·莫里斯·德·布永（Frédéric Maurice de Bouillon）宣称，由于他目前在意大利担任法军指挥官，无法加入叛军计划中的远征军。尽管如此，他还是敦促苏瓦松采取行动。兰博伊将军于 6 月带着 7000 名西班牙军和帝国军抵达布永，使联军总兵力达到 9500 名士兵，他们于 7 月 9 日在拉马菲击败了沙蒂永，向南挺进。然而苏瓦松的死破坏了他们利用这场胜利的任何希望，据称这是他自己造成的，他用一把上了膛的手枪举起帽檐时，手枪意外走火了。[67] 叛乱失败了，黎塞留在第二年 6 月收集到了更多证据，得到了路易十三的支持，开始消灭共谋者。桑马尔斯被处决，而布永只是因为皈依了天主教，并放弃公爵领，才免于死刑。路易的弟弟加斯东再次卷入叛国，逃到萨伏依。

与此同时，洛林的查理公爵于 1641 年 4 月 2 日接受了法国的条件，作为法国的封臣拿回了他的公爵领。然而，他在苏瓦松入侵期间未能协助法国引起了怀疑，在 8 月再次被驱逐。1642 年 4 月，他带着 5000 人从卢森堡入侵了公爵领，取得了一些不大的战果，但缺乏利用这些战果的手段，并在 5 个月内回到了边境。形势回到了 1641 年 4 月之前，只是公爵重新占领了谢尔克、拉莫思和隆维。[68]

苏瓦松和洛林的干预至少使法国未能很快利用其占领阿拉斯的战果。黎塞留随后将资源转移到加泰罗尼亚，而尼德兰人在 1642 年初因战争回到德意志西北部而转移了注意力。西班牙终于能够发动进攻，但现在不是为了迫使尼德兰人议和，而是为了转移法国对西班牙本土的进攻。西班牙的新任尼德兰总督德梅洛（de Melo）沿着斯海尔德河推进到阿图瓦，占领了朗斯（4 月 19 日）和拉巴塞（5 月 11 日）。由阿尔古和吉什率领的两支人数不多的法国军队未能协调一致组织起有效的防御。5 月 26 日，德梅洛率领 1.9 万人在奥讷库尔修道院截住了吉什的 1 万人的军队，杀死了 3200 人，俘虏了 3400 人以及大部分辎重和军款箱。[69] 这场胜利使德梅洛得以收复阿图瓦北部。

西班牙和法国政权更迭

这一成功对奥利瓦雷斯没有什么帮助，他已经成为西班牙日益严重的问题的替罪羊。他的失宠证明了现代早期欧洲的权力行使不仅依赖政策，也依赖个人关系。奥利瓦雷斯疏远了他周围的人，因为他的"治理方法越来越专制，举止越来越不得体，反应也越来越不可理喻"。[70] 诗人弗朗西斯科·德·奎维多（Francisco de Quevedo）成了奥利瓦雷斯糟糕脾气的众多受害者之一，1639 年，他交给了国王一张餐巾，上面写有讽刺奥利瓦雷斯的话，一天夜里他从寓所消失了，成为一名"消失的人"

(*desaparecido*)。

王后和其他宫廷女性煽动了不满情绪，尤其是萨伏依的玛加丽塔，她指责奥利瓦雷斯没有在葡萄牙支持她。代表费迪南德的格拉纳大使谨慎地鼓励了他们的努力。腓力四世于 1643 年 1 月 17 日给奥利瓦雷斯写了一封措辞谨慎的信，将解职呈现为对他一再提出的辞职请求的慷慨回应。显贵们赶到马德里，确保国王不会改变主意，愤怒的人群聚集在一起，5 天后，奥利瓦雷斯终于动身前往自己的庄园。

奥利瓦雷斯的几个最亲密的同伙被逮捕了，但是现行政策没有改变。腓力打算自己统治。在他的妻子（1644）和儿子（1646）去世后，他引起了一些同情，但他仍然是一个缺乏活力的君主。他越来越依赖奥利瓦雷斯的侄子阿罗（Haro），后者最终在 1648 年后成为新首相。奥利瓦雷斯的许多其他门生都保住了职位，因为他们有着非常宝贵的经验。西班牙的问题依然存在，他们也无法想出一个能替代奥利瓦雷斯的"保护"和"声誉"的策略。

在法国，黎塞留于 1642 年 12 月 4 日去世，随后路易十三于 1643 年 5 月 14 日去世，王位留给了他 4 岁半的儿子。安妮王后在过去的 13 年里一直被冷落，因为她出生在西班牙，所以不被丈夫信任。她现在击败了加斯东和孔代亲王，声称拥有唯一的摄政权，为了笼络人心，她发放了非常多的奖励，以至于一名朝臣打趣道，法语现在已经只剩下六个词了："王后如此仁慈"。[71] 政府中的很多人偏向虔诚派的和平政策，但安妮本人采取了象征黎塞留政策连续性的措施，她居住在黎塞留留给王室的枢机主教宫，现在改名为皇家宫殿（Palais Royal）。她还依赖黎塞留的门徒马萨林，他曾参与起草法国的和平目标。

虽然安妮和马萨林出生在国外，但他们都认同法国，拒绝了腓力四世提出的快速实现和平的诱惑。他们决心通过消耗战击败对手，直到对方提出更好的条件。马萨林比黎塞留更加务实，并愿意放弃普遍和平的幻想和"日耳曼自由"的口号，这一口号曾被认为对法国的威望至关重要。马萨林也对更大的领土收益更感兴趣，因为这更能投国内大众所好，他需要让人们相信，他是指引君主国的最佳人选。

罗克鲁瓦战役（1643）

这两个新政权面临佛兰德战役的考验。德梅洛被命令重复他前一年的成功，以转移法国对其他西班牙领土的注意力。德梅洛留下 1.5 万人保护北部边境之后，分成四个纵队进军。然后他们在靠近默兹河谷的一个设防小镇罗克鲁瓦会合，并于 5 月 15 日开始围城。尽管德梅洛声称罗克鲁瓦是"通往香槟地区的关键"，[72] 它实际上没有什么战略价值，但鉴于路易十三前天去世，这次袭击具有重大的政治意义。法国的新政权不能以一场失败开始。北方军队的指挥权刚刚被交给了孔代的儿子昂吉安公爵，这是黎塞留通过分配赞助权来消除来自贵族的威胁的策略的一部分。枢机主教解除孔代亲王的职位，说服路易十三作为赔偿，任命了亲王毫无经验的儿子担任本来以为会是第二前线的地区的指挥官。现在改变这些安排已经为时太晚，只有事后看来，这样的安排才能说得上是明智的。昂吉安在 1646 年他父亲去世时继承了孔代亲王的头衔，以"大孔代"的头衔在法国历史上被人记住。昂吉安在王位继承上排第四顺位，脾气暴躁，自负，但因对自己杰出血统的信念而有着不可动摇的信心。[73]

昂吉安决心在战斗中证明自己，别人建议通过威胁德梅洛与尼德兰的交通来解除围困，昂吉安拒绝了这一建议。相反，法国政权的稳定性被押在一次极其危险的直接攻击上。只有沿着穿过森林的道路才能接近罗克鲁瓦，法国军队从森林里出来时会暴露在外而易受攻击，直到它可以在城镇东南的平原上部署阵形才会好转。昂吉安的人数也略少，有 1.5 万名步兵、6000 名骑兵和 12 门大炮，相比之下，德梅洛有 1.8 万名步兵、5000 名骑兵和 18 门大炮。西班牙军队中还有许多在前一年击溃了吉什的军队的团。

无论是出于运气还是出于计划，法国人到来的时间恰到好处，因为他们在 5 月 18 日下午晚些时候出现，这一天太晚了，德梅洛无法开始战斗。他部署在法国对面的平原上，向贝克将军发出紧急命令，让他赶紧率领第四个也是最后一个纵队与自己会合。两支军队都睡在平原上，但是昂吉安因为一名逃兵得知了对手的部署，昂吉安被告知，德梅洛在森林边缘部署了 500 名火枪手。300 名法国火枪手在凌晨 3 点抵达这里时，发现西班牙人仍然熟睡，并将其击溃。双方的大炮随后开火，但是能见度仍然很低，给双方军队留出时间对抗。两个指挥官都把他们的步兵分成两行，炮兵在前面，两边各有两队骑兵。[74] 法国人还将他们最好的步兵和骑兵留作后备队，由西罗（Sirot）率领，位于中军之后，布置成第三列。西班牙的阵线在森林的东缘和西面的圣安妮沼泽之间延伸了 2500 米。如果法国人想解围罗克鲁瓦，他们必须突破敌方的阵线。西班牙骑兵仍被组织成独立的中队，而法国骑兵则组建成团，以进行更严密的控制。法国人模仿了瑞典的做法，让火枪手跟在骑兵的后面以增加火力。

德梅洛很乐意等待，期待贝克即将到来。昂吉安不耐烦了，率领右翼的法国骑兵在早上 5 点左右发动进攻，很快拉费尔泰（La Ferté）率领左翼的骑兵也发起了进攻。拉费尔泰发起冲锋的距离太远了，他们接近西班牙右翼伊森堡率领的德意志骑兵时，马已经疲倦不堪了。法国人被击溃，许多人逃进沼泽或森林。法国步兵也撤退了，放弃了一些大炮。与此同时，阿尔布开克（Albuquerque）的反冲锋击溃了大多数支援的法国火枪手，从而打破了昂吉安的进攻。现在，法国军队更为出色的组织发挥了作用。西班牙骑兵已经散开，花了太长时间才能集结起来，这使得西罗能够调动预备队，阻挡了伊森堡足够长的时间，让左边的一些法国骑兵返回，帮助他将德意志骑兵赶出战场。昂吉安派遣加雄（Gassion）率领自己一半的骑兵进行第二次进攻，最终击退了阿尔布开克的分散开来的骑兵。

西班牙步兵现在暴露在敌人面前。昂吉安率领另一半骑兵攻击了他们的第二线，直接击中了左翼的瓦隆团。他轮流攻击每一个团，利用自己的人数优势，将骑兵冲锋和步兵的支援火力结合在一起，来击破它们。瓦隆军团一个接一个地离开了战场，然后是更西方的德意志团。法国人现在转到了更强的第一线，打击左翼的意大利团。意大利团击退了最初的攻击，但随后有序地撤离了战场，可能是他们自己主动选择撤离的。法国人很高兴让他们离开，因为这让剩下的 5 个西班牙大方阵孤立无援。经过进一步的艰苦战斗，3 个大方阵被击溃了，但另外两个方阵以在 50 步距离的齐射，又击退了另外三次攻击。现在是上午 10 点，他们的弹药已经耗尽了。法国人也筋疲力尽，担心贝克会到来。昂吉安提出了条件。一个由大约 2000 人组成的团放下武器，以换取被允许穿越法国回家的条件。其他士兵仍然在反抗，但是进一步的抵抗毫无希望，他们很快就作为战俘投降了。德梅洛丢下了元帅的指挥棒，逃到森林的另一边去和贝克会合。在长期围困后，昂吉安于 8 月 10 日占领了蒂永维尔，随后于 9 月 2 日占领了谢尔克，消灭了洛林公爵的主要基地。这些都是可喜的进展，但并不表明西班牙已完全崩溃。

罗克鲁瓦战役在军事史上的地位归功于法国将其称为伟大胜利的宣传，以及孔代的自我鼓吹，因为这巩固了昂吉安的声誉。这反过来又让他影响了 18 和 19 世纪的将军，后来又进入了军事学院的教程。这些教材经常引用这场战斗来证明将步兵火力和骑兵冲锋结合起来的法国线列战术具有优越性。[75] 事实上，胜利是由优秀的团级指挥和控制所致。西班牙的火力成功击退了法国人，但是他们的主要指挥官在相当早的时候就被杀或受伤了，而德梅洛没有利用最初的成功，派遣他的步兵前进。西班牙的损失非常惨重，尤其是因为他们损失了很多老兵，并且还屈辱地投降了。[76] 法国人俘虏了 3862 人，不包括那些被允许回家的人。1643 年 7 月，这些战俘大多数被用于交换法军在奥讷库尔之战被俘虏的人。西班牙的其他伤亡人数共计 3500 人，而法国的伤亡人数为 4500 人。在余下的战役中，法国人又损失了 7000 人，主要是因为生病。佛兰德军仍然强大，12 月有77 517 人，相比之下，尼德兰军队已经下降到 6 万人。罗克鲁瓦战役的真正意义在于法国避免了一场失败，失败可能破坏安妮王后摄政的稳定，迫使法国议和。

法国的成功无法抵消他们的尼德兰盟友对欧洲战争失去兴趣。共和国中的许多人开始认为西属尼德兰不是一个威胁，而是一个可以用来对抗越来越侵略扩张的法国的缓冲。西班牙接受尼德兰使节为正式大使，这表明西班牙已经愿意在尼德兰独立的基础上实现和平。1641 至 1642 年间，荷兰省议会强制进一步缩减军队规模，到 1643 年已经阻碍了允许弗雷德里克·亨利在不受监督的情况下管理战争和外交的秘密委员会的运作。弗雷德里克·亨利本人愈来愈糟的健康状况也让他更为倾向于和平，到 1644 年 3 月，只有乌得勒支省和泽兰省仍在反对与西班牙妥协。威斯特伐利亚会议终于可以召开了。

第 19 章

谈判压力（1644—1645）

威斯特伐利亚会议

威斯特伐利亚和平大会晚了两年才召开，又花了 5 年时间才完成，然而它被证明是全球关系中的一个里程碑。它的直接成就好坏参半，没有达到时人的期望。尽管如此，实际结果还是非常重要，而和平缔造者的理想和方法对迄今为止的国际关系的理论和实践产生了深远影响。事实证明，皇帝决定参与对大会的成功至关重要。费迪南德直到 1642 年 7 月才批准汉堡初步协议，随后腓力四世也于 1643 年 4 月 22 日勉强批准。不断恶化的军事形势和更多诸侯宣布中立的前景最终说服了皇帝在 1643 年召开和平大会。约翰·克拉内（Johann Krane）于 5 月抵达威斯特伐利亚，完成了代表们在指定的开会地点明斯特和奥斯纳布吕克集结的必要手续。他的西班牙同事于 10 月抵达，而法国代表团直到 1644 年 4 月才出现，其他人也陆续到来，而尼德兰人直到 1646 年 1 月才到来。大多数人推迟派遣代表，直到他们自己的情况改善到足以让其从强势的立场进行谈判。然而，一些人发现等待对他们不利，西班牙人的参与是由不断恶化的局势和保持与奥地利统一战线的愿望所决定的。

大会打算实现一个普遍和平（*pax generalis*），但是各参会方对此有不同的理解，对于什么构成"欧洲"，或欧洲应该如何与世界其他地区互动，也没有明确的共识。实际上，大会没有试图解决波罗的海和巴尔干地区的紧张局势，也没有试图解决英国内战的问题——后者的参与者甚至没有代表参加，俄国、奥斯曼帝国和摩德纳这样的意大利小国也没有代表。相反，大会只讨论了中欧和西欧的三大冲突，其中以三十年战争最为重要。在 194 名官方参与者中，178 名来自帝国。这些参与者包括皇帝、选帝侯和另外 132 个帝国政治体，以及其他 38 个派系，如帝国骑士和汉萨同盟成员。[1] 其他 16 个参与者是欧洲国家，如法国、瑞典和西班牙。丹麦和波兰出席是为了维护自己在德意志的利益，没有就它们各自的问题与瑞典进行谈判。意大利人的关切被认为附属于法国和西班牙的战争，加泰罗尼亚和葡萄牙的叛乱也是如此，但西班牙拒绝讨论这些问题。殖民地问题被纳入西班牙-尼德兰会谈，没有试图让非欧洲人参与进来。

尽管有着这些缺点，威斯特伐利亚会议仍是一次开创性的事件。中世纪的教会大会是最接近的先例，但威斯特伐利亚大会是第一次真正世俗的国际大会。大会借鉴了现有的协议和谈判风格，但其庞大的规模和议题的复杂性都要求人们进行创新，发放一些通用准则。首先，大会侵蚀了中世纪的等级原则。如此多的来自不同级别统治者的代表需要采取一种新的、更简单的互动形式。人们一致同意，所有国王都有"陛下"的头衔，所有君主和选帝侯的大使都将被称为"阁下"，可以乘坐 6 马的马车到场。这类事情绝非小事。它们代表着向现代秩序概念迈出的重要一步，这种秩序基于主权国家的平等互动，而不管它们的内部政府形式、资源或军事潜力如何。大会确立了一种新的方式，通过有关各方之间的谈判来解决国际问题。后来解决欧洲战争的尝试都直接借鉴了这一先例，特别是乌得勒支会议（1711—1713）和维也纳和会（1814—1815），而随着全球秩序的不断变化，这一方法在 1919 年的巴黎和会得到了扩展，并最终根据联合国的要求进一步得到了扩展。[2]

谈判方法

然而，让人们接受完全平等的理念，还有很长的路要走。代表团的到来想要给人留下深刻印象，这是一种刻意为之的战略的一部分，以展示自己的地位和胜过竞争对手。总共有 235 名官方使节和代表出席了会议，但与会总人数要多得多，因为所有人都有额外的工作人员陪同。瑞典的使团共有 165 名随行人员，其中包括他们自己的医务人员、厨师、裁缝和一名个人商贩。[3] 两位法国首席使节带着 319 名助手抵达，而他们的首席谈判代表朗格维尔公爵有 139 名侍卫和 54 名身穿制服的仆人。甚至帝国城市的代表团也可能包括七八名随从。西班牙和法国在各自的代表团上花了 50 多万塔勒，而皇帝、瑞典和尼德兰的费用分别约为 25 万塔勒。总费用约为 320 万塔勒，主要用于食物和娱乐上，而不是贿赂或其他事项上。[4]

这么多人的出现让东道主完全无法应付。由 29 人组成的巴伐利亚代表团不得不共用 18 张床，而瑞士代表团则住在羊毛编织店上方的一个房间里，房间里散发着香肠和鱼油的味道。尽管如此，大会对饱受战争重创的地方经济来说是一个可喜的推动。由于代表团寻求适合其政治野心的住所，各种建筑得到翻新。人们不屑一顾地把当地人看成乡巴佬，因为他们喝的是啤酒而不是葡萄酒，吃粗黑麦面包。[5]

会议议程引起了广泛的公众兴趣，而代表们有意培养和操纵了这种兴趣。至少有 27 家德语报纸报道了谈判，这确保了消息能到达帝国最偏远的角落。诸如法国和瑞典的和平提案这样的关键文件很快被印刷出来，尽管并不总是准确的。也有一些视觉描绘，特别是赫拉德·特·博克（Gerad ter Borch）关于 1648 年 5 月西班牙-尼德兰和约宣誓仪式的绘画。[6]

大会开创了一个新局面，因为它取消了官方主席或调解人。讽刺的是，教宗特使法比奥·基吉通过帮助简化礼仪，削弱了教宗作为和平调解人的作用。没有举行全体会议。相反，谈判是通过各种双边会谈进行的，而各方通常与多个谈判对象同时进行会谈。与瑞典人的会谈在奥斯纳布吕克举行，与法国人的会谈在明斯特举行。只有基吉和能干的威尼斯使节阿尔维塞·孔塔里尼（Alvise Contarini）在进行调解工作，后者是法国和哈布斯堡王朝的中间人，因为哈布斯堡王朝拒绝直接与法国进行正式对话。这使得皇帝和西班牙能够保持共同阵线，但西班牙可以直接和尼德兰人谈判，因为费迪南德不是这场冲突的一方。宗教差异并不重要，这两个地方都既有新教徒也有天主教徒。像皇帝这样的重要势力在这两个城镇都设有特使，而代表们则经常在两个城镇中间的伦格里希、拉德贝根等村庄举行非正式会谈。这种会议对于法国和瑞典在大会上协调他们的共同阵线至关重要。[7] 明斯特仍然是西班牙-尼德兰解决战争的会谈地点。它还见证了法国和帝国之间的和平谈判。在帝国政治体也被接纳参加大会后，奥斯纳布吕克变得更加重要，成为解决帝国大部分问题的场所。

会议议程因代表们需要与母国政府协商而放慢，同时军事形势还不断打开新的可能性，又关闭了其他可能性。信件到达巴黎需要 8 到 10 天，到达维也纳需要更长时间，到达马德里需要将近一个月。邮政服务本来是要受到保护的。尼德兰在马斯特里赫特的驻军点与共和国隔绝开来了，独立行事，造成了混乱，直到在国际抗议之下，1646 年之后才安分守己。其他的更不怎么起眼的拦截行为也会发生，因为特使们总在试图发现对手的意图。[8]

代表及其目标

皇帝有着最令人印象深刻的谈判团队，尽管其主要成员马克西米连·冯·特劳特曼斯多夫直到 1645 年 11 月才到达，但他立刻成了"大会上的主导人物"。[9]事务在此期间由拿骚-哈达马尔伯爵处理，其次是奥尔斯佩格（Auersperg）伯爵和兰贝格（Lamberg）伯爵，他们因其社会地位和在帝国枢密法院的经验而被选中。而他们非贵族出身的助手是真正有能力的人。除了帮助大会召开的威斯特伐利亚人克拉内，另一个关键人物是阿尔萨斯书记官沃尔马尔（Volmar）博士，他赢得了皇帝和蒂罗尔大公夫人克劳迪娅的信任。沃尔马尔是一个不讨人喜欢的角色，他拆同事的台以谋求升迁，但他也是阿尔萨斯复杂局势的专家，他的建议在与法国的谈判中被证明是无价的。由于皇帝同时还是波希米亚国王和奥地利大公，还有额外的特使在大会上代表他，由于利奥波德·威廉大公也派出了一个代表团，代表他的 8 块教会领地，皇帝的地位得到进一步增强。

西班牙代表团的实力最弱，在 1645 年 7 月佩尼亚兰达（Peñaranda）伯爵到来之前，只有低级官员代表参加。作为奥利瓦雷斯的门生，佩尼亚兰达此前一直从事金融管理，没有为这项任务做好准备，而他的法语不够流利，使这项任务难上加难。更糟糕的是，他讨厌待在明斯特，不断抱怨威斯特伐利亚潮湿的天气损害了他的健康，而谈判让他远离家人。他的朋友卡斯特尔·罗德里戈（Castel Rodrigo）很快被利奥波德·威廉取代为西属尼德兰总督，佩尼亚兰达怀疑后者代表的是奥地利人的利益，而不是西班牙人的利益，他的怀疑是正确的。如果这还不够糟糕的话，他还和他的首席助理萨维德拉（Saavedra）意见不一。作为西班牙的主要政治思想家，萨维德拉对自己的从属地位表示不满。这两个人至少有一点相同，就是他们都对西班牙的前景持悲观态度。萨维德拉认为他的国家正在走向衰落。他在 1646 年夏天被召回，使佩尼亚兰达更加孤立。然而，真正的问题是，没有一个西班牙代表真的在谈判，相反，他们只是在转达自己政府的意愿，而当这些意愿通过邮政系统抵达时，它们经常因为军事形势而过时。

　　法国和瑞典代表团也因嫉妒而分裂。乌克森谢纳不愿意返回德意志，并于 1641 年 10 月任命他的儿子约翰（Johan）担任首席特使。约翰一直在施特拉尔松德等着，直到 1643 年威斯特伐利亚大会召开。与他的父亲不同，他粗鲁无礼，决心维护瑞典的强权，为瑞典在德意志代价高昂的干预榨取最大的利益。他的在场让萨尔维乌斯深感不满，萨尔维乌斯比他大20 岁，自 1636 年乌克森谢纳返回斯德哥尔摩以来，一直在帝国代表瑞典。萨尔维乌斯有着长期的帝国政治经验，相信和平只能通过妥协来实现，与他一直进行私人通信的克里斯蒂娜女王抱有同样的想法，并通过任命格劳秀斯为她的特使在巴黎推进这一路线。法国代表团中的分歧更多地来自个人问题而不是政治问题。两位主要谈判者都是担任行政职务的贵族，但达沃更富有、更招摇，并试图替代他的同事阿贝尔·塞尔维安。塞尔维安得到了马萨林的全力支持，决心为法国获得最大的利益，而达沃则更加灵活，尽管他也意识到不要让法国和对新教徒的让步联系在一起。朗格维尔公爵于 1645 年 6 月被派去停止达沃和塞尔维安的争吵，并充当法国代表团一个更有面子的首脑。

　　法国和西班牙的指示都包含了相同的措辞，要达成"基督教世界的和平"（*repos de la Chrestienté/reposo de la Christiandad*）。[10] 这并不是说他们想要抽象地、不切实际地解决所有欧洲冲突。相反，两个国家都希望通过一个对方以后无法推翻的协议来解决自己的所有问题。法国人认为这符合他们作为欧洲事务仲裁者的总体政策。和平将带来一个有利的联盟，可以用来共同保证条约，并协助法国在未来维护条约。西班牙人更多地考虑维持传统的哈布斯堡王朝优势地位，这就解释了为什么他们不愿意皇帝在没有他们同意的情况下实现和平。可悲的是，这些目标是相互矛盾的，两个大国被迫继续战斗，希望获得必要的军事优势，能按照各自的条件来达成和平。他们的目标显然仍然是现代早期的目标，尽管威斯特伐利亚大会的潜在趋势指向未来。声誉仍然非常重要，因为它对于维持一个国家在欧洲秩序中位于支柱地位的声称至关重要，而欧洲秩序仍被视为是等级式的。如果谈判失败，双方都想让对方为失败负责。这造成了一种不信任的气氛，敌对代表团很快指责对方利用宗教做幌子，来寻求一个普遍霸权式的君主国。

西班牙的提议是 1643 年 6 月起草的，使用了奥利瓦雷斯在 1636 年为科隆大会准备的指南。这些提议来自一个西班牙依然还很强大的时代，在经历加泰罗尼亚和葡萄牙叛乱之后，提议中恢复与法国的战前现状的总体目标是完全不切实际的。最多，佩尼亚兰达被授权割让一些法国人在阿图瓦已经占领的城镇，也可能割让难以防守的弗朗什-孔泰。为了维护西班牙的威望，这些地区将伪装成腓力四世的女儿玛丽亚·特蕾莎（Maria Theresa）和年幼的法国国王路易十四结婚的嫁妆。作为回报，法国人将从洛林、意大利和加泰罗尼亚撤军。西班牙实际上只有一张牌可打：与尼德兰单独议和，专注赢得对法国的战争。

从 1643 年 7 月开始，帝国的指示故意含糊不清，以维持与巴伐利亚和萨克森的统一战线，后两方都收到了指令的副本。皇帝的特使被告知继续现行的政策，寻求与瑞典妥协和平，以孤立法国。正式上来说，瑞典得到的条件与萨克森在 1635 年谈判中提出的条件相同，但皇帝已经秘密授权牺牲波美拉尼亚。皇帝没有对法国做出这样的让步，因为他认为黎塞留没有批准的 1630 年的《雷根斯堡条约》已经解决了所有问题。皇帝致力于首先解决这些国际问题，让它们和宪法问题分开，费迪南德仍然希望在《布拉格和约》的基础上解决这些宪法问题。法国和瑞典已经预料到了这一点，他们公开鼓吹"日耳曼自由"，并坚持让帝国政治体成为威斯特伐利亚大会的正式参与者。他们在 1644 年 12 月 4 日的最初提议和 1645

年 6 月 11 日的第二个更具体的提议中，都故意没有提及自己的领土要求，这正是为了不疏远德意志人。法国人在让特里尔选帝侯瑟特恩复辟的问题上小题大做，因为他的被捕是法国在 1635 年宣战理由中的重要一部分。此外，皇帝需要给予波希米亚人全面大赦，并将土地分配和宗教仪式恢复到 1618 年的状态。

法国和瑞典之间的严重分歧让它们在联合提案中忽略了其他问题。瑞典想让普法尔茨和其他流亡者完全复辟，以维持其宪法自由捍卫者的地位。法国继续试图争取巴伐利亚，准备将普法尔茨选帝侯头衔和上普法尔茨交给马克西米连。双方都希望对方放弃领土要求，以与皇帝达成妥协。法国拒绝以牺牲帝国教会为代价做出让步，而瑞典人自己在波美拉尼亚问题上也有不同意见。霍恩完全反对吞并，萨尔维乌斯将会接受一半，而约翰·乌克森谢纳则坚持要整个波美拉尼亚。更根本的是，这两个盟友发现很难调和他们不同的优先事项。瑞典需要钱来满足军队的要求，以体面地从战争中脱身，而法国不得不分裂皇帝和西班牙，以避免同时进行两场战争。这些提议并不是为了获得和平，而是为了展现积极的公众形象，并衡量敌人的谈判意愿。

外交仍然与战事发展密切相关，而战事发展将在未来 5 年里影响大会的走向。第一轮讨论集中在决定谁可以参加会谈上，西班牙反对加泰罗尼亚和葡萄牙代表团出席，而法国拒绝与洛林人对话，瑞典拒绝丹麦的调解要求，皇帝竭力将帝国政治体排除在外。这些问题通过 1644 年至 1645 年的军事行动得以解决，开启了第二轮讨论，讨论了关于帝国宪法的争议，以及法国和瑞典提出的领土和赔偿要求。这些问题构成了和平协议的大部分，并在 1646 年至 1647 年间的一系列协议中决定。持续的焦虑阻碍了进展，因为所有的安排都是临时性的，如果一方的时运在战场上获得改善，可能会单方面取消这些安排。大会就像一个建筑工地，竞争对手是争论不休的建筑商，一些人定期拆除其他人仍在施工的部分建筑。最后一轮谈判涉及将这些临时协议转化为一个共同的最终条约，以及是否有任何参与者被排除在 1648 年和约之外的决定。

法国在德意志（1644）

弗莱堡战役

1644 年初，对皇帝来说，局势看起来很有希望。瑞典在去年年底决定进攻丹麦（见下文），对哈布斯堡世袭土地的威胁得以消除。那里的军队减少到 1.1 万人，由官复原位的陆军元帅格茨率领，费迪南德得以集结了一支 21 500 人的军队，由加拉斯率领，沿着易北河而下，去帮助丹麦人。在图特林根之战胜利的鼓舞下，梅西的巴伐利亚军达到 19 640 人，是法国的德意志军的两倍，尽管马萨林在冬天花了 200 万里弗尔重建了它。自 1637 年以来，这是皇帝及其盟友第一次有一支足够强大的军队，以莱茵河上游地区的攻势开启这一年。

蒂雷纳将军被召回阿尔萨斯指挥，但他的部队太弱，无法满足马萨林征服黑森林以外的土地的期望。相反，梅西发动了攻击，于 5 月 10 日夺回了于伯林根，夺回了法国自 1643 年以来占领的最后一个地区。在被霍恩特维尔击退后，他留下 1000 人封锁霍恩特维尔的驻军，并穿越黑森林，收复了 1638 年战役中失去的地区。蒂雷纳被迫放弃了他自己穿过森林城镇的进军，返回阿尔萨斯，并再次渡过莱茵河以拯救布赖萨赫。查理公爵中断了另一次他时不时在进行的那种谈判，再次突袭洛林。马萨林不得不将昂吉安从掩护香槟地区的任务调走，以挽回莱茵河的局势。尽管一天飞奔了 33 千米，但昂吉安还是到达得太晚，无法拯救弗莱堡。在经历了长时间炮击后，弗莱堡在 7 月 29 日向巴伐利亚军投降。

昂吉安带来了 4000 名法国精英骑兵和 6000 名步兵，在弗莱堡西南的克罗青根集结了一支由 9000 名骑兵、1.1 万名步兵和 37 门大炮组成的联军。昂吉安以典型的好斗风格，提议立即发起攻击，将梅西赶回山对面去。蒂雷纳在 8 月 3 日的一次军事会议上指出了敌人阵地的优势。弗莱堡位于一个深谷的西端附近，深谷在山脉中向东进一步变窄，成为通往图特林根和多瑙河上游的关口。进入山谷的入口南侧是陡峭、树木繁茂的申贝格山，北面是茂密的穆斯森林。靠近树林的一条小溪使得人们更难进入，而梅西则在伊宾根村上方的申贝格山低坡部分的博尔山丘上用两个炮垒挡住了另一边。两者都由另一个更高更大的"星堡"控制，而在圣沃尔夫冈礼拜堂后面还有一个较小的炮垒，构成了第三个屏障。这些阵地由 5 个巴伐利亚老步兵团把守，由之前沃尔芬比特尔驻军点的指挥官鲁申伯格领导。其余的军队在河的另一边，在文德林根和哈斯拉赫村之间的另一系列要塞后面，还有 340 人在弗莱堡。梅西的兵力因为战役减员而有所减少，但仍有 8200 名骑兵、8600 名步兵和 20 门大炮。[11]

蒂雷纳和罗森都提议沿着莱茵河向北，在弗莱堡上方的登津根通过格洛特尔山谷穿过黑森林，通过威胁梅西与符腾堡的交通，迫使他撤军。这种做法将在 17 世纪后期成为标准做法，但昂吉安坚持正面进攻。他确实同意派遣蒂雷纳的军队穿过班施泰因山口，该山口将申贝格山与东部的黑森林隔开，并通过梅尔茨豪森通向梅西主要阵地后面的一个狭窄山谷。蒂雷纳从克罗青根出发，长途跋涉到达班施泰因山口，但昂吉安还是决定当天发动袭击，计划在下午 5 点同时发起两场袭击，这样天黑之前只剩下 3 小时取得战果。昂吉安校准了两块手表，并给了蒂雷纳一块。

昂吉安准时出发，从伊宾根派出三个步兵旅去进攻博尔山丘的两座堡垒。法国人在猛烈的炮火下穿过削尖的树枝等路障，蒙受了惨重的伤亡。前两个旅的连续攻击被击退。昂吉安带领第三个旅向前，前面有一排火枪手掩护，提供掩护火力。昂吉安表现出了近乎鲁莽的勇敢，显示了他最好的一面。据称，他将元帅的指挥棒扔进了第一个炮垒中，告诉他的手下去拿回来。他的出现促使前两个旅的一些人重新加入攻击。疲惫不堪的守军几乎用尽了弹药来击退早先的攻击，当一些法国人穿过树林后出现在他们的后方时，他们逃跑了。昂吉安已经损失了 1200 人，相当于兵力的三分之一，是巴伐利亚人遭受损失的两倍。天色已黑，雨下得很大，巴伐利亚的主要防御工事尚未被攻破。

蒂雷纳在 45 分钟之前开始进攻，派出了 1000 名火枪手越过班施泰因山口，却发现梅西早就预料到了这一点，并用五道工事封锁了山谷。申贝格山顶上的一个哨站已经发现了蒂雷纳的接近，发出了信号，梅西从主力部队中抽调四个步兵团来增援已经在山口的一个步兵团。他们及时赶到，击退了蒂雷纳的先遣卫队。蒂雷纳再次发起攻击，但是因为空间有限，无

弗莱堡战役

法利用自己的人数优势。他在凌晨 4 点停止了行动，损失了 1600 人，是敌人损失的 4 倍。前伯恩哈德军步兵在图特林根已经耗尽，现在实际上已经不复存在。然而，梅西认识到，如果再有一次攻击通过山口，他将被切断退路，因此下令撤退到弗莱堡山谷上游的施利尔贝格山脊。[12]

第二天雨下了一整天，山谷里一片泥泞。法国人占领了梅尔茨豪森和梅西在乌弗豪森的旧营地，但是已经筋疲力尽，无法做更多的事情，让巴伐利亚人有一整天的时间来巩固新阵地。巴伐利亚人在北端建造了一个巨大的炮垒，可以装 10 门大炮，在地势稍高的南端沃纳霍尔德还有 7 门大炮。第三个较小的炮垒被放置在两个山峰之间的马鞍部上。敌人无法从左边进攻巴伐利亚人的阵地，因为沃纳霍尔德和班施泰因山口向北的黑森林的支脉之间几乎没有活动空间。因此，梅西把骑兵集结在右翼，位于施利尔贝格和流经弗莱堡的德赖萨姆河之间。法国人现在别无选择，如果他们想重新开战的话，只能再一次从正面进攻。

8 月 5 日，法国人进入阵地，这是一个阳光明媚的早晨。昂吉安命令蒂雷纳从梅尔茨豪森对沃纳霍尔德发动主要进攻，因为如果这里陷落，整个巴伐利亚阵地将不得不被放弃。蒂雷纳的行军可以受到贝谢森林的掩护，贝谢森林由杉木和少量的灌木丛组成，阻碍了行动。昂吉安会对山脊的其余部分发动攻击，以转移敌人的注意力，防止梅西加强左翼。但是糟糕的规划使得这一计划未能奏效。两位将军骑马去核实一份报告，报告称巴伐利亚人正在撤退，由于两位将军不在现场，未能阻止他们左翼指挥官开始错误的正面进攻。蒂雷纳的下属听到枪声之后，也发动了他们计划中的攻击。当德意志军的步兵从沃纳霍尔德被击退时，昂吉安再次投入战斗，重新集结了他们，并领导了又一次同样徒劳的攻击。到了下午，他已经用光了蒂雷纳的大部分军队，几乎没有取得什么战果，昂吉安骑着马向北，向自己左边的部队进发，这支部队也在早上被击退了。他再一次派步兵前进。这里的坡度不太陡，但是在巴伐利亚军炮垒和山顶的火枪手的持续火力下，穿过葡萄园仍然很难。三次进攻被击退，所以昂吉安让骑兵下马，把他们也派了上去。巴伐利亚军筋疲力尽，因此梅西的兄弟卡斯帕带领骑兵在山脊的北端进行反击，阻止法国人前进。

法国人在下午 5 点撤退时，天空被硝烟完全遮住，法军又遭受了 4000 人伤亡。昂吉安不为所动，据说他高喊："呸！在巴黎，一个晚上就能怀上这么多人。"[13] 巴伐利亚军损失了 1100 人，大部分人负伤，但卡斯帕在袭击中丧生。有相当多的证据表明，梅西因为他兄弟的死而陷入了绝望。[14] 他肯定相当悲观，并确信自己寡不敌众。他的军队也筋疲力尽，马匹因缺乏饲料而虚弱。

昂吉安从附近的每一个驻军点都抽调了士兵，得到了 5000 多名士兵，确实得到了增援。然而，就连他也认识到有必要接受下属的建议，并在 4 天后出发，穿过格洛特尔山谷，绕过梅西的阵地。梅西意识到了危险，向东飞奔到圣彼得山谷，圣彼得山谷在圣彼得修道院与格洛特尔山谷相交。那天晚上，他的骑兵守卫了修道院，第二天拂晓，他的其余军队开始到达，此时罗森率领旧伯恩哈德军骑兵一起出现了。巴伐利亚步兵时机把握良好的齐射打破了罗森的冲锋，而巴伐利亚骑兵将他赶回了格洛特尔山谷。尽管如此，在如此激烈的战斗后，巴伐利亚军不得不撤退，士气低落。由于不断收到警报，他们的骑兵马匹已经连续 8 天都上着鞍。整个法国军队都来支援罗森，梅西突然撤退到菲林根，这为罗森赢得了声望。法国人劫掠了被遗弃的辎重，烧毁了圣彼得修道院，然后穿过黑森林返回。

弗莱堡战役是这场战争中最长也最艰难的战斗之一。巴伐利亚军队所遭受的损失已经够严重了，但是这场战斗的真正意义在于帝国在莱茵河中游的阵地意外崩溃。蒂雷纳说服了昂吉安不要浪费时间夺回弗莱堡，而是向北推进到几乎没有设防的下普法尔茨。法国人占领了巴登以及施派尔和沃尔姆斯主教辖区，然后在三周的围困后，于 9 月 12 日占领了菲利普斯堡。后者自 1635 年 1 月以来一直掌握在帝国手中，但只有 250 人保卫，炎热的天气让周围守护它的沼泽地都干涸了。它的损失因丢掉美因茨而更加严重，因为美因茨主教座堂法政牧师希望避免围城，5 天后毫无抵抗地投降了。而且，被天主教法国占领，与被之前新教瑞典人占领的情形完全不同。法国人建立了一支由 500 人组成的驻军，驻军费用由市民承担，但一直让法政牧师管理选侯国，直到 1650 年。城市的迅速投降挫败了梅西的计划，他的援军到达美因茨时，发现法国人已经在城中了。10 月初，梅西夺回了普福尔茨海姆和曼海姆，摧毁了后者的防御工事，使其无法成为可能的法国基地。加拉斯的战败（见下文）使梅西无法做更多的事情，于是他撤退到弗兰肯、符腾堡和康斯坦茨湖地区过冬。

梅西在弗莱堡的战术上的胜利被法国随后的战略上的成功彻底颠覆。法国在拥有了菲利普斯堡、施派尔和美因茨之后，终于有了一条通往德意志的可行路线，不用再穿过黑森林了。战争从莱茵兰转移到施瓦本和弗兰肯，从而决定了查理公爵的命运。皇帝、巴伐利亚和西班牙都太忙了，帮不了他。法国人于 1645 年占领了拉莫特，于 1646 年占领了隆维，摧毁了查理在洛林的最后据点，他被迫流亡尼德兰。

威斯特伐利亚

科隆很大程度上只能靠自己了。到 1641 年，很明显，实现和平需要牺牲教会领土，向新教诸侯让步。科隆的费迪南德虽然不是世袭统治者，但认真对待自己对帝国教会的责任。费迪南德已经在《戈斯拉尔条约》中收复了希尔德斯海姆，并通过让韦尔夫人保持中立，减少了直接敌人。威斯特伐利亚会议的开始将中立扩大到明斯特和奥斯纳布吕克，使后者不再是瑞典基地。选帝侯扩大了中立的范围，在 1643 年 12 月同意每月向瑞典支付 5500 塔勒，以换取他们承认希尔德斯海姆的中立地位。

这些举动孤立了黑森-卡塞尔。阿马莉·伊丽莎白对更广泛的法国目标不感兴趣，并在 1642 年盖布里昂军队返回莱茵河上游时，召回了盖布里昂军中的埃贝斯泰因部队。当法国在图特林根战败的消息传来时，她手中有 4000 人的军队，准备攻击其达姆施塔特竞争对手。1644 年，她的部队不得不被转移到东弗里斯兰，以对抗私自集结军队驱逐黑森驻军的东弗里斯兰伯爵，这一年黑森人留下的兵力不足以尝试其他任何行动。很明显，黑森人太弱了，无法单独采取任何行动。

科隆的费迪南德看到了一个永远摆脱黑森人的机会，他召集邻居集中各自日益减少的资源，在威斯特伐利亚行政圈的集体领导下建立一支共同的军队。这可以使他们不再依赖帝国部队，帝国部队经常在一些不恰当的时刻被召回。这支军队将驱逐黑森人，然后维持威斯特伐利亚的中立。勃兰登堡拒绝合作，宁愿加强自己在克利夫斯和马克的驻军点。普法尔茨-诺伊堡的沃尔夫冈·威廉也表示反对，认为这个计划行不通。相反，他在 1643 年夏天开始与法国谈判，错误地认为如果他帮助挫败科隆的计划，马萨林会限制黑森人。其他威斯特伐利亚领地在 1644 年 6 月缴纳战争税，直接交给新军队。由于选帝侯对哈茨菲尔德制止劫掠的能力失去了信心，指挥权被交给了格林，他是一名诚实的列日人，自 1618 年以来一直在天主教同盟军中服役。尽管许多小领土很快就拖欠了税款，但还是征集了一支 1.5 万人的军队，比目标只少了 4000 人。费迪南德在列日和科隆还有额外的驻军，由韦伦率领，他在 1646 年被奥托·克里斯托夫·冯·施帕尔（Otto Christoph von Sparr）取代。[15]

科隆扮演了之前皇帝的角色，协助西班牙保卫摩泽尔河地区。布鲁塞尔政府于 1644 年 12 月同意支付 26 万塔勒，以在下一个作战季里得到 7000 人的帮助。这些人交由兰博伊指挥，兰博伊在肯彭战役后自己支付了赎金，逃脱了法国的囚禁。皇帝接受了这些安排，认为这是保卫莱茵河下游的唯一办法。1646 年初战争回到该地区时，这支扩增了的威斯特伐利亚军队将证明自己的价值（见第 20 章）。

瑞典支配波罗的海（1643—1645）

一场新的波罗的海战争

1643 年 10 月初，托尔斯滕松收到了来自乌克森谢纳的一封写于 6 月 5 日的信，信中让他要为对丹麦的战争做好准备。将军不愿意服从，担心他最近在波希米亚和西里西亚的所得会因为向北行军而丧失。尽管如此，他还是放弃了一些易受攻击的据点，巩固了自己的驻军点，并且在宣布他将前往波美拉尼亚后，于 11 月 13 日从上西里西亚出发穿越勃兰登堡。

瑞典的战略转变看似突然，实际上是早就计划好的。乌克森谢纳注意到了丹麦自 1629 年以来的快速复苏。1628 年，丹麦贵族议会实行严格的财政管理，这是对克里斯蒂安四世特权的不受欢迎的侵犯，但丹麦很快就控制了战争债务，再加上克里斯蒂安从他母亲那里继承了 200 万里克斯，在 1631 年恢复了君主的偿付能力。新税使得丹麦能够围绕征召民兵重建了军队，军队在 1641 年增加了一倍，有 1.6 万名丹麦步兵和 6500 名挪威步兵，外加 2000 名骑兵。丹麦还与荷尔斯泰因-戈多普公爵签订了防务协议，扩大了正规军，到 1642 年，正规军总数达到 1.1 万人，而海军则保持在 2 万吨，拥有 35 艘大型战舰。

这些战争准备增强了丹麦的防御能力，而不是进攻能力，对瑞典并不构成直接威胁。让乌克森谢纳担忧的是，克里斯蒂安顽固地试图在帝国战争中充当调停人。克里斯蒂安通过亲帝国的调停，已经在《布拉格和约》中为他儿子弗里德里希获得了不来梅和费尔登。尽管丹麦的影响力随后有所下降，但皇帝的困难让克里斯蒂安恢复了更大的作用，特别是在 1638 年后，促进了北德意志的中立（前面在第 17 章讨论过）。1641 年，停滞不前的科隆谈判转移到汉堡进行，使谈判进入了克里斯蒂安的势力范围之内。汉堡初步协议签订的时候，克里斯蒂安在距离汉堡只有 10 千米的富尔斯比特尔集结了 1 万人的军队。随着威斯特伐利亚会议的召开，瑞典必须消除克里斯蒂安国王自居调解人的任何机会。乌克森谢纳的担心是有道理的，因为丹麦代表团奉命迫使瑞典解散其德意志军，并阻止其获得任何波罗的海领土，包括波美拉尼亚。攻击丹麦既能防止这种情况发生，也能堵住乌克森谢纳的批评者的嘴，他们一直在指责他忽视了瑞典在波罗的海的"真正"利益。[16]

1643 年 5 月底，在为期 7 天的会议辩论中，乌克森谢纳小心翼翼地引导他的同事们同意战争，这也是 17 岁的克里斯蒂娜女王第一次参加这种会议。开战理由被展示为因为克里斯蒂安四世在 17 世纪 30 年代末将厄勒海峡通行费提高了 2.5%，瑞典全国愤慨。丹麦军舰暂时封锁了易北河，并开始对离开瑞典控制下的波美拉尼亚港口的船只征收通行费。这些抱怨是在一封信中发出的，信件措辞谨慎，既没有让丹麦人怀疑瑞典在策划战争，又可以在事后被引为乌克森谢纳先发制人发动攻击的理由。通行费纠纷也为这种袭击提供了理想的时机，因为尼德兰人也对此感到愤怒。作为缔造和平计划的一部分，克里斯蒂安在 1637 年禁止武器通过厄勒海峡出口，这进一步疏远了有影响力的尼德兰商人，尤其是路易·德·海尔，他控制了与波罗的海地区相关的大部分武器和矿产贸易。[17]丹麦也未能与波兰、俄国或英国达成协议，加剧了它的孤立。

瑞典比 1611—1613 年的上一次对丹麦的战争准备得更充分。尽管面临持续的军事减员，瑞典仍然有 9 万名士兵，其中 5 万名是德意志人。与丹麦人不同，瑞典军队都是久经战场考验的，有 20 年在欧洲大陆作战的经验。他们还拥有瓦伦斯坦在 17 世纪 20 年代所没有的海军优势。自 1640 年以来的快速建设使船队在 1645 年增加到 3.5 万吨，其中包括 58 艘帆船和用于海岸攻击的桨帆船，配有 6152 名水手和 3256 名水兵。为了万无一失，乌克森谢纳还雇佣了德·海尔在共和国组建了一支雇佣军舰队，由 32 艘船只组成，配有 3000 名商船水手，由经验丰富的海军军官马尔腾·特伊森（Maarten Thijsen）率领。[18]

瑞典的突然袭击

11 月 26 日，议会最终批准了战争，夸大渲染了通行费问题。到那时，托尔斯滕松已经在路上了，他于 12 月 16 日抵达哈弗尔贝格。直到现在，他才告诉他 1.6 万人的军队真正的目的地。许多人表示反对，因为他们没有签约在帝国之外作战，并质疑向丹麦开战与瑞典所说的为了"日耳曼自由"而战的目标有什么关系。在日德兰半岛过冬的前景让他们安定下来，自 1629 年以来，这一地区一直没有发生战争。军队于 12 月 22 日进入荷尔斯泰因，没有正式宣战，好像只是在寻找冬季营地。

丹麦人毫无防备，派了一名发言官来问托尔斯滕松在做什么，同时进一步的抗议被送往斯德哥尔摩。乌克森谢纳故意推迟到 1644 年 1 月 28 日才正式宣战，让托尔斯滕松有更多的时间利用丹麦人的困惑。与此同时，瑞典人攻占了保卫基尔的克里斯蒂安普里斯要塞，屠杀了 60 名守军，并将其改名为克里斯蒂娜普里斯。暴行使荷尔斯泰因的其他驻军士气低落，这些人现在投降了，通往日德兰半岛的道路被打开。荷尔斯泰因-戈多普的弗里德里希三世（Friedrich III）公爵放弃了防御协议，向托尔斯滕松支付了大笔贡金，以换取中立。[19]在瓦伦斯坦在该地区的战役之后，当地的富人知道下面会发生什么，逃到了汉堡或丹麦群岛。正式的抵抗崩溃了，但是和帝国军一样，托尔斯滕松遇到了农民游击队的抵抗。而丹麦人还在格吕克施塔特和西南部的不来梅大主教辖区有 1 万人的军队。

乌克森谢纳计划的第二个要素现在遇到了困难。霍恩将军被从退休状态中召回，并率领 10 600 名征召兵入侵丹麦控制的瑞典南部的斯科讷。1644 年 2 月，他占领了海尔辛堡，封锁了马尔默，而另一支较小的部队占领了（当时）挪威的耶姆特兰省。当地居民已经被瑞典在德意志的行为吓坏了，纷纷逃离。然而，斯科讷的总督动员了 8000 名民兵，阻止了霍恩的进军，并开始对瑞典领土进行报复性袭击。挪威人随后封锁了哥德堡的陆地一侧，而克里斯蒂安四世率领的丹麦船队在港口外巡航。瑞典人被困在这里，直到后来他们的海军控制了海洋。

克里斯蒂安带着 9 艘船从哥德堡向南航行，以拦截特伊森的辅助舰队，并于 5 月 26 日在日德兰西南海岸叙尔特岛和勒姆岛之间的利斯特海附近抓住了对方。尽管丹麦船只少得多，但它们是专门建造的战舰，装载有高达 36 磅的火炮，是尼德兰船上最大火炮的两倍。特伊森的舰队遭到重创，被迫在利斯特海中避难。在托尔斯滕松的坚持下，特伊森再次冒险外出，结果又遭到了一次惨败。他哗变的船员现在乘船回家。这场失败让尼德兰舆论开始反对瑞典，而瑞典联盟的主要支持者之一德·海尔一度不敢离开他在阿姆斯特丹的官邸。

克里斯蒂安留下一支船队继续封锁哥德堡之后，航行通过厄勒海峡，与蒙特（Mundt）海军上将率领的主力舰队会合，对抗波罗的海的瑞典海军。他的对手弗莱明（Fleming）海军上将带着 41 艘船只抵达基尔，并帮助托尔斯滕松占领费马恩岛，作为入侵丹麦群岛的第一步。克里斯蒂安的到来使丹麦舰队能够在 7 月 11 日发动攻击，在基尔湾东部出口的一片水域——科尔伯格海德——与弗莱明的舰队遭遇。双方都没有试图采取登舷战，而是依靠远程射击。克里斯蒂安被飞来的尖碎片打中，失去了一只耳朵和右眼，但是他拒绝停止行动，战斗一直持续到天黑。双方伤亡都不多，但弗莱明选择退入海湾，被丹麦人困住了。

帝国干预

　　乌克森谢纳没有从帝国脱身就直接发动了新战争，瑞典舰队受到的威胁暴露了这一政策的风险。费迪南德三世没有被再次提出的谈判邀请所欺骗，这种谈判显然是为了让他不要援助丹麦。自 1629 年以来，皇帝与克里斯蒂安的关系一直很友好，但是费迪南德二世并没有做很多事情来和丹麦合作对抗瑞典。他的儿子现在决心帮助丹麦，虽然皇帝并没有与丹麦正式结盟。[20] 加拉斯沿着易北河前进，然后向北进入荷尔斯泰因，于 1644 年 7 月带着 1.8 万人抵达，准备将托尔斯滕松困在日德兰半岛，而将弗莱明困在基尔湾。逆风使后者无法逃脱。丹麦将大炮运送到岸上，轰炸了已经遭受重创的瑞典船只，8 月 4 日，一颗炮弹打断了弗莱明的右腿。根据托尔斯滕松的建议，卡尔·古斯塔夫·弗兰格尔将军担任海军上将，重振了船员的士气。风向变了，8 月 12 日晚上，他们熄灭了灯光，从丹麦舰队的旁边溜了过去。加拉斯第二天赶到了海湾边缘，只来得及看到对方的帆消失在地平线上。

　　由于加拉斯分散了托尔斯滕松的注意力，克里斯蒂安在 9 月从丹麦群岛运送了一部分军队来解围马尔默，并将霍恩从斯科讷赶走。挪威的反击已经在 8 月收复了耶姆特兰。乌克森谢纳的战略似乎正在崩溃。就在威斯特伐利亚和平大会召开之际，他的新战争使他与法国的关系变得紧张。乌克森谢纳迫切需要一场成功，而弗兰格尔提供了成功。主要的瑞典舰队已经修理完毕，并与特伊森的船队会合，后者率领辅助舰队中剩下的 21 艘船返回，并于 8 月溜过了厄勒海峡。现在已经有 37 艘船的联合部队沿着梅克伦堡海岸向西航行，朝基尔进发，于 10 月 23 日在费马恩岛附近与蒙特上将遭遇。丹麦人没有预料到那一年还会有更多的海军活动，已经将一半船只储存了起来准备过冬。蒙特只有 17 艘船只，而且还人力不足，其中一些在战斗开始后不久就试图在没有命令的情况下逃跑。蒙特在敌人登上他的旗舰时被杀，而其他船只被放火焚烧。1000 人被俘，只有 3 艘船逃脱。

　　这场灾难迫使克里斯蒂安放弃入侵瑞典的计划，甚至考虑典当冰岛和斯科讷以筹集紧急贷款。随着帝国军队因小规模冲突、饥饿和逃兵而面临毁灭，局势进一步恶化。加拉斯已经占领了基尔和伦茨堡，但中了托尔斯滕松的计，托尔斯滕松迫使帝国军撤到易北河对岸，然后沿着当年早些时候来时的方向向上游撤退。这个地区已经完全被战火毁灭了。托尔斯滕松还得到了柯尼希斯马克的小分队和黑森的野战部队的增援。加拉斯喝得烂醉，他的两个失望的下属试图带着 4000 名骑兵逃跑，但在 11 月被拦截。最终只有主力军的大约 3000 名幸存者在 12 月抵达维滕贝格。总体损失并不像通常所说的那么严重，但足以证明士兵们抗议他们的将军为"军队破坏者"是正当的。[21]

　　加拉斯于 1645 年 1 月 24 日被解职，但这场灾难并不完全是他的错。帝国军自 1638 年以来就没有在该地区作过战，不得不将其基地转移了750 千米，从波希米亚转移到德意志西北部。帝国军的作战规划完全基于不切实际的期望，即他们可以在完全被摧毁的梅克伦堡得到补给，何况瑞典人还占据了那里的主要城镇。到 8 月，部队已经只有一半的口粮了，而驮兽的严重短缺阻碍了新的供应及时到达。

　　最后一击发生在 1 月，柯尼希斯马克率领 3000 名瑞典人转向西北，进入不来梅大主教辖区，而另一个支队则在西荷尔斯泰因沼泽地区牵制了剩余的丹麦部队。施塔德于 1645 年 2 月 15 日陷落，到 3 月，柯尼希斯马克掌控了不来梅和费尔登，夺走了克里斯蒂安自 1629 年以来在外交上取得的主要成果。丹麦强权似乎破灭了。早在 1644 年，尼德兰人就派遣一支商船队前往波罗的海，只按旧的通行费率缴费。尼德兰海军于 1645 年7 月带着 300 艘商船返航，根本没有缴纳任何费用。

《布勒姆瑟布鲁和约》（1645）

　　然而，法国和尼德兰共和国在 1644 年 1 月同意限制瑞典的收益，因为他们都不希望瑞典取代丹麦成为波罗的海的主人。1645 年 2 月，他们在瑞典南部边境的布勒姆瑟布鲁开始了会谈。1644 年 8 月，克里斯蒂安已经放弃了在威斯特伐利亚进行调解的主张。一年后，他同意在布勒姆瑟布鲁实现和平，放弃了波罗的海的厄瑟尔岛和哥得兰岛，以及挪威的海里耶达伦省和耶姆特兰省。丹麦还放弃了瑞典西海岸的霍兰省 30 年，以此作为担保，保证遵守新的收费协议，并放弃检查货物的权利。汉萨同盟城市汉堡、不来梅和吕贝克在整个战争期间都在外交上支持瑞典，也被包含在和约之内。随后的会谈强迫丹麦停止在格吕克施塔特征收通行费，接受汉堡的自治权（尽管直到 1768 年丹麦才放弃对汉堡拥有主权）。[22]

新的通行费协议严重减少了丹麦王室的收入，但这也消除了丹麦和其他国家的主要摩擦来源，克里斯蒂安得以摆脱外交孤立状况。他不得不对贵族作出进一步让步，但作为回报，他得以征收新的税收。他的儿子和继任者在 1660 年强加了专制主义，一直持续到 1849 年革命，但是在君主国逐渐恢复了它的国内地位时，它的国际地位却在下降。1679 年，丹麦试图恢复该国以前的角色的努力以灾难告终，失去了其在瑞典南部仅存的领地。厄勒海峡通行费制度一直持续到 1857 年，最终在国际压力下废除。

乌克森谢纳不仅实现了他的目标，消除了丹麦调解的威胁，而且获得了新的胜利，改善了他在威斯特伐利亚的谈判地位。1645 年 11 月，瑞典代表团得到了新的指示，扩大了瑞典的"满意"的要求，包括不来梅和费尔登，以及波美拉尼亚和维斯马。

1645 年：可怕和诞生奇迹的一年

对费迪南德三世来说，1645 年被证明是"可怕和诞生奇迹的一年"（*annus horribilis et mirabilis*）。[23] 皇帝又面临了一系列的失败，瑞典人来到了维也纳城门前，这是自 1620 年以来对帝国首都的第一次威胁，但在奥地利顽强的抵抗下被击退。皇帝并没有失去一切，但是到了年底，很明显已经到了一个转折点，迫使皇帝在威斯特伐利亚谈判中开始从形式转向实质。

扬考之战

丹麦的失败和加拉斯军队的毁灭促使选帝侯马克西米连与法国展开新的会谈。随着他的处境崩溃，皇帝在新年召集了他最亲密的顾问，听取他们坦率的意见。[24] 没有人认为可能获得胜利，也没有人相信《布拉格和约》中联合帝国内部力量驱逐外国人的战略可行。然而，他们也并不准备放弃

1635 年获得的成果，也不大相信在威斯特伐利亚大会上能实现令人满意的和平。他们建议重新动用武力，迫使瑞典同意更优惠的条件，同时仍然不切实际地希望 1644 年教宗英诺森十世的当选将有助于与法国达成单独的协议。

奥地利等级会议已经被召集，并投票通过了增加税收和食品供应。皇帝出售了部分王冠珠宝，以他为榜样，各教堂也交出了银器，而贵族则提前贷款。费迪南德重新加入军队，这是他争取民众和上帝的支持的战略的一部分，最终他于 3 月 29 日在维也纳领导了一场宗教游行。在这里，他宣布他打算建造一座纪念圣母的纪念碑，正如 7 年前在慕尼黑完成的纪念白山战役的纪念碑。实际指挥权交给了哈茨菲尔德，他在 1644 年的大部分时间里负责波希米亚和弗兰肯的预备部队。尽管莱茵河上游局势危急，马克西米连还是被说服派遣韦特率领 5000 名巴伐利亚老兵前来支持皇帝，而约翰·格奥尔格则派出了 1500 名萨克森骑兵。这使得皇帝于 1 月在比尔森有了一支由 1.1 万名骑兵、500 多名龙骑兵、5000 名步兵和 26 门大炮组成的联合野战部队。[25]

瑞典人决心利用加拉斯军队瓦解所带来的意想不到的好处。他们在德意志有 4.3 万人。一些人由柯尼希斯马克率领，完成了对不来梅和费尔登的征服，而另一些人驻扎在波罗的海桥头堡以及西里西亚和摩拉维亚的据点。托尔斯滕松率领的主力军有 9000 名骑兵、6500 名步兵和 60 门大炮，位于萨克森西部，在那里追击加拉斯的部队。到 1 月 19 日，托尔斯滕松已经在行进中了，不让帝国军有恢复的时间。哈茨菲尔德正确地猜到了托尔斯滕松正在前往奥尔米茨，但不知道会从布拉格的南面还是北面前往那里。2 月的解冻使道路变得泥泞，行动被迫中断。当天气再次变冷时，托尔斯滕松避开了布拉格南部，穿过了冰封的伏尔塔瓦河。哈茨菲尔德很快恢复了，并于 3 月 6 日向东移动，在扬考（杨科夫）附近的山上拦住了托尔斯滕松。

帝国军的右翼受到陡峭上升的地面和茂密树林的保护。左翼更为暴露在外，但整个正面得到冰冷的扬科瓦溪流和扬考以南的池塘网络的覆盖。托尔斯滕松决定佯攻敌人的右翼，同时绕过他们的左翼包抄他们，这一举动类似于 1757 年弗里德里希大帝在洛伊滕采取的战术。瑞典人早上 6 点出发，大约在黎明前 90 分钟前往礼拜堂山，他们必须夺取这个小高地，以安全通过池塘。哈茨菲尔德已经去侦察了，给格茨伯爵留下含糊不清的指示，让他守住这座山。由于尚不清楚的原因，格茨将整个左翼向南移动到通往山丘的河谷中。途中两边都是茂密的树林，他的行动也受到限制，哈茨菲尔德回来时发现自己的士兵正奋力越过他想要用来阻碍敌人前进的路障。现在回头为时已晚。

冰冻的地面让瑞典军可以稳步行走，还使他们可以将重炮拖到礼拜堂山上，而帝国军的火炮却被困在树林里。为了阻止瑞典军越过池塘，发生了一场激烈的战斗，哈茨菲尔德将他的中心和右翼向南移动以提供支援。韦特率领巴伐利亚骑兵和萨克森骑兵击退了两个瑞典步兵旅，然后被炮火逼退。瑞典人随后向东推进，占领了帝国军侧翼的高地，迫使哈茨菲尔德向北撤退。在一个小时的火枪射击后，哈茨菲尔德脱离了战斗，越过他最初的位置，向斯克里索夫村撤退，他在那里重新部署，右翼位于扬科瓦溪流，左翼位于赫林。托尔斯滕松紧随其后，在扬考和拉德梅利兹之间占据了位置。他原以为哈茨菲尔德会继续撤退，但注意到帝国的火枪手正在斯克里索夫村前面的一座长满树林的小山上扎营。哈茨菲尔德打算将此作为前哨站，等待夜幕降临才溜走。然而在瑞典人赶走了这些火枪手之后，他开始担心起来，并发起反击，下午 1 点左右重新开战。

现在位于左翼的韦特率领了另一次成功的冲锋，这一次他击败了部署在拉德梅里茨的正对着他的瑞典最好的骑兵。然而，他在中间和右翼的同僚都因为那天早上的失败而士气低落，在新一轮战斗的压力下崩溃了。巴伐利亚骑兵已经分散去掠夺了，夺取了瑞典军队的战利品和妇女，包括托尔斯滕松的妻子。瑞典人团结起来，赶走了他们，救出了这些妇女。由于右边的帝国骑兵也已经逃跑了，中部的步兵被遗弃了，就像西班牙步兵在罗克鲁瓦战役和帝国步兵在两次布赖滕费尔德战役中那样。他们一直战斗到天黑。一些人逃到树林后面，但有 4500 人被俘虏。格茨和其他几名高级军官以及大约 4000 人被杀，其中许多人是在追击过程中被杀的。哈茨菲尔德也被俘了，因为他的马筋疲力尽。在被抢劫了后，他被交给了托尔斯

扬考战役

滕松。

这场战役对皇帝来说显然是一场灾难。一周后，在布拉格郊外集结的36个团只剩下 2697 名官兵。另外 2000 名逃兵因为瑞典人快速推进到摩拉维亚而被滞留，并作为掠夺者生活，持续和当地农民发生冲突。经验丰富的巴伐利亚骑兵实际上已经被摧毁，而如此多的高级军官的流失让军队失去了领导。费迪南德甚至召回了加拉斯来帮助重组军队，可见他的绝望程度。然而，与罗克鲁瓦战役或白山战役的比较是在夸大其词，因为扬考战役并没有导致军事或政治崩溃。[26]

托尔斯滕松声称自己只损失了 600 人，但是后来的瑞典总参谋部的记录认为伤亡人数更接近 3000 至 4000 人。这场胜利让他扩大了目标，不限于为奥尔米茨提供补给。4 月 9 日，他带着 1.6 万人穿过摩拉维亚南部，越过边境山脉进入下奥地利，到达维也纳城外。这一进军使特兰西瓦尼亚再次有可能介入，参与对帝国首都的另一次联合围攻。

特兰西瓦尼亚重新加入战争

自 1637 年以来，瑞典一直在向特兰西瓦尼亚新大公捷尔吉·拉科齐一世示好，最终于 1643 年 11 月 16 日缔结了联盟。拉科齐同意进攻上匈牙利，并在西里西亚进行合作，以换取瑞典提供资金援助和 3000 名步兵来加强他的骑兵部队。他的国内地位已经稳固了，想恢复拜特伦的扩张政策。苏丹于 1642 年 3 月同意将 1606 年在什尼签署的停战协议再延长 20 年，但是费迪南德推迟了批准协议，以避免羞辱和支付确认协议所需的20 万弗洛林的贡金。因此，苏丹可以自由地同意拉科齐的行动，后者于1644 年 2 月进入上匈牙利。瑞典认为这次袭击是很有用的转移注意力的行动，可以掩护托尔斯滕松军队撤军去入侵丹麦。

特兰西瓦尼亚的袭击引起了相当大的恐慌，拖延了加拉斯前往荷尔斯泰因的时间，并干扰了格茨对奥尔米茨的行动。然而，与 17 世纪 20 年代的情况不同，拉科齐在匈牙利遇到了意想不到的阻力，现在匈牙利的大部分权贵都是忠于哈布斯堡王朝的天主教徒。在盟友提供具体支持之前，拉科齐也不愿意拿自己的全部军力冒险。然而瑞典人无法提供这一点，因为他们正忙于丹麦战事。随着拉科齐接受费迪南德的谈判提议，战役逐渐结束，直到 1645 年 4 月，在扬考战役和法国承诺资金援助之后，战役才重新开始。

当扬考战役的消息传来时，费迪南德和利奥波德·威廉正在布拉格。大公直接前往维也纳组织防御，费迪南德匆匆穿过上普法尔茨前往巴伐利亚，向马克西米连保证还没有一败涂地。[27]费迪南德随后于 3 月 20 日返回维也纳，与大公会合，表现出了在巴纳尔轰炸雷根斯堡期间获得支持的那种镇定。奥地利等级会议召集了民兵，而 5500 名市民和学生增援了维也纳的 1500 名正规士兵。对奥尔米茨的封锁被放弃，除了布吕恩的一个增援驻军点和驻守布拉格的军队，所有部队都在多瑙河以南重新集结。经过长时间的谈判，利奥波德·威廉于 5 月 1 日接受了指挥权，主力部队共有 1.5 万人。另外 6000 名骑兵正在袭击瑞典通过波希米亚和西里西亚的交通线，一支 4000 人的快速突击部队正朝易北河进入萨克森，另外的部队在匈牙利对抗特兰西瓦尼亚人。

托尔斯滕松现在面临着 1619—1620 年图尔恩伯爵面临的同样问题。首先，他无法越过多瑙河进攻维也纳。他的芬兰先锋队习惯于使用当地船只建造桥梁，但帝国军已经将这些船只固定在南岸。5 月和 7 月加入他的 14 200 名特兰西瓦尼亚人被证明不可靠，他们要求支付工资，而他根本没钱。最重要的是，托尔斯滕松担心自己离波美拉尼亚桥头堡太远了，现在只有奥尔米茨将他与控制萨克森和西里西亚的薄弱分队联系在一起。他决定在等待增援的同时占领布吕恩，以获得摩拉维亚用来过冬。这座要塞由 1500 名龙骑兵、耶稣会学生和不情愿的市民把守，由德苏什（de Souches）率领，德苏什是一名来自拉罗谢尔的胡格诺派难民，在与斯托尔汉德斯克闹翻后离开了瑞典军队。托尔斯滕松威胁说，如果德苏什不投降的话，他就会以逃兵的身份绞死他。但德苏什从 5 月 5 日坚守到 8 月 19 日，这是费迪南德在那一年的主要"奇迹"。瑞典人和特兰西瓦尼亚人在围攻中损失了 8000 人，主要是由于新爆发的瘟疫。

失败使特兰西瓦尼亚人感到沮丧，他们重新与皇帝开始谈判。费迪南德之前已经于 1644 年 6 月派遣波希米亚伯爵切尔宁率领一个故意给人留下很深印象的 160 人组成的随从团前往君士坦丁堡。切尔宁抵达的时候恰逢一个关键时刻。圣约翰骑士团刚刚在地中海俘获了一艘土耳其大船。苏丹指责威尼斯人，并面临着一个选择，要么向威尼斯人宣战，要么支持拉科齐。切尔宁巧妙地击败了法国和瑞典使节，说服苏丹接受皇帝迟来的批准延长什尼停战协议的决定。奥斯曼人于 1645 年 4 月发动了对克里特岛的水陆攻击，开始了与威尼斯的战争，战争一直持续到 1669 年该岛沦陷。拉科齐迅速与土耳其人保持一致，接受了费迪南德在 8 月提出的 7 个上匈牙利郡的提议，之前这些郡曾割让给拜特伦，让他在有生之年持有。[28]

特兰西瓦尼亚人的撤离迫使托尔斯滕松解除了对布吕恩的围困，但是那个月《布勒姆瑟布鲁和约》签订的消息传来，他返回南方，再次尝试攻打维也纳。帝国军派了 3000 人去帮助萨克森，1200 人去帮助巴伐利亚，但是由于新招募的人员，他们的兵力仍然有大约 2 万人。托尔斯滕松现在病得很厉害，他在马上很难骑上两个小时。到 10 月，他自己的兵力减员到 1 万人，他选择了放弃，越过萨克森撤退到图林根，他在那里于 12 月 23 日将指挥权移交给了海军上将弗兰格尔。利奥波德·威廉在 10 月短暂帮助了马克西米连之后，在巴伐利亚的协助下返回，并于 1646 年 2 月将其余瑞典驻军驱逐出波希米亚。

扬考战役的后果虽然很严重，但并不是决定性的，哈布斯堡君主国在抵制瑞典与特兰西瓦尼亚联合攻击时表现出相当大的韧性和独创性。然而，至关重要的是，这导致哈布斯堡王朝在 1645 年大部分时间无法对巴伐利亚和萨克森提供有效援助，导致它们分别被击败，使费迪南陷入危险的孤立。

赫布斯特豪森战役

法国人占领菲利普斯堡和美因茨之后，获得了渡过莱茵河的通道，但是下普法尔茨遭到严重破坏，无法作为他们在德意志行动的基地。当地的停战协议排除了使用南方的弗朗什-孔泰的可能性，这凸显了获得黑森林以东的施瓦本领土以维持在帝国的法国军队的重要性。扬考战役的消息鼓舞了马萨林，认为现在有机会让巴伐利亚从战争中出局，他命令蒂雷纳完成这一任务。[29]

1645 年的头几个月里，双方都在穿越黑森林互相劫掠。蒂雷纳因为要重建在弗莱堡被击溃的步兵，行动被推迟，而梅西已经派遣韦特率领大部分骑兵前往波希米亚了。只有 1500 名骑兵在 4 月返回。蒂雷纳首先发动攻击，3 月 26 日，他率领 1.1 万人在施派尔附近渡过莱茵河，沿着内卡河向符腾堡推进，彻底掠夺了那里。然后他向东北移动，占领了陶伯河上游的罗滕堡，开辟了通往弗兰肯的道路。梅西故意假装不愿迎敌，一直守在南方，集结自己的军队。蒂雷纳仍然保持谨慎，但他无法在陶伯河流域维持他的相对较小的军队。他在 4 月转移至梅尔根特海姆，将骑兵驻扎在周围的村庄里。

在得到马克西米连冒险出战的许可后，梅西计划重复他在图特林根的成功。韦特的到来使他在福伊希特旺根的兵力达到 9650 名士兵和 9 门大炮。他率领部队强行军 60 千米，于 5 月 5 日从东南部接近梅尔根特海姆。凌晨 2 点，蒂雷纳接到了罗森的一名巡逻兵的警告，但是他没有时间在镇东南的赫布斯特豪森集合他的部队。蒂雷纳也知道他无法信任他基本上未经考验的步兵在开阔地带的表现，所以他把他们布置在一个俯瞰主干道的斜坡上的树林边。当巴伐利亚人从南边的一片大树林中出来时，蒂雷纳将大多数骑兵集结在左边，准备冲锋。蒂雷纳总共只有 3000 名骑兵和同样数量的步兵，但在战斗开始时并不是所有人都在场，还有另外 3000 名驻扎在周围地区的士兵根本一直都没有到来。

韦特率领一半的巴伐利亚骑兵首先出现，掩护其余军队在与法国相对的狭窄河谷的另一边部署。就像瑞典人在沃尔芬比特尔对巴伐利亚军所做的那样，梅西用大炮轰击树林，让炮弹击飞树枝，增加敌方伤亡人数。6 门法国大炮都没有抵达战场。随着巴伐利亚军开始全面推进，法国步兵进行了一次无效的齐射，然后撤退。蒂雷纳向河谷冲锋，击溃了左翼的巴伐利亚骑兵，包括那些在扬考被击败的部队。然而，一个预备团顶住了袭击，而位于蒂雷纳最右翼的几个法国骑兵团被韦特的冲锋击溃了。法国军队惊慌失措地溃散了，许多步兵被困在赫布斯特豪森周围。蒂雷纳几乎孤身突围，与 3 个生力骑兵团会合，他们总算及时赶到，掩护了撤退。随

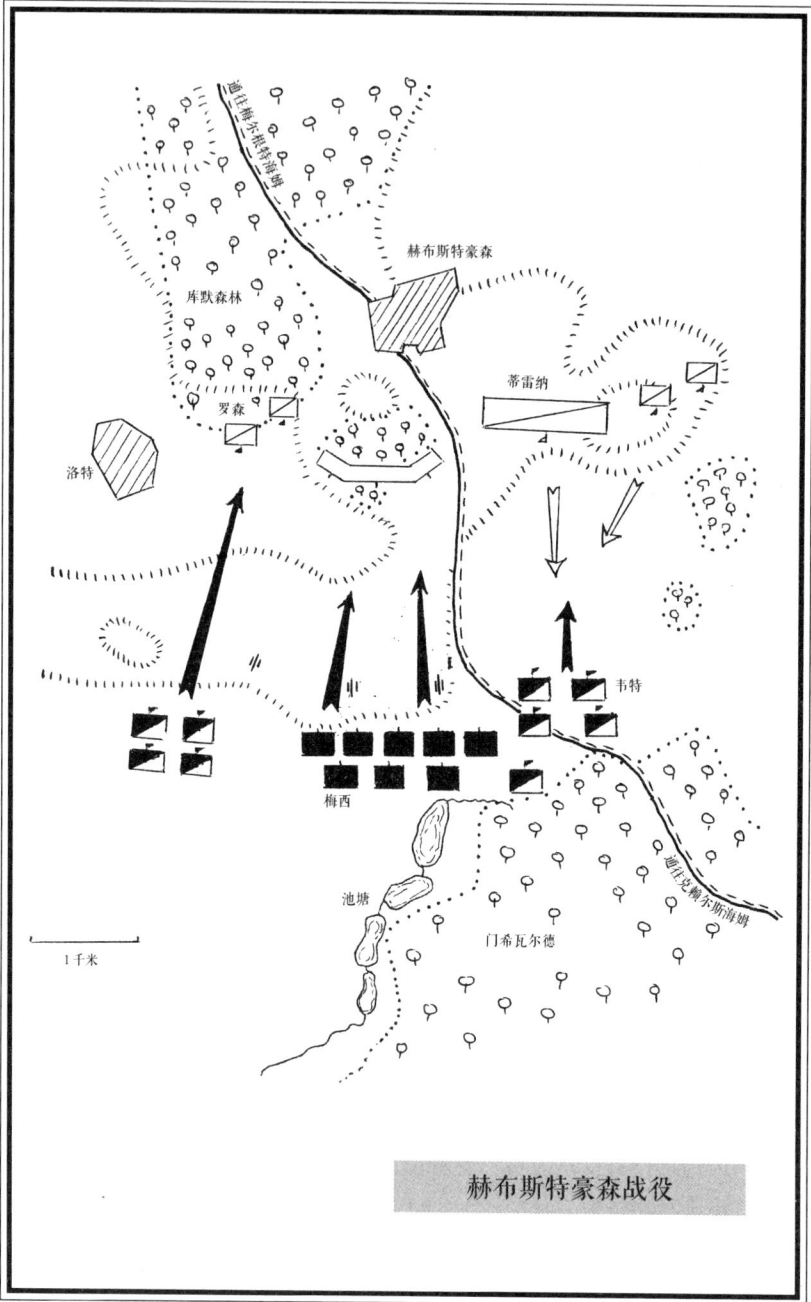

赫布斯特豪森战役

后，梅尔根特海姆和其他驻军点也投降了，法国的损失共达 4400 人，相比之下，巴伐利亚只损失了 600 人。[30]

赫布斯特豪森战役的成功没有图特林根那么大，但足以扫除扬考战役后慕尼黑和维也纳的沮丧情绪。这些战役的顺序表明了战争和外交之间的相互关系，每次军事时运的转变都给一方带来了实现其外交目标的希望，同时强化了另一方继续战斗直至局势好转的决心。在当时，梅西的兵力太弱，除了占领美因河以南地区，无法进一步扩大战果。马萨林迅速采取行动，以在威斯特伐利亚谈判进一步推进之前恢复法国的威望。昂吉安被指示率领另外 7000 名援兵在施派尔渡过莱茵河，瑞典为了展示其和法国的共同决心，同意从不来梅派遣柯尼希斯马克与法国人会合。在加强了迈森和莱比锡的驻军点后，柯尼希斯马克率领 4000 人到达美因河地区。战争回到美因河地区后，阿马莉·伊丽莎白恢复了黑森的计划，准备在全面战争的掩护下进攻达姆施塔特。她同意提供 6000 人，由新指挥官格索率领，他们于 6 月在哈瑙集结，准备入侵达姆施塔特。[31]

阿勒海姆战役

科隆的费迪南德派格林率领 4500 名威斯特伐利亚军越过联军，在 7 月 4 日与梅西会合，使梅西的兵力达到 1.6 万人，对抗敌军的 2.3 万人。然后梅西向南撤退到海尔布隆，阻挡了进入施瓦本的道路。联军的集结很快就散了。一个被经常提到的原因是，昂吉安侮辱了格索和柯尼希斯马克。然而，后者在 7 月中旬离开的真正原因是收到了来自托尔斯滕松的命令，要他去攻击萨克森。这份日期为 5 月 10 日（旧历）的指令后来被复制并发送给约翰·格奥尔格，以向他施压让他进行谈判。[32] 鉴于托尔斯滕松未能占领布吕恩，在帝国军恢复到足以提供援助之前，瑞典人只有限的时间能威胁萨克森。与此同时，昂吉安恢复了蒂雷纳早先的计划，向东穿过弗兰肯南部，前往巴伐利亚。自 1642 年以来不断发展的军事分工现在已经完成。瑞典将消灭萨克森，攻击皇帝，而法国则致力于击溃巴伐利亚。

梅西采取了一系列灵巧的行动，阻止了法国的前进，他占据了一系列易守难攻的据点，迫使昂吉安浪费时间包抄他。游戏于 8 月 3 日在沃尔尼茨河和埃格尔河交汇处附近的阿勒海姆结束。尽管这场战役也被称为第二次讷德林根战役，但实际上这次战役的发生地位于 1634 年战役的埃格尔河对岸。梅西背对着沃尔尼茨河，部署在两座陡峭的山丘之间，他在那里安置了 28 门大炮中的一些。军队中只有不到一半是步兵，他们被安置在中央，位于阿勒海姆后面。墓地、教堂和一些坚固的房子里挤满了火枪手，而其他人则在村子的前面和四周坚守阵地。骑兵集结在两边，格林率领帝国军位于右翼（北面）直到文讷贝格，而韦特率领巴伐利亚军位于左翼，靠近施洛斯贝格山，山名以其山顶的一座城堡遗址命名。[33]

昂吉安本来没想到会碰到敌人，尽管他的下属有保留意见，他还是抓住机会，准备迎战。柯尼希斯马克离开之后，他只有 6000 名法国士兵，另外还有 5000 名蒂雷纳手下的士兵和 6000 名黑森军，共有 27 门大炮。他将大部分法国步兵和 800 名骑兵部署在中央，正对着阿勒海姆，而蒂雷纳和黑森军以及他自己的骑兵位于左翼。其余的法国军部署在右翼（南部），由格拉蒙率领。

当他们准备好的时候，已经是下午 4 点了，但是昂吉安在弗莱堡战役中已经知道巴伐利亚军挖掘工事的速度有多快，他不想给他们一个晚上来完成工事。法国大炮无法与在工事保护之下的巴伐利亚大炮竞争，所以昂吉安在下午 5 点下令发动正面进攻。他很快就全力投入了争夺阿勒海姆的战斗，带领一波又一波的步兵越过战壕，但被梅西从中军派过来的巴伐利亚生力军多次击退。村子的茅草屋顶很快着火，迫使守军进入石头建筑。这位法国指挥官骑的两匹马都被射杀了，他本人的胸甲挡住了一颗火枪子弹。梅西没有那么幸运，当他在下午 6 点左右进入燃烧的村庄以集结溃散的防御力量时，头部中弹，当场死亡。鲁申伯格接过了指挥权，击退了法国人。

与此同时，韦特击败了格拉蒙，格拉蒙认为位于他的位置前面的一条沟是无法通行的，让巴伐利亚人一直接近到 100 米以内。法国骑兵进行了短暂的抵抗，然后逃跑了，留下格拉蒙继续与两个步兵旅战斗，直到他被迫投降。韦特的骑兵在追击中分散了，来自阿勒海姆的烟雾可能

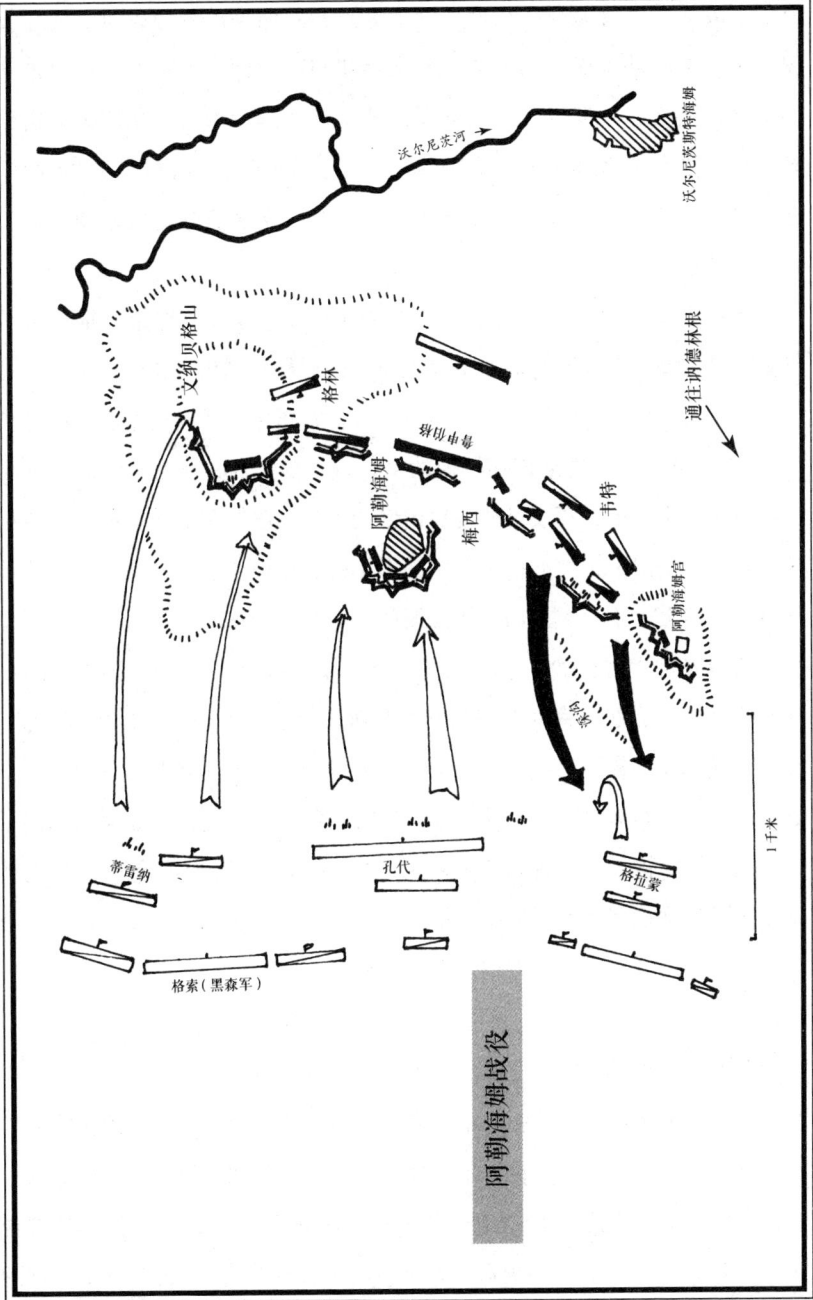

沃尔尼茨河

沃尔茨斯特海姆

通往讷德林根

艾纳贝格山

格林

格切申毒

韦特

阿勒海姆

梅西

阿勒海姆

阿勒海姆宫

1千米

蒂雷纳

孔代

格拉蒙

格索（黑森军）

阿勒海姆战役

掩盖了战场。不管怎样，当他在晚上 8 点左右回到出发位置时，他才发现其余的军队处于崩溃的边缘。蒂雷纳扭转了局面，他不顾一切攻击文讷贝格，让最后一批生力军黑森军击溃了巴伐利亚炮兵，从侧翼攻击阿勒海姆。巴伐利亚步兵在混乱中被切断，投降了。韦特接管了指挥权，在施洛斯贝格集结了军队，并于凌晨 1 点左右秩序良好地撤退到多瑙沃特上方的施伦贝格山。

韦特受到了相当多的指责，后来包括拿破仑在内的评论者批评韦特没有像昂吉安在罗克鲁瓦对西班牙人所做的那样，利用最初的成功，绕过法国的中军，击溃蒂雷纳。韦特为自己辩护，指出巴伐利亚军队阵线过长（大概有 2500 米），沟通困难。他的骑兵也缺少弹药，重新集结的时候天已经黑了。事实上，深夜可能是决定性的因素，限制了韦特所能看到的战况。在这种情况下，他的撤军决定是谨慎的，使巴伐利亚人失去一次获胜的机会，但至少避免了一场可能会毁掉军队的更严重的失败。

昂吉安侥幸地得到了一场胜利，至少有 4000 人伤亡。法国中军的步兵几乎被消灭，法国宫廷对包括几名高级军官在内的伤亡程度感到震惊。和弗莱堡战役一样，巴伐利亚的撤退将战役转变成了战略上的成功，部分原因是，巴伐利亚军除了承受 2500 名死伤者，至少还有 1500 人在韦特撤出阿勒海姆时被俘。巴伐利亚军在又一场激战后撤退，士气低落。他们对不幸被俘的格拉蒙发泄了愤怒，格拉蒙侥幸逃脱了被梅西的仆人谋杀的命运，并很幸运地在下个月被用来交换格林。

《克茨申布罗达停战协议》

阿勒海姆战役的直接影响很快被抵消了。法国人占领了讷德林根和丁克尔斯比尔，但是昂吉安在海尔布隆病倒了。马萨林拒绝派遣增援部队来替换伤亡人员，因此当 10 月初利奥波德·威廉率领 5300 名帝国军从波希米亚抵达时，蒂雷纳寡不敌众。到 12 月，蒂雷纳已经失去了当年占领的所有城镇，回到了阿尔萨斯。

德意志南部局势的稳定被东北部的一次重大打击所抵消，这表明瑞典和法国的新的联合战略正在发挥作用。尽管法国人没能击败巴伐利亚，但是他们在弗兰肯的战役阻止了援军到达萨克森，在扬考战役之后，萨克森被孤立了。柯尼希斯马克率领瑞典军队急行军，沿着美因河而上，于 8 月初进入萨克森选侯国。约翰·格奥尔格向费迪南德求助，抗议瑞典人故意毁坏他的土地。皇帝在 8 月 25 日答复说，他刚刚与拉科齐和解，援助就在路上。然而太晚了。信件还没有到达，选帝侯已经放弃了希望；他于 9 月 6 日在克茨申布罗达缔结了停战协议。[34]

萨克森以相对优惠的条件接受了为期 6 个月的停火。瑞典人接受了选侯国的中立，但允许他们继续履行对皇帝的义务，交给帝国军队 3 个骑兵团。作为回报，萨克森必须每月支付 1.1 万塔勒，以维持莱比锡的瑞典驻军，莱比锡是柯尼希斯马克唯一一个坚持占领的选侯国城市。瑞典人被允许越过选侯国，但是他们也同意解除对马格德堡的萨克森驻军点的封锁。

费迪南德让步

瑞典和法国都没有取得决定性的军事优势，但是他们在扬考、阿勒海姆和克茨申布罗达的胜利超过了他们在赫布斯特豪森和布吕恩的失败。瑞典与丹麦的单独战争使克里斯蒂安四世在威斯特伐利亚进行调停的企图落空。法国坚持让葡萄牙和加泰罗尼亚参加威斯特伐利亚大会，这是向西班牙施压的一个策略。西班牙的还击是要求洛林也得以参加。葡萄牙、加泰罗尼亚和洛林的代表都到场了，但他们的全权证书没有被承认。[35]然而，费迪南德无法阻止帝国政治体参加大会。这决定了威斯特伐利亚的大会的形式，并使会谈能够继续进行，以讨论最后和约的实际内容。

帝国政治体利用帝国代表团要求进入威斯特伐利亚大会。根据 1641 年在雷根斯堡发布的帝国大会决议书的承诺（见第 18 章），代表团大会最终于 1643 年 1 月在法兰克福召开，自 1642 年 9 月以来，40 块领地的代表一直在那里等待。美因茨利用其帝国大书记官的特权，将关于和平的讨论列为议程上的第一项。[36]皇帝很高兴让帝国政治体以观察员身份参加威斯特伐利亚大会，但想剥夺他们的谈判权利，以维护他自己的特权。瑞典和法国则希望以日耳曼自由的名义让所有的帝国政治体都参与进来，削弱皇帝的力量。令他们惊讶的是，符腾堡退回了邀请参加会议的信件，没有拆封。其他人也不敢违抗皇帝。

方便的是，阿马莉·伊丽莎白决心参与进来，并承担起普法尔茨放弃的角色，鼓吹贵族对宪法的解释。黑森人的立场更加激进，因为他们的统治者不是选帝侯，对既定的帝国等级制度不太感兴趣。他们从博丹的著作和历史例子中寻找论据来支持自己的观点，还要求法国和瑞典支持宪法改革。除了马尔堡，所有黑森要求得到的领土都要侵占天主教领地。因此，黑森人重新提出了普法尔茨的旧要求，即将帝国政治体按教派分成两个团体（corpora），而不是传统的三个等级制议院。瑞典和法国接受了削弱皇帝的总体目标，但无意支持黑森的具体提议，如果这些提议后来被证明并不方便的话。法国更习惯于与选帝侯打交道，但很快就接受了更广泛的"日耳曼自由"概念，并将其作为 1644 年 12 月第一个和平提案的核心内容。法国和瑞典在 1644 年至 1645 年取得的一系列胜利扩大了其领土要求，但他们在 1645 年 4 月同意掩盖这些要求，并在 6 月 11 日的第二份联合提案中再次呼吁修改宪法。两人都很高兴收到黑森关于帝国宪法的建议，并欢迎阿马莉·伊丽莎白在 1643 年 8 月 30 日的声明，即所有帝国政治体都应该参加大会，哪怕没有得到皇帝的允许。

瑞典于 11 月向所有新教帝国政治体发出了一份总邀请，法国随后也于 1644 年 4 月向所有天主教帝国政治体发出了类似的邀请。黑森特使于 1644 年 6 月抵达奥斯纳布吕克，很快不伦瑞克特使也加入进来，但其他人都避而远之，担心接受邀请等于支持法国的要求。法国取得了一系列新成功，如占领美因茨（1644 年 9 月），使得人们更难忽视法国新的邀请。此外，法兰克福的代表越来越担心威斯特伐利亚大会缺乏进展。维尔茨堡的新任主教约翰·菲利普·冯·舍伯恩于 1644 年 11 月说服弗兰肯行政圈大会支持参加威斯特伐利亚会议的呼吁，施瓦本行政圈在 1645 年 1 月也做出了类似的选择。扬考之战让费迪南德向诸侯保证，他对和谈是认真的，但是他们的回答只是敦促他做出让步，以获得和平。[37]选帝侯马克西米连感受到了这种情绪的变化，转而要求包括帝国城市在内的所有帝国政治体参加大会。皇帝最终接受了巴伐利亚的论点，承认所有三个议院的方案至少比法国瑞典提议的按教派分成两派的方案更好，因为这样将允许天主教徒行使多数票。他已经于 4 月 12 日释放了特里尔的瑟特恩，以满足法国的要求，法国要求以此作为和平的先决条件。好斗的天主教徒越来越恐慌，害怕皇帝会牺牲教会利益而让步，费迪南德无视了他们，在 8 月 29 日正式邀请所有帝国政治体参加威斯特伐利亚大会。[38]

随后，在《布勒姆瑟布鲁和约》《克茨申布罗达停战协议》和托尔斯滕松第二次袭击维也纳之后，费迪南德亲自起草了一套秘密指令，并于 10 月 16 日交给特劳特曼斯多夫。最后，皇帝告诉帝国特命全权代表开始就和约内容进行谈判，不要再用各种借口拖延以期军队能挽回局面。军事行动将会继续，但费迪南德接受了不可避免的重大让步。这些让步都被放在一个精心安排的序列中，表明皇帝认为他可以牺牲什么，同时保护他的核心利益。特劳特曼斯多夫被授权分阶段做出让步，直到敌人同意条款。

第一步是给予瑞典它想要的波罗的海领土。费迪南德早在 1643 年就已经接受了这一点，但现在这些领土又增加了不来梅和费尔登。这是一个重要的步骤，因为这两个地方都是教会领地，失去这两地显然与 1635 年在布拉格会议上所做的努力相矛盾，当时皇帝还努力试图保住归还天主教地产的计划。此外，马格德堡和哈尔伯施塔特将被授予勃兰登堡，以弥补后者在波美拉尼亚的损失。第二步是割让奥地利部分领土来安抚法国。他们同意让马克西米连满意，马克西米连确信这是说服马萨林结束战争的唯一途径。[39] 特劳特曼斯多夫被授权交出阿尔萨斯，因为这是法国想要的，也因为它属于负债累累的哈布斯堡蒂罗尔分支，后者可能会被说服放弃它，以换取法国的经济补偿。第三步包括放弃归还教产，这已经隐含在对瑞典和勃兰登堡的让步中了。在这一点上，费迪南德准备在必要时将帝国的教派平衡恢复到 1618 年，前提是哈布斯堡世袭土地的天主教收益得以保留。下一个让步是普法尔茨问题，因为费迪南德希望避免任何可能会疏远他的主要德意志盟友巴伐利亚的事情。特劳特曼斯多夫被授权同意选帝侯头衔在维特尔斯巴赫王朝的两个分支之间交替，否则，同意设立第八个选帝侯头衔来补偿普法尔茨。第五步是单独议和，放弃西班牙，这也是最后一步，只有在无法以其他方式实现和平的情况下，才能承认这一点。未来三年的军事走向将决定特劳特曼斯多夫必须要做出多少让步。

第 20 章

战争或和平（1646—1648）

信心危机（1646）

初步协议

　　威斯特伐利亚严肃会谈的开始使人们的注意力更加明确地集中在战争与和平的选择上。随着军事上的平衡向其对手倾斜，费迪南德努力保持德意志人的忠诚，而他的将军们致力于恢复达成可接受的妥协所必需的力量。他在 1646 年初取得了巨大的成功，但并不是在战场上获得的，而是由特劳特曼斯多夫在谈判中获得的。

　　帝国政治体感激地接受了皇帝的邀请参加了威斯特伐利亚大会。尽管新教徒和天主教徒分别聚集在两个地方，但他们通过交换书面声明，在三个独立的选帝侯、诸侯和城市议院中进行辩论。法国和瑞典不希望这样，部分原因是这样会拖延事态的发展，但是它们无法反驳这一点，因为他们自己宣称支持帝国宪法。1645 年 10 月，三个议院讨论了法国与瑞典第二个提议，皇帝重新获得了主动权。很明显，法国和瑞典试图打破哈布斯堡王朝对皇帝头衔的控制。大多数帝国政治体认为除了奥地利人没有其他更为现实的选择，并在 12 月认可了皇帝对宪法的解释。

　　法国和瑞典在 1646 年 1 月 7 日提交的第三份提案中忽略了这一点。他们想让宪法问题悬而未决，直到自己的领土要求得到满足，并提出了一些小问题，以分散注意力。例如，一些人仍然质疑帝国城市的权利，但是皇帝邀请它们参加谈判的决定也巩固了它们作为帝国政治体的地位。其他大部分事情都在 5 月解决了，费迪南德承认他需要帝国议会的同意才能正式做出对整个帝国都有约束力的宣战与议和的决定。爱尔福特和艾格想要被承认为帝国城市，瑞典试图支持它们来进一步拖延事态发展。这是公然的机会主义，因为瑞典完全没有支持罗斯托克、施特拉尔松德、奥斯纳布吕克、明斯特、马格德堡、明登和黑尔福德的类似请求，这些请求和瑞典的其他目标相矛盾。现有的帝国城市已经卷入了与帝国骑士关于身份的争论，拒绝接纳任何新成员，所有的请求都以失败告终。骑士们还在各方游说，以在帝国机构获得发言权。由于他们中超过 80 人是帝国军队的上校或将军，他们并非没有影响力。然而，一些骑士过于热情地支持古斯塔夫斯·阿道弗斯，这对其主张的打击是致命的，因此他们很乐意接受帝国对其现有地位的确认。[1]

普法尔茨领土和头衔的命运带来了更严重的问题。选帝侯马克西米连意识到，除非他获得国际认可，以对抗其竞争对手普法尔茨广泛的王朝关系的影响，否则他自己的地位永远不会稳固。1646 年 1 月，这一问题允许法国和瑞典提出自己的领土要求，尽管这些要求只是口头提出来的，以尽量减少其对德意志声誉的损害。马克西米连支持马萨林对阿尔萨斯的要求，认为这是对天主教利益的捍卫，理由是与法国议和将可以让费迪南德击败瑞典，拯救教会土地。特劳特曼斯多夫立即识破了这一点，并告知费迪南德："巴伐利亚选帝侯想把阿尔萨斯交给法国人，来收买他们。"[2] 马克西米连继续坚持，向法国谈判者提供了阿尔萨斯复杂的司法管辖权和财产权网络的详细信息。他对进一步军事行动的兴趣主要是向法国施压，迫使法国以皇帝可以接受的方式提出要求。4 月 7 日，他威胁要效仿勃兰登堡和萨克森的榜样，签署停战协议，除非费迪南德放弃阿尔萨斯。与此同时，马萨林接受了马克西米连的保证，即只要蒂雷纳留在莱茵河以西，巴伐利亚不会采取任何行动。

皇帝自然不愿意交出这块领土，因为放弃阿尔萨斯将会惹恼他的西班牙亲属和蒂罗尔亲属。然而，特劳特曼斯多夫仍然有几张牌可以打。尽管巴伐利亚提供了援助，法国人仍然对阿尔萨斯的情况不清楚，直到 1646 年 3 月才获得了阿尔萨斯的地图。相比之下，特劳特曼斯多夫可以借助沃尔马尔博士在阿尔萨斯政府的 26 年的工作经验。根据沃尔马尔的建议，他将名字听起来很响亮的"上阿尔萨斯与下阿尔萨斯领地伯爵领"以及松德高的主权移交法国。由于选帝侯瑟特恩已经在 7 月 19 日承认了法国驻军菲利普斯堡的权利，特劳特曼斯多夫将菲利普斯堡也包括了在内。其他的条件同样采用了谨慎的措辞，暗示皇帝确认了法国对梅斯、图尔和凡尔登的主权。其他阿尔萨斯领地，包括斯特拉斯堡和十城联盟（*Decapolis*）中的 10 个帝国城市的确切地位，则被故意模糊不清。法国代表团的塞尔维安和达沃认为自己已经得到了他们主人想要的东西，于 9 月 13 日欣然接受了特劳特曼斯多夫在条约草案中提出的其他条件。法国将支付 300 万里弗尔（120 万塔勒）的赔偿金给哈布斯堡王朝蒂罗尔分支，并承担阿尔萨斯领地三分之二的债务。法国放弃了对布赖斯高和森林城镇的要求。费迪南德还没有批准该条约，希望战场局势的改善能够挽回阿尔萨斯，或者特劳特曼斯多夫能够通过就波美拉尼亚问题达成单独协议，来分裂法国和瑞典。[3]

1646 年战役

尽管如此，军事形势看起来依然暗淡。费迪南德无力援助萨克森，这使约翰·格奥尔格不再重新加入战争，而是延续了《克茨申布罗达停战协议》。1646 年 3 月 31 日，他同意签署了《奥伊伦贝格条约》（Treaty of Eulenberg），承诺在战争结束前保持中立。作为回报，瑞典人同意将每月的贡金要求减少到 7000 塔勒。萨克森的中立巩固了瑞典桥头堡的缓冲地带的安全。瑞典人很容易阻止帝国军对奥得河下游的攻击，而且如果帝国军这么做的话，需要部署在太远的东方，无法帮助巴伐利亚军。事实上，在 1646 年的大部分时间里，两支小规模帝国军队一直在收复前一年托尔斯滕松占领的下奥地利和西里西亚城镇。萨克森和巴伐利亚无法提供支持，这加深了利奥波德·威廉大公的悲观情绪，帝国主力军队一直驻扎在弗兰肯的拜罗伊特周围，直到 5 月。

瑞典人仍然把奥尔米茨用作前进基地，他们可以从那里再次进攻奥地利，或者进攻波希米亚。将萨克森击出局之后，柯尼希斯马克重新与在图林根过冬的弗兰格尔麾下的主力部队会合。他们总共有 1.5 万名骑兵和

8000 名步兵，另外还有 1.7 万名征召兵正从瑞典赶来。然而，瑞典人不愿意冒险开战，以免危及他们在威斯特伐利亚大会的谈判地位。经过长时间协商，将军们决定攻击威斯特伐利亚，与哈布斯堡世袭领地相比，这是一个软柿子。

这一决定也受到法国拖延了其军事行动的影响。法国不得不在代价高昂的 1645 年战役后重建德意志军，而且也不想破坏与马克西米连达成的默契。为了保持瑞典盟友的善意，法国驻明斯特代表团雇佣了班宁豪森将军为瑞典人招募援兵。班宁豪森在 1640 年退出了帝国军，认为自己的才能没有得到足够的认可。他利用自己以前在帝国军服役的资历欺骗了2300 人参军，让他们以为自己在皇帝的军队中服役，最后却发现自己实际上在黑森军中服役。[4]

4 月，弗兰格尔向西推进，与黑森军会合，越过了布置在威悉河沿岸掩护威斯特伐利亚的薄弱的帝国警戒线。他重复了柯尼希斯马克用来恐吓萨克森的策略，拆毁房屋，炸毁教堂，摧毁庄稼，砍伐果树，谋杀和强奸挡路者。[5]科隆的费迪南德拒绝被恐吓，尤其是因为他的核心领土仍然在最近扩大的威斯特伐利亚军队的保护之下。利奥波德·威廉终于在 6 月从弗兰肯来到韦特劳，与巴伐利亚军和威斯特伐利亚军会合。他们的总兵力达到 4 万人，这迫使马萨林于 7 月 15 日让蒂雷纳率领 8000 名野战部队渡过莱茵河到达韦瑟尔，使联军人数达到 3.4 万人。蒂雷纳进军德意志西北部是刻意冒险，可以在不用打破与巴伐利亚关系的情况下巩固法国的盟友。法国人的到来加速了特劳特曼斯多夫移交阿尔萨斯的讨论。

黑森战争

两支军队的出现扰乱了两个黑森王朝之间脆弱的和平。阿马莉·伊丽莎白已经两次推迟了对达姆施塔特的入侵，一次是在图特林根战役之后，另一次是在 1645 年夏天，那一次是因为黑森指挥官格索卷入了阿勒海姆战役。圣安德烈斯上校于 1645 年 9 月从威斯特伐利亚发起攻击，但他兵力太弱，无法占领基森等城镇。像托尔斯滕松在荷尔斯泰因所做的那样，黑森军假装只是在寻找冬季营地。当他们在 10 月底炮击马尔堡时，诡计暴露。达姆施塔特领地伯爵和其他许多诸侯的儿子们都在马尔堡大学里学习，这些诸侯发起了抗议的浪潮。达姆施塔特愤怒地指出，他们已经在1631 年与古斯塔夫斯·阿道弗斯签订了中立条约，而符腾堡和萨克森则提供了调解。

阿马莉·伊丽莎白冒着疏远所有德意志新教徒的风险，继续坚持进攻，她正确地预料到，只要有必要，法国和瑞典都会在和平大会上牺牲她的利益。她的等级议会拒绝提供支持，声称她正在毁灭国家。格索的分队从阿勒海姆返回后，她的部队于 1 月 15 日占领了马尔堡，但当地官员拒绝合作，马尔堡大学因工作人员和学生逃离而崩溃。达姆施塔特重新组建了军队，由恩斯特·阿尔布雷希特·冯·埃贝斯泰因（Ernst Albrecht von Eberstein）伯爵指挥，埃贝斯泰因是那位黑森-卡塞尔前指挥官的弗兰肯亲戚。[6] 最终达姆施塔特集结了一支大约 5000 人的军队，而领地伯爵格奥尔格于 1646 年 7 月 26 日正式站到皇帝一边。

联军从卡塞尔获得补给，而帝国后勤系统崩溃，迫使利奥波德·威廉改变阵地。8 月底，弗兰格尔和蒂雷纳从他身边溜了过去，越过了美因河，以两列纵队穿过符腾堡和弗兰肯向南横扫，没有遇到什么抵抗。大公率领军队追击，科隆的费迪南德拒绝让格林的 8000 人陪同前进。格林向北撤退，以对抗黑森对莱茵河下游的长期劫掠，让达姆施塔特和卡塞尔独自作战。到 10 月，埃贝斯泰因收复了除马尔堡以外的所有失地，并对黑森-卡塞尔发动了反击。11 月 20 日，他在弗兰肯贝格被格索击败，被迫接受新的停战协议。

与此同时，利奥波德·威廉向东穿过班贝格，然后向南进入巴伐利亚，于 9 月底在雷根斯堡越过多瑙河。这条路线是安全的，但是他的举动允许弗兰格尔和蒂雷纳越过莱希河，摧毁巴伐利亚西部。只有奥格斯堡进行了抵抗。与 1632 年不同，这座城市没有打开大门，因为它现在的双教派委员会通过在宗教上做出让步，团结了其新教居民。这座城市经受了三周的炮击，直到利奥波德·威廉于 10 月 12 日抵达莱希河对岸，解除了围困。[7]

帝国军筋疲力尽，无法阻止弗兰格尔和蒂雷纳巩固对施瓦本的控制。

瑞典人进入了位于康斯坦茨湖附近的伊斯尼的冬季营地。巡逻队告知弗兰格尔，位于湖东端的布雷根茨很容易攻击，周围的人已经将贵重物品存放在了那里。1647 年 1 月 4 日，弗兰格尔带着 8000 人和 24 门大炮出现在关口外面。湖边的布雷根茨隘口是沿着蒂罗尔边境山区的布雷根茨森林上唯一可行的路线。它被三个连续设防的大门封锁，东边山坡上还有一道栅栏，由 2200 名蒂罗尔士兵和民兵驻守，他们前几天在大雪中的哨所里冻得瑟瑟发抖。他们进行了顽强的抵抗，但最终一支瑞典分队找到了一条山路，越过了栅栏，绕过了阵地来到大路上。守军加入了那天早上已经开始逃离的平民的行列，也逃跑了。瑞典人闯入布雷根茨，抢走了超过 400 万弗洛林的战利品——"比瑞典军队以前抢走的都多"。[8]

弗兰格尔花了两周时间掠夺蒂罗尔西部。与 1633 年霍恩的行动不同，他无意夺取现在经已失去战略价值的瓦尔泰利纳。相反，他试图巩固对康斯坦茨湖的控制，在那里他组织了一个炮舰舰队，占领了另一个藏着贵重物品的宝库迈瑙岛。然后，他封锁了位于布雷根茨北部的另一个岛屿上的帝国城市林道，而蒂雷纳则围攻了于伯林根。

《乌尔姆停战协议》（1647 年 3 月）

屡次失败使马克西米连确信皇帝再也不能保护他了。他对帝国军队的悲惨状况和利奥波德·威廉的失败主义感到绝望。利奥波德·威廉大公于 12 月底辞职，被加拉斯取代，后者现在无法行使指挥权，于 1647 年 4 月 25 日去世。现在马克西米连 73 岁了，而他的儿子只有 9 岁。选帝侯担心自己的遗产继承问题，把希望寄托在全面停战上，以加速最终和平的到来。弗兰格尔觉得停战只会让巴伐利亚有时间恢复。瑞典政府还担心，如果巴伐利亚退出战争，法国将从帝国战争中脱身，因为建立中立的天主教联盟一直是法国的目标。在法国的压力下，弗兰格尔勉强同意于 1646 年 12 月 8 日在乌尔姆会谈，并于 1647 年 3 月 14 日与马克西米连的代表达成协议。

这些条款比强加给勃兰登堡和萨克森的条款更为优惠。巴伐利亚不需要缴纳贡金，但它必须将其位于梅明根和于伯林根的施瓦本前哨基地移交

给瑞典驻军，并将海尔布隆移交给法国。作为回报，联军撤离了他们在巴
伐利亚西部的据点。马克西米连承诺在达成最终和平协议之前保持中立。
奥格斯堡和下普法尔茨包括在协议中，条件是马克西米连代表他的弟弟科
隆的费迪南德签署协议，并要求后者将帝国驻军逐出威斯特伐利亚。上普
法尔茨被特别排除在外，因为弗兰格尔想要通过那里攻击波希米亚。

　　1645 年 11 月 29 日，瑟特恩已经与法国签署了一项新条约，确认了
特里尔的中立。安瑟尔姆·卡齐米尔认为别无选择，只能在 1647 年 5 月
9 日也确认了美因茨的中立。除了费迪南德，所有选帝侯现在都已经退出
了战争，许多其他诸侯实际上是中立的，由于那不勒斯王国正在发生叛
乱，西班牙也处于崩溃的边缘（见下文）。

达成共识

领地协议

　　巴伐利亚谈判的消息促使费迪南德重新努力与瑞典和解。事态因波
美拉尼亚问题停滞不前。瑞典不准备通过迫使勃兰登堡放弃波美拉尼亚来
危害自己在帝国中的形象。选帝侯弗里德里希·威廉意识到瑞典的犹豫不
能给他多少保障。他还担心自己在威斯特伐利亚的普法尔茨-诺伊堡竞争
对手。由于他之前冷落了对方，没有结成王朝联盟来解决他们在于利希-
克利夫斯问题上的宿怨，当沃尔夫冈·威廉的儿子菲利普·威廉（Philipp
Wilhelm）于 1642 年 6 月娶了波兰国王的女儿时，选帝侯只能责怪自己。
此外，由于拖欠的利息总额超过 100 万塔勒，弗里德里希·威廉也不可能
偿还 1616 年的霍夫泽贷款，因此尼德兰在克利夫斯和马克的存在得以合
法化。由于共和国的驻军比选帝侯的脆弱兵力提供了更可靠的保护，他的
威斯特伐利亚臣民已经脆弱的忠诚更加不可靠了。

　　弗里德里希·威廉担心自己可能会完全失去这些省份，决心通过军事
化计划获得更"令人印象深刻的声誉"。[9]后来的普鲁士历史学家极力鼓
吹这是适当的应对措施，但这一政策实际上是严重误入歧途的。政策是在
约翰·冯·诺普拉特（Johann von Norprath）的鼓动下诞生的，他是一名

前诺伊堡军官，叛逃后成为勃兰登堡在克利夫斯和马克的总督，一心要报复他的前主人。勃兰登堡在该地区的部队增加到 4100 人，在选侯国中还有 2900 人，在普鲁士还有 1200 人的军队和 6000 名民兵。选帝侯于 1646 年将宫廷从柏林迁至克利夫斯，以更接近威斯特伐利亚和平大会。随着黑森军从马克的一些城镇撤离，勃兰登堡军事存在的增加产生了一些积极的结果。弗里德里希·威廉与法国开始谈判以赢得支持，而他与省督弗雷德里克·亨利的大女儿的婚姻有助于减少尼德兰人的潜在反对。选帝侯过度自信，试图通过在 1646 年 11 月入侵贝格来解决他与普法尔茨-诺伊堡的争端。

　　结果出乎他的预料。沃尔夫冈·威廉在整个统治时期都忍受着外国人在他的土地上肆掠。他拒绝被新来者吓倒，这些人很快就吃光了面包，不得不回家了。弗里德里希·威廉的成就只是对上一份分治条约（1629）做不多的修改，此前普法尔茨-诺伊堡分得的拉芬斯贝格现在分配给他了。

　　大玩家们无意让这些野心勃勃的诸侯自行解决问题。勃兰登堡拒绝了瑞典的王朝婚姻，这个胡萝卜对他来说已经非常陈旧了，因此乌克森谢纳接受了特劳特曼斯多夫提出的分割波美拉尼亚的提议。瑞典获得了更富裕的西部地区，包括施特拉尔松德、斯德丁、加尔茨和保护奥得河三角洲的一些岛屿，条件是这些地方仍然是帝国的一部分。弗里德里希·威廉因入侵贝格失败而处在危险之中，急忙采取行动，确保自己没有被排除在外。皇帝打算慷慨行事，因为他意识到勃兰登堡在其他问题上的支持可以很有用。他拒绝了法国和巴伐利亚的建议，即将西里西亚补偿给勃兰登堡，来拯救教会领地。除了波美拉尼亚东部，费迪南还同意勃兰登堡可以拥有卡缅、哈尔伯施塔特和明登这几个主教辖区，等马格德堡现任萨克森教区长官去世后，勃兰登堡还可以拥有马格德堡大主教辖区。后一项措施疏远了萨克森，但是约翰·格奥尔格已经退出了战争，什么也不能做。勃兰登堡于 1647 年 2 月 19 日接受这一条款，实际上获得的土地比瑞典多得多，其总领土扩大了三分之一以上（见表 5）。[10]

表 5　领地解决方案

瑞典所得	面积（平方千米）	勃兰登堡所得	面积（平方千米）
西波美拉尼亚	9600	东波美拉尼亚	19 635
不来梅大主教辖区	5170	马格德堡大主教辖区	5005
费尔登主教辖区	1320	卡缅主教辖区	2365
维斯马港	181.5	哈尔伯施塔特主教辖区	1705
	16 271.5	明登主教辖区	1198
			29 908

　　费迪南德的慷慨背后的一个因素是他希望扶持勃兰登堡，作为遏制瑞典桥头堡的缓冲地带。另一个原因是，这些让步是特劳特曼斯多夫促成的非常有利的和解计划的一部分。弗里德里希·威廉放弃了早先对激进的黑森宪法计划的支持，转而支持其他选帝侯，声称他们作为一个集体凌驾于其他帝国政治体之上。选帝侯们意识到自己的地位取决于保持帝国的等级特征，因此坚定地捍卫了皇帝剩余的特权。[11] 瑞典放弃了对宪法改革的支持，以换取波美拉尼亚协议。1647 年 4 月，马萨林也选择保持一致，以换取特劳特曼斯多夫确认 1646 年 9 月割让阿尔萨斯的协议。两个王国现在都接受了他的保全面子的办法，即推迟讨论剩余的宪法问题，将其作为"遗留问题"（*negotia remissa*）在和平后的第一届帝国议会上讨论。

就规范年达成一致

　　波美拉尼亚协议对天主教方和新教方的好斗分子都是一个有力的打击。现在各方对教会地产这一棘手问题形成了新共识，现在关于教会土地的重新分配与这一新共识一致。自 16 世纪中叶以来，各方已经采用了三种方案来解决教会地产问题。[12]《奥格斯堡和约》在一份刻意含糊的文件中使用了掩饰手段，双方都可以接受而不会丢脸。这反映了现代早期关于妥协和平的理想，没有明显的赢家或输家。这一理想同样指导了威斯特伐利亚大会上的讨论，人们日益接受了这一点，即一个行之有效的和平需要维护所有签署方的荣誉。然而，同样清楚的是，新的协议需要消除《奥格斯堡和约》中非常成问题的含糊之处。

　　第二种方法也出现在《奥格斯堡和约》中，双方都认为《奥格斯堡和约》为暂时共存提供了指导方案，直到他们说服对方接受他们对基督教的解释是唯一有效的。《归还教产敕令》试图做出有利于天主教方解释的最终裁决。然而，帝国的政治文化总是有空间可以推迟艰难的决定，留下例外的余地，以缓和紧张。自 16 世纪 60 年代以来，皇帝已经将事实上的宽容扩展到加尔文宗信徒，尽管他们的信仰显然不同于《奥格斯堡和约》中所保护的信仰。《布拉格和约》只是增加了更多的临时安排，将《敕令》暂停了 40 年。特劳特曼斯多夫在威斯特伐利亚谈判的一开始就提议将暂停期延长至一个世纪。

第三种方法是在实际占有（*uti possidetis*）的基础上达成妥协，《奥格斯堡和约》将 1552 年定为规范年，路德宗信徒可以保留他们在那一年为止拥有的教会领地。后来的问题主要源于双方对这些安排的不同解释。天主教徒认为这是一个固定的限制，而新教徒则拒绝将其视作障碍，认为这不能阻止他们通过和平说服的方式来进一步推广自己的信仰。天主教徒则通过归还教产的原则予以还击，坚持只有在新教徒归还这些"被盗"的天主教地产，纠正其错误之后，和平才能恢复。这一论点在《敕令》中至关重要，天主教好斗分子仍然认为《敕令》有效。

解决办法是在一个永久协议中将归还原则与占有原则结合起来。在 1618 年之前的 10 年中，温和的路德宗信徒已经提出了第四种选择。他们提出放弃对规范年的弹性解释，以换取天主教接受他们在此期间获得的额外土地。然而因为天主教徒不信任，而他们被要求放弃的土地又如此之广，这一想法未能实现。尽管如此，随着达姆施塔特和萨克森试图通过斡旋一个跨教派妥协来缓和《敕令》的影响，这一想法得到了人们的支持。至关重要的是，它转移了辩论的论题，人们不是争辩究竟哪种解释是"正确"的，相反，人们开始就另一种可能的规范年的实际后果进行讨论。归还原则和占有原则不再是对立的立场，因为这两个原则将适用于双方：新教徒和天主教徒将保留他们现有的大部分土地，同时交换一些地区，将局势恢复到新的选定日期。

现在的挑战是找到一个双方都同意的日期。事情因为大赦问题而变得复杂，因为皇帝将战争解释为叛乱，这为他没收对手的土地提供了理由。

在费迪南德看来，迄今为止发生的是两场战争。第一场战争始于1618年的波希米亚叛乱，并于1629—1630年随着《归还教产敕令》《吕贝克和约》以及法国未批准的《雷根斯堡条约》而得到解决。第二次战争始于1630年的瑞典入侵，5年后的《布拉格和约》部分解决了这场战争。1646年5月，特劳特曼斯多夫被指示开始谈判，前提是大赦只能追溯到1630年，而规范年应该是《布拉格和约》中商定的1627年。只有在迫不得已的情况下，他才可以将这两个日期都定为1618年，费迪南德极不愿意将大赦扩大到波希米亚流亡者，因为这意味着哈布斯堡王朝未能击败他们发起的叛乱。

瑞典人支持新教激进分子坚持1618年为大赦起始年和归还教产的规范年，但法国只支持前者，因为将1618年定为规范年会导致教会地产的大幅减少。萨克森代表打破了僵局，出于尚不清楚的原因，他建议将1624年1月1日作为帝国内新的规范日期，但并不适用于哈布斯堡王朝的领地，在那里局势应该和在《布拉格和约》中同意的一致。这一提议鼓励双方根据通过的规范年提出必须恢复的土地清单。教派团结被削弱了，因为每一方内部都在那些要失去土地的人和那些能够接受萨克森提议，甚至从萨克森提议中获利的人之间发生了分裂。到1646年11月，出现了三个明显的团体。最大的团体同时包含新教徒和天主教徒，他们接受了萨克森的提议。巴伐利亚也属于这个团体，因为马克西米连通过谈判得到了一个额外的例外，可以保持上普法尔茨的重新天主教化，尽管这是在1624年之后才开始的。费迪南德自然满意于哈布斯堡君主国完全被排除在外，尽管约翰·格奥尔格在1621年向西里西亚人提供的担保将继续有效，可以维持萨克森人的威望。大赦年份在同样的基础上达成，因为哈布斯堡君主国和巴伐利亚得到了特殊安排，费迪南德和马克西米连可以接受在帝国的其他地方的完全赦免。这将让普法尔茨选帝侯复辟，但允许马克西米连保留选帝侯头衔和上普法尔茨（见下文）。这一新的日期对路德宗信徒有利，争取了他们中的很多人，因为这使皇帝无法在马格德堡和哈尔伯施塔特安置一个哈布斯堡王子，并取消了天主教对其他北德意志主教辖区和符腾堡修道院的主张。

这种广泛的跨教派共识的出现边缘化了激进分子，双方的不愿意妥协的极端分子组成了各自的小团体。天主教徒由弗朗茨·威廉·冯·瓦滕贝格领导，他是奥斯纳布吕克、费尔登和明登的主教，获得了其他三分之一教会诸侯的选票。他得到了代表施瓦本教长的穆尔哈特本笃修道院院长亚当·阿达米（Adam Adami）的支持。奥格斯堡的狂热的官员约翰·洛伊希塞尔辛（Johann Leuchselsing）博士也给予了进一步的支持，他还从几位施瓦本伯爵那里获得了额外的选票。耶稣会新总会长卡拉法的话可以用来总结他们的立场，他宣称"奴役灵魂的和平比任何战争都更糟糕，灵魂的毁灭比肉体的毁灭更应该避免"。[13]教宗早在 1641 年已经决定拒绝承认任何让步，这并不完全是为了阻止和平，而是为了在局势好转的情况下保持天主教强硬立场的合法性。

奥格斯堡主教克内林根于 1646 年去世，使这一团体失去了一名重要的长期成员。其他人的立场因为《乌尔姆停战协议》而受到伤害，特劳特曼斯多夫声称，天主教巴伐利亚和天主教科隆的停战已经让奥地利失去了武器，迫使天主教皇帝做出让步。巴伐利亚对狂热者的支持只是策略性的，马克西米连现在敦促他的弟弟费迪南德将瓦滕贝格主教从科隆官方代表团中除名。选帝侯费迪南德小心翼翼地不公开同意让步，但是他现在忽略了瓦滕贝格的意见，允许务实的帕德伯恩书记官彼得·布施曼（Peter Buschmann）接受关于规范年的协议。[14]

瓦滕贝格和阿达米一起，继续以自己的名义参加谈判，但两人都被孤立了。这一团体的许多核心支持者都大失所望。一个很好的例子是圣格奥尔根本笃修道院院长格奥尔格·盖瑟（Georg Gaisser），该修道院是于 1630 年从符腾堡手中收回的。尽管格奥尔格·盖瑟是《归还教产敕令》的受益者，但他花了大部分时间徒劳地与天主教军官谈判，以遏制士兵的违纪和破坏行为。这一经历使他拒绝接受阿达米的观点，即战争是帝国对异端邪说的"罪恶"的神圣惩罚，相反，他认为战争是人类缺点的产物。[15]一个更有影响力的例子是约翰·菲利普·冯·舍伯恩，他已经是维尔茨堡的主教，于 1647 年 11 月 19 日继承了安瑟尔姆·卡齐米尔成为美因茨选帝侯。他认识到有必要拯救帝国教会的主体，不仅要在领土上做出让步，而且在被承认的少数派的良心自由（*Freitellung*）上做出更大的让步。他的代表在奥斯纳布吕克与新教徒会谈的时间比在明斯特与天主教徒会谈的时间更多。由于奥地利、巴伐利亚、美因茨和科隆支持温和立场，萨尔茨堡等其他人也保持一致，以避免被孤立。

勃兰登堡在 1647 年 2 月之前接受了妥协，这同样边缘化了新教激进分子，他们已经因为萨克森顽固地反对将加尔文宗信徒包括在内而分裂了。约翰·格奥尔格在《布拉格和约》中获得卢萨蒂亚的全部所有权，接受了那里的天主教徒可以拥有少数派权利时，他已经在新教徒中失去了信用。他的恩斯特分支亲属在阿尔滕堡公爵弗里德里希·威廉的领导下，看到了一次机会，重申了他们对德意志新教运动的领导地位，这一地位此前已经因 1547 年萨克森选帝侯头衔的转移而失去了。长期以来，帝国小领地对自己在宪法中处于从属地位一直表示不满，他们的立场将教派目标和这一不满结合在了一起。代表不伦瑞克-格鲁本哈根的兰帕迪乌斯（Lampadius）博士主张采取一个永久协定（*capitulatio perpetua*），固定帝国特权，阻止选帝侯就新特权与每一位新皇帝讨价还价。兰帕迪乌斯及其阿尔滕堡同事图姆希尔（Thumshirn）一起，提议将日耳曼自由扩展到普通人，给予他们充分的良心自由。这一主张已经超出了大多数新教徒愿意提出的，而且他们也意识到很难否认天主教少数派也拥有类似权利。[16] 加尔文宗的千禧年主义鼓励了许多人加入了战争。尽管一些死硬派仍然预测战后 10 年哈布斯堡王朝即将终结，但大多数人早已不再相信这种无稽之谈。战争已经成为日常生活的一部分，已经失去了作为上帝骤然降临的天谴所带来的冲击力。[17]

西班牙继承问题

1647 年 4 月，特劳特曼斯多夫试图利用日益增长的共识来解决剩下的问题，就黑森-卡塞尔、巴登-杜尔拉赫、韦尔夫人和波希米亚流亡者提出的赔偿要求进行谈判。瑞典和新教帝国政治体在 7 月基本达成一致。然而，瑞典仍然需要钱来"满足"其士兵的需求，要求 2000 万塔勒，而帝国政治体只能提供 160 万塔勒。瑞典还必须对流亡者给予一些关注，其中许多人在军队中担任军官。瑞典之前忽略了兰帕迪乌斯的提议，现在支持这些提议，认为这是迫使皇帝提高向军队提供的资金的又一个手段。

真正的症结在于法国坚持费迪南德在没有西班牙的情况下单独议和。1647 年 1 月，西班牙与尼德兰签署了一项条约草案，中止了在尼德兰边境的军事行动，从而改善了自己的处境（见下文）。现在西班牙认为自己不太需要同意马萨林的条件，迫使法国加倍努力分裂两个哈布斯堡王朝。尽管自 1642 年以来西班牙一直没有提供援助，但费迪南德现在更关心不要疏远西班牙。腓力四世的妻子于 1644 年 10 月去世，他直到 1649 年才再婚。由于他的弟弟费尔南多已经于 1641 年去世，而他自己的儿子也于 1646 年 10 月去世，他的奥地利亲戚目前是王位的下一顺位继承人。这种情况一直持续到 1661 年未来的西班牙的查理二世诞生才改变，他后来成了西班牙哈布斯堡王朝的最后一位君主。马德里意识到，继承问题的悬而未决使其对奥地利的影响力远高于先前的资金援助所能给予的。

腓力四世任命利奥波德·威廉大公为尼德兰新总督。他于 1647 年 4 月抵达，一直待到 1656 年 7 月，破坏了布鲁塞尔和西班牙驻明斯特代表团之间以前的良好关系。国王暗示自己有意把女儿玛丽亚·特蕾莎嫁给皇帝的儿子费迪南德，但隐瞒了他自 1644 年以来一直在与法国谈判的事实，他想通过将她嫁给路易十四来结束与法国的战争。与此同时，西班牙开始就皇帝的女儿玛丽亚·安娜成为腓力的新妻子的可能性进行谈判。由于整个西班牙帝国的继承问题都悬而未决，费迪南德不想通过单独议和而抛弃他的亲戚，从而冒犯后者。瓦滕贝格主教继续反对在宗教问题上做出让步，这为推迟和平提供了一个方便的借口，并给将军们更多的时间迫使法国放弃其要求。[18]

停战期间的军事行动

事实证明，弗兰格尔对《乌尔姆停战协议》的担忧是有根据的。法国受益最大，因为海尔布隆的投降终于巩固了法国在黑森林以东的阵地。1647 年 3 月的剩余时间里，蒂雷纳消灭了一些不包括在条款中的帝国小据点，而弗兰格尔终止了对林道的毫无结果的围困，撤离了在蒂罗尔的据点。由于巴伐利亚不再是目标，弗兰格尔向东北方向穿过拉芬斯堡和讷德林根，进入弗兰肯，派遣柯尼希斯马克在美因河地区协助黑森人。上普法尔茨被排除在停战协议之外的重要性体现了出来，弗兰格尔从那里攻击了波希米亚西北部。他认为，以前对波希米亚的入侵的失败是由于人力和准备都不足。他从西里西亚召集了维滕贝格手下的 7000 名士兵穿越萨克森，在艾格与他会合，在等待的同时，他消耗弗兰肯的资源，为自己的部队提供给养。

法国的战略优先级已经改变。马萨林担心西班牙和尼德兰从 1 月开始的休战将允许利奥波德·威廉把军队转移到尼德兰南部边境。马萨林给蒂雷纳发去了秘密指令，让他向卢森堡发起转移注意力的攻击。起初，蒂雷纳的部下认为自己只是去帮助黑森人，直到他在菲利普斯堡左转越过莱茵河。他们于 6 月 15 日到达萨韦尔讷，显然他们即将离开帝国。前伯恩哈德军军官手下的 11 个团拒绝再前进。军官们再次表达了对拖欠工资的担忧，他们不想远离布赖萨赫等仍被他们的战友占据的城镇，这些城镇可以用来保障交付欠款。然而，这一次，兵变有真正的大众基础，因为 3000 名参加兵变的人大部分都是 1640 至 1642 年在下萨克森作战时招募的。就像自 1637 年以来从相反方向穿越莱茵河的法国人一样，他们也担心自己永远回不了家。另一则毫无根据的谣言加剧了焦虑，谣言称他们的真正目的地是加泰罗尼亚。他们不再信任自己的军官，而是选择了一名战友，前耶拿大学学生威廉·亨佩尔（Wilhelm Hempel）充当领袖，并在 7 月下旬重新渡过莱茵河和内卡河。

班宁豪森将军现在叛逃到皇帝一方，得到了赦免，并被派去与反叛者谈判。300 人被争取到帝国方，但是蒂雷纳再次渡过莱茵河，袭击了其他人。大约 1660 人在 8 月向北逃离，加入了柯尼希斯马克，柯尼希斯马克在向希尔德斯海姆移动。这是一个不错的增援，但瑞典政府并不完全高兴，怀疑柯尼希斯马克可能会成为另一个拥兵自重的伯恩哈德公爵。[19]

除了让瑞典无法得到法国的支持，《乌尔姆停战协议》还让帝国军得以恢复。有了巴伐利亚作为中立缓冲区，帝国军可以集中精力保卫奥地利土地。指挥权交给了自 1645 年以来一直领导威斯特伐利亚军的梅兰德。

他于 4 月 17 日接任，也就是加拉斯去世前一周。他不仅得到了皇帝的支持，还得到帝国副书记官库尔茨的支持和军队的信任。为改善纪律和克服后勤困难，梅兰德做出了协调一致的努力。不称职或腐败的官员受到了惩罚，如果正常的面包供应中断，每个连队都会收到一辆装满桶装压缩饼干的货车，以提供食物。[20]

现在帝国军的主力只有 2 万人，集中在波希米亚以迎接预期中弗兰格尔的攻击。根据萨克森选帝侯的停战条款，一些萨克森分队依然还留在帝国军中，现在他们负责西里西亚的防御，还有一些克罗地亚骑兵和帝国骑兵提供支持，而波兰军队为皇帝保护奥珀伦和拉蒂博尔。梅兰德在比尔森附近等待，因为费迪南德指望 18 700 人的巴伐利亚军会叛变。5 月 8 日，费迪南德号召这些人回到帝国权威下。尽管他向马克西米连保证，这一呼吁只针对最近解散的 4 个团，但显然是为了收买整个军队。在皇帝对"德意志爱国主义"的诉求和士兵对作为他们领主和领地主人的马克西米连的忠诚之间存在着冲突。

韦特一直反对停战协议，而且由于马克西米连跳过了他，选择格罗茨菲尔德接替梅西成为巴伐利亚指挥官，他个人也感觉受到了轻视。他率领 12 个团转移到帕绍去，声称在寻找新兵。意识到发生了什么之后，马克西米连悬赏 1 万塔勒捉拿他，无论死活。巴伐利亚官员也拒绝给他提供交通工具或补给，但那些依然保持忠诚的团避开了他们兵变的战友，而不是选择对抗。然而，大多数兵变者不愿意越过边境进入食物匮乏的波希米亚。盖林（Gayling）将军策划了一场反兵变之后，韦特的追随者只剩下了斯波克（Sporck）将军和 800 名龙骑兵，还有两个宣布支持皇帝的孤立的施瓦本驻军点。施帕尔将军取代梅兰德成为威斯特伐利亚的指挥官，在同样反对停战协议的科隆法政牧师的合作下，赢得了更多驻军点的支持。然而，对地方的忠诚还是胜过了对帝国的忠诚，绝大多数人仍然忠于巴伐利亚。马克西米连从未原谅韦特，将骑兵指挥官的职位交给了盖林。[21]

梅兰德因为一直在等待韦特迟迟没有出发，未能在艾格于 7 月 18 日向弗兰格尔和维滕贝格投降之前到达那里。他毫不畏惧，驻守在艾格山谷对面，挡住了进入波希米亚的路。费迪南德的到来鼓舞了士气，梅兰德又完成了一次他赖以成名的壮举，于8月22日奇袭了弗兰格尔位于特里布尔的营地，造成1000人伤亡，俘虏了300人，自己只承受了轻微的损失。

停战的结束

这场小小的胜利极大地提高了皇帝在与巴伐利亚和科隆谈判中的地位。选帝侯费迪南德只是勉强接受了他哥哥的停战协议，因为协议不包括黑森人。他无意驱逐威斯特伐利亚的帝国小驻军点，而且不出所料，他们也拒绝自愿离开。这为柯尼希斯马克的进攻提供了借口。他从黑森-卡塞尔抵达威斯特伐利亚，5月占领了费希塔，6月占领了维登布吕克。科隆于8月15日正式宣布放弃停战协议，恢复了其军队在兰博伊领导下的行动。兰博伊的行动显示了他作为一名将军是多么不称职，他拙劣地进攻黑森人在东弗里斯兰的据点，因为守军放水淹没了乡村而遭到失败。到11月，他已经被逐回了绍尔兰。

如果皇帝要充分扭转战局，避免在没有西班牙的情况下单独议和，巴伐利亚的支持就尤为重要。费迪南德一直迟迟不愿在威斯特伐利亚和会上解决普法尔茨问题，就是为了保留他对巴伐利亚的控制。随着4月与马克西米连的会谈开始，费迪南德迅速让步，8月达成了一项协议，这是自1356年以来第一次对帝国基本章程做出修改。卡尔·路德维希将得到第八个选帝侯头衔，同时还会拿回下普法尔茨。而马克西米连将保留更高级的普法尔茨选帝侯头衔，以及上普法尔茨，同时皇帝提供66万弗洛林，作为马克西米连放弃下普法尔茨的补偿。[22]

由于法国很明显不会提供更好的条件了，马克西米连于9月7日在帕绍休会文件中放弃了《乌尔姆停战协议》。这增强了他的军事自主权，使让他可以得到巴伐利亚行政圈、弗兰肯行政圈和施瓦本行政圈的支持来维持军队，以及这些地区的帝国部队的指挥权。作为回报，马克西米连重新加入战争，但只需要对抗瑞典，他相信蒂雷纳离开卢森堡后法国和瑞典之间的紧张关系会让他无须对抗法国。科隆和巴伐利亚的回归也推动了帝国事业，短暂地燃起了人们对完全"会合"的希望，即萨克森和勃兰登堡军队也会加入进来。

　　大约三分之一的巴伐利亚军队加入了恩科福特将军的军队，自 3 月弗兰格尔离开以来，恩科福特将军一直在康斯坦茨湖周围骚扰瑞典军队。恩科福特来自布拉班特，是另一个被军事历史忽视的称职的帝国军官。出于对马克西米连的尊重，他避开了像海尔布隆这样的法国人驻扎的城镇，但在两个月的围攻后，他于 11 月 23 日夺回了瑞典人占领的梅明根，以及施瓦本和弗兰肯的其他不太重要的地方。在整个 1648 年，他继续对瑞典人采取有力的行动，建造了一支炮艇船队，来争夺康斯坦茨湖的控制权。[23]

　　格罗茨菲尔德率领的另外 1.2 万名巴伐利亚军准备加入帝国军，但马克西米连对前叛乱者韦特和斯波克还在帝国军中感到愤怒，推迟了行动。最终，费迪南德同意解除两人的实际指挥权，他们得到了丰厚的奖励，回到了布拉格。10 月 15 日，格罗茨菲尔德终于在波希米亚与梅兰德会合。协调仍然很差，因为格罗茨菲尔德从未原谅梅兰德 1633 年在黑西施奥尔登多夫战役中击败他，而马克西米连不希望巴伐利亚军向西进入德意志太远，以免激怒法国。他们既不能夺回艾格，也不能阻止弗兰格尔的行动，后者沿着萨克森边境后撤，穿过图林根和下萨克森，来到威悉河地区。

　　梅兰德慢慢跟进，最终在 11 月进入黑森-卡塞尔。阿马莉·伊丽莎白从停战协议中得到了很多好处。4 月，柯尼希斯马克和蒂雷纳在离开施瓦本的路上帮助了她。由于当地势力均衡对她有利，她试图在威斯特伐利亚大会强加一个不太令人满意的协议之前，解决其对手达姆施塔特的问题。勃兰登堡也因同样的紧迫性在 6 个月前入侵贝格，但最后以失败告终。阿马莉·伊丽莎白没有从错误中吸取教训。她的部队同样最初取得了成功，7 月 18 日占领了莱茵费尔登，迫使达姆施塔特同意另一个停战协议。梅兰德的到来鼓励达姆施塔特进行报复。虽然帝国军在 12 月未能占领马尔堡，但是他们的存在挫败了阿马莉·伊丽莎白的目标。

　　其他诸侯对这场争端深感厌恶，认为这是一件阻碍了总体和平的私事。瑞典和德意志路德宗信徒因阿马莉·伊丽莎白对加尔文宗权利的公开支持而疏远了她，而当她在 1646 年 4 月 25 日透露自己的领土要求时，甚至连她最亲密的支持者也感到震惊。这些要求都遭到法国的反对，因为它们将会牺牲帝国教会的利益。威斯特伐利亚大会于 1648 年 4 月 2 日向双方发出了要求接受仲裁的最后通牒，这导致了 12 天后的和解。黑森-达姆施塔特保留了几个地区，但也接受了马尔堡和莱茵费尔登已经损失给了黑森-卡塞尔的事实。黑森-卡塞尔同意在马尔堡容忍路德宗，而双方将共同管理马尔堡大学。与此同时，法国说服阿马莉·伊丽莎白放弃她的领土要求，以换取 80 万塔勒的补偿，其中四分之一用于支付她的军队。

梅兰德的适度成功重振了帝国军，再次显示出帝国军仍是一支可信的力量，并帮助说服马克西米连重新加入战争。然而，大的趋势仍然不利于皇帝。瑞典向法国施加了压力，法国在 1647 年底派遣一名传令官到慕尼黑宣布它不再受停战协议的约束。巴伐利亚的暂时中立再次强调了马克西米连对费迪南德的重要性，尤其是因为现在费迪南德无法期待从西班牙得到任何援助了。

西班牙与尼德兰议和

1647 年那不勒斯叛乱

加泰罗尼亚和葡萄牙叛乱的动荡使西班牙在 1643 年处于守势。此后，西班牙的能量被消耗在扑灭多起火灾上。它控制住了火情，但不能扑灭任何一个。一旦西班牙在一个战场取得一些进展，其资源就不得不被转移到其他地区，以应对那里的新威胁。由于卡斯特罗战争转移了意大利君主的注意力，他们的军队无法为西班牙和法国所利用，意大利的局势暂时平静下来。西班牙自己的伦巴第军从 1635 年的近 2.5 万人下降到 17 世纪 40 年代中期的 1.5 万人。巴巴里海盗在西西里岛和那不勒斯海岸再次发动袭击，这是另一个表明西班牙处于虚弱状态的迹象。

1646 年，马萨林对西班牙在埃尔巴岛和托斯卡纳海岸的领地发起了一次大规模远征，目的是切断那不勒斯和热那亚之间的联系，鼓励意大利君主重新参战。那不勒斯人正在骚动不安，马萨林认为，大胆的一击将会促使他们发起反对西班牙政府的叛乱。萨伏依的托马索亲王自称是那不勒斯王位的潜在候选人。法国地中海舰队将他连同 8000 人运送到托斯卡纳的几个港口，这些港口被称为普雷斯登，由疟疾肆虐的近海沼泽带与大陆其他地方隔开。托马索于 4 月登陆后，在奥比泰洛要塞前停滞不前，他的士兵大量死于斑疹伤寒和疟疾。西班牙舰队的到来迫使他在 6 月撤回了幸存的士兵。

尽管遭遇这样的挫折，那不勒斯人还是在 1647 年 7 月叛乱了。和加泰罗尼亚与葡萄牙的情况一样，叛乱既有长期原因，也有直接诱因。当那不勒斯出口市场收缩时，对西班牙政府债券的投资获得了高额的利息，这扭曲了那不勒斯的经济。投资行为遍及整个社会，一些人持有价值数千达克特的债券，但许多人只持有价值 1 达克特的债券。1622 年后，西班牙政府拖欠利息，在 1642 年完全违约，这时投资行为的后果显现了出来。债券迅速贬值。仅在 1637 年，一次官方贬值行为就让 2000 多万达克特债券丧失价值。当地经济缺乏资本。小农被迫陷入债役和其他形式的依附关系。拥有乡村的贵族利用了这种情况，操纵债务作为社会控制的手段，并雇佣穷人和无地者去当强盗，与邻居争斗。与此同时，随着那不勒斯的人口因农村移民而达到 22.5 万，成为西班牙帝国最大的城市，食品供应成为一个紧迫的问题。

西班牙副王正忙于满足马德里对士兵和税收的需求。仅在 1631 至 1636 年间，那不勒斯王国就提供了 4.8 万人和 5500 匹马。尽管其收入从 1616 年的 430 万达克特增加到 1638 年的 580 万达克特，但大部分是靠借贷完成的。债务翻了两番，达到 4000 万达克特，仅利息支出就占当年收入的五分之四。[24] 像出售官职这样的权宜之计会滋生腐败，特别是因为政府将小城镇的管辖权卖给了贵族。普通人饱受粮食短缺、债务、腐败和暴力之苦，但政治局势仍然混乱。当地精英也发生了分裂，一些人代表西班牙，从西班牙政策中获利，而另一些人则因为西班牙的政策受损。一些贵族与法国人合谋，但大多数人仍然对这些事情漠不关心，只关注和自己的直接利益相关的问题。

1647 年，由于冬季洪水、瘟疫和一连串的歉收，导致地中海大部分地区出现饥荒，局势更加恶化。西西里岛的动乱迫使当局在 5 月暂停征收一些税收。巴勒莫骚乱的消息于 7 月 7 日星期天到达那不勒斯，当时城中正挤满了参加宗教节日的人。这种情况与 7 年前巴塞罗那的情况相似，当局失去了对街道的控制后，暴力就会升级。叛乱的领导权移交给托马索·阿涅洛（Tommaso Aniello），他是一名渔民，在意大利民间传说中被称为马萨涅洛（Masaniello），他将民众暴力集中在普遍镇压的象征上。除了洗劫副王的宫殿，人群还袭击了贵族们雇来和邻居争斗的匪徒。马萨涅洛被支持者宣布为"国王"，但他无法控制不断升级的仪式化的谋杀和斩首的循环。

与加泰罗尼亚的情况不同，副王没有被处死，仍然掌管政府。他赢得了对暴力感到震惊的温和派的支持，并将马萨涅洛斩首，声称后者正在寻求独裁统治。在对不断上涨的食品价格的持续焦虑中，马萨涅洛很快获得了超人的地位。政府不得不为他举行国葬，据说他的头奇迹般地重新回到了身体上。在 17 世纪 50 年代，他已经被比作克伦威尔，在后来 1799 年那不勒斯推翻君主制的运动中，他也是一个重要的灵感来源。尽管副王现在失去了对城市的控制，但他还是逃到了海湾中的蛋堡中。腓力四世的私生子唐·胡安·何塞（Don Juan José）率领的西班牙舰队于 10 月 1 日投送增援部队，炮击了那不勒斯，导致叛军在三周后宣布独立。

法国对这场叛乱毫无准备。由于法国人厌恶援助叛乱，支援迟迟才到来。最终，叛军说服亨利·德·吉斯（Henri de Guise）成为领袖。公爵对那不勒斯王位有着较弱的主张，当时正在罗马安排离婚事宜。对法国人来说，他是一个更体面的合作伙伴。法国地中海舰队于 12 月 18 日抵达，迫使胡安·何塞让部队重新上船。叛乱随后停滞不前。马萨林不信任作为洛林家族成员的吉斯，之前正是洛林家族的参与挫败了法国早先支持萨伏依的托马索亲王的计划。公爵也无法行使自己的权威。那不勒斯人意识到加泰罗尼亚人的命运，在法国干预的问题上存在分歧。他们在关于社会正义和乌托邦式改革等问题的辩论上浪费了很多时间。同时，大陆上的人未能与西西里人协调一致采取行动，西西里人自己的领导层也发生了分裂，导致西班牙在 1648 年 7 月重新占领该岛。当西班牙舰队返回并投送了一支军队时，那不勒斯于 1648 年 4 月 6 日打开了大门，并交出了吉斯以换取大赦。法国舰队于 6 月 4 日与托马索亲王一同出现，但现在已经太迟了。

这次叛乱是对西班牙的又一次严重打击。现在王室已经不可能再平衡预算了，于是被迫宣布再次破产，暂停支付利息，又发行了一次债券，来履行其义务。尽管如此，法国干预的虚弱和叛乱的最终崩溃显示了西班牙的持续韧性。尽管叛乱在地区上很重要，但对西班牙君主国的整体处境没有什么影响。和以往一样，尼德兰被证明是决定性的战场。

对尼德兰人的战争

　　法国和尼德兰于 1644 年 3 月 1 日重新建立同盟关系，双方承诺继续战斗，直到双方都满意为止。双方协同作战，征服佛兰德海岸，消灭敦刻尔克人。尼德兰人提供海军支援，当法国军队从阿图瓦出发，包围每个据点时，尼德兰人在海上进行封锁。1644 年 7 月，格拉沃利讷陷落，敦刻尔克的外部防御被突破。一年后，法国人占领了马尔迪克，1646 年 6 月占领了科特赖克。西班牙人进行了顽强的抵抗，于 1645 年 12 月夺回了马尔迪克，但第二年 8 月又失去了它。在新近成为孔代亲王的昂吉安的率领下，法国人于 1646 年 9 月占领了弗尔讷，最后于 10 月占领了敦刻尔克。影响是立竿见影的。敦刻尔克人在 1627 年至 1635 年间击沉或俘获了 2029 艘尼德兰船只，但在 1642 年至 1646 年间，这一数字降至 547 艘。[25]

　　尼德兰在陆上的行动不太成功。弗雷德里克·亨利面临着一项艰巨的任务，必须在莱茵河以北开始每一场战役，在那里，法国人在自己和佛兰德海岸之间没有任何天然障碍。像法国人一样，他也不得不分散自己的部队，在边境沿线布置军队，以击退西班牙可能的突袭。他想把共和国的缓冲区扩大到南部和东部。1626 年至 1627 年的战役征服了艾瑟尔河以东的土地，而 1629 年对斯海尔托亨博斯的占领扩大了东南部的突出部，为盖尔德兰提供了安全保障。1632 年对马斯特里赫特的征服让尼德兰得到了默兹河上游的一个据点，中断了西班牙人在莱茵河下游其余据点和尼德兰据点之间的交通。1637 年的布雷达战役进一步改善了西部的局势，为乌得勒支提供了保护。弗雷德里克·亨利随后的行动扩展了这一点，他在 1644 年占领了萨斯范亨特，在 1645 年占领了许尔斯特，让共和国控制了斯海尔德河口的西侧。

　　1646 年的战役旨在夺取安特卫普来完成这一任务。法国人意识到他们的盟友的热情正在逐渐衰落，增加了资金援助，并承诺格拉蒙会率领 6000 名士兵提供援助。当弗雷德里克·亨利接近安特卫普时，格拉蒙设法从法国穿过佛兰德与他会合。尽管如此，行动还是失败了，尼德兰人撤退了。法国人对尼德兰舰队迟迟才抵达敦刻尔克附近感到愤怒，格拉蒙则认为弗雷德里克·亨利疯了。[26]尼德兰人对法国军队的糟糕纪律表示不满，并最终用船将格拉蒙的分队运回家。

来自殖民地的消息同样令人失望，尼德兰人现在失去了他们在 1644 年前所获得的支配地位。尽管伯南布哥政权采取宽容政策，但许多巴西人仍然忠于葡萄牙，并向南迁移，在巴伊亚发展了一个与之竞争的制糖业，在伯南布哥西北部的马拉尼昂建立了一个新的殖民地，朝向亚马孙流域，加在一起，它们很快超过了尼德兰的糖产量。捍卫新征服地的成本高昂，给西印度公司带来了巨大压力，它需要政府资金援助才能继续经营下去。尽管不断有新的征服，1629 年后，它的股票价值已经在下跌了。到 1640 年，荷兰西印度公司的债务已经达到 1800 万弗洛林，股票价格从 117 点跌到 1650 年的 14 点。在投资者的压力下，董事会于 1644 年削减了防卫预算。这段时间内，总督约翰·毛里茨（Johan Maurits）也被召回尼德兰，为 1645 年的巴西叛乱扫清了道路。任何一方都无力在战场上投入超过 1000 人的军队。尼德兰援军于 1646 年到达，但是叛军得到了葡属巴伊亚的援助，荷兰西印度公司的据点很快就只剩下累西腓和其他三个沿海要塞了。

荷兰西印度公司的活动严重损害了尼德兰的外交，因为它阻止了尼德兰与葡萄牙叛军进行有效合作，而葡萄牙叛军本来是尼德兰在欧洲的天然盟友，但却是在殖民地的敌人。共和国确实于 1644 年与葡萄牙就东印度达成停战协议，一直持续到 1652 年。葡萄牙国王若昂停止帮助巴西，希望尼德兰在威斯特伐利亚谈判中支持葡萄牙独立。然而，巴西人组织了自己的远征军，于 1648 年穿越大西洋，夺回了安哥拉和圣托梅。尽管到 1663 年，葡萄牙在东印度群岛的大部分剩余据点都丢给了荷兰东印度公司，但它利用第一次英荷战争（1652 年—1654 年）在 1654 年将荷兰西印度公司从巴西驱逐出去。公司濒临倒闭，于 1674 年解散。

到 1645 年，战争对大多数尼德兰人来说不再有利可图。荷兰西印度公司的董事们放弃了早先对议和的反对，开始考虑替代方案，尤其是因为其竞争对手东印度公司与亚洲、西班牙、黎凡特和阿尔汉格尔斯克的贸易额现在高达 5000 万弗洛林一年。其他部门也受到影响。法国参战后，西属尼德兰的经济衰退使尼德兰的纺织业和农业受益匪浅。加上糖业的繁荣和奴隶贸易，使得尼德兰经济过热，1636 年至 1637 年的郁金香热就是其象征，当时投机者利用了人们对异国鲜花的热情。随后的经济衰退使尼德兰人不太愿意继续为战争买单。而且有迹象表明他们著名的金融系统已经达到了极限。尼德兰依然征收了大笔税收，但军队现在依靠私人金融家（ *soliciteurs militair* ）来向队长预付资金，以维持连队或船员，等官方工资到账之后再交一部分份额。信贷依赖及时还款，但是到 1643 年 1 月，七省共拖欠了 500 万塔勒的款项。两个月后，联省议会将军队的正式编制降至 6 万人，减少了 2 万人。[27]

这一削减也表明大多数人不再认同主战派的信念，不再相信自己能取得彻底胜利。讽刺的是，弗雷德里克·亨利在军事上的成功导致了他在政治上的失败。征服莱茵河以外的土地使共和国南部省份感到更加安全。加尔文宗也发生了变化，变得更加强大了，在国内地位越来越稳固，也越来越拥有一个官方教会的结构。大多数加尔文宗信徒不再觉得自己在国内是一个四面受敌的少数派。一些人准备更宽容一些，而宗教热情在一系列唯灵论异议者群体身上找到了出路。[28]

西班牙与尼德兰和法国的谈判

西班牙于 1646 年 1 月 28 日再次提出停战请求，这些考虑在共和国内创造了有利的气氛。尽管尼德兰有义务咨询法国的意见，但 1644 年重新与法国缔结的联盟允许尼德兰人单独谈判，现在共和国派代表前往明斯特。会谈于 5 月开始，很快达成了一项条约草案，共和国事实上获得了正式的独立。在荷兰省的大力支持下，其他省份于 1647 年 1 月 8 日同意将此转变为与西班牙的永久和约。敌对行动暂停，等待正式批准，但是西班牙和尼德兰的一个联合委员会已经开始根据双方目前的占领地标记出新边界来。

一些人担心，如果共和国因批准和约而失去了法国的善意，它将会暴露在外而易受攻击，但是现在人数越来越少的主战派只是出于更自私的原因反对该条约。弗雷德里克·亨利于 1647 年 3 月去世，他急躁的儿子威廉二世终于继承他成了省督，希望有机会通过获得军事上的成功来巩固自己的新地位。支配了乌得勒支省议会的三位范·里德兄弟是一名尼德兰南部难民的儿子。戈达尔·范·里德（Godard van Reede）在明斯特代表乌得勒支，他在荷兰西印度公司和与瑞典的武器贸易上投入了大量资金。他的开支过大，入不敷出，接受了法国 10 万弗洛林的贿赂，条件是反对批准和约。他说服了他的同事，代表泽兰的约翰·德·克努伊特（Johan de Knuyt）也这样做。[29] 共和国宪法让他们的个人意见发挥了重要作用，因为成立共和国的乌特勒支联盟（1579）需要七个省的一致同意，条约才能生效。

法国特使塞尔维安于 1646 年 12 月 29 日离开明斯特，安排第二年的战役计划。他于 1647 年 1 月 8 日到达海牙，那一天尼德兰人完成了和平草案。对法国来说这一时机非常不好，因为法国自己与西班牙的谈判停滞不前，几乎没有比两年前的初步提案交流更进一步。现在已经很清楚了，皇帝准备承认法国在莱茵兰的领土要求，和约的最后障碍是马萨林坚持费迪南德同意在法国和西班牙的战争中保持中立。佩尼亚兰达担心特劳特曼斯多夫会同意这一点，终于在 1646 年 3 月对法国做出了让步，但法国人认为这是嘲弄。西班牙增加了其提议，包括将鲁西永割让给法国以及赦免加泰罗尼亚叛军。马萨林过于自信，认为另一场战役的胜利也会导致阿图瓦和加泰罗尼亚的割让。

法国人的自信在 1647 年夏天减弱了。由于在北部边境和尼德兰达成休战，西班牙得以将其军队调往南方，在 6 月夺回阿尔芒蒂耶尔，在 7 月夺回朗德勒西。法国指挥官拉·加雄（La Gassion）巧妙地巩固了对阿图瓦的控制，于 7 月占领了拉巴塞，但他于 10 月在朗斯被杀。与此同时，德意志军的兵变推迟了对卢森堡的牵制性攻击，在《乌尔姆停战协议》结束后，蒂雷纳重新返回帝国时，攻击还没有开始。

　　法国在比利牛斯山的情况也恶化了。奥利瓦雷斯被解职后，西班牙对加泰罗尼亚人采取了更灵活的态度，尤其是西班牙在 1644 年 8 月占领了莱里达之后，腓力四世可以以一种宽宏大量的姿态做出让步。腓力四世以凯旋式进城，庄严地宣誓维护加泰罗尼亚人的自由。这与法国的态度形成了鲜明对比，之前法国在 1642 年 9 月占领佩皮尼昂后显示了自己的意图。法国法律被引入鲁西永，因为它被视为路易十三的个人领地。大多数加泰罗尼亚精英转而支持腓力，腓力的部队于 1646 年 11 月击退了对莱里达的进攻。孔代被派去做第二次尝试，但也于 1647 年 6 月被击退。尽管法国人占领了特尔托萨（1648 年 7 月），西班牙人仍在莱里达和塔拉戈纳坚守。西班牙在那不勒斯重新确立权威的同时，在克雷莫纳成功防御了法国和摩德纳公爵的两次袭击，摩德纳公爵是唯一一位重新加入反哈布斯堡联盟的意大利君主。

　　1647 年 4 月，教宗调解人基吉和威尼斯调解人孔塔里尼成功重启了法国和西班牙的会谈。西班牙让尼德兰人帮助促成和平，从中可以看出西班牙人对他们的信任。11 月 16 日商定了 43 条条款，只剩下 6 个悬而未决的问题，其中对法国的领土让步是主要障碍。双方仍然互相不信任，尤其是西班牙，因为西班牙认为自己可以通过批准与尼德兰的条约草案来遏制法国。这有助于说服尼德兰人相信西班牙的诚意，他们于 1648 年 1 月 30 日批准了条约草案，达成了《明斯特和约》。西班牙承认了尼德兰的独立，并同意关闭斯海尔德河贸易。尼德兰人保留了在莱茵河以南的征服地，包括马斯特里赫特，但没有义务尊重在那里的天主教，这是西班牙此前所要求的条件。他们还保留了海外征服地和在那里进行贸易的权利。[30]这些条款对尼德兰人非常有利，3 月 9 日得到了七个省中的六个省的批准。范·里德承受着越来越大的压力，他健康状况不佳，终于在 4 月 30 日同意批准条约。1648 年 5 月 15 日，双方正式宣誓缔结和约，赫拉德·特·博克（Gerard ter Borch）的著名画作描绘了这一宣誓仪式。西班牙和尼德兰之间的最后一场战斗发生在 1649 年 7 月的特尔纳特岛的森林中，当时和约的消息还没有传到东印度群岛。

　　法国在这一关键阶段失去了盟友。10 岁的路易十四刚刚从可能致命的天花中康复，而他的弟弟仍然还病着。西班牙政府确信马萨林很快会被法国贵族推翻，后者会提供更有利的和平条件。达沃于 1648 年 3 月被召回，以满足法国亲王们的批评。反对马萨林的朗格维尔公爵已经在一个月前离开了，法国代表只剩下了塞尔维安。西班牙与尼德兰和约的缔结恰逢那不勒斯叛乱的结束。因此毫不奇怪的是，腓力四世于 1648 年 5 月 6 日拒绝了与法国的和平草案，并命令佩尼亚兰达谈判一个全新的和平草案。佩尼亚兰达终于说服了腓力让他在 6 月 29 日离开明斯特，他说现在既然主要的法国代表已经离开了，他留在那里只是损害了西班牙的荣誉。谈判被委托给了低级官员，表明现在两国政府都不怎么看重这一谈判了。

从朗斯战役到《比利牛斯和约》

马萨林命令孔代赢得法国迫切需要的一场胜利，将他重新调往佛兰德前线，并命令他占领伊普尔。由于天气恶劣和饲料短缺，行动被推迟了，但是孔代在仅仅两周之后，于 1648 年 5 月 28 日占领了伊普尔。利奥波德·威廉重新夺回科特赖克，抵消了法国的这一收获，他作为总督取代了皮科洛米尼指挥佛兰德军。法国对奥斯坦德的攻击被击退，而西班牙人也于 8 月 2 日夺回了弗尔讷。即使是西班牙的这种相对较小的成功也具有双重破坏性，影响到巴黎的公众舆论和法国在威斯特伐利亚和会上的地位。

法国军队已经崩溃，营养不良，士气低落。马萨林说服埃拉赫从德意志军中抽调 3500 人，从阿尔萨斯出发增援孔代。这次军队没有发生兵变，埃拉赫的到来使孔代的兵力达到 1.6 万名士兵、18 门大炮。利奥波德·威廉于 8 月 17 日夺回了朗斯，并在西边被沼泽覆盖的山脊上布置了 1.8 万人和 38 门大炮。孔代于 8 月 19 日部署在对面的平原上，又累又渴。很明显，西班牙的阵地非常牢固，孔代开始后撤。利奥波德·威廉的部分军队离开山脊去追击，击溃了法国的后卫队。在他们的成功的鼓舞下，大公将其余军队向前推进，然而这带来了致命的后果，导致了一场全面的交战。孔代很快恢复了过来，击败了逃离的西班牙骑兵，俘虏了利奥波德·威廉，让敌方的步兵暴露在外，情况和罗克鲁瓦战役如出一辙。法国俘虏了5000 人，杀死了 3000 人，自己仅损失了 1500 人。[31]

朗斯之战的结果喜忧参半。胜利提高了马萨林的声望，鼓励他拒绝了西班牙的新提议。他试图利用 8 月 26 日的感恩礼拜仪式逮捕他在巴黎高等法院中最激烈的两个反对者。这一行动失败了，导致了骚乱，被称为"街垒日"。这些情况导致"投石党运动"（Fronde）开始，这是一场在法国争夺控制摄政权的斗争。[32] 1649 年 1 月 8 日，高等法院宣布马萨林为罪犯，随后爆发了公开战争。虽然事态在 3 月暂时平静，但孔代认为自己是君主国的救星，于 1650 年反叛，法国再次爆发了更严重的暴力事件。到 1653 年，马萨林挫败了所有驱逐他的企图，孔代被迫出逃，效劳于西班牙。

出于形式，谈判将继续在明斯特进行，直到最后一批特使于 1649 年3 月离开。法国和西班牙的战争又持续了 10 年。摩德纳公爵已经于 1649年 2 月与西班牙议和。尽管他在 1654 年至 1658 年倒戈到法国一方，西班牙人依然掌控着意大利领地。投石党运动使增援部队无法到达加泰罗尼亚，法国在那里失去了支持。1650 年至 1654 年间，瘟疫杀死了十分之一的加泰罗尼亚人，进一步削弱了人们对战争的热情。唐·胡安·何塞从1651 年开始围攻巴塞罗那。由于无望得到法国的救援，巴塞罗那于 1652年 10 月 13 日投降，接受胡安为副王。西班牙于 1652 年收复了加泰罗尼亚的其余地区，并（短暂地）收复了敦刻尔克和格拉利沃讷，但是激烈的战斗使西班牙未能充分利用投石党运动带来的机会。尽管如此，马萨林在 1659 年不得不接受《比利牛斯和约》（Peace of Pyrenees），他在 1647年 11 月本来可以得到更令人满意的条款的。西班牙只割让了阿图瓦的一部分，加上鲁西永（不包括罗萨斯要塞）和塞尔达涅（塞尔达尼亚）的一部分，如腓力所期望的那样，这些都伪装成了西班牙公主嫁给路易十四的嫁妆。法国不得不让洛林公爵复辟，同时将敦刻尔克割让给了克伦威尔政权，克伦威尔政权在 1655 年之后进行了干预，反对西班牙。直到查理二世在 1662 年把敦刻尔克卖了回去，法国才又拿回它。[33]

最后一轮（1648）

最后的战役

西班牙在 1647 年至 1648 年的部分复苏限制了法国在帝国的行动，而战争的确切结果仍不清楚。显而易见，皇帝正在输掉整场战争，但即使是一场地方性的胜利，也可能会在威斯特伐利亚大会上打乱法国和瑞典的计划。两个王国已经取得了进展，但是仍然缺乏决定性的优势，关于它们的兵力在 1648 年底以 2 比 1 的比例超过帝国和巴伐利亚军队的报道实际上是在夸大其词。[34]

由于对德意志人的不信任，瑞典人在瑞典军队中的比例现在要高得多，在 6.3 万人中有 1.8 万人。在 37 500 名野战部队士兵中，有 2.2 万人是骑兵，因此他们做出了重大努力来改善骑兵的战斗力。从蒂雷纳那里叛逃的 11 个德意志骑兵团被重组为 4 支规模更大的部队，同时瑞典在整个下萨克森围捕了 1.4 万匹马作为替代坐骑。骑兵与步兵的比例现在与 1618 年的情况相反。这一发展部分是出于后勤方面的考虑，但瑞典人现在也更需要机动性，来协助他们在威斯特伐利亚的谈判人员。

瑞典将其近三分之一军队留下来作为驻军，保卫波罗的海桥头堡，而另外有 1000 人出于政治原因，守卫阿尔萨斯的本费尔德，这是瑞典在法国觊觎这个行省的唯一据点。其他部队分散在其余的基地，7500 名野战部队驻扎在弗兰肯和图林根，维滕贝格率领另外 5700 人驻扎在西里西亚和摩拉维亚。由弗兰格尔率领的主力作战部队的其他分队只有 12 500 名骑兵和 6000 名步兵，另外还有 1500 名骑兵由柯尼希斯马克率领，担任先遣部队。[35] 黑森军仍然约有 1 万人，完全专注于守卫现有的据点。这大大增加了蒂雷纳于 1647 年底率领 4000 名骑兵和 5000 名步兵重返莱茵河上游地区的重要性。另外还有 8000 名法国人在莱茵兰守卫布赖萨赫等据点。

1648 年，梅兰德要为皇帝完成的最艰巨的任务是阻止蒂雷纳和弗兰格尔会合，而他手下只有 1 万名帝国军和 1.4 万名巴伐利亚军。他的军队大约有一半是骑兵，在德意志西南部和波希米亚还有其他帝国和巴伐利亚分遣队。1647 年战役结束的时候，他位于威悉河上游地区和美因河之间，夹在位于威悉河下游地区的弗兰格尔和位于莱茵河上游地区的蒂雷纳之间。不仅他的阵地暴露而易受攻击，而且他所在的地区在 1645 年至 1647 年一片荒芜。梅兰德要对抗任何一个敌人，就必然会危及自己与波希米亚和巴伐利亚的交通。对抗瑞典人在政治上更为重要，所以梅兰德计划把他们引向波希米亚，而兰博伊则率领威斯特伐利亚军向莱茵河上游挺进，威胁蒂雷纳与法国的交通。然而科隆的自治使这一计划无法实现，因为选帝侯费迪南德拒绝让兰博伊离开威斯特伐利亚。兰博伊在接下来的一年里继续进行他对格索的黑森前哨站毫无结果的战争。

法国人占据了莱茵河中游，有了更接近瑞典据点的桥梁。2 月 15 日，蒂雷纳带着 6000 人在美因茨渡过莱茵河，向东行进到美因河北岸，而弗兰格尔率领军队向南向威悉河上游行军去与他会合。梅兰德向东南方撤退到纽伦堡，避免被夹击。由于大雪以及指挥官间的分歧，联军向南的进军暂时搁置了。最终，他们渡过美因河向南推进，进入弗兰肯，夺取了一些小驻军点。梅兰德慢慢后撤，而格罗茨菲尔德将巴伐利亚军布置在英戈尔施塔特。法国和瑞典联军一起占领了多瑙沃特，但随后他们分开了；双方就瑞典在一年前将蒂雷纳的兵变的骑兵并入其军队发生了争论，但这只是掩盖了关于战争方向的更深层次的政治分歧。马萨林仍然不愿意与巴伐利亚作战，蒂雷纳撤回西北部的陶伯河流域，可以让马匹吃到那里的春草，在争端解决的同时休养生息。

与此同时，弗兰格尔向东北行进，占领了帝国在上普法尔茨的据点，并解围了自秋季以来一直被封锁的艾格。瑞典的总体战略是对哈布斯堡世袭领地进行重大打击，以迫使费迪南德议和，弗兰格尔转移焦点的行为也与这一战略一致。然而，瑞典将军们也认为，再次袭击波希米亚是在和平不可避免地到来之前掠夺这个国家的最后机会。[36] 由于弗兰格尔无法从艾格突破进入波希米亚，他获得了蒂雷纳的同意，进一步开展联合行动，旨在摧毁巴伐利亚，并沿着多瑙河入侵奥地利。

楚斯马斯豪森战役

梅兰德的兵力太弱，不能利用他敌人短暂的疏远采取行动，而且他也收到了不要拿军队冒险的秘密指令。费迪南德认识到，一场胜利现在只能在威斯特伐利亚大会上带来不多的好处，而失败可能是灾难性的。梅兰德向西移动到乌尔姆和奥格斯堡之间，以缓解供应状况，格罗茨菲尔德率领巴伐利亚军不情愿地加入了进来。他们的总有效兵力已经下降到 15 370 人，7220 名骑兵中约有 2000 人没有坐骑。[37]

　　联军向西南行进至符腾堡，然后向东返回劳英根，劳英根是法国在多瑙河上的一个据点，位于乌尔姆下游。他们于 5 月 16 日越过多瑙河，向南去切断梅兰德与巴伐利亚的联系。梅兰德已经意识到敌人正在接近，向东撤离，穿过布尔高，到达楚斯马斯豪森。尽管如此，那天晚上传来消息，敌人已经越过多瑙河，引起了他的恐慌。他拒绝了格罗茨菲尔德向北行军去对抗敌军的建议，因为他不清楚有多少人已经过河了。相反，他继续向东前往奥格斯堡，越过莱希河逃到巴伐利亚。这一决定使他在面对敌人的到来时，不得不带着辎重撤退，因此面临着曼斯菲尔德在明格尔斯海姆或克里斯蒂安公爵在赫希斯特和施塔特洛恩类似的处境。为了到达莱希河谷，他不得不穿过楚斯马小河和施穆特小河之间的树木繁茂的小山，这段路程有 20 千米。雷蒙多·蒙泰库科利（Raimondo Montecuccoli）率领 800 名火枪手、2000 名骑兵和克罗地亚人担当后卫，而梅兰德则于 5 月 17 日凌晨 4 点率领其他军队一起出发。

　　弗兰格尔和蒂雷纳一共有 14 500 名骑兵和 7500 名步兵，有着相当大的数量优势，但是由于地形原因，他们无法充分利用这一优势。随着蒙泰库科利的后卫沿着穿过森林的狭窄路线后退，行动变成了一场运动中的战斗。3 个法国骑兵团和 6 个瑞典骑兵团组成的联军先头部队在早上 7 点左右发动了进攻。蒙泰库科利坚守了一个多小时，随后，等敌人军队全部到达之后，他们就越过楚萨姆河撤退。他又退回到赫普芬里德村，森林在那里变窄，他打算继续抵抗，直到梅兰德能在更远的霍尔高建立另一个据点。法国骑兵沿着道路较容易的南边行进，迂回包抄蒙泰库科利。梅兰德带着护卫队冲回来救他。那天早上的匆忙出发让梅兰德来不及穿上盔甲，他被手枪击中胸部，中午前不久死亡。帝国分队继续抵抗，但是随着法国人和瑞典人冲上大路，抢夺了部分辎重，战斗变得混乱。

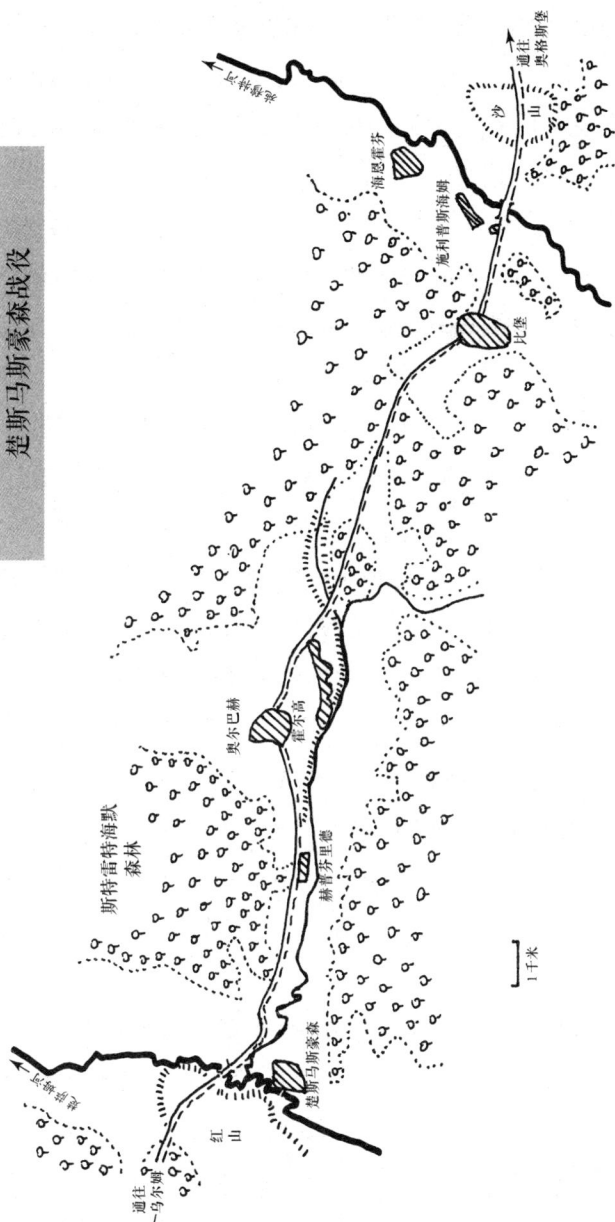

楚斯马斯豪森战役

通往奥格斯堡

沙山

海恩霍芬

施利普斯海姆

比堡

奥尔巴赫

霍尔高

斯特雷特海默森林

赫青芬里德

红山

楚斯马斯豪森

通往乌尔姆

1千米

　　尽管如此，蒙泰库科利的抵抗还是为格罗茨菲尔德赢得了时间，让军队主力在比堡以东渡过施穆特河，并在另一边的沙山上挖掘防御工事。下午 2 点，蒙泰库科利率领后卫的幸存者渡过施穆特河时，巴伐利亚军的防御工事已经挖到了膝盖高度。巴伐利亚的先锋队在联军出现之前摧毁了这座桥。法国人在 6 门缴获的大炮的支援下，试图过河，但是被击退了。他们的步兵仍然还在路上辛苦地赶来，因此人数并不占优。格罗茨菲尔德在夜间溜到奥格斯堡，共有 1582 人伤亡，但只有 315 人和 353 辆货车被俘。梅兰德的目标已经实现，但是如果选择牺牲辎重的话，本来可以以更低的成本完成。

　　联军没能摧毁皇帝的最后一支军队，它继续击退联军沿着莱希河的侦察行动。格罗茨菲尔德从蒂利 1632 年的经历中吸取了教训，与莱希河保持距离，随时准备在敌人过河时突袭。弗兰格尔想通过重复古斯塔夫斯的壮举赢得名声，于 5 月 26 日开始派遣骑兵游过河。格罗茨菲尔德的一个巡逻队遇到了他们，并错误地报告说全部敌军已经过河了。和 1632—1633 年及 1646 年的情形一样，格罗茨菲尔德撤退到英戈尔施塔特，使巴伐利亚南部暴露在敌人面前。帝国主力军在撤退中解体了，只剩下 5000人的有效战斗力，巴伐利亚军的人数也已经不多了。格罗茨菲尔德被楚斯马斯豪森和前两周持续的警报动摇了。这最后一次撤退使马克西米连失去了对他的信心，6 月 3 日，格罗茨菲尔德和两名下属被逮捕，接替他的是胡诺尔德施泰因（Hunoldstein）将军，后者随后又于 8 月被恩科福特所取代。

　　选帝侯向军队发泄了他的沮丧，像温茨海姆这样的次要据点的指挥官如果投降就会被处决。他更为现实的举动是因这场危机而不再反对韦特，韦特奉命从波希米亚征集 6000 名帝国骑兵来增援巴伐利亚军。与此同时，费迪南德将帝国军的指挥权委托给了皮科洛米尼，后者自 1647 年在尼德兰辞职以来一直担任指挥官。他们都是称职的军官，但是需要一段时间才能在伊萨尔河后面重组士气低落的军队。与此同时，马克西米连和他的1.2 万名臣民一起，逃到了萨尔茨堡，两年前他已经将他的档案和金库存放在那里以备不测。

适度复苏

弗兰格尔和蒂雷纳带着 2.4 万人入侵巴伐利亚南部。尽管慕尼黑幸免于难，但莱希河和伊萨尔河之间的其余地区都被有系统地掠夺了，马克西米连被迫再次停战。由于将军们等待威斯特伐利亚和会的消息，行动放慢了。然后，弗兰格尔在弗赖兴突然渡过了伊萨尔河。6 月下旬，他到达了因河，却发现河流因为大雨而变宽，胡诺尔德施泰因加强了戒备。皮科洛米尼率领 3100 名帝国军抵达，随后韦特率领骑兵于 8 月 3 日抵达。他们的到来鼓舞了士气，皮科洛米尼还慷慨地将自己的薪水分发给了许久没有领到报酬的部队。帝国军人数现在达到了 1.4 万人，而巴伐利亚军人数又达到了 1 万人，此外还有一些额外的民兵以及沿因河和选侯国其他据点中的驻军。到 7 月 17 日，他们出发了。

弗兰格尔和蒂雷纳慢慢后撤，以避免战况发生逆转，这可能破坏最终的和平谈判。此外，弗兰格尔不想让克里斯蒂娜女王有借口撤掉他军队指挥官的位置。事实上，她已经在 6 月 2 日任命了她的亲戚普法尔茨-茨魏布吕肯的卡尔·古斯塔夫为瑞典帝国所有军队的指挥官。这个决定是她的复杂手段的一部分，以在不需要结婚的情况下解决瑞典王位的继承问题。她认识到在说服臣民接受卡尔·古斯塔夫作为她的继任者时面临的困难，希望通过将他与瑞典在帝国内的最终胜利联系起来，来提高他的声望。卡尔·古斯塔夫已经证明自己在托尔斯滕松手下表现出色了。克里斯蒂娜驳回了国务委员会的反对意见，并于 7 月底派遣他率领 7150 名本土士兵前往波美拉尼亚。[38]

尽管皮科洛米尼不得不派出 2000 人来解决波希米亚的局势，他仍然继续执行骚扰敌人的战略。韦特对这种战略非常得心应手。韦特得知，弗兰格尔、蒂雷纳和一大群随从于 10 月 6 日去慕尼黑北部的达豪森林打猎。尽管联军在森林边缘部署了 1400 名骑兵作为安全保障，但没有人注意到韦特的骑兵发动攻击时的额外的开火声，突然一名瑞典上尉倒下，随后是他旁边的一名中尉。韦特已经越过警戒线，出现在了树林里。猎人成了猎物。20 名军官葬身在危险的沼泽地里。弗兰格尔发现自己正在下沉，他声称这时一只鹿跳过沼泽地，向他展示了前进的道路。弗兰格尔逃掉了，但是韦特带走了 94 名战俘和 1000 匹马。联军烧毁了巴伐利亚附近的村庄，以报复这种卑鄙而不够光明正大的行为。[39]

布拉格的最后对抗

与此同时，真正的行动转移到了波希米亚。5 月 18 日，柯尼希斯马克从莱希河出发，穿过上普法尔茨和艾格山谷，于 7 月 22 日带着 3000 名士兵抵达比尔森。他的任务是迫使皇帝召回军队来保护波希米亚，从而在奥地利和巴伐利亚的关系中制造裂痕。皮科洛米尼已经抽空了波希米亚的军队来重建主力部队，布拉格的防守兵力相当薄弱。柯尼希斯马克决定奇袭这座城市来完成一项壮举，在和平阻止进一步的劫掠之前，这座城市是最后一个可供劫掠的大奖。一名叫恩斯特·奥托瓦尔斯基（Ernst Ottovalsky）的新教中校联系过他，奥托瓦尔斯基在帝国军中服役时失去了右臂，但没有得到补偿，对此心怀不满。

奥托瓦尔斯基给了柯尼希斯马克一份富人和名人的地址清单，7 月 25 日晚上，他带领 100 名瑞典人穿越白山战役的战场，来到位于伏尔塔瓦河左岸、城市西部的小城区（Malá Strana）。他把他们带到一个地方，那里的墙正在加固，工人们留下了一堆土。瑞典人利用斜坡越过防线，制服了卫兵，打开可以让柯尼希斯马克和主要部队进入的一扇门。瑞典人很快占领了整个小城区，包括赫拉德恰尼宫，但是帝国司令鲁道夫·科洛雷多乘船逃到了伏尔塔瓦河对岸，市长敲响了警钟。布拉格在 1620 年、1631 年和 1632 年都没有战斗就投降了，但是这告诉了其居民敌人占领会带来什么，他们现在决心抵抗。学生和市民封锁了查理大桥，阻止瑞典人进入河以东更大的新城区。

柯尼希斯马克让他的部队放松了三天军纪。他们杀害了 200 名居民，掠夺了波希米亚贵族和教士的大量财富，包括施里克的宝藏，仅此就价值 50 万塔勒。更有价值的修道院图书馆被运往斯德哥尔摩，以取悦克里斯蒂娜，一起被送去的还有鲁道夫二世的艺术收藏品。那些不幸被抓的贵族被用作人质来勒索赎金。瑞典人还威胁要扣留圣诺贝特的尸骨以勒索赎金，直到他们发现这些尸骨已经被转移到安全地带。瑞典人一共收获了大约 700 万塔勒的战利品，这甚至超过了布雷根茨的战利品。

其他瑞典分遣队都赶来分享这个蜜罐。7 月 30 日，维滕贝格带着 6000 人从西里西亚来到伏尔塔瓦河对岸，10 月 4 日，卡尔·古斯塔夫率领 8000 名萨克森人紧随其后。然而，普赫海姆率领的 3500 名帝国军赶在了前面，他们沿着伏尔塔瓦河加速行军，比维滕贝格早 3 天到达布拉格。瑞典人本来指望轻易得手，但在新城区的顽强抵抗面前失败了。维滕贝格暂时撤退，蹂躏农村，让守军有机会加强其防御工事和训练民兵。直到卡尔·古斯塔夫到达后，瑞典人才有足够的兵力，能够开始正常的围城，在新城区的北部和东南部都设置了炮台。更多的大炮从小城区隔着伏尔塔瓦河开火，而步兵试图穿过受到一个可移动路障的保护的查理大桥。10 月 11 日，由于围城者试图在和约签署之前破城，战斗愈发激烈。科洛雷多说服市民坚持住。和约的消息于 11 月 5 日传来，但是瑞典人又继续进攻了五天，直到皮科洛米尼军队的先遣卫队终于从巴伐利亚抵达。[40] 帝国军还尾随了同样于 10 月赶往布拉格的弗兰格尔，但弗兰格尔一听到和平的消息就在纽伦堡停了下来。皮科洛米尼率军继续前进，到 11 月 20 日，整个帝国军队已经撤退到波希米亚。与卡尔·古斯塔夫的会谈已经开始，以划定双方将占据的地区，直到复员工作完成。

缔结和约

这场战斗增加了威斯特伐利亚最后一轮谈判的紧迫性。在巴伐利亚和美因茨要求与瑞典和解的压力下，从 3 月初开始，特劳特曼斯多夫在约翰·乌克森谢纳在奥斯纳布吕克的住所分别与温和派新教徒和天主教徒的代表举行了会谈。特劳特曼斯多夫同意在裁决宗教案件时，将教派平等原则扩大到帝国枢密法院和帝国宫廷议会，并同意让加尔文宗信徒包括到和约中来，剩下的障碍就消失了。萨克森对最后一个让步提出了正式抗议，但仍与勃兰登堡合作，说服了大多数其他新教徒接受其余的协议，而巴伐利亚和美因茨则说服了天主教徒接受。瑞典最终放弃了对流亡者的策略性支持，并于 6 月 12 日接受了特劳特曼斯多夫的提议，将剩余的宪法问题推迟到下一届帝国议会解决。作为回报，帝国政治体承诺支付 500 万塔勒以"满足"瑞典军队，瑞典军队将继续留在帝国境内，花费他们的金钱，直到这笔钱能够筹到为止。关于究竟要补偿多少钱的争论拖延了协议的达成，然而瑞典人仅在布雷根茨和布拉格掠夺的财产就达到了1100万塔勒，这表明帝国贵族和教士本可以更早地支付让瑞典人离开的费用的。这些协定在8月6日的一项协议中合并，这项协议基本上就是《奥斯纳布吕克和约》（Instrumentum Pacis Osnabrugense）了。瑞典留在战场上只是因为法国还没有同意和约，而卡尔·古斯塔夫想要掠夺布拉格。

鉴于西班牙与尼德兰的战争已于1月在明斯特得到解决，现在只有法国与哈布斯堡王朝的争端仍未解决。6月，马萨林向帝国发出最后通牒：要么帝国政治体将勃艮第行政圈（即帝国中属于西班牙的领土）排除在和约之外，要么法国将继续在莱茵河以东开展行动。犹豫了一会儿后，帝国政治体于9月9日同意了他的条件，法国和美因茨的代表于6天后在明斯特达成法国和帝国的和约。费迪南德只有两个选择，要么接受这个条件并疏远西班牙，要么在没有其他德意志人支持的情况下继续战斗。至少帝国政治体之前达成的协议可以让费迪南德把责任推到他们身上，声称自己别无选择，只能放弃西班牙。腓力四世感到失望，并于10月14日发出正式抗议，同时还坚持他对阿尔萨斯的主权声称（直到1659年他才放弃）。然而，私下里，他接受了费迪南德的理由。[41]

两项条约结束了三十年战争。在《奥斯纳布吕克和约》中，皇帝和帝国解决了他们自己的问题以及与瑞典的问题，和约同样也作为帝国宪法的新声明适用于整个帝国。与法国同时达成的《明斯特和约》（Instrumentum Pacis Monasteriense）则不太完整，因为它排除了勃艮第行政圈，以及仍然被法国军队占领的洛林公国。它涵盖了奥地利对法国的领土割让，一些条款确认了与瑞典和帝国政治体在《奥斯纳布吕克和约》中达成的宪法安排。这两项条约都是于10月24日正式宣誓有效的，伴有70响礼炮。每个仪式准备了两份副本，随后几天，更多的副本在特使们的监视下印刷了出来，以确保没有对文字做出任何改动。这些文件被送交相关宫廷，而在未来一年里，至少还有4.2万份副本被印刷出来，以满足热切的公众。[42]

第三部分

后　果

第 21 章
威斯特伐利亚协议

国际层面

威斯特伐利亚与世界史

对《威斯特伐利亚和约》的解释大体上采取了两种立场之一。政治科学家普遍持积极态度，认为这些条约是基于主权国家的现代国际秩序诞生的基础。而直到最近，历史学家一直持否定态度，声称"战争没有解决任何问题"。它的直接和间接影响要么是负面的，要么是灾难性的。"道德颠覆、经济崩溃、社会堕落、原因混乱、过程曲折、结果徒劳，这是欧洲无意义冲突历史上的突出例子。"[1]

德意志历史学家的总体结论是"往昔意义上的帝国已经不复存在"。[2]他们认为，"德意志"此后不再是一个国家，而是一个松散的独立君主国集合。奥地利追求独立，在 1683 年之后，侵占奥斯曼帝国的领地，在巴尔干半岛扩张，并于 1700 年获得了西班牙在尼德兰和意大利的前属地，从而自身就成为一个大国。据称，奥地利一直忽略了"德意志"事务，直到 1740 年受到普鲁士的弗里德里希大王的挑战。正如对德意志历史的大部分公认解释一样，这是 19 世纪 60 年代创造的扭曲表达，旨在支持在普鲁士领导下实现民族统一。这一解释的痕迹至今仍然存在，关于威斯特伐利亚协议的标准历史著作的最新一版将 1648 年描述为德意志历史上"最为灾难性的一年"。[3]

这些解释问题源于围绕着战争与和平性质的误解。三十年战争不是一场欧洲的全面战争，更不用说全球冲突了。将 1618 年和 1648 年这两个日期用作中欧以外国家的历史框架毫无意义，帝国的战争也不能被纳入一场全球的全面危机。[4] 确实，其他国家也经历了重大动荡。莫卧儿皇帝沙贾汉因妻子去世而悲伤地退休，引发了 1657—1658 年间他的儿子们在整个印度的内战。1644 年，满族入主中国，明朝最后一位皇帝自缢身亡。尽管都有一些欧洲商人在场，这些事件与西班牙和奥地利帝国的事件仍然没有关联。同样，其他地方的动荡不是无限期的，也不是没有结果的。莫卧儿帝国没有崩溃，而新的清王朝宣称对蒙古、西藏和新疆地区拥有主权。1600 年后的动乱之后，德川幕府统治时期相对稳定，从 1639 年一直维持到 1858 年，期间日本一直隔绝在国际社会之外。

西班牙与尼德兰、法国、葡萄牙和英国的冲突确实在巴西、非洲部分地区、斯里兰卡和印度尼西亚同时发生。这一时期还见证了欧洲贸易公司的发展，而以前的小投资者越来越多地参与海外投资。最重要的是英国人，17 世纪 20 年代，他们在弗吉尼亚和北美大西洋海岸的其他地方建立了自己的势力，然后在 1639 年渗透到加勒比海地区，并在马德拉斯建立了势力。与结束西班牙继承战争（1701—1714）或七年战争（1756—1763）的条约不同，《威斯特伐利亚和约》没有解决这些殖民地的冲突，尽管西班牙签署《明斯特和约》确实结束了尼德兰东印度群岛的战争。无论是三十年战争本身，还是与之相关的西班牙-尼德兰战争和法国-西班牙战争，都无法像七年战争那样，能被称为真正的第一次世界大战，虽然这种说法也非常可疑。[5] 如果我们仔细观察的话，即使是后来这场被称为世界大战的七年战争，也和 17 世纪的情况类似，是因为欧洲人的冲突转移到了其他地区，而不是一场有非欧洲国家作为完全交战国参加的全球战争。

从和约制定者致力于在整个欧洲达成和平的角度来看，对《威斯特伐利亚和约》的负面评价有一定的意义。显然，和约并没有结束所有的欧洲战争，也没有防止不久之后发生新的冲突。法国和西班牙的战争一直持续到 1659 年，加泰罗尼亚人在 1652 年输掉了其独立斗争，而葡萄牙人则最终在 1668 年赢得了独立。这些冲突的持续代表着大会真正的失败，因为这三次斗争都在威斯特伐利亚和会的议程上。而且，也没有人试图结束英国内战或始于 1645 年的威尼斯与土耳其的冲突。波罗的海的紧张局势曾在 1645 年的《布勒姆瑟布鲁和约》中得到遏制，但 1655 年后再度爆发，瑞典、波兰和俄国之间发生了战争，而另外三场瑞典–丹麦战争一直持续到 18 世纪。那些将三十年战争扩展到包括所有欧洲冲突的人认为，法国和西班牙缔结《比利牛斯和约》（1659）和解决波罗的海问题的《奥利瓦条约》（Treaty of Oliva，1660）才标志着威斯特伐利亚大会的真正结束。[6] 在解释三十年战争的起源时，这引发了同样的问题，因为各个国家之间的冲突有着截然不同的原因、过程和结果，而且虽然一些国家参加了不止一场冲突，但并没有使这些冲突合并为一场单独的全面战争。

　　《威斯特伐利亚和约》的意义不在于它试图解决的冲突数量，而在于它运用的方法和观念。《奥斯纳布吕克和约》和《明斯特和约》的第一则条款都指出，这些方法和观念致力于达成"基督教的、普遍的和永久的和平"，并旨在在整个大陆建立持久的友谊。这不仅仅是善意的陈述。大会为欧洲关系提供了新的宪章。关于帝国宪法的章节确实提到了之前帝国在 1552 年和 1555 年达成的协议，但在另一方面，《威斯特伐利亚和约》并没有提及其他欧洲条约，而是提供了一个新的和平框架。结束其他战争的条约被认为是威斯特伐利亚的延伸，安抚了欧洲大陆的其他部分。在后来的主要的欧洲协议中，威斯特伐利亚条约持续被引用，一直用到 1814—1815 年结束拿破仑战争的维也纳会议。后来的这些协议都基于对国际法的相同理解，即国际法是一项高于所有现有世俗和宗教法律的自愿达成的契约。[7]

　　与许多重要的创新一样，虽然这一发展有着重大的影响，其背后的意图却没那么激进，因为这些和国际法相关的条款只是为了挫败预期中的教宗的抗议。教宗不是唯一的反对者。西班牙和洛林抗议它们被排除在《明斯特和约》之外，而萨克森反对加尔文宗信徒被包括在《奥斯纳布吕克和约》之内，瓦滕贝格主教在总体上拒绝了宗教让步，而美因茨、马格德堡等方则对具体问题提出了反对意见。[8] 共有 18 个领地未能签署协议，因为它们没有派遣代表参加威斯特伐利亚和会。然而，包括瓦滕贝格在内的所有人都接受条约的普遍有效性。只有教宗在其敕令《对主的热情》（Zelo *domus Dei*）中拒绝了整个威斯特伐利亚协议，敕令发布于 1650 年 8 月，但可以追溯到 1648 年 11 月 26 日，重申了教宗特使基吉早先的口头抗议。[9]

对《威斯特伐利亚和约》的积极解释认为，这标志着现代国际秩序的诞生，现在，国际秩序的基础是主权国家在共同的世俗化法律框架内（正式地）平等互动，无论其领土大小、实力或内部结构如何。经典的"威斯特伐利亚国家"建立在不可分割的主权之上，既不与外来代理人，也不与其他国内机构共同管理内部。此外，威斯特伐利亚国家拥有清晰、无孔的边界，其居民之间有着共同的身份认同和文化。后一个因素在 19 世纪有着重要的意义，当时每个民族都应该有自己的国家的理念广为传播，而导致冲突的一个因素是国家试图驱逐少数民族，或扩大边境以包括那些有着共同语言和文化，但却处在"外国统治"之下的人。

国际关系和外交史著作依然习惯性地采取 1648 年这个年份为框架来构建其讨论，但是历史学家和大多数政治科学家不再有信心将这一年作为转折点。[10]一个原因是，新秩序的发展显然是一个长期的过程，早在 1648 年之前就已经开始了，而且一直持续了很久。另一个原因是，民族国家不再被认为是政治发展的最终目的。最近对欧洲联盟的一项研究认为，欧洲联盟不是一个单一的、中央集权的威斯特伐利亚超级国家，而是一个"新中世纪帝国"，其一体化进程重塑了欧洲大陆，而采取的路线与神圣罗马帝国不无相似之处。[11]

这些论点都非常重要，但并没有减损威斯特伐利亚协议在国际发展史上作为一般性标志的重要性。1648 年后，欧洲仍然有着一个等级森严、四分五裂的国际体系，但显然正在走向一个基于更加平等的主权国家的世俗秩序。通过平定中欧的局势，《威斯特伐利亚和约》提供了足够的稳定性，可以在这些原则的基础上建立一个新的国际秩序。[12]这一模式在国际关系理论中得到阐述，而在西方殖民国家与世界其他地区打交道时得到使用，以此获得了全球性意义。

帝国与欧洲

威斯特伐利亚协议确认了帝国的规模和国际地位的下降，从这个广泛的意义上来说，对《威斯特伐利亚和约》的负面历史评估是正确的。但这一过程既不像德意志历史学家曾经认为的那样突然，也不像他们认为的那样具有决定性。尼德兰和瑞士的"独立"问题就说明了这一点。西班牙在《明斯特和约》第一条中放弃了对尼德兰人的统治，但"主权"一词仅出现在原文的英译文中。[13] 西班牙也接受了尼德兰对帝国保持中立。皇帝于1653 年承认尼德兰人无须对帝国防御做出贡献，但是皇帝和帝国议会直到 1728 年才承认尼德兰共和国不再是帝国的一部分。由于巴塞尔市长约翰·韦特施泰因（Johann Wettstein）的游说，瑞士人被包括在《奥斯纳布吕克和约》和《明斯特和约》中。韦特施泰因能参加威斯特伐利亚和会，是因为巴塞尔于 1501 年加入了瑞士联邦，在此两年前马克西米连一世皇帝被迫免除了瑞士人为帝国防务和冲突解决做贡献的义务。巴塞尔想要类似的豁免，这样它就无须为帝国机构买单，仅帝国枢密法院的维持费用就在 1647 年花费了这座城市 14 239 塔勒。费迪南德三世皇帝批准了巴塞尔的请求，但是《威斯特伐利亚和约》和 1499 年的和约都没有正式使瑞士不再是帝国的一部分。

剩下的联系似乎并不重要。尼德兰和瑞士都没有作为帝国政治体参与帝国政治，他们觉得自己没有义务帮助皇帝，但在 1673 年后，尼德兰通常是奥地利的盟友。尽管如此，清晰陈述的缺乏表明，帝国体现了单一欧洲政治共同体的理想的感觉依然挥之不去。苏黎世终于在 1698 年从市政厅移除了帝国纹章，而沙夫豪森直至 1714 年一直认为自己是帝国的一部分。萨伏依未能从法国收回皮内罗洛，也未能获得选帝侯地位，但它仍然是帝国的一部分，萨伏依认为，自己与阿尔卑斯山以北的组织的松散联系在不确定的国际形势下，是有益的额外安全保障。[14]

《奥斯纳布吕克和约》和《明斯特和约》都将帝国宪法的修订与国际和解结合起来，并把瑞典和法国作为帝国新秩序的担保者。旧的看法认为这让帝国处于法国和瑞典的支配之下，这种看法不再成立。只有当帝国政治体无法在三年内友好解决争端时，两个王国才有权干预。而且干预仍然需要受到伤害的一方做出邀请。这些形式上的权利几乎没有增加任何一个国家影响帝国事务的能力，这种能力仍然取决于其自身的军事潜力及其在帝国内部的外交地位。

特里尔的例子说明了 1648 年后法国在帝国内部影响力的迅速下降。1635 年后，瑟特恩恢复选帝侯身份是法国干预的主要理由。瑟特恩恢复了原位，但几乎对其臣民没有什么权力。1649 年 4 月，由于他依赖法国的支持，他同意将马萨林的候选人任命为助理主教。大部分主教座堂法政牧师都反叛了，并在奥地利和西班牙的支持下召集了几百名士兵。马萨林被投石党运动分散了注意力，意识到他对特里尔的干涉正在损害法国在德意志的声誉。被法国抛弃之后，现在卧床不起的瑟特恩无力阻止一位亲帝国助理主教的就职，瑟特恩于 1652 年 2 月去世后，后者继任为特里尔选帝侯。[15]

17 世纪 60 年代早期，在美因茨和普法尔茨的争端中，法国利用了自己作为担保者的权力，但是路易十四随后的侵略导致后来没有人愿意冒险寻求法国的帮助。[16]菲利普斯堡于 1676 年被夺回，尽管 1688 年再次被法国夺走，但 9 年后它又被收复，而且再未被法国夺走。奥地利也夺回了布赖萨赫，重新将法国的势力推回莱茵河对岸。随后，法国利用其军事力量，强加了自己对《威斯特伐利亚和约》的解释，这一过程被称为"统一"（1679—1684），在此期间，法国吞并了斯特拉斯堡和其他沃尔马尔和特劳特曼斯多夫通过模棱两可的条款为帝国保存的领土。法国还在 17 世纪 70 年代征服了弗朗什-孔泰，并最终在 1766 年获得了洛林。

法国一直否认其获得的领土是帝国的一部分，因为这意味着法国国王将要从属于皇帝。法国宁愿牺牲宪法权利带来的正式影响，以保留必要时与诸侯团体结盟的自由。法国逐渐地提升了它的合作伙伴的级别，在 1658—1668 年，先是与较小公国联盟，到 17 世纪末，开始依赖与巴伐利亚结盟，然后是普鲁士，最后是 1756 年后的奥地利。这些变化反映了法国对皇帝政策的转变，法国不再使用帝国宪法来遏制哈布斯堡王朝的威胁，而是维护现有秩序，以维持其主要的欧洲盟友。[17]

瑞典也采取了类似的做法，但更为直接，原因也不同。与法国不同的是，瑞典接受其获得的领土为完整的帝国政治体，这使瑞典在帝国议会以及下萨克森和上萨克森议会中都有代表权。因此，瑞典国王的行为就像丹麦国王一样，后者作为荷尔斯泰因公爵在帝国机构中有代表权。瑞典的权威仍然受到帝国法律的限制。它被授予了与选帝侯同等的帝国法院豁免权，但不得不在维斯马建立自己的法庭，来维护帝国法律。实际上，这需要保留现有的法律制度，同时在新领地尊重等级议会的特权。税收增加了，但是它们被用在了当地，用于维持由德意志专业人士组成的驻军。瑞典并没有做出努力引入其在本土和芬兰实行的征兵制。宗教事务也仍然掌握在当地人手中，教会管理和神学事务由一个德意志审议议会处理。[18]

费迪南德三世未能阻止剩余的非直辖教会领地（见下文）被并入，但阻碍了瑞典将不来梅大主教辖区扩大到包括不来梅市的努力。1645 年征服大主教辖区后，皇帝立即确认了不来梅的帝国城市的地位，以换取急需的 10 万弗洛林。瑞典在 1654 年才迟迟地表示反对，但并没有将事情推向公开决裂的地步。[19] 尽管瑞典代表在威斯特伐利亚会议期间摆出了古斯塔夫斯·阿道弗斯光荣遗产的自信执行者的姿态，但他们现在寻求与皇帝更密切的合作，以保护瑞典现有的领地。在瑞典卷入与波兰的北方战争（1655—1660）后，勃兰登堡和丹麦袭击了瑞典，这时瑞典的脆弱性暴露无遗。1675 年后，路易十四在进行尼德兰战争（1672—1679）期间诱使瑞典试图入侵勃兰登堡时，瑞典的相对衰落变得更加明显。结果，勃兰登堡、丹麦、明斯特和韦尔夫人组成的联军迅速征服了瑞典的所有德意志领地，由于法国在 1679 年的和约中的干预，这些领地才被归还。

1655 年至 1660 年间，德意志西北部的中立保护了不来梅和费尔登，帝国的保护性框架已经证明了其效用。作为回应，瑞典派遣了一支分队来协助皇帝击退 1664 年奥斯曼帝国的进攻。1683—1699 年大土耳其战争期间，瑞典提供了更多的军队和金钱，战争结束后哈布斯堡王朝征服了奥斯曼的匈牙利和特兰西瓦尼亚。1705—1707 年卡尔十二世国王对帝国的干预被媒体比作古斯塔夫斯的回归，这主要是因为瑞典人在征服波兰的努力中占领了萨克森。然而，卡尔十二世随后在俄国的失败（1709）再次让他的德意志领地处在危险之中，并导致不来梅和费尔登在 1714 年永久丢给了汉诺威。瑞典保留了维斯马和西波美拉尼亚，但认为维护帝国宪法是其一项主要保障，因此在七年战争期间，瑞典选择与法国一起支持奥地利对抗普鲁士。到这时，瑞典是既定秩序的主要支持者之一了。与巴伐利亚和其他加入拿破仑一方的德意志南部各邦不同，瑞典国王古斯塔夫斯四世强烈反对帝国在 1806 年解体，并告诉其德意志臣民，他希望帝国能够复辟。[20]

基督教和约

宗教协议

一个常见的误解是，人们认为《威斯特伐利亚和约》通过将宗教排除在政治之外，带来了和平。[21] 尽管从长远来看，《威斯特伐利亚和约》促进了世俗化，但它本身并不是完全世俗的和约。神圣罗马帝国只在基督教意义上才仍然是神圣的。宽容只扩展到加尔文宗信徒。其他异议者，以及东正教徒、犹太人和穆斯林，都被剥夺了类似的宪法权利。

《威斯特伐利亚和约》正式认可了《奥格斯堡和约》，但是通过在一个永久协议中修改它来解决它的缺点。《奥斯纳布吕克和约》第五条第 50 段禁止了任何对其是宗教和约这一点提出质疑或得出相互矛盾的解释的企图。任何未来的困难都将通过"友好和解"来解决，早在 1618 年之前，温和派就已经偏好这种方法了。这就是修改宪法的原因，允许在两个宗教团体之间，而不是在传统的三级议院中进行讨论。这种做法被称为"分离各派"，专门针对宗教问题，而不是像早期激进新教派所预期的那样，针对所有问题。

由于 1624 年 1 月 1 日被选为新的规范年，这一变化的重要性降低了，因为这使每块领地的官方信仰都固定在那一天的状态。新的安排大大削减了诸侯的特权。统治者保留了《奥格斯堡和约》授予的"宗教改革权"，但只作为对他们领地教会的监管。他们再也不能把自己的神学信仰强加给其臣民了。此后任何改宗都将继续是私人事务。统治者获得了个人良心自由，但失去了政治权威的一个重要方面。这消除了许多围绕"教会维持令"的争议,"教会维持令"已经被正式确认,但是现在已经无关紧要了,因为进一步的世俗化已经被禁止了。

只有哈布斯堡王朝保留了以前形式的完全"宗教改革权",因为《奥斯纳布吕克和约》仅仅要求他们尊重奥地利下层贵族、布列斯劳市、西里西亚诸侯及其佃户的新教信仰。在其他地方,哈布斯堡仍然可以自由压制新教少数派,即使这些少数派在 1624 年就已经存在。此外,第四条第 53 段明确确认哈布斯堡可以没收波希米亚和奥地利反叛者的财产,并使哈布斯堡王朝不受其他领地统治者受到的那种限制。费迪南德三世及其继任者可以通过促进天主教和培养一个忠诚的贵族群体,来继续扩展对其臣民的权威。在 1590 年时,欧洲有一半的土地处于新教统治之下,这一比例在一个世纪后降至五分之一,其中天主教最重要的收获是在哈布斯堡王朝领地上获得的。[22]

宪法的修改保障了三个得到承认的教派之间的政治平等,并为其追随者提供了广泛的个人自由。商业公司、行会、社团、医院、墓地、学校和大学以及继承法中都禁止宗教歧视。尽管如此,这并不是现代意义上的完全宽容。相反,得到宪法保障的是三个不同层次的宗教自由。新的规范年将每块领地与三个教派之一对应起来。得到承认的教派信徒享有充分的公共礼拜权利,包括游行、敲钟、使用教堂尖顶、举行宗教节日和穿戴他们特定教义要求的其他服饰的权利。在 1624 年 1 月 1 日得到官方承认的宗教少数派获得的是较少的私人礼拜权利,他们不能敲钟召集追随者和举行公开宗教游行,也缺乏其他权利。而在 1624 年没有得到官方承认的宗教少数派被授予较少的家庭礼拜权利,他们被允许在家中信奉自己的信仰,并参加邻近领地的教堂活动。

因此,宽容不是基于个人的平等权利,而是基于拥有集体权利的社区成员身份。所有人都得到法律保护,但对属于第三类非官方宗教少数派的人来说,这种保护不那么广泛。当局被鼓励对这些团体表现出"耐心的容忍",但依然保有在《奥格斯堡和约》中规定的驱逐他们的权力,条件是提前三年通知,以让他们出售财产并离开。[23]尽管这些宗教权利分配不均,它们仍然比其他国家的权利更广泛,也更有保障,因为它们被嵌入了一个不依赖中央集权的司法系统中。甚至以宽容而著称的尼德兰共和国也没有为那些对加尔文宗持异议的人提供法律保护。

这些安排之所以有效，是因为它们是真正的妥协，给天主教徒和新教徒都带来了好处。新教徒击败了令人憎恨的《归还教产敕令》，确保1624年成为一个对自己更有利的规范年，并通过在帝国机构中获得更大的教派平等权，提高了其政治地位。而加尔文宗最终获得了帝国法律的充分保护，天主教徒则通过要求新教徒放弃对教会土地的进一步要求，维持了他们对《奥格斯堡宗教和约》的不妥协的解释。教会维持令得到了确认，但现在双方都同意，天主教徒接受前教会土地保持世俗化，哪怕其统治者从新教改信天主教之后也是如此。尽管将1624年定为规范年带来的损失是痛苦的，但这一日期已经比新教徒最初提出的要好得多，新教徒不得不归还在瑞典干预后被夺走的教会财产。这让天主教徒接受了那些允许良心自由的规则，尤其是因为他们驱逐持异议者的权利已经得到确认。

三十年战争非但没有使政治世俗化，反而让使用武力在帝国内部获取教派或政治目标的做法声名扫地。1648年后，教派好斗性确实持续存在，克里斯托弗·伯恩哈德·冯·加伦（Christoph Bernhard von Galen）就是其中的典型，他因试图将自己的权威强加于主要信奉新教的首都而被称为明斯特的"大炮主教"。[24]加伦取得了一些成就，但与以美因茨的舍伯恩为代表的温和天主教徒越来越格格不入，后者在1673年去世前一直是帝国教会中的主导人物。舍伯恩做出了长期的努力，促进德意志基督教徒在一个国家教会中和解，以最终消除教会领地世俗化的威胁。其他人接过了这个项目，特别是在18世纪中叶以后，那时天主教会的领地往往比其"开明的"新教邻居能接受更进步的社会改革。这一项目之所以失败，是因为世俗天主教统治者，包括奥地利和巴伐利亚的统治者，越来越多地将帝国教会视为方便实现其领土野心的场所，并在帝国1802—1803年的最后一次重组中不再支持帝国教会自治存在。[25]

其他更为实际的动机也鼓励人们更为节制。在1648年后，由于领地需要新增人口，统治者们也放松了对教派一致性的坚持。早在1662年，几位新维德伯爵就通过在自己的领地颁布立法，给予了超出帝国法律保障的基本权利，将宽容扩大到基督教宗派主义者。其他小领土也在同样的基础上对犹太人实行宽容。此外，无论宗教信仰如何，许多权利都向人们开放。例如，犹太人可以根据财产法在帝国法院起诉基督徒。至少在某些情况下，这种复杂的法律权利网和更真实的宽容精神结合在一起，提供了欧洲其他地方基本上不存在的一系列自由：例如，汉堡济贫院收留的犹太人甚至被允许庆祝安息日。[26]

因此，虽然中央集权国家提供了一条更常见的通往现代世俗社会的道路，帝国的宗教协议还提供了另一条替代性道路。两条路线都有缺点。中央集权国家通过一个官方教会强加官方统一，然后通过提供有限的宽容将机会扩大给其他人。在大多数情况下，越来越多的多元化最终导致官方教会的解体，例如在现代法兰西共和国，国家已经完全世俗化了。这种方法的缺点是持异议的少数派会长期遭受迫害，他们的有限自由来自国家，而国家可以撤回这些自由，法国君主就在 1685 年废除了胡格诺派教徒的宗教自由。帝国采取了不同的方法，接受了三个享有同等地位的特权教会。这减少了官方迫害和不容忍的现象，同时为相互理解创造了更多的机会，因为民族认同并不主要与特定的信条相关联。它的缺点在于将宗教自由植根于集体性的权利网络之中，从而也根植于一个保守的社会秩序，这种秩序将法治而非民主视为稳定的保障。

纽伦堡执行大会

当我们审查和约是如何执行的时，上述情况变得更加清楚。它们的成功不在于解决每一个争端，而在于提供和平化解冲突的指导方针。《奥斯纳布吕克和约》有意推迟了一系列有争议的问题，以结束这场战争。然而，这些问题没有被忽视。一个重要的例子是规范年，《奥斯纳布吕克和约》确立了基本的规则，但让皇帝和帝国政治体共同制定具体的实施方案。同样，条约规定了向瑞典和黑森-卡塞尔支付的赔偿金额，但没有提供撤军的详细时间表。人们对这些问题规定了三个截止日期：规范年的解决将在两个月内完成，而帝国议会将在 6 个月内召开，以讨论推迟的宪法问题，届时复员工作也应该已经完成。

这三项工作都没能在截止日期之前完成。和约于 1649 年 2 月 18 日获得批准，但直到 1654 年，最后一批外国驻军才被撤走。帝国议会于三年后的 1653 年 6 月下旬才召开，于 1654 年 5 月结束，发布了帝国大会决议书，依然还有许多重要的事情悬而未决。[27] 1648 年 11 月 7 日，皇帝发布了一项帝国法令，委托行政圈召集人解决规范年的问题，但是当帝国于 1806 年解散时，一些案件仍然没有解决。因此，很容易理解为什么 1648 年后许多人认为，和约是失败的，帝国只剩一个空壳。然而，这一不现实的时间表反映的是人们普遍地急于恢复和平和防止敌对行动再起。这些基本目标已经实现，虽然细节需要更长时间才能最终确定。

由于瑞典不愿将东波美拉尼亚让给勃兰登堡，帝国议会被推迟了。费迪南德三世意识到勃兰登堡的善意可以带来好处，拒绝正式将东波美拉尼亚分封给克里斯蒂娜女王，使她无法行使与其德意志领地相关的宪法权利。1653 年 5 月，她让步了，交出了东波美拉尼亚，以换取一半的通行费收入，为她被分封扫清了道路。她的代表终于去了雷根斯堡，在那里，皇帝和其他代表越来越不耐烦地等待着。

与此同时，更紧迫的撤军和规范年事宜都已经由纽伦堡的一个特别执行大会（*Exekutionstag*）处理了，大会的任务是"执行"或实施和平。复员和恢复地产方面的拖延正在削弱人们对威斯特伐利亚协议的信心。在实施规范年的过程中，人们立刻遇到了在 1629 年负责强制归还教产的人所遇到的那些困难。事实证明，几十年来地产的所有权不断变化，积累了各种各样相互矛盾的主张，因此很难理清这些问题。[28] 费迪南德希望将此事交给帝国宫廷议会来解决，以重申他的权威，帝国宫廷议会将任命一名新教诸侯和一名天主教诸侯为专员，以防行政圈召集人在地方上遇到抵制。几位诸侯直接向法院提出上诉，要求法院支持他们对规范年的解释。虽然一些新教徒提出了申请，但他们中的许多人不信任帝国宫廷议会，因为 14 名法官中只有两名新教徒。此外，通过法院的移交非常缓慢，因为专员们在向法官提出建议之前必须审查证据。

瑞典人非常关切这种延误。他们认为恢复新教地产是古斯塔夫斯遗产的重要组成部分，并认为应该在撤军之前完成。然而，克里斯蒂娜和她的顾问希望迅速撤军，因为他们担心自己正在失去对军队的控制，而军队在威胁独自采取行动。人们一直怀疑高级军官会夺取领土，来补偿拖欠他们的款项。这种单方面行动会损害瑞典的地位，然而军队也不能简单地被解散。在越来越大的压力下，瑞典军队指挥官卡尔·古斯塔夫邀请他的法国、黑森和巴伐利亚指挥官在纽伦堡会面，安排分阶段撤军（见下文）。由于法国和西班牙显然不会议和，大多数仍在威斯特伐利亚的代表于 1649 年 5 月初来到了纽伦堡。当将军们讨论复员问题时，帝国政治体通过建立自己的双教派帝国代表团来审查一些未决案件，抓住了规范年问题上的主动权。

面对这一对他的司法权威的挑战，费迪南德的反应表明他愿意在新的宪法框架内工作。他接受了帝国代表团为帝国宫廷议会的一个附属机构，帝国宫廷议会回顾性地批准了帝国代表团的决定。同时，他也不用承担审理上诉的艰巨任务。代表团于 1651 年 5 月结束，在收到的 117 起案件中，仅解决了 31 起，其余案件移交给帝国宫廷议会。这恢复了任命专员的做法，这些专员在新教徒看来越来越值得怀疑。重要的是，并没有回到在 16 世纪后期破坏帝国司法的“宗教案件”的情形。勃兰登堡确实在 1653 年帝国议会上操纵了这个问题，试图重振激进的新教政治计划。费迪南德巧妙地回避了这一挑战，在激进分子强加修改法令之前，他颁布了自己关于帝国宫廷议会的修订法令。[29] 帝国宫廷议会中的新教法官的人数增加到 18 名中的 6 名，足以保证在处理个别案件时双教派小组中人数平等，但法院仍处于皇帝的直接管辖之下。

相对成功

关于规范年的剩余案件被移交给另一个帝国代表团，代表团于 1655 年在法兰克福召开会议，很快就负责解决一些额外的事务，无法清理这些积压案件。案件很快被送回帝国宫廷议会，或交给 1663 年后恢复运作的帝国枢密法院。这些争端的持续存在并没有削弱整体的成功。在 1651 年 6 月收到的 313 份申请中，大约一半在 1654 年得到解决，其余大部分在未来十年内得到解决。只有 5% 的案件涉及重大的地产权利。大多数涉及的是像什一税这样的财政特权的行使，或涉及诸如宗教绘画、文件之类的物品，还有对伤害的赔偿。[30]

纽伦堡大会召开前，一些最严重的案件得到了解决。符腾堡公爵收回了修道院，而新教权利在双教派的奥格斯堡得到了恢复。规范年随后在大多数其他施瓦本案件中成功实施。在其他地方，这条规则被忽视或被扭曲，以迎合当地统治者。费迪南德几乎无法阻止瑞典人重新分配其德意志领地中剩余的教会领地，作为对其高级军官的额外补偿。虽然官方实行保护政策，其他统治者还是镇压了持异议的少数派，并恢复教堂用于自己的信仰。奥斯纳布吕克是一个重要的例子，因为它受到一条旨在让天主教主教瓦滕贝格和韦尔夫人都同意《奥斯纳布吕克和约》的特别条款的约束。瓦滕贝格仍然担当主教，条件是当他去世后，奥斯纳布吕克移交给一位韦尔夫公爵。然后，它将由一名当选的天主教主教和一名新教韦尔夫公爵轮流掌管。规范年将适用于奥斯纳布吕克，也适用于韦尔夫人保留的希尔德斯海姆地区，在 80 个路德宗教区之外，他们还将不得不接受 50 个天主教教区的存在。瓦滕贝格伪造了文件，以"证明"特伦托法令是在 1571 年，而非 1625 年在奥斯纳布吕克实施的，这一骗局直到 1988 年才被人们发现。[31] 然而，新教徒仍然占大多数，而跨教派婚姻频繁发生，这表明社会相当和谐。

总体影响在各地区各不相同。在某些地区，两种信仰共同存在于一个社区，创造了一个"无形的边界"，加剧了分裂。最臭名昭著的例子是奥格斯堡市，在那里，行会、酒馆甚至猪舍都是按照教派路线隔离的。然而，许多领地成功地融合了持异议的少数派，甚至个别社区也接纳了两种信仰。在不来梅和明登之间的戈尔登施塔特村，天主教徒和路德宗信徒最初发生了冲突，在 1650 年后，他们同意共同使用当地的教堂。路德宗信徒参加天主教的大弥撒，而天主教管风琴师则弹奏路德宗的赞美诗。路德宗信徒在天主教徒歌唱时保持沉默，当地天主教当局指示神父避免发生争议。[32] 重要的是不要将此看作渐进的世俗化或现代意义上的宽容。相反，这种做法只是回到早期的实用主义，在战争期间，这种实用主义已经被教派式好斗性侵蚀了。例如，在 1618 年之前，跨教派婚姻在领地和教派分裂的地区已经很普遍，随着恐惧和敌意在 1648 年后减弱，这种混合婚姻又重新开始。[33]

杜塞尔多夫奶牛战争

最关键的不是关于规范年的不完美实施，而是暴力作为镇压工具已经声名扫地。当勃兰登堡在 1651 年试图用武力解决久拖不决的于利希-克利夫斯争端时，这一点显而易见。根据 1647 年选帝侯弗里德里希·威廉强加给沃尔夫冈·威廉公爵的条约，遗产仍然被分割（见第 20 章）。勃兰登堡拥有克利夫斯、马克和拉芬斯贝格，将于利希和贝格留给了普法尔茨-诺伊堡。这一安排确认了 1609 年和 1614 年关于所有这 5 块领地中的教会财产的更早的协议。这些安排早于规范年。沃尔夫冈·威廉认为，规范年应该优先于帝国立法，并于 1651 年 3 月下令在他的两个公爵领实施规范年。他希望通过这一举动来稳定权威，因为天主教在 1624 年掌握的教区比 10 年前要多。弗里德里希·威廉反对这一单方面行动，而相关的帝国宫廷议会委员会仍在审查证据。弗里德里希·威廉以两个公爵领的 6.2 万名新教徒的保护者自居，并于 6 月向贝格派遣了 3800 名士兵。

勃兰登堡军在行军中杀死了两名平民，随后炮击了沃尔夫冈·威廉的一座宫殿，抢走了一群属于他妻子的奶牛。位于维也纳的普法尔茨-诺伊堡特使创造了"奶牛战争"这一词，以此贬低勃兰登堡的目标，并将勃兰登堡选帝侯与窃牛贼相提并论。然而，入侵并非小事。外国势力还没有完成撤军，人们担心，外国军队会站在其同宗教徒一边。到 7 月时，勃兰登堡将其在该地区的兵力增加到 7500 人，据称共动员了 1.6 万人穿越其领地。沃尔夫冈·威廉的兵力只有 3000 人，他请求洛林的查理公爵予以帮助，查理公爵自 1644 年以来一直作为西班牙辅助军队在行动。查理现在摆出一副虔诚的天主教徒的姿态，反入侵了马克公爵领，真正的目的是为他的小部队寻找食物。

这场斗争是对威斯特伐利亚协议的严重挑战，因为它是导致 1618 年战争的紧张局势的翻版。这使得对危机的处理至关重要。在 17 世纪 40 年代，奥斯绍和莱茵贝格的尼德兰驻军经常绑架于利希和贝格的神父，以迫使沃尔夫冈·威廉容忍在其公爵领内的新教崇拜。但现在尼德兰人严厉谴责勃兰登堡的入侵，并支持拒绝向任何一方付款的所有五个领地的等级议会。瑞典建议弗里德里希·威廉让步，而哈茨菲尔德从维也纳抵达，威胁沃尔夫冈·威廉同意停战。帝国进行了调停，在10月说服了勃兰登堡接受一个新的帝国宫廷议会委员会，双方在年底前撤出了军队。

教会财产的分配保留了1651年的实际占领状况，同时委员会寻求一个最终解决办法。委员会未能施加一个规范年，但这不应被视为失败。整个安排的全部目的是结束暴力纠纷。而这场危机证明了武力毫无必要。普法尔茨-诺伊堡并没有完全成功，而勃兰登堡的入侵让自己在外交上孤立无援。甚至狂热的新教徒也意识到选帝侯的真正动机是重复他1646年征服整个于利希-克利夫斯遗产的企图。弗里德里希·威廉服从费迪南德，这大大提高了皇帝在新帝国议会前夕的地位。后来新的委员会也崩溃了，但甚至这也无关紧要。勃兰登堡和普法尔茨-诺伊堡被迫在1666年和1672年通过友好协议来解决分歧，这两个协议根据1647年和1651年的安排确认了领土和教会财产的分配。[34]

普法尔茨争端

宗教协议的总体成功可以从下普法尔茨的争端中得到判断，这一争端是关于规范年的争议中最为激烈、时间最长的一次。三十年战争让加尔文宗选帝侯卡尔·路德维希的臣民如此之少，以至于他被迫为路德宗信徒建造教堂，甚至对天主教徒给予有限的宽容。1685年，卡尔·路德维希的天主教亲属普法尔茨-诺伊堡的菲利普·威廉（Philipp Wilhelm），沃尔夫冈·威廉的儿子，继承了选侯国。新选帝侯无视了规范年，发起了一场促进天主教的联合运动。这个问题之所以引人注目，是因为它涉及的是一个选侯国，并且是在新教普遍衰落的背景下发生的。路易十四在菲利普·威廉继位的那一年撤销了《南特敕令》。在1648年至1769年之间，有31位德意志诸侯改信天主教，使帝国新教失去了赞助人。其中最重要的是萨克森选帝侯奥古斯都的改宗，他于1697年改信天主教，以使自己当选波兰国王。与此同时，在法国的纵容下，下普法尔茨部分地区重新推行天主

教，导致帝国政治部分程度上再次按教派分化，这一过程一直持续到 18
世纪 30 年代。[35]

　　在这一时期，帝国机构在 1648 年至 1803 年期间收到的 750 份官方上
诉中有三分之一涉及侵犯宗教权利。[36] 宗教显然仍然事关重大，否则，按
照教派路线提出的上诉就不会引起共鸣。然而，争论的根源是政治性的，
在于勃兰登堡在 1648 年后的野心的发展，勃兰登堡试图跻身欧洲头等强
国之列。当时的选帝侯弗里德里希三世（1700 年成为普鲁士国王弗里德
里希一世）看到了一个从萨克森夺取德意志新教徒政治领导权的机会，他
利用了奥古斯都的改宗和普法尔茨的重新天主教化带来的威胁。这一事件
让我们将注意力转移到威斯特伐利亚协议为了缓和教派紧张关系，在宪法
问题上做出的改变。

　　"分离各派"的新安排允许新教帝国政治体作为福音政治体进行集会，
讨论与其宗教权利相关的问题。这远没有达到早期新教激进派的期望，即
按照教派路线永久分裂帝国议会。当新团体于 1653 年 7 月 21 日成立时，
其更精简的结构使萨克森获得了其领导权。萨克森的决定受到路德宗信徒
的广泛欢迎，确保了该组织仍然是一个讨论共同关切问题的论坛，而不是
帝国议会的替代。萨克森意识到了"分离各派"权利中固有的危险，即会
导致僵局。虽然在新教徒之间进行辩论，但萨克森避免在帝国议会援引新
权利，在那里，帝国政治体继续在原来三个等级制议院中集会，并根据多
数票作出决定。自从 1697 年萨克森选帝侯改信天主教，萨克森的领导垮
台之后，新教福音政治体就更加问题重重。在取代萨克森获得领导地位的
努力中，勃兰登堡-普鲁士被证明是比一个世纪前的普法尔茨更加强硬的
恐吓者，但是它同样发现教派并不是一个用来缔结可靠联盟的有用工具。
萨克森击败了所有取代它的努力，并且通常会在教派化的政治上打破一致
性。在 1648 年后，"分离各派"的权利只被使用过五次，第一次使用是在
1727 年，每次都是普鲁士人操纵的结果，意图破坏奥地利哈布斯堡王朝
对帝国的管理。最后一次是在 1780 年，当时中断了帝国议会 5 年，但未
能阻止帝国议会重新恢复，此后帝国议会一直运作良好，直至 1806 年帝
国解散。[37]

与此同时，普法尔茨选帝侯在 1705 年通过在其土地上授予这三个基督教会平等的权利，缓解了教派问题，尽管关于轻微侵权的争吵持续了大约十年。[38] 这场争论凸显了三十年战争是如何改变帝国政治文化的。1648年后的争端不再涉及根本性的真理问题，而是涉及新教和天主教在帝国机构中的相对权重。这一政治问题在 1618 年之前就已经存在，但是此后被神学上的好斗性所掩盖，在 1648 年之后这种好斗性不复存在。神学家不再影响政策。普鲁士国王弗里德里希一世和他的儿子弗里德里希·威廉一世从 17 世纪 90 年代开始发起信奉一种被称为敬虔主义（Pietism）的路德基要主义的复兴运动，但主要是为了促进顺从、节俭和责任等有用的价值观。1740—1786 年的普鲁士国王弗里德里希大王本人对宗教漠不关心，只是在与奥地利的竞争中，才机会主义地使用宗教作为工具，但宗教仍然从属于他对现有宪法更广泛的使用。与普法尔茨选帝侯弗里德里希五世不同，普鲁士的弗里德里希寻求的是宪政停滞，而非宪法变革，认为后威斯特伐利亚框架是限制奥地利影响力的最佳手段。[39]

复　员

纽伦堡执行大会在实施宗教解决方案的同时，成功地监督了复员工作。外国驻军的撤离使和平变得切实可见，恢复了人们的信心，并使重建的其他方面得以开始。这是一项艰巨的任务。帝国内大约有 16 万名士兵，可能还有同样数量的依附者需要撤离或解散（见表 6）。他们分散在帝国各地，往往远离自己的家园或支付他们薪水的国家。瑞典人占据了 84 个城镇和城堡，在刚刚通过和约得到的省份有 31 个驻军点；法国人占据了56 个地方；黑森人占据了 27 个，在他们自己领土上另外还有 10 个驻军点。帝国军、巴伐利亚军和威斯特伐利亚军已经集中在自己的土地上，但总共在其他地方仍有 33 个据点。更成问题的是西班牙人在弗兰肯塔尔的驻军点和洛林人在萨尔河和莱茵河之间的 7 座城堡中的驻军，因为这两个交战方都不包括在《威斯特伐利亚和约》之中。

表 6　帝国境内的军事力量（1648 年 10 月）

军队	骑兵和龙骑兵	步兵	总计
瑞典	23 480	40 218	63 698
法国	4500	4500	9000
黑森	2280	8760	11 040
	30 260	53 478	83 738
帝国	20 300	22 000	42 300
威斯特伐利亚	3200	9300	12 500
巴伐利亚	9435	11 128	20 563
西班牙	?	1000	1000+
	32 935+	43 428	76 363+

注：以上不包括位于勃艮第行政圈、帝国意大利领地的西班牙军队，以及位于帝国以外匈牙利的奥地利哈斯堡王朝军队。它还不包括 6000 至 7000 名洛林军（主要在卢森堡），以及中立的勃兰登堡、韦尔夫和萨克森部队，他们的总兵力可能约为 1.5 万人。威斯特伐利亚军队相关的数据来自 1649 年 2 月，当时一些人已经退伍。1648 年 10 月的总人数大概是 1.5 万左右。

数据来源：T. Lorentzen, *Die schwedische Armee im Dreißigjährigen Kriege und ihre Abdankung* (Leipzig, 1894), pp.184–92; P. Hoyos, 'Die kaiserliche Armee 1648–1650', in *Der Dreißigjährige Krieg* (issued by the Heeresgeschichtliches Museum, Vienna, 1976), pp.169–232; H. Salm, *Armeefinanzierung im Dreißigjährigen Krieg* (Münster, 1990), pp.154–61; B.R. Kroener, ' "Der Krieg hat ein Loch..." Überlegungen zum Schicksal demobilisierter Söldner nach dem Dreißigjährigen Krieg', in H. Duchhardt (ed.), *Der Westfälische Friede* (Munich, 1998), pp.599–630; C. Kapser, *Die bayerische Kriegsorganisation 1635–1648/49* (Münster, 1997), p.220.

　　只要士兵还在帝国内，人们就担心战争可能会重新开始。在经历了几十年沉重的军事负担后，所有人都渴望获得和平红利，然而《奥斯纳布吕克和约》规定，在撤军完成之前，士兵将由当地出资维持。瑞典人最初声称他们的军队有 12.5 万人，以从德意志榨取尽可能多的钱，但是他们很快不得不提供详细的名单，显示他们的实际实力只有这一数字的一半。克里斯蒂娜女王怀疑她的亲戚卡尔·古斯塔夫故意拖延复员，以延长他的影响力。事实上，他将自己的权威强加在弗兰格尔等将军头上，并努力加速事态的发展。他抛弃了笨重的辎重，合并了多个团，在 1649 年初，连队总数从 952 个减少到 403 个。此外还遣散了 2200 名多余的军官，极大降低了每月的维护费用，1649 年 1 月之后，这一费用减少了一半，到 10 月降到了 50 万塔勒。尽管如此，维持瑞典军队还是花费了帝国 1500 万塔勒，这还不包括让他们"满意"的 500 万塔勒。[40]

许多士兵也对延迟感到不满，怀疑他们会被骗走拖欠的工资和承诺的奖励。德意志南部的几支瑞典部队发生了兵变，促使卡尔·古斯塔夫放弃了那里的驻军点，将部队集中在德意志北部，在那里他可以更密切地监督士兵。因此，瑞典失去了对德意志南部领土的控制，并担心这些地区将不会交付它们应该承担的那部分"满意"钱。卡尔·古斯塔夫对北德意志新教徒施加更大的压力，故意阻挠规范年的实施，以获得更多补偿。由于一些统治者利用剩余的部队在不愿意就范的地区重新行使权力，裁军的进程也放慢了。1649 年夏天，科隆的费迪南德派遣了 3500 名威斯特伐利亚军让列日的臣民就范。[41]

纽伦堡执行大会上，人们集中关注这些问题。1649 年 9 月 21 日，双方同意分阶段撤军，规定了每支军队在收到"满意"的钱后必须撤离的城镇。1650 年 3 月 4 日的一项补充协议增加了让瑞典人"满意"的 20 万塔勒，以使他们加速撤军。大会于 6 月与瑞典达成了协议，随后于 7 月与法国也达成了协议。1648 年底，法国军大部分已经撤回到自己的领土上，只在德意志西南部留下了几个据点，到 1650 年夏天，这几个据点也被放弃了。

付款是通过帝国为每块领地分配税收配额的系统来组织的。皇帝接受了 100 个罗马月的税款来裁减其军队，这些军队已经在 1649 年初撤回到哈布斯堡世袭领地上，以免因拖延和平而招致指责。到 1650 年 9 月，皇帝的总兵力下降到 26 230 人，但这些军队后来都被保留了下来，这使得费迪南德在和平时期的常备军比 1618 年前的皇帝要多得多。与此同时，哈茨菲尔德将军和施帕尔将军监督了威斯特伐利亚军队的解散，解散工作于 1650 年 9 月完成。[42] 另外 13 个罗马月的税金（25 万塔勒）被支付给西班牙，作为回报，西班牙在 1652 年通过皇帝达成的一项交易撤出了弗兰肯塔尔。

瑞典从 10 个行政圈中的 7 个获得了 133.5 个罗马月的税款（520 万塔勒）。勃艮第得以豁免，因为它被排除在和约之外。奥地利领地上的税金专门用于支付帝国军队，而巴伐利亚行政圈则支付了马克西米连的军队。尽管萨尔茨堡表示反对，巴伐利亚行政圈的其他成员还是支付了 125 个罗马月的高额税收，筹集了 753 303 弗洛林，清偿了军队的欠款。[43] 美因茨选侯国和科隆选侯国以及黑森人占领的威斯特伐利亚领地也被免除上述义务，因为它们的付款被用来解散阿马莉·伊丽莎白的军队。黑森人收到了承诺交给他们的全部 80 万塔勒，并于 1652 年撤离了最后一个据点（利普施塔特）。瑞典人在 1650 年 6 月的最后期限收到了相当多的十分之九的最初承诺资金，但大部分来自天主教领地，而不仅仅是 1635 年谈判中最初设想的新教领地。当他们在 1654 年撤离费希塔时，只有 3% 的欠款尚未付清，他们此前一直占有费希塔，作为支付最后欠款的担保。

1.8 万名瑞典本土人和芬兰人被运回家。瑞典人只保留了 6000 名德意志人来保卫新领地，而其余的军队被解散了。巴伐利亚的复员是最彻底的，因为除了选帝侯护卫队，整支军队都被遣散了。萨克森和勃兰登堡各自保留了大约 1500 人；其他诸侯只是保留了护卫队和几个驻军连队。除了皇帝，没有诸侯真的有军队。巴伐利亚直到 1657 年才招募新的部队，一直到 17 世纪 60 年代，大部分领地仍然依靠重组的民兵，而非专业部队。因此，不能说德意志的军队在 1648 年后"被留下来"。[44] 直到 1666 年法国侵略开始，大多数主要诸侯才用新的常备军武装自己。

至少 13 万人被解散，回归到平民生活中，同时尼德兰人缩减了军队规模，减少了 2 万人。瑞典人用一部分"满意"钱把本土士兵运送回国，其余的钱分配给复员的士兵。其他军队也以类似的方式给他们的士兵发工资，有时还用多余的武器和弹药来代替拖欠的工资。在瑞典军中服役的步兵列兵每人获得 6 塔勒，骑兵要多 10 塔勒。这些数额相当可观，但不足以维持退休后的生活。《奥斯纳布吕克和约》和《明斯特和约》都禁止将士兵转移到仍处于战争状态的国家军队，但威尼斯是例外，因为它在与异教徒奥斯曼人作战，获得了特别豁免。很大一部分巴伐利亚军、尼德兰军以及可能还有其他士兵参加到威尼斯军中。法国违背了禁令，在 1648 年底招募了大约 8000 名尼德兰人和德意志人，但在 1655 年后减少了在法国军队中服役的外国人数量。随着德意志军并入其他法国部队，剩下的伯恩哈德军军官失去了其特殊地位。法国指挥官因为德意志人的新教信仰和兵变的名声而不信任他们。一些人在 1651 年参加了短暂的奶牛战争，但是一旦战争结束，普法尔茨-诺伊堡和勃兰登堡都大幅削减了军队。一些退伍军人后来加入了洛林军队。最近的一项现代估计显示，在帝国外军队中服役的人数不超过 3 万。[45]

扣除仍在帝国军和瑞典军服役的士兵人数，大约有 8 万名前士兵在 1650 年左右仍有待融入市民社会。人们普遍担心他们无法适应。战后的几年里，包括许多前士兵和其他流离失所者在内的抢劫团伙令人不安。许多士兵找到了新的工作，许多村庄和小城镇雇佣他们做守卫者，以保障自己的安全。事实证明，大部分恐惧是没有根据的，17 世纪 50 年代早期守卫者人数的减少表明社会已经很快恢复到了相对平静的状态。[46]士兵们，特别是那些有技能或有家庭的士兵，受到大多数领地政府的普遍欢迎，这些政府渴望重新给农村地区增加人口，并让废弃土地得到耕作。

帝国复苏

哈布斯堡强权

相对快速的复员只是促使皇帝影响力显著恢复的一个因素。与威斯特伐利亚协议的其他方面一样，这并不代表回到过去。战争改变了人们对皇帝职能的看法，这种看法只是逐渐变得清晰起来。费迪南德二世提升自己权威的计划在哈布斯堡领土以外的地方被击败了。许多重要的思想家认为，帝国的实权正转移到选帝侯和更重要的诸侯身上，而皇帝的权威和较弱的帝国政治体的自治权都被削弱了。后来的历史学家过于轻易地接受了他们的判断，将 1648 年后的帝国说成是一个松散的独立国家联盟。这种联邦制倾向在帝国政治中一直是一股潮流，但直到 1806 年 8 月，在拿破仑统治下的法国的压力下，弗朗茨二世（Franz Ⅱ）皇帝解散了帝国，这种倾向才得以充分体现。[47]

费迪南德三世非但没有背离帝国，专注于奥地利的利益，反而尽心竭力重建哈布斯堡王朝在帝国内的影响力。与战前的鲁道夫二世相比，费迪南德三世和他的两位直接继任者奉行了更加严厉的帝国政策。鲁道夫试图通过培养一种崇高威严的光环来统治帝国，然而这种光环只是将他与帝国隔离开来。费迪南德二世试图单方面强加自己的意愿，只咨询选帝侯，不让较弱的帝国政治体有机会分担责任。他的儿子接受了新的政治条件的限制，将这些条件转化为自己的优势，通过同意而非胁迫来治理。他意识到，自己可以通过积极参与帝国机构影响它们的发展。《奥斯纳布吕克和约》将很多宪法问题作为"遗留问题"没有解决，这使得行政权力的很大一部分没有得到界定。皇帝在许多领域保留了主动权。为了使自己的行为发生效力，他必须通过精心培养有影响力的人物，将哈布斯堡王朝的利益包装成共同关切的问题，避免鲁莽或有争议的行为，以赢得帝国政治体的信任。

在 1653—1654 年的帝国议会上，这一方向就已经清楚地表明出来了，这次帝国议会是 1663 年之前的最后一届，自 1663 年后，帝国议会就一直处在"永久会期"（*Immerwährender Reichstag*）的状态中。尽管帝国议会在 1654 年闭幕时，发布了有 200 则条款的帝国大会决议书，但它仍让一些安全政策和司法改革的关键领域悬而未决。这些遗漏并没有妨碍现有安排的运作。更重要的是，它确认了帝国决策的框架。1654 年的帝国大会决议书重印了整个《奥斯纳布吕克和约》和《明斯特和约》，以及 1650 年纽伦堡大会的两份决议书。帝国大会决议书第 6 条宣布这些是永久的基本法律，将帝国稳定为一个混合君主国，其中皇帝和帝国政治体以不平等的份额行使权力。在某些领域没有做出清晰的界定，这就留下了进一步修改的余地，以应对环境变化，同时保留了剩余的皇帝特权，这些特权没有被明确界定，因而也就不受约束。

费迪南德因此能够接受对他权威的其他方面的限制。最值得注意的是，他同意未来提升帝国政治体的地位时，需要经过选帝侯和诸侯的同意。作为回报，帝国议会同意他创造 9 位新诸侯，以奖励战争中的忠诚支持者，这些新诸侯包括拿骚-哈达马尔和皮科洛米尼。在接下来的一个世纪里，只有 10 次提升得到批准。与此同时，通过给予剩余的伯爵在诸侯议院中以集体投票权，他们也被整合进了帝国议会中。这些变化确定了帝国是等级制的帝国政治体集合体，处于皇帝的权威之下，但不处于他的直接控制之下。皇帝必须通过说服，而非正式的权力来进行统治。

皇帝已经给帝国政治体留下了深刻的印象，他带着 3000 多名随从参加了帝国议会，在歌剧和其他庆祝活动上花费了 4.6 万弗洛林，以展示尽管受到战争的影响，他依然很富有。皇帝还采取了更实际的措施来解决更为迫切的关于洛林的查理公爵的问题，查理公爵入侵了列日主教辖区。皇帝说服帝国议会筹集 30 万塔勒，支付洛林军队撤离莱茵兰 7 座城堡的费用。然后，他与西班牙合作，在 1654 年 2 月逮捕了查理公爵，对西班牙来说，公爵已经成了一个尴尬的存在。法国和西班牙一致认为，列日作为威斯特伐利亚行政圈的一部分，在后面的战争中将保持中立。剩余的洛林部队被编入西班牙军队。[48] 这一安排完成了复员进程，维护了帝国西部边境的和平。

与西班牙的合作是哈布斯堡王朝两个分支之间不断变化的平衡的标志，这种变化自 17 世纪 40 年代初就开始了。与费迪南德二世统治时期相反，现在是奥地利帮助西班牙。费迪南德三世规避了《明斯特和约》的限制，在 1651 年之前将 4000 名士兵直接编入西班牙军队。（4 年后，再派 12 700 人越过阿尔卑斯山去米兰的计划遭到了挫败，因为这些人拒绝前往。）在 17 世纪的剩余时间里，奥地利继续援助西班牙。作为回报，西班牙将其对意大利部分地区的封建管辖权移交给皇帝，加强了该地区与帝国的联系，并为 1700 年后西班牙的意大利属地最终并入奥地利君主国提供了基础。[49]

费迪南德在帝国中培养良好关系的做法得到了回报，他的儿子费迪南德四世在 1654 年帝国议会上被选举为罗马人的国王。这一胜利表明了法国试图阻止同一王朝连续选为皇帝的计划的失败。费迪南德也挫败了试图对皇帝特权施加一系列进一步永久限制（*capitulatio perpetua*）的努力。从 17 世纪 40 年代开始，激进新教计划的这一部分一直保留在议程上，一直持续到 18 世纪，但从未能成为法律，因为选帝侯支持皇帝否决它。[50]

费迪南德四世于 1654 年 7 月 9 日早逝，就在帝国议会闭幕两个月后，这暂时威胁到帝国的复苏。在费迪南德三世于 1657 年 4 月 2 日去世时，新的继任者还没有得到认可，这造成了持续了 15 个月的空位期。最终费迪南德三世的次子当选为利奥波德一世（Leopold Ⅰ）皇帝，这要归功于巴伐利亚的大力支持。[51] 利奥波德延续了他父亲的政策，取得了相当大的成功。他在位的时间相当长（至 1705 年），这有助于巩固皇权。我们可以从下面这个例子看出他的成就，在西班牙最后一位哈布斯堡君主于 1700 年去世后，利奥波德赢得了帝国——虽然有些勉强——对奥地利拥有西班牙王位继承权的主张的支持。与 17 世纪初哈布斯堡王朝由于相互争吵的兄弟过多而走向灾难相反，查理六世于 1740 年去世，没有儿子，哈布斯堡王朝面临新的继承危机。普鲁士在 1740 年 12 月占领了西里西亚，开始了一场公开的影响力竞争，从根本上改变了中欧的政治平衡。奥地利越来越多地只能依靠自己的资源，其他领地试图避免被夹在奥地利和普鲁士之间被压垮。尽管如此，皇帝头衔对哈布斯堡王朝的国际声望仍然很重要，他们只是在被拿破仑击败后非常不情愿地放弃了它。[52]

领地主权

《奥斯纳布吕克和约》只是将现有的领地管辖权编纂成法典，而没有授予新的重要权利。尽管这些司法管辖权被统称为"领地主权"（*Landeshoheit*），但并没有使领地成为独立的国家，因为这些权利仍然与其帝国政治体的地位紧密相关。行使这些权利的人仍然是帝国的一部分，帝国使他们的权威合法化，也保护他们的地位和财产。[53] 三十年战争的主要影响不是松开帝国与其组成领地之间的纽带，而是加强后者对其臣民的权威。《奥斯纳布吕克和约》将领地主权与选帝侯、诸侯和帝国城市的行政长官联系在一起，使这些领地中的非直辖机构无法宣称自己也拥有领地主权。在 1618 年之前，像奥地利和波希米亚这样的行省中的等级会议也维持一支民兵部队，并向外国派遣使节。根据帝国宪法，现在这种行为显然是非法的。

这一变化的全部影响只是慢慢显现出来。帝国政治仍然是一个关于阐释的问题，通过实践而非抽象条款来定义。领地统治者仍然受高于他们自己立法的帝国法律的约束。一个很好的例子是他们与外国势力结盟的权利，这常常被引为证据，表明他们拥有所谓的"独立"地位。所有的这些联盟依然受到限制，不得针对皇帝或帝国。[54] 而且联盟权利也并不是新的，像普法尔茨选帝侯这样的诸侯在 1618 年之前就已经与外国签订了条约。事实上，《奥斯纳布吕克和约》通过取代教派和"日耳曼自由"作为此类联盟的合法基础，加强了限制。未来的所有条约都旨在维护宪法，而非促进特定团体的利益。1648 年后，这一规定在很大程度上得到了尊重，因为战争证明了教派作为可靠联盟的基础是完全多余的，而且表明与外国势力纠缠在一起一般会带来危险。瑞典拿"日耳曼自由"这一弹性概念做文章，也使这一口号与现行宪法所提供的安全相比，没那么有吸引力。

野心勃勃的诸侯仍然利用各种联盟来推进自己的王朝利益。法国、尼德兰共和国，以及后来的英国等大国都提供了资金援助，以换取这些诸侯提供军队。这样的协议在 19 世纪遭到了严厉谴责，认为这些是"血钱"，浪费了"德意志"的努力，而这些努力本可以服务于更加"民族"的目标。它们是诸侯采取的权宜之计，用来赢得政治支持，以改善他们在迅速变化的国际秩序中的地位。只有在很少的情况下，这些士兵才被用来对抗帝国，而且大多数诸侯都会在条约中增加这样的条款，允许他们向帝国军队提供分队，哪怕这些分队是用来对抗他们的新盟友的。[55]

威斯特伐利亚协议非但没有让帝国成为一个空壳，反而为其宪法注入了新的活力，加强了其政治文化。帝国的稳定消除了欧洲大陆中心的紧张局势，从而促进了欧洲和平。天主教哈布斯堡王朝霸权的幽灵已经被驱散，尤其是因为西班牙因其自身的长期冲突而丧失了力量。帝国仍然是一个等级森严的政治秩序，但是它的内部平衡已经发生了重大变化。帝国政治体和其他当局之间的界限更加清晰，减少了声称可以在地方事务之外行事的人的数量。然而，现在被承认为帝国政治体的，在帝国的代表机构中可以更平等地参与集体决策。皇帝不再与一个排他性的选帝侯团协商来决定政策，而是与所有的帝国政治体协商，特别是 1663 年帝国议会进入永久会期之后。这个机制虽然烦琐，但仍然能够达成集体决定，使帝国能够成功抵御 1664 年至 1714 年间法国和奥斯曼帝国的攻击。教派在帝国政治中的作用显著下降，帝国随后的问题在于奥地利和普鲁士作为独立大国的崛起，它们的发展使帝国的集体框架无法容纳它们。

第 22 章

人力和物力损失

一场毁灭性的狂怒？

绝对毁灭的神话

　　三十年战争的破坏性仍然深深地植根于大众意识中。这在多大程度上反映了当时人对它的看法，是最后一章的主题。本章下面的重点是衡量生命损失、经济崩溃、政治混乱以及对德意志文化的影响。尽管如此，感知和现实仍然交织在一起，我们只是为了便于分析而将它们分开。当时的文本和图像就传达了一种无处不在的暴力和持续的破坏感。早在 1648 年之前，帝国战争已经成为欧洲其他地方衡量暴行的基准。英国读者得到了像文森特（Vincent）博士的带有插图的《德意志的哀歌》（*The Lamentations of Germany*，出版于 1638 年）这样的出版物，其中生动详细地展示了谋杀、肢体残缺和伤害。在随后的英国内战中，所有各方都努力避免冲突恶化到可怕的境界，他们相信德意志正在承受这种痛苦。[1]

　　在 17 世纪后期和 18 世纪早期出版的叙述作品中，对暴力的强调有所减弱，它们转而集中于人物、宪法和宗教问题。[2] 随着席勒的《三十年战争史》（1791—1793）和瓦伦斯坦戏剧三部曲（1797—1799）的出版，以及格里梅尔斯豪森的几乎同时代的小说《痴儿西木传》的重新发现和传播，这种情况发生了变化。席勒和其他参与这一文学复兴的人是德意志浪漫主义运动的代表，他们着迷于死亡、毁灭和认同的丧失。他们是在法国大革命和拿破仑战争后再度动荡的时代写作的。他们目睹了神圣罗马帝国的最终毁灭，见证了围绕什么样的德意志国家应该取代帝国的争论。1815

年后的时代普遍压抑，限制了公众对政治和民族性的讨论。文学和历史著作为表达对当下问题的看法提供了另一个场所。最重要的是，浪漫主义者对人类的情感感兴趣，并从个人证词和民间传说中寻找所谓的真实体验。这方面最有影响力的表达是古斯塔夫·弗赖塔格（Gustav Freytag）在他的多卷本《德意志历史中的图片》（*Pictures from the German Past*）中汇编的民众叙述。[3] 与他学术界的同事相比，弗赖塔格更少关注高层政治，更喜欢日常经历中的故事。

这种浪漫主义兴趣产生了三个因素，这三个因素影响了关于三十年战争的学术和大众写作。第一个是无限、无差别、毫无意义的暴力感，这种暴力据说打破了一切界限。在第 17 章和第 18 章关于战争后期特征的辩论中，我们已经遇到了这方面的问题。除了与布赖萨赫围城战有关的食人故事，最突出的主题是强奸、残害和酷刑，以及美丽土地被废弃和掠夺的景像。第二个因素是人们相信这些恐怖主要是由无情的敌人强加给无辜的德意志人的。这种叙述可能采取教派的形式，例如新教叙述了天主教徒"屠杀"马格德堡的故事。更常见的是，人们认为这是各种"外国"犯罪者造成：有克罗地亚人、哥萨克人、瑞典人、芬兰人、苏格兰人、爱尔兰人、匈牙利人、特兰西瓦尼亚人，以及较少出现的法国人和西班牙人。第三个因素将三十年战争融入一个关于国家救赎的叙述中：一个新的、更强大的德意志民族（后来也称为"种族"）将从灰烬中诞生。因此，这些恐怖故事不仅提供了刺激，还让人们希望这些痛苦和羞辱终究会得到回报。这方面的力量源于基督教传统，早在 17 世纪，它就已经影响了人们对战争的看法。

1900 年左右，一些历史学家开始质疑这种哥特式暴行叙述。军事史学家罗伯特·赫尼日（Robert Hoeniger）争辩说，德意志人口仅下降了八分之一，而非弗赖塔格声称的四分之三。[4] 这场争论是在第一次世界大战期间德国再次遭到破坏的背景下展开的，形成了两派观点，一派认为这是一场"灾难性战争"，一派则认为存在着"更早期的衰退"。前者宣扬了德意志作为无辜受害者的传统观点，而后者则反驳道，三十年战争只是加速了 16 世纪晚期由于人口过剩以及欧洲经济转向大西洋沿岸所带来的已有问题。在第二次世界大战造成了进一步毁灭之后，西格弗里德·亨利·施泰因贝格（Sigfrid Henry Steinberg）在美国写作的历史著作将这一论点推至逻辑极端。施泰因贝格声称，尽管帝国经历了一些增长放缓，居民和经济活动也重新分配，但总体来说，经济和人口都增加了。虽然他只引用了很少的证据，但他的解释很快被接受，因为这看起来比哥特式的毁灭一切的狂怒的解释更合理。[5]

一般趋势

争论的一个主要原因是，战争的影响在时间和空间上各不相同，产生了似乎相互矛盾的证据。从 16 世纪 80 年代起，西威斯特伐利亚和部分莱茵河下游地区已经遭受了西班牙和尼德兰的劫掠的影响，在科隆战争（1584—1587）和两次于利希危机有关的行动中也蒙受了损失。帝国的其他部分最后一次发生大规模冲突是在 1546—1552 年，当时是施马尔卡尔登战争和诸侯叛乱。哈布斯堡王朝的兄弟之争涉及的战斗相对较少，尽管长土耳其战争（1593—1606）带来了相当大的财政负担，但实际的军事行动仅限于匈牙利和特兰西瓦尼亚。几代人都没有经历严重的暴力事件，这无疑加剧了 1618 年后战争到来时的恐怖感。

即使在那时，战斗的强度和范围也各不相同。1618 年后，战斗集中在多瑙河、上匈牙利以及进入波希米亚南部和摩拉维亚的各山口。随着帝国和天主教同盟军于 1620 年 7 月入侵，战斗转移到位于比尔森和布拉格之间的波希米亚中部，而在上匈牙利以及摩拉维亚和西里西亚的部分地区，战斗一直持续到 1622 年。传统上认为只和战争最后阶段有关的所有恐怖在这一阶段都已经存在：暴行、掠夺、谋杀平民、瘟疫。这些地区在下面十年的时间里基本上避免了严重的冲突，尽管余震仍然存在，特别是体现在 1626 年的上奥地利叛乱中。战争税和重新天主教化带来的人口迁移也继续带来其他压力。

与此同时，战斗的主要焦点转移到阿尔萨斯、莱茵河中游和美因河下游地区，这些地区是 1621—1623 年的主要军事行动的发生地。下萨克森和威斯特伐利亚的部分地区在 1622 年初也受到了影响，当时哈尔伯施塔特的克里斯蒂安公爵袭击了帕德伯恩，并向南移动和曼斯菲尔德伯爵会合，之后他们都被赶入东弗里斯兰。这一阶段是相对快速的移动阶段，最大限度地减少了损失，因为军队不会在一个地方停留太久。过境路线肯定遭到抢劫并被破坏，但离道路不太远的地区一般都未受影响。战争的主要影响仍然是间接的，因为领地会提高税收来支付快速建立起来的规模相对庞大的军队。在 1618 年至 1626 年间，在帝国内作战的所有军队的总兵力可能平均为 8—10 万人。这种规模已经有 70 年没有出现了。查理五世在 1546 年夏天施马尔卡尔登战争最激烈的时候召集了 5.6 万人对抗 5 万名新教徒。[6]当时的冲突在一年内就结束了，但 1618 年后的军事化必须在不断恶化的经济和生态条件下持续下去。1621—1622 年的作物歉收导致第二年粮食价格翻了一番，恶性通货膨胀加剧了这种情况，使粮食危机变成了一场经济危机，一直持续到 1626 年。

普法尔茨的弗里德里希五世在 1623 年被完全击败，德意志南部在下面的 8 年里摆脱了直接冲突。1625 年后丹麦的干预集中在下萨克森。西部、南部和东部地区被天主教同盟和帝国军队占领，以遏制丹麦人。黑森-卡塞尔和威斯特伐利亚的大部分地区都经历了长时间的天主教同盟军队的存在，事实证明这种存在在经济上代价高昂，但并没有造成生命的严重损失。相比之下，瓦伦斯坦率领帝国军于 1625 年秋天抵达易北河中部地区带来了灾难性的后果。帝国军带来了瘟疫，在马格德堡大主教辖区和哈尔伯施塔特主教辖区杀死了高达 40% 的城市人口，使人口回到 1562 年的水平。[7]1626 年，战争蔓延到了易北河流域的图林根和上萨克森部分地区，而曼斯菲尔德在那个秋天向东南方向的突进则将战争带回西里西亚和上匈牙利。瓦伦斯坦帝国军人数稳步增长，到 1629 年，战斗人员总数已经提高到 16 万人左右，是仅仅 5 年前的两倍。规模更大的军队需要在帝国的大部分地区扩大宿兵制度，用直接占领取代通过税收间接维持军队的方式。这使得战争在瑞典入侵之前回到了德意志南部，帝国部队进入符腾堡等地，以扩大瓦伦斯坦的贡金系统，并执行《归还教产敕令》。

1630 年 6 月瑞典军的登陆并没有立即改变这种模式。经过一年的平静期后，积极的军事行动重新开始，但仍限于波美拉尼亚和梅克伦堡。帝国军和天主教同盟军队从德意志其他地区撤出，要么对抗瑞典人，要么加入对曼托瓦的围困。1630 年至 1631 年间，许多地区的收成较好，最初缓解了部队人数增加的影响。直到瑞典利用在布赖滕费尔德之战的胜利带来的余威，在 1632 年使战争迅速蔓延到德意志的所有地区，所有的影响才得以充分发挥。在威斯特伐利亚、下萨克森、莱茵河上游地区和施瓦本都组建了新的区域军队，再加上在巴伐利亚、弗兰肯和萨克森选侯国作战的主力部队，总兵力达到了前所未有的 25 万人。

瑞典决心从战争中获利，将宿兵和没收系统扩展到了新地区，并使许多领地陷入危机。剩余的谷物、葡萄酒和其他必需品都被出售，以满足日益增长的军事需求。由于谷物的种子被消耗，工具或磨坊等重要资产被摧毁，作物的产量也下降了。军事行动的广泛蔓延和时运的快速逆转造就了一种不确定的气氛。在 17 世纪 20 年代，军队撤离后，难民倾向于相对快速地返回原地，但现在他们走得更远了，留下大片无人居住的地区。像易北河谷、莱茵河谷和美因河谷这样的主要运输路线受到了特别严重的影响。阿伦德尔伯爵的大使团于 1636 年 5 月沿着美因河旅行时：

> 我们到了一个叫诺伊基兴的可怜的小村庄，我们发现那里已经无人居住，一栋房子着火了。我们不得不在这里过夜，因为当时已经很晚了，而最近的城镇在四英里外；但是那天晚上，我们手里拿着卡宾枪走来走去，恐惧地听着周围树林里的枪声……第二天一早，大人去检查教堂，发现教堂被洗劫一空，里面的画像和祭坛被亵渎了。在墓地里，我们看到一具从坟墓里挖出来的尸体，而在墓地外面，我们发现了另一具尸体……[8]

瘟疫在 1631 年后回到德意志南部，并在 1636 年蔓延到北部，加速了人口的减少。阿伦德尔的大使团"匆忙离开这个不幸的地方，后来得知村民们因瘟疫逃离，并放火烧毁了那栋房子，以防止旅行者感染瘟疫"。由于瘟疫既严重打击年老病弱的人，也击倒年轻力壮的人，它打击了自

1625 年至 1626 年以来马格德堡等地区的人口恢复过程。然而，瘟疫也可能带来某些缓和的因素。1632 年至 1634 年间，巴伐利亚-施瓦本边境沿线的村庄不断遭到来自双方的抢劫，但是等瘟疫暴发之后，村民们摆出了稻草十字架——公认的瘟疫警告标志——士兵们便不会涉足。[9]

日益加剧的动荡表明许多地区的政府部分崩溃。1631 年后，农民游击队出现在威斯特伐利亚、阿尔萨斯、施瓦本和康斯坦茨湖部分地区。正如我们所见，他们经常以同样的激烈程度反对交战双方（第 15 章）。人们对现有政府保护他们的能力失去了信心。从 1631—1632 年霍恩洛厄的农村地区的阴谋和请愿，到 1632 年后上奥地利再次爆发的动乱，再到 1633—1634 年巴伐利亚的大规模叛乱，动乱的形式不一而足。[10] 讷德林根战役后的两年产生了最严重的影响。瑞典在德意志南部的处境迅速崩溃，这对那里的新教领地来说是灾难性的。战争期间，符腾堡蒙受的损失和军事勒索总值估计为 5870 万弗洛林，其中四分之三发生在讷德林根之战后的四年中。同一时期，根据具体地区不同，符腾堡公爵领的人口急剧下降了 23% 至 69% 不等。17 世纪 30 年代中期，由于马斯特里赫特附近发生的战斗，默兹河下游地区也遭到了最严重的打击。而在帝国军试图清除阿尔萨斯并收复洛林的行动之后，法国对莱茵兰的干预加剧了破坏，并将瘟疫也带到这些地区。[11]

1631 年至 1636 年间战争的迅速升级和蔓延对人类生活和活动的影响更大。人口的转移、土地用途的改变和不熟悉的微生物的传播，都破坏了生态系统的稳定。1636 年，啮齿动物数量爆发性增长，并持续了几年，加剧了食物短缺的状况。1638 年，巴伐利亚西南部有狼群游荡，17 世纪 40 年代初，狼群再次返回，而成群的野猪在 1639 年毁坏了庄稼。而其他动物由于成了替代性食物来源也消失了。1636 年 2 月，一名巴伐利亚士兵沿着莱茵河下游行军时记录道，那里"既没有猫也没有狗"，同时也有大量关于城市人口在 17 世纪 30 年代的饥荒年代食用这两种动物的报道。[12]

法国的干预实际上削弱了而非加剧了总体影响，因为帝国军和巴伐利亚的军队一开始移到了莱茵河以西地区，要么是为了在皮卡第协助西班牙人，要么是在洛林和弗朗什-孔泰作战。尽管这些地区遭受了损失，但德意志南部的大部分地区得到了缓解，而 1638 年不错的收成也帮助了这些地区。与此同时，瑞典人一直处于守势，在 1639 年前一直被限制在易北河地区、萨克森和勃兰登堡。海尔布隆联盟瓦解以及瑞典的许多德意志辅助部队解散后，总兵力有所下降。巴伐利亚军队规模大致保持不变，但是帝国军在 1636 年后收缩了很多，两年后萨克森军也是如此。这些削减并非是自愿的，而是由于各交战方在瘟疫造成的死亡、经济衰退和大规模破坏之后，由于招募和维持部队的困难，不得不这样做的。大规模破坏现在集中在莱茵河上游和易北河中游，这是 1637 年至 1639 年间发生最严重的战斗的地区。

战场的转变使一些地区在 1636 年后得以恢复。17 世纪 30 年代后期，大部分哈布斯堡王朝领地没有发生战争，而与黑森和韦尔夫人的长期谈判限制了在威斯特伐利亚、下美因河谷和下萨克森的军事行动。这三个地区的战争负担现在基本上是静止的，因为各社区只用维持离它们最近的驻军点。1639 年加拉斯在梅克伦堡和波美拉尼亚的战役失败后，那两地的情况也是如此。尽管如此，瑞典驻军仍然是一个沉重的负担，阻止了波罗的海沿岸的人口恢复，直到 1648 年后，那里驻军减少之后，情况才有所改观。1640 年，德意志西北部的和平谈判破裂后，战火重燃。前伯恩哈德军抵达那里，增援瑞典人和韦尔夫人，而皇帝和巴伐利亚向威斯特伐利亚派遣了增援部队。然而，部队总人数的减少意味着这些军事行动抽空了其他地区的士兵，尤其是德意志西南部的，到 1644 年为止，那里的军事行动仅限于劫掠。阿尔萨斯和弗朗什-孔泰也因这一点而避免了积极的军事行动。随着勃兰登堡、希尔德斯海姆和韦尔夫公爵领在 1642 年后退出战争，相对平静的地区扩大了，而其他地区则支付贡金，以换取驻军撤离或停止劫掠。这样的中立并没有消除与冲突相关的所有问题，但至少阻止了 17 世纪 30 年代中期普遍存在的可怕状况的重现。

因此，在战争的最后几年里，仍然面临积极军事行动的地区遭受了不成比例的损失。1644—1645 年瑞典入侵丹麦期间，易北河谷再次遭到破坏。尽管瑞典在 1645 年 8 月成功迫使萨克森保持中立，但它缺乏在威斯特伐利亚也这样做的力量。1646 年后，那里的战斗回到了相对静止的状态，仅限于在帝国据点和黑森据点之间的突袭战。相反，主要的战争努力再次向德意志南部推进，在此期间，沿着上莱茵河地区和弗兰肯发生了激烈的战斗，在 20 多年没有发生战争之后，摩拉维亚和下奥地利也发生了激烈的战斗。战争的最后一个阶段主要是沿着多瑙河进行的，冲突回到了战争最初爆发的地区。

人口影响

总损失

前面的讨论已经指出了一些阻碍对战争的人力和物力损耗进行评估的问题。即使在进行了人口统计的地区，也没有统一的人口统计方法。对 1618 年至 1648 年间的数据进行直接比较，并不能很好地反映实际损失，尤其是因为战争仅在 1631 年后才波及许多地区，而到那时，自布拉格掷出窗外事件以来，那里的人口可能已经增长了。人口统计学家不得不从其他来源推断，如纳税人名单或房屋数量。而在这些计算中，人们对于用作乘数的家户的"平均"规模没有一致意见。被烧毁或被遗弃的房屋清单并不能真正表明实际的人口下降，因为幸存者要么挤在剩余的建筑物里，要么去了其他地方。许多现代估计都得出了歪曲的结论，因为它们仅仅估计了位于后来的德国边境内（这些边境在历史上几乎没有固定）的人口，因此排除了以前属于帝国的地区，如洛林或波希米亚。

施泰因贝格断言，到 1650 年，人口至少增加了 100 万，达到 1600 万至 1800 万之间，主要是通过选择性地使用从人口净增加地区获得的数据。唯一一项全面的调查仍然是由金特·弗朗茨（Günther Franz）进行的，他的结论是城市地区下降了三分之一，而农村人口下降了 40%。大多数其他计算方法大致同意这一结论，将总损失定为三分之一。弗朗茨的工作仍然有问题，尤其是考虑到他是纳粹党的成员，而纳粹党操纵对三十年战争的解释来进行宣传。虽然没有人仍然支持施泰因贝格的说法，但一些现代估计将总体人口下降幅度降至 15% 至 20%。[13]

即使人口只下降 15%，三十年战争也将成为欧洲历史上最具破坏性

的冲突。相比之下，苏联在第二次世界大战中伤亡最为惨重，其人口损失
也不到 12%。20 世纪的两次世界大战当然持续时间都比较短暂，而伤亡
人数每年都相应增加。尽管如此，第一次世界大战期间死亡的人中，大约
有 2000 万人是因战争结束时流感暴发而丧生的。第二次世界大战的相当
一部分伤亡都是在蓄意的种族灭绝中被杀害的，幸运的是，三十年战争中
没有这种种族灭绝，而且三十年战争中使用的武器威力小得多（见表 7）。
帝国的总死亡人数可能达到 800 万，但要考虑到军事伤亡人数相对较高，
而且平民损失的真实程度常常被总人口中战时出生的记录掩盖。[14]

表 7　几次主要冲突中的死亡人数比较

冲突	死亡人数（以百万计，包括死于疾病的）	占战前人口比例（百分比）
1618—1648	5	20.0（仅帝国）
1914—1918	27	5.5（仅欧洲）
1939—1945	33.8	6.0（仅欧洲）

　　总数当然掩盖了广泛的地区差异。最全面的数据涵盖了哈布斯堡君主
国（见表 8）。总体下降幅度相对较小，但这要归功于基本上没有经历暴
力的地区的人口增长，而像下奥地利或波希米亚等遭受多次入侵的地区出
现了大幅人口下降。更多的地方数据表明，在这一大模式中还有进一步的
变化。例如，布拉格附近和易北河谷部分地区等经历了波希米亚最激烈战
事的地区的损失至少达到 50%。[15]

　　帝国其他地区的变化可能会更加极端。和哈布斯堡君主国的情况一
样，帝国的整体人口下降被汉堡等幸运地区的人口净增加，以及威斯特
伐利亚、阿尔萨斯和韦尔夫公爵领部分地区低于平均水平的人口损失所
抵消。一些地区在早期遭受了严重的损失，但后来基本没有受到进一步的
破坏——荷尔斯泰因就是一个很好的例子，在那里，17 世纪 20 年代中期
受到的严重损失在 1648 年已经得到了弥补。相比之下，过境路线沿线或
长期占领下的地区遭受的损失远远超过平均水平。哈尔伯施塔特主教辖
区的一些城镇损失了十分之七到十分之九的居民。哈尔伯施塔特的人口从
1625 年瓦伦斯坦到达时的 1.3 万人下降到 1648 年的 2500 人以下。勃兰

表 8　哈布斯堡君主国内的人口变动（1600—1650）

地区	1600	1650	变动（百分比）
奥地利领地			
下奥地利	600 000	450 000	−25
上奥地利	300 000	250 000	−17
施蒂里亚	460 000	540 000	+17
克恩滕	180 000	200 000	+11
克雷恩	290 000	340 000	+17
格尔茨和格拉迪斯卡	130 000	150 000	+15
	1 960 000	1 930 000	−2
远奥地利			
蒂罗尔	390 000	440 000	+13
福拉尔贝格	40 000	45 000	+13
	430 000	485 000	+13
波希米亚领地			
波希米亚	1 400 000	1 000 000	−29
摩拉维亚	650 000	450 000	−31
西里西亚	900 000	700 000	−22
	2 950 000	2 150 000	−27
匈牙利领地			
王室匈利亚	1 800 000	1 900 000	+6
总计	7 140 000	6 465 000	−10

数据来源：Adapted from T. Winkelbauer, *Ständefreiheit und Fürstenmacht* (2 vols., Vienna, 2003), I, p.14.

登堡在 1627 年后的 10 年里承受了巨大损失，城市人口从 113 500 人减少到 3.4 万人，而农村居民从 30 万人减少到 7.5 万人，大约一半的村庄空无一人。易北河附近的阿尔特马克地区是受灾最严重的地区，而奥得河地区从 17 世纪 40 年代中期以来没有受到严重的打击，到 1652 年政府进行调查时已经恢复了。来自符腾堡的相当可靠的数据表明，1634 年至 1655 年间，人口下降了 57%，这主要是由于帝国军的长期占领，此后在 17 世纪 40 年代中期又发生了更严重的袭击以及大规模军事行动。同样，这些数字本身并不能给出一个完整的图景。由于讷德林根战役再加上战役所带来的瘟疫，当地人口立即下降了四分之三。然后，到 1645 年，人口已经恢复到先前水平的 30% 左右，到 1655 年进行人口普查时，人口进一步回升。洛林大致相同，损失了大约 60% 的人口，同样，人口主要也是在 17 世纪 30 年代下降的。弗朗什–孔泰在 1636 年至 1639 年间遭到了蹂躏，但由于 1644 年后保持中立而恢复了元气，这使人口整体下滑幅度在 1648 年只有 48%。[16]

虽然其他地区人口损失没有那么严重，但也遭受了相当大的损失。根据估计，巴伐利亚人口下降了 30% 至 50%，其中 17 世纪 30 年代是最糟糕的 10 年。弗兰肯大部分地区人口减少了 30% 至 40%。关于波美拉尼亚的最新估计表明，其人口从 1630 年的 16 万人下降到 1648 年的 9.6 万人，下降了 40%，而非弗朗茨声称的 50% 至 66%。尽管如此，根据战前和战后的趋势，如果没有发生战争，波美拉尼亚的人口会增长 2.5 万人。如果将这些缺失的出生计算在内，在计算战争对帝国人口的全面影响时，我们至少还需要再增加 300 万人。[17]

死亡原因

死亡原因与死亡规模一样有争议。关于战争和臭名昭著的屠杀的报道传达了暴力死亡的错误印象。当时人的日记中确实充满了强奸和谋杀的故事，其中大部分是传闻。杰弗里·莫蒂默（Geoffrey Mortimer）分析的 72 名目击证人中，有一半记录了被杀害人的姓名，五分之一报告了士兵发起了人身攻击，但很少有人说这导致了严重伤害。[18] 官方文件很少记录强奸，因为起诉此类案件很困难：17 世纪上半叶，慕尼黑只有 5 名强奸犯被定罪，在 1562 年至 1695 年间，法兰克福有 3 名被定罪。强奸的实际发生率要高得多，可能是战争期间最常见的严重人身暴力形式之一。

死亡记录更全面。萨克森城镇瑙姆堡在 1618 年有 8900 名居民，到 1645 年下降到 4320 名，然而在记录中，只有 18 名市民是被士兵杀害的，尽管这个地方在 1635 年被瑞典人掠夺了一周，他们将这里洗劫一空。威斯特伐利亚的埃尔斯佩教区记录的 699 起死亡事件中，只有 5 起与军事暴力直接相关，而霍恩洛厄的英格尔芬根镇在 1634 年记载了 241 人死亡，但其中只有 7 起是在讷德林根战役后城镇被占领期间死亡的，相比之下，当年死于瘟疫的有 163 人。[19]

在暴力的受害者中，士兵占多数。根据现代估计，战斗造成的总军事伤亡为 45 万人，计算方法是将已知的战斗损失和围城造成的损失相加。其中，有 8 万人是在法国军、伯恩哈德军和黑森军中服役的，而帝国军损失了 12 万人，其余的损失是瑞典军、丹麦军和包括巴伐利亚军在内的其他德意志军队承受的。从 1635 年到 1659 年，在法国与西班牙的战争中，又有 20 万至 30 万法国人被杀或受伤，这使得法国的总战斗损失大大超过了 1672 年到 1697 年的两次战争中所遭受的 28 万人的总伤亡。[20]

伤员的存活率很难计算，因为从医院返回的数据很少，而且这些数据中也很少能记录入院原因。大多数人住院是因为生病，而非受伤。医院的条件远低于现代的卫生和护理标准，但是人们已经做出了一些努力来确保伤员能够得到良好的食物和照顾。1645 年 8 月，71 名被医院接纳的受伤的帝国士兵中，只有 10 人没有返回他们的团，而在 1646 年 11 月，143 名住院士兵中有 42 人死亡。[21]

事实证明，疾病比火枪、刀剑和大炮更具破坏力。平均来说，每十名士兵中就有一名生病，虽然大多数人后来都康复了。后勤保障的问题或流行病大大增加了生病的比例。一种被称为"匈牙利热"（*morbus Hungaricus*）的斑疹伤寒在 1620 年的战役中杀死了 1.4 万名天主教同盟士兵，相比之下，白山战役中的天主教同盟军队只有 200 人死于枪炮或刀剑。[22] 然而，天主教同盟在白山战役的损失异常轻微，而被击溃的军队，例如波希米亚军，伤亡要大得多，尤其是如果他们还被追击的话。每有一名阵亡士兵，可能就有三人死于疾病，这表明战争中有多达 180 万士兵死亡。与从瑞典和芬兰教区登记册和军事档案中收集的证据相比，这个数字似乎是可信的。1621—1648 年，大约有 15 万名瑞典和芬兰征召士兵死亡，其中 4 万人在 1621—1629 年的普鲁士和利沃尼亚战役中丧生，其余的都是在德意志。考虑到应征入伍者通常不到瑞典在德意志军队人数的五分之一，很可能至少还有 40 万德意志人、英国人和其他人在瑞典军中服役期间死于各种原因。[23]

虽然暴力在平民中造成的死亡相对较少，但对暴力的恐惧让人们逃离自己的家园。在人口下降最严重的地区，逃亡和移民是造成人口损失的主要因素，占瓦尔德克地区人口损失的 60%，而梅明根附近的奥托博伊伦修道院地区人口损失的 80% 是由于逃亡和移民。[24] 移民抵消了，或至少减缓了许多地区的人口下降。例如，慕尼黑的人口从 2.2 万人（1618）下降到 1.4 万人（1651），主要是由于 1633—1634 年和 1649—1650 年的瘟疫，但同期至少有 7000 人定居在这座城市。他们是逃离艰难环境和危险条件的农村工匠，大多来自巴伐利亚的其他地方，五分之一来自邻近的弗兰肯和施瓦本。奥格斯堡经历了大致相似的模式，在瑞典军占领和帝国军的围城之后，人口从 1618 年的 4.5 万人下降到 1635 年的 16 400 人。战争结束时，部分由于移民，这个数字又恢复到 2 万。移民使南锡——洛林唯一经历人口增长的城镇——的人口翻了一番，也为汉堡在战争期间的人口净增加做出了贡献。[25]

移民不仅仅意味着数字的改变。随着帝国的犹太人口分散到新的地区，其成员从事更加多样化的经济活动，他们变得更加四分五裂。[26] 并非所有的新来者都受到欢迎。移徙者在到来之前往往和新社区没有什么联系。他们通常比那些死亡或留下来的人更穷，1631 年后在科隆避难的天主教精英是一个显著的例外。许多移民不想留下来，只是等着安全的时候回家。其他人则是和占领军一起来到这里的，这增强了他们是外来人口的感觉，而且在有着战略重要性的城镇中，外来人口的数量可能相当可观：1647 年 1 月，于伯林根只有 650 名纳税市民，相比之下，有 652 名农民难民，592 名"外国"妇女带着 909 名子女，以及 239 名士兵组成的驻军，这些士兵还有 61 名妻子和 72 名子女。[27]

由于避难所显而易见的拥挤、不卫生的环境会滋生疾病，逃亡可能会增加死亡率。移民通常在长途旅行后营养不良，筋疲力尽。在 17 世纪 30 年代瑞典入侵巴伐利亚期间，至少有 104 名难民死于瘟疫肆虐的兰茨贝格街头，而在讷德林根战役后，难民占霍恩洛厄城镇基希贝格死亡人数的三分之一。[28] 大多数城镇都很小，防御能力也很差。过度拥挤很快造成了严重的食物短缺问题，而战略考虑常常使城镇成为军事上的目标。1625 年后的十年里，许多人逃离城市，前往更安全的农村，那里也可以提供更多的食物。此后，从城市中出逃的比例似乎有所下降，因为更多的运动战使农村也变得越来越不安全。农村社区受到的打击尤其严重，因为如果太多的人搬走，这些社区通常会变得太小，很快就无法存续。这解释了17世纪40年代农村人口减少的原因，当时人们抛弃了农场和小村，聚集在更大的村庄和城镇中。尽管如此，具体的地点往往也有决定性影响，因为许多较小的孤立社区有可能逃脱瘟疫和军事掠夺。

平民死亡的模式证实了军事伤亡的总体情况，表明疾病是最主要的杀手。第一次重大瘟疫发生在1622—1623年，随后在1625年和1634年左右暴发了更严重的瘟疫，具体的时间会根据地区的不同而有一年或二年的变化。1646年至1650年间发生了第四次流行病，这次流行病一般来说不那么致命。17世纪30年代，大部分死亡是由淋巴腺鼠疫造成的。另一个主要杀手是斑疹伤寒（Fleckenfieber），这是一种由衣服上的虱子传播的感染病。在16世纪，瘟疫通常每10到20年袭击一次社区。1618年后暴发的频率和规模表明，这是一场大规模流行病，由于流动性增加和营养不良，传染病会消退，但从未完全消失。[29]

经过第一次瘟疫暴发的地区在第二次暴发中死亡人数较少，尽管由于期间的人口减少，影响仍然相当大。例如，瑙姆堡在1625年记录了1642例鼠疫死亡，是战前年平均死亡率的八倍。第二年又有799人死亡，但是第二次瘟疫暴发中，死亡高峰只有702人（1633）和741人（1636）。同样地，哈尔伯施塔特以东的克罗彭施塔特小镇记录了695人（1626）和226人（1636）的死亡高峰，而战前平均每年有50人死亡。很明显，瘟疫是总死亡率中的最大单一因素：1622—1649年埃尔斯佩教区44%的死亡发生在瘟疫年（1636—1637）。[30]这非常重要，因为感染通常是致命的。在住进维也纳瘟疫医院的人中，大约80%的男性和70%的女性从未康复。儿童遭受了格外严重的打击，在1625年马格德堡和哈尔伯施塔特的受害者中，三分之一都是儿童。[31]瘟疫也会导致社区易受其他疾病感染，特别是如果军事行动还中断了食物供应的话。1633—1636年瘟疫暴发后，由于巴纳尔在附近活动，瑙姆堡的死亡率仍然很高。该镇在1639年有411人死亡，主要是营养不良，随后在1641—1643年又有1109人死亡，其中大部分死于痢疾。

尽管这些死亡数字无疑很高，但需要将其置于当时的背景下考虑，当时的高死亡率是常态。根据奥格斯堡的记录，在 16 世纪上半叶，瘟疫暴发的 8 年中有 3.8 万人死亡，在 1550 年至 1600 年，瘟疫暴发的 7 年中有 2 万人死亡，而在 1600 年至 1650 年间，流行病暴发的 9 年中奥格斯堡损失了 3.4 万人。伦敦在 1595 年、1603 年和 1625 年暴发的每一次疫情中都损失了五分之一的人口，在 1625 年至 1646 年间，伦敦只有 11 年没有高死亡率。因此，1618 年至 1648 年间在帝国中死去的许多人，即使没有战争，生命也很可能会被瘟疫缩短。例如，1622 年的流行病不是通过士兵，而是通过与阿姆斯特丹的贸易到达奥格斯堡的。不利的经济和气候条件放大了最初的影响。1619 年至 1628 年，一系列寒冷潮湿的夏天导致了连续的粮食歉收。1622—1623 年的流行病与恶性通货膨胀同时发生，恶性通货膨胀侵蚀了购买力，导致许多人营养不良。

然而，部队调动使事情变得更糟。1620 年的波希米亚战役中，斑疹伤寒造成的死亡率已经很高，后来曼斯菲尔德的军队向西逃到下普法尔茨，将流行病带到了那里。1621 年秋天，军队的到来引起恐慌，2 万名平民逃往阿尔萨斯，导致斯特拉斯堡过度拥挤，有 4000 人死亡。曼斯菲尔德的军队继续传播斑疹伤寒，他们向北进入尼德兰，然后进入东弗里斯兰，曼斯菲尔德自己最终在 1626 年也死于这种疾病。瘟疫还杀死了其他著名的政治和军事领导人，包括选帝侯弗里德里希五世、魏玛的伯恩哈德、总督费里亚和将军霍尔克。

1624—1625 年间，第一波流行病再次在阿尔萨斯暴发，并通过梅斯传播到法国，可能是由难民带过去的，营养不良再次加剧了其影响。1627 年的歉收导致了法国自 16 世纪 90 年代以来第一次严重的粮食短缺，1629 年的又一次歉收加深了这种影响。战争显然有很大影响。在上次胡格诺派叛乱期间，随着军队的移动，流行病蔓延到了南方，但巴黎和北方基本上躲过了这一劫。总的来说，这场瘟疫夺去了法国 1700 万至 2000 万人口中 150 万至 200 万人的生命。[32]

第二次更致命的流行病发生在瓦伦斯坦向北进军，以及 1625—1626 年期间军事行动蔓延到德意志北部之后。1630—1631 年间，尽管部队再次调动，但德意志死于鼠疫的人数相对下降，这可能是由于这些年天气更好，收成更好。相比之下，意大利北部暴发了最严重的疫情，曼托瓦和卡萨莱周围的军事行动再次明显加剧了疫情。米兰公爵领的人口减少了三分之一，达到80万，而曼托瓦的人口减少了一半。就像在德意志的情况一样，这些损失造成的影响因意大利一个世纪以来相对没有发生严重的战斗而被放大。

1631年，由于帝国军和随后的西班牙军队向北越过阿尔卑斯山，德意志南部再次感染上了瘟疫。随着瑞典在1632—1633年入侵巴伐利亚，流行病向东蔓延，最终在1635年12月到达萨尔茨堡，可能是难民带来的。在讷德林根战役后瑞典的地位崩溃后，瘟疫也向西横扫莱茵河地区。在1629—1633年间，讷德林根的死亡率已经是战前平均水平的2.5至3倍，但在围困和战斗的那一年，随着西班牙援军带来了瘟疫，死亡率跃升至7倍以上。1634—1635年冬天，瘟疫出现在奥格斯堡的同时，城市也遭到了围困。疫情第四次暴发在奥格斯堡是在1646年9月法国和瑞典的围城之后。这些统计数字背后是无数的个人悲剧。鞋匠汉斯·黑贝勒（Hans Heberle）的10个孩子中只有一个比他活得更久。其中有两人死于1634—1635年的流行病暴发中，当时一起死亡的还有汉斯自己的父母和四个兄弟姐妹。[33]

战后人口恢复来自出生率上升和死亡率下降。战前，符腾堡的人口年增长率约为0.5%，但在1648年后的20年里，人口增长率猛增至1.8%。旅行者称德意志是一片孩子的土地：在17世纪60年代，将近一半的符腾堡人不满15岁。[34]不幸的是，在1672年后，其中许多人在旷日持久的战争中又成了新兵，战争延缓了人口复苏的过程，在某些地区逆转了这一复苏。大多数消息来源认为，1618年的人口水平通常要到1710—1720年才能再次达到。同样，不同的地区存在差异。贝格公爵领在1618—1648年经历了20%的总人口下降，但到1680年已经恢复，而邻近的于利希损失了28%的人口，直到1720年才恢复。经济衰退阻碍了一些地区的人口复苏。施特拉尔松德直到1816年才恢复至1627年的人口，而纽伦堡战前的出生率直到1850年才达到。[35]

经济影响

"摇摆秤杆" 恶性通货膨胀

最近关于德意志经济史的研究表明，在战争前夕，帝国并不繁荣，但也没有处在衰落之中。一些行业蓬勃发展，而另一些行业收缩。早先的人口增长已经趋于平稳，土地使用已经更多，但是大量的人失业。商业上的失败、物价上涨和乞丐数量的增加导致人们普遍认为时代正在恶化。大多数人觉得父母那辈的日子要更好。1618 年，奥格斯堡不到 7% 的家庭在该市的税收簿上被记录为相对富裕，相反，超过 48% 的家庭被列为一贫如洗。[36]

1621 年后，被普遍认为的西方世界第一次金融危机大大放大了这种日益加剧的忧患意识。[37] 该恶性通货膨胀的时期被称为 "摇摆秤杆"（Kipper und Wipper）时代，该词可能来自裁剪硬币和摇摆货币兑换商秤杆的做法。这一事件展示了帝国在更广泛的政治危机中的优势和劣势，也表明了政府在为战争融资的过程中遇到的困难。它带来了广泛的苦难，使人们更难应对 1625 年以来重现并加剧的冲突。

通货膨胀发生在对帝国货币体系的不当操纵之后，这种操纵将作为名义记账单位的货币和日常交易中使用的实际硬币组合起来。名义记账的货币在北方主要是银塔勒，在南方则主要是金或银弗洛林。金银确实也被铸造成了真正的硬币，但大多数人使用的零钱（Schneidemünzen）中含有越来越多的铜。铸币权是一项帝国特权，但长期以来就一直被移交给自己发行铸币的诸侯和帝国城市。1559 年的《帝国货币条例》（Imperial Currency Ordinance）中规定，根据使用科隆银马克（约 233 克）测量的贵金属含量，将硬币相互关联。汇率调整是在负责维护《帝国货币条例》的区域货币公约中谈判达成的，违反规则的人将会被处以死刑。

随着越来越多的地区建立了自己的铸币厂，执法相当困难。仅在下萨克森运作的铸币厂就从 1566 年的 6 家增加到 1617 年的 30 家。领土分割无疑增加了复杂性，但接下来的事情不能完全归咎于帝国宪法。《帝国货币条例》反映的是更广泛的现代早期关于静态秩序的理想。它没有给铜和贵金属供应的波动或经济和人口增长引起的需求变化留下太多空间。新世界的金银供应中断被西班牙和尼德兰共和国对铜日益增加的使用所抵消，而从日本进口的铜，尤其是瑞典铜的产量大幅增加也助长了对铜的使用。很难区分作为商品的金属和作为交换手段的金属，这增加了总的问题。银的成本大幅上升，高于其所制造的硬币的面值，这也鼓励铸币厂经营者通过向合金中添加更多的铜来降低产量。

贬值相对少见，直到1618年后政府在支付战争费用时遇到问题，才相对较多。不发达的信贷设施使得借贷变得困难，而贬值似乎只是一个看似简单的解决办法，而且当时人们对通货膨胀的风险了解甚少。波希米亚反叛者已经在1619年采取了这个办法，许多其他领地也是如此，但有些领地仅仅是为了牟取暴利。哈布斯堡王朝在1620年恢复了对波希米亚铸币厂和银矿的控制之后，延续了这一做法。然而，直到1622年1月，当费迪南德二世皇帝将铸币厂委托给一个包括波希米亚总督卡尔·利希滕施泰因在内，主要由皇帝自己的官员组成的私人财团时，贬值才全面开始。一个银马克在1618年可以制造19弗洛林的零钱，而财团将其稀释成面值为79弗洛林的铸币，后来甚至稀释至110弗洛林，一共发行名义价值为2960万弗洛林的铸币，以向哈布斯堡国库支付600万弗洛林。经营者的利润被认为高达900万弗洛林，但更可能的是只有130万弗洛林。他们真正的回报来自使用贬值的硬币购买没收的叛军地产，皇帝已经于1622年9月公布出售这些地产。用劣币交换良币的做法很快变得很普遍。帝国城市于伯林根的市政债务偿还率从战前的年均1900弗洛林跃升至8000弗洛林，因为精明的司库用贬值的硬币支付债权人。[38]

铸币厂财团的活动规模引起了人们相当多的关注，但在整个危机中，它的作用相对较小。通货膨胀最糟糕的时期始于1621年3月，而且随着布拉格行动的展开，已经消散。布拉格犹太社区的领导人雅各布·巴塞维（Jacob Bassevi）也在财团之中，这助长了反犹的新教徒对贬值的恶毒批评，但一些最严重的违法者来自德意志北部路德宗，以及弗兰肯、阿尔萨斯和加尔文宗黑森-卡塞尔的部分地区。非法的"对冲铸币厂"（Heckenmünzen）在一些小的省级城镇兴起，有时得到附近希望以他人为代价获利的统治者的暗中支持。

后果迅速显现出来。莱比锡市议会由于在铜市场进行投机破坏了市政财政。良币从流通中消失了，而税款是用贬值的货币支付的。瑙姆堡的市政收入的实际价值下降了近30%。[39] 由于贸易商在交换大宗商品时会得到大量的劣币，价格飙升：1619 年至 1622 年间，弗兰肯的面包价格上涨了 700%。那些收入固定的人也受到了影响，比如神学学生马丁·伯辛格（Martin Bötzinger）的 30 弗洛林的年补助金只够购买三双靴子。[40] 从 1621 年开始，严重的骚乱蔓延开来，马格德堡的骚乱造成 16 人死亡，200 人受伤。

萨克森的反应在主要领地中相当典型。1622 年 3 月，萨克森选帝侯同意与其等级会议联合成立一个委员会，关闭非法铸币厂，并回收硬币，以重新发行含全部银量的硬币。[41] 这类措施通过下萨克森、巴伐利亚和弗兰肯的行政圈结构在地区级别实施，而在其他地方，邻近的领地也进行了合作。当费迪南德二世与其财团的合同在 1623 年 1 月到期时，他拒绝续约，并于 12 月下令将其铸币贬值 87%。

从表面上看，帝国恢复得不错，在 1623 年底恢复了货币信用。非法铸币厂被关闭，行政圈恢复了货币监管会议。在未受军事行动影响的地区，收入也有所恢复。这一相对成功显示了帝国宪法的弹性，以及新教徒和天主教徒利用正式机构持续解决共同面临的问题的能力。官方货币监管只在瑞典入侵造成的混乱中遇到了严重的困难，但在 17 世纪 30 年代因军事支出不断上升而货币再次贬值时，宪法框架仍然是解决问题的首选手段。[42]

在正式恢复货币信用的背后隐藏着更严重的问题。"摇摆秤杆"通货膨胀和 1621—1622 年的歉收一起，抵消了过去 20 年农村地区相对稳定带来的大部分收益。此前较为富裕的农村社会出售资产和出口剩下的农产品盈余，以弥补损失。通货膨胀虽然只是暂时的，但却使人们在生存危机中的惯常应对策略很难运作，除非用良币来偿还，贷款人拒绝发放新贷款，而良币现在越来越稀缺。领地政府被迫将信贷体系扩展到自己的臣民，例如，允许他们拖欠税款。而持续的战争使人们没有多少喘息的机会，当 1625 年后军事苛捐杂税增加之后，许多人变得更为脆弱。[43]

贸易和工业

19 世纪的德国历史学家哀叹道，由于瓦伦斯坦的波罗的海计划失败，而瑞典夺走了波美拉尼亚，德国直到 19 世纪 80 年代才有机会成为一个殖民国家。但是并没有多少证据支持这一观点。[44] 德意志最大的两个港口不来梅和汉堡一直没有被外国占领，可以通向北海。而其他港口尽管有外国人的存在，也依然可用，比如埃姆登，当 1680 年后勃兰登堡试图参与奴隶贸易时，埃姆登成了其行动基地。吕贝克和罗斯托克仍然可以自由地在波罗的海进行贸易。德意志人构成了荷兰东印度公司的大部分工作人员，也是葡萄牙在印度存在的一个重要因素。[45] 德意志人较晚参与殖民事业，特别是在国家级别，真正的原因是缺乏动机。中欧人长期受益于一种贸易模式，这种贸易模式只是逐渐向西转向大西洋。由于葡萄牙人和西班牙人位于欧洲西部边缘，无法获得参与这种早期贸易模式的机会，于是他们试图越过大洋来寻找贸易机会，这在当时看来只是非常危险且无利可图的替代方案。

战争对其他贸易领域产生了更直接的影响，但是，和对人口的影响一样，具体情况根据地区不同也有很大的不同。一般来说，城镇比农村表现更好，尽管正如布拉格的例子表明的那样，城市集中的财富往往也使它们成为诱人的军事目标。一些城镇被完全摧毁，例如马格德堡的两个郊区在 1630—1631 年的围城中被夷为平地。更多的城镇由于遭到多次袭击而受到严重破坏。这些例子包括马格德堡本身，以及班贝格、开姆尼茨、皮尔纳和马尔堡。大多数其他城镇至少遭受了一些损失，但这并不一定总是抑制了增长——维也纳、南锡和美因河畔法兰克福的人口增长就表明了这一点。很多东西取决于城镇的具体情况，特别是城镇的地点，以及城镇是否有附属村庄。汉堡周边地区遭受了巨大的损失，相比之下，城市本身的居民人数增长了 50%。马格德堡周围地区遭受的破坏甚至更大，因为这座城市受到了多次围城和封锁。马格德堡邻近地区有大约一半的房屋被摧毁，相比之下，马格德堡大主教辖区其他地方的房屋被摧毁的比例为 15% 至 35%。同样，罗滕堡附属的 100 个村庄中有四分之一在 17 世纪 40 年代被遗弃。有的城镇向士兵关闭了大门，但这只是将负担转移到了农村。袭击者经常摧毁周围地区，以恐吓城镇或对领地统治者施压。[46]

各贸易中心的居民的构成变化不太明显，但同样重要。市议会偏爱市民（选举市议会成员的人），而不是没有公民权的农村居民和移民。那些为基本需求服务的行业通常表现更好。例如，面包师和酿酒师人数比音乐家、建筑商、纺织工人和服务业的人数减少得更少。由于金属业工人参与了武器生产，他们的日子也更好一点。的确有个人从战争中赚到了钱，但从中谋取暴利的人很少。大多数生产商试图与各方保持良好关系，不仅是为了盈利，也是为了避免被报复。亚琛是一个军火生产中心，那里的制造商获得了不错的回报，直到 17 世纪 30 年代，敌对军队开始不付钱就夺取武器，情况才发生改变。瑞典人没有支付图林根的苏尔运送来的大量武器的费用。[47]这种行为也影响到其他行业。瑙姆堡的市政啤酒厂于 1639 年关闭，因为士兵们没有付款：这对一个以啤酒闻名的小镇来说是一个严重的打击。然而，17 世纪工业规模相对较小、分散化的特点使其能够相对快速地复苏，只要商品的市场仍然存在。帝国军于 1634 年 10 月摧毁了苏尔武器工厂的大部分车间，但是工人们一回来，生产很快就恢复了。

恐惧和不确定性导致了贸易中断，尤其是因为旅行变得不安全。通常，这只是加强了已有的趋势。已有的贸易中心经常受益于较小的区域竞争对手的衰落。例如，莱比锡从瑙姆堡的衰落中收益。汉堡和法兰克福等主要金融中心也保持繁荣。占领并非总是导致灾难性后果。韦瑟尔在 1614 年被西班牙人占领时确实遭受了损失，但在 1629 年之后，韦瑟尔被之前有交易往来的尼德兰人占据，迅速恢复了。

战斗破坏了帝国领地之间的经济合作。改善沿河通航状况的计划被放弃，未能维持防洪计划导致莱茵河下游洪水泛滥。像瓦伦斯坦建造运河连接波罗的海和北海这样雄心勃勃的计划没有成功。害怕士兵会偷东西导致了对重要资源的漠视。1634 年后，符腾堡的森林法被打破，因为社区卖掉了受保护的橡树以换取现金，并掠夺木材，尤其是在严冬。然而，与 20 世纪相比，人类的这些行为造成的影响仍然有限，生态于战后迅速恢复。[48]

　　尽管战争的影响总体上来说极为负面，但并没有完全阻止经济发展。萨尔茨堡大主教辖区于 1625 年开始了一项大型排水工程，并在 1632 年德意志南部危机最严重的时候加快了这项工程，为在新开垦土地上建立的新郊区奠定了基石。这一项目于 1644 年由尼德兰工程师完成，因此可能是新教工程师完成的。同样，奥托博伊伦修道院在 1625 年后发展了纺织业，训练新学徒，虽然他们的证书只能在战后注册。[49]

农　业

　　战争期间，军事活动的性质和地点影响了各地农村世界的遭遇。牲畜特别容易受到伤害，因为它们可能会被士兵围捕并赶走。在奥托博伊伦修道院的一项调查发现，1636 年那里只有 133 匹马和 181 头牛，而 16 年前分别为 2094 匹马和 6607 头牛。役用牲畜的损失的后果特别严重，因为它影响了粮食生产。1633 年，由于瑞典人偷了马和牛，班贝格周围的农民只能自己拉犁。[50]

　　农村地区受到的总体影响和城市地区与一般居住模式受到的总体影响类似。大型农场通常表现更好，因为它们拥有更多的资源和更肥沃的土地。17 世纪 30 年代瑞典在巴伐利亚掠夺之后，有一个地区记录了 58% 的农舍被烧毁或遗弃，69% 的中型农场被烧毁或遗弃，但只有 37% 的大型农场被烧毁。[51] 然而，最近的研究不再支持一个古老的观点，即战争促进了易北河以东地区农场并入大庄园的进程。早在 16 世纪，大庄园经济就已经在这一地区得到发展，但它并不是无孔不入的。一些地主确实通过合并被遗弃的土地扩大了地产。然而，并不是说统治者在讨价还价中完全占据了有利的位置，而农民的利益被牺牲。由于人口减少，活下来的人的劳动更有价值。农民通常能够通过谈判得到更好的条件，例如与地主谈判得到世袭的契约，这些地主并不是诸侯的天然盟友，而是被夹在日益强硬的领地国家和不利的经济条件之间。一些地主确实将更大的义务强加给农民，让他们服劳役，尤其是在波希米亚，但这远远不是普遍的，也不能表明"第二次农奴制"的旧标签是正确的。[52]

　　由于谷仓或葡萄园等资产遭到破坏，以及农村人口减少，土地价格下降。到 1648 年，帝国境内大约三分之一的耕地被遗弃，在某些地区，这一比例接近一半。即使是一些仍在耕作的土地，也往往面临巨大压力的土地拥有者出售。于伯林根于 1649 年出售了其主要的农村地区，以筹集让瑞典"满意"的金钱。市场上很快就充斥着大量的土地。弗兰肯的一座农场在 1614 年价值 500 弗洛林，到 1648 年，只要 37 弗洛林就可以买到。而资本短缺使得即使是那些有意购买的人也面临巨大的困难。在这个例子中，买方甚至连这 37 弗洛林也拿不出来，通过找到一个合伙人才筹集齐了这笔钱，并在 5 年后买断了对方的股份。[53]

信贷紧缩

在战前，日益增加的债务就已经很普遍，在这一点上，关于战争对经济影响的"更早期的衰退"解释是建立在更坚实的基础上的。从 1554 年到 16 世纪末，班贝格主教辖区的债务负担一直徘徊在 80 万弗洛林左右，尽管期间还清了 47 万弗洛林的债务，但主教辖区同时又承担了新的债务。1552 年诸侯叛乱期间的战斗使纽伦堡的债务增加了五倍，跃升至 430 万弗洛林。到 1618 年时，其中只有 30 万弗洛林还清。"摇摆秤杆"通货膨胀造成了严重的问题，使班贝格的负债达到了 120 万弗洛林，而纽伦堡的负债达到 570 万弗洛林。与这些增长相比，战争造成的增长似乎相对温和。到 1653 年，纽伦堡的债务增加到 600 万弗洛林，但是班贝格将债务减少到 831 802 弗洛林。正如战争中的所有统计数据一样，这些数字需要更仔细地解读。债务可能要高得多，因为大多数领地和社区还拖欠了利息。于伯林根的债务增加了一倍多，达到 28 万弗洛林，但如果将其拖欠的 163 553 弗洛林的利息也包括在内的话，几乎是战前水平的三倍半。[54]

债务增加不仅仅是由于战争的开支。霍亨佐伦-黑兴根的艾特尔·弗里德里希（Eitel Friedrich）伯爵由于管理不善，而且作为帝国将军未能待在自己的领地上，20 年来累积了超过 61 万弗洛林的债务。其他统治者继续挥霍无度，尽管他们的臣民普遍生活困苦。所谓节俭的勃兰登堡的弗里德里希·威廉在 1641—1645 年瑞典占领选侯国的高峰时期，购买了价值 29 200 塔勒的挂毯、珠宝和银器。再加上战前糟糕的财务管理记录，这表明即使没有战争，许多领地也会陷入困境。由于军事负担加重和税收基础缩减，战争无疑使事情变得更糟。1623 年，艾特尔·弗里德里希伯爵在施瓦本的小领地的收入相当可观，一年有 3 万至 4 万弗洛林的收入，20 年后年收入只有 4000 弗洛林。在 1618 年到 1648 年之间，下普法尔茨的应税资产价值从 1880 万弗洛林暴跌至 380 万弗洛林，而年收入从 441 508 弗洛林下降到 76 977 弗洛林。尽管这是一个极端的情况，但在几乎所有地方，纳税人数量下降速度都高于总人口的下降速度，这反映了普遍的贫困状况。[55]

1648 年后，帝国机构在缓解这些问题方面发挥了重要作用。统治者、等级议会和社区从个人、宗教基金会和富有的银行家（不太经常）那里借钱。人们还通过出售年金筹集资金。因此，德意志的债务和那不勒斯的债务一样，分散在社会的相对广泛的阶层中，包括许多依靠定期支付利息获得收入的人。例如，17 世纪 20 年代逃离哈布斯堡领土的新教难民在离开之前不得不出售财产，并将所得投资于雷根斯堡、乌尔姆和纽伦堡等城市发行的年金。到 1633 年，只有雷根斯堡仍在支付利息。由于债务违约的风险，帝国法律传统上倾向于债权人而非债务人。然而，战争使得偿还变得困难，如果债权人查封债务人的资产的话，后者将会破产。早在 1628年，波美拉尼亚等级议会已经采取措施保护债务人，随后许多其他领地也这么做了。债务仍然被认为是应该避免的事情。政府拒绝允许债务人注销债务。政府给予了短期的延期，做出了一些宽限，但没有接受战争特殊情况压倒偿还贷款义务的观点。

由于拖欠的利息增加了原始债务，债务水平飙升。较小的领地政府担心法院会查封它们的财产，这是追回它们所欠债务的唯一途径。这个问题由帝国城市埃斯林根在 1640—1641 年帝国议会上提出，而帝国议会由于其他紧迫的问题，无法解决这一问题。尽管如此，费迪南德三世皇帝还是指示帝国宫廷议会，在债权人上诉的案件中更加关注债务人的利益。然而，帝国枢密法院继续对债务人发出禁令，认为必须保护贷款人的利益，以免金融信心崩溃。1643 年后，法兰克福的帝国代表团会议再次讨论了这个问题，然后在威斯特伐利亚会议上，这个问题和其他司法改革一起被推迟到下一届帝国议会。《奥斯纳布吕克和约》第 4 条仅仅取消了军事勒索造成的债务，要求债权人在两年内通过法院证明其债权的合法性。

这个问题引起了整个帝国的激烈辩论。帝国议会于 1653 年召开时，帝国宫廷议会和帝国枢密法院都向其提交了详细的意见，而波希米亚和奥地利流亡者则提出请愿，担心在损失了其财产之后，他们的年金也会损失。帝国议会在 1654 年最终的帝国大会决议书中发布了一项里程碑式的裁决。这具有相当大的普遍意义，因为它表明帝国作为一个集体优先于领地自治权：尽管勃兰登堡和巴伐利亚认为这个一般性裁决侵犯了它们受《奥斯纳布吕克和约》保护的诸侯管辖权，帝国大会决议书的相关条款还是通过了。它确认了军事勒索是非法的，宣布暂停偿还有效债务的资本 3年，并允许债务人在接下来的 7 年里自行设定支付水平。此外，它取消了截至 1654 年利息欠款的四分之一，并将剩余款项的偿还推迟到 1664 年以后。普法尔茨获得了一个特别豁免，在 10 年中不用支付任何利息，在接下来的 10 年里只用支付 2.5% 的利息（官方利率的一半）。

与关于规范年的裁决一样，实际执行情况也有很大差异。许多领地扩大了暂停偿还资本的时效，以对自己有利。萨克森注销了将近 60 万塔勒的债务，理由是这些债务是用贬值了的货币缔结的，并且在 1656 年单方面拒绝偿付 1000 万塔勒的利息欠款，5 年后注销了剩余部分。勃兰登堡、班贝格、普法尔茨和其他领地拒绝偿还大约五分之一的债务，而符腾堡则注销了其所有社区和个人的利息欠款。而公爵领的等级议会注销了 400 万弗洛林债务的一半。一般来说，私人债权人如果能获得他们原始资本的三分之一，已经算是幸运的了。

尽管如此，帝国议会还是致力于维持资本市场的整体有效性，不允许人们以战争为借口完全注销债务。这是一项保守的安排，证实了人们对债务的普遍态度。旧的义务仍然有效，而且可以通过继承传给后代。后来的困难，如 18 世纪中叶的战争，进一步推迟了还款。但债务持续存在，而且在帝国解体之后依然存在了很久，因为继承者有义务承担其前任的负债。威斯特伐利亚的小镇韦尔在 1897 年终于还清了三十年战争的债务。直到 1867 年，1654 年确定的 5% 的利率上限仍然是德意志大部分地区的标准。地方上的实用主义有助于裁决生效。统治者和地主通常试图避免收回债务抵押品，因为驱逐佃农会影响生产和租金。通过重新谈判，佃农的战时债务被延期到17世纪70年代，以减轻他们的压力，让农业生产复苏。[56]

恢复水平

战后，领地收入迅速增长。希尔德斯海姆主教辖区在1643—1645年间只筹集了7670塔勒，而到1651—1652财政年度，年收入是这个数字的三倍多。[57]这主要是由于复员后的和平红利。以前被用作占领驻军贡金的资金现在又回流到领地国库。因此，这些数字并不能很好地反映实际的经济复苏水平。

除了进行债务和货币监管，帝国机构没有做出多少协调经济复苏的努力。《奥斯纳布吕克和约》和《明斯特和约》取消了所有战时通行费，只有瑞典、皇帝和选帝侯除外。和债务安排一样，这表明帝国的集体利益高于领地自治权。未经皇帝明确允许，统治者不得扰乱贸易、征收新的通行费或提高战前的通行费。纽伦堡执行大会将执行权委托给了行政圈。一些小领地确实通过遵守规则和向皇帝上诉而获得了豁免。不来梅获准保留1623年首次征收的威悉河通行费。弗兰肯行政圈在废除非法通行费方面取得了一些成功，并且与施瓦本行政圈等地区一起，协调了其成员之间的经济活动，一直持续到18世纪。然而，许多统治者将短期收益置于自由贸易带来的长期优势之上，并且很快在大多数地区征收了新的消费税。[58]宪法并不一定阻碍增长。一个远为重要的制约因素是人们不愿摆脱传统习俗和不灵活的商业惯例。例如，大多数城镇不愿意修改其公民身份标准，这阻碍了移民的迁入。

沿着主要路线的地区，商业恢复相对较快，尽管大部分证据来自通行费收据，而这些收据并不能准确地反映真实经济活动量。莱茵河上的洛比特通行费和易北河上的伦岑通行费都由勃兰登堡控制和管理，在战争期间通行费骤降，但在和平后十年内恢复到了以前的水平。在整个选侯国，对商品征收的领地通行费显示出类似的复苏。[59]然而，复苏并不均衡。一些行业复苏得比其他行业快。建筑业在战争中遭受打击最为严重，但由于设施重建的需要，再加上市政财政的复苏使社区能够维修失修已久的公共建筑，建筑业很快又繁荣起来。

事实证明，接管遗弃的农场相对容易，但恢复农业却比较困难。如果有足够的钱来补充农场的牲畜，畜牧业恢复得最快。然而，需要 15 到 20 年的时间才能使荒地重新恢复耕种，因为土壤经常要么因施肥不足而地力不足，要么变得杂草丛生。劳动力和资本短缺进一步减缓了复苏，但最糟糕的影响已经在 17 世纪 60 年代被克服。在 1670 年左右，粮食产量恢复到战前水平，远远快于人口恢复的速度，这使粮食保持低价，帮助了其他经济活动。

资本和时间密集型的产业最难恢复。帝国的葡萄酒业在战时遭到了严重打击。葡萄园的开发既昂贵又耗时，但很容易受到士兵的攻击，他们在围城或劫掠中会把葡萄藤连根拔起或烧毁。战争期间，于伯林根市民拥有的葡萄园面积减少了近三分之二；1648 年后，酿酒商不得不向瑞士银行抵押房子来重建葡萄酒业，但直到于伯林根在 1802 年失去了自治权时，其葡萄种植面积仍然只有 1618 年时的一半。于伯林根的命运远非独一无二，当地经济支柱遭到的破坏解释了为什么许多德意志西南部城镇经济停滞不前。然而，整体的图景并非完全糟糕。举例来说，葡萄酒行业的收缩对该地区的啤酒酿造商来说是一个福音，而且谷物生产的相对快速复苏加速了啤酒酿造业的复苏。

领地国家的危机

战争与国家建设

虽然人们一般认为，战争阻碍了经济活动，但历史学家和政治科学家普遍认为，战争通过协调人类行动，促进了政治上的发展。[60] 最近对三十年战争的一份非常有影响力的总结将其描述为欧洲的"国家建设战争"，它打造了像尼德兰共和国这样的新国家，或者让像葡萄牙这样的旧国家重获独立。在这种解释中，三十年战争是 1600 年前后国家发展水平不完善的结果。行政权威——作出有约束力的决定的能力——并没有完全被得到承认的合法中央政府垄断。其他的"缺陷"包括，很多不同方都要求得到国家居民的忠诚，例如对立的基督教教派，每个教派都声称自己是"普世"的。[61]

在评价帝国的时候，人们通常是根据早先对其宪法的负面评价来解释的。充其量，帝国被认为是"部分现代化"的，停留在欧洲发展的现代早期阶段，未能过渡到一个中央集权的主权国家。[62]政治活力一般被认为已经转移到更大的君主国，如勃兰登堡和巴伐利亚，它们对外巩固了自己的自治权，并在自己的国界内施加了更大的权威。这些发展通常被称为"绝对主义"，这一词语被用来描述从1648年到19世纪的整个时期。[63]领地等级议会丧失了约束诸侯权力的能力。人们提出了很多理由来解释这一发展，但债务问题显然是其中的突出原因。由于丧失了传统的收入来源，无力维持自己的地位，贵族要么不得不接受充当国家仆人的替代性工作，要么放弃政治权力，以换取对其社会和经济特权的确认。[64]这种趋势在1618年之前就已经存在，但战争加速了这一趋势。本书就已经注意到了这样的几个例子，特别是哈布斯堡王朝通过赞助支持者和驱逐反对者，成功地重塑了君主国的社会基础。

战争也有助于改变政治行为。外国入侵这样的可怕威胁促使人们接受"必要性"为变革合法化的论据。如果现有的模式和方法被证明是不足够的，统治者可以为了"共同利益"强加新的模式和方法，这相当于现在的"国家安全"这样的论点的现代早期对应物。必要性是绝对主义之母。君主和诸侯声称拥有不受约束的权力，理由是一个直接从上帝那里获得权威的统治者可以超越其臣民的小争吵，明白臣民的真正利益所在。这样的统治者在适当的环境中出生和长大，只有他们能理解"国家奥秘"，而臣民则追求自私的个人利益或派系利益。[65]

绝对主义的出现通常被放到一个长期的驯服暴力的过程中，在这个过程中，三十年战争再次扮演了重要角色。许多关于国家建设的文献借鉴了德国社会学家马克斯·韦伯（Max Weber）对国家作出的有影响力的定义，即国家是对合法暴力的垄断。这个意义上的"暴力"是德语术语 Gewalt 的翻译，也跟权力的其他方面相关。中央集权国家体现了权力（Gewalt）、权威（Potestas）和力量（Vis），能够超越暴力（Violentia）。

我们在讨论据说完全无法律状态的战争最后阶段时，已经遇到了这方面的问题，这些说法源于战后的领地政府垄断武装力量的努力，在他们的描绘中，和平时期的军队优于以前的不守纪律的士兵。[66]

这些发展给整个社会带来了变化。权威更加集中，但仍然是等级森严的。男性户主有权约束其他家庭成员和仆人的行为，但这种权力建立在道德和世俗规范的基础上，且受到国家无所不包的权力的限制。实际的暴力行为被剥夺了合法性，并被从公共生活中驱逐了出去。户主仍可能有虐待行为，但前提是其邻居或地方当局没有注意到这一点。公共暴力被保留为国家专有，但其中的大部分也更温和了。死刑被仪式化，逐渐从公众视野中转移到监狱中，或者在 18 世纪后期后的许多地方完全废除。与此同时，对暴力的使用和容忍（在人们认为可以接受的意义上）根据不同社会群体各不相同，但也受到更严格的国家监督。

这种解释广泛适用，只是我们需要理解国家建设努力在很大程度上并非是有意的。欧洲统治者很少是有意识的国家"建设者"，至少在 18 世纪后期之前如此。政治变革不是根据一个国家应该是什么样的抽象理想来规划的，而是由统治者实现其他目标——主要是王朝目标——的欲望来推动的。需要注意的第二个重要警示是，国家发展并没有沿着一条平稳的线性进步的现代化道路前进。

战争与国家毁灭

第三个限制条件是注意战争对政治机构、人类生命和物质对象的破坏。我们有充分的理由将三十年战争视为帝国领地国家的危机。我们不应该误解为这是回到了曾经流行的"普遍危机"理论，该理论将 17 世纪的战争和叛乱称为一场"权威危机"。[67]面对着自上而下施加更大的权威的企图，显然存在着自下而上的挑战。波希米亚叛乱大致符合这种模式。但是没有普遍存在的由等级会议领导的暴动的危险，也没有出现更多 1618 年之前存在的那种民众叛乱。对既定秩序的真正挑战只是在战争开始后才出现的。

战争扰乱了王朝的连续性和传统，破坏了既定权威的基本支柱。在每次重大胜利之后，都会有大片土地被重新分配，例如 1620 年、1629 年、1631 年和 1634 年。有时整块领地都会易手，像普法尔茨、梅克伦堡、班贝格、维尔茨堡和美因茨。地区被从一块领地转移到另一块领地。无数贵族领地、修道院和庄园被没收并重新分配。帝国一些最古老、最显赫的家族发现自己成了罪犯。其他人在战斗中失去了继承人。包括像瓦伦斯坦这样的人在内的新领主的迅速崛起打破了社会惯例。这些变化令人深感不安，它们切断了土地、居民和统治者之间因血统和习俗而变得神圣的联系，代之以看起来基于野蛮的强力的秩序。人们猜测瓦伦斯坦可能自称波希米亚国王甚至皇帝，无论这种猜测多么没有根据，都反映了人们对失去稳定性的普遍焦虑。没有什么看起来是神圣的，而权威交到那些经常缺乏根基或地位的人手中，这些人在他们的臣民眼中缺乏合法性。

民众还感到，他们被那些应该保护他们的人背叛和抛弃了。随着瑞典人逼近，班贝格主教出逃，尤尼乌斯修女记录道："邪恶的人在他离开时喊道：'他现在又要出去了，让我们陷入困境；愿这个和那个［即魔鬼刽子手和其他辱骂用语］带走你；愿你跌倒，折断身体的每一根骨头。'"同样，路德宗牧师认为，在讷德林根战役之后，霍恩洛厄-朗根堡的摄政安娜·玛丽亚（Anna Maria）的逃亡是一种罪。[68]

统治者及其官员的离去也使政府无法有效运作。地方官员和社区领袖是士兵们最喜欢的人质，可以用来确保贡金得到支付。即使这些人没有被骚扰，宿兵也中断了他们的活动，而且军官的军事权威和要求会和民事政府的相竞争。如果士兵继续长期占领，这将构成严重挑战。奥尔米茨的瑞典指挥官告诉其市政议员，"他是镇子的主人，可以随心所欲"。[69]军队的临时过境也会带来混乱，让离开安全区域去处理紧迫的问题变得危险。人们特别强烈地感受到了司法的崩溃，因为民众认为维持司法是统治者的主要任务之一。军事征用和掠夺被视为抢劫，但法院似乎无力阻止。人们害怕回复法院要求协助逮捕罪犯的传唤，因为他们担心被抓的人会被征召入伍，并作为士兵回来报复。有组织的教会结构也受到了影响。到战争结束时，班贝格的 110 个教区中只有 64 个仍然有牧师，而哈布斯堡统治的阿尔萨斯松德高的神父与教区居民的比例从 1∶345 下降到 1∶1177。[70]

战争也扰乱了等级会议的运作。劳芬的执法官、市长和议会就未能参加符腾堡议会而道歉，理由是他们的房子里挤满了士兵，而两个法国骑兵团正在周围的乡村漫游。[71] 军事税收的增长侵蚀了等级会议的作用，因为这些负担往往是在没有咨询的情况下强加的。1648 年后，许多领地统治者继续征收这些税，理由是国际上普遍存在的不确定性，或者需要协助皇帝对抗土耳其人，使得这些税收不可避免。随着税收变得永久化，议会不再被召唤，这剥夺了等级会议扩大特权或发泄不满的机会。然而，它们的衰落远非是普遍的，有些等级议会在 1648 年变得更强大。等级议会由于战争而获得了新的功能，尤其是在诸侯及其官员逃离或无法行使有效统治的地区。

新秩序

尽管处于危机之中，领地统治并没有崩溃，而是幸存了下来，因为没有替代选项。军队无法承担其职能，军队更愿意利用现有的民政管理来筹集资金和物资。帝国军于 1634 年 9 月重新占领了弗兰肯的基青根镇后，在下面的 9 年里，从公共金库中得到了价值 284 600 弗洛林的现金和服务，相比之下，它们从个人只获得了 14.4 万弗洛林。[72] 虽然统治者一般会被废黜，但征服者很少改变现有的机构，通常会确认行政官员的职位。巴伐利亚在普法尔茨和上奥地利的做法，以及瑞典对美因茨和弗兰肯的各主教辖区的征服表明，即使是教派差异也不意味着现任人员会自动被驱逐（见第 10 章和第 14 章）。

行政人员做出了适应。17 世纪 30 年代引入了新的、更简单的税收形式，因为没有足够的工作人员或信息来考虑个人情况。新征收的税通常是统一税率的人头税，或对大宗货物征收的消费税，这些税对穷人的打击最为严重。举例来说，作为协调安全的新努力的一部分，哥达的官员在1640 年后从等级会议那里接管了税收管理的职能。他们在士兵和市民之间进行调解，确保不受军事敲诈，以换取定期缴纳贡金。如果这些保障措施未能阻止士兵返回，一般会采取撤离措施。人们和财产将被转移到每个地区的设防城镇。民兵系统于 1641 年复兴，以协助这个系统运作。税收负担被重新分配，以补偿那些邻近过境路线受害最严重的社区。[73]

在战后的重建中，这些更加积极和创新的角色都将继续发挥作用，使国家的理念从守护既定秩序转换为促进共同利益。一个例子是，瘟疫的高发率如何驱使世俗官员干涉日常生活的更多方面，虽然他们要经常面对民众和神职人员的反对。由于佛罗伦萨公共卫生官员禁止举行宗教集会和游行以抗击瘟疫，教宗乌尔班八世将他们绝罚出了教会。德意志官员也遇到了人们的抗议，因为他们不允许悲伤的亲属举行葬礼，而是要求在夜间快速埋葬来处理尸体。[74]危机一结束，人们就坚持要恢复"正常"的习俗和行为，但事实证明，国家发展中固有的世俗合理化进程是不可逆转的。由于国家对资源有更有效的主张，似乎只有国家有能力协调各种活动。即使是窘迫的普法尔茨-诺伊堡公爵也设法分发了 1200 头牛和价值 1.7 万塔勒的葡萄酒和谷物，以帮助其臣民从 1635 年的瘟疫和瑞典占领中恢复过来。

战争也削弱了地方精英在没有官方援助的情况下管理事务的能力。佃农、磨坊主、神职人员和客栈老板的财富减少或被毁。由于他们无法保护社区中依赖他们的人，他们的声望也随之受损。他们只能向地区和中央当局寻求帮助和保护。例如，他们与官员合作，保护了遗产模式，以确保让最好的土地留在自己手中。作为回报，他们帮助执行领地立法、维持公共秩序和征收税收。战后的诸侯政府正是建立在这些基础上的。

文化影响

文化毁灭

对战争的文化影响的解释和对战争其他后果的解释一样，也分成多种学派。[75]捷克和德国民族主义者都认为，这场冲突摧毁了他们各自充满活力的战前文化，导致了外来者的统治。捷克人认为自己受到了"德意志"的哈布斯堡王朝的统治。而德国人认为，三十年战争导致了对外国风格的盲目模仿，排斥了所有后来被认为是真正的德意志风格的东西。弗里德里希大王是一位民族主义英雄，但他鄙视德语文学。他写道，战后"土地遭到摧毁，田地一片荒芜，城市几乎被遗弃……一个在维也纳或曼海姆的人怎么可能开始创作十四行诗或警句？"[76]

对战争的这种文化解释相当于"灾难性战争"学派的观点，还有一派认为存在着"更早期的衰落"。据称，战争只是加剧了已有的教派两极分化趋势，进一步分裂了早期的世界性人道主义，摧毁了温和、宽容和崇尚知识交流的价值观。早在战前，统治者就建立了自己的大学，以促进他们各自选择的信仰，并为其领地培训行政人员和神职人员。"一系列杰出的思想家在被孤立之后，转向了内在，试图在他们的内心中保存一种对世界的整体把握，在个人智识中重建人类智慧的整体。"[77]这项自省计划失败了，只留下了专制统治者认为有助于向臣民灌输节俭精神，并以新的巴洛克风格的宫殿促进王朝威严的东西。

许多艺术史学家和文学史家倾向于用原创性和创新性的标准来衡量一种文化的活力，这种倾向并不怎么支持上述两种解释。如果以阿尔布雷希特·丢勒（Albrecht Dürer）或卢卡斯·克拉纳赫（Lucas Cranach）等画家、约翰·谷登堡（Johann Gutenberg）印刷机的创新以及 15 世纪末和 16 世纪初一系列杰出人文学者所达到的"高度"为标准来衡量的话，1600 年后的帝国似乎在衰落。据称，那些在 17 世纪上半叶工作的人只创作了次要的作品。德意志没有一个可以与罗马、伦敦或巴黎相提并论的"民族"文化中心，来吸引人才和发展新风格。[78]

战争无疑扰乱了艺术活动，毁坏或移走了文化作品。我们已经提到了瑞典克里斯蒂娜女王对天主教图书馆的掠夺。图书馆是昂贵的文化资产和无价的知识宝库。所有政府都面临着专业知识和合格人才的短缺问题。瑞典只有一所大学（乌普萨拉大学），只能派神学毕业生担任军队的秘书，因为找不到其他人具备足够的技能。因此，大学和图书馆都是战略目标。马尔堡大学在黑森的王朝纠纷中成为争论的中心。巴伐利亚的马克西米连觊觎海德堡著名的普法尔茨图书馆（Bibliotheca Palatina），那里拥有数量惊人（以当时标准来看）的 8800 本书和手稿，包括古希腊文本和大量新教神学著作。教宗希望这帮助他深入了解敌人的思想。为了不失去教宗的好感，马克西米连于 1623 年 2 月不情愿地将全部馆藏送到罗马，这些馆藏一直在那里保存到 1815 年。瑞典占领美因茨选侯国几周之内，其修道院图书馆的馆藏就被送走了。后来的将军为了博得克里斯蒂娜的青睐，刻意地寻找其他图书馆，并把其馆藏送给她。图书馆也因出售而面临枯竭，因为大学、学校和修道院为了弥补收入的下降，出售了有价值的著作。这些作品一旦丢失，很难替换，特别是因为战争也导致法兰克福书展的衰落。维尔茨堡大学从瑞典人手下解放两年后，直到1636年才重新开放，因为它必须等到主教能够替换其图书馆被偷走的5000本书。[79]

因为《归还教产敕令》剥夺了此前用来维持新教学校和大学的教会地产，这些学校和大学后来都衰落了。加尔文宗的损失最为惨重。海德堡大学在战争早期就被占领了。到1622年，超过一半的教职工已经离开，大多数人和学生一起逃到瑞士或尼德兰共和国。1626年，除了一名皈依天主教的人，其余的人都被解雇了。当局非常看重知识分子的改宗，希望以此来展示自己信仰的所谓优越性。符腾堡的蒂宾根路德总大学教授克里斯托弗·贝佐尔德（Christoph Besold）的改宗被宣传为天主教的胜利。

德意志各大学的命运确实支持人们对文化影响的负面评估。许多大学曾经在整个欧洲都是重要文化中心，但随着外国学生停止入学，战争结束后也没有回来，它们变得越来越地方性。贵族学生的数量减少得格外多，这是因为在学习之外，军旅生涯成了另外一种富有吸引力的替代选项。大学面临中断，在某些情况下还完全崩溃，这加剧了技能短缺的情况，并对领地的行政管理产生了不利影响。

创造力和创新

其他活动也受到影响。许多艺术家逃往国外。用来赞助艺术的钱减少了，而像《归还教产敕令》和瑞典捐款这样的措施则移走了以前用来维持剧院的资产，尤其是音乐。17世纪最伟大的作曲家之一海因里希·许茨（Heinrich Schütz）在1637年面临绝望，认为路德教会音乐不再有前途。然而，由于拥有的资源减少，他不得不采取创新。他开始为较小的乐手和歌手团体创作音乐，拓展了创作的边界。[80]

诗歌是另一个被低估的创意领域，因为这种艺术形式在战后不久就在中欧失宠了。其中路德宗诗人占多数，尽管他们也有像马丁·奥皮茨（Martin Opitz）这样被命名为帝国桂冠诗人的人。其他主要诗人有约翰·里斯特（Johann Rist）牧师、丹尼尔·冯·切普科（Daniel von Czepko）、约翰·莫舍罗施（Johann Moscherosch），还有西里西亚人安德烈亚斯·格吕菲乌斯（Andreas Gryphius）和弗里德里希·冯·洛高（Friedrich von Logau）男爵。他们的作品是对战争的直接回应，他们努力去理解、评论，并提议克服暴力的方法。但如果要从他们大量的作品中得出更广泛的结论，我们需要更加谨慎。很多作品都是内省的，最容易引起不同的解释。尽管如此，他们确实产生了一种具有鲜明民族特色的诗歌文化。莫舍罗施和洛高嘲笑对外国风格和时尚的模仿。奥皮茨于 1620 年逃到荷兰，4 年后出版了他的《德意志韵律》（*Prosodia Germanica*），有意识地试图将德意志诗歌从教派冲突中解放出来，使其能与古典拉丁和希腊诗歌相提并论。

他们的努力和当时主要是新教的文学社团的文化政治紧密联系在一起，这些社团在战前的 10 年就已经存在，也一直延续到和平之后。奥皮茨和里斯特都是丰收学会会员，丰收学会和安哈尔特的克里斯蒂安有关系，他致力于凭借这一学会在新教联盟内团结加尔文宗信徒和路德宗信徒。里斯特也属于总部设在纽伦堡的佩格尼茨河花朵协会（*Pegnesischer Blumenorden*），并创建了易北河天鹅协会语言社团（*Sprachgesellschaft des Elbschwanenordens*）。里斯特和他同时代人并不是以现代民族主义为理由而排斥外国影响的。外国影响只是德意志更大罪恶的症状，而非其原因。德意志人远非外国侵略的无辜受害者，而是由于未能像真正的基督徒那样和谐地生活，而给自己带来了不幸。

里斯特在 1630 年后的多部作品中发展了这一主题，尤其是他的 572 首诗歌——以其史诗般的规模而饱受称赞的巴洛克诗歌——《和平号角》（*Frieden-Posaune*，1646）、《德意志渴望和平》（*Das Friedewünschende Teutschland*，1647）和战后的音乐剧《德意志欢庆和平》（*Das Friedejauchzende Teutschland*，1653）。在后一部作品中，战神"马尔斯"任命"国家理由"（Ratio Status）为最高枢密院成员，以帮助他破坏"德意志"的安宁。"和平"将"马尔斯"置于枷锁之下，但警告"德意志"，如果她表现不好，

"马尔斯"将被释放。[81] 因此，这个故事与领地教会和国家传递的官方信息非常一致，即居民应该避免罪恶，过顺从的生活，以防止上帝再次发动战争来蹂躏他们的家园。

批判的声音？

这个例子提出了一个棘手的问题，即艺术家们是否用更笼统的术语批评了战争。大多数历史学家认为，诗歌、文学和绘画与里斯特的戏剧一样，只在道德和神学上反对战争。一个例子是对汉斯·乌尔里希·弗兰克（Hans Ulrich Franck）创作的名为《记住死亡》（*Memento Mori*）的雕版画组画的解读。最后一张图片展示了一名骑兵腐烂的尸体，一边是绞架，另一边是仍然完好的教堂。这似乎是在警告人们要在为时已晚之前悔改。[82] 这种解释被视为一种新保守主义而遭到排斥，这种解释不认为现代早期的欧洲人能够同情他人的痛苦，能把艺术作为政治意识的镜子和工具。而现代的批评家声称，这些绘画明确地谴责战争是对无辜者的犯罪。艺术家们非但没有表现出对上帝惩罚的信心，反而认为人们不能依赖上帝的拯救恩典，而应该通过实际的解决办法来面对这个世界的问题。[83]

这种批判性的解释举了洛林的雅克·卡洛（Jacques Callot）创作的名为《战争的痛苦》（*The Miseries of War*，1633）的著名雕版画组画为例。其中许多显示士兵袭击村庄、抢劫、谋杀和强奸。然而，其中一幅描绘了掠夺者被挂在树上。有人认为，这一组雕版画既说明了问题，也提供了潜在解决方案，即应该通过加强纪律，而非祷告和悔罪来解决问题。[84]

问题是，卡洛还制作了全景雕版画和其他更多的宣传图像，其中有一张大幅图片展示了斯皮诺拉在 1625 年是如何占领布雷达的。仅尼德兰艺术家就在 16 世纪和 17 世纪创作了几百万幅画，其中可能只有 10% 保留了下来。当与雕版画和其他图像放在一起时，来自战争年间的画作数量确实是巨大的。我们无法将其归入简单的类别，尤其是因为大多数画作的艺术家只是现在才被研究。我们对这些图像的市场了解的甚至更少。显而易见，许多艺术家创作批评作品只是个人行为，他们试图去理解他们所目睹或听到的，而非作为政治评论。例如，瓦伦丁·瓦格纳（Valentin

Wagner）持续地画了很多沉睡的人像，这些人像被解释为个人逃避战争恐怖的企图。鲁道夫·迈耶（Rudolf Meyer）的士兵屠杀平民的蚀刻画创作于 17 世纪 30 年代早期，但直到 20 年后才出版。[85]

　　这种暴力场景很常见，但我们需要将其置入相应的背景之下。迈耶、卡洛和弗兰克是创作展示军事生活各个方面的雕版画组画的众多艺术家中的一部分。这些画作在不同场景下被称为《战争剧场》（Kriegstheater）或《士兵的生活》（Soldatenleben），它们描绘了骑兵的小冲突、突袭、扎营、士兵操练、赌博或醉酒斗殴。许多小型绘画也使用了这样的主题。因此，战争和暴力的描绘属于当时风俗画的一般世界。描绘吵闹或暴力的士兵的组画和其他描绘喝醉的农民打架或暴饮暴食的乡村生活的组画没有什么不同。弗兰克和其他人同样也描绘了农民的复仇，展示了士兵被村民袭击和杀害的场景。

　　诸侯委托的画作和其他宣传绘画更容易解读，虽然也并非全无争议。赞助人通常被描绘成骑在马上，位于前景，画在虚拟现实景观的立面上。中景则显示了他们在恰到好处的戏剧性的天空下获胜的战斗或围城的全景。将军的马蹄附近通常躺有尸体，但是这与其说是战争的受害者，不如说是胜利者将敌人踩在脚下的经典形象。尼德兰画家彼得·斯奈尔斯（Pieter Snayers）也创作了士兵抢劫的图像，但他的成名之作是皮科洛米尼为纪念职业生涯而委托的 12 幅巨幅战斗画。

　　斯奈尔斯惊人的作品还包括一幅白山战役的画，后来挂在巴伐利亚历届选帝侯的卧室里。马克西米连已经把他在战役中使用的个人旗帜，连同从敌人手中夺来的 20 面旗帜捐给了罗马的一所教堂，以感谢胜利。这栋建筑装饰有一系列特别委托制作的画，画中描绘白山战役的战斗场面，后来慕尼黑竖立了一根纪念柱，献给圣母玛利亚。还有一些更不起眼的人为了感恩委托了一些画作，尤其是天主教徒。冯·萨利斯（von Salis）的巴伐利亚骑兵团的一名副官和 6 名小号手在 1651 年左右委托创作了一幅宣誓画，画中他们跪在圣母玛利亚面前，以感谢他们在 6 年前的阿勒海姆战役中幸存下来。[86]

　　战争庆典可以在其他艺术形式中找到，尽管它们现在不如那些明显更具批判性的作品那么出名。沃尔夫冈·黑尔姆哈德·冯·霍贝格（Wolfgang Helmhard von Hohberg）写了一部史诗《哈布斯堡的奥托伯特》（*Der Habspurgische Ottobert*，1664），故事发生在 6 世纪，但显然是献给 17 世纪的哈布斯堡王朝的。诗中对哈布斯堡王朝在一场正义战争中的英勇行为进行了传统的赞扬。冲突被描绘成人类状况的一部分，而和平似乎是短暂的。霍贝格曾于 1632—1641 年在帝国军中服役，后来晋升为上尉，最终被封为男爵。因此，他的经历不同于其他流亡在外的巴洛克诗人，其他人经常因为战争而流离失所，事业也受到中断。[87]

霍贝格的例子表明士兵不仅仅是破坏者，也可以是创造者和促进者。皮科洛米尼和利奥波德·威廉大公都是著名的赞助人，尤其是赞助画家。腓力四世的丽池宫是另一个例子，它的王国大厅中装饰着大量的战斗绘画。军官们在丰收学会成员中占了很大比例，包括卢特战役后被俘的洛豪森（Lohausen）将军，他在囚禁期间将外国文学翻译成德语。霍恩将军也在被俘期间学习，并参加了耶稣会剧院。在瑞典军中服役的德意志人冯·德姆·韦尔德（von dem Werder）上校翻译了书籍，而格罗茨菲尔德将军是一位受过良好教育的作者，还出版过书籍。

格里梅尔斯豪森

最著名的战争作品也是一名士兵创作的。约翰·雅各布·克里斯托弗尔·冯·格里梅尔斯豪森（Johann Jacob Christoffel von Grimmelshausen）大约于 1621 年出生在法兰克福东北部的格尔恩豪森。他的路德宗父亲在他还小的时候就去世了。他的母亲再婚了，把他送去他当面包师和旅店老板的祖父处抚养长大。瑞典人洗劫格尔恩豪森的时候，约翰还在读拉丁学校，当时居民们逃到了周围的树林里。约翰后来被带到附近的哈瑙，以躲避讷德林根战役的余波。他在要塞外的冰上玩耍时，被克罗地亚人绑架，并被带到黑斯费尔德。不久后，他又被黑森军俘虏，后来作为帝国军中一名马僮目睹了萨克森军对马格德堡的围困和维特施托克之战。到 1637年，他已经成了一名士兵，并参与了格茨徒劳的试图为布赖萨赫解围的任务。1639 年，他的上校发现他能读写，任命他为团的文书。在战争接下来的时间里，约翰一直在莱茵河上游奥芬堡帝国驻军点担当文书。在帝国军中服役期间，他皈依了天主教，并娶了同一个团一名士官的女儿凯瑟琳娜·亨宁格（Catharina Henninger）。战后，他成了前上校庄园的管家。格里梅尔斯豪森的家族声称拥有贵族血统，17 世纪 50 年代，当他时运发达时，他给自己的名字中加上了"冯"。当时他过着舒适的生活，获得了一些土地，经营了两家酒馆，后来成了属于斯特拉斯堡主教的一个小镇伦兴的市长。和他出生时的情况一样，他生命结束的时候也正经历着外国入侵，这一次是最初由蒂雷纳率领的法国人于 1676 年 8 月进攻阿尔萨斯。

战争中依然有人可以发家，即使作为这样的一个例子，格里梅尔斯豪森的一生也值得一提。然而，他真正的重要意义在于，他在生命的最后十年开始创作惊人的文学作品。他的第一部作品就是他最伟大的作品。《痴儿西木传》于 1668 年发行了五部分，一年后发行了第六部分。另外四部作品使用了共同的角色和主题，特别是 1670 年创作的《大欺骗家和勇敢的叛逃者的传记》（*The Life of the Arch-Cheat and Renegade Courage*），后来因贝托尔特·布莱希特于 1938 年创作并于 1941 年在苏黎世首演的《大胆妈妈》而闻名。[88]

《痴儿西木传》的大部分内容显然是自传性的。主角在家庭农场被掠夺后，质朴的童年生活就突然结束了。他被迫住在森林里，被哈瑙的瑞典指挥官拉姆齐当作傻瓜收养了。他被克罗地亚人俘虏，见证了维特施托克战役。在这里，故事开始和他的人生有所不同，因为西木从行伍中被提拔了起来，先是在威斯特伐利亚各据点之间的战争中成为一名勇敢的游击队员，随后又在法国、瑞士和莱茵兰进行了各种冒险。

这部小说可以被解读为对宗教和既定秩序的幻灭，甚至是对其的批评。关键场景（第 1 部，第 4 章）显然有助于这种解释。它生动详细地描述了士兵是如何系统地掠夺主角的农场并折磨其居民的，通过西木孩童般的视角来讲述，这一点变得更加有效。因此毫不奇怪，这是本书被引用最多的部分，偶尔还会出现在一般的叙述中，被不加批判地当作"目击者"的证词而使用。通常的解释是小说是在质疑神圣正义：上帝怎么能允许这样的残忍存在？格里梅尔斯豪森似乎对宗教提供和平与繁荣的前景感到绝望。小说的结尾中，西木完全离开了社会，成为一名隐士，生活在荒岛上。[89]

　　这种明显的绝望与我们所知的作者舒适的晚年生活格格不入。更重要的是，除了这段著名的农场场景之外，书中对暴力的描述相对较少。相比之下，士兵和军人的生活往往呈现出积极的一面。这些角色是以真实人物为原型的，有时还直接描绘他们，比如黑森的派系领袖小雅各布。[90]格里梅尔斯豪森还为格茨将军辩护，反击后者在布赖萨赫战役中受到的批评。大部分社会批判读起来像是一名没有得到重视的步兵在抱怨上级。一段广泛引用的关于军事压迫的段落（第 1 部，第 15 章）之后是一段哀叹晋升困难的段落。有很多内容是传统和保守的。最后显示，西木和格里梅尔斯豪森一样，出身高贵，这是一个常见的愿望实现主题。和他的作品一样，作者也关注最能获利的机会。他想要写出一本畅销书，在故事中塞满了各种各样的杂糅信息、游记、中产阶级式趣味的《圣经》引用和古典典故，还有乡村民间故事和迷信。最后一点掩盖了小说的复杂性和作者的博学。他对维特施托克战役的描述读起来像是亲身经历，但它实际上是基于菲利普·西德尼（Philip Sidney）爵士 1590 年的小说《阿卡迪亚》（Arcadia）。小说的很大一部分抄袭了其他流浪汉小说和宫廷传奇，而西木成为隐士的结局呼应了当时人对社会抛弃者和探险的兴趣。

结　论

　　解释上的问题突出了概括战争影响的更大困难。首先，战争对文化的影响在时间和空间上有很大差异，正如战争对生活的其他方面的影响。战争并没有使整个帝国的文化生产立即停止。萨尔茨堡大学于 1622 年开学。1626 年后，美因茨选帝侯在其首都建造了一座新的河边宫殿。这些项目代表着与天主教复兴有关的现有计划继续进行。战后，随着巴洛克建筑在德意志南部和西部的蓬勃发展，这些项目也成倍增长。

　　尽管如此，一些活动仍在继续。1614 年，欧洲在意大利以外的第一场歌剧表演在萨尔茨堡上演。随后音乐在萨尔茨堡的衰落主要是因为个人品位问题，因为 1619 年后的新大主教帕里斯·冯·洛德龙（Paris von

Lodron）伯爵更喜欢剧院：大学剧院在战争期间上演了至少一百部作品。洛德龙还推动了新大教堂的建设，大教堂于 1613 年开工，取代了 1598 年烧毁的更早的大教堂。尽管发生了战争，大教堂基本上在 1622 年完工，并在 1623 年至 1635 年进行了装饰。尽管瑙姆堡在其他领域的市政开支有所削减，但是那里的学校以更小的规模继续运作。教师仍被任命，助学金也继续发放。戏剧和音乐也被引入学校，反映了关于持续创新和创造力的第二个普遍观点。瑙姆堡主要学校的校长在 1642—1646 年间写作了 16 部戏剧，即使在更好的时候，这样的产量也是惊人的，考虑到这是其居民最糟糕的年份，这就更引人注目了。[91]

　　战争加速了其他可被归为文化类的趋势，包括烟草的使用。烟草于 16 世纪 80 年代进入帝国，并在 1618 年后通过军队运动广为传播。印刷文化也蓬勃发展（见下一章）。吸烟可能不管怎么样都会传播开来，但重要的是不要让战争掩盖了其他因素的影响。在世界探索、贸易和科学发现的影响下，欧洲文化已经在迅速变化，所有这些都有助于人们摆脱神学的束缚。战争进一步证明了宗教基要主义的徒劳，但付出了非常高的代价。尽管创造力和独创性发达，但许多东西毫无必要地遭到了破坏。当我们在最后一章中考察战争的心理影响时，人的代价可以最清楚地看出来。

第 23 章

经历战争

经历的基本特征

个人证词

战争对那些经历战争的人来说是怎样的，这是一个最有趣但又困难的问题。想要做出任何解答都要面临相当大的识别和解释证据方面的问题。对于后结构主义者和其他理论家来说，这些困难使整个经历概念无法成为一个分析范畴。这并没有阻止它改变自 20 世纪 90 年代以来对战争和其他现代早期战争的研究。[1] 近来的作品通过区分两种形式的经历克服了一些困难。第一种经历是 *Erlebnis*，是一个人通过持续不断的生活事件感受到的转瞬即逝的经历。这一主观维度无法以任何真正研究历史的精确度进行研究。第二种，*Erfahrung*，是一个人从自己短暂的经历中获得的累积知识，包括对生活的选择和思考。从这个意义上来说，经历是可以研究的，因为这类思考已经被记录在纸上并保存了下来。

这种区分仍然存在问题。最重要的问题是个人经历与更广泛的集体经历的关系。这不仅仅是一个人的经历有多"典型"的问题，也是个人如何感知和记录事件的问题，因为这些事件已经通过他们已经知道和认为生活是什么样的过滤过了。当我们检查以各种形式存在的一手个人证词时，这些问题变得更加明显。信件是最即时的，因为它们被写下的时候通常最接近事件发生时。诸侯、将军和其他精英人士之间的通信长期以来一直是历史学家们的主要研究对象，但是来自较卑微之人的信件现在才被利用起来，部分原因是这些信件还能保存下来的要少得多。[2] 即时性稍弱的是家庭记录簿，内容兼有个人陈述、祷告和家庭数据。保存下来的还有日记和编年史，它们通常是由个人编纂的，但有时会有一个亲戚添加记录，然后作为家庭记录保存下来。随着印刷日历在 1600 年左右的传播，人们愈加按照事情先后顺序来感知时间，记日记变得越来越普遍。汉斯·黑贝勒是乌尔姆附近一个村庄的一名受约束的鞋匠，他在 1618 年 20 岁时开始记日记，一直记到 1672 年，也就是他去世前 5 年。回顾性最强的证词是自传。对 17 世纪早期来说，它们有相当多种形式。从只有寥寥数语的个人行述（为准备葬礼悼词而写的），到内容更为翔实的回忆录，不一而足。十年前出版的一份目录列出了 240 份已经出版过的战争年代的日记、编年史和自传，作者为 226 名男性和 9 名女性。随着新材料的发现，总数很可能要大得多。[3]

和日记一样，自传也受到了欧洲以编年史形式记录事件这一传统的影响。17 世纪作家通常努力追求一种超然的、非个人的风格，将自己置于他们认为的更广泛的背景中。他们通常缺乏对事件的反思、对情感的描述或心理洞察力，而这在一些 16 世纪的作品中可以找到，并且在 18 世纪 70 年代以后的作品中变得较为普遍。写作的动机有许多。有些纯粹是个人行为，也许是为了用这种方式让自己对不幸的事件释怀。还有些是为启迪家人、朋友或社区而编制的。修女们写的日记就是后一种情况，而少数能有作品传世的女性作家中大多都是修女。[4]

这些文本中有许多往往平淡无奇，因此它们在 20 世纪 90 年代初期之前一直被忽视，之前人们倾向于更戏剧化、虚构的叙述，比如格里梅尔斯豪森的小说，或者看起来更"可靠"的官方记录。虽然目前流行的"微观史"存在"只见树木不见森林"的风险，但最近的作品已经大大消除了之前对个人证词可靠性的担忧。这些消息来源与其说是对事件的准确描述，不如说是对战争的感知和记忆。辨别作者选择记录或省略了什么，可以告诉我们他们认为什么是重要的或痛苦的。这些文本中反复出现的一些常见主题和段落是从其他文本抄来的，或是从报纸上剪贴来的，使我们能够追踪思想和信息的流动。[5]

作为媒体事件的战争

战争爆发的同时，欧洲印刷文化也出现了新的发展，随后帝国内部对新闻的渴求大大加速了这种发展。信息依然通过旅行者和难民而以口头方式传播，并通过政府、连队、商人以及经常是高级军事和教会人物之间的通信网络而以手写方式传播。这些网络得到了正规邮政系统发展的极大帮助，其中最重要的是帝国邮政服务，该项服务在 1490 年后由图尔恩和塔克西斯家族垄断。帝国邮政服务先是依靠骑手，后来依靠邮政马车，维持着一些常规路线，这些路线会在美因河畔法兰克福等主要中心交叉。依靠马的接力，它能在 24 小时内将信件递送到 100 千米之外。图尔恩和塔克西斯家族得到了丰厚的奖励，1515 年获得了世袭贵族身份，1608 年成为男爵，1624 年成为伯爵，最终在 1695 年成为帝国诸侯。

邮政服务提供了印刷新闻商业化所需的发行渠道，从而促进了定期报纸的传播。报纸早在 1605 年就在斯特拉斯堡和安特卫普出现，到 1618 年，至少另外 5 座城市也出现了报纸。1618 年 5 月 23 日的布拉格掷出窗外事件在 6 月就已经出现在了法兰克福的报纸上。战争的蔓延推动了快速扩张，仅在 1619 年就出现了 6 家新报纸，随后在 17 世纪 20 年代又出现了 17 家，在瑞典干预后又出现了 12 家。一些报纸停刊，或者只是不定期发行，但在 1648 年，大约有 30 家周报在发行，总共发行了 1.5 万份，相比之下，1618 年前每周只有 100 份。总读者人数高达总发行数的 20 倍左右，因为报纸经常会在朋友间传阅，或者被大声读给不识字的邻居听。帝国在报纸方面是领先的。直到 1631 年，法国才出现报纸，而大多数其他国家一直要等到 17 世纪后期才出现报纸。[6]

这些出版物与现代报纸有很大的不同。17 世纪早期的报纸避免发表明确的评论，也不认为它们的任务是影响人们的观点。第一篇社论出现在 1687 年的一份德文报纸上。很多甚至全部的文字都是印刷的官方声明、条约、文件和信件。其余的都集中在外交、军事和政治事件上，实际上忽略了地方新闻或"有人情味"的报道，只有维也纳的《每日邮报》（Ordentliche Postzeitung）这样的报纸是例外，这类报纸设在宫廷驻跸的城市，报道一些关于统治王朝的信息。报纸与体裁相关的时事通讯存在相当大的重叠，如著名的《欧洲舞台》（Theatrum Europaeum），它由斯特拉斯堡出版商约翰·菲利普·阿贝林（Johann Philipp Abelin）最初于 1633 年发行，后来持续发行了一个世纪。这是一份高质量的事件记录，完整刊载了许多文件，还包括了法兰克福的梅里安家族的非凡雕版画。第一卷记录了自布拉格掷出窗外事件以来的战事发展，而随后的几卷覆盖的时间间隔更短。[7]

报道中冷静的语气并不意味着人们相信中立客观的新闻报道。人们并不认为真相是超越不同观点之上或处于不同观点之间的东西，而是直接与单一、明确的法律概念和教派概念相关。这就提出了一个问题，即印刷媒体和其他形式的传播性新闻是反映还是塑造了人们的观点。表面上最有争论性质的媒介是小册子，这种媒介于 1490 年左右在印刷机发明后欧洲的第一次"媒介革命"中出现。小册子侧重于单一问题，并明确寻求评论事件和影响他人。小册子与将图像和押韵文本（通常如此）结合在一起的单幅报纸一起，构成了宗教改革的一个重要特征，而路德巧妙地利用了这些媒介，成了世界上第一位畅销书作家。[8]

第一部帝国审查法是在 1521 年通过的，那一年路德的著作被禁止。到 1570 年，审查法已经被修改了六次，在法兰克福的邮政中心成立了一个审查委员会，委员会负责发布裁决，而相关领地当局执行这些裁决。领地分割的状况使这些裁决很难得到有效执行，但印刷需要大型重型设备，而惩罚印刷这些冒犯性材料的出版商相当容易。因此出版商拒绝接受危险的作品，这鼓励了某种形式的自我审查。结果导致了多样化的媒体格局。汉堡或沃尔芬比特尔等城市的出版物一般都避免发表极端主义观点，因为这些地方希望与各方保持良好关系。在那些与某一参战方联系紧密的城市里，出版物的派别立场更鲜明。一个很好的例子是维也纳的《每日邮报》，其中战争报道占文章的 55%，其次是宫廷相关报道，占了另外三分之一。将近三分之二的文章坚决支持皇帝的事业，四分之一的文章直接对敌人口诛笔伐。[9]

当局很快意识到媒体的力量。安特卫普出版商亚伯拉罕·费尔赫芬（Abraham Verhoeven）在 1620 年说服阿尔布雷希特大公授予他一份定期报纸的许可证，称政府可以通过公布胜利的细节来提高声誉。[10] 然而，官方的态度仍然模棱两可。当时人们没有任何关于透明度或信息自由的愿望。公共事务被认为超出了凡夫俗子的理解范围，属于"国家奥秘"，只属于那些据说因为出身高贵而理解能力更强的人。代表机构可能会挑战君主或诸侯对秘密的保留，但它们也很少想与更广泛的人群分享它们获得的知识。然而，当时也存在着一个关于公众的意识，公众包括活着的人和那些还没有出生的人。统治者渴望获得与声誉相关的社会资本。他们想把自己的行为展现得符合理想化的美德，如正义、谨慎和仁慈，这不仅是为了帮助达到当前的目标，也是为了给后代留下光荣的遗产。这些考虑影响了政策呈现的方式，正如我们在波希米亚联盟的《申辩书》、古斯塔夫斯的宣言和黎塞留的战争宣言中看到的那样。

洗劫马格德堡这样的重大事件迫使报纸提供不可避免地要站队的解释。其中一些报纸能够公然偏袒一方，例如那些可以在苏黎世安全地运营的报纸。然而，报纸属商业活动，大多数小册子也是如此（受政府资助的除外）。它们还面临实际和技术困难，只能依靠蓄意"泄密"、官方文件、旅行者和无报酬的线人获取信息，因为没有一家报纸有自己的记者。当时没有版权法，许多材料就是直接从其他出版物抄袭过来的。每有新闻出现，印刷商就不怎么考虑版面布局地将文字材料排版出来，有时不经意中会包含相互矛盾或明显不实的报道。很少有统治者希望通过公开表现出专横来玷污自己的声誉，因此异议观点仍然有可能发表。《每日邮报》约有5%的战争报道对皇帝有敌意，而另外7%的报道实际上偏袒敌人。

这同样适用于小册子，这些小册子更为紧密地利用体裁手段来促使读者同情作者的观点，也更有可能带有耸人听闻的报道和对暴力的露骨描写。新教徒对1620年瓦尔泰利纳大屠杀的评论通常称其为"血流成河"，而天主教徒则称其为"根除异端"。然而，双方都不认为暴力是毫无意义的。真正的问题是如何用两个对立版本的法律标准来评判参与者。这就为自我批评留了余地。例如，天主教徒担心以宗教为借口夺取新教徒财产的人是否有罪。[11]出于教派动机的宣传试图以信仰为基础而凝聚舆论，破坏和孤立对手。这无疑使许多人相信这场战争是一场宗教战争。然而，总的趋势是世俗的。这些不同的军队看起来不是新教军或天主教军，而是瑞典军、波希米亚军、巴伐利亚军或帝国军。关于穆斯林苏丹的新闻与基督教统治者活动的报道一起出现。而这些报纸给予将军们和其他人物的重要性，进一步表明了事件本质上是凡人的，而不是神明的。

军民关系

军事团体

士兵是一个通过入伍宣誓连结起来的独特群体，他们宣誓遵守"军法条例"，即军事法规，其中规定对不法行为处以死刑和其他严厉惩罚。宣誓是现代早期社会的核心，是一切形式交往的基础。在领主和君主即位时，臣民都要宣誓向他们效忠。市民和工匠宣誓遵守城市和行会章程。这种仪式象征着权利和义务是相互的。对等级、服从和纪律的强调正在侵蚀军事生活的这种共同体元素。然而，官方监管依然只是决定士兵行为的因素之一，此外还有习俗和个人荣誉。

"雇佣军"一词的负面意味影响了人们对三十年战争中的士兵的解释。在 19 世纪和 20 世纪写的大多数军事历史都基于这样一种假设，即在一个常备的职业军队中为其国家服役的志愿兵或征召兵更具有先天的优越性。最近对宗教战争的强调表明，三十年战争期间，信仰可以为士兵们提供动力和凝聚力，然而传统军事历史学家认为，士兵缺乏理想，只是给付钱最多的人打仗。[12] 这种标准解释强调体制上的缺陷，例如没有常备的团，以及看似缺乏国家忠诚或政治忠诚。人们是在用后来者的标准来衡量 17 世纪早期的军事组织，认为它们存在不足。如果我们反过来进行比较，就可以更好地看清这样的视角有什么内在的问题。例如，法国革命战争和拿破仑战争常被誉为现代军队诞生的标志，这样的军队是以斗志昂扬的"武装公民"为基础的，但它们同样能把战争拖得旷日持久，破坏性也很大，并且表现出许多三十年战争时期的特点，包括逃兵率很高。

之前的一项研究认为，我们没有足够的证据来对三十年战争中的士兵一概而论。[13] 近 25 年过去了，这种情况仍然是三十年战争中研究最少的方面之一，但足够的工作似乎提供了一些一般性的见解。没有令人信服的证据表明罪犯在军队中的比例过高。战争爆发时，巴伐利亚不再将罪犯罚至威尼斯桨帆船上做苦役，而是判他们担任"炮役"（*Handlanger*），即炮手的助手，负责帮助固定大炮。在 1635 年至 1648 年期间，不超过 200 人以这种方式加入巴伐利亚军队。[14] 大多数士兵要么自愿入伍，要么通过帝国的领地民兵系统或通过丹麦、瑞典和芬兰的征兵系统征召。这两种强制征召制度所针对的人都有类似的背景：年轻的单身汉，这样的人对民间经济并非不可或缺的。如果人手不足，官方规定就被忽略了。尽管如此，大多数新兵都是20岁出头的单身男性。相比之下，从一支军队转移到另一支军队的人中，五分之四都有妻子，通常还拖家带口。尽管他们的家属增加了随营人员的人数，造成了一定的后勤问题，但他们还是很受欢迎，因为军官们非常看重他们此前的经验。

在那些直接离开平民生活参军的人中，最多的一类是前纺织工和建筑工。这些行业是最容易被战争破坏的行业之一。他们也都来自城市，有大量证据表明，来自城市的新兵人数多得惊人，尽管其中许多人很可能原本是来自农村的难民。[15] 来自农村的新兵大多是农场雇工，而非拥有土地的自耕农。学生、前公职人员和其他受过教育的人只占了很小的一部分，但绝大多数个人叙述都是他们留下来的。瑞典军队以及——在较小程度上的——丹麦军队不同寻常，因为它们主要是在德意志招募的，其中本土士兵相对较少。法国军队大约有五分之一是外国人，主要是瑞士人（在外国人中占四分之一），然后依次是爱尔兰人、德意志人、阿尔萨斯人和意大利人。瑞士人和爱尔兰人由军事承包人组建成单独的团，但是其他人通常被直接并入军队，因为有法国部队在该地区活动。巴伐利亚军队也是如此。在科隆征募的部队中，非德意志人的比例更高，这是由于科隆靠近尼德兰和其他良好的招募地点。尽管巴伐利亚选帝侯自己的臣民在巴伐利亚军队中占少数，但"巴伐利亚"士兵中每十名只有一至二名来自帝国之外。军队中的外国人士通常包括在胜利或占领一个城镇后被强迫加入军中的战俘。这种做法在1620年后变得普遍。在1634年的讷德林根之战后，巴伐利亚人强迫被俘的1494人入伍，以补偿他们的步兵所遭受的伤亡，而在1645年赫布斯特豪森战役后，2487名法国战俘被并到了军队中。[16] 被俘的军官可以在宣誓后获释或可以被赎。战俘交换协定在17世纪20年代已经存在，到40年代变得更加普遍，但一般来说，只有军官会被交换。[17]

强迫战俘入伍的做法冲淡了教派一致性。军事法规遵循了16世纪帝国立法的总趋势，即故意使用含糊的术语，好让所有教派的人在宣誓效忠的时候都能使用一个泛泛的基督教誓言。教派在 1618 年后变得更加重要。好斗分子认为只有真正的信徒才能在上帝的祝福下获胜。宗教异己分子遭到怀疑。瓦滕贝格将 1631 年布赖滕费尔德之战的失败归咎于帝国军队中有新教军官。马克西米连更喜欢让天主教徒指挥他的巴伐利亚军队，1629 年，维尔茨堡主教埃伦贝格（Ehrenberg）坚持保卫其首府的部队只由天主教徒组成。[18]

这种坚持体现的是一种愿望，实际情况不一定是这样。利索夫斯基军团中的哥萨克骑兵由波兰天主教徒率领，后者宣称为自己的宗教而战，但大多数骑兵是信奉东正教的哥萨克人和乌克兰人。基辅的东正教会也反对新教，这些人只是将当地的反新教取向带到了德意志，倾向于将所有不会背诵《圣母颂》（Ave Maria）的人视为敌人。尽管法国军中也有哥萨克人，但在新教军队中没有哥萨克人，这一事实表明宗教忠诚的因素确实存在。[19]

然而，教派只是影响选择为谁服役的一个因素。苏格兰新教徒也在波兰军队和帝国军队中服役。而加入丹麦和瑞典军队的人要多得多，这两个国家也更容易从苏格兰到达。苏格兰天主教领袖为新教势力招兵买马，而一些苏格兰加尔文宗信徒进入法国军中服役。考虑到查理一世国王的王后来自法国，后一种选择很可能出于王朝政治的考虑。对斯图亚特王朝的忠诚也是那些进入丹麦军、瑞典军和普法尔茨军服役之人的一个考虑因素，加入所有这些军队都可以与英国君主的政治目标相协调。[20] 职业考虑是另一个因素，有声望的军队特别能吸引人加入，比如尼德兰军队，还有后来的瑞典军队。为了保住职业和获得更好的前途，士兵经常在不同的军队之间频繁跳槽。在 1635 年瑞典-波兰停战延长后，由苏格兰和爱尔兰军官领导的 8 个波兰团进入了帝国军中服役。许多人皈依了其雇主的信仰，尽管并不总是立刻皈依的。这种情况也有相反的例子，例如英格兰人西德纳姆·波因茨（Sydenham Poyntz）加入新教萨克森军队后成为天主教徒。信仰"错误"宗教并不是晋升的障碍，但肯定不会有帮助。尽管梅兰德一直是加尔文宗信徒，但他还是在帝国军中得到晋升。从某种程度上来说，帝国军超越了教派分歧，因为把天主教徒和路德宗信徒都包括在军队中，在政治上是有利的。瓦伦斯坦将能力置于教派之上，并提拔了几名新教徒担任高级将领。但不管怎样，人们对普通士兵的宗教信仰远没有这么关注，而他们才是军队的主体。

梅兰德以及其他人（如农民出身的巴伐利亚将领扬·范·韦特）的例子表明，出身卑微的人有可能晋升到最高的军衔。许多低级军官都是平民，但上尉以上的军官绝大多数是贵族。[21]虽然有些军官受过教育，但很少有人受过正规的军事训练。大多数人都是从经验中学习的，他们在参加连队或组建自己的连队之前，会作为未经任命的志愿人员服役。这就使个人声誉和人脉变得非常重要，尤其是要认识一些有身份的人，这些人可以帮他们写介绍信或搞到任命状。奥古斯都·冯·俾斯麦在未能获得晋升时，从阿尔特-莱茵伯爵的骑兵团调到了伯恩哈德军的施密特贝格（Schmidtberg）的步兵团。他选择施密特贝格团是因为他已经认识其中的一些军官，他们在战后成了他孩子的教父。[22]缺乏正规教育不应该被视为等同于缺乏技能或知识。即使是指挥一支规模较小的部队，也需要大量的人事管理、后勤、会计、谈判方面的实用技能，以及对地形和农村经济的了解。

军官所拥有的更高的地位和责任无疑使他们有别于广大普通士兵，但军官和士兵都从属于一个更大的军事团体，其中还包括随营人员和平民家属。所有人一起旅行，在军事行动的成败中有着共同的命运，这不仅决定了他们能够舒适地吃饭或睡觉，也可能意味着生和死。

饮酒量大是另一个明显的特点。酒是士兵日常饮食的一个重要组成部分，尽管啤酒的烈性比今天弱很多。长期缺乏足够的食物会让人饿得难受，而啤酒可以缓解这种饥饿感。尽管过量饮酒被谴责为不道德的行为，但当局从酒税中获得了可观的收入，而德意志的修士已经以酿造啤酒和葡萄酒闻名。限制酿造的尝试往往不是出于道德考虑，而是为了保存稀缺的谷物和木材。一名士兵每天的正式配给是一份（1.4 升）葡萄酒或两份啤酒。住宿在奥格斯堡的士兵每顿饭会喝一份或多份葡萄酒或啤酒，并在晚上继续喝酒，如果再加上抽烟的风气，对身体的危害就非常大。军官们吃得更多，喝得更多，也喝得上更好的葡萄酒，早上还和妻子一起小酌白兰地或苦艾酒。军官们还会举办漫长且昂贵的宴会，最长可以达到一周。1633 年 7 月，加拉斯和劳恩堡的弗朗茨·阿尔布雷希特在谈判中喝干了

16 桶酒，而巴纳尔则经常一整天都在喝酒，有一次还命令炮兵放炮 400 发助兴。就像大仲马的《三个火枪手》中的人物一样，军官们认为立即付款不符合他们的身份，拖欠的账单经常高达 1500 弗洛林，相当于一家酒馆价值的一半。[23]

抢　夺

在当时的艺术和文学中，军人和平民的关系通常是敌对的。最常见的形象是士兵抢劫村庄和折磨农民，接着是农民向掠夺者复仇的画面。这些主题的频繁出现表明人们认为战争是对定居生活的暴力入侵。这也符合新教和天主教布道者的官方说辞，即战争是上帝在惩罚一个有罪的民族。在关于暴力事件的故事中，绝大多数行凶者都是带有异域色彩的外国人，如克罗地亚人、哥萨克人、芬兰人或瑞典人。

对掠夺的详细分析表明了一种更复杂的关系。一个很好的例子是黑森军对希尔登的袭击，那是贝格公爵领一个有 700 名居民的村庄。黑森军从哈姆出发，于 1648 年 8 月 2 日到达希尔登外围，从 16 名农民所属的草场上抢走了 17 匹马和 54 头牛。牲畜是最受欢迎的目标，因为它们可被迅速赶走，然后要么被屠宰以立即食用，要么被出售。一名不知名的士兵记录了 1634 年他的"男孩"（仆人）在杜尔拉赫带走一匹马和一头"好牛"，并以 11 弗洛林的价格在附近的温普芬出售了这头牛。还有许多士兵收割庄稼据为己有，这比偷牛需要更多的时间和精力。[24] 黑森军还闯入了 17 户人家，都在他们所到达的希尔登西部，带走了面包、黄油、肉、黑麦等食物，以及一些方便携带的器具，如锡盘、水壶、马具、衣服和床单，这些物品要么有用，要么可以卖了赚笔小钱。他们撕开被褥，羽毛散得到处都是，既为盗取亚麻布，又为寻找隐藏的贵重物品。对贵重物品的搜寻可能会导致进一步的损坏，尤其是对床的损坏，床的价值通常占家庭财产的四分之一到三分之一。橱柜和箱子也被砸开。然而，家具面临的危险主要来自长期占领，那时它们经常会被用作柴火。掠袭者很少会待的时间长到会造成更大的破坏，除非他们放火烧掉该地。他们的匆忙增加了暴力的风险。为逼问财物藏在哪里而实施酷刑是战争中另一种常见的形象。这经常是传闻。马丁·伯辛格牧师是少数几个记载自己被迫吞下臭名昭著的"塞满了粪便的瑞典饮料"的人之一，"瑞典饮料让我几乎所有的牙齿都松动了"。[25] 但是与希尔登的 26 个受害家庭不同，伯辛格是一个有 300 塔勒现金要藏起来的社区领袖。希尔登人的经历更常见，在那里，最糟糕的情况是一顿痛打，这种情况是有人想要出手拦阻，或被因为没有找到更值钱的东西而恼羞成怒的士兵抓到。最大的一笔损失是一个农民损失的 112 塔勒，大部分是因为他被盗的 9 头牛。该村的总损失为 1178 塔勒。

几乎没有迹象表明，在战争后期，掠夺变得更加严重或更加系统化。通力合作封锁一个社区并夺取其资产，新兵和新组建的部队或许需要学习才能掌握这种手段，但它在 1618 年之前就已经在尼德兰和匈牙利广泛流行了，并不需要一代人的时间来完善。掠夺之所以能奏效，是因为存在销售赃物的民间市场。平民也可以直接参与劫掠。仆人帮助士兵们抢劫其主人，有时还非常主动。人们经常清算宿怨，出卖邻居囤积的财物，或者告诉士兵别处据传有更好的战利品，以避免自家被劫。平民也加入了突袭队，表现得和士兵一样恶劣。他们在战斗后搜刮尸体，经常能找到士兵抢来的财物，然后卖掉。战争侵蚀了睦邻关系，那些仍然有钱的人可能会以那些不太走运的人为代价而获利。艾希施泰特附近的玛丽亚施泰因的奥古斯丁会修女们在讷德林根战役之后，用器皿等物品塞满了她们的修道院，"人们恳求送给或卖给我们，换取微乎其微的金钱或一点儿面包"。[26]

谈　判

平民对军队的兴趣可以超越纯粹的物质主义。弗里德里希·弗里泽（Friedrich Friese）的父亲在马格德堡获得了一个职位，他们一起从家乡莱比锡出发前往那里，弗里泽回忆起，在 1628 年一个寒冷的夜晚，他们是如何通过这座城市的检查站的。在他的姐妹冻得发抖时，"我们看到火枪手拿着燃烧的火绳，以前从来没见过……火绳的气味让我们觉得最神奇"。[27] 同样，尤尼乌斯修女的日记记录了大量的军事细节，包括她对战术和指挥官的看法。这表明人们对军队的某些方面很熟悉，甚至会有正面的欣赏。当然，官方宣传中对敌人的抽象定义在实际遭遇时很快就会被打破，因为对立方的军队有时候表现良好，而名义上的友军却可能从事谋杀和折磨。

军民关系并不一定不对称。[28] 士兵们的优势在于他们可以结合"胡萝卜"和"大棒"，在武装部队进行胁迫的同时，军官也会承诺减轻负担以换取合作。然而，平民通常拥有更多的人数、资产和资源优势，而且还熟悉当地情况，并能以逃跑相威胁。军队可能会收割庄稼，但是他们无法自己种植粮食，而且在人口减少、贫瘠的地区行军会带来灾难，加拉斯在 1644 年的行动证明了这一点。

正如一些人声称的那样，暴力行为并不能完全用物质因素来解释。[29] 有些抢劫没有发生暴力行为，但也有一些没有物质利益的暴力行为。士兵作为当局的仆人，从事的活动又违反了基督教最基本的戒律，他们在社会上的位置非常尴尬。早在 1618 年之前，16 世纪后期的通货膨胀就已经侵蚀了他们的工资，而且他们也普遍被轻视。一些历史学家认为，面对这种敌意，暴力是展示个人或集体优越性的一种手段。[30] 即使包含物质利益因素的活动也可能有额外的心理动机。闯入城镇或房屋抢劫破坏了诚实市民的宁静世界。肆无忌惮的破坏打击了别人所珍视的东西。偷窃衣服使受害者蒙羞。士兵们让公众人物戴着傻瓜帽或赤脚游行。[31] 被俘妇女中有那些社会地位较高的人，她们可能被迫做饭、打扫卫生或做其他粗活。一些人在这种背景下解释强奸行为，特别是因为强奸有时是公开实施的，目的是羞辱被迫观看的丈夫。[32] 然而，士兵并没有完全脱离社会，而是与被他们袭击的平民有着几乎相同的背景。他们的行为也受到更广泛的社会规范的影响，他们也经常遵守这些社会规范，甚至在没有受到他们的军官监督时也是如此。

暴力往往是谈判破裂的结果。这也许可以解释为什么外国行凶者经常被提到，因为他们无法让当地民众理解自己的要求。谈判也依赖信息。社区之间会互相交流关于部队调动的消息，让自己做好准备。军队的出现很少会遭到公开的违抗。相反，社区领导人会和军官讨价还价，非常渴望达成协议。正如我们在第 12 章对贡金系统的分析中所看到的，军官们需要平民的合作，而且为了得到合作，也愿意降低自己的要求。如果人们能够交谈，关系就会变得比较融洽，但是如果士兵们非常匆忙，比如在撤退时，关系可能会破裂。尤尼乌斯修女的修道院唯一一次受到的严重威胁是在讷德林根战役后的瑞典撤退期间，当时士兵无视命令，没有放过那些给军队交过保护费的人。最后是一位曾造访过她们的上尉赶走了抢劫者，救了这些修女。[33]

逃　离

逃离是平民的另一种选择，但也充满了风险。士兵的到来迫使人们去面对真正重要的事情。大多数人会一直拖到最后一刻，或是担心自己的房子或事业无人照料，担心找不到别的生计或人脉，或因为责任感和对家庭的职责。马丁·伯辛格在弗兰肯的黑尔德堡担任教师，直到 1633 年岳父被杀，他才离开那里。他在波彭豪森成了一名牧师，但是两年后战争和瘟疫让那里只剩 9 名居民，他被迫再次离开。

地理是影响人们决策的另一个因素。梅克伦堡没有几个坚固的城镇，所以它的人口都去了森林、沼泽或湖泊地区。活跃的大城市更有吸引力，但变得拥挤不堪。1636 年 3 月，斯特拉斯堡收留了 3 万人，使人口翻了一番。教派和语言因素也影响到了逃离目的地，因为难民前往了他们会感到更自在、更受欢迎的地方。社会地位和社会联系可以给一些人一个进入资格。商人会前往他们已经有生意往来的地方，而神职人员去了同一宗教社团的其他分院。城镇更愿意接纳富人，而不是穷人。1631 年马格德堡遭到洗劫后出现了大量难民，莱比锡对此的回应是收紧了居住要求。1639年，逃避瘟疫的人涌入莱比锡，其 1.6 万名居民要维持 2268 个靠城市救济生活的人，这座城市几乎不堪重负。1635 年 9 月，帝国军进入汉诺威地区，拥有 6000 名居民的汉诺威市一下子冒出了 500 车的难民。这些人中有许多人无法养活自己：1633 年，在汉堡领福利的人中，40% 是儿童，其中一半是两年前逃离马格德堡的难民。尽管如此，莱比锡在富裕难民申请市民身份时还是放宽了两年的居住要求。[34]

富裕的人通常有更充分的理由留下来。他们与当地精英的联系为他们提供了一些保护。像牧师、大学教职员和官员这样的人逃走的话会损失工资。贵族们发现很难让他们的财产无人看管。克里斯托夫·冯·俾斯麦（Christoph von Bismarck）是勃兰登堡的布里斯特村（有 140 人）的地主，由于布里斯特村靠近易北河上重要的过河点韦尔本，他蒙受了惨重的损失。1626 年后，每次军队出现，他都会把妻子和家人送到施滕达尔，但是这并不能保护他们免受瘟疫的侵袭，他有三个孩子在 1636 年 9 月的三天内相继死于瘟疫。几周后，第四个孩子死了，一起死去的还有一个侄子和一个侄女。军队的移动使他直到两个月后才将他们埋葬在家族墓地，而恰当的葬礼直到 1637 年 3 月才得以举行。这个家庭经常不在领地，使得其庄园易遭抢劫。奥格斯堡附近的奥伯舍嫩费尔德的熙笃会修道院的修女们在蒂罗尔避难三年后，于 1635 年返回时也有类似的令人不快的发现。瑞典人把她们的修道院给了施拉梅尔斯多夫（Schlammersdorf）上校，施拉梅尔斯多夫拆光了房屋里的东西，发现了她们藏起来的财富。[35] 因此，穷人往往比富人更具流动性。他们中的很多人已经习惯了旅行，比如计日短工，而有的已经有在一个新城镇定居的经历。大多数工匠的工具都相对轻便。战争期间，补鞋匠汉斯·黑贝勒光是从他的村庄逃到附近的乌尔姆就有 28 次，此外他还会逃到不同的城镇或树林里。

在人们自己无法逃离的地方，他们试图保护下一代。儿童被送到亲戚家或安全地区的学校。天主教会没有从这种趋势中受益。初学修士人数自 16 世纪末以来有所复苏，现在停滞或下降，因为各个家庭显然不愿将孩子送到这些前途未卜的机构。[36]

抵 抗

民兵在正式战斗中的糟糕表现掩盖了民众对士兵的抵抗力量。尽管如此，自战争爆发以来，民众抵抗一直是一个重要特征。官方态度非常矛盾。当局普遍不信任民众的行动，但也期望民众参与官方的防御措施。这些是战前的领地防御系统的延续，其基础是一项名义上的普遍义务兵役，但只有部分人口接受了实际训练。人们普遍熟悉一般武器。例如，霍恩洛厄的每个农民都知道如何用枪，而且许多人都有枪。讷德林根战役后，占领符腾堡公国的帝国军意识到民众有可能会反抗，便下令收缴所有的火器。[37] 民兵和武装志愿者在保卫家园时经常进行顽强抵抗，比如在马格德堡（1631）和布雷根茨山口（1647）。这两个例子中，抵抗都以失败告终，但成功守住维也纳、菲林根、克罗纳赫、福希海姆、康斯坦茨和布拉格的守军主力就是武装市民和民兵。

当局还希望普通人能够抵抗掠夺者。普法尔茨-诺伊堡公爵沃尔夫冈·威廉为每具交给他的官员的掠夺者尸体悬赏 10 塔勒。不过这类行为通常不需要鼓励；尽管波希米亚联盟在 1619 年遣散了民兵，但交战双方都遇到了农民游击队。其他例子包括威斯特伐利亚城镇的抵抗（1622—1623），上奥地利的叛乱（1626），以及 1631 年后随着战争蔓延出现的广泛叛乱。官方的体制可以为此提供一个基础，例如上奥地利人对巴伐利亚占领者的反抗使用了其民兵系统。抵抗也可能是自发的。1622 年 7 月，当两名骑兵在威斯特伐利亚的莱特马村袭击一对已婚夫妇时，邻居做出了回应，很快制服了士兵，残忍地将他们打死，以至于他们的脸最终无法识别。[38]

士兵们肯定害怕报复，因为农民会杀死掉队的士兵和巡逻兵。门罗报道了巴伐利亚人对 1632 年瑞典入侵的反应：

> 行军中的农民残忍地对待我们的（那些到周边地区劫掠的）士兵，砍掉他们的鼻子和耳朵、手和脚，挖出他们的眼睛，还对他们采用了其他残忍的手段，士兵们也还以颜色，在行军途中烧毁了许多村庄，还见农民就杀。

1642 年威斯特伐利亚作战行动中的一名不知名的帝国士兵记载：

> 晚上我喝了点酒，早上由于宿醉而落在了我的团后面。藏在树篱里的三个农民狠狠地打了我一顿，拿走了我的外套、背包和所有东西。在神的干预下，他们突然跑开了，好像被人追赶一样，尽管没有人在他们身后。于是，被痛打一顿、丢了外套和背包的我重新与我的团汇合，遭到了嘲笑。[39]

同时代人经常记录下妇女参与抵抗的情况。尤尼乌斯修女以赞许的态度记录了赫希施塔特（1633 年 3 月）和克罗纳赫（1634 年 3 月）的女性向瑞典人倒开水和扔石头的故事。虽然赫希施塔特的例子中最后以屠杀居民告终，但克罗纳赫坚守住了，"瑞典人自己告诉我们，这比任何枪击或砍杀都痛"。她还自豪地记录下了修女们如何阻止掠夺者进入修道院，并在日记结尾称赞她们经受住了恐怖经历，保持了贞洁，"在如此危险的时期，我们这些女人仍然生活在这个无险可守的地方，连敌人也对此表示惊讶"。男性作家也注意到了这种"英勇女性"（Viragoes）的抵抗行为，这也反映了当时人对亚马孙女战士概念的迷恋，很多来自新大陆的故事助长了这种迷恋。[40]

有人认为，抵抗是孤注一掷的行为，那些人已经失去了一切，剩下的只有自己的生命。[41] 然而，抵抗似乎往往在达到那个阶段之前就已经开始了，通常是在社区认为有军事需求但还没失去一切的时候出现的。人们作战，是为了维持自己的生活方式和社区。汉斯·黑贝勒讲述了 1634 年夏天，乌尔姆附近的魏登施泰滕村抵挡了一些伯恩哈德军士兵两天的时间，并将他们的牲畜存放在教堂院子，将他们的财物存放在教堂里。士兵们以放火来报复。"一旦发生这种情况，我们每个人都去照看自己的财产了，共同防御就崩溃了。"[42] 正如我们在上一章关于物质损失的讨论中所看到的，士兵们还故意将葡萄园等很可能遭受经济损失的资产作为目标，以迫使社区合作。

这些例子表明，虽然官方号召人们对教派和王朝保持忠诚，但抵抗和这些号召没有多大关系。抵抗也是一种谈判形式，一种说服士兵离开或降低其要求的手段。它不一定会以死亡告终，但它比逃跑或合作更有可能导致死亡。正如平民也会加入劫掠队一样，士兵也可能协助当地抵抗。于尔根·阿克曼（Jürgen Ackermann）以前是一名上尉，后来在克罗彭施塔特退伍当了一名农民，他协助了那里的防守。居民们成功击退了两个要求住宿的较弱的帝国团。还有一次，阿克曼帮助邻居找回了一头被瑞典士兵盗走的母牛。[43]

认　知

作为决定性事件的战争

在当时的人努力理解正在发生的事情时，他们面临着一个对现代早期生活至关重要的问题：上帝和人在影响事件中的相对作用。他们的个人证词显示了他们的反应，表明了他们是如何看待战争影响自己的生活的。当作者直接受到战争影响时，日记和编年史条目对战争的反映往往是最充分的，而随着战争转移到其他地区，他们的文字会回归到更熟悉的常规条目。一些作者记录了长达数月的焦虑，他们关注其他地方的事态，而随着敌人离他们越来越近，恐惧感也与日俱增。其他人似乎故意忽略了这场战争，或者使它成为另一个故事的一小部分，因为这可能太过痛苦，以至于不忍下笔。

这场战争通常在二手的经历叙述中占有突出的地位。它在葬礼布道中显得尤为重要，因为这场战争可以解释各种人生大事，它可以是死亡的直接原因，也能导致提前或推迟结婚、搬家和失去亲人。它还被用作困难时期的一个隐喻，被用来展示死者是一个好基督徒，对难民慷慨解囊，或者对困难坚忍不拔。因此，这场战争为人们提供了一个对事件的现成解释，是一个将自己的生活与更大的形势联系起来的手段。犹太人的回忆录也是如此。战争和瘟疫不断出现在拉比罗伊特林根（Reutlingen）的回忆录中，影响他做出搬家和换工作的决定。阿舍尔·莱维（Ascher Levy）将他的回忆录分成两部分，第一部分讲述他自己的生活和家庭，第二部分讲述他们的战争经历，然而他无法将战争排除在第一部分叙述之外。[44]

战争及伴随而来的恐怖瘟疫和饥荒，让人们产生了一种生活在一个异常艰难的、时人称为"黑铁世纪"的感觉。西里西亚诗人格吕菲乌斯描写了人类存在的毫无意义。人体只是一个"极度痛苦的房子"和"充满强烈悲伤的苦涩恐惧的竞技场"。[45]人们普遍感觉到荒废、衰落和被遗弃，这表现在空旷社区的街道长满的草、废弃的农场和未开垦的田地上。许多人认为社会正在崩溃，指出卖淫、道德败坏、酗酒和儿童在街上骂人的现象有所增加。然而，这些观察通常来自负责战后重建的神职人员和官员，我们需要对此谨慎对待。[46]

许多人注意到，士兵们似乎对死亡无动于衷，甚至对自己亲属的死亡也是如此。还有人认为，近距离战斗剥夺了参与者与战争保持距离的能力，而今天的人们通过电视新闻观察战争可以做到这一点。[47]毫无疑问，17世纪的战斗会对参与战斗的人产生深远影响，这类战斗包括对敌人刺、砍、棒击和直接拳打脚踢。甚至像火枪这样的远程武器的射程也相对较近，至少在烟雾和灰尘遮住视线之前，可以让人们看到它们的可怕效果。许多回忆录中确实充满了关于"上帝的惩罚"这样老掉牙的话，或者是关于阵亡者的简明列表。但另一些回忆录会对战友的死表示难过。门罗的大部分文字都充满了怨恨，认为平民对士兵的牺牲忘恩负义。奥古斯都·冯·俾斯麦显然是个冒险家，很高兴军旅生活让他有机会参观意大利，但是他也意识到战争带来的危险，而他的战友活下来的很少。[48]

恐　惧

一些人记录了他们面对战斗时的恐惧，许多人肯定也有类似的感受。1633 年，尼德兰军队中的英格兰士兵托马斯·雷蒙德（Thomas Raymond）记录道：

> 在我一开始来到这座城镇面前时，我开始丧失勇气，而且，我年轻，从来没有从事过这样的工作，这给我带来了更大的压力。我记得我的帽子上有一根橙褐色*的羽毛，一开始我以为每一发打向我们的炮弹都是冲着它来的，因为西班牙人无法忍受那个颜色。但是不出几天，我就变得非常勇敢，对危险的惧怕并不比逛集市时更多。[49]

恐惧和忧虑无处不在，耸人听闻的报道和谣言助长了这种恐惧和忧虑。尤尼乌斯修女记录道，1631 年维尔茨堡陷落后，她害怕得呆若木鸡，而当她意识到瑞典人不会伤害她们，而是会让修女们待在修道院时，她感到非常欣慰。当士兵们在修道院园子里自己动手摘菜时，她仍然因为"极度的恐惧和焦虑"而无法入睡。熟悉感减少了恐惧，当瑞典人在 1632 年回来时，尤尼乌斯就不那么焦虑了，因为她知道下面要面对的是什么。[50]

帝国领地支离破碎的状态使分属不同教派的人住得很近，这加剧了人们的不确定感。弗兰肯的魏克斯海姆的新教居民认为，1619 年，邻近的天主教村民正在准备云梯，要来袭击他们的城镇。然而，情况并不是这么分

---

* 橙褐色是尼德兰的颜色。

明，也有一些实例表明，尽管发生了暴力事件，各教派之间仍在继续共存。

尽管如此，恐惧还是让人虚弱，降低了生活质量。现代早期的世界已经是一个危险的地方。半数人口未能活到 15 岁以上，主要是因为营养不良和疾病，也因为各种事故。成年人生活也不是没有风险。即使在和平时期，大多数人在天黑后出门或在离家很远的地方，也会随身带着刀或棍棒。战争加剧了这些日常焦虑。人们害怕旅行、发送信件或货物，害怕被抢劫。不确定性的增加搅乱了之前熟悉的事物。像去教堂或犹太会堂这样的日常活动可能变得危险，甚至不可能。尤尼乌斯修女写道，在瑞典军占领班贝格期间，钟声不再于天主教徒进行礼拜仪式时响起，而是在另一个时间响起，以召集新教徒。

巫　术

16 世纪后期更广泛的社会和环境问题鼓励了千禧年和末日信仰。一些人认为艰难时刻是对信仰的考验，另一些人寻求更直接的替罪羊，不断恶化的情况使两者之间的平衡被打破。其结果是巫术指控的复活和加强，并在战争期间达到顶峰。现代早期独特的巫术概念起源于 15 世纪 80 年代，当时已有的邪恶黑魔法概念被转化为一种基督教的倒置形式。早期的魔法实践者被认为是单独行动的，他们使用的力量是通过学习古代知识或实验获得的，而巫术则被认为是一种集体活动，涉及与魔鬼的契约。[51]

这种信念从 16 世纪 20 年代开始减弱，但在 1600 年后又恢复了。科隆选侯国于 1607 年颁布了第一部女巫法令，随后于 1629 年颁布了一部更广泛的修订法令。这出现在"摇摆秤杆"恶性通货膨胀之后的巫术指控高峰时期。所有三个教派都参与了，但天主教教会领地的情况尤为惨烈。在 1611 年前后，有 300 多人在埃尔旺根被处决，1616—1617 年，又有 50 人死于维尔茨堡。班贝格被三次不断升级的起诉浪潮席卷（1612—1613、1616—1619、1626—1630），很可能造成 1000 人死亡。1628 年至 1631 年，同样多的人在威斯特伐利亚公爵领丧生。

有些是民众恐惧的结果，例如维尔登贝格领地的居民在 1590 年至 1653 年间告发的案件导致 200 人被处决。[52] 大多数案件是由地方官员推动的，特别是在班贝格，那里的起诉是由副主教弗里德里希·费尔纳（Friedrich Förner）发起的，他的就职引发了 1612 年的第一次起诉浪潮。在所有案件中，帝国更广泛的宪法危机阻碍了帝国枢密法院对领地司法系统的监督，这为巫术起诉提供了便利。在已有司法机构之外，人们还设立了特别女巫法庭，规避了正常情况下对使用酷刑的限制。由于人们相信巫术是一种集体活动，那些被指控的人会受到酷刑，以揭露集会的其他成员，这使嫌疑人的人数迅速增加。犯人不仅被处决，其财产也被没收，这增加了猎巫者继续其工作的物质动机。费尔纳和他的同伙在班贝格没收了价值超过 50 万弗洛林的财产。

费尔纳的活动遭到了当地的强烈反对。大约四分之三的犯人是女性，其中几个人有着良好的社会关系。尤尼乌斯修女的父亲，班贝格市长约翰内斯（Johannes）也被处决了，她本人可能是为了安全考虑而被送往修道院的，班贝格书记官格奥尔格·哈恩（Georg Haan）在反对女巫审判后，也和他的家人一起被处决了。这些处决无视了帝国枢密法院终止起诉的命令。费尔纳继续起诉，声称犯人已经供认不讳。一个包括礼拜堂和酷刑室在内的特别的罪犯大厅（*Malefizhaus*）被建造了出来。最后，帝国宫廷议会进行了干预，发布了六条进一步的命令，并为被告们发布了多封保护信。在 1630 年的雷根斯堡选帝侯大会上，班贝格代表也因此事受到了压力，主教收到了一份严厉的警告，要求他停止没收财产，哪怕被告被判有罪。监督权被委托给另一个反对审判的当地人，他侥幸还活着，叫停了更多的起诉。与此同时，费尔纳已经将他的活动转移到了规模较小、不那么受关注的蔡尔镇。最后 10 名囚犯于 1631 年 11 月被瑞典军队发现，并在发誓永不谈论自己的经历后获释。[53] 1631 年前后"女巫热"的消散肯定不是巧合。战争的暴力入侵打破了当地自行其是的状态，让当地官员关心更紧迫的问题。这是这场战争少有的积极影响之一。尽管士兵毁坏了其他资产，当地居民自己在 1634 年拆毁了令人憎恨的罪犯大厅。

常　态

恐惧充斥着个人证词，但是很明显，对大多数人来说，有很长的一段时间战争要么是遥远的，要么至少是可以忍受的。战争的持续时间之长使它成为数百万人日常生活的一部分。这样的生活中充满了与战争只有很少或根本没有关联的事件。一些日记几乎完全没有提到战争，也没有提到可能会使作者选择忽略战争的痛苦经历。撒迦利亚·冯·奎茨（Zacharias von Quetz）于1622年至1632年担任拜罗伊特世袭诸侯的家庭教师，他讲述了显然很少受到战争干扰的宫廷生活。他能去意大利度假，其间他曾在威尼斯乘坐贡多拉船，在曼托瓦惊叹地参观曼托瓦公爵的艺术和科学宝藏，而这一切都发生在1629年——曼托瓦危机的那一年。[54]

其他人记录了尽管有战争发生但人们仍然延续生活的努力。瑞典军对班贝格的占领并没有阻止尤尼乌斯和她的姐妹们构筑一场耶稣诞生的场景，包括马槽，还有四名穿着自己最好的衣服的农家孩子扮成玛利亚、约瑟夫（留着假胡子）和两个天使。耶稣会士带着当地的孩子到修道院唱颂歌，"但这一天也不是在没有恐惧中度过的"，福希海姆驻军（即天主教徒）的突袭引起了恐慌。[55]

个人的不幸也可能出自其他普通的原因。斯特凡·贝海姆（Stephan Behaim）来自一个富裕的纽伦堡家庭，在拉丁学校和阿尔特多夫大学接受了昂贵的教育，随后在帝国枢密法院实习。他浪费了这个机会，把监护人的钱浪费在放荡的生活上，后来他的津贴被削减。他于1632年加入瑞典军队，但未能得到晋升，后来加入了尼德兰西印度公司，希望有更好的前景，最终在巴西去世。他的亲戚汉斯·雅各布（Hans Jakob）也浪费了在阿尔特多夫大学受到的教育，因为他的父亲再也承担不起纵容他的开销，他的教育经历被缩短了。他决定"冒着生命危险"当兵，但没有耐心忍受严酷的现实。后来他在法国军队里成了一名中尉，但依然期待父亲能提供津贴，以继续花天酒地的生活，直到他的生命在马尔迪克围城战中因一颗西班牙子弹而戛然而止。[56]

士兵们的生活充满了长时间的无所事事，随后突然进入一阵忙乱、常常让人筋疲力尽的行动。1629年夏天，一名帝国军士兵记录了7周不间断的行军，休息了两天，然后在黑森的劳特巴赫停留了20周过冬。1631年5月之前的一整个冬天他也是在宿兵地中度过的。在接下来的几年里，他在冬季营地待着的时间长达 5 个月，但是在 1641 年的行动中，仅仅 3 个月中他就卷入了八起围城战。从 1625 年到 1649 年，他总共步行了 2.5 万千米。他的经历是极端情况之一，"在［1628 年的］耶稣受难日，我们有足够的面包和肉，但是在神圣的复活节星期天，我们连一口面包都吃不到"，而在 1627 年的巴登，"我们躺在住宿营地里，大吃大喝。太棒了"。偶尔，士兵们甚至可以挑三拣四。1629 年，当他的团到达尚未被战争波及的德意志北部时，"我们不想再吃牛肉了；我们必须弄点鹅、鸭或鸡吃"。[57]

时　运

时运的突然变化成了战争中的一个决定性特征。战争产生了一种无常感，并让事件变得不可预测。尽管官方强调耐心和坚韧，但许多人显然活在当下，抓住任何能抓住的机会。食物储备和储藏的财宝面临着被掠夺者掠夺的风险。作为一个没有永久住所的移动社区的成员，士兵们很难存放他们可能拥有的任何财富。格茨将军命令他的军队前往救援布赖萨赫时将贵重物品留在奥芬堡。冯·哈根巴赫（von Hagenbach）少校和他的朋友奥古斯丁·弗里奇（Augustin Fritsch）上尉讨论应该做什么。弗里奇的建议是"头在哪里，其余的也在哪里"，于是他们都带着自己积累的战利品，但在维滕韦尔的溃败中失去了一切。弗里奇总共损失了 5000 塔勒现金、一袋银餐具、一些挂毯、六匹马、两个仆人和一辆马车——这些财产可以让一个普通人颐养天年还绰绰有余。[58]

生活的不稳定和反复无常在文学和艺术中体现在时运女神福尔图娜上，她的形象是一个裸体的女人，举着一张帆，在一个球上保持平衡。她是一个矛盾的人物，同时与好运和罪恶联系在一起。类似的属性来自占星术。木星和金星象征着好运，而土星和火星被认为是"坏"行星，人们认为它们带来了 1618 年被广泛认为是不祥之兆（为随后的事件所证实）的彗星。士兵经常被称为"火星的孩子"。"雇佣兵"（soldier of fortune）一词有大胆和进取的含义，但主要与贪婪联系在一起，因此他们被谴责看重俗世的富贵过于真基督徒的灵性。

纪　念

庆祝和平

　　文学和艺术上对时运的批评与把战争看作上帝的惩罚的更广泛解释一致。这一点在整个战争期间的布道和公告中得到表达，并在官方庆祝和平的活动中再次得到强调。威斯特伐利亚大会让人们对和平抱有希望。不伦瑞克地区官员丹尼尔·冯·坎彭（Daniel von Campen）于 1646 年在帝国军 20 年前烧毁的前伊尔德豪森定居点边缘建造了一个新村弗里登斯温希（意思是"渴望和平"）村。[59] 许多人不相信和平能在 1648 年后持续下去。瑞典人计划于 1649 年的新年在占领区举行公开庆典，但是大多数社区一直等到 1650 年才开始庆祝，当时复员和难民的返回增加了人们对和平的信心。

　　庆祝活动在欧洲 200 多个地方举行，其中 180 个在帝国，这突出表明三十年战争是一场中欧的战争，只有布鲁塞尔、安特卫普和 6 个尼德兰城镇庆祝了西班牙和尼德兰之间的《明斯特和约》。这些庆祝活动提供了一个宝贵的视角，让人们了解幸存者是如何看待这场战争，如何试图接受自己的经历的。通过研究这些事件如何转变成年度纪念仪式，我们可以看到战争进入集体记忆的过程。

　　庆祝和平的活动类似于当局发起和组织的庆祝胜利的活动。这些活动有着共同的形式，首先是教堂敲钟集结居民。科隆市敲了一个多小时的钟，庆祝帝国的重大胜利。然后，人们聚集在一起参加感恩礼拜仪式，之前通常还会游行穿过城镇。在 1633 年抵抗了瑞典人一整年后，福希海姆驻军发射了所有的大炮、吹号敲鼓，以庆祝敌人撤离周围地区。[60] 军事有关的声音也是和平庆祝活动的不可或缺的组成部分。

　　天主教地区的和平庆祝活动相对低调，这表明许多人认为这场战争失败了。好斗分子尤其感到敌人胜之不武，他们曾先后在 1629 年和 1634 年两次击败了新教徒，只是因外国入侵才被迫对新教徒的要求做出了让步。1648 年 10 月，在明斯特举行签字仪式后，人们举办了相对低调的庆祝活动，而瓦滕贝格主教没有参加。尽管如此，天主教徒普遍欢迎和平，主要的天主教统治者有很多值得庆祝的地方。巴伐利亚的庆祝活动包括在其主教堂举行了一场感恩颂，举行了一场特别的弥撒，还进行了一次由耶稣会士带领的穿过慕尼黑的游行，游行中还赶时髦地鸣炮致敬。科隆、萨尔茨堡、维也纳、布拉格和其他哈布斯堡统治城镇也有类似的事件记录下来。布拉格的庆祝活动尤为重要，因为布拉格是战争开始的地方。布拉格市民对瑞典 1648 年围城的英勇抵抗很快被编织成天主教和王朝忠诚的神话，以掩盖早期反叛的耻辱。人们认为，天主教炮兵的主保圣人圣芭芭拉在轰炸中抓住了一枚瑞典人的手榴弹，从而拯救了圣亨利教堂。心怀感激的皇帝对市议员给予了丰厚的奖励，将他们封为贵族，一同被封的还有帮助封锁查理大桥和拯救新城的学生们。布拉格在 1649 年获得了新的宪章，在波希米亚议会中享有特权。[61]

天主教庆祝活动集中在传统上用于表示感恩的弥撒上。新教徒拒绝了弥撒，因此不得不将他们的活动安排得有些不同。他们借鉴了 1617 年和 1630 年的宗教改革百年庆典的先例，还有 1532 年以来历次帝国对土耳其作战期间所举行的祷告悔罪日，这一做法在 1618 年后又重新出现了。然而，与宗教改革百年庆典不同，萨克森选帝侯没在德意志路德宗地区内部进行协调，而是让其他领地自行组织活动。尽管如此，这些庆祝活动非常相似，萨克森人以这两个百年庆典为模板组织了自己的纪念仪式，甚至重复使用了一些之前用过的布道。

庆祝活动集中关注了上帝和人在战争中的相对作用。与宗教改革百年庆典相比，现在王朝政治占据了更突出的位置。1650 年萨克森的庆祝活动是在选帝侯夫人命名日举行的，而非和约的周年纪念日。和平被说成是上帝和当权者的赏赐。会众被要求为王朝以及整个新教帝国政治体的福祉祷告，后者是得享太平的保证。在科堡和魏玛的庆祝活动中，丰收学会的会员们做出了贡献，他们将战争的恐怖与协和（Concordia）进行了对比，协和是一种关于互相理解的巴洛克式理想，至少包含了跨越教派界限的可能性。帝国各地出现了大量的单幅报纸，它们将和平描绘成一种共同的帝国和平："日耳曼尼亚"的女性形象被描绘成与"和平"喜结连理。[62]

神学内容遵循了在祷告悔罪日中建立的模式，这种模式也在自然灾害时期被使用。庆祝活动会持续一两天，以祷告和布道开始，确定适当的基调，并灌输官方关于战争是上帝的惩罚的解释。因此，战争就像洪水和火灾一样，并非"自然"的，而是上帝意志的产物。天主教布道传达了类似的信息，而且在战争中也使用了常规的祷告日，以抵御邪恶。[63] 路德宗还增加了第二个因素，即战争是对人们信仰的考验，而敌人的占领相当于以色列人的巴比伦之囚。牧师还引用了《启示录》，认为上帝把剑交给了邪恶的人以实施惩戒，但是如果人们显示出真正的信仰，他可以将剑收回。战争的持续时间被用来论证偏离正轨是多么容易。人们被鼓励加倍努力，过上正直、节俭和富有成效的生活，以得到上帝的青睐。新教游行把学童放在了突出位置，这反映了对未来良好行为的强调。和平是上帝给路德宗信徒的一个机会，让他们证明自己配得上上帝的恩典，并通过他们的良好榜样向误入歧途的天主教徒展示什么是真正的救赎之路。虽然这些仪式带有鲜明的路德宗色彩，但对罪的强调也淡化了教派之争。这场战争是因为人们自身未能达到要求，而非他们的天主教邻居的侵略。这样的信息不仅符合帝国内部和谐的需要，也符合战后重建的社会规训议程。教派之间的对抗因对当局的服从而得到升华。统治者能够逃避对战争的责任，同时还将自己说成是为减轻战争的最坏影响、加快和平进程助了一臂之力。

与对悔罪和清醒的强调显得格格不入的是，庆祝活动中存在各种较为世俗的元素，例如筵席、饮酒和奢华的公共表演，1650 年汉堡庆祝活动据记载还是首次使用了烟花。纽伦堡的庆祝活动上 370 响礼炮引发的震动对城墙造成了价值 3000 弗洛林的伤害。这一不协调立刻为诗人、小说家和单幅报纸作家所注意，他们戏拟了对和平的过度赞美和对战后天堂的不切实际的期望。

这种讽刺的出现，使人们对宗教帮助人们应对战争、帮助避免广泛抗议或社会秩序崩溃的说法产生了怀疑。[64] 当然有许多人相信上帝。4 岁的约翰娜·彼得森（Johanna Petersen）责备了她的姐姐没有感谢上帝，因为她们在一次袭击中逃离了庄园房屋而没有被发现。[65] 这种证据需要小心对待：彼得森后来在路德宗敬虔派中拥有显要地位，而且显然非常虔诚。

一个更有代表性的例子是，在 1643 年 11 月法军围城期间，罗特韦尔居民感到困惑。[66] 为了祈求上帝帮助拯救这座城市，他们举行了通宵祈祷守夜活动。许多人认为自己看到圣母像改变了颜色并且圣母的眼睛移向了天空。即使那些后来承认自己什么也没看见的人也相信这一奇迹发生了，说自己没有注意到是因为视力不好，或者一直待在教堂的后面。然而，这一事件并没有坚定守军的决心，一周后，这座城市投降了。后来，特别是在耶稣会组织的百年庆典上，教会试图将这一奇迹与帝国军在图特林根取得的胜利和罗特韦尔随后的被夺回联系起来。那些当时待在教堂里的人就不那么确定了。对一些人来说，这加强了他们的信念：天主教是唯一的、真正的信仰。另一些人吓坏了，认为雕像失去颜色是死亡的一种预兆。城市中的一些路德宗信徒也认为雕像动了，尽管他们自己的教会谴责这种信仰。

17 世纪 30 年代的高潮时期，这场战争显然威胁到了既定秩序。十年后，许多地区的情况并不那么糟糕，这抑制了任何抗议。战争还是让人们受到了创伤。虽然证据不完整，但仍能表明很多人出现了今天所说的创伤后应激障碍症。幸存者经历了闪回、噩梦、情绪波动和其他心理问题。[67]对稳定的普遍渴望无疑鼓励了人们在 1648 年后接受了官方规训议程。

纪　念

持久的和平有助于将一次性庆祝活动转变为年度纪念。1648 年底，许多地区已经在和平协议签署时举行了感恩礼拜仪式。1649 年，随着条约的批准和部队撤离的开始，又有一些活动举行了，而纽伦堡执行大会于 1650 年的结束，引发了总体上更为精心安排的进一步庆祝活动。萨克森选择不再重复庆祝这些，而是专注于新的宗教改革纪念日：1656 年纪念了《奥格斯堡和约》100 周年，1667 年纪念了路德的《九十五条论纲》150 周年。其他路德宗领地选择将这些活动与威斯特伐利亚纪念活动结合起来。在其他地方，纪念活动也继续进行，同时与其他事件结合起来；在霍恩洛厄，威斯特伐利亚纪念日被移至与收获节相结合。

向年度纪念过渡有多种原因。一个是领地国家持续采取的加强纪律和服从的议程，纪念活动非常适合这一议程。另一个是加强社区团结的愿望。后者在双教派的奥格斯堡尤为突出，在那里新教市民每年 8 月 8 日进行庆祝——选择这一日期与和平无关，而是因为路德宗牧师在 1629 年的这一天根据《归还教产敕令》被驱逐。他们的庆祝活动小心翼翼地避免提及天主教徒，仿佛他们的城市里全部是路德宗信徒。

纪念活动使战争保持在大众意识中。它在 1748 年的一百周年达到顶峰，1748 年还缔结了《亚琛和约》(Treaty of Aix-la-Chapelle)，结束了持续 8 年的奥地利王位继承战。例如，洛伊特基希举办了为期两周的庆祝活动，包括通常的布道、游行和焰火，还为学生进行了一次考试，考查他们对威斯特伐利亚协议的了解。参与者收到了一枚纪念币。泰勒曼（Telemann）为汉堡的庆祝活动特别创作了一首康塔塔，为其添加了光彩。此后，人们的兴趣减弱了，但是直到 1843 年，科堡仍然庆祝威斯特伐利亚周年纪念日，而 8 月 8 日也仍然是奥格斯堡的公共假日。

纪念的内容也随着时间的推移而改变。《威斯特伐利亚和约》融入了新教对德意志历史的叙述。在和约一百周年时，《奥斯纳布吕克和约》和《明斯特和约》仍然是帝国的基本章程。一个世纪后，帝国消失了，人们庆祝和平是因为认为和约为新教争取到了政治权利，让宗教改革得以完成。庆祝活动具有越来越多的民俗特征。奥格斯堡的孩子们不再打扮成皇帝、选帝侯和帝王鹰，而是打扮成"瑞典"士兵。是时间的流逝，而远非宗教，克服了战争带来的创伤，让战争成为历史。

自 1945 年以来，欧洲大部分地区都有幸经历了几乎持续一生的和平，免于外国入侵、暴力和破坏的恐怖。从 17 世纪到 20 世纪，欧洲持续不断的战争延续了自三十年战争以来的口头民间传统，而现在这种传统已经消失。与通过纪念活动将战争历史化形成对比的是，民间故事"预先记住"了战争中的事件，以备将来使用。[68] 关于暴行和对平民伤害的故事为这些情况再次发生时可能的应对措施提供了建议。这些基本故事可以移植到其他社区和时代。关于三十年战争中的瑞典人或克罗地亚人的故事，与拿破仑战争时期的俄国哥萨克人，甚至来自祖国的士兵的故事混杂在一起。在欧洲部分地区，这些故事一直叙述到 20 世纪后期。虽然这些来自 17 世纪的声音现在基本上沉默了，但是它们仍然从我们有幸拥有的无数文本和图像中向我们诉说。它们警告我们，不要将权力交给那些认为自己蒙上帝召唤去打仗的人，或认为自己的正义感和秩序感是唯一有效的人，这样做非常危险。

缩略语

AHVN	*Annalen des Historischen Verein für den Niederrhein*
APW	*Acta Pacis Westphalicae* (gen. ed. K. Repgen, 36 vols., Münster, 1961–)
ARG	*Archiv für Reformationsgeschichte*
BA	*Briefe und Akten zur Geschichte des Dreißigjährigen Krieges*, New Series (issued by the Historische Kommission der Bayerischen Akademie der Wissenschaften, 8 vols., Munich, 1906–97)
BDLG	*Blätter für deutsche Landesgeschichte*
CEH	*Central European History*
Doc. Bo.	*Documenta Bohemica Bellum Tricennale Illustrantia* (M. Kouril et al. eds., 7 vols., Prague, 1971–81)
EHQ	*European History Quarterly*
EHR	*English Historical Review*
FBPG	*Forschungen zur Brandenburg-Preußischen Geschichte*
GH	*German History*
HHStA	Haus-, Hof- und Staatsarchiv Vienna
HJ	*Historical Journal*
HJb	*Historisches Jahrbuch*
HZ	*Historische Zeitschrift*
IHR	*International History Review*
IPM	Instrumentum Pacis Monasteriense (Peace of Münster)
IPO	Instrumentum Pacis Osnabrugense (Peace of Osnabrück)
JMH	*Journal of Modern History*
KA	*Kriegsakten*
MEA	*Mainzer Erzkanzler Archiv Vienna*
MIÖG	*Mitteilungen des Instituts für Österreichische Geschichtsforschung*
MÖSA	*Mitteilungen des Österreichischen Staatsarchivs*
NASG	*Neues Archiv für Sächsische Geschichte*
NTSR	*Neues Teutsches Staatsrecht* (J.J. Moser, 20 vols. in 36 parts, Frankfurt and Leipzig, 1767–82)
P&P	*Past and Present*
TE	*Theatrum Europaeum oder Außführliche vnd Wahrhafftige Beschreibung aller und jeder denkwürdiger Geschichten* (M. Merian ed., vols. I–IV, Frankfurt am Main, 1633–52), available online at www.digbib. bibliothek.uni-augsburg.de/1/index.html
VOC	Verenigde Oostindische Compagnie (Dutch East India Company)
VSWG	*Vierteljahreshefte für Sozial und Wirtschaftsgeschichte*
WIC	Westindische Compagnie (Dutch West India Company)
WVJHLG	*Württembergische Vierteljahreshefte für Landesgeschichte*
WZ	*Westfälische Zeitschrift*

ZBLG	*Zeitschrift für Bayerische Landesgeschichte*
ZGO	*Zeitschrift für die Geschichte des Oberrheins*
ZHF	*Zeitschrift für Historische Forschung*
ZNRG	*Zeitschrift für Neuere Rechtsgeschichte*
ZPGLK	*Zeitschrift für Preußische Geschichte und Landeskunde*
ZSRG GA	*Zeitschrift der Savigny Stiftung für Rechtsgeschichte Germanistische Abteilung*
ZSRG KA	*Zeitschrift der Savigny Stiftung für Rechtsgeschichte Kanonistische Abteilung*

注 释

第 1 章 序 幕

1　关于斯拉瓦塔的说法在英语文献中可见：R. Schwarz, *The Imperial Privy Council in the Seventeenth Century* (Cambridge, Mass., 1943), pp.344–7. 另见 H. Sturmberger, *Aufstand in Böhmen. Der Beginn des Dreißigjährigen Krieges* (Munich, 1959), pp.7–14.

2　K. Cramer, *The Thirty Years War and German Memory in the Nineteenth Century* (Lincoln, Nebr., 2007), pp.9, 146–7.

3　K. Repgen, *Dreißigjähriger Krieg und Westfälischer Friede* (Paderborn, 1998), pp.112–52; D. Moldenhauer, 'Die Darstellung des Dreißigjährigen Krieges zwischen "Aufklärungshistorie" und "Historismus"', in M. Knauer and S. Tode (eds.), *Der Krieg vor den Toren* (Hamburg, 2000), pp.389–418.

4　这部作品最易读的英语版本可见：G. Schulz-Behrend (Rochester and Woodbridge, 1993).

5　D.M. Hopkin, *Soldier and Peasant in French Popular Culture 1766–1870* (Woodbridge, 2003), pp.240–50; J. Canning, H. Lehman and J. Winter (eds.), *Power, Violence and Mass Death in Pre-modern and Modern Times* (Aldershot, 2004), pp.199–200.

6　A. Buchner and V. Buchner, *Bayern im Dreißigjährigen Krieg* (Dachau, 2002), p.7.

7　这个概念在 *Past and Present* 中的一系列文章中有介绍，文章在 T. Aston (ed.), *Crisis in Europe, 1560–1660* (London, 1965) 中集中可见。其他的文章收集于 G. Parker and L.M. Smith (eds.), *The General Crisis of the Seventeenth Century* (London, 1997)。另见 T.K. Rabb, *The Struggle for Stability in Early Modern Europe* (New York, 1975).

8　关于对此问题的更多分析和其他阐释，见：P.H. Wilson, 'The causes of the Thirty Years War', *EHR*, 123 (2008), 554–86.

9　例如：s.r. gardiner, *The thirty years war 1618–1648* (london, 1889).

10　H. Schilling, *Konfessionalisierung und Staatsinteressen 1559–1660* (Paderborn, 2007), pp.415, 417.

11　G. Parker (ed.), *The Thirty Years War* (London, 1984), 转引自 p.xvi. 另见 D. Maland, *Europe at War 1600–1650* (London, 1980); P. Kennedy, *The Rise and Fall of Great Powers* (London, 1988); M.P. Gutmann, 'The origins of the Thirty Years War', *Journal of Interdisciplinary History*, 18 (1988), 749–70. The origins of the international war school can be found in the work of S.H. Steinberg that first appeared as an article in 1947 and was reworked as *The Thirty Years War and the Conflict for European Hegemony 1600–1660* (London, 1966). Nicola Sutherland 把这个概念推到了逻辑上的极端，认为整个三十年战争是长达 3 个世纪的法国–哈布斯堡竞争关系中的一部分：'The origins of the Thirty Years War and the structure of European politics', *EHR*, 107 (1992), 587–625. 最近认为这场战争从帝国发展为一场遍及整个欧洲的冲突的德语文献见：C. Kampmann, *Europa und das Reich im Dreißigjährigen Krieg* (Stuttgart, 2008).

12　Repgen, *Dreißigjähriger Krieg*, pp.27–8, 62–87; G. Mortimer, 'Did contemporaries recognise a "Thirty Years War"?' *EHR*, 116 (2001), 124–36.

13 更多的详细阐发见 P.H. Wilson, 'On the role of religion in the Thirty Years War', *IHR*, 30 (2008), 473–514. 另见 E. Labouvie, 'Konfessionalisierung in der Praxis – oder: War der Dreißigjährige Krieg ein Konfessionskrieg?' in *Konfession, Krieg und Katastrophe. Magdeburgs Geschick im Dreißigjährigen Krieg* (issued by the Verein für Kirchengeschichte der Kirchenprovinz Sachsen, Magdeburg, 2006), pp.69–92 中的有用讨论。

第 2 章　基督教世界核心地带的难题

1 T. C. W. 布兰宁的评论来自他非常好看且有启发性的关于德国历史的讨论：at the 'Culture of Power' conference, Peterhouse College, Cambridge, September 2005. 莫泽的主要作品 *Neues Teutsches Staatsrecht* (20 vols. in 36 parts, Frankfurt and Leipzig, 1767–82) 依然可读，可以从中得到很多裨益。关于更现代的讨论，见 H. Neuhaus, *Das Reich in der frühen Neuzeit* (Munich, 1997); P.H. Wilson, *The Holy Roman Empire 1495–1806* (Basingstoke, 1999).

2 M. Merian, *Topographia Germaniae* (14 vols., Frankfurt am Main, 1643–75; reprint Brunswick, 2005).

3 帝国在意大利的领地包括位于半岛中心的教宗国以北的整个地区，只有东北部的威尼斯共和国除外。萨伏依公爵领是个例外，因为它保留了在帝国机构中的正式代表权，尽管其统治者不再行使自己的权利。

4 Colour reproduction in D. Hohrath, G. Weig and M. Wettengel (eds.), *Das Ende reichs-städtischer Freiheit 1802* (Ulm, 2002), p.139. 关于通过符号和隐喻对帝国的描述，见 R.A. Müller (ed.), *Bilder des Reiches* (Sigmaringen, 1997)。

5 Good introductions include R. Bireley, *The Refashioning of Catholicism 1450–1700* (Basingstoke, 1999); D.L. Luebke (ed.), *The Counter Reformation* (Oxford, 1999); R. Po-Chia Hsia, *The World of Catholic Renewal 1540–1770* (Cambridge, 1998); A. Pettegree (ed.), *The Reformation World* (London, 2002); C.S. Dixon, *The Reformation in Germany* (Oxford, 2002); G. Murdock, *Beyond Calvin. The intellectual, political and cultural world of Europe's reformed churches* (Basingstoke, 2004).

6 L. Riccardi, 'An outline of Vatican diplomacy in the early modern age', in D. Frigo (ed.), *Politics and Diplomacy in Early Modern Italy* (Cambridge, 2000), pp.95–108; K. Jaitner, 'The popes and the struggle for power during the sixteenth and seventeenth centuries', in K. Bussmann and H. Schilling (eds.), *1648: War and Peace in Europe* (3 vols., Münster, 1998), I, pp.61–7. 关于总体上的教宗制，见 A.D. Wright, *The Early Modern Papacy from the Council of Trent to the French Revolution 1564–1789* (Harlow, 2000).

7 J. O'Malley, 'The Society of Jesus', in R. Po-Chia Hsia (ed.), *A Companion to the Reformation World* (Oxford, 2004), pp.223–36; R. Bireley, *The Jesuits and the Thirty Years War* (Cambridge, 2003); G. Heiß, 'Princes, Jesuits and the origins of the Counter Reformation in the Habsburg lands', in R.J.W. Evans and T.V. Thomas (eds.), *Crown, Church and Estates* (Basingstoke, 1991), pp.92–109.

8 关于耶稣会在南德意志大学的影响力的讨论，见 A. Schindling, 'Die katholische Bildungsreform zwischen Humanismus und Barock', and T. Kurrus, 'Die Jesuiten in Freiburg und den Vorlanden', both in H. Maier and V. Press (eds.), *Vorderösterreich in der frühen Neuzeit* (Sigmaringen, 1989), pp.137–76 and 189–98 respectively. 关于德意志大学的发展，可以在以下的优秀研究案例中找到：M. Asche, *Von der reichen hansischen Bürgeruniversität zur armen mecklenburgischen Landeshochschule. Das regionale und soziale Besucherprofil der Universitäten Rostock und Bützow in der frühen Neuzeit (1500–1800)* (2nd ed., Stuttgart, 2000).

9 见 M.R. Forster 的作品，*The Counter Reformation in the Villages: Religion and reform in the Bishopric of Speyer 1560–1720* (Ithaca and London, 1992)，和他的 *Catholic Renewal in the Age of the Baroque. Religious identity in south west Germany* (New

York, 2001).

10　P. Blickle, *The Revolution of 1525* (Baltimore, 1985); J. Witte, Jr., *Law and Protestantism. The legal teachings of the Lutheran Reformation* (Cambridge, 2002).

11　M. Schaab, 'Territorialstaat und Kirchengut in Südwestdeutschland bis zum Dreißigjährigen Krieg', and R. Postel, 'Kirchlicher und weltlicher Fiskus in norddeutschen Städten am Beginn der Neuzeit', both in H. Kellenbenz and R. Prodi (eds.), *Fiskus, Kirche und Staat im Konfessionellen Zeitalter* (Berlin, 1994), pp.71–90 and 165–85 respectively; R. Po-Chia Hsia, *Social Discipline in the Reformation. Central Europe 1550–1750* (London, 1989).

12　M. Heckel, 'Die Religionsprozesse des Reichskammergerichts im konfessionell gespaltenen Reichskirchenrecht', *ZSRG KA*, 77 (1991), 283–350; H. Rabe, *Reichsbund und Interim. Die Verfassungs- und Religionspolitik Karls V. und der Reichstag von Augsburg 1547/1548* (Cologne, 1971); V. Press, *Das Alte Reich* (Berlin, 1997), pp.67–127; T.A. Brady, 'Phases and strategies of the Schmalkaldic League', *ARG*, 74 (1983), 162–81. 天主教同盟的发展和政策在 Brady 的著作中有详细描述，见 *Protestant Politics. Jacob Sturm (1489–1553) and the German Reformation* (Atlantic Highlands, 1995).

13　R. Kolb, 'Dynamics of party conflict in the Saxon late Reformation: Gnesio-Lutherans vs Philippists', *JMH*, 49 (1977), 1289–305.

14　例子见 D. Breuer, 'Raumbildungen in der deutschen Literaturgeschichte der frühen Neuzeit als Folge der Konfessionalisierung', *Zeitschrift für deutsche Philologie*, 117 supplement (1998), 180–91; U. Lotz-Heumann and M. Pohlig, 'Confessionalization and literature in the Empire, 1555–1700', *CEH*, 40 (2007), 35–61; P.C. Hartmann, *Kulturgeschichte des Heiligen Römischen Reiches 1648 bis 1806* (Vienna, 2001). 然而，正如这些例子所显示的那样，教派差异只是在战后才变得明显。

15　B. Roeck, *Eine Stadt in Krieg und Frieden. Studien zur Geschichte der Reichsstadt Augsburg zwischen Kalenderstreit und Parität* (2 vols., Göttingen, 1989); B.A. Tlusty, *Bacchus and Civic Order. The culture of drink in early modern Germany* (Charlottesville, 2001). 关于路德宗信徒和加尔文宗信徒在东弗里斯兰的共存，见 N. Grochowina, *Indifferenz und Dissens in der Grafschaft Ostfriesland im 16. und 17. Jahrhundert* (Frankfurt am Main, 2003). 另一份主要关注上黑森的有用研究是 D. Mayes, *Communal Christianity. The life and death of a peasant vision in early modern Germany* (Boston, 2004).

16　Martin Opitz in 1625 and Andreas Gryphius in 1627. 关于以下内容，另见 H. Peterse, 'Irenics and tolerance in the sixteenth and seventeenth centuries', in Bussmann and Schilling (eds.), *1648: War and Peace*, I, pp.265–71; H. Gabel, 'Glaube – Individuum – Reichsrecht. Toleranzdenken im Reich von Augsburg bis Münster', in H. Lademacher and S. Groenveld (eds.), *Krieg und Kultur. Die Rezeption von Krieg und Frieden in der Niederländischen Republik und im Deutschen Reich 1568–1648* (Münster, 1998), pp.157–77.

17　K. Brandi (ed.), *Der Augsburger Religionsfriede vom 25. September 1555. Kritische Ausgabe des Textes mit den Entwürfen und der königlichen Deklaration* (Göttingen, 1927) 提供了这一文本的更现代的版本 . The full imperial Recess appears in J.J. Schmauss and H.C. von Senckenberg (eds.), *Neue und vollständige Sammlung der Reichsabschiede* (4 vols., Frankfurt am Main, 1747), III, pp.14–43, with the new Reichskammergericht regulations printed on pp.43–136. A. Gotthard, *Der Augsburger Religionsfrieden* (Münster, 2004) 提供了一个非常全面而且非常批判性的对和约以及后面的争论的概论。可以参照下面这篇扩展评论一起阅读：M. Heckel, 'Politischer Friede und geistliche Freiheit im Ringen um die Wahrheit zur Historiographie der Augsburger Religionsfrieden von 1555', *HZ*, 282 (2006), 394–425. 另见 G. May, 'Zum "ius emigrandi" am Beginn des konfessionellen Zeitalters', *Archiv für Katholische Kirchenrecht*, 155 (1986), 92–125.

18　G. Parker (ed.), *The Thirty Years War* (London, 1987), p.18.

19　W. Ziegler, 'Die Hochsstifte des Reiches im konfessionllen Zeitalter 1520–1618', *Römische Quartalsschrift*, 87 (1992), 252–81. 关于以下内容，另见 M. Heckel, 'Autonomia und Pacis Compositio', *ZSRG KA*, 45 (1959), 141–248.

20　A.P. Luttenberger, *Kurfürsten, Kaiser und Reich. Politische Führung und Friedenssicherung unter Ferdinand I. und Maximilian II.* (Mainz, 1994); M. Lanzinner, *Friedenssicherung und politische Einheit des Reiches unter Maximilian II. (1564–1576)* (Göttingen, 1993); J. Arndt, 'Die kaiserlichen Friedensvermittlungen im spanisch-niederländischen Krieg 1568–1609', *Rheinische Vierteljahrsblätter*, 62 (1998), 161–83; P.S. Fichtner, *Emperor Maximilian II* (New Haven, 2001). 更多的讨论见第 7 章。

21　For the following: M. Heckel, 'Staat und Kirche nach den Lehren der evangelischen Juristen Deutschlands in der ersten Hälfte des 17. Jahrhunderts', *ZSRG KA*, 42 (1956), 117–247, 43 (1957), 202–308; R.R. Benert, 'Lutheran resistance theory and the imperial constitution', *Il pensiero politico*, 6 (1973), 17–36; W. Schulze, 'Estates and the problem of resistance in theory and practice in the sixteenth and seventeenth centuries', in Evans and Thomas (eds.), *Crown, Church and Estates*, pp.158–75; R. von Friedeburg, *Self-defence and Religious Strife in Early Modern Europe. England and Germany, 1530–1680*(Aldershot, 2002); K. Repgen, 'Kriegslegitimationen in Alteuropa', *HZ*, 241 (1985), 27–49.

第 3 章　奥地利王室

1　A. Kohler, *Ferdinand I. 1503–1564* (Munich, 2003), pp.177–84, 297–303, 311; P. Rauscher, *Zwischen Ständen und Gläubigern. Die kaiserlichen Finanzen unter Ferdinand I. und Maximilian II. (1556–1576)*(Munich, 2004).

2　如果要泛泛的介绍的话，可以参照 J. Bérenger, *A History of the Habsburg Empire 1273–1700* (London, 1994), and C. Ingrao, *The Habsburg Monarchy 1618–1815* (Cambridge, 2000). 还有两份关于这个时代的出色的细节研究：R.J.W. Evans, *The Making of the Habsburg Monarchy 1550–1700* (Oxford, 1977); T. Winkelbauer, *Ständefreiheit und Fürstenmacht. Länder und Untertanen des Hauses Habsburg im konfessionellen Zeitalter (Österreichische Geschichte 1522–1699)* (2 vols., Vienna, 2003). 关于奥地利在德意志西部的飞地，见 H. Maier and V. Press (eds.), *Vorderösterreich in der frühen Neuzeit* (Sigmaringen, 1989).

3　见 the three pieces by J. Pánek, 'Das Ständewesen und die Gesellschaft in den Böhmischen Ländern in der Zeit vor der Schlacht auf dem Weissen Berg (1526–1620)', *Historica. Les sciences historiques en Tchécoslovaquie*, 20 (1985), 73–120; 'Das politische System des böhmischen Staates im ersten Jahrhundert der habsburgischen Herrschaft (1526–1620)', *MIÖG*, 97 (1989), 53–82; 'Der böhmische Staat und das Reich in der frühen Neuzeit', in V. Press (ed.), *Alternativen zur Reichsverfassung in der frühen Neuzeit?* (Munich, 1995), pp.169–78, and J. Bahlcke, 'Das Herzogtum Schlesien im politischen System der böhmischen Krone', *Zeitschrift für Ostmitteleuropa-Forschung*, 44 (1995), 27–55.

4　L. Kontler, *A History of Hungary* (Basingstoke, 2002); E. Pamlényi (ed.), *A History of Hungary* (London, 1975). 哈布斯堡属匈牙利的其余 31 个郡占地超过 9.2 万平方千米，居民超过 120 万。另外三个斯洛文尼亚郡与西南部独立的克罗地亚王国相连，总面积为 2.5 万平方千米，有 30 万名臣民。

5　关于对哈布斯堡省和德意志领地上的等级会议的最好介绍，见 the collection of essays edited by R.J.W. Evans and T.V. Thomas, *Crown, Church and Estates* (New York, 1990).

6　R. Schwarz, *The Imperial Privy Council in the Seventeenth Century* (Cambridge, Mass., 1943), p.280.

7　Adam von Puchheim 转引自 K. MacHardy, *War, Religion and Court Patronage in Habsburg Austria. The social and cultural dimensions of political interaction, 1521–1622* (Basingstoke, 2003), p.51. 关于贵族的地方权力也可见 T. Winkelbauer, 'Sozialdiszplinierung und Konfessionalisierung durch Grundherren in den österreichischen und böhmischen Ländern im 16. und 17. Jahrhundert', *ZHF*, 19 (1992), 317–39.

8　关于新教在奥地利领地上的传播，见 K. Benda, 'Hungary in turmoil, 1580–1620', *European Studies Review*, 8 (1978), 281–304; D.P. Daniel, 'Calvinism in Hungary: the theological and ecclesiastical transition to the Reformed faith', in A. Pettegree (ed.), *Calvinism in Europe 1540–1620* (Cambridge, 1996), pp.205–30, 和他的 'Ecumenicity or orthodoxy: the dilemma of the Protestants in the lands of the Austrian Habsburgs', *Church History*, 49 (1980), 387–400; K. Maag (ed.), *The Reformation in Eastern and Central Europe* (Aldershot, 1997); J.E. Patrouch, *A Negotiated Settlement. The Counter-Reformation in Upper Austria under the Habsburgs* (Boston, 2000); R. Pörtner, *The Counter-Reformation in Central Europe. Styria 1580–1630* (Oxford, 2001); Z.V. David, *Finding the Middle Way. The Utraquists' liberal challenge to Rome and Luther* (Washington, DC and Baltimore, 2003).

9　O. Pickl, 'Fiskus, Kirche und Staat in Innerösterreich im Zeitalter der Reformation und Gegenreformation', in H. Kellenbenz and P. Prodi (eds.), *Fiskus, Kirche und Staat im konfessionellen Zeitalter* (Berlin, 1994), pp.91–110, at p.97.

10　尽管 W.W. Hagen 的著作主要关注勃兰登堡，对于理解这些过程也是非常重要的：*Ordinary Prussians. Brandenburg Junkers and villagers 1500–1840* (Cambridge, 2002). 关于奥地利的这些情形，见 H. Rebel, *Peasant Classes. The bureaucratization of property and family relations under early Habsburgs absolutism, 1511–1636* (Princeton, 1983), and T. Winkelbauer, 'Krise der Aristokratie? Zum Strukturwandel des Adels in den böhmischen und niederösterreichischen Ländern im 16. und 17. Jahrhundert', *MIÖG*, 100 (1992), 328–53.

11　尽管鲁道夫统治时期的政治仍未得到充分研究，但 R. J.W. Evans, *Rudolf II and His World* (2nd edn, London, 1997) 对他的个性和智力兴趣有很好的描述。而 H. Trevor-Roper, *Princes and Artists. Patronage at four Habsburg courts 1517–1633* (London, 1976), pp.79–115 和 P. Marshall, *The Theatre of the World. Alchemy, astrology and magic in Renaissance Prague* (London, 2006) 描绘了他作为艺术赞助人的角色。在 A. Schindling and W. Ziegler (eds.), *Die Kaiser der Neuzeit 1519–1918*(Munich, 1990) 的著作中，还有关于鲁道夫和其他皇帝的简短传记。关于其他的部分，另见 H. Louthan, *The Quest for Compromise. Peacemaking in Counter-Reformation Vienna* (Cambridge, 1997).

12　H.C.E. Midlefort, *Mad Princes of Renaissance Germany* (Charlottesville, Va., 1994).

13　This is the conclusion of H. Angermeier, 'Politik, Religion und Reich bei Kardinal Melchior Khlesl', *ZSRG GA*, 110 (1993), 249–330; J. Rainer, 'Kardinal Melchior Klesl (1552–1630). Vom "Generalreformator" zum "Ausgleichspolitiker"', *RömischeQuartalschrift*, 59 (1964), 14–35.

14　城墙外还有 1000 栋较小的房屋，周围还有 2700 栋房屋和村舍。见 A. Weigl (ed.), *Wien im Dreißigjährigen Krieg* (Vienna, 2001).

15　Viscount Doncaster to Sir Robert Naunton, 30 May 1619, in S.R. Gàrdiner (ed.), *Letters and Other Documents Illustrating the Relations Between England and Germany at the Commencement of the Thirty Years War* (London, 1865; reprint New York, 1968), p.103. J. Franzl, *Ferdinand II: Kaiser im Zwiespalt der Zeit* (Graz, 1978) 提供了一个概论。费迪南德的性格和政策在 R. Bireley, *Religion and Politics in the Age of the Counterreformation. Emperor Ferdinand II, William Lamormaini, S.J., and the formation of imperial policy* (Chapel Hill, 1981), 以及他的 'Confessional absolutism in the Habsburg lands in the seventeenth century', in C. Ingrao (ed.), *State and Society in Early Modern Austria* (W. Lafayette, Ind., 1994), pp.36–53 中有从天主教视角的详细描述。另见 G. Franz, 'Glaube und Recht im politischen Denken Kaiser Ferdinands II.', *ARG*, 49 (1958), 258–69; P.K. Monod, *The Power of Kings. Monarchy and religion in Europe 1589–1715* (New Haven,

1999), pp.81–93; K. Repgen (ed.), *Das Herrscherbild im 17. Jahrhundert* (Münster, 1991); A. Wandruszska, 'Zum "Absolutismus" Ferdinands II.', *Mitteilungen des Oberösterreichischen Landesarchivs*, 14 (1984), 261–8; H. Sturmberger, *Land ob der Enns und Österreich* (Linz, 1979), pp.154–87. Carafa's account from 1628 is quoted at length in F. von Hurter, *Friedensbestrebungen Kaiser Ferdinands II.* (Vienna, 1860), pp.212ff.

16　Pörtner, *Counter-Reformation in Central Europe*, p.95.

17　The protest of the Styrian Estates, published in English translation in 1620 as 'Two very lamentable relations', reprinted in C. A Macartney (ed.), *The Habsburg and Hohenzollern Dynasties in the Seventeenth and Eighteenth Centuries* (London, 1970), pp.13–22.

18　这是查理曼的王冠, 在皇帝加冕之间存放在纽伦堡。鲁道夫的前任们在其他礼仪场合都戴着"私人王冠", 但是君主国的债务导致这些王冠被熔化。鲁道夫从 1602 年起的王冠历经三十年战争和随后的金融危机的变迁, 在 1804 年奥地利采用了一个独立的世袭皇位时, 成为奥地利的国家王冠。见 G.J. Kugler, *Die Reichskrone* (Vienna, 1968).

第4章　土耳其战争及其后果

1　关于奥斯曼帝国的文献现在非常丰富, 但一般集中于 1600 年前的或 1650 年后的。更好的介绍和更多的详细信息, 见 P.F. Sugar, *Southeastern Europe under Ottoman Rule 1354–1804* (Seattle and London, 1977); B. Jelavich, *History of the Balkans* (Cambridge, 1983); S. Faroqhi, *The Ottoman Empire and the World Around It* (London, 2004); C.V. Findley, *The Turks in World History* (Oxford, 2005); D. Goffman, *The Ottoman Empire and Early Modern Europe* (Cambridge, 2002).

2　A. Höfert, *Den Feind beschreiben: 'Türkengefahr' und europäisches Wissen über das Osmanische Reich 1450–1600* (Frankfurt, 2003); A. Çirakman, *From 'terror of the world' to the 'sick man of Europe'. European images of Ottoman empire and society from the sixteenth century to the nineteenth* (New York and Frankfurt, 2002); M. Grothaus, 'Zum Türkenbild in der Kultur der Habsburgermonarchie zwischen dem 16. und 18. Jahrhundert', in A. Tietze (ed.), *Habsburgisch-osmanische Beziehungen* (Vienna, 1985), pp.67–89.

3　关于 17 世纪 20 年代的内部问题, 见 G. Piterberg, *An Ottoman Tragedy. History and historiography at play* (Berkeley, 2003). 关于军队和奥斯曼帝国的作战方式, 见 R. Murphey, *Ottoman Warfare 1500–1700* (London, 1999); G. Agoston, 'Ottoman warfare in Europe 1453–1826', in J. Black (ed.), *European Warfare 1453–1815* (London, 1999), pp.118–44; V. Aksan, 'Ottoman war and warfare 1453–1812', in J. Black (ed.), *War in the Early Modern World 1450–1815* (London, 1999), pp.147–76; J. Grant, 'Rethinking the Ottoman "decline". Military technology diffusion in the Ottoman empire, fifteenth to eighteenth centuries', *Journal of World History*, 10 (1999), 179–201.

4　M. Arens, *Habsburg und Siebenbürgen 1600–1605* (Cologne, 2001); G. Murdock, *Calvinism on the Frontier 1600–1660. International Calvinism and the Reformed Church in Hungary and Transylvania* (Oxford, 2000).

5　P. Broucek, 'Logistische Fragen der Türkenkriege des 16. und 17. Jahrhunderts', *Vorträge zur Militärgeschichte*, 7 (1986), 35–60. 另见 L. Mákkai, 'Economic landscapes: historical Hungary from the fourteenth to the seventeenth century', in A. Maczak et al. (eds.), *East-Central Europe in Transition* (Cambridge, 1985), pp.24–35.

6　O. Regele, 'Zur Militärgeschichte Vorderösterreichs', in F. Metz (ed.), *Vorderösterreich* (2nd edn, Freiburg, 1967), pp.123–37; P. Broucek, 'Der Krieg und die Habsburgermonarchie', in A. Weigl (ed.), *Wien im Dreißigjährigen Krieg* (Vienna, 2001), pp.106–54; A. Veltzé, 'Die Wiener Stadtguardia', *MIÖG*, supplement 6 (1901),

530–46. New outworks were completed 1624–37.

7　G. Dávid and P. Fodor (eds.), *Ottomans, Hungarians and Habsburgs in Central Europe* (Leiden, 2000); G. Pálffy, 'Türkenabwehr, Grenzsoldatentum und die Militarisierung der Gesellschaft in Ungarn in der Frühen Neuzeit', *HJb*, 123 (2003), 111–48; C.W. Bracewell, *The Uskoks of Senj. Piracy, banditry and holy war in the sixteenth-century Adriatic* (Ithaca, 1992); E. Heischmann, *Die Anfainge des stehenden Heeres in Österreich* (Vienna, 1925); G. Agoston, 'Habsburgs and Ottomans: Defense, military change and shifts in power', *Turkish Studies Association Bulletin*, 22 (1998), 126–41.

8　W. Schulze, *Reich und Türkengefahr im späten 16. Jahrhundert* (Munich, 1978); W. Steglich, 'Die Reichstürkenhilfe in der Zeit Karls V.', *Militärgeschichtliche Mitteilungen*, 11 (1972), 7–55.

9　关于意大利人，见 G. Hanlon, *The Twilight of a Military Tradition. Italian aristocrats and European conflicts 1560–1800* (London, 1998). 曼斯菲尔德的远亲沃尔夫冈·曼斯菲尔德伯爵同样在帝国军中服役，对抗土耳其人。后来他在波希米亚叛乱期间指挥萨克森军，最后成了帝国陆军元帅。

10　关于这一辩论的主要作品在 C.J. Rogers (ed.), *The Military Revolution Debate* (Boulder, 1995) 中有重印。另见 G. Parker, *The Military Revolution: Military Innovation and the Rise of the West 1500–1800* (Cambridge, 1988); J. Black, *A Military Revolution? Military change and European society 1550–1800* (Basingstoke, 1991).

11　B.S. Hall, *Gunpowder, Technology and Tactics. Weapons and warfare in Renaissance Europe* (Baltimore, 1997). 关于更关注中欧的武器和战术的讨论，见 C. Beaufort-Spontin, *Harnisch und Waffe Europas. Die militärische Ausrüstung im 17. Jahrhundert* (Munich, 1982); E. Wagner, *European Weapons and Warfare 1618–1648* (London, 1979); H. Schwarz, *Gefechtsformen der Infanterie in Europa durch 800 Jahren* (Munich, 1977); G. Ortenburg, *Waffe und Waffengebrauch im Zeitalter der Landsknechte* (Munich, 1984). 攻城战在第 5 章中会有更多的讨论。

12　A. Wasilkowska, *Husaria. The winged horsemen* (Warsaw, 1998); R. Brzesinski and A. McBride, *Polish Armies 1596–1696* (2 vols., London, 1987–8).

13　H. Lahrkamp, 'Kölnisches Kriegsvolk in der ersten Hälfte des Dreißigjährigen Krieges', *AHVN*, 161 (1959), 114–45, at pp.124–31; E. von Frauenholz, *Das Heerwesen in der Zeit des Dreißigjährigen Krieges*(2 vols., Munich, 1938–9), I, pp.29–34.

14　J. Niederkorn, *Die europäischen Mächte und der 'Lange Türkenkrieg' Kaiser Rudolfs II. (1593–1606)* (Vienna, 1993); J. Müller, 'Der Anteil der Schwäbischen Kreistruppen an dem Türkenkrieg Kaiser Rudolfs II. von 1595 bis 1597', *Zeitschrift des Historischen Vereins für Schwaben und Neuburg*, 28 (1901), 155–262. 关于帝国动员的范围和成本的有用细节，另见 T. Szalontay, 'The art of war during the Ottoman-Habsburg long war 1593–1606 according to narrative sources' (University of Toronto PhD, 2004); J.F. Pichler, 'Captain John Smith in the light of Styrian sources', *Virginia Magazine*, 65 (1957), 332–54.

15　C.F. Finkel, 'French mercenaries in the Habsburg-Ottoman war of 1593–1606: the desertion of the Papa garrison to the Ottomans in 1600', *Bulletin of the School of Oriental and African Studies*, 55 (1992), 451–71.

16　L. Toifl and H. Leitgrab, *Ostösterreich im Bocskay-Aufstand 1605* (Vienna, 1990).

17　R.R. Heinisch, 'Habsburg, die Pforte und der Böhmische Aufstand (1618–1620)', *Südost Forschungen*, 33 (1974), 125–65, at pp.143–51; H. Valentinitsch, 'Die Steiermark, Ungarn und die Osmanen, 1606–1662', *Zeitschrift des Historischen Vereines für Steiermark*, 45 (1974), 93–128; G. Wagner, 'Österreich und die Osmanen im Dreißigjährigen Krieg', *Mitteilungen des Oberösterreichischen Landesarchivs*, 14 (1984), 325–95. 关于特兰西瓦尼亚的干涉，在第 9 章有更详细的讨论。

18　I. Hiller, 'Feind im Frieden. Die Rolle des Osmanischen Reiches in der europäischen Politik zur Zeit des Westfälischen Friedens', in H. Duchhardt (ed.), *Der Westfälische Frieden* (Munich, 1998), pp.395–404, 和他的 'Ungarn als Grenzland des christlichen

Europa im 16. und 17. Jahrhundert', in R.G. Asch et al. (eds.), *Frieden und Krieg in der Frühen Neuzeit* (Munich, 2001), pp.561–76.

19　其中 69% 是匈牙利人，16% 是克罗地亚人，15% 是德意志人: T. Winkelbauer, *Ständefreiheit und Fürstenmacht* (2 vols., Vienna, 2003), I, p.442. 关于克罗地亚团, 见 F. Konze, *Die Staärke, Zusammensetzung und Verteilung der Wallensteinischen Armee wahrend des Jahres 1633* (Bonn, 1906).

20　J.W. Stoye, *The Siege of Vienna* (London, 1964); T.M. Barker, *Double Eagle and Crescent: Vienna's Second Turkish Siege and its Historical Setting* (Albany, 1967); E. Eickhoff, *Venedig, Wien und die Osmanen. Umbruch in Südosteuropa 1645–1700* (Munich, 1973).

21　蒂罗尔分支在 1595 年绝嗣，其领土也回到了主分支。H. Noflatscher, 'Deutschmeister und Regent der Vorlande. Maximilian von Österreich (1558–1618)', in H. Maier and V. Press (eds.), *Vorderösterreich in der frühen Neuzeit* (Sigmaringen, 1989), pp.93–130. 关于兄弟之争，另见 H. Sturmberger, *Land ob der Enns und Österreich* (Linz, 1979), pp.32–75.

22　B. Rill, *Kaiser Matthias. Bruderzwist und Glaubenskampf* (Graz, 1999).

23　K. Vocelka, 'Matthias contra Rudolf. Zur politischen Propaganda in der Zeit des Bruderzwistes', *ZHF*, 10 (1983), 341–51.

24　H. Sturmberger, *Georg Erasmus Tschernembl. Religion, Libertät und Widerstand* (Linz, 1953); A. Strohmeyer, *Konfessionskonflikt und Herrschaftsordnung. Das Widerstandsrecht bei den österreichischen Ständen (1550–1650)* (Mainz, 2006).

25　*BA*, 1st series, vol. II, p. 221.

26　Rill, *Kaiser Matthias*, p.156.

27　J. Bahlcke, 'Theatrum Bohemicum. Reformpläne, Verfassungsideen und Bedrohungsperzeptionen am Vorabend des Dreißigjährigen Krieges', in W. Schulze (ed.), *Friedliche Intentionen – Kriegerische Effekte* (St Katharinen, 2002), pp.1–20.

28　H. Eberstaller, 'Zur Finanzpolitik der oberösterreichischen Stände im Jahre 1608', *Mitteilungen des oberösterreichischen Landesarchivs*, 8 (1964), 443–51.

第 5 章　西班牙和平

1　C. R. Boxer, *The Portuguese Seaborne Empire 1415–1825* (London, 1969); M. Newitt, *A History of Portuguese Overseas Expansion, 1400–1668* (London, 2005); D. Birmingham, *Trade and Empire in the Atlantic 1400–1600* (London, 2000); J. Lockhart and S.B. Schwartz, *Early Latin America. A history of colonial Spanish America and Brazil* (Cambridge, 1983).

2　关于介绍性著作，见 H. Kamen, *Golden Age Spain* (2nd edn, Basingstoke, 2005). 其他详细的研究还包括 J. Lynch, *Spain under the Habsburgs* (2 vols., Oxford, 1981); J.H. Elliott, *Imperial Spain 1469–1716* (London, 1963); J.H. Elliott, *The Old World and the New 1492–1650* (London, 1972); H. Thomas, *Rivers of Gold. The rise of the Spanish empire* (London, 2003); J.H. Parry, *The Spanish Seaborne Empire* (London, 1966); H. Kamen, *Spain's Road to Empire. The making of a world power 1492–1763* (London, 2003); P. Bakewell, *A History of Latin America. Empires and sequels 1450–1930* (Oxford, 1997); B. Loveman, *Chile. The legacy of Hispanic capitalism* (3rd edn, Oxford, 2001); D. Rock, *Argentina 1516–1987* (Berkeley, 1987). 关于人口下降的辩论，见 J.J. Vidal, 'The population of the Spanish monarchy during the baroque period', in E. Martínez Ruiz and M. de P. Pi Corrales (eds.), *Spain and Sweden in the Baroque Era (1600–1660)* (Madrid, 2000), pp.443–69.

3　P.J. Bakewell, *Silver Mining and Society in Colonial Mexico, Zacatecas 1546–1700* (Cambridge, 1971).

4　G. Parker, *Spain and the Netherlands 1559–1659* (London, 1979), p.188. 关于白银进口的重要性，见 S.J. Stein and B.H. Stein, *Silver, Trade and War. Spain and America in the making of early modern Europe* (Baltimore, 2000); M. Drelichman, 'American silver and the decline of Spain', *Journal of Economic History*, 65 (2005), 532–5. 关于以下内容，另见 A. Calabria, *The Cost of Empire. The finances of the Kingdom of Naples in the time of Spanish rule* (Cambridge, 1991); R. Mackay, *The Limits of Royal Authority. Resistance and obedience in seventeenth-century Castile* (Cambridge, 1999).

5　David Goodman, *Spanish Naval Power 1589–1665. Reconstruction and defeat* (Cambridge, 1997).

6　R. Quatrefages, 'The military system of the Spanish Habsburgs', in R.B. Martinez and T.M. Barker (eds.), *Armed Forces and Society in Spanish Past and Present* (Boulder, 1988), pp. 1–50; I.A.A. Thompson, *War and Government in Habsburg Spain 1560–1620* (London, 1976).

7　关于一个例子，见 M. de Andrada Castel Blanco, *To Defend Your Empire and the Faith. Advice on a global strategy offered c.1590 to Philip II* (translated by P.E.H. Hair, Liverpool, 1990). 关于历史讨论，见 J.H. Elliott, 'Self-perception and decline in early seventeenth-century Spain', *P&P*, 76 (1977), 41–61; R.A. Stradling, 'Seventeenth-century Spain: decline or survival?' *European Studies Review*, 9 (1979), 157–94, 和他的 *Europe and the Decline of Spain. A study of the Spanish system 1580–1720* (London, 1981).

8　A. Feros, *Kingship and Favouritism in the Spain of Philip III 1598–1621* (Cambridge, 2000), pp.12–31.

9　G. Parker, *The Grand Strategy of Philip II* (New Haven, 1999).

10　T.J. Dandelet, *Spanish Rome 1500–1700* (New Haven, 2001). 对西班牙天主教的分析，可见 H. Rawlings, *Church, Religion and Society in Early Modern Spain* (Basingstoke, 2002).

11　A. Pagden, *Lords of all the World. Ideologies of empire in Spain, Britain and France c.1500–c.1800* (New Haven, 1995); E.Straub, *Pax und Imperium. Spaniens Kampf um seine Friedensordnung in Europa zwischen 1617 und 1635* (Paderborn, 1980); M. Tanner, *The Last Descendant of Aeneas. The Hapsburgs and the mythic image of the emperor* (New Haven, 1993).

12　关于详细细节，见 F. Edelmayer, *Söldner und Pensionäre. Das Netzwerk Philipps II. im Heiligen Römischen Reich* (Munich, 2002).

13　A. Sommer-Mathis, 'Ein *picaro* und spanisches Theater am Wiener Hof zur Zeit des Dreiβigjährigen Krieges', in A. Weigl (ed.), *Wien im Dreißigjährigen Krieg* (Vienna, 2001), pp.65 5–94; M. Golobeva, *The Glorification of Emperor Leopold I in Image, Spectacle and Text* (Mainz, 2000). 关于以下内容，另见 M.S. Sanchez, *The Empress, the Queen, and the Nun. Women and power at the court of Philip III of Spain*(Baltimore, 1998), pp.118–21, 177–8.

14　J. Lynch, *The Hispanic World in Crisis and Change 1598–1700* (Oxford, 1992), p.19. 腓力二世的说法在 R.T. Davies, *The Golden Century of Spain 1501–1621* (New York, 1937), p.230 中有引用。另一位作者的话甚至更有谴责性："如果没有人能真正理解他的性格，那主要是因为没有多少性格可以理解的。" C.H. Carter, *The Secret Diplomacy of the Habsburgs, 1598–1625* (New York, 1964), p.67.

15　R.A. Stradling, *Philip IV and the Government of Spain 1621–1665* (Cambridge, 1988), p.8. 关于以下内容，见 P. Williams, *The Great Favourite. The duke of Lerma and the court and government of Philip III of Spain, 1598–1621* (Manchester, 2006), and the contributions to L.W.B. Brockliss and J.H. Elliott (eds.), *The World of the Favourite* (New Haven, 1999).

16　今天，一些历史学家仍然引用了 10 万人被处决的数字，但是到 1572 年，实际被处决人数大约是委员会指控的 8950 人中的 1000 人：J.J. Israel, 'The Dutch-Spanish War and the Holy Roman Empire (1568–1648)', in K. Bussmann and H. Schilling (eds.), *1648: War and Peace in Europe* (3 vols., Münster, 1998), I, pp. 111–21, at p. 112. 另见 H. Kamen, *The Duke of Alba* (New Haven, 2004). 关于叛乱，见 G. Darby (ed.), *Origins and Development of the Dutch Revolt* (London, 2001); A. Duke, *Reform and Revolt in the Low Countries* (London, 2003); 一部极为出色的通史，见 J.I. Israel, *The Dutch Republic. Its rise, greatness and fall 1477–1806* (Oxford, 1995). 关于奥兰治家族扮演的角色，在 K.W. Swart, *William of Orange and the Revolt of the Netherlands 1572–84* (Aldershot, 2003), and H.H. Rowen, *The Princes of Orange* (Cambridge, 1988) 的作品中有描述。

17　H.G. Koenigsberger, *Monarchies, States Generals and Parliaments in the Netherlands in the Fifteenth and Sixteenth Centuries* (Cambridge, 2001); H.F.K. van Nierop, *The Nobility of Holland from Knights to Regents 1500–1650* (Cambridge, 1993).

18　G. Parker, 'Mutiny and discontent in the Spanish Army of Flanders 1572–1607', *P&P*, 58 (1973), 38–52.

19　C. Duffy, *Siege Warfare. The fortress in the early modern world 1494–1660* (London, 1979). 杰弗里·帕克（Geoffrey Parker）对"军事革命"论文的观点认为，新的构筑工事的方式是军队增长的原因，但这似乎更有可能源于政治野心和征召相对更多人手的能力，尤其是在 1600 年左右从人口增长导致普遍就业不足的情况下。关于此问题，请参见 M.S. Kingra, 'The *trace italienne* and the military revolution during the Eighty Years War 1567–1648', *Journal of Military History*, 57 (1993), 431–46.

20　关于下面的，见 G. Parker, *The Army of Flanders and the Spanish Road 1567–1659* (Cambridge, 1972); J. Albi de la Cuesta, *De Pavia a Rocroi. Los tercios de infantería española en los siglos xvi y xvii*(Madrid, 1999); R.A. Stradling, *The Spanish Monarchy and Irish Mercenaries: The Wild Geese in Spain 1618–68* (Blackrock, 1994); D. Worthington, *Scots in the Habsburg Service 1618–1648* (Leiden, 2003) and the sources cited in n.6 above.

21　B. Rill, *Tilly. Feldherr für Kaiser und Reich* (Munich, 1984) 提供了关于这位重要人物的易阅读的传记。更多的细节见 M. Kaiser, *Politik und Kriegführung. Maximilian von Bayern, Tilly und die Katholische Liga im Dreißigjärigen Krieg* (Münster, 1999), esp. pp.16–31. 在科隆和斯特拉斯堡周围的军事行动在第 7 章中也有描述。关于其他的，另见 H. Lahrkamp, *Jan von Werth* (2nd edn, Cologne, 1988); M. Kaiser, 'Die Karriere des Kriegsunternehmers Jan von Werth', *Geschichte in Köln*, 49 (2002), 131–70, 另外见 *Allgemeinen Deutsche Biographie*. 中的相关条目。西班牙的专业主义 在 F.G. de León, ' "Doctors of the military discipline" : Technical expertise and the paradigm of the Spanish soldier in the early modern period', *Sixteenth Century Journal*, 27 (1996), 61–85 中有讨论。

22　M. van Geldern, *The Political Thought of the Dutch Revolt 1555–1590* (Cambridge, 1992). 关于以下内容，另见 S. Groenveld, 'Princes and regents. The relations between the princes of Orange and the Dutch aristocrats and the making of Dutch foreign policy in theory and practice during the seventeenth century', in R.G. Asch et al. (eds.), *Frieden und Krieg in der frühen Neuzeit* (Munich, 2001), pp.181–92; and the two good general introductions of M. Prak, *The Dutch Republic in the Seventeenth Century* (Cambridge, 2005), 还有 J. Price (Basingstoke, 1998) 名字类似的一部著作。

23　H. Pirenne, *Histoire de Belgique* (7 vols., Brussels, 1900–32), III, p.428. 关于以下内容，见 C. R. Boxer, *The Dutch Seaborne Empire 1600–1800* (London, 1965); J. de Vries and A. van der Woude, *The First Modern Economy. Success, Failure and Perseverance of the Dutch Economy, 1500–1815* (Cambridge, 1997).

24　Parker, *Spain and the Netherlands*, pp.195–6; P. Kriedte, *Peasants, Landlords and Merchant Capitalists. Europe and the world economy 1500–1800* (Leamington Spa, 1983), p.41. 1636 年，波罗的海贸易价值 1250 万弗洛林，相当于那一年到达阿姆斯特丹欧洲货物的 40% 以上：Prak, *Dutch Republic*, p.97. See generally J.I. Israel, *Dutch Primacy in World Trade 1585–1740* (Oxford, 1989).

25　见 C. Lesger, *The Rise of the Amsterdam Market and Information Exchange* (Aldershot, 2006); M. de Jong, 'Dutch public finance during the Eighty Years War', in M. van der Hoeven (ed.), *Exercise of Arms. Warfare in the Netherlands, 1568–1648* (Leiden, 1997), pp.133–52, and the two works by M.C. 't Hart, *The Making of a Bourgeois State. War, politics and finance during the Dutch Revolt* (Manchester, 1993), and 'The United Provinces, 1579–1806', in R. Bonney (ed.), *The Rise of the Fiscal State in*

Europe (Oxford, 1999), pp.309–26. 省级财政承担了比中央预算大得多的债务份额，进一步放松了信贷。

26 H. Vogel, 'Arms production and exports in the Dutch Republic, 1600–1650', in Hoeven (ed.), *Exercise of Arms*, pp.197–210; P.W. Klein, 'The Trip family in the 17th century. A study of the behaviour of the entrepreneur on the Dutch staple market', *Acta Historiae Neerlandica*, 1 (1966), 187–211; J. Zunckel, *Rüstungsgeschäfte im Dreißigjährigen Krieg* (Berlin, 1997). 关于德·海尔，见 R. Schulte, 'Rüstung, Zins und Frömmigkeit. Niederländische Calvinisten als Finanziers des Dreißigjährigen Krieges', *Bohemia*, 35 (1994), 45–62.

27 舰队在 1600 年总排水量大约 2 万吨。更多的细节，见 J.R. Bruijn, *The Dutch Navy of the Seventeenth and Eighteenth Centuries* (Columbia, 1990); A.P. van Vliet, 'Foundation, organisation and effects of the Dutch navy (1568–1648)', in Hoeven (ed.), *Exercise of Arms*, pp.153–72; V. Enthoven, 'From sea-beggars to admiralty. The Dutch navy after Lepanto', *Armi del Sovrano* (2001), http://www.assostoria.it.

28 莫里斯的正式头衔只是拿骚-迪伦堡的伯爵，因为他在哥哥死后才继承了奥兰治亲王的头衔。莫里斯的母亲是萨克森的安娜，她离开了丈夫，后来因与后来的画家保罗·鲁本斯的父亲扬·鲁本斯通奸而入狱。他被交给了迪伦堡亲戚抚养长大成人，长大后相当孤僻和沉默寡言。

29 尼德兰的改革在 B.H. Nickle, 'The military reforms of Prince Maurice of Orange' (University of Delaware PhD, 1975) 中有讨论，改革的进一步影响在 H. Ehlert, 'Ursprünge des modernen Militärwesens. Die nassau-oranischen Heeresreformen', *Militärgeschichtliche Mitteilungen*, 38 (1985), 27–56; W. Reinhard, 'Humanismus und Militarismus', in F.J. Worstbrock (ed.), *Krieg und Frieden im Horizont des Renaissancehumanismus* (Weinheim, 1985), pp.185–204; and O. van Nijmwegen, 'The Dutch army and the military revolutions (1588–1688)', *Militär und Gesellschaft in der Frühen Neuzeit*, 10 (2006), 55–73 中有所探讨。关于尼德兰军队，见 H.L. Zwitser, '*De militie van den staat'. Het Leger van de Republiek der Verenigde Nederlanden* (Amsterdam, 1991). F.G.J. Ten Raa et al., *Het staatsche Leger 1568–1795* (8 vols., The Hague, 1911–59) 中对军事行动有详细的探讨。

30 For Lipsius see G. Oestreich, *Neostoicism and the Early Modern State* (Cambridge, 1982). 对纪律和合理性进一步的讨论，见 H. Eichberg, 'Geometrie als barocke Verhaltensnorm', *ZHF*, 4 (1977), 17–50, and the two articles by H. Kleinschmidt, 'The military and dancing', *Ethnologia europaea*, 25 (1995), 157–76, and 'Mechanismus und Biologismus im Militärwesen des 17. und 18. Jahrhunderts', in D. Hohrath and K. Gerteis (eds.), *Die Kriegskunst im Lichte der Vernunft* (vol. I, Hamburg, 1999), pp.51–73.

31 盖恩的著作有一个新的英译本：*The Renaissance Drill Book* (London, 2003). 瓦尔豪森的文本也得到了重印：*Kriegskunst zu Fuß* (Oppenheim, 1615; reprinted Graz, 1971), *Kriegskunst zu Pferdt* (Frankfurt am Main, 1616; reprinted Graz, 1971), and *Ritterkunst* (Frankfurt am Main, 1616; reprinted Graz, 1969). 关于另一个尼德兰思想传播的例子，见 H. Hexham, *The Principles of the* art militarie *Practised in the Warres of the United Netherlands* (London, 1637).

32 约翰的指示收录于 E. von Frauenholz (ed.), *Das Heerwesen in der Zeit des Dreißig-jährigen Krieges* (2 vols., Munich, 1938–9), II, pp.47–76. 另见 W. Hahlweg, *Die Heeresreform der Oranier. Das Kriegsbuch des Grafen Johann (VII) von Nassau-Siegen* (Wiesbaden, 1973). Frauenholz 的作品包含了许多其他与在其他领地采用这些文书有关的文件：普法尔茨（1588）、策勒（1598）、符腾堡（1599）、普法尔茨-诺伊堡（1599）、黑森-卡塞尔（1600）、安哈尔特（1600）、普鲁士（1602）、勃兰登堡（1604）、巴登-杜尔拉赫（1604）、沃尔芬比特尔（1605）和萨克森（1613）。进一步的讨论，见 W. Schulze, 'Die deutschen Landesdefensionen im 16. und 17. Jahrhundert', in J. Kunisch (ed.), *Staatsverfassung und Heeresverfassung* (Berlin, 1986), pp.129–49; G. Thies, *Territorialstaat und Landesverteidigung. Das Landesdefensionswerk in Hessen-Kassel unter Landgraf Moritz (1592–1627)* (Darmstadt, 1973); H. Schnitter, *Volk und Landesdefension* (Berlin, 1977).

33 D.Goötschmann, 'Das Jus Armorum. Ausformung und politische Bedeutung der reichsständischen Militärhoheit bis zur ihrer definitiven Anerkennung im Westfälischen Frieden', *BDLG*, 129 (1993), 257–76.

34 总体数字可能令人印象深刻。1600 年，下普法尔茨集结了 1.2 万人的民兵，上普法尔茨又集结了 1.6 万人的民兵。沃尔芬比特尔在 1605 年调动了 1.6 万名步兵和 1600 名骑兵，而普法尔茨-诺伊堡民兵共计 1 万人，巴登-杜尔拉赫和符腾堡民兵分别约 5000 人和 4500 人。对于萨克森民兵，参见 L. Bachenschwanz, *Geschichte und gegenwdrtiger Zustand der Kursächsischen Armee* (Dresden, 1802), and R. Naumann, *Das Kursächsische Defensionswerk (1613 bis 1709)* (Leipzig, 1916). 关于其他领地的更老的文献的总结，见 G. Papke, *Von der Miliz zum stehenden Heer* (Munich, 1983), pp.66–100.

35 严格地说，是西班牙在科隆战争结束时于 1589 年占领了莱茵贝格，首次朝这个方向前进（见第 7 章）。然而，与西班牙对莫里斯的战役的反应不同，尼德兰人并没有采取报复措施。莱茵贝格多次易手，以至于被称为"战争的娼妓"。

36 这些事件从一个地方视角的描述，见 I. Sönnert, 'Die Herrlichkeit Lembeck während des Spanisch-Niederländischen und des Dreißigjährigen Krieges', in T. Sodmann (ed.), *1568–1648*(Vreden, 2002), pp.139–69, esp. pp.140–5. 这本书的其他章节对这场战争对尼德兰-德意志边境的影响提供了很好的见解。

37 关于这场战斗的最好的英文叙述是 P. Lenders, 'Nieuwport 2nd July 1600', *The Arquebusier*, 24 (2000), nr.3 pp.2–14, nr.4 pp.36–44.

38 阿尔都西斯的作品有一部很好的现代英语译本：F.S. Carney (Indianapolis, 1995). 关于东弗里斯兰的情形，见 J. Foken, *Im Schatten der Niederlande. Die politisch-konfessionellen Beziehungen zwischen Ostfriesland und dem niederländischen Raum vom späten Mittelalter bis zum 18. Jahrhundert* (Münster, 2006), pp.281–374. B. Kappelhoff, *Absolutistisches Regiment oder Ständeherrschaft?*(Hildesheim, 1982) 主要描述的是 18 世纪早期情形，但也提供了详细的背景。埃姆登的加尔文宗在下面著作中有详细记录：A. Pettegree, *Emden and the Dutch Revolt. Exiles and the development of Reformed Protestantism* (Oxford, 1992); H. Schilling, *Civic Calvinism in Northwestern Germany and the Netherlands* (Kirkville, Mich., 1991), and 'Sündenzucht und frühneuzeitliche Sozialdisziplinierung. Die calvinistische, presbyteriale Kirchenzucht in Emden vom 16. bis 19. Jahrhundert', in G. Schmidt (ed.), *Stände und Gesellschaft im Alten Reich* (Stuttgart, 1989), pp.265–302.

39 V.W. Lunsford, *Piracy and Privateering in the Golden Age Netherlands* (Basingstoke, 2005). 在第 11 章中会对敦刻尔克人有更详细的描述。

40 这些困难在 D. Howarth 从西班牙角度的扣人心弦的叙述中显而易见：*The Voyage of the Armada. The Spanish story* (Guildford, Conn., 2001, first published 1981).

41 R.A. Stradling, *The Armada of Flanders. Spanish maritime policy and European war, 1568–1668* (Cambridge, 1992), p.241 slightly modifying the figures given in Parker's seminal *Army of Flanders*. For the Spanish Road, 另见 G. Parker, *Empire, War and Faith in Early Modern Europe* (London, 2003), pp.127–42 and C. Paoletti, 'L' Italia e il cammino di Fiandra', *Armi del Sovrano* (2001), http://www.assostoria.it.

42 这些战争在下面三部当代著作中有描述：M.P. Holt, *The French Wars of Religion 1562–1629* (Cambridge, 1995); R.J. Knecht, *The French Civil Wars 1562–1598* (Harlow, 2000); P. Roberts, *The French Wars of Religion* (London, 1999).

43 关于控制雇佣军征召的努力，见 M. Lanzinner, 'Friedenssicherung und Zentralisierung der Reichsgewalt. Ein Reformversuch auf dem Reichstag zu Speyer 1570', ZHF, 12 (1985), 287–310; L. Eppenstein, 'Beiträge zur Geschichte des auswärtigen Kriegsdienstes der Deutschen in der zweiten Ha älfte des 16. Jahrhunderts', FBPG, 32 (1920), 283–367. 关于以下内容，另见 M. Harsgor, 'Die Spieße unter der Lilienblume. Deutsche Söldner im Dienste Frankreichs (14. – 16. Jh.)', *Tel Aviver Jahrbuch für deutsche Geschichte*, 16 (1987), 48–81; P. de Vallière, *Treue und Ehre. Geschichte der Schweizer in fremden Diensten* (Neuenburg, 1912), pp.210–12.

44 萨伏依的政策在下面作品中有描述：G. Symcox, 'From commune to capital. The

transformation of Turin, sixteenth to eighteenth centuries', and R. Oresko, 'The House of Savoy in search for a royal crown in the seventeenth century', both in R. Oresko et al. (eds.), *Royal and Republican Sovereignty in Early Modern Europe* (Cambridge, 1997), pp.242–69, and 272–350 respectively; T. Osborne, *Dynasty and Diplomacy in the Court of Savoy. Political culture and the Thirty Years War* (Cambridge, 2002).

45 A.E. Imhoff, *Der Friede von Vervins 1598* (Aarau, 1966).

46 F. Gallati, 'Eidgenössische Politik zur Zeit des Dreißigjährigen Krieges', *Jahrbuch für schweizerische Geschichte*, 43 (1918), 1–149, and 44 (1919), 1–257. 关于以下内容，见 A. Wendland, *Der Nutzen der Pässe und die Gefährdung der Seelen. Spanien, Mailand und der Kampf ums Veltlin 1620–1641* (Zuürich, 1995); R.C. Head, *Early Modern Democracy in the Grisons. Social order and political language in a Swiss mountain canton, 1470–1620* (Cambridge, 1995).

47 C. Kampmann, *Arbiter und Friedensstiftung: Die Auseinandersetzung um den politischen Schiedsrichter im Europa der Frühen Neuzeit* (Paderborn, 2001).

48 年轻的路易十三娶了腓力三世的女儿奥地利的安娜，而路易最喜欢的妹妹伊丽莎白嫁给了未来的腓力四世。这里我赞同 Feros 在 *Kingship and Favouritism* 中的观点，反对 Parker 的学生 P.C. Allen 在 *Philip III and the Pax Hispanica, 1598–1621* (New Haven, 2000) 中的观点，后者试图坚持"国际战争学派"的观点，认为缔造和平只是一种战术上的权宜之计。

49 C.H. Carter, 'Belgian "autonomy" under the Archdukes, 1598–1621', *JMH*, 36 (1964), 245–59; W. Thomas and L. Duerloo (eds.), *Albert and Isabella* (Brussels, 1998); H. de Schlepper and G. Parker, 'The formation of government policy in the Catholic Netherlands under "the Archdukes", 1596–1621', *EHR*, 91 (1976), 241–54; M. Dlugaiczyk, ' "Pax Armata" : Amazonen als Sinnbilder für Tugend und Laster – Krieg und Frieden. Ein Blick in die Niederlande', in K. Garber et al. (eds.), *Erfahrung und Deutung von Krieg und Frieden* (Munich, 2001), pp.539–67.

50 As does Allen, *Philip III and the Pax Hispanica*, p.236.

51 关于这些士兵之一的叙述，见 H.T. Gräf (ed.), *Söldnerleben am Vorabend des Dreißigjährigen Krieges* (Marburg, 2000).

第6章 波罗的海霸权

1 D. Kirby, *Northern Europe in the Early Modern Period. The Baltic world 1492–1772* (Harlow, 1990) 提供了一个非常有用的总体介绍。芬兰虽然仍然被认为是独立的，但它不是一个王国，在这一时期被当作瑞典的一部分来管理。关于丹麦，请参见 K. J. V. Jespersen, *A History of Denmark* (Basingstoke, 2004). 国际联系在 S. Murdoch, *Britain, Denmark-Norway and the House of Stuart, 1603–1660* (East Linton, 2003) 中有描述。

2 R.I. Frost, *The Northern Wars 1558–1721* (Harlow, 2000); S.P. Oakley, *War and Peace in the Baltic, 1560–1790* (London, 1992); J. Lisk, *The Struggle for Supremacy in the Baltic 1600–1725* (London, 1967).

3 L. Jespersen, 'The *Machtstaat* in seventeenth-century Denmark', and O. Rian, 'State and society in seventeenth-century Norway', both in *Scandinavian Journal of History*, 10 (1985), 271–304 and 337–63 respectively; J.H. Hein, 'The "Danish War" and Denmark's further role in the conflict', in K. Bussmann and H. Schilling (eds.), *1648: War and Peace in Europe* (3 vols., Münster, 1998), I, pp.103–10.

4 E.L. Petersen, 'From domain state to tax state', *Scandinavian Economic History Review*, 23 (1975), 116–48, 和 他 的 'Defence, war and finance. Christian IV and the Council of the Realm 1596–1629', *Scandinavian Journal of History*, 7 (1982), 277–313; K. Kruüger, 'Die Staatsfinanzen Dänemarks und Schwedens im 16. Jahrhundert', in H. Kellenbenz and P. Prodi (eds.), *Fiskus, Kirche und Staat im konfessionellen Zeitalter* (Berlin, 1994), pp.187–207.

5　从 1497 年到 1660 年，总共有 40 万次穿越厄勒海峡的通行。见 W.S. Unger, 'Trade through the Sound in the seventeenth and the eighteenth centuries', *Economic History Review*, 2nd series, 12 (1959), 206–21. 1608 年，国王直接从通行费中得到了 10 万里克斯，而其余部分则通过财务部收取，占到了君主收入的 22%（637 900 里克斯）。

6　J. Lavery, *Germany's Northern Challenge. The Holy Roman Empire and the Scandinavian struggle for the Baltic, 1563–1576* (Boston and Leiden, 2002), p.22.

7　J. Glete, *Navies and Nations. Warships, navies and state building in Europe and America 1500–1860* (2 vols., Stockholm, 1993), I, pp.130–5.

8　P.D. Lockhart, *Frederick II and the Protestant Cause: Denmark's role in the Wars of Religion* (Leiden, 2002), 和 他 的 *Denmark in the Thirty Years War 1618–1648. King Christian IV and the decline of the Oldenburg state* (Selinsgrove, 1996). 另见 M. Bregnsbo, 'Denmark and the Westphalian Peace', in H. Duchhardt (ed.), *Der Westfälische Friede* (Munich, 1988), pp.361–92 中的有用讨论。

9　R. Postel, 'Hamburg at the time of the peace of Westphalia', in Bussmann and Schilling (eds.), *1648: War and Peace*, I, pp.337–43; G. Schmidt, 'Hansa, Hanseaten und Reich in der Frühen Neuzeit', in I. Richefort and B. Schmidt (eds.), *Les relations entre la France et les villes Hanséatiques de Hambourg, Brême et Lübeck* (Brussels, 2006), pp.229–59.

10　P.D. Lockhart, *Sweden in the Seventeenth Century* (Basingstoke, 2004) provides a good introduction. 另见 J. Lindegren, 'The Swedish "military state", 1560–1720', *Scandinavian Journal of History*, 10 (1985), 305–36.

11　A.V. Berkis, *The Reign of Duke James in Courland 1638–1682* (Lincoln, Nebr., 1960).

12　M. Roberts, *Gustavus Adolphus* (2 vols., London, 1953–8), I, pp.60–72.

13　Michael Roberts 的两卷本传记现在依然是英语文献中的标准著述。Nils Ahnlund 更老的出版于 1932 年的瑞典语历史著作提供了很多简介，现在有英文翻译，即 *Gustavus Adolphus the Great* (New York, 1999). 积极的新教传统在 Günter Barudio in *Gustav Adolf der Große. Eine politische Biographie* (Frankfurt am Main, 1982) 中得以继承。国王在当时的形象在 14 章中有较多的讨论。

14　引用自 Ahnlund, *Gustavus Adolphus*, p.207.

15　引用自 Ahnlund, *Gustavus Adolphus*, p.97n. Balanced discussion is given in J.P. Findeisen, *Axel Oxenstierna. Architekt der schwedischen Großmacht-Ära und Sieger des Dreißigjährigen Krieges* (Gernsbach, 2007).

16　K. Glamman, 'European trade 1500–1750', in C.M. Cipolla (ed.), *The Fontana Economic History of Europe. The sixteenth and seventeenth centuries* (London, 1974), pp.427–526, at pp.491–8. 关于以下内容，另见 K.R. Böhme, 'Schwedische Finanzbürokratie und Kriegführung 1611 bis 1721', in G. Rystad (ed.), *Europe and Scandinavia* (Lund, 1983), pp.51–8; J. Lindegren, 'Men, money and means', in P. Contamine (ed.), *War and Competition between States* (Oxford, 2000), pp.129–62.

17　J. Glete, 'Bridge and bulwark. The Swedish navy and the Baltic, 1500–1809', in G. Rystad (ed.), *The Baltic in Power Politics* (Vol. I, Stockholm, 1994), pp.9–59; 和他的 'Amphibious warfare: the Baltic 1550–1700', in D.J.B. Trim and M.C. Fissel (eds.), *Amphibious Warfare 1000–1700* (Leiden, 2006), pp.123–47.

18　范围非常广泛的瑞典语文献在 M. Busch, *Absolutismus und Heeresreform. Schwedens Militär am Ende des 17. Jahrhunderts* (Bochum, 2000) 中 有 所 总 结。The Swedish codes are printed in E. von Frauenholz (ed.), *Das Heerwesen in der Zeit des Dreißigjährigen Krieges* (2 vols., Munich, 1938–9), I, pp.355–424. 关于对地方的影响，见 E. Villstrand, 'Adaptation or protestation: local communities facing the conscription of infantry for the Swedish armed forces, 1630–1679', in L. Jespersen (ed.), *A Revolution from Above? The power state of 16th and 17th century Scandinavia* (Odense, 2000), pp.249–314.

19　T.N. Dupuy, *Military Life of Gustavus Adolphus* (New York, 1969). Quotations from pp.xi and 55.

20　B.H. Liddell Hart, *Great Captains Unveiled* (Edinburgh, 1927), p.77. See ibid.

pp.149–52.

21 R.F. Weigley, *The Age of Battles. The quest for decisive warfare from Breitenfeld to Waterloo* (London, 1993), pp.3–36.

22 关于普鲁士系统的辩论，以及其与丹麦和瑞典的征召兵系统的联系，见 P.H. Wilson, 'Social militarisation in eighteenth-century Germany', *GH*, 18 (2000), 1–39.

23 M. Roberts, *The Swedish Imperial Experience 1560–1718* (Cambridge, 1979) 从 "旧学派" 的视角总结了这些辩论。Ahnlund and Barudio 同样可以被划到此阵营中。"新学派" 中最重要的代表是 Artur Attman，他的观点在 *Swedish Aspirations and the Russian Market during the Seventeenth Century* (Göteborg, 1985) 中有很好的总结。关于这一问题的进一步讨论，可见 S. Troebst, 'Debating the mercantile background to early modern Swedish empire-building: Michael Roberts versus Artur Attman', *EHQ*, 24 (1994), 485–510. 另见 S. Lundkvist, 'Die schwedischen Kriegs- und Friedensziele 1632–1648', in K. Repgen (ed.), *Krieg und Frieden* (Munich, 1988), pp.219–40. 本段引用的统计数字来自 Krüger, 'Die Staatsfinanzen Dänemarks und Schwedens', p.189.

24 E. Ringmar, *Identity, Interest and Action. A cultural explanation of Sweden's intervention in the Thirty Years War* (Cambridge, 1996). 关于以下内容，另见 K.R. Böhme, 'Building a Baltic empire. Aspects of Swedish expansion 1560–1660', in Rystad (ed.), *The Baltic in Power Politics*, I, pp.177–220; K. Zernack, 'Schweden als europäische Großmacht der frühen Neuzeit', HZ, 232 (1981), 327–57; J. Glete, 'Empire building with limited resources', in E. Martínez and M. de P. Pi Corrales (eds.), *Spain and Sweden in the Baroque Era* (Madrid, 2000), pp.307–36.

25 引用自 Ahnlund, *Gustavus Adolphus*, p.88. See ibid. pp.74–86 and Roberts, *Gustavus Adolphus* I, pp.174–81 for the marriage negotiations.

26 R. Butterworth (ed.), *The Polish-Lithuanian Monarchy in European Context c.1500-1795* (Basingstoke, 2001); D. Stone, *The Polish-Lithuanian State, 1386–1795* (Seattle, 2001); N. Davies, *God's Playground. A history of Poland* (2 vols., Oxford, 1981); K. Friedrich, *The Other Prussia. Royal Prussia, Poland and liberty 1569–1772* (Cambridge, 2000). 关于这一阶段的主要波兰语资料是 H. Wisner, *Zygmunt III Waza* (Warsaw, 1991).

27 M.G. Müller, 'Later Reformation and Protestant confessionalization in the major towns of Royal Prussia', in K. Maag (ed.), *The Reformation in Eastern and Central Europe* (Aldershot, 1997), pp.192–210.

28 R.I. Frost, *After the Deluge. Poland-Lithuania and the Second Northern War 1655–1660* (Cambridge, 1993). 关于联邦武装的力量，见第 4 章注释 12 中所引用的著作，还有 R.I. Frost, 'Scottish soldiers, Poland-Lithuania and the Thirty Years War', in S. Murdoch (ed.), *Scotland and the Thirty Years War 1618–1648* (Leiden, 2001), pp.191–213.

29 Frost, *Northern Wars*, pp.63–7. Frost 计算出在这场战役中，有 82% 的瑞典士兵死亡。

30 Michael Roberts 将垄断俄国贸易的尝试称之为 "追逐一个阴影": *Gustavus Adolphus* I, pp.45–6. 另见 H. Ellersieck, 'The Swedish Russian frontier in the seventeenth century', *Journal of Baltic Studies*, 5 (1975), 188–97.

31 西吉斯蒙德于 1592 年与费迪南德大公的妹妹安娜结婚。当安娜于 1598 年去世后，他于 1605 年娶了费迪南德的另一个妹妹康斯坦莎为第二任妻子，而他的长子和最终继承人瓦迪斯瓦夫于 1637 年娶了费迪南德的女儿塞西莉亚·雷纳塔。

第 7 章 从鲁道夫到马蒂亚斯（1582—1612）

1 F. Gottmann, 'Zur Entstehung des Landsberger Bundes im Kontext der Reichs-, Verfassungs- und regionalen Territorialpolitik des 16. Jahrhunderts', *ZHF*, 19 (1992), 415–44.

2 E. Schubert, 'Staat, Fiskus und Konfession in den Mainbistümern zwischen Augsburger

Religionsfrieden und Dreißigjährigem Krieg', in H. Kellenbenz and P. Prodi (eds.), *Fiskus, Kirche und Staat im konfessionellen Zeitalter* (Berlin, 1994), pp. 111–40. 关于以下内容，另见 K.E. Demandt, *Geschichte des Landes Hessen* (Kassel, 1980), pp.342–6; J. Kist, *Fürst- und Erzbistum Bamberg* (3rd edn, Bamberg, 1962), pp.88–99.

3　M. Spindler (ed.), *Handbuch der bayerischen Geschichte* (2nd edn, 2 vols., Munich, 1988); S. Riezler, *Geschichte Baierns* (Vols. 3–6, Gotha, 1899–1903).

4　关于这一看法的回响今天还能看到，例如见 A. Gotthard, ' "Politice seint wir bäpstisch". Kursachsen und der deutsche Protestantismus im frühen 17. Jahrhundert', *ZHF*, 20 (1993), 275–319. 关于最近的重新评判，见 F. Müller, *Kursachsen und der Böhmische Aufstand 1618–1622* (Münster, 1997); D.M. Phelps, 'Reich, religion and dynasty: the formation of Saxon policy 1555–1619' (University of London PhD, 2005).

5　P. Sutter-Fichtner, *Protestantism and Primogeniture in Early Modern Germany* (New Haven, 1989).

6　约阿希姆·弗里德里希的两个同父异母的兄弟克里斯蒂安和约阿希姆·恩斯特分别获得了拜罗伊特和安斯巴赫，而他的儿子约翰·格奥尔格则获得了西里西亚的雅格恩多夫公爵领，这是安斯巴赫在 1523 年获得的。

7　莱茵费尔斯分支于 1583 年绝嗣，其土地被另外三个分支分割。作为长系分支，黑森-卡塞尔得到了 6100 平方千米土地和 16 万名臣民，而达姆施塔特得到了 1300 平方千米和 5 万名臣民，马尔堡得到了剩余的部分。关于以下内容，见 H.T. Gräf, *Konfession und internationales System. Die Außenpolitik Hessen-Kassels im konfessionellen Zeitalter* (Marburg, 1993); H. Weber, *Der Hessenkrieg* (Gießen, 1935), pp.11–19.

8　B. Nischan, *Prince, People and Confession: the Second Reformation in Brandenburg* (Philadelphia, 1994).

9　V. Press, *Calvinismus und Territorialstaat. Regierung und Zentralbehörden der Kurpfalz 1559–1619* (Stuttgart, 1970), 和他的 'Die Reichsritterschaft im Kraichgau zwischen Reich und Territorium, 1500–1623', *ZGO*, 122 (1974), 35–98 展示了普法尔茨选帝侯是如何将其管辖权扩展到邻近的帝国骑士身上的。

10　C. Tacke, 'Das Eindringen Hessen-Kassels in die Westfälischen Stifter', in K. Malettke (ed.), *Frankreich und Hessen-Kassel* (Marburg, 1999), pp.175–87, esp. pp.178–80; Gräf, *Konfession und internationales System*, pp.135–44.

11　W. Ziegler, 'Die Hochstifte des Reiches im konfessionellen Zeitalter 1520–1618', *Römische Quartalsschrift*, 87 (1992), 252–81, at 262–3. Guelph policy is covered by H. Lietzmann, *Herzog Heinrich Julius zu Braunschweig und Lüneburg (1564–1613)* (Brunswick, 1993).

12　H.G. Aschoff, 'Das Hochstift Hildesheim und der Westfalische Frieden', *Die Diözese Hildesheim in Vergangenheit und Gegenwart*, 66 (1998), 229–69; H.J. Adamski, *Der welfische Schutz über die Stadt Hildesheim* (Hildesheim, 1939).

13　A. Gotthard, ' "Macht hab ehr, einen bischof abzusezen". Neue Überlegungen zum Kölner Krieg', *ZSRG KA*, 113 (1996), 270–325; Graf, *Konfession und internationales System*, pp.131–5; Phelps, 'Reich, religion and dynasty', pp.72–9. 关于这些事，见 M. Ritter, *Deutsche Geschichte im Zeitalter der Gegenreformation und des Dreißigjährigen Krieges (1555–1648)* (3 vols., Stuttgart, 1889–1908), I, pp.573–646.

14　鲁道夫提议的候选人是枢机主教安德烈亚斯（Andreas），安德烈亚斯是蒂罗尔的费迪南德与他的第一任妻子菲利皮内·韦尔泽（Philippine Welser）的儿子。菲利皮内·韦尔泽来自一个大银行家王朝，然而，她的平民的身份让安德烈亚斯缺乏贵族身份，无法进入非常排外的科隆圣职团。蒂罗尔人退出了兰茨贝格联盟，对鲁道夫在选举中的错误处理感到厌恶。

15　G. Aders, *Bonn als Festung* (Bonn, 1973), pp.26–9.

16　P. Sauer, *Herzog Friedrich Ivon Württemberg 1557–1608* (Munich, 2003), pp.239–44.

17　P.D. Lockhart, *Frederick II and the Protestant Cause: Denmark's role in the Wars of*

Religion (Leiden, 2002), pp.242–72.

18 A. Gotthard, '1591 – Zäsur der sächsischen und der deutschen Geschichte', *NASG*, 71 (2000), 275–84, at 276–8. This is disputed by Phelps, 'Reich, religion and dynasty', pp.88–94. 关于克里斯蒂安一世，见 T. Nicklas, 'Christian I. und Christian II.1591–1611', in F.L. Kroll (ed.), *Die Herrscher Sachsens* (Munich, 2004), pp.126–36.

19 Gotthard, ' "Politice seint wir bäpstisch" '.

20 Press, *Calvinismus und Territorialstaat*, p.504. 关于以下内容，见 V. Press, 'Fürst Christian I. von Anhalt-Bernberg', in K. Ackermann (ed.), *Staat und Verwaltung in Bayern* (Munich, 2003), pp.193–216.

21 R. Bonney, *The King's Debts. Finance and politics in France 1589–1661* (Oxford, 1981), p.273.

22 V. Press, 'Die Grundlagen der kurpfälzischen Herrschaft in der Oberpfalz 1499–1621', *Verhandlungen des historischen Vereins für Oberpfalz und Regensburg*, 117 (1977), 31–67.

23 H. Duchhardt, 'Der Kampf um die Parität im Kammerrichteramt zwischen Augsburger Religionsfrieden und Dreißigjährigem Krieg', *ARG*, 69 (1978), 201–18. 关于以下内容，另见 M. Heckel, 'Die Religionsprozesse des Reichskammergerichts im konfessionell gespaltenen Reichskirchenrecht', *ZSRG KA*, 77 (1991), 283–350, and B. Ruthmann, *Die Religionsprozesse am Reichskammergericht 1555–1648*(Cologne, 1996).

24 Phelps, 'Reich, religion and dynasty', pp.97–8.

25 D. Albrecht, *Maximilian I. von Bayern 1573–1651* (Munich, 1998); A. Edel, 'Politik und Macht bei Herzog Maximilian von Bayern. Die Jahre vor dem Ausbruch des Dreißigjährigen Krieges', in W. Schulze (ed.), *Friedliche Intentionen – Kriegerische Effekte* (St Katharinen, 2002), pp.107–39.

26 E. Ortlieb and G. Polster, 'Die Prozeßfrequenz am Reichshofrat (1519–1806)', *ZNRG*, 26 (2004), 189–216; S. Ehrenpreis, 'Die Tätigkeit des Reichshofrats um 1600 in der protestantischen Kritik', in W. Sellert (ed.), *Reichshofrat und Reichskammergericht* (Cologne, 1999), pp.27–46, 和他的 *Kaiserliche Gerichtsbarkeit und Konfessionskonflikt. Der Reichshofrat unter Rudolf II. (1576–1612)* (Göttingen, 2006). 新教徒占法官的十分之一，但法院在 1580 年后对宗教问题的解释越来越天主教化。

27 例如，C.V. Wedgwood, *The Thirty Years War* (London, 1957 edn.), p.48. 多瑙沃特事件的不同视角的记载见: Albrecht, *Maximilian*, pp.395–418; T.Hölz, *Krummstab und Schwert. Die Liga und die geistlichen Reichsstände Schwabens 1609–1635* (Leinfelden-Echterdingen, 2001), pp.137–40; R. Breitling, 'Der Streit um Donauwörth 1605/1611', *ZBLG*, 2 (1929), 275–98; C.S. Dixon, 'Urban order and religious coexistence in the German imperial city: Augsburg and Donauwörth, 1548–1608', *CEH*, 40 (2007), 1–33.

28 M. Ritter, 'Der Ursprung des Restitutionsediktes', in H.U. Rudolf (ed.), *Der Dreißigjährige Krieg* (Darmstadt, 1977), pp.137–74, at pp.149–51. 见第 13 章，哈布斯堡王朝的解决方案最终在 1566 年的帝国议会大会决议书中得以确认。

29 The alliance is reproduced in T. von Moerner (ed.), *Kurbrandenburgsiche Staatsverträge von 1601–1700* (Berlin, 1867), pp.36–40. See the discussions in A. Gotthard, 'Protestantische "Union" und katholische "Liga" – subsidiäre Strukturelemente oder Alternativentwürfe?', in V. Press (ed.), *Alternativen zur Reichsverfassung in der frühen Neuzeit?* (Munich, 1995), pp.81–112; H. Gürsching, *Die Unionspolitik der Reichsstadt Nuürnberg vor dem Dreißigjährigen Kriege (1608–1618)* (Munich, 1932); G. Horstkemper, 'Die protestantische Union und der Ausbruch des Dreißigjährigen Krieges', in Schulze (ed.), *Friedliche Intentionen*, pp.21–51.

30 F. Neuer-Landfried, *Die katholische Liga. Gründung, Neugründung und Organisation eines Sonderbundes 1608 bis 1620* (Kallmünz, 1968), with the founding document printed on pp.222–9. 另见 Albrecht, *Maximilian*, pp.408–17; Hölz, *Krummstab und*

Schwert, pp.143–60.

31 G. Parker (ed.), *The Thirty Years War* (London, 1984), p.24. S.H. Steinberg, *The Thirty Years War and the Conflict for European Hegemony 1600–1660* (London, 1966) 声称战争始于 1609 年。其他人也认为这场危机是不可避免的总冲突的前奏：H. Ollmann-Kösling, *Der Erbfolgestreit um Jülich-Kleve (1609–1614). Ein Vorspiel zum Dreißigjährigen Krieg* (Regensburg, 1996). 最近关于这场危机的讨论是 A.D. Anderson, *On the Verge of War. International relations and the Jülich-Kleve succession crises (1609–1614)* (Boston, 1999). 另见 R.A. Mostert, 'Der jülich-klevische Regiments- und Erbfolgestreit – ein "Vorspiel zum Dreißigjährigen Krieg"?', in S. Ehrenpreis (ed.), *Der Dreißigjährige Krieg im Herzogtum Berg und seinen Nachbarregionen* (Neustadt an der Aisch, 2002), pp.26–64.

32 H. Smolinsky, 'Formen und Motive konfessionaller Koexistenz in den Niederlanden und am Niederrhein', in K. Garber et al. (eds.), *Erfahrung und Deutung von Krieg und Frieden* (Munich, 2001), pp.287–300. 到 1609 年，贝格的新教徒中有一半是加尔文宗信徒。

33 关于约翰·威廉生病的情况及其后续影响，见 H.C.E. Midlefort, *Mad Princes of Renaissance Germany* (Charlottesville, Va., 1994), pp.98–124.

34 勃兰登堡最初在 1609 年 5 月只有 180 人，但增加到 770 名骑兵、3000 名步兵和 21 门大炮，而普法尔茨–诺伊堡有 600 名骑兵和 2000 名步兵。到 1610 年 8 月，勃兰登堡在其本土又集结了 1000 名骑兵和 650 名步兵，但因为于利希陷落，这些骑兵和步兵都被解散了。关于相关军事行动，请参见 C. Jany, *Geschichte der preußischen Armee vom 15. Jahrhundert bis 1914* (4 vols., Berlin, 1928–9), I, pp.31–3; O. Bezzel, *Geschichte des kurpfälzischen Heeres von seinem Anfängen bis zur Vereinigung von Kurpfalz und Kurbayern 1777* (2 vols., Munich, 1925–8), I, p.133.

35 这是他要求新教联盟提供援助的两倍。1610 年初，法国军队共有 6300 名步兵、3650 名骑兵和 4000 名驻军。国王又征召了 3 万名步兵和 8000 名骑兵，但实际上并不是所有的人都被募集了：B.R. Kroener, 'Die Entwicklung der Truppenstarken in den französischen Armeen zwischen 1635 und 1661', in K. Repgen (ed.), *Forschungen und Quellen zur Geschichte des Dreißigjährigen Krieges* (Münster, 1981), pp.163–220, at p.166 n.13. 关于亨利四世和德意志新教诸侯的关系，见 F. Beiderbeck, 'Heinrich IV. von Frankreich und die Protestantischen Reichsstande', *Francia*, 23 (1996), 1–32; 25 (1998), 1–25.

36 J.I. Israel, *The Dutch Republic. Its rise, greatness and fall 1477–1806* (Oxford, 1995), pp.406–7. 莫里斯的部队包括两个法国胡格诺派团和 4000 名英国步兵。沙特尔的法国军队由 5000 名法国步兵和 3000 名瑞士步兵组成，外加 1000 至 1200 名骑兵。

37 三位诸侯同意提供 900 名骑兵和 4200 名步兵，其中符腾堡将提供一半，其余由巴登和普法尔茨提供。实际上，符腾堡只派遣了 600 名步兵，而普法尔茨提供了 1000 名民兵和一些雇佣兵。与此同时，到夏季，利奥波德的兵力增至 4000 名步兵和 500 名骑兵。L.I. von Stadlinger, *Geschichte des württembergischen Kriegswesens* (Stuttgart, 1856), p.273.

38 这支部队与那些集结在成员领地上的部队是分开的，由 2000 名骑兵、6500 名步兵和 463 名炮兵组成，主要来自普法尔茨和黑森–卡塞尔：Bezzel, *Geschichte des kurpfälzischen Heeres*, I, pp.54–6.

39 P. Steuer, 'Der vorderösterreichische Rappenkrieg (1612–1614)', ZGO, 128 (1980), 119–65; Bonney, *The King's Debts*, pp.65–9. 西班牙向利奥波德提供的资金援助可能总计不高于 10 万弗洛林。

第 8 章　一触即发？

1 B. Rill, *Kaiser Matthias. Bruderzwist und Glaubenskampf* (Graz, 1999), pp.191–6.

2 V. Press, *Calvinismus und Territorialstaat. Regierung und Zentralbehörden der Kurpfalz 1559–1619* (Stuttgart, 1970), pp.498–500. 约翰确实颁布了一项法令，废除

了鲁道夫一些更具争议性的判决，包括对亚琛市议会的授权，但他摄政者的身份让法令不具备合法性。

3　见第 3 章注释 13 中引用的史料，以及 J. Müller, 'Die Vermittlungspolitik Klesls von 1613 bis 1616 im Lichte des gleichzeitig zwischen Klesl und Zacharias Geizkofler geführten Briefwechsels', *MIÖ G*, supplement 5 (1896/1903), 609–90.

4　S. Ehrenpreis, 'Die Rolle des Kaiserhofes in der Reichsverfassungskrise und im europäischen Mächtesystem vor dem Drei β igjährigen Krieg', in W. Schulze (ed.), *Friedliche Intentionen – Kriegerische Effekte* (St Katharinen, 2002), pp.71–106.

5　关于对这一看法的重要修正，见 F. Müller, *Kursachsen und der Boöhmische Aufstand 1618–1622* (Münster, 1997), pp.40–65; A. Gotthard, 'Johann Georg I. 1611– 1656', in F.L. Kroll (ed.), *Die Herrscher Sachsens* (Munich, 2004), pp.137–47.

6　B.C. Pursell, *The Winter King. Frederick V of the Palatinate and the coming of the Thirty Years War* (Aldershot, 2003) 呈现出一种更同情的观点，但是这种观点有点过于乐观，从选帝侯出发，过分强调了他对帝国既定宪法的关注。另见 P. Bilhöfer, *Nicht gegen Ehre und Gewissen: Friedrich V, Kurfürst von der Pfalz – der Winterkönig von Böhmen (1596–1632)* (Mannheim, 2000).

7　对这场婚姻的描述，见 C. Oman, *Elizabeth of Bohemia* (London, 1964), pp.52-117. 关于詹姆斯一世的政策，见 S.L. Adams, 'Spain or the Netherlands. The dilemmas of early Stuart foreign policy', in H. Tomlinson (ed.), *Before the English Civil War* (London, 1983), pp.79–101.

8　P. Sauer, *Herzog Friedrich I von Württemberg 1557–1608* (Munich, 2003), pp.181–4; H.W. O' Kelly, 'War and politics in early seventeenth-century Germany: the tournaments of the Protestant Union', in Centro Studi Storici Narni (eds.), La civiltà del torneo *(sec.xii–xvii)* (Rome, 1990), pp.231–45. 这位新娘是芭芭拉·索菲亚（Barbara Sophia）。关于新教联盟的领导阶层试图将自己展示为好爱国者，见 A. Schmidt, *Vaterlandsliebe und Religionskonflikt. Politische Diskurse im Alten Reich (1555–1648)* (Leiden, 2007), pp.328–50.

9　F.H. Schubert, 'Die pfälzische Exilregierung im Dreißigjährigen Krieg', *ZGO*, 102 (1954), 575–680, esp. 610.

10　D. Albrecht, *Maximilian I. von Bayern 1573–1651* (Munich, 1998), pp.452–65; E. Stahl, *Wolf Dietrich von Salzburg. Weltmann auf dem Bischofsthron* (Munich, 1987). 马克西米连认为武装干涉是正当的，因为赖特瑙在一场长期的盐装与争端中占领了贝希特斯加登小修道院。

11　费迪南德早在 1595 年就已经成了科隆的副主教和贝希特斯加登小修道院院长。在 1618 年，他还被选为帕德博恩主教。见 J.F. Foerster, *Kurfürst Ferdinand von Köln. Die Politik seiner Stifter in den Jahren 1634–1650* (Münster, 1979).

12　该联盟最初是与维尔茨堡、班贝格和艾希施泰特缔结的，帕绍和雷根斯堡主教，以及普法尔茨-诺伊堡公爵在皈依天主教后也加入了联盟。他们在 1617 年 5 月 27 日重申了"睦邻保证"，但这无非是一项就共同关心的问题进行沟通的协议。

13　A.D. Anderson, *On the Verge of War. International relations and the Jülich-Kleve succession crises (1609–1614)* (Boston, 1999), pp.133–63. 关于尼德兰的干涉，见 H. Gabel, 'Sicherheit und Konfession. Aspekte niederländischer Politik gegenüber Jülich-Berg vor und während des Dreißigjährigen Krieges', in S. Ehrenpreis (ed.), *Der Dreißigjährige Krieg im Herzogtum Berg und seinen Nachbarregionen* (Neustadt an der Aisch, 2002), pp.132–79. 有一份很有用的关于沃尔夫冈·威廉的简短传记，见 B. Fries-Kurze, 'Pfalzgraf Wolfgang Wilhelm von Neuburg', *Lebensbilder aus dem bayerischen Schwaben*, 8 (1961), 198–227. E.O. Mader, 'Füstenkonversionen zum Katholizismus im Mitteleuropa im 17. Jahrhundert', *ZHF*, 33 (2007), 373–410 强调了他改宗的政治理由。

14　勃兰登堡征集了 694 名骑兵和 3164 名步兵：C. Jany, *Geschichte der preußischen Armee vom 15. Jahrhundert bis 1914* (4 vols., Berlin, 1928–9), I, pp.43–5. 霍夫泽的贷款从未偿还，最终在 1685 年被共和国注销，以换取在选侯国更强大时与其结成政治联盟。当西班牙人到达时，沃尔夫冈·威廉把兵力增加到 700—800 名骑兵和 4000—5000 名步兵。

15　关于细节，见 B. Ruthmann, 'Das richterliche Personal am Reichskammergericht und seine politischen Verbindungen um 1600', in W. Sellert (ed.), *Reichshofrat und Reichskammergericht* (Cologne, 1999), pp.1–26, at pp.19–22.

16　H. Valentinitsch, 'Ferdinand II., die innerösterreichischen Länder und die Gradiskanerkrieg 1615–1618', in P. Urban and B. Sutter (eds.), *Johannes Kepler 1571–1971* (Graz, 1975), pp.497–539. For the causes, see G.E. Rothenberg, 'Venice and the Uskoks of Senj 1537–1618', *JMH*, 33 (1961), 148–56. 威尼斯人的军事努力在 M.E. Mallett and J.R. Hale, *The Military Organisation of a Renaissance State. Venice 1400–1617* (Cambridge, 1984), esp. pp.241–7 中有分析。

17　G. Parker (ed.), *The Thirty Years War* (London, 1984), pp.38–43.

18　那不勒斯的舰队由 18 艘战舰、38 艘桨帆船和 2000 名船员组成。副王在陆地上还有 1.2 万名常规军。

19　M.S. Sanchez, 'A house divided: Spain, Austria and the Bohemian and Hungarian successions', *Sixteenth-Century Journal*, 25 (1994), 887–903; H. Ernst, *Madrid und Wien 1632–1637* (Münster, 1991), p.14.

20　Albrecht, *Maximilian*, pp.476–503.

21　收录于 G. Lorenz (ed.), *Quellen zur Vorgeschichte und zu den Anfängen des Dreißißigjährigen Krieges* (Darmstadt, 1991), pp.186–209, and discussed in W.E. Heydendorff, 'Vorderösterreich im Dreißigjährigen Krieg', *MÖSA*, 12 (1959), 74–142, at 113–15, and P. Brightwell, 'Spain, Bohemia and Europe 1619–21', *European Studies Review*, 12 (1982), 371–99, at 364–5.

22　A. van Schelven, 'Der Generalstab des politischen Calvinismus in Zentraleuropa zu Beginn des Dreißigjährigen Krieges', *ARG*, 36 (1939), 117–41. 关于以下内容，见 H. Hotson, *Johann Heinrich Alsted, 1588–1638* (Oxford, 2000); R. M. Kingdon, 'International Calvinism and the Thirty Years War', and W. Schmidt-Biggemann, 'The Apocalypse and millenarianism in the Thirty Years War', both in K. Bussmann and H. Schilling (eds.), 1648: *War and Peace in Europe* (3 vols., Münster, 1998), I, pp.229–35 and 259–63 respectively.

23　J.R. Christianson, 'Tyge Brahe's German treatise on the comet of 1577', *Isis*, 70 (1979), 110–40.

24　K. Manger (ed.), *Die Fruchtbringer-eine teutschherzige Gesellschaft* (Heidelberg, 2001); R.J.W. Evans, 'Learned societies in Germany in the seventeenth century', *European Studies Review*, 7 (1979), 129–51.

25　H.D. Hertrampf, 'Hoë von Hoënegg-sächsischer Oberhofprediger 1613–1645', *Beiträge zur Kirchengeschichte Deutschlands*, 7 (1970), 129–48.

26　J. Burkhardt, 'Die kriegstreibende Rolle historischer Jubiläen im Dreißigjährigen Krieg und im Ersten Weltkrieg', in Burkhardt (ed.), *Krieg und Frieden in der historischen Gedächtniskultur* (Munich, 2000), pp.91–102. F. Kleinehagenbrock, *Die Grafschaft Hohenlohe im Dreißigjährigen Krieg* (Stuttgart, 2003), pp.284–7 indicates the Saxon influence on the celebrations in Hohenlohe.

27　转引自 C. Kohlmann, ' "Von unsern Widersachern den Baptisten vil erlitten und ussgestanden". Kriegs-und Krisenerfahrungen von Lutherischen Pfarrern und Glaubigen im Amt Hornberg des Herzogtums Württemberg während des Dreißigjährigen Krieges und nach dem Westfälischen Frieden', in M. Asche and A. Schindling (eds.), *Das Strafgericht Gottes* (Münster, 2002), pp.123–211, at p.151.

第 9 章　波希米亚叛乱（1618—1620）

1　G. Schramm, 'Armed conflicts in east Central Europe', in R.J.W. Evans and T.V. Thomas (eds.), *Crown, Church and Estates* (London, 1991), pp.176–95, at p.189. 另见 J. Bahlcke, 'Theatrum Bohemicum. Reformpläne, Verfassungsideen und Bedrohungsperzeptionen am Vorabend des Dreißigjährigen Krieges', in W. Schulze (ed.), *Friedliche Intentionen – Kriegerische Effekte* (St Katharinen, 2002), pp.1–20, at pp.15–18.

2　收录于 G. Lorenz (ed.), *Quellen zur Vorgeschichte und zu den Anfängen des Dreißigjährigen Krieges* (Darmstadt, 1991), pp.237–50. A. Gotthard 强调了教派动机，然而文本避免了宗教殉难的语言，而是采用了法律和宪法的论点：'Eine feste Burg ist vnser vnnd der Böhmen Gott. Der Böhmische Aufstand 1618/19 in der Wahrnehmung des evangelischen Deutschland', in F. Brendle and A. Schindling (eds.), *Religionskriege im Alten Reich und in Alteuropa* (Münster, 2006), pp.135–62.

3　Apologia, Lorenz (ed.), *Quellen zur Vorgeschichte*, p.249.

4　F. Schiller, *Geschichte des Dreißigjährigen Krieges* (DTV edn, Munich, 1966), p.60. 房间里的另外两位执政官是高级城堡主亚当·冯·施滕贝格（Adam von Sternberg）和马耳他骑士团大修道长迪波尔德·冯·洛布科维茨（Diepold von Lobkowitz）。

5　斯拉瓦塔的说法，见 R. Schwarz, *The Imperial Privy Council in the Seventeenth Century* (Cambridge, Mass., 1943), pp.344–7, at p.345.

6　J. Krebs, 'Graf Georg Friedrich von Hohenlohe und die Schlacht am Weißen Berge bei Prag', *Forschungen zur Deutschen Geschichte*, 19 (1879), 475–95.

7　H. Angermeier, 'Politik, Religion und Reich bei Kardinal Melchior Khlesl', *ZSRG GA*, 110 (1993), 249–330, at 301. 克莱斯尔在 1618 年 6 月 18 日的建议使用武力的备忘录重印于 Lorenz (ed.), *Quellen zur Vorgeschichte*, pp.253–6.

8　引用自 B. Rill, *Kaiser Matthias* (Graz, 1999), p.308. Detail in J. Rainer, 'Der Prozeß gegen Kardinal Klesl', *Römische Historische Mitteilungen*, 5 (1961), 35–163.

9　P. Broucek, 'Feldmarschall Bucquoy als Armeekommandant 1618–1620', in *Der Dreißigjährige Krieg* (issued by the Heeresgeschichtliches Museum, Vienna, 1976), pp.25–57; J. Polisensky, *War and Society in Europe 1618–1648* (Cambridge, 1978), pp.79–80.

10　K. MacHardy, *War, Religion and Court Patronage in Habsburg Austria. The social and cultural dimensions of political interaction, 1521–1622* (Basingstoke, 2003), pp.108–16.

11　P. Brightwell, 'The Spanish origins of the Thirty Years War', *European Studies Review*, 9 (1979), 409–31; E. Straub, *Pax und Imperium. Spaniens Kampf um seine Friedensordnung in Europa zwischen 1617 und 1635* (Paderborn, 1980), pp.131–7; R.A. Stradling, *Philip IV and the Government of Spain 1621–1665* (Cambridge, 1988), pp.9–11; P. Williams, *The Great Favourite. The duke of Lerma and the court and government of Philip III of Spain, 1598–1621* (Manchester, 2006), pp.231–6.

12　F. Müller, *Kursachsen und der Böhmische Aufstand 1618–1622* (Münster, 1997), pp.149–57; D.M. Phelps, 'Reich, religion and dynasty: the formation of Saxon policy 1555–1619' (University of London PhD, 2005), pp.214–64.

13　H. Gürsching, *Die Unionspolitik der Reichsstadt Nürnberg vor dem Dreißigjährigen Kriege (1608–1618)* (Munich, 1932), pp.76–85. Udenheim was rebuilt as Philippsburg 1623–32, see K.H. Jutz and J.M. Fieser, *Geschichte der Stadt und ehemaligen Reichsfestung Philippsburg* (Philippsburg, 1966), 以及 H. Nopp (Speyer, 1881) 类似标题的作品。

14　HHStA, KA 138, 16 August 1618.

15　J.G. Weiß, 'Die Vorgeschichte des böhmischen Abenteuers Friedrichs V. von der Pfalz', *ZGO*, 92 (1940), 383–492, at 408–11; M. Rüde, *England und Kurpfalz im werdenden Mächteeuropa (1608–1632)*(Stuttgart, 2007), pp.165–77.

16　G. Mann, *Wallenstein* (Frankfurt am Main, 1983), pp.139–42; H. Diwald, *Wallenstein* (Munich, 1969), pp.113–23.

17　J. Polisensky, *The Thirty Years War* (London, 1971), p.121.

18　A. Stögmann, 'Staat, Kirche und Bürgerschaft', in A. (ed.), *Wien im Dreißigjährigen Krieg* (Vienna, 2001), pp.482–564, at pp.531–3. 关于以下内容，另见 K. Völker, 'Die "Sturmpetition" der evangelischen Stände in der Wiener Hofburg am 5. Juni 1619', *Jahrbuch der Gesellschaft fuür die Geschichte des Protestantismus in Österreich*, 57 (1936), 3–50; H. Kretschmer, *Sturmpetition und Blockade Wiens im Jahre 1619*

(Vienna, 1978).

19 HHStA, KA 138, which also contains details of envoys sent to key princes and to Denmark.

20 A. Gotthard, 'Der deutsche Konfessionskrieg seit 1619', *HJb*, 122 (2002), 141–72, at 164–6.

21 Doncaster's report in S.R. Gardiner (ed.), *Letters and Other Documents Illustrating the Relations between England and Germany at the Commencement of the Thirty Years War* (London, 1868), pp.188–202, at p.199. 关于选举，另见 B.C. Pursell, *The Winter King* (Aldershot, 2003), pp.66–75; Weiß, 'Vorgeschichte', pp.430–55.

22 关于联邦的文本，见 Lorenz (ed.), *Quellen zur Vorgeschichte*, pp.332–58. J. Bahlcke, 'Die Böhmische Krone zwischen staatsrechtlicher Integrität, monarchischer Union und Ständischer Föderalismus', in T. Fröschl (ed.), *Föderationsmodelle und Unionsstrukturen* (Munich, 1994), pp.83–103, at p. 97–102 提供了一个正面的阐释，反对以 H. Sturmberger, *Aufstand in Böhmen* (Munich, 1959), pp.47–53 为代表的旧阐释。

23 T. Winkelbauer, *Ständefreiheit und Fürstenmacht. (Österreichische Geschichte 1522–1699)* (2 vols., Vienna, 2003), I, pp.62–3.

24 F. Müller, *Kursachsen*, pp.260–8; Phelps, 'Reich, religion and dynasty', pp.249–62.

25 M. Glettler, 'Überlegungen zur historiographischen Neubewertung Bethlen Gabors', *Ungarn Jahrbuch*, 9 (1978), 237–55.

26 R. Kleinman, 'Charles Emanuel I of Savoy and the Bohemian election of 1619', *European Studies Review*, 5 (1975), 3–29. For the election, see A. Gindely, *History of the Thirty Years War* (2 vols., New York, 1892), I, pp.148–50.

27 P. Wolf, 'Eisen aus der Oberpfalz, Zinn aus Böhmen und die goldene böhmische Krone', in P. Wolf et al. (eds.), *Der Winterkönig* (Augsburg, 2003), pp.65–74. 关于这个决定，另见 Pursell, *The Winter King*, pp.65–86.

28 弗里德里希在 1619 年 11 月 7 日的宣言重印于 Lorenz (ed.), *Quellen zur Vorgeschichte*, pp.409–18.

29 在 C. Oman, *Elizabeth of Bohemia* (London, 1964), pp.178–98 中有对这场旅程和仪式的很好的描述。

30 转引自 Gotthard, 'Eine feste Burg ist vnser vnnd der Böhmen Gott', p.160. 另见 A. Gotthard, *Konfession und Staatsräson. Die Außenpolitik Württembergs unter Herzog Johann Friedrich (1608–1628)*(Stuttgart, 1992), pp.271–301; G. Horstkemper, 'Die protestantische Union und der Ausbruch des Dreißigjährigen Krieges', in Schulze (ed.), *Friedliche Intentionen*, pp.21–51, at pp.46–7.

31 E. McCabe, 'England's foreign policy in 1619. Lord Doncaster's embassy to the princes of Germany', *MIÖG*, 58 (1950), 457–77, at 460. 另见 C.H. Carter, *The Secret Diplomacy of the Habsburgs 1598–1625* (New York, 1964), pp.118–30.

32 格雷的团于 1620 年 8 月到达波希米亚。见 J. Polisensky, *Tragic Triangle. The Netherlands, Spain and Bohemia, 1617–1621* (Prague, 1991), 和他的 'A note on Scottish soldiers in the Bohemian War 1619–1622', in S. Murdoch (ed.), *Scotland and the Thirty Years War 1618–1648* (Leiden, 2001). 不列颠的天主教徒同样给西班牙送钱以帮助征召士兵：A.J. Loomie, 'Gondomar's selection of English officers in 1622', *EHR*, 88 (1973), pp.574–81.

33 C.V. Wedgwood, *The Thirty Years War* (London, 1957 edn), p.141.

34 Pursell, *The Winter King*, pp.4–5, 95–100 对弗里德里希的宽容描绘得过于乐观。另见 J. Pánek, 'Friedrich V. von der Pfalz als König von Böhmen', in Wolf et al. (eds.), *Der Winterkönig*, pp.101–6.

35 T. Winkelbauer, 'Nervus belli Bohemici. Die finanziellen Hintergründe des Scheiterns des Standeaufstands der Jahre 1618 bis 1620', *Folia Historica Bohemica*, 18 (1997), 173–223; S. Riezler (ed.), 'Kriegstagebücher aus dem ligistischen Hauptquartier 1620', *Abhandlungen des Phil.-Hist. Klasse der Bayerischen Akademie der Wissenschaften*, 23 (1906), 77–210, at 210; O. Chaline, *La Bataille de la Montagne Blanche* (Paris, 1999), esp. pp.100–2; O. Bezzel, *Geschichte des kurpfälzischen*

Heeres von seinem Anfängen bis zur Vereinigung von Kurpfalz und Kurbayern 1777 (2 vols., Munich, 1925–8), I, appendix 2.

36 J. Tiege et al., *Na Bile Hora* (Prague, 1921), pp.54–5.

37 Detailed breakdown in K. Oberleitner, 'Beiträge zur Geschichte des Dreißigjährigen Krieges mit besonderer Berücksichtigung des österreichischen Finanz- und Kriegswesens··· vom Jahre 1618–1634', *Archiv für österreichische Geschichte*, 19 (1858), 1–48, at 8–9. 另 见 P. Broucek, *Kampf um Landeshoheit und Herrschaft im Osten Österreichs 1618 bis 1621* (Vienna, 1992); S. Reisner, 'Die Kämpfe vor Wien in Oktober 1619 im Spiegel zeitgenössischer Quellen', in Weigl (ed.), *Wien*, pp.446–81.

38 R. Frost, *The Northern Wars 1558–1721* (Harlow, 2000), pp.96, 102.

39 H. Wisner, *Władysław IV* (Warsaw, 1995), p.32. 我要感谢 Kacper Rekawek 在这一点上以及其他波兰语文献上提供帮助。

40 P. Jasienica, *Rzeczpospolita obojga Narodowa* Vol. II (Warsaw, 1986). 另 见 H. Wisner, 'Die Adelsrepublik und der Dreißigjährige Krieg', in H. Duchhardt (ed.), *Der Westfälische Friede* (Munich, 1998), pp.405–12.

41 J. Besala, *Stanisław Żółkiewski* (Warsaw, 1988), p.349; H. Wisner, *Lisowczycy* (Warsaw, 1995).

42 G. Gajecky and A. Baran, *The Cossacks in the Thirty Years War*, Vol. I (Rome, 1969), pp.32–7.

43 Ibid., pp.40–52; Broucek, *Kampf um Landeshoheit*, pp.28–35.

44 R.R. Heinisch, 'Habsburg, die Pforte und der Böhmische Aufstand (1618–1620)', *Südost Forschungen*, 33 (1974), 125–65, and 34 (1975), 79–124; Gindely, *Thirty Years War*, I, pp.208–11.

45 Oberleitner, 'Beiträge', pp.1–12; Winkelbauer, 'Nervus belli Bohemici', pp.185, 196.

46 T. Hölz, *Krummstab und Schwert. Die Liga und die geistlichen Reichsstände Schwabens 1609–1635* (Leinfelden-Echterdingen, 2001), pp.372–91; D. Albrecht, *Maximilian I. von Bayern* (Munich, 1998), pp.491–7.

47 A. Gotthard, 'Protestantische "Union" und Katholische "Liga" ', in V. Press (ed.), *Alternativen zur Reichsverfassung in der Frühen Neuzeit?* (Munich, 1995), pp.81–112, at p.104. 很明显，是巴伐利亚，而不是有人说的西班牙，在这些谈判中占据主动：A. Edel, 'Auf dem Weg in den Krieg. Zur Vorgeschichte der Intervention Herzog Maximilians I. von Bayern in Österreich und Böhmen 1620', *ZBLG*, 65 (2002), 157–253.

48 条约收录于 *BA*, I, pp.242–7.

49 M. Kaiser, 'Ständebund und Verfahrensordnung. Das Beispiel der Katholischen Liga (1619–1631)', in B. Stollberg-Rilinger (ed.), *Vormoderne politische Verfahren* (Berlin, 2001), pp.331–415; Albrecht, *Maximilian*, pp.495–8, 502–11; R.R. Heinisch, *Paris Graf Lodron. Reichsfürst und Erzbischof von Salzburg* (Vienna, 1991).

50 M. Kaiser, 'Maximilian I. von Bayern und der Krieg', *ZBLG*, 65 (2002), 69–99. 关于对马克西米连的目标和他与蒂利的关系的详细分析，见同一作者的 *Politik und Kriegführung. Maximilian von Bayern, Tilly und die Katholische Liga im Dreißigjährigen Krieg* (Munich, 1999).

51 D. Albrecht, 'Zur Finanzierung des Dreißigjährigen Krieges: Die Subsidien der Kurie für Kaiser und Liga 1618–1635', *ZBLG*, 19 (1956), 534–67; G. Immler, 'Finanzielle Beziehungen zwischen Kirche und Staat in Bayern zur Zeit des Dreißigjährigen Krieges', in H. Kellenbenz and P. Prodi (eds.), *Fiskus, Kirche und Staat im konfessionellen Zeitalter* (Berlin, 1994), pp.141–63.

52 Albrecht, *Maximilian*, pp.511–14; Straub, *Pax und Imperium*, pp.137–62; P. Brightwell, 'Spain and Bohemia: the decision to intervene, 1619', *European Studies Review*, 12 (1982), 117–41, 和他的 'Spain, Bohemia and Europe, 1619–21', in the same publication, 371–99.

53 在意大利有 2.7 万人，在伊比利亚、北非和大西洋前哨有 1.6 万人，在佛兰德有 1.5

万人。在 1619 年，额外招募使佛兰德的军队人数增加了一倍。

54 见注释 52 中的史料，还有额外的数据来自 G. Parker, *The Army of Flanders and the Spanish Road 1567–1659* (Cambridge, 1979), p.272.

55 1620 年 3 月 20 日的米尔豪森宣言见于 Lorenz (ed.), *Quellen zur Vorgeschichte*, pp.451–3. 另见 T. Nicklas, *Macht oder Recht. Frühnezeitliche Politik im obersächsischen Reichskreis*(Stuttgart, 2002), pp.198–215; F. Müller, *Kursachsen*, pp.338–49; Albrecht, *Maximilian*, pp.516–17.

56 Numbers from Bezzel, *Geschichte des kurpfalzischen Heeres* I, pp.59–60; Gindely, *Thirty Years War*, I, pp.225–8. 关于以下内容，见 R. Bireley, *The Jesuits and the Thirty Years War* (Cambridge, 2003), pp.47, 50–6; D. Albrecht, *Die Auswärtige Politik Maximilians von Bayern 1618–1635* (Göttingen, 1962), pp.44–7.

57 C.R. Markham, *The Fighting Veres* (London, 1888), pp.394–420. 关于以下内容，另见 H.G.R. Reade, *Sidelights on the Thirty Years War* (3 vols., London, 1924), I, pp.323–45.

58 F. Müller, *Kursachsen*, pp.389–406.

59 Riezler (ed.), 'Kriegstagebücher', pp.84, 109.

60 1619 年 12 月 5 日费迪南德给约翰·格奥尔格的信见于 E. von Frauenholz (ed.), *Das Heerwesen in der Zeit des Dreißigjährigen Krieg* (2 vols., Munich, 1938–9), I, pp.105–6. 关于哥萨克的暴行，见 Gajecky and Baran, *Cossacks*, p.40.

61 Riezler (ed.), 'Kriegstagebücher', pp.90–4, 144.

62 T. Johnson, ' "Victoria a deo missa?" Living saints on the battlefields of the Central European Counter Reformation', in J. Beyer et al. (eds.), *Confessional Sanctity (c.1500–c.1800)* (Mainz, 2006), pp.319–35; O. Chaline, 'Religion und Kriegserfahrung. Die Schlacht am Weissen Berge 1620', in Brendle and Schindling (eds.), *Religionskriege*, pp.511–18.

63 B. Rill, *Tilly. Feldherr für Kaiser und Reich* (Munich, 1984), p.90.

64 Chaline, *Bataille*; J. Krebs, *Die Schlacht am Weißen Berge bei Prag* (Breslau, 1879); M. Junkelmann, 'Das alles entscheidende Debakel: Die Schlacht am Weißen Berg', in Wolf et al. (eds.), *Der Winterkönig*, pp.12–26.

65 柏林的新闻报告日期是 1620 年 11 月 30 日，见 H. Jessen (ed.), *Der Dreißigjährige Krieg in Augenzeugenberichten* (Düsseldorf, 1963), pp.93–4. 关于恐慌的报道见于 Sir Edward Conway's report in A. Gindely (ed.), *Die Berichte über die Schlacht auf dem Weissen Berge bei Prag* (Vienna, 1877), pp.156–63.

66 这些见于 Gindely (ed.), *Berichte*, pp.118–45.

67 Winkelbauer, 'Nervus belli Bohemici', pp.215–16. 另见 Gindely, *Thirty Years War*, I, pp.129, 237.

68 V. Urbánek, 'The idea of state and nation in the writings of Bohemian exiles after 1620', in L. Eriksonas and L. Müller (eds.), *Statehood before and beyond Ethnicity* (Brussels, 2005), pp.67–84.

69 I. Auerbach, 'The Bohemian opposition, Poland-Lithuania and the outbreak of the Thirty Years War', in Evans and Thomas (eds.), *Crown, Church and Estates*, pp.196–225, esp. pp.197–200; J. Burkhardt, *Der Dreißigjährige Krieg* (Frankfurt am Main, 1992), pp.81–2.

70 P. Mat'a, 'The making of state power and reflections on the state in Bohemia and Moravia between the Estates' rebellion and Enlightenment reforms', in H. Manikowska and J. Pánek (eds.), *Political Culture in Central Europe* (Prague, 2005), pp.349–67, at pp.353–8.

71 Z.V. David, *Finding the Middle Way. The Utraquists' liberal challenge to Rome and Luther* (Washington, DC, 2003), pp.302–48.

72 现代早期的宫廷最近引起了人们很大的兴趣。有关辩论和进一步参考的良好指南，请参见 J. Duindam, *Vienna and Versailles. The courts of Europe's dynastic rivals, 1550–1780* (Cambridge, 2003), and J. Adamson (ed.), *The Princely Courts of Europe 1500–1750* (London, 1999).

73 MacHardy, *War, Religion and Court Patronage*, esp. pp.188–98; T. Winkelbauer,

'Krise der Aristokratie? Zum Strukturwandel des Adels in den böhmischen und niederösterreichischen Ländern im 16. u. 17. Jh.', *MIÖG*, 100 (1992), 328–53; P. Mat'a, 'Der Adel aus den böhmischen Ländern am Kaiserhof 1620–1740', in V. Bůžek and P. Král (eds.), *Šlechta v habsburské monarchii a císařský dvůr, 1526–1740* (Budweis, 2003), pp.191–233.

74　一个很好的观点，见 Burkhardt, *Der Dreißigjährige Krieg*, pp.85–7.

第 10 章　费迪南德的胜利（1621—1624）

1　Father H. Fitz-Simon, *Diary of the Bohemian War of 1620* (Dublin, 1881), p.103.

2　F. Maier, *Die bayerische Unterpfalz im Dreißigjährigen Krieg* (New York, 1990), p.18.

3　See G. Lorenz (ed.), *Quellen zur Vorgeschichte und zu den Angfängen des Dreißigjährigen Krieges* (Darmstadt, 1991), pp.513–19; A. Gindely, *The Thirty Years War* (2 vols., New York, 1892), I, pp.301–3.

4　J. Gorst-Williams, *Elizabeth the Winter Queen* (London, 1977), p.157. 另见 N. Mout, 'Der Winter König im Exil. Friedrich V. von der Pfalz und die niederländischen Generalstaaten 1621–1632', *ZHF*, 15 (1988), 257–72.

5　V. Press, *Calvinismus und Territorialstaat* (Stuttgart, 1970), pp.493–4; F.H. Schubert, 'Die pfälzische Exilregierung im Dreißigjährigen Krieg', *ZGO*, 102 (1954), 575–680; M. Hroch and I. Bartecek, 'Die böhmische Frage im Dreißigjährigen Krieg', in H. Duchhardt (ed.), *Der Westfälische Friede* (Munich, 1998), pp.447–60.

6　C. Oman, *Elizabeth of Bohemia* (London, 1964), pp.236–40, 255; M. Rüde, *England und Kurpfalz im werdenden Mächteeuropa (1608–1632)* (Stuttgart, 2007), pp.226–43. 关于英国和普法尔茨的关系，见 E. Weiss, *Die Unterstützung Friedrichs V. von der Pfalz durch Jakob I. und Karl I. von England im Dreißigjährigen Krieg (1618–1632)* (Stuttgart, 1966), pp.31–124.

7　A. Gotthard, Konfession und Staatsräson. *Die Außenpolitik Württembergs unter Herzog Johann Friedrich (1608–1628)* (Stuttgart, 1992), pp.350–434; T. Hölz, *Krummstab und Schwert. Die Liga und die geistlichen Reichsstände Schwabens 1609–1635* (Leinfelden-Echterdingen, 2001), pp.408–30. 关于以下内容，见 Gindely, *Thirty Years War*, I, pp.306–9; R. Zaller, ' "Interests of state". James I and the Palatinate', *Albion*, 6 (1974), 144–75, at 153–72.

8　M. de Jong, 'Dutch public finance during the Eighty Years War: the case of the province of Zeeland, 1585–1621', in M. van der Hoeven (ed.), *The Exercise of Arms. Warfare in the Netherlands, 1568–1648*(Leiden, 1997), pp.133–52, at pp.139–40; J.I. Israel, *The Dutch Republic* (Oxford, 1995), pp.410–49.

9　A. Duke, *Reformation and Revolt in the Low Countries* (London, 2003), p.234.

10　H.H. Rowen, *The Princes of Orange* (Cambridge, 1988), pp.45–6.

11　J.I. Israel, *The Dutch Republic and the Hispanic World 1606–1661* (Oxford, 1982), pp.76–81 以及同一作者的 *Dutch Republic*, pp.450–74. 弗里德里希一开始住的房子是 Mijle 的，他是奥尔登巴内费尔特的女婿。

12　引用自 J.H. Elliott, *The Count-Duke of Olivares* (New Haven, 1986), p.58. 另见 C.H. Carter, *The Secret Diplomacy of the Habsburgs 1598–1625* (New York, 1964), pp.213–32; J.I. Israel, *Conflicts of Empires. Spain, the Low Countries and the struggle for world supremacy 1583–1715* (London, 1997), pp.35–9.

13　引用自 B.C. Pursell, *The Winter King* (Aldershot, 2003), p.129. 另见 S. Murdoch, *Britain, Denmark-Norway and the House of Stuart, 1603–1660* (East Linton, 2003), pp.22–48, 58–61. Swedish offers are covered by M. Roberts, *Gustavus Adolphus* (2 vols., London, 1953–8), I, pp.220–40. 关于瑞典自 1621 年以来和波兰的战争见第 13 章。

14　悖谬的是，这也帮助了弗里德里希，因为克里斯蒂安借给了詹姆斯一世 10 万英镑，用来支付保卫普法尔茨的英国志愿者的工资，作为对他帮助抑制尼德兰抗议丹麦欺凌汉萨的回报。丹麦还在 1622 年又借给了最终宣布支持弗里德里希的德意志诸侯 100 万塔勒。关于这个和塞格贝格，请参见 P.D. Lockhart, *Denmark in the Thirty Years War 1618–1648* (Selinsgrove, 1996), pp.87–93.

15　Weiss, *Unterstützung*, pp.117–23. 关于招募方法及其影响的分析，见 S.J. Stearns, 'Conscription and English society in the 1620s', *Journal of British Studies*, 11 (1972), 1–24, 关于金钱转移的分析，见 A.V. Judges, 'Philip Burlamachi. A financier of the Thirty Years War', *Economica*, 6 (1926), 285–300.

16　P. Broucek, *Kampf um Landeshoheit und Herrschaft im Osten Österreichs 1618 bis 1621* (Vienna, 1992), p.50.

17　关于当时的人对比夸之死的评价，见 V. Malvezzi, *Historia de los primeros años os del reinado de Felipe IV* (London, 1968), pp.37–40.

18　Gindely, *Thirty Years War*, I, pp.324–31; J. Polišenský, *The Thirty Years War* (London, 1971), pp.150–4.

19　F. Redlich, *The German Military Enterpriser and his Workforce* (2 vols., Wiesbaden, 1964–5), I, esp. pp.211–15. Mansfeld lacks an adequate biography. Older studies include A. de Villermont, *Ernest de Mansfeldt* (Brussels, 1866), and the entry in *Allgemeine Deutsche Biographie*, 20 (1884), 222–32.

20　关于与曼斯菲尔德的谈判，见 J. Staber, 'Die Eroberung der Oberpfalz im Jahre 1621', *Verhandlungen des Historischen Veriens für Oberpfalz und Regensburg*, 104 (1964), 165–221, at 190–4, 196–207.

21　关于曼斯菲尔德的军队和资源，见 O. Bezzel, *Geschichte des kurpfälzischen Heeres* (2 vols., Munich, 1925–8), I, pp.61–81.

22　G. Thies, *Territorialstaat und Landesverteidigung. Das Landesdefensionswerk in Hessen-Kassel unter Landgraf Moritz (1592–1627)* (Darmstadt, 1973), esp. p.167. 更老的关于黑森军队的总结，见于 D. Wright, 'The development of the army of Hesse-Cassel during the Thirty Years War', *Arquebusier*, 29, no.1 (2005), 2–15.

23　H.T. Gräf, 'Der Generalaudienzierer Wolfgang Guünther und Landgraf Moritz von Hessen-Kassel', in M. Kaiser and A. Pečar (eds.), *Der zweite Mann im Staat* (Berlin, 2003), pp.59–76. F.L. Carsten, *Princes and Parliaments* (Oxford, 1959), pp.175–8 中有一系列有用的细节。关于以下内容，另见 G. Schmidt, *Der Wetterauer Grafenverein* (Marburg, 1989); C. Cramer, 'Territoriale Entwicklung', in B. Martin and R. Wetekam (eds.), *Waldeckische Landeskunde* (Korbach, 1971), pp.214–20.

24　L.J. von Stadlinger, *Geschichte des württembergischen Kriegswesens* (Stuttgart, 1856), pp.275–81.

25　H. Wertheim, *Der Tolle Halberstädter. Herzog Christian von Braunschweig im Pfälzischen Krieg, 1621–1622* (2 vols., Berlin, 1929); J.O. Opel, *Der niedersächsisch-dänische Krieg* (3 vols., Halle and Magdeburg, 1872–94), vol. I.

26　F. Müller, *Kursachsen und der Böhmische Aufstand 1618–1622* (Münster, 1997), pp.171–3; A. Klinger, *Der Gothaer Fürstenstaat* (Husum, 2002), p.57.

27　M. Ventzke, 'Zwischen Kaisertreue und Interessenpolitik. Sachsen-Altenburg zu Beginn des 17. Jahrhunderts', *NASG*, 69 (1998), 64–72.

28　K. Obser, 'Der Feldzug des Jahres 1622 am Oberrhein nach den Denkwürdigkeiten des Freiherrn Ulysses v. Salis-Marschlins', *ZGO*, 7 (1892), 38–68, at 47; G. Gajecky and A. Baran, *The Cossacks in the Thirty Years War*, Vol. I (Rome, 1969), pp.65–77.

29　H. Gabel, 'Sicherheit und Konfession. Aspekte niederländischer Politik gegenüber Jülich-Berg vor und während des Dreißigjährigen Krieges', in S. Ehrenpreis (ed.), *Der Dreißigjährige Krieg im Herzogtum Berg und seinen Nachbarregionen* (Neustadt an der Aisch, 2002), pp.132–79, at pp.154–6; M. Kaiser, 'Überleben im Krieg – Leben mit dem Krieg', in ibid., pp.181–233, at pp.195–7.

30　T. von Moerner (ed.), *Kurbrandenburgische Staatsverträge von 1601–1700* (Berlin, 1867), nos.40, 44. 关于以下内容，另见 Israel, *Conflicts of Empires*, pp.23–39.

31　M. Kaiser, *Politik und Kriegführung* (Munich, 1999), pp.239–40; H. Lahrkamp, 'Kölnisches Kriegsvolk in der ersten Hälfte des Dreißigjährigen Krieges', *AHVN*, 161 (1959), 114–45.

32 关于战役的详细描述，见于一位巴伐利亚高级官员的笔记，编辑者是 Staber, 'Eroberung der Oberpfalz'.

33 曼斯菲尔德故意引诱蒂利落入陷阱的想法源于新教的宣传，e.g. Anon., *A true relation of all such battles as have been fought in the Palatinate, since the king's arrival there, until this present the 24 of May* (London, 1622), pp.1–10. See Obser, 'Feldzug', pp.57–8.

34 K. Frhr. von Reitzenstein, 'Der Feldzug des Jahres 1622 am Oberrhein', ZGO, 21 (1906), 271–95.

35 当时人的叙述，见 K. Lohmann (ed.), *Die Zerstörung Magdeburgs* (Berlin, 1913), p.241.

36 Obser, 'Feldzug', p.53.

37 Maier, *Unterpfalz*, pp.36–7, 70–96.

38 H.G.R. Reade, *Sidelights on the Thirty Years War* (3 vols., London, 1924), II, pp.59–79.

39 W. Brunink, *Der Graf von Mansfeld in Ostfriesland (1622–1624)* (Aurich, 1957), pp.62–84. 这部作品对曼斯菲尔德的职业提供了最好的报道。

40 Pursell, *Winter King*, pp.201–10.

41 O. Schuster and F.A. Francke, *Geschichte der sächsische Armee* (3 vols., Leipzig, 1883), I, pp.22–4; T. Nicklas, *Macht oder Recht. Frühezeitliche Politik im obersächsischen Reichskreis* (Stuttgart, 2002), pp.216–19.

42 H.E. Flieger, *Die Schlacht bei Stadtlohn am 6. August 1623* (Aachen, 1998); U. Söbbing, *Die Schlacht im Lohner Bruch bei Stadtlohn* (Stadtlohn, 1998); Major Gescher, 'Die Schlacht bei Stadtlohn am 5. und 6. August 1623', *Vestische Zeitschrift*, 1 (1891), 102–11.

43 Kaiser, *Politik und Kriegführung*, pp.205–7.

44 E. Berger, ' "Zwischen Pestilenz und Krieg" – Kriegsalltag und Friedenssehnsucht in der Region des heutigen Kreises Steinfurt', *Westfalen*, 75 (1997), 63–72; J. Barnekamp, ' "Sie hausen uebell, schlagen die Leuth und schatzen über die Maßen". Velen und Ramsdorf 1580–1650', in T. Sodermann (ed.), *1568–1648* (Vreden, 2002), pp.29–63.

45 W. Keim, 'Landgraf Wilhelm V. von Hessen-Kassel vom Regierungsantritt 1627 bis zum Abschluss des Bündnisses mit Gustav Adolf 1631', *Hessisches Jahrbuch für Landesgeschichte*, 12 (1962), 130–210, at 133–85.

46 R. Bireley, *Religion and Politics in the Age of the Counter Reformation* (Chapel Hill, 1981), pp.28–9.

47 W. Eberhard, 'The political system and the intellectual traditions of the Bohemian Ständestaat from the thirteenth to the sixteenth century', in R.J.W. Evans and T.V. Thomas (eds.), *Crown, Church and Estates* (Basingstoke, 1991), pp.23–47, at p.23.

48 D. Uhlir, *Cerny den a Bilé Hore 8. Listopad 1620* (Brno, 1998). 另见 V.S. Mamatey, 'The battle of White Mountain as myth in Czech history', *East European Quarterly*, 15 (1981), 335–45.

49 G. Wagner, 'Pläne und Versuche der Erhebung Österreichs zum Koönigreich', in Wagner (ed.), *Österreich von der Staatsidee zum Nationalbewußtsein* (Vienna, 1982), pp.394–432.

50 T. Winkelbauer, *Ständefreiheit und Fürstenmacht* (2 vols., Vienna, 2003), I, pp.74–8, 207–13; H.W. Bergerhausen, 'Die "Verneuerte Landesordnung" in Böhmen 1627', *HZ*, 272 (2001), 327–51.

51 More grisly detail in Gindely, *Thirty Years War*, I, pp.273–8.

52 Polišensky, *Thirty Years War*, p.144. More balanced assessment in T. Knoz, 'Die Konfiskationen nach 1620 in (erb) länder-übergreifender Perspektive', in P. Mat'a and T. Winkelbauer (eds.), *Die Habsburgermonarchie 1620 bis 1740* (Stuttgart, 2006), pp.99-130; R.J.W. Evans, *The Making of the Habsburg Monarchy 1550–1700* (Oxford, 1977), pp.201–9.

53 J. Weber, 'Der große Krieg und die frühe Zeitung', *Jahrbuch für Kommunikationsges-chichte*, 1 (1999), 23–61, at 27.

54 Lorenz (ed.), *Quellen zur Vorgeschichte*, pp.513–19. 关于这点及以下内容，见 E. Straub, *Pax und Imperium* (Paderborn, 1980), pp.174–96; R. Bireley, *The Jesuits and the Thirty Years War* (Cambridge, 2003), pp.56–61; D. Albrecht, *Maximilian I. von Bayern* (Munich, 1998), pp.548–9, 和他的 *Die auswärtige Politik Maximilians von Bayern 1618–1635* (Göttingen, 1962), pp.50–77.

55 Maier, *Unterpfalz*, pp.143–54; K.H. Frohnweiler, 'Die Friedenspolitik Landgraf Georgs II. von Hessen-Darmstadt in den Jahren 1630–1635', *Archiv für hessische Geschichte und Altertumskunde*, new series 29 (1964), 1–185, at 171–2.

56 Müller, *Kursachsen*, pp.435–45, 460–1.

57 蒂利拒绝了随后两个可以成为诸侯的提议。关于地位的提升，见 T. Klein, 'Die Erhebungen in den weltlichen Reichsfürstentums 1550–1806', *BDLG*, 122 (1986), 137–92, at 148–55; *NTSR*, III, pp.37–44.

58 关于以下内容，见 T. Johnson, *Magistrates, Madonnas and Miracles. The Counter Reformation in the Upper Palatinate* (Aldershot, 2009); Maier, *Unterpfalz*, pp.130–42, 160–204; M. Forster, *Catholic Germany from the Reformation to the Enlightenment* (Basingstoke, 2007), pp.85–93; R. Pörtner, *The Counter-Reformation in Central Europe* (Oxford, 2001), pp.108–261.

59 A. Rank, *Sulzbach im Zeichen der Gegenreformation (1627–1649). Verlauf und Fazit einer beschwerlichen Jesuitenmission* (Amberg, 2003).

60 R. Schlogl, 'Absolutismus im 17. Jahrhundert – Bayerischer Adel zwischen Disziplinierung und Intergration', *ZHF*, 15 (1988), 151–86.

61 A. Stögmann, 'Staat, Kirche und Bürgerschaft', in A. *Weigl (ed.), Wien im Dreißigjährigen Krieg* (Vienna, 2001), pp.482–564, at p.536. I have used the estimates for emigrants given in Winkelbauer, *Ständefreiheit und Fürstenmacht*, II, pp.27–8, 51, 182.

62 A. Coreth, *Pietas Austriaca. Österreichische Frömmigkeit im Barock* (Vienna, 1982).

63 1781 年，在 430 万波希米亚人和摩拉维亚人中，只有 5 万人站出来要求得到新的新教信仰自由。

64 W. Wäntig, 'Kursächsische Exulantenaufnahme im 17. Jahrhundert', *NASG*, 74/75 (2004), 133–74.

第 11 章 奥利瓦雷斯和黎塞留

1 引用自 J.H. Elliott, *The Count-Duke of Olivares* (New Haven, 1986), p.42.

2 J.H. Elliott, 'Staying in power: the Count-Duke of Olivares', in J.H. Elliott and L.W.B. Brockliss (eds.), *The World of the Favorite* (New Haven, 1999), pp.112–22, at p.118. 关于进一步的比较，见同一作者的 *Richelieu and Olivares* (Cambridge, 1984).

3 D. Goodman, *Spanish Naval Power, 1589–1665* (Cambridge, 1997), pp.9–19; R.A. Stradling, *The Armada of Flanders. Spanish maritime policy and European war, 1568-1668* (Cambridge, 1992), pp.16–32, 46–57.

4 G. Redworth, *The Prince and the Infanta* (New Haven, 2003); T. Cogswell, *The Blessed Revolution. English politics and the coming of war 1621–24* (Cambridge, 1989); A. Samson (ed.), *The Spanish Match. Prince Charles' journey to Madrid 1623* (Aldershot, 2006); J. Alcala Zamora, *España, Flandes y el mar de Norte (1618–1639)* (Barcelona, 1975), pp.216–28. 另见 R. Lockyer, *Buckingham: the life and political career of George Villiers, first duke of Buckingham* (London, 1981).

5 R.B. Manning, *An Apprenticeship in Arms. The origins of the British army 1585–1702* (Oxford, 2006), pp.105–7; B.C. Pursell, *The Winter King* (Aldershot, 2003), pp.222–8.

6 H.G.R. Reade, *Sidelights on the Thirty Years War* (3 vols., London, 1924), II, pp.406–18, 430–42.

7 P. Sigmond and W. Kloek, *Sea Battles and Naval Heroes in the 17th-century Dutch Republic* (Amsterdam, 2007). 关于以下内容，另见 A. James, *Navy and Government*

in Early Modern France 1572–1661(Woodbridge, 2004), and the sources in n.3 and ch.5 n.27 above.

8　这艘船在1961年被打捞了出来，被保存为一个博物馆：A. Franzen, *The Warship* Vasa (Stockholm, 1960).

9　R. Baetens, 'The organization and effects of Flemish privateering in the seventeenth century', *Acta Historiae Neerlandica*, 9 (1976), 48–75. 另见 A. Thrush, 'In pursuit of the frigate, 1603–40', *Historical Research*, 64 (1981), 29–45; R.A. Stradling, 'The Spanish Dunkirkers 1621–48', *Tijdschrift voor Geschiedenis*, 93 (1980), 541–58; J.I. Israel, *Dutch Primacy in World Trade 1585–1740* (Oxford, 1989), pp.134–56.

10　S.B. Schwartz, 'The Voyage of the Vassals', *American Historical Review*, 96 (1991), 735–62.

11　J. Glete, *Navies and Nations. Warships, navies and state building in Europe and America 1500–1860* (2 vols., Stockholm, 1993), I, p.130. See R. Harding, *The Evolution of the Sailing Navy, 1509–1815*(Basingstoke, 1995), pp.31–57; K.R. Andrews, *Ships, Money and Politics. Seafaring and naval enterprise in the reign of Charles I* (Cambridge, 1991); N.A.M. Rodger, *The Safeguard of the Sea* (London, 1997), pp.347–410.

12　J. Lynch, *The Hispanic World in Crisis and Change 1598–1700* (Oxford, 1992), pp.133–4. In contrast, see Elliott, *Olivares*, pp.245–77.

13　E. Solano Camón, 'The eastern kingdoms in the military organization of the Spanish monarchy', in E. Martínez and M. de P. Pi Corrales (eds.), *Spain and Sweden* (Madrid, 2000), pp.383–403.

14　M.A.S. Hume, *The Court of Philip IV. Spain in decadence* (London, 1907), pp.156–7, repeated in G. Parker, *The Military Revolution* (Cambridge, 1988), p.45, and J. Burkhardt, *Der Dreißigjährige Krieg*(Frankfurt am Main, 1992), pp.214–15 说有 50 万是民兵，其他的都是正规军。可与 J. Glete, *War and the State in Early Modern Europe. Spain, the Dutch Republic and Sweden as fiscal-military states, 1500–1660* (London, 2002), pp.33–7 中更为现实的估计做比较。

15　E. Straub, *Pax und Imperium* (Paderborn, 1980), p.289; J.I. Israel, *The Dutch Republic and the Hispanic World, 1606–1661* (Oxford, 1982), pp.217–23, 和他的 *Conflicts of Empires* (London, 1997), pp.45–62.

16　J.I. Israel, 'The politics of international trade rivalry during the Thirty Years War', *IHR* (1986), 517–49, at 519.

17　M. Greengrass, *France in the Age of Henri IV* (London, 1984), pp.201–4. For more detail see R. Bonney, *The King's Debts. Finance and politics in France 1589–1661* (Oxford, 1981); Y.M. Bercé, *The Birth of Absolutism. A history of France 1598–1661* (Basingstoke, 1996).

18　A.L. Moote, *Louis XIII the Just* (Berkeley, 1989).

19　G. Dethan, *Gaston d'Orleans. Conspirateur et prince charmant* (Paris, 1959).

20　C. Kampmann, *Arbiter und Friedensstiftung* (Paderborn, 2001), pp.140–68.

21　J.A. Clarke, *Huguenot Warrior: the life and times of Henri de Rohan, 1579–1638* (The Hague, 1966).

22　J.M. Constant, 'Die französischen *Dévots* und der Frieden mit Spanien. Die Opposition gegen Richelieu 1628–1643', in R.G. Asch (ed.), *Frieden und Krieg* (Munich, 2001), pp.193–206.

23　D.P. O'Connell, *Richelieu* (London, 1968) is one of the better biographies. For his early career, see J. Bergin, *The Rise of Richelieu* (New Haven, 1991).

24　黎塞留的回忆录的英译见 *The Political Testament of Cardinal Richelieu* (Madison, Wisc., 1961). 关于试图计算时运的尝试，见 J. Bergin, *Cardinal Richelieu. Power and the pursuit of wealth* (New Haven, 1985).

25　引用自 P. Sonnino, 'From d'Avaux to *dévot*: politics and religion in the Thirty Years War', *History*, 87 (2002), 192–203, at 192. 关于当时人关于黎塞留的外交政策的争议，见 W.F. Church, *Richelieu and Reason of State* (Princeton, 1972).

26　D. Parker, *La Rochelle and the French Monarchy* (London, 1980); J.F. Bosher, 'The political and religious origins of La Rochelle's primacy in trade with New France, 1627–1685', *French History*, 7 (1993), 286–312.

27 R. Desquesnes et al., *Les fortifications du litterol-La Charente Maritime* (Chauray, 1993).

28 Straub, *Pax und Imperium*, pp.44–88; P. Schmidt, *Spanisches Universalmonarchie oder 'teutsche Libertät'* (Stuttgart, 2001).

29 S. Externbrink, 'Kleinstaaten im Bündnissystem Richelieus: Hessen-Kassel und Mantua 1635–1642', in K. Malettke (ed.), *Frankreich und Hessen-Kassel* (Marburg, 1999), pp.135–57; H. Weber, *Frankreich und das Reich im 16. und 17. Jahrhundert* (Göttingen, 1968), pp.36–52; K. Malettke, 'France's imperial policy during the Thirty Years War and the Peace of Westphalia', in K. Bussmann and H. Schilling (eds.), *1648: War and Peace in Europe* (3 vols., Münster, 1998), I, pp.177–85.

30 W.H. Stein, *Protection royale. Eine Untersuchung zu den Protektionsverhältnissen im Elsass zur Zeit Richelieus 1622–1643* (Münster, 1978), esp. pp.6–10, 52–133.

31 正是一个雷蒂亚军团把曼斯菲尔德从明格尔斯海姆的彻底失败中拯救出来。关于以下内容，见 A. Wendland, *Der Nutzen der Passe und die Gefährdung der Seelen. Spanien, Mailand und der Kampf ums Veltlin 1620–1641* (Zurich, 1995). 当时的西班牙视角，可以见于 V. Malvezzi, *Historia de los primeros años del reinado de Felipe IV* (London, 1968), pp.17–18, 46–51, 84–5, 161–4. 另见第 5 章。

32 一些新教徒已经做好了屠杀天主教徒的准备了。Reade, *Sidelights*, II, pp.12–36.

33 See T. Osborne, *Dynasty and Diplomacy in the Court of Savoy* (Cambridge, 2002), pp.33–4; Reade, *Sidelights*, II, pp.418–20, 446–65.

34 R. Rodenas Vilar, *La politica Europea de España durante la Guerra de Treinta Años (1624–1630)* (Madrid, 1967), pp.18–37, 67–9; O'Connell, *Richelieu*, pp.77–96. 奥地利人允许在 1622 年占领的地区在 1629 年重新加入雷蒂亚自由邦，条件是它们仍然信奉天主教。

第 12 章 丹麦对皇帝的战争（1625—1629）

1 还有第六个威斯特伐利亚主教辖区，列日主教辖区，以及 8 个重要的帝国修道院，主要位于莱茵河边上或河西更远的地方，因此也不受未来的行动波及。相比之下，世俗的威斯特伐利亚公爵领属于科隆选帝侯，因此，尽管它名义上是一个公爵领，实际上是选帝侯构成的莱茵行政圈的一部分，它位于河的东面，容易受到攻击。

2 W. Guthrie, *Battles of the Thirty Years War* (Westport, 2002), p.119.

3 J.C. Lünig, *Corpus juris militaris des Heiligen Römischen Reiches* (Leipzig, 1723), pp.663–9. See P.D. Lockhart, *Denmark in the Thirty Years War, 1618–1648* (Selinsgrove, 1996), pp.108–41. Lockhart 的作品依然是对克里斯蒂安在德意志政策的最好分析。

4 M. Kaiser, *Politik und Kriegführung* (Munich, 1999), pp.205–35.

5 引用自 K. Hauer, 'Frankreich und die Frage der reichsständischen Neutralität', in K. Malettke (ed.), *Frankreich und Hessen-Kassel* (Marburg, 1999), pp.91–110, at p.93.

6 R.R. Heinisch, 'Die Neutralitätspolitik Erzbischof Paris Lodrons und ihre Vorläufer', *Mitteilungen der Gesellschaft für Salzburger Landeskunde*, 110/111 (1970), 255–76.

7 例如，参见 1634 年 8 月 19 日美因茨选帝侯提供的 3.7 万塔勒贷款收据，以重新武装帝国军队，HHStA, MEA Militaria 11, 以及皇帝警告不要向哈瑙的伯恩哈德军驻军提供屋子，HHStA, KA 91 (neu) 1 Oct. 1636. 进一步的讨论见 H.W. Bergerhausen, 'Die Stadt Köln im Dreißigjährigen Krieg', in S. Ehrenpreis (ed.), *Der Dreißigjährigen Krieg im Herzogtum Berg* (Neustadt an der Aisch, 2002), pp.101–312; C. Bartz, *Köln im Dreißigjährigen Krieg* (Frankfurt am Main, 2005), pp.141–273.

8 R. Monro, *Monro, his expedition with the worthy Scots regiment called Mac-Keys* (London, 1637, reprinted Westport, 1999); E.A. Beller, 'The military expedition

of Sir Charles Morgan to Germany 1627–9', *EHR*, 43 (1928), 528–39; K. Obser, 'Markgraf Georg Friedrich von Baden und das Projekt einer Diversion am Oberrhein 1623–1627', *ZGO*, 5 (1890), 212–42.

9 N. Mout, 'Der Winter König im Exil', *ZHF*, 15 (1988), 257–72, at 266.

10 引用自收录于 A.E.J. Hollaender, 'Some English documents on the end of Wallenstein', *Bulletin of the John Rylands Library Manchester*, 40 (1957–8), 359–90, at 388–9 中的当时一份法语宣传小册子。

11 更多的婚姻加强了这点，瓦伦斯坦最喜欢的表亲马克斯（Max）已经在 1622 年娶了哈拉赫的大女儿。哈拉赫本人娶了埃根贝格的女儿，他的儿子恩斯特·阿达尔伯特（Ernst Adalbert）很快成为枢机主教，负责波希米亚的再天主教化措施（见第 10 章）。哈拉赫和利希滕施泰因也是铸币厂财团的成员。

12 后一种阐释见于 F.H. Schubert, 'Wallenstein und der Staat des 17. Jahrhunderts', *Geschichte in Wissenschaft und Unterricht*, 16 (1965), 597–611. 最近且最平衡的传记重新强调了和平，不带民族主义腔调：J. Polišenský and J. Kollmann, *Wallenstein. Feldherr des Dreißigjährigen Krieges* (Cologne, 1997).

13 Kaiser, *Politik und Kriegführung*, pp.256–8.

14 这些任命和指示见 H. Hallwich, 'Wallensteins erste Berufung zum Generalat', *Zeitschrift für allgemeine Geschichte, Kultur, Literatur und Kunstgeschichte*, 1 (1884), 108–34. 另见 M. Ritter, 'Das Kontributionssystem Wallensteins', *HZ*, 90 (1903), 193–249.

15 E. Straub, *Pax und Imperium* (Paderborn, 1980), pp.247–8.

16 P. Suvanto, *Wallenstein und seine Anhanger am Weiner Hof zur Zeit des zweiten Generalats 1631–1634* (Helsinki, 1963), pp.32–41.

17 F. Konze, *Die Stärke, Zusammensetzung und Verteilung der Wallensteinischen Armee während des Jahres 1633* (Bonn, 1906), pp.10–12, 17, 22–3.

18 G. Irmer, *Hans Georg von Arnim* (Leipzig, 1894); D. Worthington, *Scots in Habsburg Service, 1618–1648* (Leiden, 2004), pp.145–76; R.D. Fitzsimon, 'Irish swordsmen in the imperial service in the 30 Years War', *Irish Sword*, 9 (1969–70), 22–31. 更多的细节在苏格兰、斯堪的纳维亚和北欧数据库中可以得到：http://www.st-andrews.ac.uk/history/ssne.

19 T.M. Barker, *The Military Intellectual and Battle. Raimondo Montecuccoli and the Thirty Years War* (Albany, NY, 1975); G. Schreiber, *Raimondo Montecuccoli* (Graz, 2000); H. Büchler, *Von Pappenheim zu Piccolomini* (Sigmaringen, 1994).

20 正如 S. Adams, 'Tactics or politics? "The military revolution" and the Hapsburg hegemony, 1525–1648', in J.A. Lynn (ed.), *Tools of War* (Urbana, 1990), pp.28–52 中提出的观点。更多的讨论见于 J. Lynn, 'How war fed war: the tax of violence and contributions during the *Grand Siècle*', *JMH*, 65 (1993), 286–310; F. Redlich, 'Contributions in the Thirty Years War', *Economic History Review*, 2nd series, 12 (1959), 247–54; V. Loewe, *Die Organisation und Verwaltung der Wallensteinischen Heeren* (Leipzig, 1894).

21 Ordinances 收录于 J. Heilmann, *Das Kriegswesen der Kaiserlichen und Schweden zur Zeit des Dreißigjährigen Krieges* (Leipzig, 1850), pp.169–74; E. von Frauenholz (ed.), *Das Heerwesen in der Zeit des Dreißigjährigen Krieges* (2 vols., Munich, 1938), vol. I.

22 K. Krüger, 'Dänische und schwedische Kriegsfinanzierung im Dreißigjährigen Krieg bis 1635', in K. Repgen (ed.), *Krieg und Politik 1618–1648* (Munich, 1988), pp.275–98, at p.280.

23 例如，1625 年 9 月 27 日向美因茨选帝侯提出的通过艾希斯费尔德的请求，HHStA, MEA Militaria 8.

24 J. Pohl, '*Die Profiantirung der keyserlichen Armaden ahnbelangendt*'. *Studien zur Versorgung der kaiserlichen Armee 1634/35* (Kiel, 1991), pp.63–9.

25 格罗茨菲尔德估计，在 1648 年，巴伐利亚和帝国军队的 4 万名军队对应有 14 万名营地追随者：Heilmann, *Kriegswesen*, p.199. For example musters see H.H. Weber, *Der Hessenkrieg* (Gießen, 1935), pp.59–60, 78; J. Krebs, 'Zur Beurteilung Holks und Aldringen', *Historische Vierteljahresschrift*, 3 (1900), 321–78, at 346; P. Engerisser,

Von Kronach nach Nördlingen. Der Dreißigjährige Krieg in Franken, Schwaben und der Oberpfalz 1631–1635 (Weißenstadt, 2004), pp.513–14.

26　引用自 G. Droysen, *Bernhard von Weimar* (2 vols., Leipzig, 1885), II, p.45. 关于坦白承认俘虏了一位女性，见 J. Peters (ed.), *Ein Söldnerleben im Dreißigjährigen Krieg* (Berlin, 1993), p.59. 进一步的讨论见 P.H. Wilson, 'German women and war 1500–1800', *War in History*, 3 (1996), 127–60.

27　S. Riezler (ed.), 'Kriegstagebücher aus dem ligistischen Hauptquartier 1620', *Abhandlungen des Phil.-Hist. Klasse der Bayerischen Akademie der Wissenschaften*, 23 (1906), 77–210, at 171.

28　HHStA, MEA Militaria 8, 19 Dec. 1625.

29　H.G. Ufflacker, 'Das Land Anhalt und die kaiserliche Kriegsführung 1625–1631', *Sachsen und Anhalt*, 9 (1933), 95–108; G. Knüppel, *Das Heerwesen des Fürstentums Schleswig-Holstein-Gottorf, 1600–1715*(Neumünster, 1972), pp.100–6; T. Rudel, 'Die Lage Pommerns vom Beginn des Dreißigjährigen Krieges bis zum Eintreffen Gustav Adolf (1620–1630)', *Baltische Studien*, 40 (1890), 68–133; H. Branig, 'Die Besetzung Pommerns durch Wallenstein während des Dreißigjährigen Krieges', *Baltische Studien*, 64 (1978), 31–40; H. Conrad and G. Teske (eds.), *Sterbezeiten. Der Dreißigjährige Krieg im Herzogtum Westfalen* (Münster, 2000), pp.37–42, 280–6.

30　M. Spahn, 'Auswärtige Politik und innere Lage des Herzogtums Pommern von 1627–30', *HJb*, 19 (1898), 57–88, at 63, 65–6. 由于 1628 年后施特拉尔松德附近的战斗，西半部的数据无法获得。

31　例子见 A. Ritter, 'Der Einfluß des Dreißigjährigen Krieges auf die Stadt Naumburg a.d. Saale', *Thüringisch-Sächsische Zeitschrift für Geschichte und Kunst*, 15 (1926), 1–96, at 65–72; L. Radler, *Das Schweidnitzer Land im Dreißigjährigen Krieg* (Lübeck, 1986), pp.25–47.

32　F. Redlich, *The German Military Enterprizer and His Workforce* (2 vols., Wiesbaden, 1964–5).

33　关于一份极好的对一位巴伐利亚将军的案例研究，见 S. Haberer, *Ott Heinrich Fugger (1592–1644). Biographische Analyse typologischer Handlungsfelder in der Epoche des Dreißigjährigen Krieges* (Augsburg, 2004).

34　J. Kunisch, 'Wallenstein als Kriegsunternehmer. Auf dem Weg zum absolutistischen Steuerstaat', in U. Schultz (ed.), *Mit dem Zehnten fing es an. Eine Kulturgeschichte der Steuer* (Munich, 1986), pp.153–61; G. Papke, *Von der Miliz zum stehenden Heer* (Munich, 1983), pp.140–50; M. Hüther, 'Der Dreißigjährige Krieg als fiskalisches Problem', *Scripta Mercaturae*, 21 (1987), 52–81.

35　F. Kleinehagenbrock, *Die Grafschaft Hohenlohe im Dreißigjährigen Krieg* (Stuttgart, 2003), pp.107–216, esp. p.184.

36　T. Robisheaux, *Rural Society and the Search for Order in Early Modern Germany* (Cambridge, 1989), pp.108–20. 关于谴责的例子见 Conrad and Teske (eds.), *Sterbezeiten*, pp.291–2.

37　Treasury report 收录于 G. Lorenz (ed.), *Quellen zur Geschichte Wallensteins* (Darmstadt, 1987), pp.111–14.

38　K. Oberleitner, 'Beiträge zur Geschichte des Dreißigjährigen Krieges', *Archiv für österreichische Geschichte*, 19 (1858), 1–48, at 18–19.

39　A. Ernstberger, *Hans de Witte, Finanzmann Wallensteins* (Wiesbaden, 1954), pp.160–267.

40　更多的例子见 J. Krebs, *Aus dem Leben des kaiserlichen Feldmarschalls Grafen Melchior von Hatzfeldt 1632–1636* (Breslau, 1926), pp.95–6.

41　转引自 T. Nicklas, *Macht oder Recht* (Stuttgart, 2002), p.226.

42　HHStA, MEA Militaria 8, 20 Dec. 1625. 关于以下内容，见 C. Kampmann, *Reichsrebellion und kaiserliche Acht* (Münster, 1992), pp.79–98.

43　G. Mann, *Wallenstein* (Frankfurt am Main, 1983), pp.237–86.

44　瓦滕贝格家族起源于巴伐利亚的费迪南德公爵（1550—1608）与平民玛丽亚·佩滕贝克（Maria Pettenbeck，1574—1614）的婚姻。

45　M. van Creveld, *Supplying War* (Cambridge, 1977), pp.5–18.

46　关于这场战斗的记载很糟糕，但是 H. Diwald, *Wallenstein* (Munich, 1969), pp.343–5 中总结了一些细节。曼斯菲尔德损失了大约 5000 人，包括战俘。关于总体上的军事行动，见 J.O. Opel, *Der niedersächisch-dänische Krieg* (3 vols., Halle and Magdeburg, 1872–94), vols. I and II.

47　G. Heiligsetzer, *Der oberösterreichische Bauernkrieg 1626* (Vienna, 1985); T. Winkelbauer, *Ständefreiheit und Fürstenmacht* (2 vols., Vienna, 2003), I, pp.68–71; H. Rebel, *Peasant Classes. The bureaucratization of property and family relations under early Habsburg absolutism, 1511–1636* (Princeton, 1983), pp.230–70; D. Albrecht, *Maximilian I. von Bayern* (Munich, 1998), pp.582–90.

48　Reproduced in J.R. Paas (ed.), *The German Political Broadsheet 1600–1700* (7 vols., Wiesbaden, 1985–98), IV, pp.250–2.

49　引用自 U. Kober, 'Der Favorit als "Factotum". Graf Adam von Schwarzenberg', in M. Kaiser and A. Pecar (eds.), *Der zweite Mann im Staat* (Berlin, 2003), pp.231–52, at pp.236, 245.

50　很多有用的材料见 http://muenden.kossert.net.

51　确切的战斗发生地点仍有争议，但是卢特西南这一地点看起来最有可能。关于这场战斗，见 D. Schäfer, 'Die Schlacht bei Lutter am Barenberge', *Neue Heidelberger Jahrbücher*, 10 (1900), 1–37; K.J.V. Jespersen, 'Slaget ved Lutter am Barenberg 1626', *Krigshistorisk Tidsskrift*, 9 (1973), 80–9; Guthrie, *Battles*, pp.128–45.

52　H. Weigel, 'Franken im Dreißigjährigen Krieg', *ZBLG*, 5 (1932), 1–50, at 18.

53　关于战役的更多的细节，见 J.V. Polišenský, *The Thirty Years War* (London, 1971), pp.114–21; Polišenský and Kollmann, *Wallenstein*, pp.117–27.

54　G. Murdock, *Calvinism on the Frontier 1600–1660* (Oxford, 2000), pp.36–44.

55　Lockhart, *Denmark*, p.154. 他对米茨拉夫"贪婪且无能"的指控似乎不公平。米茨拉夫被证明是一个有效的组织者，虽然他在后来的职业生涯中有过背叛行为。

56　B.C. Pursell, *The Winter King* (Aldershot, 2003), pp.257–9; A. Gindely, *The Thirty Years War* (2 vols., New York, 1892), I, p.425.

57　Monro, *Expedition*, pp.21–2, repeated in S. Murdoch, 'Scotsmen on the Danish-Norwegian frontier c.1580–1680', in A. Mackillop and S. Murdoch (eds.), *Military Governors and Imperial Frontiers c.1600–1800* (Leiden, 2003), pp.1–28, at p.14.

58　Polišenský and Kollmann, *Wallenstein*, p.137. For the sieges see F.C. Rode, *Kriegsgeschichte Schleswig-Holsteins* (Neumünster, 1935), pp.18–19; H. Eichberg, *Festung, Zentralmacht und Sozialgeometrie. Kriegsingenieurwesen des 17. Jahrhunderts in den Herzogtümern Bremen und Verden* (Cologne, 1989), pp.498–500.

59　关于海利根哈芬的溃败的生动描绘，见 Monro, *Expedition*, pp.28–39. 如果要找一个在帝国军中服役的人的描述，见 J. Ackermann, *Jürgen Ackermann, Kapitän beim Regiment Alt-Pappenheim 1631* (Halberstadt, 1895), pp.12–13.

60　H. Schmidt, 'Die Stadt Hannover im Dreißigjährigen Kriege 1626–1648', *Niedersächsisches Jahrbuch*, 3 (1926), 94–135, at 96–108; F. Watson, *Wallenstein. Soldier under Saturn* (London, 1938), p.245. 施里克获得了奎尔富特的马格德堡属地，而哈尔伯施塔特管辖下的布兰肯堡和雷根施泰因则被授予梅洛德。

61　Kampmann, *Reichsrebellion*, pp.90–8. 什未林从其丹麦教区长官乌尔里希王子那里没收。

62　参见 Kaiser, *Politik und Kriegführung*, pp.26–30. 蒂利拒绝了这个提议，尽管他确实接受了沃尔芬比特尔的罚款来代替他的欠款。相比之下，帕彭海姆要更贪婪，提出了 100 万弗洛林的赔偿，相当于马格德堡周围的土地价值。

63　选帝侯的抗议见于 Lorenz (ed.), *Quellen zur Geschichte Wallensteins*, pp.121–3. 1627 年 4 月 20 日因茨选帝侯对纽伦堡的回应，见 HHStA, MEA Militaria 8.

64　K. Breuer, *Der Kurfürstentag zu Mühlhausen* (Bonn, 1904); R. Bireley, *Religion and Politics in the Age of the Counterreformation* (Chapel Hill, 1981), pp.46–56. Minutes 收录于 Lorenz (ed.), *Quellen zur Geschichte Wallensteins*, pp.141–4.

65　M. Kaiser, 'Bayerns Griff nach Brandenburg', *FBPG*, new series 5 (1995), 1–29.

66　Albrecht, *Maximilian*, pp.679–83; Kaiser, *Politik und Kriegführung*, pp.256–77;

Gindely, *Thirty Years War*, I, pp.426–36.

67   E. Wilmanns, *Der Lübecker Friede* (Bonn, 1904); G. Lind, 'Interpreting a lost war: Danish experiences 1625 to 1629', in F. Brendle and A. Schilling (eds.), *Religionskriege im alten Reich* (Münster, 2006), pp.487–510. Paul Lockhart 将和约描述为 "丹麦外交史上最大的壮举", *Denmark*, p.205.

第 13 章   欧洲战争的威胁（1628—1630）

1   M. Roberts, *Gustavus Adolphus* (2 vols., London, 1953–8), I, pp.201–20, 245–6.

2   K.R. Böhme, *Die schwedische Besetzung des Weichselsdeltas 1626–1636* (Würzburg, 1963).

3   K. Cramer, *The Thirty Years War and German Memory in the Nineteenth Century* (Lincoln, Nebr., 2007), pp.46–50. 关于这个计划，见 O. Schmitz, *Die maritime Politik der Habsburger in de Jahren 1626–1628*(Bonn, 1903); A.E. Sokol, *Das habsburgische Admiralitätswerk des 16. und 17. Jahrhundert* (Vienna, 1976).

4   A. Makowski, 'Polish naval force in the Baltic in the first half of the 17th century', *Armi del Sovrano* 2001, http://www.assostoria.it/prod01.htm (accessed 28 Sept. 2005). 西吉斯蒙德和瓦伦斯坦之间的通信，见 *Doc. Bo.* IV, nos.222, 226–7. 关于英国和西班牙的的协商，见 E. Straub, *Pax und Imperium* (Paderborn, 1980), pp.218–51, 288–314; J. Alcala Zamora, *España, Flandes y el mar de Norte (1618–1639)* (Barcelona, 1975), pp.236–42, 267–82; R. Rodenas Vilar, *La politica Europea de España durante la Guerra de Treinta Años (1624–1630)* (Madrid, 1967), pp.113–47.

5   H. Mack, 'Die Hanse und die Belagerung Stralsunds im Jahre 1628', *Hansische Geschichtsblätter*, 20 (1892), 123–58. 关于城中的派系斗争，见 E. Neubauer, 'Johann Schneidewind, magdeburgischer Stadtkommandant und schwedischer Oberst', *Geschichtsblätter für Stadt und Land Magdeburg*, 27 (1892), 257–323. 马格德堡告诉汉萨同盟，它在 1627 年向瓦伦斯坦支付了 13.3 万贡金，以不用接纳驻军，但事实上这笔钱花在了加强防御上。

6   鉴于城市本身人口不到 1.5 万人，这是一个规模相当大的民众动员。关于围攻，见 G. Mann, *Wallenstein* (Frankfurt am Main, 1983), pp.457–77; F. Watson, *Wallenstein* (London, 1938), pp.258–69.

7   R. Monro, *Monro, his expedition with the worthy Scots regiment called Mac-Keys* (London, 1637, reprinted Westport, 1999), p.789. 关于瑞典的接管，见 H. Langer, *Stralsund 1600–1630* (Weimar, 1970), pp.242–6.

8   1628 年 7 月 11 日的条约印于 G. Lorenz (ed.), *Quellen zur Geschichte Wallensteins* (Darmstadt, 1987), pp.188–91. 同一卷包含了其他谈判的细节和瓦伦斯坦关于波罗的海计划的来往信件。

9   部队在 *Doc. Bo.* IV, no.295 中有列举。瓦伦斯坦声称派出了 1.5 万人：ibid., IV, pp.325–6.

10   E.L. Petersen, 'Defence, war and finance. Christian IV and the Council of Realm 1596–1629', *Scandinavian Journal of History*, 7 (1982), 277–313, at 311. 关于以下内容，见 J.K. Fedorowicz, *England's Baltic Trade in the Early Seventeenth Century* (Cambridge, 1980), pp.193–201.

11   R.I. Frost, 'Poland-Lithuania in the Thirty Years War', in K. Bussmann and H. Schilling (eds.), *1648: War and Peace in Europe* (3 vols., Münster, 1998), I, pp.197–205, at pp.200–1.

12   14 艘剩下的船只在 R.C. Anderson, *Naval Wars in the Baltic 1522–1850* (London, 1969), p.44 中被列出。"大卫王" 号已经在 1630 年被驱逐至吕贝克，并在那里被扣留。

13   R.A. Stradling, *The Armada of Flanders* (Cambridge, 1992), pp.60–5, 76–7.

14   J.C. Boyajian, *Portuguese Bankers at the Court of Spain, 1626–1650* (New Brunswick, 1983).

15　H.H. Rowan, *The Princes of Orange* (Cambridge, 1988), pp.56–76.

16　J.H. Elliott, *The Count-Duke of Olivares* (New Haven, 1986), pp.346–58; Straub, *Pax und Imperium*, pp.316–411.

17　Rodenas Vilar, *La politica Europea*, pp.73–83; M. Kaiser, *Politik und Kriegführung* (Münster, 1999), pp.210–35; H. Terhalle, 'Der Achtzigjährige Krieg zwischen dem König von Spanien und den Niederlanden in sienen Auswirkungen auf des Westmünsterland', in T. Sodmann (ed.), *1568–1648* (Vreden, 2002), pp.171–229, at pp.194–204. 另见第 12 章。

18　这是瓦伦斯坦在 1629 年 10 月 10 日给费迪南德的信中给出的总数：*Doc. Bo.* IV, nos.325–6. 这支军队包括已经驻扎在威斯特伐利亚的部队。

19　J.I. Israel, 'The Dutch-Spanish War and the Holy Roman Empire (1568–1648)', in Bussmann and Schilling (eds.), *1648: War and Peace*, I, pp.111–21, at p.119.

20　J.I. Israel, *The Dutch Republic and the Hispanic World, 1606–1661* (Oxford, 1982), pp.223–49, 和他的 *The Dutch Republic* (Oxford, 1995), pp.508–19; A. Waddington, La *République des Provinces-Unies, la France et les Pays-Bas Espagnoles de 1630 a 1650* (2 vols., Paris, 1895), I, pp.137–45.

21　关于曼托瓦继承问题，见 T. Osborne, *Dynasty and Diplomacy in the Court of Savoy* (Cambridge, 2002), pp.29–33, 144–9; D. Parrott, 'The Mantuan succession, 1627–31', *EHR*, 117 (1997), 20–65, 和他的 'A *prince souverain* and the French crown: Charles de Nevers 1580–1637', in R. Oresko et al. (eds.), *Royal and Republican Sovereignty* (Cambridge, 1997), pp.149–87.

22　H. Ernst, *Madrid und Wien 1632–1637. Politik und Finanzen in den Beziehungen zwischen Philipp IV. und Ferdinand II* (Münster, 1991), pp.36–8; Straub, *Pax und Imperium*, pp.327–61; B. Schneider, *Der Mantuanische Erbfolgestreit* (Bonn, 1905), pp.8–39. 关于战争的进程，见 H.G.R. Reade, *Sidelights on the Thirty Years War* (3 vols., London, 1924), III, pp.169–350; T.F. Arnold, 'Fortifications and the military revolution: the Gonzaga experience, 1530–1630', in C.J. Rogers (ed.), *The Military Revolution Debate* (Boulder, 1995), pp.201–26.

23　Elliott, *Olivares*, pp.337–44; R.A. Stradling, *Spain's Struggle for Europe 1598–1668* (London, 1994), pp.53–7, 72; Rodenas Vilar, *La politica Europea*, pp.149–235.

24　S.J. Stearns, 'A problem of logistics in the early 17th century: the siege of Ré', *Military Affairs*, 42 (1978), 121–6; Reade, *Sidelights*, III, pp.42–151; M.C. Fissel, *English Warfare 1511–1642* (London, 2001), pp.261–9; R.B. Manning, *An Apprenticeship in Arms. The origins of the British army 1585–1702* (Oxford, 2006), pp.115–23.

25　关于国王军的攻城努力，见 D. Parrott, *Richelieu's Army. War, government and society in France, 1624–1642* (Cambridge, 2001), pp.54, 88–91, 194; D.P. O'Connell, *Richelieu* (London, 1968), pp.160–82.

26　A.L. Moote, *Louis XIII* (Berkeley, 1989), p.202.

27　Straub, *Pax und Imperium*, pp.362–9.

28　S. Externbrink, 'Die Rezeption des "Sacco di Montova" im 17. Jahrhundert', in M. Meumann and D. Niefanger (eds.), *Ein Schauplatz herber Angst* (Göttingen, 1997), pp.205–22.

29　J. Kist, *Fürst- und Erzbistum Bamberg* (Bamberg, 1962), pp.100–2. 关于其他例子，见 H. Conrad and G. Teske (eds.), *Sterbezeiten. Der Dreißigjahrige Krieg im Herzogtum Westfalen* (Münster, 2000), pp.377–81; M. Ritter, 'Der Ursprung des Restitutionsediktes', *HZ*, 76 (1896), 62–102.

30　R. Bireley, *Maximilian I. von Bayern, Adam Contzen SJ und die Gegenreformation in Deutschland 1624–1635* (Göttingen, 1975); A. Posch, 'Zur Tätigkeit und Beurteilung Lamormains', *MIÖG*, 63 (1955), 375–90.

31　K. Repgen, *Dreißigjähriger Krieg und Westfälischer Friede* (Paderborn, 1998), pp.344–52.

32　M. Frisch, *Das Restitutionsedikt Kaiser Ferdinands II. von 6. März 1629* (Tübingen, 1993), pp.77–93; H. Urban, *Das Restitutionsedikt* (Munich, 1968), pp.177–99; D.

Albrecht, Maximilian I. von Bayern(Munich, 1998), pp.699–708; R. Bireley, *Religion and Politics in the Age of the Counterreformation* (Chapel Hill, 1981), pp.44–60.

33 A. Gotthard, ' "Politice seint wir bäptisch" . Kursachsen und der deutsche Protestantismus im frühen 17. Jahrhundert' , *ZHF*, 20 (1993), 275–319, at 310–12.

34 R. Bireley, 'The origins of the "Pacis compositio" (1629)' , *Archivum historicum societatis Jesu*, 152 (1973), 106–27.

35 S. Zizelmann, *Um Land und Konfession. Die Außen- und Reichspolitik Württembergs (1628–1638)* (Frankfurt am Main, 2002), pp.30–42.

36 Friedrich Friese 的 记 叙 见 K. Lohmann (ed.), *Die Zerstörung Magdeburgs* (Berlin, 1913), p.189; F. Gallati, 'Eidgenössische Politik zur Zeit des Dreißigjährigen Krieges' , *Jahrbuch für schweizerische Geschichte*, 43 (1918), 1–149, at 16–54.

37 引用自 R. Bireley, *The Jesuits and the Thirty Years War* (Cambridge, 2003), pp.91–3 和他的 *Religion and Politics*, pp.83–4.

38 引用自 Bireley, *Jesuits*, p.125.

39 Mann, *Wallenstein*, pp.631–2, 635–9; H. Diwald, *Wallenstein* (Munich, 1969), pp.421–3.

40 正如不来梅调解员的报告，引用自 H. Holstein, 'Zur Geschichte der Belagerung Magdeburgs durch Wallenstein im Jahre 1629' , *Zeitschrift für Preußische Geschichte*, 13 (1876), 593–620, at 609. 关于牧师扮演的角色，见 J. Finucane, ' "To remain unaltered in the courage you have inherited from your ancestors" : Magdeburg under siege 1547–1631' (Trinity College Dublin, PhD, 2008); H. Schultze, 'Domprediger Bake und die Magdeburger Pfafferschaft im Dreißigjährigen Krieg' , *Konfession, Krieg und Katastrophe* (issued by the Verein f. Kirchengesch. Der Kirchenprovinz Sachsen, Magdeburg, 2006), pp.25–42.

41 Agreement of 13 October 1629 in Lorenz (ed.), *Quellen zur Geschichte Wallensteins*, pp.209–10.

42 W. Seibrich, *Gegenreformation als Restauration. Die restaurativen Bemühungen der alten Orden im deutschen Reich um 1580 bis 1648* (Münster, 1991), pp.340–77.

43 很 好 的 例 子， 见 G. Menk, 'Restitution vor dem Restitutionsedikt' , *Jahrbuch fuür Westdeutsche Landesgeschichte*, 5 (1979), 103–30. 关 于 以 下 内 容，另见 Zizelmann, *Um Land und Konfession*, pp.112–13, 131–6; C. Kohlmann, 'Kriegs- und Krisenerfahrungen von Lutherischen Pfarrern und Glaubigen im amt Hornberg des Herzogtums Württemberg während des Dreißigjahrigen Krieges und nach dem Westfälischen Frieden' , in M. Asche and A. Schindling (eds.), *Das Strafgericht Gottes* (Münster, 2002), pp.123–211, at pp.160–7.

44 B. Nischan, 'Reformed irenicism and the Leipzig colloquy of 1631' , *CEH*, 9 (1976), 3–26.

45 D. Albrecht, *Die auswärtige Politik Maximilians von Bayern 1618–1635* (Göttingen, 1962), pp.379–81; Albrecht, *Maximilian*, pp.761–7; Bireley, *Religion and Politics*, pp.123–7.

46 Stralsund to Mainz, 30 June 1629, HHStA, MEZ Militaria 8.

47 C.V. Wedgwood, *The Thirty Years War* (London, 1957 edn), pp.231–6, at p.236. Similar perspective in G. Parker (ed.), *The Thirty Years War* (London, 1987), pp.111–13. 另见 O. Heyne, *Der Kurfürstentag zu Regensburg* (Berlin, 1866); Albrecht, *Maximilian*, pp.733–59.

48 见 Albrecht, *Maximilian*, pp.676–7, 685; P. Suvanto, *Wallenstein und seine Anhanger am Wiener Hof zur Zeit des zweiten Generalats 1631–1634* (Helsinki, 1963), pp.57–63. 关于以下内容，另见 C. Kampmann, 'Zweiter Mann im Staat oder Staat im Staat? Zur Stellung Wallensteins in der Administration Kaiser Ferdinands II.' , in M. Kaiser and A. Pecar (eds.), *Der zweite Mann im Staat* (Berlin, 2003), pp.295–315.

49 See Kaiser, *Politik und Kriegführung*, pp.279–302. Parker (ed.), *Thirty Years War*, p.112 is incorrect in claiming the armies were merged.

50 B. Stadler, *Pappenheim und die Zeit des Dreißigjährigen Krieges* (Winterthur, 1991); M. Kaiser, 'Pappenheim als empirischer Theoretiker des Krieges' , in H. Neuhaus

and B. Stollberg-Rillinger (eds.), *Menschen und Strukturen in der Geschichte Alteuropas* (Berlin, 2002), pp.201–27.

51　Parker (ed.), *Thirty Years War*, p.124. 另 见 Albrecht, *Maximilian*, pp.746–50 还 有 D.P. O'Connell, 'A cause célèbre in the history of treaty making. The refusal to ratify the peace treaty of Regensburg in 1630', *British Yearbook of International Law*, 42 (1967), 71–90; Osborne, Dynasty and Diplomacy, pp.167–71 中的有用记叙。

52　Ernst, *Madrid und Wien*, p.41; Bireley, *Religion and Politics*, pp.163–6.

第 14 章　北方雄狮（1630—1632）

1　在波美拉尼亚城镇中还有另外 1.3 万名驻军。J. Glete, *War and the State in Early Modern Europe. Spain, the Dutch Republic and Sweden as fiscal-military states, 1500–1660* (London, 2002), pp.34–5, 179–80; T. Lorentzen, *Die schwedische Armee im Dreißigjährigen Kriege und ihre Abdankung* (Leipzig, 1894), pp.8–12; L. Erickson, 'The Swedish army and navy during the Thirty Years War', in K. Bussmann and H. Schilling (eds.), *1648: War and Peace in Europe* (3 vols., Münster, 1998), I, pp.301–7. 后者总结了瑞典的文献，是关于整个战争期间军队规模的良好来源。

2　H. Ruffer and K. Zickermann, 'German reactions to the Scots in the Holy Roman Empire during the Thirty Years War', in S. Murdoch (ed.), *Scotland and the Thirty Years War* (Leiden, 2001), pp.271–93; D.H. Pleiss, 'Finnen und Lappen in Stift und Stadt Osnabrück 1633–1643', *Osnabrücker Mitteilungen*, 93 (1990), 41–94, at 46–9, 和他的 'Finnische Musketiere in fraänkischen Garnisonen 1631–1634', *Mainfränkishes Jahrbuch*, 44 (1992), 1–52, at 6–7.

3　William Guthrie 在他对瑞典战术的评估中给出的警告是正确的：*Battles of the Thirty Years War* (Westport, 2002), p.14.

4　J. Heilmann, *Das Kriegswesen der Kaiserlichen und Schweden zur Zeit des Dreißigjährigen Krieges* (Leipzig, 1850), pp.64–7, 286–8.

5　M. Roberts, *Essays in Swedish History* (London, 1967), pp.72–4. 关于地图绘制，见 B. Gäfvert, 'Maps and war: the Swedish experience during the Thirty Years War', in Bussmann and Schilling (eds.), *1648: War and Peace*, I, pp.309–17.

6　M. Roberts, *Gustavus Adolphus* (2 vols., London, 1953–8), II, p.409. 另见 E. Ringmar, *Identity, Interest and Action. A cultural explanation of Sweden's intervention in the Thirty Years War* (Cambridge, 1996), pp.113–18; J.P. Findeisen, *Axel Oxenstierna* (Gernsbach, 2007), pp.141–50; S.S. Goetze, *Die Politik der schwedischen Reichskanzlers Axel Oxenstierna gegenüber Kaiser und Reich* (Kiel, 1971), pp.53–9.

7　Findeisen, *Oxenstierna*, p.198. 这份宣言的英语版本，见 G. Symcox (ed.), *War, Diplomacy, and Imperialism, 1618–1763* (New York, 1974), pp.102–13.

8　关于这些尝试，见 A. Rieck, *Frankfurt am Main unter schwedischer Besatzung 1631-1635* (Frankfurt am Main, 2005), pp.265–73.

9　转引自 J. Ernst, 'Ein gleichzeitiger Bericht über das württembergische Kriegsvolk vor der österreichischen Stadt Villingen vom Jahre 1631 bis 1633', *WVJHLG*, 1 (1878), 129–37, at 130. 另 见 P. Piirmäe, 'Just war in theory and practice. The legitimation of Swedish intervention in the Thirty Years War', *Historical Journal*, 45 (2002), 499–523.

10　瑞典争取邀请的努力包括向反皇帝的报纸提供资金援助和贿赂牧师进行煽动性布道：D. Böttcher, 'Propaganda und öffentliche Meinung im protestantischen Deutschland 1628–36', in H.U. Rudolf (ed.), *Der Dreißigjährigen Krieg* (Darmstadt, 1977), pp.325–67, at pp.327–31; Roberts, *Gustavus Adolphus*, II, pp.432–4.

11　Goetze, *Politik*, pp.240–57; M. Stolleis, *Geschichte des öffentlichen Rechts in Deutschland*, Vol. I (Munich, 1988), pp.203–7.

12　M. Meumann, 'Die schwedische Herrschaft in den Stiftern Magdeburg und Halberstadt', in M. Kaiser and J. Rogge (eds.), *Die besetzte res publica* (Berlin,

2005), pp.241–69, at pp.264–7.

13　引用自 Ringmar, *Identity*, p.130.

14　C. Hallendorff (ed.), *Sverges traktater med främmande Magter*, Vol. V, part 1 (Stockholm, 1902), pp.438–42. 关于谈判，见 D.P. O'Connell, *Richelieu* (London, 1968), pp.250–7; C.T. Burckhardt, *Richelieu and his Age* (3 vols., London, 1970–1), II, pp.364–8; D. Albrecht, *Maximilian I. von Bayern* (Munich, 1998), pp.647–61, 719–30.

15　引自 H. Jessen (ed.), *Der Dreißigjährige Krieg in Augenzeugenberichten* (Düsseldorf, 1963), p.242. For similar threats, see C. Deinert, *Die schwedische Epoche in Franken 1631–5* (Würzburg, 1966), pp.83–90.

16　引用自 B. Nischan, 'Brandenburg's Reformed Räte and the Leipzig Manifesto of 1631', *Journal of Religious History*, 10 (1979), 365–80, at 375. 关于参加了大会的领地列表，见 W. Watts, *The Swedish Intelligencer* (3 vols., London, 1633–4), I, p.19a.

17　T. Kaufmann, 'The Lutheran sermon during the war and at the time of the peace agreement', in Bussmann and Schilling (eds.), *1648: War and Peace*, I, pp.245–50, at p.248.

18　Guthrie, *Battles*, p.2. 关于以下内容，见 M. Kaiser, *Politik und Kriegführung* (Münster, 1999), pp.362–72.

19　W. Keim, 'Landgraf Wilhelm V. von Hessen-Kassel vom Regierungsantritt 1627 bis zum Abschluss des Bündnisses mit Gustav Adolf 1631', *Hessisches Jahrbuch für Landesgeschichte*, 13 (1963), 141–222, at 146–204; T. Schott, 'Württemberg und Gustav Adolf, 1631 und 1632', *WVJHLG*, new series 4 (1895), 343–402, at 349–51.

20　K. Lohmann (ed.), *Die Zerstörung Magdeburgs* (Berlin, 1913), pp.48–63.

21　Kaiser, *Politik und Kriegführung*, pp.313–15, 328–33. 这部作品是关于 1631 年的军事和外交事件最好的描述。关于瑞典的军事行动，另见 *Sveriges Krig 1611–1632*(compiled by the Swedish General Staff, Stockholm, 1936–9), vols. V and VI.

22　R. Monro, *Monro, his expedition with the worthy Scots regiment called Mac-Keys* (Westport, 1999), pp.148–51. 瑞典人杀死了蒂利撤退时留在镇上的 300 名帝国军病号的大多数。

23　Monro, *Expedition*, pp.159–69; Watts, *Swedish Intelligencer*, I, pp.51a–54a.

24　除了包括在 Lohmann (ed.), *Zerstörung* 中的叙述（包括 Guericke 的），另见 E. Neubauer (ed.), *Magdeburgs Zerstörung 1631* (Magdeburg, 1931); J. Ackermann, *Jürgen Ackermann, Kapitän beim Regiment Alt-Pappenheim 1631* (Halberstadt, 1895) 中的那些。

25　H. Lahrkamp, 'Die Kriegserinnerung des Grafen Gronsfeld (1598–1662)', *Zeitschrift des Aachener Geschichtsvereins*, 71 (1959), 77–104, at 93. Zacharias Bandhauer 是这座城市里的天主教修道院的院长，他说帕彭海姆下令放火焚烧这座房子，以制造烟雾，掩护他的人越过城墙，而帕彭海姆所在团的埃克曼（Ackermann）上尉说，有两座房子被放火焚烧，是为了让那些仍在抵抗的市民离开城墙去救火。

26　Bandhauer in Lohmann (ed.), *Zerstörung*, pp.170–1.

27　Friedrich Friese 的说法见 ibid., pp.197–213. 关于暴力行为以及人们对它的反应，见 M. Schilling, 'Der Zerstörung Magdeburgs in der zeitgenossichen Literatur und Publizistik', in his *Konfession, Krieg und Katastrophe* (Magdeburg, 2006), pp.93–111; H. Medik, 'Historical event and contemporary experience: the capture and destruction of Magdeburg', *History Workshop Journal*, 52 (2001), 23–48; M. Kaiser, ' "Excidium Magdeburgense". Beobachtungen zur Wahrnehmung von Gewalt im Dreißigjährigen Krieg', in M. Meumann and D. Niefanger (eds.), *Ein Schauplatz herbe Angst* (Göttingen, 1997), pp.43–64, 和他的 'Die "Magdeburgische Hochzeit" 1631', in E. Labouvie (ed.), *Leben in der Stadt. Eine Kultur- und Geschlechtergeschichte Magdeburgs* (Cologne, 2004), pp.196–213. 另见 the contributions to H. Pühle (ed.), *Ganz verheeret! Magdeburg und der Dreißigjährige Krieg* (Magdeburg, 1998).

28　J. Kreztschmar, 'Die Allianz-Verhandlungen Gustav Adolfs mit Kurbrandenburg in Mai und Juni 1631', *FBPG*, 17 (1904), 341–82; V. Buckley, *Christina Queen of*

Sweden (London, 2004), pp.51–3. 格奥尔格·威廉保留了屈斯特林和布格斯多夫（Burgsdorf）上校领导下的 3000 人。

29 Kaiser, *Politik und Kriegführung*, pp.388–96; S. Zizelmann, *Um Land und Konfession* (Frankfurt am Main, 2002), pp.126–31; Albrecht, *Maximilian*, pp.768–90.

30 M. Frisch, *Das Restitutionsedikt* (Tübingen, 1993), pp.166–8.

31 Monro, *Expedition*, p.189.

32 Guthrie, *Battles*, p.23 重复了一个古老的故事，即蒂利本来不情愿，但在帕彭海姆的强迫下参战，后者确信萨克森军只是一群乌合之众，而瑞典军很弱。然而，蒂利的热切情绪从他与马克西米连的通信中可以清楚地看出。见 Kaiser, *Politik und Kriegführung*, pp.447–54. 关于当时人对这场战斗的有用记载，见 Monro, *Expedition*, pp.190–8; T.M. Barker, *The Military Intellectual and Battle* (Albany, NY, 1975), pp.174–81; W. Watts, *The Swedish Discipline* (London, 1632), unpaginated.

33 Ackermann, *Ackermann*, p.18.

34 G. Parker, *The Military Revolution* (Cambridge, 1988), p.23.

35 E.A. Beller, 'The mission of Sir Thomas Roe to the conference at Hamburg 1638–40', *EHR*, 41 (1926), 61–77, at 61; J.R. Paas, 'The changing image of Gustavus Adolphus on German broadsheets, 1630–3', *Journal of the Warburg and Courtauld Institutes*, 59 (1996), 205–44; Böttcher, 'Propaganda', pp.345–56. 关于以下内容，见 Ringmar, *Identity*, pp.156–64.

36 见 P. Engerisser, *Von Kronach nach Nördlingen* (Weißenstadt, 2004), pp.22–5. 来自瑞典方的同时代报道确认了这场屠杀：Monro, *Expedition*, pp.207–9; Watts, *Swedish Intelligencer*, II, pp.13a–16a.

37 O. Schuster and F.A. Francke, *Geschichte der sächsische Armee* (3 vols., Leipzig, 1885), I, pp.25–46; C. Jany, *Geschichte der preußischen Armee vom 15. Jahrhundert bis 1914* (4 vols., Berlin, 1928 – 9; reprinted Osnabrück, 1967), I, pp.67–73.

38 大部分留存下来的文件都见于 G. Irmer (ed.), *Die Verhandlungen Schwedens und seiner Verbündeten mit Wallenstein und dem Kaiser* (3 vols., Stuttgart, 1888–91).

39 持这种观点的有 A. Ernstberger, 'Wallensteins Heeressabotage und die Breitenfelder Schlacht', *HZ*, 142 (1930), 41–72; J. Pekař, *Wallenstein 1630–1634* (Berlin, 1937), pp.77–180; F. Watson, *Wallenstein*(London, 1938), pp.321–2, 327–9.

40 提议中的重新分配选帝侯头衔的内容，可以在 1632 年 3 月 5 日威廉五世和古斯塔夫斯的通信中看到，Irmer (ed.), *Verhandlungen*, I, pp.124–33. 古斯塔夫斯许诺了如下地点：明斯特、帕德博恩、赫克斯特、科维、富尔达、美因茨的艾希斯费尔德飞地和科隆选侯国部分地区。见 C. Tacke, 'Die Eindringen Hessen-Kassels in die Westfälische Stifter', in K. Malettke (ed.), *Frankreich und Hessen-Kassel* (Marburg, 1999), pp.175–87.

41 Elizabeth to Charles I, 17 October 1631, in L.M. Baker (ed.), *The Letters of Elizabeth Queen of Bohemia* (London, 1963), pp.81–2. 另见 K. Sharpe, *The Personal Rule of Charles I* (London, 1992), pp.70–97.

42 H.L. Rubenstein, *Captain Luckless. James, First Duke of Hamilton 1606–1649* (Edinburgh, 1975); E. Weiss, *Die Unterstützung Friedrichs V. von der Pfalz durch Jakob I. und Karl I. von England im Dreißigjährigen Krieg (1618–1632)* (Stuttgart, 1966), pp.108–16.

43 转引自 Goetze, *Politik*, pp.78, 219–20.

44 H.D. Müller, *Der schwedische Staat in Mainz 1631–1636* (Mainz, 1979), pp.155–66; F.P. Kahlenberg, *Kurmainzische Verteidigungseinrichtungen und Baugeschichte der Festung Mainz* (Mainz, 1963), pp.104–16.

45 从新教视角来叙述瑞典的宗教政策的，见 Deinert, *Franken*, pp.112–28, 146–50，从天主教视角来叙述的，见 R. Weber, *Würzburg und Bamberg im Dreißigjährigen Krieg*(Würzburg, 1979), pp.64–81. 更多的例子见 F. Kleinehagenbrock, *Die Grafschaft Hohenlohe im Dreißigjährigen Krieg* (Stuttgart, 2003), pp.47–52, 271; Rieck, *Frankfurt*, pp.204–15; B.J. Hock, *Kitzingen im Dreißigjährigen Krieg* (Tübingen, 1981), pp.59–87; B. Roeck, *Als wollt die Welt schier brechen. Eine Stadt im Zeitalter des Dreißigjährigen Krieges* (Munich, 1991), pp.244–62; Müller, *Mainz*,

pp.167–83.

46　K. Krüger, 'Dänische und schwedische Kriegsfinanzierung', in K. Repgen (ed.), *Krieg und Politik* (Munich, 1988); S. Lundkvist, 'Schwedische Kriegsfinanzierung 1630–1635', in Rudolf (ed.), *Der Dreißigjährige Krieg*, pp.298–323.

47　Roeck, *Als wollt die Welt*, pp.256–7. 更多的例子见 Findeisen, *Oxenstierna*, pp.213–14, 223; Lorentzen, *Armee*, pp.23–4. 关于以下内容，见 Müller, *Mainz*, pp.132–4, 153–6; W. Dobras, 'Die kurfürstliche Stadt bis zum Ende des Dreißigjährigen Krieges (1642–1648)', in F. Dumont and F. Schütz (eds.), *Mainz. Die Geschichte eine Stadt* (Mainz, 1998), pp.227–63, at pp.259–61.

48　Monro, *Expedition*, pp.206–7; W. Kopp, *Würzburger Wehr* (Würzburg, 1979), p.43.

49　J. Lindegren, 'The politics of expansion in seventeenth-century Sweden', in E. Martínez and M. de P. Pi Corrales (eds.), *Spain and Sweden* (Madrid, 2000), pp.169–94.

50　关于协议的细节，见 G. Droysen, 'Die niedersächsischen Kreisstände während des schwedisch-deutschen Krieges 1631 und 1632', *ZPGLK*, 8 (1871), 362–83, at 366–77; Findeisen, *Oxenstierna*, pp.166–7, 180–1.

51　Rieck, *Frankfurt*, pp.229–52; H. Langer, *Stralsund 1600–1630* (Weimar, 1970), pp.250–1.

52　K. Schumm, 'Die Hohenlohische Herrschaft über Ellwangen 1633/34', *Ellwanger Jahrbuch*, 17 (1956), 102–35.

53　罗马的铭文使用 "V" 而不是 "U"。关于以下内容，见 H. Duchhardt, *Protestantisches Kaisertum und Altes Reich* (Wiesbaden, 1977), pp.151–62; Goetze, *Politik*, pp.77–88; Roberts, *Essays*, pp.85–105.

54　Watts, *Swedish Intelligencer*, II, p.24b.

55　E. Böhme, *Das Fränkische Reichsgrafenkollegium im 16. und 17. Jahrhundert* (Stuttgart, 1989), pp.263–7; F. Magen, 'Die Reichskreise in der Epoche des Dreißigjährigen Krieges', *ZHF*, 9 (1982), 408–60.

56　Rieck, *Frankfurt*, pp.280–3; Müller, *Mainz*, pp.150–2.

57　Günter Barudio 试图根据国王的公开声明为他开脱，并把他说成是自由的捍卫者，鉴于他的行为的帝国主义性质，这是不可信的：*Gustav Adolf der Grosse* (Frankfurt am Main, 1982), pp.492–502.

58　E. Sticht, *Markgraf Christian von Brandenburg-Kulmbach und der Dreißigjährige Krieg in Ostfranken 1618–1635* (Kulmbach, 1965).

59　M.A. Junius, 'Bamberg im Schweden-Kriege', *Bericht des Historischen Vereins zu Bamberg*, 52 (1890), 1–168, at 18. 关于越来越大的恐慌的更多证据，见 M. Friesenegger, *Tagebuch aus dem 30jährigen Krieg* (Munich, 2007), pp.14–17; N. Schindler, 'Krieg und Frieden und die "Ordnung der Geschlechter". Das Tagebuch der Maria Magdalena Haidenbucherin (1609–1650)', in K. Garber (ed.), *Erfahrung und Deutung von Krieg und Frieden* (Munich, 2001), pp.393–452; R. Henggeler, 'Die Flüchtlingshilfe der schweizerischen Benediktinerklöster zur Zeit des Dreißigjährigen Krieges', *Studien und Mitteilungen für die Geschichte des Benediktinerordens und seiner Zweige*, 62 (1950), 196–221.

60　Albrecht, *Maximilian*, pp.790–2; Müller, *Mainz*, pp.48–50; K.H. Frohnweiler, 'Die Friedenspolitik Landgraf Georgs II. von Hessen-Darmstadt in den Jahren 1630–1635', *Archiv für hessische Geschichte und Altertumskunde*, new series 29 (1964), 1–185, at 30–88.

61　乌尔班给天主教同盟 22.3 万弗洛林，给皇帝 57 万弗洛林。在讷德林根战役之后，所有的支付都停止了。教宗在战争中也没有再给更多的资金。

62　R. Babel, *Zwischen Habsburg und Bourbon. Außenpolitik und europäische Stellung Herzog Karls IV. von Lothringen und Bar vom Regierungsantritt bis zum Exil (1624–1634)* (Sigmaringen, 1989); P. Martin, *Une guerre de Trente Ans en Lorraine 1631–1661* (Metz, 2002); G. Dethan, *Gaston d'Orleans* (Paris, 1959), pp.83–106; M. Prawdin, *Marie de Rohan Duchesse de Chevreuse* (London, 1971).

63　J.H. Elliott, *The Count-Duke of Olivares* (New Haven, 1986), pp.379–81, 434, 473–4.

64　O'Connell, *Richelieu*, pp.244–9; Burckhardt, *Richelieu*, II, pp.76–90.

65 门罗声称不到 2000 人，见 Müller, *Mainz*, pp.44, 52. 关于与西班牙的谈判，见 C. Bartz, *Köln im Dreißigjährigen Krieg. Die Politik des Rates der Stadt (1618–1635)* (Frankfurt am Main, 2005), pp.73–7, 148–9, 161–2; H. Ernst, *Madrid und Wien 1632–1637* (Münster, 1991), pp.18–54.

66 H. Weber, *Frankreich, Kurtrier, der Rhein und das Reich* (Bonn, 1969). 关于以下内容，见 Weber, *Würzburg*, pp.98–120; Müller, *Mainz*, pp.75–8; D. Albrecht, *Die auswärtige Politik Maximilians von Bayern 1618–1635* (Göttingen, 1962), pp.320–43.

67 停战协议于 1632 年 1 月 20 日被同意。文本见 Watts, *Swedish Intelligencer*, II, pp. 39a–41b.

68 更多细节见 J. Polišenský and J. Kollmann, *Wallenstein* (Cologne, 1997), pp.226–38; P. Suvanto, *Wallenstein und seine Anhänger am Wiener Hof zur Zeit des zweiten Generalats 1631–1634* (Helsinki, 1963), pp.97–107, 123–37.

69 See Suvanto, *Anhänger*, pp.138–62. Probable text in G. Lorenz (ed.), *Quellen zur Geschichte Wallensteins* (Darmstadt, 1987), pp.228–39.

70 See J. Krebs, *Aus dem Leben des kaiserlichen Feldmarschalls Grafen Melchior von Hatzfeldt 1632–1636* (Breslau, 1926), pp.3–13.

71 H. Lahrkamp, 'Lothar Dietrich Frhr. von Bönningenhausen', *WZ*, 108 (1958), 239–366, at 259–67; G. Droysen, 'Das Aufreten Pappenheims in Norddeutschland nach der Schlacht bei Breitenfeld', *ZPGLK*, 8 (1871), 401–28, 601–22.

72 在 M. Schennach, 'Das Verhältnis zwischen Tiroler Landbevölkerung und Militär von 1600 bis 1650', in S. Kroll and K. Krüger (eds.), *Militär und ländliche Gesellschaft*(Hamburg, 2000), pp.41–78 中有一些信息。

73 这里还有下文其他的引文来自 Junius, 'Bamberg', pp.56, 60–1. 更多细节见 Engerisser, *Von Kronach*, pp.46–50; W. Reichenau (ed.), *Schlachtfelder zwischen Alpen und Main* (Munich, 1938), pp.39–42.

74 见 Monro, *Expedition*, p.244.

75 关于这场战役，见 Watts, *Swedish Intelligencer*, II, pp.79a–84a; Reichenau, *Schlachtfelder*, pp.44–9; Engerisser, *Von Kronach*, pp.57–60.

76 当时人关于劫掠和农民的报复的叙述见 Monro, *Expedition*, pp.254–6; Friesenegger, *Tagebuch*, pp.17–28.

77 H. Mahr, 'Strategie und Logistik bei Wallensteins Blockade der Reichsstadt Nürnberg im Sommer 1632', *Fürther Heimatblätter*, new series 50 (2000), 29–53, at 35.

78 杜沃尔经常被认为是爱尔兰人或法国人，但是这是不准确的。关于以下内容，见 F. Taeglichbeck, *Das Treffen bei Steinau an der Oder am 11 Oktober 1633* (Breslau, 1889), pp.2–30; H. Schubert, *Urkundliche Geschichte der Stadt Steinau an der Oder* (Breslau, 1885), pp.62–4, 153–4. 我要感谢 Ralph Morrison 为我在布列斯劳的图书馆中寻找到了 Schubert 的书这么一份抄本。

79 在新教徒门罗的书中是这么认为的，见 Monro, *Expedition*, p.278. 关于这场战役的一个很好的叙述见 Engerisser, *Von Kronach*, pp.108–16.

80 见 G. Droysen, 'Der Krieg in Norddeutschland von 1632', *ZPGLK*, 9 (1872), 245–55, 289–312, 376–400, at 391–7; Albrecht, *Maximilian*, pp.838–40.

81 O. Rudert, 'Der Verat von Leipzig', *NASG*, 35 (1914), 68–87.

82 关于下面战役的一个极好的配有插图的叙述见 R. Brzezinski, *Lützen 1632* (Oxford, 2001). 更老的文献在 J. Seidler, 'Khevenhüllers Bericht über die Schlacht bei Lützen 1632', in Rudolf (ed.), *Der Dreißigjährige Krieg*, pp.33–50 中有综述。瑞典角度的有用目击者描述包括 Johann Dalbier 的信，保存在伦敦国家档案馆 SP81/39 part 2, fol.250–3 中。从帝国军角度的叙述，见瓦伦斯坦和霍尔克的报道，见 Lorenz (ed.), *Quellen zur Geschichte Wallensteins*, pp.251–6. 关于巴伐利亚军官 Augustin Fritsch 的叙述，见 Lohmann (ed.), *Zestörung*, pp.254–6.

83 H. Ritter von Srbik, 'Zur Schlacht von Lützen und zu Gustav Adolfs Tod', *MIÖG*, 41 (1926), 231–56, 他否认了 Pier Martelini 少校开了致命一枪的古老说法。

84 T.N. Dupuy, *The Military Life of Gustavus Adolphus* (New York, 1969), p.147.

第 15 章 没有了古斯塔夫斯（1633—1634）

1 关于宣传及人们对它的接受，见 J. Holm, 'King Gustav Adolf's death: the birth of early modern nationalism in Sweden', in L. Eriksonas and L. Müller (eds.), *Statehood Before and Beyond Ethnicity*(Brussels, 2005), pp.109–30; L.L Ping, *Gustav Freitag and the Prussian Gospel* (Bern, 2006), pp.262–76; J. Paul, 'Gustaf Adolf in der deutschen Geschichts-schreibung', *Historische Vierteljahresschrift*, 25 (1931), 415–29. 关于瑞典人不愿意谈判，见 W. Struck, *Johann Georg und Oxenstierna* (Stralsund, 1899), pp.18–50.

2 V. Buckley, *Christina Queen of Sweden* (London, 2004), pp.39–64.

3 M. Roberts, 'Oxenstierna in Germany 1633–1636', *Scandia*, 48 (1982), 61–105, at 72.

4 引用自 ibid., p.75.

5 The line advanced by G. Droysen, *Bernhard von Weimar* (2 vols., Leipzig, 1885).

6 更多细节见 P.D. Lockhart, *Denmark in the Thirty Years War, 1618–1648* (Selinsgrove, 1996), pp.214–43; K.H. Frohnweiler, 'Die Friedenspolitik Landgraf Georgs II. von Hessen-Darmstadt', *Archiv für hessische Geschichte und Altertumskunde*, new series 29 (1964), 1–185, at 92–113; Struck, *Johann Georg*, pp.63–72.

7 P. Suvanto, *Die deutsche Politik Oxenstiernas und Wallenstein* (Helsinki, 1979), pp.86–90.

8 J. Öhman, *Der Kampf um den Frieden. Schweden und der Kaiser im Dreißigjährigen Krieg* (Vienna, 2005), pp.51–4. 关于以下内容，见 J. Kretzschmar, *Der Heilbronner Bund 1632–1635* (3 vols., Lübeck, 1922); H. Langer, 'Der Heilbronner Bund (1633–35)', in V. Press (ed.), *Alternativen zur Reichsverfassung in der Frühen Neuzeit* (Munich, 1995), pp.113–22.

9 Roberts, 'Oxenstierna', p.82; E. Schieche, 'Schweden und Norddeutschland 1634', *BDLG*, 97 (1961), 99–132.

10 C.V. Wedgwood, *The Thirty Years War* (London, 1957 edn), p.363. 关于兰茨贝格屠杀，见 A. Buchner and V. Buchner, *Bayern im Dreißigjahrigen Krieg* (Dachau, 2002), pp.154–61. 另见 M.A. Junius, 'Bamberg im Schweden-Kriege', *Bericht des Historischen Vereins zu Bamberg*, 52 (1890), 1–168, at 107–22.

11 C. Deinert, *Die schwedische Epoche in Franken 1631–5* (Würzburg, 1966), pp.139–62.

12 H. Weber, *Frankreich, Kurtrier, der Rhein und das Reich* (Bonn, 1969), pp.225–30.

13 帕彭海姆本应带着 2.4 万人，来换取每个月 8 万埃斯库多的。关于范登贝赫的阴谋，见 A. Waddington, *La République des Provinces-Unies, la France et les Pays-Bas Espagnoles de 1630 a 1650* (2 vols., Paris, 1895), I, pp.145–80.

14 See ibid., I, pp.181–231; J.H. Elliott, *The Count-Duke of Olivares* (New Haven, 1986), pp.468–73; J.I. Israel, *The Dutch Republic* (Oxford, 1995), pp.516–23 for the negotiations into 1634.

15 比肯费尔德取代了霍恩，霍恩在弗兰肯加入了伯恩哈德。在当时英语史料中，他以"帕尔格拉夫"（Palsgrave）知名，这个名字来字他的头衔普法尔茨伯爵（Pfalzgraf）。关于入侵洛林，请参见 R. Babel, *Zwischen Habsburg und Bourbon* (Sigmaringen, 1989), pp.158–87; P. Martin, *Une guerre de Trente Ans en Lorraine 1631–1661* (Metz, 2002), pp.64–84.

16 W.H. Stein, *Protection royale. Eine Untersuchung zu den Protektionsverhältnissen im Elsass zur Zeit Richelieus 1622–1643* (Münster, 1978), pp.160–235.

17 H. Lahrkamp, 'Lothar Dietrich Frhr. von Bönningenhausen', *WZ*, 108 (1958), 239–366, at 278–85; F. Kölling, *Die Schlacht bei Hess. Oldendorf am 28.6.1633* (Rinteln, 1959).

18 L. van Tongerloo, 'Beziehungen zwischen Hessen Kassel und den Vereinigten Niederlanden während des Dreißigjährigen Krieges', *Hessisches Jahrbuch für Landesgeschichte*, 14 (1964), 199–270, at 220–3. 另见 H. Salm, *Armeefinanzierung im Dreißigjährigen Krieg. Der Niederrheinisch-Westfälische Reichskreis 1635–1650*

(Münster, 1990), esp. maps 1–5.

19 M. Kaiser, 'Die vereinbarte Okkupation. Generalstaatische Besatzungen in brandenburgischen Festungen am Niederrhein', in M. Meumann and J. Rogge (eds.), *Die besetzte* res publica (Berlin, 2006), pp.271–314; J.F. Foerster, *Kurfürst Ferdinand von Köln. Die Politik seiner Stifter in den Jahren 1634–1650* (Münster, 1979), pp.188–91; H. Fahrmbacher, 'Vorgeschichte und Anfänge der Kurpfalzischen Armee in Jülich-Berg 1609–1685', *Zeitschrift des Bergischen Geschichtsvereins*, 42 (1909), 35–94, at 40; B. Fries-Kurze, 'Pfalzgraf Wolfgang Wilhelm von Neuburg', *Lebensbilder aus dem bayrischen Schwaben*, 8 (1961), 198–227, at 209–18.

20 F. Konze, *Die Stärke, Zusammensetzung und Verteilung der Wallensteinischen Armee während des Jahres 1633* (Bonn, 1906), pp.42–6.

21 见 A. Gaedeke, 'Zur Politik Wallensteins und Kursachsens in den Jahren 1630–34', NASG, 10 (1889), 32–42, at 34. 关于谈判的有用的时间顺序记录，见 G. Wagner, *Wallenstein der böhmische Condottiere* (Vienna, 1958), pp.133–46.

22 Suvanto, *Politik*, pp.159–60.

23 J.V. Polišenský, *The Thirty Years War* (London, 1971), p.193. 关于以下内容，见 J. Krebs, *Aus dem Leben des kaiserlichen Feldmarschalls Grafen Melchior von Hatzfeldt 1632–1636* (Breslau, 1926), pp.38–40, 55.

24 H. Ernst, *Madrid und Wien 1632–1637* (Münster, 1991), pp.52–71; G. Mecenseffy, 'Habsburger im 17. Jahrhundert. Die Beziehungen der Höfe von Wien und Madrid während des Dreißigjährigen Krieges', *Archiv für österreichische Geschichte*, 121 (1955), 1–91, at 24–6.

25 Elliott, *Olivares*, pp.459–65; Ernst, *Madrid und Wien*, pp.47–50; K. Jacob, *Von Lützen nach Nördlingen* (Strasbourg, 1904), pp.51–66.

26 最近一支由 1.1 万名意大利人组成的队伍于 1631 年沿着西班牙之路穿过圣哥达山口。关于以下内容，见 J.A. Clarke, *Huguenot Warrior: The Life and Times of Henri de Rohan, 1579–1638* (The Hague, 1966), pp.187–95.

27 Ernst, *Madrid und Wien*, pp.76–7; D. Albrecht, *Maximilian I. von Bayern* (Munich, 1998), pp.849–54. 阿尔德林根对这个安排并不高兴，但最终还是接受了。

28 关于这场围城战，见 F. Gallati, 'Zur Belagerung von Konstanz im Jahre 1633', *Zeitschrift für schweizerische Geschichte*, 2 (1922), 234–43; K. Beyerle, *Konstanz im Dreißigjährigen Krieg* (Heidelberg, 1900). For its repercussions, see F. Gallati, 'Eidgenssische Politik zur Zeit des Dreißigjährigen Krieges', *Jahrbuch für schweizerische Geschichte*, 44 (1919), 1–257, at 58–107.

29 M. Friesenegger, *Tagebuch aus dem 30jährigen Krieg* (Munich, 2007), p.37. 另见 R.R. Heinisch, *Paris Graf Lodron. Reichsfürst und Erzbischof von Salzburg* (Vienna, 1991), pp.218–23.

30 W.E. Heydendorff, 'Vorderösterreich im Dreißigjährigen Krieg', *MÖSA*, 12 (1959), 74–142, at 134–7; C. Tacke, 'Die Eindringen Hessen-Kassels in die Westfälische Stifter', in K. Malettke (ed.), *Frankreich und Hessen-Kassel* (Marburg, 1999), pp.175–87, at pp.183–4.

31 Albrecht, *Maximilian*, pp.860–4. 当时人的记叙，见 Friesenegger, *Tagebuch*, pp.35–45.

32 阿伦德尔伯爵和艺术家温策尔·霍拉（Wenzel Hollar）都目睹了处决：F.C. Springell (ed.), *Connoisseur and Diplomat. The Earl of Arundel's embassy to Germany in 1636* (London, 1965), p.65. 更多的信息见 H. Rebel, *Peasant Classes* (Princeton, 1983), pp.270–84.

33 L. Radler, *Das Schweidnitzer Land im Dreißigjährigen Krieg* (Lübeck, 1986), pp.64–7; B.Z. Urlanis, *Bilanz der Kriege* (Berlin, 1965), p.232.

34 大多数二手叙述都接受了瓦伦斯坦大幅夸大的图尔恩军力数字的描述。参见 Radler, *Schweidnitzer Land*, pp.336–8 中他的报告，还有 F. Taeglichbeck, *Das Treffen bei Steinau* (Breslau, 1889), pp.76–114 中的一些文件。

35 A. Geiger, *Wallensteins Astrologie* (Graz, 1983).

36 Ernst, *Madrid und Wien*, pp.72–9; Albrecht, *Maximilian*, pp.868–76. 阴谋在 H. Rit-

ter von Srbik, *Wallensteins Ende* (2nd edn, Salzburg, 1952); Suvanto, *Politik*, esp. pp.104ff.; C. Kampmann, *Reichsrebellion und kaiserlichen Acht* (Münster, 1992), pp.106ff. 中有详细描述。

37　收录于 G. Lorenz (ed.), *Quellen zur Geschichte Wallensteins* (Darmstadt, 1987), pp.364–71. This also reprints other key documents in the coming drama.

38　T.M. Barker, 'Generalleutnant Ottavio Fürst Piccolomini', *Osterreichische Osthefte*, 22 (1980), 322–69 关于他的动机给出了一种有利的解释。

39　*Doc. Bo.*, V, nos.222–3.

40　C. von Pogrell, 'The German heirs and successors of Colonel Walter Butler', *Butler Journal. The Journal of the Butler Society*, 3 (1991), pp.304–16; H. Bücheler, *Von Pappenheim zu Piccolomini*(Sigmaringen, 1994), pp.61–80; J.M. Bulloch, 'A Scoto-Austrian. John Gordon, the assassinator of Wallenstein', *Transactions of the Banffshire Field Club* (1916–17), 20–9; D. Worthington, *Scots in Habsburg Service, 1618–1648* (Leiden, 2004), esp. pp.152, 177–8, 298–9.

41　关于这场大屠杀，当时人有很多报道，都略有不同。如需范例，请参阅 A.E.J. Hollaender, 'Some English documents on the end of Wallenstein', *Bulletin of the John Rylands Library Manchester*, 40 (1957–8), 359–90; G. Irmer (ed.), *Die Verhandlungen Schwedens und seiner Verbündeten mit Wallenstein und dem Kaiser* (3 vols., Stuttgart, 1888–91), III, pp.286–96.

42　Jacob, *Von Lützen*, pp.176–8.

43　Krebs, *Hatzfeldt*, pp.62–7.

44　有用的概论见 C. Tepperberg, 'Das kaiserliche Heer nach dem Prager Frieden 1635–1650', *Der Schwed ist im Land!* (Exhibition catalogue, Horn, 1995), pp.113–39.

45　*Doc. Bo.*, I, no.154.

46　*TE*, III, p.283. 对谋杀的反应见 A. Ernstberger, 'Für und wider Wallenstein', *HJb*, 74 (1955), 265–81; Srbik, *Wallensteins Ende*, pp.199–271.

47　这也是 Georg Wagner 的传记的副标题。标准阐释的总结见 F.H. Schubert, 'Wallenstein und der Staat des 17. Jahrhunderts', *Geschichte in Wissenschaft und Unterricht*, 16 (1965), 597–611. 另见 C. Tilly, *Capital, Coercion and European States, AD 990–1992* (Oxford, 1992), pp.80–1. 8

48　Ernst, *Madrid und Wien*, pp.80–92.

49　J. Pohl, '*Die Profiantirung der Keyserlichen Armaden ahnbelangendt'. Studien zur Versorgung der kaiserlichen Armee 1634/35* (Kiel, 1991), p.26; W.P. Guthrie, *Battles of the Thirty Years War* (Westport, 2002), pp.262, 282–4.

50　Jacob, *Von Lützen*, appendix pp.98, 109. Jacob 从有利于霍恩的角度很好地报道了即将到来的战斗。不太令人信服的亲伯恩哈德的报道见 E. Leo, *Die Schlacht bei Nördlingen im Jahre 1634* (Halle, 1899). 更多细节见 the excellent P. Hrnčiřik, *Spanier auf dem Albuch. Ein Beitrag zur Geschichte der Schlacht bei Nördlingen im Jahre 1634* (Aachen, 2007), and P. Engerisser, *Von Kronach nach Nördlingen* (Weißenstadt, 2004), pp.320–46.

51　马克西米连并不热心，但还是在费迪南德大公的压力下任命了查理公爵。

52　S. Poyntz, *The Relation of Sydnam Poyntz 1624–1636* (London, 1908), pp.109–10.

53　Friesenegger, *Tagebuch*, p.54.

54　According to an imperial soldier, see J. Peters (ed.), *Ein Söldnerleben im Dreißigjährigen Krieg* (Berlin, 1993), p.62.

55　引用自 G. Rystad, *Kriegsnachrichten und Propaganda während des Dreißigjährigen Krieges* (Lund, 1960), pp.180–1. 本书还详细记录了公众对这场战役的反映。

56　Droysen, *Bernhard*, II, p.46.

57　例子见 F. Kleinehagenbrock, *Die Grafschaft Hohenlohe im Dreißigjährigen Krieg* (Stuttgart, 2003), pp.186–204, 224–5; S. Zizelmann, *Um Land und Konfession* (Frankfurt am Main, 2002), pp.270–333.

58　Kretzschmar, *Heilbronner Bund*, III, pp.20–62.

59　关于俄国与波兰的战争，见 B. Porshnev, *Muscovy and Sweden in the Thirty Years War, 1630–5* (Cambridge, 1996).

60　S. Goetze, *Die Politik des schwedischen Reichskanzlers Axel Oxenstierna gegenüber Kaiser und Reich* (Kiel, 1971), pp.138–41; Droysen, *Bernhard*, II, pp.11–20, 53–5.

61　罗昂被转移到了瓦尔泰利纳：见第 18 章。

第 16 章　为了日耳曼自由（1635—1636）

1　持这种观点的有 R.A. Stradling, *Spain's Struggle for Europe 1598–1668* (London, 1994), pp.96–107, 114–17, 281. 关于和加斯东的谈判，见 H. Ernst, *Madrid und Wien 1632–1637* (Münster, 1991), pp.83–4.

2　J.H. Elliott, *The Count-Duke of Olivares* (New Haven, 1986), pp.472–4.

3　J.I. Israel, *Conflicts of Empires* (London, 1997), p.69.

4　Ernst, *Madrid und Wien*, pp.126–33.

5　关于计划中对战利品的瓜分，见 J. Alcala Zamora, *España, Flandes y el mar de Norte (1618–1639)* (Barcelona, 1975), pp.360–1 中的地图。法国和尼德兰的谈判见 A. Waddington, *La République des Provinces-Unies, la France et les Pays-Bas Espagnoles de 1630 a 1650* (2 vols., Paris, 1895), I, pp.242–60; J.I. Israel, *The Dutch Republic* (Oxford, 1995), p.525–7.

6　D. Parrott, 'The causes of the Franco-Spanish War of 1635–59', in J. Black (ed.), *The Origins of War in Early Modern Europe* (Edinburgh, 1987), pp.72–111, at pp.85–8.

7　它很晚才以适当修订的形式出现在 *Mercure de France*: D.P. O'Connell, *Richelieu* (London, 1968), pp.308–11; H. Weber, 'Vom verdeckten zum offenen Krieg: Richelieus Kriegsgründe und Kriegsziele 1634–35', in K. Repgen (ed.), *Krieg und Politik 1618–1648* (Munich, 1988), pp.203–18 中，另见他的 'Zur Legitimation der französischen Kriegserklärung 1635', *HJb*, 108 (1988), 90–113.

8　D. Parrott, *Richelieu's Army. War, government and society in France 1624–1642* (Cambridge, 2001), esp. pp.190–9. Somewhat higher figures in J.A. Lynn, *Giant of the Grand Siècle. The French army 1610–1715* (Cambridge, 1997). 更多的有用信息见 B.R. Kroener, 'Die Entwicklung der Truppenstärken in den Französischen Armeen zwischen 1635 und 1661', in K. Repgen (ed.), *Forschungen und Quellen zur Geschichte des Dreißigjährigen Krieges* (Münster, 1981), pp.163–220.

9　引用自 W.H. Lewis, *Assault on Olympus. The rise of the House of Gramont between 1604 and 1678* (London, 1958), p.35.

10　Calculated from data in R. Bonney, *The King's Debts. Finance and politics in France 1589–1661* (Oxford, 1981), p.173, and P. Kriedte, *Peasants, Landlords and Merchant Capitalists* (Leamington Spa, 1983), p.93.

11　R. Bonney, 'Louis XIII, Richelieu and the royal finances', in J. Bergin and L. Brockliss (eds.), *Richelieu and his Age* (Oxford, 1992), pp.99–33, at p.110.

12　J. Dent, *Crisis in Finance. Crown, financiers and society in seventeenth-century France* (Newton Abbot, 1973), p.32. 到 1639 和 1640 年度，偿还债务、支付租金（政府债券的利息，如西班牙的公债）的年度成本以及众多贪赃枉法的官员的工资攀升至 4580 万。

13　O.A. Ranum, *Richelieu and the Councillors of Louis XIII* (Oxford, 1963); R. Bonney, *Political Change in France under Richelieu and Mazarin 1624–1661* (Oxford, 1978), pp.263–83; D.C. Baxter, *Servants of the Sword. French intendants of the army, 1630–1670* (Urbana, 1976); B.R. Kroener, *Les Routes et les étappes. Die Versorgung der französischen Armeen in Nordostfrankreich (1635–1661)* (Münster, 1980).

14　K. Malettke, 'France's imperial policy during the Thirty Years War', in K. Bussmann and H. Schilling (eds.), *1648: War and Peace in Europe* (3 vols., Münster, 1998), I, pp.177–85, at pp.182–3.

15　Ernst, *Madrid und Wien*, pp.111–20, 166–8, 180–4, 217–19; P. Hrnčiřik, *Spanier auf dem Albuch* (Aachen, 2007), pp.60–73. 西班牙在 1634—1637 年间也向巴伐利亚支付了 28 万弗洛林。

16 J. Krebs, *Aus dem Leben des kaiserlichen Feldmarschalls Grafen Melchior von Hatzfeldt 1632–1636* (Breslau, 1926), p.89 中皮科洛米尼只有 8000 人，这似乎是在河西边作战的军队总数。

17 亨德森有着丰富多彩的职业生涯：可能在桑给巴尔被俘后活了下来，他在 1634 年进入帝国军中服役之前曾在丹麦和瑞典服役。关于谈判，见 *Doc. Bo.* V, no.334; D. Worthington, *Scots in Habsburg Service, 1618–1648* (Leiden, 2004), pp.155, 159, 171–2; G. Droysen, *Bernhard von Weimar* (2 vols., Leipzig, 1885), II, pp.58–62.

18 关于这些军事行动的更多细节见 vicomte de Noailles, *Episodes de la Guerre de Trente Ans. Le Cardinal de la Valette* (Paris, 1906), pp.132–88; H.D. Müller, *Der schwedische Staat in Mainz 1631–1636*(Mainz, 1979), pp.220–34; A. Borckel, *Geschichte von Mainz als Festung und Garnison* (Mainz, 1913), pp.52–9; Krebs, *Hatzfeldt*, pp.89–97; Droysen, *Bernhard*, II, pp.118–96.

19 关于帝国营地中的情景，同时代人有生动的描绘，见 J. Peters (ed.), *Ein Söldernleben im Dreißigjährigen Krieg* (Berlin, 1993), pp.63–70.

20 英语翻译见 G. Symcox (ed.), *War, Diplomacy, and Imperialism, 1618–1763* (New York, 1974), pp.117–21.

21 很少有证据能支持 R.A. Stradling 的说法，即西班牙同意对法国进行全面进攻。更多的讨论见 J.I Israel, *The Dutch Republic and the Hispanic World, 1606–1661* (Oxford, 1982), pp.250–62; also in his *Dutch Republic*, pp.528–30, 和他的 *Conflicts of Empires*, pp.73–9.

22 Ernst, *Madrid und Wien*, pp.192–231. 西班牙在 1636—1639 年间支付了 240 万弗洛林，这是最初承诺数额的一半，其中三分之一直接用于招募入伍的士兵。

23 关于一个不知名参与者的说法，见 Peters (ed.), *Söldnerleben*, pp.73–5. 更多细节见 Parrott, *Richelieu's Army*, pp.119–23, 196–7; O'Connell, *Richelieu*, pp.348–51.

24 P. Martin, *Une guerre de Trente Ans en Lorraine 1631–1661* (Metz, 2002), pp.131–3.

25 这么说的有 G. Parker (ed.), *The Thirty Years War* (London, 1987), p.152.

26 K. Repgen, 'Ferdinand III. (1637–57)', in A. Schindling and W. Ziegler (eds.), *Die Kaiser der Neuzeit 1519–1918* (Munich, 1990), pp.142–67, at p.157.

27 持这种观点的例子有 Parker (ed.), *Thirty Years War*, p.143; R. Bireley, 'The Peace of Prague (1635) and the Counter Reformation in Germany', *JMH*, 48 (1976), supplement 31–70, at 56–60; G. Barudio, *Der Teutsche Krieg 1618–1648* (Frankfurt am Main, 1998), pp.388–91.

28 A. Wandruska, 'Zum "Absolutismus" Ferdinands', *Mitteilungen des Oberosterreichischen Landesarchivs*, 14 (1984), 261–8; H. Haan, 'Kaiser Ferdinand II. und das Problem des Reichsabsolutismus', *HZ*, 207 (1968), 297–345.

29 关于谈判的具体信息，见 K.H. Frohnweiler, 'Die Friedenspolitik Landgraf Georgs II. von Hessen-Darmstadt', *Archiv für hessische Geschichte und Altertumskunde*, new series 29 (1964), 1–185, at 120–62; M. Kaiser, 'Der Prager Frieden von 1635', *ZHF*, 28 (2001), 277–97; A. Gindely, *The Thirty Years War* (2 vols., New York, 1892), II, pp.204–31.

30 K. Bierther, 'Zur Edition von Quellen zum Prager Frieden', in Repgen (ed.), *Forschungen und Quellen*, pp.1–30.

31 A. Kraus, 'Zur Vorgeschichte des Friedens von Prag 1635', in H. Dickerhof (ed.), *Festgabe Heinz Hurten* (Frankfurt am Main, 1988), pp.265–99, at pp.269–70; R.G. Asch, 'The *ius foederis* re-examined: the Peace of Westphalia and the constitution of the Holy Roman Empire', in R. Lesaffer (ed.), *Peace Treaties and International Law in European History* (Cambridge, 2004), pp.319–37, at pp.327–9.

32 D. Albrecht, *Maximilian I. von Bayern* (Munich, 1998), pp.909–38; C. Kapser, *Die bayerische Kriegsorganisation in der zweiten Hälfte des Dreißigjährigen Krieges 1635–1648/49* (Münster, 1997), pp.10–29.

33 Article 92. 文本见于 J.J. Schmauss and H.C. von Senckenberg (eds.), *Neue und vollständige Sammlung der Reichsabschiede* (4 vols., Frankfurt am Main, 1747), III, pp.534–48. 更多讨论见 A. Wandruska, *Reichspatriotismus und Reichspolitik zur Zeit des Prager Friedens von 1635* (Graz, 1955).

34　Trauttmannsdorff to Piccolomini, 30 May 1635, *Doc. Bo.*, VI, no.28.

35　账面兵力是 35 100，见 C. Vitzthum von Eckstädt, 'Der Feldzug der sächsischen Armee durch die Mark Brandenburg im Jahre 1635 und 1636', *Märkische Forschungen*, 16 (1881), 303–86, at 309–11.

36　1635 年 10 月 6 日的条约，见 T. von Moerner (ed.), *Kurbrandenburgische Staatsverträge von 1601–1700* (Berlin, 1867), pp.123–4.

37　August II to Emperor Ferdinand II, 10 September 1636, HHStA, KA 101 (neu).

38　E. Hagen, 'Die fürstlich würzburgische Hausinfanterie von ihren Anfängen zum Beginne des Siebenjährigen Krieges 1636–1756', *Darstellungen der Bayerischen Kriegsund Heeresgeschichte*, 19 (1910), 69–203, at 71–3.

39　S. Zizelmann, *Um Land und Konfession* (Frankfurt am Main, 2002), pp.289–331.

40　K.E. Demandt, *Geschichte des Landes Hessen* (Kassel, 1980), pp.415–20, 428–9.

41　谈判的内容见 J.F. Foerster, *Kurfürst Ferdinand von Köln* (Münster, 1979), pp.125–40; H. Lahrkamp, 'Lothar Dietrich Frhr. von Bönninghausen', *WZ*, 108 (1958), 239–366, at 315–18; H. Conrad and G. Teske (eds.), *Sterbezeiten. Der Dreißigjährige Krieg im Herzogtum Westfalen* (Münster, 2000), pp.18–19, 145–63.

42　克尼普豪森于 1635 年 12 月从退休状态中复出，恢复了他于 1634 年 2 月辞去的职位。施佩尔罗伊特上校在这段时间负责指挥。关于莱斯利，见 C.S. Terry, *The Life and Campaigns of Alexander Leslie, First Earl of Leven* (London, 1899).

43　H. Wunder, 'Frauen in der Friedenspolitik', in K. Garber et al. (eds.), *Erfahrung und Deutung von Krieg und Frieden* (Munich, 2001), pp.495–506.

44　关于军事行动的细节，见 HHStA, KA 91 (neu).

45　引 用 自 J. Öhman, *Der Kampf um den Frieden. Schweden und der Kaiser im Dreißigjährigen Krieg* (Vienna, 2005), p.67.

46　乌克森谢纳致巴纳尔，1634 年 10 月 28 日，引用自 M. Roberts, 'Oxenstierna in Germany 1633–1636', *Scandia*, 48 (1982), 61–105, at 79. 下面的引文来自 Öhman, *Kampf*, p.68.

47　Cited in A. Schmidt, *Vaterlandsliebe und Religionskonflikt. Politische Diskurse im alten Reich (1555–1648)* (Leiden, 2007), p.362.

48　Ibid., pp.358–415.

49　关 于 兵 变，见 B. von Chemnitz, *Königlich Schwedischer in Teutschland geführter Krieg* (2 vols., Stettin 1648, Stockholm, 1653), II, pp.731–848; S. Goetze, *Die Politik des schwedischen Reichskanzlers Axel Oxenstierna gegenüber Kaiser und Reich* (Kiel, 1971), pp.164–88; Ohman, *Kampf*, pp.71–5.

50　Vitzthum, 'Feldzug', pp.307–8.

51　J.K. Fedorowicz, *England's Baltic Trade in the Early Seventeenth Century* (Cambridge, 1980), pp.201–34; Goetze, *Politik*, pp.179–81.

52　C.E. Hill, *The Danish Sound Dues and the Command of the Baltic* (Durham, NC, 1926), pp.108–9; Stradling, *Spain's Struggle*, pp.261–2.

53　T. Lorentzen, *Die schwedische Armee im Dreißigjährigen Kriege und ihre Abdankung* (Leipzig, 1894), pp.65–6; Krebs, *Hatzfeldt*, pp.239–40.

54　A. von Bismarck, 'Die Memoiren des Junkers Augustus von Bismarck', *Jahresberichte des Altmarkischen Vereins für Vaterländische Geschichte*, 23 (1890), 90–105.

55　Vitzthum, 'Feldzug', p.340, entry for 9 December 1635.

56　J. Falcke, 'Die Steuerverhandlungen des Kurfürsten Johann Georgs I. mit den Landständen während des Dreißigjährigen Krieges', *Archiv für sächsische Geschichte*, new series 1 (1875), 268–348; F. Kaphahn, 'Die Zusammenbruch der deutschen Kreditwirtschaft im XVII. Jahrhundert und der Dreißigjährige Krieg', *Deutsche Geschichtesblätter*, 13 (1912), 139–62, at 147.

57　H. Kellenbenz, 'Hamburg und die französisch-schwedische Zusammenarbeit im 30 jährigen Krieg', *Zeitschrift der Vereins für Hamburgische Geschichte*, 49/50 (1964), 83–107; Öhman, *Kampf*, pp.77–88; Goetze, *Politik*, pp.198–201.

58　有一个很好的记叙，见 Krebs, *Hatzfeldt*, pp.145–55, 245–55, 可以由 W.P. Guthrie,

The Later Thirty Years War (Westport, 2003), pp.48–58 中的材料作为补充。

59　*Doc. Bo.*, VI, no.79. Ginetti's instructions can be found in K. Repgen, *Dreißigjähriger Krieg und Westfälischer Friede* (Paderborn, 1998), pp.425–57. 关于教宗政策的描述，见 K. Repgen, *Die römische Kurie und der Westfälische Friede* (2 vols., Tübingen, 1962).

60　F.C. Springell (ed.), *Connoisseur and Diplomat. The Earl of Arundel's embassy to Germany in 1636* (London, 1965).

61　R. Weber, *Würzburg und Bamberg im Dreißigjährigen Krieg* (Würzburg, 1979), pp.324–39.

62　H. Haan, *Der Regensburger Kurfürstentag von 1636/1637* (Münster, 1964); Weber, *Würzburg und Bamberg*, pp.313–24; Albrecht, *Maximilian*, pp.952–61; Ernst, *Madrid und Wien*, pp.232–44, 276.

63　招募工作始于 1637 年 3 月，但是一直没有达到计划中的 17 700 名步兵和 6050 名骑兵和龙骑兵的兵力：C. Jany, *Geschichte der preußischen Armee vom 15. Jahrhundert bis 1914* (4 vols., Berlin, 1928 – 9), I, pp.81–8; J. Schultze, *Die Mark Brandenburg* (5 vols., Berlin, 1961), IV, pp.261–80.

64　更多细节见 F. Hartung, 'Die Wahlkapitulationen der deutschen Kaiser und Könige', *HZ*, 107 (1911), 306–44, at 333–5.

第 17 章　哈布斯堡高潮（1637—1640）

1　E. von Frauenholz (ed.), 'Zur Geschichte des Dreißigjährigen Krieges', *ZBLG*, 253–71, at 254–5. 这则史料提供了一个非常有用的关于帝国军兵力的数据。

2　*Doc. Bo.*, VI, no.380. 这些人中，3935 人生病了。W.P. Guthrie 给出了一个稍高的总兵力，认为总计有 1.1 万名骑兵和 8400 名步兵，同样是指 1637 年 1 月的：*The Later Thirty Years War* (Westport, 2003), p.94. 关于以下内容，见 *Doc. Bo.*, VI, nos.402ff.

3　H. Ernst, *Madrid und Wien 1632–1637* (Münster, 1991), pp.231, 259–73; G. Mecenseffy, 'Habsburger im 17. Jahrhundert', *Archiv für österreichische Geschichte*, 121 (1955), 1–91, at 49–50.

4　H. Lahrkamp, *Jan von Werth* (2nd edn, Cologne, 1988), pp.69–77.

5　他的行动在他的官方战役日记中可以找到，E. Leupold (ed.), 'Journal der Armee des Herzogs Bernhard von Sachsen-Weimar aus den Jahren 1637 und 1638', *Basler Zeitschrift für Geschichte und Altertumskunde*, 11 (1912), 253–361, at 270–95. 另见 G. Droysen, *Bernhard von Weimar* (2 vols., Leipzig, 1885), II, pp.281–335; Lahrkamp, *Werth*, pp.80–7.

6　M. Hollenbeck, 'Die hessisch-kaiserlichen Verhandlungen über die Annahme des Prager Friedens', and J. Ulbert, 'Französische Subsidienzahlungen an Hessen-Kassel während des Dreißigjährigen Krieges', both in K. Malettke (ed.), *Frankreich und Hessen-Kassel* (Marburg, 1999), pp.111–22 and pp.159–74 respectively.

7　D. Parrott, *Richelieu's Army. War, government and society in France 1624–1642* (Cambridge, 2001), pp.300–2; H. Lahrkamp, 'Lothar Dietrich Frhr. von Bönninghausen', *WZ*, 108 (1958), 239–366, at 323–4.

8　Anon., *Abriß der Großherzogliche-Hessischen Kriegs- und Truppengeschichte 1567-1888* (2nd edn, Darmstadt, 1889), pp.8–10; F. Beck, *Geschichte der alten Hessen-Darmstädtischen Reiterregimenter (1609–1790)*(Darmstadt, 1910), pp.6–12.

9　L. van Tongerloo, 'Beziehungen zwischen Hessen Kassel und den Vereinigten Niederlanden wahrend des Dreißigjährigen Krieges', *Hessisches Jahrbuch für Landesgeschichte*, 14 (1964), 199–270, at 225–34; J. Foken, *Im Schatten der Niederlande. Die politisch-konfessionellen Beziehungen zwischen Ostfriesland und dem niederländischen Raum vom späten Mittelalter bis zum 18. Jahrhundert* (Münster, 2006), pp.396–400; J.F. Foerster, *Kurfürst Ferdinand von Köln. Die Politik seiner Stifter in den Jahren 1634–1650* (Münster, 1979), pp.140–4. 黑森人仍然控制着多斯

滕、多特蒙德、利普施塔特和科斯费尔德。

10　1638 年 2 月 24 日关于占领的报告：HHStA, KA 94 (neu), fol.105–10.

11　E.A. Beller, 'The mission of Sir Thomas Roe to the conference at Hamburg 1638–40', *EHR*, 41 (1926), 61–77; S. Murdoch, *Britain, Denmark-Norway and the House of Stuart, 1603–1660* (East Linton, 2003), pp.78–89.

12　伊丽莎白致劳德大主教, 1 June 1636, in L.M. Baker (ed.), *The Letters of Elizabeth Queen of Bohemia* (London, 1963), pp.92–3.

13　尽管如此, 帝国军还是截获了 1638 年 9 月 11 日梅兰德写的一封信, 信中表示他愿意提供援助：HHStA, KA 94 (neu), fol.134–5.

14　帝国战争委员会于 1638 年 9 月 2 日抱怨说, 普法尔茨人招募了 300 名科隆市遣散的士兵：ibid., KA 94 (neu).

15　兵力数字来自 H. Salm, *Armeefinanzierung im Dreißigjährigen Krieg. Der Nieder-rheinisch-Westfälische Reichskreis 1635–1650* (Münster, 1990), pp.54–5; Foerster, *Kurfürst Ferdinand*, pp.157–8. 另见 H. Peter and K. Großmann 的关于弗洛托的文章, 见 *Ravensburger Blätter für Geschichte, Volks- und Heimatkunde*, 38 (1938), 73–86.

16　M.E. Ailes, *Military Migration and State-formation. The British military community in seventeenth-century Sweden* (Lincoln, Nebr., 2002), pp.15–16.

17　关于巴纳尔逃脱的更多细节, 见 P. Englund, *Die Verwüstung Deutschlands* (Stuttgart, 1998), pp.163–8. 除了列出的德意志东北部城镇外, 瑞典人还占据了爱尔福特、本费尔德、奥斯纳布吕克和威悉河沿岸的一些据点。

18　J. Öhman, *Der Kampf um den Frieden. Schweden und der Kaiser im Dreißigjährigen Krieg* (Vienna, 2005), pp.107–24.

19　F. Redlich, *The German Military Enterprizer and his Workforce* (2 vols., Wiesbaden, 1964–5), I, p.203.

20　Wolfgang Neugebauer 强调, 霍亨佐伦专制主义始于格奥尔格·威廉和施瓦岑贝格时期, 以应对战争紧急情况：*Zentralprovinz im Absolutismus. Brandenburg im 17. und 18. Jahrhundert* (Berlin, 2001), esp. pp.54–9. 关于军事努力的更多细节, 见 C. Jany, *Geschichte der preußischen Armee vom 15. Jahrhundert bis 1914* (4 vols., Berlin, 1928–9), I, pp.89–92.

21　同时代人关于劫掠的细节, 见 C. von Bismarck, 'Das Tagebuch des Christophs von Bismarck aus den Jahren 1635–1640', *Thüringisch-Sächsische Zeitschrift für Geschichte und Kunst*, 5 (1915), 67–98, at 81–8.

22　War Council to the Reichshofrat, 4 May 1638, HHStA, KA 94 (neu), fol.66–9.

23　R. Weber, *Würzburg und Bamberg im Dreißigjährigen Krieg* (Würzburg, 1979), pp.252–67, 321.

24　Foerster, *Kurfürst Ferdinand*, pp.164–7; T. Nicklas, *Macht oder Recht* (Stuttgart, 2002), pp.235–7; Weber, *Würzburg und Bamberg*, pp.268–86.

25　W.E. Heydendorff, 'Vorderösterreich im Dreißigjaährigen Krieg', *MÖSA*, 12 (1959), 74–142, at 124–7. Bavarian strengths calculated from data in C. Kapser, *Die bayerische Kriegsorganisation in der zweiten Hälfte des Dreißigjaährigen Krieges 1635–1648/49* (Muünster, 1997), pp.223–49, and F. Weber, 'Gliederung und Einsatz des bayerischen Heeres im Drei β igjährigen Krieg', in H. Glaser (ed.), *Um Glauben und Reich*, Vol. II/I (Munich, 1980), pp.400–7. 另见 n.1 above.

26　HHStA, KA 94 (neu), fol.255–60. 这些计算包括萨克森军, 但不包括巴伐利亚军和威斯特伐利亚军, 以及哈布斯堡军政国境地带。

27　L.J. von Stadlinger, *Geschichte des württembergischen Kriegswesens* (Stuttgart, 1856), pp.302–7; K. von Martens, *Geschichte von Hohentwiel* (Stuttgart, 1857).

28　哈布斯堡家族和瑞士人之间关于伯恩哈德入侵的通信：HHStA, KA 94 (neu). Details of the battle in Leupold (ed.), 'Journal', pp.298–308; Droysen, *Bernhard*, II, pp.336–46; Lahrkamp, *Werth*, pp.92–8.

29　C.V. Wedgwood, *The Thirty Years War* (London, 1957 edn), pp.368–70 错误地认为伯恩哈德沿着南岸行军。

30　不知名的目击者的说法, 见 J. Peters (ed.), *Ein Söldnerleben im Dreißigjährigen Krieg* (Berlin, 1993), p.81.

31　Vicomte de Noailles, *Episodes de la Guerre de Trente Ans. La vie de Guébriant 1602–1643* (Paris, 1913); Anon., *Marshal Turenne* (London, 1907); M. Weygand, *Turenne, Marshal of France* (London, 1930).

32　当时人的记叙，见 K. Lohmann (ed.), *Die Zerstörung Magdeburgs* (Berlin, 1913), pp.271–4; Leupold (ed.), 'Journal', pp.349–53. 更多细节见 Droysen, *Bernhard*, II, pp.426–40; J. Heilmann, *Das Kriegswesen der Kaiserlichen und Schweden zur Zeit des Dreißigjährigen Krieges* (Leipzig, 1850), pp.72–3, 92–3.

33　Götz to Gallas, 7 October 1638, HHStA, KA 94 (neu), fol.152–3.

34　Anonymous diary, Peters (ed.), *Söldnerleben*, p.83. 关于以下内容，见 Leupold (ed.), 'Journal', pp.344–5; L.H. von Wetzer, 'Der Feldzug am Ober-Rhein 1638 und die Belagerung von Breisach', *Mittheilungen des K.K. Kriegsarchivs*, new series 3 (1889), 1–154, at 57–64.

35　Unsigned report dated 28 October 1638, HHStA, KA 94 (neu), fol.164–5.

36　细节来自 HHStA, KA 94 (neu), fol.259–60.

37　Copy of the terms in ibid., fol.316–17.

38　For example by Wedgwood, *Thirty Years War*, pp.364–5.

39　Further discussion of this point in G.P. Sreenivasan, *The Peasants of Ottobeuren, 1487–1726* (Cambridge, 2004), pp.281–3; F. Julien, 'Angebliche Menschenfresserei im Dreißigjährigen Kriege', *Mitteilungen des Historischen Vereins der Pfalz*, 45 (1927), 37–92; D. Fulda, 'Gewalt gegen Gott und die Natur', in M. Meumann and D. Niefanger (eds.), *Ein Schauplatz herber Angst* (Göttingen, 1997), pp.240–69.

40　W.H. Stein, *Protection royale. Eine Untersuchung zu den Protektionsverhältnissen im Elsass zur Zeit Richelieus 1622–1643* (Münster, 1978), pp.486–533.

41　奥古斯特给费迪南德三世的信，1637 年 4 月 4 日，HHStA, KA 101 (neu), 费迪南德于 1638 年 8 月 28 日给约翰·格奥尔格的保证信，见 HHStA, KA 94 (neu)。

42　他的感谢信，1638 年 1 月 1 日，HHStA, KA (neu), fol.3–4. 关于以下内容，见 S. Zizelmann, *Um Land und Konfession* (Frankfurt am Main, 2002), pp.332–69.

43　L. von Sichart, *Geschichte der Königlich-Hannoverschen Armee* (5 vols., Hanover, 1866–98), I, pp.104–6.

44　Christian IV to Banér, 19 October 1638, HHStA, KA 94 (neu), fol.157–8.

45　Christian IV to Ferdinand III, 13 July 1638, HHStA, KA 101 (neu).

46　费迪南德在 9 月 19 日的决定遵循了 8 月 26 日帝国宫廷议会的建议：ibid.

47　见 1638 年 10 月至 12 月科隆的费迪南德与马克西米连的信件，以及帝国宫廷议会的建议，in ibid.

48　Imperial order, 17 November 1638, HHStA, KA 94 (neu), fol.216–19.

49　K. Hauer, 'Frankreich und die reichsständischen Neutralität', in Malettke (ed.), *Frankreich und Hessen-Kassel*, pp.91–110, at pp.94–9.

50　G. Schrieber, *Raimondo Montecuccoli* (Graz, 2000), pp.41–2; Guthrie, *The Later Thirty Years War*, pp.69–70.

51　巴纳尔写信给黎塞留说，在 6 月他有 15 400 名步兵、1.5 名万骑兵和 80 门大炮：Parrott, *Richelieu's Army*, pp.61, 66. 即使有增援，他的有效兵力也不太可能超过 2.6 万人。

52　F. Geisthardt, 'Peter Melander Graf zu Holzapfel 1589–1648', *Nassauische Lebensbilder*, 4 (1950), 36–53, at 44–5; T. Lorentzen, *Die schwedische Armee im Dreißigjährigen Kriege und ihre Abdankung* (Leipzig, 1894), pp.97–9; Droysen, *Bernhard*, II, pp.539–54.

53　引用自 Droysen, *Bernhard*, II, p.547.

54　HHStA, MEA Militaría 11, esp. Darmstadt to Mainz 17 December 1639. 同样还做出努力，以说服斯特拉斯堡允许使用其桥梁。

55　Mitzlaff's report dated 24 November 1639, ibid.

56　G. Engelbert, 'Der Hessenkrieg am Niederrhein', *AHVN*, 161 (1959), 65–113, at 66–7.

57　英语翻译见 G. Symcox (ed.), *War, Diplomacy, and Imperialism, 1618–1763* (New York, 1974), pp.121–5.

58　T. Klingebiel, *Ein Stand für sich? Lokale Amsträger in der Frühen Neuzeit* (Hanover, 2002), pp.141–50; Foerster, *Kurfürst Ferdinand*, pp.161–71.

59　这些谈判在 HHStA, KA 101 (neu), fol.1–196 中可以找到。

60　5 December 1639, HHStA, MEA Militaria 11. 以下引文来自在斯特拉斯堡通过一个匿名中间人与奥姆上校讨论的报告，日期为 1640 年 3 月 3 日，in ibid.

61　Johann Jacob Vinther to the elector of Mainz, 28 January 1640, ibid. 另见 Parrott, *Richelieu's Army*, pp.139–44.

62　*Doc. Bo.*, VI, no.963. 下文来自 O. Schuster and F.A. Francke, *Geschichte der sächsiche Armee* (3 vols., Leipzig, 1885), I, p.71; Kapser, *Kriegsorganisation*, pp.224–5.

63　*TE*, IV, p.364.

64　Peters (ed.), *Söldnerleben*, pp.91–6.

65　W.E. Heydendorff, 'Vorderosterreich im Dreißigjährigen Krieg' [part 2], *MÖSA*, 13 (1960), 107–94, at 132–83.

第 18 章　均势（1641—1643）

1　例如，A. Kraus, *Maximilian I. Bayerns Großer Kurfürst* (Graz, 1990), p.298. 更为同情的论述，见 E. Höfer, *Das Ende des Dreißigjährigen Krieges* (Cologne, 1998), pp.44–53.

2　M. Howard, *War in European History* (Oxford, 1976), p.37.

3　根据 C.V. Wedgwood, *The Thirty Years War* (London, 1957 edn), pp.373–6, 383, 转引自 p.362. 类似的讨论见 S.R. Gardiner, *The Thirty Years War 1618–1648* (London, 1889), pp.183–4; T. Lorentzen, *Die schwedische Armee im Dreißigjährigen Kriege und ihre Abdankung* (Leipzig, 1894), pp.76–7.

4　B.R. Kroener, 'Soldat oder Soldateska? Programmatischer Aufriß einer Sozialgeschichte militärischer Unterschichten in der ersten Hälfte des 17. Jahrhunderts', in M. Messerschmidt et al. (eds.), *Militärgeschichte. Problemen, Thesen, Wege* (Stuttgart, 1982), pp.100–23.

5　很好的例子见 T. Helfferich, 'A levy in Liège for Marazin's army: Practical and strategic difficulties in raising and supporting troops in the Thirty Years War', *Journal of Early Modern History*, 11 (2007), 475–500.

6　关于逃兵问题的描述见于 M. Kaiser, 'Ausreißer und Meuterer im Dreißigjährigen Krieg', in U. Bröckling and M. Sikora (eds.), *Armeen und ihre Deserteure* (Göttingen, 1998), pp.49–71, and 'Die Lebenswelt der Söldner und das Phänomen der Desertion im Dreißigjährigen Krieg', *Osnabrücker Mitteilungen*, 103 (1998), 105–24.

7　最近的这样论点的例子见 W.P. Guthrie, *The Later Thirty Years War* (Westport, 2003), pp.122, 221.

8　Ibid., p.233.

9　D. Croxton, 'A territorial imperative? The military revolution, strategy and peacemaking in the Thirty Years War', *War in History*, 5 (1998), 253–79, at 278. 另见他的 ' "The prosperity of arms is never continued". Military intelligence, surprise and diplomacy in 1640s Germany', *Journal of Military History*, 64 (2000), 981–1003.

10　D. Albrecht, *Maximilian I. von Bayern* (Munich, 1998), pp.962–78; R. Weber, *Würzburg und Bamberg im Dreißigjährigen Krieg* (Würzburg, 1979), pp.340–68. 关于以下内容，另见 K. Bierther, *Der Regensburger Reichstag von 1640/41* (Kallmunz, 1971); R. Bireley, *The Jesuits and the Thirty Years War* (Cambridge, 2003), pp.215–20.

11　As Ferdinand III expressed it to Elector Anselm of Mainz, 26 March 1640, HHStA, MEA Militaria 11.

12　帝国大会决议书收录于 J. J. Schmauss and H. C. von Senckenberg (eds.) *Neue und vollständige Sammlung der Reichsabschiede* (4 vols., Frankfurt am Main, 1747), III, pp.548–74. The mandate, dated 1 October 1640, is in HHStA, MEA Militaria 11.

13　P. Englund, *Die Verwüstung Deutschlands* (Stuttgart, 1998), pp.243–52.

14　巴纳尔的死很可能是由于过量饮酒和吃腐烂的肉，但这不太可能是去年 11 月臭名昭著的希尔德斯海姆宴会的结果，当时格奥尔格也病倒了，还有两名客人死亡。

15　J. Öhman, *Der Kampf um den Frieden. Schweden und der Kaiser im Dreißigjährigen Krieg* (Vienna, 2005), pp.154–62; Lorentzen, *Armee*, pp.93–104; Englund, *Verwüstung*, pp.269–70.

16　L. Hüttl, *Friedrich Wilhelm von Brandenburg, der Große Kurfürst, 1620–1688* (Munich, 1981), pp.76–87; Öhman, *Kampf*, pp.119–53.

17　O. Elster, *Geschichte der stehenden Truppen im Herzogthum Braunschweig-Wolfenbüttel* (2 vols., Leipzig, 1899–1901), I, pp.63–73. 关于以下内容，另见 Englund, *Verwüstung*, pp.266–8.

18　H.G. Aschoff, 'Das Hochstift Hildesheim und der Westfalische Frieden', *Die Diozese Hildesheim in Vergangenheit und Gegenwart*, 66 (1998), 229–69, at 239–52. Klitzing entered Spanish service.

19　K. Ruppert, *Die kaiserliche Politik auf dem Westfälischen Friedenskongress (1643–8)* (Münster, 1979), pp.2–25; Bierther, *Regensburger Reichstag*, pp.185–95, 249–50; Öhman, *Kampf*, pp.175–81.

20　关于这点以及下文，J.F. Foerster, *Kurfürst Ferdinand von Köln* (Münster, 1979), pp.198–203; G. Engelbert, 'Der Hessenkrieg am Niederrhein', *AHVN*, 161 (1959), 65-113, and 162 (1960), 35–96; D. Parrott, *Richelieu's Army. War, government and society in France 1624–1642* (Cambridge, 2001), p.219.

21　H. Lahrkamp, *Jan von Werth* (2nd edn, Cologne, 1962), pp.119–20.

22　Hatzfeldt to Archduke Leopold Wilhelm, 12 October 1642, HHStA, KA 110 (neu), fol.37–40.

23　L. Radler, *Das Schweidnitzer Land im Dreißigjährigen Krieg* (Lübeck, 1986), pp.24, 74–7; Englund, *Verwüstung*, pp.274–5.

24　B. Dudik (ed.), 'Tagebuch des feindlichen Einfalls der Schweden in das Markgrafthum Mähren während ihres Aufenthaltes in der Stadt Olmütz 1642–1650', *Archiv für österreichische Geschichte*, 65 (1884), 309–485, at 312–18, 410–16.

25　Leopold Wilhelm to Ferdinand III, 6 October 1642, HHStA, KA 110 (neu), fol.24–9. 这些民兵中的大部分很快就当了逃兵，*Doc. Bo.*, VI, no.1364.

26　Johann Georg to Leopold Wilhelm, 14 October 1642, HHStA, KA 110 (neu), fol.153–4.

27　Torstensson's account, 3 November 1642 (copy), in ibid., fol.153–4. See ibid. 关于帝国士兵的两份叙述，见 (fol.155–7, 261–3). Useful coverage in Guthrie, *Later Thirty Years War*, pp.110–22, 146–7.

28　Hatzfeldt reported the allies' alleged approach to Johann Georg on 15 October 1642, HHStA, KA 110 (neu), fol.61–4.

29　M. Friesenegger, *Tagebuch aus dem 30jährigen Krieg* (Munich, 2007), p.75.

30　Ferdinand III to Johann Georg, 8 November 1642, HHStA, KA 110 (neu), fol.174–5.

31　Hüttl, *Friedrich Wilhelm*, pp.89–99, 110–13.

32　The arrangement lasted from March 1646 to January 1648: F. Maier, *Die bayerische Unterpfalz im Dreißigjährigen Krieg* (New York, 1990), pp.408–9. 其他例子见 H. Conrad and G. Teske (eds.), *Sterbezeiten. Der Dreißigjährige Krieg im Herzogtum Westfalen* (Münster, 2000), pp.40–2; M. Wohlhage, 'Aachen im Dreißigjährigen Kriege', *Zeitschrift des Aachener Geschichtsvereins*, 33 (1911), 1–64, at 25–37.

33　Weber, *Bamberg und Würzburg*, pp.287–8, 296; B.J. Hock, *Kitzingen im Dreißigjährigen Krieg* (Tübingen, 1981), pp.117–18, 121, 125–9.

34　W.H. Stein, *Protection royale. Eine Untersuchung zu den Protektionsverhältnissen im Elsass zur Zeit Richelieus 1622–1643* (Münster, 1978), pp.24–5, 510–23.

35　Weber, *Bamberg und Würzburg*, pp.293–4, 298–301, 359–84; F. Magen, 'Die Reichskreise in der Epoche des Dreißigjährigen Krieges', *ZHF*, 9 (1982), 408–60, at 452–3.

36　更多细节见 Englund, *Verwüstung*, pp.292–313.

37　关于这点及以下内容，见 F. des Robert, 'La Bataille de Tuttlingen', *Mémoires de l'Académie de Stanislaus Leszinski*, 5th series, 12 (1894), 370–443; G. Hebert, 'Franz von Mercy, kurbayerischer Feldmarschall im Dreißigjährigen Krieg', *ZBLG*, 69 (2006), 555–94, at 581–3; Lahrkamp, *Werth*, 131–8. Eyewitness accounts in J. Peters (ed.), *Ein Söldnerleben im Dreißigjährigen Krieg* (Berlin, 1993), pp.109–11; *TE*, V, p.191.

38　在意大利的战斗在英语文献中描述得很少，有一个很有用的概述，见 G. Hanlon, *The Twilight of a Military Tradition. Italian aristocrats and European conflicts, 1560–1800* (London, 1998), pp.122–34, 281–2. 另见 vicomte de Noailles, *Episodes de la Guerre de Trente Ans. Le Cardinal de la Valette* (Paris, 1906), pp.375–541; Parrott, *Richelieu's Army*, pp.116–18, 139–45, 193–5, 200–13.

39　关于这点及以下内容，见 A. Wendland, *Der Nutzen der Passe und die Gefährdung der Seelen. Spanien, Mailand und der Kampf urns Veltlin 1620–1641* (Zurich, 1995), pp.152–354; J.A. Clarke, *Huguenot Warrior: The Life and Times of Henri de Rohan, 1579–1638* (The Hague, 1966), pp.199–203; H. Ernst, *Madrid und Wien 1632–1637* (Münster, 1991), pp.166–8.

40　公爵死于当时另一场有毒的盛宴，这场盛宴（据说）还夺走了法国指挥官兼贵宾 Crequi 元帅的生命，另外还有三分之一的宾客病倒了。关于萨伏依的事件，见 T. Osborne, *Dynasty and Diplomacy in the Court of Savoy* (Cambridge, 2002), pp.43, 238–40, 258–66; M.D. Pollak, *Turin 1564–1680. Urban design, military culture and the creation of an absolutist capital* (Chicago, 1991), pp.108–48.

41　持这种观点的有 G. Quazza, 'Guerra civili in Piemonte, 1637–1642', *Bollettino Storico. Bibliografico Subalpino*, 57 (1959), 281–321; 58 (1960), 5–63.

42　T.J. Dandelet, *Spanish Rome 1500–1700* (New Haven, 2001), pp.188–204, 转引自 p.204; F.J. Baumgartner, *A History of Papal Elections* (Basingstoke, 2003), pp.153–4. 卡斯特罗战争的描述见 Hanlon, *Twilight*, pp.132–9.

43　Coverage of operations along the Pyrenees in Parrott, *Richelieu's Army*, pp.71–5, 126–36, 146–53, 202, 208, 216–17; E.H. Jenkins, *A History of the French Navy* (London, 1979), pp.23–6; R.C. Anderson, 'Naval wars in the Mediterranean', *The Mariner's Mirror*, 55 (1969), 435–51; J. Alcala Zamora, *España, Flandes y el mar de Norte (1618–1639)* (Barcelona, 1975), pp.399–400.

44　R.A. Stradling, *The Armada of Flanders. Spanish maritime policy and European war, 1568–1668* (Cambridge, 1992), pp.99–105. 1631—1640 年间，西班牙通过海路向佛兰德派遣了 28 436 人，相比之下，通过陆路派遣了 22 892 人。

45　R.A. Stradling, *The Spanish Monarchy and Irish Mercenaries: The Wild Geese in Spain 1618–68* (Blackrock, 1994), pp.26–7.

46　L.R. Corteguerra, *For the Common Good. Popular politics in Barcelona, 1580–1640* (Ithaca, 2002), pp.149–51; J. Albi de la Cuesta, *De Pavía a Rocroi. Los tercios de infantería española en los siglos xvi y xvii*(Madrid, 1999), pp.272–3.

47　J. Lynch, *The Hispanic World in Crisis and Change 1598–1700* (Oxford, 1992), p.72.

48　J.H. Elliott, *The Revolt of the Catalans* (Cambridge, 1963), pp.446–51; Corteguerra, *Common Good*, pp.156–81. The 'Song of the Segadors' is the Catalan anthem.

49　Lynch, *Hispanic World*, p.146.

50　R.A. Stradling, *Philip IV and the Government of Spain, 1621–1665* (Cambridge, 1988), pp.181–5.

51　Lynch, *Hispanic World*, pp.119–30.

52　G. Parker, *Spain and the Netherlands 1559–1659* (London, 1979), p.186. 更多的材料来自 I.A.A. Thompson, 'Domestic resource mobilisation and the Downing thesis', and E. Solano Camón, 'The eastern kingdoms in the military organization of the Spanish monarchy', in E. Martinez and M. de P. Pi Corrales (eds.), *Spain and Sweden* (Madrid, 2000), pp.281–306 and 383–403 respectively; I.A.A. Thompson, 'The impact of war and peace on government and society in seventeenth-century Spain', in R.G. Asch et al. (eds.), *Frieden und Krieg in der Frühen Neuzeit* (Munich, 2001), pp.161–79; R. Mackay, *The Limits of Royal Authority. Resistance and obedience in seventeenth-*

century Castile (Cambridge, 1999), pp.46–59.

53 Ernst, *Madrid und Wien*, pp.262–3.

54 L. White, 'The experience of Spain's early modern soldiers: combat, welfare and violence', *War in History*, 9 (2002), 1–38; F.G. de Leon, 'Aristocratic draft-dodgers in 17th century Spain', *History Today*, 46 (July 1996), 14–21.

55 Mackay, *Limits*, pp.1–3, 25–42, 132–72; Corteguerra, *Common Good*, pp.141–53.

56 J. Brown and J.H. Elliott, *A Palace for a King. The Buen Retiro and the court of Philip IV* (New Haven, 1980); A. Úbeda de los Cobos (ed.), *Paintings for the Planet King. Philip IV and the Buen Retiro Palace*(London, 2005).

57 M. Newitt, *A History of Portuguese Overseas Expansion 1400–1668* (London, 2005), pp.226–33; C.R. Boxer, *The Portuguese Seabourne Empire 1415–1825* (London, 1969), pp.106–27.

58 C.R. Boxer, 'The action between Pater and Oquendo, 12 Sept. 1631', *The Mariner's Mirror*, 45 (1959), 179–99.

59 J.K. Thornton, *Warfare in Atlantic Africa 1500–1800* (London, 1999), pp.100–4; W. Frijhoff and M. Spies, *1650: Hard-won Unity* (Basingstoke, 2003), pp.42, 111–12.

60 J.I. Israel, *The Dutch Republic* (Oxford, 1995), pp.527–32, 和他的 *Dutch Primacy in World Trade 1585–1740* (Oxford, 1989), pp.187–96.

61 A. Waddington, *La République des Provinces-Unies, la France et les Pays-Bas Espagnoles de 1630 a 1650* (2 vols., Paris, 1895), I, pp.291–301, 344–61; Noailles, *Cardinal de la Valette*, pp.316–74.

62 G. Mecenseffy, 'Habsburger im 17. Jahrhundert', *Archiv für österreichische Geschichte*, 121 (1955), 1–91, at 51–2. For Piccolomini's discussions in Brussels see *Doc. Bo.*, VI, nos.724, 756, 781.

63 Dom Francisco Manuel de Mello's account 收录于 C.R. Boxer (ed.), *The Journal of Maarten Harpetzoon Tromp* (Cambridge, 1930), p.211. 另见 Alcala Zamora, *España*, pp.89, 411–57.

64 Stradling, *Armada of Flanders*, p.107.

65 Ernst, *Madrid und Wien*, p.279. 1641—1642 年间，支付了另外 74.5 万弗洛林用于在德意志征召新兵。另见 Mecenseffy, 'Habsburger', pp.64–76. 关于霍恩特维尔见前文，1640 年 8 月至 11 月的和因斯布鲁克政府的通信，见 HHStA, KA 101 (neu).

66 J.H. Elliott, *The Count-Duke of Olivares* (New Haven, 1986), p.614. 另见 D.P. O'Connell, *Richelieu* (London, 1968), pp.410–28.

67 根据一个广为流传的传说，E. Le Roy Ladurie, *The Ancien Régime. A history of France, 1610–1774* (Oxford, 1996), p.53. For Lamboy's involvement see *Doc. Bo.*, VI, no.1209.

68 P. Martin, *Une guerre de Trente Ans en Lorraine 1631–1661* (Metz, 2002), pp.146–51, 273–8.

69 Parrott, *Richelieu's Army*, pp.147–50, 157–8, 217–18; Albi, *De Pavia a Rocroi*, pp.227–9. Useful account of the battle with excellent maps can be found at http://www.geocities.com/aow1617/honnecourt2.html (accessed 15 May 2008).

70 Stradling, *Philip IV*, pp.76–80, 119, 转引自 p.77. 更多有用信息见 Elliott, *Olivares*, pp.640–51, 关于西班牙政府的分析见 M. Rohrschneider, *Der gescheiterte Frieden von Münster. Spaniens Ringen mit Frankreich auf dem Westfälischen Friedenskongress (1643–1649)* (Münster, 2007), pp.92–132.

71 W.H. Lewis, *Assault on Olympus. The rise of the House of Gramont* (London, 1958), p.54. 关于以下内容，见 G. Treasure, *Mazarin. The crisis of absolutism in France* (London, 1995), pp.56–67.

72 De Melo, 15 May 1643, HHStA, MEA Militaria 11.

73 尽管 E. Godley, *The Great Condé. A life of Louis II de Bourbon prince de Condé* (London, 1915) 相当美化传主，但依然很有用。关于战斗，另见 Albi, *De Pavia a Rocroi*, pp.40–63, 以及 P.A. Picouet, 'The battle of Rocroi', *Arquebusier*, 31 no.1 (2008), 2–20 中的非常有用的总结。

74 西班牙步兵没有像大多数二手文献中广泛报道的那样，部署在三条线上。

75 Guthrie, *Later Thirty Years War*, p.180; R.F. Weigley, *The Age of Battles* (London, 1993), pp.40–2.

76 关于损失的影响，见 Count von Nassau-Hadamar to Elector Anselm of Mainz, 31 May 1643, HHStA, Militaria 11.

第 19 章 谈判压力（1644—1645）

1 F. Dickmann, *Der Westfälische Friede* (7th edn, Münster, 1998) 依然是关于威斯特伐利亚大会的标准著作。在 K. Repgen, 'Die Haupt-probleme der Westfälischen Friedensverhandlungen von 1648 und ihre Lösungen', *ZBLG*, 62 (1999), 399–438 中也有一个有用的概论。H. Langer, 'Friedensvorstellungen der Städtegesandten auf dem Westfälischen Friedenskongreß (1644–1648)', *Zeitschrift für Geschichtswissenschaft*, 35 (1987), 1060–72 包括了帝国城市的代表名单。

2 H. Duchhardt, 'Zur "Verortung" des Westfälischen Friedens in der Geschichte der internationalen Beziehungen in der Vormoderne', in K. Malettke (ed.), *Frankreich und Hessen-Kassel* (Marburg, 1999), pp.11–18. For protocol at the congress see A. Stiglic, 'Hierarchy of ceremony and status on the European diplomatic stage', in K. Bussmann and H. Schilling (eds.), *1648: War and Peace in Europe* (3 vols., Münster, 1998), I, pp.391–6.

3 G. Lorenz, 'Schweden und die franzöö sischen Hilfsgelder von 1638 bis 1649', in K. Repgen (ed.), *Forschungen und Quellen zur Geschichte des Dreißigjährigen Krieges* (Münster, 1981), pp.145–8.

4 F. Bosbach, *Die Kosten des Westfälischen Friedenskongresses* (Münster, 1984); G. Buchstab, 'Die Kosten des Städterats Osnabrücks auf dem Westfälischen Friedenskongress', in Repgen (ed.), *Forschungen*, pp.221–5.

5 H. Conrad and G. Teske (eds.), *Sterbezeiten. Der Dreißigjährige Krieg im Herzogtum Westfalen* (Münster, 2000), pp.76–87.

6 K. Repgen, *Dreißigjähriger Krieg und Westfälischer Friede* (Paderborn, 1998), pp.723–65; A. M. Kettering, *Gerard ter Borch and the Treaty of Münster* (The Hague, 1998).

7 K. Repgen, 'Friedensvermittlung und Friedensvermittler beim Westfälischen Frieden', and G. Teske, 'Verhandlungen zum Westfälischen Frieden außerhalb der Kongreßstädte Münster und Osnabrück', both in *WZ*, 147 (1997), 37–61 and 63–92 respectively.

8 W. Fleitmann, 'Postverbindungen fur den Westfalischen Friedenskongreß 1643 bis 1648', *Archiv fur Deutsche Postgeschichte*, 1 (1972), 3–48; D. Croxton, *Peacemaking in Early Modern Europe. Cardinal Mazarin and the Congress of Westphalia, 1643–1648* (Selinsgrove, 1999), pp.43–8.

9 G. Schmidt, *Geschichte des alten Reiches. Staat und Nation in der Frühen Neuzeit 1495–1806* (Munich, 1999), p.179. 更多细节见 H. Wagner, 'Die kaiserlichen Diplomaten auf dem Westfaälischen Friedenskongreß', in E. Zöllner (ed.), *Diplomatie und Außenpolitik Österreichs* (Vienna, 1977), pp.59–73. 关于其他代表团，见 M. Rohrschneider, *Der gescheiterte Frieden von Muünster* (Münster, 2007); J. Öhman, *Der Kampf um den Frieden. Schweden und der Kaiser im Dreißigjahrigen Krieg* (Vienna, 2005), pp.168–74, 206; A. Tischer, *Französische Diplomatie und Diplomaten auf dem Westfälischen Friedenskongress* (Münster, 1999); P. Sonnino, 'Prelude to the Fronde. The French delegation at the Peace of Westphalia', in H. Duchhardt (ed.), *Der Westfälische Friede* (Munich, 1998), pp.217–33, 和他的 'From d'Avaux to dévot: Politics and religion in the Thirty Years War', *History*, 87 (2002), 192–203.

10 这些指示以及其他大量重要文件已经在 Konrad Repgen 担任总主编的 *Acta Pacis Wesphalicae (APW)* 中得以出版。

11 兵力数字来自 H. Salm, *Armeefinanzierung im Dreißigjährigen Krieg* (Münster, 1990), pp.34–8, 43; J. Heilmann, *Kriegsgeschichte von Bayern, Franken und Schwaben*

　　 von 1506–1651 (2 vols., Munich, 1868), II, pp.897, 925, 955. 关于战役与战斗，见 H.H. Schaufler, *Die Schlacht bei Freiburg im Breisgau* (Freiburg, 1997 edn); R. Schott, 'Die Kaämpfe vor Freiburg im Breisgau, die Eroberung von Philippsburg und die Belagerung mehrerer Städte am Rhein im Jahre 1644', *Militärgeschichtliche Mitteilungen*, 24 (1978), 9–22.

12　这座山脊在很多叙述中被称为洛雷托（Loretto），这个名字来自后来建造在上面的纪念死者的小礼拜堂。

13　F. Schiller, *Geschichte des Dreißigjährigen Krieges* (Munich, 1966 edn), pp.351–2.

14　H. Lahrkamp, *Jan von Werth* (2nd edn, Cologne, 1962), p.147.

15　J.F. Foerster, *Kurfürst Ferdinand von Köln* (Münster, 1979), pp.196–271; Salm, *Armeefinanzierung*, pp.37, 83–9, 94–6.

16　G. Lorenz, 'Die Dänische Friedensvermittlung beim Westfälischen Friedenskongress', in Repgen (ed.), *Forschungen*, pp.31–61; S. Tode, 'Das Hamburger Umland im Dreißigjährigen Krieg', in M. Knauer and S. Tode (eds.), *Der Krieg vor den Toren* (Hamburg, 2000), pp.145–80, at pp.169–76; J.P. Findeisen, *Axel Oxenstierna* (Gernsbach, 2007), pp.387–94; Öhman, *Kampf*, pp.185–90.

17　C.E. Hill, *The Danish Sound Dues and the Command of the Baltic* (Durham, NC, 1926), pp.114–34.

18　瑞典人只退还了德·海尔的140万弗洛林开销中的三分之一：G. Edmundson, 'Louis de Geer', *EHR*, 6 (1891), 685–712. 关于军事行动，见 R.C. Anderson, *Naval Wars in the Baltic 1522–1850*(London, 1969), pp.47–58; K.R. Böhme, 'Lennart Torstensson und Helmut Wrangel in Schleswig-Holstein und Jütland 1643–1645', *Zeitschrift der Gesellschaft für Schleswig-Holsteinische Geschichte*, 90 (1965), 41–82; P. Englund, *Die Verwüstung Deutschlands* (Stuttgart, 1998), pp.358–402.

19　G. Knüppel, *Das Heerwesen des Fürstentums Schleswig-Holstein-Gottorf, 1600–1715* (Neumünster, 1972), pp.115–37.

20　K. Ruppert, *Die kaiserliche Politik auf dem Westfälischen Friedenskongress (1643–1648)* (Münster, 1979), pp.48–50.

21　G. Parker (ed.), *The Thirty Years War* (London, 1984), p.175 认为最初的 1.8 万人中只有 1000 名幸存者。事实上，骑兵损失了 4133 人，即 35%，而步兵减少了 5000 人，即最初总数的一半：Salm, *Armeefinanzierung*, p.43. 加拉斯的传记作者确认了他个人要为此负责：R. Rebitsch, *Matthias Gallas (1588–1647). Generalleutnant des Kaisers zur Zeit des Dreißigjährigen Krieges* (Münster, 2008), pp.251–98.

22　M. Bregnsbo, 'Denmark and the Westphalian Peace', in Duchhardt (ed.), *Der Westfälische Friede*, pp.361–7; P.D. Lockhart, *Denmark in the Thirty Years War, 1618–1648* (Selinsgrove, 1996), pp.265–9.

23　As stated in his instructions to Trauttmannsdorff, 16 October 1645, *APW*, series I, *Instruktionen*, Vol. I (ed. H. Wagner, Münster, 1962), pp.440–52.

24　他们的备忘录收录于 Ruppert, *Kaiserliche Politik*, pp.372–400. 关于以下内容，见 T. Winkelbauer, 'Finanznot und Friedenssehnsucht. Der Kaiserhof im Jahre 1645', *MÖSA*, supplement 3 (1997), 1–15.

25　Swedish General Staff, *Slaget vid Jankow 1645–1945* (Stockholm, 1945). 更多的有用材料，见 W.P. Guthrie, *The Later Thirty Years War* (Westport, 2003), pp. 132–41.

26　这么说的有 Englund, *Verwüstung*, pp.428–9.

27　信件还送给了其他的重要诸侯：HHStA, KA 121 (neu). 关于军事上的反制措施，见 P. Broucek, *Der schwedische Feldzug nach Niederösterreich 1645/46* (Vienna, 1967), his 'Erzherzog Leopold Wilhelm und der Oberbefehl über das kaiserliche Heer im Jahre 1645', *Schriften des Heeresgeschichtlichen Museum Wien*, 4 (1967), 7–38, 和他的 'Louis Raduit de Souches, kaiserlicher Feldmarschall', *Jahrbuch der Heraldisch-Genealogischen Gesellschaft Der Adler*, 8 (1971/73), 123–36.

28　The emperor recovered six of them on Rákóczi's death in 1648: G. Wagner, 'Österreich und die Osmanen im Dreißigjährigen Krieg', *Mitteilungen des oberösterreichischen Landesarchivs*, 14 (1984), 325–92.

29　法国的计划见 Croxton, *Peacemaking*, pp.136, 142, 152. 战役细节见 S. Niklaus,

'Der Frühjahrsfeldzug 1645 in Süddeutschland (Schlacht bei Herbsthausen)', *Württembergisch Franken*, 60 (1976), 121–80.

30 在梅西 1645 年 5 月 6 日给马克西米连的报告中，还附上了在战场上俘虏的囚犯的名单，俘虏中有罗森：HHStA, KA 121 (neu)。

31 H.H. Weber, *Der Hessenkrieg* (Gießen, 1935), pp.46–50. 埃贝斯泰因在 1644 年东弗里斯兰的一场小冲突中被杀。

32 它们附上了约翰·格奥尔格 1645 的年 8 月 7 日致皇帝的信 (Old Style), HHStA, KA 121 (neu)。

33 K. Scheible, 'Die Schlacht von Allerheim 3. August 1645', *Rieser Kulturtage*, 4 (1983), 229–72; G. Greindl, 'Franz von Mercy in der Schlacht bei Allerheim', in A. Schmid and K. Ackermann (eds.), *Staat und Verwaltung in Bayern* (Munich, 2003), pp.241–57; G. Hebert, 'Franz von Mercy, kurbayerischer Feldmarschall im Dreißigjährigen Krieg', *ZBLG*, 69 (2006), 555–94, at 587–92; Lahrkamp, *Werth*, pp.156–60.

34 来往信件见 HHStA, KA 121 (neu)，尤其是约翰·格奥尔格于 8 月 26 日写给费迪南德的信，解释了他为什么接受了停战协议。关于和瑞典的谈判，见 *Der Waffenstillstand zu Koötzschenbroda zwischen Sachsen und Schweden* (issued by the Amt für Bildung und Kultur Stadt Radebeul, 1995); K.G. Helbig, 'Die sächsisch-schwedischen Verhandlungen zu Kötzschenbroda und Eilenburg 1645 und 1646', *Archiv für sächsische Geschichte*, 5 (1867), 264–88.

35 F. Sánchez-Marcos, 'The future of Catalonia. A *subjet brûlent* at the Münster negotiations', and P. Cardim, ' "Portuguese rebels" at Münster', both in Duchhardt (ed.), *Der Westfälische Friede*, pp.273–91 and 293–333.

36 R. von Kietzell, 'Der Frankfurter Deputationstag von 1642–1645', *Nassauische Annalen*, 83 (1972), 99–119; K. Malettke, 'Scheffers Gesandschaft in Osnabrück', in Duchhardt (ed.), *Der Westfälische Friede*, pp.501–22.

37 例如，萨克森的回复（5 月 12 日）和美因茨选帝侯的回复（5 月 29 日），见 HHStA, KA 121 (neu)。关于天主教徒中的情绪变化，见 S. Schraut, *Das Haus Schönborn* (Paderborn, 2005), pp.121–5; D. Albrecht, *Maxmilian I. von Bayern* (Munich, 1998), pp.1004–7.

38 好斗分子惊慌的例子包括施瓦本的教长雇佣了一名律师提出了请愿，他们担心皇帝会把他们的修道院归还给符腾堡：HHStA, KA 121 (neu) 10, 26 and 29 May 1645.

39 G. Immler, *Kurfürst Maximilian I. und der Westfälische Friedenskongreß. Die bayerische auswärtige Politik von 1644 bis zum Ulmer Waffenstillstand* (Münster, 1992), pp.62–213.

第 20 章　战争或和平（1646—1648）

1 G. Scheel, 'Die Stellung der Reichsstände zur Römischen Königswahl seit den Westfälischen Friedensverhandlungen', in R. Dietrich and G. Oestreich (eds.), *Forschungen zur Staat und Verfassung* (Berlin, 1958), pp.113–32; H.B. Spies, 'Lübeck, die Hanse und der Westfälische Frieden', *Hansische Geschichtsblätter*, 100 (1982), 110–24; R. Postel, 'Hansische Politik auf dem Westfälischen Friedenskongreß', U. Weiß, 'Die Erfurt-Frage auf dem Westfälischen Friedenskongreß', and R. Endres, 'Die Friedensziele der Reichsritterschaft', all in H. Duchhardt (ed.), *Der Westfälische Friede* (Munich, 1998), pp.523–78.

2 G. Mecenseffy, 'Habsburger im 17. Jahrhundert', *Archiv für österreichische Geschichte*, 121 (1955), 1–91, at 83. 另见 D. Albrecht, *Maximilian I. von Bayern* (Munich, 1998), pp.979–1020; D. Croxton, *Peacemaking in Early Modern Europe* (Selinsgrove, 1999), pp.161–74.

3 K. Ruppert, *Die kaiserliche Politik auf dem Westfälischen Friedenskongress (1643–8)* (Münster, 1979), pp.186–99; K. Repgen, *Dreißigjähriger Krieg und Westfälischer*

Friede (Paderborn, 1998), pp.643–76, 和他的 'Die kaiserlich-französischen Satisfaktions-artikeln vom 13. September 1646', in Duchhardt (ed.), *Der Westfälische Friede*, pp.175–203.

4　H. Lahrkamp, 'Lothar Dietrich Frhr. von Bönninghausen', *WZ*, 108 (1958), 239–366, at 337–47.

5　H. Conrad and G. Teske (eds.), *Sterbezeiten. Der Dreißigjährige Krieg im Herzogtum Westfalen* (Münster, 2000), pp.21–2, 49–50, 226–34.

6　H.H. Weber, *Der Hessenkrieg* (Gießen, 1935), pp.42–150; K. Beck, *Der hessische Bruderzwist zwischen Hessen-Kassel und Hessen-Darmstadt in den Verhandlungen zum Westfälischen Frieden von 1644 bis 1648*(Frankfurt am Main, 1978). 等级会议的反对意见见 R. von Friedeburg, 'Why did seventeenth-century Estates address the jurisdictions of their princes as fatherlands?', in R.C. Head and D. Christiansen (eds.), *Orthodoxies and Heterodoxies in Early Modern German Culture* (Leiden, 2007), pp.69–94.

7　B. Roeck, *Als wollt die Welt schier brechen* (Munich, 1991), pp.309–12.

8　According to one participant: D. Pleiss, 'Das Kriegsfahrtenbuch des schwedischen Offiziers William Forbes', *Stader Jahrbuch*, 85 (1995), 133–53, at 146. 关于战役的详细报道见 P. Broucek, *Die Eroberung von Bregenz am 4 Jänner 1647* (Vienna, 1981).

9　Details in L. Hüttl, *Friedrich Wilhelm von Brandenburg, der Große Kurfürst, 1620–1688* (Munich, 1981), pp.99–135; P. Kiehm, 'Anfänge des stehenden Heeres in Brandenburg 1640–1655 unter Kurfürst Friedrich Wilhelm', *Militärgeschichte*, 24 (1985), 515–20.

10　S. Lundkvist, 'Die schwedischen Friedenskonzptionen und ihre Umsetzung in Osnabrück', P. Baumgart, 'Kurbrandenburgs Kongreßdiplomatie und ihre Ergebnisse', and H. Langer, 'Die pommerschen Landstande und der Westfalische Friedenskongreß', all in Duchhardt (ed.), *Der Westfalische Friede*, pp.349–59, 469–99; E. Bauer, 'Johann Graf zu Sayn-Wittgenstein, Kriegsteilnehmer auf hessischer und schwedischer Seite und Hauptgesandter des Kurfürsten von Brandenburg', in G. Teske (ed.), *Dreißigjähriger Krieg und Westfälischer Friede* (Münster, 2000), pp.45–54.

11　A. Gotthard, 'Der "Grosse Kurfürst" und das Kurkolleg', *FBPG*, new series 6 (1996), 1–54, at 3–12.

12　R.P. Fuchs, Ein *'Medium' zum Frieden. Normaljahre und die Beendigung des Dreißigjährigen Krieges* (Munich, forthcoming).

13　引用自 R. Bireley, *The Jesuits and the Thirty Years War* (Cambridge, 2003), p.238. More detail on the militants in G. Schmid, 'Konfessionspolitik und Staatsräson bei den Verhandlungen des Westfälischen Friedenskongresses über die Gravamina Ecclesiastica', *ARG*, 44 (1953), 203–23.

14　Albrecht, *Maximilian*, pp.1031–48; J.F. Foerster, *Kurfürst Ferdinand von Köln* (Münster, 1979), pp.306–63.

15　C. Schultz, 'Strafgericht Gottes oder menschlichen Versagen? Die Tagebücher des Benediktinerabtes Georg Gaisser als Quelle für die Kriegserfahrung von Ordensleuten im Dreißigjährigen Krieg', in M. Asche and A. Schindling (eds.), *Das Strafgericht Gottes* (Münster, 2002), pp.219–90. 关于以下内容，见 G. Mentz, *Johann Philipp von Schönborn, Kurfürst von Mainz, Bischof von Würzburg und Worms 1605–1673* (2 vols., Jena, 1896–99), II, pp.60–5, 90–1; F. Jürgensmeier, 'Johann Philipp von Schoönborn', *Fränkische Lebensbilder*, 6 (1975), 161–84; R.R. Heinisch, *Paris Graf Lodron. Reichsfürst und Erzbischof von Salzburg* (Vienna, 1991), pp.281–95.

16　J. Vötsch, *Kursachsen, das Reich und der mitteldeutsche Raum zu Beginn des 18. Jahrhunderts* (Frankfurt am Main, 2003), pp.23–4, 49–52; G. Kleinheyer, *Die kaiserlichen Wahlkapitulationen* (Karlsruhe, 1968), pp.78–86; R.G. Asch, ' "Denn es sind ja die Deutschen [⋯] ein frey Volk". Die Glaubensfreiheit als Problem der Westfälischen Friedensverhandlungen', *WZ*, (1998), 113–37, at 123–9; A. Klinger,

Der Gothauer Fürstenstaat (Husum, 2002), pp.59–61.

17 M. Meumann, 'The experience of violence and the expectation of the end of the world in seventeenth-century Europe', in J. Canning et al. (eds.), *Power, Violence and Mass Death in Pre-modern and Modern Times* (Aldershot, 2004), pp.141–59.

18 Mecenseffy, 'Habsburger', pp.78–90; M. Rohrschneider, *Der gescheiterte Frieden von Münster* (Münster, 2007), pp.133–6, 451–2; R.A. Stradling, *Philip IV* (Cambridge, 1988), pp.239–43.

19 T. Lorentzen, *Die schwedische Armee im Dreißigjährigen Kriege und ihre Abdankung* (Leipzig, 1894), p.119; Lahrkamp, 'Bönninghausen', pp.351–2.

20 E. Höfer, *Das Ende des Dreißigjährigen Krieges* (Cologne, 1998), pp.59–64; H. Lahrkamp, *Jan von Werth* (2nd edn, Cologne, 1988), pp.186–7.

21 Lahrkamp, *Werth*, pp.167–84; Albrecht, *Maximilian*, pp.1068–77; F. Göse, *Der erste brandenburg-preußische Generalfeldmarschall Otto Christoph Freiherr von Sparr 1605–1668* (Berlin, 2006), pp.50–3.

22 J. Steiner, *Die pfälzische Kurwürde während des Dreißigjährigen Krieges* (Speyer, 1985), pp.152–88; J. Arndt, 'Die Ergebnisse der Friedensverhandlungen in Münster und Osnabrück für die rheinischen Territorien', in S. Ehrenpreis (ed.), *Der Dreißigjährige Krieg im Herzogtum Berg und in seinen Nachbarregionen* (Neustadt an der Aisch, 2002), pp.299–327.

23 Höfer, *Ende*, pp.108–21; Lahrkamp, 'Bönninghausen', pp.354–7.

24 A. Calabria, *The Cost of Empire. The finances of the kingdom of Naples in the time of Spanish rule* (Cambridge, 1991); R. Villari, *The Revolt of Naples* (Cambridge, 1993).

25 J.R. Bruijn, *The Dutch Navy of the Seventeenth and Eighteenth Centuries* (Columbia, SC, 1990), pp.26–7; R.A. Stradling, *The Armada of Flanders* (Cambridge, 1992), pp.118–40.

26 W.H. Lewis, *Assault on Olympus. The rise of the House of Gramont* (London, 1958), pp.83–4; E. Godley, *The Great Condé* (London, 1915), pp.154–74.

27 J.I. Israel, *Dutch Primacy in World Trade 1585–1740* (Oxford, 1989), pp.168–70; A. Goldgar, *Tulipmania: Money, Honor and Knowledge in the Dutch Golden Age* (Chicago, 2007); O. van Nimwegen, 'The Dutch army and the military revolutions (1588–1688)', *Militär und Gesellschaft in der Frühen Neuzeit*, 10 (2006), 55–73, at 61–2.

28 W. Frijhoff and M. Spies, *1650. Hard-won Unity* (Basingstoke, 2003), pp.349–427.

29 H.H. Rowan, *The Princes of Orange* (Cambridge, 1988), pp.77–94; S. Groenved, 'Princes and regents. The relations between the princes of Orange and Dutch aristocrats and the making of Dutch foreign policy', in R.G. Asch et al. (eds.), *Frieden und Krieg in der Frühen Neuzeit* (Munich, 2001), pp.181–92; D.E.A. Faber and R.E. Bruin, 'Utrecht's opposition to the Münster peace process', in K. Bussmann and H. Schilling (eds.), *1648: War and Peace in Europe* (3 vols., Münster, 1998), I, pp.413–22.

30 条约的文本见 G. Dethlefs (ed.), *Der Frieden von Münster* (Münster, 1998). 关于与法国的谈判，见 Rohrschneider, *Frieden von Münster*, pp.373–406.

31 有用的叙述见 Godley, *Condé*, pp.216–26; Lewis, *Gramont*, pp.91–3.

32 G. Treasure, *Mazarin* (London, 1995), pp.125–7; J.H. Shennan, *The Parlement of Paris* (2nd edn, Stroud, 1998), pp.25 5–77; A.L. Moote, *The Revolt of the Judges. The Parlement of Paris and the Fronde* (Princeton, 1971).

33 L. Bely, 'The peace treaties of Westphalia and the French domestic crisis', in Duchhardt (ed.), *Der Westfälische Friede*, pp.235–52.

34 G. Parker (ed.), *The Thirty Years War* (London, 1984), p.191. 更可能的总数会在第 21 章的表格中给出。

35 瑞典的部署详见 W.P. Guthrie, *The Later Thirty Years War* (Westport, 2003), pp.257–60.

36 Höfer, *Ende*, pp.172–3.

37 关于战役见 ibid., pp.179–95; W. Reichenau (ed.), *Schlachtfelder zwischen Alpen und Main* (Munich, 1938), pp.83–91.

38 V. Buckley, *Christina, Queen of Sweden* (London, 2005), pp.98–104; P. Englund, *Die Verwüstung Deutschlands* (Stuttgart, 1998), pp.482–4.

39 Reichenau (ed.), *Schlachtfelder*, pp.92–3.

40 Z. Hojda, 'The battle of Prague in 1648 and the end of the Thirty Years War', in Bussmann and Schilling (eds.), *1648: War and Peace*, I, pp.403–11; Englund, *Verwüstung*, pp.515–20.

41 Rohrschneider, *Frieden von Münster*, pp.436–51.

42 F.J. Jakobi, 'Zur Entsehungs- und Überlieferungsgeschichte der Vertragsexemplare des Westfälischen Friedens', in J. Kunisch (ed.), *Neue Studien zur frühneuzeitlichen Reichsgeschichte* (Berlin, 1997), pp.207–21. 关于和约的完整文本和不同翻译见 http://www.pax-westphalica.de.

第21章　威斯特伐利亚协议

1 C.V. Wedgwood, *The Thirty Years War* (London, 1957 edn), p.460.

2 J.G. Droysen, *Geschichte der preussischen Politik* (5 parts in 14 vols., Leipzig, 1855–86), part 3, I, p.339. 有关对这种解释的批判性评价，请参见 R. Southard, *Droysen and the Prussian School of History* (Lexington, Ky, 1995); P.M. Hahn, *Friedrich der Große und die deutsche Nation. Geschichte als politisches Argument* (Stuttgart, 2007).

3 F. Dickmann, *Der Westfälische Friede* (7th edn, Münster, 1998), p.494.

4 这么认为的有 D.H. Fischer, *The Great Wave. Price revolutions an the rhythm of history* (Oxford, 1996). 另见 G. Parker, *Europe in Crisis 1598–1648* (London, 1979). For counter-arguments see J. Osterhammel, 'Krieg und Frieden an den Grenzen Europas und darüber hinaus', and H. Schmidt-Glintzer, 'Europa aus chinesischer Sicht in der Frühen Neuzeit', both in R.G. Asch et al. (eds.), *Frieden und Krieg in der Frühen Neuzeit* (Munich, 2001), pp.443–65 and 527–42, respectively.

5 例如，T. Pocock, *Battle for Empire. The very first world war 1756–63* (London, 1998). 1792 年至 1815 年间，也有人提出了类似的看法。

6 持这种主张的例子包括 P. Kennedy, *The Rise and Fall of Great Powers* (London, 1988); S.H. Steinberg, *The Thirty Years War and the Conflict for European Hegemony 1600–1660* (London, 1966). 有人把这个概念推到了逻辑上的极端，认为整个三十年战争是长达 3 个世纪的法国－哈布斯堡竞争关系中的一部分：'The origins of the Thirty Years War and the structure of European politics', *EHR*, 107 (1992), 587–625.

7 IPO Article XVII, paragraph 3; IPM Article CXIII. See H. Steiger, 'Concrete peace and general order: the legal meaning of the treaties of 24 October 1648', in K. Bussmann and H. Schilling (eds.), *1648: War and Peace in Europe* (3 vols., Münster, 1998), I, pp.437–45.

8 See *NTSR*, I, 401–3.

9 K. Repgen, *Dreißigjähriger Krieg und Westfälischer Friede* (Paderborn, 1998), pp.539–61, 597–642.

10 Examples include D. McKay and H.M. Scott, *The Rise of the Great Powers 1648–1815* (Harlow, 1983); J. Black, *European International Relations 1648–1815* (Basingstoke, 2002); E. Luard, *The Balance of Power. The system of international relations 1648–1815* (Basingstoke, 1992). A notable exception is M.S. Anderson, *The Rise of Modern Diplomacy 1450–1919* (London, 1993) that does not even list the Peace of Westphalia in its index.

11 J. Zielonka, *Europe as Empire. The nature of the enlarged European Union* (Oxford, 2006).

12 R. Lesaffer (ed.), *Peace Treaties and International Law in European History* (Cambridge, 2004).

13 C. Jenkinson (ed.), *A Collection of all the Treaties of Peace and Commerce between Great Britain and Other Powers* (3 vols., London, 1785), I, pp.10–44, at p.12. 更多讨

论见 D. Croxton, 'The Peace of Westphalia of 1648 and the origins of sovereignty', *IHR*, 21 (1999), 569–91; N. Mout, 'Die Niederlande und das Reich im 16. Jahrhundert', in V. Press (ed.), *Alternativen zur Reichsverfassung in der Frühen Neuzeit?* (Munich, 1995), pp.143–68, at pp.145–6; P. Stadler, 'Der Westfälische Friede und die Eidgenossenschaft', in H. Duchhardt (ed.), *Der Westfälische Friede* (Munich, 1998), pp.369–91.

14 R. Oresko and D. Parrott, 'Reichsitalien and the Thirty Years War', in Bussmann and Schilling (eds.), *1648: War and Peace*, I, pp.141–60.

15 K. Abmeier, *Der Trierer Kurfürst Philipp Christoph von Sotern und der Westfälische Friede* (Münster, 1986), pp.203–57.

16 W. Dotzauer, 'Der pfälzische Wildfangstreit', *Jahrbuch zur Geschichte von Stadt und Landkreis Kaiserslautern*, 12/13 (1974/5), 235–47. 关于对法国越来越强的敌意, 见 M. Wrede, *Das Reich und seine Feinde* (Mainz, 2004), pp.324–545.

17 H. Schmidt, 'Frankreich und das Reich 1648–1715', in W.D. Gruner and K.J. Müller (eds.), *Über Frankreich nach Europa* (Hamburg, 1996), pp.119–53; S. Externbrink, *Friedrich der Große, Maria Theresia und das Alte Reich* (Berlin, 2006); E. Buddruss, *Die französische Deutschlandpolitik 1756–1789* (Mainz, 1995).

18 W. Buchholz, 'Schwedisch-Pommern als Territorium des deutschen Reiches 1648–1806', *ZNRG*, 12 (1990), 14–33; B.C. Fiedler, 'Schwedisch oder Deutsch? Die Herzogtümer Bremen und Verden in der Schwedenzeit (1645–1712)', *Niedersächsisches Jahrbuch für Landesgeschichte*, 67 (1995), 43–57; K.R. Böhme, 'Die Krone Schweden als Reichsstand 1648 bis 1720', in H. Duchhardt (ed.), *Europas Mitte*(Bonn, 1988), pp.33–9.

19 H. Langer, 'Schwedische Friedenskonzeptionen und praktische Friede im Jahrzehnt nach dem Dreißigjährigen Krieg', in H. Duchhardt (ed.), *Zwischenstaatliche Friedenswahrung in Mittelalter und Früher Neuzeit* (Cologne, 1991), pp.131–51.

20 Proclamation dated 22 August 1806, HHStA, Titel und Wappen Karton 3, folder marked 'Korrespondenz mit den Gesandschaften'.

21 关于这种阐释的一个主要例子见 H. Schilling, 'War and peace at the emergence of modernity', in Bussmann and Schilling (eds.), *1648: War and Peace*, I, pp.13–22, at p.20. Similar arguments are in his 'Der Westfälische Friede und das neuzeitliche Profil Europas', in Duchhardt (ed.), *Der Westfälische Friede*, pp.1–32.

22 D. MacCulloch, *Reformation. Europe's house divided 1490–1700* (London, 2003), pp.669–70.

23 一个很好的概论见 J. Whaley, 'A tolerant society? Religious toleration in the Holy Roman Empire, 1648–1806', in O.P. Grell and R. Porter (eds.), *Toleration in Enlightenment Europe* (Cambridge, 2000), pp.175–95. 关于对这些权利的正面评价, 见 G. Schmidt, 'Die "deutsche Freiheit" und der Westfälische Friede', in Asch et al. (eds.), *Frieden und Krieg*, pp.323–47. 关于这些措施的更多细节, 见 G. May, 'Die Entstehung der hauptsächlichen Bestimmungen über das ius emigrandi', *ZSRG KA*, 74 (1988), 436–94; R.G. Asch, 'Das Problem des religiösen Pluralismus im Zeitalter der "Konfessionalisierung"', *BDLG*, 134 (1998), 1–32.

24 W. Kohl, *Christoph Bernhard von Galen* (Münster, 1964). R

25 关于这些发展的概括, 见 P.H. Wilson, *Reich to Revolution: German History 1558–1806* (Basingstoke, 2004), pp.198–207.

26 A. Gotzmann and S. Wendehorst (eds.), *Juden im Recht. Neue Zugänge zur Rechtsgeschichte der Juden im Alten Reich* (Berlin, 2007).

27 A. Müller, *Der Regensburger Reichstag von 1653/54* (Frankfurt am Main, 1992).

28 Example in R.P. Fuchs, 'Zeit und Ereignis im Krieg. Überlegungen zu den Aussagen Steinfurter Zeugen in einer Befragung zum Normaljahr 1624', in T. Sodmann (ed.), *1568–1648* (Vreden, 2002), pp.65–76. 更多讨论见 R.P. Fuchs, *Ein 'Medium' zum Frieden. Normaljahre und die Beendigung des Dreißigjährigen Krieges* (Munich, forthcoming).

29 W. Sellert (ed.), *Die Ordnungen des Reichshofrates 1550–1766* (2 vols., Cologne,

1980–90).

30 M. Schnettger, *Der Reichsdeputationstag 1655–1663* (Münster, 1996). Analysis of cases in J. Luh, *Unheiliges Romisches Reich. Der konfessionelle Gegensatz 1648 bis 1806* (Potsdam, 1995), pp.17–21.

31 H. Molitor, 'Der Kampf um die konfessionellen Besitzstände im Fürstbistum Osnabrück nach 1648', *Osnabrücker Mitteilungen*, 93 (1988), 69–75.

32 E. François, *Die unsichtbare Grenze. Protestanten und Katholiken in Augsburg 1648–1806* (Sigmaringen, 1991). 关于戈尔登施塔特及其他诸多例子，见 Whaley, 'A tolerant society?', pp.180–1; F. Jürgensmeier, 'Bikonfessionalität in geistlichen Territorien', in K. Garber et al. (eds.), *Erfahrung und Deutung von Krieg und Frieden* (Munich, 2001), pp.261–85.

33 D. Freist, 'One body, two confessions: mixed marriages in Germany', in U. Rublack (ed.), *Gender in Early Modern German History* (Cambridge, 2002), pp.275–304; C. Kohlmann, 'Kriegs- und Krisenerfahrungen von lutherischen Pfarrern und Gläubigen in Amt Hornberg', in M. Asche and A. Schindling (eds.), *Das Strafgericht Gottes* (Münster, 2002), pp.123–211, at pp.177–82.

34 L. Hüttl, *Friedrich Wilhelm von Brandenburg, der Große Kurfürst, 1620–1688* (Munich, 1981), pp.177–84; E. Opgenoorth, *Friedrich Wilhelm, der Große Kurfürst von Brandenburg* (2 vols., Göttingen, 1971–8), I, pp. 216–22.

35 M. Schaab, 'Die Wiederherstellung des Katholizismus in der Kurpfalz im 17. und 18. Jahrhundert', *ZGO*, 114 (1966), 147–205; G. Haug-Moritz, 'Kaisertum und Parität. Reichspolitik und Konfession nach dem Westfälischen Frieden', *ZHF*, 19 (1992), 445–82; D. Stievermann, 'Politik und Konfession im 18. Jahrhundert', *ZHF*, 18 (1991), 177–99.

36 Luh, *Unheiliges Romisches Reich*, pp.27–54.

37 G. Haug-Moritz, 'Corpus Evangelicorum und deutscher Dualismus', in Press (ed.), *Alternativen zur Reichsverfassung*, pp.189–207; K. Härter, *Reichstag und Revolution 1789–1806* (Göttingen, 1992).

38 结果，普法尔茨人口成为帝国中最混杂的群体之一，到 1795 年，包括 40% 的加尔文教徒、30% 的天主教徒、20% 的路德教徒，还有其他 10% 的包括犹太人在内的少数民族。

39 R.L. Gawthrop, *Pietism and the Making of Eighteenth-century Prussia* (Cambridge, 1993); P.H. Wilson, 'Prussia's relations with the Holy Roman Empire, 1740–86', *HJ*, 51 (2008), 337–71.

40 T. Lorentzen, *Die schwedische Armee im Dreißigjährigen Kriege und ihre Abdankung* (Leipzig, 1894), pp.184–92. Full coverage in A. Oschmann, *Der Nürnberger Exekutionstag 1649–1650* (Münster, 1991).

41 F. Göse, *Der erste brandenburg-preußische Generalfeldmarschall Otto Christoph Freiherr von Sparr 1605–1668* (Berlin, 2006), pp.57–9.

42 P. Hoyos, 'Die kaiserliche Armee 1648–1650', in *Der Dreißigjährige Krieg* (issued by the Heeresgeschichtliches Museum, Vienna, 1976), pp.169–232; H. Salm, *Armeefinanzierung im Dreißigjährigen Krieg*(Münster, 1990), pp.154–61.

43 D. Albrecht, *Maximilian I. von Bayern* (Munich, 1998), pp.1087–90; R.R. Heinisch, *Paris Graf Lodron* (Vienna, 1991), pp.289–302. 虽然每块领地在一个罗马月中的份额是固定的，但总收入取决于有多少领地缴纳税款；因此收到的不同金额之间存在差异。

44 持这种观点的有 J. Burkhardt, *Der Dreißigjährige Krieg* (Frankfurt am Main, 1992), pp.213–24. For the remilitarization of the German territories in the 1660s and 1670s, see P.H. Wilson, *German Armies: War and German Politics 1648–1806* (London, 1998), pp.26–67.

45 B.R. Kroener, ' "Der Krieg hat ein Loch…" Überlegungen zum Schicksal demobilisierter Söldner nach dem Dreißigjährigen Krieg', in Duchhardt (ed.), *Der Westfälische Friede*, pp.599–630.

46 A. Klinger, *Der Gothauer Fürstenstaat* (Husum, 2002), p.121.

47　关于当时人辩论的一个很好的概论见 P. Schröder, 'The constitution of the Holy Roman Empire after 1648: Samuel Pufendorf's assessment in his *Monzambano*', *HJ*, 42 (1999), 961–83. 关于后来阐释的讨论，见 P.H. Wilson, 'Still a monstrosity? Some reflections on early modern German statehood', *HJ*, 49 (2006), 565–76.

48　更多细节见 B. Erdmannsdorffer, *Deutsche Geschichte vom Westfälischen Frieden bis zum Regierungsantritt Friedrichs des Großen 1648–1740* (2 vols., Leipzig, 1932), I, pp.176–8.

49　H. Valentinitsch, *Die Meuterei der kaiserlichen Söldner in Kärnten und Steiermark 1656* (Vienna, 1975); K.O. Frhr. von Aretin, *Das Reich. Friedensordnung und europäisches Gleichgewicht 1648–1806*(Stuttgart, 1986), pp.76–166, 241–54; C. Storrs, 'Imperial authority and the levy of contributions in "Reichsitalien" in the Nine Years War', in M. Schnettger and M. Verga (eds.), *L'impero e l'Italia nella prima etaà moderna* (Bologna, 2006), pp.241–73.

50　G. Kleinheyer, *Die kaiserlichen Wahlkapitulationen* (Karlsruhe, 1968), pp.86–100; H.M. Empel, 'De eligendo regis vivente imperatore. Die Regelung in der Beständigen Wahlkapitulation und ihre Interpretation in der Staatsrechtsliteratur des 18. Jahrhunderts', *ZNRG*, 16 (1994), 11–24.

51　A.C. Bangert, 'Elector Ferdinand Maria of Bavaria and the imperial interregnum of 1657–58' (University of the West of England PhD, 2006).

52　P.H. Wilson, 'Bolstering the prestige of the Habsburgs: the end of the Holy Roman Empire in 1806', *IHR*, 28 (2006), 709–36. 关于奥地利和帝国的关系一个很好的概论见 W. Brauneder and L. Höbelt (eds.), *Sacrum Imperium. Das Reich und Österreich 996–1806* (Vienna, 1996); V. Press, 'Österreichische Großmachtbildung und Reichsverfassung. Zur kaiserlichen Stellung nach 1648', *MIÖG*, 98 (1990), 131–54.

53　关于《奥斯纳布吕克和约》在帝国宪法中的基本性质，见 G. Schmidt, 'Der Westfälische Friede – eine neue Ordnung für das alte Reich?', *Der Staat*, supplement 10 (1993), 45–72; J. Burkhardt, 'Das größte Friedenswerk der Neuzeit', *Geschichte in Wissenschaft und Unterricht*, 49 (1998), 592–612.

54　E.W. Böckenförde, 'Der Westfälische Friede und das Bündnisrecht der Reichsstände', *Der Staat*, 8 (1969), 449–78.

55　P.H. Wilson, 'The German "soldier trade" of the seventeenth and eighteenth centuries. A reassessment', *IHR*, 18 (1996), 757–92.

第 22 章　人力和物力损失

1　B. Donagan, 'Atrocity, war crime and treason in the English Civil War', *American Historical Review*, 99 (1994), 1137–66; I. Roy, ' "England turned Germany?" The aftermath of the Civil War in its European context', *Transactions of the Royal Historical Society*, 5th series, 28 (1978), 127–44.

2　K. Repgen, *Dreißigjähriger Krieg und Westfälischer Friede* (Paderborn, 1998), pp.112–52.

3　*Bilder aus der deutschen Vergangenheit* (5 vols., Leipzig, 1859–67), Vol. IV. 更多讨论见 L.L. Ping, *Gustav Freytag and the Prussian Gospel. Novels, literature and history* (Bern, 2006), esp. pp.235–64; K. Cramer, *The Thirty Years War and German Memory in the Nineteenth Century* (Lincoln, Nebr., 2007), pp.141–216; W. Maierhofer, *Hexen – Huren – Heldenweiber. Bilder des Weiblichen in Erzähltexten über den Dreißigjährigen Krieg* (Cologne, 2005).

4　R. Hoeniger, 'Der Dreiβigjährige Krieg und die deutsche Kultur', *Preußische Jahrbücher*, 138 (1909), 403–50, 和他的 'Die Armeen des Dreiβigjährigen Krieges', *Beiheft zum Militärwochenblatt* (1914), 300–23. An example of Hoeniger's critics is G. Mehring, 'Wirtschaftliche Schäden durch den Dreiβigjährigen Krieg im Herzogtum Württemberg', *WVJHLG*, 30 (1921), 58–89.

5　施泰因贝格的观点最初是在1947年的一篇文章中提出来，后来通过他的书产生了最大的影响：*The Thirty Years War and the Conflict for European Hegemony 1600–1660* (London, 1966). 他的阐释得到了 H.U. Wehler, in his influential general history of Germany: *Deutsche Gesellschaftsgeschichte*, Vol. I (Munich, 1987), p.54 的认同。这场辩论的其他重要参与者包括 F. Lütge, 'Die wirtschaftliche Lage in Deutschland vor Ausbruch des Dreißigjährigen Krieges', *Jahrbuch für Nationalökonomie und Statistik*, 170 (1958), 43–99; T.K. Rabb, 'The effects of the Thirty Years War on the German economy', *JMH*, 34 (1962), 40–51; R. Ergang, *The Myth of the All-destructive Fury of the Thirty Years War* (Pocono Pines, Pa., 1956).

6　自1546年以来的军队数量，见 A. Schüz, *Der Donaufeldzug Karls V. im Jahre 1546* (Tübingen, 1930), pp.89–94.

7　L. Miehe, 'Der große Krieg und die kleinen Leute. Die sozialen Folgen des Dreißigjahrigen Krieges', in *Konfession, Krieg und Katastrophe* (issued by the Verein fur Kirchengeschichte der Kirchenprovinz Sachsen, Madgeburg, 2006), pp.43–54.

8　F.C. Springell (ed.), *Connoisseur and Diplomat. The Earl of Arundel's embassy to Germany in 1636* (London, 1965), p.60.

9　M. Friesenegger, *Tagebuch aus dem 30jährigen Krieg* (Munich, 2007), p.55.

10　T. Robisheaux, *Rural Society and the Search for Order in Early Modern Germany* (Cambridge, 1989), pp.217–21.

11　W. von Hippel, 'Bevölkerung und Wirtschaft im Zeitalter des Dreißigjährigen Krieges', *ZHF*, 5 (1978), 413–448; M.P. Gutmann, *War and Rural Life in the Early Modern Low Countries* (Princeton, 1980), pp.88, 152.

12　例子见 Friesenegger, *Tagebuch*, pp.60, 66, 69, 74–5, 79; H. Conrad and G. Teske (eds.), *Sterbezeiten. Der Dreißigjährige Krieg im Herzogtum Westfalen* (Münster, 2000), p.31. 转引自 J. Peters (ed.), *Ein Söldnerleben im Dreißigjährigen Krieg* (Berlin, 1993), p.70.

13　G. Franz, *Der Dreißigjahrige Krieg und das deutsche Volk* (4th edn, Darmstadt, 1979, first published Jena, 1940); C. Dipper, *Deutsche Geschichte 1648–1789* (Frankfurt am Main, 1991), pp.43–4; V. Press, *Kriege und Krisen. Deutschland 1600–1715* (Munich, 1991), pp.269–71. 关于更低的估计值，以及对弗朗茨方法的批评，见 J. Thiebault, 'The demography of the Thirty Years War revisited', *GH*, 15 (1997), 1–21.

14　总计 800 万的数字是在 M. Clodfelter, *Warfare and Armed Conflicts. A statistical reference to casualty and other figures 1500–2000* (Jefferson, NC, 2001), p.5 中给出的。

15　M. Cerman, 'Bohemia after the Thirty Years War: some theses on population structure, marriage and family', *Journal of Family History*, 19 (1994), 149–75.

16　L. Miehe, 'Zerstörungen durch den Dreißigjährigen Krieg in westelbischen Städten des Erzbistums Magdeburg und des Hochstiftes Halberstadt', *Jahrbuch für Wirtschaftsgeschichte*, 4 (1990), 31–47; L. Hüttl, *Friedrich Wilhelm von Brandenburg, der Große Kurfürst, 1620–1688* (Munich, 1981), pp.70–1; P. Martin, *Une guerre de Trente Ans en Lorraine 1631–1661* (Metz, 2002), pp.225–31.

17　B. Roeck, 'Bayern und der Dreißigjährige Krieg. Demographische, wirtschaftliche und Soziale Auswirkungen am Beispiel Münchens', *Geschichte und Gesellschaft*, 17 (1991), 434–58; F. Kleinehagenbrock, *Die Grafschaft Hohenlohe im Dreißigjährigen Krieg* (Stuttgart, 2003), pp.90–1; J. Lindegren, 'Men, money and means', in P. Contamine (ed.), *War and Competition between States* (Oxford, 2000), pp.129–62, at p.158.

18　G. Mortimer, *Eyewitness Accounts of the Thirty Years War* (Basingstoke, 2002), p.171.

19　A. Ritter, 'Der Einfluß des Dreißigjährigen Krieges auf die Stadt Naumburg an der Saale', *Thüringisch-Sächsische Zeitschrift für Geschichte und Kunst*, 15 (1926), 1–96, at 41–7; Conrad and Teske (eds.), *Sterbezeiten*, pp.57–60; Kleinehagenbrock, *Hohenlohe*, p.79.

20　B.Z. Urlanis, *Bilanz der Kriege* (Berlin, 1965), pp.43–4. Franz, *Dreißigjähriger Krieg*, p.5 n.2 据估计，帝国的战斗死亡总数为 32.5 万至 33.8 万。在这种情况下，他似乎

低估了，而不是高估了。

21　Peters (ed.), *Söldnerleben*, pp.117, 122.

22　S. Riezler (ed.), 'Kriegstagebücher aus dem ligistischen Hauptquartier 1620', *Abhandlungen des Phil.-Hist. Klasse der Bayerischen Akademie der Wissenschaften*, 23 (1906), 77–210, at 84, 104. See ibid., pp.86–9 for standards of medical care. Sick rates from data in J. Pohl, *'Die Profiantirung der Keyserlichen Armaden ahnbelangendt'. Studien zur Versorgung der kaiserlichen Armee 1634/35* (Kiel, 1991), p.39.

23　3：1 的比例是 Clodfelter, *Warfare and Armed Conflicts*, p.6 中提出的。斯堪的纳维亚的数据在 Lindegren, 'Men, money and materials' 中有总结。

24　C. Cramer, 'Territoriale Entwicklung', in B. Martin and R. Wetekam (eds.), *Waldeckische Landeskunde* (Korbach, 1971), pp.171–262, at pp.223–4; G.P. Sreenivasan, *The Peasants of Ottobeuren 1487–1726*(Cambridge, 2004), pp.287–9.

25　B. Roeck, *Eine Stadt in Krieg und Frieden* (Göttingen, 1989), p.880.

26　R. Liberles, 'On the threshold of modernity: 1618–1780', in M.A. Kaplan (ed.), *Jewish Daily Life in Germany 1618–1945* (Oxford, 2005), pp.9–92, at pp.54–6.

27　J. Möllenberg, 'Überlingen im Dreißigjährigen Krieg', *Schriften des Vereins für die Geschichte des Bodensees und seiner Umgebung*, 74 (1956), 25–67, at 46.

28　A. Buchner and V. Buchner, *Bayern im Dreißigjährigen Krieg* (Dachau, 2002), p.212; Kleinehagenbrock, *Hohenlohe*, p.78.

29　E.A. Eckert, *The Structure of Plagues and Pestilences in Early Modern Europe: Central Europe 1560–1640* (Basel, 1996), esp. pp.132–54; R.J.C. Concanon, 'The third enemy: the role of epidemics in the Thirty Years War', *Journal of World History*, 10 (1967), 500–11.

30　Kroppenstadt mortality from R. Volkholz's notes to *Jürgen Ackermann, Kapitän beim Regiment Alt-Pappenheim 1631* (Halberstadt, 1895), p.37. 还有其他例子表明了传染病的重要性，见 Roeck, *Eine Stadt*, pp.630–53; A. Rieck, *Frankfurt am Main unter schwedischer Besatzung 1631–1635* (Frankfurt am Main, 2005), pp.200–1.

31　A. Weigl, 'Residenz, Bastion und Konsumptionsstadt', in Weigl (ed.), *Wien im Dreißigjährigen Krieg* (Vienna, 2001), pp.31–105, at p.67; L. Miehe, 'Die Bevölkerungsentwicklung in Stadten des Erzstiftes Magdeburg und des Hochstiftes Halberstadt wahrend des Dreißigjahrigen Krieges', *Jahrbuch für Wirtschaftsgeschichte*, 4 (1987), 95–117, at 100.

32　Y.M. Bercé, *The Birth of Absolutism. A history of France 1598–1661* (Basingstoke, 1996), pp.112–16. 关于对阿尔萨斯疫情蔓延的描述见 A. Levy, *Die Memoiren des Ascher Levy aus Reichshofen im Elsaß (1598–1635)* (Berlin, 1913), pp.23–4.

33　C.R. Friedrichs, *Urban Society in an Age of War: Nördlingen, 1580–1720* (Princeton, 1979), pp.35–53; H. Heberle, *Hans Heberles 'Zeytregister'* (1618–1672) (ed. G. Zillhardt, Ulm, 1975).

34　Hippel, 'Bevölkerung und Wirtschaft', pp.417, 446.

35　H. Musall and A. Scheuerbrandt, 'Die Kriege im Zeitalter Ludwigs XIV und ihre Auswirkungen auf die Siedlungs-, Bevölkerungs- und Wirtschaftstruktur der Oberrheinlande', in *Hans Graul Festschrift*(Heidelberg, 1974), pp.357–78; H. Dahm, 'Verluste der jülichbergischen Landmiliz im Dreißigjährigen Krieg', *Düsseldorfer Jahrbuch*, 45 (1951), 280–8; M. Vasold, 'Die deutschen Bevölkerungsverluste während des Dreißigjährigen Krieges', *ZBLG*, 56 (1993), 147–60.

36　B. Roeck, *Als wollt die Welt schier brechen* (Munich, 1991), pp.62–3, 95.

37　*Guardian*, Wednesday 19 September 2007, 评论了当下的金融危机。更多的细节分析，见 C.P. Kindelberger, 'The economic crisis of 1619 to 1623', *Journal of Economic History*, 51 (1991), 149–75; H.J. Gerhard, 'Ein schöner Garten ohne Zaun. Die währungspolitische Situation des Deutschen Reiches um 1600', *VSWG*, 81 (1994), 156–77; J.O. Opel, 'Deutsche Finanznoth beim Beginn des Dreißigjährigen Krieges', *HZ*, 16 (1886), 213–68.

38　T. Winkelbauer, *Ständefreiheit und Fürstenmacht* (2 vols., Vienna, 2003), I, pp.483–4;

Möllenberg, 'Überlingen', pp.55–6.

39   E. Kroker, *Die finanzielle Zusammenbruch der Stadt Leipzig im Dreißigjährigen Krieg* (Leipzig, 1923); Ritter, 'Naumburg', pp.22–5.

40   B.J. Hock, *Kitzingen im Dreißigjährigen Krieg* (Tübingen, 1981), pp.48–9; M. Bötzinger, *Leben und Leiden während des Dreißigjährigen Krieges* (Bad Langensalza, 2001), p.51. 更多的例子见 Levy, *Memoiren*, pp.22–3.

41   J. Falke, 'Die Steuerverhandlungen des Kurfürsten Johann Georgs I. mit den Landständen während des Dreißigjährigen Krieges', *Archiv für sdchsische Geschichte*, new series 1 (1875), 268–348, at 278–87; P. Ilisch, 'Money and coinage during the Thirty Years War', in K. Bussmann and H. Schilling (eds.), *1648: War and Peace in Europe* (3 vols., Münster, 1998), I, pp.345–51.

42   例如，参见通过弗兰肯行政圈进行的合作：R. Weber, *Würzburg und Bamberg im Dreißigjährigen Krieg* (Würzburg, 1979), pp.246–51, 258, 262–3.

43   Robisheaux, *Rural Society and the Search for Order*, pp.205–8.

44   依然有人提出这种阐释，例如 H. Schilling, *Höfe und Allianzen. Deutschland 1648– 1763* (Berlin, 1989), pp.61–70.

45   R. van Gelder, *Das ostindinische Abenteuer. Deutsche in Diensten der Vereinigten Ostindischen Kompanie der Niederlande 1600–1800* (Hamburg, 2004); P. Malekandathil, *The Germans, the Portuguese and India*(Hamburg, 1999).

46   S. Tode, 'Das Hamburger Umland im Dreißigjährigen Krieg', in M. Knauer and S. Tode (eds.), *Der Krieg vor den Toren* (Hamburg, 2000), pp.145–80; Miehe, 'Zerstörungen', p.37.

47   M. Wohlhage, 'Aachen im Dreißigjährigen Kriege', *Zeitschrift des Aachener Geschichtsvereins*, 33 (1911), 1–64, at 11; H. Langer, 'Army finances, production and commerce', in Bussmann and Schilling (eds.), *1648: War and Peace*, I, pp.293–9.

48   P. Warde, *Ecology, Economy and State Formation in Early Modern Germany* (Cambridge, 2006), pp.246–7.

49   R.R. Heinisch, *Paris Graf Lodron* (Vienna, 1991), pp.209–13; Sreenivasan, *Ottobeuren*, pp.333–4.

50   Ibid., p.287; M.A. Junius, 'Bamberg im Schweden-Kriege', *Bericht des Historischen Vereins zu Bamberg*, 52 (1890), 1–168, at 135–9, 153.

51   Buchner and Buchner, *Bayern im Dreißigjährigen Krieg*, p.79.

52   现在关于这个话题有非常多的文献。最近的重要文献包括 M. Cerman and H. Zeitlhofer (eds.), *Soziale Strukturen in Böhmen. Ein regionaler Vergleich von Wirtschaft und Gesellschaften in Grundherrschaften, 16.–19. Jahrhundert* (Vienna, 2002); W.W. Hagen, *Ordinary Prussians. Brandenburg Junkers and villagers, 1500– 1840* (Cambridge, 2002).

53   Möllenberg, 'Überlingen', pp.35, 63; G. Rechter, 'Der Obere Zenngrund im Zeitalter des Dreißigjährigen Krieges', *Jahrbuch für fränkische Landesforschung*, 38 (1978), 83–122.

54   Möllenberg, 'Überlingen', pp.58, 61. 关于这一点以及下面的更多细节，见 C. Hattenhauer, *Schuldenregulierung nach dem Westfälischen Frieden* (Frankfurt am Main, 1998).

55   E. Ortlieb, *Im Auftrag des Kaisers. Die kaiserlichen Kommissionen des Reichshofrats und die Regelung von Konflikten im alten Reich (1637–1657)* (Cologne, 2001), pp.212–18; D. McKay, *The Great Elector*(Harlow, 2001), p.71; V. Sellin, *Die Finanzpolitik Karl Ludwigs von der Pfalz* (Stuttgart, 1978), pp.77–8.

56   F. Blaich, 'Die Bedeutung der Reichstage auf dem Gebiet der öffentlichen Finanzen im Spannungsfeld zwischen Kaiser, Territorialstaaten und Reichsstädten (1493– 1670)', in A. de Maddalena and H. Kellenbenz (eds.), *Finanzen und Staatsräson in Italien und Deutschland* (Berlin, 1992), pp.79–111; Conrad and Teske (eds.), *Sterbezeiten*, pp.38, 199–204; Sreenivasan, *Ottobeuren*, pp.297–305.

57   T. Klingelbiel, *Ein Stand für sich? Lokale Amtsträger in der Frühen Neuzeit* (Hanover, 2002), p.246.

58　Repgen, *Dreißigjähriger Krieg und Westfälischer Friede*, pp.677–94; J.A. Vann, *The Swabian Kreis. Institutional growth in the Holy Roman Empire 1648–1715* (Brussels, 1975), pp.207–48.

59　K. Breysig, 'Der brandenburgischen Staatshaushalt in der zweiten Hälfte des siebzehnten Jahrhunderts', *Jahrbuch für Gesetzgebung, Verwaltung und Volkswirtschaft im Deutschen Reich*, 16 (1892), 1–42, 117–94, at 28–34.

60　重要的例子见 C. Tilly, *Capital, Coercion and European States AD 990-1992* (Oxford, 1992); T. Ertman, *Birth of the Leviathan* (Cambridge, 1997); R.D. Porter, *War and the Rise of the State* (New York, 1994).

61　这些论点是 Johannes Burkhardt 提出的。他的观点在英语中可以在他的 'The Thirty Years War', in R. Po-Chia Hsia (ed.), *A Companion to the Reformation World*(Oxford, 2004), pp.272–90 中找到。

62　H. Schilling, *Konfessionalisierung und Staatsinteressen 1559–1660* (Paderborn, 2007), pp.352–3.

63　J. Kunisch, *Absolutismus* (Göttingen, 1986); R. Vierhaus, *Germany in the Age of Absolutism* (Cambridge, 1988). 关于这些发展的辩论，见 P.H. Wilson, *Absolutism in Central Europe*(London, 2000).

64　R.G. Asch, 'Estates and princes after 1648: the consequences of the Thirty Years War', *GH*, 6 (1988), 113–32; V. Press, 'Soziale Folgen des Dreißigjährigen Krieges', in W. Schulze (ed.), *Ständische Gesellschaft und soziale Mobilität* (Munich, 1988), pp.239–68; R. Schlögl, 'Absolutismus im 17. Jahrhundert', *ZHF*, 15 (1988), 151–86.

65　M. Behnen, 'Der gerechte und der notwendige Krieg. "Necessitas" und "utilitas reipublicae" in der Kriegstheorie des 16. und 17. Jahrhunderts', in J. Kunisch (ed.), *Staatsverfassung und Heeresverfassung*(Berlin, 1986), pp.42–106.

66　见第 18 章。关于这一点的更多讨论，见 R. Pröve, 'Gewalt und Herrschaft in der Frühen Neuzeit', *Zeitschrift für Geschichtswissenschaft*, 47 (1999), 792–806.

67　关于这种观点的更多讨论，见 S. Ogilvie, 'Germany and the seventeenth-century crisis', *HJ*, 35 (1992), 417–41.

68　Junius, 'Bamberg', p.27; Kleinehagenbrock, *Hohenlohe*, p.275.

69　B. Dudik (ed.), 'Tagebuch des feindlichen Einfalls der Schweden in das Markgrafthum Mähren während ihres Aufenthaltes in der Stadt Olmütz 1642–1650', *Archiv für österreichische Geschichte*, 65 (1884), 309–485, at 360.

70　关于司法系统崩溃的深刻见解，见 U. Ludwig, 'Strafverfolgung und Gnadenpraxis in Kursachsens unter dem Eindruck des Dreißigjährigen Krieges', *Militaär und Gesellschaft in der Frühen Neuzeit*, 10 (2006), 200–19. 关于神职人员的数据，来自 J. Kist, *Fürst- und Erzbistum Bamberg* (Bamberg, 1962), p.106; W.E. Heydendorff, 'Vorderösterreich im Dreißigjährigen Krieg', *MÖSA*, 12 (1959), 74–142, at 139.

71　6 October 1638, HHStA, KA 94 (neu), fol.152–3.

72　Hock, *Kitzingen*, pp.172–3.

73　A. Klinger, *Der Gothaer Fürstenstaat* (Husum, 2002), pp.116–25.

74　S.C. Pils, 'Stadt, Pest und Obrigkeit', in Weigl (ed.), *Wien*, pp.353–78; Kleinehagenbrock, *Hohenlohe*, pp.92–101.

75　现在依然没有令人满意的关于三十年战争的文化史。一些关于"高"文化史的部分在 vols. II and III of Bussmann and Schilling (eds.), *1648: War and Peace* 中有所覆盖。H. Langer, *The Thirty Years War* (Poole, 1980, first published Leipzig, 1978) 是唯一一本自称为"文化史"的著作，尽管涵盖范围广泛，但该书因为其国家控制的马克思主义立场而受到损害。

76　弗里德里希关于德语文学的文章写作于 1780 年，见 G.B. Volz (ed.), *Die Werke Friedrichs des Großen* (10 vols., Berlin, 1912–14; reprint Braunschweig, 2006), VIII, pp.74–99, at pp.77–8.

77　R.J.W. Evans, 'Learned societies in Germany in the seventeenth century', *European Studies Review*, 7 (1977), 129–51, at 142. 另见他的 'Culture and anarchy in the Empire 1540–1680', *CEH*, 18 (1985), 14–30.

78　T.D. Kaufmann, *Court, Cloister and City. The art and culture of Central Europe, 1450–1800* (Chicago, 1995).

79　H.O. Keunecke, 'Maximilian von Bayern und die Entführung der Biblotheca Palatina nach Rom', *Archiv für Geschichte des Buchwesens*, 19 (1978), 1401–46; S. Häcker, 'Universitat und Krieg. Die Auswirkungen des Drei β igjahrigen Krieges auf die Universitaten Heidelberg, Tübingen und Freiburg', *Militar und Gesellschaft in der Frühen Neuzeit*, 11 (2007), 163–73; Weber, *Würzburg und Bamberg*, pp.476–9.

80　D.R. Moser, 'Friedensfeiern – Friedensfeste', in K. Garber (ed.), *Erfahrung und Deutung von Krieg und Frieden* (Munich, 2001), pp.1133–53. 关于艺术家感受的例子，见 A. Tacke, 'Der Künstler über sich im Dreißigjährigen Krieg', in ibid., pp.999–1041.

81　M. Brecht, 'Protestant peace initiative: Johann Rist's call to penance', in Bussmann and Schilling (eds.), *1648: War and Peace*, I, pp.251–7; M. Bassler, 'Zur Sprache der Gewalt in der Lyrik des deutschen Barock', in M. Meumann and D. Niefanger (eds.), *Ein Schauplatz herber Angst* (Göttingen, 1997), pp.125–44.

82　M. Knauer, *'Bedenke das Ende'. Zur Funktion der Todesmahnung in druckgraphischen Bildfolgen des Dreißigjährigen Krieges* (Tübingen, 1997).

83　D. Kunzle, *From Criminal to Courtier. The soldier in Netherlandish art 1550–1672* (Leiden, 2002); B. Roeck, 'The atrocities of war in early modern art', in J. Canning et al. (eds.), *Power, Violence and Mass Death* (Aldershot, 2004), pp.129–40.

84　关于卡洛的组画的更多讨论，见 P. Paret, *Imagined Battles. Reflections of war in European art* (Chapel Hill, 1997), pp.31–45.

85　H. Meise et al. (eds.), *Valentin Wagner (um 1610–1655). Ein Zeichner im Dreißigjährigen Krieg* (Darmstadt, 2003).

86　Reproduced in H. Glaser (ed.), *Um Glauben und Reich* (2 vols., Munich, 1980), II, part II, pp.466–7. 斯奈尔斯的几幅令人印象深刻的画作现在挂在维也纳的军事史博物馆。关于白山战役的描述，见 O. Chaline, *La Bataille de la Montagne Blanche* (Paris, 1999).

87　E. Rohmer, 'Den Krieg als ein "anderer Vergil" sehen', in Garber (ed.), *Erfahrung und Deutung*, pp.1043–61.

88　《痴儿西木传》的一份英语翻译出版于 1912 年。最好的版本是 *The Adventures of Simplicius Simplicissimus* (ed. G. Schulz-Behrend, Rochester, NY, 1993)。其中列举了一些广泛的文学批评中的一部分。

89　这些见解见于 A. Merzhäuser, 'Über die Schwelle geführt. Anmerkungen zur Gewaltdarstellung in Grimmelshausens Simplicissimus', in Meumann and Niefanger (eds.), *Ein Schauplatz*, pp.65–82; W. Kühlmann, 'Grimmelshausens Simplicius Simplicissimus und der Dreißigjährige Krieg', in F. Brendle and A. Schindling (eds.), *Religionskriege im alten Reich und in Alteuropa* (Munich, 2006), pp.163–75.

90　M. Kaiser, 'Der Jäger von Soest. Historische Anmerkungen zur Darstellung des Militärs bei Grimmelshausen', in P. Heßelmann (ed.), *Grimmelshausen und Simplicissimus in Westfalen* (Bern, 2006), pp.93–118.

91　Heinisch, *Lodron*, pp.106–19, 152–70; Ritter, 'Naumburg', pp.81–3, 93.

第 23 章　经历战争

1　后结构主义的批评见 J.W. Scott, 'The evidence of experience', *Critical Inquiry*, 17 (1991), 773–97. 关于对方法论的辩论的有用总结，见 J. Nowosadtko, 'Erfahrung als Methode und als Gegenstand wissenschaftlicher Erkenntnis', in N. Buschmann and H. Carl (eds.), *Erfahrungsgeschichtliche Perspektiven von der Französischen Revolution bis zum Zweiten Weltkrieg* (Paderborn, 2001), pp.27–50; P. Munch (ed.), *'Erfahrung' als Kategorie der Frühneuzeitsgeschichte* (Munich, 2001).

2　来自纽伦堡的贝海姆家族的收藏品是一份重要的收藏品：S. Ozment (ed.), *Three*

Behaim Boys. Growing up in early modern Germany (New Haven, 1990); A. Ernstberger, *Abenteurer des Dreißigjährigen Krieges* (Erlangen, 1963). 关于个人证词和阐释问题的更多讨论，见 B. von Krusenstjern, 'Was sind Selbstzeugnisse?', *Historische Anthropologie*, 2 (1994), 462–71; W. Schulze (ed.), *Ego-Dokumente. Annährung an den Menschen in der Geschichte* (Berlin, 1996).

3　B. von Krusenstjern (ed.), *Selbstzeugnisse der Zeit des Dreißigjahrigen Krieges* (Berlin, 1997). 之前没有发表的叙述可以在 http://ub.uni-erfurt.de/mdsz/index.htm 中找到。

4　关于这些问题，在 C. Woodford, *Nuns as Historians in Early Modern Germany* (Oxford, 2002) 中有极佳的讨论。

5　J. Thiebault, 'The rhetoric of death and destruction in the Thirty Years War', *Journal of Social History*, 27 (1993), 271–90. 更多讨论见 G. Mortimer, *Eyewitness Accounts of the Thirty Years War 1618–48* (Basingstoke, 2002).

6　W. Behringer, *Im Zeichen des Merkur. Reichspost und Kommunikationsrevolution in der Frühen Neuzeit* (Göttingen, 2003); J. Weber, 'Strasbourg, 1605: the origins of the newspaper in Europe', *GH*, 24 (2006), 387–412; N. Peeters, 'News, international politics and diplomatic strategies', in J.W. Koopmans (ed.), *News and Politics in Early Modern Europe* (Leuven, 2005), pp.97–113.

7　The *Theatrum Europaeum* available online at http://www.digbib.bibliothek.uni-augsburg.de/1/index.html/.

8　R.W. Scribner, *For the Sake of the Simple Folk. Popular propaganda for the German Reformation* (2nd edn, Oxford, 1994).

9　C. Oggolder, 'Druck des Krieges', and S. Reisner, 'Die Kampfe vor Wien in Oktober 1619 im Spiegel zeitgenossischer Quellen', both in A. Weigl (ed.), *Wien im Dreißigjährigen Krieg* (Vienna, 2001), pp.409–81.

10　P. Arblaster, 'Private profit, public utility and secrets of state in the seventeenth-century Habsburg Netherlands', in Koopmans (ed.), *News and Politics*, pp.79–95.

11　A. Wendland, 'Gewalt in Glaubensdingen. Der Veltliner Mord (1620)', in M. Meumann and D. Niefanger (eds.), *Ein Schauplatz herber Angst* (Göttingen, 1997), pp.223–39.

12　关于标准看法的总结，见 E. von Frauenholz, *Das Heerwesen in der Zeit des Dreißigjährigen Krieges* (2 vols., Munich, 1938–9), I, pp.3–28.

13　G. Parker (ed.), *The Thirty Years War* (London, 1987), p.191. 自那以后出版的重要著作包括 C. Kapser, *Die bayerische Kriegsorganisation in der zweiten Hälfte des Dreißjährigen Krieges 1635–1648/49* (Münster, 1997); P. Burschel, *Söldner im Nordwestdeutschland des 16. und 17. Jahrhunderts* (Göttingen, 1994); B.R. Kroener, 'Conditions de vie et l'origine sociale du personnel militaire au cours de la Guerre de Trente Ans', *Francia*, 15 (1987), 321–50.

14　Kapser, *Kriegsorganisation*, p.73.

15　52%的法国士兵来自城镇，远高于城镇总人口的比例：R. Chaboche, 'Les soldats français de la Guerre de Trente Ans', *Revue d'histoire moderne et contemporaine*, 20 (1973), 10–24.

16　K. Jacob, *Von Lützen nach Nördlingen* (Strasbourg, 1904), appendix p.108; Kapser, *Kriegsorganisation*, p.64 n.34.

17　P.H. Wilson, 'Prisoners in early modern European warfare', in S. Scheipers (ed.), *Prisoners in War* (Oxford, forthcoming).

18　M. Kaiser, *Politik und Kriegführung* (Munich, 1999), pp.89–90, 和他的 'Cuius ex-ercitus, eius religio? Konfession und Heerwesen im Zeitalter des Dreißiigjaährigen Krieges', *ARG*, 91 (2000), 316–53; W. Kopp, *Würzburger Wehr* (Würzburg, 1979), p.41; D. Horsbroch, 'Wish you were here? Scottish reactions to "postcards" to home from the "Germane warres"', in S. Murdoch (ed.), *Scotland and the Thirty Years War* (Leiden, 2001), pp.245–69.

19　G. Gajecky and A. Baran, *The Cossacks in the Thirty Years War*, Vol. I (Rome, 1969), pp.89–91.

20　R.I. Frost, 'Scottish soldiers, Poland-Lithuania and the Thirty Years War', in

Murdoch (ed.), *Scotland*, pp.191–213.

21 M. Kaiser, ' "Ist er vom Adel? Ja. Id satis videtur" Adlige Standesqualität und militärische Leistung als Karrierefaktoren in der Epoche des Dreißigjährigen Krieges', in F. Bosbach et al. (eds.), *Geburt oder Leistung?* (Munich, 2003), pp.73–90, 和他的 'Die Karriere des Kriegsunternehmers Jan von Werth', *Geschichte in Köln*, 49 (2002), 131–70.

22 A. von Bismarck, 'Die Memoiren des Junkers Augustus von Bismarck', *Jahresberichte des Altmärkischen Vereins für Vaterldndische Geschichte*, 23 (1890), 90–105.

23 B.A. Tlusty, *Bacchus and Civic Order. The culture of drink in early modern Germany* (Charlottesville, Va., 2001), pp.172–3, 208–10; E. Zöllner, 'Der Lebensbericht des Bayreuther Prinzenerziehers Zacharias von Quetz', *Jahrbuch für fränkische Landesforschung*, 15 (155), 201–21, at 212, 214.

24 J. Peters (ed.), *Ein Söldnerleben im Dreißigjährigen Krieg* (Berlin, 1993), pp.62–2, 100. 关于希尔登劫掠的细节来自 U. Unger, 'Der Dreißigjährige Krieg in Hilden', in S. Ehrenpreis (ed.), *Der Dreißigjährige Krieg im Herzogtum Berg und seinen Nachbarregionen* (Neustadt an der Aisch, 2002), pp.275–97. 另见 F. Redlich, *De praeda militari. Looting and booty 1500–1800* (Wiesbaden, 1956).

25 M. Bötzinger, *Leben und Leiden während des Dreißigjährigen Krieges* (Bad Langensalza, 2001), p.354.

26 引用自 Mortimer, *Eyewitness Accounts*, pp.109–10. 更多的例子见 H. Conrad and G. Teske (eds.), *Sterbezeiten. Der Dreißigjährige Krieg im Herzogtum Westfalen* (Münster, 2000), pp.48–54.

27 K. Lohmann (ed.), *Die Zerstörung Magdeburgs* (Berlin, 1913), pp.186–7.

28 A.V. Hartmann, 'Identities and mentalities in the Thirty Years War', in A.V. Hartmann and B. Heuser (eds.), *War, Peace and World Orders in European History* (London, 2001), pp.174–84; J. Burkhardt, 'Ist noch ein Ort, dahin der Krieg nicht kommen sey? Katastrophenerfahrung und Kriegsstrategien auf dem deutschen Kriegsschauplatz', in H. Ladermacher and S. Groenveld (eds.), *Krieg und Kultur* (Münster, 1998), pp.3–19; M. Kaiser, 'Inmitten des Kriegstheaters: Die Bevölkerung als militärischer Faktor und Kriegsteilnehmer im Dreißigjährigen Krieg', in B.R. Kroener and R. Pröve (eds.), *Krieg und Frieden. Militär und Gesellschaft in der Frühen Neuzeit* (Paderborn, 1996), pp.281–305, 和他的 'Die Söldner und die Bevoölkerung. Überlegungen zu Konstituierung und Überwindung eines lebensweltlichen Antagonismus', in K. Krüger and S. Kroll (eds.), *Militär und ländliche Gesellschaft in der Frühen Neuzeit* (Münster, 2000), pp.79–120.

29 M.P. Gutmann, *War and Rural Life in the Early Modern Low Countries* (Princeton, 1980), p.163.

30 R.G. Asch, ' "Wo der soldat hinkömbt, da ist alles sein" : Military violence and atrocities in the Thirty Years War', *GH*, 13 (2000), 291–309; M. Kaiser, 'Die "Magdeburgische Hochzeit" 1631', in E. Labouvie (ed.), *Leben in der Stadt. Eine Kultur- und Geschlechtergeschichte Magdeburgs* (Cologne, 2004), pp.196–213, at pp.205–8; Burschel, *Söldner*, pp.27–33.

31 Bötzinger, *Leben und Leiden*, p.363.

32 J.C. Thiebault, 'Landfrauen, Soldaten und Vergewältigungen waährend des Dreiβ igjährigen Krieges', *Werkstatt Geschichte*, 19 (1998), 25–39, at 35–6; Kaiser, ' "Magdeburgische Hochzeit" ', pp.206–8. 例子见 Conrad and Teske (eds.), *Sterbezeiten*, pp.308–10; F. Kleinehagenbrock, *Die Grafschaft Hohenlohe im Dreißigjährigen Krieg* (Stuttgart, 2003), pp.124–6.

33 M.A. Junius, 'Bamberg im Schweden-Kriege', *Bericht des Historischen Vereins zu Bamberg*, 53 (1891), 169–230, at 213–22.

34 B. Hoffmann, 'Krieges noth und grosse theuerung. Strategien von Frauen in Leipzig 1631–1650', in K. Garber et al. (eds.), *Erfahrung und Deutung von Krieg und Frieden* (Munich, 2001), pp.369–92; F. Hatje, 'Auf die Suche nach den Flüchtlingen

und Exulanten des Dreißigjährigen Krieges', in M. Knauer and S. Tode (eds.), *Der Krieg vor den Toren* (Hamburg, 2000), pp.181–211.

35　C. von Bismarck, 'Das Tagebuch des Christoph von Bismarck aus den Jahren 1625–1640', *Thüringisch-sächsische Zeitschrift für Geschichte und Kunst*, 5 (1915), 67–98, at 74–6; Woodford, *Nuns*, pp.145, 165–70.

36　N. Schindler, 'Krieg und Frieden und die "Ordnung der Geschlechter"', in Garber et al. (eds.), *Erfahrung und Deutung*, pp.393–452, at pp.444–5.

37　Kleinehagenbrock, *Hohenlohe*, pp.128–9.

38　Conrad and Teske (eds.), *Sterbezeiten*, pp.51–3.

39　引用自 R. Monro, *Monro, his expedition with the worthy Scots regiment called Mac-Keys* (Westport, 1999), p.252; Peters (ed.), *Söldnerleben*, p.103.

40　引用自 Junius, 'Bamberg', pp.178, 213, 221–2; W. Watts, *The Swedish Intelligencer* (3 vols., London, 1633–4), II, p.95a. 后一份史料中也提及妇女们用沸水赶走了瑞典人，这个例子来自 1632 年的比伯拉赫。

41　O. Ulbricht, 'The experience of violence during the Thirty Years War: a look at the civilian victims', in J. Canning et al. (eds.), *Power, Violence and Mass Death* (Aldershot, 2004), pp.97–127, at p.108.

42　H. Heberle, *Hans Heberles 'Zeytregister' (1618–1672)* (Ulm, 1975), pp.148–53.

43　J. Ackermann, *Jürgen Ackermann, Kapitän beim Regiment Alt-Pappenheim 1631* (Halberstadt, 1895), pp.41–3.

44　P. Bloch, 'Ein vielbegehrter Rabbiner des Rheingaues, Juda Mehler Reutlingen', in *Festschrift zum siebzigsten Geburtstage Martin Philippsons* (Leipzig, 1916), pp.14–34; A. Levy, *Die Memoiren des Ascher Levy aus Reichshofen im Elsaß (1598–1635)* (Berlin, 1913).

45　J.N. de Parival, *Abrégé de l'Histoire de ce siècle de fer* (Leiden, 1653). Discussion of Gryphius in M. Meumann, 'The experience of violence and the expectations of the end of the world in seventeenth-century Europe', in Canning et al. (eds.), *Power, Violence and Mass Death*, pp.141–53.

46　例子见 E. Dossler, 'Kleve-Mark am Ende des Dreißigjahrigen Krieges', *Düsseldorfer Jahrbuch*, 47 (1955), 254–96.

47　R. Prove, 'Violentia und Potestas. Perzeptionsprobleme von Gewalt in Söldnertagebüchern des 17. Jahrhunderts', and S. Externbrink, 'Die Rezeption des "Sacco di Montova" im 17. Jahrhunder', in Meumann and Niefanger (eds.), *Schauplatz*, pp.24–42 and 205–22 respectively.

48　Bismarck, 'Memoiren', pp.97–100.

49　G. Davies (ed.), *Autobiography of Thomas Raymond* (London, 1917), p.38.

50　Junius, 'Bamberg', pp.15–37.

51　关于这个主题的文献非常丰富。关于帝国的重要研究包括 H.C.E. Midelfort, *Witchhunting in Southwestern Germany 1562–1684* (Stanford, 1972); W. Behringer, *Witchcraft Persecutions in Bavaria* (Cambridge, 1997). For the general climate of fear, see A. Cunningham and O.P. Grell, *The Four Horsemen of the Apocalypse. Religion, war, famine and death in Reformation Europe* (Cambridge, 2000).

52　S. Ehrenpreis, 'Der Dreißigjährige Krieg als Krise der Landesherrschaft', in Ehrenpreis (ed.), *Der Dreißigjährige Krieg im Herzogtum Berg*, pp.66–101, at pp.91–2.

53　Junius, 'Bamberg', pp.13–14; B. Gehm, *Die Hexenverfolgung im Hochstift Bamberg und das Eingreifen des Reichshofrates zu ihre Beendigung* (Hildesheim, 2000). 艾希施泰特主教辖区的一个类似的同样严峻的案件也是天主教神职人员煽动反对当地政治和社会精英中的反对者的：J.B. Durrant, *Witchcraft, Gender and Society in Early Modern Germany* (Leiden, 2007).

54　Zöllner, 'Lebensbericht', pp.205–10.

55　Junius, 'Bamberg', pp.169–70.

56　Ozment (ed.), *Three Behaim Boys*, pp.161–284; Ernstberger, *Abenteurer*.

57　引用自 Peters (ed.), *Söldnerleben*, pp.42–3.

58　Lohmann (ed.), *Zerstörung*, p.271.

59 M. Merian, *Topographia Germaniae* (14 vols., Frankfurt am Main, 1643–75; reprinted Brunswick, 2005), volume on Braunschweig-Lüneburg, p.84.

60 C. Bartz, *Köln im Dreißigjährigen Krieg* (Frankfurt am Main, 2005), pp.225–6, 272; Junius, 'Bamberg', pp.161–2. For the peace celebrations see C. Gantet, *La paix de Westphalie (1648). Une histoire sociale, XVIIe–XVIIIe siècles* (Paris, 2001).

61 D.R. Moser, 'Friedensfeiern – Friedensfeste', in Garber et al. (eds.), *Erfahrung und Deutung*, pp.1133–53; R.R. Heinisch, *Paris Graf Lodron* (Vienna, 1991), p.301; Z. Hojda, 'The battle of Prague in 1648 and the end of the Thirty Years War', in K. Bussmann and H. Schilling (eds.), *1648: War and Peace in Europe* (3 vols., Münster, 1998), I, pp.403–11, at pp.409–11.

62 J. Burkhardt, 'Reichskriege in der frühneuzeitlichen Bildpublizistik', in R.A. Müller (ed.), *Bilder des Reiches* (Sigmaringen, 1997), pp.51–95, at pp.72–80. 关于萨克森的庆祝活动，见 B. Roeck, 'Die Feier des Friedens', and K. Keller, 'Das "eigentliche wahre und große Friedensfest... im ganzen Sachsenlande". Kursachsen von 1648 bis 1650', both in H. Duchhardt (ed.), *Der Westfälische Friede* (Munich, 1998), pp.633–77. 关于其他领地，见 D. Schröder, 'Friedensfeste in Hamburg 1629–1650', in Knauer and Tode (eds.), *Der Krieg vor den Toren*, pp.335–46; A. Klinger, *Der Gothaer Fürstenstaat*(Husum, 2002), pp.326–30; Kleinehagenbrock, *Hohenlohe*, pp.276–309.

63 M. Friesenegger, *Tagebuch aus dem 30jährigen Krieg* (Munich, 2007), pp.11, 14–16. 对战争和自然灾害的反应的相似性在 M. Jakubowski-Tiessen and H. Lehmann (eds.), *Um Himmels Willen: Religion in Katastrophenzeiten* (Göttingen, 2003) 中可以清楚地看到。

64 B. Roeck, 'Der Dreißigjährige Krieg und die Menschen im Reich. Überlegungen zu den Formen psychischer Krisenbewältigung in der ersten Hälfte des 17. Jahrhunderts', in Kroener and Pröve (eds.), *Krieg und Frieden*, pp.265–79.

65 J.E. Petersen, *The life of Lady Johanna Eleonora Petersen, written by herself* (Chicago, 2005), p.64.

66 A. Holzem, 'Maria im Krieg – Das Beispiel Rottweil 1618–1648', in F. Brendl and A. Schindling (eds.), *Religionskriege im Alten Reich und in Alteuropa* (Münster, 2006), pp.191–216.

67 G.P. Sreenivasan, *The Peasants of Ottobeuren 1487–1726* (Cambridge, 2004), p.286; Ulbricht, 'The experience of violence', pp.121–4.

68 D. Hopkin, *Soldier and Peasant in French Popular Culture 1766–1870* (Woodbridge, 2003), esp. pp.240–2.

出版后记

三十年战争（1618—1648）是欧洲史上最有破坏力的战争之一，蹂躏了整个中欧地区，造成了数百万人死亡，使诸多城镇和村庄被夷为平地，造成了巨大的创伤。以比例而言，三十年战争造成的人员损失甚至超过了后来的两次世界大战。三十年战争给后来的德国史和欧洲史造成了深刻的影响，三十年战争确立了法国的大陆霸权，造成了西班牙的衰落和德意志地区一盘散沙的局面。同时，三十年战争建立的威斯特伐利亚体系也极为深刻地影响了后来世界历史的发展。可以说，我们今天依然生活在其中的民族国家体系，就是三十年战争的产物。

遗憾的是，国内关于三十年战争的书籍依然较少，最为人所知的席勒的《三十年战争史》成书较早，写于 19 世纪，不可避免地带有那个时代的诸多的固有缺陷，也带有作者强烈的个人感情和偏见。对于这样一场极为重要的战争来说，目前中文历史书是严重空缺的。彼得·威尔逊的这部著作是一部全方面介绍这场战争的著作，内容涉及广泛，不仅涉及了通常的军事政治方面，而且对每个参战大国都做了详细介绍，记录了三十年战争中或大或小的每一场战役的来龙去脉，还详细描述了当时的社会经济发展情况，同时还涉及了宗教、文化等诸多方面，可以让我们对当时整个欧洲有全景式的了解。

因为译者和编者水平有限，本书难免有各种错误，敬请广大读者提出指正。

图书在版编目（CIP）数据

三十年战争史 / (英) 彼得·威尔逊著；宁凡，史
文轩译. -- 北京：九州出版社，2020.9（2022.11重印）

ISBN 978-7-5108-9291-2

Ⅰ.①三… Ⅱ.①彼… ②宁… ③史… Ⅲ.①三十年
战争(1618-1648)—史料 Ⅳ.①K503

中国版本图书馆CIP数据核字(2020)第127460号

审图号：GS（2020）1764号

著作权合同登记号：01-2020-4189

三十年战争史

作　　者	［英］彼得·威尔逊　著　宁　凡　史文轩　译
责任编辑	周　春
出版发行	九州出版社
地　　址	北京市西城区阜外大街甲 35 号（100037）
发行电话	（010）68992190/3/5/6
网　　址	www.jiuzhoupress.com
印　　刷	天津雅图印刷有限公司
开　　本	655 毫米 × 1000 毫米　　16 开
印　　张	56.5
字　　数	831 千字
版　　次	2020 年 11 月第 1 版
印　　次	2022 年 11 月第 4 次印刷
书　　号	ISBN 978-7-5108-9291-2
定　　价	160.00 元
